ENCICLOPEDIA ECONÓMICA DE CUBA REPUBLICANA

I
LAS EMPRESAS DE CUBA
1958

COLECCIÓN DICCIONARIOS

EDICIONES UNIVERSAL, Miami, Florida, 2000

GUILLERMO JIMÉNEZ

ENCICLOPEDIA ECONÓMICA DE CUBA REPUBLICANA

I

LAS EMPRESAS DE CUBA
1958

EDICIONES UNIVERSAL

Primera edición, 2000

EDICIONES UNIVERSAL
P.O. Box 450353 (Shenandoah Station)
Miami, FL 33245-0353. USA
Tel: (305) 642-3234   Fax: (305) 642-7978
e-mail: ediciones@kampung.net
http://www.ediciones.com

Library of Congress Catalog Card No.: 99-64538
I.S.B.N.: 0-89729-775-X (obra completa / 4 volúmenes)
0-89729-904-3 (tomo I)

Composición de textos: María Cristina Zarraluqui
Diseño de la cubierta: Luis García Fresquet

Contenido

Preámbulo

Esta obra constituye la primera fase de un proyecto mayor titulado *"Enciclopedia Económica de Cuba Republicana"* que tiene como propósito el examen integral de la economía y la sociedad cubana en el período comprendido desde fines del siglo XIX hasta 1958 y se continúa con otras tres publicaciones: *"Los empresarios de Cuba, 1958", "La Burguesía en Cuba"* y *"El Capitalismo en Cuba"*.

Aunque las cuatro obras están interrelacionadas tanto en la investigación previa como en su elaboración posterior, no obstante, han sido concebidas también como entes autónomos e independientes, adecuándose a cualquier lector con afiliación e intereses diversos pero teniendo presente a estudiosos, investigadores y académicos.

Según la opinión del autor, una aproximación a tan peliaguda meta sólo podría alcanzarse si tal análisis era realizado desde diversos ángulos y perspectivas que, al entrelazarse, hicieran comprensible la visión del conjunto.

Adicionalmente es imperativo no desconocer las insólitas condiciones en que se originó, implantó, desarrolló, evolucionó y fuera desarticulado en nuestro país el sistema capitalista de producción. No es permisible dejar de tomar en cuenta el curso, singular en nuestro caso, de su formación, privativo de una peculiar evolución histórica muy distintiva y diferenciada en relación al rumbo del resto de los países latinoamericanos, de los subdesarrollados o de cualquier otro.

Así, el capitalismo en Cuba se engendró excepcionalmente en el seno de un régimen esclavista, anacrónico e inhumano, pero dinámico, audaz y proyectado hacia la tecnología y el mercado mundial. Brotó, al fin, tras nuestra más que tardía independencia colonial, erigiéndose en condiciones paupérrimas sobre los residuos de una gran destrucción dentro de una comunidad de gran complejidad nacional, étnica, social, religiosa y cultural. Floreció bajo un temprano neocolonialismo nacido a la par que la aun inexperta expansión dentro de otros países de un virginal capitalismo norteamericano, el más pujante de la historia. Comprometió su propio desarrollo y, por tanto, su supervivencia, mediante un modelo no clásico de muy corto alcance que restringiera e invalidara sus propias leyes evolutivas. Finalmente sucumbió bajo la instauración de un inesperado régimen socialista implantado en un medio geopolítico exageradamente hostil tras una cruenta rebelión que involucrara siempre a los más jóvenes con preferencia entre los estamentos sociales preteridos y provistos de una variada gama doctrinaria.

Como quiera que en aquella sociedad nuestra –como en cualquier otra de naturaleza capitalista– la actividad empresarial privada es la verdadera protagonista y su rectora, a cuyos intereses se subordina la política estatal y gubernamental, ha sido ella, por tanto, la que se ha tomado precisamente como núcleo central de la investigación, brújula y derrotero en su inusual trayectoria en suelo cubano.

Además, el punto de partida en nuestro caso no fue una generalización formulada *a priori* o una hipótesis equivalente a una mera *petición de principios*. Más bien a la inversa. Elevándose de lo *simple a lo complejo* se comenzó por armar las piedras elementales que estructuran todo el edificio, o sea cada una de las *empresas* y cada uno de sus *propietarios*, en específico e individualizados y, sólo entonces, mediante la determinación de lo común y a su vez de lo distintivo en ambos, se indujeron las tendencias y modalidades que lo regían y las particularidades del modelo.

Por ello, los sujetos principales en la investigación, la primera y básica trama de toda la urdimbre, han sido, en primer lugar, las *empresas*, o sea las sociedades mercantiles de carácter jurídico que reunían el capital y los otros medios de producción o factores de producción, y, en segundo, la *burguesía*, propietaria de los medios de producción o factores de producción agrupados en aquellas.

En lo que respecta al Estado, su actividad ha sido evaluada sólo a partir de las interacciones con ambos sujetos y siempre delimitando sus gradaciones según la influencia coyuntural de los diversos sectores empresariales en cada etapa económica diferenciada pues, aun cuando, condicionado por el comercio y la geopolítica el sistema no podía menos que estar siempre en extremo subordinado a la principal potencia económica del mundo, su política no fue lineal y recta durante el período: aunque con una única cuerda, como en el antiguo monocordio, su sonido era capaz de alcanzar diferentes alturas.

Una excerpta de las *empresas*, utilizadas en la investigación como células que conforman el tejido, se pone ahora a disposición del lector con esta obra. Otra similar, pero referida a los principales propietarios y ejecutivos, se recoge en *"Los empresarios de Cuba, 1958"*. Las otras son dos ensayos que tienen como objetivos respectivos, el primero, o sea *"La Burguesía en Cuba"*, el estudio de las características, hábitos y costumbres culturales de nuestra burguesía y su evolución, evaluando sus instituciones y fórmulas sociales, políticas y de otra índole para su preservación y hegemonía y, el último –*"El Capitalismo en Cuba"*– se detiene a analizar el funcionamiento de ese modelo económico, en especial en aquellas singularidades que lo distinguían de otros sistemas clásicos o circundantes, las cuales explican en parte su desaparición.

Si el capitalismo en Cuba fue el crisol y la matriz de la Revolución, hora es ya de que la indagación, el análisis y el conocimiento objetivo y pleno de esa realidad se enclaustre en un más sereno mundo académico, reflexivo, reposado.

La coyuntura internacional en medio de la cual surgiera, junto a otros factores, determinó que la Revolución Cubana deviniera en foco permanente y central de la absurda política de guerra fría y, bordeando el filo del abismo nuclear, se convirtiera en un acontecimiento de trascendencia universal.

Por otra parte, la Revolución, al variar sustancialmente la trayectoria en la vida de todos los cubanos, creó un espinoso espectro político cuyas argumentaciones han estado matizadas siempre con la pasión característica de la idiosincrasia nacional.

Cuarenta años del desmoronamiento del capitalismo en Cuba brinda un distanciamiento justo puesto que la lejanía aun no es tanta como para olvidar lo sustancial pero sí lo suficiente como para que los hijos de tirios y troyanos puedan juzgar con el sosiego que no le fuera dable a sus padres y abuelos.

Era vital preservar la investigación de prejuicios ideológicos o de cualquier involuntario subjetivismo inmanente en el propio autor o también de aquellos juicios que pretendieran infundirle con ciertos aires hermenéuticos.

Fiel a esos criterios, esta obra y las siguientes, están desnudas ex profeso de juicios éticos, de academicismos, de verdades reveladas e inconcusas, de calificaciones doctrinarias y mucho menos de enjuiciamientos personales. Es sobre todo un trabajo escrupuloso, decididamente objetivo, y, por encima de cualquier consideración, está imbuido de un espíritu científico en búsqueda angustiosa de la evasiva verdad.

Toda su posible elocuencia sólo emanará de la fuerza y aridez de los hechos, sin artificios de autor, sin concesiones al lector.

El Autor

I.- Guía para el uso de la obra

La información de la obra está organizada en 1380 *fichas*, cada una de las cuales corresponde a una *empresa* donde se resume lo fundamental de las principales y más representativas entidades económicas existentes en el país al triunfo de la Revolución en 1959.

Las *fichas* están ordenadas alfabéticamente por las primeras palabras del nombre jurídico o razón social de la *empresa* que, a modo de *título*, las encabeza. Sin embargo, las que comienzan con la palabra COMPAÑÍA se ordenan por su segunda palabra, trasladándose aquella primera para el final del título precedida de una coma. Ejemplo: "AGRÍCOLA ARROCERA MACEO S.A., COMPAÑÍA".

La información de cada una describe lo esencial de su *actividad económica*, de sus *propietarios*, de su *evolución histórica* y de su *situación económica y financiera*.

Los datos y la información están referidos siempre a la situación a finales de 1958, salvo que se especifique otra cosa. En consecuencia, expresiones tales como "actual", la "época", "período" deben interpretarse dentro de ese momento histórico.

1.- *PARA LOCALIZAR UNA EMPRESA DETERMINADA O NOMBRES DE PERSONAS RELACIONADAS CON ELLAS*

Cada página tiene impresa en el centro de su margen superior la letra del alfabeto correspondiente a las *fichas* comprendidas. Además, cada una de éstas se identifica por un número consecutivo y se resaltan sus *títulos* en letra alta y negrita y una separación entre el comienzo de una y el final de la otra.

Para localizar la *ficha* de la empresa de su interés el lector puede consultar el *VII.- Índice general de empresas* donde aparecen en orden alfabético sus títulos y numeradas en orden consecutivo en el margen izquierdo de la hoja y, separado por una coma del título, se indica el número de la página donde se encuentra.

Si el lector se interesara en conocer las empresas según su actividad económica fundamental, podrá acudir al *VIII.- Índice de sectores y ramas* donde se registran en orden alfabético los *títulos* de las *fichas* dentro de cada uno de los 16 Sectores y las diversas Ramas de la economía en que se han agrupado.

Si el lector quisiera encontrar la *ficha* correspondiente a un *nombre comercial* o una *marca* y no conociera la *razón social* de la empresa, podrá dirigirse al *IX.- Índice de nombres comerciales y marcas de productos* compuesto de 2 columnas. La del lado izquierdo relaciona en orden alfabético los *nombres comerciales* y/o *marcas de productos* y, tras de una coma, su rubro de producción. La del lado derecho indica el *título* de su *ficha*, siempre en letra alta.

Finalmente, los nombres de los principales propietarios y funcionarios de estas empresas se relacionan en el *X.- Índice de los principales propietarios y funcionarios de las empresas* donde se indica la página de referencia.

2.- CONTENIDO DE LA FICHA

Las *fichas* han sido elaboradas bajo un patrón uniforme constituido por 5 agrupaciones de informaciones distribuidas según el orden siguiente:

Título
Resumen
Propietarios
Historia
Datos Económicos

Para algunas de menor importancia, se brinda como mínimo la información del *Resumen* y los datos sobre sus *propietarios*.

Para facilitar al lector la búsqueda rápida y discriminada dentro de una *ficha* de algunos datos en particular, cada una de las 5 agrupaciones de información están identificadas siempre de la siguiente forma:

El *Título* aparece en letra alta y resaltada en negrita, precedido en el margen izquierdo de la página de un número consecutivo.

El *Resumen* es siempre el primer párrafo, que por excepción, puede tener más de uno.

El de los *Propietarios* es el párrafo o los párrafos a continuación a partir del marcado con la simbología **1**.

La *Historia* es el párrafo o los párrafos a continuación a partir del marcado con la simbología **2**.

Los *Datos Económicos* son el resto de los párrafos a partir del marcado con la simbología **3**.

Algunas *fichas* tienen unidos en un mismo párrafo los datos correspondientes a dos de los temas mencionados en cuyo caso será precedido por la simbología de ambos separada por una coma y, en otras, el primer párrafo o *Resumen* puede también estar unido con cualquiera de los otros.

Título

El *Título* corresponde al último *nombre jurídico* de la entidad con que aparecía inscripta en el Registro legal en el caso de las sociedades mercantiles, o al propio nombre particular del propietario en aquellos casos de los denominados *comerciantes individuales* cuando así operaban. Por excepción se emplea el *nombre comercial* en varias firmas menores como funerarias, florerías, hoteles pequeños y otras.

Aquellas firmas asociadas entre sí pero que operaban con personalidad jurídica propia poseen *fichas* independientes y en el texto de cada una se hace referencia a la otra.

Para aquellas que operaban en forma de *holding* u otro tipo de asociación de capital se atiende también al patrón uniforme, pero, al final, se incluyen informaciones particulares correspondientes a cada una de las firmas dependientes diferenciadas con el *título* –siempre en letra alta y resaltada en negrita– pero sin numero consecutivo. En estos últimos casos el *título* también será el de su *razón social* o, el de su nombre comercial, en el caso de varios centrales propiedad de una sola firma.

Siempre que en el texto de una *ficha* se mencione cualquier empresa que a su vez posea también la suya propia, su nombre aparecerá seguido de la simbología *(VER)* remitiendo al lector interesado en su consulta.

Resumen

El primer párrafo brinda una breve descripción de su actividad económica, de sus rubros de producción o de comercialización, su *nombre comercial* o la *marca registrada* si las tuviera, así como sobre la dirección y localidad donde se encontraba situada la oficina central, o su domicilio social, o su establecimiento principal, amén de sus sucursales.

En los casos correspondientes se mencionan además aquellas firmas subsidiarias, dependientes, asociadas o relacionadas con ella. Se caracterizan aquellas pocas incluidas por su relevancia a pesar de haber sido proyectos inversionistas, madurados o no posteriormente.

Para ciertos sectores o ramas de mayor importancia se adicionan algunos datos cuantitativos específicos de índole económica que de forma rápida la califican dentro de cada una o en relación al país.

Así, en el caso de la *industria azucarera*, su *capacidad de producción diaria*, y, según éstas, el *orden* que ocupaba entre los 161 existentes, su *rendimiento industrial(RI)*, la *extensión de tierra propia* que poseía, así como el *número de sus trabajadores*. En los casos relevantes se informa también sobre el orden según esos indicadores. Además se señalan sus otras producciones, bien derivados del azúcar, tales como refinerías, destilerías, o del bagazo, etc., o bien otras agrícolas como arroz, frutos o cría de ganado.

En el caso de los *bancos,* su clasificación de acuerdo a la naturaleza de su crédito, su jurisdicción territorial, y el monto de sus depósitos y, según éste, el orden que le pertenece entre el total de los existentes.

En las fábricas de *tabaco* y en las de *cigarros,* su capacidad de producción, su orden dentro de la rama y el número de sus trabajadores.

Y, en general para aquellas de mayor importancia en la *industria no azucarera* y la de *materiales de construcción*, el número de sus trabajadores y, en algunos casos, se califica su importancia ramal o se añade su capacidad de producción.

Para otras particularmente importantes como las ferroviarias, las de ómnibus, las eléctricas o telefónicas, los principales hoteles, etc., se suministran datos específicos para evaluar su magnitud relativa.

Propietarios

El siguiente *bloque* (1) informa sobre el último propietario (o los últimos propietarios) a finales de 1958, siempre que no se especifique otra fecha, y se le caracteriza según el tipo de sociedad mercantil de su propiedad fuese *anónima, comanditaria, limitada* o *individual*; o, por la naturaleza de su capital, fuese, bien una *filial extranjera*, bien una *empresa estatal* o *mixta*.

En las *sociedades anónimas* y en las *comanditarias* se relacionan los tenedores del capital suscrito, o, cuando eran muchos, se precisa al principal, o a los principales, generalmente con la proporción que poseían. En los casos de estas sociedades colectivas se consignan los ejecutivos que ejercían los principales cargos, y, sólo por excepción, en el caso de los centrales, al final de la ficha, el administrador si también fuese propietario o su familiar.

En aquellos casos donde las acciones estaban controladas en realidad por un solo individuo, se le califica como *propietario único* aun cuando las tuviese distribuidas, nominativas o al portador, entre uno o más testaferros o familiares. O, como *propietario familiar*, a aquel otro donde las acciones estaban repartidas total o casi total entre miembros de su familia.

También, en el caso del *comerciante individual* según lo definía el Código de Comercio de la época, al verdadero propietario estuviese o no al frente del negocio que solía administrar.

Se consignan aquellos casos en que una *casa matriz,* constituida y registrada en el extranjero y de capital predominantemente extranjero, era la propietaria de una empresa establecida en Cuba como *filial, subsidiaria, sucursal* o cualquier otra modalidad dependiente, precisándose al grupo financiero que la controlaba y su nacionalidad. Cuando la casa matriz o el grupo financiero poseía más de una empresa en Cuba se relaciona a cada una, y, según el caso, se indica la referencia al lector.

Se identifica la propiedad de tipo estatal, tanto cuando era total como mixta, el organismo de la Administración Pública, autónomo o no, que poseía las acciones, y, en el último caso, se precisa la proporción del capital bajo su control y sus asociados privados.

Según la importancia del propietario principal (o de los propietarios principales), en los párrafos siguientes se proporcionan datos biográficos que destacan siempre su condición de empresario en preferencia a sus otras actividades de índole política, social, religiosa, cultural, etc. Por último, sus otros familiares con carácter de propietarios de otras empresas.

Cuando el propietario poseía intereses recogidos en diferentes *fichas*, sus datos biográficos sólo se registran en una de ellas a donde se remite al lector siempre que su nombre se mencione, agregándose a continuación de su nombre propio, el título de aquélla en letra alta, entrecomillado, entre paréntesis y precedido de la simbología (VER). Ejemplo: Pedro R. Rodríguez Penín (VER "CENTRAL MACEO S.A.").

Historia

En este *bloque* (2) se propone una breve evolución de la firma a través de sus reorganizaciones, reestructuraciones y el cambio de sus propietarios o de su actividad o de su razón social hasta 1958.

Para la mayoría de las principales se registra el año de su fundación y aquel en que fuera adquirida o controlada por su propietario actual. Sin embargo, en ocasiones para un pequeño grupo entre los centrales anteriores al siglo XX, existen fuentes contradictorias sobre la fundación, todas las cuales se consignan.

Se ha estimado como *año de fundación* en el caso de los centrales, fábricas, comercios, unidades de servicio, hoteles, etc., el de las instalaciones que constituyen los activos básicos y la actividad económica fundamental.

O, en su defecto, el de la constitución de la firma, si mantuvo su continuidad a través de algunos de sus propietarios principales o de sus familiares o conservara sus activos básicos.

Para algunos sectores característicos, como el caso de las producciones tabacaleras, se escogió el de las marcas comerciales ya que constituían su activo básico. O, para algunos servicios tales como teléfonos, electricidad, acueductos, urbanizaciones y otras actividades muy específicas, el del año en que se otorgara la *concesión* por la autoridad gubernamental.

Cuando sus fundadores o algunos de sus propietarios fueron destacados, aun cuando ya hubiesen fallecido en 1958, se agregaron sus datos biográficos al estilo de los descritos en el bloque de los *propietarios* (1) o, si corresponde, se remite a la ficha donde aparecen.

Datos Económicos

En este *bloque* (3) se ofrecen datos cuantitativos y cualitativos de carácter económico, financiero y organizativo, no mencionados en el *Resumen*, que permiten apreciar el comportamiento de la gestión.

En la mayoría de los casos, la cuantía y datos sobre los financiamientos paraestatales recibidos así como el monto promedio de las líneas de crédito otorgadas por la banca comercial de la cual solían ser clientes, y, para la casi totalidad de los bancos, el origen de sus depósitos, la distribución proporcional por ramas de su cartera y una evaluación sobre su organización interna.

En ocasiones, para las principales se presentan indicadores económicos y financieros entre los que pueden figurar los *activos, pasivos, capital líquido, monto de ventas, índice de solvencia, de liquidez y de capital, y otros.*

Para los centrales donde se dispone, sus costos de producción avalados por el importante trabajo elaborado en 1951 por la "Comisión Técnica Azucarera". Para los bancos y principales centrales, industrias, transportistas y otros, las ganancias y pérdidas en 1958, o la de los últimos años.

En otros casos se adicionan informaciones relacionadas con inversiones, planes de desarrollo y de expansión, de ventas, etc. En los casos de inversiones de envergadura ejecutadas durante los años finales de los 50, tales como industrias, minas, hoteles y otras, se registra su costo total o el financiamiento otorgado o, en su defecto, su capacidad de producción estimada.

En los casos pertinentes se califica al sistema organizativo y se presentan las cotizaciones de las acciones de aquellas pocas firmas que concurrían a la Bolsa.

II.- Metodología de la obra

1.-SOBRE LA SELECCIÓN DE LAS EMPRESAS

Las empresas fueron escogidas de acuerdo a su importancia económica en la nación o en un *sector* o en una *rama* (*ver "VIII.- Índice de sectores y ramas"*). Otras, sin embargo, lo fueron para completar un panorama integral de la estructura empresarial y su organización y características en nuestro país.

Con independencia de otros factores, las seleccionadas se encontraban en activo al advenir 1959, y, además revelan sus verdaderos propietarios, nacionales o extranjeros, residentes o no en el país. Se hicieron excepciones con 13 firmas donde no se precisan sus propietarios, así como 3 bancos fusionados y 2 empresas quebradas pocos años antes de 1958.

De otra parte, fueron incluidos algunos pocos *proyectos de inversión* materializados en años posteriores u, otros que, aun cuando no corrieron esa suerte, su importancia o la de sus promotores o beneficiarios así lo aconsejaron. Por último, algunas contadas empresas que, aun cuando su producción estaba momentáneamente paralizada, se encontraban en fase de reanudación o reestructuración inmediata.

Esa estructura empresarial de Cuba en 1958 reflejaba la desigual y deforme economía donde, como es harto conocido, desde comienzos del siglo XIX predominaba la industria azucarera con una marcada tendencia excluyente a la convivencia con otras ramas salvo con la actividad bancaria y crediticia y el gran comercio importador. La alianza de estos 3 sectores constituía el vértice más alto de la pirámide empresarial. Y, a su lado, sólo descollaban las del servicio eléctrico y telefónico, las 2 grandes empresas ferroviarias, la de aviación, las de transporte urbano capitalino y 2 ó 3 grandes minas.

Por su parte, la industria no azucarera no obtuvo gran desarrollo y se encontraba en constante enfrentamiento de influencias contra la alianza de los sectores hegemónicos. En general era una industria de tipo no pesada, poco mecanizada, casi artesanal, con procesos de elaboración simples y poco transformativos, dependientes en grado sumo de importaciones y, salvo excepciones, no alcanzó rentabilidad como para competir con la azucarera.

Por lo tanto, se incluyó con la información más vasta el universo en los sectores de *banca* e *industria azucarera*, mientras en las ramas del *comercio, contratista, industria de materiales de construcción, industria no azucarera, minas, medios de prensa y agencias publicitarias, seguros, servicios, transporte y turismo* sólo las de mayor peso e importancia junto a otras para facilitar una comprensión cabal de nuestra estructura particular, sobre todo en el sector de *comercio* y en el de la *industria no azucarera*.

Por el contrario fueron excluidas la casi totalidad de las pequeñas empresas individuales de escasos ingresos que constituían el grueso de las existentes, tales como colonos, vegueros, cafetaleros y otros en el sector *agrícola*, los minoristas en el *comercio* y los "chinchales" y el "trabajo a domicilio" en el *industrial no azucarero*.

2.-SOBRE CADA UNO DE LOS 16 SECTORES Y SUS RAMAS

A continuación se exponen los criterios y características tomados en cuenta para la selección por cada uno de los 16 sectores y ramas económicas en que se agruparon.

Agricultura y Ganadería

A pesar que la caña, el tabaco, el café y la ganadería constituían los principales rubros económicos del país, sus ramas agrícolas no figuraban entre las empresas de mayores ingresos.

La mayoría de los 67 965 colonos no eran propietarios de sus tierras y sólo disponían de una cuota menor a las 500 000 @ y. Sólo 40 de ellos disfrutaban una cuota superior a 10 millones de @, siendo casi todos propietarios de centrales y de otras importantes actividades agrícolas y ganaderas, lo que se registra dentro de las *fichas* correspondientes a la *industria azucarera*.

Por idénticas razones se excluyeron los cosecheros de tabaco y de café, pues, aun cuando fueran propietarios de sus tierras, tenían bajos ingresos debido a su dependencia de intermediarios, almacenistas y refaccionistas.

Aunque la ganadería estaba esparcida en casi todo el territorio nacional y entre todos los cultivadores agrícolas, era sólo de importancia en una treintena de grandes latifundistas, algunos de los cuales poseen sus *fichas* y otros se registran en la de los centrales correspondientes.
Se seleccionan también algunos importantes arroceros, una actividad creciente en los últimos años, así como cosechadores de frutos y frutas, etc.

Banca

Fue seleccionada toda la banca comercial, tanto nacional como provincial y local –salvo 2 ó 3 de estos últimos de escasa importancia–, junto al único banco territorial y los 2 grandes de crédito mobiliario, mientras los de capitalización y ahorro, de menor importancia, lo fueron casi en su totalidad.

Comercio

La selección comprende a los grandes mayoristas o almacenistas de las actividades principales y más lucrativas relacionadas con las exportaciones, como corredores de azúcar, y, sobre todo, con las importaciones de aquellos rubros con mayor peso tradicional en la balanza comercial, o sea, víveres (existían algo más de 200), efectos electrodomésticos, equipos automotores, las de ferretería gruesa, así como las grandes tiendas por departamentos y los principales restaurantes y cafeterías.

Para completar la visión del sector se incluyeron algunas de menor importancia como funerarias, florerías, joyerías, comercios de efectos de oficina, etc.

Fueron excluidos los comercios minoristas de víveres (bodegas, carnicerías, puestos de frutas, etc.), o gastronómicos (cafeterías, fondas, etc.) y casi la totalidad de los comisionistas, que sólo en la capital ascendían los dos primeros a cerca de 6500 y a 700 los últimos.

Sin embargo fueron incluidas algunas pocas firmas dedicadas al comercio minorista de alimentos al estilo de los establecimientos norteamericanos o supermercados de esos rubros que hicieron su aparición al final del período amenazando con extenderse y hacer desaparecer con el tiempo el tradicional sistema de bodegas, carnicerías y puestos de frutas.

Construcción, Materiales de

A la sombra del auge de las construcciones fomentadas por el FHA y el turismo, la industria de materiales de construcción estuvo en el último decenio entre las de mayor crecimiento dentro del sector industrial, por lo que fueron incluidas todas las fábricas de cemento, las de hormigón y las concreteras, así como una selección de canteras, de cerámicas, de mosaicos, tejas, ventanas de aluminio y otras.

Contratista

Hay una amplia selección de las más importantes, tanto las antiguas desde comienzos de la República hasta las muchas constituidas durante el último gobierno de Fulgencio Batista promovidas por el auge de las edificaciones y de las obras públicas financiadas por la banca paraestatal, en especial el BANDES y la Financiera Nacional.

Industria azucarera

Aparece el total de los 161 centrales, varios de ellos agrupados bajo un *holding,* o una firma, o pertenecientes a un mismo propietario. Eran los mayores propietarios de tierras, controlaban directa o indirectamente las siembras de caña, muchos estaban entre los principales ganaderos y de otros cultivos, además de poseer industrias derivadas de la caña, todas adyacentes al central, lo que se señalan en las respectivas *fichas.*

Industria no azucarera

De las ramas industriales no azucareras ni productoras de tabaco, cigarros o materiales de construcción se incluyeron todas las importantes por sus ingresos, a todas las de más de 100 trabajadores y la casi totalidad de las superiores a 50, según el censo realizado por e BANFAIC en 1954.

Así, mientras en las ramas cerveceras, jabonerías, neumáticos, vidrio, refinerías de petróleo, papel, fósforos, aceite comestible, pinturas, aceros y molinos de trigo, abarca el total de las firmas, se seleccionaron sólo las más importantes entre textileras, calzado, madereras, roneras, embotelladoras de refrescos, confituras, lácteos, molinos de arroz, mezcladoras de abonos, productos químicos, conservas y embutidos y otras, así como algunas producciones pequeñas, pero únicas.

Se excluyeron las rudimentarias industrias artesanales organizadas bajo el control de los intermediarios en algún paso de las relaciones mercantiles mediante los llamados "chinchales" o bajo el sistema de trabajo a domicilio, tales como talleres de confecciones, de calzado, de torcidos, de maderas, que, según algunos cálculos, sus trabajadores representaban 2/3 partes del total de los empleados en el sector industrial.

Inmobiliarias

Aunque prácticamente no existía propietario grande o mediano que no poseyera bienes inmuebles, puesto que en ellos solía invertirse el ahorro, lo que estaba arraigado y generalizado desde la colonia, sin embargo, la mayoría no se agrupaba bajo sociedades mercantiles.

No obstante, aparecen algunas fundamentales por su peso y por su historia, tales como las urbanizadoras de los *Repartos* más exclusivos así como de los ambiciosos proyectos de desarrollo de la zona de Habana del Este, el más importante plan de especulación con bienes raíces del último período.

En algunos otros casos, por la importancia de sus propietarios.

Minas

La selección abarca casi el universo y, junto a las grandes minas de níquel y de cobre, están las menores de manganeso, de oro, hierro, cromo, zinc y otras de cobre –las más abundantes– en buena medida fomentadas durante el período más reciente.

También, las de prospección y explotación petrolera de gran auge a partir de mayo de 1954 con el descubrimiento del yacimiento de Jatibonico en Camagüey.

Prensa

De este sector, influyente con independencia de su peso económico, que tenía Cuba el mayor desarrollo cuantitativo y cualitativo de América Latina, se realizó en consecuencia una selección especial.

Se presentan las principales firmas, tanto de la prensa plana nacional y de provincias como de las radiodifusoras nacionales, así como el total de las teleemisoras. Además, una amplia gama de publicitarias que incluyen tanto las primeras del mercado según el monto de sus anunciantes como otras de no tanto peso dada la hipertrofia para la época de tal actividad en nuestro medio.

Seguros

Las más importantes eran las dedicadas a los seguros de vida, la mayoría de las cuales eran filiales extranjeras, seleccionándose algunas junto a las pocas importantes de capital cubano dedicadas a otras ramas como los accidentes de trabajo, las fianzas, etc., además de algunas firmas de corredores y representantes de casas extranjeras.

Servicios

Las principales empresas de la rama de servicios eran las 2 grandes firmas norteamericanas –las más rentables del país– una dedicada a la generación y distribución de la energía eléctrica y la otra a la telefonía, junto a las cuales aparecen también otras menores de electricidad así como los productores y distribuidores de gas doméstico en la capital.

Se añadieron algunas concesionarias de acueductos, de terminales marítimas y muelles, de mercados de abastos y de servicios de comunicación, y, por su importancia, proyectos de producción de energía termonuclear, hidroeléctrica y otros mediante hidrocarburos.

Tabaco

El sector tabacalero –de gran importancia en nuestra producción y en nuestra historia económica– estaba integrado por 3 *ramas*, o sea la producción del tabaco torcido o puro "habano", la de los cigarrillos (llamados en Cuba cigarros) y la de los almacenistas que comercializaban la hoja, refaccionaban y compraban a los vegueros y exportaban los rubros. Estos intereses en muchos casos estaban coligados bajo los mayores y más importantes empresarios operando bajo una misma firma o varias de ellas.

Se incluyeron todos los fabricantes de cigarros y, en rama del torcido, a aquellos que controlaban las principales *marcas*, así como una amplia representación de los almacenistas.

Transporte

Con un gran desarrollo en relación a la mayoría de los países de América Latina, en los últimos años el sector confrontó serias dificultades financieras y de rentabilidad y una tendencia impulsada por intereses palaciegos hacia la monopolización en la carga por camiones, en las rutas aéreas, navieras y en el transporte urbano.

Contaba con algunas de las empresas mayores del país: las 2 grandes ferroviarias, la de aviación y las 2 rutas de ómnibus urbanos de la capital. Junto a ellas se eligió a la mayoría de las principales rutas de ómnibus interprovinciales, a los urbanos de Santiago de Cuba, a las otras 3 líneas aéreas, algunas agencias de aerolíneas extranjeras y a las consignatarias y navieras cubanas y extranjeras más importantes.

Turismo

El turismo fue de las actividades con mayor expansión en los últimos años, distinguiéndose los hoteles y moteles de primera importancia construidos en el período, junto a alguno de los anteriores en todo el país, así como los principales cines y teatros y centros de recreación de la capital.

Varias

Por último, se incluyeron algunas firmas atípicas pero de gran importancia, tales como algunos de los principales Bufetes jurídicos dedicados a las cuestiones mercantiles al servicio de los grandes negocios y su promoción, algunas de las clínicas privadas más selectas así como algunos principales colegios privados, en ambos casos propiedad de particulares y no de comunidades religiosas, sociales, étnicas, regionales o corporativas.

3.-SOBRE LAS FUENTES DE INFORMACIÓN

El particular modelo económico cubano estableció pocas fuentes documentarias donde obtener información empresarial, sobre todo la referente a la propiedad, a la par que, en aquellos casos donde legalmente se estipulaba su emisión o publicación, se confrontaba la no observancia o su ausencia de veracidad.

La clase empresarial cubana se caracterizó, en especial en el período posterior a Machado, por una extrema reserva en lo referente a su propiedad y, en general, a toda información financiera. En realidad estas informaciones en Cuba eran información clandestinas o reservadas.

En efecto, la variada documentación engendrada en otros países por las necesidades y los controles del sistema impositivo de una parte y, de otra, por las diferentes regulaciones y modalidades del mercado de capitales, que por sí misma son suficientes para satisfacer la indagación más exigente, en nuestro caso no eran válidas, o no eran asequibles, o sencillamente no existían bajo el modo de operar poco convencional de nuestro capitalismo.

Así, el Ministerio de Hacienda, el organismo recaudador, era una de las instituciones más débiles, sin prestigio y en extremo corrupta por lo que las declaraciones de impuestos carecían en muchos casos de fidelidad o de la necesaria amplitud.

De otra parte, la actitud conservadora de la clase empresarial cubana ante la inversión y la expansión de su capital determinó la ausencia de un verdadero mercado de capital. Las empresas no estaban motivadas para informar ni persuadir a potenciales inversionistas puesto que la inmensa mayoría no eran públicas, ni tampoco como es usual y universal, estaba claramente regulado como requisito para negociar en la anémica Bolsa de La Habana, a la par que los financiamientos a largo plazo sólo estaban presentes en la banca paraestatal fundada en la década de 1950.

Aunque el Código de Comercio vigente entonces obligaba en su artículo 157 a publicar en la Gaceta Oficial los balances contables, tal estipulación era en general desconocida y su incumplimiento carecía de sanción alguna. Sólo se observaban con alguna disciplina ciertas reglamentaciones específicas para el sector de la banca a partir de la creación del BNC, así como para las firmas de seguros y para las ferrocarrileras, éstas últimas con una legislación particular vigente desde la Orden 34 del Gobierno Interventor de 1902.

Salvo en muy contadas excepciones no era habitual revelar o facilitar el acceso público a sus balances y otros instrumentos contables y menos aun a registros y libros sobre la propiedad.

Tal actitud remisa se fundamentaba, además de por la política conservadora ante la inversión y expansión de capital, por las frecuentes crisis y quiebras desatadas por factores no controlables, a lo que se unían intereses espurios para el ocultamiento de propiedades y fortunas por parte de políticos y otros con orígenes delicados o controvertidos, así como la diseminada evasión fiscal, práctica común.

Si el siglo XIX y los primeros años republicanos se caracterizan por una conducta más abierta y sin muchas reservas sobre esas informaciones, en el período siguiente esa actitud irá bruscamente estrechándose hasta casi desaparecer.

Mientras los pequeños propietarios, y algunos medianos, no eran remisos a revelar sus bienes y actividades, los grandes empresarios residentes en Cuba mantuvieron al respecto en los últimos decenios un mutismo casi absoluto apoyados por la escasa legislación que no los compulsaba así como por la ausencia de su propio interés inversionista.

A ello se agregaba el rechazo de gobernantes y políticos a legislar un ordenamiento pleno en el campo empresarial, fiscal o bolsístico, pues la insuficiencia existente les facilitaba enmascarar sus bienes de origen turbio mediante testaferros y acciones al portador.

Por tanto, fue necesario acudir a una muy variada gama de fuentes para reconstruir literalmente la historia de cada empresa. En fin, cada *ficha* ha sido el resultado de injerir diversas informaciones entretejidas y entrelazadas extraídas de las más variadas fuentes públicas y no públicas.

Se recurrió a las *fuentes no públicas* en prioridad a las *públicas*, en especial en lo referente al más problemático acápite de la propiedad y, dentro de aquellas, adecuado a la realidad cubana, preferentemente a las siguientes:

A) Los Libros de Accionistas donde se registraban los tenedores de acciones nominativas y sus traspasos, cuya confección y actualización eran de carácter obligatorio según el artículo 162 del Código de Comercio.

B) Los informes de la banca comercial sobre sus clientes, tanto los elaborados por sus propios Departamentos de Créditos como por las agencias que brindaban el servicio.

C) Los presentados por los solicitantes de financiamiento a las instituciones de crédito, tanto privadas como paraestatales.

D) Las inspecciones realizadas periódicamente por el Departamento de Inspección del BNC a la banca comercial en lo que respecta a los clientes y su cartera de créditos, así como las actas, correspondencia y otra documentación sobre la cuestión originada por aquellos a demanda del banco central.

E) Las evaluaciones realizadas por los Departamentos de Inversiones de los bancos paraestatales BANDES, BANFAIC y la Financiera Nacional de

Cuba sobre los solicitantes de créditos, o sobre sus clientes deudores o los realizados por éstos a petición de ellos.

F) Los elaborados con posterioridad a 1958 por parte de los interventores pertenecientes al MRBM, del INRA y otros organismos.

G) El Registro Central de Compañías Anónimas y los Registros Mercantiles donde se inscribían la constitución y las reorganizaciones de las sociedades mercantiles.

H) Las evaluaciones, análisis y estudios realizados por organismos de la Administración Pública o por instituciones privadas sobre un sector, una rama, una empresa o grupos de empresas con propósitos inversionistas, fiscales, laborales, productivos, etc.

En lo que respecta a las *fuentes públicas*, las más valiosas en orden de importancia fueron:

A) Las muy escasas publicaciones de carácter oficial sobre información especializada y nominada referidas a empresas, como por ejemplo el "Directorio Comercial" editado por la Sección de Estadísticas del Municipio de La Habana, la Encuesta del BANFAIC sobre las industrias del país, la "Estadística de la Industria Azucarera de la República de Cuba" de la Secretaría de Agricultura, Comercio y Trabajo y otras.

B) Los Directorios o publicaciones con datos de identificación sobre empresas y propietarios clasificados bajo criterios diversos, como la "Gran Guía Comercial e Industrial Mercurio", las muy valiosas y completas, exclusivas del sector azucarero, tales como "Manual of Sugar Companies" de Farr and Company; "The Gilmore, Manual Azucarero de Cuba", editado por Gilmore Publishing Co., New York y el "Anuario Azucarero de Cuba" de Cuba Económica y Financiera. También varias de tipo general de la época colonial y los primeros años republicanos.

C) Las ediciones de las diferentes asociaciones corporativas que congregaban a las empresas según los diferentes sectores y ramas, tales como las ganaderas, las del tabaco, las cafetaleras, las de los detallistas, la de la propiedad urbana, la de los hacendados, la de los colonos, etc.

D) Las periódicas especializadas en la actividad económica y financiera, editadas por particulares como el antiguo periódico "Mercurio" o la imprescindible revista "Cuba Económica y Financiera".

E) Revistas regulares, folletos y publicaciones eventuales editadas por firmas privadas como "Cuba Química" de la Casa Turull; "Gordejuela" de "J. Arechabala y Compañía"; "Bacardí Gráfico" publicado trimestralmente por "Ron Bacardí S.A., Compañía" desde 1956, etc.

F) Monografías, ensayos y estudios centrados en determinadas empresas editados en los últimos años en Cuba, entre ellos el clásico "El Ingenio" de Manuel Moreno Fraginals; "El Asalto a Cuba por la Oligarquía Yanquee" de

Oscar Pino Santos; "Caminos para el Azúcar" de Oscar Zanetti y Alejandro García; "Monopolios Norteamericanos en Cuba" de varios autores; "Los Monopolios Extranjeros en Cuba 1898-1958" de varios autores; "Banes: Imperialismo y Nación en una Plantación Azucarera" de Ariel James; "United Fruit Company: Un Caso de Dominación Imperialista en Cuba", de varios autores; "Tabaco en la Periferia" de Jean Stubbs; "La Esso en Cuba" de Erasmo Dumpierre, y otras.

G) La amplia obra de historiografía local que desde el siglo pasado fue característica en el país, muchas de las cuales informan y evalúan las empresas y los empresarios regionales, muy al contrario al estilo usual en las más conocidas y empleadas obras de carácter general o nacional.

H) Otras bibliografías que incluyen órganos de prensa y libros y revistas del más variado espectro y época.

III.– Fichas de empresas

1- ABBOT LABORATORIOS DE CUBA
Laboratorio de productos farmacéuticos "Abbot", sito en San Nicolás N°160, La Habana, que era una filial de casa matriz norteamericana.

1 El Dr. Ramón Cora, quien estaba casado con Elizabeth Jonhson, era su vicepresidente y gerente general.

2- ABELARDO TOUS Y COMPAÑÍA
Casa comercial importadora destinada a equipos de oficina tales como máquinas de calcular, de escribir, de sumar, protectoras de cheques, etc., sita en O'Reilly N° 509, La Habana, con sucursales en Artemisa, Matanzas, Santa Clara, Camagüey y Oriente, que era cliente del "Núñez, de los "Colonos", "de la Construcción", del "Boston" y del "City".

1 Era propiedad de Abelardo Tous Fernández, quien fuera fundador y accionista menor, junto a sus hijos Humberto y Abelardo Tous González, del "Banco de la Construcción".

3- ABISLAIMAN E HIJO
Almacenista de joyas y relojes y joyería "Riviera", distribuidor exclusivo de los relojes "Rolex", sita en Galiano N° 456, La Habana, que era cliente del "Boston".

1 Era propiedad de Julio Abislaiman Faade, quien también era socio de "Miralda S.A., Importaciones Exclusivas"(VER), un almacén de efectos eléctricos.

4- ABUIN, LÓPEZ Y COMPAÑÍA
Fábrica de chorizos (97%) y morcilla (3%), jamones, tasajo marca "El Miño", así como fabricante de bolsas de cellophane, con 47 trabajadores en Ayestarán 361, La Habana, que era cliente del "Gelats".

1 Propiedad de Severino Abuín y de Gabriel López.

5- ACCESORIOS PATRICK
Fábrica para accesorios de autos y camiones, en especial filtros, con 15 trabajadores, ubicada en Meireles N° 251, Calabazar.

1 Capital ascendente a $25 500 suscrito por 4 accionistas. Su propietario principal era Manuel Menéndez Heyman (VER "ASPURU Y COMPAÑÍA"), su presidente, con $14 500. Patricio Pérez Armas, su tesorero, tenía $3 000.

2 Se constituyó el 26 de enero de 1954.

6- ACEITES VEGETALES S.A.
Fábrica refinadora de aceite de soya, de algodón y de maní "El Cocinero" y de torta de harina para pienso y jaboncillo así como de abonos químicos y almacenista de víveres y licores, con 200 obreros, ubicada en 26 y 11, Vedado. Era, junto con la fábrica de aceite de maní de la "Hershey Corporation" (VER), una de las dos existentes en ese rubro de gran demanda.

1 Tenía un capital pagado ascendente a $282 400. Su propietario principal y presidente era Benjamín Menéndez García(VER "MENÉNDEZ Y COMPAÑÍA"), español, que controlaba el 32.09 % del total de las acciones que, sumadas con las de su hermano Félix, totalizaban el 43.50 %. Menéndez representaba también a la sidra española "La Zagala", así como la "Agencia de Conservas Asturianas", "Aceites Autrán" y la sardina "Coca". Era el principal propietario en el sector tabacalero y presidente y principal de "De Seguros la Mercantil S.A., Compañía"(VER).
Los otros accionistas importantes eran Stanton y William Waterman quienes tenían el 27.20 % de las acciones, Herta Napier con el 12.60 % y José Ramón Suárez Fernández con el 6.07 %. Otros accionistas miembros de su Comité de Dirección eran Isidro Gutiérrez, Teófilo García y Ramón González, todos vocales, y Francisco García Gual, tesorero. Actuaban como vicepresidente José y Alonso Menéndez García, hermanos del presidente.

2 Fue la primera fábrica de aceite del país, fundándose en 1930 por Benjamín Menéndez, su presidente; Faustino Grana, vicepresidente; así como Félix, Alonso y Francisco Menéndez, Eugenio Menéndez, Juan Menéndez, José Inclán –casado con Rosario Menéndez, socia comanditaria de "Menéndez y Compañía"(VER), la que fallecería ya viuda el 9 de abril de 1943– y Andrés Garrudo.
Se había constituido el 7 octubre de 1933 aunque 3 años antes se había fundado la marca. El 18 de abril de 1940 se reestructuró siendo su presidente Antonio Méndez Sumalla, español, que poco después fuera sustituido por Faustino Grana García. Integraban también su dirección los hermanos Benjamín, Félix y Alonso Menéndez García, Juan Menéndez Delgado y Cipriano Fernández Olivares.

3 Tenía maquinarias sencillas y anticuadas. Importaba el aceite crudo de soya, el de algodón y el de maní los que refinaba bajo la marca "El Tesoro". Tenía en proyecto erigir una nueva fábrica en la doble vía de Rancho Boyeros debido a que el Ministerio de Obras Públicas pretendía confiscarla por estar en zona residencial por lo que solicitaron al BANDES préstamos por $1 000 000 que le fue denegado.
Sus activos corrientes ascendían a algo más de $500 000, sus utilidades a alrededor de $70 000, sus ventas anuales a $1 300 000 y gozaba de una buena administración.
El 7 de noviembre de 1958 fue favorecida con una amplia exención fiscal y arancelaria que desde 1955 había solicitado según los términos de la Ley-Decreto N° 1038 de 1953.
Sus acciones se cotizaban en la Bolsa de La Habana. Recibía créditos bancarios para refaccionar a los cosecheros de maní a través de agentes que corrían con los riesgos. Cliente del National City Bank y del Royal Bank.

7- ACEROS UNIDOS DE CUBA S.A.
Fábrica de cabillas corrugadas a partir de billets o palanquillas importadas, con capacidad para 30 000 Ton, que representaba 1/3 aproximado del consumo nacional, con 90 obreros, ubicada en San José de las Lajas, con oficina en Mercaderes N° 213. La 2ª en el giro después de "Cabillas Cubanas S.A." (VER).
Tal como sucedía en "Antillana de Acero S.A."(VER), la firma de la competencia sus propietarios eran un grupo de accionistas también importadores de ferretería gruesa que controlaban de un 40 a un 60 % de las ventas de cabillas. Algunos de ellos eran accionistas además de "Antillana de Acero S.A.".

1 Su presidente era Lutgardo L. Aguilera Supervielle, presidente también de "L.G. Aguilera y Compañía"(VER); su vicepresidente, Francisco Sobrín Ovalle, vicepresidente también de "Importadora Sobrín S.A., Compañía"(VER); y el tesorero, Arturo Calvo Lozano, vicepresidente de "Ferretería Calvo y F.Viera S.A."(VER). Otros socios eran las ferreterías "Hierro Material Cubana S.A." (VER), "Ferromar S.A."(VER), "Sixto Campano"(VER), "Corporación Mercantil Centroamericana S.A."(VER), "Ferretería Canosa S.A." (VER) y "José Junquera y Compañía"(VER).

2 Comenzó a operar el 1° de marzo de 1958 iniciando competencia con "Cabillas Cubanas S.A."(VER), quien hasta entonces era la única planta productora de cabilla, lo que trajo como consecuencia que el precio de la cabilla cubana disminuyera en relación a la de importación.

La Federación Nacional de Trabajadores de la Industria Metalúrgica y Similares en carta a Joaquín Martínez Saenz del 28 de marzo de 1957 se opuso a su apertura argumentando que afectaría sus intereses de trabajo en "Cabillas Cubanas S.A." y en "Antillana de Acero S.A.".

3 Solicitaron financiamiento por $600 000 al BANDES quien lo rechazó haciéndole concesiones a los criterios del sindicato siendo finalmente financiado por el "Banco Continental". Cliente del Banco Continental por $600 000.

8- ÁCIDOS E HIPOCLORITOS S.A.

Industria química de ácido muriático (41.24 % de la producción), ácido sulfúrico (25.74 %), cloro (19 %) y sosa (13.5 %), con 116 obreros, ubicada en el Reparto Victoria en Sagua la Grande. Una de las más importantes en su rubro, siendo en alguno de ellos la única productora.

1 Propiedad del Ing. Mario Pedroso Montalvo en sociedad con José Fernández Gutiérrez, el Dr. Armando Rodríguez-Lendián Lliteras, Oscar Palmer de la Hoz y el Dr. José de J. Portela Portela, quienes eran presidente, vicepresidente 1°, vicepresidente 2°, administrador general, tesorero y vocal respectivamente.

Todos ellos eran también accionistas y ejecutivos de "Silicatos Cubanos S.A." (VER), otra planta de productos químicos, ubicada también en Sagua la Grande cuya puesta en marcha se realizara en 1954 y 1956.

Pedroso, presidente del Habana Yacth Club, había sido administrador de los centrales Báltony y Borjita durante los años 20. El Dr.Armando Rodríguez Lendián era propietario familiar de "Casa Vasallo S.A."(VER), un comercio de efectos eléctricos y deportivos.

2, 3 Había sido fundada en 1940 por un grupo de accionistas entre los que se encontraban los propietarios actuales, operando hasta 1952 bajo la razón social de "Electroquímica de Sagua la Grande S.A.". Su producción apenas satisfacía la demanda.

9- ADELAIDA, COMPAÑÍA AZUCARERA S.A

El "Adelaida" era el 39° central en capacidad de producción (330 000 @), con el 40° RI, 1 063 caballerías de tierras propias, 2 970 trabajadores y la 2ª destilería en capacidad, situado en Falla, Morón, Camagüey.

1 Tenía un capital emitido ascendente a $1 500 000, siendo uno de los 7 centrales propiedad de la "Sucesión de L. Falla Gutiérrez"(VER), el 2° grupo más importante de los hacendados cubanos y el 3° en relación a la capacidad de producción(2 910 000 @ diarias).

Alejandro Suero Falla era su presidente; Julio Prado, el vicepresidente; Agustín Batista, tesorero; Segundo Casteleiro, vicetesorero; Miguel Cervera Falla y Viriato Guitiérrez Valladón, ambos vocales.

2 El Adelaida había sido fundado en la antigua hacienda "Nauyú", comprada el 13 de agosto de 1915 a "The Nickerbocker Company" de Nueva York por Laureano Falla y otros intereses españoles entre los que se encontraban Segundo Casteleiro Pedrera, su tesorero, cofundador de "Sucesores de Casteleiro y Vizoso S.A."(VER) donde Falla era su socio.

El central, al que se le puso el nombre de una de las hijas de Falla –la que se casaría con Viriato Gutiérrez– se comenzó a construir en abril de 1916 y alrededor de él surgiría el nuevo pueblo llamado de Falla, al que el 21 de diciembre de 1933, tras la caida de Machado, se le cambiaría momentáneamente su nombre por el de Nauyú debido a las relaciones de la familia con el gobierno depuesto.

El central pasaría en 1921 a la total propiedad de Laureano Falla Gutiérrez con algunas acciones conservadas por Casteleiro.

3 Tenía un capital líquido ascendente a $4 000 000, activos por $5 000 000 y altas utilidades que en 1953 fueron de $408 000, en 1954 de $532 000, en 1955 de $600 000, en 1957 de $1 000 000 y en 1958 de $823 000.

Contaba con una destilería operada desde 1944 por la "Nauyú Distilling Company"(VER), la segunda mayor, con una capacidad de 21 134 gls., así como con su propio aeropuerto. El administrador del central era Viriato Gutiérrez Falla, miembro del clan, nieto del fundador e hijo de Viriato Gutiérrez.

10- ADOLFO E HIJOS
Fabricante de dentífricos, jabón de tocador y perfumes, representante y distribuidor de medicina, perfumes y fajas de señoras, sito en Jústiz Nº 19, La Habana. Era representante de la crema dental "Ammident", de la brillantina "Wildroot", de los creyones de labios, talcos y polvos faciales "Pond's", del desodorante "Arrid", del jabón de tocador "Lux", de la loción y polvos faciales "Lanolin Plus".

1 Era propiedad de Adolfo H. Kates, su gerente, belga, ex-presidente de la Asociación de Anunciantes de Cuba, Grado 33 de la Masonería, entusiasta yachtista, uno de los 100 socios más antiguos del HYC, fundador del Miramar Yatch Club y, en 1930, del "Almendares Yatch Club". Su hijo, José H. Kates Stymen, ex miembro del ejecutivo de la "Cámara de Comercio de la República de Cuba", era el director general de la firma.

3 Cliente del "City" y del "Royal".

11- AEROVÍAS Q S.A.
Una de las 4 aerolíneas comerciales existentes en el país, con el nombre comercial de "Aerovías Q" y oficinas en Paseo del Prado Nº 12.

1 Propiedad principal de Fulgencio Batista (VER "DE INMUEBLES S.A., COMPAÑIA"). Otros accionistas menores eran el Coronel Silito Tabernilla con el 8 % y Julio Iglesias de la Torre con el 7 % (VER "PETROLERA SHELL DE CUBA, COMPAÑIA").

Tabernilla, hijo del Mayor Gral. Francisco Tabernilla Dolz, jefe del Estado Mayor Conjunto del Ejército de 1952-58, era general jefe del Regimiento Mixto de Tanques y Jefe de Despacho de Batista, quien lo distinguía personalmente. Tenía organizado el contrabando de mercancías a través de los aeropuertos militares, parte de cuyas mercancías vendían a través de Alfredo Zaydén en el comercio sito en Calzada y 14, Vedado.

2 Había sido fundada el 28 de septiembre de 1945 por Manuel Quevedo Jaureguizar, quien la operaba desde el aeropuerto de Columbia empleando al personal, el combustible, las piezas de repuesto y otros abastecimientos militares, pues los jefes militares la utilizaban para introducir contrabando.

Quevedo, su antiguo propietario, vendió el 14 de mayo de 1957 el 75 % de las acciones a Iglesias, quien a su vez las endosaría a Batista a la vez que recibía un préstamo por $893 000 con garantía del 25% de las acciones que conservara.

3 Tenía rutas nacionales así como internacionales con México, Haití y EE.UU., donde la principal era Cayo Hueso-La Habana.

12- AGRÍCOLA ARROCERA MACEO S.A., COMPAÑÍA

Fincas dedicadas al cultivo de arroz, ubicadas en Santa Cruz del Sur, en el sur del central Vertientes y en Florida Camagüey.

1 Su propietario principal era Pedro R. Rodríguez Penín (VER "CENTRAL MACEO S.A.") quien controlaba 215 acciones de un total de 500 y era su presidente. Los otros accionistas eran Fernando Robaina Leiseca y Fernando Robaina Reyes, quienes eran vicepresidente-administrador y vicepresidente-tesorero respectivamente y poseían cada uno 75 acciones. Por último estaban Luis Tomás Velasco Pérez con 65 acciones y el coronel Alberto del Río Chaviano con 75 acciones.

2 Se constituyó el 29 de julio de 1953 y comenzó a operar a mediados de ese año en la finca "Las Mercedes", ubicada en Florida, Camagüey, propiedad de Alejandro Fidel del Río y Josefa Chaviano, padres del coronel Del Río Chaviano. Al año siguiente adquirieron la finca "La Lima" de 164 caballerías.

3 Estaba valorada en $825 000 según los propietarios y en $535 375, según BANFAIC. El 20 de diciembre de 1954 este último le prestó $309 268 y el 17 de septiembre de 1957 el BANDES prestó $610 000 mientras el 18 de febrero de 1958 el primero le condonó los intereses y gastos del préstamo. Fulgencio Batista envió intermediarios al BANDES y al BANFAIC para que se otorgaran los préstamos. Cliente del "The Chase Manhattan Bank".

13- AGRÍCOLA CAYO TORO S.A.

Finca dedicada al cultivo de arroz y ganado.

1 Propiedad de Leopoldo Aguilera Sánchez, con capital por $339 000.

3 Capital de trabajo por $36 000. Tuvo gran éxito en la cosecha de arroz en 1957, fomentando entonces la ceba de ganado. Cliente del Banco Boston con préstamos por $20 000.

14- AGRÍCOLA DAYANIGUA S.A., COMPAÑÍA

Fincas "La Lima", La Ciénaga" y "Dayanigüas" con 1 000 caballería de extensión, destinada al cultivo del arroz, con un molino, así como a la siembra experimental de algodón, ubicada en Paso Real de San Diego, Pinar del Río.

1 Propiedad de la familia Hedges, norteamericanos residentes en Cuba, propietarios de las 2 fábricas textiles más importantes, la "Textilera Ariguanabo S.A., Compañía"(VER) y la "Rayonera de Matanzas S.A., Compañía"(VER).

2 La Hacienda de Dayaniguas había sido fundada en 1569 por Juan Gutiérrez, habiendo pasado a la propiedad de la familia Calvo de la Puerta y, por vía matrimonial, a los Zayas Bazán desde comienzo del siglo XVII hasta 1724.

3 Comenzó la siembra experimental del algodón en 70 caballerías en 1952, obteniendo rendimientos de 16 500lbs. por caballería, pudiendo iniciar cosechas comerciales en 1956-57. Fidel Barreto y Amadeo López Castro gestionaron la aplicación de los beneficios de industria nueva según el Decreto Nº 212 de 1952. El BANFAIC le concedió un financiamiento el 19 de agosto de 1953 por $309 608. También en 1953 recibío un préstamo del Banco Boston por $100 000 destinados a los experimentos para la siembra de algodón.

15- AGRÍCOLA DEFENSA S.A., COMPAÑÍA

El "Washington" era el 52º central en capacidad de producción(320 000 @), con un RI bajo de 12.09 (el 135º), 2 835 trabajadores y 10 caballerías de tierras propias, situado en Manacas, Las Villas. Tenía la 5ª refinería y la 18ª destilería. Tenía una asociada(VER "AGRÍCOLA PUNTA FELIPE S.A., COMPAÑÍA") del mismo propietario que molía más de 18 millones de @ de caña.

1 Propiedad de Fulgencio Batista Zaldívar (VER "DE INMUEBLES S.A., COMPAÑÍA"), a nombre de la "Inmobiliaria Rocar S.A., Compañía"(VER), quien además poseía al menos otros 2 centrales "Industrias Andorra S.A."(VER) y "Rancho Veloz Sugar Company S.A."(VER), amén de intereses en la "Azucarera Atlántica del Golfo S.A., Compañía"(VER). Sus centrales tenían una capacidad total de 935 000 @ diarias, que lo convertía en el 14º hacendado y el 6º entre los de capital no norteamericano.

2 Lo había comprado en 1941 a través de Francisco Blanco Calás (VER "AZUCARERA CORAZÓN DE JESÚS S.A., COMPAÑÍA") y fue su primer central, comprando posteriormente el Constancia (A) en 1949 y, finalmente, el Andorra en 1955. Mario Miranda Blanco, sobrino de Blanco Calás, fungió como su presidente tras la compra.

Varios de sus antiguos funcionarios eran figuras importantes en el gobierno: Fidel Barreto, Ministro de Agricultura, había sido su administrador y Jorge García Montes, Primer Ministro, su secretario. José Luis Pujol –cuyo hijo José Luis Pujol León fuera designado Consejero Consultivo y Representante a la Cámara electo en 1954– fungía como presidente y Juan Fernández Oller como vice.

Fue fundado en 1899 por Cirilo Gonzàlez, cubano. Con posterioridad la familia Rionda se convertiría en importantes accionistas de él. La "Washington Sugar Company", firma registrada el 1º de abril de 1910 en Nueva York con un capital ascendente a $1 600 000, pasó a controlarlo a partir de este año, siendo presidida por Walter E.Ogilvie; Manuel Rionda era el vicepresidente; Bernardo Braga Rionda, el vicepresidente II; Manuel E.Rionda, tesorero; y directores eran además George R.MacDougall y Adolfo Pavenstedt. José B. Rionda era su administrador.

"Armour y Compañía S.A."(VER), filial en Cuba de la firma norteamericana bajo el control del Grupo financiero de Chicago, había sido su propietario, junto con el Araujo y, desde finales de los 20, el Por Fuerza, propiedad entonces de la firma "Casas y Sardiñas" de Calimete, los cuales había adquirido mediante adjudicaciones debido a quiebras y deudas de sus antiguos propietarios como acreedores de los préstamos refaccionarios a que entonces se dedicaba la firma que, desde los primeros años del siglo XX, había establecido una planta de fertilizantes en Matanzas. En los años 30, junto con el central Por Fuerza, pasaría a la propiedad, entre otros, de Elisha Walker de New York y John E. Sanford de Atlanta hasta 1941 que lo vendieron.

3 Tenía una destilería construida en 1943 con capacidad de 5 573 gls diarios –la 18° mayor– pero estaba inactiva y la refinería tenia capacidad para 8 000 qq. diarios siendo la 5ª mayor. Tuvo varios nombres: San José, después Hatuey hasta 1910 y en 1911 adoptó su actual nombre. En 1931 y 32 no molió.

16- AGRÍCOLA DELTA S.A., COMPAÑÍA
Colonia con cuota de 3 659 139 @ de caña en el central Resulta, situado en Sagua la Grande, Las Villas.

1 Era propiedad de la familia Beguiristaín (VER "AZUCARERA CENTRAL RESULTA S.A., COMPAÑÍA"), quienes también lo eran del central.

2 Fue constituida el 7 de enero de 1955.

17- AGRÍCOLA DEL CARIBE S.A.
Finca de arroz "Las Vegas ", de 175 caballerías, ubicada en Consolación del Sur.

1 Propiedad de Luis Roca Roca, que era su presidente y vivía en Mazón 19 en Manzanillo Oriente, siendo propietario también de "Agrícola Palo Alto"(VER).

2 Se constituyó en Panamá el 10 de julio de 1952. Recibió financiamiento del BANDES por $615 500 en octubre de 1958.

18- AGRÍCOLA ESPERANZA S.A., COMPAÑÍA
Colonia de caña denominada "Virginia" con 1 800 000 arrobas de cuota de molienda para el central "Algodones", ubicado en Ciego de Ávila.

1 Propiedad de los hermanos Vázquez Alvarado. Guillermo, Joaquín e Ignacio eran el presidente, el tesorero y el secretario respectivamente. Junto a su padre, Gerardo Vázquez López, colono con más de 20 000 000 de arrobas y a Gerardo Vázquez Alvarado, con otra colonia de 5 000 000 arrobas, se encontraban entre los principales colonos de la provincia. Este último también poseía la "Compañía Agrícola Santa Lucía", colonia con una cuota de 2 391 000 arrobas de caña del central Morón, ubicada en Ciego de Ávila.

3 Tenía una situación financiera buena. Recibía préstamos del "Banco de los Colonos" por $40 000.

19- AGRÍCOLA E INDUSTRIAL LA JULIA S. A., COMPAÑÍA
El "Triunfo" era un central pequeño (el 133°) con una capacidad de producción diaria de 170 000 @, pero con uno de los más altos RI de 13.62(el 17°) y 1 600 trabajadores, situado en Limonar, Matanzas.

1 Propiedad de la familia Marzol desde 1917 en que estaban entonces asociados a otros intereses. Hortensia Marzol Ibargüen era la presidenta-tesorera, Berta Morales, la vicepresidenta y Adolfo Marzol Ibargüen era su administrador desde los años 30. Antonio L. García y María Ruiz eran Directores.

2 Se fundó en 1796, el 3° más antiguo conocido.En 1892 –el año en que Havemeyer y Atkins contruían el Trinidad– fue comprado por capitales norteame-

ricanos, pasando a principios de siglo a la propiedad de Estanislao Sotelo y, en 1913, a sus herederos, quienes lo arrendaron al español Antonio Mesa Pulido.

En 1917 se traspasa a Juan Menéndez y Adolfo Marzol, saliendo el primero de ellos de la sociedad en 1924 y entrando Ricardo Oliva hasta que finalmente en 1932 sólo va a quedarse Adolfo Marzol, pasando posteriormente a Jaime Marzol Ibargüen . Adolfo Marzol era un antiguo comerciante en miel de abejas establecido en Matanzas desde 1877.

Se había arrendado a Luis Amézaga Jordán en 1923 y 1924.

20- AGRÍCOLA GANADERA EL RECURSO S.A., COMPAÑÍA

Finca ganadera dedicada a la raza cebú, ubicada en Sta Regina, Ceiba Hueca, Oriente.

1 Propiedad de la familia Rivero Hernández (VER "DIARIO DE LA MARINA S.A."), emparentados con los Sosa Chabau, propietarios del central Regina(VER "AZUCARERA SANTA REGINA S.A.,COMPAÑÍA"), donde estaba enclavada la finca. Alberto Rivero Hernández era su presidente.

21- AGRÍCOLA GUANAHACABIBES, COMPAÑÍA

Finca de 5 000 caballerías dedicada a la explotación de montes y a la ganadería extensiva en la Península de Guanahacabibes, siendo la 3ª ganadera mayor en extensión.

1 José Elías de la Torriente Ajuria era su administrador general y su copropietario a partes iguales con el Dr. A.L. García Rubio. Torriente era además presidente y administrador general de "Radio-Aeronáutica de Cuba" y tesorero de "Agrícola el Cedro S.A., Compañía" y había sido presidente de "Central Zorrilla S.A."(VER), propiedad del Cnel. Pedraza.

22- AGRÍCOLA INDARRA S.A.

El "Porfuerza" era el 69º central en capacidad de producción con 250 000 @, un RI mediano de 12.84, 2 650 trabajadores y 768 caballerías de tierras propias, situado en Calimete, Matanzas. Tenía la 6ª refinería y la 11ª destilería.

1 Propiedad de José Fermín Iturrioz, su presidente, en sociedad con Fermín Llaguno Luja, Cornelio Lartitegui Achirica y Fidel Barreto, quienes eran vicepresidentes. Iturrioz, quien controlaba además el Dos Rosas (VER "HIRES SUGAR COMPANY"), tenía entre ambos centrales una capacidad total de 430 000 @ diarias que representaba el 30º grupo en importancia y el 22º entre los de capital no norteamericano. Tenía además 5 419 caballerías de tierras, siendo el 18º mayor propietario.

Había dirigido durante muchos años los intereses de la familia Arechabala(VER "AZUCARERA PROGRESO S.A., COMPAÑÍA"), con quien estaba emparentado. Aparentemente hubo una ruptura en 1958 y el central, uno de los 2 de los intereses de los Arechabala, pasó a la propiedad de Iturrioz y el otro, el Progreso(VER "AZUCARERA PROGRESO S.A., COMPAÑÍA"), se mantuvo en la familia pasando a su presidencia José M. Arechabala Arechabala.

Barreto, Ministro y hombre de confianza de Batista, había estado relacionado con Iturrioz desde años atrás cuando había sido administrador de este central, así como del Washington que habia pasado a ser propiedad de Fulgencio Batista. Su hermano Ladislao era el jefe de maquinarias.

2 Se fundó en 1874 por Carlos Manuel García, su primer propietario, quien lo bautizó como Santa Facunda en honor de su esposa. A comienzos de siglo había pertenecido a "Pedemonte y Compañía", pasando en 1907 a "Arias y Santiuste" que lo retuvo hasta 1915. Por esta época estuvo administrado por "Urrutia, Egaña y Compañía", un agente comisionista de azúcar para la casa "Almagro y Compañía" de La Habana, importadora de carbón, con muelles propios en Cárdenas, que administraba además el central María Antonia, Guipúzcoa y Dulce Nombre, propiedad de Ricardo Urrutia, Román Egaña y Eusebio Mayol en sociedad con Pedro Huici y Eulalia e Inés Izurrieta.

En los años 20 pasaría a la "Compañía La Paz" y su administrador era Juan E.Pedemonte."Armour y Compañía S.A."(VER), filial en Cuba de la firma norteamericana bajo el control del Grupo financiero de Chicago, había sido su propietario desde finales de los 20 en que lo adquiriera mediante deudas de sus antiguos propietarios, "Casas y Sardiñas" de Calimete, acreedores de los préstamos refaccionarios a que entonces se dedicaba la firma. Fue intervenido en 1931 tras haber quebrado, pasando a Elisha Walker desde 1937 hasta 1941 en que había sido comprado por los Arechabala.

3 Contaba con una destilería desde septiembre de 1944 con una capacidad de 9 951 gls diarios y además con una refinería de 7 000 qq. diarios.

23- AGRÍCOLA JUFRA S.A.

Arrocera de 112.7 caballerías arrendada a finca Cabaiguán, ubicada en Guáimaro, Camagüey, propiedad de "The Cuba Company"(VER "CUBANA, COMPAÑÍA") y otra finca en Bayamo arrendadas el 8 de abril de 1953.

1 Propiedad de Francisco Bartés Clarens, presidente y tesorero(VER "FERROCARRILES CONSOLIDADOS DE CUBA"), Juan Vázquez Ramírez, vicepresidente y Amado Aréchaga(VER "CUBANA, COMPAÑÍA"), quien había aportado al capital la finca en Jatibonico, Bayamo valorada en $184 000, de los que el primero controlaba $100 000. Bartés y Aréchaga tenían sociedad también en otra arrocera "Arrozal Bartés"(VER).

2,3 Se constituyó el 9 de febrero de 1952. Sus activos totales en 1953 ascendían a $442 412. Recibió varios préstamos del BANFAIC, el primero por $79 800 el 27 de febrero de 1953, posteriormente otro por $45 591 y el último por $135 130 el 9 de enero de 1954. Principal cliente, junto con "Arrozal Bartés"(VER), del "Banco Godoy Sayán"(VER).

24- AGRÍCOLA LA SABANA

Finca "La Margarita", ubicada en El Cano de 10 caballerías así como otras fincas.

1, 2 Propiedad de Eusebio Mujal Barniol, secretario general de la CTC. Se constituyó el 10 de junio de 1957.

25- AGRÍCOLA NÚÑEZ BEATTIE

Finca dedicada al cultivo de arroz, ubicada en Manzanillo. Refaccionaba a los cosecheros de arroz de la zona de Manzanillo y Bayamo, para los que recibía a su vez préstamos provenientes de "Luis G. Mendoza y Compañía"(VER), quien los avalaba en el "Banco de China"(VER) oscilando entre $500 000 y $700 000.

1 Propiedad de la familia Núñez Beattie"(VER "Azucarera Vicana S.A., Compañía), propietarios del central Santa Isabel colindante.

2 Se constituyó en 1955 siendo su antecesora la "Beattie Shipping Company".

3 Tenía un alto nivel de desenvolvimiento económico y ganancias considerables. Su capital líquido ascendía a $500 000, su capital de trabajo a $171 000 y los activos a $501 000.

Cliente del "Banco Continental" con préstamo por $150 000, y del Banco de China, en donde las empresas pertenecientes a la familia Núñez Beattie recibían créditos por más de $1 000 000.

26- AGRÍCOLA OCUJES S.A.

Hacienda "Los Ocujes" con 541 caballerías dedicada al ganado vacuno y porcino con 800 cabezas.

1 Propiedad de Gaspar de la Vega, su presidente, y de Bernardo Caramés, su secretario.

2 Se había constituido en 1946 habiendo sido comprada por los propietarios actuales en 1951.

3 Sus activos totales ascendían a $200 000.

27- AGRÍCOLA PALO ALTO S.A.

Arrendataria de la finca Santa Petronila con 330 caballerías en total y 100 de arroz cultivada, ubicada en Ciego de Ávila.

1 Capital de $100 000 propiedad de Luis Roca (VER "AGRÍCOLA DEL CARIBE S.A."), presidente y cosechero de arroz en Manzanillo, de Adolfo A. Pfeffer, vicepresidente, norteamericano propietario de molinos de arroz en EE.UU. y, por último, de Julio Ramírez de Arellano, vicepresidente y además vicepresidente y propietario familiar de "Arrocera Oriental" (VER) y "Lamar y Compañía S en C" arrocera de Vertientes.

3 Tenía activos totales ascendentes a $ 788 986

28- AGRÍCOLA PUNTA FELIPE S.A., COMPAÑÍA

Diversas colonias de caña con una cuota de molida ascendente a 18 571 115 @ en el central "Washington"(VER "AGRÍCOLA DEFENSA S.A., COMPAÑÍA") situadas en Manacas, Las Villas.

1 Propiedad de Fulgencio Batista (VER "DE INMUEBLES S.A., COMPAÑÍA") quien también lo era del central

3 Era una de las 40 mayores firmas según la cuota de molida. Fue intervenida por el MRBM.

29- AGRÍCOLA SAN GABRIEL S.A.

Arrendataria de la finca "San Gabriel" de 112.9 caballerías de tierra, de las que 40 estaban dedicadas a caña y 72.5 al ganado, localizadas en Bahía Honda, Pinar del Río.

1 Propiedad, tanto de la finca como de la arrendataria, con $73 000 de capital de María Jiménez González-Núñez, esposa de Carlos Barbería Lombillo, Marqués de Bella Vista, residente en España.

30- AGRÍCOLA Y GANADERA GUACANAYABO S.A., COMPAÑÍA

Finca "Las Playas" de 115 caballerías en Bayamo y otras más arrendadas con 183 caballerías, destinada a la cria de ganado.

1 Su capital ascendía a $609 000, siendo propiedad de Francisco Monné Serio, (VER "Cuban Canadian Sugar Company"), propietario y presidente del central Río Cauto y vicepresidente y accionista del Banco de la Construcción(VER). Carlos Pérez Pentón, su cuñado, era el presidente, y Fausto Monné Serio, su hermano, era el vicepresidente.

2,3 Constituida el 3 de febrero de 1955, tenía activos totales por $646 000 y gozaba de buen crédito.

31- AGRÍCOLA YARA S.A., COMPAÑÍA

El "Sofia" era el 123° central en capacidad de producción diaria(180 000@), RI bajo de 12.09, con 2 500 trabajadores (el 67°) y 130 caballerías de tierras propias, situado en Bayamo, Oriente.

1 Propiedad de la familia Rosell que, a finales del período, al fallecer su presidente y propietario, el Dr. Teobaldo Rosell Silveira, lo heredaran. Angela Adsuar Pozzi, su viuda, era la presidenta; la Dra. Silvia Sánchez Barraqué, su nuera, secretaria; C.P.Rafael Lorié Valls, su yerno, tesorero; y el Dr. Teobaldo Rosell Adsuar, su hijo, era el administrador general.

Rosell, quien había sido jefe de despacho de la Presidencia del Gral.Machado, lo había arrendado desde 1936 –junto con el Estrada Palma– comprándolo en 1945, constituyendo entonces la razón social actual.

2 Fue fundado por Martín Miret, español, pero se desconoce el año. Pedro Valles fue su propietario en 1891 y a partir de 1895 pasa a Valles y Hermanos. Jacinto Alsina Roca lo adquiere en 1900, pasando en 1910 a sus sucesores instalados en EE.UU. y, a finales de la década de los 20, había caido bajo el control de la familia Gómez Mena(VER "NUEVA COMPAÑÍA AZUCARERA GÓMEZ MENA") junto con el Estrada Palma.

32- AGROPECUARIA HERMANOS REMEDIOS S.A., COMPAÑÍA

Criadores de ganado reproductores del tipo "Cebú" y en menor medida del "Charollaise" en finca "Cascorro" y "Carvajal" en Galbis, Camagüey, con oficina en el edificio La Tabacalera. También eran criadores de cerdos tipo "Bershire" y "Hampshire" en finca "La Pepilla" en Güira de Melena. Eran el 29° ganadero atendiendo a la extensión de sus tierras que abarcaban 1 135 caballerías

1 Era propiedad de los hermanos Carlos y Dr. Jorge Remedios, colonos con cuota por 9,6 millones de @ de cañas y un capital ascendente a $2 millones cada uno y su madre con $4 millones. Conservaban intereses en el central Río Cauto(VER "CUBAN CANADIAN SUGAR COMPANY") donde poseían bonos hipotecarios valorados en $1 millón según escrituras del 30 de octubre de 1953.

Carlos era vocal de la "Corporación Ganadera de Cuba" en 1958. Jorge era propietario, junto con el Ing.Enrique García Alemán, de una firma contratista que operaba bajo su propio nombre(VER).

2 La habían heredado de su padre Benito Remedios Langaney, el cual dejara una fortuna de más de $7 millones, así como otras tierras y la propiedad principal del central Río Cauto que comprara en 1949 en sociedad con Melchor Palomo

Beceiro, a quien, tras su fallecimiento, pasara la propiedad principal con una hipoteca a favor de su viuda.

Benito Remedios Langaney, nacido pobre en Bauta el 30 de abril de 1888 y fallecido en un incidente con un policía de tránsito en Reina y Águila el 15 de enero de 1952, se había iniciado en 1926 en la política mediante la cual hiciera una gran fortuna en propiedades agrícolas donde cosechaba frutas, frutos menores y ganado principalmente.

Fue Representante a la Cámara por La Habana en 1926, 1930, Senador en 1933 y Representante desde 1938 hasta su muerte. Bajo su padrinazgo había sacado electo también como Representante a su hermana la Dra.Balbina en 1936 y después a su esposa Adelaida y, al momento de su fallecimiento, estaba impulsando la candidatura de su otro hijo Jorge(VER).

3 Los Remedios habían estado entre los pioneros de la cría del "cebú" en Cuba. También producían papas, vegetales y frutas que exportaban, cuyas oficinas estaban en Morro Nº 158, La Habana.

33- AGROPECUARIA VIDAL, MIYARES Y COMPAÑÍA S L.

Colonia con cuota de 1 600 000 arrobas en el central Rosario y cuota de 1 000 000 de arrobas de caña en el central Limones.

1 Propiedad de Alberto Cardet, Nicasio Vidal Ramírez y Antonio Miyares López, presidente y vicepresidente respectivamente del Banco Agrícola Industrial(VER) desde su fundación hasta 1953.

Cardet era uno de los principales accionistas y presidente de la Junta de accionistas del "Banco de la Construcción"(VER). Miyares era propietario del central Amazonas ("Azucarera Amazonas S.A., Compañía", del Najasa("Azucarera Sibanicú S.A.") y del San Pablo ("Azucarera Margano, Compañía"), y tenía bajo arrendamiento el Limones ("Azucarera Canímar S.A., Compañía"). Vidal tenía intereses en el Najasa y en la arrendataria del Limones.

Los tres estaban asociados además en "Textilera Corralillo S.A."(VER), una fábrica de hilandería y tejidos.

3 Créditos de $ 45 000 en el Banco Agrícola Industrial.

34- AGROTECNIA INDUSTRIAL Y COMERCIAL S.A.

Fábrica mezcladora de fertilizantes destinados al tabaco, arroz, vegetales y caña, ubicado en calle E y Línea del Ferrocarril, Rpto. Batista. Su capacidad era pequeña y su demanda no era muy amplia pues se concentraba fundamentalmente en el tabaco.

1 Tenía un capital pagado ascendente a $150 000 y era propiedad única de Julián de Zulueta (VER "AZUCARERA CAMAJUANI S.A."), quien además era su presidente. Emilio Echávez Vilar y Manuel Sanjurjo Paz, ambos accionistas menores del "Banco Continental", eran su vicepresidente y vicetesorero respectivamente.

2 Había sido adquirida por su actual propietario como resultado de deudas de los anteriores propietarios que la habían constituido bajo la razón social de "Agrotecnia Mercantil S.A." en agosto de 1950 al comprar por $80 000 el inmueble que operaba la "Fosfonitro S.A."(VER) quien le facilitaba además la materia prima por lo que recibía un royalty. Sus activos totales en 1952 ascendían a $342 000.

En ese entonces tenía capital ascendente a $119 000, siendo sus principales propietarios los hermanos Méndez Pontigo, que controlaban entre ambos el 36.85 % del capital. Armando, su presidente, con el 25.90 % y José, secretario, con el 10.87%. Los otros socios eran Miguel A. Díaz Fernández, vocal del Consejo de Dirección, con el 36.74 % de las acciones y Domingo Rodríguez Ferrer, vicepresidente, con el 25.76.

3 Su situación financiera había ido mejorando progresivamente desde mediados de la década de los 50, habiendo alcanzado ya a finales de la misma una situación satisfactoria al aumentar sus ventas así como las utilidades que alcancanzaron alrededor de $60 000. Parte del pasivo se había liquidado y el capital líquido se incrementó, habiendo mejorado sus índices de solvencia, de liquidez y de capital.

35- AGRUPACIÓN MÉDICO QUIRÚRGICA CLÍNICA ANTONETTI S.A.
Clínica privada con el nombre comercial de "Clínica Antonetti", sita en 17 N° 702, Vedado.

1 Era propiedad de Alfredo Antonetti Vivar, su director y administrador, quien era especialista de enfermedades de las Vías Respiratorias y Profesor Titular de la Cátedra 22, Patología e Higiene de las Enfermedades Tuberculosas de la Escuela de Medicina de la Universidad de la Habana. Sus 2 hijos, ambos médicos e Instructores de la Escuela de Medicina, trabajaban en la clínica.

36- AGUAS MINERALES DE SAN MIGUEL DE LOS BAÑOS
Estación balnearia y explotación de las aguas minerales de San Miguel de los Baños, Matanzas, con oficina sita en Zequeira N° 302, Stadium del Cerro, La Habana, donde radicaba la "Distribuidora Miguel S.A.".

1 Propiedad de Manuel Abril Ochoa, quien había sido también presidente en los años 10 de "Fábrica de Ladrillos Capdevila", situada en la carretera de Vento y desde los años 30 secretario de la empresa "Diario de la Marina".

2 La firma del balneario la había constituido en La Habana en 1912 con un capital ascendente a $140 000, con oficinas sitas en aquel entonces en el edificio del Palacio Loriente en Amargura N° 11, La Habana y los depósitos en Tacón N°4 y en San Juan de Dios N°16, Matanzas y su Junta Directiva estaba integrada por él como presidente; Nicolás Merino Martín, vicepresidente; José A.González Lanusa y Vicente Loriente, vocales.

Los manantiales era conocidos desde mediados del siglo XVIII y sus aguas fueron estudiadas desde 1868 y 1894.

37- AGUAS MINERALES LA JATA, COMPAÑÍA
Embotelladora de agua mineral de manantiales con la marca "Fuente Blanca", sita en Carretera a Bacuranao, Km. 10.

1 Era propiedad de Roberto González Pérez –su gerente–, en sociedad con su hermano Carlos.

2 Con anterioridad la embotelladora había estado bajo la razón social de "González y Compañía".

38- AGUIRRE, VILLAR Y COMPAÑÍA S EN C
Confecciones de ropa para caballeros y niños con el nombre comercial de "Manufactura Hispalis" y almacén de tejidos, sito en Aguiar N° 616-618, La Habana, cliente del "Royal".

1 Era propiedad principal de Armando Aguirre Aurrecuechea.

39- AGUSTI, HERMANO Y COMPAÑÍA

Almacenista de pieles y de efectos de talabartería y zapatería, sito en Teniente Rey y Zulueta.

1 Wilfredo Agusti era su gerente.

40- ALAMILLA Y PÉREZ MENÉNDEZ

Urbanizadora y comercializadoa de las casas de 5 repartos de diferentes propietarios fomentados dentro de la llamada "Zona General de Influencia del Túnel de La Habana". Los repartos eran "Urbanizadora El Olimpo S.A." (VER), "Residencial Alamar"(VER), "Territorial Alturas del Olimpo"(VER), "Territorial Alturas de Villareal"(VER) y "Compañía de Terrenos Mirabana"(VER "URBANIZADORA EL OLIMPO S.A.). También estaba a cargo de la contratación y cobro de los solares de las 3 primeras.

1 Era propiedad del Dr. Guillermo Alamilla Gutiérrez (VER "BUFETE GORRÍN, MAÑAS, MACIÁ Y ALAMILLA") y Daniel Pérez Menéndez, pequeño accionista de "Territorial Alturas del Olimpo (VER).

Alamilla era además el propietario y presidente de "Constructora Alamar S.A." (VER), la contratista de obras de las urbanizadoras.

41- ALBARRÁN Y BIBAL S.A., COMPAÑÍA

Firma de contratistas sita en San Ignacio Nº 104 esquina a Obispo, La Habana.

1 Era propiedad del Arq. Eugenio Albarrán Varela, quien era su presidente, en sociedad con los hermanos José y Gregorio Bibal Iburuzqueta, quienes estaban también asociados en el "Banco de la Construcción", presidido por José Bibal y del cual habían sido sus propugnadores y fundadores en 1954. Manuel Fernández Campa era su gerente.

Albarrán, nacido en 1917, era catedrático de la Universidad de La Habana y Director General del Ministerio de Obras Públicas pues estaba muy relacionado con Nicolás Arroyo, Ministro del ramo en el Gobierno de Batista. Tenía intereses en varias firmas relacionadas con la construcción como en "Industrias Siporex S.A."(VER), una fábrica de bloques ligeros de concreto de la que era vicepresidente 2º; en "Constructora Desarrollo de la Construcción S.A., de la cual era co-apoderado; en "Concreto Caribe S.A." y en "Varadero Propiedad Individual S.A."(VAPI), así como en el edificio CAPI, sito en Línea y L, Vedado.

2 Había sido fundada a comienzos de los 30.

42- ALBERGUES DE TRINIDAD S.A., COMPAÑÍA

Motel Las Bocas con 64 habitaciones ubicado en el Reparto Las Bocas, puerto de Casilda, Trinidad.

1 Propiedad de tres funcionarios del Instituto Cubano del Turismo, el Dr. Mariano Domingo Morales del Castillo, su secretario y hermano de Andrés (VER "INMOBILIARIA ROCAR S.A., COMPAÑÍA") –Secretario de la Presidencia–; de Armando R. Maribona Pujol, su vicepresidente, pintor y periodista y de Manuel J. Bécquer, su delegado en Trinidad. Este último era el propietario de la finca "Playa Santa Lucía" donde se construiría el motel.

3 Su puesta en marcha estaba planeada para marzo de 1958 a un costo de $750 000. El BANDES le aprobó el 9 de octubre de 1957 un financiamiento ascendente a $375 000, aunque lo habían solicitado por $500 000.

43- ALBERT EPPINGER

Fabricante de abonos, almacenista de ferretería, de maquinaria agrícola e industrial, motores diesel y eléctricos, plantas eléctricas, molinos de arroz y equipos de regadíos, con oficina en Zulueta N° 617, La Habana.

1 Era propiedad de Albert Eppinger, quien lo operaba bajo su propio nombre.

2 Tenía su antecedente en "Paetzold y Eppinger", un almacén de víveres, casa de comisiones, agencia de seguros e importadora de sacos de yute, maquinaria para la industria azucarera, el cual era propiedad de los alemanes Carl M.Paetzold y A.Eppinger, quienes la fundaron en 1900.

Carl Hermann Theodor Maximilian Paetzold, Cónsul de Bélgica desde noviembre de 1911 y vicepresidente y presidente del Casino Alemán, había nacido en Hamburgo el 26 de abril de 1874, estudiado en Wandsbeck y comenzado a trabajar en su ciudad natal en la carrera comercial hasta octubre de 1898 en que se estableciera en La Habana. El almacén importaba arroz de Hamburgo, frijoles y aceite de oliva de Málaga, tasajo de Montevideo y Buenos Aires, maiz de Buenos Aires, sal de Texas, manteca, jamones y tocino de Chicago, café de Puerto Rico.

44- ALBERTO G. MENDOZA E HIJOS

Firma propietaria del Reparto "Habana Biltmore", con oficina en Amargura N° 205, La Habana.

1 Era propiedad de Alberto G. Mendoza Freyre de Andrade, director del "Bufete Mendoza"(VER), ex-presidente del HBYCC, miembro de una de las 7 ramas de los Mendoza y hermano de Luis (VER "LUIS G.MENDOZA Y COMPAÑIA"), de Mario (VER "SUCESORES DE ARELLANO Y MENDOZA, CONTRATISTA S.A.") y de Néstor (VER "BUFETE MENDOZA").

2 La urbanización del Reparto había sido aprobada el 8 de septiembre de 1944. Fue el último importante barrio destinado a la burguesía que se iniciara después de la II Guerra Mundial, y, como su vecino, el "Country Club Park", también sería construido y urbanizado por norteamericanos residentes en Cuba.

John McEntee Bowman y Charles Flynn fueron sus constructores y urbanizadores. Bowman, cabeza de la cadena de hoteles mayor del mundo en los años 20, había sido propietario del hotel "Sevilla Biltmore" en sociedad con Frank Steinhart, con quien también era socio en el "Jockey Club", las carreras de caballos y el "Casino". Durante años ambos habían operado las carreras de caballos en el hipódromo "Oriental Park" mediante arrendamiento de la propietaria.

3 El Reparto había construido 193 casas hasta enero de 1954 y estaban creando facilidades para un nuevo auge. El Arq.Nicolás Arroyo, Ministro de Obras Públicas, amplió la 5ª Avenida, el Acueducto de Marianao compró la finca "El Naranjo" con nuevos manantiales y a partir de 1956 se estableció una nueva rotulación de las calles.

Tenía su propia policía local que hacía patrujalle en auto y moto, empleaba los servicios de la agencia especializada "Pan American Protective Service"(VER) y estaba en coordinación con un Cuartel de la Guardia Rural establecido en Jaimanitas.

45- ALBERTO PÉREZ E HIJO
Fábrica de fósforos con el nombre comercial de "Fosforera Cubana", localizada en Infanta 1506, La Habana. Era una de las 11 que formaban parte del trust (VER "EMPRESA NACIONAL DE FÓSFOROS").

1 Propiedad de Alberto Pérez Valdés y Gustavo Pérez González. Estaba valorada en $810 000.

46- ALBERTO SOLARES Y COMPAÑÍA S EN C
Almacén de ferretería, de maquinaría industrial, materiales de construcción, accesorios de autos y camiones, efectos navales, etc., con el nombre comercial de "Ferretería Solares", sito en Concha N° 258, Luyanó, que era cliente del "Trust Company".

1 Era propiedad de Alberto Solares Rodríguez.

47- ALERTA S.A.
Periódico vespertino "Alerta", ubicado en Carlos III N° 615 esquina a Oquendo, La Habana.

1 Propiedad de Fulgencio Batista (VER "DE INMUEBLES S.A., COMPAÑÍA"), a nombre de "Inmobiliaria Rocar S.A., Compañía"(VER), y dirigido por Ramón Vasconcelos Maragliano, quien aparecía como tenedor de su propiedad que en realidad había traspasado por un contrato de compra venta suscrito por él y Ramón Santé Niebla Niebla, casado con su hijastra Rosario Allison.

Vasconcelos había sido uno de los más destacados y talentosos periodistas además de polémico político por sus constantes vaivenes entre los partidos y tendencias de turno y, tras el 10 de marzo de 1952, fungiría como Consejero Consultivo y Ministro de Comunicaciones de 1954-58 y, aunque abandonó el país en 1959, regresó en 1964 a vivir en él.

2 Se fundó el 25 de septiembre de 1935 por el "Diario de la Marina"(VER), su propietario, y su director era Jorge Fernández de Castro y José M Martínez de Zaldo, su administrador. El 29 de enero de 1949 se constituyó la firma actual y pasó a ser dirigido por Vasconcelos, quien era propietario de la mitad de las acciones entonces.

48- ALFREDO CAYRO DOBAL
1 Funeraria "Cayro-Dobal" sita en 10 de octubre N° 77, propiedad de Alfredo Cayro Dobal, quien la operaba bajo su propio nombre.

49- ALMACÉN CADAVID
1 Almacén para tejidos, sito en Monte N° 103, con un taller de confecciones en Estrella N° 17, La Habana.

2,3 Propiedad de Manuel Cadavid Arrastía.

50- ALMACÉN DE TEJIDOS UNIVERSAL S.A.
Fabricantes de sábanas y fundas y almacén de tejidos, sito en Muralla N° 363, La Habana, que era cliente del "City" y del "Boston".

1 Era propiedad de José Ramón Cuervo Cangas, también accionista con $175 000 de "Territorial Alturas del Olimpo S.A."(VER), quien había sido propietario de "Cuervo y Compañía", una casa importadora, así como ex-presidente del "Club Rotario de La Habana" y ex-director del "Bando de Piedad".

51- ALMACENES BRITO

Comercio de telas, artículos para caballeros, ropa de señora, fantasías y perfumes, que contaba con taller propio, sito en 10 de octubre N° 1354 entre O'Farrill y Patrocinio, Víbora.

1 Era propiedad de Eduardo Brito Santos, cuyo hermano, Francisco, era propietario de "La Casa Brito", dedicada al mismo giro, sita en 10 de octubre N° 1005 entre Concepción y San Francisco, Víbora.

52- ALMACENES DE VÍVERES RAFAEL MARTÍNEZ S.A.

El mayor almacén mayorista de víveres de Holguín, ubicado en Ave. de Frexes s/n en la localidad y con almacenes y oficinas en Rodríguez 662, Luyanó, La Habana.

1 Propiedad de Rafael Martínez Pupo cuyo sobrino Rafael Martínez Pérez estaba al frente del negocio. Martínez Pupo también poseía la fábrica de fideos y macarrones "Pastas Alimenticias S.A.", sita en Carretera Central al lado del Frigorífico del Estado, Holguín, así como la tienda minorista "Misceláneas Ten Cent Martínez Pupo S.A." y tenía un capital de más de $3 000 000, habiendo sido hasta noviembre de 1955 Consejero del "Banco Agrícola e Industrial".

El 14 de marzo de 1955, en unión de Nicasio Vidal Ramírez y Anselmo Alliegro, intentó fundar el "Banco de Crédito Industrial y Comercial" que fue rechazado por el BNC, intentando de nuevo en 1956 constituirlo como banco local de Guanabacoa siendo otra vez denegado el 12 de septiembre.

2,3 Se fundó en 1933. Sus activos totales sobrepasaban los $2 000 000, pero mostraban déficits debido a los gastos, a pesar de que el volumen de venta era alto y la proporción de las utilidades en relación a ésta eran aceptables.

El BNC opinaba que sus balances estaban amañados. Operaba con 9 bancos por lo que el total de sus obligaciones sobrepasaba sus recursos. Sus adeudos representaban el 54 % de la cartera de la sucursal en Holguín del "Banco Agrícola Industrial".

53- ALMACENES INCLÁN S.A.

Almacenes y tiendas de tejidos, así como talleres de confecciones de modas, con 4 establecimientos ubicados en Águila N° 363, Amistad N° 216, Neptuno N° 414 y Reina N° 55, todos en La Habana.

1 Propiedad de Manuel Inclán Lechuga, quien era el mayor accionista con $250 000 y se desempeñaba como su tesorero.

3 Su capital superaba los $400 000. Antiguo cliente del "Banco de Nova Scotia".

54- ALMACENES LA CASA COFIÑO S.A.

1 Tienda de ropa y artículos para caballeros y niños, así como de regalos, sita en Neptuno N° 413 entre San Nicolás y Manrique, La Habana, cuyo gerente era Ángel González Cofiño.

55- ALMACENES ULTRA S.A.

Almacén de tejidos, tienda por departamentos, sastrería, ropa hecha, juguetería, con 120 empleados y 60 obreros y 2 locales en Reina 109 y Neptuno 406, ambos en La Habana y sucursales en central Hershey, Cárdenas, Matanzas, Perico, Jovellanos, Sagua la Grande, Sancti Spiritus, Mayajigua, Ciego de Ávila, Nuevitas, Camagüey, Victoria de las Tunas, Bayamo, Palma Soriano, Guantánamo .

1 Tenía un capital pagado ascendente a $900 000, propiedad principal de César Rodríguez González, español, quien era su presidente, y además vicepresidente de

"Jarcia de Matanzas S.A., Compañía"(VER), director del "The Trust Company of Cuba"(VER) y el tercer propietario principal en el antiguo "Banco del Comercio"(VER). José y Valentín Miranda Rodríguez eran ambos vicepresidentes.

2 Se había fundado en su propio local de Reina 109 en 1938 por la "González Hermanos y Compañía S.en C.", una firma de Sagua la Grande dedicada desde 1915 al comercio de tejidos, propiedad de los hermanos Luis y Lizardo González, de la que Rodríguez González era socio comanditario, habiendo pasado a su control el 10 de marzo de 1939.

3 Sus activos totales superaban los $4 000 000 y sus ventas estaban entre los $3 000 000 y los $4 000 000, mientras sus utilidades netas habían pasado de $86 700 en 1956 a $151 000 en 1959. Cliente del "The Trust Company", del "Boston" y del "Chase".

56- ALMAGRO MOTORS COMPANY

Comercio para la venta de motores para camiones y para lanchas, sito en Infanta N° 908, La Habana.

1, 2 Era propiedad de Ignacio Almagro Carrillo Albornoz, también propietario y presidente de "Inversiones y Descuentos S.A.", fincas en Jaimanita compradas el 10 de enero de 1947, con oficinas en Infanta 908, que constituyera el 1° de marzo de 1945 y que las cuales estaban en litigio con "Playas del Golfo S.A."(VER) desde 1956.

Era primo de Mauricio de Almagro Ariosa (VER "CINEMATOGRAFICA ASTRAL"), propietario de varios cines y otros intereses.

3 Confrontaba dificultades económicas debido a la contracción en la demanda de sus clientes por disminución de la actividad. Cliente del "The Trust Company of Cuba" con $200 000 de crédito.

57- ALPHA SURETY COMPANY

Firma de seguros de vida, contra incendios, riesgos y accidentes y de fianzas, sita en Carlos III N° 551, La Habana.

1 Era una filial del "Banco Alfa de Capitalización y Ahorro S.A."(VER).

3 Era la 16ª aseguradora por el monto de sus seguros de vida en vigor ascendentes a $2 234 000.

58- ALSI COMMERCIAL CORPORATION S.A.

Manufactura de derivados de ganado vacuno y porcino, tales como chorizos, carne en latas, salchichas, mortadella, butifarras, tasajo y jamones con las marcas "Guarina", "Rey" y "Trocha", empacadores, fabricantes de aceites y grasas comestibles y almacén de víveres, ubicado en Arbol Seco N° 308, La Habana, cliente del "Nova Scotia", del "Royal" y del "Trust".

1 Propiedad de Ramón Ruisánchez Inés, su presidente, y su hijo Ramón Ruisánchez Piedad, su vicepresidente. La familia Ruisánchez tenía también intereses en "Empacadora La Unión S.A." (VER), fábrica de embutidos en Camagüey. El Dr. Manuel Antonio de Varona —ex presidente del Senado durante el gobierno de Prío— estaba casado con Emelina, una de las hijas del propietario.

2 A partir de 1955 comenzó a operar bajo esta razón social, cambiando la anterior de "Ruisánchez Corporation" debido a que por problemas laborales se vio obligado a cerrar su planta de empaque en Camagüey y reducir sus negocios.

Ruisánchez había sido un antiguo almacenista de tabaco bajo la razón social de "Ramón Ruisánchez y Compañía" en sociedad con Florentino Cibrián, cuyo hijo, Tino, casara en mayo de 1935 con Regla, hija del primero.

3 Tenía deudas ascendentes a $300 000 con el "Banco de Nova Scotia".

59- ÁLVAREZ CAMP Y COMPAÑÍA

Fábrica de "Ron Matusalem", sita en J.A. Saco N° 65, Santiago de Cuba.

1 Era propiedad principal de Claudio Álvarez Lefebre, natural de Santiago de Cuba, relacionado en la política con Emilio Ochoa, ex-Representante a la Cámara por el P.R.C.(A), quien después se pasaría al P.P.C.(O).

2 Había sido fundado en 1872 en Santiago de Cuba. El ron era distribuido por "J.Gallarreta y Compañía"(VER).

60- ÁLVAREZ FUENTES & COMPAÑÍA S EN C

Droguería, laboratorios y representantes de firmas extranjeras entre ellas los laboratorios "Anchor Serum Company", los mayores productores de sueros del mundo, sita en Camagüey. Estaba especializada sobre todo en productos sanitarios para la crianza animal.

1 Era propiedad del Dr. Germán Álvarez Fuentes, ex-Ministro de Agricultura de 1944-1946, vocal de la "Corporación Ganadera de Cuba" en 1958 y miembro de la Comisión de Propaganda y Defensa del Tabaco Habano, quien también era propietario de la finca "Arroyo Blanco" productora de cerdos de razas en especial del tipo "Landrace" de carne, originario de Europa, sita en Km 22 de la carretera de Camagüey a Santa Cruz, así como presidente de la "COMPAÑÍA Azucarera y Ganadera Jaguey S.A." y del "Mercado La Caridad S.A.".

61- AMBAR MOTORS CORPORATION S.A.

Distribuidora de los autos, camiones y ómnibus de la "General Motors", con 30 agencias y 36 representaciones para la venta de piezas en el país, ubicada en Vía Blanca entre Paso Superior y Línea del Ferrocarril y oficinas en La Rampa, La Habana.

1 Su apoderado general era Amadeo Barletta (VER "SANTO DOMINGO MOTORS COMPANY") y su hijo, Amadeo Barletta Jr., era el presidente.

2 Alfred P. Sloan, presidente de la casa matriz norteamericana, había visitado nuestro país por primera vez a fines de febrero de 1928 con motivo del II Congreso de Transporte por Carretera celebrado bajo los auspicios del Automóvil Club de Cuba.

Sammy Tolón, quien era un antiguo negociante de autos y promotor de carreras, ex-presidente de la Cámara de Comercio de Automóviles, había sido designado, a partir de mediados de 1936, representante especial, en sociedad con Modesto Muzelle, de la "General Motors" en Cuba con oficina en Prado N° 7, La Habana.

En agosto de 1941 la casa matriz compró la "Lawrence B.Ross Corporation S.A.", una entidad cubana que desde años atrás representaba sus marcas de autos, que continuaría operando como una subsidiaria siendo su administrador general desde entonces Mr.E.G.Poxson.

En 1946 Barletta, tras regresar de Argentina, obtuvo la representación al establecerse en Cuba por segunda vez, no sin dificultades ante la oposición del gobierno de EE.UU. quien lo tenía en su "lista negra" como funcionario del gobierno fascista de Mussolini. Durante los años 30 Barletta había sido representante de la firma en Santo Domingo, quien en 1939 lo había enviado a Cuba, donde entonces decidió radicarse con la representación y también como Cónsul de Italia hasta ser expulsado del país por sus relaciones oficiales y mercantiles con el fascismo italiano.

Sus relaciones con los gobiernos Auténticos le permitieron incrementar las ventas de los autos "Cadillac" para altos dirigentes, de los "Oldsmobile" para los patrulleros policiales y de los camiones al Ejército y otras dependencias, logrando vender el mayor número de "Cadillacs" fuera de EE.UU.

El 19 de enero de 1949 instaló sus oficinas en el edificio de Infanta y 23 –también de su propiedad–, que prácticamente iniciara la zona comercial conocida por La Rampa, construyendo con posterioridad sus almacenes y talleres en Vía Blanca.

3 Desde entonces tenía el importante negocio del suministro de ómnibus a la "Cooperativa de Ómnibus Aliados" (VER) –donde además tendría intereses– y a otras rutas de ómnibus interprovinciales como "Santiago-Habana" (VER), "Ómnibus la Ranchuelera" (VER), "La Flecha de Oro"

Tras el golpe del 10 de marzo el Gobierno boycoteó todas sus ventas a instituciones oficiales lo que le acarreó dificultades a la firma, decidiendo Barletta hacer un acercamiento con Batista. Así consiguió la reanudación de las compras de autos y camiones a cambio de variar la línea editorial del periódico "El Mundo" (VER "EDITORIAL EL MUNDO S.A.,COMPAÑÍA"), lo que hizo a partir de enero de 1954, a la par que liquidaba su sociedad con el Presidente derrocado Dr.Carlos Prío, a quien compró sus acciones a fines de ese año.

62- AMERICAN INTERNATIONAL INSURANCE COMPANY

Una aseguradora contra riesgos y accidentes personales o de trabajo, de responsabilidad civil, marítimo, de aviación y contra incendios, sita en Habana N° 258 y 260, La Habana.

1 Capital cubano, propiedad de Henry Fernández-Silva Gutiérrez, su presidente, en sociedad con Miguel Triay Escobar, quienes también eran socios y ocupaban idénticos cargos en la "Envases Modernos S.A."(VER), una fábrica de copas, vasos y recipientes de papel parafinado. Alfredo Pérez Valdés era su vicepresidente.

Triay era también propietario del cabaret "Sans Soucí".

63- AMERICAN STEEL CORPORATION OF CUBA

Fábrica de estructuras de acero con el 86 % de su producción en carros de ferrocarril, puentes, maquinarias para ingenios y locomotoras, tanques de acero, así como almacenistas de acero, con 143 trabajadores, ubicada en Calzada de Vento Km 4, La Habana.

1 El principal accionista era el senador Julio Tarafa de Cárdenas. Frank Cohen y Frank Quevedo, ambos norteamericanos, eran su presidente y vicepresidente, pero el primero había vendido sus acciones desde 1955.

2 En el pasado había estado presidida por G.D.Wick, teniendo como vicepresidente a Robert A. Anderson. Este último, que lo era desde 1918, había desplegado gran actividad social y corporativa pues fue vicepresidente y presidente de la "Cámara de Comercio Americana" desde finales de los 20 hasta el final de los 30, así como ex-presidente del "American Club" y del "Comunity Chest".

3 Estaba bajo un pleito judicial no resuelto, por el cual el BANFAIC había demandado su embargo, pues el 25 de septiembre de 1953 le había prestado

$250 000 no saldados y el 20 de julio de 1955 había recibido $450 000 en bonos de 1ª hipoteca.

Operaba con dificultades. Cliente del "Banco Garrigó" con $133 000.

64- ANALEC S.A.

Laboratorio "Analec" de especialidades farmacéuticas sito en Línea N° 1276 esq. a 22, Vedado

1 El Dr. Enrique Conde Mateos, médico, era su propietario.

65- ANDAMIOS DE ACERO S.A.

Suministradora de andamios "Safway" con oficinas en Obispo N° 305, La Habana.

1 Luis Echeverría Capó era su presidente y, además, propietario de "Constructora Luis Echevarría S.A.", de "Andamios Waco", copropietario de "Urbanizadora Río Azul, Compañía"(VER) y vicepresidente de "Constructora Airform de Cuba S.A." (VER).

2 Luis G. Mendoza Freyre de Andrade (VER "LUIS G. MENDOZA Y COMPAÑÍA") había sido con anterioridad su presidente.

66- ANGLO-AMERICAN INSURANCE COMPANY

1 Seguros de autos, daños civiles, incendios, robos y otros, sito en O'Reilly N° 102, La Habana, cuyo director general era Fernando Lamas Gutiérrez.

67- ANTIGA COMPANY S.A.

Almacén de equipos para clínicas y hospitales, de instrumental quirúrgico, de productos químicos, de efectos eléctricos, instrumentos científicos y aparatos para laboratorios, maquinarias para la industria en general, la azucarera y la textil, pasteurizadoras de leches, con oficina y salón de venta en Obispo N° 153, La Habana.

1 Enrique Antiga Escobar era su gerente y propietario familiar. Sus hermanos Abelardo y Ricardo habían sido sus socios y gerentes hasta sus fallecimientos y su otro hermano, el Dr.Juan, había sido el más importante médico homeópata naturista que practicara durante el siglo actual esa terapéutica que estudiara en la escuela de medicina homeopática de México.

2,3 Había sido fundada en 1906. Cliente del "City" y del "Núñez" .

68- ANTIGUA PAPELERA CUBANA S.A.

Fábrica de diversos tipos de papel y cartuchos para envolver, a partir de la pulpa de madera importada, ubicada en Puentes Grandes y con oficina en Ave. de Agua Dulce y Palatino, la Habana. La mayor industria de papel existente y una de las industrias más antiguas.

1 Propiedad de Rafael Palacios Arce, español, quien era su presidente, a la vez que copropietario a partes iguales con Jesús Azqueta (VER "AZUCARERA SANTA ISABEL S.A.") de "Papelera Pulpa Cuba S.A."(VER), nueva planta de papel a partir del bagazo de la caña.

Palacios, ex-presidente de la Asociación Nacional de Industriales de Cuba durante los años 30 y miembro de su ejecutivo otros años, así como miembro también de la "Junta Consultiva" del "Diario de La Marina"(VER), tenía variados intereses entre ellos era presidente de "Sociedad Panamericana de Seguros"(VER "GODOY SAYAN OFICINA ASEGURADORA DE CUBA") y vicepresidente de "La Alianza" y de la "Metropolitana", firmas de seguros, y uno de los principales capitales cubanos que controlaban la mitad del paquete de acciones en "Petrolera Transcuba S.A."(VER). Su hijo, Rafael S. Palacio Moreno, era accionista (10%) de "Arrocera Suprema Oriente S.A."(VER).

2 Era una de las más antiguas industrias pues había sido fundada en 1847 en Puentes Grandes, La Habana. Había sido propiedad de "Castro, Hermano y Compañía" desde 1870 en que la compraran a su propietario francés hasta 1917 y reestructurada más tarde como "Fernández, Castro y Compañía"(VER), una antigua papelería e imprenta.

3 En la década de 1950, antes de las nuevas inversiones de las fábricas derivadas de bagazo de caña, era una de las 2 productoras de papel, cartuchos, etc. Había realizado desde hacía años pruebas de laboratorio a partir de la utilización del bagazo de caña.

69- ANTILLA SUGAR ESTATES

Propietaria del central "Báguanos" y el "Tacajó", con un capital ascendente a $2 440 000, propiedad principal de Salustiano García Díaz quien poseía 2 centrales más: Algodones (VER "AZUCARERA INGENIO ALGODONES, COMPAÑÍA") y San Francisco (VER "AZUCARERA DE CIENFUEGOS, COMPAÑÍA") y uno arrendado, el Purio (VER"AZUCARERA DELPURIO, COMPAÑÍA"), siendo el 13° atendiendo a la capacidad de molienda de sus cuatro centrales(1 037 000 @ diarias) y el 5° de capital no norteamericano. También eran propietarios de "García Díaz y Compañía"(VER), corredores de azúcar sin almacén propio con oficinas en Aguiar N° 453 altos, La Habana.

1 Para las 3 empresas de los 4 centrales, Salustiano García Díaz era el presidente y vicetesorero y Juan García Díaz era el vicepresidente y tesorero. En esta empresa además habían otros 3 vicepresidentes: Jorge A. Hernández Trelles, José Suárez Espinosa y Amasbindo Álvarez, quienes representaban intereses del "The Royal Bank of Canada"(VER), antiguo propietario, siendo todos Directores de la Junta además de Manuel Peláez, Andrés L.Fernández Morrell y Manuel L. de Quintana.

Los García Díaz habían estado asociados con Carlos R. Hernández en "Hernández y García" hasta 1948 en que se separan y donde éste era el presidente y Juan y Salustiano García Díaz eran vicepresidente y vicetesorero respectivamente.

Los García Díaz compraron a la "Sugar Plantation Operating Company", una filial del "The Royal Bank of Canada"(VER), el Báguanos, el Tacajó y el Algodones en 1948, que mantendrían en su propiedad, mientras el Araujo lo revenderían a Julio Lobo en 1953. A la par, retuvieron el central Purio bajo el arrendamiento de la antigua firma de "Hernández y García". Finalmente en 1952 compraron el San Francisco.

Eran sobrinos de Manuel García Rubio, un asturiano, ganadero y comerciante, radicado desde 1876 en Sancti Spiritus y fallecido el 30 de noviembre de 1950, accionista además de la Planta Eléctrica de Cantú de la ciudad, del matadero de "Empacadora Cooperativa Cubana, Compañía", así como del central Estrada Palma quien comprara el central Algodones a la "Sugar Plantation".

2 El Báguanos y el Tacajó habían sido propiedad desde 1921 de la "Antilla Sugar Company", que desde 1924 estaba bajo el control de la "Punta Alegre Sugar Company". El "Tacajó parece haber estado durante un tiempo bajo el control de la familia Rionda junto con el "Elia" –que retuvieron– y el demolido "San Vicente". La firma sería reestructurada en 1931 y vendida finalmente a la "Antilla Sugar

Estates", propiedad de la "Sugar Plantation Operating Company", la que operaba 9 centrales a fines de los años 30.

3 Es posible que los García Díaz representaran intereses del "Banco Gelats"(VER) o al menos capitales estrechamente relacionados con sus intereses. Sus centrales –comprados siempre a través del Banco– eran destinatarios del 53% de todos sus préstamos azucareros, además de que gozaban de amplias facilidades.

Las firmas propietarias del San Francisco y del Araujo eran clientes morosos del Banco. La empresa recibía créditos del Banco Gelats que en 1956 alcanzaron $1 700 000.

CENTRAL BÁGUANOS

El 51° central en capacidad de producción(317 000 @), RI mediano de 13.23, 3 992 trabajadores y 951 caballerías de tierras propias, situado en Jaguey Grande, Matanzas.

2 Fundado en 1919 por Sánchez Aballi en sociedad con los hermanos Martín y Melchor Palomo (VER "AZUCARERA HOLGUÍN S.A., COMPAÑÍA"), ambos asturianos, y Gabriel Mouriño.

Fue uno de los 9 centrales, entre ellos Andorra, América, Niágara, Occidente, Patria y el Santa Isabel, construido por la "Manuel Galdo y Compañía" (VER "AZUCARERA CARMEN RITA S.A.") que operaba la "Fábrica de Maquinaria Azucarera", ubicada en Cárdenas.

Tras el crac de 1921 pasó al control de la "Compañía Azucarera de Báguanos" administrada por Elmo J.Miller, y después a la "Punta Alegre Sugar Company", perteneciente entonces a un consorcio formado por "Hayden S. Stone", Brown Brothers, Chase National Bank y Morgan.

Desde 1926 había sido unido en una misma empresa con el Tacajó. Tras su quiebra en junio de 1930 pasó entonces al control del "Royal Bank of Canada".

CENTRAL TACAJÓ

El 50° central en capacidad de producción(300 000 @), RI mediano de 12.76, 1 980 trabajadores, 210 caballerías de tierras propias, situado en Cueto, Oriente.

2 Fundado en 1917 por la familia Dumois cuyos antepasados habían desarrollado en el norte de Oriente desde los años 70 del siglo XIX varias plantaciones de plátanos que tras la terminación de la Guerra de Independencia, reestructurarían en plantación azucarera que serviría a la "United Fruit Company" (VER) como base de asentamiento en nuestro país.

70- ANTILLANA DE ACERO S.A.

Fábrica de palanquillas o billets con capacidad de producción de 112 000 Ton., empleo para 400 obreros y 100 empleados, ubicada en el Cotorro, La Habana.

1 El capital suscrito se elevaba a $8 200 000 y pertenecía a 81 accionistas, de los que el capital cubano privado poseía $6 200 000 ó el 75.6 % del total, el BANDES $500 000 ó el 6.1 % y el capital extranjero $1 500 000 ó el 18.3 %.

El grupo mayoritario estaba integrado por 19 cubanos que poseían $4 200 000 y eran además propietarios de "Cabillas Cubanas S.A."(VER). Otros 35 cubanos, importadores y distribuidores de ferreterías, poseían acciones valoradas en $1 500 000.

Los accionistas cubanos representaban una unión de los principales factores del acero en Cuba, que incluía a elaboradores, compradores, importadores y distribuidores. Otras firmas dedicadas al giro de ferretería gruesa también iban a promover en 1958 una fábrica de cabillas, la "Aceros Unidos de Cuba S.A."(VER).

Su presidente era Manuel A.Vega Armiñán, quien era además administrador general de los 3 centrales de Manuel Aspuru (VER "AZUCARERA CENTRAL TOLEDO S.A.") propietario también de ferretería y tenedor aparente de $30 000 en acciones aunque posiblemente tuviera más. El vicepresidente 1º era Severiano Larrinaga V.Aguirre, apoderado de "Camilo V. Aguirre" (VER), importante exportador mayorista de serap iron.

Otros miembros del Consejo de Dirección, representantes de firmas ferreteras, eran Gaspar Vizoso Colmenares (VER "TELEVISIÓN Y AIRE ACONDICIONADO S.A."); Ramón Lorido Diego (VER "FERRETERÍA LORIDO S.A."), su vicetesorero; Camilo V.Aguirre; así como Mario Espino Escalés, quien controlaba $480 300 en acciones(VER "CONCORDIA TEXTIL S.A."); Albert R Donohue; Manuel A. y Benigno Vega Abril; Raquel Abril Albagés; Ramón Luzárraga Garay y otros. Otros tenedores eran José F.Feito de "Feito y Cabezón"(VER) con $55 000 y Héctor Martínez Saenz con $10 000

2 Se constituyó el 14 de noviembre de 1955 por su presidente y vicepresidente. La primera piedra de la planta se puso el 26 de febrero de 1957, terminándose se construir en abril de 1959 a un costo total que hasta entonces ascendió a $14 696 000. La "Republic Steel"asesoró la construcción , el montaje y el entrenamiento.

3 De su producción, 50 000 Ton estaban destinadas a "Cabillas Cubanas S.A."(VER) –su filial–, 32 000 Ton. a las ferreterías comerciales y, por último, 32 000 Ton. como insumo de la propia fábrica para producir cabillas.

Fue favorecida por el Decreto Nº 230 del 8 de febrero de 1956 que creó el privilegio de aranceles proteccionistas a la importación de cabillas, lo que aumentó el precio de ésta.

El BANDES financió en total $9 200 000 en tres partidas: el 5 de septiembre de 1956 aprobó $6 000 000, el 23 de enero de 1957 lo amplió a $2 000 000 y el 31 de diciembre de 1958 a $1 200 000 adicional.

71- ANTILLANA DE PESCA Y DISTRIBUCIÓN S.A., COMPAÑÍA

Planta para procesar, congelar y envasar pescado, con la marca "Fresquito", ubicada en 27 de Noviembre y Adriano, Regla, La Habana.

1 Tenía un capital suscrito por $120 000, propiedad de la familia Gutiérrez Gusi. Carmen Gusi Ruiz, viuda de Gutiérrez, poseía la mitad y, la otra mitad, a partes iguales, se distribuía entre sus hijos Carmen y Jesús, siendo éste último el presidente y administrador.

2 Se constituyó el 15 de abril de 1947 por Antonio de Zulueta Besson en sociedad con Jorge A. Belt y José María Sande Brene. Contaba con una flota pesquera de 30 embarcaciones menores, entregadas a los pescadores "a partido" que pagaban 1/4 % de la captura de pescado, mientras en otros casos los refaccionaban. Tenía estaciones en varios puertos pesqueros.

3 El 90% de su captura se destinaba a la exportación a EE.UU. y a Puerto Rico a quienes enviaban langosta, camarones, emperador, cherna, pargo, ancas de rana y tortuga, que en 1957 ascendió a $1 586 000. Sólo pescaba en la temporada de septiembre a abril.

Su activo total ascendían a $385 000, sus ventas a $948 915 y sus utilidades netas a $100 000 pagando dividendos por $96 000.

72- ANTILLEAN HOTEL CORPORATION

Hotel en proyecto con 650 a 700 habitaciones a un costo de $ 25 000 000, a ubicarse en el Parque Martí en calle G, H y Calzada en el Vedado, La Habana.

1 Propiedad principal de Fulgencio Batista (VER "DE INMUEBLES S.A., COMPAÑÍA") quien conservaba su propiedad a nombre de la "Inmobiliaria Rocar S.A., Compañía".

2 La firma de capital cubano-norteamericano se constituyó el 30 de septiembre de 1957 y el 11 de junio de 1957 el Decreto Presidencial Nº 1870 le concedió el derecho de expropiación de los terrenos del Parque Martí en el Vedado donde proyectaba construir un hotel de primera de gran capacidad. Los inversionistas norteamericanos tenían experiencia en la construcción de hoteles en Miami y aportarían $5 000 000 para una inversión total estimada en $ 25 000 000.

3 El "Bufete de Lazo y Cubas"(VER), que había servido de intermediario anteriomente entre la Caja de Retiro Gastronómico y los Hoteles Hilton para la construcción del Havana Hilton, gestionó fallidamente un financiamiento con el BANDES entre $ 15 y 18 000 000. Existía el compromiso de una importante firma hotelera norteamericana para arrendar el hotel una vez construido.

73- ANTONIO FERNÁNDEZ PRIETO

Hotel "Lincoln" con 7 pisos y 150 habitaciones, ubicado en Galiano y Virtudes, La Habana.

1 Era propiedad del español Antonio Fernández Prieto, su administrador, quien lo operaba bajo su propio nombre. Fernández también poseía el "Gran Hotel" de Camagüey.

2 Había sido propiedad en los años 30 de J.A. Richardson y desde finales de la década de los 30 hasta los 40 de Evaristo Fernández Martínez, nacido en Asturias en 1894 y llegado a Cuba en 1902.

74- ARCE, LASTRA Y COMPAÑÍA

Almacenista al por mayor y venta al detalle de artículos de loza, cristalería, ferretería, lámparas y otros artículos, conocido con el nombre comercial de "Palacio de Cristal", ubicado en Neptuno 502, La Habana.

1 Propiedad de Manuel Arce Lastra, nacido en Santander, España, quien comenzara de empleado en dicho almacén, pasando en 1945 como socio colectivo y en 1949 se convirtiera en su gerente.

2 Había sido fundado por Genaro Pedroarias y Balbino Lage en 1907, pasando en 1930 a la razón social de "Miguel Lastra S.en C.", propiedad de Miguel Lastra, español, nacido en 1889 y llegado a Cuba en 1901, adoptando después la actual razón social.

3 Cliente del "Royal Bank" y del "Banco Gelats".

75- ARELLANO Y BATISTA, ARQUITECTOS E INGENIEROS CONSTRUCTORES

Firma de ingeniería y arquitectura, así como contratista de obras con oficinas en Línea Nº 969, 5º piso, apartamento 51, Vedado, La Habana.

1 Propiedad del Ing. Adolfo Arellano González de Mendoza en sociedad con su primo el Arq. Eugenio Batista González de Mendoza, siendo ambos sus gerentes.

Arellano era además miembro del Consejo de Dirección de la "Cubana de Cemento Portland, Compañía"(VER) desde 1951 y hermano de Gonzalo, presidente y principal propietario de "Por Larrañaga, Fábrica de Tabacos S.A."(VER). Había tenido en su vida gran actividad pues había sido presidente del Club Rotario de la Habana en 1924, presidente del Colegio de Arquitectos en 1929, vocal de la Cámara de Comercio desde 1941, presidente de la Asociación de Industriales de Cuba en 1944, vicepresidente del Colegio de Ingenieros en 1951 y vicepresidente 2º en 1953.

Batista, hermano de Agustín(VER), presidente del "The Trust Company of Cuba" y cuñado de Melchor Gastón Segrera, propietario del central Dolores(VER "INGENIO DOLORES"), había sido profesor de la Universidad de Princenton y había trabajado en la oficina de arquitectos de "Morales y Compañía" de 1925-27, donde proyectara la casa de Mark Pollack en el Country Club y el edificio de la "Cubana de Teléfonos, Compañía"(VER) en Águila y Dragones y, tras trabajar por su cuenta, se había asociado en 1938-49 con su hermano el ingeniero y arquitecto Ernesto.

2 Se había constituido el 21 de febrero de 1950 tras separarse el Ing.Arellano de "Arellano y Mendoza" y "Arellano y Mendoza, Contratistas S.A."(VER "CONSTRUCTORA MENDOZA S.A."), de las cuales había sido su presidente durante años. Había construido sucursales del "The Trust Company of Cuba", el Teatro Payret, el edificio del Seguro del ingeniero en 17 y O, Vedado, etc.

76- ARELLANO Y COMPAÑÍA S.A.

Almacén de efectos eléctricos, radios y refrigeradores, de billares y boleras, representante de la marca norteamericana "Kelvinator", sito en Prado Nº 203, La Habana.

1 Era propiedad de Miguel Arellano G. Mendoza, quien era hermano de Adolfo, socio y gerente de "Arellano y Batista, Arquitectos e Ingenieros Constructores"(VER), así como de Gonzalo, presidente y principal propietario de "Por Larrañaga, Fábrica de Tabacos S.A." (VER).

3 Cliente del "City".

77- ARMADA Y COMPAÑÍA S.L.

Fábrica de galletas, chocolates, bombones, confituras, caramelos marca "Armada" y leche de chocolate marca "Nao Capitana", con 77 trabajadores, ubicada en Aranguren Nº120-122, Guanabacoa.

1 Propiedad de Rafael Armada Sagrera, gerente, y sus hijos Rafael, Francisco y Gustavo Armada Hurtado de Mendoza.

2 Fundada en 1933. Había gozado de popularidad durante los primeros años pero después comenzó a declinar. Su propietario acostumbraba a elaborar los anuncios de la prensa con dibujos y lenguaje artístico que llamaban la atención.

3 Confrontaba dificultades, sus ventas habían disminuido, sólo trabajaba 3 días semanales y no tenía capital operativo. Sus activos fijos ascendían a $248 000, sus ventas a $303 284, sus utilidades a $80 309 y tenía bonos hipotecarios por $100 000. Cliente del Royal Bank, del Pujol y del Agrícola e Industrial.

78- ARMANDO J. VALDÉS Y COMPAÑÍA, INGENIEROS IMPORTADORES S.A.

Almacén de ferretería especializado en importación de equipos para la construcción, maquinaria agrícola y para minas, motores de diversos tipos, plantas eléctricas, etc., sito en Fábrica N° 13, Luyanó y con sucursales en Camagüey y en Oriente, cliente del "Royal" y del "Trust".

1 Era propiedad del Ing. Armando J. Valdés Aramburu, vicepresidente 1° y propietario, en sociedad con sus hermanos Octavio y Orlando, de la "Asociación de Contratistas Independientes"(VER), contratista de obras privadas y del Gobierno, cuya sede era el local donde residía el almacén.

79- ARMANDO RODRÍGUEZ BRAVO

Una cadena de almacenes de víveres en general, víveres finos, vinos y licores, conocida como "El 1005" cuya casa central radicaba en San Lázaro N° 1005, con sucursales en San Miguel N° 254, en 80 esq. a 21, Marianao, y en 12 y 17, Vedado, todos en La Habana, que era cliente del "Banco Pedroso".

1 Era operado bajo el propio nombre de su propietario, Armando Rodríguez Bravo.

80- ARMOUR Y COMPAÑÍA S.A.

El más importante de los 11 establecimientos mezcladores de fertilizantes, con 200 obreros, ubicada en Matanzas, así como un establecimiento productor de manteca(55%), jamones(20%) y embutidos(15%), con 200 trabajadores, sito en Desamparados N° 166, La Habana.

1 Una de las 5 filiales en Cuba de firmas norteamericanas bajo el control del grupo financiero de Chicago, cuya casa matriz era "Armour and Company".

2 La planta de fertilizantes se había establecido desde los primeros años del siglo XX en Matanzas donde producía ácidos sulfúricos y otros productos químicos para la agricultura.

Por entonces se dedicaba también a refaccionar centrales azucareros, convirtiéndose, mediante adjudicaciones debido a quiebras y deudas de sus antiguos acreedores, en propietarios de varios centrales, comenzando por el Washington, el Araujo y, a finales de los 20, el Por Fuerza, propiedad entonces de la firma "Casas y Sardiñas" de Calimete.

3 La sucursal de La Habana operaba con déficit de capital y un pasivo excesivo debido al amplio financiamiento bancario que recibía, ascendente a $3 millones y, aunque las ventas se acercaban a los $10 000 000, sufrían pérdidas. A partir del 3 de abril de 1956 la planta fue operada como una sucursal de Chicago.

Su desenvolvimiento se realizaba a base del amplio financiamiento bancario y su casa matriz le garantizaba líneas por $600 000.

81- ARRENDATARIA HOTEL SEVILLA BILTMORE S.A., COMPAÑÍA

Hotel "Sevilla Biltmore" de 333 habitaciones, ubicado en la manzana de Zulueta y Monserrate, La Habana. Uno de los 3 hoteles de primera, junto con el "Nacional" y el "Presidente", existente hasta la década del 50 cuando comenzara el "boom" de construcción de hoteles.

1 Propiedad de Amletto Battisti (VER "BANCO DE CRÉDITOS E INVER-SIONES"), uruguayo, quien también era propietario del "Balneario de Santa María del Rosario" que en febrero de 1955 había comprado a través de la firma concesionaria para operarlo.

2 El hotel fue inaugurado a un costo de $500 000 el 22 de marzo de 1908 por Urbano González, español, nacido en Caldas de Oviedo en 1866, propietario entonces del Hotel Pasaje, quien era sobrino de Juan de Villamil, Tte. Cnel (R) del Ejército español y arquitecto, propietario desde 1886 del Hotel Inglaterra y de la "Acera del Louvre", y con el cual era socio de extensos terrenos en Luyanó.

En los años 20 John Mc Entee Bowman, cabeza de la cadena de hoteles mayor del mundo, lo compró y transformó en un hotel moderno, de lujo, de cuya razón social, "Sevilla Biltmore", era su presidente y Frank Steinhart (VER "FINANCIERA NACIONAL DE TRANSPORTE S.A., COMPAÑÍA") era el vicepresidente, habiéndole construido en 1924 un segundo edificio. Ambos también se asociarían entonces en el "Jockey Club", las carreras de caballos y el "Casino" –fundado por el norteamericano-alemán–, los que estaban entonces en crisis por deudas (VER "SINDICATO TERRITORIAL DE LA HABANA S.A. ").

Por esa época, Bowman se asoció con el urbanizador norteamericano George E. Merrick, fundador del exclusivo sector de Coral Gables en Miami, Florida, para construir el hotel "Biltmore" en esa urbanización, que se inaugurara en 1926 y fuera el más lujoso de la Florida hasta el inicio de la II Guerra Mundial en que se convirtiera en hospital, sufriendo un abandono posterior hasta 1992 en que retomara su antiguo prestigio.

John McEntee Bowman fue además, en sociedad con Charles Flynn, el constructor y urbanizador del "Reparto Biltmore" de La Habana.

Miguel A.Suárez León (VER "DE INVERSIONES EL TRÉBOL S.A., COMPA-ÑÍA") lo había arrendado en 1937 bajo la firma "Compañía Arrendataria del Hotel Sevilla-Biltmore".

A finales de los 30 la "Compañía Cubana-Uruguaya para el Fomento del Turismo", presidida por el uruguayo Amletto Battisti, lo compró a Agustín Batista traspasando su propiedad en julio de 1942 para el "Banco de Crédito e Inversiones". En los años 50 lo arrendó a la firma norteamericana "Sevilla Managment Company" que cesó su operación en mayo de 1952.

3 Estaba valorado en $1 344 700. El 7 de febrero de 1957 se le autorizó a instalar el casino de juegos que era operado por el propio Battisti bajo la firma "Turística Algoper S.A., Compañía".

82- ARRENDATARIA SAN JOSÉ, COMPAÑÍA

El "San José" era el 70° central en capacidad de producción(255 000 @), RI mediano de 12.55, 2 300 trabajadores y 481 caballerías de tierras propias, situado en Placetas, Las Villas.

1 La firma, con un capital de $600 000, estaba presidida por el Dr. Pedro C. Du-Quesne de Zaldo y era la arrendataria del central propiedad de su esposa, María Antonia Goicochea González-Abreu. Du-Quesne era propietario y presidente a su vez de "Constructora Acana S.A."(VER).

La propietaria lo había heredado, junto con su madre Ofelia González-Abreu Oña y su hermano Agustín –fallecido en 1925–, tras el deceso el 13 de noviembre de 1918 de su padre Agustín Goicochea. A partir de 1922, estos herederos otorgaron un poder general de administración a Miguel Antonio Recio de Morales Calvo, Marqués del Valle Siciliana, quien casara con la viuda y fuera el presidente de la firma desde 1947 hasta mediados de los 50. Su medio hermano Miguel Morales González-Abreu estaba casado con Nellia, la hija de Amadeo Barletta (VER "SANTO DOMINGO MOTORS COMPANY").

2 Existe confusión en el año de su fundación, que algunos sitúan en 1840 por el español Antonio Tuero y otros en 1874. Perteneció a Gonzalo Alfonso, fundador de la familia Alfonso y Aldama(VER "AZUCARERA SANTA ROSA S.A., COMPAÑÍA"). Hay por lo menos coincidencia en que en los años 70 es propiedad de Antonio Tuero, de María B Saura de Valero y de los Goicochea. Según unos, en 1874 es propiedad de María Saura de Valero y en 1878 de Antonio Tuero, quien había sido socio en la propiedad del central Toledo junto con Francisco Durañona del Campo y José Pascual de Goicochea Balerdi.
A partir de 1883 pasa a la co-propiedad de la familia Goicochea, cuando Agustín Goicochea y "Zozaya y Compañía" entran en sociedad con Antonio Tuero, hasta 1889 en que pasa al control sólo del primero. En 1895 está al frente Juan Goicochea Peiret hasta 1902, en que lo sustituye su hermano Leopoldo, posteriormente Juan Goicochea y, en 1909 hasta 1918, Agustín y Juan Goicochea Durañona, sobrinos de aquél. Agustín Goicochea Durañona será su propietario único desde 1912 tras el fallecimiento de su hermano.
Algunas fuentes, sin embargo, plantean que V.González-Abreu (VER "AZUCARERA DE CIENFUEGOS, COMPAÑÍA"), era propietario de este central.

3 La empresa mantenía una capilla en el central y desplegaba gran labor de catequesis en el batey y en las colonias, algunas efectuadas por la propietaria.
Cliente del Banco Pujol, con adeudos con el Banco Financiero por $500 000 y con el Banco de los Colonos por $100 000.

83- ARROCERA GUANAHACABIBES S.A., COMPAÑÍA
Finca de 103 caballerías, de las cuales 30 se dedicaban al cultivo de arroz, con molinos y lagunas de 11 caballerías, valoradas en $178 000.

1 Propiedad de la familia Sosa Chabau, propietarios de "Azucarera Santa Regina S.A., Compañía"(VER). Juan Luis de Sosa Chabau y su madre Tomasa Chabau Sánchez-Toledo eran el presidente y la vicepresidenta respectivamente, así como propietarios a partes iguales. Oscar Rivero Hernández, administrador del "Diario de la Marina"(VER) y cuñado y yerno respectivamente de ambos era el vicepresidente 2°.

3 Tenía adeudos vencidos desde 1954 por $81 000 de un antiguo préstamo del Banco Gelats. EL negocio no había prosperado y tenían intención de venderlo. El BANFAIC rechazó solicitud de préstamo.

84- ARROCERA MAJAGUA S.A.
Finca de 78 caballerías con 53 cultivadas de arroz en Amarillas, Matanzas.

1 Propiedad de Silvio Garguilo, su presidente, con $45 000 en acciones y de Julio Sánchez González, tesorero con $20 000. Garguilo era norteamericano y

presidente y propietario además de "Frutera Ceres S.A.", exportadora de frutas y vegetales.

2,3 Se constituyó el 17 de julio de 1953. El 27 de noviembre de ese propio año recibió un préstamo del BANFAIC ascendente a $110 476 para el cultivo y la cosecha de 30 caballerías de arroz.

85- ARROCERA MARIANA S.A.

1 Cosechera de arroz, propiedad de Eugenio Silva Giquel, quien además era propietario de "Concretera Nacional S.A."(VER) y administrador de "Kawama Beach Club"(VER), propiedad de su padre el Coronel del E.L.Eugenio Silva. Poseía intereses también en "Industrias Hormigón Cubano S.A.", otra planta de hormigón, donde su hermano Jorge era el administrador, así como en "Compañía Canteras Modernas"(VER) y era vicetesorero y uno de los accionistas en "Industrias Siporex S.A."(VER).

3 Cliente del "Banco Pedroso" con crédito por $250 000.

86- ARROCERA ORIENTAL S.A.

Arrendataria de finca "La Mambisa" de 26 caballerías, ubicadas en Veguitas, Bayamo.

1 Tenía un capital ascendente a $179 200 y era propiedad de la "Sucesión de Juan R. Arellano" y su viuda Alicia Longa era su presidenta, ocupando el resto de los cargos sus hijos Mario, Gastón (VER "PRODUCTOS ALIMENTICIOS CANIMAR S.A., COMPAÑÍA"), el Ing. Julio y Fernando. Julio había sido de los primeros cosechadores de arroz en Oriente y tenía intereses también en "Agrícola Cayo Alto S.A.".

2 Se constituyó el 30 de diciembre de 1937 originalmente como "Compañía Propietaria Oriente S.A.", adoptando su razón social actual el 21 de mayo de 1945.

3 Sus activos ascendían a $143 000. Recibió un préstamo del BANFAIC por $73 495 el 12 de febrero de 1957.

87- ARROCERA SUPREMA ORIENTE S.A.

Molinos de arroz con una capacidad de producción de 120 000 quintales, ubicado en Carretera de Yara a Bayamo, Yara, Oriente.

1 Tenía un capital ascendente a $118 000 distribuídos entre cerca de 500 accionistas, de los cuales el principal con el 28% era Cristóbal Plá Mirabent, español, quien era su presidente, al que le seguía con el 10 % Rafael S. Palacios Moreno, hijo de Rafael Palacios Arce (VER "ANTIGUA PAPELERA CUBANA S.A.").

Otros accionistas eran Ramón Cabeñas Ibert y Clodovaldo López Sánchez, quienes eran el vicepresidente y tesorero con el 6.3 % de las acciones respectivamente.

2,3 Se constituyó el 28 de junio de 1948 recibiendo un préstamo del BANFAIC el 30 de octubre de 1953 por $250 000.

88- ARROYO Y MENÉNDEZ

Firma de arquitectos, sita en 5ª Ave y 72, Miramar.

1 Era propiedad de los esposos Nicolás Arroyo Márquez y Gabriela Menéndez García-Beltrán. Arroyo, Embajador ante EE.UU. en 1958 y ex-Ministro de Obras Públicas del Gobierno de Batista, también era propietario, en sociedad con el Gral. Roberto Fernández Miranda(VER), de "Construcciones Codeco S.A."

(VER), contratista de obras del Gobierno; así como accionista en "Industrias Siporex S.A."(VER), fábrica de bloques ligeros de concreto, y accionista menor del Banco de la Construcción(VER).

3 Habían elaborado los proyectos para la construcción del colegio "Ruston", del hotel "Habana Hilton" –de cuya construcción asumieran la dirección facultativa–, de la Ciudad Deportiva, del Teatro Nacional, de los hospitales y dispensario de la "Organización Nacional de Rehabilitación de Inválidos(ONRI)" y los de la "Organización Nacional de Dispensarios Infatiles (ONDI)".

En ocasión de celebrarse en 1949 en La Habana el Congreso Panamericano de Arquitectura fue galardonada con medallas de oro y Diplomas de Honor por los trabajos presentados.

89- ARROZAL BARTÉS S.A.
Finca dedicada al cultivo de arroz.

1 Francisco Bartés Clarens (VER "FERROCARRILES CONSOLIDADOS DE CUBA"), hacendado con variados intereses, era su presidente, y Amado Aréchaga Araluce, presidente desde 1955 de "Cubana, Compañía" (VER) y vicepresidente del "Banco de los Colonos" (VER), era su vicepresidente .

Ambos estaban asociados también en "Agrícola Jufra S.A."(VER) Cliente del Banco de los Colonos y principal cliente del "Banco Godoy Sayán"(VER).

90- ARSENIO MIER Y COMPAÑÍA
1 Restaurant "El Templete", especializado en mariscos, sito en Narciso López Nº 1 entre Baratillo y San Pedro, La Habana, propiedad de Arsenio Mier Santiago.

91- ARTURO BERRAYARZA
Motel San José del Lago con aguas bicarbonatadas, sulfídricas y termales con temperaturas de 28 a 33 grados que surgen de manantiales naturales, ubicado en Mayajigua, Las Villas y aeropuerto propio.

1 Propiedad de María Luisa Roig Montalván y sus 3 hijos, quienes lo habían heredado de Arturo Berrayarza Cabrera, recientemente fallecido, natural de Cienfuegos, casado con la primera y padre de los otros, quien lo operaba bajo su propio nombre, habiendo sido colono y fundador del "Banco de los Colonos" (VER).

3 El 9 de enero de 1953 recibió un préstamo del BANFAIC ascendente a $50 000, la mitad de los cuales estaban destinados para el pago de deudas hipotecarias y la otra mitad para nuevas construcciones.

92- ARTURO GARGARÓ
1 Tienda de joyas con el nombre comercial de "La Italia", sito en Neptuno Nº 555 entre Lealtad y Escobar, La Habana, que era propiedad de Arturo Gargaró, quien la operaba bajo su propio nombre.

93- ASOCIACIÓN DE CONTRATISTAS INDEPENDIENTES (ACISA)
Contratista de obras privadas y del Gobierno con oficinas en Infanta Nº16, apartamento 319, Vedado y un local en Fábrica Nº 13, Luyanó, ambas en La Habana.

1 Tenía un capital social ascendente a $50 000 y era propiedad de los hermanos Octavio, Armando J. y Orlando Valdés Aramburu, quienes eran el presidente, vicepresidente 1° y vicepresidente 2°. Octavio, casado con Hortensia, hija de Raúl de Cárdenas (VER "CENTRAL SANTA CATALINA S.A."), era el principal en "Minera Insular"(VER). Armando era el principal de "Armando J. Valdés y Compañía, Ingenieros Importadores S.A."(VER), UN Almacén de ferretería especializado en importación de equipos para la construcción.

2 Se había constituido el 12 de noviembre de 1935 y las principales obras realizadas eran la Avenida Monumental, la Habana del Este y sus puentes ascendentes a $3 500 000, las Avenidas, calles y puentes de la Plaza de la República (hoy Plaza de la Revolución) con $4 000 000, la doble vía de Rancho Boyeros a la Carretera Central con $7 000 000, el muelle de la refinería Shell con $500 000, la carretera de Wajay-Arroyo Arenas, el acueducto de Camagüey, el frigorífico de Ciego de Ávila, distintas calles en los Municipios de La Habana y Marianao, así como proyectos para hoteles, edificios, repartos de urbanización, etc.

3 Fue beneficiaria de la "Terminal Pesquera de La Habana" (VER), con un financiamiento ascendente a $3 500 000, la 7ª obra en importancia por su monto otorgada por el BANDES el 28 de junio de 1957.
Cliente del Banco Núñez con más de $500 000.

94- ASOCIACIÓN MÉDICO QUIRÚRGICA EL SAGRADO CORAZÓN
Clínica privada "El Sagrado Corazón" sita en 21 N° 2313 entre 4 y 6, Vedado.

1 Era propiedad de Armando Fernández Fernández, hermano del Dr. Carlos Augusto. El Dr. Roberto Varela Zequeira, antiguo propietario de la "Clínica Varela Zequeira" que se había fusionado con ésta, era el director.

95- ASPURU Y COMPAÑÍA
Ferretería y ventas de maquinarias e implementos agrícolas e industriales, distribuidores del "Gaspuru", ubicada en Fábrica y Aspuru, Luyanó.

1 Tenía capital ascendente a $800 000, propiedad de Manuel Aspuru San Pedro (VER "AZUCARERA CENTRAL TOLEDO S.A."). Su cuñado Manuel Menéndez Heymann era su presidente, así como vicepresidente de "Licorera de Cuba S.A., Compañía"(VER), del mismo propietario.

2 Hay contradicción sobre el año de su fundación, que unos sitúan en 1870 y otros en 1884 por el padre de su propietario Juan Aspuru Isasi, nacido en 1854 en Arrancudiaga, Vizcaya, quien había iniciado su capital en este giro, en sociedad con Ignacio Ucelay, Santiago Martorell y Juan Antonio Isasi.
Menéndez, quien trabajaba para Aspuru desde 1932, había comenzado a trabajar en ella en 1939 y, a partir de 1941, había sido designado su apoderado y presidente.

3 Cliente del Banco Nova Scotia, con $50 000 de crédito y del Banco Franco Cubano con líneas que oscilaban de $170 000 a $300 000.

96- AUDRAÍN Y MEDINA S.A.
1,3 Distribuidores de productos farmacéuticos, equipos para clínicas y hospitales y droguería, sita en Neptuno N° 524, La Habana, cliente del "City" y del "Royal", que era propiedad de Enrique Audraín Pérez en sociedad con otros.

97- AURÍFERA GUARACABUYA S.A., COMPAÑÍA

Mina de oro en Fomento en el Escambray, Las Villas.

1 Propiedad principal del Dr. Alberto Díaz-Masvidal García, su presidente. El BANDES poseía $25 000 en acciones.

Díaz Masvidal, quien era además jefe del Departamento de Desarrollo Económico del BANDES, tenía otros negocios mineros, siendo presidente de "Minera Masvidal" (VER) y socio con Clarence W.Moore, norteamericano, en el "Bufete Moore-Díaz Masvidal" y en "Consolidated Cuban Petroleum Corporation" (VER), propietaria de "Cuban Land Oil Company" y de "Petróleo Cruz Verde S.A.", así como en "The Time of Havana Publishing"(VER), periódico de habla inglesa que se publicaba en Cuba.

2 Se constituyó el 5 de mayo de 1957 y tenía arrendado desde el 8 de agosto de 1956 el registro minero "Reconstrucción", propiedad de Manuel Alarcón Marcos y otros socios.

3 El 6 de febrero de 1958 el BANDES le otorgó préstamo por $150 000 para explotar las minas de oro con lo que adquiriría equipos que se le arrendarían.

98- AUTOBUSES MODELO S.A.

Ruta de ómnibus urbano en Santiago de Cuba con 75 ómnibus.

1 Capital suscrito ascendente a $400 000 de los que $348 000 eran propiedad de Octaviano Navarrete Parreño (VER "GENERAL DE CONSTRUCCIÓNES PÚBLICAS S.A., COMPAÑÍA") y el resto de "Cubana de Electricidad, Compañía"(VER). Navarrete además poseía "Ómnibus Espino"(VER), otra ruta de ómnibus en Santiago de Cuba.

José Luis Fernández López era su presidente y Ramón Espino Escalés, yerno de Navarrete y hermano de Mario(VER "CONCORDIA TEXTIL S.A."), era su vicepresidente, mientras Othón Fernández Cuervo era su tesorero.

2 Se constituyó el 3 de junio de 1950 mediante una concesión otorgada por el Decreto 1772 del 12 de mayo de 1951, sustituyendo a la antigua firma que operaba los tranvías, propiedad de "Havana Electric Railway Company".

3 Tuvieron pérdidas de alrededor de $75 000 cada año desde 1955 hasta 1958. Solicitaron financiamiento por $200 000 para la firma y $50 000 adicionales para la asociada "Ómnibus Espino S.A" (VER).

99- AUTOPLAN S.A.

Financiamiento de automotores y efectos eléctricos para los que recibía a su vez créditos de la banca comercial percibiendo la tercera parte del valor de la venta al momento de efectuarse y el resto en letras pagaderas entre 18 a 24 meses, sito en Aguiar y Empedrado, La Habana.

1 Era propiedad de la familia Pedroso (VER "BANCO PEDROSO"). Víctor M. Pedroso Aróstegui poseía el 42.75% del total de las acciones valoradas en $106 875; su hermana Margarita, de iguales apellidos, el 10.68% valoradas en $26 718; su media hermana Mercedes Pedroso González de Mendoza el 15.68% valorada en $29 218; la esposa de Víctor, Elvira M. Sánchez Sánchez, el 21.37% valorado en $53 437 y, por último, su cuñado, Raúl D. Valdés-Fauli Juncadella poseía el restante 9.50% valorado en $23 750.

Su presidente era Víctor M. Pedroso Aróstegui, quien la había constituido en 1940, y el vicepresidente y administrador era Francisco Juarrero Erdmann.

3 Tenía capital líquido por más de $330 000 y sus utilidades, que junto con el rendimiento fue aumentando desde 1950, giraban en el orden de los $40 000. Cliente del Banco Pedroso, con alrededor de $50 000 para sobregiro y del Royal Bank con líneas de $1 000 000 mediante la pignoración de los papeles que cubrían las ventas a plazos.

100- AUTO CINE NOVIA DEL MEDIODÍA

Un cine al aire libre para clientes en autos sito en 51 y Plaza del Mediodía en Arroyo Arenas, que era uno de los 3 existentes en la ciudad junto con el Auto Cine Vento y el de la Playa Tarará.

1 Era propiedad del Arq. Miguel A. Moenck Peralta (VER "MOENCK Y QUINTANA), un contratista de obras.

101- AUTOS Y TRACTORES INTERNACIONALES S.A.

Agencia representante y distribuidora de los autos, camiones, paneles y tractores italianos marca FIAT con oficina en Ave de la Independencia Nº 644 esq a Lombillo, La Habana.

1 Era propiedad de Gustavo Pellón Acosta, quien había sido presidente de los "Ferrocarriles del Norte de Cuba" y de los "Ferrocarriles Consolidados de Cuba"(VER) desde 1948 hasta el 4 de febrero de 1958 en que fuera sustituido por Francisco Bartés Clarens. También había sido hasta 1952 director en "The Cuba Company"(VER).

2 Pellón había obtenido la representación de la FIAT tras haber negociado a comienzos de 1957 con la casa matriz en Italia la venta de 24 automotores, 19 remolques y otros equipos destinadas a los "Ferrocarriles Consolidados de Cuba" que entonces presidía, después que poco antes a finales de 1956 Joaquín Martínez Sáenz en compañía de Luis del Valle Raez –amigo de éste y beneficiario de varios negocios del BANDES presidido por el primero– habían discutido con el consorcio italiano.

Los equipos fueron comprados por el BANDES y arrendados a la firma ferroviaria y el Decreto Nº 2527 les eximió de aranceles por cuya operación se estimaba que tanto del Valle como Pellón recibieron comisiones.

La FIAT ya había tenido en Cuba, a comienzos de siglo, la "Casa Lange y Compañía", una sucursal de la casa matriz de Turín, Italia, con varios locales, entre ellos uno en Prado Nº55 y otro en 25 y Marina, pero al comenzar la primera guerra mundial y estar impedidos de surtir los carros italianos, introdujo otros de procedencia norteamericana, tales como los Overland, producido por la "Willis Overland Company" de Toledo, que en 1916 era la 2ª más grande después de la "Ford" y de los que en 1915-16 se vendieran unos 150, además de representar a la "Hudson".

102- AVELINO GONZÁLEZ S.A.

Almacén de ferretería y maderera, sita en Vives Nº 463, La Habana

.   1 Era propiedad de Avelino González Fernández, su presidente, en sociedad con su hermano Luis, su vicepresidente.

Avelino era presidente de la Asociación Nacional de Ferreteros, así como accionista y miembro del Consejo de Directores del "Banco de la Construcción"(VER), el 20° en importancia y su suegro era Juan Cano Sainz, propietario del almacén de tabaco "Hijos de J. Cano y Compañía"(VER).

103- AVÍCOLA AVE S.A., COMPAÑÍA

Fábrica de piensos para aves y ganado con una planta de incubación y ventas de aves y huevos, con oficinas en Infanta N° 1201 esquina a Clavel, La Habana.

1 Tenía un capital ascendente a $100 000, siendo su propietario principal el Dr. Alfredo Gómez Amador con el 82.8 % de las acciones en sociedad con la firma "Mc Millen Feed Mill" con el 12.7 %, repartiéndose el resto entre 6 accionistas más.

2,3 Se constituyó el 3 de noviembre de 1949 y su activo total en 1955 ascendía a $155 000.

104- AZUCARERA ALTO SONGO S.A., COMPAÑÍA

El "Algodonal" era el 138° central por su capacidad de producción diaria(161 000 @), RI bajo de 12.34, 1 350 trabajadores y 1 caballería de tierra propia, situado en Alto Songo, Oriente.

1 Propiedad única de Carlos Nuñez Pérez, presidente del "Banco Núñez"(VER), el 5° en importancia. El Dr. Antonio Robaina Bandín y Ramiro de la Riva Mantecón, ambos abogados del "Bufete Riva-Betancourt" que atendía al banco, fungían de presidente y vicepresidente respectivamente.

2 El Banco Núñez se lo adjudicó el 11 de junio de 1956 por vía de un remate judicial por $350 000 en procedimiento de vía de apremio en el juzgado de 1ª instancia de La Habana y un procedimiento sumario hipotecario en el juzgado de Alto Songo debido a deudas que trataban de recuperar desde 1940. Zoilo Marinello, hermano de Juan Marinello Vidaurreta, presidente del Partido Socialista Popular, se mantuvo como administrador.

Desde 1940 el banco trataba de recuperar los préstamos avalados por una hipoteca por $550 000 vencida desde 1948. Debían al banco un crédito de $100 000 e hipoteca de $350 000 que dejaron de pagar desde marzo de 1954 hasta septiembre del 1955 en que se le demandó. Confrontaba innumerables problemas: embargos, asuntos laborales, conflictos con colonos, etc.

El Banco constituyó la actual razón social el 20 de septiembre de 1955, aparentemente independiente y manteniendo en secreto su propiedad, por la que tenia oferta de compra por $1 000 000.

Se había fundado en 1921 por Felio Marinello Fábregas –aunque algunos autores lo sitúan en 1927– y, tras el crac de 1921 parece haber sido perdido por su fundador aunque lo recuperara más tarde, pues había pasado entonces a la propiedad de "José Bori y Compañía" hasta 1932 en que se constituyera la razón social "Azucarera Marinello, Compañía".

Sus antiguos propietarios lo habían heredado de su padre, Felio Marinello Fábregas, un español natural de Cataluña, residente en Cuba desde 1865 y asentado en Santa Clara, donde se dedicara a empresas agrícolas y fuera el primer presidente del Casino Español tras crearse como resultado de la fusión de varios otros en 1911.

Marinello había sido propietario de la finca cañera "Dos Hermanos", presidente del "Banco Español" de Santa Clara y desde 1908 a 1916 había sido también copropietario, junto con Antonio Berenguer de "Central Pastora S.A."(VER).

Fue intervenido por Resolución Nº 107 del Ministerio de Comercio del 16 de noviembre de 1950.

3 Tenía el más alto costo de producción –$19.75 por cada saco de 325 lbs– en 1951. Sus activos totales estaban valorados en $1 138 333. Recibía préstamos por $680 000 del Banco Núñez.

105- AZUCARERA AMAZONAS S.A., COMPAÑÍA

El "Amazonas" era uno de los 15 centrales más pequeños (el 153º) con una capacidad de producción diaria de 150 000 @, un RI mediano de 12.53 (el 98º), 1 500 trabajadores y 218 caballerías de tierras propias, situado en Sancti Spiritus, Las Villas.

1 Propiedad principal de Antonio Miyares López, su presidente, quien controlaba además el Najasa (VER "AZUCARERA SIBANICU S.A.") y el San Pablo(VER "AZUCARERA MARGANO, COMPAÑÍA"), los que tenían una capacidad total de 490 000 @ diarias que representaba el 27º grupo y el 19º entre los de capital no norteamericano. Tenía también bajo arrendamiento el Limones(VER "AZUCARERA CANÍMAR S.A., COMPAÑÍA"). Rafael Galis Menéndez López era el tesorero.

Miyares era además propietario, junto con sus hermanos Marcelino, Pablo y Reinaldo, de la "Mijares y Hermanos S.A." que era el departamento comercial del central Limones; de la "Agrícola Miyares", colonia con 3 600 000 @ del central Amazonas; de "Ganadera El Bayo S.A., Compañía"; de "Agrícola e Industrial Marcané S.A."; de "Compañía Ganadera El Vayo S.A."; de "Agropecuaria San Carlos, Compañía" y de "Agrícola Hatuey", colonia de caña.

Miyares había sido en 1953-1954 vicepresidente del "Banco Agrícola e Industrial"(VER), del que era su tercer principal accionista, habiendo aportado el 40% del capital del Banco a través de sus intereses en el central. Era su más importante cliente pues sus 14 empresas recibían créditos por $3 000 080 que representaban el 34% del total de su cartera y, a través de él, había adquirido el Najasa, el arrendamiento del Limones y la "Textilera Corralillo S.A."(VER) –una fábrica de hilandería y tejidos–, al incurrir sus antiguos propietarios en deudas con dicho banco.

A principios de 1956, tras liquidar sus acciones en el Banco, tenía deudas con éste ascendente a un $1 000 000 que le fuera difícil recuperarlas en los años siguientes, las que en 1958 se elevaban a $6 650 000.

Con anterioridad la propiedad del central habia estado compartida con Alberto Cardet Hijuelos y Nicasio Vidal Ramírez, ambos fundadores y a la sazón presidente y vicepresidente respectivamente del Banco y, el primero, presidente entonces del central del que su esposa Josefa Imperatori Carballo era la vicepresidenta. Ambos compartían además intereses con Miyares en "Agropecuaria Vidal, Miyares y Compañía S. L."(VER), propietaria de una colonia en el central Rosario con 1 600 000 y otra en en el Limones con 1 000 000 de @.

Miguel A. Canfux, quien sería posteriormente presidente y propietario del Banco, lo había comprado en parte con sus acciones del central.

2 Se fundó en un año incierto del siglo pasado, aunque algunas fuentes lo situaban erróneamente en 1910. Había pertenecido desde el siglo pasado hasta el siglo XX a la familia del Valle Iznaga –antecesores de la familia del Valle Grau–

(VER "CENTRAL SOLEDAD S.A.") desde que en 1860 fuera propiedad de Modesto del Valle, nacido en Sancti Spiritus, Teniente Coronel del ejército español, comandante del Regimiento Fijo de La Habana, Gobernador Político y Militar de Trinidad, Alcalde de Sancti Spiritus en 1834, 1837, 1841, 1844 y 1850, Diputado a Cortes en 1820, 1821 y 1823, quien era además propietario del central San Fernando en la jurisdicción de Sancti Spiritus y del Natividad que conservaría su familia, así como del ferrocarril del Estero de Tunas a Sancti Spiritus, el primero de la jurisdicción que construyera en 1859.

El central pasaría a mediados de los 70 a Natividad Iznaga de Acosta y en 1889 era copropiedad de José María del Valle Iznaga y de M. Castiñeira y Compañía. El 16 de noviembre de 1895, José María del Valle se había entrevistado en el campamento de Los Pasitos con el Generalísimo Máximo Gómez para solicitarle permiso para moler el central, lo que ocasionó un gran disgusto a Gómez, quien no accedió.

De 1900 hasta 1920 pasa al control de la norteamericana "Mapos Central Sugar Co", administrado por Geo P.Anderson, perteneciente a las entonces pequeñas refinerías de Claus Spreckels de California, que se convertiría en los años 50 en la mayor industria remolachera de EEUU, la mitad de cuyas acciones era propiedad de la "American Sugar Refining Company"(VER "CENTRAL CUNAGUA S.A."). Tras el crac de 1921 pasó al control de la razón social "Compañía Azucarera del Valle de Lersundi", administrado por Ricardo del Valle.

A mediados de los 30, junto con el Caracas, era propiedad del "The First National Bank of Boston"(VER), pasando en 1934 a la propiedad de Ramón Prado, posteriormente a F.S.A. de Chateauvieux y, a finales de los 30, a Amado F. Andrés Satorre.

En 1945 Jacobo Lobo lo compra a "Compañía Agrícola Sancti Spiritus S.A.". Lobo se suicidará ante la posible quiebra del central que, en definitiva, su hermano Julio rescató para sus sobrinos.

Había tenido varios nombres: Mapos hasta 1891, San Antonio Mapos en 1895, Mapos nuevamente de 1910-20, Santa Ana de los Mapos de 1921-1925 y finalmente Amazonas a partir de 1926.

3 Tenía fuertes deudas con el Banco Agrícola e Industrial que llegaron a $1 000 000 en 1953, parte de las cuales se consideraban pérdidas. También era cliente del Banco de la Construcción, del Banco de los Colonos y del Banco Gelats, a quien adeudaba unos $100 000.

Administrado por Marcelino Miyares López, hermano del propietario. La Resolución Nº 2841 del Ministerio de Recuperación de Bienes Malversados lo confiscó el 23 de febrero de 1960.

106- AZUCARERA AMÉRICA S.A., COMPAÑÍA

El "América" era el 83º central en capacidad de producción con 232 000 @ diarias pero con el 11º RI más alto(13.74), 2 475 trabajadores y 112 caballerías de tierras propias, situado en Contramaestre, Oriente.

1 Propiedad principal de la familia Fernández Casas con un capital de $1 millón. Federico, Carolina y Marina Fernández Casas y Alberto Fernández de Hechavarría –hijo del primero– eran presidente y vicepresidentes respectivamente. Mario Zanetti Gurdiel, Francisco Vidal Más (VER "GANADERA CANANOVE

S.A., COMPAÑÍA"), casado con Carolina, y su hijo político John T.Smithies, quienes tenían intereses en él, eran el vicepresidente-administrador general, tesorero y vicetesorero respectivamente.

Federico Fernández Casas, también colono del Central Cunagua con 2 162 000 @ de caña, había sido electo Senador en 1944 por el Partido Revolucionario Auténtico pero en 1946 había pasado a la oposición y, más tarde, se unió al Partido Ortodoxo, el cual inscribiera en 1953, en unión del Dr.Carlos Márquez-Sterling, para acudir a las elecciones del 24 de febrero de 1955 repudiadas por las otras facciones del partido.

Estaba casado con Lolita, perteneciente a una de las principales familias santiagueras, los Hechavarría de la Pezuela, cuya hermana era madre de Jack Centoya Hechevarría (VER "CENTOYA Y COMPAÑÍA") y de Lolita, ésta última casada con Roberto, hijo de Venancio Mercadé(VER "MERCADÉ Y COMPAÑÍA S EN C") –otro rico comerciante español establecido en la ciudad– y de María, hermana de José M.Bosch, presidente de "Ron Bacardí S.A., Compañía"(VER) y de Margarita Bosch(VER "AZUCARERA ORIENTAL CUBANA S.A. COMPAÑÍA").

2 Había sido fundado en 1914 por Federico Fernández Rosillo, padre de los hermanos Fernández Casas, pero en 1922 pasó al control de la Sugar Estates of Oriente, continuadora de la West Indies Sugar Co., del Grupo Howell que, tras la crisis del 20, había recurrido al National City para enfrentarla, cayendo rápidamente bajo el control de este Banco.

Sin embargo en 1925, tras un juicio que culminara en un fallo del Tribunal Supremo volvió a los intereses de la familia Fernández siendo entones Federico Fernández Casas su presidente.

Fue uno de los 9 centrales, entre ellos Andorra, Báguanos, Niágara, Occidente, Patria y el Santa Isabel, construido por la "Manuel Galdo y Compañía" (VER "AZUCARERA CARMEN RITA S.A.") que operaba la "Fábrica de Maquinaria Azucarera", ubicada en Cárdenas,

En diciembre de 1958 Fidel Castro estableció su Estado Mayor en el batey del central.

107- AZUCARERA ATLÁNTICA DEL GOLFO, COMPAÑÍA

Propietaria de 6 centrales: Alava, Conchita y Mercedes en Matanzas y el Lugareño, el Morón –el mayor de todos– y el Stewart en Camagüey, con una capacidad total de 3 336 000 @ diarias que representaba el 2° grupo y el 1° de capital norteamericano, con 550 millas de ferrocarril y una destilería en el Central Morón iniciada el 1 de Marzo de 1944.

1 Tenía un capital ascendente a $10 040 000 en 1957, propiedad de Sullivan & Cronwell –quien también tenía intereses asociados a los Rionda– (VER "AZUCARERA CÉSPEDES S.A., COMPAÑÍA"), en sociedad con Loeb & Rhoades and Co y con la "Sucesión de L. Falla Gutiérrez"(VER).

John L.Loeb era el presidente de la Junta y Lawrence A. Crosby, presidente de la firma y de sus subsidiarias y, desde 1958, Miguel A. Falla Álvarez, representante de la "Sucesión Falla" (VER), era su vicepresidente y administrador general y el Dr. Pedro P.de la Cámara era vicepresidente y secretario. Ya desde antes Alejandro Suero Falla, cabeza dirigente del consorcio cubano, formaba parte de su Junta de Directores.

2 Continuadora de la "Cuba Cane Sugar Corporation", la mayor firma azucarera del mundo, constituida en el Estado de New York el 29 de diciembre de 1915 por Manuel Rionda Polledo(VER "AZUCARERA CÉSPEDES S.A., COMPAÑÍA") e integrada por 18 centrales que adquiriera en los próximos 6 meses, de los que vendió inmediatamente el "Asunción". En 1920 constituyó la "Eastern Cuba Sugar Corporation", como una subsidiaria de la anterior que compró en 1922 el central "Violeta".

Era propiedad de un sindicato en EE.UU. que invirtió $50 millones en la compra de centrales, siendo sus principales accionistas, además de Rionda, los norteamericanos E.W.Stetson(propietario de firmas tabacaleras y accionista de la "Coca Cola"), Irenée Dupont de Nemours, Matthew Chauncey Brush (ferrocarril de Boston).

En la zafra de 1915 molió alrededor de 3 100 000 sacos dedicándose desde entonces a agrandar y perfeccionar las máquinas de sus centrales que en 1919 producirían el 16.7 % de todo el azúcar cubano.

El valor de sus propiedades en 1925 ascendía a $ 96 000 000 y sus funcionarios en ese año eran los siguientes: W.E. Ogilvie, presidente; F. Gerard Smith, vicepresidente ejecutivo; Miguel Arango, vicepresidente consultante; Manuel E. Rionda, vicepresidente y B.A.Lyman como tesorero.

A partir de 1921 la "Cuba Cane Sugar Corporation" registraría pérdidas por cerca de $6 millones, Rionda saldría de la presidencia y en 1929 quebraría, transformándose en "Cuba Cane Products Company Inc." en 1932 y rematada judicialmente en 1934 por la irrisoria cifra de $4 000 000 habiendo estado valorada antes en $111 millones. La mitad de sus centrales serían demolidos, manteniéndose sólo el "Alava", "Conchita", "Lugareño", "Mercedes", "Morón", "Perseverancia", "Soledad(M)" y el "Stewart" y desactivándose "La Julia (Durán Habana)", "Socorro (M)", "Santa Gertrudis (M)", "María Victoria (Aguada de Pasajeros)", Jagüeyal (C)" y "Velazco (C)".

Desde entonces fueron desplazados los intereses del grupo Morgan, de Charles Hayden y del grupo Rionda, que había sido su propulsor, pasando su control al grupo Rockefeller, Sullivan & Cronwell –quienes ya tenían intereses en la extinta Cuban Cane–, incorporándose con posterioridad a la sociedad un representante de la firma Hershey al comprarle a ésta sus 3 centrales, otros grupos menores de New York, como Loeb, etc., junto con la "Central Violeta Sugar Company"(VER) y la "Punta Alegre Sugar Co"(VER "BARAGUA SUGAR ESTATES").

Formaban parte de su Junta de Directores entonces: Rober I.Barr, Antonio Sánchez de Bustamante, Horac Havemeyer, Charles Hayden, Alfred Jaretzki, James N. Jarvie, W.J. Matherson, G.M-P. Murphy, W.E. Ogilvie, W.P.Phillips, B.Braga Rionda, Manuel Rionda, Manuel E.Rionda, Charles H.Sabin, Carl J.Schmidlapp, Eugene W. Stetsun, F.W. Scoot, Albert Strauss, quien era el presidente de la Junta; Frederic Strauss, Regino Truffín y Miguel Arango.

A partir de los años 50 comenzaron a vender sus centrales que a principios de la década sumaban 11 y, al final de ella se habían reducido a sólo 6 que además tenían intención de venderlos. Habían vendido los 2 más pequeños, el Perseverancia y el Soledad(M) en 1950 y, el 31 de diciembre de 1957, los 3 del grupo Hershey a los intereses lidereados por Julio Lobo, quien tras esta adquisición se convirtiera en el mayor grupo en capacidad de producción, desplazándolos al segundo lugar.

El 2 de Enero de 1958 anunciaron públicamente un Plan de Completa Liquidacion y, de los diversos grupos cubanos con intereses dentro de ella, o sea Julio Lobo(VER "AZUCARERA GÓMEZ MENA S.A., COMPAÑÍA"), Fulgencio Batista(VER "AGRÍCOLA DEFENSA S.A., COMPAÑÍA"), Francisco Blanco(VER "AZUCARERA CORAZÓN DE JESÚS S.A., COMPAÑÍA") y la "Sucesión Falla" (VER), eran estos últimos quienes estaban logrando su control, sobre todo después de la segunda mitad de 1958. Durante este año además los Rockefeller se separararon definitivamente de su propiedad.

3 Como en el resto de las firmas azucareras norteamericanas, la cotización de sus acciones había descendido, siendo en 1956 de $20 y en 1959 de sólo $3, las de más bajo nivel entre todas. Su nivel máximo de ganancias ocurrió en 1947 al alcanzar $11 000 000 hasta descender a $3 300 000 en 1956, pero en 1957 tuvo una recuperación de $6 200 000. En 1953 tuvo pérdidas por cerca de $1 000 000.

CENTRAL ALAVA

El 29° en capacidad de producción(340 000 @), con un RI pequeño de 12.42, 958 trabajadores, pero el 13° mayor propietario de tierras propias con 2 052 caballerías, situado en San José de los Ramos, Matanzas.

2 Su fundación se remonta por unos al año 1820 y otros a 1845 y a 1831, pero todos se lo atribuyen a Julián de Zulueta, llegando a ser el primero de los grandes centrales y, en los años 50 del siglo XIX, uno de los cuatro en establecer el sistema Rilliex de múltiple efecto de vapor. Junto con el España y el Zaza fue uno de los 3 que permanecieron bajo la propiedad de la familia Zulueta al comenzar el siglo, de los que en 1959 solo conservaban el último. En 1915 fue vendido a la Cuban Cane y de 1917 al 1925 sería su administrador Antonio Zubillaga Gorostiaga(VER "CENTRAL DOS AMIGOS, COMPAÑÍA"), quien con el tiempo se convertiría en hacendado.

3 Según la "Comisión Técnica Azucarera", en 1951 sus costos eran de $17.70 por cada saco de 325 lbs., o sea por debajo de la media de $17.87 y sus activos totales estaban valorados en $2 391 333.

CENTRAL CONCHITA

El 43° central en capacidad de producción diaria(350 000 @), con un RI de 11.97, entre los más pequeños(el 146°), 2 721 trabajadores, pero con el 37° lugar entre los propietarios de tierras, con 1 097 caballerías de tierras propias, situado en Alacranes, Matanzas.

2 Fundado en 1823 por Bartolomé Casañas, en 1859 adopta el nombre de Concepción y es propiedad de Domingo Aldama(VER "AZUCARERA SANTA ROSA S.A., COMPAÑÍA") y, al finalizar los años 80, es uno de los 5 mayores del país.

Al comienzo de la República pertenece a Juan Pedro Baró y es, junto con el demolido Asunción, uno de los 2 centrales que aun poseía en los años 10, hasta 1915 cuando José López (Pote) Rodríguez se lo compró por $3 500 000, junto con el Asunción, vendiendo ambos el 24 de enero del año siguiente a la Cuban Cane por $6 000 000 en una transacción que le arrojara $2 800 000 de ganancias en sólo 6 meses.

Fue, junto con el Mercedes, el central donde se instalara por primera vez en 1945 un laboratorio para combatir la mosca lixophaga.

CENTRAL LUGAREÑO

El 19° en capacidad de producción (539 000 @), RI mediano de 12.71, 5 535 trabajadores, siendo el 20° en extensión de tierra (1 771 caballerías), el 18° en trabajadores en zafra y el 2° más antiguo entre los 20 mayores, situado en Nuevitas, Camagüey.

2 Melchor Bernal Varona, médico de Nuevitas, copropietario con Bernabé Sánchez Adán del ingenio "El Congreso", comenzó su construcción el 1 de junio de 1891. Sin embargo hay quien sitúa su fundación en 1881 y señalan como su fundador a Calixto Bernal quien lo bautizó en homenaje a El Lugareño.

De 1908 a 1917 perteneció a la Sociedad Anónima Central Lugareño, propiedad de "Galbán y Compañía" (VER "GALBAN LOBO TRADING COMPANY S.A.") quien entonces era propietaria además de los centrales "Luisa" y "San Agustín" y Eugenio de Sosa Suárez", sobrino de su principal propietario, ocupó la tesorería del central y la presidencia de los otros 2 hasta 1916 en que fuera uno de los 17 centrales comprados por la Cuban Cane Sugar Corporation.

CENTRAL MERCEDES

El 49° en capacidad de producción(325 000 @), RI mediano de 13.04, 2 568 trabajadores y el 40° en extensión de tierra con 987 caballerías, situado en Manguito, Matanzas.

2 Fundado en 1858 por el cubano Antonio Carrillo Albornoz, aunque otros lo sitúan en 1853 por idéntico propietario que le pusiera el nombre en honor de su hija, pasando después a Andrés Carrillo de Albornoz quien en 1901 lo vendiera a "Compañía Cubana Central Mercedes", propiedad de Miguel Arango, Regino Truffin e Ignacio Almagro, quien poco después vendiera su parte, manteniéndose el primero como su presidente y administrador y el segundo como tesorero. La venta se realizó en $400 000 de los que se pagaron de inmediato unos $120 000 aumentándose el capital a $1 millón en 1909 y haciéndose varias emisiones de bonos las que en su mayoría estaban en poder de ambos.

Fue uno de los centrales comprado en 1915 por la Cuban Cane Sugar Corporation, de la que Arango y Truffin formarían parte de su dirección. En 1917 se había ensayado en sus tierras la máquina de cortar caña marca Luce.

CENTRAL MORÓN

El 2° en capacidad de producción diaria(1 000 000 @), RI de 13.10, 6 700 trabajadores, 1 280 caballerías de tierras propias y destilería, situado en Pina, Camagüey. Uno de los 30 centrales criadores de razas selectas de ganado.

2 Fundado en 1913 por el Coronel J.M.Tarafa quien en 1915 se lo había vendido a la Cuban Cane. Fausto, hermano del Mayor Gral. Mario García Menocal, fue su adminstrador durante la etapa de Tarafa.

Tenía una destilería fundada en 1943, inactiva, que era la 4ª mayor con una capacidad diaria de 18 308 gls.. Era el 2° central en record de producción al haber sobrepasado el millón de sacos en la zafra de 1952. Contaba con su propio aeropuerto.

CENTRAL STEWART

El 3° en capacidad de producción(782 000 @), RI alto de 13.14, el 6° en trabajadores con 7 639 y 1 792 caballerías de tierras propias, situado en Simón Reyes, Camagüey.

2 Hay contradicción en el año de su fundación, algunos lo sitúan en 1906 y otros en 1908. La "Duncan Stewart Company", firma de fabricantes de maquinaria de Glasgow, tuvo a su cargo la construcción, bajo la dirección de la firma ingeniera Smith y Davis. Al fundarse era un proyecto de capital cubano que, cuando quebraran, pasó a la propiedad de los fabricantes escoceses proveedores de la maquinaria, bajo la The Stewart Sugar Company mediante un tortuoso procedimiento jurídico-financiero. La firma estaba registrada en Nueva York y sus agentes en Cuba era la "Smith y Davis" mencionada, siendo su administrador Mr.O.E.Davis. Más tarde en 1915 fue vendido a la Cuban Cane Sugar Corp.

3 Según la "Comisión Técnica Azucarera" en 1951 sus costos eran de $16.40 por cada saco de 325 lbs., o sea por debajo de la media de $17.87, y sus activos totales estaban valorados en $15 563 963. Era el 5° central entre los que sobrepasaron el record de producción de más de un millón de sacos, logrado en 1952. Se llamó Silveira de 1906 a 1908 .

108- AZUCARERA BORJITA S.A., COMPAÑÍA

El "Borjita" era el 79° central en capacidad de producción (240 000 @), RI mediano de 12.85, 2 010 trabajadores y 155 caballerías de tierras propias, situado en Dos Caminos, Oriente.

1 Uno de los 2 centrales, junto con el Baltony (VER "BELONA SUGAR COMPANY"), propiedad de Baldomero Casas Fernández, cuya capacidad total ascendía a 690 000 @ diarias, ocupando el 19° lugar y el 11° entre los de capital no norteamericano.

Casas Fernández era presidente y administrador general de ambas empresas, Emiliano Lago Sobrado era el tesorero del Baltony mientras Rómulo Sanz Esteban era vicepresidente del Borjita.

Casas también era propietario de "Casas y Compañía S en C" (VER) de Palma Soriano, uno de los principales almacenes de víveres de Oriente, fundado por su tío y donde se había iniciado a trabajar e hiciera un capital durante la II Guerra Mundial en la compra y venta de arroz con los barcos de guerra norteamericanos.

Tras la terminación de la conflagración había comprado el Borjita en 1945 y el Baltony en 1947 a la "Sugar Plantation Operating Company", una filial del "The Royal Bank of Canada" (VER).

2 Existe contradicción en el año de fundación del Borjita que unos sitúan en 1860 y otros en 1914 ó 1915. Los primeros sitúan a Justo Echeverría como su fundador uno de cuyos descendientes, Luis de Echeverría, será su propietario, según los que sitúan en otros años su fundación. De 1883 a 1915 perteneció, según los primeros, a Casto y Cástulo Ferrer, siendo quemado durante la guerra de Independencia.

Ambos centrales habían pertenecido de 1920 a 1925 a Francisco Almeida, quien ese año lo vendió por $7 700 000, junto con 4 500 caballerías de tierra, a Jacinto Pedroso Hernández (VER "BANCO PEDROSO"), quien con posterioridad fue acusado de estafa al adquirirlo en connivencia con el "The Royal Bank of Canada"(VER), pues en ese momento se encontraba en quiebra. Mario Pedroso(VER "ACIDOS E HIPOCLORITOS S.A.") había sido entonces su administrador.

Estuvieron bajo la razón social "Compañía Azucarera Almeida S.A." hasta 1935 ó 1936 en que pasaran a "Compañía Azucarera Maisí S.A.", siempre bajo el control de la "Sugar Plantation Operating Company".

3 Según la "Comisión Técnica Azucarera" en 1951 sus costos eran de $15.70 por cada saco de 325 lbs., o sea por debajo de la media de $17.87, y sus activos totales estaban valorados en $4 611 887. Era administrado por su propio propietario.

109- AZUCARERA BRAMALES S.A.

El "Orozco" era el 64° central en capacidad de producción diaria(272 000 @), RI bajo de 12.26, con bastantes trabajadores (3 050) y 284 caballerías de tierras propias, situado en Cabañas, Pinar del Río.

1 Propiedad principal de José Manuel Casanova de Soto en sociedad con Maria Teresa Castro, Antonio Pérez Echemendía, su administrador, y Manuel Docampo Real, quienes eran presidente, vicepresidentes y vice tesorero respectivamente.

José Manuel Casanova, padre de su presidente actual, había trabajado de peón en el propio central y había sido administrador de otros 3 antes de comprarlo en 1928, y además había sido presidente de la Asociación de Hacendados y el más destacado de los dirigentes de la corporación desde 1933 hasta su deceso el 22 de diciembre de 1949.

Casanova fue también administrador en 1918 del Central Andorra; de 1919-28 será presidente y administrador de "Compañía Nacional de Azúcares", operadora de los centrales España, Limones y después el Reglita en Matanzas; en 1925 co-propietario y vicepresidente del Occidente hasta 1928 en que adquirirá el Orozco al que incorpora los terrenos del demolido Bramales.

2 Fundado con anterioridad a 1810. Algunos lo sitúan entre 1813 y 1819 y se lo atribuyen a propietarios franceses. Otras publicaciones señalan que en 1859 se llamaba Providencia y pertenecía a Mariano Averhoff pero no hay constancia. Antes de la guerra del 95 era propiedad de Matías Averhoff, quien también poseía el central Averhoff, en Aguacate, que pasó a la propiedad de Ramón Pelayo, quien después fuera Marqués de Valdecilla, que lo demolió al comprarse después el Rosario, junto a aquél, que pertenecía a Federico Morales.

A partir de 1895 pasó a la propiedad de Cipriano Picaza Llano hasta 1899, de 1902 a 1905 a Federico Galbán, constituyéndose en 1906 la "Compañía Azucarera Central Orozco S.A.", de la que Ignacio Nazábal, español, presidente de la "Compañía Azucarera de La Habana", corredora de azúcar, era su vicepresidente, pasando en 1913 a la propiedad de los hermanos cubanos Picaza. También habían sido sus propietarios Salvador Guedes y los Gómez Mena. Desde los años 30 hasta los 50 Jorge Alonso Patiño había sido su vicepresidente.

3 Según la "Comisión Técnica Azucarera" en 1951 sus costos eran de $15.90 por cada saco de 325 lbs., o sea por debajo de la media de $17.87 y sus activos totales estaban valorados en $2 812 400. Cliente del Banco de los Colonos con $280 000 de créditos.

110- AZUCARERA BUENAVISTA S.A., COMPAÑÍA

El "Punta Alegre" era el 18° central en capacidad de producción (550 000 @), pero con un RI pequeño de 12.44, el 23° en número de trabajadores (4 630) y el 26° mayor propietario de tierras con 1 418 caballerías, situado en Punta de San Juan, Camagüey. Uno de los 30 centrales criadores de razas selectas de ganado.

    1 Su capital ascendía a $5 850 000. Era uno de los 7 centrales propiedad de la "Sucesión de L. Falla Gutiérrez"(VER), el 2° grupo más importante de los hacendados cubanos y el 3° en relación a la capacidad de producción(2 910 000 @ diarias), siendo el 3°que poseían entre los 20 mayores centrales.

    2 Alejandro Suero Falla, Julio Prado Rodríguez, Miguel Ángel Falla y Julio Batista Falla eran el presidente, vicepresidente I y II y tesorero, respectivamente.
La "Punta Alegre Sugar Corporation"(VER), propietaria de 7 centrales hasta 1930, lo fundó en 1917 y se lo vendió el 31 de mayo de 1951 a la "Sucesión Falla" por algo más de $5 millones.

    3 Su situacion económica era buena e iba en aumento. Utilidades en 1953: $404 000, 1954: $228 000, 1955: $446 000, 1956: $567 000, 1957:$985 000 y 1958: $1 000 000. Como en el resto de las firmas azucareras, la cotización de sus acciones había descendido, siendo en 1956 de $17 y en 1959 de sólo $9.
El 9 de abril de 1958 se unió a la huelga insurreccional y el Tercio Táctico de Camagüey tomó militarmente el central que, tras el triunfo de la Revolución, fuera bombardeado por un avión procedente de EE.UU.. Contaba con su propio aeropuerto.

111- AZUCARERA CAIBARIÉN S.A., COMPAÑÍA

El "Reforma" era el 91° central en capacidad de producción (225 000 @), RI mediano de 12.55, 2 200 trabajadores y 500 caballerías de tierras propias, situado en Caibarién, Las Villas.

    1 Propiedad principal de los herederos de Ernesto Mier López. Julia Farach, su viuda, era la presidenta, Anselmo Cossío Díaz el vicepresidente, Ernesto Rojas Mier, quien tenía intereses en "Residencial Alamar"(VER), era el secretario y administrador y Fernando de la Llana García el tesorero.
Mier, su propietario desde finales de los 30, había sido gerente en los años 10 de la Planta Eléctrica de Caibarién. También había sido uno de los 3 gerentes, junto con los también españoles Anselmo Cossío y el cubano Manuel López, de "M. López y Compañía", almacenes sitos en Caibarién dedicados al azúcar, tabaco, consignaciones de buques, agentes de seguros, representantes de líneas navieras, de la que eran socios comanditarios los españoles Manuel López, padre, y los "Herederos de Álvaro Díaz y José María Reparaz".
Su yerno, el Dr. Ángel Jiménez Ruiz, antiguo ejecutivo del ICEA y de la Asociación Nacional de Hacendados de Cuba, había sido durante años el presidente del central hasta que en 1957 fuera sustituido por su suegra.

    2 Fue el primer trapiche de las cercanías de Caibarién, donde existía ya desde 1859 con el nombre de "Lapeyre", apellido de la familia propietaria. Hay contradicción en el año de fundación que unos sitúan en 1891 y otros en 1860. Los primeros se la achacan a los cubanos José H. Martínez y José M. Fernández. Al fundarse se llamó Lapeyre y, tras ser quemado en 1876 y reconstruirse, en 1883 adoptó el nombre Iberia y en 1891 el actual.

En 1864 pasaría a la propiedad de Esteban Centeno, en 1866 a la de Bofill, después a José María Ugarriza(en 1874 pertenecía a "Ugarriza y Compañía"), en 1883 hasta 1891 a "Bofill y Setién" y, de este último año hasta 1906, a José Herculano Martínez Gallardo y José M. Fernández Valverde.

Martínez Gallardo era presidente de la "Compañía Azucarera del Central Reforma", en la que, en un momento dado, entrarían como sus socios el Mayor General del Ejército Libertador Francisco Carrillo, futuro gobernador de Las Villas y Vicepresidente de la República, y la familia Ruiz, con quienes estaba emparentado y a la cual pertenecía el Dr.Jiménez Ruiz. Sin embargo, para algunos, ésto se produjo antes de la guerra y, para otros, durante la República, a partir de 1906 hasta 1917.

El Mayor General Carrillo, nacido en Remedios el 3 de enero de 1851 y fallecido en La Habana el 11 de marzo 1926, era veterano de las 3 guerras; jefe del alzamiento del 95 en las Villas, siendo detenido el propio 24 de febrero en Remedios y liberado y expatriado el 30 de mayo de 1895 a instancias del Cónsul de EE.UU., regresando al frente de la expedición "Horsa" en noviembre de ese año; jefe del IV Cuerpo de Ejército que operaba en Las Villas, de cuyo mando sustituyera al Gral.Serafín Sánchez .

Tras la independencia fue Gobernador de Santa Clara de 1912-1920, Senador, Vicepresidente de la República en el Gobierno de Alfredo Zayas(1921-1925), así como colono del central Altamira de 1 750 000 arrobas.

112- AZUCARERA CAMAJUANÍ S.A.

El "Fe" era el 63° central en capacidad de producción (320 000 @), RI bajo de 12.29, 2 600 trabajadores y 639 caballerías de tierras propias, situado en Camajuaní, Las Villas.

   1 Capital suscrito por $1 400 000 en 1400 acciones de las que 1344 eran propiedad de Julián de Zulueta Besson y el resto de su esposa María Abrisqueta. Zulueta también poseía "Azucarera Zaza S.A."(VER), con una capacidad total de 510 000 @., que representaba el 25° grupo y el 17° entre los de capital no norteamericano, así como 4 600 caballerías de tierra, siendo el 20° mayor poseedor.

Zulueta, presidente y administrador general de ambas empresas donde su esposa era la vicepresidenta, era además propietario único de varios bancos, entre ellos del "Banco Continental"(VER), el 4° más importante; del "Banco Popular"(VER), banco comercial, nacional, el 25° en importancia por sus depósitos; del "Banco Territorial Cubano"(VER), el único banco de crédito territorial autorizado; y del "Banco Capitalizador Cubano"(VER) de capitalización y ahorro.

Era además propietario de "Agrotecnia Industrial y Comercial S.A."(VER), una fábrica mezcladora de fertilizantes; uno de los principales accionistas oculto de "Fomento de Obras y Construcciones S.A."(VER), propietaria del edificio FOCSA; propietario de "Vidrios S.A."(VER), fábrica de envases de vidrio, así como propietario de las 2/3 partes de "Maderera Nipe S.A., Compañía"(VER), explotación y aserrío de madera ubicado en Antilla, Oriente, en sociedad con el "Banco Núñez"(VER).

El Zaza, antigua propiedad de Julián de Zulueta Amondo –su connotado bisabuelo–, había sido heredado a partir de 1914 por los hermanos Alfredo, Adolfo, Luis,

Enrique y Elvira Zulueta Ruiz de Gámiz, cuya parte adquiriera en su totalidad en 1952. Ya antes en 1944 había comprado el Fe.

Julián de Zulueta Amondo, su abuelo, nacido en Anúcita, Alava y fallecido en la Habana el 6 de mayo de 1878, había sido Marqués de Alava y Vizconde de Casa-Blanca, Consejero de Administración de Hacienda, Alcalde Municipal de La Habana en 1860, 1870, 1874 y 1876, Diputado a Cortes por Alava en 1876, Senador Vitaliceo del Reino, Gobernador Político interino de Cuba.

Había sido durante el siglo XIX, una de las figuras más descollantes de la oligarquía integrista, el principal comerciante y tratante de esclavos, iniciador de la trata de "coolíes" en 1847, quien previó la abolición para la que se preparó adecuándose a las reformas tecnológicas que se avecinaban.

Fue dueño de varios ingenios del siglo XIX, cuyos herederos al comienzo del siglo XX, además del Zaza, aun poseían otros dos: Alava(VER "AZUCARERA ATLÁNTICA DEL GOLFO S.A.,COMPAÑÍA") y España(VER "INGENIOS AZUCAREROS DE MATANZAS S.A., COMPAÑÍA").

Fue también uno de los propietarios del "Diario de la Marina" a partir de marzo de 1857, uno de los accionistas de la firma que construyera el Ferrocarril de Marianao inaugurado el 17 de julio de 1863, y presidida por Salvador Samá, tío de su primera esposa, así como constructor con su peculio del ferrocarril de Caibarién a Zaza, que dio gran impulso al desarrollo del antiguo poblado de las Coloradas, por lo que en 1887 se constituyó como un barrio de Camajuaní con el nombre de Zulueta en su honor.

2 El central Fé fue fundado en 1863 por "Ariosa y Gutiérrez Hoyo, siendo entonces de Guillermo Gutiérrez y de Ariosa. Otros sitúan su fundación en 1865, habiendo pertenecido desde 1874 hasta 1883 a Guillermo Ariosa Gutiérrez, pasando en 1889 a Gumersindo Gutiérrez, según unos, y en los 80, según otros al cubano José María Espinosa Font, quien será senador de 1909 a 1913 y Secretario de Comunicaciones durante el gobierno del Gral.Machado y lo controlará hasta 1918.

Espinosa adquirió 2 centrales después de haber hecho ambos su última molida antes de la guerra de 1895, cuyas tierras uniera al central Fe, o sea, el central "Floridano", anteriormente llamado "Rageta", propiedad del norteamericano Santiago Inenarity, y el "Matilde", que había sido de Pablo Lamberto Fernández antes que pasara durante la Guerra Grande al control de José Baró.

Fue uno de los 9 centrales que había llegado a controlar la Sugar Plantation Operating Company, una afiliada del "The Royal Bank of Canada"(VER), siendo el primero de los 9 que vendieran.

3 Su capital líquido ascendía a 3 millones y su pasivo de 0.62 en relación a su capital era aceptable, habiendo mantenido esta situación satisfactoria durante los años 50. El Banco Continental le vendió maquinarias y equipos de carreteras por valor de $126 178 obtenidos en pago de créditos de "José Novoa y Compañía" y de "Inmobiliaria Luisa Quijano S.A.".

Según la "Comisión Técnica Azucarera" en 1951 sus costos eran de $15.60 por cada saco de 325 lbs., o sea por debajo de la media de $17.87, y sus activos totales estaban valorados en $4 051 138, mientras en 1958 sus activos totales ascendían a $4 783 000, sus activos fijos a $2 283 504 y había tenido pérdidas por $167 478.

Cliente del City Bank y del Banco de los Colonos con $250 000 de créditos en cada caso, que a partir de 1953 trasladó para el Continental.

113- AZUCARERA CANÍMAR S.A., COMPAÑÍA

El "Limones" era el 99º central en capacidad de producción (220 000 @), RI mediano de 12.53, 2 000 trabajadores y 490 caballerías de tierras propias, situado en Limonar, Matanzas. Uno de los 3, junto con el Purio y el Australia, que no era de propiedad privada.

1 Propiedad de Antonio Miyares López (VER "AZUCARERA AMAZONAS S.A."), la cual era una arrendataria del central propiedad de la Universidad de La Habana. Su hermano Marcelino era su presidente.

2 Había pertenecido a mediados del siglo XIX a Ricardo O'Farrill O'Farrill, uno de los principales hacendados entre 1849-53, propietario de 7 ingenios: Cayajabos, San Rafael, Limones, Nueva, Concordia, San Antonio, Esperanza, además de poseer un tercio de las acciones del Gicoteita.

A partir del segundo cuarto del siglo XIX los O'Farrill se endeudaron con la Casa Drake a quien en 1854 ya debían $860 000 por lo que J.M.Morales, el administrador de la casa, interesó en la deuda a Tomás Terry quien prestaría $600 000 en 1869, la suma más alta prestada a un hacendado de una sola vez en ese entonces, lo que determinaría que en 1879 se vieran obligados a entregar el central a los Terry como pago de una parte del total que sólo sería cancelado en 1910.

Con posterioridad, junto con el Resolución y el Unión, pasaría a José J.Lezama, uno de los principales hacendados surgidos a principios del siglo XX, quien quebrara cuando el crac bancario, cayendo entonces bajo el control del extinto Banco Nacional debido a adeudos ascendentes a $7 758 197.

La "Compañía Nacional de Azúcares", bajo la presidencia y administración de 1919-28 de José Manuel Casanova(VER "AZUCARERA BRAMALES S.A."), lo había operado durante este tiempo, junto con el España y el Reglita en Matanzas. Al quebrar también ésta se le traspasó al Estado en garantía de sus créditos, tras intentar sin éxito venderse y, finalmente el 6 de noviembre de 1942 el Decreto Presidencial Nº 3222 se lo cedió a la Universidad junto con un crédito por $ 100 000.

La Universidad lo arrendó a la Cuban Trading hasta 1941 en que lo pasó entonces a Jesús Azqueta(VER "AZUCARER SANTA ISABEL S.A.") hasta 1944 en que lo operó "Hernández y García" y, finalmente Tirso Domínguez Fumero, quien se iniciara en noviembre de 1947 y ocasionara con su mala administración que la población ocupara el Ayuntamiento junto con protestas populares por lo que fuera intervenido por el Ministerio de Agricultura y se le rescindiera el contrato el 22 de agosto de 1949.

En un inicio se pensó otorgar a una nueva firma a constituirse por empresarios, colonos y comerciantes de Limonar, pero en definitiva, como era deudor del "Banco Agrícola e Industrial"(VER) por $500 000 y tenía pérdidas por mala administración y daños del ciclón, se le adjudicó por 9 años a éste quien constituyó la actual razón social para administrarlo. Nicasio Vidal, vicepresidente del Banco, y Miyares se convirtieron en los nuevos arrendatarios.

3 Estuvo inactivo desde 1929 hasta 1937. Cliente del Banco de los Colonos con $250 000 a $170 000 de créditos.

114- AZUCARERA CARMEN RITA S.A.

El "Niagara" era el más moderno entre los 15 centrales más pequeños (el 156°) con una capacidad de producción diaria de 136 000 @, un RI mediano de 12.66 (el 87°), 1 300 trabajadores y 154 caballerías de tierras propias, situado en Consolación del Norte, Pinar del Río.

1 Propiedad de Rafael Águila Sarduy, su presidente. Sus hijos William, Eudaldo, Percy y Dr. Rafael Águila Uriarte eran vicepresidente, tesorero, vicetesorero y secretario respectivamente.

Águila era hijo de Rafael Águila Guiardini, Coronel del E.L., distinguido por su valor, herido en la batalla de Jicaritas, jefe de la Brigada de Colón, de donde sería, tras la independencia, jefe de la Policía durante 12 años y su Alcalde de 1916-24 por el Partido Liberal.

Su padre había sido encarcelado por poco tiempo a raiz de un incidente en noviembre de 1920 donde perdiera la vida Florentino Fernández, segundo jefe de la Policía del término, cuando ésta tiroteara el local del Ayuntamiento donde se reunía en ese momento con el Gobernador de la provincia Víctor de Armas en ocasión en que Enoch Crowder, enviado especial de EE.UU. para supervisar la situación electoral, se aprestaba a visitarlo.

Águila había comenzado en los negocios décadas atrás como funcionario de una empresa arrendataria de centrales convirtiéndose después en arrendatario. Había sido en 1939 auxiliar de Joaquín Pedraza Cabrera –hermano del Cnel. José Eleuterio y su intermediario en la compra del Central Zorrilla– cuando era administrador general del central Purio tras haber pasado ya a la propiedad del Municipio de Calabazar de Sagua, y a quien finalmente en 1944 sustituyó en la presidencia de la arrendataria. A principios de los años 40 hasta mediados de esa década había arrendado también el Central Dos Amigos.

En 1947 compró el central Santa Amalia en sociedad con Carlos Hernández tras haber éste disuelto su firma con los hermanos García Díaz, pero apenas un año después abandonó su sociedad dejándole su parte en aquel central y comprando él a su vez el Niágara en 1948.

2 El central había sido fundado en 1921 por Manuel Galdo Mariño, su propietario hasta 1948, siendo sus hijos Alberto R. y Gustavo B. Galdo los administradores.

Galdo había constituido en 1894 la "Manuel Galdo y Compañía" que operaba la "Fábrica de Maquinaria Azucarera", ubicada en Cárdenas, que construiría y diseñaría 9 centrales, entre ellos Andorra, América, Báguanos, Occidente, Patria y el Santa Isabel en un lapso de 1914 a 1921 en que construyó el Niágara en plena crisis económica.

El taller tenía a principios de los 20 unos 400 obreros, varios edificios y ocupaba varias manzanas de terreno al lado de la estación ferroviaria y fabricaba maquinaria destinada a los centrales, contando con fundición de hierro y de bronce y 14 tornos. Tenía una dependencia en La Habana y otra en Santiago. El Ing.Manuel F Galdo, hijo del propietario estaba al frente de su dirección y administración.

La crisis de los años 20 y la paralización de inversiones fabriles lo llevaron a una situación económica insostenible traspasando la propiedad de los talleres al control de una nueva firma, la "Cárdenas Engineering Company", la que a su vez pasaría más tarde a la propiedad de Santiago Estévez(VER "HIRES SUGAR COMPANY"), cuyos herederos continuarían ampliando sus talleres, junto con sus plantaciones de henequén.

3 Según la "Comisión Técnica Azucarera" en 1951 sus costos eran de $15.90 por cada saco de 325 lbs., o sea por debajo de la media de $17.87 y sus activos totales estaban valorados en $990 348.

115- AZUCARERA CENTRAL ADELA S.A., COMPAÑÍA

El "Adela" era el 80° central en capacidad de producción (240 000@), RI mediano de 12.95, 2 000 trabajadores, 381 caballerías de tierras propias y la 13ª destilería, situado en Remedios, Las Villas.

1 Propiedad desde 1875 de la familia Zárraga. Marcos de Zárraga era el presidente y superintendente general y Juan Zárraga Ortiz era el administrador general y administrador desde finales de los 30.

Juan Zárraga era además presidente y propietario de "La Consolidada, Compañía de Seguros S.A."(VER), una firma de seguros de accidentes de trabajo y fianzas con oficina en Habana N° 258, 5ª piso, La Habana, que era cliente del "Trust" y del "Industrial".

Los hermanos Zárraga habían vendido en 1956 "Industrias Andorra S.A."(VER), que había pasado a su propiedad completa en 1953 tras haberle comprado su parte a su socio Antonio Zubillaga, propietario a su vez de "Central Dos Amigos S.A."(VER) y ex-propietario de "Azucarera Jorva S.A., Compañía"(VER).

2 El central había sido fundado en 1873 por el Coronel del Ejército español José Vergara, propietario además del central Convenio y fundador con probabilidad en 1874 del central Fidencia. El central pasaría, a partir de 1875, a Francisco Artaza quien lo había comprado asociado con su sobrino Juan Antonio Zárraga, tronco de la familia de los propietarios actuales.

Zárraga había sido también director de la "Eléctrica de Caibarién, Compañía", que había inaugurado en 1910 el servicio eléctrico a Caibarién y era de capital norteamericano cubano y donde el futuro hacendado Ernesto Mier era también uno de sus directores.

Artaza había fundado en 1854 en Caibarién una importante casa comercial de exportación de azúcar y banca bajo la razón social de "Francisco de Artaza y Compañía", que posteriormente llamóse "Zozaya y Compañía" y después "Zárraga y Compañía". Aunque otros autores afirman haberse fundado en 1885 por Francisco Artaza pasando después a "Zozaya y Otermín" y más tarde a la última mencionada.

Tras la muerte de Martín Zozaya en 1906 se constituye la "Zárraga, Rodríguez y COMPAÑÍA", asociándose el también español Pedro Rodríguez a Juan A. Zárraga. Rodríguez era además presidente del "Banco de Fomento Agrario", miembro de la Junta Directiva del "The Trust Company of Cuba antes de su quiebra en 1922, director de la "Compañía de Puertos de Cuba" y miembro de la Liga Agraria. Zozaya lo había donado a la Iglesia pero la firma había logrado que se le reintegrara en 1913.

A partir de 1915, con la incorporación de Marcos Zárraga, quien había efectuado estudios técnicos en Europa, se le introducen grandes mejoras hasta llegar a electrificarse totalmente en 1954.

Durante la crisis de 1920, como consecuencias de préstamos no saldados, los Zárraga perderían el control económico, tanto del central como de la flota marítima que poseían en Caibarién, a favor del Royal Bank of Canada pero, no obstante, se mantendrían administrándolo. El banco "The Trust Company of Cuba" había pasado a ser el trustee y el acreedor de sus bonos desde el 13 de junio de 1922 durante el crac bancario, habiéndola requerido ante notario en agosto de 1942, junto con la "Entidad Zárraga S.A." y la "De Ferrocarril de Buenavista a Cangrejo, Compañía" por las deudas sin liquidar. En 1940, en virtud de la Ley de Moratoria Hipotecaria en vigencia, lograron restablecerse lo que les permitiría negociar con sus acreedores la recuperación de su propiedad.

3 Tenía instalada desde 1944 la destileria Santa Fe de la "Compañía Industrial Zumaquera S.A." con capacidad de 8111 galones de alcohol absoluto. El BANDES le otorgó un prestamo por $22 752 el 20 de enero de 1956.

116- AZUCARERA CENTRAL CARMITA S.A., COMPAÑÍA

El "Carmita" era un central pequeño (el 130°) con una capacidad de producción diaria de 175 000 @, RI bajo de 12.42 (el 130°), 393 trabajadores y 107 caballerías de tierras propias, situado en Vega Alta (Vueltas), Las Villas.

1 Propiedad de los herederos del ex-Presidente de la República, General del Ejército Libertador Gerardo Machado Morales. José Emilio Obregón, casado con Angela Elvira, hija de Machado, era el presidente; Bertha, otra de las hijas del General, era la vicepresidenta; Baldomero Grau Triana, hermano de Pedro (VER "DE FOMENTO DEL TÚNEL DE LA HABANA S.A., COMPAÑÍA") y casado con la tercera hija, era el secretario y Juan C. López Oña, casado con Josefina, hija de Obregón, e hijo a su vez de Juan C. López Oña, vicepresidente de "Central Santa Lutgarda S.A." (VER), propiedad de su familia, era vicepresidente y administrador general. La familia también había sido cofundadora y copropietaria de "Cubana de Aviación, Compañía"(VER).

Obregón era vocal de la Junta Directiva de la "Cámara de Comercio de la República de Cuba" en 1958 y también presidente y propietario de "Compañía General de Contrataciones S.A." que realizaba operaciones de compra venta de bienes inmuebles, solares, etc. así como representaba casas para el dragado, impresión de billetes y otros giros, sita en edificio Casteleiro, Oficios N° 104.

Durante el Gobierno de Gerardo Machado había sido administrador de la sucursal de La Habana del Chase Manhattan Bank, sirviendo de intermediario entre el banco y su suegro en el financiamiento de los planes de obras públicas pero también con préstamos personales para él y sus negocios. Sería también en esa época presidente del Vedado Tennis Club y presidente del Havana Clearing House.

Grau había sido Vicepresidente del Senado durante la Presidencia del General Gerardo Machado y era hermano de Pedro, presidente y promotor "De Fomento del Túnel de La Habana S.A., Compañía"(VER), concesionaria del Túnel de la Bahía de la Habana y administradora de la "Zona General de Influencia del Túnel"

2 El central se construyó en el antiguo trapiche "Verdugón", fundado antes de 1860, que molió hasta poco antes de 1895. Existe confusión en el año de fundación y otros detalles. Unos lo sitúan en 1874 por José Belén Fernández, cuyos familiares lo heredarán y, otros, en 1880 por los sucesores de Eduardo Machado.

En 1883 pasó a la propiedad de éstos y de Eleuterio Machado, quienes eran propietarios además del central Remedios, en 1889 a Celestino Gómez, en 1891 al cubano Vicente Pérez Llanedo cuya familia lo mantuvo hasta 1917 en que perteneciera a Ángel Pérez López Silvero.

A partir de este año pasa a la propiedad del Gral.Gerardo Machado, en sociedad con Manuel Hernández Leal, hasta 1920 en que el primero controlará el total constituyendo la firma el 6 de diciembre de 1921 que trasmitirá a sus herederos.

Sin embargo, existe contradicción en lo que respecta al año en que el Gral. lo adquiriera pues en una carta fechada el 9 de octubre de 1929 enviada a Orestes Ferrara, el administrador del central informa haber sido adquirido recientemente por aquél.

Machado había constituido en los primeros años republicanos la firma tabacalera "Ramos Machado y Compañía" y poco después había sido socio, junto con el Cnel. Orestes Ferrara, Nicolás Castaño y Laureano Falla Gutiérrez, de la "Eléctrica de Cuba, Compañía" que brindaba servicio de electricidad a Santa Clara y vendieran a mitad de los años 20 a la recién constituida "Cubana de Electricidad, Compañía"(VER).

El proceso de absorción y consolidación de la mayoría del servicio eléctrico fue posible por el apoyo brindado a la "Cubana de Electricidad, Compañía"(VER) por el gobierno del Gral.Machado, quien antes recibiera ayuda para su elección a presidente por parte de la casa matriz norteamericana, a la que además vendiera ventajosamente su propia firma, se convirtiera en accionista de la nueva y fuera designado como su vicepresidente. Era además criador de ejemplares de raza de ganado, propietario de la finca "Doña Juana" para la crianza de puercos en la provincia de la Habana, y de la finca "Nenita" en Santiago de las Vegas.

Germán S. López, quien será propietario del "Central Unión S.A."(VER), tras la caída de Machado, sería el director general de la firma y administrador del central.

3 El central tenía dificultades económicas en los últimos años. Se llamó Santa Ana de 1880-95, Verdugo en 1899 y Carmita a partir de 1907.

117- AZUCARERA CENTRAL CUBA S.A.

1 Propietaria de los centrales "Cuba" y "Santo Domingo", propiedad de la familia Tarafa quienes poseían además el España (VER "INGENIOS AZUCAREROS DE MATANZAS S.A.,COMPAÑÍA"), con una capacidad total de 1 250 000 @ que representaba el 12° grupo y el 4° de capital no norteamericano, así como 8 010 caballerías de tierra que representaban el 14° grupo.

La familia estaba integrada por los hermanos José Miguel, Josefina y Laura Tarafa Govín, así como Alicia G. de Mendoza, viuda de Antonio, todos directores. Jorge Barroso del Piñar era su presidente y José R. Terrad fungía como vicepresidente.

Los Tarafa estaban entre los principales accionistas del "The Trust Company of Cuba"(VER), donde habían entrado desde el 23 de junio de 1949 cuando su hermano Antonio había pasado a formar parte de su Junta de Directores. Su viuda, Alicia G. Mendoza, era una de las principales accionista individuales controlando $122 300 en acciones, mientras sus hijos, Antonio y Eduardo poseían $5 500 cada uno. Su hermana Laura controlaba $76 100 y Josefina, $77 500.

Eran propietarios además de acciones en los "Ferrocarriles Consolidados"(VER), de 5 000 caballerías de tierra en el central Vertientes y del potrero "Modelo". José Miguel tenía además intereses en "Corporación Intercontinental de Hoteles de Cuba S.A." (VER).

Antonio Tarafa Govin había sido su presidente tras sustituir a Fernando J.Cancio –apoderado de la Sucesión desde la muerte del Cnel.José Miguel Tarafa en 1931– hasta su muerte el 29 de agosto de 1951 en Miami en un accidente del tránsito, a la par que director en la Junta del "The Trust Company of Cuba"(VER), siendo entonces sucedido en ambos cargos por Jorge Barroso del Piñar, quien se ocupaba de los asuntos legales de la familia desde el Bufete de Valdés Fauli.

Jorge Barroso fue uno de los principales ideólogos y ejecutores de la política azucarera de Batista en los 50, habiendo sido también presidente del ICEA y de la Asociación de Hacendados de Cuba, así como Ministro de su gobierno. Tenía intereses en varias firmas favorecidas con financiamientos del BANDES: la "Cubana de Nitrógeno, Compañía"(VER), la "De Almacén Marítimo de Matanzas S.A., Compañía"(VER) y la "Constructora Luma"(VER), siendo en las tres socio de Luis del Valle Raez (VER "AZUCARERA LUIS DEL VALLE Y HERMANOS"), así como en "Cubana de Aviación S.A., Compañía" (VER).

Barroso tenía intereses también en "Internacional de Envases S.A., Compañía" (VER) y en "Productora de Superfosfatos S. A." (VER) y formaba parte de la "Junta Directiva" del "Diario de la Marina"(VER) en unión de algunos de los más destacados representantes de los sectores económicos.

2 Los propietarios habían heredado el central Cuba y el Santo Domingo de su padre el notorio Coronel del Ejército Libertador José Miguel Tarafa quien en 1909 había comprado por $5 000 000 el Santa Filomena o Enriqueta, su primer central, que rebautizó como Cuba y al que en 1917 le incorporó los ingenios Saratoga y Flora asi como algunas fincas.

El Coronel había sido propietario también en la década del 10 del Santo Domingo y en 1913 construyó el central Morón que posteriormente vendió a la Cuban Cane en 1915. El España había sido comprado por sus herederos en 1951 a la "Pepsi Cola de Cuba S.A., Compañía"(VER).

El Coronel Tarafa Armas, quien había nacido en Matanzas el 12 de septiembre de 1869 y fallecido en Nueva York el 23 de julio de 1932, aun cuando tras la independencia era pobre se había relacionado durante la Intervención con capitales norteamericanos y, rehusando participar en la vida política, se dedicó a los negocios financieros, siendo sin duda el más destacado, capaz y conspícuo empresario criollo surgido de las filas mambisas.

La más notoria gestión económica de la activa vida financiera del Cnel.Tarafa estuvo relacionada con la organización e implantación de las bases para el monopolio ferrocarrilero en lucha contra los intereses de la surgiente nueva clase de hacendados.

Así, el 5 de noviembre de 1912, el Crnel. Tarafa, en unión de capitales norteamericanos, compra el ferrocarril de Puerto Príncipe a Nuevitas –construido en 1846 por Gaspar Betancourt Cisneros, El Lugareño– y a partir de 1914-15 adquiere su control bajo "Ferrocarriles del Norte de Cuba", constituida el 21 de noviembre de

1912, que tras la aprobación de la Ley Tarafa de 1923 se integraría en los "Ferrocarriles Consolidados de Cuba"(VER). En diciembre de 1919 inaugura Puerto Tarafa.

CENTRAL CUBA

El 22º central en capacidad de producción diaria (500 000 @), RI de 13.30, 4 335 trabajadores y 1 356 caballerías de tierras propias, situado en Pedro Betancourt, Matanzas. Uno de los 30 centrales criadores de razas selectas de ganado.

2 No se conoce con exactitud el año de fundación que algunos sitúan en 1865 tras unirse varios ingenios pequeños bajo el nombre de Piraña. A principios de siglo era propiedad de Leandro Soler, pasando en 1904 a sus herederos.

Tras la compra por el Cnel.Tarafa había estado bajo la firma norteamericana "The Central Cuba Sugar Company", junto con los otros 3 centrales de su propiedad sitos también en la provincia de Matanzas, el Flora, en Bolondrón, el Santo Domingo, en Unión de Reyes y el Saratoga, en Sabanilla del Encomendador.

Tuvo varios nombres: Filomena hasta 1906 en que cambia para Enriqueta y, a partir de 1909, Cuba. Cliente del Banco de los Colonos con créditos por $200 000.

CENTRAL SANTO DOMINGO

El 95º central en capacidad de producción diaria (200 000 @), RI alto de 13.30 (el 29º), 2 000 trabajadores y 338 caballerías de tierras propias, situado en Unión de Reyes, Matanzas.

2 Fundado en 1805 por Gonzalo Alfonso, propietario también del Santa Rosa, el San José, el Concepcion y el Armonía, pasando por herencia a su nieto Miguel de Aldama(VER "AZUCARERA SANTA ROSA S.A., COMPAÑÍA"), a quien le es embargado durante la guerra de los Diez Años.

De 1902 a 1912 es propiedad de José María Blanco, pasando ese año a la "Central Cuba Sugar Co.". De 1931 al 1934 estuvo inactivo.

118- AZUCARERA CENTRAL ELENA S.A., COMPAÑÍA

El "Elena" era uno de los dos centrales más pequeños –junto con el María Antonia– con una capacidad de producción diaria de 80 000 @ y con uno de los RI más bajos (el 147º) de 11.93, 550 trabajadores y 191 caballerías de tierras propias, situado en Canasí, Matanzas.

1 Arrendataria propiedad de los hermanos Gerardo, Carlos y Jorge Fundora Fernández quienes se desempeñaban como presidente, vicepresidente y tesorero-administrador general respectivamente. Gerardo era además el administrador auxiliar del central Cuba, administrado por su padre Gerardo Fundora Cabrera, y administrador del Santo Domingo(VER "AZUCARERA CENTRAL CUBA S.A."), ambos propiedad de los Tarafa.

El central era propiedad de la familia Solaún, integrada por los 4 hermanos Dolores María, María de los Ángeles, Miguel Ángel y Críspulo Solaún Grande, quienes lo habían heredado junto con su madre, María de los Angeles Grande, a la muerte en 1910 de su padre Críspulo Solaún Arechaera.

2 Había sido el primer central que poseyeran los Rionda, la que sería importante familia de hacendados, habiendo sido fundado en 1850 por Francisco Rionda Polledo, el mayor de los hermanos que lo bautizara en honor de su esposa Elena de la Torriente, hija del acaudalado banquero y hacendado Cosme de la Torriente

Gándara, pero desde 1891 había pasado a la propiedad de "Grande, Solaún y Cía." y poco después a Críspulo Solaún Arechaera.

La familia Solaún lo había arrendado en varias ocasiones: a "Jaen, Oteiza y Hermanos" hasta después del crac de 1921 en que pasaría a administrarlo Miguel A Solaún, en 1924-30 a "Urquiza y Bea, S. A.", a finales de los 30 a Agustín Arrieta y desde 1953 a Gerardo Fundora.

119- AZUCARERA CENTRAL MABAY S.A., COMPAÑÍA

El "Mabay" era un central pequeño (el 93°) con una capacidad de producción diaria de 225 000 @, pero tenía el 4° mayor RI de 14.08, la 19ª refinería y la 5ª destilería, 557 trabajadores y 360 caballerías de tierras propias, situado en Bayamo, Oriente.

1 Capital ascendente a $824 000, propiedad de los hermanos Marcelino y el Ing. Carlos García-Beltrán Alfonso, presidente y vice respectivamente. José Luis Machado Rovira era su tesorero y con anterioridad había sido jefe de oficina.

Machado era hermano de Néstor (VER "EMBOTELLADORA YUMURÍ S.A., COMPAÑÍA), presidente de la embotelladora de refresco "Cawy"e hijo de Néstor, fundador en 1918 del central Cacocúm que perdiera durante el crac de 1921.

Los García-Beltrán eran propietarios también de la "García Beltrán y Compañía S.A."(VER), exportadores de azúcar y mieles de caña, una de las principales firmas corredoras de azúcar. Marcelino estaba casado con Chea Pedroso, hermana de Víctor Pedroso, presidente y propietario familiar del "Banco Pedroso"(VER).

Tanto la corredora como este central así como el central Ramona y el central Carolina, el Banco Continental y el Banco Territorial, lo habían heredado de su padre, Marcelino García Beltrán, vendiendo estas últimas propiedades tras la muerte de éste ocurrida el 26 de diciembre de 1944.

Marcelino García Beltrán, cubano con estudios en EEUU y Francia, había sido uno de los más importantes corredores y especialistas de azucar, hacendado, banquero y gran activista corporativo. Había fundado en 1907 en sociedad con el vizcaíno J.M. Beguiristaín en el puerto de Sagua La Grande su firma comercial "Marcelino García Ltd." que controlaba el 20% del comercio de azúcar, mieles, alcoholes y transporte por cabotaje de dicho puerto. Cuando el crac bancario de 1921 perdió el central Santa Rosa y el San Isidro –éste en copropiedad con su socio J.M.Beguiristaín – y por esa misma época en 1921 le compró el central Ramona a Domingo León, tras la quiebra de éste.

Era propietario también del central Carolina en 1939 y en octubre de 1943 había fundado el "Banco Continental"(VER) en unión de industriales no azucareros como Nicolás del Castaño, Gaspar Vizoso, Juan Sabatés y otros, 7 meses antes de que la "Sucesión de L.Falla"(VER), a través de Agustín Batista, adquiriera el "The Trust Company of Cuba"(VER). También había sido presidente de "Vidrios S.A." (VER).

Al fallecer era propietario, además de la casa corredora, los centrales y los bancos mencionados, de "Compañía Destiladora Oriente S.A.", de la "Compañía Almacenes Afianzados del Puerto de Sagua la Grande S.A." así como Consejero de la Compañía General de Seguros y Fianzas de Sagua la Grande S.A."(VER) y otras empresas.

Había sido Vicepresidente de la "Cámara de Comercio de Cuba" y de la "Asociación de Técnicos Azucareros de Cuba", miembro del Comité Ejecutivo de la "Asociación de Industriales de Cuba", de la "Corporación Nacional de Turismo", de la "Asociación Nacional de Hacendados de Cuba", del "Instituto Cubano de Estabilización del Azúcar", de la "Asociación de Entidades del Comercio Exterior de Cuba", de la "Asociación Cubana de Refinadores de Azúcar" y otras.

2 El central, que había sido fundado en 1919 llamándose en un inicio Carmen por apenas un año, había sido propiedad de Víctor Villar, quien también era su administrador, pasando después del crac de 1921 a "Compañía Azucarera Central Mabay S.A.", administrado por A.C.Hopes.

3 Tenía una refinería con capacidad de 4 000 q.q. de azúcar diario, así como una destilería establecida en 1930 con capacidad de 15 850 gls. diarios de alcohol absoluto.

120- AZUCARERA CENTRAL MACAGUA S.A., COMPAÑÍA

El "Macagua" era un central pequeño en capacidad de producción (el 140°) con 160 000 @ y con el 4° RI más bajo con 11.12, 1 300 trabajadores y 154 caballerías de tierras propias, situado en Calabazar de Sagua, Las Villas.

1,2 Desde su fundación en 1870 había pertenecido a la familia Berhart. Luis Berhart Otalora era el presidente y Jorge y Domingo Berhart Álvarez, tesorero-administrador general y el superintendente general respectivamente.

Había sido fundado por el francés Domingo Beharte. Había pertenecido casi desde su fundación a Duarte y Berharte, pasando en 1889 a Domingo Berharte(sic), en 1895 a Juan Berharte, en 1901 a "Beharte y Hermanos", en 1904 a los "Herederos de Beharte y Hermanos" y desde 1908 hasta 1925 a "Herederos de Domingo Beharte".

A partir de 1925 hasta 1930 es de Domingo y Luis C. Beharte y en 1937 Edelmira Álvarez, viuda de Domingo, lo sustituye y Luis C.Beharte pasa a su presidencia. Los dirigentes actuales eran descendients de Domingo y Luis C. Berthart.

De 1874 a 1891 se llamó Managua. En 1933 y 34 no molió.

121- AZUCARERA CENTRAL PATRIA S.A., COMPAÑÍA

El "Patria" era el 92° central en capacidad de producción (225 000 @), con un RI de 12.71, 3 836 trabajadores y 527 caballerías de tierras propias, situado en Morón, Camagüey.

1 Poseía un capital ascendente a $1 000 000. Era uno de los 7 centrales propiedad de la "Sucesión de L. Falla Gutiérrez" (VER), el 2° grupo más importante de los hacendados cubanos y el 3° en relación a la capacidad de producción (2 910 000 @ diarias). Alejandro Suero, Eutimio Falla, Agustín Batista, Carlos y Miguel Falla y Miguel Cervera Falla eran respectivamente el presidente, tesorero, y el resto consejeros.

2 Se fundó en 1915 por Pérez Mier quien constituyó una sociedad en comandita el 18 de mayo de 1915, la que en 1921 pasó al control de Laureano Falla con otros socios. Mier había fundado y era propietario también entonces del central Céspedes, que también perdería.

Fue uno de los 9 centrales, entre ellos Andorra, América, Báguanos, Niágara, Occidente y el Santa Isabel, construido por la "Manuel Galdo y Compañía" (VER "AZUCARERA CARMEN RITA S.A.") que operaba la "Fábrica de Maquinaria Azucarera", ubicada en Cárdenas.

3 Según la "Comisión Técnica Azucarera" en 1951 sus costos eran de $15.85 por cada saco de 325 lbs., o sea por debajo de la media de $17.87, y sus activos totales entonces estaban valorados en $2 143 325, siendo en 1958 de $3 900 000. Tuvo utilidades netas en 1953 por $157 000; 1954: $188 000; 1955: $235 000; 1956: $302 000; 1957: $544 000 y 1958: $439 000.

122- AZUCARERA CENTRAL RAMONA S.A., COMPAÑÍA

Aunque el "Ramona" era uno de los centrales grandes (el 40°), con una capacidad de producción diaria de 380 000 @, sólo tenía 11.05 de RI, uno de los más bajos (el 159°), la 11ª refinería, 3 600 trabajadores y era el 25° mayor propietario de tierras con 1 524 caballerías, situado en Rancho Veloz, Las Villas.

1 Propiedad de los hermanos Enrique, Alfredo y Florentino Blanco Rossell, naturales de Santiago de Cuba, propietarios además de "Azucarera Mariel S.A., Compañía."(VER).

Ambos centrales contaban con refinerías y una capacidad total de 600 000 @ diarias que representaba el 21° en orden de importancia y el 13° entre los de capital no norteamericano. Tenían 6 100 caballerías de tierra, siendo el 16° mayor propietario. Alfredo era el presidente del primero y vice del segundo y Enrique presidente del segundo y vice del primero. Florentino, miembro del Comité Ejecutivo del Grupo de Pequeños Ingenios Cubanos Independientes, era el tesorero en ambos centrales.

Eran propietarios además de "Marítima Mariel S.A." (VER), presidida por Enrique, una concesionaria para la construcción y operación de la "Terminal Marítima" en Mariel, Pinar del Río, por donde se embarcarían los azúcares de "Azucarera Mariel S.A., Compañía", para cuya construcción recibieran financiamiento de Financiera Nacional el 10 de agosto de 1956 ascendente a $1 600 000.

También eran colonos del central Alto Cedro con 3.8 millones de @ de caña y del América con 4 millones de @ que su familia poseían de tiempo atrás.

Los Rossell eran sobrinos por línea materna del Dr. Santiago Rosell Leyte Vidal, Presidente del Tribunal Supremo, amigo personal de Fulgencio Batista desde que éste fuera sargento taquígrafo del tribunal militar presidido por él durante el gobierno de Machado, así como de Domingo, ya fallecido y cuñado de Andrés Domingo Morales del Castillo (VER), Ministro de la Presidencia y testaferro del Presidente Batista.

Por la rama paterna pertenecían a la familia Blanco quienes tenían 3 troncos de propietarios de centrales: el formado por ellos, que eran hijos de Alfredo; el de su tío Francisco Blanco Calás (VER "AZUCARERA CORAZÖN DE JESÚS S.A. COMPAÑÍA"), propietario de 2 centrales; y el de los hermanos Miranda Blanco (VER "AZUCARERA DE GUAMACARO S.A., COMPAÑÍA), sus primos, hijos de su tía Angela, propietarios del central Carolina.

El Ramona lo habían comprado en 1945 a los herederos de Marcelino García Beltrán tras su muerte en 1944 y el San Ramón(PR) en 1949 a la familia Balsinde quienes eran sus propietarios desde 1884.

2 El central había sido fundado en 1837 y había pertenecido desde 1874 a 1915 a la familia Arrechavaleta, de origen vasco, propietarios desde 1869 en Matanzas y Cárdenas, junto con los Amézaga y Cia., de una de las primeras y más importantes casas comerciales que con posterioridad se dedicaría al giro de azúcar.

Ambas firmas habían tenido como tronco común la poderosa casa "José Baró y Compañía".

Después pasó a la propiedad de Domingo León, propietario de 6 centrales (Caridad, Fidencia, Ramona, San Pedro, Pilar y Estrella), rico comerciante-hacendado de Sagua la Grande que quebró cuando la crisis del 20, tras lo cual en 1921 lo compra Marcelino García Beltrán(VER "AZUCARERA CENTRAL MABAY S.A., COMPAÑÍA") y, tras su muerte, sus herederos lo venden en 1945. Se había constituido el 30 de enero de 1931 y se reestructuró el 21 de agosto de 1942.

3 La refinería tenía una capacidad de 6 500 qq. diarios y se inició en 1932 mediante el procedimiento de carbón activado. En 1959 recibió un préstamo por $800 000 del BANFAIC, entre otros propósitos, para pagar deudas hipotecarias a Ramona, Ángel, Lorenzo, Francisco y María Arrechavaleta Asúa quienes vivían en Bilbao, herederos de la familia Arechavaleta antiguos propietarios, y a Rosario Camacho León, nieta de Domingo León, también antiguo propietario.

Cliente del Banco Pujol.

123- AZUCARERA CENTRAL RESULTA S.A., COMPAÑÍA

El "Resulta" era el 72° central en capacidad de producción (250 000@), RI bajo de 12.05, 2 500 trabajadores y 520 caballerías de tierras propias, situado en Sagua la Grande, Las Villas.

1 Capital ascendente a $970 000, propiedad de la familia Beguiristaín, quienes también poseían el San Isidro(VER "INDUSTRIAL Y AGRÍCOLA DE QUEMADO DE GÜINES S.A., COMPAÑÍA"), para una capacidad total de 500 000 @ diarias, que representaba el 26° en importancia y el 18° entre los de capital no norteamericano. No obstante, no está del todo claro si del San Isidro eran realmente propietarios o arrendatarios.

Poseía dos destilerías: El Infierno y San Juan, y además 4 600 caballerías de tierra, siendo el 21° mayor propietario.

Gustavo, Alberto, Rogelio, Juan, Arturo y José María Luis Beguiristaín Alemán eran el presidente, vice y secretario respectivamente y hasta 1951 fungía como secretario Oscar García Montes, quien ocupara durante el gobierno de Batista la presidencia de la Financiera Nacional.

Eran propietarios principales de "General de Seguros y Fianzas de Sagua la Grande S.A., Compañía"(VER), una firma de seguros de la cual era su presidente, Alberto, ex-Representante a la Cámara en 1936, a la vez que gerente de la destilería El Infierno y vocal de la "Corporación Ganadera de Cuba" en 1958.

También eran propietarios de "Agrícola Delta S.A., Compañía"(VER), colonias de caña con cuota en el propio central, así como criadores de ganado "Cebú" en fincas de su propiedad sitas en Sagua la Grande.

Habían heredado de su padre, el vizcaíno J.M. Beguiristaín, que había fundado la firma "Marcelino García Ltd." en Sagua la Grande en 1907 en sociedad con Marcelino García Beltrán, la cual controlaba cerca de la quinta parte del comercio de azúcar, mieles y alcoholes y poseía transporte por cabotaje, y quien también era propietario desde 1908 de una destilería en Sagua la Grande y copropietario de "Alambique de San Juan" en Matanzas, así como del central San Isidro y del María Antonia.

Eran propietarios del Resulta desde 1948 y del San Isidro desde 1944. El Resulta lo compraron a Jorge López Oña Ribot para lo que recibieron un préstamo por $500 000 del Banco Gelats, con garantía de hipoteca, que fue saldado el 6 de enero de 1953. Sería presidido durante un tiempo por su primo, Luis Fernández Alemán, también director general entonces de "General de Seguros y Fianzas de Sagua la Grande S.A., Compañía".

2 Había pertenecido a Joaquín Alfonso y sus hermanos desde 1860 hasta 1891 y en 1895 pasó a la propiedad de Juan de Dios Oña y, tras su muerte en 1916, lo heredó Jorge de Oña, quien fuera su presidente hasta 1947.

3 Según la "Comisión Técnica Azucarera" en 1951 sus costos eran de $16.55 por cada saco de 325 lbs., o sea por debajo de la media de $17.87, y sus activos totales estaban valorados en $2 051 600.

124- AZUCARERA CENTRAL TOLEDO S.A., COMPAÑÍA

1 Propietaria de los centrales "Toledo" y "Fajardo", propiedad de Manuel Aspuru San Pedro, su presidente, quien poseía también la "Azucarera de Güines S.A., Compañía"(VER), con una capacidad total de 860 000 @ diarias, que representaba el 16° en importancia y el 8° entre los de capital no norteamericano. Tenía además 8 100 caballerías de tierra, siendo el 13° en importancia.

Sus 3 yernos, el Dr.Enrique Rousseau Sánchez, Manuel Santeiro Rodríguez y el Dr.Carlos Musso, eran los directores auxiliares. Manuel Vega Armiñán fungía como el administrador general.

Aspuru, quien desarrollaba gran actividad en la Asociación de Hacendados de Cuba y en el ICEA, era propietario además de "Aspuru y COMPAÑÍA"(VER), una ferretería; de "Licorera Cubana S.A., Compañía"(VER), una destilería y productora de licores y ron.

Tenía intereses en las nuevas siderúrgicas "Antillana de Acero S.A"(VER) y en "Cabillas Cubanas S.A."(VER), donde Manuel Vega Armiñán aparecía como co-propietario principal y presidente de ambas; así como en "Godoy Sayán, Oficina Aseguradora de Cuba"(VER), agrupación de tres firmas de seguros y en "Hotelera del Oeste S.A."(VER), un proyecto para la construcción del hotel "Monte Carlo", ubicado en Barlovento, Santa Fé, La Habana.

Era además el 2° mayor accionista del "Banco Financiero" (VER), casi desde su fundación, propiedad principal de Julio Lobo (VER "AZUCARERA GÓMEZ MENA S.A., COMPAÑÍA").

2 El vizcaino Juan Aspuru Isasi, su padre, nacido en 1854 en Arrancudiaga, Vizcaya, había iniciado su capital con la ferretería fundada en 1884 en sociedad con Ignacio Ucelay, Santiago Martorell y Juan Antonio Isasi, que aun conservaba bajo la razón social de "Aspuru y Compañía".

En 1902 había comprado el central Providencia, del cual controlaba el 51% de las acciones, en sociedad con Antonio Larrea, Narciso Gelats y otros hasta los primeros años de la década de los 10 en que lo había adquirido totalmente, mientras que en 1909 compraría el Toledo. Ambos habían sido comprados a los hermanos Goicochea Peiret y sus esposas las hermanas Durañona Otamendi.

Al morir en 1917 legó varios millones de pesos a sus cuatro hijos Juan, Manuel, Clara y María y a su esposa Clara San Pedro Polo, y entonces su hijo Manuel pasó a administrar los bienes familiares a los que añadirá el central San Agustín comprado en 1918 –que lo obligó a hipotecar su fortuna–, el Fajardo en 1934, en 1940 establece una de las primera plantas de papel bagazo y en 1943 funda una fábrica de caramelo.

CENTRAL FAJARDO

Un central pequeño (el 151°) con una capacidad de producción diaria de 150 000 @, RI de 11.59, uno de los más bajos (el 154°), 1 300 trabajadores, 55 caballerías de tierra propias y el 5° más antiguo entre los conocidos, situado en San Antonio de Los Baños, La Habana.

2 Fue fundado en 1802 por el catalán Domingo Fajardo. Había pertenecido a Antonio Díaz y a sus herederos hasta 1860 pasando entonces a Jacinto González-Larrinaga Benítez, quien fuera Coronel primer jefe de la plana mayor de las Milicias de la plaza de La Habana, Síndico del Ayuntamiento de La Habana, Miembro de la Real Sociedad Económica de Amigos del País, Consejero de Administración, presidente de la Junta Directiva del Ferrocarril de La Habana a Matanzas, del que era el copropietario principal, así como de varias otras propiedades rústicas y urbanas en San Antonio de los Baños, donde residía. Estaba a nombre de su hijo político Sebastián Ignacio de Laza.

Felipe Ruiz Hernández lo compró en 1874 vendiéndolo en 1890 a Benito Arxer Viade, español, quien lo mantuvo hasta 1924 y durante esta época, el Gral. Emilio Nuñez, ex Vicepresidente de la República, era el presidente de la Compañía Azucarera Central Fajardo.

Entonces pasó a la propiedad de la familia Rodríguez Lanza manteniéndose inactivo desde 1925 hasta 1935, habiendo pertenecido también a Fernando Lobeto Miguel, propietario de "Tabacalera Lobeto, Compañía"(VER).

Máximo Gómez se había alojado en su vivienda el el 12 de enero de 1896, unos días después de sostener combate cerca de Ceiba del Agua y despedir a Maceo en su invasión hacia Pinar del Río.

3 A finales de 1958 anunció la instalación cerca del central de 2 plantas para producir, una plywood y la otra madera prensada. La primera invertiría $700 000 e importaría la materia prima de América Central dando empleo a 140 trabajadores y la de maderas prensadas comenzaría a fines de este año utilizando el marabú y otras maderas blandas, dando empleo a 120 trabajadores.

CENTRAL TOLEDO

El más antiguo de los centrales conocidos –databa del siglo XVII– y el único que se encontraba en el perímetro de la capital. Era el 23° en capacidad de producción (450 000 @), pero con un RI pequeño de 12.01, 4 200 trabajadores, la 6ª refinería y 1 102 caballerías de tierras propias, situado en el barrio de "Los Quemados", Marianao, La Habana.

2 Hay constancia de la existencia en el lugar de un ingenio desde el 2 de diciembre de 1675, habiendo sido fundado con el nombre de San Andrés por Diego Franco de Castro, director del coro eclesiástico . En 1762, Juana Sotolongo compró la finca y fundó en ella el ingenio "Nuestra Señora del Carmen" y en 1783 aparece bajo la propiedad de Gabriel González del Alamo cuyos herederos lo mantendrán hasta el siglo XIX.

El Conde de Santovenia lo vende en 1850 a Marcelino del Allo y, en 1858, pasa a copropiedad de Francisco Durañona, José Pascual de Goicochea Balerdi y Antonio Tuero hasta 1865 en que se disuelve la sociedad pasando a la propiedad única del primero. Algunos autores señalan que fue el 23 de marzo de 1856 cuando el central pasaría a la propiedad de Durañona, quien lo bautizaría como Toledo, sitio de su nacimiento.

Como sus 3 hijas casaron con 3 de los 5 hermanos Goicochea Peiret, propietarios de los ingenios "Providencia" y "San José" e hijos de su antiguo socio, tras su fallecimiento el 8 de enero de 1878 el central se mantendría en la propiedad de los herederos de ambos, quienes lo venden en 1909 a Juan Aspuru Isasi, quien será su presidente hasta junio de 1917 en que lo sustituye su hijo.

Su capacidad fue ampliada en 1918 al montarle un tándem Fulton, se le instaló en 1933 la refinería a base de carbón activado y, en 1954, 6 unidades para la filtración de licores. Vendía siropes a EEUU. La refinería tenía una capacidad de 7 000 qq. diarios.

Aspuru había construido un stadium en el central donde se promocionaba la práctica del base-ball y el soft-ball y existía desde 1947 la "Liga Amateur Libre del Central Toledo". Richard Nixon, Vicepresidente de EE.UU., en ocasión de su visita a Cuba en febrero de 1955, estuvo en el central en compañía de Aspuru, quien le organizara una bienvenida durante varios días.

Tras la Revolución se le puso el nombre de Manuel Martínez Prieto, un dirigente obrero del central que, detenido el 5 de marzo de 1958, tras ser torturado, fue asesinado.

125- AZUCARERA CENTRAL UNIDAD S.A.

El "Unidad" era un central pequeño (el 132°) con una capacidad de producción diaria de 170 000 @ y un RI bajo (el 130°) de sólo 12.13, 1 850 trabajadores y 462 caballerías de tierras propias, situado en Calabazar de Sagua, Las Villas.

1 Capital ascendente a $600 000, propiedad de los Luzárraga quienes operaban 3 centrales, de los cuales eran de su propiedad, además de éste, el Portugalete(LV) (VER "AZUCARERA LUZÁRRAGA S.A.") y un tercero arrendado, el Constancia(E) (VER "AZUCARERA ENCRUCIJADA S.A."). Los de su propiedad tenían una capacidad total de 350 000 @ diarias que representaba el 35° grupo y el 27° entre los de capital no norteamericano, así como 3 500 caballerías de tierra que los convertían en el 25° mayor propietario.

Era, entre los 27 capitales cubanos poseedores de más de 1 central, el de menos capacidad total, existiendo además 4 propietarios de un sólo central pero con mayor capacidad que los de ellos.

Mamerto Luzárraga Echeverría y Ramón Luzárrraga Garay eran el presidente y el vicepresidente respectivamente de las 3 firmas. Jacinto, hijo del primero, fue Representante a la Cámara de 1954-58 por el Partido Acción Progresista de Batista y administrador del Unidad y del Constancia(E) y, en este último, su hermano Roberto era su auxiliar mientras que en el Portugalete(LV), Ramón Luzárraga Beltrán, hijo del vicepresidente, era el subadministrador y su ingeniero químico.

Eran además colonos con 11 500 000 @ de caña distribuidas en el Constancia con 7 049 000, en el Nazábal con 3 millones y en el Dos Amigos con 1 400 000. Ramón, miembro del Comité Ejecutivo del Grupo de Ingenios Cubanos Independientes, era también uno de los 19 cubanos mayoristas que controlaban "Antillana de Acero S.A." (VER "MANUEL VEGA ARMIÑAN").

Se les consideraba a ambos con solvencia considerable, con un capital en el sector azucarero por más de $2 000 000 y por $1 500 000 en bienes raíces. El 22 de agosto de 1958 habían vendido por $450 000 el "Central Dos Amigos S.A., Compañía"(VER) a Antonio Zubillaga Gorostiaga.

Mamerto Luzárraga, vizcaíno, compró en 1940 su primer central, el Portugalete(LV) donde, a su llegada a Cuba en 1888, había comenzado a trabajar, convirtiéndose después en colono y administrador del central Constancia (E), que con posterioridad arrendaría en agosto de 1947. En octubre de 1942 compró el Unidad a la Cuban American Sugar Company y en 1944 arrendó el Dos Amigos que comprara en 1946. Las cuatro empresas eran clientes del Chase Manhattan con más de $2 000 000 de créditos.

2 La fundación del central es incierta pues algunos plantean que fue en 1860 por Juan Mc Culloch pero otros lo sitúan en 1903. Los primeros afirman que de 1874 hasta 1891 pasó a los herederos del fundador y, posteriormente, a Juan H. Mc Culloch, mientras otros lo sitúan en 1867 en vísperas del inicio de la Guerra Grande.

No obstante, los Mc Culloch, de origen norteamericano, fueron sus propietarios hasta 1906 en que fuera uno de los 5 centrales con que en ese año se constituyera la "The Cuban American Sugar Mills Company"(VER), propiedad de Robert Bradley Hawley y, uno de los 3, junto al Tinguaro y el Constancia (A), que vendió durante la década de los 40. El último de los Mc Culloch, nacido en Cuba aunque conservara su ciudadanía norteamericana, continuaría durante años como uno de sus principales accionistas, a la par que era su presidente y administrador.

3 Estuvo paralizado durante la Guerra del 95 y posteriormente entre 1933 y 1935. Según la "Comisión Técnica Azucarera" en 1951 sus costos eran de $17.90 por cada saco de 325 lbs., o sea por encima de la media de $17.87 y sus activos totales estaban valorados en $1 608 574.

126- AZUCARERA CÉSPEDES S.A., COMPAÑÍA

El "Céspedes" era el 37° central en capacidad de producción (380 000 @), con un RI alto de 13.01, 3 100 trabajadores y 960 caballerías de tierras propias, situado en Céspedes, Camagüey.

1 Capital ascendente a $1 millón, siendo uno de los 6 centrales de los intereses Braga-Rionda que estaban bajo su control en sociedad con varios grupos financieros, entre los que se destacaban, Sullivan & Cromwell y la Banca Schroder.

Sus otros 5 centrales estaban agrupados en 3 empresas: "The Francisco Sugar Company"(VER), "Manatí Sugar Company"(VER) y "The New Tuinicú Sugar Company" (VER), los que tenían una capacidad total de 2 815 000 @ diarias y 22

813 caballerrías de tierra, representando en ambos casos el 4° grupo azucarero en Cuba.

También controlaban la "Cuban Trading Company"(VER), corredores de azúcar; la "Ganadera Becerra S.A., Compañía"(VER), la 28ª ganadera por la extensión de sus tierras; la "De Productos de Fibras Manatí S.A, Compañía"(VER), una fábrica de tablas prensada de bagazo y resinas; "Cubana Primadera S.A., Compañía"(VER), una fábrica de madera a partir del bagazo de la caña; la "General Cubana de Almacenes Públicos, Compañía"(VER), unos almacenes de azúcares y muelles en Matanzas y la "Marítima Guayabal S.A., Compañía"(VER), operadora de la nueva Terminal Marítima en el puerto de Guayabal.

Su presidente era Higinio Fanjul Rionda y como vicepresidente fungían Aurelio Portuondo Barceló, José B. Rionda y su hijo, Alfonso Fanjul Estrada, Antonio Barro Segura, Aurelio Portoundo Regil, H. Charles Fanjul, Bernardo Rionda Braga, George A. Braga.

Los Braga-Rionda tenían su origen en los Rionda Polledo, una familia oriunda de Noreña, Asturias, constituida por 8 hermanos: Francisco, Isidora, María, Gregoria, Ramona, Bibiana, Manuel y Joaquín, quienes, en la segunda mitad del siglo XIX, se establecieran en casa de su tío Joaquín Polledo, gerente de la "J.Polledo y Compañía" de Matanzas.

Los 3 hermanos varones levantarían un emporio azucarero siendo los pioneros en la asociación con el capital norteamericano en sociedades anónimas para el fomento de centrales y en el control de casas de corretajes de azúcar para el mercado de ese país, para lo que se apoyaron inicialmente en su tío materno y en el matrimonio de Francisco con Elena, hija del acaudalado hacendado y banquero de dicha ciudad, Cosme de la Torriente de la Gándara, a la par que el otro hermano, Joaquín, se establecía en Nueva York donde se asociara con el comerciante Lewis Benjamin, con cuya sobrina, Enriqueta, desposara, trasladándose hacia Cuba tras enviudar.

Francisco fundaría en 1850 el Central Elena, tomando el nombre de su esposa Elena de la Torriente el cual, desde 1891, pasaría a la propiedad de "Grande, Solaún y Cía." y poco después a Críspulo Solaún Arechaera.

Manuel, el tercero, tras terminar sus estudios en EE.UU. ingresaría en la firma "Czarnikow-Mac Dougall Company Ltd." filial de los corredores de azúcar londinense "C.Czarnikow Ltd." y se casaría con la irlandesa-norteamericana Harriet Clarke, de la familia de Joseph I Clarke, editor de importantes periódicos de Nueva York.

Con esos puntos de apoyo los Rionda comprarían o fomentarían 3 centrales que conservarían sus herederos hasta 1959: "Tuinicú" en 1889, "Francisco" en 1901 y "Manatí" en 1912, mientras que Manuel constituía el 20 de julio de 1907 la "Cuban Trading Company"(VER) para la importación de maquinarias y equipos de centrales, así como para refacciones y comisiones y en 1912, pasaría a controlar y presidir la nueva "Czarnikow-Rionda Company" entrando también sus sobrinos Manuel E.Rionda, Benjamín y Bernardo Braga Rionda.

El 29 de diciembre de 1915 fundaría la mayor firma azucarera del mundo, la "Cuba Cane Sugar Corporation"(VER "AZUCARERA ATLÁNTICA DEL GOLFO,

COMPAÑÍA"), formando un sindicato en EE.UU. que invirtió $50 millones en la compra de 18 centrales que en 1919 produciría el 16.7 % de todo el azúcar cubano y, posteriormente en 1920, compraron otro, el "Violeta" en Morón que operaran bajo la firma "Eastern Cuba Sugar Corporation".

La empresa fracasaría pues en 1921, se registrarían pérdidas por cerca de $6 millones y Rionda saldría de la presidencia y, a partir de entonces, no lograría recuperarse, por lo que en 1928 tendría que reestructurarse. A pesar de este quebranto, Rionda continuó controlando, junto con su familia, los centrales "Tuinicú", Francisco" y "Manatí" que habían fomentado, así como otros 3 que habían pasado bajo su control: "Elia", "Tacajó" y "San Vicente" y la estratégica "Czarnikow-Rionda".

De finales de los 30 hasta 1944 también habían sido propietarios del central Santa Amalia (VER "AZUCARERA COLISEO S.A., COMPAÑÍA") que vendieron a la firma "Hernández y García".

La mayoría de los descendientes de los Rionda se asentaron en EE.UU., siendo estas ramas las que controlaban los intereses y predominaban sobre los miembros de las familias cubanas. Sólo 5 miembros –Bernardo Antuña, B.Braga Rionda, George A.Braga, B. Rionda Braga y José B.Rionda, éste último residente en Cuba– controlaban la mayoría de las acciones con el 35% de la Czarnikow-Rionda, el 22% de la Manatí Sugar Company y el 30% de la Francisco Sugar Company.

Todos aparecían indistintamente en cargos de las diferentes empresas del consorcio, junto a la rama cubana, integrada por Higinio Fanjul Rionda, presidente de la "Cuban Trading Company", y sus hijos Alfonso, Charles, Rafael y Enrique Fanjul Estrada; los Rionda de la Torriente y los Rionda Vergara.

A través de Alfonso Fanjul Estrada(VER "INDUSTRIAL ARROCERA DE MAYABEQUE S.A."), quien ejercía diferentes responsabilidades en intereses del grupo y varios otros suyos propios, se enlazaban con otras 2 de las más importantes familias de hacendados, pues estaba casado con Lilian, hija de José Gómez Mena(VER "NUEVA COMPAÑÍA AZUCARERA GÓMEZ MENA S.A.") y la hija de ambos, a su vez con Norberto Azqueta, hijo del hacendado e industrial Jesús Azqueta(VER "AZUCARERA SANTA ISABEL S.A., COMPAÑÍA").

2 El central fue fundado en 1916 por Antonio Pérez Mier, quien mantuvo su propiedad principal asociado con otros pero desde 1920 se vio obligado a solicitar créditos a la Cuban Trading de la familia Rionda, quienes finalmente en 1923 entrarían como socios constituyéndose la empresa el 26 de Septiembre de 1924, junto con los intereses del antiguo propietario quien ocupara la presidencia, pasando Higinio Fanjul y B.Braga Rionda a su Junta como vicepresidentes. Mier había fundado y era propietario también entonces del central Patria, que también perdería. Su hijo, Roberto Pérez Echemendía(VER "INDUSTRIAL BANK") sería en los años 50 vicepresidente del Industrial Bank.

3 Sus acciones y sus bonos se cotizaban en la Bolsa de La Habana. En el favorable año de 1947 tuvieron su máxima ganancia con $750 000 pero tuvieron pérdidas en 1941: $140 000 en 1943: $141 000 y en 1949: $24 000. Desde

1950 sus ganancias descendieron gradualmente de \$326 000 hasta \$23 000 en 1955.

127- AZUCARERA COLISEO S.A. COMPAÑÍA

El "Santa Amalia" era el 90° central en capacidad de producción (225 000 @), RI mediano de 12.62, 2 000 trabajadores, la 22ª destilería y 136 caballerías de tierras propias, situado en Coliseo, Matanzas.

1 Propiedad de la familia Hernández González. El presidente era Rafael A. Hernández y María Luisa González, su madre, era la vicepresidenta; sus 2 hermanos Carlos R. y Robert P. Hernández González eran el tesorero y vice tesorero respectivamente.

Carlos H. Hernández, padre de los propietarios actuales, había sido el presidente de "Hernández y García" –una firma arrendataria de centrales– en sociedad con los hermanos Juan y Salustiano García Díaz (VER "ANTILLA SUGAR ESTATES"), quienes eran el vicepresidente y vicetesorero respectivamente hasta 1948 en que éstos se separan.

Hernández, junto con Rafael Águila Sarduy, lo compra en 1945 siendo ambos el presidente y vicepresidente respectivo hasta 1949 en que este último se saldrá de la sociedad al comprar "Azucarera Carmen Rita S.A., Compañía"(VER) y será sustituido por Rafael Hernández González, quien a partir de 1953 pasará a ocupar la presidencia mientras en 1955 María Luisa González sustituye en la vicepresidencia a Carlos R. Hernández González.

2 Fundado en 1843, aunque otros afirman que databa de 1815. A principios del actual siglo perteneció a Taylor y D. Comink, pasando, en 1904, a Bango y García; en 1909, a "Menéndez, Martínez y Compañía"; en 1913, a "García Menéndez y Compañía" y, en 1914, al control total del español Laurentino García Alonso hasta que se trasformó en "Laurentino García S.A.". García lo había comprado en 1908 a sus propietarios norteamericanos y en 1915 lo había reconstruido totalmente nuevo.

Laurentino, nacido en Asturias y presidente honorario del Casino de la Colonia Española de Cárdenas, era propietario, en sociedad con Pedro Arenal, de una casa comercial establecida en esa localidad y, en ese entonces, ambos eran propietarios de otros 2 centrales, Socorro y Progreso, que perdieron cuando el crac bancario de 1920, conservando su hijo, Laurentino García Amechazurra, la propiedad del Santa Amalia hasta mediados de los 20, siendo a la vez su administrador y del cual poco antes del crac, había recibido una ventajosa oferta de compra, junto con el Progreso, que desechara.

Alrededor de 1925 se constituyó la "Azucarera Santa Amalia, Compañía" que, desde la baja azucarera tras la primera Guerra Mundial, tenía fuertes deudas con el The Trust Company of Cuba, adjudicándose a partir de 1931 a la actual firma. En 1933 y 1934 perteneció a "Gattorno y Cossío" . De finales de los 30 hasta 1944 fue propiedad de la familia Rionda, comprándolo en 1945 la firma "Hernández y García", quien tenía arrendado desde el año anterior el central Limones y el central Araujo.

3 El central se mantuvo sin moler de 1930 a 1933 y molió poca cantidad en 1934 y 1935. Su destilería, fundada en 1944, era una de las más pequeñas con 4755 gls.. Rafael A. Hernández González era el administrador.

128- AZUCARERA CORAZÓN DE JESÚS S.A., COMPAÑÍA

El "Corazón de Jesús" era el 121° central en capacidad de producción (180 000 @), RI bajo de 12.12, 1 550 trabajadores y 153 caballerías de tierras propias, situado en Sitiecito, Sagua, Las Villas.

1 Propiedad de Francisco Blanco Calás, propietario además del "Ulacia S.A."(VER) con una capacidad total entre ambos de 390 000 @ diarias que representaba el 34° grupo en importancia y el 26° entre los de capital no norteamericano. Existían otros 4 propietarios con mayor capacidad de producción aunque poseían 1 sólo central.

Tenía también intereses en la "Atlántica del Golfo S.A., Compañía" (VER), el mayor consorcio azucarero norteamericano, propietaria de 6 centrales.

Pertenecía a la familia Blanco quienes tenían 3 troncos de propietarios de centrales, formado los otros por sobrinos suyos, los Blanco Rossell(VER "AZUCARERA CENTRAL RAMONA S.A., COMPAÑÍA"), hijos de su hermano Alfredo, propietarios de 2 centrales y el de los hermanos Miranda Blanco(VER "AZUCARERA DE GUAMACARO S.A., COMPAÑÍA"), hijos de su hermana Angela, propietarios del Carolina.

Blanco Calás era natural de Oriente y antes de convertirse en hacendado había sido colono de los centrales América y Alto Cedro.

Sus sobrinos, los Blanco Rossell eran a su vez sobrinos por línea materna del Dr. Santiago Rosell Leyte Vidal, amigo personal de Fulgencio Batista desde que éste fuera sargento taquígrafo del tribunal militar presidido por él durante el gobierno de Machado y quien era Presidente del Tribunal Supremo, así como de Domingo, ya fallecido y cuñado de Andrés Domingo Morales del Castillo, Ministro de la Presidencia y testaferro del Presidente Batista.

Blanco Calás había servido de intermediario en la compra del central Washington, propiedad real de Fulgencio Batista, donde su sobrino Mario había figurado como presidente de la empresa. Durante el último gobierno de Batista había sido uno de los principales beneficiarios de la política de especulación del ICEA. Es posible hubieran intereses totales o parciales de él o de Fulgencio Batista en el central Carolina registrado a nombre de sus sobrinos Mario, Guillermo y Gustavo Miranda Blanco.

El 17 de octubre de 1936 había adquirido por primera vez un central, el Trinidad(VER "COMERCIAL TRISUNCO S.A., COMPAÑÍA"), presidido entonces por su sobrino Mario Miranda Blanco y de la que era secretario su otro sobrino Gustavo, el cual había vendido posteriormente y en enero de 1937 adquirió su segundo central, el Ulacia y arrendó el Corazón de Jesús.

El Ulacia, inactivo desde 1927, se lo compró a Manuel Gómez Waddington y el Corazón de Jesús lo arrendó a Dolores Ramos vda. de Gaye, a quien se lo compró en 1948. En los dos fungía como presidente Antonio Contreras, su yerno.

2 El Corazón de Jesús había pertenecido desde 1895 a Amézaga y Compañía, una firma comercial fundada en 1869 en Cárdenas y Matanzas, en unión de Arrechavaleta, ambos de origen vasco, la que se desarrollara a partir de la firma de José Baró y Cia. y la cual, aunque originalmente dedicada al giro de ferretería y víveres, con posterioridad se dedicó a refaccionar y exportar azúcar.

En 1913 la propiedad pasó a María Victoria Oña, viuda de Amézaga, quien lo perdiera en 1926 por una hipoteca no satisfecha. Uno de sus herederos, Ricardo Amézaga, se casó con su prima Carmen, una de los 6 hermanos López Oña y fue también administrador del central Resulta antes de que su otro primo Jorge Oña lo vendiera a los hermanos Beguiristaín.

Estuvo prácticamente paralizado desde 1927 a 1933, habiendo pasado a la propiedad en 1930 de Ernesto Gaye. En 1937 Francisco Blanco Calás lo arrienda a los Herederos de Gaye y en 1948 se lo compra.

129- AZUCARERA DELPURIO S.A., COMPAÑÍA

El "Purio" era el 116° central en capacidad de producción (200 000 @), RI alto de 13.01, 1 500 trabajadores y 263 caballerías de tierras propias, situado en Calabazar de Sagua, Las Villas. El central era uno de los 3, junto al Australia y el Limones, que no eran de propiedad privada.

1 Pertenecía al grupo García Díaz (VER "ANTILLAS SUGAR ESTATES") que controlaba 4 centrales y era la arrendataria del central propiedad del Municipio de Calabazar de Sagua desde 1933. Estaba presidida por el español Elías Vázquez Domínguez.

El Municipio Calabazar de Sagua se lo había adjudicado en virtud de un expediente de apremio debido a falta de pagos fiscales habiendo fallado el alcalde a su favor en una resolución de 26 de junio de 1933. Con posterioridad el Juzgado de Sagua la Grande reconoció como válido el crédito hipotecario a favor de los herederos de Isidoro Madrazo Torriente, o sea su viuda Anastasia Abreu Soto y su hija Angela de las Nieves. Durante varios años se mantuvo este pleito hasta que el 9 de agosto de 1956 el BANDES le otorgó un préstamo al Municipio ascendente a $300 000 para adquirir dicho crédito ascendente a $500 000.

2 Hay discrepancias sobre el año de su fundación que unos lo sitúan en 1870 y otros lo remontan a antes de los años 60. Había sido fundado por Felix Iznaga, a quien perteneció, pasando a W. Welsh desde 1874 a 1883. A partir de 1889 es propiedad de Juan de Oña, pasando a sus herederos desde 1906 a 1920 , habiendo sido de la viuda de Oña e hijos en que, tras el crac de 1921, pasará al "Central Purio S.A.", administrado por Arturo Fonts. Desde 1904 había estado arrendado por Delfin Tomasino.

El Municipio lo había arrendado a distintos operadores, en 1936 a Ramón Luzárraga Garay (VER "AZUCARERA CENTRAL UNIDAD S.A."), después a Joaquín Pedraza Cabrera (VER "CENTRAL ZORRILLA S.A.") quien tenía de auxiliar a Rafael Águila Sarduy (VER "AZUCARERA SANTA RITA S.A."), en 1948 a "Operadora de Ingenios García Villar, S. A." y desde el 30 de abril de 1951 a la Compañía Comercial Purio, presidida por el español Elías Vázquez Domínguez.

130- AZUCARERA DE CIENFUEGOS, COMPAÑÍA

El "San Francisco" era un central pequeño, el 137°, con una capacidad de 160 000 @, RI mediano de 12.56 (el 93°), 1 500 trabajadores y 124 caballerías de tierras propias, situado en Cruces, Las Villas.

1 Propiedad de Salustiano García Díaz quien controlaba 4 centrales y arrendaba otro (VER "ANTILLAS SUGAR ESTATES"). Aunque se planteaba como arrendado por él, en realidad lo había comprado a través del Banco Gelats debido a viejas deudas por $500 000 que desde 1949 se arrastraban. Pedro Antonio Álvarez Rodríguez y José Suárez Espinosa eran también vicepresidentes.

2 Fundado en 1850 por Pedro Nolasco González-Abreu –nacido en Villaclara el 31 de enero de 1812, de donde será Alcalde y uno de sus ciudadanos mas ricos antes de fallecer el 26 de febrero de 1876– el ingenio permanecería en su familia hasta 1930.

Pedro Nolasco era uno de los 14 hijos de Manuel González Abreu, natural de Islas Canarias y establecido a fines del siglo XVIII en Santa Clara, de donde fue Alcalde Ordinario y se dedicara al comercio logrando levantar una fortuna.

También fue propietario del ingenio "Dos Hermanas", bautizado en honor de sus 2 primeras hijas hembras, donde pasaba largas temporadas en unión de sus hijas, incluso cuando trasladó su residencia para La Habana al estallar la Guerra Grande. Sería en su casa de vivienda donde la Junta Revolucionaria de Las Villas proclamaría la libertad de los esclavos al iniciar la lucha en 1869.

Algunos de sus hermanos, Juan, Diego y Vicente también fueron hacendados y los hijos de otro, Eduardo, casaron con los Goicochea y los Oña, a su vez hacendados. Vicente fue propietario de 5 centrales: San Antonio, Santa Catalina, San José, Caridad y Santa Rosa.

Tras su fallecimiento el 26 de febrero de 1876 lo heredaron sus 3 hijas y entonces, bajo la dirección del yerno, el Dr.Luis Estévez –que pasaba en él parte de su tiempo en unión de su esposa, Marta– el "San Francisco" se convierte en uno de los principales del país con una lujosa casa de vivienda .

En 1883 estaba a su frente su viuda; de 1889 a 1991, su hija, Rosa Abreu de Grancher; en 1895, su hijo político Luis Estévez Romero; en 1901 a 1908, su hija Martha Abreu y, tras el fallecimiento de ésta y el posterior suicidio de su esposo, Luis Estévez, lo heredaría el hijo de ambos Pedro Estévez González-Abreu.

Tras la independencia, su yerno Luis Estévez sería Secretario de Justicia en el primer gabinete del General Leonardo Wood, así como Vicepresidente del Gobierno de Estrada Palma, a lo que renuncia ante el intento de reelección de éste.

Su hija Marta, de quien el Generalísimo Máximo Gómez declararía en 1902 que debía "asignársele el mismo grado que yo ostento", fue gran benefactora pública y contribuyente para la guerra de independencia.

Manuel Gutiérrez Quirós –hijo de Miguel Jerónimo Gutiérrez–, ex-secretario de Hacienda de José Miguel Gómez y ex-presidente y copropietario del central Lutgardita y socio gerente del central Ulacia, sería también copropietario de éste.

Posteriormente en 1931 había pasado al control de Vicente Domínguez Fumero (VER "TERRITORIAL SAN RAMÓN S.A., COMPAÑÍA"), entrando como socio de 1933 hasta el 30 de octubre de 1951 el asturiano Ignacio Alonso Lorenzo –quien durante el último gobierno de Batista fuera Representante a la Cámara– hasta 1952 en que pasó a los García Díaz.

3 Desde finales de los 40 la empresa confrontaba dificultades adeudando al Banco Gelats $1 400 000. El Banco perdió unos $114 000 de esos préstamos e intervino para pasarlo al control de García Díaz, quienes lo convirtieron en productivo. En 1957 todavía el Banco trataba de recuperar con distintas fórmulas parte de los préstamos antiguos. Era uno de los clientes individuales más fuertes del Banco.

131- AZUCARERA DE GUAMACARO S.A. COMPAÑÍA

El "Carolina" era el central 94° en capacidad de producción (225 000 @), RI alto (el 46°) de 13.08, 2 000 trabajadores y 407 caballerías de tierras propias, situado en Coliseo, Matanzas.

1 Propiedad de los hermanos Mario, Guillermo y el Dr. Gustavo Miranda Blanco, presidente, vicepresidente y tesorero respectivamente.

La familia Blanco Calás, a la que pertenecían por parte de su madre Angela, tenía 3 troncos de propietarios de centrales, formada por ellos, por los hijos de su tío Alfredo o sea los hermanos Blanco Rosell(VER "AZUCARERA CENTRAL RAMONA S.A., COMPAÑÍA"), propietarios de 2 centrales y por su tío Francisco (VER "AZUCARERA CORAZÓN DE JESÚS S.A., COMPAÑÍA") quien también controlaba 2 centrales, de los que Mario había sido desde 1937 secretario y el más cercano colaborador de su tío.

Guillermo, a finales de los 50, sería el secretario no sólo de los 2 centrales de su tío y el de ellos sino también del Washington, propiedad de Fulgencio Batista, adquirido precisamente a través de su tío y el que durante varios años presidió Mario.

Es posible que en este central hubiera intereses totales o parciales de su tío Blanco Calás y/o de Fulgencio Batista a quien representaba en ocasiones aquél.

2 Fundado en 1907. El cubano Manuel Flores Pedroso había sido su propietario desde principios de siglo hasta el crac de 1921 en que pasó al control de "Compañía Azucarera de Guamaegro", administrado por Juan Padrón. Aparentemente después Flores había sido su arrendatario hasta 1946 . De 1939 a 1943 había pertenecido a García Beltrán (VER "AZUCARERA CENTRAL MABAY S.A., COMPAÑÍA"). En 1947 José Gasch Prieto(VER "LA FILOSOFIA S.A.") y Manuel Rodríguez Dans se convirtieron en su presidente y vicepresidente respectivamente hasta 1950 en que fue comprado por los hermanos Miranda Blanco.

3 Según la "Comisión Técnica Azucarera" en 1951 sus costos eran de $15.75 por cada saco de 325 lbs., o sea por debajo de la media de $17.87, y sus activos totales estaban valorados en $1 688 131.

132- AZUCARERA DE GÜINES S.A., COMPAÑÍA

El "Providencia" era el 4° central más antiguo conocido y el 73° en capacidad de producción (260 000 @), RI bajo de 12.13, 2 600 trabajadores y 534 caballerías de tierras propias, situado en Güines, La Habana.

1 Propiedad de Manuel Aspuru San Pedro (VER "AZUCARERA CENTRAL TOLEDO S.A.,COMPAÑÍA"), quienes poseían otros 2 centrales.

2 Había sido fundado en 1800 por Francisco Arango y Parreño, bautizado en La Habana el 3 de junio de 1765 y fallecido el 22 de marzo de 1837, I Marqués de la Gratitud, VII Regidor Alférez Real del Ayuntamiento en 1803, Diputado a Cortes en 1812, Ministro Honorario del Consejo de Indias, Consejero de Estado de Ultramar, Subdelegado de la Real Hacienda y Honorario de la Real Sociedad Patriótica de La Habana.

Se opuso a la independencia de esta Isla y fue el principal instigador de las reformas administrativas y económicas llevadas a cabo entre 1789 y 1794, el primer Síndico del Real Consulado, fundado a iniciativas suyas. A él se debe la introducción de esclavos africanos y las mejoras en la agricultura cañera, la introducción del cultivo de la caña de Otahití de mayor rendimiento que la anterior criolla, la supresión del monopolio del tabaco y la libertad de comercio.

Propietario de las tierras del antiguo "Vínculo de Meireles", heredado de su familia donde se fomentara el pueblo de Artemisa; del ingenio "La Ninfa" en Güines y del "Providencia"; disfrutó además del privilegio de introducir harinas y otros comestibles de banderas extranjeras, así como de cosechar unas 100 caballerías de tabaco y su comercialización en una gran operación de especulación basada en un aumento que se haría en el precio oficial de éste, tras su compra.

El "Providencia" fue heredado por su descendiente Francisco Arango, habiendo pasado en 1874 a la propiedad de María de los Angeles Gómez de Echarte y de 1878 a 1895 había sido uno de los centrales de Pascual de Goicochea.

En 1902 sería comprado por la firma constituida por Juan Aspuru, padre de su propietario, quien controlaba el 51% de las acciones, en sociedad con Antonio Larrea, Narciso Gelats y otros hasta los primeros años de la década de los 10 en que Aspuru lo había adquirido totalmente.

3 Recibía créditos del Banco Franco Cubano por $170 000.

133- AZUCARERA DEL SUR DE CUBA, COMPAÑÍA

El "Covadonga" era el 53° central en capacidad de producción (330 000 @), RI bajo de 12.09, 2 800 trabajadores y grandes extensiones de tierra (la 16ª) con 1 955 caballerías de tierras propias, situado en Aguada de Pasajeros, Las Villas.

1 Propiedad principal de los hermanos Carreño Sardiña, integrados por Manuel de Jesús, Pablo F., María Felicia, viuda de Pérez Stable, y Manuela, casada con Patricio Suárez Cordovés, con intereses en el central Nela y cuyo hijo Patricio Suárez Carreño era propirtario de "Ferretería Patricio Suárez" (VER).

Estaba arrendado a la "Azucarera Jocuma S.A., Compañía", propiedad de Fernando de la Riva(VER "CENTRAL HORMIGUERO S.A., COMPAÑÍA"), su presidente, quien tenía intereses en 2 centrales que representaban el 20° propietario y el 12° entre los de capital residente, además de otras varias industrias. Su hermano Gonzalo era el vicepresidente-administrador general.

2 Manuel Carreño, español, padre de sus propietarios, lo había fundado en 1905 pasando después a ellos, quienes, a principios de los años 50, lo arriendan a Fernando de la Riva.

Había estado administrado en los años 10 por "Lluria, Freire y Compañía", una casa comercial de azúcar para su almacenaje, compra para terceros y administradora de otros centrales como Olimpo, Esperanza y Araujo, con un capital de $100 00, establecida en Cárdenas, propiedad del cardenense Miguel Lluria, Antonio Freire y Eduardo Elgarreta.

A mediados de los 30 el Canadian Bank of Commerce poseía una 3ª parte de sus acciones y, a finales de esa década, José Fernández Carreño y Domingo Burés Ayala(VER "CENTRAL SAN JOSÉ PORTUGALETE S.A.") eran el presidente y vicepresidente respectivamente de la arrendataria. Manuel de J. Carreño Sardiña y

Pablo F. Carreño habían sido a partir de 1949 el presidente y el administrador respectivamente.

3 Cliente del Banco Pujol. El BANDES le otorgó un préstamo el 2 de Febrero de 1956 por $25 000.

134- AZUCARERA ENCRUCIJADA S.A.

El "Constancia(E)" era el 101° central en capacidad de producción (220 000 @), RI mediano de 12.67, 1 700 trabajadores y 71 caballerías de tierras propias, situado en Encrucijada, Las Villas.

1 Arrendataria del central operado por el Grupo Luzárraga (VER "AZUCARERA CENTRAL UNIDAD S.A.") de la que Mamerto Luzárraga Echeverría y Ramón Luzárrraga Garay eran el presidente y el vicepresidente respectivamente.

El central era co-propiedad de Rafael García-Menocal Calvo, quien además era cosechero de arroz y estaba emparentado con los García-Menocal, hijos del ex-Presidente de la República y propietarios de "Central Santa Marta S.A."(VER).

2 Fundado en 1857, había pertenecido en 1860 a Juan Manuel López y a partir de 1874 a Manuel López, pasando en 1878 a la propiedad de Ignacio Larrondo, manteniéndose en la familia hasta 1908. Así había estado bajo la "Ignacio Larrondo y Compañía" de 1878 hasta 1883, en 1889 pasó a Manuel Larrondo, quien lo mantuvo hasta 1904 en que lo preside Ignacio Larrondo, pasando en 1906 a sus herederos.

De 1908 a 1921 perteneció a la Constancia Sugar Company, inglesa, quien en este último año lo arrendó a la "Compañía Agrícola de Sagua" al menos hasta 1930. Había sido uno de los 4 centrales, junto con el Narcisa, el Dos Hermanas –demolido– y el Parque Alto, que habían sido operados por los hermanos George R. y Albert C. Fowler, su presidente y vicepresidente respectivamente, desde principios de siglo hasta después de mediados de los años 30, habiendo pasado en 1936 a la Compañía Agrícola de Encrucijada S. A.

Desde finales de los 30, los Luzárraga aparecen al frente de la empresa, Mamerto como presidente y Jacinto como administrador.

3 Cliente del "Chase Manhattan Bank", junto con las otras empresas operadas por los Luzárraga.

135- AZUCARERA FIDELIDAD S.A., COMPAÑÍA

El "San Germán" era un central azucarero con capacidad de producción diaria de 680 000 @, RI de 13.76, 5 270 trabajadores y 1 184 caballerías de tierras propias, situado en San Germán, Oriente. Tenía el RI mayor (9°) no sólo entre los 22 centrales de mayor capacidad sino también entre los 15 últimos fundados en la década del 20.

1 Su capital ascendía a $2 264 000 y era, junto al Violeta, el segundo gran central de propiedad cubana, ambos de la "Sucesión de L. Falla Gutiérrez"(VER), propietaria de 7 centrales que era el 2° grupo más importante de los hacendados cubanos y el 3° en relación a la capacidad de producción (2 910 000 @ diarias).

2 Había sido fundado por Compañía Azucarera Canarias pero hay contradicción en su fundación que unos sitúan en 1917, otros en 1919 y otros en 1920.

Había pertenecido a la "Punta Alegre Sugar Company" bajo el control desde 1925 de varios grupos financieros: "Hayden & Stone, "Brown Brothers", "Chase National Bank y Morgan", hasta que en 1930 quebró, pasando entonces al "Chase National Bank", propiedad de los Rockefeller.

Fue el primero de los dos centrales, junto al Punta Alegre en 1951, que la firma vendiera a la "Sucesión Falla", quien lo compró en septiembre de 1946 en sociedad con la "Carl M. Loeb Rhoades Company" de N.York hasta adquirir en 1956 toda la propiedad.

3 El 9° central entre los que sobrepasaron el record de producir más de un millón de sacos, que lograra en la zafra gigante de 1952. Utilidades netas en 1953 de $322 000, 1955 de $678 000, 1956 de $945 000, 1957 de $1 690 000 y 1958 de $604 000. Operaba con activos que en 1958 ascendían a $13 600 000.

Miguel Cervera Falla, miembro de la familia, era su administrador. Se llamó Canarias en 1920 . Contaba con su propio aeropuerto.

136- AZUCARERA GÓMEZ MENA S.A., COMPAÑÍA

El "San Antonio (H)" era el 68° central en capacidad de producción (267 000 @), RI mediano de 12.66, 2 610 trabajadores y 383 caballerías de tierras propias, situado en Aguacate, La Habana.

1 Capital ascendente a $1 250 000. Uno de los 14 centrales propiedad o con intereses mayoritarios de Julio Lobo Olavarría, el más importante hacendado en relación al número de éstos y a la capacidad de producción total ascendente a 4 125 000 @ diarias.

Los otros eran "Central Araujo S.A.", "Central Cabo Cruz S.A.", "Central El Pilar S.A.", "Central Escambray S.A.", "Hershey Corporation", "Central La Francia S.A.", "New Niquero Sugar Company", "Parque S.A.", "Central Perseverancia S.A.", "Rosario Sugar Company", "Central San Cristóbal S.A.", "Azucarera Tánamo de Cuba S.A., Compañía" y "Central Tinguaro S.A."(VER TODOS).

En general sus centrales no eran de los más importantes ni de los de mayor capacidad salvo el último comprado, o sea, el Hershey de 650 mil arrobas diarias y uno de los más importantes, pues la mayoría eran de capacidad pequeña o mediana y sus rendimientos no eran de los más altos.

Era propietario único o casi único en 8 centrales: Escambray, que aparecía bajo la propiedad de Edmundo Mieres, Tinguaro, El Pilar, el Tánamo, Perseverancia, el Araujo, el Niquero y el Cabo Cruz. La Francia y el San Cristóbal los tenía en sociedad con Simeón Ferro e Ignacio Carvajal, el Parque Alto con Fernando de la Riva que aparecía como su propietario, y el Hershey, el San Antonio(H) y el Rosario, en sociedad con un grupo de capitales cubanos y su yerno John Ryan III. Solo aparecía presidiendo la firma de 6 centrales: El Pilar, Tánamo, Araujo, La Francia, San Cristóbal y el Niquero.

Poseía el 25% de las acciones de la "West Indies Sugar Corporation"(VER "CENTRAL ALTAGRACIA S.A., COMPAÑÍA"), de capital norteamericano que era el 9° propietario de centrales atendiendo a la capacidad de producción de sus 4 centrales.

Era el principal terrateniente y uno de los mayores colonos de Cuba con 65 millones de @, de las que 42 500 000 molían en los centrales Araujo, Tinguaro, Perseverancia, Cabo Cruz y El Pilar, todos de su propiedad, o a nombre de sus hijas

Leonor y María Luisa por un total de 22 000 600 @ en Niquero y Tánamo, también de su propiedad.

Era el principal vendedor de azúcar en el mercado mundial, controlando alrededor de la mitad de origen cubano y puertorriqueña así como el 60% del refino en el mercado norteamericano y gran parte de la de origen filipino.

Era propietario de "Galbán Lobo Trading Company"(VER), corredores de azúcar; de "Corporación Inalámbrica Cubana S.A." (VER), una empresa de radiocomunicaciones telegráficas y telefónicas; de "National Bonded Warehouses"(VER), unos almacenes de azúcar en 21 centrales y en un puerto; el principal en "Banco Financiero" (VER), el 16º banco por sus depósitos donde controlaba el 52 % de las acciones; de "Naviera Cubana del Atlántico S.A."(VER), un consorcio marítimo con varias navieras y muelles, con el 85 % de su capital; copropietario en "Corporación Aeronáutica Cubana S.A."(VER), una aerolínea entre Manzanillo, Niquero y el Pilón hasta el central Francisco y Camagüey; y con intereses en "General de Seguros La Unión de Azucareros, Compañía" y presidente de "Petrolera Mariel S.A., Compañía".

Lobo había nacido en Venezuela desde donde vino a Cuba con su padre, empleado de un banco hasta que, debido a la dictadura de Cipriano Castro, tuvo que exilarse en EE.UU. donde el "North American Trust Company" le ofreció el cargo de administrador de su sucursal en La Habana". Estudió en la Universidad de Louisiana, EE.UU., y a su regreso comenzó a trabajar en la antecesora de "Galbán Lobo y Compañía" de la que su padre era socio y desde donde se fuera levantando su imperio azucarero.

Aunque su familia había comprado en 1926 su primer central, el Escambray, y la "Galbán y Compañía", ya antes de pasar al control de su padre había sido propietaria del Lugareño de 1908 a 1917 así como de "La Luisa", no es hasta la década de los 40 que inicia su política de adquisición de centrales con la compra de 4 en sociedad con distintos capitales cubanos.

Lobo compró en 1943 el Tinguaro y el Cabo Cruz, en 1944 el San Cristóbal, en 1948 el Niquero, en 1950 la Francia, en 1951 el Perseverancia, El Pilar y el Tánamo, en 1951-53 el Parque Alto, en 1953 el Araujo. Su operación más ambiciosa la realizaría en 1958 al comprar en unión de otros intereses los 3 centrales del grupo Hershey, o sea el Hershey, el San Antonio y el Rosario, a la "Azucarera Atlántica del Golfo S.A., Compañía"(VER).

En otras ocasiones había comprado centrales con socios a los que posteriormente les había vendido su parte como en el Estrada Palma a la famila Arca en 1947, en el Caracas a la familia Cacicedo y a los Escagedo en 1953 y en el Unión a Germán S.López Sánchez en 1954.

2 Existe contradicción en la fundación del central San Antonio (H), que unos sitúan en 1860 y otros en 1880. En los años 60 era propiedad conjunta de Rafaela O'Farrill, Matilde Chappotín y Bonifacio de la Cuesta hasta 1862 en que José Ricardo O'Farrill le compró a Matilde Concepción la cuarta parte del central, manteniéndose hasta 1895 en poder de los O'Farrill. Así en 1874 era de Juan Espinosa y Ricardo O'Farrill, en 1883 de José Ricardo O'Farrill y en 1890 los hermanos O'Farrill lo hipotecaron pasando en 1895 a J. Fernández y Cía y Ricardo Corso.

Los O'Farrill eran una de las 6 familias más importantes –según Jacinto Salas Quiroga en "Viajes a la Isla de Cuba" de 1840– junto con los Calvo, los Herrera, los Pedroso, los Peñalver y los Castillo y una de las principales en la trata de esclavos en Cuba, con gran influencia en la política y la economía de Cuba y en la Corte española y la napoleónica.

Fue fundada por Ricardo O'Farrill O'Daly, nacido en la isla de Montserrat de padre irlandés, que se asentara en La Habana en 1715 donde estableciera una factoría, así como otra en Santiago, como Factor de la "South Sea Company" de Londres que tenía el monopolio por 30 años de la provisión de esclavos para América Latina.

José Ricardo O'Farrill O'Farrill fue uno de los principales hacendados a mediados del siglo XIX, propietario, además del San Antonio de otros 6 ingenios: Cayajabos, San Rafael, Limones, Nueva, Concordia, Esperanza, así como de un tercio de las acciones del Gicoteita.

Se endeudó con la Casa Drake a quien ya en 1854 ya debía $860 000. El administrador de la casa, J.M.Morales, interesó en la deuda a Tomás Terry quien prestó $600 000 en 1869, la suma más alta adelantada a un hacendado de una sola vez en ese entonces. Diez años más tarde traspasarían el central Limones a los Terry como como pago de una parte del total que sólo sería cancelado en 1910.

Años después durante los años 15 del siguiente siglo el central pertenecería a Pedro Gómcz Mena, banquero, hermano de Andrés y padre de Manuel Gómez Wadding, propietario del central Vitoria (VER "CARIBBEAN SUGAR PRODUCING COMPANY"), quien para entonces era dueño del Gómez Mena y el Amistad.

Posteriormente fue comprado por The Hershey Industrial School de Pa., USA., quien el 5 de marzo de 1946 lo vendería junto con el Hershey y el Rosario a la "Azucarera Atlántica del Golfo S.A., Compañía"(VER) y, ésta a su vez a finales de 1957, por $24 500 000 a Julio Lobo en sociedad con el Dr.Pedro Grau (VER "DE FOMENTO DEL TÚNEL DE LA HABANA S.A., COMPAÑÍA"), promotor de la Habana del Este, así como su yerno John Ryan III y otros.

Las negociaciones se habían iniciado en junio de 1957 a través de "Chiriqui Sugar Mills Company", una empresa asentada en Panamá, por Pedro Grau, quien planeaba integrar en una sola unidad la planta eléctrica con la nueva "Electrificadora Bandeste S.A., Compañía" (VER) y la planta atómica, a la par de construir una ciudad industrial en Boca de Jaruco debido a su cercanía a Miami. Al no poder garantizar la operación, Mr.Loeb, presidente de la firma, interesó a Julio Lobo.

El acuerdo se firmó el 31 de diciembre de 1957 y fue aprobado definitivamente el 4 de marzo de 1958. Se realizarían 4 pagos garantizados por Julio Lobo, 3 de los cuales vencían después de 1959, lo que le ocasionaría severas dificultades tras la nacionalización pues se vio obligado a liquidarlas en parte.

137- AZUCARERA GÜIRO MARRERO S.A., COMPAÑÍA

El "Occidente" era el tercer más pequeño central(el 159º). con una capacidad de producción diaria de 80 000 @, RI bajo de 11.97 (el 145º), 850 trabajadores y 125 caballerías de tierras propias, situado en Quivicán, La Habana.

1 Propiedad de Mercedes Morales Calvo, viuda de Chacón, su presidenta. El Dr. José Miguel Argote y Roig, casado con su hija Irene, era el administrador.

2 La propietaria era uno de los 6 hijos de Vidal Morales Flores de Apodaca, fundador en 1917 del central, ex senador y ex presidente de la Asociación de Hacendados, quien lo edificara utilizando la torre del antiguo ingenio "Mi Rosa" que había pertenecido a Elena Rosa Hernández de 1889 a 1891 y a Gabriel Camps en 1895. Siendo propiedad de este último, su administrador había sido Benigno Souza hasta que fuera deportado para las islas Chafarinas por su ayuda a los insurrectos.

Había sido propiedad conjunta de su fundador con familiares y otros socios, siendo heredado por su viuda María Antonia Calvo Herrera quien, con posterioridad, lo vendió a la "Compañía Industrial Agrícola Occidente", cuyo presidente y principal accionista era Saturnino Parajón Amaro, fallecido en 1931. En esta época, de 1925 a 1928, José Manuel Casanova Diviñó(VER "AZUCARERA BRAMALES S.A.") será su co-propietario y vicepresidente.

Sin embargo, como su pago había quedado pendiente desde 1926 debido a dificultades provenientes del ciclón de ese año, el 20 de octubre de 1930 María A. Calvo puso juicio de deshaucio logrando que se le reintegrara su propiedad el 5 de julio.

Durante años fue dirigido por el Dr. José María Chacón y Carbonell, esposo de la propietaria, quien falleciera a finales de los 50.

3 Cliente del Banco Pujol.

138- AZUCARERA HABANA S.A., COMPAÑÍA

El "Habana" era uno de los centrales más pequeños (el 152°) con una capacidad de producción diaria de 150 000 @, un RI de 13.16, 1 200 trabajadores y 242 caballerías de tierras propias, situado en Caimito, La Habana.

1 Arrendataria con un capital de $1 millón, al frente de la cual aparecía Sergio Pérez Abreu como su administrador general y Antonio Rodríguez García, su administrador desde los años 30.

Aparentemente los propietarios eran los herederos del Gral.del E.L.Rafael Montalvo Morales y su ex-yerno Demetrio Castillo Pokorni.

El Gral. Montalvo había sido Secretario de Agricultura, de Obras Públicas y de Gobernación de Estrada Palma y sería en el futuro Secretario en varios otros gobiernos, candidato a Vicepresidente de la República, y propietario del central El Pilar hasta 1946 en que lo vendiera a Julio Lobo, esposo entonces de su sobrina María Esperanza, y su yerno Demetrio Castillo Pokorny, hijo del Gral. del E.L.Demetrio Castillo, casado en aquel entonces con su hija Dolores, había estado a su frente hasta que se divorciara.

2 Se desconoce su año de fundación. Había pertenecido a Perfecto Lacoste, hacendado que colaboró con las tropas de Antonio Maceo en la provincia de La Habana donde dirigía la Junta Revolucionaria y fuera Secretario de Agricultura de Estrada Palma . De 1904 a 1908 pasó a Lucía Lacoste y a partir de aquí hasta 1913 a la viuda de Perfecto Lacoste y desde entonces hasta 1918 a la norteamericana "The Havana Sugar Co." y a la "Compañía Azucarera Central Habana S.A." de la cual era administrador el Gral.del E.L. Rafael Montalvo Morales, quien tras el crac de 1921 se convertiría en su propietario

3 Según la "Comisión Técnica Azucarera" en 1951 sus costos eran de $16.70 por cada saco de 325 lbs., o sea por debajo de la media de $17.87, y sus activos totales estaban valorados en $1 672 797. Cliente del Banco de los Colonos con créditos por $83 000.

139- AZUCARERA HOLGUÍN S.A., COMPAÑÍA

El "Cacocúm" era un central pequeño (el 110°) por su capacidad de producción diaria de 210 000 @ pero con un RI alto de 13.04 (el 51%), 2 900 trabajadores y sin tierras propias, situado en Cacocúm, Oriente.

1 Propiedad de Melchor Palomo Beceiro. Eduardo L. de Boyrie Renieke, su hijo político, quien desde los años 40 había sido su tesorero y administrador, era el presidente y Raúl Grave de Peralta el vicepresidente.

Palomo, asturiano, había sido propietario en el pasado de varios centrales. Había fundado en 1919 el Báguanos en sociedad con su hermano Martín, con Sánchez Aballí y Gabriel Mouriño, perdiéndolo en 1920 a favor de la "Punta Alegre Sugar Company" y en 1949 compró, en sociedad con Benito Remedios Langaney, el Río Cauto, que vendiera en 1955 a Francisco Monné Serio, hasta entonces su vicepresidente, y su hombre de confianza desde finales de los 30 en que era su auxiliar en el Cacocúm.

2 Palomo había fundado el central en 1918 en sociedad con Néstor Machado, Manuel Torres Laine y Federico Almeida (rico hacendado con varios ingenios), pero en 1920 fueron afectados por el crac bancario. El "Banco Nacional" les había prestado $1 750 000 de los que sólo pudo cobrar $323 000, viéndose obligado a vender el saldo de su crédito por $40 000, perdiendo $1 478 000. No obstante se las arregló para conservar sus intereses y convertirse después en único propietario desde 1936.

A mediados de los 30 había estado bajo la razón social "Antiga, González y Almeida" y, a finales de esa década, su administrador general era Palomo teniendo como auxiliar a Francisco Monné Serio.

3 Cliente del Banco de los Colonos, tenía adeudos con el Banco Nuñez por $372 000, así como sobregiros.

140- AZUCARERA INGENIO ALGODONES S.A., COMPAÑÍA

El "Algodones" era el 61° central en capacidad de producción (260 000 @), RI mediano de 13.28, 3 060 trabajadores y 512 caballerías de tierras propias, situado en Majagua, Camagüey.

1 Propiedad de Salustiano García Díaz (VER "ANTILLA SUGAR ESTATES") que controlaba 4 centrales y era arrendatario de otro.

2 Fundado en 1917. Había sido propiedad, junto con el central La Vega, del Gral. José Miguel Gómez, ex presidente de la República, quien los había adquirido de Hannibal Mesa por $4 500 000, pasando ambos desde 1923 al control de la Sugar Plantation Operating Company, una filial del "The Royal Bank of Canada"(VER), por deudas de sus propietarios, tras la crisis del crac bancario de 1920.

Había sido comprado en enero de 1947 por Manuel García Rubio, un asturiano, ganadero y comerciante, radicado desde 1876 en Sancti Spiritus y fallecido el 30 de noviembre de 1950, accionista además de la Planta Eléctrica de Cantú de la ciudad, del matadero de "Empacadora Cooperativa Cubana, Compañía", así como del central Estrada Palma, el cual era tío de sus propietarios actuales.

3 Recibía créditos del Banco Gelats que en 1956 ascendían a $1 600 000.

141- AZUCARERA JORVA S.A., COMPAÑÍA

El "Australia" era el central 87° en capacidad de producción (230 000 @), con uno de los RI más bajos de 11.88, 2 500 trabajadores, destilería, planta de levadura y 250 caballerías de tierras propias, situado en Jagüey Grande, Matanzas. Uno de los tres, junto al Purio y al Limones, que no era de propiedad privada.

1 Arrendataria operada por Luis E. del Valle Raez (VER "AZUCARERA LUIS DEL VALLE Y HERMANOS"). El central era propiedad del BANDES bajo la razón social "Derivados Industriales de la Caña S.A."(DICSA) que había constituido el 30 de octubre de 1957. Aparentemente el Dr. Joaquín Martínez Sáenz, Presidente del BANDES, y su amigo Luis del Valle tenían intereses en la firma que en definitiva estaba supuesta a convertirse en su propietaria.

El BANDES lo compró por $2 300 000 el 30 de octubre de 1957 junto con la destilería (Alcoholera Tropical) y la fábrica de levadura (Molasses By-Products Co. S.A.) a "Central Jagüey Grande S.A.", propiedad de Antonio Zubillaga Gorostiaga (VER "CENTRAL DOS AMIGOS S.A."), su presidente, en sociedad con la viuda del Dr. Cartaña Sanchez y del ex-Presidente de la República Carlos Prío Socarrás, en la que los dos primeros poseían el 40% respectivamente de las acciones. Zubillaga además había vendido en 1953 su parte del central Andorra, comprado posteriormente por Fulgencio Batista.

Para enmascarar al ex-Presidente Carlos Prío, la transacción se hizo a través del Dr. Arturo González Alfonso –amigo personal de Martínez Saenz–, quien aparecía como propietario, recibiendo por esta operación $300 000.

El 12 de enero de 1958 el BANDES se lo arrendó a Luis E. del Valle Raez –antiguo amigo y correligionario de Martínez Saenz y uno de los mayores destinatarios de créditos del BANDES– por $150 000 de renta anual mínima y con una opción de compra por $2 600 000 en una operación que suscitó polémicas y comentarios.

Luis E.del Valle había constituido con anterioridad desde el 18 de mayo de 1955 la "Azucarera Cubana Ultramar S.A." en sociedad con sus hermanos Mario y Raúl, con el hijo e hijo político de Jorge Barroso, así como de Pedro G. Menocal Almagro, la que desde entonces solicitara el arrendamiento del central.

Martínez Sáenz, para aminorar el escándalo de la operación, promocionó un proyecto para el desarrollo tanto de un complejo industrial en el central como en la zona aledaña de la Ciénaga de Zapata que pensaba desecarla. La desecación era un antiguo plan pues ya los Decretos N° 556 del 21 de junio de 1912 y el N°83 del 31 de enero de 1913 habían otorgado a la "Zapata Land Company" una concesión con idéntico propósito.

Como consecuencia, el BANDES compraría a finales de 1958 a sus propietarios privados las tierras allí situadas donde el principal de los 3 existentes era Fernando Ortiz Fernández, el eminente etnólogo y sociólogo cubano. Don Fernando poseía en co-propiedad 2 fincas dedicadas a madera y carbón con 2 600 caballerías de las 3 000 inscriptas en la Ciénaga.

2 En los primeros años de este siglo el central había pertenecido a la familia Álvarez Valdés, españoles dedicados a la banca e importación de tejidos desde 1862, habiendo sido heredados por los hermanos Alberto y Eugenio Álvarez, quienes modernizaron y ampliaron el antiguo cachimbo, convirtiéndolo desde 1915 en un central cuya inversión estuvo a cargo de la "Casa Cail", francesa, con la colaboración del Ing. Cosculluela. Poco después, el 24 de octubre del siguiente año, Alberto, uno de los hermanos perdería la vida al chocar su auto con el ferrocarril cerca del central. Henry Ford, el magnate norteamericano del automóvil, había visitado el central invitado por Eugenio Álvarez.

Eugenio Álvarez perdería el central cuando el crac bancario en que quebraron pues había sido fuerte deudor del Banco Nacional quien se vio obligado a pactar las ventas de los créditos vencidos. Su propiedad había estado sometida a pleitos y litigios desde 1917.

En los años 30 había estado arrendado a Eudaldo del Valle Medina y, a partir de 1941, Antonio Zubillaga Gorostiaga en sociedad con Antonio Ordóñez Casto, comprando el primero el 40% de las acciones en 1947, siendo a la sazón administrador del central Andorra.

Se le cambió el nombre para Australia el 19 de agosto de 1958. La destilería, fundada en 1944, estaba inactiva y tenía una capacidad de 7 925 galones diarios, siendo la 15ª en tamaño.

142- AZUCARERA LUIS DEL VALLE Y HERMANOS

Almacenista e importador y exportador de azúcar y víveres, que era una de las más importantes en la venta de azúcar de la cuota de consumo local.

1 Propiedad de los hermanos del Valle Raez. Mario tenía el 47 % de las acciones y era su presidente; Luis E., vicepresidente, el 30 % y Raúl, tesorero, el 23 %. El Dr. Luis E. del Valle y su hermano Mario estuvieron entre los principales beneficiarios del BANDES. También poseían "Luis del Valle e Hijos S.A."(VER).

Luis del Valle Raez fue Senador por Matanzas en 1940 por el ABC y en 1948 por la Coalición Socialista-Democrática, de cuya provincia había sido el jefe del ABC y más tarde Embajador. Era antiguo amigo y correligionario de Martínez Saenz, de lo que se valió para ser uno de los mayores destinatarios de créditos del BANDES.

El BANDES en 1956 le otorgó la concesión para operar la Terminal Marítima de Matanzas, cuya construcción, la 6ª mayor otorgada, se adjudicó a "Constructora Luma S.A., Compañía" (VER), también de su propiedad. A partir de 1957 le financió $13 500 000 para construir la nueva planta "Cubana de Nitrógeno S.A., Compañía"(VER) y el 12 de enero de 1958 el BANDES le dio en arrendamiento a su "Azucarera Jorva S.A., Compañía" (VER) el central Australia con opción de compra.

En ellas estaba asociado a Jorge Barroso (VER "AZUCARERA CENTRAL CUBA S.A."), presidente de los centrales del grupo Tarafa y uno de los principales responsables de la política azucarera de Fulgencio Batista durante los 50.

También fue uno de los accionistas del extinto "Banco Atlántico" y del "Banco Financiero"(VER), donde había sido miembro de su Consejo de Dirección desde marzo de 1955 hasta el 20 julio de ese año en que renunció.

2 Eran hijos de Luis del Valle Esnard, quien fuera presidente del Ayuntamiento, Alcalde interino de Cárdenas a fines de los años 10, candidato derrotado en 1923 y presidente del Club Náutico de Varadero. Había sido propietario de "Sucesor de Valle y Vallín", una antigua casa de comercio e importadora de víveres, establecida en Cárdenas a principios de siglo, así como de "Luis del Valle e Hijos S.A." que heredaran y mantuvieran.

3 La situación financiera de la casa comercial era desfavorable, teniendo un pasivo corriente muy elevado e insuficiente capital líquido. Su volumen de ventas giraba alrededor de los $4 000 000, con utilidades netas por $30 000.
Cliente del "Banco Financiero".

143- AZUCARERA LUZÁRRAGA S.A.

El "Portugalete(L.V.)" era el 119° central en capacidad de producción (180 000 @) pero con RI de 13.48, uno de los más altos (el 22°), 350 trabajadores, destilería y 491 caballerías de tierras propias, situado en Palmira, Las Villas.

1 Capital ascendente a $1 050 000, propiedad de los Luzárraga (VER "AZUCARERA CENTRAL UNIDAD S.A."). Mamerto Luzárraga Echeverría y Ramón Luzárrraga Garay eran el presidente y vicepresidente respectivamente y Ramón Luzárraga Beltrán, hijo del vicepresidente, era el subadministrador e ingeniero químico.

2 Parece haber sido fundado en 1870, aunque unos lo sitúan en 1860 y otros en 1872, habiendo pertenecido desde entonces a su fundador Sotero Escarza Urioste y, tras su fallecimiento en octubre de 1907, pasaría a su familia bajo la razón social de "Viuda e Hijos de Escarza". hasta 1920.
Escarza, español, había sido Regidor de Cienfuegos en 1862, 1864 y 1875, 3°Teniente de Alcalde en 1878, 2° Teniente de Alcalde en 1881, Teniente del Cuerpo de Milicias constituido en 1868, Capitán de Tiradores del Cuerpo de Voluntarios en 1869, fundador y vocal del "Casino Español" de Cienfuegos, miembro de la "Junta de Armamentos y Defensa", miembro en 1881 de una de las 2 fracciones del Partido Unión Constitucional, presidida por José Porrúa, junto con José Pertierra y Leopoldo Díaz de Villegas, en contra de la de Fernández Mijares y Nicolás Castaño, así como Comandante de la Sección de Artillería del Batallón de Voluntarios de Cienfuegos en 1887.
Había sido uno de los 9 centrales que, como consecuencia de la crisis de los años 20 y 30, había estado hasta el año 1939 bajo el control de la Sugar Plantation Operating Company, una filial del "The Royal Bank of Canada"(VER).

3 No molió de 1930 a 1933 . Tenía una destilería fundada en 1943 que estaba inactiva y era la más pequeña existente.

144- AZUCARERA MARGANO S.A., COMPAÑÍA

El "San Pablo" era uno de los 15 centrales más pequeños (el 148°) con una capacidad de producción diaria de 140 000 @, RI mediano de 12.60, 1 500 trabajadores y 39 caballerías de tierras propias, situado en Zulueta, Las Villas.

1 Propiedad de Antonio Miyares López, su presidente y propietario de 2 centrales más y arrendatario de un tercero (VER "AZUCARERA AMAZONAS S. A."), quien la constituyera el 17 de septiembre de 1959. Rafael Galis Menéndez López era el tesorero.

2 Hay contradicciones sobre su fundación y primeros años. Según algunos, su fundación se produjo antes de la guerra del 68 por Hernández, pasando en 1875 a la propiedad de Pablo Medina. Hernández formaba parte de un grupo de hacendados establecidos en Matanzas quienes, debido al agotamiento de sus suelos, se establecieron a mediados del siglo XIX en la jurisdicción de Remedios, fundando varios ingenios. Según otros fue en 1880 por el español Pablo Figuerola y, finalmente, otros plantean que su primer propietario había sido Antonio Medina en 1874-1875.
A partir de ahí existe coincidencia sobre sus propietarios futuros. Así de 1880 a 1891 perteneció a Pablo Figarola, en 1895 a Dolores Prats de Figueredo, de 1903 al 1916 a Edmundo Kurz, de 1924 al 28 a "Rodríguez y Viña S. en C." de Caibarién y, a partir de entonces pasa a "Central Tahón S.A.".
Isaías Cartaya Cartaya, quien había sido administrador del central "La Vega" antes del crac de 1921 y, después de 1922, del central "Santa Isabel", era su arrendatario en los años 30. Sus hijos serían con posterioridad propietarios de "Sucesores de Isaías Cartaya", finca ganadera "San Agustín" destinada a la cría de ganado cebú, situada en Fomento, L.V.
"Central Tahón S.A." lo arrienda en 1939 a "San Pablo, Compañía Azucarera S.A.", quien lo operará hasta 1948 y, de 1950 a 1952, a "Azucarera Veguitas S.A.". Jesús Fernández Magdalena, español, fue su administrador de 1939 hasta 1959 a la vez que también era el presidente de la "Azucarera Veguitas S.A.", que desde 1939 lo arrienda habiendo aparentemente pasado a controlarlo desde 1950.

3 Estuvo sin moler en 1933 y 1935. Fue intervenido por el INRA en 1959.

145- AZUCARERA MARÍA ANTONIA S.A., COMPAÑÍA

El "Maria Antonia" era uno de los 2 centrales más pequeños –junto con el Elena– con una capacidad de producción diaria de 80 000 @ y, entre los 15 más pequeños, el único que tenía una refinería (la 21ª) que, a su vez, era la más pequeña. Tenía además uno de los RI más bajos (el 155°) con 11.36, 1 240 trabajadores y 38 caballerías de tierras propias, situado en Santo Domingo, Las Villas.

1 Arrendataria operada por Manuel García Herrero, su director general, quien era propietario, vicepresidente y administrador general de "Ingenio San Ignacio S.A."(VER). El central era propiedad de "Hermanos Arche y Herederos" a cuya familia pertenecía desde 1908.

2 Fundado en 1867 por José Gutiérrez con el nombre Casualidad, pasaría en 1874 a sus herederos, en 1883 a "Herederos de José Gutiérrez y Hermanos" y finalmente en 1908 a la familia Arche al ser comprado por Juan A. Arche quien estará al frente hasta 1916.
Sin embargo, algunos atribuyen su propiedad a comienzos de los años 10 al vizcaino José María Beguiristaín, propietario por entonces de destilerías, exportador de azúcar y del central San Isidro(VER "AZUCARERA CENTRAL RESULTA S. A., COMPAÑÍA"). Por esta época estuvo administrado por "Urrutia, Egaña y Compañía", un agente comisionista de azúcar para la casa "Almagro y Compañía" de La Habana, importadora de carbón, con muelles propios en Cárdenas, que administraba además el central Guipúzcoa, Por Fuerza y Dulce Nombre, propiedad

de Ricardo Urrutia, Román Egaña y Eusebio Mayol en sociedad con Pedro Huici y Eulalia e Inés Izurrieta.

En 1918 está bajo "Alba y González" hasta 1920 en que pasa a "Herederos de Arche" y posteriormente a finales de los 30 a Rafael Arche, siendo arrendado entonces a la Compañía Azucarera Esperanza, S. A.".

3 Era el central más pequeño de Las Villas. Su refinería tenía una capacidad de 1 500 qq. diarios. No molió entre 1903 y 1905, en 1914 al 1915 y de 1925 a 1931. Cliente del Banco de los Colonos con créditos por $50 000. Fue el único central no nacionalizado, pues era propiedad de varios herederos que recibían miserables sumas, debido a lo pequeño del central y a que lo tenían arrendado.

146- AZUCARERA MARIEL S.A., COMPAÑÍA

El "San Ramón (P.R.)" era el 108° central en capacidad de producción (220 000 @), RI bajo de 12.15, con la 20ª refineria, 2 500 trabajadores y 221 caballerías de tierras propias, situado en Mariel.

1 Propiedad de los hermanos Blanco Rosell, propietarios también de "Azucarera Central Ramona S.A., Compañía"(VER). Alfredo era el presidente del primero y vice del segundo mientras Enrique era presidente del segundo y vice del primero. Florentino era el tesorero en ambos casos.

2 Había sido fundado en 1850 por Joaquín Peñalver Sánchez, Conde de Peñalver, quien lo bautizó con el nombre de Santiago. Mientras se construía en Mariel, en Bahía Honda desembarcaba Narciso López que sería capturado aplicándosele la pena del garrote. Al fallecer el Conde en 1864 es heredado por sus familiares, perteneciendo de 1874 a 1883 a Concepción de Peñalver.

En 1884 pasa a la familia Balsinde y, a principios de la República, es propiedad de Antonio Balsinde, quien lo preside hasta 1918 y lo arrienda en 1919-1920 a Fritz Julius Peterson, un sueco norteamericano, volviendo a operarlo como "San Ramón S.A." tras un pleito judicial con la arrendataria, siendo entonces apoyado por el M.Gral.Menocal, Presidente de la República.

Desde finales de los 30 y principios de los 40 los hijos de Antonio se ocupan de su dirección. Manuel Antonio y Ramón son su presidente y vicepresidente mientras Gustavo y Humberto Balsinde Arocha son auxiliares del presidente y vicepresidente. La familia Blanco Rosell lo compra en 1949 .

Había sido intervenido por Resolución N° 106 del Ministerio de Comercio del 16 de noviembre de 1950.

3 La refinería del San Ramón, que inició desde 1933 el procedimiento en Cuba por el sistema sucro-blanco, tenía una capacidad de 3 000 qq. diarios, la 3ª más pequeña.

147- AZUCARERA ORIENTAL CUBANA S.A., COMPAÑÍA

El "Esperanza" era un central pequeño (el 114°) con una capacidad de producción diaria de 200 000 @, con el 6° mayor RI de 14.00, 2 000 trabajadores, destilería y 535 caballerías de tierras propias, situado en Guantánamo, Oriente.

1 Capital ascendente a $1 500 000, propiedad de Margarita Bosch, viuda de Arias y sus 3 hijos Margarita, Antonio y José A. Arias Bosch. Margarita era hermana de Pepín Bosch(VER "MOTEL RANCHO LUNA S.A.), presidente de "Ron Bacardí,Compañía"(VER) y de María, quien casara con Venancio Mercadé, gerente de la firma comercial "Mercadé, Bergnes y Compañía"(VER "BERGNES Y COMPAÑÍA S EN C"). Su hijo Antonio estaba casado con Estela Jorge Cepero, cuya familia era propietaria de "Productos Lácteos S.A." (VER) y de "Tabacalera Severiano Jorge S.A.".

2 Había sido fundado en 1863 por José Baró, pasando en 1883 a sus herederos, en 1889 a José N. Baró y en 1895 a su viuda Rosa Cuní. En 1903 era de "Brunet y Cía." en sociedad con otros. Uno de los centrales, junto con el Olimpo (demolido), el Covadonga y el Araujo, que había estado administrado en los años 10 por "Lluria, Freire y Compañía", una casa comercial de azúcar establecida en Cárdenas.

Fue uno de 5 centrales y el único no demolido entre el San Miguel, Concepción, Sabanilla y San Cayetano que fuera adquirido por la "Compañía Azucarera Oriental de Cuba" dedicada al azúcar y a la banca que en 1915 constituyeran José Marimóm Juliach, presidente del Banco Español y José Bosch, ambos socios de la casa santiaguera de comercio "Marimón y Bosch" (VER "BERGNES Y COMPAÑÍA, S.EN C.").

Al quebrar el Banco Español, el más importante hasta el crac bancario de 1920, Marimón abandonó el país manteniendo Bosch el central que fuera heredado por su hija Margarita Bosch. Calixto Bergnes, gerente de Bergnes y Compañía, S en C" (VER) también mantuvo intereses en el central hasta los años 50.

Antonio Arias, esposo de Margarita Bosch y padre de sus tres hijos, había sido su administrador desde los años 20. Era administrado por Antonio y José A. Arias Bosch. Tenía una destilería, fundada en 1920, con una capacidad diaria de 9 510 galones.

148- AZUCARERA PROGRESO S.A., COMPAÑÍA

El "Progreso" era el 65° central en capacidad de producción (270 000 @), RI bajo de 12.45, 2 500 trabajadores y 369 caballerías de tierras propias, situado en Méndez Capote, Matanzas.

1 Propiedad de la familia Arechabala (VER "J.ARECHABALA S.A.").

Los Arechabala eran además productores de varios licores y corredores de azúcar en el mercado mundial que junto con una refinería, destilería, y otras propiedades eran operadas bajo la firma de "J.Arechabala S.A."(VER).

Hasta 1958 habían sido propietarios también de "Agrícola Indarra S.A."(VER) que habrían perdido a favor de José Fermín Iturrioz quien había estado al frente durante muchos años de los intereses de la familia con la cual estaba emparentado.

2 El central fue fundado en año desconocido siendo propiedad a comienzos del siglo actual de "Suárez y Ruiz" y después de Evaristo Ruiz quien lo vende en 1904 a "M.Fernández y Compañía", quienes a su vez lo venden en 1909 a "Bango y García" hasta que en 1913 lo compra Laurentino García.

Laurentino, nacido en Asturias y presidente honorario del Casino de la Colonia Española de Cárdenas, era propietario, en sociedad con Pedro Arenal, de una casa comercial establecida en esa localidad y, en ese entonces, ambos eran propietarios de 3 centrales, perdiendo el Socorro y el Progreso cuando el crac bancario de 1920, conservando Laurentino García, hijo, la propiedad del Santa Amalia hasta mediados de los 20. Poco antes del crac, había recibido una ventajosa oferta de compra de los dos últimos que desechara.

Tras el crac de 1921 pasa entonces a "Central Progreso S.A.", administrado por Miguel A.Bretos, dos años después a "Compañía Arrendataria El Progreso", a "Compañía Azucarera del Norte S.A." en 1925, a "Consolidated Sugar Company" de capital cubano de los Arechabala en 1932 y finalmente a la actual razón social. La "Consolidated" estaba presidida por Manuel F.Arias y Fermín Llaguno y C.Latitergui eran ambos vicepresidentes-tesoreros.

3 Tenía refinería desde 1903, y fábrica de levaduras que inaugurara el 27 de abril de 1956. La destilería, fundada en 1944, tenía una capacidad de 7 741 gls. diarios y la refinería, la 4ª mayor, tenía 9 000 qq. diarios . Los Arechabala poseían también la destilería La Vizcaya, que era la 2ª mayor existente en el país después de la Santa Cruz.

No molió en 1924 y en 1931. Cliente del Banco Pujol.

149- AZUCARERA SANTA REGINA S.A., COMPAÑÍA

El "Santa Regina" era un central pequeño (el 114º) con una capacidad de producción diaria de 200 000 @, con el 3º mayor RI de 14.13 y la 2ª mayor refinería, destilería, 2 000 trabajadores y 560 caballerías de tierras propias, situado en Campechuela, Oriente.

1 Propiedad de la familia Sosa Chabau, propietarios también de "Arrocera Guanahacabibes S.A., Compañía"(VER) y con intereses en "Terminal de Ómnibus S.A."(VER).

Estaban unidos a la familia Rivero Hernández –propietaria del importante periódico "Diario de la Marina"(VER)– mediante el matrimonio entre sí de dos vástagos de cada una. Eugenio de Sosa Chabau, casado con Silvia Rivero Hernández, era el presidente, mientras el tesorero era Oscar Rivero Hernández, administrador del Diario de la Marina (VER), propiedad de su familia, quien a su vez estaba casado con Marta Sosa Chabau y era copropietario del central. Los otros directivos eran Luis de Sosa Suárez; vicepresidente; Luis Estébanez Salvado, segundo vicepresidente e Isaac Araña Ahita, vicetesorero.

Había sido comprado el 16 de septiembre de 1948 poco después del fallecimiento en 1947 de Eugenio de Sosa Suárez, padre de los propietarios, quien había sido desde los años 20 socio y ejecutivo de "Galbán Lobo Company"(VER) junto con Heriberto Lobo Senior y su hijo Julio Lobo Olavarría, de cuya firma se había separado posteriormente.

Sosa era sobrino de Luis Suárez Galbán, fundador, junto a Heriberto Lobo y Eugenio Galbán Guerra, de la casa comercial "Galbán, Lobo y Compañía"(VER), que presidiera, y quien, además de importante prestamista sobre azúcar, había tenido variados intereses, formó parte de la Junta del extinto "Banco Nacional de Cuba" hasta su quiebra en 1921 y fue miembro del Consejo de Dirección de la"Cubana de Fianzas, Compañía"(VER), integrado además por importantes propietarios de la época, presidida por Guillermo de Zaldo, quien la fundara en 1903.

Suárez Galbán había sido además miembro de la "Liga Agraria", un organismo consultor y asesor del Gobernador de EE.UU. durante la II Intervención, integrado por representantes de la agricultura, de la industria y de la banca, que recomendara la creación de un banco destinado al crédito agrícola, y estaba presidido por Rafael Fernández de Castro.

2 Hay dudas sobre el año de fundación del central, que algunos hacían datar de 1861. Había pertenecido en 1913 a "Hugh Kelly and Co" y de esta fecha hasta 1926 a "The Central Teresa Sugar Co" y, desde finales de los años 30 hasta 1943, a Carlos Manuel de la Cruz quien era su presidente, mientras el vicepresidente y secretario respectivamente eran el Dr. Alberto González Pérez y Dr. Otto B. Obregón.

De la Cruz había sido un político antimachadista, abogado defensor de éstos, que había sido propietario también de "Central Dos Amigos S.A."(VER) que había comprado tras haber estado sin moler de 1930 a 1937, arréndandolo a varias firmas.

En 1944 pasó a su presidencia el Ing. Eduardo Beato Fowler ocupando Elvira Obregón, esposa de la Cruz, la vicepresidencia, mientras Carlos de la Cruz Ugarte era secretario y Manuel de la Cruz Obregón, administrador, manteniéndose así hasta 1948.

3 Operaba con pérdidas y fuertes pasivos y tenía pésimos informes comerciales. En ocasión de recibir un cheque sin fondo el Bank of Nova Scotia opinaba que "los métodos y ética de la empresa son desfavorables".

Tenía fuertes deudas con algunos bancos, principalmente con el Banco Gelats por $800 000 que en 1959 ascendían a $2 734 000 y con el Banco Garrigó por $67 000 avalados con acciones de la "Terminal de Ómnibus S.A.", que no pudo saldar. En 1957 dejaron de moler por dificultades financieras y laborales. Cliente del Banco de los Colonos con créditos por $180 000.

Tenía una refinería construida originalmente en 1945, la que tras ser totalmente reconstruida en 1955, convirtióse, junto con la del central San Cristóbal, en la 2ª de mayor capacidad después de la del Hershey. Tambien tenía una destilería montada en 1944 con capacidad de 4 800 gls. diarios de aguardiente.

Tuvo varios nombres: Teresa de 1902 a 1926, Ofelia hasta 1948 y Santa Regina al ser comprado por los propietarios actuales. En 1959 el INRA se interesó por comprarlo y después lo intervino en septiembre de 1959.

150- AZUCARERA SANTA ROSA S.A., COMPAÑÍA

El "Santa Rosa" era el 112º central en capacidad de producción (207 000 @), RI bajo de 12.96, 2 000 trabajadores y 369 caballerías de tierras propias, situado en Ranchuelo, Las Villas.

1 Propiedad de la familia Valle González desde 1944. Manuel y Santos Valle González y Manuel Valle Canut Jr. de Sagua La Grande, eran el presidente, vice presidente y tesorero-administrador.

Los 2 primeros habían sido gerente y socio colectivo respectivamente de "Muiño y Compañía S en C", un almacén de ferretería gruesa para centrales y ferrocarriles, fundado en 1910 en Sagua la Grande, propiedad de una sociedad formada por Manuel Valle González y Amado Fernández Pérez como gerentes, Santos Valle González como socio colectivo, y José A.Muiño como comanditario.

2 Fundado en 1868. Había pertenecido a Gonzalo Alfonso, fundador de la familia Alfonso y de los Aldama, quien era propietario también del Santo Domingo, el San José, el Concepción y el Armonía, pasando por herencia a su nieto Miguel de Aldama, el más rico de los independentistas durante la Guerra Grande y una destacada personalidad en nuestra historia.

Aldama, nacido en L.H. el 8 de mayo de 1820, cuando "su padre estaba considerado como el más opulento hacendado de Cuba", estudiante en Alemania, Londres y París y fallecido el 15 de marzo de 1888, era hijo del vasco Domingo de Aldama Arécha-ga quien emigrara pobre desde Venezuela, casándose en Cuba el 26 de noviembre de 1815 con María Rosa Alfonso Soler, hija de su jefe Gonzalo Alfonso.

"El cubano que más hizo por la independencia de Cuba", según Maceo , fue ane-xionista, reformista y separatista al estallar la guerra de 10 años y después que los voluntarios asaltaran su casa en 1869 se exilió en EE.UU., en que pasa a presidir la Agencia Republicana de Cuba y Puerto Rico en Nueva York, habiendo otorgado en París en 1872 ante notario público la libertad de sus esclavos.

Fue el principal accionista del Ferrocarril de La Habana, poseía intereses en el Banco Territorial y en la Compañía del Ferrocarril de Matanzas y, en EE.UU., la refinería en Brooklyn y la de Canal Street, Brunyen y Okerhaussen.

Durante la Guerra era propietario de ferrocarriles, vapores, casa de crédito, otros intereses, así como de 5 ingenios: el central San José –embargado durante la gue-rra de los Diez Años–, del Santo Domingo –fundado en 1805 por su abuelo Gon-zalo Alfonso–, el Santa Rosa, el Concepción y el Armonía.

Durante la guerra de los Diez Años sus bienes fueron embargados, falleciendo pobre en casa de José María Zayas en Prado Nº 84, pasando entonces el central a la propiedad de la familia González-Abreu (VER "AZUCARERA DE CIEN-FUEGOS, COMPAÑÍA") quienes lo retendrán hasta 1919. Otras fuentes, atribu-yen su fundación en 1851 al miembro de esta familia, Vicente González-Abreu Jiménez.

Manuel González Abreu lo retendrá hasta 1874 en que pasa a María Pascual, en 1895 es de Vicente González Abreu, en 1900 de Rafael González Abreu y, final-mente, de 1904 a 1919, de Rafael y Alberto González-Abreu López.

En 1919 pasa a la propiedad de Marcelino García Beltrán (VER "AZUCARERA CENTRAL MABAY S.A., COMPAÑÍA"), quien también tiene en esa época el San Isidro, perdiendo ambos con el crac bancario de 1921, en que –como el San Isidro– es uno de los 10 centrales que pasaron al control del National City Bank, bajo la firma subsidiaria de la General Sugar Company. Tras el crac pasó a la "Compañía Azucarera de Sagua", administrado por Juan Antonio Argüelles.

151- AZUCARERA SIBANICÚ S.A.

El "Najasa" era el 117º central en capacidad de producción (200 000 @), RI me-diano de 12.29, una de las destilerías más pequeñas (la 24ª), 2 000 trabajadores y 341 caballerías de tierras propias, situado en Sibanicú, Camagüey.

1 Propiedad mayoritaria de Antonio Miyares López (VER "AZUCARERA AMAZONAS S. A."), propietario de 3 centrales y 1 arrendado, en sociedad con Nicasio Vidal Ramírez.

Ambos lo habían comprado en diciembre de 1952 en sociedad con Miguel A. Can-fux, quien aportara los fondos, y con participación de Alberto Cardet, quienes en ese entonces eran los principales propietarios del "Banco Agrícola e Industrial"(VER). Aparentemente Canfux vendió su parte a cambio de las acciones del Banco para convertirse a partir de 1956 en único propietario de éste.

2 Se fundó en 1920 por los ciudadanos holandeses, oriundos de Curazao, Moisés Marchena y su yerno David M.L.Maduro, casado con su hija Clara Marchena Marchena. Junto con el Najasa, había estado bajo la razón social de "Compañía Azucarera Najasa", firma holandesa, presidida por David M.L. Maduro desde 1937.

En esta época, el Dr.Ramón José Martínez Martínez, fundador de la "Asociación Nacional de Hacendados", de la que fue su presidente hasta 1944, padre del pintor Luis Martínez Pedro(VER "ORGANIZACIÓN TÉCNICA PUBLICITARIA LATINOAMERICANA") y de Conchita, divorciada del Dr. Raúl G. Menocal Seva(VER "CENTRAL SANTA MARTA S.A."), era también su vicepresidente y accionista tanto de este central como del "Siboney".

Fue vendido en 1951 a Gregorio Escagedo Salmón (VER "CENTRAL FIDENCIA S.A."), Gregorio Escagedo García y Felipe Cacicedo Gutierrez (VER "CENTRAL CARACAS S.A.") adoptando la razón social de "Central Najasa-Siboney", quien conservara el Najasa hasta 1953, vendiendo un año antes el Siboney. Aparentemente había estado registrado como perteneciente a capitales cubanos hasta 1937.

La Resolución Nº 2841 del Ministerio de Recuperación de Bienes Malversados lo confiscó el 23 de febrero de 1960.

152- AZUCARERA SOLEDAD S.A., COMPAÑÍA

El "Soledad (LV)" era el central más antiguo entre los que que se conservaban dentro de una misma familia norteamericana y el 89º en capacidad de producción (225 000 @), RI mediano de 12.66, 813 trabajadores y 819 caballerías de tierras propias, situado en Cienfuegos, Las Villas.

1 Propiedad de Helen, hija de Edwin F. Atkins. W.H. Claflin Jr., su esposo, ambos residentes en Boston, presidía la Junta de accionistas y John W. Weeks la de la firma. Ildefonso Du-Quesne de Zaldo, cubano, era el tesorero y administrador general residente en Cuba.

2 Existen discrepancias sobre el año de su fundación, que unos sitúan en 1841 y otros en 1847 . Para los primeros había sido fundado por Juan Bautista Sarría Biescochea, quien en ese propio año había fallecido, siendo heredado por su viuda María del Rosario Albis y José Manuel Sarría Albis, su hijo, junto con otros hermanos, quienes en 1858 venderían su parte a los primeros que mantendrán la propiedad hasta 1886 en que el norteamericano Edwin Atkins comprará a los hermanos Torriente la hipoteca que lo gravaba.

Edwin P. Atkins vino a Cuba en 1866 como representante de la firma "Atkins and Company" de Boston, propiedad de su padre, dedicada a la comercialización y refinación de azúcar. Se convirtió en uno de los principales hacendados y comerciantes de azúcar, habiendo erigido en época tan temprana como los 90, en sociedad con Henry H. Havemeyer, el central Trinidad y , a mediados de los años 20, poseía además el Caracas y el San Agustín, habiendo conservado su familia sólo este central. Había sido presidente de la "American Sugar Refining Co" y de "Punta Alegre Sugar Corporation"(VER) que fundara en 1915, falleciendo en 1926.

Desde época muy temprana, Atkins había dedicado las tierras de la colonia Limones en el central para las investigaciones sobre variedades de caña, lo que sería el germen del futuro jardín tropical de la Universidad de Harvard, así transformado a partir de 1899 y convertidos en 1932 en "The Atkins Institution of the Arnold Arboretum", adscriptos a dicha Universidad donde se reunían las principales especies tropicales, entre ellas una importante colección de orquideas. El Jardín, que había recibido un legado de Atkins, tenía en 1958 unos 221 acres y alrededor de 4 000 especies excluyendo las indígenas y era el único Jardín Botánico financiado por una fundación privada.

153- AZUCARERA TÁNAMO DE CUBA, COMPAÑÍA

El "Tánamo" era el 44° central en capacidad de producción (370 000 @), RI bajo de 12.40, 3 160 trabajadores, la 13ª refinería y 3 833 caballerías de tierras propias, situado en Cayo Mambí, Oriente.

1 Uno de los 14 centrales que poseía Julio Lobo (VER "AZUCARERA GÓMEZ MENA S.A.,COMPAÑÍA").

2 Había sido fundado en 1921 por la Atlantic Fruit & Sugar Co., una subsidiaria de la Atlantic Fruit Co., competidora de la United Fruit, y muy relacionada con el National City Bank. La "Tánamo Sugar Corp" lo compró en 1932, siendo su administrador Edelberto Elva, hasta 1943 en que la General Sugar Estates lo compra para venderlo en 1945. Julio Lobo se lo comprará a la Vertientes-Camagüey en 1951, en sociedad con Germán S.López(VER), quien conservaba intereses en él.

El 6 de mayo de 1948 había sido intervenido por el gobierno debido a una antigua pugna entre la empresa y el colonato.

3 Tenía una situación satisfactoria y, aunque tuvo pérdidas en 1953 por $52 000 y en 1958 por $8 000, tuvo utilidades en 1955 por $83 000, en 1956 por $298 000 y en 1957 por $577 000.

Tenía una refinería instalada desde 1946 con una capacidad de 6 000 qq. diarios. Era el central situado en la parte más oriental de la costa norte de Cuba.

154- AZUCARERA VERTIENTES-CAMAGÜEY DE CUBA, COMPAÑÍA

Propietaria de 3 centrales: "Agramonte", "Estrella" y "Vertientes", todos con el puerto de embarque de Santa María, propiedad de la empresa, con una capacidad total de molida de 1 545 000 @ diarias que representaban el 7° más importante. Eran también criadores de ejemplares selectos de ganado reproductor tipo "Santa Gertrudis" cuya venta intensificó a partir de 1955 en que a la par ganara varios premios con sus ejemplares en distintas Exposiciones.

1 Capital suscrito por $9 385 487, propiedad de la Vertientes-Camagüey Sugar Company of Cuba, uno de los 4 consorcios azucareros bajo control del Grupo Financiero Rockefeller-Stillman (VER "THE NATIONAL CITY BANK OF NEW YORK").

Paul E.Manheim era el presidente de la Junta y Philip Rosenberg el presidente. Su vicepresidente de Operaciones en Cuba era Santos Villa, quien también era vocal de la "Corporación Ganadera de Cuba" en 1958. Arturo M. Mañas (VER "BUFETE GORRIN, MAÑAS, MACIÁ Y ALAMILLA"), el zar de la política azucarera del gobierno de Fulgencio Batista, con intereses en "Residencial Alamar"(VER), formaba parte de su Junta de Directores y su Bufete se ocupaba de los asuntos legales.

2 Los 3 centrales habían caído bajo el control del actual grupo financiero como consecuencia del crac de 1921 cuando, arruinados sus propietarios, se les traspasara a su acreedor, "The National City Bank of New York", junto con otros 7 más que en total producían alrededor de millón y medio de sacos o sea el 5.5% de la zafra de entonces.

Dos de los 10 centrales, el Camagüey y el Pilar, se desmantelaron al sufrir serios daños con el ciclón de 1932, y los otros 4, San Cristóbal, San Isidro, Santa Rita y Santa Rosa, fueron vendidos posteriormente.

Por encomienda del Banco, Gordon S. Reutschler –quien años después asumiría su presidencia– organizó los 10 centrales bajo cuatro firmas subsidiarias de la "General Sugar Company" que se creara a esos efectos.

En Cuba la firma se constituyó el 18 de enero de 1926 como "Compañía Azucarera Ceballos". Posteriormente, en 1936 se disolvió en EE.UU. la "General Sugar Company" y, al año siguiente tras la promulgación de ley de bancarrota, la "Compañía Azucarera Vertientes S.A." la compró fusionándose con la "Compañía Azucarera de Camagüey S.A.", hasta 1942 en que adoptó su actual razón social.

3 Desde hacía algunos años explotaba con éxito el desarrollo ganadero de la raza Brahman y Santa Gertrudis, de las que poseía unas 8 000 cabezas. El 30 de septiembre de 1945 vendió las tierras de Ceballos junto con el ferrocarril de la zona.

Sus utilidades máximas fueron $5 millones en el año 1947 logrando mantener un alto nivel por encima del millón, salvo en 1953 y 1954 con sólo $485 000 y $392 000, cuando otros tenían pérdidas, alcanzando en 1957 la alta cifra de $3 500 000. Tenía un capital líquido de más de $24 000 000 y un capital de trabajo por más de $11 000 000.

Sus acciones se cotizaban en la Bolsa de La Habana. Como en el resto de las firmas azucareras norteamericanas, la cotización de sus acciones había descendido, siendo en 1956 de $12 y en 1959 de sólo $6. Cliente del The National City Bank of New York con un monto regular de $1 800 000 que en 1957 elevaron a $2 100 000.

CENTRAL AGRAMONTE

El 38° central en capacidad de producción (370 000 @), RI alto de 13.10, 3 417 trabajadores, la 6ª refinería, la 8ª destilería y el 5° mayor propietario de tierras con 4 078 caballerías que incluyen las de los otros 2 centrales, situado en Florida, Camagüey. Uno de los 30 centrales criadores de razas selectas de ganado, donde criaban "Santa Gertrudis".

2 Fundado en 1916 por una firma cubana. Se mantuvo inactivo desde 1931 hasta 1946 en que el Gobierno ordenó que reasumiera su producción, pues fue uno de los 2 centrales-junto con el Elia- entre los 15 incluidos en el Decreto del 21 de diciembre de 1944 por el cual se les eximía durante 4 años de varios impuestos siempre que fuesen reparados o reconstruidos para ponerlos de nuevo en ejecución o de lo contrario se les confiscaría.

Al reanudar su producción instaló entonces la refinería y la destilería con una capacidad diaria de 7 000 qq y de 7 925 galones de alcohol de 100° respectivamente. Contaba con su propio aeropuerto.

CENTRAL ESTRELLA

El 28° central en capacidad de producción (400 000 @), con uno de los RI más altos (el 18°) de 13.60 y el 15° en número de trabajadores en zafra con 5 915 trabajadores, situado en Céspedes, Camagüey.

2 Había sido uno de los 6 centrales, junto con el Caridad, Fidencia, Ramona, San Pedro y Pilar, propiedad de Domingo León, rico comerciante-hacendado del siglo XIX que quebró cuando la crisis del 20, y del que había sido en 1919 su fundador. Había pertenecido a "Compañía Central Azucarera" pasando después del crac de 1921 a "Compañía Fomento Ingenio Azucarera", administrado por Antonio Perera.

3 Según la "Comisión Técnica Azucarera" en 1951 sus costos eran de $16.90 por cada saco de 325 lbs., o sea por debajo de la media de $17.87, y sus activos totales estaban valorados en $5 935 002.

CENTRAL VERTIENTES

El 8° central en capacidad de producción (775 000 @), uno de los RI más altos de 13.72 y el 2° en número de trabajadores en zafra con 10 800, situado en Vertientes, Camagüey. Uno de los 30 centrales criadores de razas selectas de ganado.

2 Fundado en 1921 por capitales cubanos pasó al año siguiente a la actual empresa propietaria.

3 Según la "Comisión Técnica Azucarera" en 1951 sus costos eran de $15.10 por cada saco de 325 lbs. –uno de los más bajos– y sus activos totales estaban valorados en $13 796 091. Era el 7° entre los que sobrepasaron el record de producción de más de un millón de sacos que alcanzaron en 1952.

155.- AZUCARERA VICANA, COMPAÑÍA

El "Isabel(ML)" era un central pequeño (el 142°) con una capacidad de producción diaria de 160 000 @, un RI alto de 13.05, extensas tierras (el 15°) con 2 022 caballerías y bastantes trabajadores empleados en zafra (el 46°) con 3 000, pues explotaban varios cultivos de piña, henequén y un latifundio ganadero de 2 188 caballerías, que era el 8° mayor en extensión, situado en Media Luna, Oriente.

1 Capital ascendente a $1 820 742. Sus principales propietarios eran la familia Beattie en sociedad con "Luis G. Mendoza y Compañía"(VER) –representada por Francisco Fernández Suárez–, así como con Ernesto de Zaldo Ponce de León (VER "ZALDO Y MARTÍNEZ"). Gonzalo Núñez Beattie era el presidente, tesorero, administrador general y administrador; Delio Nuñez Mesa, su tío, era el vicepresidente-secretario y Fabio Freyre Aguilera, casado con Silvia Nuñez Beattie, era el vicepresidente ejecutivo.

Formaban parte también de la Junta de Directores, René y Luis Nuñez Beattie. René Núñez Beattie, Representante a la Cámara por Oriente, era presidente también de "Productos Acidos Cubanos S.A." (VER).

2 El inglés R.H.Beattie, fallecido en 1939, lo había fundado en unión de sus hermanos en 1887, un año después de llegar a Media Luna, manteniéndose durante la época en la propiedad de la familia. Así, en 1891 estaba bajo la firma "Thomas Beattie y Hermanos", a principios de siglo hasta 1918 ó 1920 pasa a la "Beattie y Compañía" y en 1924 ó 1926 a la "Compañía Azucarera Vicana" que hasta 1937 ó 1938 estará presidida por Richard H. Beattie y en 1939 por Delio Núñez

Mesa, quien será sustituido en 1949 por su sobrino Gonzalo Núñez Beattie pasando él a presidente del Comité Ejecutivo.

Los Beattie fueron grandes emprendores. Sembraron las primeras plantaciones de henequén en Cuba, el frijol de soya y cultivaron el gusano de seda y en 1930 en la Estación Experimental del central desarrollaron la variedad de caña "Media Luna". La Vicana Foods Inc., una subsidiaria, producía desde 1937 piñas, y hasta 1955 en que abandonó su cultivo por pérdidas, cultivaba y manufacturaba también el henequén. Contaba con su propio aeropuerto.

3 Su situación económica era muy inestable desde los años 40. Sus actividades agrícolas no eran rentables por lo que se había acordado descontinuarlas y vender las tierras de caña a los colonos. Habían tenido pérdidas en 1950, 1953 y 1954 o ganancias muy pequeñas o insignificantes durante 1941, 1943, 1946, 1952, 1955 y 1956. Su mayor pérdida fue en 1953 con $582 820 y su mayor ganancia en 1947 con $413 919.

De 1954 a 1958 había promovido un plan de modernización para ampliar la capacidad de producción y fomento de cañas, ascendente a $1 500 000. Sus acciones debentures 1935-55 y sus bonos se cotizaban en la Bolsa de La Habana. Cliente del Banco de los Colonos con créditos por $458 000.

156- AZUCARERA VIVANCO, COMPAÑÍA

El "Santa Teresa" era el 55º central en capacidad de producción (300 000 @), RI bajo de 12.46, 3 700 trabajadores y 705 caballerías de tierras propias, situado en Sagua la Grande, Las Villas.

1 Propiedad de "Luis G. Mendoza y Compañía"(VER), propietaria principal también de "Guantanamo Sugar Company"(VER), sumando entre ambos 4 centrales con una capacidad de producción de 840 000 @ que, según ésta, representaban el 17º grupo en importancia y el 9º entre los de capital residente en el país. Tenía también intereses en "Azucarera Vicana, Compañía"(VER) del Central Isabel(M.L.), propiedad principal de los Núñez Beattie.

La firma le había sido adjudicada en los últimos días de diciembre de 1958 tras un juicio de embargo por préstamos no cobrados contra sus antiguos propietarios la familia Gómez Mena-Vivanco por parte de su propietaria actual, quien era una fuerte refaccionista de centrales y otras actividades agrícolas.

La "Guantanamo", una firma norteamericana, la habían comprado el 29 de noviembre de 1957, controlando al principio el 44.46 % de las acciones que aumentaron a 62.61%, pero para entonces Luis G.Mendoza Freyre de Andrade, propietario principal, ya había fallecido unos meses antes.

Olga y Alfonso Gómez Mena Vivanco, su presidenta y tesorero respectivamente, habían controlado, junto con los herederos menores de edad de su hermana Gloria, igual proporción de acciones, o sea 200, 199 y 201, respectivamente. Eran nietos de Andrés, y sobrino por tanto de José Gómez Mena, propietario de 4 centrales (VER "NUEVA COMPAÑÍA AZUCARERA GÓMEZ MENA S.A."). El central estaba arrendado desde 1945 a la Compañía General de Ingenios S.A. que presidía el propio Alfonso Gómez Mena.

2 Hay discrepancias sobre el año de su fundación que unos sitúan en 1832, otros en 1836 y otros, en fin, en 1824 atribuida a Tomás Ribalta. Había pertenecí-

do en 1860 a María Luisa Calvo, de 1874 a 1883 a Cornelio C. Coppingesz, en 1889 a Juan de Oña, cuya viuda, Carmen Ribalta, lo hereda en 1891, pasando a sus herederos en 1903. Desde 1904 está bajo la firma "Compañía Azucarera Santa Teresa" hasta 1931 que, al quebrar, se pone bajo Administración Judicial. La firma estaba presidida por Juan Pedro Mora, siendo Delfín Tomasino su vicepresidente y Ricardo Amézaga, tesorero. Tras estar sin moler de 1933 a 1936 pasa en este último año a la "Compañía Azucarera Sitiecito S. A.".

Sus propietarios José Fernández García, quien era el presidente y Juan Pedro Mora-Oña, vicepresidente, lo venden en enero de 1940 a la familia Gómez Mena, constituyéndose el 6 de abril de ese año la "General de Ingenios S.A., Compañía", presidida por José Gómez Mena Vila. Sin embargo, otras fuentes incorrectamente sitúan su adquisición en 1944, constituyéndose la firma el 2 de octubre de ese año y según otros fue uno de los adquiridos por Andrés Gómez Mena.

El 20 de diciembre de 1944 Alfonso Gómez Mena, su presidente, Francisco García Gómez, su tesorero, Mateo Guillermo de Salazar Paglieri y Antonio Crescente Ríos renuncian a sus cargos y son sustituidos por Olga y Gloria Gómez Mena Vivanco como presidenta y vicepresidenta. Sin embargo poco tiempo después los renunciantes se reintegrarían a sus puestos.

Al final del período los hermanos Gómez Mena Vivanco perdieron su propiedad. El 6 de diciembre de 1957 se vieron obligados a entregar las 2/3 partes de las acciones en garantía de la deuda por $700 000 que tenían con la firma "Luis G. Mendoza y Compañía", quien los refaccionaba desde hacía años. Al no saldarse la deuda el 30 de junio de 1958, el acreedor estableció el 15 de diciembre de 1958 un procedimiento ejecutivo ante el juzgado, el cual decretó el embargo y la administración judicial, pasando desde entonces la firma de corredores a hacerse cargo de los gastos de operación del central.

    3 La situación del central era extremadamente difícil debido a sus altos costos de producción que se elevaban a más de 60 centavos por saco producido.

157- AZUCARERA Y GANADERA GUIPÚZCOA, COMPAÑÍA

El "Guipúzcoa" era el 62° central en capacidad de producción (280 000 @), RI mediano de 12.75, 415 trabajadores, con bastante extensiones de tierra (el 27°) con 1 467 caballerías, situado en Martí, Matanzas.

    1 Propiedad de Jesús Azqueta Aranguena (VER "CENTRAL SANTA ISABEL S.A.") en sociedad con la familia Gurruchaga. Azqueta, quien controlaba otros 2 centrales, era su presidente-administrador general, y Josefa y José Nicolás Gurruchaga eran ambos vicepresidentes y el último además su administrador.

    2 Contradicción en el año de su fundación que unos estiman en 1833 llamándose Jirafa, siendo entonces propiedad de Sebastián Ulacia, hacendado que poseía también otros ingenios. Otros estiman que fue fundado en 1863. Con el tiempo pasó al control del "Banco del Comercio", quien se lo vendiera en 1893 al español Manuel Arocena, quien le dio su nombre actual, pasando en 1916 a la propiedad de sus sobrinos.

Por los años 10 estuvo administrado por "Urrutia, Egaña y Compañía", un agente comisionista de azúcar para la casa "Almagro y Compañía" de La Habana, importadora de carbón, con muelles propios en Cárdenas, que administraba además el central María Antonia, Por Fuerza y Dulce Nombre, propiedad de Ricardo Urrutia, Román Egaña y Eusebio Mayol en sociedad con Pedro Huici y Eulalia e Inés Izurrieta.

Después del crac de 1921 pasaría a la propiedad de Ramón y Alejo Gurruchaga, quienes lo arrendaron al maestro mecánico Urdaeta en sociedad con el maestro azucarero Jurajuria. Los Gurruchaga eran entonces propietarios de 685 caballerías de tierra y del sub-puerto de Río de la Palma en la bahía de Cárdenas que, debido a la influencia de los Gurruchaga, se exceptuó de la Ley de 1923. El central llegaría a estar valorado en $7 millones. Azqueta compró en 1940 una parte a la viuda de Ramón Gurruchaga.

3 Contaba con su propio aeropuerto. Según la "Comisión Técnica Azucarera" en 1951 sus costos eran de $14.90 por cada saco de 325 lbs., o sea por debajo de la media de $17.87, y sus activos totales estaban valorados en $3 959 409.

158- AZUCARERA YATERAS COMPAÑÍA

El "San Antonio(O)" era uno de los 15 centrales más pequeños (el 154º), con una capacidad de producción diaria de 140 000 @, un RI alto de 13.30 (el 30º), 1 248 trabajadores y con bastante tierra en relación a su capacidad (el 70º) con 495 caballerías, situado en Yateras, Oriente.

1 Arrendataria cuyo ejecutivo era Pedro Pérez González quien, a su vez, era el depositario-administrador judicial de la "Sucesión de Luis Redor", propietarios del central residentes en Francia.

2 Había sido fundado en 1864 por José A. Sánchez y desde 1878 era copropiedad de Luis Redor y A. Lescaya, adquiriendo el primero todo el control a partir de 1891 que pasara, tras su fallecimiento en 1906, a sus herederos.

Luis Redor, propietario de tierras y hacendado cubano, de origen francés, había vivido varios años en Francia, donde colaborara con los independentistas cubanos.. Hasta 1942 había estado operado por la propia Sucesión, la que desde entonces lo arrendaba, pasando en 1945 a la actual.

159- AZUCARERA ZAZA S.A.

El "Zaza" era el 104º central en capacidad de producción (220 000 @), RI bajo de 12.32, 2 000 trabajadores, la 20ª destilería y 307 caballerías de tierras propias, situado en Placetas, Las Villas.

1 Propiedad de Julián de Zulueta, propietario de 2 centrales (VER "AZUCARERA CAMAJUANI S.A."), quien lo había heredado de Julián de Zulueta Amondo, su connotado bisabuelo, el más destacado integrista y tratante de esclavos de la segunda mitad del siglo XIX.

2 Había sido fundado en 1870 con el nombre de Mercedes por el Conde de Casa Romero en los terrenos donde se encontraban los trapiches "Chimborazo" y "Perla", propiedad ambos de los norteamericanos Enrique y Tomás Fales. Poco después en 1872 Zulueta lo había comprado, cambiándole al nombre actual tras haberlo reestructurado con nueva maquinaria, haberle montado un alambique para fabricar aguardientes y construido un ferrocarril de vía estrecha desde Placetas a Caibarién.

Tras su fallecimiento en mayo de 1878 lo heredó su viuda Juana María Ruiz de Gámiz, quien continuara las mejoras técnicas y abandonara la producción de aguardientes pasando, tras su fallecimiento, a sus hijos Alfredo, Adolfo, Luis, Enrique y Elvira Zulueta Ruiz de Gámiz.

A partir de 1914 hasta 1952 será de los Hermanos Zulueta y, en este año, Julián de Zulueta Besson lo adquirirá en su totalidad. De 1933 a 1939 había estado arrendado por Vicente Domínguez Fumero (VER "TERRITORIAL SAN RAMÓN S.A., COMPAÑÍA").

3 Su situación financiera era aceptable habiendo mejorado progresivamente durante los años 50. El índice de solvencia y el de liquidez eran positivos y el capital líquido era de $1 797 000. Tenía deuda hipotecaria por $254 000 pero los bonos, originalmente en poder de familiares, pasaron después al Banco Continental, del mismo propietario.

Tenía créditos con el City Bank por unos $300 000 anuales y a partir de 1953 recurrió tambien a los créditos del Continental. Era también cliente del Banco de los Colonos con $250 000 de créditos. Su destilería se fundó en 1944 con una capacidad de 5733 qq.

160- A. BONA & COMPAÑÍA CONSIGNATARIA S.A.
Una consignataria de buques y agencia marítima, sita en O'Reilly N° 208, La Habana, cliente del "Trust" y del "City", que representaba 7 líneas italianas, 3 norteamericanas, 1 canadiense y otra alemana.

1 Su vicepresidente era Pedro Pablo Schwendt Coloma, presidente del "Casino Alemán" y vocal de la "Cámara de Comercio Cubano-Alemana"

2 Había sido propiedad en los años 30 de Alexandro Bona y Gustavo Vollmer quienes habían representado a la "Compañía Sudamericana de Vapores" con sede en Valparaiso y tenía servicios regulares entre La Habana y puertos de Centro y Sud América .

161- A. SOWERS Y COMPAÑÍA
Fábrica e importadores de piensos para aves y ganado, molino de cereales, fábrica de gofio, de harinas, forraje, productos para la gandería, con la marca "La Favorita", sita en Desagüe N° 263-265 esq a Benjumeda, La Habana, cliente del "City".

1 Era propiedad de Alberto Sowers, vicepresidente de la "Sección de Comerciantes e Industriales de Alimentos para Aves y Ganado" de la "Cámara de Comercio de la República de Cuba" en 1958.

2 Con anterioridad había sido propiedad de "Beiss y Compañía", quien la fundara en 1895.

162- A. V. MALARET INSURANCE OFFICE INCORPORATED
Agentes aseguradores y de fianzas, sita en el edificio "Ambar Motors" en Infanta N° 16, La Habana.

1 Era propiedad de Alberto V. Malaret Tió en sociedad con Arturo Toro Herrera, quien era el vicepresidente. Malaret había sido en el pasado socio propietario de "Godoy & Malaret", firma de seguros y fianzas.

163- BACALADERA CUBANA S.A.

Empresa pesquera para la captura, secado, venta y elaboración del subproducto del bacalao con oficina en Oficios N° 558, La Habana.

1 Era una empresa mixta de capital estatal-privado. El Instituto Cubano de la Pesca se asoció con capital español de un armador y un industrial. Su presidente era Casimiro Tellaheche Rodríguez, cubano, y José L Pelleyá Jústiz era el vicepresidente.

2 Se constituyó el 12 de enero de 1956 como "Industrias Cubanas Bacaladeras y Similares S.A." y el 15 de octubre de 1958 se le entregó el busque pesquero "Arktis", cuyo nombre se cambió posteriormente por el de "Bacaladero I". Se consideraba que éste sería el primero de una flota especializada que operaría en las costas de Terranova y Nueva Escocia.

164- BALDOMERO ZAS LÓPEZ

Fábrica de barquillos y envases para helados conocida como "La Flor Catalana", sita en 10 de Octubre N° 57, La Habana.

1 Propiedad de Baldomero Zas López, quien la operaba bajo su propio nombre. Era la más antigua existente.

165– BALNEARIO RESIDENCIAL SOROA S.A.

Motel "Soroa" con club residencial, piscina y campos deportivos ubicado en Soroa, Sierra del Rosario en Pinar del Río, que terminó de construirse después del triunfo de la Revolución.

1 Propiedad del Ing. José A. Bernal Gonzalo, Representante a la Cámara y de Ramiro de la Fé, presidente del Retiro de Artes Gráficas y hermano de Ernesto, ex Ministro de Información de Batista. Estaban asociados también en "Constructora Boreal S.A."(VER) donde el primero era presidente.

Lo habían comprado por $800 000 a nombre de "Paisajes de Soroa S.A.", la mitad de los cuales pensaban pagarlo con parte de un financiamiento solicitado al BANDES que fue denegado el 24 de abril de 1958.

3 La propiedad estaba constituida por 30 caballerías integradas por la finca Soroa, la Berazaluce y parte del cafetal en producción Lavoy, existiendo ya un Reparto residencial y un restaurant.

166- BALNEARIO SAN DIEGO DE LOS BAÑOS

Balneario de aguas medicinales "San Diego de los Baños" con servicio de aguas termales y capacidad para 3 000 personas diarias, ubicado en San Diego de los Baños.

1 Propiedad del Estado, administrado por el Ministerio de Salud Pública desde 1953.

2 El hotel del balneario había sido propiedad en los comienzos de este siglo del Dr. José Miguel Cabarrourry, quien la vendiera en 1920 a "De Balneario y Hoteles S.A., Compañía", empresa constituida entonces para adquirir el hotel.

El Estado había otorgado la concesión para su explotación en 1914 pero las estipulaciones para la reconstrucción y perfeccionamiento del establecimiento nunca fueron cumplimentadas por lo que dicha concesión fue recurrida en 1919 sin éxito hasta que el Decreto N° 960 del 10 de mayo de 1939 declaró caducada dicha concesión otorgada un cuarto de siglo antes.

A partir de 1951 se comenzaron obras de ampliación y mejoras del antiguo lugar existente que se terminaron a mediados de 1953 a un costo de más de $1 500 000 y cuyo contratista fue el Ingeniero Cristóbal Martínez Márquez, hermano de Guillermo(VER "EMPRESA EDITORA EL PAÍS S.A., COMPAÑÍA").

Sergio J. Vasallo, propietario de una finca situada a 4 ó 5 Km del Balneario, tenía en proyecto la construcción de un motel para lo cual le solicitó al BANFAIC un préstamo por $70 000 que fuera rechazado el 18 de julio de 1952 y nuevamente el 7 de abril de 1953 a pesar de haberse interesado Carlos Saladrigas.

Vasallo había fundado la "Vasallo, Barinaga y Bárcenas", que en 1937 se convirtiera en "Casa Vasallo S.A.(VER), vendiendo su parte en 1941 por $25 000 con lo que comprara las 2 fincas en San Diego de los Baños.

167- BANCO AGRÍCOLA E INDUSTRIAL

El 8° banco comercial nacional en importancia según sus depósitos por $45 750 448, el 2° con mayor número de sucursales (26), después del "Banco Continental", y con oficina central en Oficios N°174, La Habana.

1 Capital emitido ascendente a $4 millones. Propiedad total de Miguel A. Canfux Ramos, su presidente. Antonio Vidal Martín era el vicepresidente; Miguel Díaz Álvarez, vicepresidente II; y José Jover Rodríguez, vicepresidente III.

Canfux, quien había sido su fundador así como su accionista y vicepresidente desde 1953, habiendo pasado a ocupar la presidencia el 6 de agosto de 1956, era también propietario de "Canteras Habana S.A."(VER), así como de minas en Oriente.

Canfux había comprado el total de las acciones con un valor nominal de $2 millones a partir de 1957 para lo cual recibiera un préstamo por $900 000 del propio Banco garantizado con bonos hipotecarios de la "Azucarera Sibanicú"(VER) y con créditos refaccionarios de la "Agrícola Hatuey S.A.".

2 Se fundó en Holguín el 6 de junio de 1942 por Alberto Cardet Hijuelos y Nicasio Vidal Ramírez, presidente y vicepresidente hasta el 30 de agosto de 1953, en que el primero pasara a accionista y presidente del Consejo de Directores del "Banco de la Construcción"(VER), recién fundado, entablándose entre ambos bancos una gran rivalidad.

El 17 de enero de 1955 Francisco Cajigas García del Prado (VER "MOLINOS ARROCEROS CAJIGAS") pasa a la presidencia hasta que es sustituido por Canfúx el 11 de enero de 1956. Cajigas elevaría su capital en $1 millón adicional, la totalidad del cual sería prácticamente suscrito por él.

3 Su política de crédito se calificaba de tortuosa, en beneficio de sus Directores y dirigida a crear empresas con sus depósitos, lo que se mantuvo bajo las 3 presidencias con que contó.

Las firmas azucareras, cuyos préstamos habían descendido del 50% en 1954 al 30% en 1958, eran sus principales clientes, en especial las operadas por Miyares López (VER "AZUCARERA AMAZONAS S.A.,COMPAÑÍA"), vicepresidente del Banco en 1953 y 1954 y su tercer principal accionista y cuyas deudas con éste, que en 1958 ascendían a $6 650 000, eran la causa de su crítica situación. La "Azucarera Amazonas, Compañía"(VER), de su propiedad, había aportado en 1953 el 40% del capital del Banco que desde su fundación se caracterizó por favorecer y apoyar a sus empresas afiliadas.

El 24 de julio de 1953 compró el "Banco Balbín" y el 26 de noviembre de 1953 el "Banco Naranjo". No pagaba dividendos a sus accionistas desde 1950 , pero incrementó el capital y los depósitos. Adolecía de controles y organización deficiente.

168- BANCO AGRÍCOLA Y MERCANTIL

Banco comercial nacional, con 7 sucursales, siendo el 19° en importancia atendiendo a sus depósitos por $8 600 000, con oficina central en San Ignacio N°4, La Habana.

1 Propiedad única de Octaviano Navarrete Kindelán con el 97% de las acciones, quien era su presidente, teniendo algunas acciones también su tío Pablo Navarrete Parreño. Era además vicepresidente de varias otras firmas tales como: "Salinas Artificiales de Baitiquirí S.A.", "Frutera de Baitiquirí S.A., Compañía", de "Compañía Agrícola de Baitiquirí S.A.", de "Hidroeléctrica de Oriente S.A.", así como tesorero de Compañía General de Construcciones Públicas S.A.", propicdad de su padre.

Era hijo de Octaviano Navarrete Parreño (VER "GENERAL DE CONSTRUCCIONES PÚBLICAS, COMPAÑÍA"), uno de los más antiguos e importantes contratistas de Oriente, ganadero importante, con variados intereses.

2 Se fundó en Morón el 3 de octubre de 1946 por José Luis Meneses Comas, Senador del Gobierno por Las Villas, y su cuñado Pablo Bardino Raurell. Meneses, cuñado de Tomás F.Puyáns (VER "PUYANS, BOLÍVAR Y COMPAÑÍA"), ambos acaudalados propietarios de tierras ganaderas, sería su propietario único desde 1953 hasta 1955 en que vendiera por $180 000, compulsado por el Banco Nacional de Cuba.

Fue intervenido en tres ocasiones: un sólo día el 24 de abril de 1951; del 17 de diciembre de 1952 hasta el 25 de mayo de 1955, encontrándose entonces al borde de la quiebra por préstamos a empresas propiedad de Meneses, quien se comprometió a absorber pérdidas ascendentes a $670 000 para lo que recibió a su vez un préstamo del BANFAIC por $330 000. Por último, se volvió a intervenir el 3 de diciembre de 1958 pues el nuevo propietario creó gastos irreales y sustrajo utilidades

Como resultado de la segunda intervención Meneses se vio precisado a venderlo a su actual propietario, quien compró el 25 de mayo de 1955 acciones del Banco por $180 000 pasando a convertirse en su presidente, trasladando su oficina central para La Habana el 26 de agosto de 1956 y, aunque estaba comprometido a aumentar su capital, no cumplió alegando que el Estado le debía grandes sumas.

3 Sus principales clientes eran ganaderos, que recibían el 32% de todos los créditos, algunas de cuyas firmas eran propiedad de Navarrete, así como Cajas de Retiro, Sindicatos y contratistas del Estado.

La organización, el control y la política de créditos eran deficientes. Salvo en 1954 y 1955 tuvo pérdidas desde 1952, las que en 1958 aumentaron y hubo cierta retirada de depósitos estatales, aunque aun continuaban con el 50% del total.

169- BANCO ALFA DE AHORRO Y CAPITALIZACIÓN S.A.

Uno dc los 12 bancos de capitalización y ahorros, no accionistas por tanto del Banco Nacional de Cuba, localizado en Carlos III N°551, La Habana. Tenía también una filial, "Alpha Surety Company"(VER), una firma de seguros.

1 Tenía un capital suscrito por $50 000 de los cuales Arturo Noriega Molina controlaba $30 000 y Ángel Piñera Méndez $20 000. Javier Menéndez Martineaud y Mario Bravo Álvarez eran el presidente y vicepresidente respectivamente.

2,3 Se constituyó el 27 de junio de 1945. Recibió un préstamo del BANDES en 1956.

170- BANCO AMERICANO NACIONAL DE CAPITALIZACIÓN

Banco de ahorro y capitalización, sito en el Edificio FOCSA, con 6 sucursales, una en cada capital de provincias y en Holguín.

1 Era propiedad de Julio Dumás Alcocer, su presidente, en sociedad con su hermano Mariano H., su vicepresidente. Dumás, presidente de la "Sección de Seguros y Fianzas" y Delegado de la "Sección de Bancos de Capitalización" de la "Cámara de Comercio de la República de Cuba" en 1958, era también presidente de la "The American National Life Insurance Company"(VER), la 9ª firma de seguros de vida, así como presidente de las subsidiarias "The American National Fire Insurance Company" y presidente de la "The American National Industrial Insurance Company".

171- BANCO ARECES

Banco comercial y local de Colón, Matanzas, siendo el 32° según el monto de sus depósitos.

1 Propiedad de la familia Areces, quien también era propietaria de "Compañía Mercantil Areces S.A.", de varias fincas productoras de caña, ganado y frutos menores, todas ubicadas en Colón, Matanzas.

Manuela Areces González era su presidenta y la principal propietaria con 498 acciones; José Manuel Gutiérrez, su esposo, era el vicepresidente con 10 acciones; José Manuel Gutiérrez Areces, hijo de ambos, el administrador-tesorero con 100, quienes controlaban el 61 % del total; y el Dr. Ramiro y Rigoberto Areces González, hermanos de la presidenta, poseían 206 y 83 acciones y eran el secretario y vocal respectivamente. Ramiro era además Consejero de "La Cañera, Compañía de Seguros S.A." (VER).

2 Había sido fundado por Manuel Areces Aguirre, nacido en Asturias el 1° de mayo de 1870 y fallecido el 25 de octubre de 1957, quien llegara al país en 1887 comenzando a trabajar de dependiente de una tienda mixta en el pueblo de Colón durante dos años tras lo cual se convirtió en su propietario.

A partir de 1892 comenzó a realizar operaciones bancarias a través de la firma comercial del almacén de víveres en Colón que giraba bajo su propio nombre y que ampliara en 1900 hasta constituir en 1936 la "Manuel Areces y Compañía" que explotaba varios negocios, entre ellos banca.

El 22 de mayo de 1916 había fundado el "Banco de Préstamos sobre Joyería S.A.", que fue reduciendo su capital progresivamente hasta su desaparición en 1929. En aquel entonces su hijo el Dr. Ramiro Areces, ocupaba también el cargo de secretario, y, entre otros, Luis Vidaña era vocal de su Junta. En 1936 había constituido la "Manuel Areces y Compañía" que explotaba varios negocios, entre ellos banca, la cual separó el 16 de octubre de 1950, en una firma independiente.

En 1918 constituyó, junto con Segundo Casteleira Pedrera, su presidente hasta 1950, y otros, la "De Jarcia de Matanzas, Compañía" (VER). Había estado muy relacionado en los años 20 con los intereses de Laureano Falla (VER "SUCE-SIÓN DE L.FALLA"), habiendo sido su vicepresidente en la "Compañía Cubana de Pesca y Navegación", vocal en la "Compañía Cubana de Fibras y Jarcia S.A.", de la que el primero era presidente, así como vocal junto a éste de la "Compañía Jarcia de Matanzas".

Areces, quien el 16 de octubre de 1950 separara sus actividades bancarias como firma independiente de sus otras actividades, se mantuvo con más de 80 años al frente de sus operaciones ejerciendo un férreo control hasta 1955 en que enfermara. Con su retiro la administración se resintió principalmente porque el otorgamiento de los créditos eran decisiones unipersonales.

Se produjo entonces una crisis de dirección por las discrepancias existentes entre los hermanos Ramiro y Manuela. Manuel Arias Morán, quien fungía de administrador-tesorero asumió su dirección hasta que, tras la compra de sus acciones por $70 000, fue sustituido por José Manuel Gutiérrez Areces, hijo de Manuela, quien trató sin éxito de dirigirlo.

José Manuel Gutiérrez, esposo de Manuela, ex-senador oposicionista dirigente del Partido Ortodoxo, era quien en la práctica lo dirigía pero, al exilarse en 1958 con sus dos hijos, su ausencia contribuyó a ahondar aún más la crisis.

3 Los principales clientes eran colonos que recibían la tercera parte de los préstamos. Adolecía de falta de organización y carecía de controles. No obstante, tenía buenas utilidades.

172- BANCO ASTURIANO DE AHORROS

Banco comercial nacional, sin sucursales, con oficina en el Centro Asturiano, siendo el 26° según sus depósitos por $3 600 000.

1 Capital ascendente a $700 000 en 10 876 acciones y alrededor de 2 000 accionistas, la mitad de las cuales estaban bajo el control de los miembros de su Consejo de Dirección, en su mayoría de origen español. Los principales propietarios eran Celestino González Franco, presidente, con 804 acciones y su yerno Aníbal Pérez Ferreiro, vicepresidente, con 515, ambos españoles, quienes estaban enfrascados en continuar su política de compra paulatina del resto de las acciones. Otros accionistas importantes eran Malaquías Rodríguez Pérez con 370, José Viña Iglesias con 204 y Manuel Arnaldo Fernández con 157, todos asturianos y Consejeros.

2 Se fundó el 11 de febrero de 1910 como Caja de Ahorro de los socios del Centro Asturiano de La Habana, habiendo quebrado en 1931 y manteniéndose inactivo hasta 1938 en que González Franco asumió su presidencia y logró ponerlo de nuevo a flote al aumentar su capital reconociendo los certificados de quebrantos como acciones. Su propiedad pasó entonces del Centro Asturiano a varios accionistas españoles y, con el tiempo, a su presidente.

3 Durante años fue el único banco privado de ahorros de importancia. Más del 60% de su cartera de préstamo era desfavorable. No tenían liquidez, aunque en 1958 mejoró algo.

El principal cliente era el FHA (15% del total), así como los importadores de equipos de refrigeración (13%), "Ensambladora de Refrigeradores Comerciales"(VER), "Sampedro, Puig y Compañía"(VER) y "Bar y Cafeterías S.A.", todas de José Puig Puig y Gerardo Sampedro. Otro fuerte cliente era el Centro Asturiano de La Habana.

Adolecía de deficiencias en el control, la contabilidad y la información de crédito. Iban en aumento tanto las utilidades- que en 1955 alcanzaron $55 000- como los depósitos, el 35% de los cuales pertenecían a los Retiros Obreros.

173- BANCO ATLÁNTICO

Banco comercial, nacional, con depósitos ascendentes a $3 800 000, comprado el 30 de abril de 1954 por "The Trust Company of Cuba" (VER).

1 Capital ascendente a $500 000. Su principal propietario con el 51.20 % de las acciones era la firma "Santo Domingo Motor Company" (VER), radicada en Ciudad Trujillo, República Dominicana, protocolizada el 24 de noviembre de 1952 en Cuba y representada por Amadeo Barletta, cuyas acciones, junto con las de éste y su hijo, controlaban el 80.8% del total. Entre sus accionistas pequeños se encontraban Francisco de Pando (VER "CENTRAL ROMELIE S.A."), José Gasch(VER "LA FILOSOFIA S.A."), así como Manuel Bascuas, propietario de la "Flor de Tibes S. A."(VER).

Un grupo de accionistas desconocidos, de origen italiano, controlaban un paquete de 1150 acciones y eran representados por el banquero italiano Leonardo Masoni, quien viniera desde Italia a ocuparse de la gestión con el cargo de "Director General".

2 Había comenzado el 5 de marzo de 1951 con la bendición del Cardenal Arteaga. La venta se hizo de forma sigilosa, convirtiéndolo en una oficina sucursal. Amadeo Barletta, José Gasch, José Lorido, y otros, pasaron como accionistas al "Banco Financiero"(VER), propiedad de Julio Lobo, del que en 1957 se retiraron.

3 Su política no era sana, violaban flagrantemente las regulaciones e inflaban los depósitos. Sus utilidades se elevaban a $84 400. Los préstamos se concentraban en 21 empresas, todas representadas por Amadeo Barletta que eran beneficiarias del 25.6% del total. En el sector azucarero tenían como clientes a "Galbán Lobo Trading Company"(VER) y a la "Nueva Compañía Azucarera Gómez Mena"(VER).

174- BANCO BRINGAS

1 Banco comercial local sito en F.Rivera N° 89, San Juan y Martínez, Pinar del Río, propiedad de José Bringas Gómez, su presidente, del que su hijo José Bringas Novo era el vicepresidente y Manuel Darias Cruz, el tesorero.

175- BANCO CACICEDO

Banco comercial, local, ubicado en Argüelles N° 139, Cienfuegos, siendo el 34° por sus depósitos.

1 Tenía un capital ascendente a $35 000, propiedad de la familia Cacicedo (VER "CACICEDO Y COMPAÑÍA S.L."). Pedro Rojí Cacicedo era su presidente y Enrique Mirandés Menéndez, el vicepresidente.

2 Había sido fundado por Esteban Cacicedo Torriente, español, quien se dedicara desde 1872 al comercio de víveres y banca, organizando el 8 de junio de 1920 la "Cacicedo y Compañía S en C". Tras su fallecimiento en 1933, se constituyó en 1935 la "Cacicedo y Compañía S.L.", distribuyéndose las acciones entre sus seis hijos y Pedro Rojí Cacicedo, hijo de su socio y pariente, Serafín Rojí Cacicedo,

fallecido el 14 de febrero de 1932. En ese entonces el presidente sería el hijo del fundador, Esteban Cacicedo Torriente hijo, quien al fallecer en 1951, sería sustituido por el actual.

3 Estaba ubicado dentro del local de "Cacicedo y Compañía", con quien compartía los empleados. La mayor parte de sus depósitos (40%) y los préstamos (78%) pertenecían a firmas de la familia Cacicedo.

No tenían cuentas de ahorro. La situación financiera era satisfactoria, con buen índice de solvencia y liquidez, un buen margen de utilidades y buen record de pago en los préstamos.

176- BANCO CAPITALIZADOR CUBANO

Uno de los 12 bancos de capitalización y ahorro, no accionista del Banco Nacional de Cuba, ubicado en Amargura N° 53, La Habana.

1 Tenía un capital ascendente a $400 000, propiedad única de Julián de Zulueta (VER "AZUCARERA CAMAJUANI S.A."), propietario de otros 3 bancos, el "Banco Territorial"(VER), el "Banco Continental"(VER) y el "Banco Popular" (VER).

2 Tenía su antecedente en el "Banco de Ultramar", un banco comercial con oficina central en Pinar del Río y 3 sucursales, que había sido transformardo en éste desde el 26 de septiembre de 1951 tras haber sido comprado por Zulueta el 12 de abril anterior. Sin embargo sólo lograría vender 9 de las 15 casas que fabricara por lo que a fines de 1958 se decide venderlo para reforzar el capital del "Banco Continental", de acuerdo a las sugerencias hechas por la dirección del BNC.

177- BANCO CARVAJAL

Banco comercial, local, con oficina en Maceo N° 5006, Artemisa, siendo el 40° según el monto de sus depósitos.

1 Propiedad de Ignacio Carvajal Olivares, su presidente, en sociedad con Ricardo Cuervo Martínez y Heriberto Fernández Camacho, vicepresidente y tesorero, quienes controlaban el 76%, el 4% y el 20% respectivamente del capital.

Carvajal era vicepresidente y propietario de "Comercial de Artemisa, Compañía" (VER), el principal comercio de víveres de la provincia de Pinar del Río desde 1948; tesorero y accionista del "Banco Financiero"(VER) desde su fundación; socio con Julio Lobo y Simeón Ferro Martínez, de "Central La Francia S.A."(VER) y de "Central San Cristóbal S.A.", de los que era el tesorero; socio, junto con los hermanos Simeón y Julio Ferro Martínez(VER), de "Víveres y Conservas Wilson S.A."(VER), un almacén de víveres; propietario de "Molinos Arroceros Los Palacios S.A."(VER), molino de arroz ubicado en la carretera Central en Los Palacios, Pinar del Río y, por último, del 30 % de las acciones de "Naviera Cubamar S.A."(VER "ORGANIZACIÓN VACUBA").

2 Fundado en Artemisa el 13 de diciembre de 1947 por los propietarios como una entidad bancaria separada de su anterior firma "Carvajal y Compañía S.en C.". Era el 2° banco en tamaño en Artemisa , siendo superado por el "González y Hermanos"(VER).

3 Obtenía pocas ganancias, padecía de descontrol, mala contabilidad y mala información de crédito. La situación financiera era satisfactoria y destinaba las utilidades a reserva de previsión. A principios de 1958 tuvo afectaciones en sus cuentas de depósitos debido a que el "Central San Cristóbal S.A."(VER), su principal depositante y afiliada, trasladó sus fondos hacia otro banco en La Habana.

178- BANCO CASTAÑO

Banco comercial, local, con oficina en Martí N°3, Cienfuegos, siendo el 35° en importancia por el monto de sus depósitos.

1 Propiedad de la "Comunidad de Bienes Hermanos Castaño"(VER), quien controlaba el 84 % del capital emitido ascendente a $100 000. El resto pertenecía a los cónyuges de los propietarios de la "Comunidad". Nicolás Castaño Montalván era su presidente; Rogelio Díaz Pardo, su cuñado, era el vicepresidente; Gerardo Gutiérrez Valladón, hermano de Viriato y casado con una Castaño, era el tesorero; Nicolás Gutiérrez Castaño, hijo de una Castaño con un hermano de Viriato, era vicetesorero.

2 Fue fundado como un departamento de una firma comercial en los años 70 del siglo pasado por el español Nicolás Castaño Capetillo, adoptando su nueva razón social el 29 de julio de 1946.

3 Era un banco de tipo cerrado en que sólo tenían acceso los familiares, las firmas afiliadas y los amigos de los Directores. Sus oficinas estaban en los almacenes de la "Comunidad". Sólo tenían unos pocos cuenta ahorristas por lo que apenas operaban con el público. Las 25 firmas de la "Sucesión" eran las beneficiarias de los créditos, en especial sus 2 centrales que recibían cerca del 90%, a la par que las tenedoras de las cuentas de depósitos, no teniendo depósitos estatales. Sin embargo a partir de 1957 comenzaron a financiar las zafras a través de otros bancos.

Tenía buena situación financiera y buenas utilidades que se destinaban a engrosar su capital, pero a partir de 1955 sus depósitos disminuyeron por la extracción de sus afiliadas.

179- BANCO CONTINENTAL

Banco comercial, nacional, con oficina central en Amargura N°53, La Habana, con 57 sucursales y 1 169 empleados, siendo el 5° en importancia según sus depósitos por $92 179 116 y el 1° en sucursales.

1 Capital ascendente a $2 500 000. Propiedad única de Julián de Zulueta (VER "AZUCARERA CAMAJUANÍ S.A."), presidente de la Junta, y propietario de otros 3 bancos, el "Banco Territorial"(VER), el "Banco Capitalizador Cubano"(VER) y el "Banco Popular"(VER). Eduardo Benet era el presidente de su Comité Ejecutivo y Victorino Velazco Toledo y Orestes Sánchez Martí eran sus vicepresidentes.

2 Había sido fundado en octubre de 1943, al calor del incremento de los medios de pago debido a la Segunda Guerra Mundial, por Marcelino García Beltrán(VER"AZUCARERA CENTRAL MABAY S.A., COMPAÑÍA"), propietario de 3 centrales: el Mabay, el Ramona y el Carolina y uno de los más importantes hacendados y corredores de azúcar de la época, en unión de otros industriales no azucareros como Nicolás del Castaño, Gaspar Vizoso, Juan Sabatés, Andrés de la Guardia, Francisco Jiménez Martínez, Federico Causo, Serapio J.Núñez y otros, con el propósito de llenar el vacío del crédito al sector no azucarero que la banca extranjera predominante entonces no cubría. Su primer presidente fue José López Fernández.

En febrero de 1949 había acordado fusionarse con el "The Trust Company of Cuba"(VER) pero en julio se rompieron las negociaciones y la Junta de Accionistas derogó el acuerdo anterior. Tras el fallecimiento de García Beltrán, sus herederos lo venderían en 1950 por $1 500 000 y de nuevo caería bajo el control de capitales de origen azucarero al ser comprado por Julián de Zulueta, propietario único de los centrales Zaza y Fe.

La compra de varios otros bancos, la apertura de múltiples sucursales, la política liberal en los créditos, en especial los otorgados para la construcción del edificio Focsa (VER "FOMENTO DE OBRAS Y CONSTRUCCIONES S.A."), donde Zulueta tenía intereses y, finalmente, la carga que representó la compra del Banco Popular lo llevaron a una difícil situación con pérdidas por más de $500 000 a mediados de 1954, por lo que fue intervenido el 2 de noviembre de 1955 hasta el 23 de mayo del siguiente año.

Para salvarlo, el BANDES le otorgó un crédito por $6 000 000, para respaldar los préstamos al FOCSA, e instó a producir cambios en su dirección. En Junio de 1956 asciende a su presidencia Eduardo Benet, a la sazón vicepresidente del "The Trust Company of Cuba" y sin dudas uno de los más capaces del sector, quien en poco tiempo logra convertirlo en el 5° más importante, uno de los mayores éxitos de gestión empresarial de la época.

Compró el 12 de junio de 1950 el "Banco Durán" con oficina central en Camagüey y 4 sucursales; el "Banco de Ultramar", transformado en "Banco Capitalizador Cubano"; el "Banco Mercantil de Florida" el 10 de junio de 1950; el "Banco de Puerto Padre" el 1° de enero de 1958; el 19 de junio de 1952 el "Banco Popular" con oficina central y 15 sucursales que incorporará al "Continental" a partir del 27 de agosto de 1958 y el "Fernández de Nuevitas".

3 Los principales destinatarios de los créditos eran firmas comerciales de víveres (16%), el sector de las confecciones y tejidos (9%) y el azucarero (4%). Sus mayores clientes eran "José Sariol y Compañía" ($1 750 000), la "General Electric" (VER) ($1 500 000), la "Esso Standard Oil" (VER) ($1 000 000), "Oriente Industrial y Comercial" (VER) ($750 000), "Hermanos Alfonso y Compañía" ($675 000), "Aceros Unidos de Cuba, S. A."(VER) ($600 000).

Tuvo pérdidas desde 1953 ($181 000) hasta 1956 ($72 000). En su última etapa gozó de contabilidad y controles satisfactorios así como una política de crédito sana, los depósitos iban en aumento y comenzaron a percibir utilidades por más de $500 000 a partir de 1957 que destinaron a sanear los activos y aumentar el capital. Antes de la reestructuración, tanto sus acciones como las del "Banco Territorial", se cotizaban en la Bolsa de La Habana.

El 5 de enero de 1959, Eduardo Benet saludó el triunfo de la Revolución y elogió el heroismo de la joven generación en carta dirigida a todos sus administradores y 4 días después envió carta a la banca extranjera en igual sentido.

180- BANCO CORTÉS
Banco comercial, local de Placetas, constituyendo, junto al "Banco Gelats" (VER) y al "Banco Pujol" (VER), uno de los 3 que databan del siglo pasado. Fue el único

declarado en quiebra en la década de los 50, habiendo siendo liquidado el 13 de octubre de 1954.

1 Ramón Cortés González, quien se dedicaba también al comercio de víveres, ferretería y almacén de tabaco y el menor de los 4 hermanos fundadores, era su presidente y controlaba 400 acciones, equivalentes a las 2/3 del total, mientras su sobrino, José Cortés Arrojo, vicepresidente, poseía 108. El resto de los accionistas eran otros hermanos y sobrinos como Antero Cortés Quesada, tesorero; José A. Cortés Corro, vicetesorero; José A. González Cortés, vocal y otros.

2 Había sido fundado en 1898 por los 4 hermanos Cortés, españoles, sólo 2 años después de haberse fundado en la propia localidad de Placetas el "Banco Pujol"(VER). Su política era tortuosa, las prácticas bancarias no eran sanas y sus controles, contabilidad y organización eran deficientes.

Fue intervenido el 14 de septiembre de 1954 y se liquidó por quiebra el 13 del mes siguiente y su firma comercial "Cortés, Hermanos y Sobrinos S. en C."(VER), principal beneficiaria de los créditos, quebró dos días después. Cuatro días antes prudentemente Ramón Cortés se fue para España con $700 000 y su sobrino José para México al día siguiente, teniendo deudas que sobrepasaban los $900 000.

181- BANCO CRESPO

Banco comercial, provincial, con oficina en Valle Nº47, Cabaiguán, Las Villas, con 3 sucursales, siendo el 29º en importancia por sus depósitos.

1 Propiedad de los hermanos de origen canario Crespo Pérez y sus cónyuges. Amadeo y José Eulogio Crespo Pérez eran el presidente y vicepresidente y tenían 450 y 425 acciones respectivamente mientras el resto de las 125 acciones eran propiedad de sus dos hermanas y sus cónyuges.

2 Se fundó como un departamento bancario de la firma comercial "Eulogio Crespo y Compañía", constituida en Cabaiguán el 31 de enero de 1939 y de la que se separó el 15 de diciembre de 1950. Tenía sucursales en Placetas, Sancti Spíritus y Yaguajay.

Fue intervenido desde el 25 de abril de 1955 hasta el 13 de mayo de ese año por irregularidades en los depósitos y evasión de impuestos en el pago de las utilidades que desviaban a cuentas personales.

3 Los directores además hacían préstamos personales. Padecía de mala contabilidad y deficientes controles pero sus operaciones y las utilidades fueron en aumento. Los clientes principales eran cosecheros y almacenistas de tabaco (24%) y ganaderos (16%), varios de los cuales eran afiliados.

182- BANCO DE CHINA

Banco comercial, nacional, con oficina central en Amistad Nº 418, sin sucursales, siendo el 23º en importancia según los depósitos.

1 Sucursal del "Banco de China", propiedad mayoritaria del gobierno nacionalista de Taiwán que controlaba del 67 al 75% de su capital. Su representación en Cuba la integraban Jerome T.W. Ha, Raymond S.D. Yoh y V.E.Cheng Chang quienes eran el administrador, subadministrador y contador respectivamente.

2 Había sido la primera sucursal extranjera establecida tras un largo período desde que en 1922, todavía bajo los efectos del crac de 1921, se abriera el "First National Bank of Boston" (VER) y, 3 años después, la del "The Chase Manhattan

Bank" (VER), siendo la 1ª sucursal que su casa matriz abriera en América Latina, inaugurándose el 10 de mayo de 1944.

Fue impulsada por el Tratado de Amistad suscrito entre Cuba y China el 12 de noviembre de 1942 en cuya época el banco tenía su oficina central en Chungkin. La apertura de la oficina en La Habana se realizó el 5 de octubre de 1944 con la asistencia del Dr. Mario Díaz Cruz, Ministro de Hacienda.

3 Sus préstamos hasta 1953 se destinaban a la colonia china, otorgándose por razones políticas, en especial a establecimientos de víveres, así como al "Casino Chung Wa", la más importante de las asociaciones de la colonia china, que recibía créditos por $140 000.

Al establecer una nueva política de captar clientes cubanos se convirtieron en los principales "Luis G.Mendoza y Compañía" (VER), quien recibía el 60% de toda la cartera que en parte destinaba a refinanciamientos a agricultores cubanos; los Núñez Beattie con más de $1 millón en sus empresas "Agrícola Núñez Beattie" (VER) y "Azucarera Vicana, Compañía"(VER) y, por último, Antonio Miyares(VER "AZUCARERA AMAZONAS S.A., COMPAÑÍA") con $742 000. Otros clientes eran "Tiendas Flogar S.A."(VER) ($170 000), "Concretera Nacional S.A."(VER) ($150 000), "Importaciones Exclusivas Miralda S.A.($200 000).

Tenía deficiencias en la contabilidad. Se mantuvo con pérdida hasta 1954 pero a partir de 1957 expandió el crédito y las utilidades aumentaron. Recibían subsidios de la casa matriz y mantenían la mayor parte de sus activos en su casa de Nueva York.

183- BANCO DE CRÉDITO E INVERSIONES

Banco comercial, nacional, con oficina central en Trocadero y Zulueta, La Habana, siendo el 31° en importancia por sus depósitos.

1,2 Más que un banco era una fachada legal para los negocios de usura y financiamiento de los juegos de azar de Amletto Battisti Lora, de origen uruguayo, quien era su único propietario y lo había fundado el 2 de octubre de 1939.

Battisti, su presidente, era el principal "banquero" del juego popular en La Habana y se especializaba también en préstamos a congresistas. Era legislador por el partido de gobierno y amigo personal de Fulgencio Batista, propietario de "Arrendataria Hotel Sevilla Biltmore S.A., Compañía"(VER) y del "Balneario de Santa María del Rosario" que en febrero de 1955 había comprado a través de la firma concesionaria para operarlo. Su hermano Aleardo y Alcides Cattaneo Battisti eran los vicepresidentes.

Era además propietario del Hotel Sevilla Biltmore ("Arrendataria Hotel Sevilla Biltmore, Compañía"), hotel de 333 habitaciones, ubicado en la manzana de Zulueta y Monserrate, La Habana, uno de los 3 de 1ª clase existentes hasta la década del 50, inaugurado a un costo de $500 000 el 22 de marzo de 1908. Propietario del Balneario de Santa María del Rosario S.A., que en febrero de 1955 había comprado a través de la firma concesionaria para operarlo. Representante a la Cámara 1954-1958.

Había nacido en El Salto, Uruguay, en 1893. Muy relacionado con Fulgencio Batista. Había sido a mediados de los 30 presidente del "Jockey Club" y de la "Compañía Cubana-Uruguaya para el Fomento del Turismo", que operaba el hipódromo "Oriental Park". El 26 de enero de 1938 había inaugurado una línea de pasajeros entre Miami y La Habana a través del buque de turismo "Evangeline", propiedad de la "Compañía de Navegación del Atlántico" de la cual era presidente.

Había comprado el "Hotel Sevilla-Biltmore" a finales de los años 30 a Agustín Batista, cuyo gerente entonces era Víctor Batista y, en julio de 1942, traspasó su propiedad para el "Banco de Crédito e Inversiones" y en los años 50 lo arrendó a la firma norteamericana "Sevilla Management Company" que cesó su operación en mayo de 1952. El 2 de octubre de 1939 fundó el banco.

3 Las operaciones del banco eran principalmente préstamos personales a jugadores, a corredores de apuestas y a legisladores, pues en realidad no realizaba negocios característicos de bancos comerciales. El 70% de sus depósitos eran del propio Battisti y, el resto, de otros "banqueros" del juego y corredores de apuestas, tales como "Sindicato de Corredores de Apuestas" y Alfredo González, quien era un empleado del propio Battisti.

Su capital, valorado en $1 millón, estaba casi totalmente en bienes inmuebles, cuyas rentas eran la principal fuente de ingresos. Sus utilidades ascendieron a $24 000 en 1957. Tenía amplia solvencia y liquidez por el reducido volumen de sus inversiones en relación a sus imposiciones. A partir de 1957 comenzó a aumentar la participación de los depósitos de las Cajas de los Retiros.

184- BANCO DE FOMENTO AGRÍCOLA

1 Banco provincial con oficina central en Independencia N° 156, San José de las Lajas y sucursales en Cotorro y San Nicolás del Bari, del que José R. Dávila Suárez era el presidente y administrador y Francisco Gutiérrez López el tesorero-contador.

185- BANCO DE FOMENTO COMERCIAL

Banco comercial, nacional, con oficina central en Obispo N°252, La Habana, siendo el 18° en orden de importancia atendiendo a sus depósitos ascendentes a $11 900 000.

1 Propiedad en un 90% de su capital ascendente a $550 000 de Basilio del Real Alemán (VER "CUBA INDUSTRIAL Y COMERCIAL S.A."), su presidente, de su hijo, el Dr. Basilio del Real Cuervo, su vicepresidente I, y de la familia del Dr. Antonio Soto Polo, quien era el secretario, quienes en febrero de 1959 lo vendieran por $578 000 a Julio Lobo(VER "AZUCARERA GÓMEZ MENA S.A.").

2 Se fundó el 4 de julio de 1950 por José López Vilaboy (VER "EDITORIAL MAÑANA S.A."), Eduardo Salaya y Rafael Santos Jiménez Fernández, los principales entre sus 66 accionistas, entonces con 846, 385, y 400 respectivamente de un total de 2 500. Otros accionistas eran José López Serrano, Amadeo López Castro, Ramón Larrea, Camilo Ortega Ortega.

Tuvo una historia conflictiva, confrontando la salida forzosa de sus tres primeros presidentes, además de ser intervenido en dos ocasiones por el Banco Nacional de Cuba y, por último, una tormentosa venta y su posterior absorción por otro banco.

Tres miembros de su Consejo de Dirección, el Ing.Amadeo López Castro, Marino López Blanco y Pablo Carrera Jústiz, serían designados Ministros tras el 10 de marzo de 1952. Martha Fernández, esposa de Fulgencio Batista, mantendría en él las cuentas de las instituciones estatales ONDI y ONRI, que ella controlaba y el 26 de mayo de 1954 visitó sus oficinas.

A menos del año López Vilaboy (VER "EDITORIAL MAÑANA S.A.") tuvo que renunciar al detectársele una centrífuga indeseable siendo sustituido por Salaya, quien el 31 de enero de 1955 sería sustituido por Santos Jiménez y, éste a su vez, el 22 de febrero de 1957 por el Ing.Basilio del Real Alemán. La primera intervención ocurrió en octubre de 1956 hasta el 15 de marzo de 1957 y, la segunda, el 26 de diciembre de 1958.

Existía una fuerte división entre dos grupos de accionistas, de una parte Basilio Del Real y de otra Santos Jiménez, oponiéndose éste último a la venta, de tal forma que la reunión del 27 de enero de 1959 donde se formalizara terminó en una riña tumultuaria con algunos lesionados.

3 Era accionista del "Banco Familiar de Capitalización y Ahorro S.A.", suspendido en 1955. Sus principales clientes fueron siempre firmas afiliadas. Adoleció de controles deficientes, política crediticia liberal e insegura y concedía préstamos a particulares no comerciantes, muchos de los cuales eran testaferros de los Directores o personas inexistentes, lo que absorbía las utilidades y el capital, siendo la reserva insuficiente. Sus utilidades ascendían a $118 500 en 1957. Más de las 2/3 partes de sus depósitos pertenecían a Cajas de Retiros y organismos estatales.

Se interesó desde sus comienzos en el negocio de la urbanización de viviendas y, después en el FHA, estaba muy relacionado con el Centro de la Propiedad Urbana y dentro de sus accionistas habían varios con intereses en el negocio inmobiliario. En 1955 inauguró una sucursal en Línea y M, Vedado, con una taquilla eléctrica para realizar los depósitos desde el automóvil.

186- BANCO DE LA CONSTRUCCIÓN

Banco comercial, nacional, con oficina central en 23 N°74, Vedado, La Habana, y 2 sucursales, siendo el 20 ° en orden de importancia según sus depósitos ascendentes a $7 400 000.

1 Capital de $1 500 000 suscrito por 93 accionistas que habían acordado un tope de acciones de $30 000 por tenedor pero su política era controlada por su Junta de Directores. Los principales con 200 acciones eran Alberto Cardet Hijuelos, presidente de la Junta de Accionistas y ex-presidente del "Banco Agrícola e Industrial"(VER), Mario Rivas Piedras y Juan Gronlier, presidente de "Central Puerto S.A."(VER).

A éstos le seguían con 100 acciones José Bibal Iburruzquetia, nacido en Francia presidente de la constructora "Albarrán y Bibal S.A."(VER) y vicepresidente de "Unión Petrolera Aurrerá-Jarahueca"(VER "GRUPO JARAHUECA-MOTEMBO"), quien era su presidente; su hermano Gregorio; Eugenio Albarrán, vicepresidente de "Albarrán y Bibal S. A. ", Cándido de Bolívar (VER "ELECTRIC DE CUBA S.A., COMPAÑÍA") y Rafael E.Gaytán, vicepresidente I; Fausto Monné Serio y Manuel F.Goudié Monteverde (VER "PANAMERICANA DE CONCRETO S.A."), ambos vicepresidentes, así como su tesorero Mauricio de Almagro (VER "OPERADORA ATLÁNTICA S.A.").

Francisco Monné, hermano de Fausto, y propietario del Central Río Cauto (VER "CUBAN CANADIAN SUGAR COMPANY"), ejercía una influencia decisiva a través de Gaytán, quien dirigía en la práctica el Banco, y era secretario de la empresa de su central.

Dos dirigentes del gobierno de Batista, Anselmo Alliegro y Nicolás Arroyo, eran pequeños accionistas y en su Junta figuraban Agustín Sorhegui, Presidente del Colegio Nacional de Arquitectos, y Avelino González, Presidente de la "Asociación de Ferreteros" y propietario de la ferretería y maderera "Avelino González S.A." (VER).

2 Fundado el 17 de mayo de 1954 por los mencionados, quienes eran empresarios de la construcción con intereses coligados, con el propósito de otorgar facilidades a dicho sector, por lo que protagonizó una gran rivalidad con el "Banco Agrícola e Industrial" (VER), donde también habían fuertes intereses de la industria de la construcción y el FHA, y del que procedía Cardet y Francisco Monné Serio.

Jesús Manzarbeitía Gurruchaga, propietario de "Manzarbeitía y Compañía"(VER) y "Constructora TIC, S. A.", había sido su vicepresidente y propietario de 200 acciones hasta el 9 de enero de 1958. Bolívar también había renunciado a su vicepresidencia el 9 de septiembre. Canfúx, Albarrán, Francisco Monné, Manzarbeitia y Gaytán eran todos socios también en "Industrias Siporex S.A."(VER).

3 Sus principales clientes eran el FHA con el 41%, los contratistas(22%) –muchos de las cuales eran afiliados– y la CENCAM, presidida por Rubén Batista Godínez, que recibiera un préstamo por $2 000 000, a través del Banco, que el BANDES adquiriría posteriormente.

Se le imputaban métodos de organización y contabilidad inadecuados, administración ineficiente y una política de créditos adversa en más del 46% de la cartera. Tenía una alta concentración de depósitos de Retiros y organismos en un 67%.

Gozaba de amplias utilidades por encima de los $100 000 desde 1954 debido a la productividad del FHA y emitía capital por lo que tenía bastante liquidez. Los préstamos y depósitos crecieron, así como las utilidades, pagando desde 1955 un 7% de dividendos.

187- BANCO DE LOS COLONOS

Banco comercial, nacional, con 7 sucursales y oficina central en Aguiar Nº 360, La Habana, siendo el 12º en importancia según los depósitos por $22 000 000.

1 Capital ascendente a $1 039 000 suscrito por más de 3 000 accionistas. Propiedad mayoritaria de Gastón Godoy Loret de Mola, quien era su presidente y controlaba el 54% de las acciones con su familia, integrada por sus hermanos Felipe, Ernesto, Luis y Josefina, así como su esposa Laura Angulo y otros.

Los otros principales eran Amado Aréchaga, vicepresidente 1º y presidente de "Cubana, Compañía"(VER), Francisco Panceira, Laureano González Cárdenas(VER "FOMENTO DE MINERALES CUBANO S.A."), presidente de "La Cañera, Compañía de Seguros S.A." (VER) y Laureano González Álvarez, vicepresidente 2º.

Formaban parte también de su Consejo de Directores, Tomás F. Puyáns (VER "PUYANS, BOLIVAR Y COMPAÑÍA"), José Pérez San Juan, Fermín A.Fleites, Gerardo Vázquez Alvarado (VER "LAURENCIO GÓNZALEZ Y COMPA-

ÑÍA"), Felipe Godoy (VER "CAYO DEL MEDIO, COMPAÑÍA") y Ángel Ubera (VER "PUJOL Y UBERA").

La "Sucesión de L.Falla"(VER) suscribió acciones desde 1943 a través de Ángel Pardo Jiménez y en 1956, a través de Servando Fernández Rebull, parecen haber suscrito unas 1233.

Godoy fue el más encumbrado propietario entre los altos dirigentes del gobierno de Batista quien lo seleccionara para, en el mismo avión junto a él, abandonar el país el 1º de diciembre de 1959. Fue Presidente del Consejo Consultivo, Ministro de Justicia en 1953, Presidente de la Cámara de Representante de 1954-58 y Presidente del ICEA en 1956.

Tenía variados intereses, entre ellos era propietario del "Bufete Godoy"; vicepresidente de "La Cañera Compañía de Seguros S.A."(VER); presidente y propietario, junto con su hermano Felipe, de "Lubricantes Galena S.A., Compañía"(VER), un comercio de aceites y grasas; presidente de "Operadora de Muelles y Almacenes S.A."(VER); accionista de "Industrias Andorra S.A."(VER), el 102º central, propiedad principal de Fulgencio Batista y secretario de "Godoy Sayán, Oficina Aseguradora de Cuba" (VER), de la que era presidente y propietario su primo Enrique Godoy Sayán

2 Fue fundado el 23 de julio de l942 por 40 colonos, en su mayoría de origen canario, promovido por Gastón Godoy Agostini, padre de su actual presidente. Había comenzado con pluralidad de accionistas con el propósito de refaccionar a pequeños colonos, pero terminó controlado por Godoy junto a un grupo de colonos ricos que se turnaban en la dirección de la Asociación de Colonos, abandonando la política en favor de los pequeños colonos a partir de 1952 convirtiéndose en prestamistas principalmente de centrales azucareros.

El grupo que lo controlaba creó desde el 5 de diciembre de 1944 un "Voting Trust" encabezado por Gastón Godoy, que forzaba a los pequeños accionistas a venderle su participación pues no repartían dividendos, a la par que le prestaban capital al propio banco. Entre ellos se encontraban Francisco R.Panceira, Teodoro Santiesteban, Juan Aguirrechú Pagés y José Pérez San Juan, todos ex presidentes de la Asociación, junto con otros dirigentes como Tomás Puyáns, Aurelio Álvarez, Fermín A.Fleites, Ramón Blanco Interián y el propio Gastón Godoy Agostini.

Tras la muerte en 1954 de Gastón Godoy Agostini se produjo una fuerte lucha por el control entre su hijo, de una parte y, de otra, Laureano González Álvarez y Francisco Panceira Fiffe. Aunque Godoy logró vencer, sus contrincantes, no obstante, lo desalojaron de la "La Cañera,Compañía de Seguros S.A."(VER).

3 A partir de 1952 sus préstamos a la industria azucarera concentraban el 80% –el 2º mayor– mientras los colonos representaban sólo un 9%. Sus principales clientes eran la Asociación de Colonos con $3 000 000; la "Nueva Compañía Azucarera" (VER), propiedad de los Gómez Mena con más de $1 500 000; la "Industrias Andorra S.A."(VER) –que tenía dificultades en los pagos–, propiedad de Batista, con $2 100 000; la "Cuban Canadian Sugar Company"(VER), con más de $1 millón; el central "Narcisa", con $630 000, etc.

Su situación financiera, su política crediticia, su solvencia y sus utilidades –aunque no declaraban dividendos– eran buenas superando los $300 000 desde 1955 y la administración era segura y eficiente, aunque comenzó a resentirse bajo la administración de su actual presidente. Sus utilidades oscilaban entre $250 000 y $315 000.

188- BANCO DE LOS DETALLISTAS
Banco local, muy pequeño, sin sucursales, con depósitos por $586 000, ubicado en la Ave. 51 N° 11 410, Marianao.

1 Propiedad casi única de Rafael Rivas Aja quien tenía $40 000, equivalente al 80 % del capital suscrito ascendente a $50 000, siendo además su presidente. Emilio Rivas González con $5 000 era el vicepresidente 1°, José M. Piñeiro Pardo con $1 000 era el vicepresidente 2° y Manuel Díaz Suárez con $1 500 era el tesorero.

3 Su cartera era pequeña y la 4ª parte estaba destinada a detallistas. Sus depósitos estaban disminuyendo por la extracción de las cuentas del "Seguro y Previsión Social de la Industria Cervecera" así como los de la ONRI que constituían ambas más de la mitad.
Sus utilidades también disminuyeron por quebranto en créditos y sólo alcanzaban $3 300. Su capital y liquidez eran insuficientes y padecía de administración deficiente.

189- BANCO DE OCCIDENTE
1 Banco comercial pequeño con una sola oficina en Avenida 41 N° 4414, Marianao, que era propiedad de Carlos Núñez Pérez, su presidente, propietario del "Banco Núñez"(VER) y otros variados intereses.

190- BANCO DE ORIENTE
Banco local muy pequeño, comercial, con oficina única en Ave. de Cuba 38, Antilla, Oriente.

1 Tenía un capital suscrito por $77 600, de los que el 75 % pertenecía a la familia Martínez Tellado y el resto a la familia Mieres Zambrana. Fernando Mieres Zambrana era el presidente y administrador general, Isabel Tellado Acosta la directora general y Wildey M. Martínez Tellado era la subdirectora. Con anterioridad Antonio Martínez Morales había sido su presidente mientras Mieres era entonces el director general.

3 La mayor parte de sus préstamos estaban destinados a obreros respaldados por la "Federación Obrera Marítima Nacional" y contaban con la obligación patronal de efectuar descuentos por nóminas. Los sindicatos respondían por el 28 % de la cartera y el resto eran ferreterías, madereros y otros establecidos en el puerto de Antilla. Sus depósitos se incrementaron en un 84 % pero el control y la contabilidad eran deficientes.

191- BANCO DE PUERTO PADRE
Banco local de Puerto Padre, Oriente, situado en Ave de la Libertad en esa localidad.

1 Propiedad de Miguel Luis Farah Awed, comerciante, industrial y su director.

2 Farah, quien fuera condecorado con la "Orden del Mérito Comercial en noviembre de 1950, lo había fundado el 8 de abril de 1943.

192- BANCO DE SAN JOSÉ
Banco comercial, provincial, con oficina central en San José de las Lajas, La Habana, con 3 sucursales, siendo el 28° en importancia según sus depósitos por $4 000 000.

1 Capital ascendente a $100 000. Su propietario principal era Alicio Ruiz Martínez, su presidente, ex-Alcalde de San José, comerciante, propietario de bienes raíces, con un capital estimado en $100 000. Fausto Núñez Hernández, Alicio Ruiz Martínez, hijo y Enrique J. Núñez Rodríguez eran respectivamente vicepresidente y vocales

2 Se constituyó el 3 de octubre de 1948, originalmente como corresponsal del Banco Núñez en San José, comprando en 1950 la sucursal del Banco Popular hasta el 16 de abril de 1958 en que se convirtieron en banco provincial con sucursales en Jaruco, Madruga y el Cotorro.

3 Sus principales clientes eran lecherías de la provincia, en especial la "Lechera Algibe S. A., Compañía". Su administración era incompetente, tenía utilidades modestas que en 1958 disminuyeron, solvencia amplia y una alta proporción de préstamos desfavorables.

193- BANCO DEL CARIBE S.A. DE AHORRO Y CAPITALIZACIÓN

Uno de los 12 bancos de capitalización y ahorro, no accionista del Banco Nacional de Cuba, ubicado en Edificio del Banco del Caribe en Prado N° 152, La Habana.

1 Propiedad principal de la familia norteamericana Roberts, residente en Cuba(VER "ROBERTS TOBBACO COMPANY"), propietaria de central y comerciante importador de cigarrillos norteamericanos. Alex M.Roberts era su presidente, Gustavo Roig Suárez era el vicepresidente y Pedro Gelabert Borrón era el tesorero.

2 Había sido fundado el 18 de febrero de 1948 por el Ing. Antonio Chávez Orosco, quien era su presidente, en unión de otros socios, mejicanos como él. En ese entonces las 2/3 partes de sus acciones estaban en fideicomiso en el Banco del Ahorro Nacional de México y la tercera parte restante era propiedad de Alex Roberts.

Tuvo doble función de banco comercial y banco dc ahorro hasta el 30 de noviembre de 1951 en que cesaran como banco comercial al instarlo el Banco Nacional de Cuba a optar por una de las 2 condiciones. A partir de entonces la familia Roberts adquirió el control del paquete de acciones constituyendo el 9 de septiembre de 1952 la razón social actual, tomando posesión la directiva desde el 8 de enero del próximo año y elevándose su capital a $ 450 000 y sus utilidades de ese año superiores a los $16 000.

3 Era propietario del edificio donde se albergaba el cual había comprado el 21 de diciembre de 1950 por $669 000. El BANDES le hizo un préstamo por $180 000 el 18 de marzo de 1958 y uno adicional por $360 000 el 11 de diciembre del propio año.

194- BANCO DEL COMERCIO

Banco comercial, nacional, con oficina central en La Habana y depósitos por $20 800 000. Fue vendido el 30 de julio de 1952 por $2 433 000 al "The Trust Company of Cuba"(VER) con quien se fusionó el 17 de marzo de 1954 pasando a convertirse en el primer banco de Cuba.

1 Capital ascendente a $1 millón suscrito por 50 000 acciones. Sus pricipales accionistas eran los hermanos Humberto, Guillermo y Serafín Solís Alió (VER "SOLIS, ENTRALGO Y COMPAÑÍA"), quienes controlaban $205 520. Humberto Solís Alió, vicepresidente, quien por su cuenta poseía $124 380, era el principal.

José Ignacio de la Cámara, su presidente y el 2° accionista con $59 000, quien ocupara el cargo de presidente del "The Trust Company of Cuba" (VER) tras la fusión, era presidente también en "De Jarcia de Matanzas, Compañía"(VER), tenía intereses en "Productos Alimenticios Canímar S.A., Compañía"(VER), en "Residencial Alamar"(VER) y en "Petrolera Transcuba S.A."(VER). Le seguía en importancia César Rodríguez González, propietario de "Almacenes Ultra"(VER). Todos los mencionados suscribieron acciones del comprador y pasaron a formar parte de su directiva.

Otros accionistas importantes eran Segundo Casteleiro Colmenares y Francisco Saralegui.

2 Era sucesora de la banca "Hijos de R.Argüelles", fundada por Ramón Argüelles Alonso, I Marqués de Argüelles, desde el 27 de octubre de 1896, Cnel. de Milicias de La Habana, quien había establecido en 1849 la "Argüelles y Hermano", firma dedicada a tabaco torcido y en rama, propietaria de vegas de tabaco en Vueltabajo, habiéndose diversificado más tarde hacia el negocio bancario convirtiéndose en uno de los principales accionistas de los "Ferrocarriles Unidos y Almacenes de Regla Ltd.", del que sería su presidente y quien, a finales del siglo XIX, constituía el capital de mayor cuantía entre los de origen indiano establecido en España, a pesar de sólo tener en el país un tercio de su total, en especial en Barcelona.

La "Hijos de R.Argüelles" sería dirigida a comienzos del siglo actual por Elisio Argüelles Pozo y Juan Francisco Argüelles Ramos, ambos hijos del fundador Argüelles, así como Federico Bernaldo de Quirós, casado con su otra hija, María Josefa Argüelles Díaz-Pimienta, II Marquesa de Argüelles, quien residía en España. A partir del 5 de diciembre de 1919 se transformaría en "Banco del Comercio" entrando como socios Bernardo Solís –padre de los Solís Alió– y José Gómez Mena (VER "NUEVA COMPAÑÍA AZUCARERA GÓMEZ MENA S.A.") quienes serían durante los años 20 su presidente y vicepresidente respectivamente.

Tras casarse con María Josefa Argüelles Claussó, hija de Juan Francisco Argüelles Ramos, José Ignacio de la Cámara O'Reilly, se convertiría en su vicepresidente en 1929, poco antes del fallecimiento de su suegro, y desde 1935 sería su presidente y el 2° mayor accionista.

Aquilino Entrialgo Álvarez, uno de los socios propietarios de "El Encanto", sería su vicepresidente hasta su fallecimiento a fines de 1948.

3 Tenía una gran concentración de créditos pues 15 clientes del comercio minorista, en especial tiendas por departamentos, almacenes de tejidos, ferreterías y otros comercios importantes, en su mayoría firmas afiliadas del banco, disfrutaban del 54% del total de la cartera. Su principal cliente era "Solís, Entrialgo y Compañía"(9 $651 000), "Línea de Vapores García S.A.", "Los Precios Fijos S.A." y otras. Al fusionarse, estas cuentas se trasladaron al "The Trust Company of Cuba".

Su posición financiera así como su política de crédito y la dirección era sólida. Tenía buenas utilidades que oscilaban entre $100 000 y $200 000, pagando dividendos. Su administración se consideraba segura y eficiente.

195- BANCO FERNÁNDEZ DE GUAYOS

1 Banco comercial local sito en San Fernando N° 10, Guayos, Las Villas, propiedad de los hermanos Fernández Fernández, siendo Antonio, su presidente; Joaquín, vicepresidente y Eugenio, tesorero-administrador.

196- BANCO FINANCIERO

Banco comercial, nacional, con oficina central en O'Reilly y San Ignacio, La Habana, con 13 sucursales, una unidad móvil y 86 empleados, siendo el 16° banco por sus depósitos con $12 057 000.

1 Capital ascendente a $857 000. Propiedad mayoritaria de Julio Lobo, su presidente, quien controlaba el 52% de las acciones.

El resto de los accionistas eran o habían sido socios de Lobo en firmas azucareras que, sumadas a las de Lobo, representaban 21 centrales, entre los que se encontraban Fernando de la Riva, vocal (VER "CENTRAL HORMIGUERO S.A."), Manuel Arca Campos, vicetesorero (VER "COOPERATIVA AZUCARERA ESTRADA PALMA S.A."), Jorge R. Fowler Suárez del Villar, vocal (VER "NORTH AMERICAN SUGAR COMPANY"), Francisco Escobar Quesada, vocal (VER "CENTRAL SALVADOR S.A."), Gregorio Escagedo (VER "CENTRAL FIDENCIA S.A."), Luis del Valle Raez (VER "AZUCARERA LUIS DEL VALLE Y HERMANOS"), Simeón Ferro (VER "INDUSTRIAS FERRO S.A."), Ignacio Carvajal (VER "COMERCIAL DE ARTEMISA S.A.") y Manuel Aspuru(VER "AZUCARERA CENTRAL TOLEDO S.A., COMPAÑÍA").

Eladio Ramírez León era el vicepresidente y secretario y Enrique Llaca Escoto, tesorero, los cuales, como muchos de sus funcionarios, también lo eran de otras empresas de Julio Lobo.

2 Se fundó por Julio Lobo el 9 de diciembre de 1952 enfrentando diversos obstáculos impuestos por la dirección del Banco Nacional de Cuba que impedían una política amplia en el financiamiento. No pudo crecer más rápido pues Lobo se negó en marzo de 1953 a presentar los estados financieros de su "Galbán Lobo Trading Company"(VER), impidiendo así convertirla en un cliente básico.

Durante 1954 se produjo una grave crisis interna renunciando como administrador Francisco M. Acosta Rendueles que pasó entonces a dirigir el Banco para el Comercio Exterior y Germán López Sánchez (VER "CENTRAL UNIÓN S.A.") endosó sus acciones, mientras José M.Martínez Zaldo, administrador del periódico "El Mundo", pasaba a ocupar la vicepresidencia hasta el 1° de enero de 1958 en que renunciara.

Se incorporan entonces un grupo nuevo de accionistas en un intento de Julio Lobo de ampliar el crédito a otros giros no azucareros. Entre éstos figuraban Amadeo Barletta(VER "SANTO DOMINGO MOTORS COMPANY"), José Lorido de "Ferretería Lorido" (VER), José Gasch(VER "LA FILOSOFÍA S.A.") y Luis del Valle Raez (VER "AZUCARERA LUIS DEL VALLE Y HERMANOS"), todos accionistas del extinto Banco Atlántico(VER).

3 El crédito a la industria azucarera concentraba el 45% del total, pero había disminuído desde su fundación en que había sido del 77%. Los centrales afiliados por sí sólo sumaban 21 y entre los propietarios no afiliados gozaba de un crédito alto la familia Blanco Rosell(VER "AZUCARERA CENTRAL RAMONA S.A.").

Sus depósitos de Cajas de Retiro y organismos estatales llegaban al 49%. Tenía alto grado de liquidez, política crediticia sana y buenas utilidades que ascendían a cerca de $200 000, parte de las cuales se destinaron a incrementar el capital. El 30 de abril de 1959 le integraron el "Banco de Fomento Comercial" (VER).

197- BANCO FRANCO CUBANO

Banco comercial, nacional, con oficina central en Teniente Rey N° 405, La Habana, siendo el 27° en importancia por sus depósitos de más de $4 millones.

1 Filial del Banco "Societé Generale de Paris", propiedad del Estado de Francia, con un capital ascendente a $500 000. Su presidente era Julian Chadenett y sus vicepresidentes Georges Henri-Mari y Enmanuel Tor. Actuaban como vocales los cubanos Salomón Maduro Naar y Urbano del Real Gaillard, mientras que Carlos M. Musso Barón era el secretario.

2 Había comenzado sus operaciones el 14 de mayo de 1951, siendo uno de los 7 bancos fundados en la década de los años 50. Un año antes, en junio de 1950, el gobierno cubano instó a su embajador en Francia a gestionar la creación de un banco en Cuba. Felipe Pazos, entonces Presidente del Banco Nacional de Cuba, se entrevistó con el Director de la casa matriz.

3 Sus principales negocios eran los contratos del gobierno de Cuba con empresas francesas: el Túnel bajo la Bahía, el Túnel bajo el Río Almendares, la Central Térmica de La Habana del Este, los financiamientos de azúcar al Banco para el Comercio Exterior. La industria azucarera concentraba el 56% de los préstamos, siendo las principales las corredoras de azúcar "Luis G.Mendoza y Compañía"(VER) y la "Galbán Lobo Trading"(VER), a quienes le mantenían en sobregiro sendas líneas de crédito en sus sucursales de Nueva York.

Se caracterizaba por una alta concentración en los depósitos pues sólo 5 depositantes no estatales representaban el 57% del total, siendo el 2° mayor la familia Conill Hidalgo, propietaria del edificio donde se encontraba el banco y, a su vez deudora por su firma "Musicalia S.A." (VER).

Tenía organización, contabilidad y controles internos adecuados. Tuvo pérdidas hasta 1957 que cubrían con el respaldo de su casa matriz. Fue indemnizado por el Gobierno Revolucionario por $799 407.

198- BANCO GARRIGÓ

Banco comercial, nacional, con oficina central en La Habana y 9 sucursales, siendo el 14° banco en importancia por el monto de sus depósitos.

1 Propiedad principal de la familia Garrigó Artigas, quienes controlaban 2490 acciones del total de 3500 emitidas, en sociedad con Stanislas Orlowsky y Alfred Schulthess, suizo, con sendas 500 acciones y Henri Berthoud con 10. José, Faustino y Francisco Garrigó Artigas eran presidente y vicepresidentes, respectivamente, además Alfred Schulthess y Alejandro Martín Juan eran vicepresidentes.

2 Fundado en 1918 en Santiago de las Vegas por José Garrigó Artigas, padre, español, fallecido en 1956, se había reestructurado en 1939 y el 3 de febrero de 1950 trasladó su oficina central para la capital. El 29 de septiembre de 1953 entraron como accionistas Orlowsky, quien vivía en Mexico y Schulthess, suizo, radicado en Cuba, apoderado del primero, quien estaba dedicado a la inversión de capital extranjero en la Bolsa de La Habana, los que eran vigilados por el Banco Nacional. Henri F.Berthoud, ciudadano norteamericano, entró el 29 de diciembre de 1954 a formar parte de su Consejo de Dirección aunque con sólo $1000 en acciones.

3 Estaba dirigido a favorecer intereses de la familia Garrigó, entre éstas la "Cooperativa de Ómnibus Aliados"(VER), que concentraban el 28% del total de la

cartera, e importadoras y financiamientos de autos con el 19%. Hacía préstamos personales en forma de descuentos comerciales.

Compraba empresas con deudas incobrables y, tras cobrar entonces las deudas, las volvía a vender posteriormente mediante otro préstamo del Banco. Una parte de estos intereses fue facilitado por el financista Alfred Schulthess. El 45 % de sus préstamos eran defectuosos.

Sólo tenía sucursales en la provincia de La Habana. Su política de crédito, sus sistemas organizativos y su contabilidad se catalogaban como deficientes. Los depósitos crecían a mayor ritmo que la media del país, así como los préstamos y sus utilidades que estaban alrededor de $200 000 que destinaban a capitalizar.

199- BANCO GELATS

Banco comercial, nacional, con 1 sucursal y oficina central en Aguiar N° 456,La Habana, siendo el 9° en importancia por sus depósitos por $46 600 000 en 1956 y el más antiguo entre los nacionales.

1 Capital ascendente a $2 millones. Propiedad casi única de Juan Gelats Botet quien lo presidió hasta su fallecimiento en 1959. Alberto García-Tuñón Mazorra, casado con su hija, y su hijo Narciso Gelats Suárez Solís eran ambos vicepresidentes y José A.Rionda Pérez, ex-yerno y vicepresidente de "New Tuinicú Sugar Company"(VER), era vocal.

Gelats, miembro de la "Junta Consultiva" del "Diario de La Marina"(VER), era accionista de la "Nueva Fábrica de Hielo S.A."(VER), donde figuraba como consejero de la Junta tanto él como su hijo y su yerno, la que en el pasado había sido presidida por su padre. Era propietario de "Inversionista S.A., Compañía" (VER), propietaria de bienes inmuebles; accionista minoritario de dos compañías de seguros: "Cubana de Fianzas, Compañía"(VER) y "Nacional de Seguros La Cubana, Compañía"(VER); tenía además $16 900 en acciones en la "Azucarera Vertientes-Camagüey, Compañía" (VER), así como propiedades inmuebles en el Reparto Santa Felicia en Marianao y en el Reparto Biltmore.

Por último era propietario de grandes valores de empresas, principalmente de la Compañía Cubana de Electricidad por $880 000, de la Cuban Telephone por $266 000 y de la Nueva Fábrica de Hielo S.A. por $171 000, así como propietario de bonos del Gobierno de EE.UU.

2 El banco había sido fundado como "N. Gelats y Compañía" el 22 de noviembre de 1876 por Narciso Gelats Durall, español, llegado a Cuba en 1857 como Apoderado de los bienes de su tío Tomás Maig, en unión de su hermano Juan y de su tío José Durall Maig. Al morir Narciso el 29 de abril de 1899 lo sucedió su hijo Joaquín quien, en unión de su cuñado Segundo Méndez, habían sido los principales auxiliares en vida de su padre.

Al fallecer el 19 de febrero de 1934 Joaquín –quien formaba parte de la sociedad desde 1892– es sustituido entonces por su hermano el actual presidente, quien ingresara el 16 de enero de 1907 como socio, junto con su otro hermano, José Narciso. El 31 de julio de 1940 se constituye como "Banco Gelats S.A.", propiedad entonces de los hermanos José Narciso, Cristina, Josefina y Juan hasta el 25 de mayo de 1945 en que los 3 primeros se separan pasando Juan a controlarlo casi totalmente.

3 Era el principal banco del capital español residente en Cuba, incluyendo la Iglesia Católica, así como de los intereses de España en Cuba, donde incluso el "Instituto Español de la Moneda" tenía abierta su cuenta en dólares contra la cual el banco estaba autorizado a efectuar operaciones. Tenía bastantes inversiones en valores de España desde antes de la Guerra Civil.

Se había especializado en adquirir empresas, en especial centrales azucareros, por remates de deudas que traspasaba a otros propietarios, entre los que se contaban los hermanos García Díaz(VER "ANTILLA SUGAR ESTATES") y Julio Lobo (VER "AZUCARERA GÓMEZ MENA S.A., COMPAÑÍA"). Tenía acciones valoradas por $ 2 300 000 de la primera de esas firmas como garantía de préstamos efectuados las cuales mantenían en Nueva York en depósito en el "The Royal Bank of Canada".

Tenía una alta concentración de préstamos en la industria azucarera (79%), siendo los centrales de los García Díaz destinatarios del 53%. "Galbán Lobo Trading"(VER) era otro de sus principales clientes.

Poseía bastantes valores de la industria privada, entre las que se encontraban la "Cubana de Electricidad, Compañía"(VER), con $888 000; la "Cuban Telephone Company"(VER) con $266 000; la "Nueva Fábrica de Hielo"(VER) con $171 000, que representaba el 4% del capital emitido por ésta; el Casino Español de La Habana; "Jarcia de Matanzas, Compañía"(VER), con $25 000; "The Cuba Railroad" con $83 000; "Azucarera Guedes S.A., Compañía" con $100 000 y otros.

Pero aunque aun estaba entre los más importantes, desde comienzos de los 50 venía perdiendo importancia relativa pues sus depósitos, el volumen de sus negocios y sus utilidades habían comenzado a disminuir, habiendo pasado éstas últimas de $1 000 000 a $454 000, lo que se atribuía a los métodos de administración de Juan Gelats, a su política de créditos y a la no apertura de sucursales. No obstante, continuaban aumentando sus reservas.

Sólo en 1958 se decidió a abrir una sucursal en la Ciudad de La Habana. Su organización interna, su contabilidad y sus controles no eran los más adecuados.

200- BANCO GODOY SAYÁN

Banco comercial, nacional, con 20 sucursales, 1 unidad móvil y oficina central en O'Reilly y Aguacate, La Habana, siendo el 15° en importancia por sus depósitos por $15 137 936.

1 Capital ascendente a $675 000. Propiedad única de Enrique Godoy Sayán, su presidente, controlaba 2 445 de las 2 500 acciones emitidas a través de la "Sociedad Civil Administradora de Inversiones Godoy Sayán". Antonio Herrera Vaillant, Armando Lago Suárez, Moisés Almanza Hernández y Raúl Godoy Sayán, eran respectivamente vicepresidente I, II, III y IV.

Godoy Sayán, su presidente, peruano de nacimiento, era propietario del "Banco Godoy Sayán de Capitalización y Ahorro", además de ser el más importante asegurador (VER "GODOY SAYÁN, OFICINA ASEGURADORA DE CUBA") y primo de Gastón y de Felipe Godoy Loret de Mola, el primero de los cuales era alto funcionario del gobierno de Batista y presidente del "Banco de los Colonos"(VER), así como de Augusto Godoy López-Aldana.

Tras reunir en 1946 en una especie de holding sus tres firmas de seguros se había diversificado poco después hacia la banca, fundando el 5 de febrero de 1948 el "Banco Godoy Sayán de Capitalización y Ahorro" y posteriormente en 1951 el "Banco Godoy Sayán".

2 Comenzó sus operaciones el 1º de julio de 1952 con los depósitos de las compañías de seguros afiliadas y en 1953 implantaron un sistema de cuentas de ahorro que daba un interés adicional sobre el total de depósitos que se distribuía mediante sorteos mensuales, mientras en 1955 establecieran planes de beneficio adicionales para cuentas de ahorro y obtuvieran depósitos pertenecientes a las Cajas de Retiro, convirtiéndose más bien en una institución de ahorro.

Tuvo un desenvolvimiento progresivo abriendo sucursales a pesar de confrontar dificultades para invertir sus disponibilidades.

3 Sus principales clientes eran las varias firmas de seguros de Godoy Sayán, que además corrían con los gastos, así como el F.H.A. que gozaba del 23% del total de su cartera, a los que le seguían los cosecheros de arroz con el 15%. Su principal cliente individual eran las arroceras "Agrícola Jufra S.A. y "Arrozal Bartés", ambas de Francisco y Mario Bartés Clarens (VER "FERROCARRILES CONSOLIDADOS DE CUBA"), a la que le seguía el "Comité de la Producción Agrícola Tabacalera", ambas con más de $500 000 de crédito. No tenía clientes en la industria azucarera.

Tenía deficiencias en la política de crédito y en los controles internos y padecía de desconocimiento de técnica bancaria pues sus funcionarios eran especialistas en los seguros.

201- BANCO GONZÁLEZ Y HERMANOS

Banco comercial, nacional, con 5 sucursales y oficina central en Artemisa, siendo el 22º en importancia según sus depósitos por $6 500 000.

1 Capital ascendente a $428 000, propiedad casi absoluta de José González García, asturiano nacido en 1903 quien era su presidente, junto con su esposa Margarita Xiqués Graells, quienes tenían el 84% de las acciones, en sociedad con Mariano Martínez Abio, su vicepresidente. González tenía variados negocios en la zona de Artemisa relacionados con piñas y frutos menores, urbanización, compraventa de ganado y otros y era propietario además de "Constructora de Artemisa S.A., Compañía", de "Confecciones Artemisa S.A." y "Artemisa Motors S.A.".

2 Fundado en 1899 en Artemisa por el asturiano Julio González Nuevo, padre del propietario que falleciera el 4 de octubre de 1951, siendo entonces sustituido por su hijo. Se trasladó para La Habana el 30 de Noviembre de 1959.

3 Sus principales clientes eran productores de tabaco con el 11%, financiadoras de autos con el 11%, almacenistas de víveres con el 7%, y cosechadores y comerciantes de piña con el 5%. Realizaba operaciones especulativas y favorecía aquellos negocios en donde tenía intereses o participación.

Padecía serias deficiencias organizativas y dificultades con su solvencia debido a la política de crédito liberal que le ocasionaba pérdidas. A partir de 1953 sus utilidades se elevaron por encima de los $45 000.

202- BANCO HIERRO

1 Banco comercial local sito en Martí N° 28, San Juan de los Yeras, Las Villas, del cual Francisco Urbambidelus Ortiz era el presidente; Antonio M.Díaz Jacomino, el vicepresidente-tesorero I; Manuel del Hierro Urdambidelus, el vice-presidente-tesorero II .

203- BANCO HIPOTECARIO MENDOZA

Banco comercial, nacional, con 1 sucursal y oficina central en el "Palacio Aldama", La Habana, siendo el 24° en importancia según sus depósitos por $4 900 000.

1 Propiedad mayoritaria de Paul González de Mendoza Goicochea, su presidente, quien controlaba el 73% de su capital emitido ascendente a $250 000, en sociedad con el "Banco Núñez"(VER). Raúl Villa León era el vicepresidente.
Mendoza estaba emparentado con otra poderosa familia del sector bancario, pues era primo de Agustín Batista, presidente del "The Trust Company of Cuba"(VER), del cual también era accionista, director y había sido uno de los gestores para su adquisición por los Batista-Falla en 1942. Había sido el empresario urbanizador del Reparto "La Veneciana" en las playas del este después de la II Guerra Mundial y del Centro Comercial de la Rampa en Infanta y 23 inaugurado en 1951, del que era su propietario, ambos proyectados por su cuñado el Arq.Rafael de Cárdenas.

2 El banco había sido fundado el 11 de Febrero de 1947 por su padre, Pablo González de Mendoza Pedroso, nacido en España- quien ya en 1911 había fundado también el Banco "Mendoza y Compañía"-, y sería su único propietario y su presidente hasta su fallecimiento en 1952 en que fue sustituido por su hijo Paul, el cual en la práctica lo dirigía desde antes. Originalmente había estado destinado a préstamos hipotecarios, pero a mediados de los 50 fue girando hacia el negocio bancario comercial.
El 25 de agosto de 1958, Guido, hermano de su presidente, vendió al Banco Núñez en privado por $275 000 sus acciones, valoradas en $75 000, junto con un préstamo por $105 000, en una operación insólita que despertó reticencias en el Banco Nacional de Cuba y originó un estudio para impedir que los bancos adquirieran otros. El Banco Núñez proyectaba llevar a él los negocios que no pudiera hacer por su cuenta.

3 Los principales clientes eran 11 madereros que representaban el 14% del total y 6 productoras de materiales de construcción con el 15%. Gozaba de buena administración, pero su sistcma dc contabilidad era deficiente. Obtuvo buenas utilidades durante los años 50, las que en 1958 ascendieron a $118 555 pero no pagaban dividendos.

204- BANCO HISPANO CUBANO

Banco comercial, nacional, sin sucursales y con oficina central en Aguiar N° 305, La Habana, siendo el 21° en importancia según sus depósitos por $8 millones.

1 Capital ascendente a $600 000. Propiedad conjunta de José López Vilaboy (VER "EDITORIAL MAÑANA S.A.") y de Marta Fernández Miranda, esposa de Fulgencio Batista, quienes controlaban casi a partes iguales el 80% de las acciones a través de los testaferros Lorenzo Rosado, su presidente, y Manuel Pérez Benitoa (VER "CONSTRUCTORA HELVETIA S.A."). Eusebio Delfín era su vicepresidente y en su Consejo de Directores figuraba Marino López Blanco, Ministro de Hacienda.

2 Fundado el 6 de agosto de 1952 por un grupo de 4 italianos, presidido por Guido Pereda, tras fallecer éste el 16 de enero de 1953 antes de inaugurarlo, había pasado al control secreto de López Vilaboy y Manuel Pérez Benitoa (VER "INMOBILIARIA ROCAR S.A., COMPAÑÍA"), sirviendo de intermediario el Banco Garrigó. Comenzó sus operaciones bajo los nuevos propietarios el 6 de diciembre de 1954.

3 Estaba al servicio de 23 afiliadas representadas por Vilaboy –de la que algunas pertenecían en secreto a Fulgencio Batista– que usufructuaban las 2/3 partes de la cartera de préstamos. Se decía que el Banco pensaba utilizarse para vincular capitales españoles y cubanos con el objetivo de comprar acciones mayoritarias de la "Cuban Telephone Company"(VER), un proyecto dirigido por Vilaboy y Marino López Blanco.

Fue el segundo banco donde José López Vilaboy confrontara dificultades, pues en 1950 había tenido que vender y renunciar a la dirección del "Banco de Fomento Comercial"(VER). El Banco Nacional de Cuba lo intervino desde el 10 de septiembre de 1957 y en julio de 1958 lo apremió a venderlo debido a que no había cumplido el compromiso de saldar deudas pendientes por $5 000 000.

A finales de año Vilaboy gestionó su venta con Julio Lobo, quien estaba enfrascado entonces en la compra del "Banco de Fomento Comercial"(VER). Para ese entonces el Banco estaba prácticamente desintegrado.

Había aumentado muy rápidamente sus depósitos debido a los provenientes de las Cajas de Retiro y de los organismos que representaban el 68% del total. Se mantenía sobreextendido por los lentos cobros de los préstamos a las afiliadas que concentraban la cartera.

205- BANCO HOGAR PROPIO DE CAPITALIZACIÓN Y AHORRO

1 Banco de ahorro y capitalización, con oficina principal en 23 Nº 158 entre N y O, Vedado y 1 sucursal en Camagüey, que era propiedad de los hermanos Montero Machado, siendo Gonzalo su presidente-administrador; Segundo, vicepresidente-tesorero y Oscar, miembro del Consejo de Administración.

206- BANCO NÚÑEZ

Banco comercial, nacional, con 22 sucursales y oficina central en Mercaderes Nº260, La Habana, siendo el 4º por sus depósitos por $97 200 000 y uno de los dos de capital cubano, junto al "The Trust Company of Cuba"(VER), seleccionado por el "The American Bankers" en 1957 entre los 500 más importantes del mundo.

1 Capital ascendente a $1 millón. Propiedad única de Carlos Núñez Pérez, su presidente. Sus 7 hijos, Carlos, Emilia, Domitila, Francisca, Néstor, Blanca y Norma Núñez Gálvez eran respectivamente el vicepresidente, tesorero y vocales.

Núñez era propietario además del "Banco de Occidente"(VER) así como del 30% del "Banco Hipotecario Mendoza" (VER), propietario secreto de "Azucarera Alto Songo S.A., Compañía" (VER) adquirida por deudas con el banco y tenía intereses en la Terminal de Zona Franca de Matanzas, en "Maderera de Nipe, Compañía"(VER), en "Inmobiliaria Nescar, Compañía", en "Inmobiliaria Norka, Compañía"(VER), en "Servicio Radiomovil S. A."(VER) y poseía muchas propiedades inmuebles.

Núñez, nacido en Holguín en 1885, fue el más encumbrado entre los cubanos cuya fortuna no se había basado ni en herencia, ni en vínculos matrimoniales, ni en prebendas políticas, pues era hijo de un español humilde y con apenas rudimentos de primera enseñanza. Era el propietario más importante dentro del movimiento masónico, en el cual ocupara destacada posición pues fue Gran Tesorero de la Gran Logia Masónica desde 1950.

2 Había fundado el banco en Holguín el 21 de Marzo de 1921 en plena etapa del crac bancario, habiéndolo constituido como sociedad anónima el 1° de julio de 1942 y su auge y desarrollo es una de las gestiones empresariales más sobresalientes del período. Tenía en proyecto construir a un costo estimado de $900 000 su nueva oficina central en terrenos frente al futuro edificio del BNC.

3 En 1953 financiaría por $14 000 000 la construcción del "Acueducto de la Cuenca Sur" (VER "CONSTRUCTORA M. GÓNZALEZ DEL VALLE, COMPAÑÍA") y el 28 de noviembre de 1958 negoció con el Banco Nacional de Cuba un préstamo ascendente a $30 000 000 para la construcción de viviendas. Se había separado del Habana Clearing House el 14 de abril de 1958.

Sus préstamos se destinaban a la industria azucarera (20%), contratistas (12%) y el FHA (15%), siendo los principales destinatarios la familia Hedge(VER "TEXTILERA ARIGUANABO S.A., COMPAÑÍA") con $2 500 000, la "Constructora Mendoza"(VER) con $2 000 000 y el contratista Giacomo Mesnace con $1 300 000. Su política de crédito había mejorado desde 1956 en que se había considerado muy liberal.

Disfrutaba de utilidades altas sobrepasando desde 1954 el $1 millón, alcanzando al año siguiente más de $1 450 000, aumentando progresivamente su capital y su reserva. No obstante, tenía deficiencias en la información de crédito, en su contabilidad y en su control interno. Los depósitos de las Cajas de Retiro y Organismos representaban el 68% del total.

207- BANCO PEDROSO
Banco comercial, nacional, con 1 sucursal y oficina central en Aguiar y Empedrado, La Habana, siendo el 13° en importancia según sus depósitos.

1 Capital ascendente a $300 000. Propiedad de la familia Pedroso, perteneciendo el 50% de sus acciones a Víctor Pedroso Aróstegui, su presidente, y el resto, a mitad entre sus dos hermanas Margarita Pedroso Aróstegui y Mercedes Pedroso González de Mendoza, esposa esta última de Carlos García Alfonso, propietario de "Azucarera Central Mabay S.A., Compañía"(VER). Raúl Valdés-Fauli Juncadella, Francisco Juarrero Erdman y José M. Martínez Zaldo eran vicepresidentes. La familia era propietaria también de "Autoplan S.A."(VER), una agencia para el financiamiento de la compra de autos.

Pedroso, presidente de la Asociación de Bancos de Cuba, tenía múltiples intereses y se le consideraba un capital de cerca de $1 000 000 que había triplicado en los años 50, mientras el de su esposa era de alrededor de $800 000.

Descendía de una de las más antiguas familias habaneras del siglo XVI con varios Alcaldes y propietarios, estaba emparentado con varios otros banqueros como Agustín Batista(VER "THE TRUST COMPANY OF CUBA") y Paul Mendoza(VER "BANCO HIPOTECARIO MENDOZA") y era además primo de Mario

Pedroso Montalvo (VER "ACIDOS E HIPOCLORITOS S.A") y de Víctor Morales de Cárdenas (VER "MORALES Y COMPAÑÍA").
Era propietario del 20% de las acciones y vicepresidente del "Central Bahía Honda S.A."(VER), que presidía su cuñado Rafael Sánchez Sánchez, así como presidente de "Canteras Modernas S.A." y de "Industrias Siporex S.A."(VER), una fábrica de bloques ligeros de concreto, donde los principales, además de él, eran Fulgencio Batista y José Gómez Mena.
Tenía intereses en "Internacional de Envases S.A., Compañía" (VER), donde su esposa poseía el 11 % de las acciones y él era su vicetesorero así como en la "Oriental Papelera S.A., Compañía"(VER).
Poseía además el 25 % de la colonia San Joaquín en el central "Bahía Honda" con una cuota de 300 000 arrobas de caña, ganado y otras siembras, así como de otras empresas menores como "Independent Warehouses Incorporated of Cuba" y de "Azucarera Macurige, Compañía", un inmueble.
    2 La firma bancaria se había constituido el 11 de diciembre de 1934 por Jacinto Pedroso Hernández, padre de los propietarios, originalmente como un departamento bancario de la "Compañía Jacinto Pedroso" –de la que desde entonces su hijo sería el vicepresidente– hasta el 24 de mayo de 1946 en que adoptó la denominación actual para dedicarse especialmente al negocio bancario. Al fallecer, el 13 de septiembre de 1955, fue sustituido por su hijo.
Pedroso Hernández, presidente en 1928-30 del "Havana Yatch Club", había fundado en 1917 otra casa bancaria, con igual nombre que liquidara en 1932, pues había sido procesado por estafa a los acreedores de los centrales que había comprado así como de incendiar otro (VER "CENTRAL SANTA CATALINA S.A."). Fundó en 1913, en sociedad con Juan Luis Pedro Pérez, la "Pedroso y Compañía", una casa bancaria y de corretaje de azúcar en Aguiar N° 65, que llevaba idéntico nombre a una anterior fundada en 1857 por su bisabuelo Joaquín Pedroso Echevarría.
También fue apoderado en 1914 de firmas de seguros y agente de la "Patapsco Guano Compay", firma norteamericana de abonos y tesorero de "Compañía Federal de Seguros S.A.", firma de seguros contra accidentes, incendios y de fianzas, presidida por José Matos.
La familia Pedroso llevaba más de un siglo dedicada a actividades bancarias. El bisabuelo de Jacinto, Joaquín Pedroso Echevarría, nacido el 16 de agosto de 1775 en La Habana, de la que sería su Alcalde, había sido fundador y presidente del "Ferrocarril del Oeste" y, en 1857, de la "Pedroso y Compañía", una de las principales casa bancarias de la época, y habíase casado con María Micaela Montalvo Núñez del Castillo, perteneciente a 2 de las más ilustres familias. Su abuela, Mercedes Pedroso Montalvo, hija del anterior, casaría con Antonio González de Mendoza Bonilla, también Alcalde de La Habana en 1879, quienes serían los fundadores del importante clan de los Mendoza(VER "BUFETE MENDOZA").
    3 El 25% de los préstamos del Banco se destinaban a la industria azucarera, habiendo pasado en 1957 de 3 centrales a 13. Otros clientes importantes eran la "Cooperativa de Ómnibus Aliados"(VER), importadores de víveres con el 14% y el F.H.A. Desde 1954 había tenido un gran aumento en sus depósitos, inversiones y préstamos, creciendo las utilidades hasta alrededor de los $100 000 y alcanzando en

1957, según el Banco Nacional, "un auge sin precedentes". Su situación financiera era satisfactoria pero tenían deficiencias en sus controles. El 63% de los depósitos pertenecían a Cajas de Retiros y Organismos.

208- BANCO POPULAR

Banco comercial, nacional, con 16 sucursales y oficina central en Cuba y Amargura, La Habana, siendo el 25° en importancia por sus depósitos.

1 Propiedad de Julián de Zulueta (VER "AZUCARERA CAMAJUANÍ S.A."), quien también lo era de otros 3 bancos, el "Banco Continental" (VER), el "Banco Capitalizador Cubano"(VER) y el "Banco Territorial" (VER).

2 Aunque fundado el 18 de abril de 1935 por dos turcos, no había comenzado a operar hasta el 22 de abril de 1946 en que José López Fernández, tras renunciar a la Presidencia del Banco Continental, lo adquiere.

Poco después pasaría al control del grupo financiero norteamericano Hopps-Birell, una holding con 40 firmas con un activo total por $100 millones, la que poseía el 90 % de las acciones y quienes, al romper su sociedad, determinaron la quiebra del Banco por lo que fuera intervenido el 25 de mayo de 1949 por el Banco Nacional de Cuba, quien lo sostuvo financieramente evitando liquidarlo y obligando a renunciar a su presidente. Eran Consejeros del banco Héctor Rivero, Calixto García Véliz y el Dr.Luis J.Botifoll, representante legal de la firma financiera norteamericana.

Entonces se originó un largo conflicto entre el Gobierno cubano y el de Estados Unidos, hasta ser finalmente comprado el 19 de julio de 1952 por $ 1 500 000 por el "Banco Continental" al cual se integraría el 27 de agosto de 1958 tras haberse comprometido a pagarle al Banco Nacional de Cuba $2 700 000 provenientes de 1/3 de las utilidades, lo cual no pudo cumplir originándose larga polémica entre ambas instituciones hasta renovar el convenio en octubre de 1958. Esa carga que pesaba sobre el banco no le permitiría al "Continental" aumentar su capital por lo que varios dirigentes habían sugerido a Zulueta no realizar la compra.

3 Sus principales clientes eran firmas de financiamiento de autos y camiones y comercio de tejidos propiedad de la comunidad hebrea asentada en Cuba.

209- BANCO PRIETO YANES

Banco comercial local sito en Tomás Pérez Castro N° 111, Cabaiguán, Las Villas.

1 Era propiedad de José Yanes Barreto, su presidente, en sociedad con Juan Bauzá Vilela, el vicepresidente-tesorero y administrador. Ambos estaban asociados en "Bauzá y Yanes"(VER), una fábrica de tabaco sita en la propia localidad.

210- BANCO PUJOL

Banco comercial, nacional, con 14 sucursales y oficina central en el Centro Asturiano, La Habana, siendo el 11° por sus depósitos con $23 026 021, el 7° entre los de capital cubano y el 2° más antiguo entre los bancos de carácter nacional, constituyendo, junto al Banco Gelats y al Banco Cortés, uno de los 3 de este tipo que databan del siglo pasado.

1 Capital ascendente a $770 000. Propiedad de la familia Pujol, perteneciendo el 50% de las acciones a su presidente y, la otra mitad, se distribuía entre Laureano, Joaquín, Raúl y Dulce María Pujol Izquierdo, primos del anterior. Eran propietarios también de "Pujol y Hermano" (VER), dedicada a la ganadería, así como de fincas rústicas y urbanas y una constructora ubicadas en Placetas.

2 Era, entre los 7 fundados en el siglo pasado que se mantuvieran en la propiedad de sus fundadores o sus herederos, el único que siempre fuera de capital cubano. Había sido constituido en Placetas en 1893 por los hermanos Juan y Laureano Pujol Morales, fallecidos en 1944 y 1949 respectivamente, siendo heredados por los hijos de ambos.

En aquel entonces estaba bajo la razón social "Pujols y Hermanos" que además tenía intereses en ganado, colonias y bienes raíces. En 1950 se había convertido en banco provincial y en 1951 en nacional tras la compra de 2 sucursales del "Banco Popular", habiendo trasladado su oficina central desde Placetas para el Centro Asturiano de La Habana. La quiebra del "Banco Cortés" (VER), el otro banco local de Placetas, favorecería sus negocios. El 11 de abril de 1958 compraron el Banco Comercial de Matanzas, constituido el 17 de febrero de 1948, propiedad de Mario Marchenas Martínez Amores, el cual convirtieran en una sucursal.

3 Sus préstamos eran de proporciones modestas y los principales destinatarios eran 11 firmas de tejidos y confecciones con el 3% del total, 10 agencias de ventas y financiamiento de autos con el 11%, así como firmas contratistas y el F.H.A., mientras en la industria azucarera sólo tenían 11 clientes con un 8%. Sus principales clientes individuales eran "Urbanizadora Naroca S.A., Compañía" con $500 000, la "Constructora Roman Power Electra S.A., Compañía"(VER) con $475 000; la afiliada "Constructora Cénit S.A., Compañía" con $547 000.

Se había ido expandiendo progresivamente sobre todo en 1957 cuando duplicaron sus utilidades. Siempre tuvo baja productividad y dividendos pequeños. Sus condiciones financieras eran buenas, pero su administración, los sistemas y los controles adolecían de deficiencias. Tenían un depósito por $61 000 del Partido Socialista Popular a nombre de Manuel Luzardo.

211- BANCO ROMERO
Banco comercial local sito en A esq a 7ª Ave, Vertientes, Camagüey.

1 Propiedad de la familia Romero, siendo Manuel Romero Gómez, su presidente; la Dra. Sara Romero Unzueta, su vicepresidenta; Domingo Unzueta Romero, su tesorero.

212- BANCO TERRITORIAL DE CUBA
El único banco de crédito territorial, con oficina en Amargura N° 53, La Habana.

1 Capital ascendente a $1 500 000. Uno de los 4 bancos propiedad de Julián de Zulueta (VER "AZUCARERA CAMAJUANÍ S.A."), su presidente, quien también lo era de otros 3 bancos, el "Banco Continental"(VER), el "Banco Capitalizador Cubano"(VER) y el "Banco Popular"(VER).

2 Se fundó el 28 de febrero de 1911 por "Crédito Hipotecario Cubano S.A." a quien el 19 de septiembre de 1910 por el Decreto N° 864 se le había autorizado a constituirse al amparo de la Ley de 20 de julio de 1910 que le otorgó la concesión exclusiva por 60 años para emitir obligaciones, cédulas o bonos hipotecarios sobre la base de préstamos de inmuebles situados en la República, con garantía de hipoteca amortizables a corto y largo plazo. Tenía un interventor oficial que velaba por la garantía otorgada.

Se regía por los Estatutos aprobados el 28 de febrero de 1911 y el Reglamento orgánico del 29 de marzo de 1911. Además, la Ley del 29 de octubre de 1914 fijó el tipo de interés a los préstamos que hiciera en un 8 % y el Decreto N° 3422 de 3 de octubre de 1944 aumentó su capital social de $3 a $9 millones.

La concesión fue otorgada a José Marimón Juliach, presidente del "Banco Español de la Isla de Cuba", en representación de la "Sociedad Crédito Hipotecario Cubano" que pagara $3 768 750, aunque algunas fuentes afirman que había sido constituido por Frank Steinhart(VER "ÓMNIBUS METROPOLITANOS S.A., COMPAÑÍA") .

Durante el siglo XIX había existido el banco "Crédito Territorial Cubano", fundado en 1857, que no alcanzara gran desarrollo, así como el "Banco Hipotecario de la Isla de Cuba", fundado en 1881 pero el cual nunca comenzara a operar.

Había quebrado durante el crac de los años 20 en cuya ocasión el Presidente Menocal designó presidente a su mayordomo Alberto de Armas Martín, más tarde propietario de "Central Santa Rita S.A."(VER). El Dr. Rogelio Díaz Pardo (VER "COMUNIDAD DE BIENES HERMANOS CASTAÑO") lo compró el 27 de febrero de 1923 , siendo su presidente y como vicepresidente figuraba su cuñado Nicolás Castaño Montalván.

Poco años después había pasado a su presidencia Antonio San Miguel Segala junto a Ernesto Sampera Camago como vicepresidente, siendo sus consejeros Manuel A.Suárez Cordovés, Francisco Bartés Marsal, Fermín Goicochea y Henri Schueg. Desde 1937 estuvo intervenido durante varios años y en los 40 tuvo una crisis debido a las leyes de moratoria. Felipe Pazos abogó por su expropiación o cancelación poco antes de fundarse el BNC.

Tras varios años de intervención estatal y siendo su interventor el Dr.Calixto García Véliz –hijo del General de Brigada del E.L. Carlos García Vélez y nieto del Mayor General del E.L.Calixto García Iñiguez– había pasado el 4 de enero de 1944 al control de Marcelino García Beltrán, entonces propietario del "Banco Continental Cubano"(VER) que había fundado, y quien fungiera como su presidente. La nueva dirección aumentó su capital social de $5 a $9 millones autorizado por el Decreto ya mencionado y emprendió una política para sacarlo de la inactividad en que se encontraba desde 1921 cuando el crac bancario.

3 Nunca logró un volumen de operaciones importante y ni siquiera tendría peso dentro de las negociaciones hipotecarias ni tampoco en el crédito agrícola, pues mayormente gravaba las urbanas, amén que sus operaciones eran muy restringidas y la mayor parte de las hipotecas se encontraban en poder de individuos. El crédito hipotecario había sufrido gran quebranto debido a las moratorias hipotecarias y sus prórrogas.

Sus acciones y sus bonos se cotizaban en la Bolsa de La Habana.

El Banco Continental invirtió $1 839 388 en él de los que el 56% se había perdido. Su cartera ascendía a $1 116 000 y no producía dividendos. Sus activos tenían $377 200 en acciones del Banco Continental, que además le concedió un préstamo en los años 50 por $888 000.

213- BANCO UNIÓN COMERCIAL

1 Banco comercial local sito en José Martí N° 5, Zulueta, Las Villas, cuyo presidente era Armando Guerra Martínez; el CP Idelio Valdés Abreu, el vicepresidente y director general y Ramón Alonso Armas, el tesorero.

214- BANDÍN Y COMPAÑÍA S EN C

1 Comercio de efectos sanitarios, sito en Infanta N° 402, que era propiedad de Manuel Bandín Otero y su primo Martín Bandín Cruz, ambos gerentes.

215- BATISTA, MÉNDEZ S.L.

1 Una firma comisionista de ferretería, maquinarias, materias primas para colchones y miscelánea, sita en Edificio Llata, Aguiar N° 556, La Habana, cliente del "Trust", que era propiedad de Rafael Batista Adler.

216- BAUZÁ Y YANES

Fábrica de tabaco con 260 trabajadores, sita en Cabaiguán, Las Villas, la cual era la mayor de las instaladas fuera de la Habana.

1 Era propiedad de Juan Bauzá Vilela y José Yanes Barreto, quienes también estaban asociados en el "Banco Prieto Yanes" (VER).

217- BELONA SUGAR COMPANY

El "Baltony" era el central 27° en capacidad de producción (450 000 @), RI entre los más altos de 13.59, el 14° mayor propietario de tierras con 2 040 caballerías y el 41° en número de trabajadores en zafra con 3 175, situado en Almeida, Oriente.

1 Uno de los 2 centrales propiedad de Baldomero Casas Fernández (VER "AZUCARERA BORJITA S. A., COMPAÑÍA")

2 Había sido fundado en 1917 por "Compañía Azucarera Oriental Cubana" y, junto con el Borjita, había pertenecido de 1920 a 1925 a Francisco Almeida (VER "AZUCARERA BORJITA S.A.,COMPAÑÍA").

Era administrado por su propietario Baldomero Casas Fernández. Tuvo los siguientes nombres: de 1918 a 1926 Marimón, de 1926 a 1948 Almeida y desde entonces Baltony. Contaba con su propio aeropuerto.

218- BENJAMÍN MARTÍNEZ GUINEA

Almacén de ferretería "Dragones" para herrajes de construcciones, efectos eléctricos y pintura "Sherwin Williams", sita en Galiano N° 561 entre Zanja y Dragones, La Habana, cliente del "Continental".

1 Era operado bajo el propio nombre de su propietario, Benjamín Martínez Guinea, un español nacido en 1894, quien había trabajado desde su llegada a Cuba en la ferretería "Dos Leones" de la que fuera apoderado.

2 Su propietario actual la compró en 1930 en sociedad pasando con el tiempo a su propiedad total.

219- BERGNES Y COMPAÑÍA S. EN C.

Almacén de víveres y consignataria de buques, ubicada en José Antonio Saco N° 10, Santiago de Cuba, y en Los Maceos 10078, Guantánamo.

1 Propiedad de Calixto Bergnes Soler, catalán, quien era su director gerente.

2 Había sido fundada en 1865, teniendo como antecesora a "Marimón, Bosch y Compañía S.en C.", una de las más importantes en los primeros años del siglo

XX, propiedad de José Marimón, presidente del "Banco Español", y de Juan Bosch, asociados ambos también en empresas azucareras que se dedicaban no sólo al ramo comercial sino también a préstamos bancarios.

La descendiente de éste último, Margarita Bosch, hermana de Juan Bosch (VER "MOTEL RANCHO LUNA S.A."), presidente de "Ron Bacardí S.A., Compañía" (VER), había conservado el central Esperanza (VER "AZUCARERA ORIENTAL S.A., COMPAÑÍA"), uno de los 5 que poseyera la firma y donde Bergnes mantendría intereses hasta cerca de los años 50.

A partir de 1915 se denominó "Mercadé, Bergnes y Compañía, S.en C.", nombrándose como gerentes a Juan Mercadé Papiol, Venancio Mercadé –esposo de María Bosch– y a Calixto Bergnes, quien ya desde 1910 era socio de la firma, y como socios comanditarios a Marimón y Bosch. En 1923 la firma cambió para "C.Bergnes y Compañía S. en C.".

220- BESTOV PRODUCTS S.A.

Productora e importadora de alimentos de chocolate marca "Kresto", "Cocoa Bakers" y "Vitabosa", así como conservas de frutas "Jals" y "Van-Del", de cosméticos y dentífricos y representantes de los productos de perfumería marca "Yardley", ubicada en la calle 60 N° 1102, en Marianao, cliente del "Nova Scotia".

1 Tenía un capital de $418 000 propiedad de los hermanos Goar, Abel y Luis Mestre (VER "CIRCUITO CMQ S.A."), habiendo sido el primer negocio que emprendieran por su cuenta a partir de la droguería heredada en Santiago de Cuba dentro del amplio rubro en que posteriormente iban a invertir siempre con éxito.

La habían comprado en 1939 tras adquirir la distribución exclusiva de "Kresto" y comenzar su producción, logrando después en 1940 la representación de 2 firmas norteamericanas más la "America Home Products" y la "General Foods". Goar había sido su primer administrador y, cuando se dedicó al negocio publicitario, lo sustituyó Abel en 1941.

3 Tenía créditos en el Banco de Nova Scotia por $350 000. Los hermanos Mestre le debían $209 000.

221- BETHELEHEM CUBA IRON MINES COMPANY

Propietaria de las minas de hierro y manganeso ubicadas en Jiguaní y en Felton, Mayarí, con oficinas en E N° 117, Fomento, Santiago de Cuba, Oriente.

1 Una de las 2 firmas no azucarera con filial en Cuba, además de la sucursal del "The National City Bank of New York"(VER), bajo el control de la familia Rockefeller-Stillman.

2 La casa matriz, "Bethelehem Steel Corporation", se había fundado en 1904 al fusionarse 10 sociedades siderúrgicas, pero su antecesora explotaba las minas desde 1888. Tenía intereses en Cuba desde antes de la Guerra de Independencia pues ya desde 1883 había constituido "The Juragua Iron Company" para explotar las minas de hierro "Juraguá" integradas por 22 registros, originalmente a partes iguales con "The Pennsylvania Steel Company" hasta 1908 en que adquiriera la totalidad del capital.

En 1915 lograron el control de la "The Spanish American Iron Company", constituida en 1893 por la "Pennsylvania Steel Company" –quien enviara en 1895 su primer cargamento– para explotar las minas "Daiquirí" a 35 Km al este de Santiago de Cuba.

Eran propietarios también desde finales del siglo XIX de las mayores reservas de níquel de Cuba en el norte de Oriente pues los hermanos Aguilera Kindelán, hijos del Mayor Gral. del E.L. Francisco Vicente Aguilera, habían instado a Charles F. Rand, su socio en la explotación de una mina de manganeso, a interesarse por los yacimientos de Mayarí, que éste pasara a controlar junto con la "Pennsylvania Steel Company", de la que se convertiría en su presidente.

3 A finales de 1958 habían anunciado su intención de vender al gobierno de EE.UU. por $18 millones, a la par que tenían un proyecto algo indefinido para construir una 3° planta de níquel en Cuba.

Habían tenido su mayor producción durante la II Guerra Mundial y debido al re-arme tuvo una reapertura durante los años 1952 a 1957. Cuba era el 2° productor de manganeso, después de Brasil, en el Hemisferio Occidental.

222- BLANCO LÓPEZ Y COMPAÑÍA

Propietaria de los hoteles Boston, New York y Saratoga. El Hotel Boston estaba en Ave de Bélgica 707 entre Merced y Paula y el Hotel New York estaba ubicado en la calle Dragones entre Amistad y Águila, La Habana, con 87 habitaciones y había sido inaugurado el 18 de junio de 1920. El Saratoga estaba en Prado N° 603 entre Monte y Dragones.

1 Propiedad de José Blanco, quien fuera tesorero de la "Asociación Hotelera de Cuba" electo en febrero de 1939 y de José López Blanco, vocal de la propia Asociación.

223- BODEGAS MORERA

1 Fábrica de vinos con las marcas "Abolengo" y "Galia Bouquet", sita en Capricho N° 24 entre Alcoy y Vía Blanca, Luyanó, propiedad de Eleuterio Rodríguez.

224- BOMBINO Y SENDRA

1 Agencia de publicidad sita en 23 esq. a O, Vedado, propiedad de Jorge A. Bombino Matienza, en sociedad con Francisco Sendra Morales, quien además era jefe de Redacción del periódico "El Mundo"(VER).

225- BRISTOL COMPANY

1 Comercio para la venta de instrumentos industriales y de laboratorio, sito en San Lázaro N° 16, La Habana. Guillermo Ochoa Penín era su representante.

226- BRUNSHWIG Y COMPAÑÍA S EN C

Laboratorio de especialidades farmacéuticas, biológicas y opoterápicas, distribuidores y fabricantes de perfumes y de productos farmacéuticos, sito en 32 N° 56, Miramar.

1 Propiedad de Andrés Brunshwig, francés, hijo de Luis, natural de Alsacia quien, a principios de la República era propietario de 4 casas comerciales: "Casa Potin", "Antigua de Mendy", "Pont, Restoy y Compañía" y "Brunschwig y Compañía", de las cuales las 3 primeras comerciaban en víveres finos y la otra en productos farmacéuticos.

3 Cliente del "The First National Bank of Boston" y de "Morgan & Co." de París.

227- BUFETE BUSTAMANTE

Bufete jurídico especializado en asuntos mercantiles, sito en Aguacate N° 502, La Habana.

1 Propiedad de los hermanos Dr. Antonio y Gustavo Sánchez de Bustamante Pulido al cual pertenecían además el Dr. Antonio Sánchez de Bustamante Montoro, hijo del primero; Luis Humberto Vidaña Valdés y su hijo Luis Humberto Vidaña Guasch; y el Dr. Oscar Bonachea Valdés, suegro de Antonio Soto Polo.

Vidaña estaba asociado en varios intereses con Francisco G. Cajigas García del Prado tales como la mina de Charco Redondo, la "Operadora de Espectáculos La Rampa, Compañía"(VER), "Organización Vacuba", etc. y su padre Luis Humberto Vidaña Valdés había sido presidente del Consejo de Dirección desde el 17 de enero de 1955 hasta 1956 del Banco Agrícola e Industrial.

2 El Bufete había sido fundado en 1884 por el Dr.Antonio Sánchez de Bustamante Sirvent, quien sería más tarde una autoridad en la rama del Derecho Internacional, autor del "Código Bustamante" de Derecho Internacional Privado aprobado en la VI Conferencia Interamericana celebrada en La Habana en 1928.

Durante el primer tercio del siglo actual el Bufete sería el mejor y el más fuerte, contando con más de 100 abogados y empleados, sirviendo entre otras importantes empresas comocConsejero en Cuba de los "Ferrocarriles Unidos", testaferro de muchas de las propiedades de José Marimón Juliach, antiguo presidente del "Banco Español" hasta su quiebra, secretario y accionista del extinto "Banco del Comercio", etc.

Bustamante Sirvent era hijo del Dr.Juan M.Sánchez de Bustamante, decano de la Escuela de Medicina durante el siglo XIX quien había estado asociado a Francisco Marty Torrens, uno de los principales tratantes de esclavos y de indios yucatecos durante la primera mitad de ese siglo.

Había sido además presidente del Centro de la Propiedad Urbana de La Habana desde 1892 hasta 1916, así como su abogado desde 1886 y el primer presidente del "Automóvil y Aero Club de Cuba", habiendo ganado la primera "Copa del Km", manteniéndose en su directiva y siendo su vicepresidente en 1940-42 cuando estuviera presidido por el ex-Presidente de la República Dr. José A. Barnet.

Tras la independencia fue Senador en 1902, 1906, miembro del Tribunal Permanente de Arbitraje de La Haya, decano del Colegio de Abogados de La Habana en 1917, presidente de la Academia Nacional de Artes y Letras, presidente de la Sociedad Cubana de Derecho Internacional y tuvo una vida política polémica pues fue presidente de la Asamblea Constituyente que prorrogara los poderes a Machado e hiciera el discurso de entrega del título de Dr.Honoris Causa que la Universidad de La Habana le otorgara.

Su hermano, el Dr.Alberto, había sido propietario de la "Clínica Privada de Cirujía", en sociedad con el Dr. Enrique Núñez, Coronel del E.L., médico a las órdenes de Calixto García y Secretario de Sanidad y Beneficencia en el gobierno de Menocal. La Clínica, fundada en 1907, había sido uno de los principales centros médicos privados durante los primeros años de República, con 3 plantas y 45 habitaciones, situada en J y 11, Vedado.

Tras su fallecimiento el 24 de agosto de 1951 fue sustituido por su 2 hijos. El Dr.José Ignacio de la Cámara O'Reilly y su hijo José Ignacio de la Cámara Argüelles habían pertenecido a él hasta comienzos de la década de los 50.

228- BUFETE GORRÍN, MAÑAS, MACIÁ Y ALAMILLA

Bufete jurídico especializado en asuntos mercantiles sobre todo en el sector azucarero sito en el Edificio Horter en Obispo Nº 61, 4º piso, La Habana, que representaban múltiples empresas entre ellas "Minas de Matahambre S.A."(VER), "Azucarera Vertientes-Camagüey de Cuba, Compañía"(VER) y otras.

1 Era propiedad de José E. Gorrín Padilla, Arturo M. Mañas, José Maciá y Guillermo Alamilla.

También trabajaban en él los abogados Emilio Marill Hermoso y su hijo Emilio Marill Rivero, Jorge Navarrete Sierra, Enrique Mañas, Ernesto Freyre de Varona, Enrique Mier Rojas, José T.Bravo, José E.Zubizarreta, Fernando Maciá, Ángel Castillo, Salvador Ferrer González, Gonzalo de Quesada, José Manuel Hernández Puente y Cristóbal Díaz Ayala.

Gorrín era además presidente del "Colegio de Abogados de La Habana" y uno de los principales capitales cubanos que controlaban la mitad del paquete de acciones, en sociedad con una empresa cubano-venezolano, de "Petrolera Transcuba S.A." (VER "VIRIATO GUTIÉRREZ VALLADÓN").

Mañas, una de las personalidades más destacadas del sector azucarero, era abogado consultor de la Asociación Nacional de Hacendados desde 1928, secretario de la Asociación de Hacendados desde 1934, ex-presidente del ICEA y uno de los 3 principales formuladores de la política azucarera restriccionista de Fulgencio Batista. Era miembro de la Junta de Directores de "Azucarera Vertientes-Camagüey de Cuba, Compañía"(VER), firma norteamericana propietaria de 3 centrales, y accionista de "Residencial Alamar"(VER).

Era hijo de Arturo Mañas Urquiola, propietario de un Bufete y Notaría, en sociedad con sus tíos Modesto y Manuel, que a principios de siglo fuera uno de los principales en la representación de intereses azucareros y norteamericanos. Su padre había sido Representante a la Cámara por Pinar el Río en 1917 por el partido menocalista cuando sustituyera a José Caiñas, fallecido el 8 de marzo de ese año.

Maciá era sobrino de Jesús María Barraqué, antiguo Secretario de Justicia del gobierno de José Miguel Gómez y decano del Colegio de Abogados y su familia había sido una importante propietaria almacenista de víveres, habiendo sido su padre Narciso Maciá Domenech presidente de la Lonja del Comercio desde su fundación hasta 1911, presidente del "Casino Español de La Habana" en 1915, vicepresidente de la Cámara de Comercio, Industria y Navegación de Cuba, vicepresidente de la Sociedad de Beneficencia de Naturales de Cataluña.

Alamilla, ex-ejecutivo de la Asociación Nacional de Hacendados de Cuba", era el copropietario de "Alamilla y Pérez Menéndez" (VER), a cargo de la urbanización y comercialización de 5 firmas alentadas con la construcción del túnel de la bahía de La Habana. Era además, presidente de "Residencial Alamar"(VER) y de "Territorial Alturas del Olimpo S.A."(VER), así como secretario de la "Compañía Territorial Alturas de Villarreal S.A." (VER), tres de esas urbanizadoras. Por último, era propietario y presidente de "Constructora Alamar S.A.", la contratista de las obras de las urbanizadoras.

2 El "Bufete", bajo la firma de "Rosales y Lavedán", había sido fundado en 1920 por Armando Rosales y Enrique Lavedán, pero a partir de 1924 éste último había quedado sólo al frente hasta 1948. Tras el fallecimiento de Lavedán, a finales de la década se reestructuraría bajo la firma de "Rosales, Gorrín y Mañas". Ernesto Freyre de Varona estaba casado con Concha Rosales de la Torre, hija del

Dr. Armando Rosales, cuya otra hija, Caridad, casada con el Dr. Carlos Alzugaray Ramos-Izquierdo, había sido Presidenta de la Acción Católica y Presidenta de Hijas de María del Sagrado Corazón.

Los cuatros socios trabajaban en el Bufete desde los años 20 cuando estaba bajo la firma de "Rosales y Lavedán", junto con José Perera.

229- BUFETE LAZO Y CUBAS

Bufete jurídico especializado en asuntos mercantiles, con fuertes lazos con empresarios norteamericanos dentro y fuera del país, siendo uno de los más influyentes, sito en edificio Ambars Motors, 23 Nº 55, piso 9ª.

1 Propiedad de Mario Lazo Guiral en sociedad con Jorge E.de Cubas. También formaban parte de él: Bernardo Figueredo Sanz, cuñado de Cubas; Ernesto de Zaldo Deschapelles, hijo de Ernesto de Zaldo Ponce de León, presidente y propietario de "Havana Coal Company", vicepresidente de "Zaldo y Martínez" (VER "FERNANDO MARTÍNEZ ZALDO"), con intereses en el central Isabel(ML) (VER "GONZALO NÚÑEZ BEATTIE"), en "Godoy Sayán, Oficina Aseguradora de Cuba"(VER) y otras; Sergio Méndez Peñate; Eugenio Desvernine; Jorge Hevia Díaz, cuyo hijo el Dr.Jorge Hevia Inclán estaba casado con María, hija del Dr.Emilio Núñez Portuondo, embajador en EE.UU.; Francisco Figueroa Miranda, nieto de Miguel Figueroa, dirigente de los Autonomistas, e hijo político de Alfredo Lombard Sánchez; Pedro Castillo Perpiñán, hijo del Dr.Pedro Castillo y casado con Julia, hija de Miguel Ángel Falla Álvarez, etc.

Lazo había nacido en EE.UU. en 1897 de ascendencia latina, graduado en Leyes en la Universidad de Cornell, obtuvo el grado de capitán durante la I Guerra Mundial y, tras finalizar ésta, se trasladó a Cuba donde se graduó en Derecho en la Universidad de La Habana. Había trabajado en una firma legal en Nueva York y en la enseñanza en Filadelfia. Era primo del Dr. Carlos Márquez Sterling y del Dr. Enrique Guiral.

Durante el último año del gobierno de Batista fue muy activo como mediador para evitar la suspensión del apoyo de EE.UU. a dicho gobierno. En marzo de 1958 acompañó a Carlos Márquez Sterling –candidato a la Presidencia por la oposición– en su entrevista con Smith, el embajador norteamericano, para que EE.UU. apoyara el Diálogo propuesto por la Iglesia y pospusiera las elecciones para noviembre. Con posterioridad, el dia del Thanksgiving le informó al embajador del plan secreto de su gobierno dirigido a la renuncia de Batista para lo cual enviarían a William D.Pawley a entrevistarse con su antiguo amigo.

Cubas había nacido en 1895 y era vicepresidente de los "Ferrocarriles Consolidados de Cuba"(VER "FRANCISCO BARTÉS CLARENS"), así como vicepresidente y asesor legal de la "Cubana, Compañía"(VER), propietaria de los centrales Jobabo y Jatibonico, la que desde 1953 había pasado al control de un grupo de cubanos del que formaba parte entre los cuales estaba Amado Aréchaga, su presidente, Agustín Batista y Francisco de Pando.

Había participado en el Primer Congreso de Estudiantes en 1923 dentro del ala derecha junto a Emilio Núñez Portuondo, Herminio Portell Vilá, Jorge Barroso, Eduardo Suárez Rivas, Agustín Cruz y otros y en 1931 había sido director del periódico "El Mundo" sustituyendo al Dr.German Wolter del Río cuando era propiedad de Rafael R.Govín Jr.. Su hermano, el médico José Luis, estaba casado con

Luisa Sánchez Hernández, hija de Luisa Sánchez Aballí, cuyo hermano Rafael estaba casado con Berta, hija del Gral.Machado de cuyo gobierno fuera Ministro.

2 El Bufete había sido fundado en 1927 por Lazo y Cubas, quienes se conocieron en la Universidad de la Habana. Poseía 35 abogados y 75 empleados. Fue representante del Gobierno de EE.UU. durante la II Guerra Mundial y en esa época negoció la instalación de la planta de niquel de Nicaro y después la de Moa, la base aérea de San Antonio y años después el negocio del "Havana Hilton". También representaba los intereses de la "United Fruit"(VER).

3 Era el consejero legal de la "Cámara de Comercio Americana de Cuba" la cual agrupaba 180 firmas norteamericanas establecidas en el país, o sea el 90 % de las existentes y su secretario era el Dr. Ernesto de Zaldo, uno de sus abogados.

Fueron importantes intermediarios en el proceso inversionista hotelero de los años 50 entre el capital norteamericano, el cubano, gobierno y la banca paraestatal. Fue el gestor ante Conrad Hilton para la construcción del Hotel Hilton(VER "FRANCISCO AGUIRRE VIDAURRETA"), asociado con el Gobierno Cubano pero, al no obtener capital de éste ni de empresarios cubanos, se dirigió a la Caja de Retiro Azucarero y finalmente a la Gastronómica, quienes finalmente lo financiarían.

Gestionaron además ante la banca paraestatal el financiamiento para la construcción del "Antillean Hotel Corporation" (VER) a levantarse en el "Parque Martí", del que Desvernine era el vicesecretario.

230- BUFETE MENDOZA

Bufete jurídico especializado en asuntos mercantiles, sito en Amargura N° 205 entre Habana y Aguiar, que era uno de los más importantes y antiguos.

1 Era propiedad de algunas ramas de los G. de Mendoza y estaba dirigido por Alberto G. Mendoza Freyre de Andrade en sociedad con su primo Julio Batista G. de Mendoza, hermano de Agustín (VER "THE TRUST COMPANY OF CUBA"), sus hijos Alberto y Oscar G. de Mendoza Kloers, sus sobrinos Néstor y Enrique G. Mendoza Párraga, así como sus otros primos Fernando G.Mendoza Zaldo y Mario G. Mendoza Vinent.

Eran miembros también Luis J.Carbonell, Julio de Juan, Faustino Leal, Juan Rodríguez Ramírez, Enrique Urioste y Carlos M.Varona del Castillo, hijo de Enrique José Varona quien desde 1921 trabajaba en el Bufete. También Antonio Iglesias de la Torre, hermano de Julio –testaferro de Batista– quien además era presidente y uno de los accionistas mayoritarios del "Consorcio Reca"(VER), firmas petroleras propiedad de varios personeros del gobierno.

Mario, principal además de "Alberto G. Mendoza e Hijos"(VER), firma propietaria del Reparto "Habana Biltmore", con oficina en el propio Bufete y ex-presidente del HBYCC, había ocupado la jefatura del Bufete al sustituir a su hermano Néstor, fallecido el 16 de diciembre de 1954. Era hermano de Luis (VER "LUIS G. MENDOZA Y COMPAÑÍA"), corredor de azúcar, hacendado, y otros variados intereses, así como de Mario(VER "SUCESORES DE ARELLANO Y MENDOZA, CONTRATISTA S.A."), inportante contratista, político y con otros intereses.

2 El "Bufete" había sido fundado en 1854 por Antonio G.de Mendoza Bonilla, profesor de Derecho Mercantil de la Universidad de La Habana, uno de los fundadores del Círculo de Abogados de la Habana en 1879, Alcalde de La Habana en 1879

hasta 1881 en que renunciara para servir en el Consejo de Administración junto a Gálvez y Bruzón y el primer Presidente del Tribunal Supremo al crearse éste tras la independencia. Se convirtió en el principal de la Habana, habiendo sido el precursor de dirigir su práctica profesional hacia el mundo de los negocios.

Su fundador se casaría el 30 de marzo de 1855 con María de las Mercedes Pedroso Montalvo, hija del acaudalado hacendado Joaquín Pedroso Echevarría y de Micaela Montalvo Castillo, originando una de las familias más influyente cuyos descendientes de sus 7 ramas enlazarían con las principales de cada época y serían propietarios en todos los sectores del país.

La Pedroso Montalvo, junto con su hermano Manuel, sacerdote jesuista residente en España, heredaría de sus padres en 1879 el central "Santa Gertrudis", situado en Martí, Matanzas, habiendo concedido entonces su esposo, con el consentimiento de ambos, la libertad a la dotación de 300 esclavos, que fue el primer acto de esta naturaleza en Cuba.

Tras el fallecimiento en 1906 de Antonio González de Mendoza el central había sido heredado por sus 11 hijos, siendo administrado por Miguel Mendoza hasta 1916 en que lo vendieran a la "Cuba Cane Sugar Corporation"(VER "AZUCARERA ATLÁNTICA DEL GOLFO S.A., COMPAÑÍA"), la mayor firma azucarera del mundo, la cual, tras su quiebra en 1929 y su remate judicial en 1934, demoliera 6 de sus centrales, entre ellos éste.

La rama de los Mendoza-de la Torre había estado al frente del "Bufete" durante 2 generaciones, ya que el hijo de su fundador, Claudio G.de Mendoza Pedroso, quien trabajara en él desde 1883, lo sustituyó, junto a su hermano Ramón, al retirarse de la vida activa en 1900 y, tras el fallecimiento de aquel en 1942, pasaría a dirigirlo su hijo Fernando hasta 1950, a quien, a su vez, habría sucedido Néstor, hermano de éste y del actual.

El "Bufete" había administrado durante los años 20 la "Suarez y Mendoza", urbanizadora del barrio "La Coronela" y "Barandilla". Desde comienzos de siglo atenderían las custiones jurídicas del "The Royal Bank of Canada"(VER) que durante años sería el más importante de Cuba y gran propietario de centrales. Estas relaciones servirían para la compra del "The Trust Company of Cuba", un banco quebrado propietario de aquel, por parte de Agustín Batista González de Mendoza, antiguo abogado del Bufete.

231- BUFETE NÚÑEZ MESA Y MACHADO

Bufete jurídico especializado en asuntos comerciales, sito en San Ignacio Nº 308.

1 Era propiedad del Dr. Mario Núñez Mesa y el Dr.Luis Machado.

Núñez, miembro del Ejecutivo de la "Asociación Nacional de Ganaderos de Cuba" y Presidente de la Asociación de Hacendados de la provincia de Oriente, era accionista y vicepresidente-secretario de "Azucarera Vicana, Compañía" (VER) del Central Isabel (M.L.), propiedad principal de sus sobrinos Núñez Beattie. Era sobrino del Gral. del E.L. Emilio Núñez Rodríguez (VER "EMILIO NÚÑEZ PORTUONDO") y primo de Emilio y Ricardo Núñez Portuondo, habiéndose graduado de abogado en la Universidad de La Habana y en la de "George Washington" en EE.UU., ex-secretario de Gobernación, ex-presidente del Club Rotario, ex-presidente de la "Asociación de Propietarios y Vecinos de Miramar" y antiguo arrendatario de 1946-48 del central La Francia.

Machado había sido presidente de la "Asociación Nacional de Industriales de Cuba", embajador en EE.UU. en marzo de 1950, Director del "Banco Internacional de Reconstrucción y Fomento" hasta ese año, miembro de la Comisión de 1936 de la Corporación Nacional de Turismo integrada por empresarios directamente interesados en la urbanización y el desarrollo turístico del este de La Habana hasta Varadero.

232- BUFETE PÉREZ BENITOA, LAMAR Y OTERO

Bufete jurídico especializado en asuntos comerciales, al servicio de los intereses empresariales de Fulgencio Batista a quien además servía en ocasiones de testaferro, sito en el Edificio Ambar Motors.

1 Era propiedad de Antonio Pérez Benitoa Fernández en sociedad con Mario Lamar y Norberto Otero. También pertenecían a él los abogados Gonzalo Ruiz Paz, Nicanor Díaz Díaz –también notario–, Arturo G.Garaballo Alonso y Rinaldo Lago Carbonell.

Sus 3 socios estaban relacionados por lazos conyugales con la familia de Batista o con políticos de su confianza. Pérez Benitoa había estado casado con Mirtha Batista Godínez, hija del primer matrimonio de Fulgencio Batista y su padre José Pérez Benitoa era contratista de obras del Gobierno mientras su tío Manuel era uno de los principales testaferros de aquel. Su suegro le había designado tesorero del Instituto Cubano del Turismo en 1952, gestor del FHA en febrero de 1953, Director de las Oficinas Técnicas de la Presidencia en 1955.

Otero había estado casado en primeras nupcias con Gloria Saladrigas G.Llorente, hija del Dr.Carlos Saladrigas Zayas, ya fallecido, quien había sido durante el último gobierno de Batista Presidente del Consejo Consultivo, Ministro del Trabajo y Ministro de Estado y, en la década del 40, Primer Ministro y candidato presidencial derrotado por Ramón Grau San Martín. Ahora lo estaba con Loló Suero Falla, hermana de Alejandro Suero Falla, principal ejecutivo de los 6 centrales de la "Sucesión Falla Gutiérrez"(VER).

Lamar, hijo de Mario M.Lamar Presas, ex-secretario del Consejo de Estado al disolverse el Congreso en 1935 por Mendieta, había estado casado en primeras nupcias con Rosa María, hija de Anselmo Alliegro, Presidente del Senado, durante el último gobierno, muy relacionado con Batista.

3 El Bufete había servido de intermediario a Batista, entre otras, en la propiedad secreta de más del 90 % del capital suscrito mediante algunas firmas fantasmas registradas en Panamá así como de acciones al portador de "Interamericana de Transportes por Carreteras S.A., Compañía"(VER), una firma monopólica del servicio de carga y expreso por camiones, así como en "Cubana de Aviación S.A., Compañía"(VER), propiedad principal de Fulgencio Batista, donde Benitoa era su secretario; en la "Organización Vacuba"(VER), donde Otero era vicepresidente.

233- BUFETE SALAYA-CASTELEIRO

Bufete jurídico especializado en asuntos comerciales, sito en Oficios N° 104.

1 Era propiedad del Dr. César Salaya de la Fuente en sociedad con su cuñado el Dr. Jorge S. Casteleiro, quien también era notario. Lo integraban además Agustín Goitisolo Recio, Esteban Ferrer Ruiz, Francisco Pérez Vich, Jesús J.Pardo, Eduardo Deschapelles y José A. Ramírez Tapia.

Ambos eran vicepresidentes de la "De Jarcia de Matanzas, Compañía"(VER) donde Segundo Casteleiro, suegro y padre respectivamente de cada uno, había sido su presidente y principal accionista durante años. Salaya era además accionista del "Banco de Fomento Comercial"(VER), que su hermano Eduardo presidiera de 1951 a 1955 y hermano de Francisco, presidente la "De Seguros El Iris, Compañía"(VER) que su padre también presidiera. Casteleiro era presidente de "Asociación Nacional de Cosecheros de Kenaf" y miembro del Consejo de Directores de las empresas de seguro "La Alianza", "La Metropolitana" y Sociedad Panamericana de Seguro S.A.".

Salaya era profesor de Derecho Internacional de la Universidad de La Habana y Casteleiro era graduado de la Escuela de Leyes de la Universidad de Harvard.

234- BURÓ-EMPLEO & ACADEMIA GREGG

Escuela de comercio, secretariado, contabilidad, inglés, taquigrafía y mecanografía, sita en la Manzana de Gómez N° 514.

1 Peter C Salmon era su director. Con anterioridad Michael Richardson había sido su Director y estaba bajo la razón social de "Gregg Academy and Business College".

235- B. MENÉNDEZ Y HERMANOS

Fábrica de tabacos marca "El Rico Habano" sita en Habana N° 906, La Habana.

1 Ricardo Menéndez Suárez, establecido desde comienzos de siglo en Guanabacoa, presidente de la "Unión de Fabricantes de Tabacos y Cigarros" en febrero de 1941, era su presidente.

2 Había sido fundada en 1860 y en el pasado había producido además otras marcas: "La Prueba", "Flor de R.Barcia", "La Alianza" y "La Fiel Cubana".

236- CABILLAS CUBANAS S.A., COMPAÑÍA

Industria siderúrgica productora de cabillas corrugadas, con capacidad de 50 000 a 55 000 Ton. anuales en 3 turnos con 180 obreros, ubicada en el Cotorro. Fue la 1ª planta de laminación de acero establecida en Cuba.

1 Sus propietarios eran Manuel A. Vega Armiñán y Severiano Larrinaga V. Aguirre, quienes desde junio de 1950 adquirieron el 90% de las acciones. Vega, su presidente, era además administrador general de los 3 centrales de Manuel Aspuru (VER "AZUCARERA CENTRAL TOLEDO S.A."), cuyos intereses posiblemente representara. Larrinaga era el apoderado de su tío Camilo V. Aguirre, exportador mayorista de serap iron.

2 Se constituyó el 3 de diciembre de 1948 comenzando a producir a fines de 1949. La planta era solvente y productiva.

El 14 de noviembre de 1955 ambos propietarios constituyeron la "Antillana de Acero S.A."(VER) que comenzara a producir en 1959.

237- CACICEDO Y COMPAÑÍA S.L.

Importadores de víveres, consignatarios de buques, embarcadores de azúcar y concesionarios del Muelle Torriente, ubicada en Argüelles Nº 137, Cienfuegos.

1 Propiedad de la familia Cacicedo, origen de su cuantiosa fortuna. Pedro Rojí Cacicedo e Isidoro Rojí Torriente, miembros de la familia eran sus gerentes.

Los Cacicedo poseían 2 centrales: "Central Caracas S.A."(VER) y "Central Santa María S.A."(VER), heredado de su abuelo, que tenían una capacidad total de 565 000 @ diarias, representando el 26º grupo más importante y el 13º entre los de capital no norteamericano, así como 5 500 caballerías de tierra, siendo el 17º mayor propietario. Esteban Cacicedo Gutiérrez presidía el Caracas y Felipe el Santa Marta.

Era uno de los 3 grupos de hacendados con más de 1 central que poseían igual capacidad de producción y compartían la propiedad del "Central Caracas S.A." con los Escagedo quienes también eran propietarios de dos centrales.

El central Santa Marta lo habían heredado de su abuelo, quien lo comprara en 1909 y el Caracas lo habían comprado en 1946 junto con Julio Lobo y los hermanos Escagedo, con los últimos de los cuales permanecieron asociados.

Las familias de los Cacicedo y de los Escagedo tenían una antigua y variada asociación. Así en 1951 habían comprado la "Azucarera Sibanicú S.A."(VER) que con posterioridad vendieron. También habían comprado el Pilar en 1951 asociados con Julio Lobo(VER "AZUCARERA GÓMEZ MENA S.A., COMPAÑÍA"), quien en 1953 les vendería su parte mayoritaria en el Caracas mientras a su vez les compraba su parte en el segundo.

Eran propietarios también del "Banco Cacicedo"(VER), ubicado dentro del local de la firma con quien compartía los empleados, así como de "Compañía de Seguros y Fianzas de Cienfuegos S.A."(VER), de "Distribuidora Alea S.A., Compañía" de financiamiento de autos, de "Fincas Rústicas y Urbanas, Compañía", de arroceras, molinos de arroz y otros variados intereses.

2 Eran nietos del español Esteban Cacicedo Torriente, nacido en Ceceñas, Santander en 1849, fallecido el 23 de agosto de 1933 y llegado a Cuba en 1862, quien comenzara en el pueblo de Esperanza como dependiente de una bodega hasta establecerse en Cienfuegos en 1865. Más tarde en 1877 fundaría un almacén de

víveres en 1877 junto con José García que se dedicaba al comercio y banca, bajo la firma García y Cía y que posteriormente en 1922 varió a la Cacicedo y Compañía S en C. Nicolás Castaño había sido su empleado hasta los años 80 en que éste se independizó.

Cacicedo fue Concejal del primer Ayuntamiento de Cienfuegos en 1878, miembro en 1881 de una de las 2 fracciones del Partido Unión Constitucional, presidida por José Porrúa, junto con José Pertierra y Leopoldo Díaz de Villegas, en contra de la de Fernández Mijares y Nicolás Castaño, Teniente del Batallón de Voluntarios de Cienfuegos en 1887 y presidente del Casino Español de Cienfuegos en 1918.

Fundó bancos, ingenios, firmas ganaderas, empresas arroceras, etc. y fue propietario desde 1909 del Central Santa María que heredó su familia.

Tras su fallecimiento en 1933 se constituye "Cacicedo y Compañìa, Sociedad Limitada", distribuyéndose las acciones entre sus 6 hijos y Pedro Rojí Cacicedo, hijo de su socio y pariente, Serafín Rojí Cacicedo, fallecido el 14 de febrero de 1932. En ese entonces el presidente sería el hijo del fundador, Esteban Cacicedo Torriente, hijo, quien al fallecer en 1951 sería sustituido por Pedro Rojí Cacicedo.

Estaban emparentados con otras 2 familias de origen español, que habían hecho su fortuna también en la región de Cienfuegos. Carlota Gutierrez Valladón, la madre, era hermana de Carlos Felipe y Gerardo, casados con sendas hijas de Nicolás Castaño(VER "COMUNIDAD DE BIENES HERMANOS CASTAÑO"), otro rico español fundador de un imperio en Cienfuegos similar al de su abuelo. Además era hermana de Viriato Gutierrez, casado a su vez con Adelaida, una de las tres hijas del otro magnate español de Cienfuegos, Laureano Falla(VER "SUCESIÓN DE L.FALLA"), fundador del segundo principal grupo azucarero no norteamericano de la época.

3 Era una firma solvente que operaba con muy buenas utilidades. El capital líquido ascendía a más de $612 000, con buen índice de solvencia y buena administración. Cliente del Banco Cacicedo por $80 000 a $90 000.

238- CADENA AUTOMOVILÍSTICA S.A.
Agencia de autos "Nash", sita en Zanja N° 501 entre Marqués González y Santiago, sin sucursales, que era cliente del Royal.

1 José R Hernandez Muñiz era su presidente.

239- CADENA ORIENTAL DE RADIO
1 Una de las radioemisores propiedad de Fulgencio Batista (VER "DE INMUEBLES S.A., COMPAÑÍA"), quien la testó en secreto a favor de sus hijos del primer matrimonio.

Otros accionistas eran Agustín Mederos Fernández, Guillermo Henriquez Rosell, Bernardo Vega Dosal, José A. Vivó Hernández y el contratista Alberto Vadía Mena (VER "INGENIERÍA VAME S.A.").

240- CAFÉ EUROPA
Restaurant, cafetería y bar "Europa" así como servicios de buffet, sito en Obispo N° 303 entre Habana y Aguiar, que era cliente del "Trust".

1 Era propiedad de Ramón de la Noval González.

241- CAFETERÍAS "KIMBOO"

Restaurant y cafetería de servicio rápido "Kimboo", sita en la planta baja del Edificio del "Retiro Odontológico".

1 Era propiedad de Felipe Coss Vega.

242- CALERA SANTA TERESA

Industria extractora de cal con 100 obreros, ubicada en Artemisa. Era la mayor en su giro.

1 Propiedad de Manuel Domínguez Morejón, quien también era presidente y uno de los propietarios de "De Cemento Santa Teresa, Compañía"(VER), nueva fábrica de cemento erigida en las inmediaciones de la calera, en sociedad con el general Luis Robaina.

243- CALIXTO LÓPEZ Y COMPAÑÍA

Fábrica de cigarros "Edén" con 152 trabajadores y almacén de tabaco en rama, ubicada en Zulueta N° 702, La Habana.

1 Propiedad de José María Díaz, su presidente, un norteamericano residente en EE.UU. descendiente de 3ª generación de los asturianos antiguos propietarios, quien viajaba regularmente a Cuba atendiendo su negocio.

2 Se había originado en 1878 cuando Francisco Grande Bances estableciera en La Habana la fábrica de tabacos con las marcas "Lo Mejor" y "Edén", a la que en 1888 se asociaran Calixto López y Manuel López bajo la razón social de "Bances y López" que rigiera hasta 1890 cuando Bances vendiera su parte a sus socios quienes constituyeron entonces la firma actual.

Algunos atribuyen a Calixto López su fundación en 1885, a la vez que le imputan la introducción del cultivo del tabaco tapado en su vega "Guainacabo" en San Luis, Pinar del Río. Al fallecer en 1911 pasó a ser administrada por Manuel López y su hijo Calixto que desde 1907 abrieran una sucursal en Tampa bajo la razón "López Hermanos".

Aida, hija de Calixto López Albuerne, estaba casada con Manuel Rodríguez López, fallecido el 18 de junio de 1939, quien había sido el principal fundador a comienzos de siglo de un almacén de tabaco en rama situado en Cárdenas y Gloria en La Habana, antecesora de la fábrica de cigarros Regalías El Cuño"(VER "HIJOS DE DOMINGO MÉNDEZ Y COMPAÑÍA").

Manuel López fue además propietario de la fábrica de tabacos "Punch" y "Belinda", sita en los bajos de su casa en Rayo entre Zanja y Dragones y del "Hotel Miramar" situado en 1916 en Prado N° 2, La Habana, cuyo restaurant estaba entre los mejores de la época.

López, casado con Concepción Valle, hermana de Manuel Valle y tía-abuela paterna de Laura Gómez Tarafa, era tío de Manuel Fernández Valle, propietario de "Romeo y Julieta, Fábrica de Tabacos S.A."(VER) y también de Manuel Valle Gómez, nacido en Santander, casado con Laura, hija del Cnel.José Miguel Tarafa(VER "AZUCARERA CENTRAL CUBA S.A., COMPAÑÍA").

La fábrica de tabacos pasó más tarde al control de José M.Díaz y Cesáreo Díaz, su gerente, y era una de las principales marcas conocidas en el extranjero, con vegas en Pinar de Río y una oficina en New York desde entonces.

A partir de los años 20 giraron hacia la producción de cigarrillos a escala mucho mayor, convirtiéndose en una de las grandes marcas.

3 Una de las 14 existentes en 1958 y una de las 3 que no cayeron bajo el control del Trust norteamericano a principios de la República.

244- CAMILO V. AGUIRRE

Fundición de artículos de bronce y de latón, almacén de materias primas para la industria y tratante en metales viejos, con sede en Merced N° 324, La Habana, cliente del "City".

1 Era propiedad de Camilo Verano Aguirre, exportador mayorista de chatarra, quien tenía de apoderado de sus intereses a su sobrino Severiano Larrinaga V.Aguirre. Era propietario de otra fundición sita en San Felipe y Ensenada y era además un importante exportador mayorista de chatarra, serap iron, metales viejos y cuernos y huesos secos de res.

También formaba parte de los grupos de capitales ferreteros y del acero que se habían asociado para fomentar "Antillana de Acero S.A."(VER) y "Cabillas Cubanas S.A."(VER), donde su sobrino era vicepresidente I en ambas firmas.

245- CANAL 12 S.A.

Canal 12 de la televisión con estudios en Prado N° 20 y oficinas en Virtudes N° 312, que trasmitía en colores durante 20 horas diarias a través de su planta "Telecolor" sita en Ave 49 N° 2806, Marianao.

1 Propiedad de Fulgencio Batista (VER "DE INMUEBLES S.A., COMPAÑÍA"), aunque aparentemente lo era de Gaspar Pumarejo, quien también le había vendido sus acciones por $25 000, junto con otros accionistas, de "Cadena Azul de Cuba"(VER "RADIO REPORTER S.A.").

Pumarejo, gran promotor, imaginativo y audaz aunque con poco capital, que había comenzado como locutor, había sido propietario de "Unión Radio S.A"(VER) y había fundado "Unión Radio TV", integrada por el canal 4 de la televisión, por la radioemisora "Unión Radio" y por el canal 2 de televisión, con capital que lograra reunir.

246- CANTERAS CUBANAS S.A.

Arrendataria de las canteras propiedad de la "Casa de Beneficencia y Maternidad", ubicadas en la finca Jesús María, en Minas, Guanabacoa.

1 Los propietarios de la firma eran Bruno Andrés Santana Sierra y Oscar Castro Leyguardia, quienes eran el presidente y el tesorero respectivamente.

2 Se constituyó el 27 de septiembre de 1955 y tenía un contrato de arrendamiento por 6 años con la "Casa de Beneficencia y Maternidad", la que dedicaba sus ingresos para sostener la Granja Agrícola "Santa Martha", ubicada en la finca de la Cantera.

3 Solicitaron financiamiento por $50 000 al BANFAIC el 29 de enero de 1957 que fue rechazado.

247- CANTERAS DE MINAS S.A.

1 Canteras propiedad de Martín R. Dosal Domínguez, miembro de la familia Dosal, propietarios de la "Martín Dosal y Compañía" (VER), fabricantes de cigarrillos y de la "Constructora Aldo S.A."(VER) de las que era uno de los accionistas principales e hijo del primer matrimonio de su presidente Martín Dosal Janón.

3 Cliente del Chase Manhattan Bank por $20 000.

248- CANTERAS HABANA S.A.

1 Cantera situada en San Francisco de Paula, propiedad de Miguel A. Canfux, presidente y propietario único del "Banco Agrícola e Industrial"(VER).

249- CANTERAS NOVO S.A.

Cantera ubicada en la finca Constantino cerca del central Toledo, Marianao, cuya finca era arrendada.

1 Tenía un capital pagado ascendente a $200 000, propiedad principal de la familia Novo en sociedad con José A. López Serrano (VER "CULTURAL S.A.") quienes eran socios conjuntos también de "Comercial Tu-Py S.A., Compañía (VER) y además tenían acciones en "Supermezcladora de Concreto S.A.", "Canteras Unidas S.A." y "Canteras de Guanajay S.A." y una última cantera en El Lucero.

Los tenedores de las acciones eran Rogelio, Esther y Josefina Novo, así como Silvia Novo Oca y Rogelio Novo Fernández, mientras López Serrano era el propietario de las fincas donde estaban ubicadas las canteras. Rogelio G.Novo Balón (VER "COMERCIAL TU-PY S.A., COMPAÑÍA") era el presidente y José A. López Echarry, hijo de López Serrano, era el vicepresidente.

2 Las canteras habían sido fundadas en 1913 por Rogelio G. Novo Gil, padre del presidente actual y la firma se había constituido el 1° de junio de 1943, mientras las otras canteras mencionadas se constituyeron en 1957.

3 Sus activos fijos ascendían a $357 948 y tenía ventas por alrededor de los $300 000.

250- CANTERAS SAN GABRIEL S.A.

Canteras de piedra para materiales de construcción, con 19 trabajadores, ubicadas en Guanajay en el Km.40 de la Carretera Central.

1 Propiedad principal en 2/3 partes del Ing. Enrique Luis Varela y el Dr. M. Manrique Morcate, presidente y secretario respectivamente, en sociedad con Recaredo Álvarez Linares, su tesorero, quien el 4 de diciembre de 1957 les había vendido las acciones.

2 Este último las tenía en arriendo desde 1953, habiendo recibido un préstamo del BANFAIC el 7 de febrero de 1956 por $20 000, que le fue cancelado al no utilizarse por el interesado. Habían sido explotadas anteriormente por "Arellano y Mendoza".

3 Tenía adeudos por $23 480 con el Banco de los Colonos. Intervenida por el Ministerio de Recuperación de Bienes Malversados en 1959.

251- CAPILLAS SAN JOSÉ S.A.

1 Funeraria "San José" sita en Carlos III N° 952 esq. a Infanta, La Habana, propiedad de José Machín Méndez.

252- CÁRDENAS Y COMPAÑÍA

Almacenista de efectos de escritorio y papel y productora de libros de contabilidad, libretas e impresos en general, sito en Egido N° 568, La Habana, el cual era cliente del "Trust" y del "Pujol".

1 Propiedad de Antolín de Cárdenas Cuéllar.

253- CARGA POR AVIÓN S.A.
Una de las 4 líneas aéreas comerciales y una de las 2, junto con "Cuba Aeropostal", que hacía vuelos regulares sólo de carga entre La Habana y Miami con 3 aviones Curtiss C-46.

1 José López Vilaboy era uno de sus propietarios.

2 Se constituyó en 1942 como "Expreso Aéreo Interamericano", que en junio de 1946 se fusionó con "Cubana de Aviación S.A, Compañía" (VER). A partir de 1958 comenzó a ser operada por la actual razón social.

El "Expreso Aéreo Interamericano" se había inaugurado en agosto 16 de 1943 con un servicio regular entre Miami y La Habana con 4 aviones y oficina en Industria N° 506, La Habana y su directiva estaba integrada por Teodoro Johnson como presidente; Manuel Gamba, vicepresidente y eran vocales Manuel Aspuru, el Dr. Luis Gamba y Ernesto Steward.

En septiembre de 1945 la administración pasó a Donald W. Stewart, su vicepresidente ejecutivo, quien amplió sus vuelos nacionales y adicionó otra línea de pasajeros a Miami.

El Decreto N° 3033 del 25 de octubre de 1943 le concedió una exención de derechos de aduanas para importar aviones, equipos, etc., y, el Decreto N° 3001 del 12 de septiembre de 1944, para productos que importara de EE.UU.

3 Tenía su base de operaciones en el Aeropuerto de Rancho Boyeros y en el pasado había mantenido una línea de pasajeros Habana-Santa Clara-Holguín.

254- CARIBBEAN ELECTRONIC
Comercio importador y comisionista de efectos electrodomésticos, sito en 1 N° 353, Vedado.

1 Propiedad del Ing. Walter Wooster Richard, su presidente.

255- CARIBBEAN SUGAR PRODUCING COMPANY
El "Vitoria" era el 96° central en capacidad de producción (220 000 @), RI mediano de 12.72, 2 100 trabajadores y con considerable extensión de tierra (el 47°) con 766 caballerías, situado en Yaguajay, Las Villas.

1 Propiedad de Manuel Gómez-Mena Waddington. Enrique M. de Ganté y Jesús Ortúzar Unzueta eran sus apoderados a la par que eran también presidente y vicepresidente respectivamente de "Operadora Central Vitoria S.A., Compañía", firma arrendataria que lo operaba.

Jorge García Montes, hermano de Guillermina, esposa de Waddington, y quien fuera Consejero Consultivo y Primer Ministro en el Gobierno de Batista de los años 50, había sido uno de los vicepresidentes de la firma operadora hasta 1955 y antes lo había sido de la "New Vitoria Sugar Company".

Manuel Gómez Waddington era primo de José Gómez Mena Vila (VER "NUEVA COMPAÑÍA AZUCARERA GÓMEZ MENA"), que era el 10° hacendado en importancia y el 3° de capital no norteamericano, así como de Alfonso Gómez Mena, quien había sido propietario del central Santa Teresa hasta 1958 (VER "AZUCARERA VIVANCO, COMPAÑÍA").

Era hijo de Pedro Gómez Mena, español, que fundara en 1871 en Cárdenas una casa comercial, trasladándose para la Habana en 1875 donde se dedicara, además de a la importación de tejidos, a la banca, siendo su casa una de las más importantes y una de las 5 cubanas que lograra sobrevivir después del crac, siendo absorbida inmediatamente por el "The Royal Bank of Canada". Su padre en aquel entonces era también vicepresidente del "Banco Nacional", el 2° más importante, que quebrara, así como propietario también del central San Antonio que perdiera, y su hermano Andrés, padre de José Gómez-Mena Vila, lo era del "Gómez Mena" y del "Amistad".

Había sido propietario del central Ulacia hasta enero de 1937 en que lo vendiera a Francisco Blanco Calás(VER), tras estar inactivo desde 1927.

2 El central fue fundado en 1863 por José Noriega, siendo en 1864 de "Olmo y Compañía", pasando en 1875 a "Noriega, Olmo y Compañía". Sin embargo hay discrepancias sobre el año de su fundación, que otros sitúan antes de los 60 cuando pertenecía a "Noriega, Olmo y Compañía" hasta 1878.

A partir de 1889 pasa a la propiedad de la familia Ruiz de Gamiz, emparentados con Julián de Zulueta, estando al frente Pablo Gamiz y en 1903 Juan Pablo Ruiz de Gamiz hasta 1910 en que pasa a sus herederos. Con posterioridad pasa en 1928 a la "Compañía Azucarera Central Vitoria", de 1930 hasta 1940 a la "Compañía Productora de Azúcar Yaguajay" y en 1945 a la "New Vitoria Sugar Company".

Pedro Gómez Mena sería su propietario a partir de los años 30 y, a partir de 1948 se arrienda a la "Compañía Operadora Central Vitoria", presidida por Enrique M. Gante y Jesús Ortúzar Unzueta como vicepresidente.

3 Según la "Comisión Técnica Azucarera" en 1951 sus costos eran de $16.40 por cada saco de 325 lbs., o sea por debajo de la media de $17.87, y sus activos totales estaban valorados en $3 037 083.

256- CARRILLO-LA GUARDIA

Agentes de seguros y fianzas, con oficina en Cuba N° 222, La Habana, que era cliente del "Chase", "Royal", "Continental", "City", "González y Hermanos", "Agrícola e Industrial" y "Agrícola Mercantil".

1 Era propiedad de los hermanos Andrés y José Carrillo de Albornoz de la Guardia.

257- CARRILLO Y COMPAÑÍA, PUBLICIDAD S.A.

Agencia de publicidad y propaganda comercial, sita en J N° 523 esq. a 23, Vedado.

1 Su propietario y presidente era Edgar Carrillo Angulo, casado con Olga, hija del Cnel. del E.L.Eugenio Silva Alfonso, propietario de grandes extensiones en la playa de Varadero y del "Kawama Beach Club".

258- CASA AYÚS

Tienda de efectos deportivos con el nombre "Ayús", sita en O'Reilly N° 69, La Habana.

1 Era propiedad de Manuel Ayús Torregosa.

259- CASA LUCKY SEVEN SPORTS

Tienda de efectos deportivos "Lucky Seven" sita en Obispo N° 466 entre Villegas y Aguacate, La Habana.

1 Era propiedad de Lázaro García Diezcabezas.

260- CASA TUDOR

Jardín y florería "Tudor" sito en Zapata entre 18 y 20, Vedado.

1 Propiedad de Julio Lluria García, cuya hija Cuchita estaba casada con Carlos M., uno de los hermanos Sánchez Cil, propietarios de "Central Senado S.A. (VER).

261- CASA VASALLO S.A.

Almacenista y casa de comercio de radios, efectos eléctricos, refrigeradores, efectos navales, efectos fotográficos y cinematográficos, efectos para deportes y juguetería, conocido como "La Casa Vasallo", sito en Obispo N° 52, esquina a Bernaza, La Habana, con sucursales en 5ª Ave y 42, Miramar y en Pinar del Río, Matanzas, Trinidad, Camagüey y Santiago de Cuba.

1 Propiedad de los hermanos Dr. Armando Rodríguez Lendián Lliteras, vice-presidente y co-propietario de "Ácidos e Hipocloritos"(VER) y de "Silicatos Cubanos S.A." y de su hermano Dr. Edgar, que era su presidente.

2 Sergio J. Vasallo la había fundado como "Vasallo, Barinaga y Bárcenas" y en 1937, con la entrada del Dr.Armando Rodríguez Lendián Granados, padre de los actuales propietarios, adoptó la actual razón social. Más tarde, en 1941, Vasallo se retiró vendiendo su parte por $25 000 con lo que comprara 2 fincas en San Diego de los Baños.

262- CASAS Y COMPAÑÍA S EN C

Almacenista de víveres, de cacao y café y descascadora y exportadora de éste, ubicada en Ave de la Libertad S/N, Palma Soriano. Era uno de los principales almacenes de víveres de Oriente.

1 Era propiedad de Baldomero Casas Fernández, español, propietario de los centrales Borjita y Baltony, cuya capacidad total ascendía a 690 000 @ diarias, ocupando el 19° lugar y el 11° entre los de capital no norteamericano.

2 La firma había sido fundada por el tío de su propietario actual, habiéndose iniciado a trabajar en ella, donde hiciera un capital durante la II Guerra Mundial en la compra y venta de arroz con los barcos de guerra norteamericanos.

3 Cliente del "Trust".

263- CASINO DEPORTIVO DE LA HABANA

Club privado de socios con derecho a su balneario mediante una cuota sito en 1ª N° 608 entre 2 y 8, Miramar.

1 Era propiedad de Alfredo Hornedo Suárez (VER "EMPRESA EDITORA EL PAÍS S.A., COMPAÑÍA"), su presidente, quien lo había fundado como consecuencia del rechazo que sufriera para ser admitido en los clubes HBYCC y HYC, debido a su raza mestiza. No obstante, este club tampoco admitiría a los no blancos pero no gozaría del favor de las clases altas.

264- CASTAÑEDA, MONTERO, FONSECA S.A.

Fábrica de tabacos marca "Montero" y "Fonseca" sita cn Galiano N° 466, La Habana.

1 Había adoptado su actual razón social en diciembre de 1938 y entonces Manuel Rivero Alonso (VER "RIVERO Y GONZÁLEZ") era su presidente; Víctor M. Pérez, el vicepresidente; Manuel Cervera Falla, presidente del "Banco Comercial Panamericano" en Cienfuegos, el tesorero.

2 Se fundó en 1913 como "J.Montero y Compañía" por Juan Montero y José Angueira Miguens, antiguos apoderados de Juan Valle, propietario de la fábrica de "Punch", fundada en 1891. Tras el fallecimiento en 1918 de Montero se varió para "Angueira, Pérez y Compañía" al entrar como socios Victor Montero y Bernardo Pérez Pérez —éste último fallecido el 19 de julio de 1941–, la que después se transformara en la actual.

Angueira, nacido en Galicia en 1871, falleció en La Habana el 25 de marzo de 1958. Albert Van der Mye había sido su gerente en los años 30 cuando además era Cónsul de Letonia y gerente de "Vicking Steamship Company Ltd." que inaugurara un servicio de carga entre Tampa y La Habana en 1938.

Desde entonces producía las marcas de tabaco "Castañeda", "Fonseca", "Flor de Fonseca" y "Montero".

265- CASTELLÁ Y LECUONA CONSTRUCTORA S.A.

Contratista de obras.

1 Propiedad a partes iguales de Julio Lecuona Caballol, natural de Matanzas, que era su presidente, y de César Castellá Caballol, quienes eran también propietarios, junto con Fulgencio Batista, de "Playas del Golfo S.A."(VER).

2 Se había constituido el 20 de agosto de 1956

266- CAYO DEL MEDIO, COMPAÑÍA

Mina de cromo refractario ubicada en Moa en Punta Gorda, la mayor productora de cromo de las 2 existentes en Cuba, siendo la otra la "Compañía Minera Básica S.A." que era de capital norteamericano en la Provincia de Camagüey .

1 Su presidente y apoderado era Felipe Godoy Loret de Mola, hermano de Gastón, alto funcionario del Gobierno de Batista y presidente del "Banco de los Colonos"(VER), donde él también tenía intereses a la par que en "La Cañera, Compañía de Seguros S.A.(VER), de la cual era consejero, ambas firmas fundadas por su padre Gastón Godoy Agostini. Era propietario también de "Operadora de Muelles y Almacenes, Compañía" (VER), de "Godoy y Compañía" (VER) y de "Lubricantes Galena S.A., Compañía"(VER).

3 Su situación financiera era satisfactoria, sus ventas ascendían a $883 000 y tenía utilidades de alrededor de $70 000, a pesar de haberse visto obligada a paralizar las operaciones por la situación insurreccional en la zona.

El 9 de junio de 1960 Felipe Godoy envió cartas a Fidel y al Che reclamando justicia pues planteaba que se le estaba exigiendo participación estatal mayor que a la empresa norteamericana existente en Cuba. Se intervino el 29 de junio de 1960.

267- CELESTINO JOARISTI Y COMPAÑÍA

Importadores de ferretería, ubicada en Monte N° 993, La Habana, así como fabricantes de estructuras de acero, puentes y naves de hierro, sito en Velázquez y E. del Gas, Luyanó.

1 Propiedad de los hermanos Celestino e Ignacio Joaristi Lanzagorta.

2 La firma había sido propiedad de su padre, Celestino Joaristi Oyarzábal, de quien la heredaran en 1938, con un capital entonces de más de $1 millón. Con anterioridad había operado bajo la razón social de la "Joaristi y Lanzagorta S en C".

268- CEMENTO SANTA TERESA S.A.

Fábrica de cemento con capacidad de 445 500 barriles, 60 obreros, ubicada en Artemisa, Pinar del Río.

1 Capital ascendente a $700 000. El General Luis Robaina, suegro de Rubén Batista Godínez quien era hijo de Fulgencio Batista, era el principal propietario, a través de $600 000 en acciones al portador, que le fueran congeladas tras 1959. Sin embargo aparecían como sus propietarios la familia Domínguez Silveira quienes aparentemente controlaban $640 000.

Manuel Domínguez Morejón, su presidente, quien también era presidente y propietario de la "Calera Santa Teresa S.A."(VER), aparecía como el principal propietario individual con $295 000. Sus hijos Jorge y Manuel Domínguez Silveira con $60 000 cada uno eran el vicepresidente y vocal respectivamente y su madre María Teresa Silveira Rodríguez era vocal y propietaria de $225 000. Por último, Rafael Cruz Martínez poseía los restantes $60 000.

2,3 Se constituyó el 21 de abril de 1956. Se proponía cubrir el déficit de cemento de las 2 fábricas existentes en 1955, o sea, la del Mariel y la que estaba en construcción en Santiago de Cuba. Su inversión total a finales de 1958 ascendía a $3 069 000 y sus utilidades durante ese año se elevaron a $383 581.

El General Robaina, en unión de su hijo político Rubén Batista Godínez, gestionó personalmente el 20 de junio de 1956 con Joaquín Martínez Saenz, presidente del Banco Nacional de Cuba y del BANDES, su financiamiento que ascendiera a $1 700 000 de los que $1 300 000 cubrirían la mitad del costo de la planta y los restantes $400 000 se comprarían en acciones para revender más tarde. El primer financiamiento por $900 000 se otorgó el 8 de febrero de 1956 y el 2° por $800 000 el 30 de mayo de 1956.

Posteriormente, una vez puesta en marcha la fábrica, el General realizó presiones sobre los más importantes consumidores para colocar el producto y sobre todo utilizarlo en varias obras del Gobierno.

269- CEMENTOS NACIONALES S.A.

Fábrica de cemento marca "Titán" con una producción aproximada de 1 357 492 barriles y más de 400 trabajadores, ubicada en la finca "El Titán" en la carretera de Punta Gorda, Santiago de Cuba.

1 Su capital social ascendía a $650 000 siendo propiedad principal de la familia Babúm en sociedad con el puertorriqueño José Ferré Aguayo y los herederos de Emilio López Vázquez. José Ferré Aguayo, presidente de la "Ponce Products Incorporated" y presidente de la Junta de Accionistas de la "Maule Inc." con oficinas en Miami, era su presidente desde 1955, mientras Ibrahim Babúm Selma era vicepresidente primero.

2 Había sido promovida desde 1952 por Octaviano Navarrete Kindelán(VER "BANCO AGRÍCOLA Y MERCANTIL") quien la constituyó en 1953 vendiendo posteriormente los terrenos propiedad de su padre a los Babúm en sociedad con Emilio López Vázquez, quien fuera entonces su presidente mientras Ibrahím Babúm era el vicepresidente y administrador general. Posteriormente surgieron diferencias entre ambos socios por lo que López se retiró y le traspasó las acciones a sus hijos, ingresando como accionista entonces el puertorriqueño Ferré.

Su puesta en marcha se produjo en noviembre de 1955 y en julio de 1957 pasó a operar un 2° horno. Tenía reservas para muchos años de piedras calizas y arcillas en una localidad muy cercana a la fábrica.

3 Se valoraba en $6 334 000 con unas utilidades de alrededor de $37 640 en 1958. Su activo corriente se elevó de $1 889 000 a $2 509 000 y el pasivo disminuyó de $2 923 000 a $2 600 000. También las ventas disminuyeron de $5 000 000 a partir de 1956 debido a la situación política imperante en la zona. Tenía pasivos a largo plazo ascendentes a $284 000.

El BANFAIC le otorgó financiamiento por $3 000 000 en 2 partidas: la 1ª el 7 de abril de 1953 por $2 000 000 y la 2ª el 8 de abril de 1958 por $1 000 000. Era el 2°

mayor depositario en la sucursal de Santiago de Cuba del Banco Nova Scotia, después de la "Ron Bacardí S.A., Compañía"(VER).

270- CEMENTOS Y CAL CUBANO
Proyecto para la construcción de una fábrica de cemento en Gibara, Oriente, a partir de la mina "Ramona".

1,2 Promovido por Dositeo Teijeiro, español y su pariente Marcial Ferreira Vargas, quienes estaban asociados con "Inversiones Industriales de México S.A.", firma radicada en México cuyo gerente era Delfín Salazar. La firma se constituyó en 25 de abril de 1958 y el 18 de marzo de ese mismo año solicitaron al BANDES $ 4 800 000 para financiar el proyecto.

271- CENTRAL ALTAGRACIA S.A., COMPAÑÍA
Propietaria de los centrales "Alto Cedro", "Palma" y "Santa Ana", que poseía además la "Miranda Sugar Estates"(VER), con una capacidad de producción diaria total de 1 360 000 @ que representaba el 9° grupo, propiedad mayoritaria de la West Indies Sugar Corporation, de capital norteamericano, donde Julio Lobo controlaba el 25% de sus acciones y su yerno John J. Ryan III formaba parte de la Junta de Directores.

1 Era uno de los 4 consorcios azucareros bajo control del Grupo Financiero Rockefeller-Stillman, con otras 3 filiales más en Cuba (VER "THE NATIONAL CITY BANK OF NEW YORK), que no había comenzado aún a deshacerse de sus centrales en Cuba tal como habían ya hecho "The Cuba Company"(VER) y la "Guantánamo Sugar Co."(VER), 2 de los consorcios controlados. Más bien prefirieron comenzar por sus 5 centrales en República Dominicana que el 28 de Enero de 1957 vendieron en $35 830 000.

2 Su origen se remonta a 1913 cuando la National Sugar Refining Co., perteneciente al Grupo financiero Howell, había fundado en Connecticut la West Indies Sugar Finance Corporation controlando en 1919 los centrales Cupey, Alto Cedro y Palma que, en 1920, bajo la nueva empresa "Sugar Estates of Oriente" pasaría al control del National City Bank, junto con el central América que adquirió.
A su vez, el 27 de mayo de 1920 se fundó la Cuban Dominican Sugar Development Syndicate, propiedad también del Grupo Howell, que adquirió varios ingenios en Santo Domingo y en Cuba el Santa Ana y el Hatillo, absorbiendo a la Sugar Estates of Oriente con sus cuatro centrales, a los que añadió los 2 que tenía más el Altagracia que adquirió en 1922, adoptando en 1932 su actual razón social. De estos 7 centrales demolió el Cupey, Hatillo y Altagracia, vendió el América y posteriormente compró el Miranda.
Desde los años 30, Frederick Adams y Arthur Kirstein se mantuvieron como presidente y vice hasta 1955 en que fueron sustituidos por Edwin I. Kilbourne, presidente; W. Huntting Howell, vicepresidente.

3 La situación económica de ambas empresas era buena, la Altagracia tenía un capital líquido de $39 000 000 y de trabajo por $19 000 000 y la Miranda por $6 200 000 y $1 200 000 respectivamente. Tras la venta de los centrales dominicanos sus utilidades en el año 1957 se elevaron a $5 900 000 habiendo sido tan sólo $1 700 000 el año anterior.

Aunque, como en el resto de las firmas azucareras norteamericanas, la cotización de sus acciones había descendido, siendo en 1956 de $45 y en 1959 de sólo $27, continuaba manteniéndose, junto con la "United Fruit", como la de mayor cotización.

Tenía líneas de créditos autorizadas, que apenas utilizaba, en el Nova Scotia por $1 200 000, en el National City por $1 600 000 y en el Boston por $1 200 000.

CENTRAL ALTO CEDRO

El central 67° en capacidad de producción (260 000 @), RI mediano de 12.95, 3 550 trabajadores y 634 caballerías de tierras propias, situado en Marcané, Oriente.

2 Se había fundado en 1915 por Andrés Duany pero sucumbió ante la Cuban Dominican Sugar debido a los créditos y préstamos que le había facilitado.

3 Según la "Comisión Técnica Azucarera", en 1951 sus costos eran de $16.60 por cada saco de 325 lbs., o sea por debajo de la media de $17.87, y sus activos totales estaban valorados en $4 611 487. Se llamó Marcané antes de 1926.

CENTRAL PALMA

El 35° central en capacidad de produción diaria (400 000 @), el 5° RI más alto de 14.05, 657 trabajadores y 1 111 caballerías de tierras propias, situado en Palma Soriano, Oriente.

2 Fundado en 1916. Había pertenecido al Gral. Mario García Menocal en copropiedad con Federico Sariol y los hermanos Fiol Rodríguez hasta 1919 en que el primero les había comprado su parte que con posterioridad vendiera a la West Indies en la mejor de las coyunturas, o sea con el auge del precio de las "vacas gordas" de 1920 y siendo el Gral. Menocal el Presidente de la República.

CENTRAL SANTA ANA

El 98° central en capacidad de producción diaria (200 000 @), con un RI alto de 13.39, 3 765 trabajadores y 817 caballerías de tierras propias, situado en San Luis, Oriente.

2 Fundado en 1854 por su propietario el francés Simón O'Callaghan, había pasado en 1869 a Emilio G. Schmit y Leoncio Surcos hasta 1878 en que se liquidó la E. Schmit y Cía." y en 1889 a "Auzá y Escoriaza" (otras fuentes lo escriben como Escoriaga), quienes lo conservaron hasta 1917.

Así, en 1900 era copropiedad de Dolores Castañeda viuda de Auzá y de Nicolás Escoriaza, pasando de 1912 a 1916 a la primera en unión de Santa Escoriaza, en 1916 a los sucesores de Auzá y Escoriaza, en 1917 a Federico Almeida y tras la crisis de 1920 a la Cuban Dominican Sugar Development.

272- CENTRAL ANDREÍTA COMPAÑÍA AZUCARERA S.A.

El "Andreita" era el 81° central en capacidad de producción diaria (230 000 @), RI alto de 13.03, 2 023 trabajadores y 243 caballerías de tierras propias, situado en Cruces, Las Villas. Tenía una fábrica de tablas a partir de bagazo.

1 Era uno de los 7 centrales propiedad de la "Sucesión de L. Falla Gutiérrez"(VER), el 2° grupo más importante de los hacendados cubanos y el 3° en relación a la capacidad de producción(2 910 000 @ diarias),

2 Había sido fundado en año incierto por Lino Montalvo, su propietario desde antes de 1861. Aunque hay contradicción en el año de su fundación, pues algunos lo sitúan erróneamente en 1874 y otros en 1884, en ambos casos su fundación se le

atribuye siempre a él, cuyos herederos lo mantuvieron a principios de la República junto con su antiguo central Concepción adquiriendo después 2 más.

Montalvo había sido miembro de la Junta de Caminos de la jurisdicción de Cienfuegos, constituida en 1837, Comandante jefe del Batallón de Voluntarios Urbanos (formado en 1850 cuando el desembarco en Cárdenas de Narciso López), Juez del Juzgado de Paz de Camarones en 1870 y Diputado Provincial electo en 1881 por el Partido Autonomista.

Laureano Falla Gutiérrez lo compró en 1917 en sociedad con A. Leblanc y Nicolás Castaño (VER "COMUNIDAD DE BIENES HERMANOS CASTAÑO"), formando la "Laureano Falla Gutiérrez y Compañía" hasta que en 1924 compra toda la propiedad y constituye la empresa en 1929.

3 Tenía activos en 1958 ascendentes a $3 millones y tuvo utilidades en 1953 por $81 000, en 1955 por $173 000, en 1956 por $143 000, en 1957 por $418 000 y en 1958 por $293 000. Según la "Comisión Técnica Azucarera", en 1951 sus costos eran de $16.55 por cada saco de 325 lbs., o sea por debajo de la media de $17.87, y sus activos totales estaban valorados en $2 391 333. Desde 1942 se instaló en el interior del central un procedimiento para la fabricación de tablas a partir del bagazo de caña.

273- CENTRAL ARAUJO S.A.

El "Araujo" era el 88° central en capacidad de producción (220 000 @), RI bajo de 12.32, 2 780 trabajadores y 326 caballerías de tierras propias, situado en Manguito, Matanzas.

1 Uno de los 14 centrales bajo el control de Julio Lobo (VER "AZUCARERA GÓMEZ MENA S.A.,COMPAÑÍA").

2 Hay contradicción en el año de su fundación que unos sitúan en 1840 y otros en 1872 por el cubano F. Díaz de la Torriente. Había pertenecido a Feliciano Rich y Juana Vega Hernandez desde comienzos de siglo hasta 1916. Había estado administrado en los años 10 por "Lluria, Freire y Compañía", una casa comercial de azúcar para su almacenaje, compra para terceros y administradora de otros centrales como Covadonga, Olimpo y Esperanza, establecida en Cárdenas, propiedad del cardenense Miguel Lluria, Antonio Freire y Eduardo Elgarreta y en los 20 había estado arrendado a "Compañía Unión Azucarera Cubana".

"Armour y Compañía S.A."(VER), filial en Cuba de la firma norteamericana bajo el control del Grupo financiero de Chicago, había sido su propietario, junto con el Washingon y, a finales de los 20, con el Por Fuerza, los cuales adquiriera mediante adjudicaciones debido a quiebras y deudas de sus antiguos propietarios como acreedores de los préstamos refaccionarios a que entonces se dedicaba la firma

En los años 30 era propiedad de la familia Guedes, siendo Salvador Guedes y José Antonio Guedes Olano su presidente y vicepresidente respectivamente hasta 1941 en que este último ocupa la presidencia.

A partir de 1944 fue arrendado al Grupo de Carlos R. Hernández-García Díaz (VER "ANTILLA SUGAR ESTATES"), a quienes en 1949 les fuera vendido debido a deudas con el Banco Gelats que sirvió de intermediario en la transacción, para ser en definitiva comprado en 1953 por Julio Lobo.

Contaba con su propio aeropuerto.

3 Según la "Comisión Técnica Azucarera" en 1951 sus costos eran de $18.40 por cada saco de 325 lbs., o sea por encima de la media de $17.87, y sus activos totales estaban valorados en $2 404 393. Su situación financiera era aceptable y, aunque el pasivo era elevado, en su mayor parte eran obligaciones a largo plazo con el propio Lobo. En 1956 tuvieron pérdidas por $167 000 que disminuyeron su capital de trabajo a $497 000, pero al siguiente año volvieron a tener utilidades por $151 000. Cliente del Banco de los Colonos con créditos por $98 000.

274- CENTRAL BAHÍA HONDA S.A.

El "Bahía Honda" era el 111° central en capacidad de producción diaria (210 000 @), RI pequeño de 12.16, 2 000 trabajadores y 342 caballerías de tierras propias, situado en Bahía Honda, Pinar del Río. Uno de los 30 centrales criadores de razas selectas de ganado. Poseía una filial "Terminal Marítima de Bahía Honda"(VER).

1 Propiedad principal desde 1953 de los hermanos Rafael, Dolores, Elvira y Mirta Sánchez Sánchez, de su madre Encarnación Sánchez Cil y de sus respectivos cónyuges en sociedad con Antonio Falcón del Castillo, su vicepresidente primero. Rafael Sánchez Sánchez era el presidente; Víctor Pedroso Aróstegui, casado con Elvira María y presidente del "Banco Pedroso"(VER), era el vicepresidente segundo; Gustavo de los Reyes Delgado, casado con Mirta, era el tesorero y Fernando Argüelles Menocal, casado con Dolores, era el vicetesorero.

A través de su madre, Encarnación Sánchez Cil, los Sánchez estaban emparentados con la familia Sánchez Cil, propietaria de "Santa Lucía Company S.A." (VER), donde también tenían intereses y Rafael Sánchez Sánchez era a su vez tesorero.

2 Fue fundado en 1870 por el español Rafael Toca Aguilar, II Conde de San Ignacio, quien era hijo de Rafael Toca Gómez, socio propietario del "Diario de la Marina" y del Ferrocarril de Marianao y propietario en la zona de 4 ingenios –entre ellos el "Gerardo" sobre el cual se construyera éste– y sobrino nieto de Joaquín Gómez Hano, uno de los principales negreros de la primera mitad del siglo XIX, de donde provenía su fortuna. El central pasaría en 1883 a sus herederos hasta 1891 en que se traspasa a Vicente Cagigal Pezuela. Fue quemado durante la Invasión de Maceo resurgiendo años después. De 1916 a 1918 perteneció a "Compañía Azucarera Hispano Cubana Nueva Era" y de 1919 a 1922 a Peterson, Baker y Gil.

Desde mediados de los 30 su propietario y presidente había sido Octavio Verdeja Neyra(VER "CONSERVAS CLIPPER S.A."), Representante a la Cámara durante el Gobierno de Machado, quien durante todo el tiempo lo tuvo arrendado a su hermano Santiago Verdeja, Representante a la Cámara desde 1916 y su Presidente en 1919 y después del Senado, Secretario de Sanidad, Ministro de Batista durante los años 40 y Ministro de Defensa después del 10 de marzo.

La familia Sánchez lo compró a la "Compañía Azucarera Noroeste S.A." el 20 de abril de 1953, habiendo constituido la firma el 18 de febrero de ese año.

3 Su situación era satisfactoria, aunque hubo un pequeño retroceso en 1955 que se superó posteriormente, pero su capital liquido de $700 000 era algo pobre. Sus activos totales ascendían a $2 967 000, sus ingresos por ventas a $1 433 903 y sus utilidades a $72 946.

La "Financiera Nacional" le concedió el 30 de agosto de 1955 un préstamo por $280 000, que aumentó el 16 de julio de 1956 en $100 000 más para la construcción de un muelle público en Punta Gerardo(VER "TERMINAL MARÍTIMA DE BAHÍA HONDA").

De 1870 a 1921 se llamó Gerardo. Era administrado por Rafael E.Sánchez Sánchez. Uno de los principales clientes, con créditos desde $300 000 hasta $1 000 000, del "Banco Pedroso" (VER), propiedad de Víctor Pedroso, accionista del central.

275- CENTRAL CABO CRUZ S.A.

El "Cape Cruz" era el 129º central en capacidad de producción diaria (180 000 @), RI mediano de 12.72, 1 650 trabajadores, la penúltima destilería en capacidad y 137 caballerías de tierras propias, situado en Ensenada de Mora, Pilón Oriente.

1 Uno de los 14 centrales propiedad de Julio Lobo (VER "AZUCARERA GÓMEZ MENA S.A.,COMPAÑÍA"). Fernando de la Riva (VER "CENTRAL HORMIGUERO S.A.") también tenía participación. José R. García Linares, Hermenegildo Torres Trujillo y Eladio Ramíres León eran el presidente, vicepresidente y secretario respectivamnete.

2 Había sido fundado en 1902 por la familia Henderson de Filadelfia habiendo sido adquirido en 1925 por capitales cubanos y desde los años 30 hasta 1943 por C.J.Welch de "Welch, Fairchild & Company".

Francisco de Pando, Delio Nuñez Mesa (VER "AZUCARERA VICANA S.A.,COMPAÑÍA") y Julio Lobo se habían asociado para adquirirlo en 1943, fungiendo como presidente, vicepresidente y tesorero respectivamente hasta 1946 en que su propiedad pasara sólo al último.

3 Tuvo pérdidas en 1952-56 por $552 000 y en 1958 por $58 000. Tenía índices de capital y de liquidez desfavorable así como un pasivo muy elevado. Cliente de Banco Nuñez, del Chase, del Banco de los Colonos y del Financiero. Desde 1944 contaba con una destilería de 3 523 gls. que es la 2ª más pequeña. Contaba con su propio aeropuerto.

276- CENTRAL CARACAS S.A.

El "Caracas" era el 47º central en capacidad de producción (350 000 @), RI alto de 13.05, 3 500 trabajadores y 349 caballerías de tierras propias, situado en Santa Isabel de las Lajas, Las Villas.

1 Propiedad de la familia Cacicedo (VER "CACICEDO Y COMPAÑÍA S.L.") en sociedad con la familia Escagedo (VER "CENTRAL FIDENCIA S.A."). Esteban y Felipe Cacicedo Gutiérrez eran el presidente y vicepresidente respectivamente, mientras Gregorio Escagedo García y Gregorio Escagedo Salmón eran tesorero y director general respectivamente.

Los Cacicedo poseían también el "Central Santa María S.A."(VER), heredado de su abuelo, que sumado a éste daba una capacidad total de 600 000 @ diarias que representaban el 23º grupo más importante y el 15º entre los de capital no norteamericano. Poseían además 5 500 caballerías de tierra, siendo el 17º mayor propietario. Esteban Cacicedo Gutiérrez presidía el Caracas y Felipe el Santa Marta.

Era uno de los 3 grupos de hacendados con más de 1 central que poseían igual capacidad de producción y los Escagedo, con 580 000 de capacidad compartían uno de sus dos centrales con ellos con quienes tenían una antigua y variada asociación.

2 El Caracas había sido fundado como Santa Sabina en 1854 por Manuel Rodríguez del Rey y había pertenecido a Tomas Terry y a sus herederos desde 1862 hasta 1914 siendo uno de los 7 centrales que poseyeron, de los cuales todos menos éste y el Limones fueron posteriormente demolidos. Durante la década de los 10 estaba bajo la razón social "Caracas Sugar & Railroad Company".

Durante el crac de 1921 había pasado del control de la "American Cuban Estates Corporation", administrada por Teodoro Brooks, a la de la "Compañía Azucarera Caracas", por Walter H.Armsby. Edwins Atkins (VER "AZUCARERA SOLEDAD S.A., COMPAÑÍA"), quien poseía además el Soledad y el San Agustín, había sido su propietario a mediados de los años 20 y a mediados de los 30 pertenecía, junto con el Amazonas, al First National Bank de Boston.

Frank Roberts, casado con Matilde Mendoza y con una hija Josefina, fallecido en 1949, había sido su propietario desde mediados de los 30 hasta 1946 en que lo compraran sus propietarios actuales y, desde finales de los 30 hasta mediados de los 40, estaría administrado por B. Graham.

En un principio lo habían comprado junto con Julio Lobo, manteniendo la sociedad hasta 1953 en que éste les vendiera su parte y les comprara las de ellos en "Central el Pilar S.A." (VER), donde tenían similar asociación.

3 Según la "Comisión Técnica Azucarera" en 1951 sus costos eran de $15.35 por cada saco de 325 lbs., o sea por debajo de la media de $17.87, y sus activos totales estaban valorados en $4 051 138. Había tenido varios nombres: Sabina al fundarse, Ciudad Caracas hasta 1926 y desde entonces el actual.

277- CENTRAL CUNAGUA S.A.

Propietaria de 2 de los mayores y más modernos centrales, "Cunagua" y "Jaronú", con una capacidad de producción de 1 700 000 @ diarias, que representaban el 5° grupo en importancia, siendo el 8° mayor propietario de tierras con 15 968 caballerías que incluía Cayo Romano y Cayo Cruz, situados en Camagüey.

1 Filial de la American Sugar Refining Company, la mayor refinadora de azúcar de caña en EE.UU., bajo el control del grupo financiero compuesto por Rockefeller-Milbank-Bedford Whitney & Company. En 1958 Joseph F. Abbott había dejado de ser presidente de la Junta para ser sustituido por William F. Olvier, pero manteniéndose entre los directores.

La casa matriz tenía intereses remolacheros en EE.UU. siendo una refinadora de crudos y por tanto siempre interesada en la baja del precio del crudo. Tenía 4 refinadoras en la costa este y una en New Orleans, para las que sus 2 centrales cubanos suplían el 10% del crudo y, desde 1897, tenían intereses en la "Spreckels Sugars Company", industria remolachera de California, que operaba 3 fábricas y producía el 40% del azucar en este estado. Era propietaria también de la Mieluger Sugar Co. y de la Pampanga Sugar Mills de Filipinas.

2 La "American Sugar Refining" había sido fundada en 1891, como sustituto del Trust del Azucar, por Henry O. Havemeyer, quien en la década del 90, en unión de Edwin F.Atkins, habían levantado el central Trinidad. En 1919 compró el central Cunagua a los Mendoza y en 1921 el Jaronú. En 1925 su control había pasado a intereses relacionados con la Casa Morgan que los perdiera en favor de los actuales grupos financieros. Durante casi medio siglo este consorcio se mantuvo inalterable en sus posesiones en Cuba, algo diferente a los procesos ocurridos en el resto.

Tanto el Cunagua, fundado en 1917, como el Jaronú, fundado en 1921, en ambos casos por Miguel González de Mendoza Pedroso y su hijo Antonio, fueron adquiridos en su puesta en marcha por su propietaria pero continuaron siendo operados por sus fundadores. Miguel había sido, desde antes de la guerra de independencia hasta los años republicanos, el administrador del ingenio Santa Gertrudis, propiedad de la familia, durante los cuales se especializara en Louisiana y en Europa en el cultivo e industrialización azucarera. Su hermano Víctor, quien lo construyera, había estudiado un curso de ingeniería en el Troy Polytechnic Institute de Nueva York y había sido su auxiliar en el ingenio Santa Gertrudis y, de 1899 a 1901, gerente de la casa "Babcock & Wilcox", fabricantes de maquinaria azucarera, habiéndose establecido por cuenta propia como agente de maquinarias para la industria azucarera.

Tras el control de la firma norteamericana, Antonio G. de Mendoza continuó siendo el administrador general y vicepresidente a la par con Claudio, Néstor y Fernando González de Mendoza, quienes eran presidente, vicepresidente, consejero legal y secretario respectivamente, mientras Narciso Gelats, el banquero, era el tesorero. Antonio G. de Mendoza, que había construido junto a su padre el central, fue el presidente de la filial cubana hasta 1952 en que fue sustituido por F. Fernández Grau.

Los cayos al norte de la provincia habían pasado a su propiedad tras una serie de maniobras judiciales iniciadas el 11 de diciembre de 1940 en el juzgado municipal de Florida

CENTRAL CUNAGUA

El 6° central en capacidad de producción diaria (600 000 @), RI alto de 13.43, 6 812 trabajadores y el 3° mayor propietario de tierras con 4 815 caballerías, situado en Cunagua, Camagüey.

Se bautizó Cunagua (Cuna del Agua) por los manantiales del lugar. Contaba con su propio aeropuerto.

CENTRAL JARONÚ

El mayor de los centrales en cuanto a capacidad con 1 100 000 @ pero con un RI bajo de 12.47, 9 156 trabajadores y 1 623 caballerías de tierras propias, situado en Esmeralda, Camagüey. Uno de los últimos 15 centrales fundados.

3 Era el mayor central del mundo. Su casa de ingenio fue construida de acero con 3 pisos y los pasos de fabricación de un departamento a otro se producían por gravedad. Según la "Comisión Técnica Azucarera" en 1951 sus costos eran de $14.90 por cada saco de 325 lbs., o sea el 2° más bajo, y sus activos totales estaban valorados en $16 604 516.

Era el 3° entre los 10 centrales que habían sobrepasado el millón de sacos, habiéndolo obtenido en 1952. Se le bautizó como Jaronú por el nombre aborigen del sitio. Contaba con su propio aeropuerto.

278- CENTRAL DOS AMIGOS S.A.

El "Dos Amigos" era uno de los 15 centrales más pequeños (el 158°) con una capacidad de producción diaria de 130 000 @, el 2° más bajo RI de 10.93, 1 300 trabajadores y con bastante tierra en relación a su capacidad (el 62°) con 523 caballerías, situado en Campechuela, Oriente.

1 Propiedad de Antonio Zubillaga Gorostiaga. Su hijo Antonio y Miguel de Arango Arango eran el presidente y vicepresidente respectivamente, tanto de la firma como de la arrendataria "Operadora Dos Amigos S.A.", que operaba el central.

Zubillaga había constituido la arrendataria el 29 de septiembre de 1958 tras haberlo comprado por $450 000 el 22 de agosto de 1958 a la familia Luzárraga (VER "AZUCARERA CENTRAL UNIDAD S.A.") mediante la emisión de 8 bonos hipotecarios en poder de esta familia. Mamerto Luzárraga Echeverría poseía el 41.6% de la hipoteca; Ramón Luzárraga Garay, el 37.5% y Plácido Díaz Alvaré, esposo de María Magdalena Luzárraga Hernández, hija del primero, el 20.83%.

Zubillaga, emparentado con los hermanos Fermín y Pascual Goicochea, antiguos propietarios de los centrales Pilar y Providencia, había sido administrador de varios centrales, comenzando en el Alava en 1918 hasta 1923, pasando en 1925 al Andorra –donde era además apoderado de su hermano Ezequiel, su condueño– hasta 1946 en que comprará el 40% del central Australia. Se unió en sociedad con los Zárraga y compró en 1940 "Industrias Andorras S.A."(VER), vendiendo su parte en 1953 a los condueños, quienes más tarde lo vendieron a Fulgencio Batista y, en 1957, junto con sus socios, vendió también "Azucarera Jorva S.A., Compañía", al BANDES.

2 El central había sido fundado en 1882 por el español Baltasar Otamendi, quien lo conservará hasta 1891 en que pasó a la propiedad de "Aldereguía y Compañía" y en 1895 a la de Bartolomé Roca. A partir de 1902 lo compra Nicolás Castaño (VER "COMUNIDAD DE BIENES HERMANOS CASTAÑO").

Tras haber estado sin moler de 1930 a 1937, lo compra Carlos Manuel de la Cruz (VER "AZUCARERA SANTA REGINA S.A., COMPAÑÍA"), quien lo arrendará a Vicente Domínguez Fumero (VER "TERRITORIAL SAN RAMÓN S.A., COMPAÑÍA") hasta 1939 y después, en los primeros años de los 40, a la "Campechuela Sugar Company", cuyo presidente era Rafael Águila Sarduy, futuro propietario de "Azucarera Carmen Rita S.A."(VER).

En 1944 será arrendado a Mamerto y Ramón Luzárraga. El presidente, hasta su venta a Zubillaga, era Plácido Díaz Alvaré, yerno de Luzárraga. Cliente del Banco Pujol.

279- CENTRAL EL PILAR S.A.

"El Pilar" era el 66° central en capacidad de producción diaria (270 000 @), RI bajo de 12.27, 3 000 trabajadores y 329 caballerías de tierras propias, situado en Artemisa, Pinar del Río.

1 Uno de los 14 centrales propiedad de Julio Lobo (VER "AZUCARERA GÓMEZ MENA S.A., COMPAÑÍA").

2 Su año de fundación es incierto, aunque anterior a 1850, y su primer propietario fue Miguel Chapottín, pasando posteriormente durante los años 70 del siglo anterior a la propiedad de Francisco Durañona, vizcaino, a quien algunos atribuyen su fundación. Durañona, quien era propietario también de los ingenios "Toledo" y "Antonia", tenía 3 hijas que casaron con 3 de los 5 hermanos Goicochea Peiret, propietarios de los ingenios "Providencia" y "San José", uno de los cuales, Fermín A., casado con su hija en 1891, 13 años después de su fallecimiento el 8 de enero de 1878, se convertiría en su propietario.

Fermín A. Goicochea, quien sería Senador de 1913 a 1921, lo vendería por $900 000 en 1918 a Pedro Laborde Martinto, francés, cuyos herederos lo retendrán hasta 1929, pasando entonces a "Azucarera Artemisa S.A., Compañía" hasta 1937 y desde entonces hasta 1946 había sido propiedad del Gral.Rafael Montalvo y, tras su fallecimiento en 1947, José S. Carmona pasó a la presidencia hasta 1951 en que adquiere su control Julio Lobo, quien entonces estaba casado con María Esperanza Lasa, sobrina del General.

En un principio Julio Lobo lo había comprado junto con la familia Cacicedo (VER "CENTRAL CARACAS S.A.") y con la de los Escagedo (VER "CENTRAL FIDENCIA S.A."), hasta 1953 en que les comprara toda su parte y le vendiera la suya en el Caracas, donde tenía igual asociación.

3 Como otros centrales de Julio Lobo tenía altos pasivos con otras firmas de su propiedad, pero su situación en general era buena. Tuvo pérdidas en 1954 y 55 por $58 000 y $42 000 respectivamente pero en 1957 obtuvo utilidades por $248 000. Cliente del Banco Financiero, del Nova Scotia, del Continental y del de Artemisa.

280- CENTRAL ERMITA S.A.

El "Ermita" era un central pequeño (el 144°) con una capacidad de producción diaria de 160 000 @, RI mediano de 12.88, 2 000 trabajadores y 312 caballerías de tierras propias, situado en Guantánamo, Oriente.

1 Era propiedad del norteamericano Sumner Pingree, quien también era su presidente y administrador general. Pingree, además un importante ganadero propietario de fincas en Guantánamo, criadora de reproductoras tipo "Santa Gertrudis", con una extensión de 1 600 caballerías era vicepresidente de la "Asociación de Criadores de Ganado Santa Gertrudis" en 1958, vocal de la "Corporación Ganadera de Cuba" en 1958 y uno de los promotores de la "Asociación de Productores de Alta Calidad" creada a mediados de los años 50.

2 El central había sido fundado en 1916 y constituido en 1923 como continuadora de "Ermita Sugar Company" de New York, habiéndose reestructurado en 1933 con nueva emisión de capital conservando los ferrocarriles el 50% de las 15 650 acciones de entonces.

Había sido propiedad de "Guantanamo & Western Railroad Company"(VER "FERROCARRILES CONSOLIDADOS") la que entonces también poseía el "Central Santa Cecilia S.A."(VER), y era propiedad principal de Antonio San Miguel, un español propietario y director de "La Lucha", un importante periódico de la época, así como otros intereses, habiendo pasado más tarde a Francisco Bartés Marsal, español, quien había sido socio y hombre de confianza desde 1923 de San Miguel, y el cual desde el 29 de noviembre de 1948 sería su principal propietario y presidente. John H.Randolph había estado al frente desde 1933 hasta 1941, residiendo en esa época en el propio central.

A partir de 1941 había pasado a su actual propietario, quien desde entonces ocupaba su presidencia y la administracción general.

3 Sus acciones se cotizaban en la Bolsa de La Habana.

281- CENTRAL ESCAMBRAY S.A.

El "Escambray" era un central pequeño (el 143°) con una capacidad de producción diaria de 160 000 @, RI de los más altos (el 13°) de 13.72, 2 130 trabajadores y 1 caballería de tierra propia, situado en Fomento, Las Villas. Era uno de los 15 últimos construidos en la década del 20.

1 Uno de los 14 centrales propiedad de Julio Lobo (VER "AZUCARERA GÓMEZ MENA S.A.,COMPAÑÍA"), y el único entre los de su propiedad con alto RI. Edmundo Mieres y Rolando Machado Medina eran presidente y vicepresidente respectivamente.

2 Había sido fomentado en 1921 con el nombre de Agabama habiendo sido comprado por la familia Lobo en 1926, siendo su primer central. Vicente Domínguez Fumero (VER "TERRITORIAL SAN RAMÓN S.A., COMPAÑÍA") lo había operado hasta 1947 en que José R. García Linares –un funcionario relacionado con Julio Lobo– y Mario Montoro Saladrigas, su cuñado, ocupan la presidencia y vicepresidencia respectivamente mientras Julio Lobo aparece como vocal.

3 Según la "Comisión Técnica Azucarera" en 1951 sus costos eran de $18.90 por cada saco de 325 lbs., o sea el más alto entre todos, y sus activos totales estaban valorados en $1 316 835.

Su situación financiera era desfavorable. En 1956 su posición corriente era deficitaria mejorando algo en 1957 cuando tuvo utilidades. Cliente del Banco Financiero y del Pujol. Con anterioridad se habia nombrado Agabama.

282- CENTRAL FIDENCIA S.A.

El "Fidencia" era el 100º central en capacidad de producción diaria (230 000 @), RI bajo de 12.49, 1 900 trabajadores y 253 caballerías de tierras propias, situado en Fidencia, Las Villas.

1 Propiedad de la familia Escagedo, quienes tenían también participación en "Central Caracas S.A."(VER) que compartían con la familia Cacicedo, para una capacidad total de 580 000 @ que representaba el 24 º propietario y el 16º de capital cubano. Gregorio Escagedo Salmón era su presidente y sus 2 hijos, Gregorio y Marcos Millán Escagedo García, eran vicepresidente y tesorero respectivamente.

Escagedo Salmón era vocal de la "Corporación Ganadera de Cuba" en 1958 y su hijo Gregorio era secretario de la "Asociación de Criadores de Ganado Cebú" en igual año.

Aparentemente se había iniciado arrendando en 1937 el central, inactivo desde 1930, el cual modernizara y le duplicara sus rendimientos y el que posteriormente en 1945 compraría asociado con Julio Lobo(VER "AZUCARERA GÓMEZ MENA S.A., COMPAÑÍA").

Su capital, junto con otras propiedades, ascendía a $2 500 000, era propietario de 500 caballerías de arroz y ganado, colono con más de 3 millones de arrobas en el Caracas y accionista y fundador del "Banco Financiero"(VER), propiedad principal de Julio Lobo.

Los Escagedo se habían asociado en varias ocasiones con otros intereses para la compra de centrales, en especial con los Cacicedo(VER "CENTRAL CARACAS S.A.") con quien en 1951 habían comprado "Azucarera Sibanicú S A."(VER) que vendieran después. Ambas familias habían comprado el Caracas en 1946 y El Pilar en 1951, asociadas con Julio Lobo, quien en 1953 les vendería su parte mayoritaria en el primero mientras a su vez les compraba su parte en el segundo.

A su vez los Escagedo, asociados esta vez solo con Julio Lobo, había comprado en 1945 el Fidencia y en 1950 el Perseverancia, produciéndose el mismo intercambio pues en 1947 los primeros compraron a su socio su parte en el Fidencia mientras vendían la suya en el otro.

2 El central se fundó con probabilidad en 1874 por José Vergara Iñarra, quien también había sido propietario del central Convento y había fundado en 1873 el central Adela que vendería en 1875, aunque otros sitúan su fundación en 1880 y otros en 1875. Se llamó Convenio en 1875 y en 1903 adoptó su actual nombre.

Según algunos, había pertenecido al rico hacendado José Baró, pasando a principios de los 80 a sus herederos en sociedad con José Vergara y, a finales de esa década, a la propiedad completa del último y sus herederos.

El Coronel del ejército español Vergara fue uno de los principales propulsores del poblado de Placetas, fundado por su correligionario y amigo el Coronel Martínez-Fortún, que se convertiría en municipio el 9 de agosto de 1878 a petición de ambos y su Alcalde designado de 1885 a 1887 por un decreto del Capitán General zanjando de esa forma una grave disputa entre liberales y los conservadores, a cuyo partido pertenecía.

Su hijo vendió el central en 1900 a Domingo León González, quien lo rebautizó con su nombre actual, que era el de su esposa, convirtiéndose en uno de los 6 centrales (Caridad, Fidencia, Ramona, San Pedro, Pilar y Estrella) propiedad de este rico comerciante-hacendado del siglo XIX que quebró cuando la crisis del 20.

Después del crac de 1921 había pasado a la propiedad de "Compañía Azucarera Sagua-Placetas" administrado por Francisco León, habiendo sido con anterioridad de "Compañía Central Azucarera". Domingo León mantuvo sus intereses en él hasta 1943 en que falleciera.

Había estado inactivo de 1930-36 reiniciando su molienda bajo la operación de Gregorio Escagedo y, a finales de los 30, había sido presidido por Claudio González de Mendoza y Alberto Pérez Valdés fungía de tesorero mientras en 1944 Salvador Brito era su presidente.

3 Aparecía con resultados desfavorables de 1953 a 1955 que le provocaba déficits de capital de trabajo debido a deudas que lo gravaban, aunque el acreedor principal era el propio Escagedo. Cliente del Banco Pujol con buen historial de pago.

283- CENTRAL HORMIGUERO S.A.

El "Hormiguero" era el 41° central en capacidad de producción (450 000 @), RI mediano de 12.63, 3 300 trabajadores y sin tierras propias, situado en San Fernando de Camarones, Las Villas.

1 Capital ascendente a $2 millones. Propiedad de Fernando de la Riva, su presidente, quien además compartía la propiedad con su hermano y con Julio Lobo (VER "AZUCARERA GÓMEZ MENA S.A., COMPAÑÍA") en "Parque S.A." (VER), sumando entre ambos centrales una capacidad de producción de 620 000 @ diarias. Tenía participación en el "Central Cabo Cruz S.A." (VER), propiedad principal de Lobo y arrendaba el Covadonga propiedad de la "Azucarera del Sur de Cuba, Compañía"(VER).

Aparecía como propietario del central Constancia(A) de la "Rancho Veloz Sugar Company"(VER) donde actuaba a nombre de tercero pues en realidad era de Fulgencio Batista.

De la Riva, Consejero Consultivo de Fulgencio Batista, había logrado financiamiento, tanto del BANDES, que le había permitido la puesta en marcha de la "Papelera Damují" (VER), como del BANFAIC, para "Cuban Bagasse Products S.A."(VER), fábricas de papel y de tablero respectivamente, ambas a partir del bagazo y ubicadas cerca de los centrales relacionados con él. En la primera controlaba el 72% de las acciones, que sumadas a las de su hermano Gonzalo, ascendían prácticamente a la totalidad (92%) y en la segunda, era uno de los 16 accionistas entre cubanos y norteamericanos propietarios.

También tenía intereses en "Industria Siporex S.A."(VER) así como un proyecto para la construcción de un motel en Isla de Pinos(VER "RIVERSIDE MOTEL S.A") y era tesorero de "Fosforera del Caribe S.A."(VER), una de las 11 fábricas de fósforos que integraban el "trust"(VER "EMPRESA NACIONAL DE FÓSFOROS").

2 Había sido fundado en 1839 por Fermín de Gorozábal, uno de los fundadores el 26 de agosto de 1841 del Colegio de Abogados de Cienfuegos y Villaclara, máximo impulsor, a mediados de los 40, del proyecto para la construcción de un ferrocarril que uniera Villaclara con el puerto de Cienfuegos.

Con posterioridad, antes de 1861, el norteamericano Elías Ponvert Malibrán lo heredó de su madrasta, quien a la vez era tía de su esposa Luisa Maximina Terry Ysady, sobrina de Tomás Terry, nacida en Cienfuegos el 18 de noviembre de 1844, educada en París, quien se distinguiera como gran benefactora. Ponvert, tras su fracaso en sus negocios bancarios de Nueva York, decidió mudarse para el ingenio al que convetiría en uno de los mayores y más modernos.

Se incorporó como compañía norteamericana en 1890 manteniéndose los principales intereses en poder de los Ponvert quienes, durante esa misma década, habían instalado en él por primera vez un horno de quemar bagazo verde. Sus hijos Elie y Tony Ponvert, residentes en New York, quienes estaban al frente de la empresa desde los años 30, mantuvieron la propiedad hasta 1954 en que se traspasó a Fernando de la Riva.

284- CENTRAL JOSEFITA S.A.

El "Josefita" era un central pequeño (el 141° con una capacidad de producción diaria de 160 000 @, RI bajo de 12.41, 2 000 trabajadores y 38 caballerías de tierras propias, situado en Nueva Paz, Habana. Tenían buenas tierras donde cultivaban maiz, tomates para exportación, maní y girasol.

1 Propiedad de Ricardo Martínez Martínez, español, con un capital de sólo $60 000. José Manuel Martínez Rivera era su presidente y administrador general desde mediados de los 40 y había sido su administrador desde los 30 hasta 1957 en que permaneció sólo como presidente. Uno de los yernos de Martínez Martínez, el Dr. José Figarola Infante, permaneció como secretario del central durante todo el periodo.

2 El año de su fundación es incierto. Se había llamado Santísima Trinidad hasta que se le rebautizó en honor de Josefa Carbonell de García, su propietaria en 1860. Aparece como propiedad de Miguel Suárez Vigil en 1874 y en 1878 pasa a los herederos de Josefa Carbonell, de 1891 a 1905 ó 1908 a José Antonio Flores Estrada y después a Santiago Bannatyne hasta 1913 en que es adquirido por el italiano Stefano Calcavecchia.

Calcavecchia, nacido en Sicilia, ingeniero graduado en Palermo y en Lieja, se había establecido en La Habana en 1905 y en 1910 fundaría su propia firma "Calcavecchia, Aballí y Compañía" –integrada además por su hermano el Ing.Giuseppe y el cubano Carlos Aballí–, especializada en la instalación total o parcial de centrales tanto en Cuba como en el extranjero, habiendo participado en la de los centrales Fe, Gómez Mena, Unión, Fidencia, Adela, San Pedro, Sofía, Fortuna, Caracas, el Oriente y otros, así como en el Josefita que adquiriera.

El español Ricardo Martínez Martínez se lo arrendará a Calcavecchia hasta que finalmente pasará a su propiedad tras el crac de 1921. Martínez había comenzado como propietario de una pequeña tienda de víveres en el batey La Esperanza que convirtiera en almacén, habiendo hecho su capital en sus relaciones con Manuel García, el famoso bandolero que operaba por la zona a finales del siglo pasado. Tenía relaciones con Calcavecchia pues su almacén lo surtía.

3 Tuvo varios accidentes, pues el ciclón de 1926 le infringió serios daños y en 1940 un incendio lo destruiría casi totalmente. Todas sus cañas eran de la variedad POJ-2878, no tenían cañas por administración y el 60% de ellas las abastecían colonos en terrenos del central y el resto provenían de afuera, recibiéndose el 40% en carretas y se estaba ensayando con camiones.
De 1931 a 1935 no molió. Al finalizar la zafra de 1940 un incendio destruyó los edificios de la fábrica. Hasta 1910 se llamó Santísima Trinidad.

285- CENTRAL LA FRANCIA S.A.
El central "La Francia" era el 86° en capacidad de producción diaria con 200 000 @, RI entre los más bajos con 11.70, 750 trabajadores y con una buena extensión de tierra (la 38°) con 1 088 caballerías, situado en Los Palacios, Pinar del Río.

1 Uno de los 2 centrales, junto con "Central San Cristóbal S.A."(VER), propiedad de Julio Lobo (VER"AZUCARERA GÓMEZ MENA S.A.,COMPAÑÍA") en sociedad con Simeón Ferro Martínez (VER "INDUSTRIAS FERRO S.A.") e Ignacio Carvajal (VER "COMERCIAL DE ARTEMISA S.A., COMPAÑÍA"), quienes eran el presidente, vicepresidente y tesorero respectivamente.

2 Fue fundado en 1916 por la Cuban Sugar Mills Corporation, quien lo controló hasta 1923 pasando entonces como consecuencia del crac de 1921 a la propiedad de la "San Juan Sugar Company" administrado por Francisco Ginorio. A partir de 1936 pasó a la propiedad de Wladimir W. Bonimistrow y, en 1948, a la de Elizabeth Bonimistrow. Había estado arrendado en 1946 por el Dr.Mario Núñez Mesa(VER "AZUCARERA VICANA, COMPAÑÍA"), a partir de 1948 por K.J. Lieven y, en 1949, por Guillermo Casanova Espinosa, quien tenía una opción de compra que vencía en ese año y traspasara a Virgilio Pérez, Ministro de Agricultura, quien emplazado públicamente, lo rechazó. Poco después, el Alcalde de los Palacios solitaría la intervención por cuestiones laborales. Sus actuales propietarios lo compraron en 1950.

3 Sus cañas eran de la variedad POJ-2878 y POJ-2727. Se abastecía de 225 caballerías de tierras del central y de 265 de afuera. El rendimiento de sus cañas era de 50 500 @ por caballería en 1950. Hasta 1918 se llamó Viriginia.

286- CENTRAL MACEO S.A.
El "Maceo" era el 127° central en capacidad de producción diaria con 180 000 @, RI bajo de 11.70, 750 trabajadores, la 19ª destilería, sin tierras propias, situado en Cacocúm, Oriente. Era uno de los últimos 15 construidos en la década del 20.

1 Propiedad, junto con las 2 arrendatarias del central, de los hermanos Enrique, José y Pedro Rafael Rodríguez Penín , quienes lo habían heredado de su padre que lo había fundado. Pedro era propietario además de "Agrícola Arrocera Maceo S.A., Compañía"(VER), una arrocera, donde uno de sus principales accionistas era el Coronel del Río Chaviano, y su hijo Carlos Rodríguez Schumann lo era de "Ganadera Maceo S.A., Compañía"(VER), una de las principales criadoras de ganado Brown Swiss y Cebú fino, situada en Holguín. Enrique tenía intereses también en "Molinera Oriental S.A."(VER) de la que había sido su primer presidente.

El central estaba arrendado desde el 31 de julio de 1948 hasta 1968 por $20 000 anuales a la "Compañía Azucarera Limoncito S.A.", presidida por Fernando Auñón Calvo y de la que era secretario Miguel Pírez León. Esta arrendataria, a su vez, lo había sub-arrendado desde el 1 de agosto de 1948, prorrogándolo hasta 1962, a "Compañía Azucarera Maceo S.A.", presidida por Miguel Penín Cruz.

2 El Dr.Enrique Rodríguez Fuentes lo fundó en 1923 con la maquinaria del demolido central Redención y, desde entonces, había sido arrendado a la "Compañía Azucarera Arroyo Blanco" y, a finales de los 30 a "Pedemonte y Verdeja", cuyo representante en La Habana era el Dr. Octavio Verdeja Neyra(VER "CONSERVAS CLIPPER S.A."), quien a la sazón era el propietario del Central Bahía Honda(VER).

Se había constituido el 16 de julio de 1948 y su presidente, desde el 15 de febrero de 1938, era Miguel Penín Cruz, colono del propio central, vecino de Holguín, y la secretaria, desde el 2 de enero de 1951, era Berta Penín Pelegrín, ambos familiares de los propietarios.

3 Sus cañas eran de la variedad POJ-2878 y POJ-2727. Se abastecían de 545 caballerías de tierras arrendadas, de las que 120 estaban bajo cultivo de colonos controlados, con un rendimiento de sus cañas las primeras de 65 000 y las segundas de 50 500 @ por caballería.

Estaba valorado, según estimados del BANFAIC, en $1 200 000 y su destilería, instalada desde 1943 bajo la razón social de "Compañía Destiladora Yaguabo S.A.", en $125 000, teniendo ésta última una capacidad para 35 000 lts. de aguardiente y 25 000 lts. de alcohol absoluto y su vicepresidente-tesorero era Pedro Rodríguez Penín.

Recibió un crédito del BANFAIC el 23 de septiembre de 1959, después del triunfo de la Revolución, ascendente a $185 000.

287- CENTRAL MANUELITA, COMPAÑÍA AZUCARERA S.A.

El "Manuelita" era el 85º central en capacidad de producción diaria con 220 000 @, RI mediano de 12.57, 439 trabajadores y 93 caballerías de tierras propias, situado en Palmira, Las Villas.

1 Poseía un capital ascendente a $750 000. Era uno de los 7 centrales propiedad de la "Sucesión de L. Falla Gutiérrez"(VER), el 2º grupo más importante de los hacendados cubanos y el 3º en relación a la capacidad de producción (2 910 000 @ diarias),

El único miembro de la familia que aparecía con intereses en este central era Alejandro Suero Falla por lo que no era afiliada del banco "The Trust Company of Cuba"(VER).

2 Fundado en 1840 por Antonio y Nicolás Jacinto Acea, españoles, había pertenecido de 1860 a 1905 a Nicolás J. Acea y a su esposa Manuela Hernández de Rivera y herederos. Antonio Acea era el propietario en 1874, a partir de 1878 sus herederos, en 1883 Javier Reguera Acea y sus hermanos hasta 1905 en que es comprado por "Falla y Monasterio".

Acea, quien también fue propietario del ingenio Dos Hermanos, fue uno de los fundadores el 26 de agosto de 1841 del Colegio de Abogados de Cienfuegos y

Villaclara, Regidor de Cienfuegos en 1857, 1866, 1875, 2° Teniente de Alcalde en 1878, primer Teniente de Alcalde en 1881, y su hijo, Nicolás S. estaba casado con Teresa Terry Dorticós, primogénita de Tomás Terry.

3 Sus cañas eran de la variedad POJ-2878 y POJ-2727. Se abastecía en un 70% de colonos libres y el 30 % de controlados, con un rendimiento de sus cañas de 40 000 @ por caballería.

288- CENTRAL NAZÁBAL S.A.

El "Nazábal" era el 74° central en capacidad de producción diaria con 250 000 @, RI bajo de 12.06, 2 200 trabajadores, destilería y con bastantes extensiones de tierra (el 50°) con 700 caballerías, situado en Encrucijada, Las Villas.

1 Propiedad de las hermanas Pura, su presidenta, y de Moraima Nazábal, su tesorera, a partes iguales con $586 000 en acciones cada uno. Roberto Suero Bernal, casado con Moraima, copropietario de "Suero y Compañía"(VER) y presidente de la "Cámara de Comercio", era su vicepresidente. Carlos J. López Oña, el tercero de los 6 hermanos López Oña y tesorero de "Central Santa Lutgarda S.A."(VER), propiedad de su familia, estaba casado con Pura y era su vicetesorero y administrador. Ambos cónyuges eran propietarios simbólicos de $600 cada uno.

Lo habían heredado de su padre el navarro Domingo Nazábal, asentado en Cienfuegos, propietario de vapores de cabotaje, ganadero, consejero del Banco Español y propietario de otro central, el Lequeitio (demolido), que vendiera cn 1915 a la Cuban Cane en $2 200 000.

2 Se había fundado en 1844 y en 1874 pertenecía a Patricio Ger . A comienzos de la República de 1902 a 1904 no molió, estando entonces hasta 1905 bajo la "Compañía Azucarera Central Patricio", pasando en este año a "Castaño y Compañía" y volviendo de 1906 a 1909 a la firma anterior. Nazábal entra a formar parte de su sociedad, junto con P. Castaño, en 1909 hasta 1919 en que pasa a su propiedad total que mantendrá hasta su fallecimiento en 1928 en que lo hereda su familia.

3 Sus cañas eran aun en un 80% de la variedad Cristalina con un 20% de POJ-2878. Se abastecía totalmente de colonos, con un rendimiento de sus cañas de 18 a 20 meses de 90 000 a 100 000 @ y cosechas en los primeros 12 meses de 60 000 a 70 000 @ por caballería.

Tenía una antigua destilería que funcionaba en su batey desde 1912 perteneciendo a Alambique Nazábal S.A., que era la más pequeña de los centrales y, como la mayoría de éstas, estaba inactiva. Hasta 1920 se llamó Patricio. Era administrado por Carlos López Oña.

289- CENTRAL NELA S.A.

El "Nela" era un central pequeño (el 135°) con una capacidad de producción diaria de 170 000 @, RI bajo de 12.34, 1 500 trabajadores y 120 caballerías de tierras propias, situado en Mayajigua, Las Villas.

1 Su capital ascendía a $1 143 000. Propiedad de Alex M. Roberts, su presidente, y su hijo Eugene S. Roberts, vicepresidente, ambos norteamericanos quienes eran el más importante importador de cigarrillos norteamericanos, así como fabricante de tabacos para la exportación (VER "ROBERTS TOBACCO COMPANY") y propietarios también del "Banco de Capitalización y de Ahorro del Caribe"(VER). Arturo Sonville Nodarse era el tesorero.

Hasta 1958 Ramón Mestre Gutiérrez (VER "CONSTRUCTORA NAROCA, COMPAÑÍA"), yerno y cuñado de los Roberts, había sido el presidente y José I. Aguirre el vicepresidente y administrador general. En ese entonces Alex y Eugene eran consejero y tesorero respectivamente.

2 Fundado en 1916 por Patricio Suárez Cordovés, del poblado de Mayajigua, su propietario hasta 1955, quien era miembro de una antigua familia propietaria en el sector tabacalero. Su padre, Manuel Suárez Cuétara, había fundado en 1873 una firma almacenista, cosechera y exportadora de tabaco. Se llamó originalmente Rosa María. Otras fuentes, sin embargo, afirman que se fundó antes de la guerra de 1868 y era entonces propiedad de Eduardo Echarte.

En 1947, mientras él permanecía como vicepresidente, pasó a ocupar la presidencia su hijo, Manuel A. Suárez Carreño, quien era propietario además de la fábrica de regeneración de aceites lubricantes "Kubeil", en Caimito del Guayabal, la que recibiera un préstamo del BANFAIC por $10 000 el 25 de septiembre de 1953 y estaba casado con Eloisa, hermana de Melchor W. Gastón, propietario del "Ingenio Dolores S.A."(VER).

Sus otros hijos, Ignacio A. y Luis A.Suárez Carreño, eran vice-presidente y administrador-jefe de ingeniero respectivamente. Patricio, otro hermano, había representado al central ante el "Grupo de Ingenios Independientes" tras su creación a principio de los 50.

3 Sus cañas eran un 80% de la variedad POJ-2878 y un 20% de Cristalina. No tenía cañas de administración. Embarcaba el azúcar por su propio muelle de madera de donde lo trasladaba por lanchones hasta el puerto de Caibarién.

Tenía deudas hipotecarias con sus antiguos dueños y con Ramón Mestre Gutiérrez por la finca "Agrícola Naroca S.A.", valorada en $200 000. El BANFAIC le concedió un préstamo por $180 000 el 21 de octubre de 1959.

290- CENTRAL PASTORA S.A.
El "Pastora" era el 82° central en capacidad de producción diaria con 250 000 @, con un RI mediano de 12.71, 1 500 trabajadores y 70 caballerías de tierras propias, situado en San Juan de los Yeras, Las Villas.

1 Capital de $450 900. Propiedad de la "Comunidad de Bienes Hermanos Castaño"(VER), quienes poseían además "Central San Agustín S.A.")(VER), controlando entre ambos centrales una capacidad total de 600 000 @ diarias que representaba el 22° grupo en importancia y el 14° entre los de capital no norteamericano.

Carlos Felipe Gutiérrez Valladón y Rogelio Díaz Pardo eran presidente y vicepresidente respectivamente y, además de ellos, integraban la Junta de Directores el Dr. Nicolás Castaño Montalván, Gerardo Gutiérrez Valladón, Alberto Betancourt Castaño, Felipe Gutiérrez Castaño y Nicolás Betancourt Castaño, todos miembros de uno de los más poderosos clanes practicantes de la endogamia entre ellos.

A través de los hermanos Gutiérrez Valladón se entrelazaban los herederos de cuatro poderosas familias españolas que habían hecho su capital en la región de Cienfuegos, principalmente en los sectores del azúcar, la banca y el comercio, o sea los Castaño, los Falla (VER "ADELAIDA, COMPAÑÍA AZUCARERA S.A.") y los Cacicedo (VER "CACICEDO Y COMPAÑÍA").

2 El central había sido fundado en 1847 por el español Francisco Vila, manteniéndose Francisco Vila Torrens desde 1860 hasta 1874.

A partir de 1883 pasa a la propiedad de Antonio Berenguer Alomá hasta 1895 y después, durante la República, a "Berenguer y Compañía" hasta 1908 en que Marinello y Berenguer en una firma con sus nombres se asocian con Rafael Martínez, José Daniel Concepción, Arturo León y la casa comercial de "A.García y Compañía".

Antonio Berenguer Sed, natural de Santa Clara, fundó el Partido Republicano Federal junto con el Mayor General José Miguel Gómez y fue Senador en 1906 por Las Villas y Ministro de Cuba en Portugal durante el Gobierno de Machado. Fue el primer vicepresidente, y su hermano Manuel el presidente, del "Liceo Artístico y Literario" tras la evacuación de los españoles que se inaugurara el 30 de abril de 1899 en el local, propiedad de su familia, que ocuparan antes de su clausura y donde se había alojado entonces el "Casino Español".

Felo Marinello(VER "AZUCARERA ALTO SONGO S.A."), su presidente, natural de Cataluña y padre de Juan Marinello, futuro Presidente del Partido Socialista Popular y quien fuera el antiguo presidente del "Banco Español" de Santa Clara, fundaría en 1921 el central Algodonal.

Nicolás Castaño había adquirido el central en 1916.

3 Sus cañas eran en un 59-87 % de la variedad POJ-2878 y el resto de CO-281, Media Luna 318, Pepe Cuca y otras. Se abastecía totalmente por colonos, en un 37.99% en terrenos propios, el 47.14 en terrenos controlados y el resto en terrenos arrendados. Toda la caña se tiraba por carreta y camiones.

Tenía índice de solvencia bajo y el pasivo resultaba elevado en relación con cl capital de trabajo.

291- CENTRAL PERSEVERANCIA S.A.

El "Perseverancia" era el 34° central en capacidad de producción diaria con 400 000 @, RI mediano de 12.50, 3 500 trabajadores y 1 261 caballerías de tierras propias, situado en Real Campiña, Las Villas.

1 Uno de los 14 centrales que poseía Julio Lobo (VER"AZUCARERA GÓMEZ MENA S.A.,COMPAÑÍA").

2 Había pertenecido al español Miguel Díaz Pérez desde su fundación en 1892 hasta 1915 en que fue comprado por la "Cuban Cane" constituida en ese año y, al quebrar ésta en 1929, tras los litigios judiciales, fue adquirido por la "Azucarera Atlántica del Golfo,S. A., Compañía"(VER) quien, junto con el Soledad(M), lo venderá en 1950 iniciando así las ventas de 6 de sus 12 centrales, siendo éstos los más pequeños.

Fue uno de los 2 que Julio Lobo comprara en asociación con la familia Escagedo, en 1945 el Fidencia y en 1950 el Perseverancia, produciéndose poco después un intercambio cuando éstos le compraran su parte en el Fidencia en 1947 mientras a su vez él les compraba la suya en el Perseverancia.

3 Sus cañas eran en un 34.18 % de la variedad POJ-2878, 15.17% de CO-213, 4.79% de Media Luna 318 y 39.63 % de Pepe Cuca. Se abastecía totalmente por colonos, en el 49.82 en terrenos propios o arrendados por ellos y el 50.18 % en terrenos de los colonos o directamente arrendados por ellos. El rendimiento de la caña era de 58 010 @ por caballerías.

El edificio del central fue reconstruido en 1951 y 1953 pues había sufrido daños por incendio y por un ciclón. Sus activos se elevaban a $3 900 000. Tenía una situación financiera aceptable pues el pasivo era a largo plazo y con firmas del propietario. En 1953 y 54 tuvo pérdidas por $30 000 y $112 000 respectivamente, pero en 1957 y 58 obtuvo ganancias por $350 000 y $267 000.

El Banco Gelats le había concedido préstamo por $750 000 a Julio Lobo y Gregorio Escagedo para su compra, pero sus principales bancos eran el Nova Scotia y el Financiero.

292- CENTRAL PUERTO S.A.

El "Puerto" era uno de los 15 centrales más pequeños (el 157º) con una capacidad de producción diaria de 130 000 @, RI mediano (el 96º) de 12.55, 1 200 trabajadores y 47 caballerías de tierras propias, situado en Canasí, Matanzas.

1 Propiedad de la familia Avendaño. Juan J. Gronlier Avendaño, quien era uno de los principales accionistas del "Banco de la Construcción" (VER), era el presidente, Ramona Avendaño, su madre, viuda de Juan Gronlier Sardiña, Representante a la Cámara durante el Gobierno de Machado, era la vicepresidenta y su otro hermano Ramón era el tesorero.

Gronlier había sucedido en la presidencia a su abuela Josefina Fernández Blanco, viuda de Avendaño, quienes habían tenido intereses en el pasado en "La Paz S.A."(VER), donde José Avendaño había sido vocal en los años 20.

2 Se desconocía el año de su fundación, pero había sido propiedad de la familia desde el siglo pasado en que perteneciera a J. Fernández Blanco y fuera heredado por sus familiares pasando, a partir de 1904, al español José Avendaño, su abuelo, casado con Josefina Fernández Blanco, quien lo heredará en 1932 tras la muerte de su esposo.

El español José Avendaño, fallecido en 1932, era hijo de José María Avendaño, fundador y presidente del Casino Español desde 1869 hasta el 27 de abril de 1877 en que se le sugiriera renunciar con motivo de una exposición sobre los males de la guerra donde además solicitaba ciertas formas de gobierno autonómico válido sólo para la oligarquía española residente. Era entonces el propietario de "La Voz de Cuba", periódico donde trabajaba Castañón, dirigido por Francisco Augusto Conte, quien redactaba los artículos que aparecían bajo su firma.

Había sido uno de los principales accionistas del "Banco Hispano Colonial", fundado en España en 1876, para recuperar el empréstito destinado a sufragar la Guerra Grande(VER "TRASATLÁNTICA ESPAÑOLA, COMPAÑÍA").

3 Operaba en realidad como una sucursal del central Hershey, quien lo financiaba y a quien le vendían el azúcar que refinaba, exportaba y transportaba en su ferrocarril. Acometieron en 1953 un plan de inversión para aumentar capacidad, eficiencia y RI, financiado por el Hershey que, en 1956 al dejar de comprarle el azúcar, unido a la sequía de este año en la costa norte, los llevó a gravar el central con una hipoteca de $115 000.

El 50 % del abastecimiento de cañas provenía de colonos en tierras del central o bajo control de éste y el resto de colonos independientes.

Tuvo pérdidas en 1957 por $95 000, que elevó la hipoteca a $150 000, pero en 1958 obtuvo utilidades por $48 315. Tenía adeudos desde 1954 con el Banco de los Colonos que ascendían a $210 000, que no pudieron saldar, situación que se le agravó pues tuvieron dificultades en la zafra de 1957. El BANFAIC le concedió préstamo por $160 000 el 2 de septiembre de 1959. No molió en 1933. Juan J. Gronlier Avendaño era su administrador desde 1944.

293- CENTRAL ROMELIÉ S.A.

El "Romelié" era uno de los 15 centrales más pequeños (el 150°) con una capacidad de producción diaria de 150 000 @, RI mediano (el 70°) de 12.84, 1 300 trabajadores y con bastante tierra (el 97°) en relación a su capacidad y 315 caballerías, situado en Yateras, Guantánamo, Oriente.

1 Capital ascendente a $900 000. Propiedad de Francisco de Pando Armand, su presidente. Su hijo Luis M de Pando era el vicepresidente.

Pando, presidente de la Asociación Nacional de Hacendados en los años 40 y de 1951 a 1956, además tenía intereses y era Director desde 1953 de "Compañía Cubana"(VER), propietaria de los centrales Jatibonico y Jobabo, que representaba el 15° más importante y el 7° entre los de capital cubano, así como en el "Central Santa Cecilia(VER) y había sido accionista del extinto "Banco Atlántico" (VER), propiedad de Amadeo Barletta.

2 Existen muchas discrepancias sobre el año de su fundación que unos sitúan en 1852 y otros en 1878 y en 1882, llamándose en este último caso Romelia y fundado por Francisco Morelin y Eduardo Jorosa ambos franceses, siendo uno de los centrales de la región de Guantánamo que perteneció a los Brooks, estando en 1878 bajo la "Brooks y Compañía" que pasara en 1883 a sus herederos. "Santiago Mc. Kinley y Sobrinos" entra como socio en 1891 hasta 1905 en que pasa a los "Sucesores de Mc. Kinley, Brooks y Compañía", a los que en 1917 se le unirán como socio Armand, familiar de su actual propietario, manteniéndose dicha sociedad hasta 1924 en que como consecuencia del crac de 1921, pasa a "Compañía Azucarera de Romelie S.A.", administrada por Francisco de Pando, tras haber sido de "Sucesores MacKinley Brooks Rausdeer". Francisco de Pando Armand era su administrador desde entonces y, desde hacía más de 20 años, ocupaba su presidencia.

3 El 75 % del abastecimiento de cañas provenía de colonos y el resto de administración, de las que el 60 % eran en tierras propias y el resto controladas. El 60% de la caña se transportaba por F.C., el 25 % por camiones y el resto por carretas. Sus cañas eran en un 12 % de la variedad POJ-2878 y un 85 % de Media Luna 318. El rendimiento de la caña era de 50 000 @ por caballerías.

Sus acciones se cotizaban en la Bolsa de La Habana.

294- CENTRAL SALVADOR S.A.

El "Salvador" era un central pequeño (el 120°) con capacidad de producción diaria de 190 000 @, el 4° más bajo RI de 11.11, 1 600 trabajadores y 78 caballerías de tierras propias, situado en Calicito, Manzanillo, Oriente.

1 Capital ascendente a $126 300. Propiedad de Francisco Escobar Tamayo, su presidente. Sus hijos Francisco y Ricardo Escobar Quesada eran vicepresidente-administrador general y tesorero respectivamente.

Los Escobar estaban muy vinculados a Julio Lobo y tenían intereses en su "Banco Financiero"(VER). Escobar Tamayo había sido Alcalde de Niquero en 1922, Representante a la Cámara en 1926, en 1932 y en 1942, siempre por Oriente. Su hijo Francisco, miembro del Comité Ejecutivo del Grupo de Ingenios Cubanos Independientes, también fue Representante a la Cámara en 1948 y en 1954.

2 Había sido fundado en 1891 por Ramírez y Oro, pasando desde 1895 a "J.M. Ramírez y Compañía" y, a principios de siglo, a "J.L. Ramírez y Compañía" hasta 1908 en que pertenece a Francisco Contis (algunos lo escriben Condis).

En 1915 sería comprado por "Godwall Maceo y Compañía", firma de comerciantes banqueros, comisionistas, consignatarios, agentes de seguros, servicio de vapores y lanchas en bahías y costas, con oficina en Manzanillo, Oriente, que también era propietario del central "Jibacoa", más tarde demolido.

Esta firma lo vendería en 1934 a Escobar, constituyéndose la actual razón social como continuadora de "Compañía Azucarera de Manzanillo El Salvador" de 1929. En este año se emitieron $29 000 en acciones, que el 30 de junio de 1951 se incrementaron en $65 300 y el 30 de diciembre de 1953 en unas $37 000 adicionales, que hacían un total de 12 630 acciones de $10.

3 Unos 250 colonos en alrededor de 300 caballerías lo abastecían de caña y no tenía de administración. El rendimiento de la caña era de 50 000 @ por caballerías. Su azúcar se embarcaba por lanchas hasta el puerto de Manzanillo a 12 Km del central.

Según la "Comisión Técnica Azucarera", en 1951 sus costos eran de $17.40 por cada saco de 325 lbs., o sea por debajo de la media de $17.87, y sus activos totales estaban valorados en $1 118 284. En 1958 estaba valorado según libros en $777 350.68 y sus activos ascendían a $783 000.

Tenía una hipoteca con el Banco Núñez por $250 000 y recibió un préstamo del BANFAIC por $200 000 el 10 de enero de 1959. Sus utilidades fueron de $20 000. La zafra de 1958 se quedó trunca debido a las quemas de cañas.

295- CENTRAL SAN AGUSTÍN S.A.

El "San Agustín (L)" era el 54° central en capacidad de producción diaria con 350 000 @, RI alto de 12.91, 2 500 trabajadores, destilería y 120 caballerías de tierras propias, situado en Santa Isabel de las Lajas, Las Villas

1 Capital ascendente a $2 321 920. Propiedad de la "Comunidad de Bienes Hermanos Castaño"(VER) que poseía también otro central (VER "CENTRAL PASTORA S.A."). Carlos Felipe Gutiérrez Valladón y Rogelio Díaz Pardo eran el presidente y vicepresidente respectivo y eran vocales Gerardo Gutiérrez Valladón, Alberto y Nicolás Betancourt Castaño –hijos del Dr.Alberto Betancourt González, su presidente hasta 1952– y Felipe Gutiérrez Castaño Jr.

2 Fundado en 1868, perteneció a Agustín Goytisolo Lizarzabaun desde 1874 hasta finales del siglo. A principios de la República en 1902, pasa al control de la "Sociedad Ferrocarriles Centrales y Centrales San Agustín y Lequeitio" hasta 1903 en que es comprado por Nicolás Castaño Capetillo, siendo heredado tras su muerte por su familia.

3 Toda la caña era abastecida por colonos en tierras del central en su mayor parte arrendadas o bajo control y no tenía de administración. El rendimiento de la caña era de 60 000 a 150 000 @ en siembras de frío y de 25 000 hasta 70 000 @ por caballerías en retoños.

Tenía buena situacion económica y una destilería desde 1944, que estaba inactiva, con una capacidad de 6 605 galones diarios.

296- CENTRAL SAN CRISTÓBAL

El "San Cristóbal" era el central 56° en capacidad de producción diaria con 300 000 @ con un RI bajo de 12.15, 2 500 trabajadores, con la 2ª refinería y 4 caballerías de tierras propias, situado en San Cristóbal, Pinar del Río. Era uno de los últimos 25 construidos en la década del 20.

1 Uno de los 2 centrales, junto con "Central La Francia S.A."(VER), propiedad de Julio Lobo (VER"AZUCARERA GÓMEZ MENA S.A.,COMPAÑÍA") en sociedad con Simeón Ferro Martínez (VER "INDUSTRIAS FERRO S.A.") e Ignacio Carvajal (VER "COMERCIAL DE ARTEMISA S.A., COMPAÑÍA").

2 Estaba en parte de las tierras del antiguo hato de "Puercos Gordos" que databa del siglo XVII y había formado parte hasta 1886 del "Vínculo de Fernandina", extenso latifundio de más de 5 000 caballerías reunido por Gonzalo Herrera Beltrán de Santa Cruz, primer Conde de Fernandina.

Había sido fundado en 1920 por el Coronel del E.L. Rafael Peña, fallecido el 28 de abril de 1939, quien fuera 2 veces derrotado como aspirante al cargo de Gobernador, en 1916 por el Comandante del E.L. Armando André en La Habana dentro de las filas del Partido Conservador, y en 1936 en la de Oriente.

Al quebrar el Coronel Peña como consecuencia del crac bancario de 1921, había sido uno de los 10 centrales que habían pasado bajo el control del National City Bank bajo la subsidiaria "General Sugar Company" y que, junto al Santa Rosa, el San Isidro y el Santa Rita, vendieron en 1944.

El 23 de julio de 1944 lo compran en $1,8 millones los propietarios actuales pasando en aquel entonces a presidirlo Ferro, siendo Lobo el vicepresidente.

3 No tenía cañas de administración. Los colonos tenían sembradas 300 caballerías de las que aproximadamente un 70 % eran Media Luna 3/18 y POJ-2878, donde la primera duplicaba a la segunda. El 45 % se tiraban en carretas al chucho y de aquí al central por F.C. privado y el resto por camiones.

Su administrador era Ignacio Carvajal Cuervo, hijo de Carvajal Olivares. Su refinería era la 2ª mayor del país –después de la Hershey – con una capacidad diaria de 10 000 qq. y se había fundado en 1948.

297- CENTRAL SAN JOSÉ PORTUGALETE S.A.

El "Portugalete(H)" era el 125° central en capacidad de producción (180 000 @), RI bajo de 12.06, 1 500 trabajadores, refinería, destilería y 208 caballerías de tierras propias, situado en San José de las Lajas, La Habana.

1 Propiedad de la firma norteamericana "M.Golodetz y Compañía", radicada en Nueva York y Londres, que controlaba la "West Indies Trading Company"(VER) –corredores de azúcares– así como la "Atlántica de Almacenes y Transporte S.A., Compañía", ambas establecidas en Cuba y presididas por Domingo Burés Ayala, su representante, quien a finales de los 30 había sido vicepresidente de la arrendataria de "Azucarera Jocuma S.A., Compañía"(VER). El presidente era Salvador García Fernández, hombre de confianza de Burés, Armelio del Monte Oms el vicepresidente y Faustino Leal su secretario.

2 Había sido fundado en 1862 por Manuel Calvo Aguirre, nacido en Portugalete, Vizcaya, y su familia lo mantuvo hasta 1904 en que fue comprado por los herederos de Antonio López López, el enriquecido Marqués de Comillas, estando a veces a nombre de Manuel Otaduy, representante en Cuba de la "Trasatlántica Española, Compañía"(VER), propiedad de aquél, mientras en otras ocasiones aparecía a nombre de Claudio López Brú, hijo del Marqués de Comillas, a quien sustituyó al frente de la naviera.

A partir de 1930 pasó a R. Benítez y después a sus herederos y de 1937 a 1948 Salvador Gómez es el presidente y administrador general y Vicente Domínguez es el tesorero. Había sido operado por "Compañía Agrícola de Cuatro Caminos S.A." que, al no tener éxito, pasó al control de 2 bancos bajo la "Portugalete Sugar Co." y, más tarde, a la propiedad de "Compañía Propietaria del Central Portugalete S.A.".

El 31 de marzo de 1949 fue comprado por el famoso senador e inspirador del BAGA, José M. Alemán Casharo, quien fuera su presidente hasta su fallecimiento en marzo de 1950 cuando lo sustituyera José M.Santeiro Penabad, padre de Elena Santeiro García, su viuda quien lo heredara y vendiera posteriormente en mayo de 1951 a los actuales propietarios.

A partir de la zafra de 1955 operó la "Refinería Fortecha" (VER), anteriormente situada en Puentes Grandes, La Habana, antes de ser trasladada hacia el central.

3 Su abastecimiento de caña era en un 28 % de colonos en tierras del central y el resto de colonos en tierras propias o arrendadas, el 62 % de la cual se tiraba a chuchos del F.C. público y el resto en camiones y carretas. Tenía sembradas las variedades POJ-2878, POJ-2961, ML 3/18 Mayagüez 275 y Puerto Rico 263.

Sus activos se estimaban en $2 500 000. Según la "Comisión Técnica Azucarera" en 1951 sus costos eran de $16.30 por cada saco de 325 lbs., o sea por debajo de la media de $17.87, y sus activos totales estaban valorados en $1 864 495.

Cliente del Banco de los Colonos con créditos por $486 000, junto con la "West Trading Company".

298- CENTRAL SANTA CATALINA

El "Santa Catalina" era el central 76° en capacidad de producción diaria (240 000 @), RI alto (el 26°) de 13.38, 2 300 trabajadores, destilería y 136 caballerías de tierras propias, situado en Cruces, Las Villas. Tenía la 23ª destilería de central.

1 Propiedad conjunta de Silvio de Cárdenas Echarte, su presidente, e Ismael de Marchena, su vicepresidente, quienes en 1936, siendo importantes colonos del central Violeta en Camagüey, lo habían comprado al National City Bank. Roberto de Marchena era el tesorero, mientras Raúl de Cárdenas y Silvio de Cárdenas Echarte, hermano e hijo respectivamente de su presidente, eran el secretario y vicetesorero.

2 Aunque se fundó en el siglo pasado es incierto el año. Había sido uno de los centrales propiedad de la familia González-Abreu, quienes lo mantuvieron desde el siglo pasado hasta la segunda década del actual, perteneciendo en 1860 a José Simón González Abreu, en 1874 a Eduardo Abreu, en 1878 a Eduardo González Abreu, en 1883 a sus herederos y en 1895 se asocia a éstos "Federico Cordovés y Compañía".

Eduardo G.Abreu lo mantendrá hasta 1915, alternando su propiedad con los hermanos Juan y Ramón Ulacia, quienes estarán al frente en 1903, en 1905 y 1906, y de 1908 a 1913, siendo arrendado a "Artime Díaz y Compañía" de 1915 a 1920, administrado por Ricardo Díaz y, tras el crac de 1921 en que su propietario era "Central Santa Catalina S.A.", estaría administrado por Rafael Guardado.

Había sido destruído en dos ocasiones: en 1899 y en 1931, en que se quemó totalmente, reconstruyéndose en 1936 y echándose a andar en 1937. El 15 de febrero de 1934 Jacinto Pedroso Hernández (VER "BANCO PEDROSO") fue procesado por el delito de incendio contra este central del cual se había extendido una póliza a su favor 27 días antes como apoderado de la The Atlas Assurance Company. La empresa de seguros lo reconstruyó con estructuras de acero.

3 Se abastecía en un 70 % de cañas de colonos y el resto de campos propios de los que tenían sembrados 110 caballerías. Tenía sembradas el 50 % con la variedad POJ-2878 y el resto con distintas varieades de la CO. Su rendimiento era de 50 000 a 60 000 @ por caballería.

En 1944 se le instaló una destileria, de las más pequeñas, con capacidad para 3 881 gls. de alcohol que estaba inactiva.

Sus acciones se cotizaban en la Bolsa de La Habana.

299- CENTRAL SANTA CECILIA S.A.

El "Santa Cecilia" era uno de los 15 centrales más pequeños (el 147º) con una capacidad de producción diaria de 150 000 @, RI bajo de 12.05, 1 300 trabajadores y 209 caballerías de tierras propias, situado en Guantánamo, Oriente.

1 Era propiedad de "Guantanamo & Western Sugar Company", firma ferrocarrilera filial de los "Ferrocarriles Consolidados de Cuba" (VER), que estaba bajo el control de los hermanos Bartés Claréns. Francisco de Pando (VER "CENTRAL ROMELIE S.A.") también tenía intereses en él. Fernando Garrote Rodiles fungía como el administrador general habiendo sido antes su jefe de oficina .

La "Guantanamo & Western Sugar Company" designaba a funcionarios suyos en su administración, tales como Garrote Rodiles o antes de éste Pedro Figueredo, su administrador y superintendente, quien también era un antiguo funcionario de los ferrocarriles.

Francisco Bartés Clarens era presidente de los "Ferrocarriles Consolidados de Cuba" (VER) y accionista de la "Cubana, Compañía"(VER), propietaria de los centrales Jobabo y Jatibonico, de la cual su hermano Mario era uno de los vicepresidentes desde 1957.

Era además propietario y presidente, en sociedad con Juan Vázquez Ramírez y Amado Aréchaga, de "Agrícola Jufra S.A.", una arrocera en Guáimaro, Camagüey y otra en Bayamo, y, junto con Aréchaga, estaba asociado también en otra arrocera "Arrozal Bartés S.A.", de la que era presidente y su socio era el vicepresidente.

2 Había sido fundado en 1850 por el francés Arturo Simón quien lo conservara hasta 1904. Había pasado desde entonces a la propiedad de "Santa Cecilia Sugar Corporation", norteamericanos de New York y, tras varios cambios, al control de Antonio San Miguel a partir de 1933 en que adoptara su actual razón social.

San Miguel fundó en 1878 "La Libertad", su primer periódico, dirigido por Adolfo Marquez Sterling, a los que siguieron varios otros hasta que el 25 de Agosto de 1895 fundara "La Lucha", que ejerciera una gran influencia y, tal como otros fundado por él, defendía siempre a los cubanos. También era presidente en aquel entonces de la "Fábrica de Gaseosa la Habanera".

San Miguel había presidido la firma ferrocarrilera "Guantanamo & Western Sugar Company" desde 1923 hasta su fallecimiento en 1940, en que fuera sustituido por Francisco Bartés, antiguo tesorero de la firma y su hombre de confianza, quien con el tiempo se convirtiera, no sólo en el principal accionista de la firma ferrocarrilera y de la azucarera, sino también de los "Ferrocarriles Consolidados de Cuba". La firma ferrocarrilera había incrementado sus intereses en el central cuando en 1934 financiara su rehabilitación tras haber estado sin moler desde 1927.

3 Se abastecía por 70 caballerías de colonos libres y controlados y por 139 de campos propios. Tenía sembradas el 20 % con la variedad POJ-2878, ML con 57 % Crsitalina con 8 % y el resto con distintas varieades.

300- CENTRAL SANTA ISABEL S.A.

El "Santa Isabel" era el 84° central en capacidad de producción (230 000 @), el 2° más alto RI con 14.26, 2 500 trabajadores, la 12ª refinería y 1 caballería de tierra propia, situado en Fomento, Las Villas. Uno de los últimos 15 centrales construidos en la década del 20.

1 Propiedad principal de Jesús Azqueta, quien también era propietario de otro central en "Comercial Trisunco S.A., Compañía"(VER) y socio del de "Azucarera y Ganadera Guipúzcoa S.A., Compañía"(VER), para una capacidad de producción total de 720 000 @ diarias, que representaba el 18° grupo en importancia y el 10° de capital no norteamericano. El central era operado por "Azucarera Santa Isabel S.A.", una arrendataria de la cual Juan J.Azqueta era su presidente y su administrador general. También era propietario del Central Matilde en Venezuela.

Azqueta, vizcaino de origen, quien había comenzado a trabajar en Cuba como químico azucarero en varios centrales, era además uno de los más importantes propietarios en la industria del papel. Poseía desde 1934 la "Papelera Moderna S.A."(VER), tenía intereses en "Papelera Río Verde S.A."(VER) y además, en asociación con Rafael Palacios Arce –propietario también de otra fábrica de papel, la "Antigua Papelera Cubana S.A."(VER)–, había fomentado la construcción de la "Papelera Pulpa Cuba S.A."(VER) cerca del central Trinidad de su propiedad, favorecido con un financiamiento ascendente a $8 500 000 por parte del BANDES.

También tenía intereses en "Territorial Alturas del Olimpo S.A."(VER) y era propietario secreto, en sociedad con los herederos de José Braulio Alemán, de "Cuba Aeropostal S.A." (VER), una línea aérea de carga, expreso y correo.

Había comprado en 1940 una parte del Guipúzcoa a la viuda de Ramón Gurruchaga, manteniéndose la copropiedad hasta finales del periodo y desde 1941 a 1943 había arrendado también el central Limones.

Estaba emparentado con las poderosas familias de hacendados Gómez Mena y los Fanjul, pues su hijo Norberto Azqueta Arrandiaga había casado en 1955 con Lian Fanjul Gómez Mena –nieta de José Gómez Mena e hija de Alfonso Fanjul Estrada– en una sonada boda con asistencia del presidente Fulgencio Batista.

2 El central había sido fundado en 1920 por "Martínez, López y Cía." y era administrado por Martínez y Martínez y, tras el crac de 1921, pasó al control de

"Santa Isabel S.A.", administrado por Isaías Cartaya. A partir de 1931 había sido arrendado a su propietario actual bajo la misma firma, la que constituiría su primer negocio de importancia.

Fue uno de los 9 centrales, entre ellos Andorra, América, Báguanos, Niágara, Occidente y Patria, construido por la "Manuel Galdo y Compañía"(VER "AZUCARERA CARMEN RITA S.A.") que operaba la "Fábrica de Maquinaria Azucarera", ubicada en Cárdenas.

3 Desde 1940 se le instaló una refinería con una capacidad de 6 300 qq diarios. Sus cañas tenían un rendimiento de 60 000 @ por caballerías.

301- CENTRAL SANTA LUTGARDA S.A.

El "Santa Lutgarda" era el 107° central en capacidad de producción diaria con 210 000 @, RI mediano de 12.97, 2 000 trabajadores y 530 caballería de tierras propias, situado en Mata, Las Villas.

1 Capital ascendente a $3 356 500. Propiedad de los 7 hermanos López Oña y sus descendientes. José M. López Oña, el menor, era el presidente; Juan, vicepresidente y administrador general; el Dr. José Elías López Silveiro, hijo de María Josefa, otra hermana, el secretario; Carlos, el tesorero; Enrique, el vicetesorero y como directores fungían Carmen, la primogénita, María Josefa y Enrique López Oña Morales, hijo de Enrique, otro de los 7 hermanos.

Carlos estaba casado con Pura, una de las 2 hermanas propietarias del Central Nazábal (VER) del cual era además administrador. Josefina era viuda del Dr. José Elías López Silveiro, su primo, quien había sido jefe de despacho de la Secretaría de Sanidad y Beneficencia en 1930 con Machado. Carmen estaba casada con su primo Ricardo Amézaga de Oña, quien fuera administrador del central Resulta cuando era propiedad de su primo Jorge de Oña. Juan y Enrique habían casado con 2 hermanas, Caridad y Estela Morales Pedroso, hermana de los importantes arquitectos Leonardo y Luis, impulsores del moderno Vedado y de Miramar, y tía del Arq.Víctor Morales de Cárdenas. Varios hijos suyos a su vez estaban casados con hijos de familias propietarias.

2 El central fue fundado en 1859 por Elías López Silveiro, abuelo de los actuales propietarios, quien había constituido una casa comercial en 1844 en Sagua la Grande. Lo habría fundado con el producto de un extenso platanal sembrado en el extenso valle donde se construyera, habiendo sido quemado en 1872 por tropas del Gral.Roloff, reconstruido y revalorado al llegar el ferrocarril hasta sus tierras.

José Manuel López Silvero Veitía, padre de los propietarios actuales, lo había heredado en 1895 pasando a sus hijos en 1920. López, abogado, casaría el 5 de febrero de 1883 con María de los Angeles Oña Ribalta, nieta de Tomás Ribalta, fundador de Sagua la Grande, y hermana de Juan de Dios, padre de Jorge de Oña Ribot, comerciante, hacendado y colaborador de los separatistas del 95. Varios de sus descendientes casaron con primos entre sí.

Los Oña, una de las principales familias de Sagua la Grande, habían sido en el pasado propietario directo o por matrimonio de tres centrales más que habían perdido gradualmente. Cuando la crisis del 20 perdieron el central Purio, que era propiedad de Juan de Oña desde 1889, heredado por la viuda e hijos de Tomás de Oña, así como el Corazón de Jesús, propiedad de los Amézaga desde 1895, heredado por su viuda María Victoria Oña, cuyo hijo Ricardo casara con su prima

Carmen López Oña. Además, el "Resulta", propiedad de Juan de Dios Oña Ribalta, y heredado por Jorge de Oña, se vendería en los años 40.

3 Se abastecía de alrededor de 350 caballerías de tierras propias, de 41 arrendadas y 151 de colonos libres. Tenía sembradas el 64 % con la variedad POJ-2878 y 33 % de la CO-233. Su rendimiento era de 40 000 a 45 000 @ por caballería. Según la "Comisión Técnica Azucarera" en 1951 sus costos eran de $16.05 por cada saco de 325 lbs, o sea por debajo de la media de $17.87, y sus activos totales estaban valorados en $2 303 835.

302- CENTRAL SANTA MARÍA S.A.
Aunque el "Santa María" era un central pequeño (el 103°) con una capacidad de producción diaria de 250 000 @ tenía un RI alto de 13.11, 2 000 trabajadores y 58 caballerías de tierras propias, situado en Ranchuelo, Las Villas.

1 Propiedad de la familia Cacicedo, quienes poseían otro central (VER "CENTRAL CARACAS S.A." Y "CACICEDO Y COMPAÑÍA, S.L."). Felipe Cacicedo era su presidente y administrador general, Juan Monistrol Vázquez era el vicepresidente e Isidoro y Ramón Cacicedo, tíos del primero, eran ambos directores.

2 Hay discrepancias sobre el año de su fundación que unos sitúan en 1846 y otros en 1849 por Esteban de la Torriente, habiendo pasado en 1874 por breve período de tiempo a los Sánchez Iznaga, volviendo en 1878 a "Celestino de la Torriente y Hermanos", en 1892 a Francisco María de la Torriente y desde 1895 a 1909 a "García Espinosa" hasta que en este último año lo adquiere Esteban Cacicedo de la Torriente.

3 Se abastecía de un 5% de tierras de administración y un 95% de colonos en tierras del central. Tenía sembradas el 50% con la variedad POJ-2878 y en el resto predominaba la Pepe Cuca. Su rendimiento era de 40 000 a 50 000@ por caballería. Tenía amplia solvencia. Su capital líquido era de $3 350 000 y en 1958 obtuvieron utilidades por $ 124 000. Cliente con $ 100 000 del Banco Cacicedo.

303- CENTRAL SANTA MARTA S.A.
El "Santa Marta" era el 32° central en capacidad de producción diaria con 400 000 @, RI mediano de 12.92, 2 550 trabajadores y 10 caballerías de tierras propias, situado en Santa Marta, Camagüey. Había sido el último en construirse pero no era el más moderno.

1 Capital de $4 millones. Propiedad de los herederos del Mayor General del Ejército Libertador Mario García Menocal, ex-Presidente de la República, quien lo había fundado. Su hijo Mario García Menocal era el presidente y el Dr.Eugenio Sardiña Segrera, casado con su hija Georgina y quien era vicepresidente de "Cooperativa Azucarera Estrada Palma S.A." (VER), era vicepresidente y secretario, cargo que con anterioridad había sido ocupado por Raúl García Menocal, designado Ministro de Comercio de Batista. Mario G.Menocal Almagro, hijo del presidente del central, era el administrador.

De los varios presidentes de Cuba convertidos en hacendados –José Miguel Gómez, Mario García Menocal, Gerardo Machado, Fulgencio Batista y Carlos Prío– sería el Gral. Menocal el más destacado en ese sector. Antes de ser Presidente fue desde 1899 el pilar fundamental en la creación del consorcio de H.B.Hawley, la "The Cuban American Sugar Mills Company"(VER), al erigirle el Chaparra sobre las ruinas de un pequeño ingenio y administrarlo hasta el momento en que cambió este puesto de trabajo por el de Presidente.

Posteriormente había sido propietario de 4 centrales: el Palma, el Pilar en copropiedad, el Macareño y finalmente el Santa Martha que fundara en 1926, constituyendo la firma el 6 de octubre de 1927 y el cual sería el único que conservaría.

2 La esposa del M.Gral.Menocal le puso el nombre al central que se erigió con maquinarias de uso de otro denominado San Lino desmantelado en las Villas. Tuvo dificultades técnicas en su puesta en marcha atribuidas a maniobras de su propietario debido a las restricciones de la zafra del año anterior por lo que no comenzaría a moler hasta el 28 de abril de 1928 en una solemne ceremonia presidida por el propio General. El Gral.Machado, Presidente de la República entonces, le regalaría la planta eléctrica que poseía en Santa Clara, a cuya ciudad abastecía de fluido eléctrico, que se instalaría en el central en diciembre de 1939. Sería administrado hasta 1951 por José G. Menocal Cueto, sobrino del General.

3 Se abastecía de 1149 caballerías en arrendamiento y 260 del ingenio. Tenía sembradas el 70 % con la variedad POJ-2878 y el resto con la Pepe Cuca. Venían eliminando gradualmente el tiro de caña por carretas desde 1948.

Gozaba de amplia solvencia. Aumentó su capital líquido de $2 800 000 en 1955 a $3 350 000 en 1958, en cuyo año obtuvieron utilidades por $124 000. Cliente del Banco de los Colonos con créditos por $200 000. En 1959 recibió un préstamo del BANFAIC por $1 millón.

304- CENTRAL SANTA RITA S.A.

El "Santa Rita" era el 113° central en capacidad de producción diaria con 200 000 @, RI bajo de 12.32, 1 600 trabajadores y 245 caballerías de tierras propias, situado en Agramonte, Matanzas.

1 Propiedad de la familia de Armas, con un capital ascendente a $522 000. Alberto de Armas Martín, quien había sido Mayordomo del presidente Menocal y presidente del Banco Territorial (VER) durante el crac bancario, y sus 2 hijos, Luis y Mario de Armas Fernández, eran el presidente, vicepresidente y administrador general respectivamente. Luis era también miembro de la Junta Directiva de "Operadora de Stadiums S.A." (VER) donde tenía intereses.

2 Había sido fundado en 1845 por José Baró, quien lo bautizó en honor de su hija, manteniéndose en la propiedad de sus herederos hasta 1913 en que pasó a la "Compañía Azucarera Caobillas", de capital cubano, habiendo pasado, como consecuencia del crac bancario de 1920, al control del National City Bank (VER), siendo uno de los 4 centrales de los 10 que poseían bajo la subsidiaria de la General Sugar Company que vendieron después junto con el San Cristóbal, Santa Rosa y el San Isidro.

Había pertenecido a Jacinto Pedroso Hernández (VER "BANCO PEDROSO") y su socio Alberto de Armas hasta 1928 en que el primero le vendió su parte al segundo. Debido a pleitos que envolvieron a Pedroso, estuvo embargado de 1934 a 1937 por el Municipio de Agramonte designándose en ese entonces a Luis de Armas Fernández como administrador judicial y Mario de Armas como su administrador.

3 Cliente del Banco de los Colonos con créditos por $180 000.

305- CENTRAL SENADO S.A.

El "Senado" era el 24° central en capacidad de producción diaria con 450 000 @, RI alto (el 16°) de 13.63, el 26° en número de trabajadores en zafra con 4 100, destilería y el 10° mayor propietario de tierras con 2 691 caballerías, situado en Nuevitas, Camagüey. Era el más importante entre los pertenecientes a familias descendientes de fundadores del siglo pasado.

1 Capital ascendente a $1 millón. Propiedad de la familia Sánchez Laurent, que por su capacidad representaba el 28° grupo más importante y el 20° entre los de capital no norteamericano, estando por delante incluso de propietarios de más de 1 central como los Azqueta, del Valle Grau, Blanco Calás e Iturrioz. Emilio Sánchez Laurent era su presidente y Jorge, Julio, Marcelo, Gabriela y María Sanchez Laurent eran vicepresidentes.

2 El central había sido fundado en 1883 por Bernabé Sánchez Adán, comerciante de víveres y banquero de Nuevitas, propietario de la "Bernabé Sánchez e HIjos" y padre de sus propietarios actuales quien, en su primer matrimonio, había tenido otros 3 hijos, los Sánchez Batista, y era abuelo por lo tanto de los Sanchez Culmell(VER "COMPAÑÍA PRODUCTORA DE ALIMENTOS EL AGRO S.A.") y los Sánchez Loret de Mola(VER "MODAS SANCHEZ MOLA Y COMPAÑÍA S.A.").

Su fundador se mantuvo al frente del central hasta 1921 pasando entonces a la propiedad principal de los hijos del primer matrimonio, los Sánchez Batista, compartiéndose desde los 30 con sus medio hermanos, dos de los cuales, Jorge B. y Emilio Sánchez, fungirían como sus vicepresidentes desde finales de los 30 hasta 1951 en que la propiedad había pasado definitivamente al control de éstos constituyéndose la actual directiva.

Sus propietarios pagaron a los mambises 1 000 pesos oro para evitar en 1898 que el central fuera destruido. Bernabé Sánchez Batista, hijo del propietario y comandante del Ejército Libertador, fue electo gobernador de la provincia de Camagüey en 1913.

3 Según la "Comisión Técnica Azucarera", en 1951 sus costos eran de $15.85 por cada saco de 325 lbs., o sea por debajo de la media de $17.87, y sus activos totales estaban valorados en $9 250 082. Contaba con una destilería de alcohol industrial con 10 000 galones diarios, que en 1958 estaba fuera de operación y con su propio aeropuerto.

306- CENTRAL SIBONEY-CAMAGÜEY S.A.

El "Siboney" era un central pequeño (el 124°) con una capacidad de producción diaria de 180 000 @, un RI alto de 13.10, 1 200 trabajadores y 130 caballerías de tierras propias, situado en Marchena, Camagüey. Era uno de los últimos 15 construidos en la década del 20.

1 Propiedad de la familia Diego de Camagüey. Servando Diego González era el presidente, Antonio Diego Intriago, vicepresidente; Gabino y Servando Diego Diego eran el tesorero y vicetesorero respectivamente.

2 Había sido fundado en 1924 por los ciudadanos holandeses, oriundos de Curazao, Moisés Marchena y su yerno David M.L.Maduro, casado con su hija Clara Marchena Marchena. Junto con el Najasa, fundado en 1920 también por ellos, había estado bajo la razón social de "Compañía Azucarera Najasa", firma holandesa, presidida por David M.L. Maduro desde 1937 hasta 1951 en que se vendió a Gregorio Escagedo Salmón (VER "CENTRAL FIDENCIA S.A."), Gregorio Escagedo García y Felipe Cacicedo Gutierrez (VER "CENTRAL CARACAS S.A.") adoptando la razón social de "Central Najasa-Siboney".

Con posterioridad en 1952 el Siboney fue vendido a los Diego y, en 1953, el Najasa al "Banco Agrícola e Industrial".

3 La caña sembrada POJ-2878 estaba siendo sustituida por Media Luna y Pepe Cuca. Los trabajos de preparación de tierra se estaban mecanizando totalmente y se ensayaba con regadío y la manipulación de la caña se había mecanizado desde los campos hasta el basculador.

307- CENTRAL SOLEDAD S.A.

El "Soledad(M)" era el 75° central en capacidad de producción diaria con 260 000 @, RI bajo de 12.07, 2 500 trabajadores y 528 caballerías de tierras propias, situado en Jovellanos, Matanzas.

1 Propiedad de Estanislao del Valle Grau, quienes poseían además "Ingenio Natividad S.A."(VER), controlando entre ambos centrales una capacidad total de 430 000 @ diarias que representaba el 29° grupo en importancia y el 21° entre los de capital no norteamericano, así como 4 100 caballerías de tierra siendo cl 23° mayor propietario. El "Central Senado S.A."(VER) con 450 000 @ tenía en un solo central más capacidad que en los 2 suyos.

Estanislao del Valle Grau era el presidente y su hijo Antonio del Valle Goicochea, el tesorero, en ambos centrales mientras otro hijo Francisco L. era administrador del Soledad. El Natividad pertenecía desde 1860 a la familia, emparentada con los Iznaga, y el Soledad(M) desde 1950.

Del Valle era además un importante ganadero que era vicepresidente III de la "Corporación Ganadera de Cuba" y vicesecretario de la "Asociación de Criadores de Ganado Santa Gertrudis" en 1958, habiendo sido presidente de la "Corporación Ganadera de Cuba" en 1948-50. Era propietario de "Sociedad Ganadera Flor del Valle"(VER) y de "Ganadera Las Nuevas S.A., Compañía", ambas fincas ganadera situadas en Sacti Spiritus.

Además poseía variados intereses pues era uno de los mayores colonos con 11 500 000 @ de cañas en el central Natividad y 5 600 000 @ en el Stewart, así como vicepresidente I y el 2° mayor accionista con $750 000 de "Territorial Alturas del Olimpo S.A."(VER), con un capital ascendente a $6 millones y 250 accionistas.

Su hermano Ignacio era vocal del Banco Franco Cubano y vocal del "Centro de la Propiedad Urbana de La Habana" durante los años 50 y su hermano Luis, fallecido, casó con María González de Mendoza Goicochea, hermana de Paul, presidente del "Banco Hispano Mendoza"(VER) y cuñada de Antonio Tarafa Govín y de Enrique Conill Hidalgo.

Descendía por la rama paterna de varias antiguas familias de hacendados de Trinidad y Sancti Spiritus, originadas en el siglo pasado, en especial de 3 de las familias más ricas y poderosas de Trinidad, todos Alcaldes de la villa y propietarios de numerosos ingenios en la juridiscción: los Iznaga, los Borrell y los Brunet, de cuyas fabulosas riquezas sólo se conservaban las de él.

2 Se desconoce su año de fundación. Había pertenecido desde finales del siglo pasado a la española Dolores Pérez de Fernández, quien lo vendió en 1915 por $2 000 000 a la "Cuban Cane Sugar Corporation", uno de los 17 que compraran y que, tras quebrar en julio de 1929, fue rematado judicialmente por $4 000 000 pasando entonces a la "Azucarera Atlántica del Golfo S.A., Compañía"(VER) que, junto con el Perseverancia, sus 2 centrales más pequeños, fueron los primeros que vendieran a partir de 1950.

3 Según la "Comisión Técnica Azucarera", en 1951 sus costos eran de $16.55 por cada saco de 325 lbs., o sea por debajo de la media de $17.87, y sus activos totales estaban valorados en $1 900 516.

Cliente del Banco Gelats, donde el Soledad recibía unos $700 000, el Natividad $500 000 y la ganadera $100 000. Tenían con el banco una deuda por $300 000 que databa de 1945.

308- CENTRAL TINGUARO S.A.

El "Tinguaro" era el 31° central en capacidad de producción diaria con 450 000 @, RI mediano de 12.71, 2 400 trabajadores y 558 caballerías de tierras propias, situado en Perico, Matanzas.

1 Uno de los 14 centrales que poseía Julio Lobo (VER "AZUCARERA GÓMEZ MENA S.A.,COMPAÑÍA"). Estaba presidido por José R. García Linares, Julio Lobo era el vicepresidente, Eladio Ramírez el secretario y Hermenegildo Torres Trujillo el tesorero.

2 Había sido fundado en 1840 por Francisco, el segundo de los 5 hermanos Diago, cuyos hermanos varones fundaron otros ingenios en la zona de Colón: Fernando, el "Ponina", demolido e integrado al central "Alava" y Pedro, en cuyo honor se nombró "Perico"al pueblo, el "Santa Elena", demolido e integrado al central España. Su hermana, Luisa, se casaría con Joaquín de Ayesterán Goicochea y, la otra, Micaela, con Eduardo Fesser Kirchmair, quien fundó los Almacenes de Regla en 1843, principal propietario de la "Empresa de los Ferrocarriles Unidos de La Habana y Almacenes de Regla".

El central fue heredado por la hija del fundador, María Luisa, quien en 1877 lo vendiera al alemán nacido en Bremen, Carlos Rossum –cuyo apellido españolizara por *de la Rosa*–, quien habiendo trabajado de maquinista en el central, había pasado a ser su administrador después que María Luisa se radicara en 1866 en España, convirtiéndose en su propietario de 1877 a 1899.

Al terminar la guerra del 95, Rossum se lo vendió al intermediario Ignacio Valor quien a su vez lo revendería a "Cuban American Sugar Company". Carlos de la Rosa, hijo de Rossum, sería Vicepresidente de la República durante el gobierno del Gral. del E.L. Gerardo Machado.

El norteamericano Robert Bradley Hawley, corredor de bolsa y propietario de un central azucarero en la Louisiana, lo compró en 1899, junto al demolido Nueva Luisa, los cuales serían los primeros centrales cubanos que poseería antes de fundar en 1906 la "The Cuban American Sugar Mills Company"(VER) donde los integró con el Tinguaro, el Chaparra, Constancia (A), Mercedita (P.R.), Unidad), a los que en 1911, les sumó el Delicias.

Tras sufrir un incendio del 20 de enero de 1943, el Gobierno instó a la firma a repararlo y reconstruirlo para su puesta en marcha, pero al negarse fue intervenido por el Decreto N° 2716 de 24 de septiembre de 1943, siendo designado como Interventor el Ing José Calcavechia. Tras ponerlo en marcha el Gobierno, Fulgencio Batista, Presidente de la República, acompañado de varios de sus Ministros, inauguró la zafra siguiente bajo intervención estatal.

Poco después, a instancias del Gobierno, el 13 de marzo de 1944 su propietario lo vendió en $1 650 000 –de los cuales $250 000 se le reintegraron al Gobierno por sus desembolsos en la reconstrucción– a una firma integrada por Julio Lobo, Rafael Águila, Francisco Pando y otros.

Julio Lobo tenía una preferencia especial por él y solía pasar allí alguno de sus tiempos libres, habiéndolo modernizado totalmente. El 26 de mayo de 1957 volvió a sufrir otro incendio que se atribuyó a un sabotaje.

3 Tenía activos por $5 000 000 y el capital líquido era de $1 300 000. En 1952 su situación financiera no era satisfactoria, los índices de solvencia y de liquidez eran desfavorables y el pasivo corriente era elevado. Tuvo pérdidas en 1953 por $53 000, en 1954 por $29 000, en 1955 por $138 000 y en 1958 por $184 000, obteniendo ganancias sólo en 1957 por $530 000.

309- CENTRAL UNIÓN S.A.

El "Unión" era un central pequeño (el 131°) con una capacidad de producción diaria de 170 000 @, RI mediano (el 56°) de 13.00, 1 700 trabajadores y 5 caballerías de tierras propias, situado en San Luis, Oriente.

1 Propiedad principal de Germán S.López Sánchez, quien había sido legislador durante el gobierno de Gerardo Machado y, tras la caída de éste, le sirvió como administrador en su "Azucarera Carmita S.A., Compañía"(VER). Obdulia Cabrera López era su presidenta y Carmen López Orúe, hija de López Sánchez, era la vicepresidenta.

2 Hay contradicción en el año de su fundación que algunos plantean en 1886 por Santiago Rousseau, francés, y otros en 1860 por Manuel y Santiago Castillo. Para éstos en 1878 pasa a la propiedad de "Frenard Masforroll y Compañía" hasta 1874 en que se traspasa a "Catasus Hermano y Compañía".

Había pertenecido de 1889 hasta 1945 a la familia Rousseau de Santiago de Cuba, quienes habían estado asociados con Dussaq hasta 1891, habiendo pasado a partir de 1895 a los Sucesores de ambos. José Rousseau Verdereau adquirió la plena propiedad el 16 de agosto de 1911 al comprar la parte correspondiente a Trillas y a Yero Segal. Enrique Rousseau Sánchez, uno de sus descendientes, estaba divorciado de Julia, hija de Manuel Aspuru (VER "AZUCARERA CENTRAL TOLEDO S.A., COMPAÑÍA"). Sin embargo algunos dan como propietario a Heliodoro Gil quien fuera Representante a la Cámara de 1914-25 y otros dicen perteneció, junto con el Limones y el Resolución, a José J.Lezama, uno de los principales hacendados surgidos a principios del siglo XX, quien quebrara cuando el crac bancario.

Había estado inactivo durante 11 años hasta 1945 en que fue comprado por Julio Lobo en sociedad con Germán S. López quien se convirtiera en su director general y administrador hasta 1953 en que éste pasa a ser su único propietario. López Sánchez, su administrador, había sido uno de los accionistas fundadores del "Banco Financiero", propiedad de Lobo, del que se separaría tras una crisis interna al año siguiente de comprarle su parte en el central. También había comprado en sociedad con Lobo el "Central Tánamo"(VER), cuyas acciones se habían intercambiado entre ambos.

3 Tras su compra y reapertura fue reconstruido, ampliado y mejorado con nuevos equipos e instalaciones y su rendimiento agrícola fue mejorando de 42 000 a 58 000 @ por caballería.

310- CENTRAL VIOLETA SUGAR COMPANY

El "Violeta" era el más importante entre los centrales de propiedad cubana, siendo el 9° en capacidad de producción diaria con 675 000 @, un RI alto (el 15°) de 13.70, el 8° en el empleo de trabajadores en zafra con 7 115, la 5ª destilería y 1 693 caballerías de tierras propias, situado en Morón, Camagüey.

1 Poseía un capital ascendente a $2 688 690. Era uno de los 7 centrales propiedad de la "Sucesión de L.Falla Gutiérrez" (VER), el 2° grupo más importante de los hacendados cubanos y el 3° en relación a la capacidad de producción (2 910 000 @ diarias).

2 Había sido fundado con igual nombre en Las Villas habiéndose trasladado su estructura para su actual localidad tras la zafra de 1917, siendo propiedad principal de Tirso Mesa en sociedad con Miguel Arango y Orestes Ferrara.
Mesa, quien le puso el nombre en homenaje a su hija, era un antiguo latifundista y hacendado muy rico, que había sido propietario entre otros del ingenio "La Vega" en Matanzas y presidente de la "Compañía del Ferrocarril de Matanzas" en el siglo pasado. Vivió en París durante la guerra del 95, donde contribuyera con fondos a la causa libertadora, ascendentes a 20 000 francos.
Comenzó a moler en Camagüey en 1919 habiendo pasado posteriormente a la "Eastern Sugar Corporation" y, de 1920 a 1930, a la "Cuban Cane Sugar Products". Tras la quiebra de ésta se adjudicó su administración por mandato judicial a E.G. Miller de 1932 a 1934 hasta que el 27 de octubre de 1936 fue adquirido en subasta por $3 millones por la "Central Violeta Sugar Company S.A."(VER "AZUCARERA ATLÁNTICA DEL GOLFO,COMPAÑÍA").
A mediados de los 50 la "Sucesión" había comenzado a adquirir intereses en él hasta que en enero de 1958, dentro de un plan de liquidación, compra su propiedad total. Poco antes, en 1957 Miguel A. Falla había sido designado su vicepresidente primero y administrador general.

3 Sus utilidades llegaron a su nivel máximo en 1947 con algo más de $2 000 000, descendiendo progresivamente hasta $399 000 en 1951, pero en 1957 alcanzan de nuevo un alto nivel de más de $1 000 000, tras haber sufrido pérdidas por primera vez en 1953 ascendentes a $276 544. Como en el resto de las firmas azucareras la cotización de sus acciones había descendido, siendo en 1956 de $19 y en 1959 de sólo $13.
Se le construyó en 1937 una destilería con parte de los equipos del desmantelado Central Velasco que la Central Violeta Sugar Company S.A. había comprado en 1936, la que tenía 15850 galones diarios de capacidad y estaba inactiva. Contaba con su propio aeropuerto.

311- CENTRAL ZORRILLA S.A.

El "Zorrilla" era el 122° central en capacidad de producción (180 000 @), uno de los RI más bajos con 11.35 (el 156°), 1 600 trabajadores, refinería y 180 caballerías de tierras propias, situado en Los Arabos, Matanzas.

1 Propiedad del General José Eleuterio Pedraza Cabrera, ex-jefe del Ejército y ex-jefe de la Policía Nacional hasta el 6 de diciembre de 1939, quien lo había comprado en 1940 utilizando de intermediario a su hermano Joaquín, ex-Representante a la Cámara, y cuyo hijo el Dr. Joaquín E. Pedraza Rodríguez fungiría

como apoderado general y administrador de la arrendataria "Azucarera Mayabón S.A., Compañía", que lo operara y de la que Jerónimo Hernández Carbó era el presidente-tesorero.

Pedraza, nacido en La Esperanza, Santa Clara, el 18 de abril de 1903, se alistó como soldado el 9 de noviembre de 1919, siendo ascendido a cabo el 5 de noviembre de 1922 y sargento el 9 de septiembre de 1927. Tras la caida de Machado, el 8 de septiembre de ese año fue ascendido a capitán y Ayudante de Batista, quien lo designara el 27 de abril de 1934 Jefe de la Policía Nacional, el 8 de noviembre de 1938 Jefe del Estado Mayor General por sustitución hasta el 4 de diciembre de 1939 en que lo es en propiedad y lo retirara del servicio el 3 de febrero de 1941 acusado de intentar darle un golpe de estado, quien, no obstante, lo llamó al servicio en los últimos días de su gobierno.

2 Hay discrepancias sobre el año de su fundación, que unos sitúan en 1830 y otros en 1859 por el cubano José Lucas Mora.

Había pertenecido desde principios de siglo al español Emeterio Zorrilla(VER "CERVECERA INTERNACIONAL S.A., COMPAÑÍA"), propietario y ejecutivo de variados intereses, quien lo había arrendado de 1910 a 1913 a "Luis Secades y Compañía" y, tras su muerte en 1920, había sido heredado por su familia que lo vendió en 1940.

A partir de aquí tuvo varios presidentes para enmascarar a su verdadero propietario: en 1941 hasta 1944 a José de los Reyes, en 1945 a José Elías de la Torriente –posteriormente administrador de "Agrícola Guanahacabibes, Compañía" (VER)–, a Luis J. Botifoll (VER "UNIÓN RADIO S.A.") desde 1946 hasta 1953 en que lo sustituye Joaquín Pedraza que desde 1946 era el apoderado general.

3 Uno de los mayores clientes del Banco Núñez con créditos desde $880 000 hasta $2 000 000. No molió de 1903 a 1906. Se llamó Dulce Nombre de Jesús de 1902 a 1924. Fue intervenido por el INRA en 1959.

312- CENTRO MÉDICO QUIRÚRGICO

Clínica privada con edificio propio de 3 pisos, 50 habitaciones la mayoría con baño y aire acondicionado y 5 salones quirúrgicos, sita en D y 29, Vedado.

1 Sus propietarios formaban parte de la Junta Consultiva o Directiva integrada por el Dr. Ignacio Alvaré Gómez, su presidente; el Dr. Grau Triana, vicepresidente; el Dr. Julio Sanguily Quintana, tesorero y director facultativo y su principal accionista; y eran vocales el Dr. Ricardo Repilado Reguefueiros, Miguel Merry Ruis de Villa, el Dr. Orlando Fernández Ferrer, el Dr. Alberto Borges Recio y el Dr. José Urrutia Porto.

2 Se había iniciado como consultorio privado en 1932 en Línea y D trasladándose después para Línea y G ya como clínica privada hasta 1948 en que se inaugurara su actual sede a un costo de $400 000.

3 Era una de las 2 clínicas utilizadas por las clases altas cuando no se trasladaban para el extranjero para atenderse en sus dolencias habiendo sido intervenidos quirúrgicamente en sus salas varios pacientes de las principales familias propietarias como José Gómez Mena, José Miguel Tarafa y Laureano, hijo de Agustín Batista G. Mendoza.

313- CENTRO TURÍSTICO BELLAMAR S.A

Motel proyectado para 336 cabañas, restaurants, cafeterías, court de tennis, club, muelle para yates y distintas unidades de prestación de servicios sito en el comienzo de la carretera de Matanzas a Varadero.

1 Su propietario y presidente era Claudio Benedí Rovira, propietario de tiendas de materiales de construcción ubicado en Concha e Infanzón, Luyanó. Emilio de la Portilla y del Portillo era el vicepresidente, Claudio Benedí Beruff, hijo del presidente y socio del bufete "Benedí Beruff-Perea-Alonso Canales" y secretario de la "Asociación Nacional de Caficultores de Cuba", era el secretario y José Luis Gorra Rodríguez, abogado del Bufete, era el vicesecretario.

2 Constituida el 21 de agosto de 1957 era propietaria de una zona en el litoral situada en el Km 1 de la carretera de Matanzas a Varadero, donde tenía en proyecto la construcción de una pequeña ciudad turística en las inmediaciones de la desembocadura del río Canímar en Matanzas, destinado al turismo de empleados y obreros norteamericanos.

3 Solicitaron al BANDES un financiamiento por $2 787 000.

314- CENTRO TURÍSTICO MONTAÑAS OCCIDENTALES

Hotel de 177 habitaciones denominado Santa Ana y motel Bella Vista con 50 cabañas, ubicados a 8 Km de la carretera Panamericana y 96 Km de La Habana.

1 Propiedad del Dr. Claudio Benedí Rovira, embajador de Cuba en la ONU, quien era el presidente. Su hijo político, Rafael García-Navarro Figarola, Consejero Económico ante la ONU, era el vicepresidente y su promotor principal.
Otros funcionarios eran los hermanos Waldo y Frank Díaz Balart, Alberto García Navarro y Emilio Núñez Blanco. Francisco Esteban Valdés, propietario de la finca Santa Ana de Soroa donde se construiría el proyecto, era propietario de 1 030 acciones valoradas en $1 030 000 de un capital emitido ascendente a $1 200 000 pues en realidad el capital, además de este terreno, sería aportado por el BANDES.

2 Constituida el 16 de abril de 1957 para la construcción de hoteles Resort de 1ª en la zona de la finca rústica de 15 caballerías Santa Ana de Soroa, con campos de golf, lagos artificiales en el río Bayate, baños de aguas medicinales, etc.

3 El costo del hotel se estimaba en $3 374 000 y el del motel en $1 448 000 y se proyectaba además la construcción de un Reparto residencial de lujo. En el lugar ya existía un restaurant con 900 visitantes semanales.
Los promotores dependían de un financiamiento del BANDES ascendente a $5 000 000, aprobado el 12 de junio de 1958, pero que en definitiva no fue otorgado. Los fondos del BANDES representaban el 82.91 % de la capitalización.
Fulgencio Batista intervino a través de carta de Andrés Domingo Morales del Castillo del 3 de junio y del 24 de septiembre de 1958 pero Martínez Saenz impuso 5 condiciones a resolver por los beneficiarios del préstamo, la última de las cuales, la colocación de los bonos del BANDES en el extranjero, al no ser cumplida, le sirvió de pretexto para sólo entregar $250 000 el 22 de diciembre de 1958 que oportunamente García Navarro se llevara en esa fecha hacia EE.UU..

315- CERÁMICAS KLI-PER S.A.

Fábrica de cerámicas y azulejos con capacidad para 80 000 azulejos diarios, con 130 trabajadores, ubicada en Cuba y 1ª, Los Pinos, La Habana.

1 Su capital suscrito ascendía a $520 000. Era propiedad de Andrés Domingo Morales del Castillo, secretario de la Presidencia de Fulgencio Batista y testaferro de éste, aunque aparecía a nombre de Mario Espino Escalés (VER "CONCORDIA TEXTIL S.A.") quien la comprara a los herederos de Lucas Francisco Viera(VER "FERRETERÍA CALVO Y F.VIERA S.A.") fallecido a principios de 1958, suscitándose discrepancia entre sus herederos que se reflejó en la marcha del negocio. Su presidente desde agosto de 1958 había sido el C.P. Delfín Sánchez Córdoba.

2 La fábrica inició su producción en septiembre de 1956 pero nunca llegó a funcionar bien, adolecía de baja productividad y mala calidad, debido tanto a problemas administrativos como técnicos, influyendo además los cambios ocurridos en su dirección. El 22 de diciembre de 1958 se paralizó por problemas económicos teniendo deudas entonces por $700 000.

3 Su activo fijo ascendía a $582 000, pero tenía pasivos por $385 000 de los que el mayor adeudo era una hipoteca por $250 000 con el BANFAIC quien le había otorgado un primer préstamo por $175 000 el 22 de septiembre de 1955 para adquirir y montar equipos que posteriormente el 16 de marzo de 1956 le amplió en $75 000 más.

Tenía deudas por $300 000 con el "Banco Hipotecario Mendoza" que liquidaron a mediados de 1958, y por $190 554 con el "Banco de los Colonos". Fue intervenida a comienzos de 1959.

316- CERNUDA Y COMPAÑÍA

Almacén de efectos eléctricos, radios y refrigeradores, así como una mueblería "Cernuda", sita en Obispo Nº 517-519, La Habana, cliente del "City".

1 Era propiedad de los hermanos José y Ramón Cernuda Pérez, ambos gerentes.

317- CERVECERA INTERNACIONAL S.A., COMPAÑÍA

Fábrica de cerveza marca "Polar y malta "Trimalta", así como hielo con 520 trabajadores, situada en Puentes Grandes, La Habana. La 2ª fábrica en importancia entre las 3 grandes cerveceras –precedida por la "Nueva Fábrica de Hielo S.A." (VER)– y la 13ª en importancia por el número de trabajadores entre las industrias no azucareras.

1 Capital ascendente a $3 000 000 con alrededor de 160 accionistas y 49 785 acciones emitidas, de las que el 90% así como los cargos directivos estaban controlados por tres familias: los Zorrilla donde 5 familiares poseían 15 946 acciones, los Giraudier donde 3 poseían 16 455 y, por último, los Sierra donde 6 poseían 16 240.

Individualmente el principal accionista era Antonio Giraudier Ginebra, vicepresidente II, con 12 554, quien estaba casado con Dulce María Milagros Zorrilla, emparentada con los Zorrillas, y al que seguía Esteban Zorrilla Rebul, vicepresidente I con 10 334, Gilda Rosa Sierra Álvarez con 4 877 y Nicolás Sierra Armendaiz, presidente de su Junta, con 4 855.

Pedro Basterrechea Díaz era el inspector general y Alberto Alejo Munguía, yerno de Nicolás Sierra, era el administrador general. Figuraban como vocales María Luisa Zorrilla Rebul, viuda de Soro, y Esteban, René y Lourdes Zorrilla Rocha –hermana e hijos respectivamente de Esteban Zorrilla Rebul–, así como José María Ibarguengoitía Díaz, Mario Prada y Antonio Giraudier Milagros.

La familia Zorrilla era heredera de Emeterio Zorrilla, español, quien había comenzado como un banquero de gran fortuna que mermara después y en los años 80 fuera presidente de la "Compañía Española de Alumbrado de Gas" de la que al fundirse con la "Spanish American Light and Power Company Consolidated" pasaría en 1 900 a ser su administrador, estando su directiva formada por representantes del "Banco Nacional de Cuba", presidida por Eudaldo Romagosa en 1903 y por Edmund G.Vaughamm en 1911.

Zorrilla fue además presidente de la empresa del "Diario de la Marina" (VER), cofundador de "Cubana de Aviación, Compañía" (VER), propietario de "Central Zorrilla S.A."(VER) hasta 1940 en que su familia lo vendieran al Cnel. José E.Pedraza y, por último, antiguo presidente y principal propietario de la cervecera.

2 La fábrica se fundó el 23 de abril de 1911 por Jesús Rodríguez Bautista y contaba entre otros en su Junta Directiva de entonces con Regino Truffin, Manuel Otaduy, quien era vicepresidente 1°, siendo sustituido en 1914 por José Marimón, presidente entonces del importante "Banco Español".

Emeterio Zorrilla ocupó su presidencia desde ese año hasta su deceso en 1920 en que fuera sustituido por su hijo Esteban Zorrilla Rebul hasta 1934 en que pasara a ocuparla Nicolás Sierra. Frank Steinhart, el norteamericano propietario de los tranvías, había figurado entre su directiva, junto con Emeterio Zorrilla y posteriormente cuando éste fuera sustituido por su hijo había sido el vicepresidente 1°.

3 Su marca de fábrica había sido registrada el 21 de agosto de 1916. Era uno de los principales depositantes del "First National Bank of Boston" (VER) siendo a finales de 1958 el 8° entre éstos con $615 000.

318- CERVECERÍA CENTRAL S.A.
(VER "CERVECERÍA MODELO S.A.")

319- CERVECERÍA MODELO S.A.
Una de las 3 fábricas de cerveza y malta "Hatuey", con 364 obreros y 300 empleados, ubicada en el Cotorro, Habana, Km.20 de la carretera Central. Estaba asociada con la "Cervecería Central S.A.", otra fábrica de la misma marca, ubicada en Santo Domingo, Las Villas, que era cliente del Trust Company con créditos por $1 400 000, así como la "Cervecería Hatuey", la primera de las tres en Santiago de Cuba.

1 Filial de la "Ron Bacardí S. A., Compañía"(VER). Todos sus accionistas lo eran también de la casa matriz. Su presidente era José M. Bosch (VER "MOTEL RANCHO LUNA") y sus vicepresidentes eran Joaquín Bacardí Fernández-Fontecha y Jorge Shueg Bacardí. José A.García Braojos era su tesorero y como vocales actuaban Pedro Grau Triana (VER "DE FOMENTO DEL TÚNEL DE LA HABANA S.A., COMPAÑÍA"), casado con una Bacardí; Armando J.Pessino Urbizo; Santiago Herrera Serra; Adalberto Gómez del Campo Allard, esposo de María Bacardí Gallard.

2 Se organizó el 24 de junio de 1946 con un capital que se incrementó en 1951 a $4 000 000.

Fue la 2ª de las fábricas de cerveza fundada con la misma marca, la primera de las cuales se había fundado en Santiago de Cuba en 1927 y en 1953 la tercera en Manacas, Las Villas.

3 Sus activos totales ascendían a $11 800 000, su capital líquido a $9 700 000, sus ventas brutas oscilaban alrededor de los $10 000 000 y tenía una utilidad que fue descendiendo de $2 000 000 en 1954 a $1 600 000 en 1958.

320- CESÁREO LLANO MENÉNDEZ
Almacén y tienda de sedería y quincalla y almacén de relojes, con el nombre comercial de "El Botón", sito en Ave de Bélgica N° 501, La Habana.

1 Era propiedad de Cesáreo Llano Menéndez.

321- CHANTILLI JOYEROS
Almacén y joyería, sita en San Rafael N° 21 entre Águila y Galiano, La Habana.

1 Era propiedad de Manuel Hernández Vicente, quien estaba casado con Alicia, hija de Julio Abislaimán Faade, propietario de "Abislaimán e Hijos", joyería "Riviera".

322- CIFUENTES Y COMPAÑÍA
Fábrica de tabacos "Partagás" con 18 255 miles de unidades anuales de producción y 400 trabajadores, ubicada en Industria N° 520, La Habana. El 2° productor en importancia con el 4.8 % de la producción total, siendo sólo superado por "Menéndez, García y Compañía "(VER).

1 Tenía un capital ascendente a $1 500 000 en 1953. Propiedad de la familia Cifuentes integrada por Ramón, Rafael y Manuel Cifuentes Torriello, quienes eran gerentes, su madre Rosario Torriello Milera, así como Leandro Cifuentes Álvarez. Celí, una hija de Ramón Cifuentes Toriello, estaba casada con Agustín Batista Falla, hijo de Agustín Batista, presidente del "The Trust Company of Cuba"(VER).
La 2ª fábrica más antigua de Cuba entre las que perduraron, precedida sólo por H.Upmann y la marca, junto con la de Cabañas, más antigua entre las de renombre internacional, que ya había alcanzado desde los años 60 del siglo pasado.

2 Fue fundada en 1844 por Jaime Partagás, que en 1827 había logrado consolidar sus tabaquerías en La Habana y, tras su muerte, pasó a la familia Bances, una de las mayores casas bancarias de la época.
En 1888 cayó bajo el control de capital británico que se retiraría en 1896, manteniéndose como una de las "independientes".
Fue vendida en 1899 por Juan A.Bances a Ramón Cifuentes Llano, constituyéndose como "Cifuentes, Fernández y Compañía" y, al asociarse después con Francisco Pego Pita, se creó la "Cifuentes Pego y Compañía"
Ramón Cifuentes Llano, su primer gerente, nacido en Santander en 1854 y fallecido el 23 de abril de 1938, había llegado a Cuba en 1871 trabajando en un comercio de víveres hasta que se convirtiera en almacenista de tabaco en rama. Francisco Pega Pita, nacido en Galicia y fallecido el 13 de noviembre de 1940, sería presidente del "Centro Gallego" y de la "Unión de Fabricantes de Tabacos y Cigarros".
Tras el fallecimiento de Pego, sus herederos se separaron pasando el 12 de agosto de 1941 al control único de la familia Cifuentes siendo entonces reestructurada bajo la actual razón social y convirtiéndose los hermanos Ramón y Rafael Cifuentes Torriello en sus únicos gerentes.
En ese entonces también producían la "Ramón Allones", antigua marca de tabacos y cigarros, propiedad de "Allones Limited", bajo la Gerencia de Antonio Allones cuya fábrica estaba entonces en Zanja N° 62. Ramón fue vicepresidente II de la "Unión de Fabricantes de Tabacos y Cigarros" y el primer presidente de la "Unión de Fabricantes de Tabacos" electo el 21 de abril de 1942. La "Allones" era una de las más antiguas marcas que había sido fundada por Ramón Allones, quien llegara

a Cuba desde España en 1837 y fuera el innovador, tanto del uso de etiquetas de gran colorido en las cajas como del envasado de 8-9-8 para evitar el presionado en las cajas.

3 A mediados de la década de los 40 habían sido los mayores productores. Tenía el 23.76 % de la producción de tabaco mecanizada, siendo de todos los fabricantes el de mayor proporción. Desde principios de la década del 50, confrontaban problemas financieros con un pasivo muy elevado e índice de solvencia negativa. Operaban con pérdidas.

Cliente del Banco Gelats quien le concedió préstamo por $300 000 en 1948.

323- CIGARRERA TRINIDAD S.A., COMPAÑÍA
Fábrica de cigarros "La Marquesita", localizada en Trinidad, Las Villas.

1 Era propiedad de Tirso Domínguez Fumero, a quien se le consideraban unas entradas modestas de alrededor de $1000 mensuales, nacido en 1905, ex-Representante a la Cámara por el Partido Liberal en 1936 y reelecto en 1938, hermano de Vicente, un antiguo propietario de varios centrales que conservaba aun el San Ramón.

3 La fábrica se encontraba cerrada desde hacía algunos años hasta que el 12 de julio de 1959 con su esposa e hija constituyera la "Cigarrera Oriente S.A., Compañía".

324- CIGARROS H. UPMANN S.A.
Fábrica de cigarros "H. Upmann", el 6° mayor productor de cigarrillos, con capacidad de producción de 779 040 miles de unidades anuales que representaba el 7.6 % de la producción total, y 184 trabajadores, ubicada en 20 de mayo N° 520, La Habana.

1 Propiedad de Ramón González Menéndez, su presidente, en sociedad con Alonso Menéndez y José García, ambos directores. Estos últimos eran además socios de "Menéndez, García y Compañía" (VER). Alonso era miembro de la familia Menéndez (VER "MENÉNDEZ Y COMPAÑÍA") con variados intereses en el sector tabacalero.

2 Fue fundada originalmente en 1844 por el alemán Hermann Hupmann como "H.Upmann", casa manufacturera de tabacos que poco después se extendería también al negocio bancario convirtiéndose desde 1868 en una de las principales. La fábrica se instalaría en 1890 en un nuevo edificio. La casa sería heredada por los sobrinos de un sobrino del fundador de iguales apellidos.

Durante la I Guerra Mundial el banco "H.Upmann" suspendería operaciones al ser incluido en la "lista negra" debido a la nacionalidad alemana de sus propietarios, reiniciando operaciones, a pesar de estar ya quebrado, en mayo de 1920 hasta que definitivamente fue declarado insolvente debido al crac bancario cuando era uno de los principales bancos particulares. La marca de tabaco se tuvo que liquidar en 1922 por sólo $30 000, algo menos del 10% de su valor, como consecuencia de las deudas originadas por la quiebra, siendo comprada posteriormente en 1937 por "Menéndez y Compañía", almacenista de tabaco en rama que en 1947 constituyera la firma actual.

3 El 29 de mayo de 1955 inauguraron una nueva fábrica en su local actual a donde se trasladaran desde Virtudes 609, siendo la más moderna del país y la primera que produjera el cigarrillo con filtro.

325- CINEMATOGRÁFICA ASTRAL

Empresa propietaria del cine "Astral" sito en Infanta y San José.

1 Era propiedad de Mauricio de Almagro Ariosa, quien también lo era de otros 2 cines, el "Atlantic"(VER "OPERADORA ATLÁNTICA S.A.") y el "Ambassador"(VER "OPERADORA MOFE S.A.").

Ariosa, descendiente de familias antiguas de hacendados, era también vicepresidente fundador del "Banco de la Construcción" (VER) y posteriormente su tesorero; vicepresidente y accionista de "Petróleos Aurrerá"(VER "GRUPO JARAHUECA-MOTEMBO") y tenía intereses en la "Cuban Electric Mechanical Engineering Company", distribuidora de los aires acondicionados Carrier.

326- CINE PERIÓDICO S.A.

Noticiario cinematográfico y producción de documentales, ubicado en Ayestarán 164, La Habana.

1 Capital ascendente a $20 000, propicdad a partes iguales de José Guerra Alemán, su presidente, José García González, vicepresidente, el Dr. Dámaso Chano Rodríguez y Eduardo Hernández Toledo. Guerra Alemán había comenzado a trabajar como periodista de "El País" y posteriormente en el "Noticiero Cinematográfico Nacional" de Manolo Alonso.

2, 3 Se constituyó el 28 de diciembre de 1950 recibiendo del BANDES $40 000 el 24 de julio de 1958 para la construcción de naves de edificios. Su activo total ascendía a $218 000 y era cliente del Banco Continental.

327- CIRCUITO CARRERÁ

Cadena de cines y teatros integrada por los teatros "Auditorium" y "Trianón" y los cines "Acapulco", "Infanta", "Belascoaín", San Francisco" y "Astor", con oficinas en el "Centro Fílmico" en Almendares y Benjumeda y en 35 y 26, Nuevo Vedado.

1 Propiedad de Edelberto de Carrerá Delgado, quien había sido presidente del HBYCC, de la "Unión Nacional de Empresarios", de la Comisión Nacional de Turismo y de los "Rotarios de La Habana", y se iniciara en el giro en 1920 cuando inaugurara el cine "Habana".

El "Auditorium", sito en Calzada y D, Vedado, de estilo Renacimiento italiano, con 2 600 asientos, 24 palcos, era propiedad de la Sociedad "Pro-Arte", habiéndolo arrendado desde 1935 en un principio para exhibir películas con sonido de alta calidad. Había sido construido por "Albarrán y Bibal" con planos de "Moenck y Quintero" cuya primera piedra, bendecida por Monseñor Arteaga, se puso el 6 de agosto de 1927. Era la sede principal de las óperas, conciertos y ballet que organizaba la Sociedad.

El "Trianón", sito en Línea N° 706 esquina a Paseo, Vedado, era de la propiedad de Carrerá desde comienzos de los años 30 y había sido en los años 20 el principal de la capital, donde las clases altas daban funciones y se empleaba también como teatro, siendo entonces propiedad de Francisco López.

El "Acapulco", sito en 26 y 37, Nuevo Vedado, que fuera el último cine inaugurado durante el período, y los cines "Infanta", sito en Infanta entre Neptuno y San Miguel y el "Belascoaín", en Belascoaín y Peñalver, también eran de su propiedad. Era director de los cines "San Francisco" y "Astor", sito en 23 entre 12 y 14, Vedado.

328- CIRCUITO CMQ S.A.

La más importante radioemisora y telemisora que controlaba el canal 6 y 7 de televisión y las radio CMQ, Radio Reloj y Radio Universal(CMBF), ubicada en el "Edificio Radio Centro" en N y 23, Vedado, La Habana.

Sus variados medios estaban entre los de mayor influencia en la opinión pública cubana y "ratings" del país. Era uno de los más florecientes negocios entre los promovidos por capitales cubanos y gozaba de una de las administraciones más eficientes.

1 Propiedad de los hermanos Goar, Abel y Luis Mestre Espinosa, quienes eran propietarios o tenían intereses en 23 firmas, valoradas en $15 000 000 entre las que se encontraban "Televisión y Aire Acondicionado S.A."(VER), "Vaillant Motors"(VER), "Bestov Products"(VER), "Productos Alimentor de Cuba"(VER), "Mestre, Conill y Compañía"(VER), "Focsa"(VER), "Mestre y Espinosa(VER)".

También eran propietarios de un canal de televisión en Argentina desde 1954 y tenían intereses en otro en Puerto Rico. Sus firmas estaban entre los principales clientes del "Banco de Nova Scotia" con $1 650 000.

Los hermanos Mestre eran herederos de la principal droguería de Palma Soriano y de la de Santiago de Cuba. A partir de aquí lograron la representación de algunos productos alimenticios y fundaron posteriomente la "Bestov Products". Se introdujeron en el negocio de la publicidad fundando la "Mestre, Conill y Compañía"(VER) y, con posterioridad, pasaron a la radiodifusión.

Goar Mestre, graduado de la Universidad de Yale, y sus hermanos, se contaban entre los ejecutivos más eficientes del país y, sin duda, entre los promotores más audaces.

2 Los inicios de la firma estribaban en la radioemisora CMQ fundada poco antes de la caída de Machado por Miguel Gabriel en sociedad con Ángel Cambó, comerciante en medias, con un capital inicial de $5 000. Su primer local había estado en la Loma del Mazo –cuyo nombre ostentaba– mudándose en 1935 para la calle 25 entre 8 y 10 en el Vedado variando su nombre para "La Casa de las Medias", pasando al año siguiente para Monte y Prado, ocupando entonces su anterior local la "Radio Cadena Suaritos".

EL 1º de agosto de 1943 había pasado al control de Goar Mestre en sociedad con los propietarios anteriores y el empresario del sector mexicano Emilio Azcárraga, desplazando en poco tiempo del primer lugar a su competidora la "Cadena Azul de Cuba S.A (RHC)"(VER "RADIO REPORTER S.A.") propiedad entonces de Amado Trinidad Velazco.

A comienzos de los 50, al anunciar su propósito de iniciar la televisión, Cambó se separa y se liquida a la vez los intereses a los herederos de Gabriel, quien desde mediados de los 40 se separara.

El 3 de marzo de 1946 se colocó la primera piedra del "Edificio Radio Centro", inaugurado en marzo de 1948 a un costo de más de $3 000 000, que albergaría las tres emisoras.

El 12 de agosto de 1951 inauguraron el canal 6 de la televisión que había comenzado experimentalmente en diciembre del año anterior bajo la asesoría técnica de la NBC de EE.UU. Poco antes se habían iniciado por primera vez las transmisiones de televisión en Cuba por la Unión Radio.

329- CIRCUITO NACIONAL CUBANO S.A.

Radiodifusora "CNC" ubicada en calle O Nº 216, Vedado, La Habana.

1 Propiedad principal de Fulgencio Batista (VER "DE INMUEBLES S.A., COMPAÑÍA"), quien poseía 2470 acciones de $100 cada una, extendidas el 21 de febrero de 1955 y que testara en secreto a favor de sus hijos del primer matrimonio. Su presidente era Antonio Pérez Benitoa (VER "INMOBILIARIA ROCAR S.A., COMPAÑÍA"), testaferro y familiar político de aquel.

Otros accionistas eran Jaime Villanueva Bernaza, vicepresidente de "Sucesión de José L. Piedra"(VER), el cual representaba los intereses de la familia pues estaba casada con la heredera; César Alberto Sotolongo; Alberto Gil Izquierdo y el Dr. José Franco Cortés.

3 Cliente del Banco Núñez con $45 000.

330- CLÍNICA CARDONA

1 Una clínica privada sita en 19 entre 8 y 10, Vedado, que era propiedad de Antonio Cardona Castellá y de su madre Flora Castellá, viuda de su padre, el médico Ignacio Cardona.

331- CLUB ALMENDARES

Propietaria del "Almendares", uno de los 4 equipos de la pelota profesional que constituían la "Liga de Base-Ball Profesional Cubana".

1 Propiedad de Mario G. Mendoza Freyre de Andrade(VER "SUCESORES DE ARELLANO Y MENDOZA, CONTRATISTA S.A.") en sociedad con el Dr. Julio Sanguily (VER "CENTRO MÉDICO QUIRÚRGICO") –su tesorero– y los vocales Luis Aizcorbe, José Gómez Mena (VER "NUEVA COMPAÑÍA AZUCARERA GÓMEZ MENA"), Raúl Perera, Indalecio y Julio Pertierra, Generoso Castro (VER "PAPELERA MODERNA S.A."), Eugenio Sardiña (VER "CENTRAL SANTA MARTA S.A."), Martín Menocal y Monchy de Arcos.

2 Había sido fundado por un grupo de jóvenes pertenecientes a familias principales de la burguesía de finales del siglo pasado. Carlos de Zaldo, junto con su hermano Teodoro, hijos de uno de los más importantes banqueros de entonces y futuro Secretario de Estado del gobierno de Estrada Palma el primero, lo fundaría en el propio año de 1878 en que se iniciara en Cuba, a partir del 29 de diciembre, los juegos de tipo profesional y sólo 3 años después que en EE.UU. También habían sido jugadores del equipo.

Juan Pedro Baró, importante hacendado y banquero, miembro de la poderosa familia Baró, sería además su presidente cuando jugaban en el team Carlos de Zaldo, Carlos Maciá y otros.

Había pertenecido durante la República, junto con el "Club Habana"(VER) a Abel Linares, habiendo sido heredado por su viuda quien entonces se lo arrendara a Eloy García por $12 000 y tratara en 1941, sin lograrlo, en vender ambos.

3 Era el segundo equipo más antiguo después del "Habana"(VER) y el que le seguía a éste en más números de campeonatos ganados.

332- CLUB CIENFUEGOS

Propietaria del "Cienfuegos", uno de los 4 equipos de la pelota profesional que constituían la "Liga de Base-Ball Profesional Cubana".

1 Estaba arrendado por una firma propiedad de Roberto Maduro de Lima (VER "ÓMNIBUS LIBRE S.A."), quien tenía intereses también en el "Gran Stadium del Cerro"(VER "OPERADORA DE STADIUMS S.A., COMPAÑÍA"), en sociedad con Luis F. de Parga –propietario de "Tarín Sports"(VER)– y Emilio de Armas.

2,3 El Club se había fundado en 1926, desde 1939 estuvo controlado por Luis Oliver y Francisco Curbelo, hasta que se lo vendieron a Florentino Pardo Galí, el cual a partir de 1948 se lo había arrendado a la firma actual. Había ganado el campeonato en muy pocas ocasiones y tenía como emblema el color verde y como símbolo a los elefantes.

333- CLUB HABANA
Propietaria del "Habana", uno de los 4 equipos de la pelota profesional que constituían la "Liga de Base-Ball Profesional Cubana".

1 Era propiedad de Miguel Ángel González Cordero quien también era su Manager y había sido un destacado jugador y deportista en su juventud.

González lo había arrendado a la viuda de Abel Linares, su propietario, tras su fallecimiento, comprándoselo finalmente en 1947 por la suma de $45 000. Con anterioridad en 1941 la viuda había ofrecido la venta, tanto del Club Habana como del Almendares –que entonces tenía arrendado a Eloy García– por $12 000, sin que hubiera realizado la operación entonces.

2,3 Era el más antiguo de los existentes pues había sido fundado en 1868, entre otros, por Emilio Sabourín, patriota cubano que muriera en las prisiones de Ceuta a donde fuera deportado. Su primera Junta Directiva estuvo presidida por Beltrán Senarés. Había sido el equipo que más veces había ganado el campeonato incluyendo el primero celebrado el 29 de diciembre de 1878 con la participación del "Almendares" y del "Matanzas". Sus emblemas eran el color rojo y el león como símbolo.

334- CLUB MARIANAO
Propietaria del "Marianao", uno de los 4 equipos de la pelota profesional que constituían la "Liga de Base-Ball Profesional Cubana".

1 Propiedad de Alfredo Pequeño, electo en 1946 como Representante a la Cámara por el PRC, partido de gobierno durante Grau San Martín y Carlos Prío. Se lo había regalado el ex-Senador, ex-Ministro de Educación y jefe del BAGA José Braulio Alemán, del cual había sido un protegido.

2,3 El Club había sido fundado en 1922 por Baldomero (Merito) Acosta, uno de los grandes jugadores cubanos que participara desde 1913 en las Grandes Ligas, habiendo ganado en esa ocasión uno de los pocos campeonatos de su existencia. El Ayuntamiento de Marianao lo reconoció oficialmente el 24 de junio de 1950 como el representante del término en el campeonato de pelota.

335- CMBF CADENA NACIONAL S.A.
Canal 4 de televisión con oficinas y estudios en San Miguel y Mazón, La Habana.

1 Propiedad de Miguel Humara, Julián Lastra (VER "HUMARA Y LASTRA S. EN C."), José Ignacio de Montaner y Ángel Cambó.

Los dos primeros eran propietarios y gerentes de "Humara y Lastra S. en C." (VER). Lastra era además vocal del "Centro de la Propiedad Urbana de La Habana" durante los años 50 así como el segundo propietario principal de "Transformadora en Abonos Orgánicos S.A."(VER), de la que el otro también era socio.

Cambó era además presidente de la "Editora Zig Zag S.A." (VER) y había sido fundador y propietario en sociedad con Miguel Gabriel, de la radioemisora CMQ poco antes de la caída de Machado. Montaner era vicepresidente ejecutivo y uno de los propietarios de "Información", periódico matutino, así como el director general del Reparto Nuevo Vedado con oficina en 26 entre 35 y 37, Nuevo Vedado.

2 Se había fundado el 24 de octubre de 1950 por Gaspar Pumarejo (VER "CANAL 12 S.A.") a partir de "Unión Radio", entonces de su propiedad, con capital aportado por "Martín Dosal y Compañía"(VER), por "Nueva Fábrica de Hielo S.A."(VER) y por la "RCA" (VER "HUMARA Y LASTRA S. EN C."), integrada en aquel entonces, además de por el canal 4 de la televisión, por la radioemisora "Unión Radio" y por el canal 2 de televisión.

Había comenzado sus grabaciones en el Teatro Alcázar y en el Plaza, pasando después a un estudio gigante en San Lázaro y Genios hasta situarse en Mazón y San Miguel.

Pumarejo, que no tenía capital y estaba en situación precaria en su radioemisora, había acudido sobre todo a la RCA Víctor. Había sido el primero en introducir las trasmisiones de televisión el 24 de octubre de 1950, casi 2 meses antes de la CMQ.

Con posterioridad, Amadeo Barletta en sociedad con los 4 propietarios actuales la compraron, pero al sufrir pérdidas ascendentes a $2 millones la firma hubo de liquidarse el 1° de septiembre de 1953 sobre la base dc mantener la propiedad del Canal 4 mientras su socio Barletta retenía la del Canal 2(VER "TELEMUNDO S.A.").

336- COLUMBIA PICTURES DE CUBA S.A.

Agente para Cuba de la "Columbia Pictures International", distribuidora de las películas norteamericanas producidas por la casa matriz, con oficina en Desagüe N° 619, Centro Fílmico.

1 Ernesto P. Smith Hevia, quien también era accionista y miembro de la directiva de "Operadora de Stadiums S.A., Compañía"(VER), era su administrador-gerente.

En el pasado la firma había regenteado los teatros "Encanto" sito en Neptuno N° 19 y el "Campoamor" en Industria y San José.

3 Cliente del Banco Boston con préstamos por $300 000.

337- COMERCIAL CASTAÑO S.A., COMPAÑÍA

Almacén de víveres, ubicado en Nueva del Pilar N° 223, La Habana.

1 Leonardo y Fernando Castaño Ampudia eran el presidente y tesorero respectivamente.

2 Se había constituido en 1948 y tenía una situación económica, junto con un índice de solvencia y liquidez, satisfactorio.

3 Su volumen de ventas era bueno aunque las utilidades no siempre eran altas. Su capital de trabajo ascendía a $111 000 y el capital líquido a $156 000. Cliente del Banco Pedroso por $220 000.

338- COMERCIAL DE ARTEMISA, COMPAÑÍA

Almacén de víveres, locería y ferretería ubicado en Artemisa. Controlaba la mayor parte del comercio de víveres en la provincia de Pinar del Río, con sucursales en varias localidades aquí y en La Habana.

1 Su capital ascendía a $500 000 propiedad de Ignacio Carvajal Cuervo (VER "BANCO CARVAJAL"), español, su presidente, quien poseía variados intereses en la banca, los centrales y en otros rubros. Su padre Ignacio Carvajal Olivares fungía como vicepresidente, siendo el tesorero-administrador Heriberto Fernández Camacho.

2 La antigua "Carvajal y Compañía S. en C." se había liquidado y variado en 1952 por la actual razón social debido a dificultades con sus obreros. Antes en 1948 había independizado su departamento bancario constituyendo el actual Banco Carvajal.

3 Tenía buenos indicadores económicos y un amplio volumen de ventas que oscilaban de $3 500 000 a $4 500 000 e iban en aumento progresivo. Cliente del Banco Boston con créditos que oscilaban desde $600 000 a $187 000 habiendo sido en 1953 uno de sus mayores receptores con líneas ascendentes a $1 500 000. También en el Banco Carvajal tenía créditos por $65 000.

339- COMERCIAL HEGUY

Fábrica de curtientes sita en Carretera Central N° 289, Banda Habana, Santa Clara, con una capacidad de 2 millones de metros cuadrados.

1 Era propiedad de la familia Heguy.

2 Había sido fundada en Santa Clara en 1914 como "Fábrica de Curtidos Franco Cubana" por Santiago Heguy Arreguy, nacido en Bayonne, Francia, y llegado a Cuba en 1890, habiendo comenzado a trabajar en una tenería sita en Santa Isabel de las Lajas, propiedad de Santiago González, y administrada por su tío, el francés Pedro Heguy y después por él cuya dirección asumió en 1894, comprándosela a su propietario. En 1904 se trasladó para Santa Clara donde arrendara una tenería propiedad de "Ulacia y Hermano", a la vez que atendía la suya de Santa Isabel de las Lajas.

Su hijo político Felipe Sánchez estaba al frente de la tenería.

340- COMERCIAL J. SIMÓN Y COMPAÑÍA

Fábrica de fósforos, situada en Falgueras 201, valorada en $640 000. Una de las 11 integradas al trust.

1 Era propiedad de Pedro M. Simón Vilató, José P. Simón Simón y José P. Simón Corral.

Pedro M. Simón Vilató era el tesorero de "Empresa Nacional de Fósforos"(VER), un trust integrado por 11 fábricas de fósforos, promovido por el Gobierno de Fulgencio Batista, el cual era el "vendedor único" de toda la producción fosforera.

2 Tenía su antecedente en "Acebo, Simón y Compañía", constituida en 1914 cuando José Simón Corral, nacido en Asturias en 1883, llegado a Cuba en 1894 y fallecido en 1951, entró como gerente hasta que años más tarde quedaría com único propietario.

Con anterioridad había pertenecido a Saturnino Miguel, funcionario hasta 1913 de la "Cuban Land and Leaf Tobacco Company", quien fundara en 1902 la "Tabacalera Lobeto, Compañía", almacén y fábrica de tabaco de las marcas "Sol de Lobeto", "Sol de Miguel" y "Casín", ubicada en Monte 466, La Habana y era propietario además de otras industrias, que heredara su sobrino Fernando Lobeto Miguel.

341- COMERCIAL MARÍTIMA DE MATANZAS S.A., COMPAÑÍA

Administradora de la "Zona Franca del Puerto de Matanzas" y propietaria de almacenes de depósito en dicha zona, con domicilio en Tello Lamar N° 43, Matanzas.

1 Era propiedad de Carlos Núñez Pérez, propietario y presidente del "Banco Núñez"(VER). Núñez era vocal del Grupo de Transporte de la "Cámara de Comercio de la República de Cuba" en 1958 donde representaba a esta firma.

Poseía además 2 subsidiarias en la Zona Franca: "Compañía Industrial de la Zona Franca de Matanzas", dedicada a la explotación de la zona franca con un capital de $10 000, así como "Almacenes del Puerto de Matanzas S.A.", propietaria de almacenes de depósitos con un capital ascendente a $ 20 000.

3 Los Decretos N° 2161 del 8 de agosto y el 2175 del 9 de agosto de 1957 crearon las Ciudades Industriales entre ellas la de Matanzas y, en agosto del siguiente año se crearía la del Mariel. La Zona Franca de Isla de Pinos se había creado en 1955.

342- COMERCIAL TEXTIL LA ROSALÍA S.A.

Fábrica de toallas marca "Antex", con 82 trabajadores, ubicada en Meireles y 2ª, Rpto. Rosalía, la mayor de las existentes en el giro.

1 Era propiedad del ingeniero especializado en la fabricación de toallas Lorenzo F. Zayas Hechevarría, ex presidente de la "Asociación Nacional de Textileros de Cuba".

2 Su propietario la había fundado, habiéndola operado con anterioridad bajo la razón social de "Fábrica Textilera Antilla S.A.".

3 Junto con "González y Compañía" (VER) constituían las 2 mayores del rubro, existiendo otras 6 grandes y varias pequeñas que en 1957 producían 1 100 00 anuales, debiendo importarse alrededor de 168 000 unidades para satisfacer el consumo.

Cliente del "Banco Núñez" con préstamo por $ 100 000.

343- COMERCIAL TRISUNCO S.A., COMPAÑÍA

Aunque el "Trinidad" era un central pequeño (el 106°) con una capacidad de producción diaria de 210 000 @, tenía un RI alto (el 24°) de 13.39, 2 000 trabajadores, la 13ª destilería y 428 caballerías de tierra propia, situado en Fomento, Las Villas. Uno de los 30 centrales criadores de razas selectas de ganado.

1 Propiedad de Jesús Azqueta, quien controlaba 2 centrales más (VER "CENTRAL SANTA ISABEL S.A."). Fernández A. Fuertes, un antiguo funcionario, fungía como presidente y Norberto Azqueta, hijo de Jesús, y casado con una hija de Alfonso Fanjul, nieta de José Gómez Mena (VER "NUEVA COMPAÑÍA AZUCARERA GÓMEZ MENA"), era el vicepresidente.

2 Había sido erigido en 1892 por Henry H. Havemeyer del "Trust del Azúcar" y la "American Sugar Refining Company"(VER) en sociedad con el notorio Edwins P. Atkins(VER "AZUCARERA SOLEDAD S.A., COMPAÑÍA") en una antigua propiedad de los Iznaga. La "Punta Alegre Sugar Corporation"(VER), un consorcio perteneciente entonces a los grupos financieros de "Hayden & Stone", "Brown Brothers", "Chase National Bank" y Morgan, lo compró en 1917 hasta que, al quebrar en junio de 1930, lo perdiera.

Durante la década siguiente estuvo presidido por Carlos Fons Sterling habiendo sido adquirido en 1936 por Francisco Blanco Calás (VER "AZUCARERA CO-

RAZÓN DE JESÚS S. A., COMPAÑÍA"), siendo entonces su primer central, constituyendo el 17 de octubre de 1936 la razón social actual presidida por su sobrino Mario Miranda Blanco y de la que era secretario su otro sobrino Gustavo.

El 23 de marzo de 1940 es reinscripto por José Calixto Suárez Simóm, Joseph F. Dawson Mc Gorran, Miguel Vallina y Francisco M.Acosta Rendueles, quienes eran el presidente, vicepresidentes y tesorero respectivamente. El 27 de noviembre de 1941 Mario Miranda Blanco revoca las facultades concedidas a Carlos N Párraga Ponce de León y a Eugene Douglas Staples, presidente y vicepresidente.

Jesús Azqueta lo compra el 21 de noviembre de 1942 y se lo arrienda a él mismo desde 1943. Más tarde, Azqueta, en una operación harto compleja convirtió al central en una dependencia financiera de la "Papelera Pulpa Cuba S.A."(VER) que constituyó en noviembre de 1956 para la construcción de una fábrica de papel bagazo en las cercanías del central para la cual, tanto él como su socio Rafael Palacios, aportaron $1 500 000 cada uno.

El aporte de la nueva fábrica se hizo con las acciones del central, valoradas nominalmente en $1 999 800, cuyo capital había ampliado poco antes a $1 400 000 mediante efectivo ascendente a $620 000 y el resto en condonación de deudas con firmas de su propiedad.

3 El BANDES le facilitó además $8 500 000 para la construcción de dicha fábrica, parte de los cuales se destinaron a ampliar y modernizar las maquinarias del central. Tenía una destilería instalada en 1944 de 8 111 galones diarios de capacidad que estaba inactiva.

344- COMERCIAL TU-PY S.A., COMPAÑÍA
Tostadero de café marca "Tu-Py", sito en Obrapía Nº 509, La Habana.

1 Propiedad de José A. López Serrano (VER "CULTURAL S.A.") y Rogelio C. Novo Gil (VER "CANTERAS NOVO S.A.").

3 Tenía crédito por $250 000 del "The Trust Company of Cuba".

345- COMERCIANTES DETALLISTAS DE CUBA, COMPAÑÍA DE SEGUROS S.A.
Firma especializada en el seguro contra accidentes de trabajo e incendios, sita en Carlos III No 601-605 esq, a Marqués González, La Habana.

1 Era una asociación de empresarios propietarios generalmente de comercios minoristas de diferentes rubros, que además controlaban las corporaciones, asociados para correr con los seguros de este sector de negocios.

Estaba presidida por Francisco Soto Rodríguez, presidente de la "Asociación Nacional de la Industria Panadera" y eran sus vicepresidentes Francisco Moscoso Febrero, ex-presidente de la "Asociación de Detallistas de Víveres de La Habana"; Eugenio González López, ex-presidente de la "Asociación de Detallistas de Tabacos y Cigarros"; Ramón Moral García, residente de la "Federación Nacional de Detallistas"; José Martínez Moreno, ex-presidente del "Centro de Cafés de La Habana"; Federico Cano Pereda, presidente de la "Asociación de Industriales Dulceros de La Habana" y Enrique Gancedo Toca (VER "DE MADERAS GANCEDO S.A., COMPAÑÍA"). Domingo Méndez Martínez, gerente de "Domingo Méndez e Hijos"(VER) y José Acebo García, presidente de "Fósforo Acebo S.A."(VER), eran el tesorero y vice tesorero respectivamente. Otros importantes empresarios integraban su Consejo, entre ellos Simeón Ferro Martínez (VER "CENTRAL LA FRANCIA S.A."), José Lorido Lombardero (VER "FERRETERÍA LORIDO S.A.").

Los ejecutivos de la firma variaban según las directivas electas en las corporaciones asociadas. Soto había sido su vicepresidente hasta mediados de los 50 en que sustituyera a Lucio Fuentes Corripio, ex-presidente de la "Federación Nacional de Detallistas" y en esa época también Cayetano García Lago, ex-presidente del Centro Gallego era vicepresidente.

346- COMUNIDAD DE BIENES HERMANOS CASTAÑO

1 Entidad propietaria de los bienes de los hermanos Castaño Montalván, herederos de Nicolás Castaño, quienes poseían 26 empresas con un capital ascendente a $9 324 000, y oficinas en Martí N° 3, Cienfuegos.

Incluían entre otras a "Central Pastora S.A."(VER) y "Central San Agustín S.A."(VER), controlando entre ambos centrales una capacidad total de 600 000 @ diarias que representaba el 22° grupo en importancia y el 14° entre los de capital no norteamericano.

Otras propiedades eran el "Banco Castaño"(VER), el 35° banco en importancia; la "Importadora de Víveres del Norte, Compañía" (VER), un almacén de víveres en La Habana; la "Ganadera Castaño S.A."(VER), la 13ª ganadera según el orden de la extensión de sus tierras; "Operadora de Cafe Delicias S.A."(VER); una torrefactora y almacenista de café en la región de Cienfuegos; la "Financiera Castamontal, Compañía", con un capital emitido ascendente a $277 000; la "Financiera y de Valores, Compañía", con $656 000 y la "Inmobiliaria Luyanó S.A.", con $218 000.

Eran propietarios además de fincas ganaderas, cafetaleras, molinos de arroz, bienes raíces, carga por carretera, colonias de caña y otras. También tenían intereses en "Cuban Bagasse Products"(VER).

2 Nicolás Castaño Capetillo, creador de la fortuna y considerado a principios de siglo como el hombre más acaudalado de Cuba, nació en Sopuerta, Vizcaya el 15 de diciembre de 1836 y falleció en Cienfuegos el 27 de enero de 1926, habiendo llegado a Cuba en 1849 donde trabajara como dependiente de bodega en Cienfuegos y fuera empleado de Esteban Cacicedo(VER "CACICEDO Y COMPAÑÍA S L.") hasta establecerse más tarde por cuenta propia convirtiéndose en comerciante y hacendado . Tras su fallecimiento, su familia lo heredó adoptando su nueva razón social el 29 de julio de 1946.

Castaño fue miembro, junto con Ramón de la Torriente, Pedro Antonio Grau y otros, de la Junta de Bienes Embargados constituida en marzo de 1871 en Cienfuegos; vicepresidente en 1881 de una de las 2 fracciones del partido Unión Constitucional, junto con Fernández Mijares, que la presidía, en contra de la de José Pertierra y Leopoldo Díaz de Villegas; Regidor del Ayuntamiento en 1882 y Teniente del Batallón de Voluntarios de Cienfuegos en 1887.

Fundó con Antonio Intriago la "Castaño e Intriago", casa comercial y banca que duró hasta 1888 en que falleciera Intriago liquidándose entonces con un capital superior al millón de pesos que a la vez dio origen a la de "Suero Balbín y Valle", dedicada a la importación y la refacción. En los años 80 poseía además la "Álvarez, Castaño y Compañía" y era uno de los propietarios, junto con Juan y Gabriel

Cardona, de "Cardona y Compañía", un almacén de víveres, exportador de azúcar, representante de líneas navieras y agencias de seguros y casa bancaria, sito en Cienfuegos, que había sido fundado en 1882 por Gabriel Cardona y Manuel Harta-Sánchez en sociedad con él.

Estuvo asociado con Laureano Falla(VER "SUCESION DE L.FALLA") en los centrales Andreita, Cieneguita y Adelaida, los cuales refaccionaba y fue además propietario del central Pastora en San Juan de los Yeras y del Dos Amigos en Manzanillo. Mediante créditos vencidos llegó a ser acreedor de algunos de los principales capitales de la ciudad entre ellos los Apezteguía, los Goytisolo y otros, algunos de cuyos centrales pasaron a su propiedad como el San Agustín y el Cieneguita.

Había comprado en 1917 en sociedad con A. Leblanc y Laureano Falla Gutiérrez el central Andreita, formando la "Laureano Falla Gutiérrez y Compañía" hasta que en 1924 el último compra toda la propiedad.

Había sido socio, junto con el Gral.Machado, el Cnel.Orestes Ferrara y Laureano Falla Gutiérrez, de la "Eléctrica de Cuba, Compañía" que brindaba servicio de electricidad a Santa Clara y vendieran a mitad de los años 20 a la recién constituida "Cubana de Electricidad, Compañía"(VER).

Había fundado en 1918 "La Metropolitana", junto con Florentino Suárez, Eudaldo Romagosa, Antonio Rodríguez Vázquez y otros y fue también presidente, principal propietario y fundador en 1919 "De Seguros y Fianzas "Cienfuegos", Compañía" (VER), firma de seguros asentada en Cienfuegos, con un capital pagado ascendente a $250 000, en sociedad con Eliseo Rangel Jiménez –su presidente tras el fallecimiento de Castaño–, los hermanos Modesto y Aciselo del Valle Blanco, Carlos Felipe Gutiérrez, Andrés Díaz de Villegas, Francisco Argüelles, Modesto Novoa Moure y otros.

Sus beneficiarios eran Rosaura, Carmen, Josefina, Concepción y Nicolás Castaño Montalván. Dos de ellas estaban casadas con dos hermanos Gutiérrez Valladón y otra con el Dr.Rogelio Díaz Pardo, quienes estaban al frente de varias de las firmas. Díaz Pardo y su cuñado Castaño habían sido propietarios y presidente y vicepresidente del "Banco Territorial"(VER) a finales de los 20.

A través de los hermanos Gutiérrez Valladón se entrelazaban los herederos de cuatro poderosas familias españolas que habían hecho su capital en la región de Cienfuegos principalmente en los sectores del azúcar, la banca y el comercio, o sea los Castaño: 2 hijas casadas con 2 de ellos; los Falla, una de cuyas hijas lo estaba con otro Gutiérrez Valladón; los Cacicedo(VER "CACICEDO Y COMPAÑÍA"), uno de los cuales estaba casado con la hermana de los Gutiérrez Valladón.

347- CONCORDIA TEXTIL S.A.

Fábrica de tejidos (65 % de su producción), de cintas (35 %) y etiquetas, siendo la única fábrica existente de estos 2 últimos rubros, con 275 trabajadores, ubicada en Romay Nº 8, Guanabacoa.

1 Tenía capital suscrito por $1 500 000 que había sido de la propiedad total de Isidoro Abravanel Varón hasta que este cediera $600 000 a Mario Espino Escalés por sus servicios para obtener un financiamiento de $1 000 000 que el BANDES le otorgara el 7 de noviembre de 1957.

2 Abravanel, nacido en Turquía y fallecido el 10 de febrero de 1959, la había fundado en 1939 y era su presidente, mientras su hermano Hernán era el vicepresidente I. Posteriormente Jorge Espino Escalés, hermano de Mario, colono y ganadero de Pinar del Río y accionista de "Laboratorios Gravi S.A."(VER), fue designado presidente ejecutivo para controlar la inversión.

Espino era contratista de obras del Gobierno mediante su "Constructora Esma S.A." con órdenes por $2 000 000 y sirvió de intermediario en varios financiamientos otorgados por el BANDES a firmas de distintos giros, en los cuales finalmente él aparecería como tenedor único o principal de sus acciones. De esa forma era accionista y director de "Antillana de Acero S.A."(VER), de "Industria Sanitarias S.A.,Compañía"(VER), de "Cubana de Plywood, Compañía" (VER) y de "Cerámicas Kli-Per S.A."(VER).

Espino representaba intereses, total o parcialmente, de Andrés Domingo Morales del Castillo, Ministro de la Presidencia y testaferro de Fulgencio Batista.

3 Tenía 208 telares con una capacidad de producción de 140 000 yardas lineales semanales, aunque realmente sólo producía 40 000 y su valor total se estimaba en $837 101. A finales de 1958 su situación económica era difícil con pérdidas de alrededor de $100 000, habiendo disminuido mucho las ventas y crecido los inventarios. Sufrieron un incendio por el que cobraron $500 000 al seguro.

El BANDES le otorgó un préstamo por $1 000 000 en 1957 y recibió préstamos también del "Chase Manhattan" por $275 000 y del "Banco de los Colonos" por $125 000.

348- CONCRETERA NACIONAL S.A.

Planta de hormigón ubicada en la Ave. Rancho Boyeros Km. 2.

1 Propiedad de Eugenio Silva Giquel, quien era propietario además de "Arrocera Mariana S.A." (VER), así como de otras fincas en Camagüey, de "Club Kawama, Compañía"(VER), de "Silva Residencial S.A.", etc.

Tenía intereses también en "Industrias Hormigón Cubano S.A.", otra planta de hormigón, donde su hermano Jorge era el administrador, así como en "Compañía Canteras Modernas".

Estaba casado con Julieta de Cadenas, hija de Gabriela Sánchez Laurent, vicepresidenta y una de las propietarias familiares de "Central Senado"(VER).

3 Sus acciones se cotizaban en la Bolsa de La Habana. Cliente del Banco Pedroso con créditos por $230 000 y del Banco de China con $173 000.

349- CONFECCIONES EXCLUSIVAS S.A.

Taller de confecciones con 200 máquinas y 400 operarios, ubicado en La Rosa N° 410 esq. a Clavel, La Habana.

1 Subsidiaria de "Solís, Entrialgo y Compañía"(VER) con un capital indeterminado.

2 Se constituyó el 30 de agosto de 1955, comenzando operaciones a mediados de 1957.

3 Su inversión estimada ascendía a $200 000.

350- CONSERVAS CLIPPER S.A.

Planta de conservas de puré de tomate y piña, ubicada en Candelaria, Pinar del Río.

1 Propiedad del Dr.Octavio Verdeja Neyra, ex-Representante a la Cámara durante el Gobierno de Machado, ex propietario del "Central Bahía Honda S.A."(VER) y arrendatario del "Central Maceo S.A."(VER) durante los años 30, habiendo vendido el primero en la década del 50. Era hermano de Santiago, Ministro de Defensa en el Gobierno de Batista, y padre de Octavio Verdeja Aramburu, tesorero y administrador de "De Transporte Mar Caribe S.A., Compañía" (VER).
Santiago Arias Salinas, quien era el presidente, había estado asociado anteriormente con Pérez Galán (VER "EMPACADORA MAJAGUA S.A., COMPAÑÍA") y el Dr. René Guerra Hevia, su hijo político, era el secretario.

2 Se constituyó el 21 de octubre de 1952. Originalmente sólo producía conservas de tomates, pero al atravesar este mercado por dificultades les habían añadido las nuevas líneas.

3 Exportaba a EE.UU., Europa y las Bahamas. Tenía un desenvolvimiento económico satisfactorio, habiendo recibido financiamiento por $20 000 el 12 de enero de 1954 del BANFAIC, quien se lo prorrogó el 15 de junio del año siguiente, recibiendo en total $40 000.

351- CONSERVAS SAN CRISTÓBAL

Arrendataria de la fábrica de conservas de tomate, ubicada en el Km 93 de San Cristóbal, Pinar del Río.

1 Propiedad de "Havana Pineapple Company". Tanto esta como la arrendataria eran propiedad única de Dennis Figeroux Harris, natural de la isla de Trinidad, quien era su presidente y llevaba más de 20 años en el giro. Suzanne R. Figeroux, francesa, esposa del propietario, era la presidenta.

2 Se había constituido originalmente el 20 de agosto de 1948. Había estado arrendada a "Productos Reinado S.A."(VER), del mismo propietario, hasta 1952 en que la separó en una firma independiente. Su valor en 1956 se estimaba en $44 000.

3 Recibió financiamiento del BANFAIC el 18 de diciembre de 1952 por $75 000 pero tuvo dificultades que duraron hasta 1958 en que cerró.

352- CONSOLIDATED CUBAN PETROLEUM CORPORATION

Era una firma para la exploración y explotación petrolera con 14 pozos en explotación en Bacuranao y una producción diaria de 80 a 100 000 barriles y 53 en Motembo, Las Villas, con producción de nafta, así como otras concesiones petroleras, parte de las cuales habían cedido.

1 Tenía un capital emitido ascendente a $433 945, siendo sus propietarios principales Clarence W. Moore, Peter H. Bergson y Alberto Díaz Masvidal García (VER "AURÍFERA GUARACABUYA S.A."), quienes eran presidente y vicepresidentes respectivamente. Otros propietarios eran los norteamericanos Rex Rand, residente en Miami, John Harriman, residente en New York y por último Blanca Díaz López, viuda de Adalberto Masvidal Castellanos y propietaria de derechos mineros.
Moore, norteamericano, había llegado a Cuba como diplomático y poseía el "Bufete Moore-Díaz Masvidal" en sociedad con Díaz Masvidal, así como el "The Time of Havana Publishing"(VER), periódico de habla inglesa que se publicaba en Cuba.

La firma era propietaria del total de las acciones de "Cuban Land Oil Company", del 92.74 % de "Petróleo Cruz Verde S.A.", del 20 % de "Bolivia American Oil Company", firma norteamericana radicada en Bolivia, y con intereses en Islas Bahamas. Tenía sub-arrendado el registro "Salomón" a "Petrolera El Valle".

2 Se constituyó en Delaware el 4 de junio de 1956 y en Cuba el 23 de ese mismo mes y año. Se especializó en pozos poco profundos, aunque proyectó taladrar uno de 6 000 pies en el yacimiento de Motembo. Tenía 11 pozos productivos que le producían 128 barriles diarios con un ingreso de más de $150 000 anuales. También perforaron en Cruz Verde y cerca de La Habana con producción de 500 barriles cada uno. Estaban inscritos en la Bolsa Americana donde habían 7 firmas petroleras más.

3 Su activo total ascendía a $916 994, con una condición financiera aceptable y, aunque tenía utilidades, el conjunto de las firmas que operaban tenían déficit.

CUBAN LAND OIL COMPANY
1 Su capital ascendía a $500 000 y el presidente era en este caso Masvidal mientras Moore era el vicepresidente.

2 Se constituyó el 23 de junio de 1956 y operaba las concesiones y propiedades de la casa matriz. Era concesionaria y subarrendataria de pozos petroleros y perforaba también en Bacuranao.

3 Producía 50 barriles diarios pagándole royalty a "Cuban Gulf Company".

PETRÓLEO CRUZ VERDE S.A., COMPAÑÍA
Operaba bajo subarrendamiento el lote minero "Salomón", ubicado en las minas Guanabacoa, arrendado a la "Compañía Petrolera el Valle S.A.".

1 Díaz Masvidal era su presidente y Moore el tesorero.

2 Se constituyó el 9 de enero de 1955 pero ya desde antes explotaba pozos. Se consolidó 4 días después con la casa matriz que tenía denuncias en Motembo y otros países.

3 Sus activos superaban el $1 000 000 y tenía utilidades por alrededor de $20 000. El BANDES le autorizó un financiamiento por $50 000 el 11 de enero de 1956 al que renunciaran prefiriendo financiar la explotación de pozos petroleros mediante su casa matriz.

353- CONSTANTINO GONZÁLEZ Y COMPAÑÍA S EN C
Almacén, escogedores, despalilladores y exportadores de tabaco ubicado en Belascoaín Nº 1052, La Habana, y con oficinas en 79 Wall St, Nueva York, y en Carretera de Luperón Km 1, Republica Dominicana.

1 Propiedad principal de Constantino González González, su gerente primero, en sociedad con sus hermanos Eduardo, Antero, Miguel y Félix Mauricio González González, así como con Gabriel Piedra Martínez, todos gerentes.
Los hermanos González eran parientes de los González de "José González y Compañía" y de "Sobrinos de Antero González y Compañía". Piedra era además vicepresidente de "La Tabacalera Compañía de Seguros S.A."(VER), firma de seguros y había sido presidente de la "Asociación de Almacenistas y Cosecheros de Tabaco de Cuba".

2 Había sido fundada en 1925 por Constantino González, nacido en Cangas de Onías, Asturias, de donde fuera Alcalde y benefactor, siendo condecorado por el gobierno de Franco. Otro hermano, Ramón, había fallecido en mayo de 1940.

354- CONSTRUCCIONES CODECO S.A.
Contratista de obras del Gobierno, ubicada en la calle A N° 11 entre 1ª y 3ª, Vedado.

1 Propiedad del General Roberto Fernández Miranda, cuñado de Fulgencio Batista y presidente de la Comisión Nacional de Deportes y del Arq. Nicolás Arroyo Márquez, Ministro de Obras Públicas del Gobierno, con un capital pagado por $100 000. Marcelino García Jimenez, español, era su presidente y Rolando Araoz Puente era vicepresidente y administrador.

2 Se constituyó el 17 de agosto de 1953 para la construcción de la Ciudad Deportiva de la Comisión Nacional de Deportes, organismo presidido por el entonces Coronel Fernández Miranda, y adjudicada por Resolución del 15 de octubre del propio año. Recibió contratas también para la construcción del Aeropuerto Naval del Mariel por $476 000 y del hospital Naval 10 de Marzo por $400 000.

3 Tenía activos por más de $1 000 000, pero desde 1956 su situación económica era difícil, teniendo mala reputación por demoras en sus pagos. Sus propietarios gestionaron directamente con el BANDES un financiamiento ascendente a $600 000 que le otorgaran el 22 de agosto de 1957 y otro posterior el 14 de febrero del año siguiento por $71 590.
Cliente por más de $1 000 000 del Banco Hispano Cubano donde Martha, hermana del Coronel y esposa de Fulgencio Batista, era una de las principales propietarias.

355- CONSTRUCTORA ACANA S.A.
Contratista ubicado en Carretera de Capdevila, La Habana.

1 Propiedad de Pedro C. Du-Quesne de Zaldo, quien era además el presidente de la "Arrendataria San José, Compañía"(VER) del central San José, propiedad de su esposa María Antonia Goicochea González-Abreu.

3 Cliente del "The Trust Company of Cuba" con $352 000.

356- CONSTRUCTORA AEDES S.A., COMPAÑÍA
Contratista y cantera.

1 Una de las propiedades de la "Santo Domingo Motors Company" (VER), firma de Ciudad Trujillo, República Dominicana, cuyo representante en Cuba era Amadeo Barletta.

357- CONSTRUCTORA AIRFORM DE CUBA S.A.
Representante en Cuba del sistema patentado Airform de encofrados neumáticos destinados a toda clase de obras.

1 Su presidente era Adalberto Solano Idelasa y Edward W. Lewis Jr. era su presidente ejecutivo, mientras Alfonso Fanjul (VER "INDUSTRIAL ARROCERA DE MAYABEQUE S.A."), John Shattuck, presidente de "Cuban Bagasse Products S.A."(VER), Luis Echeverría Capó (VER "ANDAMIOS DE ACERO S.A."), eran todos vicepresidentes.
Shattuck, Echeverría, Harry, un hermano de Fanjul y Edward W.Lewis, hijo de Donald, eran socios además en "North Atlantic Kenaf Corporation"(VER).

2 Se había constituido el 17 de julio de 1953.

358- CONSTRUCTORA ALAMAR S.A.
Contratista de obras de las urbanizadoras de los repartos "Urbanizadora El Olimpo S.A." (VER), "Residencial Alamar" (VER), "Territorial Alturas del Olimpo"

(VER), "Territorial Alturas de Villareal"(VER) y "Compañía de Terrenos Mirabana" (VER "URBANIZADORA EL OLIMPO S.A."), con 230 obreros y oficinas
en el edificio Horter, 4° piso, en Obispo 61, La Habana.

1 Propiedad del Dr.Guillermo Alamilla (VER "BUFETE GORRÍN, MAÑAS,
MACIÁ Y ALAMILLA"), su presidente, siendo el vicepresidente el Dr. Otto
Veith Rivera y su director técnico general el Ing.Gustavo A.Béquer.

2,3 Se constituyó el 2 de septiembre de 1957 y, al triunfo de la Revolución,
sólo había construido algunas obras de infraestructuras tales como aceras, calles
etc., además del club Hípico, la Casa Club, terrenos de pelota, gasolineras y se
aprestaba a la construcción de viviendas.

359- CONSTRUCTORA ALDO S.A.

1 Contratista de obra, propiedad de Martín Dosal Quijano y sus hijos Martín
R. y Alberto Dosal Domínguez, quienes eran los propietarios principales de "Martín R. Dosal e Hijos (VER), fábrica de cigarros de la "Competidora Gaditana" así
como de "Canteras de Minas S.A.".

3 Realizó obras para el Ministerio de Salubridad. Cliente del Chase Manhattan con líneas por $250 000.

360- CONSTRUCTORA ANAUCO S.A., COMPAÑÍA

Contratista de obra con oficina en la calle Panorama, Nuevo Vedado, La Habana.

1 Propiedad de Pedro Suárez Fernández.

361- CONSTRUCTORA ATLÁNTICA S.A.

Contratista de obra, ubicada en el edificio Ambar Motors, departamento 907, La
Habana.

1 Propiedad secreta de Manuel Vidal Méndez, comandante de la Aviación,
ex-ayudante y ahijado de Fulgencio Batista, hijastro del Cnel. Gonzalo García
Pedroso, hijo político de Gustavo Gutiérrez y director de "Rentas e Impuestos" del
Ministerio de Hacienda. Presidida por el Dr. Osvaldo Martínez Alonso, siendo
Juan J. Lavastida Bujosa el vicepresidente.
Vidal era propietario también de "Constructora Viacam S.A.", firma contratista
constituida el 23 de marzo de 1956 con activos ascendentes a $300 000; de "Glo-
bal Construction Company Inc."; y tesorero de "Hotelera Yumurí S.A., Compañía", promotora del Motel Yumurí.
García Pedroso era el actual director general de la Lotería Nacional y había
sido jefe de la Policía de La Habana desde el 1 de noviembre de 1933 hasta 9
días después, así como Gran Maestro de la Gran Logia de Cuba de Al y Am de
1937-42. Gustavo Gutiérrez fue Ministro de varias carteras en el gobierno de
Batista.

2 Se constituyó el 29 de octubre de 1956 y recibió un préstamo del BANDES
en 1958 ascendente a $133 200.

3 Construyó casas para la Comisión Nacional de Viviendas en Pinar del Río y
escuelas rurales en Oriente.

362- CONSTRUCTORA BONILOR S.A., COMPAÑÍA

Constructora con oficina en Edificio Atlántic, calle 23 entre 10 y 12 Vedado, La
Habana.

1 Propiedad de los hermanos Jorge E. y Francisco Mecalling García, quienes eran propietarios también de la Constructora Mimí S.A., con oficinas en el mismo local, la que tenía adeudos con el Banco de los Colonos por $619 908 y de la "Constructora Olga S.A.", contratista del Ministerio de Obras Públicas, con deudas por $50 000 con el propio Banco. También poseían "Equipos de Construcciones Frajol S.A." y la "Inmobiliaria Olga S.A.".
Estaba presidida por Francisco Javier Peralta Heydrich.
3 Tenía crédito con el Banco de los Colonos por $750 000. Fue intervenida por el Ministerio de Recuperación de Bienes Malversados.

363- CONSTRUCTORA BOREAL S.A.
Contratista de obras con oficinas en Infanta 51 esq. a Humbolt, La Habana.
1 Propiedad del Ing. José A.Bernal, Representante a la Cámara, y de Ramiro y Gustavo de la Fé, este último presidente del Retiro de Artes Gráficas, en sociedad con el Ing. Álvarez Alea. Eran propietarios también del "Balneario Residencial Soroa S.A."(VER). El Ing.Álvarez, por su cuenta, era también propietario de "Constructora Bosco S.A."(VER).
2 Se constituyó el 19 de octubre de 1953. Promovieron la construcción del Reparto Textil, financiado con los fondos de la "Caja del Retiro Textil" y de la "Caja de Artes Gráficas S.A." que obtuvieran dando comisiones a los dirigentes tanto de esos retiros como del Tribunal de Cuentas. Las casas se vendían a $2 000 cada una pero resultaron muy deficiente con fallos graves, paralizándose su construcción en febrero de 1958.
3 A finales de 1958 tenía adeudos por $334 000 y $500 000 con el Banco de los Colonos. Fue intervenida por el Ministerio de Recuperación de Bienes Malversados.

364- CONSTRUCTORA BOSCO S.A.
Contratista de obras ubicado en Avenida de las Misiones Nº 3, La Habana.
1 Propiedad del Ing. y Arq. Manuel Álvarez Alea, quien también tenía intereses en "Constructora Boreal S.A."(VER), otra firma contratista, en sociedad con el Ing. José A.Bernal, Representante a la Cámara, y de Ramiro y Gustavo de la Fé, este último presidente del Retiro de Artes Gráficas.
Álvarez era también presidente de "Rainbow Residential Development Corporation Inc.", de la que Gustavo de la Fe era vicepresidente, que construía casas para el FHA y se había constituido el 19 de octubre de 1953, así como 2º jefe del Distrito de Obras Públicas de Pinar del Río y había sido vicepresidente de la "American Steel Corporation".

365- CONSTRUCTORA CENIT S.A., COMPAÑÍA
Contratista de obras y venta de casas.
1 Tenía capital emitido por $500 000. Propiedad de Juan Manuel Pujol Balmaseda y sus primos Pujol Izquierdo (VER "BANCO PUJOL"), propietarios del "Banco Pujol".
3 Uno de los principales clientes del Banco Pujol con $547 000.

366- CONSTRUCTORA DE CAMINOS POR PEAJE S.A., COMPAÑÍA
Contratista de obras ubicada en Maceo Nº 7 Moderno, Este, Guanabacoa, Habana.

1 Estaba presidida por Amado Amador Flores siendo su vicepresidente José Amador Fleitas y su tesorero Elpidio García Cisneros. Amador había sido presidente del extinguido "Banco Antillano de Capitalización y Ahorro S.A." y era propietario además de "Eagle Lions Film Inc.", de "Amador Films S.A." y de Compañía Inmobiliaria Doramas, todas las cuales eran clientes del Banco González y Hermano.

3 Recibió 7 préstamos del BANDES ascendentes a $341 000 siendo otorgado el 1º el 27 de junio de 1958 y el último el 24 de diciembre del propio año.

367- CONSTRUCTORA DEL LITORAL S.A., COMPAÑÍA

Contratista con oficinas en O'Reilly 108, apartamento 307, constituida sólo para recibir la concesión de las obras de la carretera Santa Fé-Mariel, valorada en $10 000 000, que era el 4º mayor contrato de los que otorgara el BANDES.

1 Propiedad de Julio Iglesias de la Torre (VER "PETROLERA SHELL DE CUBA, COMPAÑÍA"), su presidente, en sociedad con Arturo Bengochea (VER "DE FOMENTO DE BACURANAO S.C.P., COMPAÑÍA"), con un capital emitido de $30 000, de los que $25 000 pertenecían a Iglesias de la Torre, y los otros $5 000 a Gaudencio Castro, su secretario, quien era a su vez vicepresidente de "Ingeniería del Golfo". Eugenio Ibáñez Varona era también vicepresidente (VER "ÓMNIBUS METROPOLITANOS S.A., COMPAÑÍA".

Iglesias era el principal beneficiario en obras públicas del Gobierno, teniendo además la adjudicación de la Terminal del Puerto de La Habana mediante la "Mercantil del Puerto de La Habana S.A."(VER).

2 Se contituyó el 26 de septiembre de 1956 y el 28 de diciembre del propio año una Resolución del Ministerio de Obras Públicas aprobaba la concesión de las obras a terminarse en 18 meses, con un financiamiento total de $12 000 000 de los que $10 000 000 se otorgó el 27 de febrero de 1957.

3 A su vez el BANDES le prestó $900 000 el 9 de enero de 1958 –el mismo día que hicieron préstamos a la otra firma propietaria de Iglesias de la Torre "Mercantil de Puerto de La Habana"– que ampliara posteriormente el 13 de noviembre del propio año a $1 900 000.

Además de la carretera de Santa Fé-Mariel realizó las obras de la doble Vía Rancho Boyeros-Carretera Central por $6 000 000, el puente de la Vía Blanca Matanzas-Varadero por $2 500 000, la reparación de la Carretera Central en Camagüey por $2 000 000, la carretera Wajay-Rancho Boyeros por $600 000 y el espigón para la "Petrolera Shell de Cuba, Compañía" por $500 000.

Se estimaba que había cobrado $3 526 000 en excesos de precios por la carretera Santa Fe-Mariel.

Cliente del "The Trust Company of Cuba"con $200 000.

368- CONSTRUCTORA DEL NORTE S.A., COMPAÑÍA

1 Contratista propiedad de Diego Vicente Tejera Rescalvo y Rubén Mendiola Arana.

3 Cliente del Industrial Bank con $180 000.

369- CONSTRUCTORA DIAMANTE S.A.

Contratista de obras privadas y del Gobierno con oficinas en Martí N° 53, Santiago de Cuba.

1 Tenía un capital ascendente a $200 000 suscrito a partes iguales entre 4 propietarios que eran Luis Alberto Espino Escalés, presidente; Ibrahím Babúm Selman (VER "MADERERA BABÚM ASERRIO"), vicepresidente; su hermano Teófilo Babúm Selman, tesorero; y Francisco Bilbao, vicetesorero.

Espino Escalés era hermano de Mario (VER "CONCORDIA TEXTIL S.A."), uno de los principales intermediarios de Andrés Domingo Morales del Castillo y representante de Fulgencio Batista en varias obras favorecidas por el BANDES y el BANFAIC, y de Ramón, vicepresidente de "Autobuses Modelo S.A."(VER), propiedad de su suegro Octavio Navarrete Parreño.

2 Se constituyó el 16 de enero de 1956 en Santiago de Cuba. Construyó por un valor de $1 millón la fábrica "De Cementos Nacionales S.A., Compañía"(VER), donde tenían intereses los hermanos Babúm, así como el muelle y dragado de la propia fábrica por $138 000.

3 Realizó varias obras para la nueva refinería de la Texaco en Santiago de Cuba valoradas en $1 575 000, así como para la "Terminal Marítima de Guayabal" que le contrataran el 24 de octubre de 1956 rescindiéndole el contrato en abril de 1958. También realizó obras para el Gobierno como la carretera de Ciudad Mar a Punta Gorda por $110 000, el edificio del Aeropuerto de Santiago de Cuba por $310 000, el muelle de Puerto Padre y el Distrito Naval de Santiago de Cuba por más de $100 000.

Cliente del Banco de Nova Scotia con $500 000.

370- CONSTRUCTORA DOVAL S.A.

Contratista de obras con oficina en Cienfuegos 77, La Habana.

1 Propiedad de Gerardo Doval Lago.

3 Obras realizadas: Carretera Central de Matanzas-Colón por $600 000, el Malecón en Nueva Gerona por $1 000 000, Carretera de Artemisa-Cabaña por $450 000 y obras en el aeropuerto de Rancho Boyeros $400 000.

Cliente del Banco Núñez.

371- CONSTRUCTORA EMILIO COSCULLUELA S.A., COMPAÑÍA

Contratista con oficinas en la calle Humboldt No. 106, apto 701-2, La Habana.

1 Propiedad del Arq. Emilio Cosculluela, quien también poseía otra firma contratista, la "Nueva Constructora de Obras S.A.", en sociedad con su hermano Eugenio. Su padre, el Ingeniero y Arquitecto Eugenio Cosculluela Barreras, era presidente de la Comisión Ejecutiva Nacional de los Patronatos Locales, Urbanos y Campesinos (CENPLUC).

Era nieto del Cnel. del E.L. e Ing. José Ramón Villalón, Secretario de Obras Públicas bajo el Gral.Wood y Senador durante el gobierno del Gral. Menocal, accionista de "Del Ferrocarril de Tunas a Puerto Padre, Compañía" y de la "Cuban Railroad Company".

372- CONSTRUCTORA FERBA S.A., COMPAÑÍA

Contratista de obras con oficinas en Solitario N°262, Camagüey.

1 Isaac Barreto García era su presidente y Guillermo Fernández Govín, el vicepresidente, Olimpia Barreto Gutiérrez tesorera y Manuel Flores Govín vicetesorero.

2 Se había constituido el 1º de septiembre de 1953 como "Sucesores de Guillermo Fernández".

3 Sus obras principales fueron el Acueducto de Camagüey valorado en $1 200 000, el Acueducto de Nuevitas en $240 000, el Acueducto de Guantánamo en $230 000, la Carretera Florida-Camagüey en $260 000, Carretera Camagüey-Jimaguayú en $400 000, Puente del Río Jatibonico en $38 000 y la canalización Río Tano Central Elio en $220 000.

373- CONSTRUCTORA GARCÍA-TUÑÓN Y REBOREDO S.A., COMPAÑÍA

Contratista de obras, pequeña, especializada en ingeniería industrial con oficinas en Manzana de Gómez 309 y 310, La Habana. Poscían el taller "La Vasconia" para realizar trabajos de acero tales como estructuras, tanques, pailerías, acero inoxidable, etc, sito en Calzada de Puentes Grandes Nº 2 y Aldecoa.

1 Guillermo García-Tuñón era el presidente y Arturo y Rafael Reboredo Pérez eran el vicepresidente y tesorero respectivamente.

2,3 Se constituyó el 15 de enero de 1955. Sus obras principales fueron "Textilera Mayabeque, Companía" con $243 000, Fábrica Nacional de Pintura S.A. con $35 000, Cervecería La Tropical con $62 000, Stadium de la Feria Ganadera de Bayamo con $33 000 y Telemundos S.A.(Matanzas-Santiago de Cuba) con $26 000.

Cliente del Banco Gelats.

374- CONSTRUCTORA GONZALO E. VARONA S.A.

Contratista de obras con oficina en Edificio "FOCSA", apto Nº 5, Vedado.

1 Era propiedad de Gonzalo E. Varona Horstmann en sociedad con Carlos M. Peláez Cossío, ex-Representante a la Cámara. El primero era su administrador general mientras el segundo era su presidente.

375- CONSTRUCTORA HELVETIA S.A., COMPAÑÍA

Contratista de obras con oficinas en 5ª Avenida Nº 10, Miramar.

1 Propiedad del Ing. y Arq. José Pérez Benitoa, propietario de otras firmas constructoras concesionarias de varias obras durante el Gobierno de Fulgencio Batista, tales como la "Constructora Roderca" (VER), la "Constructora Trifor S.A.", "Contructora Tollaris S.A.", "Constructora Alme S.A.", "Ingeniería Alva S.A." y la "J.Pérez Benitoa". También era el propietario del Edificio "Pérez Benitoa" en G y 25, Vedado, desde finales de los años 20.

Estaba presidida por Prudencio Fernández del Río quien sustituyó el 10 de septiembre de 1955 a Miguel A.Hernández Roger y su tesorero era Virgilio C. Fabré Posse.

Pérez Benitoa era padre de Antonio Pérez Benitoa Fernández (VER "BUFETE PÉREZ BENITOA, LAMAR Y OTERO"), jefe de la Oficina Técnica de la Presidencia, quien estuviera casado con Mirtha Batista Godínez, hija de Fulgencio Batista y además era hermano de Manuel, abogado y testaferro de inumerables negocios de éste.

Benitoa, quien fuera uno de los 30 profesores depurados de la Universidad en 1933 por su colaboración con el Gobierno de Machado, había construido en el pasado la Playa y el Casino de Marianao, el Mercado Unico, la Ciudad y Campamento Militar de Pinar del Río, el Edificio Pérez Benitoa, habiéndose dedicado durante un tiempo al negocio hotelero y a la radiodifusión poseyendo la radioemisora C.M.C.D..

Hizo el proyecto para el edificio del Palacio de Justicia en la Plaza Cívica –donde hoy se encuentra la sede del Comité Central, del Consejo de Estado y de la Secretaría del Consejo de Ministros– que fuera muy criticado por arquitectos e instituciones técnicas.

2,3 La firma había sido constituida el 25 de enero de 1954 por su anterior presidente Miguel A.Hernández Roger. Recibió varios préstamos del BANDES ascendentes a más de $300 000 habiéndosele otorgado el primero el 4 de julio de 1958 y el último el 31 de diciembre del propio año.

376- CONSTRUCTORA JAIME CANAVÉS, COMPAÑÍA

Contratista de obras con oficina en Avenida de Zoológico esquina a 26, Nuevo Vedado, La Habana.

1 Propiedad de Jaime Canavés Llul, español, quien era el tesorero administrador. Sus hijos el Arq. José y Jaime Canavés Ugalde eran el presidente y vicepresidente respectivamente. Antonio, otro hijo fallecido el 15 de marzo de 1954 en accidente de auto, había sido hasta entonces su presidente.

Eran propietarios también del hotel Capri (VER "HOTELERA DE LA HABANA S.A., COMPAÑÍA") que tenían arrendado a "Hotelera Sheppard S.A., Compañía"(VER) y el que había sido construido por la propia firma.

2 Se constituyó el 10 de marzo de 1949. Fue intervenida después de 1959 por el Ministerio de Recuperación de Bienes Malversados.

377- CONSTRUCTORA LASTRA Y ALFONSO S.A.

Contratista de obras.

1 Propiedad de Anselmo Lastra.

3 Recibió un financiamiento el 12 de abril de 1957 del BANDES por $1 000 000. Cliente del Industrial Bank con $515 000.

378- CONSTRUCTORA LUMA S.A

Contratista de obras con oficina en Empedrado Nº 113, La Habana. Constituida sólo para realizar las obras de la Terminal Marítima de Matanzas, la 7ª en importancia otorgada por el BANDES, valorada en $4 000 000. No realizó ninguna otra obra.

1 Tenía un capital emitido por $100 000 siendo propiedad de los hermanos Luis E. y Mario del Valle Raez (VER "AZUCARERA LUIS DEL VALLE Y HERMANOS").

La concesión para operar la Terminal Marítima de Matanzas había sido otorgada a la "De Almacén Marítimo Internacional de Matanzas S.A. Compañía", (VER), propiedad también de Luis E.del Valle Raez, su vicepresidente, en sociedad con Jorge Barroso Palacios, su presidente e hijo de Jorge Barroso Piñar (VER "AZUCARERA CENTRAL CUBA S.A."). Esta firma a su vez le otorgó las obras a la contructora.

2 Se constituyó el 18 de diciembre de 1956 y el 27 de febrero del próximo año el BANDES había aprobado la contratación de las obras. El proyecto fue preparado por "Parajón e Hijos", teniendo dificultades en julio de 1958 porque la bahía no ofrecía buena base para sostener o clavar las estacas, acudiéndose entonces a la "Frederick Snare Corporation" (VER) en unión de otras ingenierías, por lo que se solicitó ampliación del financiamiento por $1 200 000.

3 En consecuencia la obra se retrasó más de 1 año a partir de su fecha programada del 20 de abril de 1958. También realizó obras para la "Cubana de Nitrógeno S.A., Compañía" (VER), propiedad de Luis E. del Valle Raez, con cargo a financiamiento de la firma.

Cliente del The Trust Company of Cuba con $800 000 y del Banco Pedroso con $500 000.

379- CONSTRUCTORA MENDOZA S.A.
Contratista de obras públicas con oficinas en la carretera del Lucero, La Habana, siendo el contratista que recibiera la concesión de obras públicas del BANDES con mayor valor, ascendente a $32 000 000, seguidos sólo de "Ingeniería del Golfo" (VER) con $30 000 000 por la carretera Boca de Jaruco-Matanzas.

1 Propiedad de los hermanos Roberto, Ing. Francisco, Adolfo y el Dr. Mario González de Mendoza Vinent, quienes eran el presidente, vicepresidente 1° y 2° y el secretario. Los hermanos González de Mendoza eran nietos de Claudio González de Mendoza Pedroso y propietarios también de "Sucesores de Arellano y Mendoza S.A."(VER). Augusto Sánchez Llanes y Guillermo Gener Duis eran el tesorero y vicepresidente-administrador general respectivamnete.

Roberto era además concesionario del "Casino de Juego del Hotel Habana Hilton" en sociedad con su hermano Mario y con Clifford Jones, ex-Gobernador Adjunto de Nevada.

2 Se constituyó el 13 de marzo de 1952, tras separarse 2 años antes el Ing.Adolfo Ramírez de Arellano González de Mendoza(VER "ARELLANO Y BATISTA, ARQUITECTOS E INGENIEROS CONSTRUCTORES") de "Arellano y Mendoza" y "Arellano y Mendoza, Contratistas S.A.", de las cuales había sido su presidente durante años.

En el pasado había construido los centrales Jaronú y Cunagua, los hoteles Sevilla-Biltmore y Almendares, el club HBYC, el acueducto de Regla y había urbanizado los Repartos La Coronela, Barandilla, Country Club Park, Biltmore, Alturas de Almendares, Miramar, Bosque, Buen Retiro.

3 El 14 de noviembre de 1956 el BANDES le otorgó las obras del Dique Seco ascendente a $10 000 000, adicionados posteriormente en otros $4 000 000 el 5 de junio de 1958. El 16 de enero de 1958 el BANDES le otorgó la contratación de las "Obras para el Mejoramiento de Varadero", ascendentes a $22 000 000.

Se estimaba que había cobrado $3 764 000 en excesos de precios por el Dique Seco y $1 992 000 por las obras de Saneamiento de Varadero. Fue intervenida en 1959 por impago de impuesto al Ministerio de Hacienda valorado en $8 953 000.

Fuerte cliente del Banco Núñez con préstamos totales por más de $2 millones.

380- CONSTRUCTORA M. GONZÁLEZ DEL VALLE, COMPAÑÍA
Uno de los principales contratistas, dedicado a obras y contratas del Gobierno.

1 Propiedad del Ing. y Arq. Manuel A. González del Valle Hierro, quien era su presidente y propietario a la vez de varias firmas relacionadas con la construcción.

Tenía la "Constructora Magev S.A., Compañía", para la construcción de edificios y residencias, la "Inmobiliaria Magev S.A., Compañía" y la "Urbanizadora del Reparto Nuevo Vedado S.A., Compañía", así como intereses en "Industrias Hormigón Cubano S.A.", en "Concretera Progreso S.A." y en "Hormigón Prefundido S.A." todas relacionadas con "Industrias de Hormigón", y en la "Ganadera Río Itabo S.A.".

También tenía intereses en "De Vapores Isla de Pinos S.A., Compañía"(VER) y en "Hoteles Isla del Tesoro S.A. (VER) en sociedad con Justo Luis del Pozo, Alcalde de La Habana, quien le había encomendado la construcción del hotel y además le había dado la concesión para la construcción del Acueducto Cuenca Sur de La Habana.

2,3 Se constituyó el 3 de julio de 1946. El 5 de marzo de 1954 recibió la contrata del Acueducto Cuenca Sur de La Habana financiada por Financiera Nacional por $14 000 000 que constaba de 20 pozos de 36 pulgadas, planta eléctrica y conductoras de 26 Km., que debía suministrar 100 000 000 de galones de agua a La Habana. Las obras comenzaron 15 días después del contrato, terminaron 2 años después y se pagarían con la recuperación del 50 % de la recaudación de las plumas de agua que se instalarían.

381- CONSTRUCTORA NACIONAL HÉRCULES S.A.
Contratista de obra.

1 Propiedad de Tomás Casado, cuñado de Carlos Núñez, presidente y propietario del "Banco Núñez" (VER).

3 Construyó el Palacio de Bellas Artes. Cliente del Banco Núñez con $349 000.

382- CONSTRUCTORA NAROCA, COMPAÑÍA
Contratista de obras con oficina en el Edificio del Banco Caribe, Prado 152, La Habana. Era propietaria del Edificio Naroca de propiedad horizontal, sito en Línea y Paseo, Vedado, La Habana.

1 Propiedad de Ramón Mestre Gutiérrez, su presidente, en sociedad con su suegro Alex M. Roberts (VER "ROBERTS TOBACCO COMPANY"), su consejero, y su cuñado Eugene S. Roberts, tesorero. Mestre había sido presidente de "Central Nela S.A."(VER), propiedad de su suegro, hasta principio de 1958. También era propietario de "Urbanizadora Naroca S.A., Compañía"(VER).

383- CONSTRUCTORA RODER S.A., COMPAÑÍA
Contratista de obra.

1 Propiedad del Ing. José Pérez Benitoa, siendo sus ejecutivos Prudencio Fernández del Río y Vigilio C. Fabré Posse, los mismos de "Constructora Helvetia"(VER), del mismo propietario.

2,3 Como ésta se constituyó el 25 de enero de 1954. Recibió un préstamo del BANDES el 25 de abril de 1957 ascendente a $392 350.

384- CONSTRUCTORA Y DE INVERSIONES AUGUSTO MENÉNDEZ, COMPAÑÍA

Contratista de obra con oficina en el edificio de San Rafael N° 1006 y 1008, planta baja, La Habana.

1 Era propiedad de Augusto Menéndez Menéndez, su presidente.

3 Había construido, entre otras obras, la Universidad de Las Villas, el Club Bancario, la Planta de Talleres de la Compañía Cubana de Electricidad.

385- CONTINENTAL CAN CORPORATION

Fábrica de envases metálicos y tapas corona, con 300 trabajadores, ubicada en Suárez esq. a Perkins, Rpto. La Fernanda, La Habana.

1 Filial de la casa matriz norteamericana "Continental Can Company Incorporated" de New York, la 2ª en importancia en su giro en EE.UU., con un capital ascendente a $204 000 000.

2 Se había establecido en Cuba en 1930 tras absorber 2 pequeñas fábricas en producción en un momento en que había comenzado a desarrollarse, después de 1927, la industria de conservas de tomate y pescado que confrontaban dificultades con los envases.

3 Tenía activos por $3 200 00, pero como casi todas las firmas norteamericanas en Cuba, tenía un pasivo alto de cerca de $3 000 000 por adeudos con bancos. Realizaba sus operaciones gracias a los financiamientos bancarios pues los recursos para operar ascendían sólo a $445 000. Recibía créditos del "City Bank" por $2 300 000.

386- COOPERATIVA AVÍCOLA INDUSTRIAL S.A.

Comercio para la venta de aves, pescados, carnes y mariscos con el nombre comercial de "El Caporal" con varios establecimientos sitos en Calzada N° 958 entre 8 y 10, Vedado, en Compostela N° 153 entre Empedrado y San Juan de Dios, 19 N° 4210, Marianao, Santa Emilia, Víbora y en Ave P.Hermosa, Guanabo.

1 Era propiedad de Ernesto Álvarez Sánchez.

387- COOPERATIVA AZUCARERA ESTRADA PALMA S.A.

El "Estrada Palma" era el 63° central en capacidad de producción diaria con 280 000 @, RI mediano de 13.00, 2 500 trabajadores y 399 caballerías de tierras propias, situado en Yara, Oriente. Era uno de los últimos 15 centrales construidos en la década del 20.

1 Propiedad principal de la familia Arca Campos, en sociedad con John Scopetta y Eugenio Sardiña Segrera. Manuel Arca Campos Jr. era el presidente; su hermano Camilo, el tesorero; John Scopetta y Eugenio Sardiña, vicepresidentes y Mario León Pellicer y Luis León Pla eran secretario y vicesecretario.

La familia Arca Campos era propietaria también de la "Agrícola Trino Alejo S.A.", cultivadora de arroz, de "Industrial Garaita S.A.", de "Ganadera Arcos Campos S.A." y de "Industrias Arca Campos S.A.", firma maderera y almacenes de depósitos.

Manuel Arca Campos Jr. tenía también intereses en el "Banco Financiero", de cuyo Consejo de Dirección formaba parte desde su fundación y era además miembro del Comité Ejecutivo del Grupo de Ingenios Cubanos Independientes.

Sardiña, quien también era vicepresidente de "Central Santa Marta S.A."(VER), propiedad de la familia de su esposa hija del Mayor General del Ejército Libertador Mario García Menocal, era el padre de Eugenio, casado con Evora, una de las hermanas Arca Campos.

La fortuna había sido levantada por Manuel Arca Campos, nacido en 1868 en Pontevedra y llegado a Cuba en 1884 donde comenzara a trabajar en Camagüey en una finca propiedad de su tío, trasladándose en 1895 a Manzanillo como empleado del aserrío del cual llegó a ser dueño y de donde exportaba maderas preciosas cubanas a la vez que importaba materiales de construcción y fomentaba ganado que fue la base inicial de su fortuna. Ya desde los años 20 poseía una firma en Manzanillo consignataria de buques, exportadora de madera, almacenista de materiales para la construcción, aserrío y fábrica de hielo, y además era hacendado y ganadero.

2 El central había pertenecido desde su fundación en 1925 a Manuel García Rubio, tío de los hermanos García Díaz (VER "ANTILLA SUGAR ESTATES"), un asturiano, ganadero y comerciante, radicado desde 1876 en Sancti Spiritus y fallecido el 30 de noviembre de 1950, accionista además de la Planta Eléctrica de Cantú de la ciudad y con posterioridad del matadero de "Empacadora Cooperativa Cubana, Compañía"(VER)

A finales de la década de los 20, había caido bajo el control del "Banco del Comercio", del cual José Gómez Mena (VER "NUEVA COMPAÑÍA AZUCARERA GÓMEZ MENA") era vicepresidente entonces. Los Gómez Mena le unieron tierras del central Sofía en Yara que habían comprado.

Con posterioridad lo arrendaron en 1935 a Rafael Padró –también arrendatario en 1947 del central Purio (VER)– en sociedad con Teobaldo Rosell (VER "AGRÍCOLA YARA S.A., COMPAÑÍA") quien en 1937 lo arrendaría solo, junto con el Sofía, hasta 1943 en que fue sustituido por Federico Fernández Casas, propietario de "Azucarera Central América S. A., Compañía"(VER).

Julio Lobo lo compró en 1944, en asociación con Manuel y Camilo Arca Campos, representando al primero como presidente Eladio Ramírez León y siendo los otros dos el vicepresidente y tesorero respectivamente, hasta 1947 en que pasó a la propiedad mayoritaria de la familia Arca Campos, aunque es posible que aun entonces Julio Lobo mantuviera intereses no mayoritarios. Habían formado parte de esa Junta de Directores además sus hermanas Ofelia y María Adelaida.

3 Se había invertido en él desde 1944 más de $1 000 000 en mejoras y modernizaciones que lograron convertirlo no sólo en uno de los más modernos sino tambien de los más eficientes. Estaba valorado en $2 209 000, daba buenas utilidades y se había administrado con eficiencia durante 30 años.

Manuel Arca Campos le propuso a Martínez Saenz el 27 de septiembre de 1955 convertirlo en una cooperativa de producción con los colonos, trabajadores y empleados, la que compraría el central recibiendo él a cambio bonos del BANDES con intereses pagaderos al 4.5 %. Martínez Saenz dudaba de las verdaderas intenciones de la proposición por lo que nunca la canalizó.

Durante 1957 el ejército de Batista lo utilizaría como cuartel de las tropas que operaban contra la Sierra Maestra. Contaba con su propio aeropuerto.

388- COOPERATIVA DE CEBADORES DE CAMAGÜEY
Matadero de ganado en pie, sito en Hacendados, Rincón de Melones, Luyanó.

1 Era propiedad de una cooperativa integrada por 70 cebadores de la provincia de Camagüey.

2 Se había fundado con el propósito de evadir a los intermediarios encomenderos, enviar la carne directamente al mercado habanero y abaratar el precio al detallista y contaba con el apoyo de la "Corporación Ganadera de Cuba". Establecieron el sistema de pagar el ganado de picar según su rendimiento.

389- COOPERATIVA DE ÓMNIBUS ALIADOS S.A.
La mayor de las 2 principales firmas del transporte urbano de pasajeros en La Habana, por delante de "Financiera Nacional de Transporte S.A." (VER), conocida como la "COA", que también operaba servicio de transporte interurbano, con más de 12 000 obreros y empleados, oficina en Belascoaín N° 362, cliente del "Pedroso" y del "Royal".

Tenía como subsidiarias a la "Cooperativa de Seguros Aliados del Transporte S.A." (VER), una aseguradora; la "Cooperativa de Suministros", para el abastecimiento de las rutas; además de las rutas interprovinciales "35 corriente", "34 corriente" y "35 de lujo", que eran la 2ª, 3ª y 4ª rutas interprovinciales en orden a sus ingresos.

1 Era una empresa privada en forma de cooperativa de los propietarios de las diferentes rutas.

Antonio Sánchez Mena, su presidente, tenía intereses en la ruta 43 (60 %), en la ruta 71 (25 %), en la ruta 14 (20 %), en la ruta 52 (60 %), en la ruta 80 (25 %), así como el 70 % en "Inversiones Quito S.A." y el 25 % en "Inversiones COA S.A.", propietaria esta última de la ruta 31, 36, 39, 71 y 76, así como de "Transporte Aeropuerto S.A.", "Ómnibus La Especial S.A.", y la "Terminal" de Santiago de las Vegas. También tenían intereses en ella José Garrigó Artigas Jr., presidente del Banco Garrigó (VER), uno de los principales accionistas en secreto de la empresa.

Otros intereses estaban representados por Julio Iglesias de la Torre (VER "PETROLERA SHELL DE CUBA, COMPAÑÍA"), Eugenio Ibáñez Varona, Amadeo Barletta (VER "SANTO DOMINGO MOTORS COMPANY") y el Dr. Arturo Bengochea (VER "DE FOMENTO DE BACURANAO S.C.P., COMPAÑÍA"), quienes eran a su vez propietarios de "Financiera Nacional de Transporte S.A."(VER).

A mediados de 1958 Sánchez Mena pasó a presidir "Ómnibus Metropolitanos S.A." en un claro intento de la tendencia de monopolización del transporte por capitales afines a Fulgencio Batista.

2 Su antecedente había sido la "Asociación de Propietarios de Ómnibus", fundada el 29 de abril de 1933, que se convirtiera a partir del 4 de mayo de 1935 en una cooperativa de pequeños propietarios de ómnibus adoptando su nombre actual y presidida por Armando Muller.

José María Saud Juelle, propietario de las rutas 21 y 22 fue su presidente en 1941 a 1942 y, a partir de entonces, Menelao Mora Morales, muerto el 13 de marzo de 1957 en el asalto al Palacio Presidencial, quien fuera antes su secretario, sería su presidente hasta 1953 en que el gobierno de Fulgencio Batista le obligara a renunciar, siendo sustituido por Antonio Sánchez Mena y el interventor militar Tte. Coronel Pedro A. Barrera Pérez.

Había sido intervenida desde agosto a noviembre de 1941 por haberse negado a pagar el nuevo impuesto a los vehículos movidos por motores Diesel.

3 Percibía 3/4 partes de los gastos totales de transporte urbano de la población habanera, superando a su competencia que tenía el 21% y otras varias firmas pequeñas que sumaban el 2 %. Cubría además el 70% del transporte de pasajeros en toda la República y recaudaba $24 000 000 sólo por concepto del transporte urbano.

Su inversión ascendía a $20 000 000 y poseía 1 800 carros. Tenía obligaciones por $13 500 000 con la General Motors (VER "GENERAL MOTORS ACCEPTANCE CORPORATION") que tenía la contrata para el suministro de los carros, cuyos costos por unidad se habían elevado de $3 000 en 1933 a $22 000 en 1953. El Decreto N° 3705 del 4 de noviembre de 1958 amplió su concesión por 25 años más para facilitar una inversión sustancial en equipos.

Era el principal cliente del Banco Garrigó con $299 000, quien también prestaba a propietarios de distintas rutas por un total de más de $1 000 000, que representaba más de la 5ª parte del total de préstamos de dicho Banco. También era cliente del Banco Pedroso con créditos por $282 000.

390- COOPERATIVA DE SEGUROS ALIADOS DEL TRANSPORTE S.A.
Seguros de autos, accidentes del trabajo, incendio y fianzas, sita en Lamparilla y Aguiar, La Habana.

1 Era propiedad de los accionistas de la "Cooperativa de Ómnibus Aliados S.A."(VER). Su comité ejecutivo estaba integrado por Julián Saud Juelle, su presidente, y propietario principal, junto con su padre y su hermano Julián, de las rutas 21, 22, 30, 32, 50, 57 y 78; por Plácido Polo Rocha, tesorero y José A. Martínez Méndez, director-administrador.

2,3 Fue fundada en 1940, tenía una garantía depositada ascendente a $245 000 y era cliente del "Garrigó".

391- CORPORACIÓN AERONÁUTICA ANTILLANA S.A.
Aerolínea local de pasajeros entre Manzanillo y el central Niquero y el Pilón, ambos propiedad de Julio Lobo, así como de éstos hasta el central Francisco y a la localidad de Camagüey.

1 Propiedad de Julio Lobo (VER "AZUCARERA GÓMEZ MENA S.A., COMPAÑÍA") y Jorge Rafael Fowler (VER "NORTH AMERICAN SUGAR COMPANY"(CENTRAL NARCISA).

2,3 Se constituyó el 20 de julio de 1946. Era una de las tres llamadas "Líneas Tributarias" que en la 1ª de sus rutas transportaba el correo aéreo oficial, lo que hacía de forma gratuita a cambio de lo cual había recibido el beneficio de la exención de impuestos y de derechos sobre los combustibles según el Decreto N° 2998 del 18 de septiembre de 1950.

392- CORPORACIÓN DE VÍVERES CIVISA S.A.
Almacén de víveres situado en San Pedro 424, en La Habana.

1 Sus propietarios eran Isidoro Álvarez Álvarez y sus hijos Juan, Jesús e Isidro Álvarez Goyenechea, con un capital ascendente a $329 000. .

2 En abril de 1952 Vicente Puig Puig, quien era el mayor accionista entonces de la "Compañía Internacional de Víveres S.A.", se separó de esta firma y estable-

ció la suya bajo la razón social "Víveres Vicente Puig, S. A.". Posteriormente la firma varió en 1956 a su nombre actual.

3 Cliente del Banco Pedroso con créditos que oscilaban de $360 000 a $175 000.

393- CORPORACIÓN HOTELERA DEL CARIBE
Propietaria de "Aero-Hotel", del "Hotel Colina", la mitad de las acciones del "Motel Jagua" (VER "DE FOMENTO Y TURISMO DE CIENFUEGOS S.A., COMPAÑÍA") y "Plan de Casas" en la playa Marbella.

1 Controlada por José López Vilaboy (VER "EDITORIAL MAÑANA S.A.") quien tenía intereses además en el hotel Saint John (VER "OPERADORA DE HOTELES CUBANOS S.A.").

2,3 Se constituyó en 1957 para la construcción y operación de hoteles. El "Aero-Hotel" se había construido en 1953 en el Aeropuerto de Rancho Boyeros y el "Hotel Colina" se había fundado en 1954 con 80 habitaciones y a un costo de $400 000 y estaba ubicado en L y 27 Vedado.

394- CORPORACIÓN INALÁMBRICA CUBANA S.A.
Empresa de radiocomunicaciones telegráficas y telefónicas sita en San Juan de Dios Nº 112, La Habana.

1 Propiedad de Julio Lobo (VER "AZUCARERA GÓMEZ MENA S.A., COMPAÑÍA"), quien renunció a su presidencia el 26 de enero de 1956 para facilitar los créditos que recibía de su propio banco, el "Banco Financiero" (VER).
Su presidente era Juan Luis Montalvo Saladrigas, primo de María Esperanza Montalvo, divorciada de Lobo, y Representante a la Cámara, con intereses en "Servicios Metropolitanos de Gas S.A."(VER), así como vicepresidente y socio de la "General Surety Company"(VER) y de la "Federal Surety Company", firma de fianzas y agencia de seguros.

3 Su situación económica era aceptable con un pasivo algo alto pero parte del mismo eran deudas a largo plazo con "Galbán Lobo Trading Company"(VER), propiedad del propio Julio Lobo. Su situación fue mejorando con los años.
Recibía préstamos ascendentes a $13 000 del Banco Financiero.

395- CORPORACIÓN INDUSTRIAL DEL TRÓPICO S.A.
El "San Agustín(R)" era el 78º central en capacidad de producción diaria con 240 000 @, RI mediano de 12.79, 2 300 trabajadores, la 18ª refinería y 568 caballerías de tierras propias, situado en Remedios, Las Villas.

1 Arrendataria presidida por Antonio Helier Rodríguez Cintra, quien era propietario tanto de ésta como de la firma propietaria del central, así como de "Inmobiliaria Itálica S.A." (VER) de los cines América y Rodi, y con intereses en la cervecería Tropical (VER "NUEVA FÁBRICA DE HIELO S.A.") de cuya Junta Directiva era miembro, los que había heredado de su padre Antonio Rodríguez Vázquez tras su fallecimiento en 1953.

2 Había sido fundado en 1874 por el cubano Agustín Ariosa pasando a sus herederos de 1883 hasta 1895. En 1889 lo representa su viuda y desde 1891 Juan J. Ariosa, quien había fundado también antes de los años 60 el ingenio "San Manuel" en Zulueta, que demoliera después de terminar la guerra del 68, convirtiéndolo en una colonia de éste.

Fue uno de los centrales propiedad de Edwins Atkins (VER "AZUCARERA SO-LEDAD S.A.,COMPAÑÍA"). Había estado bajo el control de la "Galbán y Compañía S.A.", propiedad de Luis Suárez Galbán, quien entonces también poseía el central "Luisa" y el "Lugareño", ocupando la Presidencia de este y del Luisa su sobrino Eugenio de Sosa Suárez.

Según algunas fuentes, desde 1915 ya había sido adquirido por el gallego Antonio Rodríguez Vázquez, quien fuera dependiente de comercio a su llegada a Cuba en 1899, levantando con posterioridad una fortuna, antes de fallecer el 7 de mayo de 1953. Sin embargo, otros dan como propietario tras el crac de 1921, a la "Punta Alegre Sugar Company", administrado por L.B.Cardwell, habiendo sido con anterioridad de "Central San Agustín S.A.".

3 La refinería tenía capacidad para 5 000 qq. diarios.

396- CORPORACIÓN INTERCONTINENTAL DE HOTELES DE CUBA S.A.

Arrendataria del "Hotel Nacional", el tercer mayor hotel de Cuba con 549 habitaciones, ubicado en M y 21, Vedado.

1 Tenía un capital ascendente a $7 700 000. Propiedad en un 80 % de la "Intercontinental Hotel Corporation" de Delaware, EE.UU., subsidiaria de la "Panamerican World Airways Inc."(VER), una de las 6 filiales en Cuba bajo el control del grupo financiero de John D. Rockefeller (VER "CHASE MANHATTAN BANK").

El 20% restante eran capitales cubanos representados por Alejandro Suero Falla (VER "SUCESION DE L.FALLA"), director general de 7 centrales, quien había sido su presidente hasta el 21 de noviembre de 1957; José M. Bosch (VER "MO-TEL RANCHO LUNA S.A."), presidente de la "Ron Bacardí S.A. Compañía"(VER) y José M.Tarafa Govín (VER "AZUCARERA CENTRAL CUBA S.A., COMPAÑÍA"), miembro de la familia Tarafa, propietaria de los centrales Cuba, España y Santo Domingo.

Su presidente era Warren Pine, también director en Cuba de la "Pan American". William Land era el director-administrador.

2 Se constituyó el 10 de agosto de 1955 y 16 días después arrendaría el hotel por el precio de $3 600 000. La "Intercontinental Hotel Corporation" había sido fundada a fines de los años 40 para construir y administrar hoteles en América Latina y otras regiones.

El hotel, considerado el mejor del Caribe, había sido construido a un costo de $4 millones por la "Pan American Airways Company", mediante una concesión otorgada por el Estado en los terrenos donde antiguamente había estado enclavada la batería de Santa Clara, quien a cambio recibió la suite presidencial donde se alojaban los jefes de Estado visitantes.

Fue inaugurado el 30 de diciembre de 1930 siendo desde entonces el mayor y el de más categoría hasta la puesta en marcha del Hotel Riviera y el Havana Hilton. Pasaría en el año 1989 a la propiedad del Estado cubano quien había arrendado los terrenos donde se construyera por 60 años a partir del 16 de agosto de 1929 a "The National Cuba Hotel Corporation".

Su casino de juegos estaba operado por Wilbur Clark ayudado por Jake Lansky, hermano de Meyer Lansky, uno de los principales jefes de familia de la maffia norteamericana, y el jefe y promotor del juego en La Habana, quien también operaba el del Habana Riviera.

3 Sus activos totales ascendían a $5 634 523. Su situación financiera era sólida y tenía utilidades por $887 000, aunque en 1958 sufrió pérdidas por $456 488 debido a la situación del país que perjudicó al turismo, habiendo bajado en ese año a 87 712 huéspedes, una ocupación de un 37.58 % e ingresos por habitaciones de $14.77 en relación al año anterior en que alcanzara 186 335, 68.96 % y $18.60 respectivamente.

El 1º de octubre de 1957 el BANFAIC le aprobó un préstamo por $2 000 000 destinado a reacondicionarlo y cancelar deudas que ascendían a $900 000 de un antiguo préstamo con el "City Bank". Recibían crédito del "Banco Continental" por $250 000.

397- CORPORACIÓN MERCANTIL CENTROAMERICANA S.A.

Importadora y distribuidora de materiales de construcción y de ferretería, ubicada en 26 Nº 504, Nuevo Vedado, La Habana. Una de las 9 asociadas en la creación de "Aceros Unidos de Cuba S.A." (VER).

1 Propiedad de la familia Calvo con un capital pagado ascendente a $100 000. Enrique Calvo Diago, cubano, era su presidente, Antonio Font Calvo el vicepresidente y Boris Viasmensky, nacido en Rusia en 1914, era el tesorero.

2 Se fundó en octubre de 1948 pero el establecimiento había iniciado sus actividades 3 años antes.

3 Tenía buena solvencia económica. Cliente del "Chase Manhattan Bank".

398- CORPORACIÓN MINERA EMILY S.A.

Minas de oro y cobre "Mercedes" y "San Miguel", ubicada en Bueycito, Bayamo, Oriente.

1 Arrendada a la propietaria Graciela Caiñas Milanés. Tenía capital ascendente a $5 000. Mario Santamaría Méndez-Quintero, presidente de "Minera Helena S.A.", mina de oro en Holguín, tesorero de "Fomento Minero Fisher S.A." y accionista de "Charco Redondo" era su presidente. Majid Cobty Zaydén, libanés, era el vicepresidente-administrador, y sus hijos José y Emily eran ambos vocales.

2 Se constituyó el 14 de diciembre de 1955 en Santiago de Cuba adquiriendo los derechos de "Minera Cobty y Martínez Góngora S.A., Compañía" tras disolverse. Sus activos totales en 1957 ascendían a $53 427.

3 El BANDES le autorizó el 9 de octubre de 1957 un préstamo por $125 000 que al fin no recibió.

399- CORPORACIÓN NACIONAL DE AIRE ACONDICIONADO

Firma contratista de ingenieros técnicos para la instalación de aire acondicionado y refrigeración para el hogar, el comercio o la industria, con la marca "Corpaire", sita en San Francisco Nº 464 entre Valle y Zanja, con sucursales en Pinar del Río, Santa Clara, Camagüey y Oriente,

1 El Ing. Héctor A. Lagomasino Morales era su presidente.

3 Cliente del "Boston".

400- CORRALES Y COMPAÑÍA S EN C

Una litográfica especializada en la impresión de anillos para tabacos y marquillas de cigarros, así como cajas de cartón, estuches de cartón, etiquetas e impresos litografiados, sita en Ayestarán N° 118 entre Desagüe y Bruzón, La Habana, con 98 trabajadores.

1 Era propiedad principal de Pedro Corrales Otero.

3 Cliente del "Royal" y del "Boston".

401- CORTÉS, SOBRINOS Y HERMANOS S EN C

Almacén, escogedor y exportador de tabaco en rama, así como comercio de víveres y ferretería sito en Placetas, Las Villas.

1 Era propiedad de Ramón Cortés González y sus hermanos y sobrinos y había quebrado el 15 de octubre de 1954 tras la intervención y quiebra del "Banco Cortés"(VER) del que era afiliada.

2 Fue fundada en Placetas en 1898 por los 4 hermanos Cortés, como una firma comercial dedicada a víveres, ropa, ferretería, almacén de tabaco y departamento bancario hasta 1950 en que éste se independizó creándose el Banco Cortés. El hermano menor Ramón Cortés González era el gerente de la firma y del Banco.

Hasta mediados de 1939 habían tenido también la "J. Cortés y Hermano", escogedores con depósitos en Industria N° 95 y 97, La Habana, la cual había estado bajo la gerencia principal de José Cortés González, quien fuera presidente de la "Asociación de Almacenistas y Cosecheros de Tabaco" en 1936 y 37, fallecido el 15 de febrero de 1937, tras lo cual se reestructuró.

3 Tenía cuentas con el Royal Bank, el National City y el Banco Cortés, así como con el Banco Gelats, debiendo en total $307 000. Tenía un pasivo corriente elevado en relación al capital, integrado por las deudas con bancos.

402- CREACIONES DE LENCERÍA S.A.

Fábrica de ropa interior de señoras, que producía los brassieres "Peter Pan" y "Trueform", así como fajas de ésta última marca y los panties "Truefit", con 78 trabajadores, sita en Amenidad esq. a 20 de Mayo, La Habana, que era cliente del "City" y del "Trust".

1 Era propiedad de Luis González Buigas.

403- CRÉDITO Y FOMENTO S.A.

Almacén y planta descascadora de arroz.

1 Propiedad de Alberto C. Fowler Perilliat, propietario del central Narcisa (VER "NORTH AMERICAN SUGAR COMPANY").

3 Cliente del Banco de los Colonos con $300 000.

404- CRÉDITOS Y DESCUENTOS MERCANTILES

Banco de crédito mobiliario, no accionista del BNC, ubicado en calle 23 número 105, departamento 405, Vedado, La Habana.

1 Subsidiaria de la casa matriz norteamericana "Ford Motor Company", de Dearborn, Michigan, con un capital ascendente a $120 000 000. Karl P. Chesney era su presidente y director-gerente y Juan Valdés Pagés era vicepresidente y tesorero.

3 Se ocupaba de financiar las compras de los autos y camiones Ford, así como las ventas de éstos a plazos por los representantes, para lo cual utilizaba fuertes líneas de créditos bancarias, teniendo adeudos muy elevados que ascendían a $10 000 000.

Cliente del "City Bank" con líneas por $4 000 000 y con el "Royal Bank" por $3 000 000.

405- CRUSELLAS Y COMPAÑÍA S.A.

Fábrica de jabón de lavar "Candado", crema dental y jabón de tocador "Colgate" y otros productos, con 850 trabajadores, ubicada en la Calzada de Buenos Aires, La Habana. La mayor industria en su giro y la 6ª por el número de trabajadores entre las no azucareras.

1 Su capital suscrito ascendía a $6 302 300, de los que el 58 % estaba bajo el control de la "Colgate-Palmolive", consorcio norteamericano ubicado entre los 100 primeros monopolios industriales, pero algo menor que su competidor "Procter & Gamble", propietaria de "Sabatés S.A"(VER), la otra firma de importancia en el rubro en Cuba. El 40 % de las acciones estaban en poder de la familia Crusellas, descendientes de los fundadores, integrada por unas 20 personas, y el 3 % restante se diseminaba entre múltiples accionistas cubanos y españoles.

Ramón F. Crusellas Touzet era su presidente y Frank J. Carbon, era su vicepresidente ejecutivo. Ramón López Toca y Walter A. Hahn eran ambos vicepresidentes y Margarita Rovira, tesorera. Todos estos eran miembros de la Junta Directiva, integrada también por Luis R. Santeiro Crusellas (VER "DE INVERSION INDUSTRIAL S.A., COMPAÑÍA"), Edward H. Littel, George H. Lesch y James E. Shepherd.

2 Se había fundado en 1863 –tres años después que su rival "Sabatés S.A."– e igual que en ésta por dos hermanos catalanes nombrados Juan y José, apellidados en este caso Crusellas Vidal, quienes en un inicio se dedicaron no sólo a la industria jabonera y de velas sino también a aguas gaseosas, bebidas, cerveza y panadería.

Constituyeron en 1885 "Crusellas Hermanos y Compañía S en C" con la inclusión de los sobrinos José y Ramón Crusellas Faura quienes, tras la muerte en 1891 y 1902 de los fundadores, quedarían como únicos dueños. Tras fallecer el primero en 1911 se crea una nueva sociedad integrada por Ramón F. Crusellas, su hijo Ramón F. Crusellas Touzet y su hijo político Luis M. Santeiro Arias.

Estos dos últimos pasarán a ser socios gerentes tras el fallecimiento en 1921 de Ramón Crusellas Faura, organizando entonces la "Crusellas y Compañía S en C". Ellos serán quienes en 1914 erigen la actual fábrica y en 1917 separarán de la firma la producción de perfumería y, en sociedad con Francisco Sabio Badía, constituyen la "Compañía Nacional de Perfumería S.A." presidida por Manuel Paz Amado y Pedro Pernas Rodríguez como vicepresidente.

Tras fusionarse en 1925 en EE.UU. la "Colgate Company" con la "Palmolive-Peet Company" –que tenía en Cuba desde 1922 una subsidiaria que importaba y distribuía– se crea la "Colgate-Palmolive" que el 12 de febrero de ese año compraría el 51 % de las acciones constituyendo el 28 de marzo la "Crusellas y Compañía S en C", donde mantendrían a Ramón F. Crusellas y Luis M. Santeiro como presidente y vicepresidente.

3 Le había ido ganando posiciones en el mercado a su competidora "Sabatés" en los últimos años de la década del 50 y en 1951 pusieron en marcha una fábrica de detergentes (VER "DETERGENTES CUBANOS S.A.") aunque después de la de su competidora.

Producía jabón Candado, jabón de tocador Palmolive, Hiel de Vaca, Kolonia 1800 y Myrka, agua de tocador Rhum Quinquina, agua de Violetas Lavanda así como lociones, pomadas, desodorantes, polvos, talcos, brillantinas, la crema dental Colgate y el champoo Halo Colgate.

406- CUBA AEROPOSTAL S.A.
Línea aérea de carga, expreso y correo, con oficina en Ave de Entrada frente al Country Club, Reparto Country Club.

1 Era propiedad secreta de Jesús Azqueta (VER "CENTRAL SANTA ISABEL S.A.") y de los herederos de José Braulio Alemán, aunque aparecían como tenedores de sus acciones el Capitán y piloto Gustavo E. Alfonso, su presidente, y Antonio Pérez González, su vicepresidente.

2 Se constituyó el 16 de agosto de 1948 y fue aprobada a realizar vuelos regulares entre La Habana-Miami y La Habana-Isla de Pinos por Resolución del 6 de octubre de 1948 con un capital pagado entonces de $200 000, con base en el aeropuerto de Ciudad Militar.

407- CUBA INDUSTRIAL FARMACEÚTICA S.A.
Laboratorio de especialidades farmacéuticas, biológicas y opoterápicas, con el nombre comercial de "Planas", sito en San Lazaro Nº 909, La Habana, cliente del "Agrícola e Industrial".

1 Era propiedad de Eduardo Palacio Planas.

408- CUBA INDUSTRIAL Y COMERCIAL S.A.
Fábrica de chocolate, bombones, caramelos, galleticas y fideos, marca "La Estrella", ubicada en Buenos Aires Nº35, La Habana, con 480 obreros, siendo la industria más importante en su giro y la 16ª por el número de trabajadores entre las no azucareras.

1 Tenía un capital ascendente a $2 280 000, propiedad principal del Ing. Basilio del Real, quien tenía variados intereses siendo el principal propietario del "Banco de Fomento Comercial" (VER), del cual era su presidente; de "La Paz S.A."(VER), fábrica de refrescos, de "Real y Compañía S.L." (VER), fábrica de fósforos; de "Orbe S.A., Compañía de Seguros y Fianzas"(VER), de "Territorial Obispo S.A., Compañía", una inmobiliaria con $300 000 de capital y de "Urbanización y Fomento de Viviendas S.A."(VER) y, por último, era accionista en "Nueva Fábrica de Hielo S.A."(VER).

Felipe Navia Cuscó era el director general y Juan Navia Cuscó, hermanos ambos de Luis, administrador general de "Galbán Lobo y Compañía" (VER), y Sebastían Partagás Rencurren eran ambos directores auxiliares.

2 Se había fundado en 1868 en la calle San Miguel por el catalán Antonio Gasol Civet, pero otros la sitúan el 21 de noviembre de 1881, bajo la razón social de "Chaverri y Compañía S.en C.", reestructurándose después como "Vilaplana, Guerrero y Compañía S en C" de Manuel Vilaplana y Luis C.Guerrero y en la que en 1900 entrara Ernesto B.Calbó y más tarde Antonio Gassol, quien residía en Barcelona, todos los cuales se mantendrían como socios durante varios años del siglo XX.

Se constituyó entonces como "Vilaplana B. Calbó S en C" y tenía un departamento especial para la producción de pasta de guayaba que producía unas 32 000 libras diarias envasadas en pequeñas cajitas de madera. Ernesto B. Calbó, español, catalán, culto, era uno de los socios propietarios de la firma.

Era el resultado de una fusión y absorción de varias y antiguas fábricas del giro. Originalmente sólo producía pan, galletas y dulces, ampliándose en 1890 a dulces en conservas y erigiendo una nueva fábrica en 1900 en la calle Infanta.

Refundió bajo la "Compañía Manufacturera Nacional S.A." varias fábricas de las marcas "La Estrella", "Mestre y Martinica" y "La Constancia"("Baguer"), "El Fénix" y "La Habanera Industrial S.A.", hasta 1930 en que fuera comprada por la firma actual y se trasladara para la planta perteneciente a "Cuba Biscuit".

"Mestre y Martinica" era una de las más antiguas fábricas de Cuba, fundada en 1813 por el español José Antonio Mestre, durante su existencia se sucedieron múltiples firmas hasta "Villar, Gutiérrez y Compañía" que en 1907 la trasladaron de la calle Sol para un nuevo edificio en Puentes Grandes, pasando el 17 de junio de 1912 a "Villar, Gutiérrez y Sánchez".

En 1917 estaba presidida por Manuel Otaduy, representante de los intereses en Cuba del Marqués de Comillas, y eran vocales Dionisio Ruisánchez y Manuel Paz entre otros. Con posterioridad pasó al control del "Banco Español de la Isla de Cuba" hasta su quiebra.

3 Tenía un amplio volumen de ventas ascendente a $4 000 000 y utilidades que oscilaban en $100 000. Poseía una subsidiaria "Vendedora de Productos Industriales S. A.", organizada en 1953, encargada dc las ventas. Su situación financiera era satisfactoria. Sus acciones se cotizaban en la Bolsa de La Habana.

Cliente y afiliada del Banco de Fomento Comercial y del First National City Bank of New York .

409- CUBAN AIR PRODUCTS CORPORATION

Fábrica de oxígeno y acetileno, sita en E S/N, Reparto Batista, Lawton, La Habana, así como con un establecimiento en Calzada de Quiñones, Camagüey, y otro en Bélgica, Santiago de Cuba, con 121 obreros en cada uno y oficinas en Edificio Banco del Caribe, 5° piso.

1 Era propiedad de Agustín R. Ríos Ríos.

410- CUBAN AMERICAN INSURANCE

Firma de seguros de accidentes de trabajo, de fianzas, contra incendios, riesgos y accidentes, sito en Compostela N° 259.

1 Juan Beltrán Moreno era su presidente y director general y su hermano Luis A. era el vicepresidente.

411- CUBAN AMERICAN JOCKEY CLUB

Propietaria del "Jockey Club", club privado de socios aficionados a las carreras de caballos que abonaban cuota, situado dentro de las instalaciones del hipódromo "Oriental Park" en Marianao. Ofrecía servicio de bar y restaurante, baile y sala de juego a los abonados.

1 Estaba presidido por Carlos A. Fernández Campos, propietario del Club Náutico de Marianao, club privado de socios abonados, situado en la playa de Marianao, que había sido fundado por él en 1933 e inaugurado en diciembre de 1936.

2 Su lujoso edificio había sido construido en 1927 después que el ciclón de 1926 derrumbara el antiguo. Frank Steinhart Jr. había sido su primer presidente.
Con posterioridad el "Havana-American Jockey Club" había formado parte de un complejo de instalaciones junto el "Casino", la playa de "La Concha"(VER "SINDICATO TERRITORIAL DE LA HABANA S.A.") y el hotel "Sevilla-Biltmore"(VER "ARRENDATARIA HOTEL SEVILLA BILTMORE S.A., COMPAÑÍA") bajo la razón social del "Sindicato Nacional Cubano" propiedad principal del norteamericano John Mc Entee Bowman, propietario de la cadena de hoteles conocida como la "Bowman Baltimore", quien lo presidía.
Amletto Battisti, el propietario de la "Arrendataria Hotel Sevilla Biltmore S.A., Compañía" también había sido a mediados de los 30 su presidente a la par con la "Compañía Cubana-Uruguaya para el Fomento del Turismo", que operaba entonces el hipódromo "Oriental Park".

412- CUBAN BAGASSE PRODUCTS
Fábrica de tablero de bagazo de caña con 34 puestos de trabajo y una capacidad media de producción de 56 Ton diarias, ubicada en las fincas Santa Rosa en Cruces, Las Villas, cerca del central "Andreita" próximo a Cienfuegos.
La segunda nueva industria –después de la "Cubana Pri-Madera S.A."(VER)– instalada en el último Gobierno de Fulgencio Batista, para producir sustitutos de la madera a partir del bagazo de la caña.
1 Propiedad de 16 accionistas cubanos y norteamericanos con un capital suscrito por $1 823 045 en 364 609 acciones. El principal era John Shattuck, norteamericano, su presidente, quien controlaba el 20 % de las acciones y era presidente además de la "Pan American Bagasse Product S.A." y tenía intereses en "Petrolera Transcuba S.A."(VER). El otro principal accionista era el grupo familiar de José A. Rionda (VER "THE NEW TUINICU SUGAR COMPANY INCORPORATED"), miembro de la familia Braga-Rionda (VER "AZUCARERA CÉSPEDES S.A., COMPAÑÍA"), quienes controlaban el 15.9 % de las acciones.
Entre los propietarios cubanos se encontraban además la familia Castaño (VER "CENTRAL PASTORA S.A") con 9 624 acciones, Fernando de la Riva (VER "CENTRAL HORMIGUERO S.A., COMPAÑÍA") con 8 000 acciones, los Fanjul (VER "INDUSTRIAL ARROCERA DE MAYABEQUE S.A.") –también perteneciente a la familia Braga-Rionda– con 6 814 acciones y Leslie Pantin, su vicepresidente, con 3 400 acciones.
Existían entre los accionistas algunas firmas como "Inversiones Comerciales S.A." con 26 666, "Dengel and Company" con 12 800, "Laidlaw and Company" con 12 000, "Wallboard U S Machinary Company" con 30 000, Thomas and Company" con 10 300, "Hall Corporation of Canada " con 6538 y Eric Lageman con 8 500.
2 La fábrica se inauguró el 7 de junio de 1958 con la asistencia de Martínez Saenz y Emeterio Santovenia, presidentes del BNC y del BANFAIC. Produciría planchas para fabricar muebles, envases, viviendas, carpintería en general, material acústico y otros productos sustitutivos de la madera, siendo abastecida de bagazo de caña de los centrales "Hormiguero", "Constancia (A)", "Caracas", "Santa María", "Pastora" y "Covadonga". Operó con deficiencias técnicas y administrativas produciendo menos de la mitad de su capacidad teórica.

3 Recibió en diciembre de 1956 un préstamo ascendente a $1 000 000 concedidos por el BANFAIC y el "Banco Continental Cubano", mediante bonos suscritos emitidos por el primero. Cliente del "Banco Continental", "Banco Agrícola e Industrial", "Chase Manhattan Bank" y "Bank of America" de New York.

413- CUBAN CANADIAN SUGAR COMPANY

El "Río Cauto" era el 33° central en capacidad de producción diaria (400 000 @), con el 8° RI más alto (13.78), 3 700 trabajadores y 909 caballerías de tierras propias, situado en Río Cauto, Oriente. Tenía una filial "Mercantil Río Cauto S.A., Compañía".

1 Propiedad de Francisco Monné Serio, su presidente. Zoila Pentón, su esposa, era vicepresidenta y Crescencio Álvarez Toro, tesorero. Monné, su vicepresidente hasta 1955, lo había comprado el 19 de noviembre de ese año a Melchor Palomo (VER "AZUCARERA HOLGUIN S.A., COMPAÑÍA"), de quien había sido su hombre de confianza desde los años 30 en que era su auxiliar en el central Cacocúm. Adelaida Oliva Robaina y sus hijos Carlos y Jorge Remedios Oliva, herederos del antiguo propietario Benito Remedios, poseían bonos hipotecarios valorados en $1 millón según escrituras del 30 de octubre de 1953.

Monné, ejercía una influencia decisiva en el "Banco de la Construcción" (VER) –del que su hermano Fausto era vicepresidente– a través de Rafael E. Gaytán, también vicepresidente y su secretario, quien en la práctica lo dirigía, siendo hombre de confianza de Monné ejerciendo a la vez el cargo de secretario de la empresa del central. Era propietario también de "Mercantil Río Cauto S.A., Compañía", de "Agrícola Ganadera Guacanayabo S.A., Compañía" y de la planta de piensos "Industrias Monné S.A.".

Monné tenía una antigua asociación con Alberto Cardet, en un inicio presidente y principal accionista del Banco Agrícola e Industrial"(VER) y quien posteriormente se trasladara para el "Banco de la Construcción"(VER) como vicepresidente y uno de sus principales accionistas. El central desde luego era cliente del Banco de la Construcción.

Ernesto, hermano de Monné, y su esposa Zoila eran el presidente y la vicepresidenta respectivamente de la filial "Mercantil Río Cauto S.A., Compañía" con un capital líquido de $230 000.

2 Fundado en 1913. Su primer propietario había sido el norteamericano James Mc Laughling, habiendo pasado con posterioridad a la norteamericana "Río Cauto Sugar Co" y, tras el crac de 1921, a la "Cuban Canadian Sugar Company", administrada entonces por George T.Walker, bajo el control de la "Sugar Plantation Operating Company", una afiliada del "The Royal Bank of Canada"(VER).

Benito Remedios Langaney, ex-Representante a la Cámara por La Habana desde 1930, lo compró en 1949 en sociedad con Melchor Palomo Beceiro, fungiendo ambos como presidente y vicepresidente respectivamente y Monné, en ese entonces funcionario de Palomo, era el tesorero. Tras la muerte de Remedios en un incidente con un policía del tránsito en 1950, la propiedad principal pasó a Melchor Palomo con una hipoteca a favor de Adelaida Oliva Robaina y Carlos Remedios Oliva, viuda e hijos de aquel. En ese tiempo Palomo fungía como presidente y Jorge Remedios como vicepresidente.

3 Tenía buena situación financiera y utilidades que en 1956, incluidas las provenientes de la ganadería, ascendieron a $900 000. Estaba valorado en $2 200 000 aunque su propietario lo sobrevaloraba en $4 500 000 y las tierras en $1 400 000.

Sin embargo, a partir de junio 1958 se invirtió su situacion debido a la guerra, se cortó toda la comunicación, las tropas del Ejército no le pagaron los suministros al retirarse y, por último, sufrieron "paso de jicotea" al iniciarse la zafra. El Banco de los Colonos le concedió un préstamo por $1 000 000 y en 1959 el BANFAIC le concedió otro por la misma cuantía.

414- CUBAN INTERNATIONAL TRADING CORPORATION S.A.

Corredores de azúcar con oficina en Baratillo N° 9, La Habana, así como en Nueva York y en Miami y con una filial "Cuban Star Expresss" que era un servicio de expreso aéreo.

1 Era propiedad del Dr. Antonio D.Beruff André, su vicepresidente, en sociedad con sus hijos, Gonzalo O. y Antonio J. Beruff Pérez, quienes eran el vicepresidente y tesorero respectivamente.

3 Cliente del "Royal", del "Trust" y del "Pan American Bank of Miami".

415- CUBAN LAND AND LEAF TOBACCO COMPANY

Almacén mayorista y exportador de hojas de tabaco, con locales ubicados en Agramonte N° 206 y Luyanó N° 204 en La Habana y otro en Santiago de las Vegas, así como un centro de operaciones de la cosecha radicado en San Juan y Martínez.

1 Filial de la norteamericana "American Tobacco Company", propiedad de Doris Duke, nieta de Washington Duke, su fundador en 1890, la que estaba bajo el control del grupo financiero de los Rockefeller, y quienes también poseían en Cuba la "Tabacalera Cubana S.A."(VER). Su representante en Cuba era el cubano Luis L. Pedreira Martínez, su vicepresidente.

2 Se fundó en 1903 como una de las 2 subsidiarias, junto con la "Havana Tobacco", de la "American Tobaco Company". Fomentó la zona de Remates de Guane y desde 1908 radicó sus operaciones en San Juan y Martínez, llegando a monopolizar la hoja de Vuelta Abajo y abasteciendo el 50 o el 60 % de las necesidades de la casa matriz.

En marzo de 1932 el Trust al cual pertenecía cesó la producción para la exportación desde Cuba, trasladando la manufactura del torcido para EE.UU. en Trenton, New Jersey, para lo que creó una nueva firma en Cuba, la "Tabacalera Cubana S.A." (VER), la que dedicó sólo a producir para el mercado interno.

Hasta 1936 sus cultivos de tapado lo hizo por administración, pasando entonces al sistema de aparcería, repartiéndose el cultivo a la mitad entre éstos y la firma. Suministraba a los aparceros financiamientos para la siembra, materiales y para la mano de obra y aportaba a los campesinos la vivienda, la casa de tabaco y los servicios técnicos, recibiendo éstos de acuerdo a la Ley de Aparcería las 4/5 partes de la cosecha y el resto la firma. Todas las tierras eran con regadío y contaba con alrededor de 80 vegueros.

Tras el fallecimiento en 1949 de Rafael Martínez Tortosa, presidente tanto de esta firma como de "Tabacalera Cubana S.A.", se designó a Pedreira para sustituirlo.

3 El valor de la cosecha del tapado ascendía a $806 163, la del tabaco de sol a $973 504 y la exportación a más de $5 millones. También sembraba tabaco rubio y turco cada dos años para confeccionar cigarros norteamericanos.

El 10 de septiembre de 1954 vendió al BANFAIC 593 caballerías en Remates de Guane por $275 000, en cuyas tierras dicho organismo establecería la "Asociación de Crédito Rural Manuel Lazo", integrada por 288 familias con 1 440 personas.

416- CUBAN LAND OIL COMPANY
 (VER "CONSOLIDATED CUBAN PETROLEUM CORPORATION"

417- CUBAN NICKEL COMPANY
Industria minera de óxido de níquel, con 1 835 trabajadores, ubicada en Mayarí, Oriente. La 2ª más importante minera del país y la 3ª industria no azucarera atendiendo al número de sus trabajadores.

1 Propiedad del Gobierno de EE.UU., quien había otorgado la concesión para operarla a "Nickel Procesing Corporation" (VER) desde el 19 de febrero de 1951.

2 Los yacimientos de mineral eran conocidos desde comienzos del siglo XX cuando EE.UU. designara en 1901 una comisión de geólogos que estudió entre otros los yacimientos lateríticos de Mayarí. La "Pardnes Mining Company" presidida por John G.Baragwanath inició en 1936 los experimentos en un laboratorio de Manhattan para separar el níquel pero como la firma no disponía del capital suficiente para establecer el proceso industrial acudió a la "Freeport Sulphur Company" –propietaria de minas de manganeso en el sur de Oriente– quien se interesó.

La "Freeport Sulphur Company", que había adquirido concesiones en la zona, varió el proyecto priorizando la extracción del níquel pues al estudiar el proceso hubo de descartarlo por lo costoso hasta que en una pequeña planta de 1 tonelada situada en Texas lo obtuvo en 1941 y 2 meses después de Pearl Harbor se lo informó al gobierno quien se interesó con rapidez y estuvo en disposición de financiar los $20 millones que la firma no estaba dispuesta a arriesgar. Impelido por las necesidades de guerra, el Gobierno de EE.UU. había instado a la "Freeport Sulphur Company" a la construcción de la planta, habiendo firmado contrato para que también la operaran.

La planta y la zona urbana que la rodeaba ocupaban unas 480 Ha. que se habían terminado de construir en 1944 a un costo de $32 000 000. Su existencia estuvo unida a los ciclos bélicos de EE.UU. pues al terminar la II Guerra Mundial se cerró en 1947 hasta el conflicto de Corea en que se puso en marcha de nuevo en 1952.

3 La mina había tenido una primera etapa de producción desde su inauguración el 31 de diciembre de 1941 hasta su cierre el 31 de marzo de 1947 en que tuvo una pérdida en la inversión que había ascendido a $20 millones pues el níquel recuperado sólo fue de $17 millones.

Con el inicio de la Guerra de Corea el Gobierno de EE.UU. se interesó por su reapertura acercándose de nuevo a los antiguos operadores que en esta ocasión rechazaron la oferta.

Entonces fue otorgada el 19 de febrero de 1951 a la "Nickel Procesing Corporation"(VER) aunque la "Nickaro Nickel Company" continuaba siendo propietaria de algunos de los yacimientos del mineral.

La inversión ascendía a $95 000 000 y en 1957 se amplió a un costo de $37 000 000 para incrementar su capacidad a 65 000 000 de libras anuales. De 1951 al 2° semestre de 1958 había producido 168 millones de lbs. con una utilidad ascendente a $10 512 000.

El Gobierno de EE.UU. anunció el 19 de septiembre de 1957 su intención de privatizarla debido al aumento de la expansión del níquel habiendo iniciado el Comité de Operaciones Gubernamentales de la Cámara de Representantes una información pública para su venta existiendo en febrero de 1958 unas 14 firmas interesadas en su compra. La "Bethlehem Steel Company por su parte había ofrecido la venta de sus concesiones al Gobierno por $18 millones.

En enero de 1958 anunció un proyecto para construir una planta para producir 60 Tn diarias de ácido sulfídrico para sus facilidades de concentración del mineral de limonita en Moa. El sulfuro de Níquel y Cobalto se enviaría a la refinería de "Port Nickel" en Luisiana, cerca de New Orleans.

418- CUBAN RACING

Propietaria del hipódromo "Oriental Park" donde se efectuaban las carreras de caballos, situado en calle 118 N° 6116, Marianao.

1 Estaba presidida por Michael Loria, norteamericano, residente en Cuba.

2 Se había constituido el 21 de noviembre de 1954 en Cuba y tenía arrendada sus propiedades a un costo de $100 000 desde el 2 de agosto de 1957 a las firmas "Hipódromo Oriental Park", presidida por Antonio José Ramírez, y la "Operadora de Carreras S.A.", presidida por José Gaviria Alonso, hijo político del Dr.Carlos Miguel de Céspedes.

Los arrendatarios se habían obligado a la compra del hipódromo por $2 700 000 y las acciones por $300 000 pues de lo contrario se verían obligado a pagar $1 000 diarios por su alquiler. Basado en esta cláusula fueron demandados judicialmente por el arrendador.

El primer hipódromo en Cuba se inauguró en 1852 en el antiguo Campo de Marte promovido por la Real Sociedad Económica de Amigos del País. Más tarde, el 9 de marzo de 1881 se abrió uno en el barrio de "Los Hornos" en las inmediaciones del paradero del barrio de "Los Quemados" en Marianao, a cuya reinauguración el 28 de noviembre de ese año asistiría el Gobernador General. A comienzos de la I Intervención se construiría otro en Buenavista que también fuera desechado por inadecuado.

El hipódromo actual había sido inaugurado el 14 de enero de 1915 en la finca "Santa Inés" en los Quemados, propiedad del norteamericano Harry D.Brow, a quien el Ayuntamiento otorgara la concesión el 16 de noviembre de 1914.

Después de adquirirlo, el 27 de julio de 1933 se había constituido el "Sindicato Territorial de La Habana"(VER) a partir de la "Urbanizadora del Parque y Playa de Marianao S.A., Compañía".

Durante años las carreras fueron operadas por los norteamericanos John McEntee Bowmann y Charles Flynn, arrendatarios de la propietaria, quienes serían además los fomentadores del reparto "Havana Biltmore". A mediados de los 30, pasaría a la "Compañía Cubana-Uruguaya para el Fomento del Turismo", presidida por el uruguayo Amletto Battisti, propietario de la "Arrendataria del Hotel Sevilla Biltmore"(VER).

3 Las carreras de caballos se celebraban todas las tardes en temporadas de 3 meses del año desde mediados de diciembre hasta fines de marzo pero desde los años 40 había venido declinando el antiguo esplendor del espectáculo que desde la primera guerra mundial había sido uno de los principales centros de reunión de la burguesía elegante.

419- CUBAN TRADING COMPANY

Corredores de azúcar y mieles para exportar a EE.UU. y Europa en operaciones al por mayor, al contado y a crédito. Agente de firmas extranjeras para ventas de sacos de yute, carburo, pintura, hielo y otras, ubicado en Edificio Horter 3° piso en Obispo N° 61 esq. a Oficios, La Habana.

1 Su capital ascendía a $800 000 y operaba estrechamente ligada a la firma norteamericana "Czarnikow-Rionda Company" donde sus principales accionistas, la familia Braga-Rionda (VER "AZUCARERA CÉSPEDES S.A., COMPAÑÍA"), mantenía importantes intereses. Higinio Fanjul Rionda era su presidente y entre sus 9 vicepresidentes estaban Bernardo Rionda Braga, George A. Braga, Alfonso y Charles Fanjul Estrada, Aurelio Portuondo, padre e hijo, Lucas A. y Reed Clark, Antonio Barro Segura,

Había desplazado a "Galbán Lobo" en los últimos años de los 50 como la primera en ventas del ICEA a los corredores con 302 500 Tn en 1957.

2 Había sido fundada por Manuel Rionda Polledo, quien tras terminar sus estudios en EE.UU. había ingresado en la firma "Czarnikow-Mac Dougall Company Ltd." filial de los corredores de azúcar londinense "C.Czarnikow Ltd.", constituyéndola el 20 de junio de 1907 para la importación de maquinarias y equipos de centrales, así como para refacciones y comisiones.

Su primer presidente había sido Victor Zeballos Chiriboga, quien también estaba por esa época al frente de la dirección de la "Regla Coal Company", una filial para la importación y suministro de carbón de piedra con oficinas en el edificio del "Banco Nacional de Cuba" y almacenes en Regla, equipos para la manipulación, ferrocarriles y muelles propios que era la principal suministradora destinada a las 3 grandes empresas de ferrocarriles de entonces, ingenios e industrias en las inmediaciones de la Habana.

Con posterioridad la firma se amplió a la importación de sacos de yute, locomotoras, proyectos de centrales y la importación de carbón para el ferrocarril a través de su filial "Regla Coal Company", convirtiéndola en una importante vendedora de material destinado a los ferrocarriles y la industria azucarera y suministradora de la mitad del consumo de sacos de yute destinados al azúcar. Además diseñaba centrales azucareros que construía como el Manatí e instalaba equipos en éstos. Representaba la "Fulton Iron Works" de San Luis, Missouri, constructora de la "Fulton", una conocida maquinaria de moler caña instalada en una gran cantidad de nuestros centrales.

Tras el fallecimiento de César Czarnikow en 1909 y el retiro de Mac Dougall en 1912, Manuel Rionda había pasado a presidir la nueva "Czarnikow-Rionda Company" entrando también sus sobrinos Manuel E.Rionda Benjamín y Bernardo Braga Rionda.

3 Controlaban los almacenes de azúcar de 25 centrales azucareros con capacidad de depósito para 5 millones de sacos. Tenía la filial "General Cubana de Almacenes Públicos S.A., Compañía"(VER). Operaba con varios bancos teniendo sus depósitos en el "The Trust " con créditos no habituales por $2 000 000.

420- CUBANA, COMPAÑÍA

Propietaria de 2 centrales: "Jatibonico" y "Jobabo", con una capacidad total de 900 000 @ diarias, que representaba el 15° más importante y el 7° entre los de capital cubano, así como el 13° mayor propietario de tierras con 8 100 caballerías. Además tenía 195 000 acciones comunes de los "Ferrocarriles Consolidados de Cuba" (VER).

1 Capital ascendente a $11 374 000 en poder de tenedores norteamericanos y cubanos. Estaba bajo el control de un grupo de éstos últimos integrados por Amado Aréchaga, su presidente y el principal accionista, cuyas acciones se elevaban a finales de 1958 a $803 758 en sociedad con Pedro Castillo –a quien representaba Jorge de Cubas, del "Bufete Lazo y Cubas" (VER)–, su vicepresidente legal; Mario Bartés (VER "FERROCARRILES CONSOLIDADOS DE CUBA"), su vicepresidente; Agustín Batista (VER "THE TRUST COMPANY OF CUBA") y Francisco de Pando (VER "CENTRAL ROMELIE S.A"). Tenían intereses también su antigua propietaria la norteamericana "The Cuba Company" representada por su presidente William F. Lynch.

Aréchaga, quien había sido presidente en 1944 de la Asociación de Colonos y lo sería también de la Asociación Nacional de Hacendados de Cuba a partir del 20 de enero de 1959, se le calculaba un capital líquido de más de $1 millón. Había fundado con Gastón Godoy y otros el "Banco de los Colonos"(VER) donde tenía acciones por $25 000 y del que fue presidente en 1959 y era además Consejero de "La Cañera, Compañía de Seguros S.A."(VER) y propietario de la "Colonia Gladys Francisco" con cuota por 8 millones de arrobas.

Se ocupaba también de ganado, era propietario de tiendas mixtas en el mismo central y estaba asociado con Francisco Bartés (VER "FERROCARRILES CONSOLIDADOS DE CUBA") en 2 arroceras "Agrícola Jufra S.A."(VER) y "Arrozal Bartés"(VER). También tenía $2 000 en acciones en la "Empacadora Cooperativa Cubana, Compañía" (VER) y algunas en la "Transcuba Oil Company"(VER).

Castillo, hijo del Dr. Pedro Castillo y casado con Julia, hija de Miguel Ángel Falla Álvarez, era también miembro del "Bufete Lazo y Cubas"(VER). La firma tenedora de sus acciones estaba inscripta en Panamá como sociedad canadiense.

2 La firma había sido constituida originalmente en Cuba el 5 de febrero de 1918 como subsidiaria de la holding "The Cuba Company"(VER "FERROCARRILES CONSOLIDADOS DE CUBA") constituida a su vez en New Jersey el 25 de abril de 1900 por William Van Horne para construir el ferrocarril de Santa Clara a Santiago de Cuba, habiendo sido uno de los 2 consorcios azucareros, junto a la Guantánamo Sugar Company(VER), de los 5 pertenecientes al grupo financiero de William Rockefeller-Stillman, que habían pasado en la década de los 50 al control de capitales cubanos.

Más tarde, en 1948 la casa matriz vendió a su subsidiaria cubana todas sus tierras que se elevaban a 52 700 acres por valor de $730 750, así como las 400 000 acciones comunes de los "Ferrocarriles Consolidados de Cuba" (VER) por $5 286 000 de los que alrededor de $2 millones fueron pagados en efectivo. Fue entonces cuando Aréchaga, cubano, había ingresado en la firma donde a partir de 1950 ocupa su vicepresidencia y administración general y desde 1956 la presidencia.

Con posterioridad las acciones de los ferrocarriles fueron vendidas a "Inversiones Consolidadas del Este S.A.", bajo el control de los hermanos Bartés, en 2 partidas: 205 000 en $1 845 000 el 14 de noviembre de 1956 y, algo más tarde, el resto. De esa forma, Aréchaga y Bartés, socios en varias firmas, se dividieron el control respectivo de los centrales y ferrocarriles que separaron en empresas diferentes del antiguo consorcio norteamericano "The Cuba Company" y las acciones que continuaron conservando de esta firma serían representadas por Mario, uno de los hermanos, quien ocupaba su vicepresidencia.

A partir de entonces Amado Aréchaga ocupará la presidencia mientras William F. Lynch, quien había fungido hasta entonces como presidente de la casa matriz y de la filial cubana, se mantiene sólo como presidente en la última y formando parte en la Junta de Directores de ambas.

Cubas, quien era socio del "Bufete Lazo y Cubas" con fuertes lazos con empresarios norteamericanos dentro y fuera del país, posiblemente representara estos capitales dentro de la reestructuración posterior a 1948 pues era además vicepresidente de los "Ferrocarriles Consolidados de Cuba"(VER).

El "The Royal Bank of Canada" había sido el fideicomisario de "The Cuba Company" a través de "Financiera Habana S.A.", una firma presidida por Jorge Hernández Trelles, cuñado de Agustín Batista.

3 Sus utilidades máximas fueron en 1947 al alcanzar $2 000 000 y $1 500 000 en 1951 descendiendo en 1953 a $490 000 y en 1954 a $450 000, aumentando algo en 1955 con $710 000 y en 1956, tras la venta de las acciones de los Ferrocarriles Consolidados de Cuba, a $686 000.

CENTRAL JATIBONICO

El 26° central en capacidad de producción diaria con 450 000 @, RI alto de 13.18, 4 075 trabajadores y 1 393 caballerías de tierras propias, situado en Jatibonico, Camagüey.

2 Fundado en 1906 por la propietaria, quien comenzara los trabajos de desmonte en la finca La Herradura en septiembre de 1904, dando origen al pueblo de Jatibonico.

3 Según la "Comisión Técnica Azucarera", en 1951 sus costos eran de $15.60 por cada saco de 325 lbs., o sea por debajo de la media de $17.87, y sus activos totales estaban valorados en $8 214 236.

CENTRAL JOBABO

El 25° central en capacidad de producción diaria con 450 000 @, RI alto de 13.25, 2 780 trabajadores y 3 201 caballerías de tierras propias, situado en Jatibonico, Camagüey.

2 Fundado en 1925 por la propietaria, siendo uno de los últimos 15 fundados.

421- CUBANA DE ACUEDUCTOS, COMPAÑÍA

Concesionaria del suministro de agua para Regla y Marianao.

1 Propiedad principal de la firma de Seguros "Sunlight Assurance Company" (VER), quien desde 1945 había adquirido $1 500 000 de la emisión de bonos ascendente a $1 800 000 en pago por la compra de esta concesión a la empresa norteamericana propietaria.

2 Los acueductos de Regla y Marianao habían sido propiedad principal de Juan Ramírez de Arellano y los hermanos Zaldo. "Acueducto de Regla S.A.", firma presidida por Juan R.Arellano de la que era vicepresidente Guillermo F. de Zaldo y Fernando G. Mendoza era el secretario, inauguró el primero en mayo de 1918, tomando las aguas del Almendares desde la finca Medrano en Marianao a 11 Km de Regla, a un costo de $700 000. El Ayuntamiento les pasó a su propiedad las cañerías de la distribución del anterior sin costo alguno en una operación que se tildó de soborno.

La "Nacional de Fomento Urbano, Compañía", propiedad de Juan Ramírez de Arellano, Carlos Zaldo, Dino F.Pogolotti y Lorenzo Salmón, todos fuertes inversionistas en repartos de la zona, recibió la concesión desde el 13 de abril de 1916 por un plazo de 30 años para la construcción, operación y servicio de un acueducto en Marianao. Con posterioridad abrieron en Wajay los manantiales llamados de Cosculluela pero el 8 de diciembre de 1950 un Decreto presidencial reintegró la concesión al Municipio de Marianao.

422- CUBANA DE AVIACIÓN S.A., COMPAÑÍA

Empresa de aviación de pasajeros y carga, valorada en $22 000 000, con 796 trabajadores y oficinas en Calle 23 y O, Vedado, La Habana.

1 Era una empresa mixta de capital cubano privado y estatal con mayoría del último siendo el BANDES su propietario principal y donde el accionista mayoritario entre los primeros era Fulgencio Batista (VER "DE INMUEBLES S.A., COMPAÑÍA").

Como resultado de complejos y turbios rejuegos financieros otra parte de las acciones estaban suscritas por entidades controladas por testaferros de Batista o favorecidos por su régimen. Así $2 600 000 estaban a nombre de "De Aeropuertos Internacionales S.A., Compañía" (VER), mientras la "Financiera Mercantil del Fósforo S.A."(VER "EMPRESA NACIONAL DE FÓSFOROS") poseía $6 000 000 en acciones como parte de un préstamo recibido del BANDES. También el sindicato "Federación Aérea" tenía acciones.

El BANDES se había convertido a finales de 1958 en propietario al transformar en suscripción de acciones los préstamos otorgados para su rehabilitación ascendentes a $11 000 000 que incluía la participación que desde 1955 tenía el BANFAIC a quien había sustituido.

Más de las 2/3 partes de su capital privado pertenecía a Fulgencio Batista a través de "Inmobiliaria Rocar S.A., Compañía", propiedad aparente de Andrés Domingo Morales del Castillo y Manuel Pérez Benitoa, a donde, desde el 3 de agosto de 1954, José López Vilaboy (VER "EDITORIAL MAÑANA S.A."), el segundo mayor accionista, su testaferro y gestor de estas maniobras financieras, había comenzado traspasando 1/5 de las que él tenía a su nombre.

Las acciones privadas estaban distribuidas entre 200 000 comunes de las cuales 68 021 estaban controladas por la "Unión Inmobiliaria de Construcciones S.A."

donde el principal era Vilaboy y el resto se distribuía entre otros 200 accionistas menores entre los cuales figuraban "Luis G. Mendoza y Compañía"(VER), Jorge Barroso (VER "AZUCARERA CENTRAL CUBA S.A."), "Comercial Rodríguez, Compañía", Julio B Forcade y otros.

José López Vilaboy era su presidente teniendo como vicepresidentes a José M. Casanova Soto, José M Garrigó Artigas, ambos accionistas, y otros 3 y como secretario al Dr. Antonio Pérez Benitoa Fernández, quien había estado casado con Mirtha Batista Godínez, hija del primer matrimonio de Fulgencio Batista.

2 Se había fundado el 8 de octubre de 1929 como "Compañía Nacional Cubana de Aviación Curtiss S.A." por un grupo de capitales norteamericanos que representaba a la firma de aviación Curtiss y otros cubanos encabezados por Emeterio Zorrilla (VER "CERVECERA INTERNACIONAL S.A., COMPAÑÍA"), José E. Obregón (VER "AZUCARERA CARMITA S. A., COMPAÑÍA") y Baldomero Grau, ambos hijos políticos del General Machado, siendo su presidente William C.Pawley.

Pawley sería años más tarde diplomático de EE.UU. así como el presidente de "Autobuses Modernos S.A."(VER "FINANCIERA NACIONAL DE TRANSPORTE S.A.").

La aerolínea sería la única de las 4 existentes en aquella época que sobreviviría a la depresión del año 30 iniciando en este año los vuelos Habana-Santiago.

El 22 de marzo de 1933 bajo la razón social de "Compañía Nacional Cubana de Aviación S.A." pasa a la propiedad total de la firma norteamericana "Pan American World Airways" (VER), que en 1945 venderá el 58 % de las acciones a capitales cubanos encabezados por Antoio Tarafa Govín pero manteniendo su control hasta el 26 de julio de 1954 en que un grupo de inversionistas cubanos guiados por José López Vilaboy adquiriría el 20% de las acciones que aún retenía aquella.

Tras la primera venta a capitales cubanos, el 1º de junio de 1947 había pasado a su presidencia Antonio Tarafa Govín –quien se había asociado con los Falla-Batista para controlarla– y formaban parte de la Junta Directiva Warren A. Pine como vicepresidente y administrador general; Agustín Batista como vicepresidente; Ramón Pérez Daple y Jorge Barroso como tesorero y vicetesorero respectivamente; y como vocales Antonio Falcón, Wilbur L. Morrison y Frank P. Powers. Más tarde, en noviembre de 1950 el Ing. Sergio Clark entraría como director y vicepresidente.

Tarafa era hijo del Coronel del E.L. José Miguel Tarafa y de María Luisa Govín, casado con Alicia González de Mendoza Goicochea, hermana de Paul, presidente del "Banco Hipotecario Mendoza", y quien, hasta su fallecimiento el 29 de agosto de 1951 en Miami, era además presidente de los centrales Cuba, Santo Domingo y España, propiedad de la familia Tarafa, vicepresidente de la "Compañía Cañera de Matanzas" y de la "Compañía de Superfosfato S.A." y directivo del banco "The Trust Company of Cuba".

Durante ese tiempo, Tarafa, a pesar de sus variados intereses, dedicaba la mayor parte de su atención a la firma, pues su principal vocación era piloto. Habiendo fallecido de un infarto en ocasión del accidente de una de las naves "Estrella", propiedad de la empresa, sus acciones fueron heredadas por su viuda Alicia.

Inauguró sus vuelos internacionales el 15 de mayo de 1945 en la línea a Miami y, el 26 de abril de 1948 la ruta a Madrid, en septiembre de 1953 la de México, operaban la línea New York-España-México y desde el 12 de mayo de 1956 habían inaugurado un vuelo directo y diario La Habana-New York.

3 Estaba valorada en $22 millones. Transportaba cerca de 300 000 pasajeros anuales de los cuales algo más de la mitad eran en vuelos internacionales en poco más de 200 000 pasajeros-Km volados, cerca de 30 000 horas voladas y su flota estaba compuesta por 3 Super G Constellation, 1 Constellation, 3 Viscount, 6 DC-3, varios Bristol Britannia de propulsión adquiridos en junio de 1957 y para 1960 recibiría varios Boeing 707 con 4 motores de retropulsión.

Su situación era francamente desfavorable por las continuadas y cuantiosas pérdidas en operaciones, elevándose su pasivo a $17 380 000. Había recibido varios beneficios entre ellos el Decreto Ley Nº 1226 del 12 de agosto de 1954 que le eximió del impuesto del 2% de remesas de dinero al extranjero así como del impuesto de capital cubano invertido en el extranjero.

Recibió en total $23 297 000 de financiamientos paraestatales. El BANFAIC le otorgó en Diciembre de 1953 un préstamo ascendente a $1 000 000 destinado a la compra de aviones, la mitad de los cuales se otorgaron a cambio de acciones preferentes y en 1954 le prestó otros $5 000 000, habiendo designado a Adolfo H. Suárez como administrador general y a Carlos Du-Quesne como presidente, quienes eran funcionarios del banco.

El BANDES sustituyó el 14 de junio de 1955 al BANFAIC, quien cesó en su administración y López Vilaboy volvió a asumir su presidencia, a la vez que le otorgaba créditos por $10 500 000 y se suscribían acciones por $500 000. A los anteriores se le sumó el 28 de noviembre de 1958 unos $8 millones, el 6 de diciembre del propio año $4 millones y el 17 de diciembre $297 000.

Sus acciones se cotizaban en la Bolsa de La Habana. Cliente del Banco Hispano Cubano. Estaba considerada como muy riesgosa para otorgarle créditos de la banca privada.

423- CUBANA DE CEMENTO PORTLAND, COMPAÑÍA

La más importante y antigua entre las fábricas de cemento en Cuba, con la marca "El Morro" y con 666 obreros, ubicada en el Mariel, Pinar del Río. Era la 9ª industria no azucarera según el número de sus trabajadores.

1 El capital ascendía a $7 103 250 suscrito en 142 065 acciones comunes valoradas en $50 cada una, estando todas bajo el control de "Lone Star Cement Corporation" de 100 Park Avenue, New York. Los políticos José R. Andreu Martínez y Lincoln Rodón Álvarez eran sus propietarios principales. Adolfo Arellano G.de Mendoza, propietario en sociedad con su primo el Arq. Eugenio Batista González de Mendoza, de "Arellano y Batista, Arquitectos e Ingenieros Constructores"(VER), era miembro de su Consejo de Dirección desde 1951. Scott Thompson era su presidente.

2 Se fundó el 27 de abril de 1918 a un costo de $3 500 000 dándole empleo entonces a 300 obreros con una producción de 315 000 barriles que en 1952 elevó a 2 246 200. Fue la 3º fábrica de cemento fundada en Cuba y se mantuvo como la única hasta 1955 satisfaciendo el 70% de la demanda pero ya en 1951 había llegado al tope de sus posibilidades de ampliación. Transportaba el cemento a granel por vía marítima desde la fábrica a sendas instalaciones en Atarés y en Nuevitas donde eran envasados.

El Teniente Coronel del E.L. José Eliseo Cartaya, quien había sido administrador de la Aduana de La Habana, presidente de la Junta de Puertos, candidato a la Alcaldía de La Habana y presidente de la Cámara de Comercio, Industria y Navegación de Cuba, había sido su vicepresidente y director general en los años 20.

3 El DP N° 954 del 26 de abril de 1957 le favoreció aumentando en 27 centavos el precio del saco de cemento según la solicitud hecha por la firma al Primer Ministro Jorge García Montes el 21 de septiembre de 1956.

Tenía en proyecto la instalación de otra fábrica de cemento en Nuevitas con capacidad entre 800 y 1 000 000 de barriles anuales para lo cual solicitó $6 000 000 de financiamiento al BANDES en abril de 1955. En definitiva no se materializó pues la firma no aceptó las condiciones de poner en circulación acciones hasta $1 500 000 de la fábrica de Mariel.

424- CUBANA DE ELECTRICIDAD, COMPAÑÍA

Principal productora y suministradora del servicio nacional de electricidad, de gas en La Habana y operadora de algunos acueductos y fábricas de hielo. La más rentable empresa en Cuba.

1 Una de las 5 filiales en Cuba y una de las 2 grandes del sector de los servicios bajo el control del grupo financiero norteamericano de los Morgan, cuya casa matriz era la "Electric Bonds & Share".

La "American and Foreign Power Company", la subsidiaria que poseía plantas en 11 países de América Latina, controlaba el 88 % de las acciones, mientras 1 343 accionistas cubanos poseían el 4% del capital.

Walter J.Amoss, quien había sido vicepresidente ejecutivo de la "American and Foreign Power Company", era su presidente desde el 1° de enero de 1958 cuando sustituyera a Donald G.Lewis, en funciones desde mayo de 1955. El Ing. Serafín García-Menocal Ferrer era el administrador general y vicepresidente en Cuba desde noviembre de 1956 en que sustituyera a John Albert Thomson.

2 Era el resultado de varias fusiones, reestructuraciones y disoluciones de empresas productoras de gas y electricidad que abarca de 1840 hasta la constitución el 31 de diciembre de 1924 de la "Compañía Cubana de Electricidad Inc", la cual adoptaría su razón social actual el 1° de mayo de 1928.

Esta última fue la culminación de un proceso iniciado en 1923 para monopolizar ambos servicios debido a lo cual adquirieron 78 de esas plantas de ámbito local, propiedad en su mayoría de residentes cubanos, que concentraran en 13. Además, incorporaron las 3 más importantes de la capital tras haber logrado desgajarlas de las respectivas firmas tranviarias y ferrocarrileras que las poseían, o sea la "Havana Electric Railways Light and Power Company", la "Havana Central Railroad Company" y los "Ferrocarriles Unidos de La Habana y Almacenes de Regla".

Entre las de provincias estaban la "Compañía de Electricidad de Cárdenas", la "Eléctrica de Cuba, Compañía", la "Compañía Eléctrica de Alumbrado y Tracción de Santiago", la "Eléctrica de Caibarién, Compañía", la "Hidráulica, Compañía", la "The Camagüey Company Ltd.", la "Compañía Eléctrica de Cienfuegos" y la "Guantánamo Electric Company".

La "**Compañía de Electricidad de Cárdenas**", fundada en 1888, había operado en Cárdenas la primera planta eléctrica de Cuba inaugurada el 7 de septiembre de 1889, 7 años después de la primera instalada en New York.

La "**Eléctrica de Cuba, Compañía**" brindaba servicio a Santa Clara y había sido propiedad del Gral. Machado en sociedad con el Cnel. Orestes Ferrara, Nicolás Castaño y Laureano Falla Gutiérrez.

La "**Compañía Eléctrica de Alumbrado y Tracción de Santiago**" se había constituido el 14 de agosto de 1906 y era la sucesora de "Compañía Eléctrica de Santiago de Cuba", constituida en julio de 1904, tras otorgarle la concesión al Ing. Eduardo J.Chibás y a Ricardo S. Porro para la construcción de una nueva planta puesta en marcha en 1905 y la compra de la antigua planta de Dubois y Boulanger, la primera de la ciudad inaugurada en 1897.

Había estado presidida por José Marimón y José Bosch era el vicepresidente y eran directores de su Junta: Francisco Palacios, Manuel A. Suárez Cordovés, Frank Steinhart, Eduardo J. Chibás –quien era el ingeniero director– y Armando Godoy.

La "**The Camagüey Company Ltd**", de capital canadiense, brindaba la energía del alumbrado de la ciudad de Camagüey y la de sus tranvías y era la propietaria de la planta eléctrica, fundada en 1891 que, desde 1900, había pertenecido a una firma norteamericana.

La "**Hidráulica, Compañía**" era la concesionaria de varios saltos de agua en el río Caños en la provincia de Matanzas que explotaba desde enero de 1920 brindándole electricidad a más de 2 200 suscriptores. Su presidente era Santiago Barraqué y sus principales accionistas eran "Urréchaga y Compañía" de Matanzas .

La "**Eléctrica de Caibarién, Compañía**" había inaugurado en 1910 el servicio a Caibarién, y era de capital norteamericano cubano, donde el hacendado Juan A. Zárraga y el comerciante y futuro hacendado Ernesto Mier eran directores.

La **Planta Eléctrica y el Acueducto de Sagua la Grande** había sido concedida en usufructo a los señores Rodríguez, Pearson y Romero desde 1903.

De otra parte, la principal de todas las adquisiciones, la "**Havana Electric Railway Light and Power Company**", poseía la mayor planta de energía unida al servicio de tranvías urbanos de la capital desde su constitución en 1912 cuando fusionara la "Havana Electric Railway Company"(VER "FINANCIERA NACIONAL DE TRANSPORTE S.A.") con la "Compañía de Gas y Electricidad de La Habana" y construyera en 1914 la planta de generación eléctrica ubicada en Tallapiedra.

Esta última operaba las 2 plantas de gas, la de Tallapiedra y la de Melones, así como el sistema de alumbrado eléctrico y fuerza motriz comenzado a construir en 1902 por una firma de capital cubano-británica.

Era la continuadora de la "Spanish American Light and Power Company Consolidated", organizada en 1890 al consolidar a su vez a la "Hispanic American Light and Power Company" –una planta fundada en Melones que operaba con carbón de piedra y después con carbón y petróleo– con la "Compañía Española de Alumbrado de Gas" que brindaba el servicio de gas y alumbrado público desde 1844, operaba una planta en Tallapiedra de carbón de piedra inglés y había tenido como accionista principal a la Reina María Cristina, madre de Isabel II, reina de España.

En junio de 1889 el gobierno de la Isla le aprobaría sustituir en parques y plazas públicas el alumbrado de gas por el de energía eléctrica.

Esta "Compañía de Gas y Electricidad de La Habana" se había reestructurado en junio de 1900 bajo el control del "Banco Nacional de Cuba" cuyos representantes formaban su ejecutivo encargándose su administración a Emeterio Zorrilla hasta 1912 en que fuera absorbida por la "Havana Electric Raylway Light and Power Company".

A su vez, el 11 de agosto de 1926, ésta última traspasaría esos servicios de electricidad y de gas a la recién fundada "Cubana de Electricidad, Compañía" conservando sólo el de los tranvías eléctricos que desaparecerían en 1950 para dar paso a los "Autobuses Modernos S.A."(VER "FINANCIERA NACIONAL DE TRANSPORTE S.A.")

Ese proceso de absorción y consolidación de la mayoría del servicio eléctrico y de gas fue posible por el apoyo brindado por el gobierno del Gral.Machado, quien recibiera antes la ayuda financiera para su elección a presidente por parte de la casa matriz norteamericana, a la que además vendiera ventajosamente su propia firma, se convirtiera en accionista de la nueva y fuera designado como su vicepresidente.

3 La firma actual tenía 7 464 empleados, 769 076 usuarios en 301 localidades que abarcaba una población de alrededor de 3 millones, con 429 900 Kw. instalados. A partir de 1954 inauguraron una nueva planta en el poblado de Regla.

Su capacidad instalada representaba cerca de la mitad de la totalidad del país generando alrededor del 90% de la que se comercializaba. Su control sobre el mercado le permitía imponer precios que eran el doble y el triple más altos que los prevalecientes en EE.UU..

El alto precio promedio para usos industriales, de alrededor de 3.5 cts. por KWH, había estimulado la autosuficiencia de la mayoría de los centrales y de algunas otras industrias como las del níquel, "Minas de Matahambre"(VER), la "Textilera Ariguanabo, Compañía" (VER) y la "Rayonera de Matanzas, Compañía" (VER)) así como la permanencia de algunos pequeños productores que brindaban el servicio.

Su capacidad ociosa desde 1930 había sido determinante para que Cuba fuera uno de los pocos países de América Latina sin racionamiento de electricidad durante la II guerra mundial y la post-guerra.

Tenía colocados más de $6 millones en bonos en el mercado de acciones. Había realizado un plan de inversiones de 1951 a 1955 ascendente a $75 000 000 que aumentó su capacidad en un 63%. A partir de entonces proyectó otro por unos $60 000 000 de los que $40 000 000 eran recursos de la casa matriz, de su filial y de bonos al público; otros $10 000 000 los prestaría el "Export-Import Bank" y los otros $10 000 000 la "Financiera Nacional", la que en total le prestó unos $18 millones.

En octubre de 1956 el presidente de la casa matriz, después de haberse entrevistado con Fulgencio Batista el 19 de junio de ese año, anunció que comenzaría obras para construir una central atómica de 10 000 Kv., el primer anuncio de un proyecto de este tipo en el país pero abandonado después.

Sus ventas en 1956 aumentaron un 12% y un 47.6% sobre 1952 y en 1957 se mantuvieron en un 12.2% y, aunque todos los sectores crecieron, el residencial había sido el mayor estimulado por el auge de las construcciones.

Tenía un activo ascendente a $216 000 000, de los que $200 000 000 eran propiedades físicas. Sus dividendos ascendían desde $7 000 000 hasta $12 000 000. Durante el quinquenio 1954-58 sus ganancias se incrementaron desde cerca de $15 millones del período anterior a $28 millones.

425- CUBANA DE FIANZAS, COMPAÑÍA

Seguros de vida, de obreros, contra incendios, riesgo y fianzas, siendo la 13ª firma por el monto de los seguros de vida en vigor ascendentes a $4 181 000, ubicada en Amargura 203, La Habana.

1 Salomón L. Maduro era su presidente y contaba además con Narciso Gelats Suárez Solís, vicepresidente del Banco Gelats (VER), como miembro de su Junta Directiva.

2 Se fundó el 17 de mayo de 1903 por Guillermo de Zaldo Beurman, padre de Guillermo de Zaldo Castro (VER "MINAGRO INDUSTRIAL S.A.") y había estado integrada además por importantes propietarios de la época, siendo su vicepresidente Cosme Blanco Herrera y sus directores Narciso Gelats, Luis Suárez Galbán, Dionisio Velasco, Claudio G. Mendoza –también su secretario y letrado consultor–, Carlos de Zaldo, Francisco J. Sherman, Carlos I. Párraga, Sebastián Gelabert, Hermann Upmann y Francisco Plá Picabia.

Al retirarse Zaldo en 1928 de todos sus negocios, dio paso entonces a la presidencia a Claudio G. Mendoza y, a su vicepresidencia, a Salomón Maduro, que había adquirido el control, hasta el 9 de agosto de 1942 en que falleciera el primero y este último lo sustituyera.

Maduro se había iniciado en 1926 como representante de una compañía inglesa de seguros, tenía intereses en "Metalurgica Básica Nacional S.A., Compañía"(VER), en "Productos Alimenticios Canímar S.A., Compañía" (VER) y había sido presidente de "Operadora de Stadium S.A., Compañía"(VER), donde su hijo Roberto Maduro era actualmente el vicepresidente, además de propietario de "Ómnibus Libre S.A."(VER).

Había extendido operaciones al seguro obrero desde 1916 cuando se promulgara la Ley de Accidentes del Trabajo, desde 1917 se ocupaba también del seguro de riesgo y accidente, ampliándose en 1935 a los incendios y en 1938 a los seguros de vida y marítimo.

3 Su capital líquido ascendía a $2 829 000 y tenía buena solvencia y posición corriente desahogada.

426- CUBANA DE FONÓGRAFOS, COMPAÑÍA

Almacenista de ferretería, comercio de efectos electro-domésticos, equipos y máquinas de oficina, muebles de acero, talleres de mecánica, sito en O'Reilly Nº 523 y en Obispo Nº 254 en La Habana y una sucursal en Santiago de Cuba.

1 Era propiedad de Guillermo S.Villalba Zaldo, también miembro del Consejo de Directores de las empresas de seguros La Alianza, La Metropolitana y Sociedad Panamericana de Seguros S.A. y accionista con $30 000 de "Transformadora en Abonos Orgánicos S.A."(VER).

2,3 Había sido fundada en 1908 y era cliente del "Royal".

427- CUBANA DE GLICERINA S.A., COMPAÑÍA

Proyecto de planta para producir glicerina a partir de la miel de caña, a establecerse en Matanzas, que no llegara a fructificar.

1 Promovida por Jean Ulixes Koreé, natural de Rumanía y ciudadano norteamericano, quien era presidente en 1948 de "Glycerine Corporation of America". La firma "Lheman S. Brothers" tenía proyectado comprar las acciones valoradas en $ 5 000 000 para suscribir el préstamo por otros $ 5 000 000 que ponía como condición el BANDES.

2 El proyecto databa de 1950 siendo promovido por Koreé y por Antonio Sánchez Bustamante pero confrontando la resistencia por parte de los hacendados al vender la miel a un precio más elevado que el necesario para hacer costeable la producción.

3 El 27 de julio de 1955 el BANDES otorgó un préstamo por $ 5 000 000 con parte del cual suscribió $ 50 000 acciones que eran la mitad del total, con el propósito de venderlas posteriormente a los hacendados.

428- CUBANA DE INDUSTRIAS CERALOZA S.A.

Proyecto de fábrica de porcelana, cerámica, grez y loza y, en el futuro, yeso, cemento blanco, carburo y cristal, a instalar en Caimito de Guayabal utilizando materias primas procedentes de la mina Sagapa de Viñales.

1 Tenía un capital ascendente a $115 000 propiedad de Pablo Martínez Rodríguez, quien controlaba el 36.67 % y era su presidente; Juan Payret Veitía, su vicepresidente y vice Ministro de Comunicaciones del gobierno de Batista, con el 18.45 %; Armando González Diego con el 10.26 %; y el resto se distribuía entre los técnicos italianos y españoles que la operarían. El BANDES opinaba que en realidad sólo se habían emitido apenas unos $4 0000.

Martínez, nacido en 1925, divorciado, tenía un capital estimado en $100 000 y era propietario de "Compañía Minera Sagapa S.A." sita en Viñales; de "Compañía Acústica Cubana S.A.", una fábrica de falsos techos; y de "Morro Air Expresss Company", firma corredora de aduanas.

3 El BANDES le rechazó una solicitud de financiamiento pero, tras la intervención personal de Rafael Guas Inclán, el 3 de julio de 1958 le aprobaría un préstamo por $ 350 000 para la construcción de una planta purificadora de minerales no metálicos que sería cancelado en febrero de 1959 debido a que se consideró un proyecto superficial, sin base técnica y con lejanas fuentes de materias primas.

429- CUBANA DE INDUSTRIAS METÁLICAS S.A., COMPAÑÍA

Fábrica de envases de metal ubicada en Regla, La Habana.

1 Propiedad de Luis R. Río y de los López Díaz de Villegas. Julio, Enrique y su primo Roberto López Díaz de Villegas eran el presidente, vicepresidente I y vicepresidente II respectivamente.

2 Se constituyó el 1° de febrero de 1930 con Oscar Díaz Albertini de presidente y $72 000 de capital pagado y en diciembre de 1940 había pasado al control de Fructuoso Pérez Heredia.

Sus propietarios la habían comprado por $175 000 en 1947 a su socio Pérez Heredia, su principal accionista entonces.

430- CUBANA DE NITRÓGENO, COMPAÑÍA

Fábrica productora de amoniaco anhidro sintético y producciones derivada de éste a partir del petróleo, tales como urea (15 500 ton), soluciones de nitrógeno (12 000), sulfato de amonio (50 000), amoniaco de anhidro (4 000), con una capacidad total de 87 500 ton, ubicada en la margen derecha del río San Juan, Matanzas en el área de la "Ciudad Industrial de Matanzas".

1 Propiedad mixta de capital estatal-privado donde el BANDES tenía alrededor del 15 % de las acciones de un capital total ascendente a $1 750 000, de los cuales la 1/3 parte estaba controlado por la familia del Valle Raez (VER "AZUCARERA LUIS DEL VALLE Y HERMANOS") integrada por Luis, Mario y Raúl del Valle Raez y Luis del Valle Soza, los cuales tenían $558 600. Luis del Valle Raez, su presidente, era el propietario individual más importante con $372 200.

Otros accionistas importantes eran Jorge Barroso Palacios, hijo de Jorge Barroso Piñar (VER "AZUCARERA CENTRAL CUBA S.A."), quien poseía $329 200; Florentino Suárez García, su vicepresidente; Sergio García Palacios, ambos con $195 000; Jesús Novoa Almón, hijo político de Barroso, con $125 200, quien era el vicetesorero; Jesús Urréchaga Sologuren con $60 000 y, por último, Pedro García Menocal con $37 000.

2 Se constituyó el 27 de febrero de 1957 y comenzó su producción en 1960. La fábrica fue diseñada por la firma italiana "Orouzio de Nora Eimpianti Elettrochimics" quien suministrara los equipos y diera el asesoramiento a un costo de $9 950 000. Se le estimaba una utilidad neta de más de $1 000 000. Recibiría el ácido sulfúrico de la nueva planta de Santa Lucía en Pinar del Río.

3 El plan de inversión total ascendía a $15 000 000 de los que el BANDES aportó $13 500 000 y la firma $1 500 000. EL BANDES aprobó por primera vez $12 000 000 el 30 de agosto de 1957 que aumentó a $13 500 000 el 23 de enero de 1958 y, por último, el 1º de abril de 1958 entregó $1 200 000 para comprar acciones que vendería después.

431- CUBANA DE PLYWOOD S.A., COMPAÑÍA

Planta para producir maderas compuestas o técnicas, plywood y la plastificación de estos productos, ubicada en la Salud, Provincia Habana, cuya construcción terminara tras el triunfo de la Revolución, haciéndose su primera prueba el 7 de marzo de 1959.

1 Era una asociación entre una firma cubana estatal-privada (VER "MADERAS TÉCNICAS Y MATERIALES PLASTIFICADOS S.A.") y la inglesa "John Wright and Sons", fabricante de chapas y plywood.

Sus ejecutivos, representantes del BANDES, eran los mismos de "Maderas Técnicas y Materiales Plastificados S.A., Compañía".

2 Se constituyó el 21 de julio de 1958 entre "Maderas Técnicas y Materiales Plastificados S.A. Compañía"(VER) y la inglesa "John Wright and Sons", fabricante de chapas y plywood.

3 La firma cubana financiaría hasta $440 000 con los fondos asignados por el BANDES y la británica aportaría equipos de uso provenientes de una fábrica de su propiedad, daría asesoramiento técnico, suministraría la materia prima y colocaría el producto final.

432- CUBANA DE PUBLICACIONES S.A., COMPAÑÍA

Periódico vespertino "Avance" con talleres propios en Consulado y Ánimas, La Habana.

1 Propiedad de Esther Menéndez, su presidenta.

2 Había sido fundado en 1934 por el Dr. Oscar Zayas Portela, esposo de la presidenta actual, quien lo dirigiera hasta su fallecimiento en marzo de 1943, siendo desde entonces sustituido por Mario Massens Vázquez.

Zayas, natural de La Habana, abogado y periodista, había sido Juez Correccional y periodista de "Información", además de Subsecretario de Gobernación, y era hijo de José María, quien era hermano del Gral. del E.L.Juan Bruno y del ex-Presidente de Cuba, Alfredo Zayas Alfonso.

Había ideado, junto con José Ignacio Rivero del "Diario de la Marina S.A."(VER), las fórmulas de avenencia para convocar elecciones de gobierno que desembocara en el triunfo del Dr.Miguel Mariano Gómez.

433- CUBANA DE REFRIGERACIÓN ELÉCTRICA S.A., COMPAÑÍA

Almacén para la venta de refrigeradores, televisores, radios y sus reparaciones con establecimientos en 23 Nº53, en 23 Nº 72 y en Ave. Rancho Boyeros Km 2.5 en La Habana. Tenía la representación de la marca "Frigidaire" de refrigeradores y los televisores "Sylvania".

1 Propiedad de la "Sucesión de L.Falla Gutiérrez"(VER).

3 Cliente del Trust Trust Company of Cuba con $1 700 000.

434- CUBANA DE TELÉFONOS, COMPAÑÍA

Monopolio del servicio telefónico y una de las firmas más poderosas con más de 3 000 empleados, oficina central en Águila Nº 565, La Habana, y una afiliada "Equipos Telefónicos Standard de Cuba"(VER).

1 Una de las 5 filiales en Cuba y una de las 2 grandes del sector de los servicios bajo el control del grupo financiero norteamericano de los Morgan, ésta en sociedad con Rockefeller-Stillman, cuya casa matriz era la "American Telephone & Telegraph, la mayor corporación no financiera del mundo y donde los Rockefeller también tenían fuertes intereses.

Antonio Rosado, español, quien había sido su vicepresidente en Cuba desde 1943 era ahora su presidente desde junio de 1956 tras el retiro del Coronel Sosthenes Benim tanto de la presidencia de la casa matriz como de la filial cubana.

2 El servicio telefónico había llegado a Cuba por primera vez en 1879, tres años después del invento por A.G.Bell, traído por el comerciante Enrique B.Hamel y construido por la "Tropical American Telephone Company". Con posterioridad la "Red Telefónica de La Habana" había operado un servicio telefónico mediante un sistema manual de conmutación hasta los primeros años del siglo, existiendo entonces alrededor de 1 775 teléfonos.

La firma había inaugurado su servicio en Cuba en 1910 con una red automática que fuera la 1ª en el mundo, después de haber recibido la concesión del servicio mediante una ley del Presidente José Miguel Gómez.

En 1921 instalaron los primeros cables telefónicos submarinos que unían Cuba a EE.UU., los que entonces constituyeron la más importante de su clase en el mundo y en 1950 otros 2. La conexión directa con América Latina se realizó en 1947 mediante circuitos radiotelefónicos directos a través de "Radio Corporation of Cuba". Su edificio fue inaugurado en 1927.

De 1945 a 1952 casi se había duplicado el número de equipos telefónicos llegando a 132 246 que representaba 1 por cada 43 habitantes, siendo en La Habana de 1 por cada 10 habitantes. Había recibido en agosto de 1950 un préstamo por $7 millones otorgado por 7 bancos destinado a ampliar y mejorar el servicio.

A partir de 1952 se produciría un estancamiento en la instalación de nuevos teléfonos pues la firma alegaba la necesidad del aumento de las tarifas, aun similares a las de 1909, iniciando una gran ofensiva pública y privada desde 1956 de tal forma que el gobierno crearía en febrero de 1957 una Comisión presidida por el Ministro Fidel Barreto para estudiar la cuestión hasta que el 1° de marzo de 1957 se aprobó una fórmula firmada bajo contrato el 14 de marzo de ese año, al siguiente día del ataque al Palacio Presidencial. La firma regaló a Batista ese día un teléfono de oro.

El acuerdo estipulaba una concesión por 35 años, un nuevo sistema de servicio medido o de pago por llamada, comprometiéndose la firma a invertir $55 millones para hacer ampliaciones para 83 000 nuevos teléfonos hasta el 9 de julio de 1958 además de erigir una nueva afiliada "Equipos Telefónicos Standard de Cuba".

3 Sus acciones se corrían en la Bolsa de La Habana y, según la propia firma, el 80% de sus accionistas (en cuanto a su número y no al capital) eran residentes en Cuba.

Operaba con déficit de capital de trabajo y tenía un elevado pasivo total, pero con un capital neto de alrededor de $27 000 000. Tenía línea de crédito en el "City Bank" por $1 800 000 y con el "Banco Boston" por $900 000.

435- CUBANA PRI-MADERA S.A., COMPAÑÍA

Fábrica de madera a partir del bagazo de la caña con 165 trabajadores, ubicada junto al central "Francisco" en Santa Cruz del Sur, Camagüey. Primera de las dos instaladas durante el último Gobierno de Fulgencio Batista antes que la "Cuban Bagasse Products"(VER).

1 Propiedad de "The Francisco Sugar Company" (VER) del grupo Braga-Rionda (VER "AZUCARERA CÉSPEDES S.A., COMPAÑÍA") en sociedad con "Aegis of Wood, Struthers and Company", firma inversionista de New York y socios en el central.

Formaban parte de su Junta Directiva B. Rionda Braga y Alfonso Fanjul, presidente y vicepresidente de "The Francisco Sugar Company", así como George A. Braga, presidente de la "Manatí Sugar Company"(VER), y Samuel R. Milbank, asociado de la firma norteamericana y miembro del Consejo Director de las 2 firmas azucareras mencionadas.

3 Se erigió a un costo de inversión de $3 670 000 y su producción se vendería en Cuba y otros países del Caribe. El "Banco de Exportación e Importación" de EE.UU. le otorgó el 14 de mayo de 1956 un préstamo por $1 500 000, aportando los propietarios el resto de la inversión.

436- CUERVO Y SOBRINOS S.A.
Joyería y comercio de objetos de arte, porcelanas y cristalerías, con el nombre comercial de "Cuervo y Sobrinos", situada en San Rafael 115, La Habana, con talleres propios. Era una de las más antiguas e importantes del giro y representaba a los relojes "Longines"desde 1886 y, además, a los cristales "Laliques".

1 Era propiedad de Ricardo A. Rivón Alonso, su presidente, quien también tenía intereses en "La Unión y el Fénix de Cuba", "Compañía Nacional de Seguros" (VER), una empresa de seguros de diferentes tipos. Su hijo, Ricardo Rivón Campa y su hermano Fernando A. Rivón Alonso, eran vicepresidente y tesorero, respectivamente.
Rivón había nacido en 1890 en Candamo, Asturias, llegando en 1904 a Cuba, donde comenzara a trabajar en la joyería de la firma que entonces estaba en la calle Muralla, la que con el tiempo pasaría a su propiedad tras haberse casadao en 1917 con Cándida Campa, hija de Víctor Campa Blanco, antiguo propietario desde 1880 de la tienda por departamentos, "La Isla de Cuba".
Fue presidente hasta julio de 1941 de la "Asociación de Comerciantes de Galiano y San Rafael", ex vicepresidente de la "Asociación de Importadores de Relojes", ex presidente de la "Asociación Nacional de Importadores de Tejidos, Sedería y Joyería", miembro del Club Rotario y del Centro Asturiano.

2 Había sido fundada en 1860 –otros la sitúan en 1882– por Ramón Fernández Río-Cuervo quien años después entrara a trabajar a 6 sobrinos suyos quienes se hicieron cargo del negocio tras su fallecimiento en 1907.
Durante años fue regenteada por los hermanos Armando y Plácido Fernández Río-Cuervo, ambos asturianos, el primero de los cuales había sido vicepresidente del Casino Español.
En 1932 Rivón entró como tesorero de la firma, presidida por Plácido Fernández Río-Cuervo, al transformarse de sociedad comandita en anónima, ascendiendo a su presedencia en 1937. La familia de su fundador fue extinguiéndose hasta 1946 en que Lisardo, el último de los sobrinos, falleciera en 1946.

437- CUETO, TORAÑO Y COMPAÑÍA
Almacén exportador de tabaco en rama sito en Estrella N° 107 y 109, La Habana.
1 Era propiedad de José María Cueto Toraño.
2 Cueto lo había fundado el 4 de marzo de 1947 en sociedad con sus hermanos Juan y Santiago, así como con Manuel Trelles González y José Menéndez García(VER), tras separase de "José Toraño y Compañía S en C"(VER) constituida el 8 de mayo de 1935 por José Toraño González –su principal accionista desde principio de los 40 y con quien estaba emparentado– a quien vendiera entonces el total de las acciones de su familia.

438- CULTURAL S.A.
La más importante impresora y editora de libros, ubicada en Agua Dulce 111 y 113 con 2 establecimientos de librería, "Cervantes", en Galiano 304 y "La Moderna Poesía", en Obispo 525, todos en La Habana.

1 Propiedad principal de José López Serrano, su presidente, en sociedad con los herederos de Ricardo Veloso Guerra, quien fuera su vicepresidente hasta su fallecimiento a principios de la década de los 50. Otros ejecutivos eran José María Flores, José Maldonado, Manuel Muñiz y Miguel Salvat.

López era propietario de "Club Hotel Comodoro"(VER) y de "Comercial Tu-Py S.A., Compañía"(VER), esta última en sociedad con Rogelio C.Novo con quien también tenía intereses en varias canteras: "Canteras Novo S.A."(VER), "Supermezcladora de Concreto S.A.", "Canteras Unidas S.A." y "Canteras de Guanajay S.A.".

Propietario de "Laboratorios Lex S.A." (VER), un laboratorio de especialidades farmacéuticas, dietéticas y biológicas, y para uso veterinario.

Era accionista del "Banco de Fomento Comercial"(VER), del cual era miembro del Consejo Director, y del "The Trust Company of Cuba", el principal banco, con $16 600 en acciones.

Propietario del edificio "López Serrano", sito en L y 13, Vedado,

López era hijo de José ("Pote") López Rodríguez, uno de los hombres más acaudalados en las primeras décadas del siglo y el más notorio entre los que quebraran cuando el crac bancario de 1921 debido a lo cual aparecería colgado en su casa el 28 de marzo de 1921, un incidente rodeado de conjeturas.

"Pote" había llegado a Cuba desde Galicia antes de cumplir los 20 años sin ningún medio de fortuna, ni educación, parientes o amigos, a pesar de lo cual se convirtió en uno de los más ricos.

Había logrado desplazar desde 1911 al capital norteamericano, encabezado por los intereses de Morgan, del control del "Banco Nacional de Cuba" del cual poseía el 51% de las acciones, poniendo al frente del mismo a W.Merchant, su vicepresidente y amigo y convirtiéndolo en el más importante de Cuba antes de la quiebra.

Había comprado en 1915 por $3 500 000 el central Conchita junto con el Asunción, que pertenecían ambos a Juan Pedro Baró, los que al año siguiente venderá a la Cuban Cane por $6 000 000 y desde 1916 sería propietario del central España que pierde con el crac pues se vio obligado a aportarlo en pago de sus deudas.

Había sido propietario además de los centrales Reglita y el Nombre de Dios, ambos en Oriente, más tarde demolidos.

Controlaba además las siguientes empresas: "Compañía Nacional de Finanzas", "Compañía de Accidentes del Trabajo", "Reparto Miramar", "Pavimentación de Cienfuegos", "Matadero Industrial", Compañía de Cementos Almendares", Casa Impresora de Timbre", "Spanish American Light and Power Company Consolidated".

También había sido propietario de los Talleres de Grabados de acero, del "Garage Moderno" –representante de los automóviles "Buick"– y otros variados intereses así como de almacenes de depósito de azúcar en los muelles de Cárdenas en los años 20, vocal de la Junta de la "Spanish American Light and Power Company Consolidated", cuya directiva estaba formado por representantes del "Banco Nacional de Cuba".

Junto con Marimón, presidente del "Banco Español de la Isla de Cuba" –que también quebrara cuando el crac– había formado una alianza de la burguesía azucarera criolla y española contra el capital financiero extranjero y fue uno de los principales soportes en la alianza del Gral. José Miguel Gómez con el capital español, ayudándole económicamente junto con los otros, recibiendo en compensación obras del gobierno de éste.

2 La firma se había fundado en septiembre de 1926 al unir la librería y editorial "La Moderna Poesía", establecida en 1890 y propiedad de José (Pote) López Rodríguez, con la "Cervantes" establecida en 1910 y propiedad de Ricardo Veloso, ambos españoles.

López había iniciado su legendaria fortuna en esta actividad. Había logrado, tras la instauración de la República, monopolizar la impresión de documentos oficiales complejos tales como sellos de timbre, bonos, acciones y billetes de banco, que imprimía en su "La Casa Del Timbre", el cual contaba también con un taller para la producción de tintas de impresión, dirigido por George P.Foster, un norteamericano que trabajara como segundo jefe en la Casa de Moneda de EE.UU. durante 17 años.

3 Prácticamente casi monopolizaba la impresión de los libros de texto, para lo que hubo de fundar a comienzos de los 50 el taller en Agua Dulce N° 111, Luyanó. Tal como sus competidoras "P. Fernández y Compañía" (VER) y "Editorial Cenit" (VER). Tenía su mayor negocio en los libros de texto por cuya venta pagaban comisiones a las escuelas privadas. Poseía agencias en varios países de América Latina.

439- CURTIDORA TANÍN S.A.

La mayor de todas las tenerías existentes con 104 trabajadores, ubicada en Caibarién y con un establecimiento en Camagüey para salar y descarnar.

1 Operadora de la fábrica perteneciente a "Industria Villablanca S.A.", ambas propiedad de Juan y Antonio Cazabón Gening.

2 Había sido fundada en 1876 por la familia Cazabón, estando desde los años 20 bajo la razón social de "Cazabón, Gening y Compañía" hasta 1952 en que se reorganizó en 3 firmas distintas, la "Industria Villablanca S.A.", propietaria de todos los activos fijos de la anterior, la "Curtidora Tanín S.A.", operadora de la fábrica y "Comercial Gening S.A., Compañía", dedicada a la compra y venta.

Juan Cazabón Echemendi y su hijo Salvador Cazabón Labés, francés éste, habían sido los gerentes hasta 1950. Este último se separó intentando constituir en 1956 la "Industrias Curtidoras Modernas".

3 Su capacidad ascendía a 6 000 000 de pie^2, de los que 1 000 000 se dedicaba a charol. Abastecía la mitad de la demanda total del país y, a pesar de eso, tenía una gran capacidad ociosa.

440- C. INGELMO Y HERMANOS

La más importante entre las 185 fábricas de calzado de hombre, marca "Ingelmo", con 100 trabajadores y 74 obreros, ubicada en Pedroso 102, Cerro, La Habana, y una tienda de peletería en San Rafael y Consulado en la misma ciudad.

1 Propiedad de los hermanos Cristóbal, Anastasio, Abilio y Paulino Ingelmo García, naturales de Salamanca, España, quienes eran además sus gerentes.

2 Fue fundada en 1924 a partir de un taller de calzado en la calle Infanta, propiedad de Cristóbal, trasladándose en 1931 para la calle Cádiz en el Cerro hasta 1941 en que se estableciera en su domicilio actual, habiendo abierto poco antes en febrero de 1937 su tienda.

3 Tenía una producción de más de 1 000 pares semanales, contaba con 250 agentes en el país y exportaba a EE.UU., Puerto Rico, Jamaica y otros países del Caribe.

441- DALLAS INSURANCE COMPANY
Agencia de seguros especializada en riesgos y accidentes con oficina en Aguiar N° 258.

1 Era propiedad de José Maria Tagle de Castro, abogado, su presidente, quien también lo era de "Tagle Castro S.A., Compañía", una corredora de seguros y fianzas, con oficina en Aguiar N° 263, apto. 4, La Habana.

442- DAVIS & MONTERO
Almacenista de vinos y licores, representante del whisky "Vat 69", el coñac "Martell" y la vodka "Smirnoff", con oficinas sitas en 23 N° 105 (sotano), Vedado, cliente del "Royal".

1 Rodolfo R Davis Rodríguez era su propietario, en sociedad con Oswaldo Montero de la Pedraja.

443- DELTA AIR LINE INCORPORATED
Aerolínea de pasajeros y carga "Delta", con oficinas en Prado N° 301 esq a Animas, La Habana.

1 Era una filial de casa norteamericana con sede en Atlanta, Ga., EE.UU., de la que su gerente general en Cuba era Clinton G. Sweazea.

2 Había hecho su solicitud para iniciar vuelos La Habana-Miami el 18 de agosto de 1949.

3 Operaba la línea La Habana-Nueva Orleans-Chicago y La Habana-Montego Bay en Jamaica, también con Caracas, Port-au-Prince, Ciudad Trujillo y con San Juan.

444- DERIVADOS DE LECHE S.A.
Fábrica de pasteurizar leche y de producción de mantequilla y quesos, marca "Guarina", con 160 trabajadores, ubicada en Camagüey. Una de las 7 fábricas de leche condensada y evaporada.

1 Propiedad de Juan José Hernández Mendoza, presidente, y su hijo Rodolfo Hernández Lasarte, vicepresidente, quienes poseían además la "Eléctrica Industrial S.A., Compañía" (VER) ubicada en la cuenca lechera de Sancti Spíritus.

2 Se construyó en 1929 como planta para pasteurizar convirtiéndose en fábrica de derivados lácteos en 1944 al pasar a sus actuales proietarios.

445- DESRIZADORA DE CABELLO PERMA-STRATE DE CUBA S.A.
Fábrica de crema desrizadora y otros productos para el cabello ubicada en calle Varona S/N, Arroyo Naranjo y una peluquería en calle Reyna N°361, La Habana.

1 Capital ascendente a $80 000, propiedad de 3 accionistas en sociedad con el BANDES, quien controloba $15 000. El principal era José D.García Pelayo con $31 800, quien era su presidente, y los otros, cada uno con $16 600, eran Leopoldo Pío Elizalde y Allyn S.Gordon.

3 Fabricaron la nave y adquirieron los terrenos con un financiamiento por $50 000 que el BANDES le otorgara el 25 de octubre de 1957, y, a pesar de que el propio organismo se manifestara dudoso, el 9 de diciembre de 1958 acordó suscribir las acciones.

446- DESTILADORA FOWLER YAGUAJAY S.A., COMPAÑÍA

Destilería y fábrica de ron "Fowler" y brandy "Don Alberto", sita en el central Narcisa, situado en Yaguajay, Las Villas.

1 Era propiedad principal de George R. Fowler Suárez del Villar(VER "NORTH AMERICAN SUGAR COMPANY"), también propietario del central.

447- DESTILADORA GANCEDO S.A., COMPAÑÍA

Destilería de alcoholes y aguardientes destinados a licores, perfumes, laboratorios, mezcla de combustibles y otros, con 60 000 litros diarios de capacidad de producción y 40 trabajadores, ubicada en Avenida Gancedo y Villanueva, La Habana.

1 Propiedad de Enrique Gancedo Toca, su presidente (VER "DE MADERAS GANCEDO S.A., COMPAÑÍA"). Jesús y Enrique Gancedo Ruiz eran vicepresidente y tesorero respectivamente.

2 Había sido fundada en 1920 por su propietario actual en cuyo año también fundara su destilería "Gancedo" sita en Acierto y Agua Dulce, La Habana.

448- DETERGENTES CUBANOS S.A.

Fábrica de detergente marca "Fab" y "Rápido", ubicada en Calzada de Buenos Aires, La Habana.

1 Asociada con "Crusellas y Compañía"(VER), filial ambas de la "Colgate-Palmolive" de capital norteamericano.

Su capital emitido ascendía a $811 140, de los que el 58% pertenecía a la "Colgate-Palmolive", mientras la familia Crusellas controlaba el 39 % y el 3 % restante estaba diseminado entre 30 accionistas más.

Luis R.Santeiro Crusellas, presidente y propietario de "De Inversion Industrial S.A., Compañía"(VER) y con intereses en "Crusellas y Compañía S.A."(VER), era su presidente, y Arthur Johnston, Carlos Rodríguez Crusellas y Oscar Alonso Soler eran vicepresidentes. Además de los mencionados integraban su Junta de Directores Francisco Gómez Díaz, Frank J.Carbon, y Héctor A. Hahn.

2,3 Iniciaron la producción del detergente "Fab" en 1951, un año después que "Sabatés S.A."(VER), para lo que obtuvieron un préstamo ascendente a $2 200 000 del "National City Bank of Cuba.

449- DE AEROPUERTOS INTERNACIONALES S.A., COMPAÑÍA (CAISA)

Propietaria y operadora del Aeropuerto Internacional "José Martí".

1 Propiedad casi total de José López Vilaboy (VER "EDITORIAL MAÑANA S.A."), su presidente, quien poseía $3 290 000 de un capital suscrito por $4 000 000. El otro accionista, con $20 000, era Ramón E. Ochoa López-Soler.

2 El aeropuerto se había inaugurado el 24 de febrero de 1930 con el nombre de "Gerardo Machado" habiendo sido construido por la "Compañía Nacional Cubana de Aviación Curtiss S.A.", antecesora de la "Cubana de Aviación S.A., Compañía"(VER), su propietaria hasta el 14 de octubre de 1952 en que pasara a la firma actual.

3 El BANDES le prestó $4 500 000 el 28 de julio de 1955 de los cuales $2 600 000 estaban destinados a la compra de acciones de su filial "Cubana de

Aviación S.A., Compañía"(VER), lo que serviría a su vez, junto con bonos del aeropuerto, como garantía del préstamo en una operación insólita.

450- DE ALIMENTOS KIRBY DE CUBA S.A., COMPAÑÍA

Principales empacadores de frijoles negros, colorados, blancos y garbanzos, marca "Kirby", ubicados en calle C N° 61, Reparto Redención, Marianao.

1 Su capital emitido ascendía a $100 000 y sus propietarios eran Alfonso Ruiz Blanco, su presidente, y Juan Oliva Alfonso, su tesorero-administrador.

2 Se constituyó el 1° de febrero de 1949. Sus productos se vendían en el país a través de la "Bestov Products" (VER) y en el extranjero a través de ellos mismos. Sus competidores principales eran las marcas "Taoro", "Conchita", "Condal" y el mayor de todos "Campbell's". Efectuaba gran propaganda a través de la publicitaria "Mestre, Conill y Compañía" (VER).

3 Sus maquinarias y equipos estaban valorados en $56 994 y sus ventas se habían elevado de $153 000 en 1950 a $231 000 en 1958 con un promedio en los últimos años de $216 400 pero con un mercado estático.

El BANFAIC le hizo 10 préstamos, el último de los cuales fue el 17 de octubre de 1958 por $28 000.

451- DE ALMACÉN MARÍTIMO INTERNACIONAL DE MATANZAS S.A., COMPAÑÍA

Concesionaria de la nueva Terminal Marítima de Matanzas, la sexta mayor contrata del BANDES, ascendente a $4 000 000.

1 Tenía capital suscrito por $100 000, de los que $55 000 pertenecían a Luis del Valle Raez (VER "AZUCARERA LUIS DEL VALLE Y HERMANOS"), su presidente, y $45 000 a Jorge Barroso Piñar(VER "AZUCARERA CENTRAL CUBA S.A.") suscrito por el Dr. Silvio Sanabria Santamaría a nombre de éste. Jesús Novoa Palmón, yerno de Barroso, era el vicepresidente.

2 Se constituyó el 17 de mayo de 1956 y el 5 de septiembre del propio año recibió la concesión del BANDES. Poco antes del Valle había escrito el 13 de abril de 1956 sobre el proyecto a Nicolás Arroyo, Ministro de Obras Públicas, y a Joaquín Martínez Sáenz, Presidente del BANDES y su amigo y antiguo correligionario del mismo partido. Su construcción se le adjudicó a "Constructora Luma S.A."(VER), también propiedad de Luis del Valle, y terminó de construirse en junio de 1961.

3 La inversión se fundamentaba en que el 45% del total de las exportaciones del puerto de Matanzas estaban constituidas por el azúcar de los centrales Cuba y Santo Domingo(VER "AZUCARERA CENTRAL CUBA S.A."), propiedad de los Tarafa y presidida por Jorge Barroso, los que se embarcaban por los muelles Dubroq y Fomento, perteneciente a la "General Cubana de Almacenes Públicos S.A., Compañía"(VER), que estaban en muy mal estado.

Era la segunda inversión destinada a los embarques de azúcar a granel tras la autorización oficial plasmadas en los Decretos de 1955 pero sólo comenzaría a operar en 1963.

El BANDES además le otorgó un préstamo ascendente a $1 200 000 para sufragar el proyecto de construcción de la Terminal que había tenido algunas dificultades.

452- DE AUTOS Y TRANSPORTES S.A., COMPAÑÍA
Agencia de autos, camiones y accesorios "Dodge" con sede en Edificio "Dodge" en 23 N° 101, Vedado.

1 Era propiedad de Eugenio R.Fernández Mederos, quien también era uno de los principales ganaderos de Cuba con 1 015 caballerías de tierra, atendiendo a la cual era el 38° en importancia. Su hijo, Eugenio Walter Fernández Meso, estaba al frente.

2 En los años 30 había operado la agencia de autos bajo la razón social de "Ortega y Fernández".

453- DE CINTAS DE TELA, COMPAÑÍA
Fábrica de tejidos con 169 telares y capacidad para 3 000 000 de yardas, ubicada en la Ave. Bailey en el Reparto La Lisa, Marianao.

1 Propiedad de la familia Behar integrada por Roberto Behar Maya y sus 4 hijos Isaac, Gastón, Moisés y Regina Behar Behar(VER "RIBBON FABRIC COMPANY OF CUBA").

3 Había hecho inversiones en maquinarias por $631 000. El 18 de agosto de 1953 se le favoreció con el Decreto N°2144 del 7 de agosto de 1953 sobre las industrias nuevas, extensivo también a su otra textilera, a lo que se había opuesto la familia Hedges, propietarios de la "Textilera Ariguanabo, Compañía"(VER) y de "Rayonera de Cuba, Compañía"(VER).

454- DE CONSTRUCCIONES CAJIGAS, COMPAÑÍA
Contratista de obras, ubicada en el Malecón de Santiago de Cuba.

1 Propiedad de Francisco Cajigas García del Prado (VER "MOLINO ARROCERO CAJIGAS S.A."), quien tenía variados intereses en minería, arroceras y molinos de arroz, inmuebles, cines y múltiples posesiones en Isla de Pinos.

3 Cliente del Banco Agrícola e Industrial.

455- DE CONSTRUCCIONES ESTRELLA CUBANA S.A., COMPAÑÍA
1 Contratista de obras, propiedad de Antolín del Collado Jr., hijo del español y naviero, Antolín del Collado, propietario de líneas navieras que cubrían la ruta entre La Habana y la Fe en Pinar del Río a fines del pasado siglo y principios de éste.

456- DE EFECTOS MUSICALES GIRALT S.A., COMPAÑÍA
Comercio importador y al detalle de equipos eléctro-domésticos con 120 agencias en el país y ubicada su casa principal en O'Reilly N° 457, La Habana. Distribuía radios Philips de Holanda, refrigeradores Hot Point y televisores Du Mont de Estados Unidos. La firma incluía también a "Philips Cubana, Compañía de Productos Eléctricos, S.A.".

1 Era propiedad de María Teresa Torrado Ponce, quien la había heredado de su esposo, José Giralt Cibera, fallecido en los primeros años de la década de los 50.

2 Filial de la casa matriz "N.V. Philips G."de Holanda. Había sido fundada el 3 de septiembre de 1898 por José Giralt Pagés constituyendo 10 años después la razón social "J. Giralt e Hijos", al entrar de socio su hijo José Giralt Cibera, quien lo administrará largo tiempo hasta su fallecimiento.

Originalmente se dedicaba al giro de música en general, estableciendo en 1915 una fábrica de pianos cuyo producto tuvo gran aceptación constituyéndose en

1922 con la razón social actual bajo la presidencia de José Giralt Cibera. SegÚn la propia firma habÍa sido la primera en establecer el sistema de ventas a plazos.

3 Su situación económica no era satisfactoria pues tenía déficit que se venía acumulando desde 1957 por lo que el capital en acciones ascendente a $750 000 había disminuído a $230 000.

Su capital líquido ascendía a $747 000, su capital de trabajo a $696 000, su activo corriente a $2 790 000, sus ventas a $2 520 000 y en 1958 tuvieron utilidades netas por $18 000. Su índice de solvencia era de 1.35 y su índice de capital de 2.73. Tenían que recurrir mucho al crédito, adeudando $930 000 a los bancos a finales de 1958.

Cliente del Banco Continental. La "Philips Cubana" tenía adeudos también con otros bancos por $800 000, arrojando pérdidas sus ventas a plazos. Ambas empresas tenían crédito con otros bancos por $2 300 000

457- DE ESPECTÁCULOS HABANA S.A., COMPAÑÍA

Cabaret "Montmartre" sito en 23 y P. Vedado.

1 Era co-propiedad de Efrén de Jesús Pertierra Liñero (VER "RESTAURANT, BAR Y CAFE MONSEGNEUR S.A."), quien también era propietario del restaurant "Monseigneur" y tenía intereses en el Frontón Jai-Alai de Concordia 556.

2 Fue fundado durante la década de los 30 y se llamó con anterioridad "Molino Rojo". El 28 de octubre de 1956 se realizó en su local un atentado realizado por los revolucionarios Juan Pedro Carbó Serviá y Rolando Cubela Secades donde resultaron muertos Antonio Blanco Rico, jefe del SIM, y heridos el Cnel. Silito Tabernilla y otros altos oficiales por lo que estaría clausurado cierto tiempo.

458- DE FOMENTO DE BACURANAO S.C.P., COMPAÑÍA

Propietaria de la Playa de Santa María, formada por la finca "Itabo" de 42 caballerías, en el barrio de Bacuranao, La Habana.

1 Capital ascendente a $180 000, el 50% del cual controlaba Ramón Balsinde Arocha, su vicepresidente y, la otra mitad, a partes iguales, el Dr. Arturo Bengochea González, su presidente, y Raúl Lerteiro López, su vicetesorero. Eugenio Ibáñez Varona era el tesorero. También eran propietarios de "De Fomento e Inversiones S.C.P, Compañía"(VER), propietaria de terrenos en la propia playa.

Balsinde, junto con sus hermanos Manuel Antonio, ya fallecido, Gustavo y Humberto, así como sus hermanas Francisca, Mercedes y América, había heredado de su padre, Antonio Balsinde, el central San Ramón(VER "AZUCARERA MARIEL S.A., COMPAÑÍA"), propiedad de su familia desde 1884. El central fue presidido por su padre hasta 1918, arrendándolo en 1919-1920 a Fritz Julius Peterson, un sueco norteamericano, y tras un pleito judicial con la arrendataria, en que lo apoyara el M.Gral.Menocal, Presidente de la República y tío de su nuera Esther, volvería a operarlo como "San Ramón S.A.".

Con posterioridad, desde finales de los 30, sería su vicepresidente y su hermano, Manuel Antonio, ya fallecido, el presidente.

Bengochea, natural de Cienfuegos, tenía intereses en "Constructora del Litoral S.A."(VER), en "Mercantil del Puerto de La Habana, Compañía"(VER), en "Cooperativa de Ómnibus Aliados S.A."(VER) y en "Ómnibus Metropolitanos S.A., Compañía"(VER), en las que estaba asociado con Julio Iglesias de la Torre(VER "PETROLERA SHELL MELL DE CUBA, COMPAÑÍA").

2 Se constituyó el 13 de noviembre de 1936 por Dionisio Velasco Sarrá(VER "DE FOMENTO DEL TÚNEL DE LA HABANA S.A., COMPAÑÍA"), quien la había heredado de su padre Dionisio Velasco Castilla que la comprara el 24 de mayo de 1919.

Con posterioridad su control había pasado a los actuales propietarios en sociedad con los hermanos Pedro y José Grau Triana (VER "DE FOMENTO DEL TÚNEL DE LA HABANA S.A., COMPAÑÍA"), quienes se separaron en mayo de 1950, asumiendo Bengochea la presidencia el 20 de noviembre de ese año.

459- DE FOMENTO DE BAUTA S.A., COMPAÑÍA

Constructora y concesionaria para la ampliación del Acueducto de Bauta, Punta Brava, Santa Fe y Baracoa.

1 Era una filial de "Playas del Golfo S.A."(VER). El Ing. Julio Lecuona, su presidente, era su propietario, a la vez que era socio a partes iguales con Fulgencio Batista en la casa matriz.

3 Recibió un préstamo de Financiera Nacional por $500 000 el 29 de octubre de 1954 que fue ampliado posteriormente en $90 000.

460- DE FOMENTO DEL TÚNEL DE LA HABANA S.A., COMPAÑÍA

Concesionaria del Túnel de la Bahía de la Habana y administradora de la "Zona General de Influencia del Túnel".

1 Tenía un capital ascendente a $10 000 000, siendo propiedad de Fulgencio Batista (VER "DE INMUEBLES S.A., COMPAÑÍA"), a cuyo favor Pedro Grau Triana, su primer presidente y promotor, había endosado las acciones en blanco, parte de ellas a favor de "Urbanizadora Sogomar S.A." y otras, endosadas en blanco, por Álvaro Velasco Montalvo.

Álvaro González Gordon era su presidente y su vicepresidente era Gaudencio Castro Zolozábal, el cual figuraba en otras firmas favorecidas por el BANDES y con intereses de Fulgencio Batista como era la "Mercantil del Puerto de La Habana"(VER), "Constructora del Litoral"(VER) y otras.

Grau, vocal de la "Cervecería Modelo S.A."(VER) y esposo de Mimí Bacardí, la escultora, había sido el promotor de uno de los proyectos más ambiciosos durante el gobierno de Fulgencio Batista, la construcción del Túnel de la Bahía que creaba condiciones para la especulación de los terrenos y la urbanización de la zona, donde tenía intereses desde los años 40 como en "De Fomento de Bacuranao S.C.P., Compañía"(VER), propietaria de la Playa Santa María. Además desde hacía años estaba relacionado con la familia Velasco Sarrá, principales terratenientes del lugar.

Tenía intereses en varias urbanizadoras beneficiadas con el proyecto como "Parques Residenciales Guanabacoa Cojímar S.A." (VER), en "Parques Residenciales Las Noas S.A."(VER) y "Urbanizadora El Olimpo S.A."(VER). Además de los negocios de los Repartos, estaba promoviendo la "Electrificadora Bandeste S.A., Compañía"(VER) que pretendía unir con la planta de generación de electricidad del central Hershey y con la "Planta Atómica", que planeaba construir en terrenos del central, así como una ciudad industrial en Boca de Jaruco debido a su cercanía a Miami, por lo que había iniciado negociaciones para la compra de los 3 centrales del Grupo Hershey, uniéndose con Julio Lobo y otros en esa operación(VER

"AZUCARERA GÓMEZ MENA S.A., COMPAÑÍA"). Por último tenía intereses también en "Industrias Siporex S.A."(VER)

2 Se constituyó el 16 de junio de 1954 con el aporte de tierras beneficiadas por el Túnel comprendidas en la llamada "Zona General de Influencia del Túnel" desde la desembocadura del río Itabo en "Boca Ciega" y dos meses después, el 4 de agosto del propio año, la Ley Decreto N°1550 le otorgó la concesión para la construcción del Túnel de La Habana, aprobado por una Ley Decreto del 27 de julio de 1954.

La concesión para la construcción del túnel fue adjudicada en los primeros días de 1955 a la "Societé des Grand Travaux de Marsella" (VER) para lo cual Financiera Nacional le aprobó el 19 de septiembre de 1955 un financiamiento por $35 000 000, de los que se destinaron $28 500 000 para este propósito cuya apertura se realizó el 31 de mayo de 1958. El resto se empleó para la construcción de la Avenida Monumental otorgada a la "Asociación de Contratistas Independientes S.A."(VER).

Los principales propietarios de tierra eran los herederos de Dionisio Velasco Sarrá, integrados por su viuda Mercedes Montalvo y sus hijos Álvaro, José y María del Carmen así como las tías de éstos María Teresa y Celia, quienes poseían en total más de 20 000 000 de m^2 y aportaron $2 267 900 al capital de la firma.

Los herederos de Dionisio Velasco eran propietarios de "Territorial Méganos S.A., Compañía"(VER), de "Urbanizadora El Acana"(VER) y de "Urbanizadora Sogomar S.A."(VER). Mercedes Montalvo era prima de Esperanza Montalvo ex-esposa de Julio Lobo.

Celia Velasco Sarrá era propietaria de "Territorial Playa de Bacuranao S.A., Compañía"(VER) y de "Territorial San Hilario, Compañía"(VER), tenía intereses en "Empacadora Cooperativa Cubana"(VER) y había sido propietaria de "Parques Residenciales Las Noas S.A."(VER).

María Teresa Velasco Sarrá, esposa de Álvaro González Gordon, era propietaria de "Urbanizadora Villa Real S.A."(VER).

Las tierras habían sido propiedad de María Teresa Sarrá Hernández –hermana de Ernesto (VER "ERNESTO SARRA HERNANDEZ"), también gran propietario inmobiliario– y, tras su fallecimiento en 1919, habían pertenecido a su viudo, el Ing. Dionisio Velasco Castilla, quien la legara a sus hijos.

Velasco Castilla era también miembro del Consejo de Dirección de la "Cubana de Fianzas, Compañía"(VER), integrado por importantes propietarios de la época así como vocal "Del Ferrocarril de Tunas a Puerto Padre, Compañía", constituida el 16 de octubre de 1909, cuya Junta estaba presidida por el Mayor General Mario García Menocal.

El Ing.Dionisio Velasco, Concejal del Ayuntamiento de la Habana en 1906 designado por Estrada Palma durante su intento de reelección, había intentado urbanizar sus tierras desde 1912 en que había impulsado un proyecto para la construcción de un puente sobre la bahía que originara durante años polémicas, estudios, asesoría extranjera y el cual resurgiera en 1937-40, esta vez no sólo como puente, sino también como túnel. El Arq.Manuel Febles, Ministro de Obras Públicas, retomó la idea del túnel en 1949, construyéndose entonces sólo la carretera de la Vía Blanca y, en 1954, el Ing. José Menéndez, que fungiría como asesor técnico de la obra, presentaría un proyecto a la par con la firma francesa.

Otros propietarios de grandes extensiones de tierras en dicha zona eran la "Aeropuerto Internacional de La Habana S.A., Compañía"(VER), con 6 954 m^2 destinados originalmente a la construcción de un nuevo aeropuerto y que a partir de 1955 pasó al control de Pedro Grau (VER "URBANIZADORA EL OLIMPO") quien fomentara allí el Reparto "Colinas de Villareal". También figuraba la "Del Este de la Bahía de La Habana, Compañía" con 2 154 000 m^2, la "Parque Residencial Las Noas S.A." con 700 000 metros cuadrados y otros pequeños propietarios con 100 000 a 300 000 m^2.

461- DE FOMENTO E INVERSIONES S.C.P, COMPAÑÍA
Propietaria de 3 1/4 de caballerías en Bacuranao que formaban parte de la playa Santa María.

1 Capital ascendente a $25 000, el 50% del cual controlaba Ramón Balsinde Arocha, su vicepresidente y, la otra mitad, a partes iguales, el Dr.Arturo Bengochea González, su presidente, y Raúl Lerteiro López, quienes también eran propietarios de "De Fomento de Bacuranao S.C.P, Compañía"(VER), propietaria de la propia playa.

2 Fue constituida el 24 de mayo de 1938.

462- DE FOMENTO MARÍTIMO S.A., COMPAÑÍA
Astillero y flota de pesca ubicado en Casablanca.

1 Su presidente era Gabriel Palmer Bestard.

3 Cliente del Banco de Nova Scotia con préstamos originados en 1948 y sobregiros a partir de 1952 ascendente a $190 000.

463- DE FOMENTO QUÍMICO S.A., COMPAÑÍA
Planta productora de bisulfuro de carbono, filial de la "Rayonera de Cuba S.A., Compañía"(VER), a quien abastecía del producto.

1 Capital emitido ascendente a $562 500, propiedad de la familia Hedges (VER "TEXTILERA ARIGUANABO S.A., COMPAÑÍA"). Gottfried K.Smith, Benjamím Martell, Esteban Uncadella Pla y Rafael Talavera Gastón eran el presidente, el vicepresidente 1°, el 2° y el 3° respectivamente.

2 La planta comenzó a operar en 1948 junto con la de "Químico Comercial de Cuba S.A., Compañía" (VER), otra planta que abastecía de ácido sulfúrico a la "Rayonera Cubana S.A., Compañía".

3 Sus activos corrientes ascendían a $356 070, su valor en libros a $467 775, sus utilidades giraban alrededor de los $20 000 y tenía deudas por $442 500 que databan de 1949.

464- DE FOMENTO Y TURISMO DE CIENFUEGOS S.A. COMPAÑÍA
Hotel y motel "Jagua", con 6 pisos, 145 habitaciones y 13 cabañas, ubicado en Punta Gorda, Cienfuegos.

1 Capital pagado ascendente a $700 000 propiedad de José López Vilaboy (VER "EDITORIAL MAÑANA S.A.") con algo más de la mitad de las acciones, en sociedad con la familia de Del Valle formada por Amparo Suero, viuda de Anciselo del Valle Blanco, y sus hijos Amalia, María Teresa, Purísima Concepción, Amparo, Leopoldo y Anciselo del Valle Suero.
López Vilaboy era el presidente y los vicepresidentes eran José Álvarez Suárez y Anciselo del Valle Suero, mientras Felipe Silva Fernández era el tesorero y Nico-

lás Gutiérrez Castaño y Francisco Fernández Suárez(VER "LUIS G.MENDOZA Y COMPAÑÍA") eran ambos Consejeros.

Acisclo del Valle Blanco, nacido en Asturias el 17 de noviembre de 1865 y fallecido el 28 de diciembre de 1919, estudió en Cangas de Onis, llegando a Cuba en 1882, donde llegaría a ser jefe y director de la casa de Nicolás Castaño(VER "COMUNIDAD DE BIENES HERMANOS CASTAÑO"), de la cual se separaría en 1902 para establecerse independiente constituyendo la razón social de "Suero, Balbín y Valle".

Había sido uno de los propietarios de "De Seguros y Fianzas de Cienfuegos, Compañía"(VER), propiedad principal de Nicolás Castaño Capetillo, así como el primer presidente de "Cienfuegos Industrial S.A.", fábrica de cigarros "La Villareña", sita en Cienfuegos, fundada por Fernando Revuelta y Hermengildo Alfonso y de la que Eliseo Rangel sería su presidente en los años 20; Modesto del Valle, vicepresidente; Fernando M.Revuelta, tesorero.

También había sido el presidente del "Cienfuegos Yatch Club" desde su fundación en 1918 hasta su fallecimiento en que fuera entonces sustituido por el Dr.Emilio del Real Tejera, presidente de Honor del "Club Náutico de Cazadores de Cienfuegos", fundado el 24 de mayo de 1900 como "Club de Tiro de Cienfuegos", que estaba presidido por Nicolás Castaño. Había comenzado la construcción en 1917 del "Palacio del Valle" situado en la intersección del Paseo del Prado con el Malecón de Cienfuegos, que no pudo habitar pues falleció antes de su terminación.

2 El proyecto de un hotel, a construirse en los terrenos aledaños al Palacio Valle, el cual se dedicaría a casino de juego y cabaret, había sido promovido desde 1951 por José Álvarez Suárez, respaldado por el Comité Local de Turismo de Cienfuegos. Suárez, posteriormente presidente del Instituto de Turismo de Cienfuegos, solicitó financiamiento al BANFAIC durante el Gobierno de Prío el 28 de enero de 1952 y después con Batista el 21 de mayo de 1953, siendo en ambas ocasiones rechazado. En 1954 gestionó con un grupo de Chicago asociado al hotel Sevilla Biltmore hasta que finalmente entraría López Vilaboy.

3 El hotel fue inaugurado en 1959 a un costo de $2 500 000. Su costo estimado original fue de $2 000 000, pero al elevarse posteriormente a $2 500 000, López Vilaboy le solicitó al BANDES un préstamo por $600 000. Cliente del Banco Hispano Cubano(VER), propiedad de Vilaboy.

465- DE HOTELES LA RIVIERA DE CUBA S.A., COMPAÑÍA

Hotel "Riviera" con 21 pisos y 368 habitaciones, ubicado en Paseo, Malecón, 1ª y 6 en el Vedado, La Habana. El primero de los grandes hoteles terminado de construir durante la década del 50 y el segundo mayor después del "Hotel Havana Hilton" (VER).

1 Sus propietarios eran capitales extranjeros representantes de la maffia y funcionarios del Gobierno de Batista.

Capital suscrito ascendente a $4 000 000 propiedad de 23 accionistas principalmente norteamericanos, donde los tres mayores eran Samuel Garfield con $780 000 y los hermanos Harris y Ben Smith con $680 000 y $640 000 respectivamente. Estos dos últimos fueron el presidente y el tesorero respectivamente hasta el 23 de abril de 1957 en que renunciaron.

Irving Feldman, nacido en Austria en 1890 y ciudadano norteamericano, tenía $120 000 y fue desde el 24 de junio de 1958 presidente de su Junta, a la par que su hijo

Mortimor tenía $180 000. El Dr. Eduardo Suárez Rivas era el secretario y miembro de su Junta de Directores y Propietarios representando a figuras del gobierno.

Otros accionistas importantes eran Julius E. Rosengard, norteamericano residente en Cuba con $320 000, Percy Smith con $200 000, Charles Baron, "Komer and Company Inc", ambos con $160 000, Benjamín Siegel con $140 000, Samuel y Hyman Abrans con $120 000 cada uno, Arthur Levine con $100 000, Josheps Ross y Mortimor Feldman, ambos con $80 000 y otros 9 accionistas que sumaban entre todos $300 000.

2 Se constituyó el 23 de febrero de 1956 y se inauguró el 10 de diciembre de 1957 con la asistencia del Cardenal Arteaga, quien lo bendijo, del vicepresidente de la República Guas Inclán, Justo Luis del Pozo, Alcalde de La Habana, y varios Ministros del Gobierno, junto con alrededor de 100 norteamericanos identificados como miembros de la maffia, así como varios artistas de Hollywood como Ginger Rogers, Lou Costello y otros, y fue ampliamente difundido en EE.UU., a través del "Show de Steve Allen", el de mayor audiencia.

El proyecto arquitectónico se debió a "Feldman Construction Corporation" de Miami Beach y autorizado facultativamente en Cuba por el Arq.Manuel Carrerá Machado. El terreno costó $1 253 000. Su costo presupuestado era de $12 000 000, de los que el BANDES aportó la mitad, el primero, el 25 de abril de 1957 por $5,5 millones y $500 000 el 23 de octubre de 1958, debido a gestiones de Eladio Ramírez del "Banco Financiero" que, aunque originalmente sería el financista, no pudo reunir la suma. Martínez Sáenz se entrevistaría por primera vez el 16 de julio de 1956 con Henry Smith en presencia de Eladio Ramírez, Enrique León y Martínez Zaldo, los 3 últimos del Banco Financiero.

Tenían proyectado además construir otro hotel bautizado como "Mónaco" a un costo estimado entre $8 y 10 millones de los cuales el BANDES aportaría $4 millones después de los otros $4 adelantados por la firma según carta del 11 de mayo de 1956 enviada por éstos al "Banco Financiero" quien a su vez otorgaría crédito de $3,5 millones una vez puesto en marcha.

Cecil Mills de la "Associated Federal Hotels" estaba en trámite para su compra en agosto de 1958 habiendo solicitado como condición que el BANDES ampliara el préstamo original.

3 Su Casino, que era el más lujoso de los 10 existentes en Cuba, estaba operado por Meyer Lansky –uno de los principales jefe de familia de la maffia norteamericana, jefe y promotor del juego en La Habana y con intereses en el hotel– y en sólo 4 meses había obtenido utilidades por más de $3 000 000. Al frente de éste se encontraba Edward G. Levingston, quien formaba parte de la Junta de Directores de la firma.

El primer año tuvo utilidad neta de $395 000 aunque en el próximo de 1959 sufrieron pérdidas. Fue intervenido a mediados de 1959 por el BANDES. Cliente del Banco Financiero con préstamos por $230 000.

466- DE INMUEBLES S.A., COMPAÑÍA

Propietaria de diversos terrenos en Miramar, Nuevo Vedado, Puentes Grandes y en Ampliación de Almendares.

1 Propiedad de Fulgencio Batista, quien la testara en secreto a favor de sus hijos del primer matrimonio, siendo su Apoderado Cristóbal Díaz González (VER "RADIO REPORTER S.A.").

Batista se había convertido en uno de los hombres más acaudalados de Cuba –si es que ya no era el más– sobre todo a partir de su último gobierno.

Era propietario de 3 centrales: "Agrícola Defensa S.A., Compañía"(VER), de "Industrias Andorra S.A."(VER) y "Rancho Veloz Sugar Company S.A."(VER), amén de intereses en la "Azucarera Atlántica del Golfo S.A., Compañía"(VER). Sus centrales tenían una capacidad total de 935 000 @ diarias, que lo convertía en el 14° hacendado y el 6° entre los de capital no norteamericano.

También poseía la "Agrícola Delta S.A., Compañía"(VER), colonias de caña con cuota de 18 571 11 que molían para el central "Washington".

Su esposa aparecía, junto a uno de sus hijos, como poseedora del central Andorra y, además, en sociedad con José López Vilaboy, controlaba casi a partes iguales el 80% de las acciones, del "Banco Hispano Cubano".

En el sector industrial era propietario de "Técnica Cubana S.A., Compañía" (VER), principal propietario de "Servicios Metropolitanos de Gas S.A." (VER), ambas ampliamente favorecidas por el BANDES, y tenía intereses en "Industrias Siporex S.A." (VER), favorecida por el BANFAIC.

Era propietario, siempre a través de terceros, de varias firmas en el sector de los medios de prensa: de "Alerta S.A."(VER), de la Revista "Gente S.A.", de la "Compañía Editorial Mediodía S.A."–de la que controlaba $300 000 en acciones–, de "Radio Reporter S.A."(VER), de "Cadena Oriental de Radio"(VER), del "Circuito Nacional Cubano"(VER), de "Radio Siboney S.A."(VER), de "Inversiones Radiales S.A., Compañía" y "Canal 12 S. A."(VER) de Televisión.

En el sector del transporte era propietario único de "Interamericana del Transporte S.A., Compañía"(VER), propietario mayoritario de "Aerovías Q, S.A."(VER), el mayorista entre los propietarios privados de "Cubana de Aviación S.A." (VER) y tenía intereses en "Naviera Cubana del Atlántico S.A."(VER) y en "Cuba Aeropostal S.A.". Había sido favorecido por el BANDES en la primera y en la tercera de las mencionadas. Es posible que tuviera fuertes intereses en las 2 firmas del transporte urbano de la capital, o sea la "Cooperativa de Ómnibus Aliados" y en "Ómnibus Metropolitanos S.A., Compañía" a través de Julio Iglesias de la Torre y Eugenio Ibáñez Varona.

En el del turismo era propietario único de "Motel El Oasis S.A., Compañía" (VER), de "Fomento y Turismo de Trinidad S.A., Compañía", propietario principal de "Hoteles Isla del Tesoro S.A."(VER) y co propietario de "Playas del Golfo S.A." (VER), así como de "Compañía Hotelera Antillana", de "Compañía Territorial Playa Francés", de "Gerona Beach Territorial S.A." y de "Compañía Urbanizadora Varadero S.A.".

Propietario de firmas contratistas todas especialmente favorecidas con contratas del gobierno y financiamientos del BANDES, tales como "Ingeniería del Golfo S.A., Compañía" (VER), la contratista con la más costosa obra de su gobierno, la construcción de la carretera Boca de Jaruco-Matanzas ascendente a $35 000 000. Con probabilidad tendría fuertes intereses también en "Constructora del Litoral S.A., Compañía"(VER) y en la "Mercantil del Puerto de La Habana S.A."(VER).

Tenía diversidad de bienes inmuebles entre los que se contaban "De Fomento del Túnel de La Habana S.A., Compañía" (VER), "Propietaria de Fincas Rústicas S.A." (VER), "Urbanizadora Crismercy S.A., Compañía" (VER), "Urbanizadora Cruz S.A."(VER), "Urbanizadora del Sur, Compañía" (VER), "Urbanizadora Varadero

S.A."(VER), "De Inversiones Bonti S.A., Compañía", "De Fomento Almendares S.A., Compañía", "Compañía Inmobiliaria Marimuca S.A.", de "Compañía de Inversiones Dofinca S.A.", de "Compañía Inmobiliaria Adorsinda", de "Compañía de Inversiones y Desarrollo de Baracoa", de "Sociedad Marimelena Realty Company", de "Compañía Urbanizadora Valvelano S.A.", de "Urbanizadora Crysa S.A.", terrenos en el norte del Vedado, de "Inversiones Dalmen", de "Inmobiliaria Miramar", de "Compañía Territorial San Vicente S.A." y, por último, tenía intereses en "Propiedad Horizontal Miramar"(VER), así como varios terrenos y edificios en Primera y 36, Miramar, en Galiano y Malecón, en Malecón y San Lázaro, en G y 27, etc.

Propietario de "De Inversiones Victoria S.A., Compañía" (VER), tenedora de diferentes emisiones de bonos de la República, ascendentes a $500 000; de bonos de la "Cuban Telephone Company" por $200 000; títulos del "Banco Godoy-Sayán de Ahorro y Capitalización"; y de "Construcciones Marítimas Baliza S.A.", tenedora de bonos del BANDES.

Era además propietario de "De Parquímetros Cubanos S.A., Compañía", una importadora de parquímetros para el cobro y medición del tiempo del aparcamiento de autos en La Habana, que fue uno de los últimos escandalosos negocios donde se involucrara.

2 Se había constituido en 1936 por lo que era una de sus más antiguas propiedades.

467- DE INVERSIÓN INDUSTRIAL S.A., COMPAÑÍA

Fábrica de caramelos y confituras con la marca "Alicia", ubicada en Reyes N° 254, Luyanó, La Habana.

1 Propiedad de Luis R. Santeiro Crusellas, presidente de "Detergentes Cubanos S.A."(VER) y con intereses en "Crusellas y Compañía S.A."(VER), en ambas de las cuales su familia, los Crusellas, descendientes de los fundadores, y los Santeiro, integrada por unas 20 personas, aun controlaban el 40 % de las acciones.

3 Situación económica poco satisfactoria pues operaba con pérdidas debido a la mala administración y a la fuerte competencia en el giro, por lo que se esperaba su liquidación. Tenía adeudos desde octubre de 1953.

Cliente del Banco Nova Scotia con $25 000 de crédito.

468- DE INVERSIONES BALASPIS S.A., COMPAÑÍA

1 Empresa fantasma, propiedad de Fulgencio Batista (VER "DE INMUEBLES S.A., COMPAÑÍA"), arrendataria de la caja de seguridad N° 58 del The Trust Company of Cuba, donde se conservaba entre otras cuestiones:

3 A) uno de sus testamentos ológrafos elaborado el 17 de enero de 1957 que designaba como beneficiarios a sus hijos de matrimonio y extramatrimoniales por $2 260 000 en efectivo y $988 000 en valores. Según escribiera el propio Fulgencio Batista en otro testamento ológrafo conservado en una caja de seguridad 255 y 297 del Banco Gelats: "éste (se refiere a la de la Compañía de Inversiones Balaspis S. A.) debe ser el testamento oficial para que el apellido que lleva, mi nombre, no sufra por malos entendimientos o equivocaciones en su prestigio...". Los albaceas eran su esposa Marta Fernández, sus hijos Rubén Batista Godínez y Jorge L. Batista Fernández, así como sus dos testaferros Andrés Domingo y Manuel Pérez Benitoa.

B) efectivo ascendente a $2 260 000.

C) solicitud de préstamo al BANFAIC de "Industria de Frutas Cítricas S.A".

D) "Urbanizadora Varadero, S. A.": recibo de los intereses de acciones cobrados por Juan Fernández Oller.

E) pliego suscrito por Fulgencio Batista para distribuir la suma de $1 500 000 entre las viudas del conflicto armado con fecha 13 de septiembre de 1958.

469- DE INVERSIONES EL TRÉBOL S.A., COMPAÑÍA

Urbanizadora y propietaria de tierras ubicada en las fincas El Naranjo, Viudedad y La Güira, en Cojímar.

1 Propiedad de 16 accionistas con un capital suscrito ascendente a $488 000, siendo los principales con $48 800 cada uno, Miguel A.Suárez León, su presidente y Fernando G. Mendoza Zaldo, su vicepresidente, el Dr.José M.Carballido Chao, Fernando Martínez Zaldo, presidente de "Zaldo y Martínez"(VER), Pedro Miragaya, Dr. Néstor Carbonell Lavari, Dr. Miguel Varona Galbis, Francisco Vidal Más (VER "GANADERA CANANOVE S.A., COMPAÑÍA").

Otros accionistas eran Francisco Saralegui Arrizubieta (VER "PUBLICACIONES UNIDAS S.A.") con $42 400, Alicia Longa de Arellano (VER "PRODUCTOS ALIMENTICIOS CANIMAR S.A., COMPAÑÍA") con $12 200, Ernesto de Zaldo Deschapelles con $8 400.

2 Se constituyó el 5 de marzo de 1956.

470- DE INVERSIONES VICTORIA S.A., COMPAÑÍA

Tenedora de diferentes emisiones de bonos de la República, ascendentes a $500 000.

1 Propiedad de Fulgencio Batista (VER "DE INMUEBLES S.A., COMPAÑÍA"), quien se la otorgó en testamento ológrafo secreto a sus hijos del primer matrimonio.

471- DE MADERA GANCEDO S.A., COMPAÑÍA

Aserradero de maderas y fábrica de tejas, ferretería y materiales de construcción, ubicado en Ave. Gancedo y Vía Blanca, Luyanó.

1 Propiedad de Enrique Gancedo Toca, español, su presidente y propietario además de "Destiladora Gancedo S.A., Compañía"(VER), de "Comercial Gancedo S.A., Compañía" y tesorero y accionista de "Terminal de Ómnibus S.A."(VER). Jesús y Enrique Gancedo Ruiz eran vicepresidente y tesorero respectivamente.

2 Fue fundada en 1907 bajo la razón social de "Gancedo y Crespo S en C" que en 1912 variaría para "Gancedo Toca y Compañía", siendo Enrique Gancedo su socio principal y administrador en sociedad con varios residentes en Francia y España.

472- DE MADERAS TÉCNICAS Y MATERIALES PLASTIFICADOS, COMPAÑÍA

Firma cubana de capital mixto privado, copropietaria juno con una firma inglesa de la "Cubana de Plywood S.A. Compañía" (VER), una nueva planta para producir maderas compuestas o técnicas, plywood y la plastificación de estos productos.

1 Capital suscrito ascendente $774 000 del que el BANDES controlaba el 51% y Mario del Cañal Ferrer y su esposa Dominica Saravia Vidal el 49% restante.

Cañal en realidad apenas había aportado capital pues del total suscrito por él, ascendente a $369 000, el BANDES insólitamente le había facilitado un préstamo por $300 000 el 21 de noviembre de 1958.

Efrén Suárez Montalvo, el Dr. Mario del Cañal Ferrer y Ectore Reynaldo Zúñiga, eran el presidente, vicepresidente y tesorero respectivamente, donde el primero y el último representaban al BANDES.

2 Se constituyó el 17 de marzo de 1957. El negocio había sido promovido por Mario del Cañal, en unión de Samuel Buchlander, ante el BANDES que autorizara el financiamiento el 14 de marzo de 1957.

Buchlander, quien fuera su primer presidente y su director técnico, fue eliminado en junio de 1958 debido a malos manejos por comisiones en compra de equipos tras lo cual se creara la asociación con capital inglés en "Cubana de Plywood S.A., Compañía". Entonces tenía un capital ascendente a $1 025 000 del cual el BANDES poseía el 33%, Mario Espino Escalés (VER "CONCORDIA TEXTIL S.A.") otro 33% y finalmente Samuel Bucghlander en sociedad con Mario del Cañal Ferrer el 33% restante.

3 El BANDES aportó en total $1 125 000, de los que $375 000 suscribió en acciones, y el resto entregó en efectivo el 7 de marzo de 1958. Posteriormente el 21 de noviembre de 1958 el BANDES prestó $300 000 a Mario del Cañal para que éste suscribiera las acciones.

Utilizaría como materia prima el marabú que no existía en la provincia, por lo que su ubicación no era racional, además de aglutinantes importados. Su producción se destinaría a sustituir el plywood en encofrados, en la construcción de muebles, puertas y ventanas y, una vez plastificado, a la formica.

473- DE MANGANESO ORIENTAL AMERICANA S.A., COMPAÑÍA

Arrendataria de las minas del Grupo Pompo, minas Caratanas y Grupo Amaru en Pilón y Portillo, Oriente.

1 Subsidiaria de la "Pan American Minerals Incorporated". Frank Totter, su presidente, había sido administrador de 1941 a 1947 de la "Cuban Mining Company".

2 Había sido constituida en 1951 en Delaware por Eugene L.Norton, su presidente, y por Willian F.Ingold, su vicepresidente, quien había sido presidente de la "Freeport Sulphur Company" cuando ésta tenía el control absoluto de la "Cuban Mining Company " en El Cristo, Oriente.

3 De 1931 a 1946 produjo manganeso en Cuba hasta agotarse las existencias, comenzando la exploración de varias denuncias en 1951. Había arrendado el 5 de marzo de 1954 las minas que se calculaba tenían una reserva de 600 000.

474- DE MINERALES MIREYA S.A., COMPAÑÍA

Mina de cobre en exploración en las concesiones Santa Irene, Carrazana, Ampliación de Carrazana y Neiba con un total de 110 Ha., localizadas en Viñales, Pinar del Río.

1 Capital ascendente a $20 010 y 400 accionistas. La familia Torres tenía el 51 % de las acciones pues había aportado las 4 concesiones mineras. Martín Torres Valle y Emilio Álvarez Linares eran su presidente y administrador general.

2 Se constituyó el 31 de octubre de 1955. La finca "Compañía Ganadera El Rosario"(VER), donde se encontraban las minas, habían sido compradas, tras descubrirse los yacimientos, por Alberto Vadía (VER "INGENIERÍA VAME S.A."), quien les estaba creando dificultades en su derecho de paso.

3 El BANDES le autorizó un financiamiento por $150 000 el 25 de junio de 1958 que en definitiva rechazó.

475- DE MOTELES OAKES, COMPAÑÍA

Motel "Las Casas River" o Motel "Shangri-La" de 50 habitaciones, ubicado en la carretera de Nueva Gerona a Santa Bárbara, Isla de Pinos, a 5 Km de la primera en las márgenes del río Las Casas en el lugar conocido por Shangri-La.

1 El promotor y propietario era el norteamericano John H. Oakes, quien también poseía otros 2 moteles de 79 habitaciones en Pennsylvania valorados en $500 000.

3 Tenía un costo proyectado por $300 000. El BANDES le autorizó el 24 de abril de 1958 un financiamiento por $160 000 que, aun cuando nunca llegara a formalizarse, no obstante se comenzó su construcción con financiamiento de su propietario. El doctor Alejandro Herrera Arango, Ministro de Hacienda, recomendó al BANDES al Dr. Roberto Morales Patiño con ese mismo propósito el 11 de diciembre de 1958.

476- DE PARQUÍMETROS CUBANOS S.A., COMPAÑÍA

Importadora de parquímetros para el cobro y medición del tiempo del aparcamiento de autos en La Habana.

1 Era propiedad de Fulgencio Batista (VER "DE INMUEBLES S.A., COMPAÑÍA").

3 Los parquímetros eran vendidos a la "Organización Nacional de Estacionamientos Públicos"(ONEP), un organismo estatal de carácter autónomo que los instaló a partir de marzo de 1957 y de cuyos ingresos por su uso destinaba un 80 % a 4 instituciones benéficas y el resto a sus propios gastos.

Poseía una cuenta en un banco de Nueva Jersey donde se le abonaban $57.50 por cada uno de los parquímetros que su fabricante, la "The Karpark Corporation" de Cincinnati, Ohio, ingresaba a su vez en la cuenta de la "Park Meter Corporation", otra firma constituida el 11 de febrero de 1957 en Nueva York por los testaferros de Batista sólo para estos propósitos.

477- DE PINTURAS KLI-PER S.A., COMPAÑÍA

Fábrica de pintura "Kli-Per" con 60 obreros ubicada en Capdevila, La Habana, la cual ocupaba el segundo lugar entre las 5 existentes atendiendo al monto de las ventas.

1 Su presidente-tesorero y principal propietario era Lucas F. Viera (VER "FERRETERÍA CALVO Y F.VIERA S.A."), y Paul Nickse Viera y Mike González eran ambos vicepresidentes. Lucas F.Viera había sido presidente, promotor y propietario de "Cerámicas Kli-Per" hasta su fallecimiento en 1958 cuando sus herederos la vendieron.

2 Se fundó en 1934 por su presidente asociado con G.Symington bajo la razón social "Symington and F. Viera" variando en 1938 para su nombre jurídico actual y quedando Viera como su único propietario a partir de 1940 en que sus socios se separaron. La planta fue dañada por los ciclones de 1939 y 1944.

478- DE PRÉSTAMOS DE LA HABANA S.A., BANCO DE CAPITALIZACIÓN Y AHORRO, COMPAÑÍA

1 Banco de ahorro y capitalización, sito en Paseo del Prado N° 11, La Habana, cuyo presidente-tesorero era Luis Cullel Torres y Manuela Carmelo Hernández, su vicepresidente.

479- DE PRODUCTOS DE FIBRAS MANATÍ S.A, COMPAÑÍA

Fábrica de tablas prensada de bagazo y resinas, situada en el batey del central Manatí, en Dumañuecos, Las Tunas, Oriente, de capital norteamericano y británico. Fue la primera fábrica que se estableció en el mundo que utilizaría bagazo en vez de madera en este tipo de tabla de producción contínua mediante un proceso experimentado en Inglaterra.

1 Era una de las firmas controladas por el Grupo Braga-Rionda (VER "AZUCARERA CÉSPEDES S.A., COMPAÑÍA"). Tenía un capital emitido ascendente a

$800 000 y era filial de la "Manatí Sugar Company"(VER), propietaria a su vez del central donde se ubicaba, quien poseía el 51% de las acciones en sociedad con el banco británico "E.D.Sassoon Banking Company Ltd." y con el Ing.John O'Sullivan, un norteamericano residente en Puerto Rico, quienes poseían a mitad el resto.

3 Su capacidad de producción ascendía a 3 toneladas por hora ó 25 millones de pie^2 de tabla de 3/8".

El BANFAIC le otorgó el 17 de mayo de 1955 un financiamiento por $1 200 000 de un proyecto que ascendía a $1 788 440.

480- DE REFRESCOS CANADA DRY DE CUBA S.A., COMPAÑÍA

Embotelladora de refrescos marca "Canada Dry", que producía el "Ginger Ale", agua carbonatada, spur cola y naranja, sita en Infanta y Amenidad, La Habana.

1 Era una filial de la casa matriz de Canadá. Chalmer Easton Van Anglen era su vicepresidente y administrador, habiendo sustituido en 1957 a Carlos García González del Río.

481- DE SEGUROS DE ORIENTE S.A., COMPAÑÍA

Firma de seguros contra incendios, riesgos y accidentes, sita en Hartmann N° 507, Santiago de Cuba y oficinas en O'Reilly N° 152, 2° piso, La Habana, cliente del "Nova Scotia".

1 Humberto García Carbonell era su presidente, así como presidente de la "Cervecería Central de Manacas" y presidente y accionista con $5 000 de "Molinera Oriental S.A."(VER), ambas propiedad principal de la familia Bacardí.

Enrique Cañas Abril era el director general y administrador y también vicepresidente II y uno de los principales accionistas de "Molinera Oriental S.A."(VER), propiedad principal de la familia Bacardí.

482- DE SEGUROS MUTUOS CONTRA INCENDIOS "EL IRIS", COMPAÑÍA

Empresa de seguros contra incendios, con oficinas en el edificio de su propiedad en Empedrado N° 312, La Habana.

1 Su Consejo de Dirección estaba presidido por el Ing. Francisco Salaya de la Fuente, hermano de Eduardo, ex-presidente del "Banco de Fomento Comercial"(VER) y de César, yerno de Segundo Casteleiro Pedrera (VER "SUCESORES DE CASTELEIRO Y VIZOSO S.A."). Su vicepresidente era el Dr. Fernando Ortiz Fernández, destacado etnólogo y sociólogo cubano.

Entre sus vocales se encontraba Ángel Alonso Herrera, Marqués de Tiedra, el Dr. Samuel Giberga Touzet, Alberto Crusellas Álvarez, Ramón Poblet Carbó, Segundo Casteleiro Pedrera, Pedro Ponte Blanco, Dionisio Ruisánchez Fuentes, Celestino González Franco y José Maseda Bouso.

2 Era la más antigua empresa de seguros y la primera que se fundara el 20 de mayo de 1855 por José María Morales. Salaya había sido desde los años 30 el vicepresidente, cuando la presidía Antonio Larrea Lobera y, ya desde ese entonces, Fernando Ortiz, el Marqués de Tiedra y Giberga eran también vocales de su Consejo de Dirección. Con anterioridad, durante los años 20 había estado presidida por Antonio González Curqueja.

3 Era una aseguradora del tipo "mutua" que devolvía a sus asegurados el sobrante anual de las operaciones, el cual había ascendido a cerca de $5 millones en el período de 1909 a 1953. Su primer presidente fue Juan Neninger y el actual había sucedido a Antonio Larrea Lobera.

Hasta 1953 el importe total de los seguros ascendía a $145 000 000 de los cuales se habían pagado por concepto de siniestros $2 736 000.

483- DE SEGUROS Y FIANZAS DE CAMAGÜEY, COMPAÑÍA

Firma de fianzas y seguros contra riesgos y accidentes, sita en Cuba N° 165, La Habana

    1 Rodolfo Rodríguez García era su vicepresidente

484- DE SEGUROS Y FIANZAS DE CIENFUEGOS S.A., COMPAÑÍA

Firma de seguros contra incendios, de riesgos y accidentes, así como de fianzas, asentada en Hourruitiner, Cienfuegos, con oficinas en Aguiar N° 363, La Habana.

    1 Era una de las firmas propiedad de la familia Cacicedo (VER "CACICEDO Y COMPAÑÍA S.L."), siendo presidida por Esteban Cacicedo.

    2 Fundada en 1909 con un capital pagado ascendente a $250 000, por Nicolás Castaño Capetillo(VER "COMUNIDAD DE BIENES HERMANOS CASTAÑO"), su presidente hasta su fallecimiento, en sociedad con Anciselo del Valle Blanco (VER "DE FOMENTO Y TURISMO DE CIENFUEGOS S.A. COMPAÑÍA"), Eliseo Rangel Jiménez –su presidente tras el fallecimiento de Castaño–, Carlos Felipe Gutiérrez, Andrés Díaz de Villegas, Francisco Argüelles, Modesto Novoa Moure y otros. Carlos Felipe Gutiérrez había sido su presidente durante años.

485- DE SEGUROS Y FIANZAS ORBE S.A., COMPAÑÍA

Firma de fianzas sita en Obispo N° 252.

    1 Era propiedad principal de Basilio del Real (VER "CUBA INDUSTRIAL Y COMERCIAL S.A.") en sociedad con Antonio Soto Castellanos con quien también estaban asociados en el "Banco de Fomento Comercial"(VER) y en "La Paz S.A."(VER).

Soto tenía otros intereses en el giro de los seguros pues poseía también la "De Seguros Nacional Lloyd, Compañía", agencia de seguros marítimos, representante de la "Lloyd" de Londres, sita en Oficios N° 152 y, además, era Consejero de "La Cubana, Compañía Nacional de Seguros".

486- DE SPORT Y FOMENTO DE TURISMO, COMPAÑÍA

Propietaria y operadora del "Frontón Jai Alai", sito en Concordia y Lucena, donde se efectuaban los juegos de pelota vasca.

    1 Era propiedad principal de Elicio Argüelles Pozo, su presidente, en sociedad con Efrén de Jesús Pertierra Liñero (VER "RESTAURANT, BAR Y CAFE MONSEGNEUR S.A."), propietario del restaurant "Monseigneur" y del cabaret "Montmartre" y otros. Manuel Lastra y Emilio Eguiluz eran el administrador y el intendente respectivamente.

Argüelles, uno de los miembros de la "Junta Consultiva" del "Diario de la Marina S.A."(VER), era hijo del asturiano Ramón Argüelles Alonso que fundó en 1849 "Argüelles y Hermanos", una casa comercial de tabaco en rama, a partir de la cual levantó una fortuna que trasfirió a España, donde era considerada la mayor de origen cubano, y a Inglaterra, donde era socio de la Banca Schöder. Fue desde 1881 el principal accionista de "Caminos de Hierro de La Habana" que reestructuró como "Banco de Comercio, Ferrocarriles Unidos de la Habana y Almacenes de Regla", además de comerciante-banquero, operando bajo su propio nombre, con oficina en 9 N° 39, Vedado, que desapareciera tras el crac de 1921.

2 El Frontón fue inaugurado el 10 de marzo de 1901 recibiendo del Ayuntamiento la concesión para operarlo hasta 1912, siendo entonces administrado por Basilio Sarazqueta, pero a partir de 1918, Argüelles pasó a operarlo.

487- DE TERRENOS DE TARARÁ S.A., COMPAÑÍA
Propietaria de tierras de la playa "Tarará" comprendidas en la llamada "Zona de Influencia del Túnel de La Habana".

1 Su propietario y presidente era el norteamericano Royal Silvester Wester Ferguson y su hija Helen Wester Walsh era la vicepresidenta.

2 Se había constituido el 3 de agosto de 1912, siendo propietaria de 1 610 000 m^2 comprendidos en la finca Tarará y la finca San Martín compradas el 5 de agosto de 1927.

3 Para la constitución de "De Fomento del Túnel de La Habana S.A., Compañía"(VER), otorgó terrenos valorados en $195 300.

488- DE TRANSPORTE DE ÓMNIBUS LA RANCHUELERA S.A., COMPAÑÍA
Ruta de ómnibus interprovinciales desde Sagua la Grande a La Habana así como de rutas intermunicipales en la Provincia de Las Villas, con oficina central en Lorda N° 1, Santa Clara, Las Villas. Era la 9ª ruta interprovincial en orden a sus ingresos.

1 Su capital social era sólo de alrededor de $30 000 propiedad a partes iguales de sus tres gerentes Cirilo Padrón Cruz, natural de Islas Canarias, y los cubanos Francisco Rodríguez Rodríquez y Ricardo Ramos Feito, quienes eran propietarios también de "Importadoras, Distribuidoras y Exportadoras S.A.", dedicada a los accesorios para autos.

2 Se consideraba entre las más antiguas y de las mejor organizadas habiéndose constituido el 27 de agosto de 1945 al entrar sus actuales propietarios.

3 Sus activos fijos ascendían a $500 000. El BANDES le denegó una solicitud de financiamiento por $450 000.

489- DE TRANSPORTE MAR CARIBE S.A., COMPAÑÍA
Naviera de buques tanques destinado fundamentalmente al cabotaje para el transporte de mieles y siropes, siendo la única en Cuba con este tipo de embarcaciones.

1 Sus principales accionistas eran Antonio Falcón del Castillo, presidente, Francisco A. Rovirosa Ruiz y Octavio Verdeja Aramburu, éste último tesorero y administrador e hijo de Octavio Verdeja Neyra (VER "CONSERVAS CLIPPER S.A.").

2 Se constituyó el 14 de septiembre de 1946. Era propietaria de los buques "Falcón", "Ethel B", "Farole" y "Mar Caribe", de los que los 2 últimos los tenía destinados a travesías por falta de demanda en el cabotaje.

3 Aunque sus ingresos por fletes ascendían a $780 000 y aumentaban progresivamente, sus utilidades netas habían disminuído de $146 000 en 1957 a sólo $3 527 debido a pérdidas en el último buque adquirido y en el "Farole". Sus activos totales ascendían a $962 981.

El BANFAIC le prestó $500 000 el 19 de septiembre de 1957 para la compra de su cuarto buque tanque, el "Mar Caribe" de 2 047 Ton, construido en Noruega en octubre de 1954 a un costo de $550 000.

490- DE VAPORES ISLA DE PINOS S.A., COMPAÑÍA

Naviera dedicada al tráfico de cabotaje, ubicada en Nueva Gerona, Isla de Pinos, propietaria de los barcos "Pinero", "Willians", "Sarasota" y el "Ferry".

1 Era propiedad mixta estatal-privada, formada por el BANDES, quien aportara $99 000, y por la "Compañía Mares del Sur S.A. Compañía", que aportara $100 000 y era propiedad principal de Justo Luis del Pozo, Alcalde de La Habana de 1952-1958, y otros socios entre los cuales figuraban Ramón Rodríguez Gutiérrez (VER "RAMÓN RODRÍGUEZ E HIJOS") y su hijo Luis Rodríguez González, quienes eran su presidente y vicepresidente respectivamente mientras Manuel A. González del Valle Hierro (VER "CONSTRUCTORA M.GONZÁLEZ DEL VALLE") era el tesorero y Conrado Zayas Pomares era el vicetesorero.

Justo Luis del Pozo tenía intereses en "Hoteles Isla del Tesoro S. A."(VER), también ubicado en Isla de Pinos, en sociedad con Fulgencio Batista, y proyectaba erigir una nueva fábrica de cigarrillos del tipo norteamericano junto con Ramón Rodríguez. Estaba asociado desde hacía años con González del Valle (VER "CONSTRUCTORA M.GONZÁLEZ DEL VALLE") a cuya constructora había adjudicado el jugoso contrato del Acueducto de Cuenca Sur, y quien era presidente de "Hoteles Isla del Tesoro S.A.".

2 Se había constituido originalmente el 15 de febrero de 1908, modificándose a su forma actual el 18 de agosto de 1958.

3 El BANDES le otorgó el 27 de noviembre de 1958 un financiamiento por $99 000 destinado a la construcción de un almacén en Batabanó así como a la reparación de los barcos.

491- DEL FERROCARRIL CUBANO DE HERSHEY, COMPAÑÍA

Servicio de ferrocarril público de vía ancha en trenes eléctricos que hacían la ruta por la costa norte entre Casa Blanca y Matanzas, con ramales a Bainoa, Santa Cruz del Norte, Jaruco, el cual además enlazaba los centrales San Antonio y Rosario con la refinería del Hershey a donde enviaban sus azúcares crudos.

1 Era una filial de la "Hershey Corporation"(VER), propiedad principal de Julio Lobo (VER "AZUCARERA GÓMEZ MENA S.A., COMPAÑÍA").

2 Milton S.Hershey lo fundó en 1916. Sus ingresos brutos se habían incrementado progresivamente desde 1918 en que eran de algo más de $138 000 hasta 1927 en que sobrepasaran el $1 millón y se mantuvieran hasta 1935 más o menos alrededor de esta suma

3 Tenía 190 Km de servicio público con 7 salidas diarias y 130 de líneas privadas para servir a los centrales, una estación de gobierno manual en Hershey y 2 sub-estaciones automáticas en Elisa y Margot.

La planta eléctrica para el ferrocarril estaba equipada con sendas calderas que quemaban bagazo y petróleo respectivamente para suminstrar energía además al central, la refinería y a diversos pueblos hasta una distancia de 25 millas a cada lado de la línea.

492- DIARIO DE CUBA

Periódico matutino "Diario de Cuba", ubicado en Corona Nº 562, Santiago de Cuba. El más importante de los diarios de provincia.

1 Propiedad de Eduardo Abril Amores, quien era también su director, nacido en Baracoa el 22 de diciembre de 1884 y residente desde joven en Banes donde fundara en 1902 la "Voz de Banes" y el "Correo Semanal" en 1910 y autor de "El Plan Trienal del coronel Batista".

2 Fue fundado por su actual propietario el 1º de diciembre de 1917, 7 años antes que "Oriente"(VER), el otro periódico de Santiago de Cuba.

493- DIARIO DE LA MARINA S.A.

Periódico matutino "Diario de la Marina", el más antiguo e importante diario de Cuba, vocero principal de la burguesía, en especial de los comerciantes e intereses españoles en Cuba y, en menor medida, de banqueros y hacendados, ubicado en Prado Nº 553, La Habana.

1 Propiedad de la familia Rivero. Silvia Hernández, viuda de Rivero, poseía el 55% de las acciones y el resto se distribuía entre sus hijos José Ignacio, Nicolás, Alberto, Silvia y Oscar, los 2 últimos casados con 2 hermanos Sosa Chabau (VER "AZUCARERA SANTA REGINA S.A., COMPAÑÍA"). Eran propietarios también de "Agrícola Ganadera "El Recurso" S.A., Compañía"(VER).

Desde 1945 tras la muerte de Pepín Rivero el 1º de abril de 1944 contaba con una "Junta Consultiva" integrada por Silvia Hernández, su viuda, como Presidenta y sus hijos Oscar e Ignacio como administrador y director, así como el Cardenal Arteaga, Cosme de la Torriente y Ramiro Guerra.

Formaban parte de ella además importantes representantes de distintos sectores económicos entre los que figuraban Agustín Batista, presidente del "The Trust Company of Cuba"(VER), miembro de la familia Falla; Juan Gelats, presidente y propietario del "Banco Gelats"(VER); Humberto Solís Alió, co-propietario de "Solís, Entrialgo y Compañía S.A."(VER); José Gasch Prieto, presidente y propietario de la tienda por departamento "La Filosofía S.A."(VER); Julio Blanco Herrera, presidente y principal propietario de la "Nueva Fábrica de Hielo S.A."(VER); Jorge Barroso, presidente de "Azucarera Central Cuba S.A."(VER), así como presidente del ICEA y uno de los principales elaboradores de la política azucarera del gobierno de Batista; Segundo Casteleiro (VER "SUCESIÓN DE CASTELEIRO Y VIZOSO S.A."); Rafael Palacios, presidente y propietario de "Antigua Papelera Cubana S.A."(VER).

Por último, José Manuel Cortina, propietario de "Hacienda Cortina", ganadero, colono y tabacalero; Benito Bello, miembro del Consejo Director de las empresas de seguro La Alianza, La Metropolitana y Sociedad Panamericana de Seguros S.A.; Vicente Fernández Riaño; José María Chacón y Calvo; Raúl de Cárdenas, Vicepresidente de la República de 1944 a 1948; Elicio Argüelles, presidente "De Sport y Fomento de Turismo, Compañía"(VER), propietaria y operadora del "Frontón Jai Alai", así como el Dr.Pedro Hernández Llovio, hermano de la presidenta, como secretario de la Junta.

Eugenio de Sosa Suárez, suegro de 2 hermanos Rivero había sido su presidente de 1940-45 pero el 8 de febrero del último año la Junta General de Accionistas había creado, además de la Junta Consultiva, un "Comité Ejecutivo" integrado por Silvia Hernández, viuda de Rivero, como presidenta; Jorge Barroso como vicepresidente; Ramiro Guerra, director del periódico; Eliseo Guzmán, posteriormente director y co-propietario, junto con Amadeo Barletta, del periódico "El Mundo", administrador; Francisco Ichaso, miembro ex-oficio como secretario y Pedro Hernández Llovio, secretario.

En ese entonces se designó director a Ramiro Guerra y como subdirector a José Ignacio Rivero Hernández, Eliseo Guzmán y Oscar Rivero Hernández, como administrador y sub-administrador. Posteriormente en 1947 Ramiro Guerra renunció y al año siguiente se sustituyó el Comité Ejecutivo por la Junta de Gobierno integrada por Silvia Hernández, Jorge Barroso y Hernández Llovio como presidente, vicepresidente y secretario respectivamente. También formaban parte de esta última, su actual director, José Ignacio Rivero, su administrador Oscar Rivero, el ingeniero Gastón Baquero, jefe de Redacción y Manuel Luis del Riego, jefe de Información.

2 El 16 de septiembre de 1832 había comenzado su publicación como "El Noticioso y Lucero de La Habana", en cuyas páginas colaboraran José Antonio Saco y el poeta Plácido, que fue el resultado de la fusión del periódico habanero "El Noticioso" de Manuel Francisco Salinero con "El Lucero", fundado originalmente en Matanzas y trasladado el año anterior a La Habana por José Perera. Isidoro Araujo de Lira fue su primer director.

Al concedérsele en 1844 el privilegio de ser órgano oficial del Apostadero de la Marina, adoptaría su nombre actual siendo entonces su principal empresario y promotor cl catalán Ramón Pintó, fusilado una decena de años más tarde.

A partir de marzo de 1857, con la constitución de una empresa donde figuraban las principales fortunas de tratantes y hacendados españoles, el "Diario" se convertiría en el vocero autorizado del sector predominante de la oligarquía, cuya imagen no abandonaría hasta su nacionalización.

Sus principales propietarios en aquel entonces constituían lo más poderoso y acaudalado de la oligarquía española, entre ellos Salvador Samá, Julián de Zulueta y Rafael Toca, además de Rafael Rodríguez Torices, José Solano Alvear, José Pla Monje, Andrés Isasi, Agustín Esteban Franganillo y Dionisio Alcalá Galiano.

A partir de 1895 sus acciones pasaron a ser controladas por Nicolás Rivero Muñiz, quien lo dirigió hasta 1919, sucediéndole su hijo José Ignacio Rivero Alonso, hasta su fallecimiento el 31 de marzo de 1944. Este último se destacó como cronista y periodista, escribiendo una sección famosa que se llamaba "Impresiones". A partir de 1905 tiene casa propia.

Durante el gobierno del Gral. del E.L.Machado se había clausurado por breve tiempo. Fueron presidentes de la empresa del Diario el Conde de Galarza, el Marqués de Pinar del Río, Emeterio Zorrilla, el Marqués de Rabell, Casimiro Heris, Sabás E. Alvarés y Nicolás Rivero Alonso, Conde de Rivero.

3 Sus activos oscilaban durante los años 50 alrededor de los $3 millones, siendo en 1957 de $3 300 000 y tenía una utilidad neta que en 1953 era de $276 944 y en 1957 de $289 000, manteniéndose durante el período alrededor de esa cifra. Construyó un nuevo edificio a un costo de $1 500 000 para lo que recibió en 1952 un crédito por $500 000 del The Trust Company of Cuba que afectó su posición corriente viéndose obligado a dedicarle la totalidad de sus utilidades.

494- DIARIO NACIONAL
Editora del periódico matutino "Diario Nacional", sito en Aranguren y Masó, La Habana.

1 Era propiedad principal de Berta Dulzaides Cao, en sociedad con Jorge de Mena Mestre, Dr.Eusebio Santalla del Castillo, José C.Rivero Boucourt –estos 3 vicepresidentes–, Silvia Freyre de Andrade de Fernández Fernández y otros.

2 Dulzaides, su presidenta, había estado casada con Eliseo Guzmán Álvarez quien, tras el fallecimiento de Pepín Rivero, director del "Diario de la Marina"(VER), había formado parte del "Comité Ejecutivo" que se formara presidido por Silvia Hernández Lovio el 8 de febrero de 1945.

Poco después el 5 de agosto de 1949, Guzmán había comprado, a partes iguales con Amadeo Barletta, el periódico "El Mundo" (VER "EDITORIAL EL MUNDO S.A., COMPAÑÍA") que pasó a presidir y a dirigir, pero pocos días después, el 26 de agosto, falleció. Raúl Rivero, su hijo político, pasó entonces a representar los intereses familiares en el Consejo de Directores y como sub-director hasta el 26 de enero de 1951 en que se salieran de la sociedad, fundando después el actual.

495- DÍAZ DE VILLEGAS, CONTRATISTAS S.A.
Contratista de obras con oficina sita en 11 Nº 511, Vedado.

1 Era propiedad de René Díaz de Villegas (VER "MINERA BUENAVISTA S.A.") y José Molé Betancourt era su superintendente.

496- DISTRIBUIDORA CUBANA DE PRODUCTOS ELÉCTRICOS S.A.
Almacenista de efectos eléctricos, radios y refrigeradores marca "Zenith", sito en el Edificio del Centro Asturiano, San Rafael Nº 1, La Habana.

1 Era propiedad de Jorge J. Justafré Fernández de Arce.

3 Tenía viejas deudas por $650 000 con el "The Trust Company of Cuba" quien lo interviniera en 1956.

497- DISTRIBUIDORA MACK DE CUBA S.A.
Importadora de los camiones Mack, accesorios de autos y camiones, ómnibus y equipos para incendios, con oficina en Marina Nº 67 esq. a Vapor, La Habana, que era cliente del "Trust".

1 Propiedad de Evelio Bosque Cueto, en sociedad con su hermano Fredesvindo. El primero también era representante de "Importadora Bosgón S.A.", de la cual Mario González Lazcano era su presidente.

498- DISTRIBUIDORA NACIONAL DE FERRETERÍA Y EFECTOS SANITARIOS S.A.
Almacén importador de ferretería y efectos eléctricos y su venta al por mayor, ubicado en Concha Nº 909, Luyanó, La Habana.

1 Propiedad de la familia Hernández, propietaria también de la planta eléctrica "Hernández y Hermanos"(VER). Los principales accionistas eran el Dr. Carlos Hernández Mendoza, su presidente, y el Dr. Alfredo Hernández Díaz, sobrino del anterior, así como Bernardino Álvarez Menéndez.

2 Se constituyó el 28 de agosto de 1953 como continuadora de "Ferretería Álvarez S.A." con muchos años en el giro.

3 Su inversión total ascendía a $450 000, las ventas a $900 000 y tenía activos por cerca de $500 000.

499- DOMINGO GONZÁLEZ S EN C
Almacén de víveres finos y repostería de dulces marca "Wonder Cake", así como servicios de buffet, con el nombre comercial de "La Segunda Catalana", sito en Obrapía Nº 216 entre Cuba y San Ignacio.

1 Era propiedad de Domingo González Roca.

500- DOMINGO ISASI ORUE
Fábrica de glucosa que representaba el 97 % de la producción, así como de almidón, marca "Santo Domingo", sita en Finca San Agustín, barrio Güiro Marrero, Quivicán, Habana.

1 Era propiedad de Domingo Isasi Orúe quien la operaba bajo su propio nombre.

501- DROGUERÍA DE JOHNSON S.A.
Fabricantes de insecticidas, de desinfectantes, perfumes y productos farmacéuticos, así como distribuidores de productos farmacéuticos y químicos, droguería y farmacia, conocida como "Droguería Johnson", sita en Obispo Nº 260 esq a Aguiar, La Habana, cliente del "Royal" y del "Trust".

1 Era propiedad de Teodoro Johnson Anglada, catedrático de la Universidad de La Habana.

502- DUPONT INTER-AMERICA CHEMICAL COMPANY INCORPORATED
Poseían 2 instalaciones: un almacén y establecimiento comercial de pinturas, plásticos, productos fotográficos, fibras textiles, nylon, dacron, orlon y otros productos químicos marca "Du-Pont", sito en San Lázaro Nº 799 con sucursales en toda la República y una fábrica de pinturas, barnices y lacas ubicada en San José de Las Lajas, que eran clientes del "Boston".

1 Era una de las 4 filiales en Cuba de firmas norteamericanas controladas por el Grupo financiero de los Du-Pont, cuya casa matriz era "E.I.Dupont de Nemours and Company, Inc.", siendo su administrador general en Cuba Humberto Villa y su gerente Fred Baker.

2,3 La construcción de la fábrica comenzó el 1º de noviembre de 1957 y su puesta en marcha se realizó el 26 de octubre de 1958 a un costo de $2 000 000.

503- DUSSAQ & COMPANY LTD. S.A.
Consignatarios de vapores, con oficina en Edificio Sinclair en O Nº 102, Vedado.

1 Era propiedad de José Cidre Ochoa, fallecido a fines de la década de los 50, en sociedad con Maurice Labarrére Le Mat, quien también era vicepresidente de "Nueva Compañía de Productos de Asbesto Cemento"(VER), la mayor de las 2 fábricas de asbesto-cemento existente, así como vocal de la Junta Directiva de la "Cámara de Comercio de la República de Cuba" en 1958.
Representaban a "The Pacific Steam Navigation Company" que hacía servicios regulares de carga y pasajeros entre La Habana y España, Francia, Inglaterra, Colombia, Perú, Chile y Centro América, a la "Royal Mail Lines Ltd" y a "Seaboard Air Railroad Company".

2 Había sido fundada en 1870 por el francés Marcel Le Mat Polony quien fuera su presidente hasta su fallecimiento el 10 de octubre de 1944. La firma se había dedicado además en el pasado a seguros, a fábricar conservas y bebidas, velas francesas, así como habían poseído una fábrica de ginebra y licores sita en el Vedado con oficina en la Lonja del Comercio.

Maurice Labarrére Cotiart, hijo político del fundador y padre del socio actual, quien era además Cónsul General de Grecia, había sido durante años su gerente y Cidre su vicepresidente. Labarrere era vocal de la Junta Directiva de la "Cámara de Comercio de la República de Cuba" en 1958 como representante de la firma.

3 Cliente del "City" y del "Royal".

504- DUSSAQ & TORAL S.A.

Consignatarios de buques, agentes de seguros y fianzas y agentes generales de varias navieras, con oficina en Edificio Horter, Obispo Nº 61, 2º piso, La Habana.

1 Era propiedad de Maurice Dussaq Piñeiro y Lorenzo Toral Paso quienes eran el presidente y el vicepresidente. Entre otras representaban a "Holland American Line", Royal Netherland Steamship Co", Lloyd Brasileiro", "Federal Insurance Co", "Norwegian American Line", etc.

Además operaban los ferries propiedad de la "West India Fruit & Steamship Company Incorporated"(VER), así como el embarque y desembarque de las mercancías transportadas en esos ferries, las cuales eran responsabilidad de "The Havana Car Ferries Operating Company", también de su propiedad.

2 Fue fundada por el francés Dussaq, cuyo hijo René Dussaq Fischer, nacido en Cuba donde falleciera el 27 de mayo de 1942, había entrado como gerente desde 1912 y. pocos años después la había reestructurado con la entrada de Toral. Su razón actual había sido constituida por sus propietarios el 25 de mayo de 1946.

En el pasado habían sido representantes y agentes de casas navieras, de seguros, de conservas y bebidas, velas francesas, así como habían poseído una fábrica de ginebra y licores sita en el Vedado con oficina en la Lonja del Comercio.

Su fábrica "La Campana", fundada en 1886, producía ginebra a partir de aguardiente de caña que exportaba a EE.UU. y a Europa.

505- EDITORA EL CRISOL S.A.
Periódico vespertino "El Crisol", ubicado en Manrique N° 156, La Habana.

1 Propiedad de los herederos de Julio González Rebull en sociedad con Alfredo Hornedo Suárez (VER "EMPRESA EDITORA EL PAÍS S.A., COMPAÑÍA") y presidido por Alfredo Izaguirre Hornedo, sobrino de éste último. El Dr. Rigoberto Ramírez Corredira era su director-administrador.

Izaguirre estaba asociado en "Propiedad Horizontal Miramar" (VER) con Cristóbal Díaz González (VER "RADIO REPORTER S.A.") y Guillermo Martínez Márquez, quienes eran respectivamente vicepresidente de "Empresa Editora El País S.A., Compañía" (VER) y director del periódico "El País", propiedad de Hornedo.

Ambos socios habían sido propietarios de las radioemisoras "C.O.C.O" y "C.M.C.K."(VER "RADIODIFUSORA C.O.C.O. Y C.M.C.K. S.A., COMPAÑÍA") que vendieran en 1948 a Guido García Inclán.

2 Alfredo Izaguirre Hornedo lo había fundado el 19 de marzo de 1934 junto con Rebull, quien fuera su presidente y renunciara a la dirección en 1951.

Originalmente se imprimía en los talleres del periódico "El País"(VER "EMPRESA EDITORA EL PAÍS S.A., COMPAÑÍA"), propiedad de Hornedo, pasando a su local actual en 1938. Raúl Rivero (VER "DIARIO NACIONAL") había sido su director.

506- EDITORA ZIG ZAG S.A.
Editora de la publicación semanal humorística "Zig Zag" con la redacción en Campanario N°62 e impresión en San Ignacio N° 75, La Habana.

1 Era propiedad principal de Ángel Cambó Ruiz, su presidente, quien también era co-propietario de "Canal 4 de TV"(VER "CMBF CADENA NACIONAL S.A.") quien, poco antes de la caída de Machado, había fundado, en sociedad con Miguel Gabriel, la radioemisora CMQ(VER "CIRCUITO CMQ S.A.") de la que fuera socio hasta 1950.

2 El semanario vio la luz primera el 30 de agosto de 1938 bajo la dirección de Carlos Robreño quien se separó en 1939, pasando poco después al control de José M Roseñada, quien también lo dirigió, hasta que Castor Vispo entrara como socio y co-director el 14 de junio de 1947.

507- EDITORIAL CENIT S.A.
Impresora, editorial y exportadora de libros, sita en Belascoaín N° 963 entre Lealtad y Campanario, La Habana, que era cliente del "Agrícola e Industrial" y del "Hispano".

1 Era propiedad de René Díaz de Villegas y Joaquín Martínez Sáenz.

Martínez Sáenz fue Presidente del "Banco Nacional de Cuba" de 1952-58 y promotor de los proyectos de leyes creadoras del BANFAIC, Financiera Nacional, BANDES, FHA, BANCEX y el Seguro de Depósito. Había sido el principal dirigente, y uno de los fundadores de la organización insurreccional antimachadista ABC, ex Representante, ex Senador, miembro de la Convención Constituyente de 1940, ex Secretario de Hacienda y ex Ministro de Agricultura.

Díaz de Villegas (VER "MINERA BUENAVISTA S.A.") tenía variados intereses en minería, siderúrgica y otras, y fue beneficiado con financiamientos de la banca paraestatal en algunos de ellos, como en la "Metalúrgica Básica Nacional S.A."(VER) donde controlaba el 33 % del capital.

508- EDITORIAL EL MUNDO S.A., COMPAÑÍA

Editora del Periódico "El Mundo", ubicado en Virtudes N° 257, La Habana, filial de "TeleMundo S.A."(VER), canal de la televisión.

1 Propiedad en un 90% de los intereses representados en Cuba por Amadeo Barletta, quien era su presidente (VER "SANTO DOMINGO MOTORS COMPANY"). Actuaban también como vicepresidentes su hijo, Amadeo Barletta Jr. y José Martínez Zaldo. Otros accionistas eran Raúl Pagadizábal (VER "TERRITORIAL ALTURAS DE VILLA REAL S.A.") y el Dr. Raúl Alfonso Gonsé, tesorero y secretario respectivamente y, el último, además, su director.

2 Fundado el 11 de abril de 1901 por José Manuel Govín Gregorio de Tejada en sociedad con su primo norteamericano Rafael R. Govín, quien estaba al frente de la "Havana Commercial Company", el trust norteamericano del tabaco que lograra monopolizar la industria cubana. Al fallecer ambos primos en 1926 pasó a la propiedad de los herederos norteamericanos de Rafael, actuando como apoderados Rafael R. Govín Jr, y después M. M. Govín, manteniéndose así hasta 1939 en que se incorpora como socio Arturo García Ruiz y Pedro Cué Abreu.

Durante esa etapa fueron sus directores José Manuel Govín –el primero–, sustituyéndolo en 1928 Ricardo R.Lancís hasta 1930 en que es sucedido por Germán Wolter del Río y, más tarde, por el Dr. Jorge de Cubas

Tras dificultades financieras y un serio litigio judicial, en febrero de 1939 lo adquiere una empresa presidida por el profesor universitario Pedro Cué Abreu, quien reconquistará su prestigio y será su principal propietario, presidente y director, en sociedad con Rafael Govín Jr.

Diez años después, el 5 de agosto de 1949, es comprado por $650 000 por un grupo compuesto por Eliseo Guzmán Álvarez –ex administrador del "Diario de la Marina" y de "Alerta"–, Amadeo Barletta, José Manuel Martínez Zaldo y el Dr. Luis J.Botifoll. Tras el fallecimiento prematuro 20 días más tarde de Guzmán, presidente de la firma y director y administrador del diario, Barletta pasó a presidir la firma mientras Berta Dulzaides –viuda de Guzmán– era la vicepresidenta y su hijo político, Raúl Rivero, era el subdirector de la edición hasta el 26 de enero de 1951 en que se salieron de la empresa.

Entonces se revalorizó el activo y se emitieron nuevas acciones que fueron compradas por el Dr. Carlos Prío Socarrás, quien, tras las ventas de los intereses de los herederos de Guzmán a finales de 1950, se convirtió en el principal propietario.

A partir de entonces hasta 1955 Prío controló el 43% de las acciones, seguido de Barletta con el 37.05%, Botifoll con el 10 %, Raúl Pagadizábal con 1.99 %, Martínez Zaldo con 0.7 y Raúl Alfonso Gonsé con 0.08%. Su Consejo de Directores estaba presidido por Barletta y Botifoll era su vicepresidente y director del diario, logrando que la tirada se duplicara a 34 000 ejemplares.

Desde mediados de 1953, Barletta, favorecido durante el Gobierno de su socio y amigo Prío, había confrontado problemas financieros en la propiedad de sus telemisoras y en la baja de las ventas de sus autos por el boycott gubernamental, ante lo cual giró hacia un acercamiento con el nuevo régimen de Batista, con quien se entrevistara el 11 de noviembre de ese año acordando variar la política y la propiedad del periódico que había sido uno de los 4 –junto con revista "Bohemia" y los periódicos "Prensa Libre" y "Pueblo"– que el 26 de julio de 1953 estuvieran entre los primeros para ser censurados.

El 2 de enero de 1954 Barletta llegó al periódico escoltado con un grupo armado, varió un artículo, reimprimió la edición y destituyó a su antiguo servidor Botifoll en un incidente escandaloso, tras lo cual, adquiriría en diciembre de ese año las acciones de Prío y las de Botifoll convirtiéndose en el principal.

509- EDITORIAL JESÚS MONTERO

Imprenta y editorial situada en Obispo Nº 521, La Habana.

1 Propiedad de Jesús Montero quien se iniciara en 1914 editando la primera "Biblioteca de Autores Cubanos".

510- EDITORIAL LUZ-HILO

Impresora "Lucilo" con oficinas y talleres en Luz Nº 322.

1 Era propiedad de Lucilo de la Peña Cruz, su presidente.

511- EDITORIAL MAÑANA S.A.

Periódico matutino "Mañana" con talleres en Amistad Nº 370 y redacción en Barcelona Nº 56.

1 Era propiedad principal de José López Vilaboy, su director.

López Vilaboy fue un gran beneficiario y testaferro de importantes negocios de Fulgencio Batista, así como promotor de múltiples y variados tipos de negocios todos favorecidos directa o indirectamente por el régimen. Sirvió como testaferro de Batista en "Cubana de Aviación S.A., Compañía" (VER), de la que era el segundo accionista, así como uno de los principales beneficiarios del turbio negocio del trust fosforero, siendo presidente de "Financiera Mercantil e Industrial del Fósforo"(VER "EMPRESA NACIONAL DE FÓSFOROS").

Propietario principal o casi único "De Aeropuertos Internacionales S.A., Compañía" (VER), de "Empacadora de Productos Nacionales y Extranjeros S.A., Compañía" (VER), de "Sanitarios Vasallo S.A." (VER), de "Importadora y Distribuidora de Autos de Uso S.A., Compañía" (VER), de "Corporación Hotelera del Caribe" (VER), de "Operadora de Hoteles Cubanos S.A." (VER), de "Transporte de Aviación S.A.", "Viajes a Plazo S.A.", de "Carga por Avión S.A." y de "Compañía Inmobiliaria de Francia S.A." (Playa Marbella).

Tenía intereses en "Construcciones Codeco S.A." (VER) y era copropietario del 50% de "Fomento y Turismo de Cienfuegos S.A., Compañía" (VER), del Hotel Jagua.

En 2 ocasiones incursionó en la actividad bancaria confrontando dificultades, pues en 1950 había tenido que vender el "Banco de Fomento Comercial"(VER) y posteriormente compró, en sociedad con Marta Fernández de Batista, el "Banco Hispano Cubano"(VER), que el Banco Nacional de Cuba lo apremió a vender.

2 Fundó el 6 de diciembre de 1939 el periódico "Mañana" del que era administrador Antonio Perdices Yubero.

512- EDITORIAL OMEGA S.A.
Una de las 3 mayores empresas gráficas, especializada sólo en impresión por *offset*, productora de etiquetas litografiadas, libros, revistas, cheques, etc., sita en Concepción N° 7, Parque Tulipán, Cerro.

1 Era propiedad de Francisco Javier Lagueruela Artes.

3 Imprimían varias revistas norteamericanas como la edición en español de "The Readers Digest" con una tirada de 1 300 000 ejemplares y el "Time" con 80 000 semanales, así como también la portada de "Bohemia". A comienzos de los años 50 se habían trasladado desde el antiguo local de Teniente Rey N° 13.
Cliente del "Trust".

513- EDITORIAL PRENSA LIBRE S.A.
Periódico "Prensa Libre", el más importante entre los diarios vespertinos y de oposición al gobierno de Fulgencio Batista, ubicado en la Plaza Cívica, hoy Plaza de la Revolución, donde se encuentra el actual periódico "Granma".

1 Propiedad de Sergio Carbó, su director. Humberto Medrano, su hijo político, subdirector y secretario de la empresa, era en realidad quien estaba al frente en los últimos años. Carbó había ganado prestigio durante el Gobierno de Machado desde la dirección del semanario humorístico "La Semana", fundado en 1925 y que fuera clausurado en 1931.

2 Se fundó el 14 de abril de 1941 por su propietario originalmente en unos talleres pequeños en la calle O'Reilly, arrendando poco después un taller en Obrapía N° 359 hasta que pasara a sus talleres de Manrique N° 653, de donde se trasladara para el nuevo edificio actual donde estrenara nueva maquinaria.

3 Fue uno de los 4 periódicos –junto con revista "Bohemia"(VER "PUBLICACIONES UNIDAS S.A.") y los periódicos "Prensa Libre"(VER "EDITORIAL PRENSA LIBRE S.A."),"El Mundo"(VER "EDITORIAL EL MUNDO S.A., COMPAÑÍA") y "Pueblo"(VER "PERIODICO PUEBLO")– que el 26 de julio de 1953 estuvieran entre los primeros para ser censurados.
Tenía deudas con el Royal Bank of Canada ascendentes a $700 000 como resultado de la inversión del edificio y maquinarias.

514- EDITORIAL ROMANCES S.A.
Revista femenina "Romances" con talleres y oficinas en Ermita N° 107 entre Tulipán y la Rosa, La Habana.

1 Ernesto Surís Busto era su director y administrador.

2 Había sido fundada por la señorita Sara Viñas, su actual Directora Literaria.

515- EDUARDO GARCÍA ALLEN
Contratista de obras inscripto en Rodas, Las Villas.

1 Capital ascendente a $700 000, propiedad de los hermanos Eduardo, Agustín y Osvaldo García Allen, quienes la operaban bajo el nombre del primero y eran propietarios además de "Pavimentadora Nacional", que suministraba mezclas asfálticas al Ministerio de Obras Públicas, así como de "Canteras y Plantas Asfálticas" sita en el Km 17 de Guanabo.
Agustín y Osvaldo eran los administradores y el Ing. Armando Fernández Mira era el director técnico.

3 Sus principales obras fueron la Carretera de Aguada de Pasajeros a Rodas por un valor ascendente a $ 1 600 000, la de Amarillas a Aguada por $520 000, la de Pinar del Río a Guane por $350 000, la urbanización de la Playa Tarará por $650 000, así como la pavimentación de varias calles en Gibara, Mayarí y Jamaica.
Cliente del Banco Núñez y del Royal Bank.

516- ELECTRIC DE CUBA, COMPAÑÍA

Venta de efectos electrodomésticos de la marca Westinghouse situada en Consejero Arango y Pedroso y en Galiano 408.

1 Propiedad de Cándido de Bolívar Moreyra, su presidente, del Ing. Guillermo F.de Zaldo Castro (VER "MINAGRO INDUSTRIAL S.A.") y de Miguel F. Amézaga Escarrá, ambos vicepresidentes, quienes eran socios también en "Minera Central S.A." (VER), "Minagro Industrial S.A"(VER), "Servicios Metropolitanos de Gas S.A." e "Industrias Magic S.A.".
Cándido de Bolívar, cubano, nacido en 1905 era también vicepresidente del "Banco de la Construcción" (VER) y tesorero de "Petróleos Aurrerá" (VER "GRUPO JARAHUECA-MOTEMBO) donde el Ing. de Zaldo era el presidente.

517- ELÉCTRICA DE LA HABANA DEL ESTE S.A., COMPAÑÍA

Concesionaria para construir y operar una planta eléctrica que daría servicio a las nuevas urbanizaciones de la Habana del Este, con capacidad de 40 000 Kw/h, lo que satisfacería la demanda de los próximos 7 años.

1 Su presidente y propietario principal era el Dr. Pedro Grau Triana, promotor de "De Fomento del Túnel de La Habana S.A., Compañía"(VER), que había fomentado los Repartos residenciales beneficiados por la llamada "Zona de Influencia del Túnel de La Habana". El Dr. Gaudencio Castro Solózabal, quien representara los intereses de Fulgencio Batista en varias firmas favorecidas con financiamientos estatales, y el Dr. Manuel Menéndez Massana eran el vicepresidente I y II respectivamente.

2 Se constituyó el 20 de enero de 1955 por Gaudencio Castro Solózabal y Agustín Sorhegui Vázquez y 7 días después la Ley Decreto Nº 2025 le otorgó la concesión para operar dichas plantas y vender sus servicios en la zona.
Grau había promovido la compra de los 3 centrales del Grupo Hershey (VER "AZUCARERA GÓMEZ MENA, COMPAÑÍA"), con la pretensión de unir esta planta con la existente de generación de electricidad en el central Hershey y con una "planta atómica"(VER "ELÉCTRICA NUCLEAR OESTE DE CUBA, COMPAÑÍA"), que proyectaba construir en terrenos del central, destinados principalmente a un ambicioso proyecto para la erección de una ciudad industrial en Boca de Jaruco debido a su cercanía a Miami.

3 El BANDES le otorgó el 23 de enero de 1957 un financiamiento por $20 000 000 para su construcción que se cedió a la "Electrificadora Bandeste S.A., Compañía", constituida para ello y cuya mayoría de acciones conservaría el BANDES hasta que, una vez puesta en marcha la planta y recuperada la inversión, traspasaría su propiedad a la firma para operarla pero siempre conservaría el 20 % de las acciones.

La construcción en 30 meses de 2 plantas de similares capacidades de 20 000 Kw cada una estaba a cargo de "Compagnie Generale D' Enterprises Electriques S.A." de Francia. Las obras se paralizaron el 4 de mayo de 1959.

518- ELÉCTRICA INDUSTRIAL S.A., COMPAÑÍA

Planta de pasteurizar leche y productora de derivados de ésta tales como mantequilla, quesos Gruyère, Roquefort y otros, así como leche condensada y leche en polvo, marca "Nela", con 100 trabajadores, ubicada en la cuenca lechera de Sancti Spiritus, a orillas del Río Yayabo. Una de las 7 fábricas de leche condensada y evaporada.

1 Su propietario era Juan José Hernández Mendoza, presidente, y su hijo Rodolfo Hernández Lasarte, vicepresidente, quienes tenían otra firma "Derivados de Leche S.A."(VER).

2 La fábrica comenzó su producción en 1929 bajo la razón social de "Hernández y Hermanos" y la gerencia del actual presidente. Entonces pasteurizaba leche, habiendo comenzando a producir sus derivados a partir de 1935 y en 1949 introdujo también la línea de la leche condensada y leche en polvo.

519- ELÉCTRICA NUCLEAR OESTE DE CUBA, COMPAÑÍA (CENOCUBA)

Proyecto para construir y operar una planta termonuclear para dar servicio a la provincia de Pinar del Río en especial al norte en Santa Lucía.

1 El Dr. Alberto Inocente Álvarez Cabrera era su presidente y el Dr. Buenaventura Dellundé Puyáns, su secretario-tesorero, tenía además intereses en "Operadora de Espectáculos La Rampa, Compañía"(VER). También formaba parte de su Consejo el Dr. Roberto C.Acosta Hechevarría.

Alberto Inocente, abogado y contador público, ex Representante y ex Senador, ex Ministro de Estado y de Comercio y ex embajador de Cuba ante las Naciones Unidas por el Partido Auténtico, era propietario también de "Industrias de Alambre de Hierro y Acero S.A."(VER), una fábrica de puntillas y alambres para cercas; del 80% de Inversiones Rosario; del 80 % de "Unión de Comerciantes e Industriales S.A."(VER), firma de seguros; así como era accionista en fábrica de cervezas en Puerto Rico y en tres centrales azucareros en la República de Santo Domingo y poseía bienes raíces en la Florida.

2 Fue constituida el 27 de mayo de 1958 por su presidente y su secretario-tesorero. La planta tendría un "reactor del tipo de agua hirviente en circuito cerrado" con una potencia neta de 20 000 Kwts, la que sería construida y financiada por "Mitchell Engineering Ltd.", asociada con "American Machine and Foundry Company", de Washington, asesorados técnicamente por General Nuclear Engineering Corporation" de Florida EE.UU.

Esta última estaba presidida por el canadiense Walter H. Zinn, participante del "Proyecto Manhattan" responsable del desarrollo de la 1ª bomba atómica.

Con anterioridad, el 8 de julio de 1957 se había firmado por Pedro Grau Triana (VER "ELÉCTRICA DE LA HABANA DEL ESTE S.A., COMPAÑÍA") otro contrato con la "Mitchell" para la construcción e instalación de una planta de 30 000 Kwts en la Habana del Este, de cuyo monto Alberto Inocente recibiría $350 000 de comisión por sus gestiones.

3 Existía una competencia de tiempo para terminar su puesta en marcha antes del proyecto no termonuclear promovido por "Hernández y Hermanos S en C" (VER) destinado a los mismos consumidores.

El precio de la electricidad se vendería a niveles similares a los de la "Cubana de Electricidad, Compañía" (VER) salvo para grandes consumidores industriales.

El proyecto contó con la mayor atención gubernamental. Gustavo Gutiérrez, presidente de la Comisión de Energía Nuclear de Cuba, había elevado a Batista el 5 de agosto de 1958 un informe positivo. El 24 de agosto de 1958 el Gobierno de Cuba y el de EE.UU. firmaron un nuevo convenio donde se garantizaba el suministro del combustible nuclear pues hasta entonces sólo existía el compromiso para reactores atómicos de tipo experimental y 2 días después el BANDES le autorizaba un financiamiento por $15 000 000 para su construcción.

Sin embargo el 31 de diciembre de ese año aún no se había precisado si la empresa "Banceste", que el BANDES había constituido para administrar el proyecto de construcción, le traspasaría a la firma el arrendamiento y posteriormente la propiedad de la planta.

520- EL ARTE S.A.

1 Estudio fotográfico sito en Galiano N° 506, propiedad de Adriano González Vidal, su gerente.

521- EL COMERCIO

Editora del periódico "El Comercio" con talleres propios, ubicada en Argüelles N°130, Cienfuegos.

1 Propiedad de Alberto Aragonés Machado, presidente de la firma y director del diario, quien era Representante a la Cámara .

2 Fue fundado el 2 de noviembre de 1902 por el camagüeyano Ramón Sánchez Varona quien había sido comandante del Ejército español, pasando el 31 de julio de 1907 a la propiedad del Dr. Oscar Soto Calderón de la Barca en sociedad con Pedro Aragonés, ambos Representantes a la Cámara durante varios períodos hasta que el último, electo 3 veces Alcalde de la ciudad, se mantuvo como su único dueño. Enrique Gay Calbó fue su `director de 1910-1912.

Se constituyó en 1942 por su actual propietario quien con anterioridad había sido su administrador. El Dr.Pedro López Dorticós había sido su director.

522- EL RELÁMPAGO, AUTOS Y ACCESORIOS S.A.

Comercio de ventas de accesorios, piezas nuevas y de uso para camiones y autos, con cerca de 50 trabajadores, conocido como "El Relampago", ubicado en Concha N°969, Luyanó, La Habana. Eran distribuidores de los autos de la línea "Ford" para la provincia Habana.

1,2 Propiedad de Carlos Alonso Fierro quien lo fundara en 1927.

3 Cliente del Banco Asturiano de Ahorros con créditos por $162 000.

523- EL REPARTO MIRAMAR S.A., COMPAÑÍA

Urbanizadora del Reparto Miramar, con oficinas en Amargura N° 203, La Habana.

1 Estaba presidida por Enrique A. Sardiña Segrera, quien desde su fundación había estado a cargo de su administración. Era hermano de Eugenio, casado con Georgina, hija del Mayor Gral. del E.L. Mario G.Menocal.

2 Fue constituida en los años 20 a comienzos de la urbanización del Reparto y estuvo en ese entonces presidida por el Mayor Gral. Mario G. Menocal –que acababa de abandonar la Presidencia de la República– y Septimio Sardiña, padre de su presidente actual, era uno de los vicepresidentes junto a Claudio G Mendoza.

En 1925 Miramar ya contaba con la mayor parte de la 5ª Ave, su reloj y varios parques, así como 4 grandes avenidas de 2 Kms de extensión y 19 calles de 750 mts..

524- EMBOTELLADORA COCA COLA S.A. , COMPAÑÍA

Fábrica de refresco"Coca Cola" con embotelladoras en La Habana con 275 trabajadores, en Santiago de Cuba con 66 y en Santa Clara.

1 Una de las 5 filiales en Cuba de firmas norteamericanas bajo el control del grupo financiero de los Morgan, cuya casa matriz la "Coca Cola Bottling Company" de Atlanta era la mayor del sector. Rowley Montague Thomas y Robert J. Thompson eran su presidente-administrador general y su vicepresidente en Cuba respectivamente.

2 Se fundó en La Habana en 1906 en Obrapía entre Aguiar y Cuba en el local que después ocupara la Bolsa de La Habana, en 1912 se estableció en Santiago de Cuba y en 1948 en Santa Clara. Tenía más de 100 agencias independientes.

El Dr. Gaetano Todaro, quien había pasado a ejecutivo de la publicitaria "McCann Erickson de Cuba S.A.", había sido con anterioridad su presidente y administrador.

525- EMBOTELLADORA EL MORRO S.A., COMPAÑÍA

Fábrica productora del refresco "Orange Crush", con 60 trabajadores, sita en Oquendo N° 960, La Habana.

1 Domingo Galán Fábregas era su presidente y administrador general.

2 Con anterioridad había estado operando bajo la razón social de "Nacional de Refrescos, Compañía" donde su principal propietario era Cesáreo García Zabala, siendo cliente del Banco de los Colonos con $10 000.

3 A comienzos de 1951 la firma confrontó dificultades con el sindicato que reclamaba emplear 3 veces el número de trabajadores requeridos en las nuevas maquinarias introducidas con el proósito de obtener una mayor rentabilidad.

526- EMBOTELLADORA IRONBEER S.A.

Fábrica de refrescos, marca "Ironbeer", sita en Falgueras N°104, Cerro, La Habana.

1 Propiedad principal del Dr. Manuel Rabanal Fornaris.

2 Había sido propiedad en el pasado de "Vives y Jiménez S en C" de Eduardo Vives (VER "VIVES & COMPAÑÍA S LTD.") y José Jiménez, quienes eran los gerentes. Rabanal había formado parte de la firma con anterioridad, en los años 30, como socio comanditario.

3 Cliente del "Boston" y del "Trust"

527- EMBOTELLADORA TARAJANO S.A.

Industria embotelladora del agua mineral "Lobatón" y el refresco "Cuquito", sita en Independencia N° 420, Guanabacoa, y en Maceo N°102, San José de las Lajas.

1 Era propiedad de José Manuel Tarajano Mederos, en unión de sus hermanos Ing. Gabriel, Amparo, Plácido, Teresa, Dr. Orestes, Dra. Celia y Esther.

2 La habían heredado de su padre José Tarajano Amarán quien había fundado en Camajuaní la industria "La Constancia" que producía hielo, refrescos –con las marcas "Cuquito" y "Champán Frío"–, gaseosas y aguas minerales "Lobatón" donde trabajaban cerca de 70 empleados.

528- EMBOTELLADORA YUMURÍ S.A., COMPAÑÍA
Productora del refresco "Cawy" de limón y de naranja, con 50 trabajadores, sita en Carretera de Rancho Boyeros y Línea del Ferrocarril.

1 Néstor Machado Rovira era su presidente, habiendo sido hasta mediados de los años 50 el tesorero de la firma. Su hermano José Luis era tesorero del centarl Mabay.

2 Era hijo de Néstor Machado quien en 1918 había fundado el central Cacocúm en sociedad con Manuel Torres Laine, Melchor Palomo y Federico Almeida, todos afectados por el crac bancario de 1921, aunque Palomo se las arregló para conservar sus intereses y convertirse después en su único propietario desde 1936.

529- EMPACADORA COOPERATIVA CUBANA S.A., COMPAÑÍA
El 2° mayor matadero de La Habana, detrás de "Oriente Industrial y Comercial S.A."(VER), que producía carnes, chorizos, salchichón, mortadella, tocino, cueros y sebo, jabón de lavar, manteca y era además un almacén de víveres, con 146 trabajadores, con el nombre comercial de "Matadero Nacional" y "Frigorífico Nacional", ubicado en Concepción y 18, Lawton.

1 Propiedad principal de los hermanos Adriano, Manuel y Carmen del Valle López, propietarios también de "Agrícola Comercial Adriano Valle S.A., Compañía", almacén de víveres, ferretería, maderera, finca ganadera y colonia.

2 Adriano del Valle González, español, fallecidoen 1948 y padre de los actuales propietarios, la había fundado en 1940 para lo cual recibiera recursos facilitados por el Estado. El Decreto Presidencial N° 246 del 31 de enero de 1940 le autorizó un préstamo para su construcción y el Decreto N° 1219 del 6 de mayo lo declaró de utilidad pública para facilitarle la expropiación de los terrenos donde se construiría. Valle poseía entoces otros negocios de almacén de víveres, ferretería, ganado, café, tabaco y caña en el pueblo de Guayos.
También había participado en su fundación Manuel García Rubio, asturiano, ganadero y comerciante, radicado desde 1876 en Sancti Spiritus y fallecido el 30 de noviembre de 1950, propietario del central Estrada Palma desde su fundación en 1925 hasta finales de esa década y del central Algodones en 1948.

3 El Decreto N° 561 del 10 de marzo de 1947 dispuso su intervención debido a la paralización de su trabajo para lo que se aducía escasez de ganado. Un año y medio antes se había intervenido también a la "Compañía Ganadera de La Habana", propietaria del "Matadero Industrial".
Cliente del Royal Bank con créditos que oscilaban en los $150 000, avalados por "Agrícola Comercial Adriano Valle S.A., Compañía", por Celia Velasco, Eugenio R. Fernández Mederos y Abel Herrero.

530- EMPACADORA DE PRODUCTOS NACIONALES Y EXTRANJEROS S.A., COMPAÑÍA

Fábrica de hidrogenar grasas de origen animal y aceite vegetal, marca "Forein", ubicada en Aspuru esq. a Yola, Luyanó.

1 Propiedad principal de José López Vilaboy (VER "EDITORIAL MAÑANA S.A.") con un capital suscrito por $500 000. Otros accionistas eran Elpidio Bofill Hurtado, su vicepresidente I y su hijo Ramón Bofill Greniel, Guillermo Tapia Fluriach, quien era su presidente, Carlos Hernández Nodarse, su vicepresidente II y Carlos Hernández Cid.

2 Se constituyó el 15 de enero de 1952 por Elpidio y Ramón Bofill, Guillermo Tapia y Carlos Hernández Nodarse y Carlos Hernández Cid, principales accionistas de la "Forein Agency, Company" que controlaba el mercado de manteca en La Habana y algo en el interior con ventas diarias de $10 000 a $15 000.

José López Vilaboy había entrado a formar parte como accionista principal cuando ellos habían solicitado al "Banco Hispano-Cubano"(VER), de su propiedad, un préstamo ascendente a $500 000, destinado a la construcción de la planta y su montaje. La fábrica había comenzado a producir en 1956.

3 Sus activos totales se estimaban en $721 420 y sus ventas, que alcanzaban $384 311, habían descendido notablemente desde 1956 en que ascendieron a $2 200 000. Tenía déficit por $345 000 desde principios de 1956.

Debido a las deudas que tenía con el "Banco Hispano-Cubano" por cerca de $500 000 López Vilaboy se vio precisado a liquidar su préstamo cuando el banco fue intervenido en 1957, para lo cual obtuvo un crédito del BANDES en agosto de 1958 ascendente a $1 000 000.

531- EMPACADORA LA UNIÓN S.A., COMPAÑÍA

Matadero, empacadores y encomenderos; fábrica de conservas, jamones (23.5%), salchichas (18.8%), tasajera (6%), de embutidos (30%) y chorizos (11%), marca "Catedral", con 130 trabajadores, ubicada en la carretera de Santa Cruz del Sur Km 2, Camagüey y depósitos en La Habana.

1 Propiedad de la familia Ruisánchez en sociedad con otros. Miguel A. Hernández Rodríguez era el presidente y Francisco Fuster García, Dimas Gajarro Galmón y Luis Ruisánchez Piedad eran el vicepresidente 1°, 2° y 3° respectivamente. Este último era hijo de Carlos Ruisánchez Inés, quien junto con su hermano Ramón, ambos españoles, tenían intereses en la firma y eran propietarios de "Alsi Commercial Corporation S.A." (VER).

Otros accionistas eran José Durán Serane, también español, quien había vendido el Banco Durán, banco local de Camagüey en 1949 al Banco Continenta.

3 Tenía activos corrientes ascendentes a $933 000 y utilidades por $156 176. Cliente del "Trust".

532- EMPACADORA MAJAGUA S.A., COMPAÑÍA

Fábrica de conservas, en especial de piña, con capacidad para 800 000 cajas anuales ubicada en Majagua, Ciego de Ávila, principal zona de piña en Cuba y con oficinas en Mercaderes 110, La Habana.

1 Propiedad principal de Manuel Pérez Galán que controlaba el 47% de su capital ascendente a $239 000, siendo además su presidente. Los otros accionistas eran Leo Stern Mahler y Pedro Gutiérrez Coya, quienes tenían el 25 % cada uno y eran el vicepresidente y tesorero respectivamente. Por último, Juan García Grande tenía el 3 % de las acciones por los terrenos aportados.

Pérez Galán era senador y controlaba el 70 % de las siembras de piña en Cuba, incluyendo las de la zona de Ciego de Ávila, y era además propietario de "Pérez Galán y Compañía"(VER), otra fábrica de conservas, de varias fincas productoras de frutas y vegetales y de una fábrica de abono y fertilizante (VER "PÉREZ GALAN, FERNÁNDEZ Y COMPAÑÍA") entre otros intereses. Los otros accionistas eran antiguos funcionarios de otras firmas suyas.

2 Se constituyó el 20 de enero de 1956. Con anterioridad en esa zona había operado durante años la firma norteamericana "Fruit Industrial Corporation Inc.".

3 Tenía activos ascendentes a $300 000. El BANFAIC le aprobó un financiamiento el 3 de julio de 1956 por $70 000 para terminar el edificio donde se instalaría, el que posteriormente se canceló.

533- EMPRESA DEL AGUA DE LA FUENTE DE SANCTI SPIRITUS

Concesionaria y operadora del Acueducto de Sancti Spiritus, ubicada en las márgenes del río Yayabo donde contaba con una represa y un canal para la toma del agua.

1 Propiedad de "Herederos de Bernardino de Sena" integrados por María de la Caridad, Julia, María de la Concepción y Luis de Sena Freixas.

Su administrador era el Ing. Raúl Celorio de Sena, uno de los 8 hijos de Julia Sena Freixas y del jurista Dr. Benito Celorio y nieto paterno del Ldo. Benito Celorio, empresario tabacalero, miembro en 1890 de la Comisión para discutir en Madrid las reformas arancelarias junto con Rafael Fernández de Castro, Rafael Montoro, Bernardo Portuondo y otros.

2 La concesión se había otorgado a perpetuidad a Bernardino de Sena Sena por Real Orden N°1249 del 14 de diciembre de 1885, habiéndolo heredado en 1925 sus actuales propietarios. Con anterioridad, el Ayuntamiento había hecho en 1868 una primera concesión para operar un acueducto a favor de Francisco Fernández Corredor, habiendo quedado abierta en 1870 con 4 fuentes que se instalaron en la ciudad.

3 Recibió un préstamo por $90 000 de Financiera Nacional el 12 de octubre de 1955 para la ampliación de la planta de bombeo, nuevos equipos y la red de distribución, así como el alcantarillado, cuyas obras fue realizada por la firma.

534- EMPRESA EDITORA EL PAÍS S.A., COMPAÑÍA

Editora del periódico matutino "Excelsior" y el vespertino "El País", ubicada en Reina y Manrique, La Habana.

1 Propiedad principal de Alfredo Hornedo Suárez, su presidente. El Ing. Cristóbal Díaz González (VER "RADIO REPORTER S.A."), presidente del "Bloque Cubano de Prensa", que agrupaba a los propietarios de periódicos, y socio y testaferro de Fulgencio Batista, era su vicepresidente y accionista con 5 070 acciones.

Victor Bilbao era director de "Excelsior", mientras Guillermo Martínez Márquez (VER "PROPIEDAD HORIZONTAL MIRAMAR") lo era de "El País".

Hornedo era también el principal propietario de "Editora El Crisol S.A."(VER), periódico vespertino "El Crisol", del "Hotel Rosita de Hornedo"(VER), del "Teatro Blanquita"(VER), del "Casino Deportivo de La Habana"(VER), del "Mercado General de Abasto y Consumo"(VER) y era además uno de los principales propietarios de bienes inmuebles.

Hornedo era un antiguo político, Concejal del Ayuntamiento de la Habana en 1914 y su presidente en 1916, Representante a la Cámara desde 1918, ex-presidente de la Comisión de Relaciones Exteriores de la Cámara durante el Gobierno de Machado, ex-Senador y jefe del Partido Liberal desde 1939 a 1947 en que lo sustituye Ricardo Núñez Portuondo.

Hornedo había pertenecido al fuerte grupo político de Liberales que controlaban el Ayuntamiento de La Habana a mediados de los años 10, llamado "Cenáculo", aliado a Machado y al Alcalde 1916-20 Varona Suárez, lo que le permitiera el control del Mercado Unico(VER "MERCADO GENERAL DE ABASTO Y CONSUMO"), donde iniciara su gran fortuna.

Guillermo Martínez Márquez era socio de Díaz en "Propiedad Horizontal Miramar"(VER) y en "Técnica Cubana S.A., Compañía" (VER) de la que era tesorero y cuyo capital privado era en realidad de Fulgencio Batista.

2 "El País" fue fundado en octubre de 1921 por Hornedo quien a la sazón era Representante a la Cámara, comprando el edificio que pertenecía a los Condes de Buena Vista situado en Galiano y Concordia en donde se estableciera hasta mudarse para su actual edificio el 26 de agosto de 1941. En 1934 se había fusionado durante un tiempo con el periódico "Información".

"Excelsior" se fundó en marzo de 1928 en San José y Rayo en la sede del antiguo edificio de la "Litográfica de La Habana, Compañía"(VER) por la "Compañía Periodística Excelsior S.A." presidida por Francisco Mestre Hernández quien era además gerente y socio de la importante casa comercial "Mestre, Machado y Compañía" junto con los hermanos Francisco y Carlos Machado Mena, el primero de los cuales era también presidente del "Banco Comercial de Cuba".

Wilfredo Fernández sería su primer director y en 1929 se fusionaría con "El País" que editaba entonces una edición matutina y otra vespertina, hasta que se reanudó la matutina con su nombre.

535- EMPRESA NACIONAL DE FÓSFOROS

Agrupación de 11 fábricas de fósforos, promovida por el Gobierno de Fulgencio Batista, que constituía en la práctica un trust y era el "vendedor único" de toda la producción fosforera.

1 César Casas Rodríguez, senador, y copropietario de la "Industrial Casas Rabelo y Compañía"(VER), Andrés Carrillo González de Mendoza (VER "INTERNACIONAL DE ENVASES S.A., COMPAÑÍA") de "La Consolidada Industrial S.A."(VER) y Pedro M. Simón Vilató, de la "Comercial J. Simón y Compañía"(VER), eran el presidente, vicepresidente y tesorero respectivamente, los que junto con José López Vilaboy (VER "EDITORIAL MAÑANA S.A.") y Expedito Alonso, ejercían su control apareciendo confusamente más como propietarios de las diversas fábricas de fósforos que como sus representantes.

2 Se constituyó el 30 de mayo de 1956 mediante los Decretos N° 1347 y 1348 del 23 de ese mes con el propósito de solucionar el problema de la industria que

padecía de una capacidad de producción que superaba a la demanda en 1.5 veces más, lo que había originado regulaciones de precios no respetadas, sobrantes, etc. Además una mayoría eran incosteables o sólo cubrían costos.

Su existencia se justificó por la intención de mecanizar la producción por parte de "La Consolidada Industrial S.A." que era una subsidiaria del trust fosforero sueco. A partir de entonces, aunque las empresas se conservaban como independientes, su producción se regulaba por cuotas, estaban obligados a venderla en su totalidad al "trust" y se presentaban en sólo 2 tipos de envases que llevaban impreso el nombre de "Financiera Mercantil e Industrial del Fósforo" así como una precinta de garantía.

  3 Formaban parte del "trust": 1) "Industrial Casas Rabelo S.A." (VER), 2) "La Consolidada Industrial S.A." (VER), 3) "Operadora de Fósforos" (VER), 4) "Comercial J. Simón y Compañía" (VER), 5) "Fosforera La Estrella S.A., Compañía" (VER), 6) "Fósforos Acebo S.A." (VER), 7) "Fosforera del Caribe S.A." (VER), 8) "Alberto Pérez e Hijos" (VER), 9) "Pijuán Hermano y Compañía S en C" (VER), 10) "Fósforos Otero S.A."(VER) y 11) "Real y Compañía S.L."(VER).

El "trust" recibió un financiamiento del BANDES por $10 500 000 con varios destinos para lo cual se constituyó el 14 de mayo de 1956 la "Financiera Mercantil e Industrial del Fósforo"(VER).

536- EMPRESA NAVIERA DE CUBA S.A.

Naviera con oficinas en San Pedro N° 262, La Habana, intervenida por el Estado debido a dificultades de tipo laboral y, por el poco éxito de su gestión, por lo cual el Gobierno le había cancelado el arrendamiento otorgado con anterioridad para operar sus barcos, creando en consecuencia la denominada "Unidad Económica del Estado" (VER "NAVIERA CUBANA DEL ATLÁN-TICO S.A.").

Había tenido bajo arrendamiento por $120 000 anuales los buques de propiedad est6atal "Bahía de Matanzas", "Bahía de Nipe", "Bahía de Mariel" y "Bahía de Nuevitas", así como los espigones 2 y 3 de los muelles de Paula hasta el 16 de diciembre de 1953 en que el Estado se la había adjudicado a "Naviera Vacuba S.A." (VER "NAVIERA CUBANA DEL ATLÁNTICO S.A.")

  2 Se constituyó el 19 de febrero de 1916 como resultado de la fusión de 3 de las empresas de vapores más importantes entonces, la "Sobrinos de Herrera S en C" –fundada por Ramón Herrera en 1866–, la "Julián Alonso S en C" y la "Menéndez y Compañía", fundadas respectivamente por Ramón Herrera, Antolín del Collado, Antinógenes Menéndez y Julián Alonso. Este último fue durante años su director-gerente y su principal hasta su fallecimiento el 7 de abril de 1938 en que fuera sustituido por Eusebio Coterillo.

Tomás Fernández Boada era su presidente en 1925 y su administrador era Joaquín Godoy Agostini; José F.Barraqué lo fue de 1926-40, sustituyéndolo desde entonces Eusebio Coterillo Alonso.

Ya en los años 20 contaba con 21 vapores de pasaje y carga que hacían viajes por la costa Norte y Sur de Cuba, República Dominicana y Puerto Rico. En los años 30 Julián Alonso era su director-gerente y Joaquín Godoy Agostini, su administrador. Tenía 15 vapores y hacía cabotaje y viajes a las Antillas Mayores.

3 El Estado fue acumulando durante años una deuda ascendente a $170 000 que sólo se avino a liquidarle cuando el 4 de diciembre de 1942 el Decreto Nº3562 le concedió un préstamo para la reparación de 3 de sus buques, el cual liquidaría con los débitos estatales.

Dos de sus barcos habían sido hundidos durante la Segunda Guerra Mundial. En 1948 el Estado cubano compró los 4 barcos "Bahía" dándoselos en arrendamiento e iniciando por primera vez el tráfico marítimo de travesía en barcos cubanos que antes se concretaba sólo al cabotaje.

537- EMPRESA PERIODÍSTICA CLARMON S.A.

Urbanizadora y promotora del Reparto Fontanar en Rancho Boyeros, La Habana.

1,2 Su apoderado era el Dr. Pedro Basterrechea Díaz. Se había constituido el 24 de marzo de 1954.

538- EMPRESA TRANSFORMADORA DE PRODUCTOS AGROPECUARIOS

Promotora de proyectos para el desarrollo de industrias agrícolas y pecuarias que facilitaran la transformación y distribución de los productos agropecuarios y la estabilización de sus precios mediante el otorgamiento de créditos complementarios al de la banca paraestatal.

1 Propiedad estatal cuyos accionistas eran el BANDES, BANFAIC y el Banco para el Comercio Exterior. El Dr. Antonio González López era su presidente y José A Cancedo López el vicepresidente.

2 Se constituyó el 8 de junio de 1956.

3 Patrocinó siembras de tabaco Burley en La Salud, café en Maffo, malanga en Rancho Mundito, la exportación de papa y compras de ella en la provincia de la Habana, cebollas en Las Martinas, Pinar del Río y en Colón Matanzas, habilitó planta en Holguín para la recepción de frijoles blancos y colorados, plantas de beneficio para el maiz en varias zonas donde lo fomentara, divulgó el empleo del maiz híbrido cubano y tomó la iniciativa para exportar experimentalmente carne de alta calidad de 32 reses embarcadas a Tampa, EE.UU.

539- EMPRESAS PETROLERAS JONES DE CUBA S.A.

Exploración y explotación de petróleo en la costa norte de la provincia Habana que poseía 5 pozos productivos en Santa María del Mar y 3 en Guanabo con una producción de 200 barriles diarios.

1 Propiedad de varios inversionistas cubanos y extranjeros donde el principal era Ted Jones, su presidente, habiendo organizado la "United Cuban Oil Incorporated " con las acciones de la firma y sus intereses petroleros en EE.UU..

2 Se constituyó el 3 de julio de 1954. A mediados de 1958 tenía el proyecto de erigir, en el Km 18 de la carretera central en el Cotorro, una refinería de petróleo para gasolina, luz brillante y gas oil con capacidad para 400 barriles diarios de crudo que brindaría servicio a los perforadores de la zona.

3 Su inversión era de alrededor de $2 500 000 contando con financiamiento y equipos propios. Solicitó financiamiento al BANDES para perforar pozos profun-

dos de 10 000 a 15 000 pies a un costo aproximado cada uno de $500 000 donde pensaba habían más posibilidades.

540- ENRIQUE BUSTILLO C Y R, S.A., COMISIONISTA

Comisionista y representante de firmas comerciales extranjeras de diversas mercancías, con oficina en Prado N° 20 y Aguacate N° 66 altos, La Habana, cliente del "Royal" y del "Agrícola e Industrial".

1 Era propiedad de Enrique y Ángel Bustillo Vales quienes la heredaran de su padre Enrique Bustillo Otero.

3 Era una importante suministradora del Ejército por lo que sería intervenida por el Ministerio de Recuperación de Bienes Malversados. Tenía adeudos por $68 000 a finales de 1958 con el Banco de los Colonos.

541- ENSAMBLADORA DE REFRIGERADORES CUBANOS S.A

Fábricas de neveras de porcelana para equipos de refrigeración, ubicada en Maceo N° 51, Güira de Melena.

1 Propiedad de José Puig Puig y su cuñado el Ing. Gerardo Sampedro Álvarez, su tesorero, en sociedad con Julio Días Rosete y el CP Manuel Sampedro Álvarez. El Ing. Manuel Rodríguez Ormaza era el presidente. Eran propietarios también de "Sampedro y Puig" que habían organizado en diciembre de 1948 ubicada en Ayestarán N°11, La Habana.

2 Constituida en 1951 por sus propietarios, quienes además organizaron "Esmaltes Cubanos S.A." el 21 de marzo de 1955, un proyecto de planta para esmaltar con porcelana sobre chapas de hierro en una primera fase y después sobre hierro fundido, aluminio y acero inoxidable, para lo que solicitaron financiamiento al BANDES.

3 Eran, junto con sus asociadas, los principales clientes del Banco Asturiano de Ahorros.

542- ENVASES INDUSTRIALES Y COMERCIALES S.A.

Fábrica de envases de cartón (50%), cartuchos, sacos de papel (30%) y papel de envolver y encerados (20%), cajas y estuches de cartón, libretas, bolsas de papel cellophan, papel de pegar y parafinado, con 110 obreros, ubicada en Amenidad y 20 de Mayo, La Habana.

1 Tenía capital suscrito por $1 600 000, propiedad de la "W. R. Grace and Company" de Nueva York, una de las 8 filiales en Cuba bajo el control del Grupo Financiero Rockefeller-Stillman. Su gerente era George Deutsch.

2 Había sido fundada en los años 20 y, hasta el 28 de diciembre de 1956, había estado operada por la "M.J.Díaz y Compañía", quien la vendió a la propietaria actual la que varió su razón social e incrementó en un 150% su capacidad de producción.

3 Tenía en proyecto construir una nueva fábrica de papel para escribir y cartón para envolver a partir del bagazo de caña a un costo de casi $7 millones. La casa matriz había comenzado las experiencias con el bagazo en 1932 y en 1939 estableció producción en Perú mezclándola con pulpa de madera.

Sus ventas se elevaban a $2 millones. Tenía líneas de créditos ascendentes a $1 200 000 con 3 bancos siendo el 5° depositante en importancia del Banco Boston con $760 000.

543- ENVASES MODERNOS S.A.

Fábrica de copas, vasos y recipientes de papel parafinado, ubicada en la carretera de Santiago de las Vegas al Wajay con oficinas en Industria N°165, La Habana, cliente del "Trust" y del "Central Bank and Trust Company of Miami".

1 Tenía un capital suscrito por $175 000. Propiedad de varios accionistas entre los cuales se encontraban Manuel Henry Fernández Silva, quien era el presidente y tenía 325 acciones; Howard W. Miller, vicepresidente con 222; Miguel Triay Escobar, vicepresidente con 300 acciones; Eugenio Juan Buch, tesorero y administrador con 62 acciones; "Comercial Cuba Norso S.A." con 300 acciones; Desiderio Berner con 15; "Norso Trading Company" con 300 acciones y Hermann Weyhmüller con 225 acciones.

Fernández Silva y Triay Escobar también estaban asociados en "American International Insurance Company"(VER), una aseguradora.

3 Sus activos ascendían a $321 943 y su puesta en marcha se realizó después del triunfo de la revolución.

544- ENVASES PERGA DE CUBA S.A.

Fábrica de envases de cartón para leche, alimentos y otros destinatarios, vasos de papel parafinado, suministros para lecherías, sito en 3ª y B, Reparto Lutgardita, Rancho Boyeros.

1 Filial de la firma norteamericana "Champion Paper and Fibre Company", de Hamilton, Ohio.

3 Una de las 2 fábricas de envases de cartón parafinados, marca "Perga". Cliente del "Boston" y del "Núñez"

545- EQUIPOS TELEFÓNICOS STANDARDS DE CUBA

Planta para ensamblar equipos telefónicos, con 250 trabajadores, ubicada en la Calzada de Rancho Boyeros.

1 Filial de la "Cubana de Teléfonos, Compañía"(VER).

2,3 Comenzó su puesta en marcha a mediados de 1958 a un costo de inversión de $1 000 000. Su instalación fue parte del compromiso suscrito el 14 de marzo de 1957 por la casa matriz con el Gobierno al aceptar éste el alza de las tarifas telefónicas solicitado por aquella.

546- ERNESTO SARRÁ HERNÁNDEZ

Laboratorio de especialidades farmacéuticas, biológicas y opoterápicas, droguería, farmacia; almacén de ferretería; tienda por departamento; fábrica de jabón, perfumes, insecticidas y desinfectantes; locería y cristalería; juguetería; almacén de suministros para lecherías, de materias primas para dulcerías y panaderías y de instrumental quirúrgico, ubicado en Teniente Rey N° 261, La Habana, cliente del "City" y del "Trust". La mayor y más antigua droguería.

1 Propiedad del Dr. Ernesto Sarrá Hernández quien la operaba bajo su propio nombre.

2 Fundada en 1853 como farmacia "La Reunión" en la calle Tte. Rey por José Sarrá Catalá en unión de Valentín Catalá, anbos farmacéuticos y catalanes. Al separarse éste, el primero se asoció con su sobrino José Sarrá Valdesjuli.

Tras su fallecimiento en 1898 asumió la dirección la viuda Acelia Hernández Buchó y su hijo Ernesto Sarrá Hernández de 19 años de edad. En 1883 se instaló en Tte. Rey y Compostela y en 1900 era considerada como la 2ª mayor droguería del mundo.

547- ESSO STANDARD OIL COMPANY
Importadora de petróleo crudo y productora y refinadora de sus derivados, marca "Esso", ubicada en la finca San Carlos de Belot, Regla, con 418 obreros, cuya refinería fuera ampliada a finales de 1957. La más antigua de las 4 existentes.

1 Una de las 6 filiales bajo el control de la familia de John D. Rockefeller (VER "CHASE MANHATTAN BANK"), cuya casa matriz era la "Standard Oil de New Jersey", el 2° mayor consorcio no financiero del mundo entonces, la mitad de cuyas ganancias se obtenían entonces de Venezuela. Lawrence J.Brewer y Thomas Chase Homan eran su presidente y vicepresidente respectivamente. Juan A.Alonso Valdés había sido su presidente desde 1938.

2 La refinería "Belot" se había establecido desde 1870 en la Ensenada de Marimelena entre Regla y Casablanca. Por su parte la firma se instaló en Cuba en 1882 al otorgar el Gobierno español una concesión a Enrique J. Conill, cubano, junto con John D. Archbold, socio de John D.Rockefeller, para instalar una refinería en La Chorrera que, tras incendiarse en 1895, fue trasladada para la localidad de Belot.

A principios de la República la refinería pasó a la propiedad norteamericana total siendo explotada por la "West Indian Oil Refining Company of Cuba", ligada estrechamente con la "Standard Oil Company de New Jersey", que mantuvo un monopolio del mercado cubano hasta el 15 de julio de 1925 en que, al suprimirse el arancel a la gasolina, pudieron operar las otras firmas petroleras.

El 6 de febrero de 1942 se le gravó con un impuesto específico sobre la destilación de petróleo crudo pues era la única que refinaba en Cuba por aquel entonces. Después de innumerables protestas y gestiones lograría que el Gobierno de Batista lo derogara el 4 de agosto de 1944, pero, con posterioridad, el Presidente Grau lo reimplantaría mediante el Decreto N° 4512 del 11 de diciembre de 1944.

En noviembre de 1951 estableció en Cuba la oficina principal que dirigiría las operaciones de la casa matriz en Centro América y las Antillas tras refundir 6 antiguas firmas radicadas en países del área. En abril de 1958 pusieron en marcha la nueva ampliación de la refinería que se elevó de 8 500 a 35 000 barriles diarios a un costo de $35 000 000, de los que $10 000 000 fueron otorgados por "Financiera Nacional de Cuba" el 12 de septiembre de 1956.

3 Sus activos totales ascendían a $66 000 000, de los que $19 000 000 eran el capital, $4 000 000 la reserva y unos $42 000 000 constituían el pasivo que, aunque alto, en buena parte correspondía a afiliadas y al financiamiento recibido para la ampliación de la refinería

Tenía línea de crédito con el Royal Bank ascendente a $2 500 000, con el Trust por $1 000 000 y $1 700 000 con el Banco Continental, del cual $1 000 000 se utilizaba para importación de gasolina y el resto para financiar a la Cooperativa de Ómnibus Aliados.

548- ESTAMPADOS PERMATEX S.A.
Fábrica de tejido de algodón, rayón y fibras sintéticas, con capacidad de producción de 20 000 yardas, subsidiaria de la "Textilera Ariguanabo S.A., Compañía"(VER) y, como ésta, ubicada en Cayo la Rosa, Bauta.

1 Propiedad de la familia Hedges (VER " TEXTILERA ARIGUANABO S.A., COMPAÑÍA") con un capital pagado por algo más de $1 000 000. Su presidente era Heriberto Báez y Carlos Martell era el vicepresidente, ambos cubanos y funcionarios de confianza de los propietarios.

3 Tenía capital y superávit ascendente a $1 898 000. Cliente del Chase Manhattan Bank.

549- ETHICAL PRODUCTS S.A.
Laboratorio de especialidades farmacéuticas, sito en Campanario N° 110 entre Lagunas y Animas, La Habana,

1 Rodolfo González Bibiloni era su presidente y accionista, su hermano, el Dr. Jorge, era el vicepresidente y también accionista.

550- EXCLUSIVIDADES INTERNACIONALES S.A.
Importadores de productos de perfumerías de la marca española "Myrurgia", entre ellos jabón de tocador, brillantina, loción, perfume, talco y polvos faciales, así como colonia "Maderas de Oriente", perfumes "Embrujo de Sevilla y "Joya", jabón "Pepinol" y "Peque, y polvo y talcos "Maja" y "Burbujas", con oficinas en Monte N° 984.

1 Pablo Medina Unanue era el apoderado.

551- EXTRACTORA CUBANA DE ACEITES VEGETALES DE CUBA S.A.
Primera fábrica del país para producir harina y aceite de soya crudo y un proyecto posterior para refinarlo con capacidad para 10 000 000 de lbs. de aceite y 50 000 000 de lbs. de harina para pienso, ubicada en Regla. Hasta entonces sólo existían en Cuba plantas de aceite de maní de alto costo.

1 Propiedad casi estatal pues el BANFAIC controlaba el 93% de las acciones de un capital suscrito ascendente a $575 000, teniendo el restante 7 % el Ing. Gabriel González Aurioles Falcón quien era su vicepresidente y administrador general.

2 Se constituyó el 23 de agosto de 1957. Su fundamentación económica estaba basada en que, aún cuando la soya tenía menos rendimiento que el maní (14 % contra 25 %), sin embargo en la torta de harina de los piensos era mayor (80 % contra 35%). la fábrica fue inaugurada en abril de 1959 con la asistencia de Fidel Castro a un costo de inversión de $1 000 000 y con equipos de uso.

3 Sus activos fijos ascendían a $346 000. El BANFAIC le otorgó un primer financiamiento por $300 000 suscribiendo acciones por $285 000, lo que se amplió el 11 de noviembre de 1958 hasta $425 000.

552- FÁBRICA CUBANA DE AJUSTADORES

Fábrica de ajustadores "Exquisite", con 33 obreros en un turno, ubicada en Punta Brava.

1 Propiedad de "Exquisite Form Brassieres de Cuba S.A.", firma comercial norteamericana establecida en Cuba, importadora y vendedora de los ajustadores de esa marca.

2,3 Inició sus labores en mayo de 1957 y a mediados de 1958 estaba paralizada.

553- FÁBRICA DE TEJIDOS ESTRELLA S.A.

Fábrica de medias y calcetines, en especial medias para hombres y niños, con más de 50 trabajadores, ubicada en 16 N° 211 esq. a G, Almendares.

1 Propiedad de Antonio María Herrera Vaillant, su presidente, en sociedad con Henry Griffin Castillo, Justo Albo Carreras y Renato Ribas Hechavarría.

2 Se constituyó el 22 de junio de 1946.

3 El BANFAIC le prestó $174 423 el 28 de marzo de 1952 destinados a la adquisición de nuevos equipos y capital de trabajo que le permitió aumentar su producción y su eficiencia.

554- FÁBRICA NACIONAL DE IMPLEMENTOS AGRÍCOLAS

Importadores de equipos, maquinarias, fertilizantes y ferretería gruesa destinada a la agricultura, siendo representante de los autos rurales "Land Rover", equipos de regadío "Jacuzzi" y tractores "Ferguson", ubicada en Benjumeda y Plasencia, La Habana.

1 Propiedad de José Pérez Blanco y Ramón Otero Pérez, quienes eran su presidente y vicepresidente respectivamente.

2 Ambos propietarios la habían fundado en 1931 en Santa Clara como un taller pequeño. Cliente del extinto Banco del Comercio con $172 000 de crédito.

555- FÁBRICA NACIONAL DE ÓMNIBUS MERENS S.A.

El mayor de los 3 talleres dedicado a la construcción de carrocerías de ómnibus de colegio y de servicio público, así como chassis, con una producción estimada de 5 unidades mensuales, ubicada en el Km. 9 1/2 de la Carretera Central, Rpto. La Cumbre.

1 Su capital emitido ascendía a $131 000, propiedad de Miguel Romero Merens con el 55 %, Rodolfo Romero Martínez, apoderado, con el 25 % y Florencio Fernández González con el 20 %.

2 Se había fundado en 1946 al prohibirse la circulación de los ómnibus de madera y desde 1955 incorporaron la fabricación, no sólo de la carrocería, sino también de los chassis. Sus naves actuales habían sido financiadas por el FHA. En 1959 tenían en proyecto la construcción de una planta de ensamblaje para autos, camiones y guaguas.

3 Tenía una situación difícil debido a la importación de los ómnibus General Motors que disfrutaban de exenciones de aranceles, además de la competencia de los otros 2 talleres, uno propiedad de Andrés Rodríguez y el otro de "J. López y Compañía".

Sus activos totales en 1957 ascendían a $239 000 y sus ventas oscilaban alrededor de 50 ómnibus por valor de $614 000 que vendían cada uno en alrededor de $25 000 mediante ventas a plazos financiada por los bancos, habiendo tenido ese año pérdidas por $14 000. El BANDES le otorgó un financiamiento el 28 de mayo de 1957 por $250 000.

556- FÁBRICA NACIONAL DE PINTURAS
Fábrica de pinturas, esmaltes y barnices, marca "Glidden", sita en Calzada de Vento Nº 651, La Habana, cliente del "Trust".

1 Luis Rodríguez Feliú era su presidente.

3 Fabricaba sus pinturas en Cuba bajo licencia y supervisión de "The Glidden Company", una firma norteamericana.

557- FAGET AND SONS MOTOR COMPANY
Almacén de bicicletas sito en Villegas Nº 13, La Habana.

1 Era propiedad de Raúl Faget Otazo, quien poseía otro almacén del giro de bicicletas, la "Rogers International Company", un almacén de bicicletas, motocicletas y accesorios, sito en Infanta Nº 671. Era vicepresidente de ambas firmas.

Su familia además era propietaria de "Topper Comercial Company"(VER), de la que también era vicepresidente.

Era hermano del Coronel Mariano Faget, Jefe del BRAC (Buró de Represión contra Actividades Comunistas), creado el 3 de mayo de 1955. Faget había intervenido en la captura del espía alemán Enrique Augusto Lunin, en cuya ocasión trabara amistad con Herbert Hoover, jefe del FBI de EE.UU.

558- FAST DELIVERY S.A.
Servicio de expreso aéreo para importación y exportación, sito en San Miguel Nº 764, La Habana, y oficina en las inmediaciones del aeropuerto de Miami y en 401 Broadway, Nueva York.

1 Era propiedad de Enrique Radillo.

2 Un camión de la firma fue empleado para trasladar a la mayoría de los atacantes del Palacio Presidencial el 13 de marzo de 1957.

559- FEDERAL DE SEGUROS S.A., COMPAÑÍA
Una agencia de seguros de accidentes de trabajo y de fianzas con oficina en el Edificio Larrea, que era cliente del "City", del "Pedroso" y del "Agrícola e Industrial".

1 Su presidente y director general era Héctor de Lara, quien había estado casado con Carmen López Orúe, vicepresidenta de "Central Unión S.A." (VER) .

560- FEDERICO ROMILLO E HIJOS
Comercio dedicado a la venta de muebles, sito en San Miguel Nº 302 y San Rafael Nº 112, ambas en La Habana.

1 Era propiedad de Federico Romillo Báez, hijo del español Federico Romillo Concha, un antiguo propietario de mueblerías que aun conservaba "La Esmeralda" en San Rafael Nº 105 y "La Casa Romillo", en San José Nº 114, La Habana.

Era socio también con Jesús Manzarbeitia y Plácido Solá de "Restaurant Chambard S.A."(VER), firma del restaurant "Palacio de Cristal".

561- FERNÁNDEZ CASTRO Y COMPAÑÍA S EN C
Almacén de papel, imprenta, encuadernación, efectos de escritorios y fabricantes de papel engomado en rollos, libretas, papel higiénico y parafinado, servilletas y toallas de papel, sobres, tinta de escribir y de imprenta, bolsas de papel y jabas, conocido como "Casa Castro", con 54 trabajadores, sito en Muralla Nº 163 entre Cuba y San Ignacio.

1 Era propiedad de Víctor Fernández Castro, en socidad con sus primos los hermanos Victoriano y Eladio Blanco Fernández García de Castro (VER "INDUSTRIAL SIRE S.A."), Manuel Fernández González y Gonzalo Rodríguez López, todos emparentados entre sí.

2 Había sido fundada en 1851 por el asturiano José García de Castro –abuelo y tío abuelo de sus propietarios actuales– como una papelería bajo la razón "Castro, Hermano y Compañía" sita entonces en Mercaderes N° 35 esq. a Amargura de donde se trasladaran para el local actual en 1885 hasta ampliarse al rubro de impresión y encuadernación en 1907.

Habían sido propietarios de la fábrica de papel de Puentes Grandes(VER "ANTIGUA PAPELERA CUBANA S.A.") desde 1870, en que la compraran a su propietario francés, hasta 1917. José Fernández Castro y su sobrino Eladio Blanco Fernández habían sido sus gerentes hasta el fallecimiento del primero en 1953.

Víctor Fernández Castro había comprado "Industrial Siré S.A."(VER) con otros 7 socios, en su mayoría parientes con intereses también en la papelería.

562- FERNÁNDEZ E HIJOS S LTD
Almacén de maderas y ferreterías, así como exportador de esponjas, sito en Arroyo y Cristina, La Habana.

1 Era propiedad de José Fernández Veiga.

563- FERNÁNDEZ Y CURRAIS
Restaurant y bar "La Zaragozana", especializado en mariscos, sito en Monserrate N° 355 entre Obispo y Obrapía, La Habana.

1 Era propiedad de José Currais Fernández, casado con Lucrecia, hermana de Ramón del Collado Cuba, propietario de "Ramón del Collado S.A."(VER), fábrica de vino y ron "Collado" y "Tuntakamen".

2 Había sido establecido en 1830.

3 Era cliente del "City", "Colonos", "Construcción" y "Asturiano".

564- FERNANDO DEL VALLE SEGUÍ
Peletería "La Libertad", distribuidores del calzado "Roxy", sita en Monserrate N° 314 en la Manzana de Gómez, La Habana.

1 Era propiedad de Fernando del Valle Seguí quien la operaba bajo su propio nombre.

565- FERNANDO RODRÍGUEZ Y COMPAÑÍA
Propietaria del restaurante "Castillo de Jagua", ubicado en 23 N° 551 esquina a G, Vedado.

1 Era propiedad de Fernando Rodríguez Moreno.

566- FERRETERÍA CALVO Y F. VIERA S.A.
Almacén de ferretería e importadores de artículos del giro, conocido como "La Castellana", ubicado en Compostela 663, La Habana. Una de las asociadas en la creación de "Aceros Unidos de Cuba S.A."(VER), fábrica de cabillas que comenzara a producir el 1° de marzo de 1958.

1 Propiedad de la familia Francisco y Calvo, descendiente de sus fundadores. Su presidente y propietario principal era Lucas Francisco Viera, su hermano Eladio era el vicepresidente, Arturo Calvo Lozano, español nacido en 1917, también era vicepresidente; Mariano Calvo Viera, cubano nacido en 1910, tesorero y Julián y Eladio Calvo Viera, ambos cubanos nacidos en 1917 y 1919 respectivamente, eran vicetesorero y vocal respectivamente.

Lucas Francisco Viera, cubano hijo de español nacido en 1899 y fallecido en 1958, descendiente del fundador, había logrado diversificar su capital en otros renglones, siendo propietario y presidente además de "Pinturas Kli-Per S.A." y de "Cerámicas Kli-Per S.A." (VER). Se le estimaba un capital de $1 500 000.

Además se unió a otros ferreteros importantes para promover la fábrica "Aceros Unidos de Cuba S.A." (VER) que comenzara en 1957 a producir cabillas y en la que Arturo Calvo Lozano, su pariente, era el tesorero. Se le estimaba un capital ascendente a $1 500 000 en propiedades y efectivo.

2 La ferretería había sido fundada en 1898 por Sixto Francisco Calvo, siendo continuada por Castor Francisco Calvo. El 21 de diciembre de 1913 se constituyó como "Castor F. Calvo y Compañía", pasando en 1920 a Sixto Calvo y a Lucas F. Viera y en octubre de 1942 a "Calvo F. Viera" y finalmente el 19 de diciembre de 1950 adoptó la razón social actual.

3 Su capital y superavit ascendía a $280 000, teniendo utilidades por $188 000 y un activo corriente de $500 000. Cliente del "The Trust Company", junto con las otras 3 firmas que creara Lucas Francisco Viera, con créditos ascendentes a $500 000.

567- FERRETERÍA CANOSA S.A.
El más importante almacén de ferretería de la provincia de Pinar del Río, ubicado en la calle Martínez esq. a Colón y Coloma, Pinar del Río. Una de las asociadas en la creación de "Aceros Unidos de Cuba S.A." (VER), fábrica de cabillas que comenzara a producir el 1° de marzo de 1958.

1 Propiedad de la familia Canosa con un capital suscrito de $192 000. Francisco y Ana Dolores Canosa Crespo eran el presidente y el vicepresidente respectivamente, mientras Miguel Peredo Regal era el tesorero y administrador. Francisco Canosa estaba asociado con Vicente Monné en la operación de una calera en Pinar del Río.

2 Se constituyó el 1° de abril de 1948 por Francisco Canosa Crespo, padre de su presidente actual, quien la operaba bajo su propio nombre.

568- FERRETERÍA CAPESTANY S.A.
Almacenistas de ferretería, importadores de diferentes giros, sito en Villegas N° 412, La Habana.

1 Era propiedad de Félix Capestany García.

2 Había sido fundado en 1868, habiendo operado varios años antes como "Capestany, Garay y Compañía", propiedad de Eusebio Capestany, Eduardo Garay, Félix y Eusebio Capestany.

3 Cliente del Banco Gelats y del Banco Franco Cubano S.A..

569- FERRETERÍA FEITO Y CABEZÓN S.A.
Almacenistas de ferretería, importadores de diferentes giros, conocida como "Feito y Cabezón", sito en Reina N° 319 entre Lealtad y Campanario, La Habana

1 Propiedad de José Feito Taladrid, en sociedad con su cuñado Nicolás Cabezón García. Feito era uno de los propietarios de ferretería accionista de "Antillana de Acero S.A."(VER) con $55 000 en acciones suscritas por su hijo.

3 Cliente del "National City".

570- FERRETERÍA GERMÁN GÓMEZ S.A.

Almacén de ferretería sito en San Felipe Nº112, La Habana.

1 Era propiedad de Germán Gómez Ocejo quien era además accionista, ex-vicepresidente y fundador del "Banco de la Construccion", el 20º en importancia.

571- FERRETERÍA LORIDO S.A.

Ferretería importadora y venta al por mayor de herramientas, maquinarias y útiles de ferretería, ubicada en Mercaderes Nº 202, La Habana.

1 Propiedad de José Lorido Lombardero, su presidente, quien era además consejero de la "De Seguros de Comerciantes y Detallistas de Cuba, Compañía", director-tesorero de la "Compañía Inmobiliaria Diego S.A."y presidente de honor del Club de Ferreteros de La Habana.

Lorido, desde su llegada a Cuba en 1906, se desempeñó en el giro ferretero como empleado en varias, ascendiendo a socio en otras y a director en 1935 de "Machín, Wall y Compañía"(VER) hasta adquirir la actual.

Sus hijos José y Ramón Lorido Diego eran el vicepresidente I y el vicepresidente II respectivamente. Este último era miembro del Consejo de Dirección de "Antillana de Acero S.A." (VER) donde tenía intereses la familia y había ayudado a promover junto con otros ferreteros.

2 Su actual propietario, nacido en Oviedo en 1886, la había fundado en 1941 tras comprar e antiguo almacén de "Marina y Compañía", sito en el mismo local, fundado en 1888. Había sido además director del "Banco Financiero"(VER).

3 Tenía un capital ascendente a $350 000 y sus ventas oscilaban en los $2 000 000. Su activo total estaba alrededor de $1 500 000 y, sus utilidades de los $25 000.

Cliente del "The Trust Company of Cuba" por $1 100 000, así como del Banco del Comercio, del Chase Manhattan Bank y del Banco Asturiano de Ahorro.

572- FERRETERÍA PATRICIO SUÁREZ S.A.

Almacén de ferretería, sito en Teniente Rey Nº 118, La Habana.

1 Era propiedad de Patricio Suárez Carreño, junto con sus hermanos Manuel, Ignacio A. y Luis A., quienes también eran accionistas de "Central Nela S.A." (VER), el cual había sido propiedad mayoritaria de 1917 a 1955 de su padre, Patricio Suárez Cordovés.

Manuel era el decano de la Facultad de Ingeniería Química de la Universidad Católica de Santo Tomás de Villanueva y estaba casado con Eloisa Gastón Segrera, hermana de Melchor Gastón Segrera, propietario del central Dolores (VER "INGENIO DOLORES").

573- FERRETERÍA RAMIRO ALONSO S.A.

Almacenistas de ferretería, importadores de diferentes giros, sito en Concha Nº 201, Luyanó, La Habana.

1 Era propiedad de Ramiro Alonso Cristóbal quien la heredara de su padre, Ramiro Alonso Valdés, asturiano, también propietario de 25 acciones del "Banco Asturiano de Ahorros" del que fuera Consejero desde 1950.

3 Cliente del "Banco Asturiano de Ahorro S.A.".

574- FERROCARRIL CAIBARIÉN-MORÓN

Ferrocarril de servicio público de vía estrecha entre Caibarién y Morón con una extensión de 140 Km que brindaba también servicio de transporte de caña, carga y azúcar al central Narcisa, con oficinas en Zayas, Caibarién y en San Ignacio N° 104-108, La Habana.

1 Era propiedad de la familia Fowler (VER "NORTH AMERICAN SUGAR COMPANY"), propietaria de centrales, aerolíneas y otros intereses.

2 En el pasado se había llamado "Ferrocarril de Yaguajay a Mayajigua" con una extensión de 80 Kms que a mediados de los 20 completaría el tramo de Chambas a Morón, siendo desde entonces de los mismos propietarios.

En ese entonces estaba presidido por George R.Fowler y Albert C.Fowler era su vicepresidente; Rafael G.Capote, vicepresidente II y Ricardo Berrayarza, vicepresidente III y su administrador, todos los cuales además ejercían iguales funciones en el central Narcisa, el Constancia(E), el "Dos Hermanas"–demolido– y el Parque Alto, que entonces eran de la familia.

En junio de 1912 "Fowler y Compañía" había vendido el ramal de Santa Rosalía a Horqueta y Delicias al "Ferrocarril Central Cubano", constituida el 30 de abril y 11 de septiembre de 1899 de capital inglés, que concentró todos los ferrocarriles existentes entonces en la provincia de Santa Clara.

575- FERROCARRILES CONSOLIDADOS DE CUBA

Uno de los 2 grandes consorcios ferroviarios del país, que operaba desde Las Villas hasta Oriente con 1900 Km. de recorrido, más de 12 000 empleados y 2 727 obreros e integrado por "Compañía de Ferrocarril de Cuba", "Ferrocarriles del Norte de Cuba" y "Compañía de Ferrocarriles de Guantánamo y Occidente", así como las subsidiarias "Expreso de Cuba S.A.", para expresos por ferrocarril con oficina en 23 N° 55, Vedado; "Ómnibus Consolidados de Cuba"(VER) y "Compañía de Fomento del Puerto de Tarafa.

1 Su capital suscrito ascendía a $39 803 000 de los que $30 507 000 estaban emitidos en 304 735 acciones preferidas –que se encontraban en su mayoría en poder del público norteamericano y en menor medida cubanos– y el resto, o sea $9 495 000, en 400 000 acciones comunes que controlaba Francisco Bartés Clarens, su presidente, a mitad con su hermano Mario. Ángel M. Figueredo, José A. Guerra, John Douglas Singer Jr. y Jorge E. de Cubas eran vicepresidentes.

Los hermanos Bartés eran también los principales en "Central Santa Cecilia S.A."(VER), tenían intereses en la "Cubana, Compañía"(VER) y eran además fuertes cultivadores de arroz, también en sociedad con Amado Aréchaga, mediante "Arrozal Bartés"(VER) y "Agrícola Jufra S.A."(VER).

Tenía una estructura financiera bastante compleja. Poseía el total de las acciones comunes del "Ferrocarril del Norte de Cuba" y de "The Cuba Railroad" y a su vez la primera controlaba $2 513 000 en acciones del "Guantánamo & Western Railroad Company". La mayoría de sus acciones preferidas eran públicas y, de ellas, 257 000 estaban canjeadas por obligaciones de intereses contingentes y 47 000 se cotizaban en la Bolsa de La Habana y en la de Nueva York distribuidas entre cientos de tenedores mayormente norteamericanos. Hasta 1958 del total de las comunes unas 195 000 estaban en poder de "Cubana Compañía"(VER).

Esta situación databa de 1951 pues, debido a que desde 1932 no pagaban dividendos a las acciones preferidas, a partir de entonces se enfrascaron en un plan de reestructuración. Así "Compañía Cubana" había comprado el 30 de junio de 1951 a "The Cuba Company" las 400 000 acciones comunes por $5 286 000.

A partir de 1955 Aréchaga y un grupo de capitales cubanos –entre ellos Bartés– habían pasado a controlar la "Cubana, Compañía" que, poco después, vendería las 400 000 acciones comunes que poseían de los "Ferrocarriles Consolidados de Cuba" a "Inversiones Consolidadas del Este S.A.", bajo el control de los hermanos Bartés, en 2 partidas: 205 000 en $1 845 000 el 14 de noviembre de 1956 y, algo más tarde, el resto.

Tras su toma de control, Francisco Bartés sería electo su presidente desde el 4 de febrero de 1958 en que sustituyera a Gustavo Pellón –quien desde 1948 desempeñaba el cargo–, habiendo sido electo con anterioridad director y vicepresidente el 5 de diciembre de 1956.

De esa forma, Aréchaga y Bartés, socios en varias firmas, se dividieron el control respectivo de los centrales y ferrocarriles que separaron en empresas diferentes del antiguo consorcio norteamericano "The Cuba Company".

2 La firma original se organizó el 28 de julio de 1924 al consolidar a "The Cuba Railroad Company", subsidiaria de "The Cuba Company" (VER "CUBANA, COMPAÑÍA"), con el "Ferrocarril del Norte de Cuba", propiedad del Cnel. José M.Tarafa, siendo su presidente el abogado norteamericano Horacio Rubens, amigo de Martí y promotor de la "Joint Resolution", quien fuera sustituido tras su fallecimiento por Wilfred J.Brown, antiguo funcionario de la firma en Cuba.

La fusión fue resultado de un plan elaborado por el Cnel.Tarafa quien lograra el 9 de octubre de 1923 se sancionara la "Ley Tarafa" mediante la cual los centrales norteamericanos se vieron obligados a embarcar sus azúcares por el ferrocarril de la nueva firma constituida.

Domingo A.Galdós Belzaguy había sido su vicepresidente residente en La Habana hasta su renuncia en febrero de 1943 por motivos de salud, tras desempeñarse en la empresa durante 40 años, siendo entonces sustituido por Gustavo Pellón. En ese entonces también fue designado como Consultor General el Dr.Alfredo Lombard Sánchez.

"The Cuba Company", primera firma norteamericana de importancia en Cuba tras la independencia, se había constituido en New Jersey el 25 de Abril de 1900 por el canadiense William Van Horne –constructor del ferrocarril Canadian Pacific– para construir el de Santa Clara a Santiago de Cuba, que se inaugurara el 8 diciembre de 1902 a un costo de $26 millones.

Para ello contó, además de la protección y subvención oficial del Gobierno Interventor norteamericano y del de Estrada Palma, con un grupo de poderosos financieros norteamericanos que la controlaran, entre los que figuraban E.J.Berwing (carbón), P.A.B.Wedener (tabaco y ferrocarriles) –ambos relacionados con J.P.Morgan– H.P.Whitney (cobre, banca, ferrocarriles), T.F.Ryan (cobre, tabaco, etc.), G.M.Dodge (cobre, ferrocarriles) y S.Thomas, banquero del Chase National Bank. Posteriormente en 1906 fundaron el central Jatibonico y en 1924 el Jobabo. A partir de los años 20 había pasado al control del grupo financiero de Rockefeller-Stillman.

El "Ferrocarril del Norte de Cuba" se había constituido el 1º de mayo de 1918 a partir de la firma norteamericana del "Ferrocarril de la Costa Norte de Cuba" favorecido por el gobierno de Menocal a través del Cnel.Tarafa en varias concesiones siendo la última el escandaloso negocio por el que se vendiera por $800 000 el ferrocarril de Júcaro a San Fernando, propiedad estatal. El "Ferrocarril de la Costa Norte de Cuba" se había organizado en julio de 1916 como resultado de la consolidación de 3 compañías de ferrocarriles: "Ferrocarriles de Morón", " Ferrocarril de Júcaro a San Fernando" y "Ferrocarril de la Costa Norte de Cuba".

El 2 de agosto de 1944 el Decreto Nº 2396 de Batista le concedió franquicia aduanal para importar locomotoras, equipos, etc.

Hasta 1943 había sido propietaria del "Hotel Camagüey", el más importante de la ciudad(VER "HOTEL CASA GRANDE").

El 5 de noviembre de 1948 compró por $3 740 000 el "Guantánamo & Western Railroad Company", fundado en 1909, propiedad de los hermanos Bartés quienes, como parte del pago de la venta pasaron a convertirse en sus accionistas y, con el tiempo, en sus principales propietarios individuales.

El "Guantánamo & Western Railroad Company", construido entre 1902 y 1906, había estado bajo el control del "Banco Español de la Isla de Cuba", el segundo en importancia que quebrara durante el crac bancario de 1921, pasando entonces al control de Antonio San Miguel(VER "CENTRAL SANTA CECILIA S.A."), quien lo presidiría.

Los hermanos Bartés lo habían heredado junto con el "Central Santa Cecilia S.A."(VER), de su padre Francisco Bartés Marsal, español, fallecido en 1953, quien había sido socio y hombre de confianza desde 1923 de San Miguel

3 Sus ingresos y utilidades habían ido disminuyendo desde 1948 debido a la caída desde 1952 tanto del tranporte de azúcar por la política restriccionista, como el de pasajeros por la competencia de la rutas de ómnibus. Desde entonces tuvo pérdidas todos los años a excepción de una leve recuperación en 1955-56. Las de 1957 alcanzaron $1 117 000 que en 1958 se incrementó a $2 095 000.

Poseía 138 locomotoras y algunas otras eléctricas de la General Motors así como 3 450 carros de carga y 1318 millas de vías. En 1951 habían iniciado un amplio plan de modernización de equipos adoptando la tracción diesel-eléctrica. Prestaba servicio a 46 centrales azucareros que representaba el 36 % del transporte en este rubro y habían gozado de altas utilidades hasta 1952.

El Gobierno hizo lo indecible por salvarla, favoreciéndola con exención de impuestos y aranceles, elevación de las tarifas, prohibición de transportar determinadas cargas por carretera tales como azúcar, ganado, minerales, etc., créditos de la hacienda pública y de los bancos paraestatales, despidos y rebajas salariales, etc..

Un alto porcentaje de sus ingresos estaban afectados para atender obligaciones contraídas con el BANDES quien le prestó en total $14 740 000, de los que en 1957 se destinaron $10 millones a compra de equipos nuevos marcas Fiat. Tenían deudas además con el "Royal Bank" por $1 437 000. Sus acciones se cotizaban en la Bolsa de La Habana.

En 1955 padeció de huelgas en protesta contra las medidas de rebajas –el famoso Decreto 1535 de 7 de junio de 1955 conocido por el "Laudo Ferroviario"– habiendo intervenido entonces el Gobierno. Su situación se agravó como consecuencia de la guerra revolucionaria por la que habían sufrido 1500 actos de sabotaje desde 1956 y que practicamente había paralizado sus servicios a partir del segundo semestre de 1958 ocasionándole un déficit de más de $2 000 000 en sus ingresos que lo tenían al borde del colapso económico.

576- FERROCARRILES OCCIDENTALES DE CUBA S.A.

Uno de los 2 grandes consorcios ferroviarios, que operaba desde Pinar del Río hasta Las Villas, con oficina central en Ave de Bélgica y Arsenal, La Habana.

1 Era una empresa de propiedad mixta estatal-privado con un capital ascendente a algo más de $30 millones, donde las acciones estatales ascendían a $17 500 000 y las privadas a $12 500 000. Alberto García Valdés era su presidente.

El capital privado estaba distribuido entre los sectores económicos usuarios del servicio, o sea los hacendados con $5 000 000; los colonos con $3 500 000 –quienes las suscribieron colectivamente–, la "West India Fruit Steamship Company" (VER), operadora de los ferries, con $1 500 000; los comerciantes con $1 378 000 y los industriales con $1 109 000.

Esta forma de asociación había sido forzada por el gobierno de Batista tras varios años de discusiones y búsquedas para salvar la empresa, incosteable desde años atrás pues la construcción de la Carretera Central les creó una fuerte competencia ya que los equipos motorizados se concentraron en esta zona, reduciéndose sus ingresos a menos de la tercera parte. El "Informe Truslow" había recomendado que los hacendados suscribieran parte del capital e intervinieran en su administración.

2 Se constituyó el 1º de diciembre de 1953 bajo la actual razón social al nacionalizar el Estado la anterior "Ferrocarriles Unidos de La Habana" de capital británico que desde 1898 había pasado a controlar las principales vías férreas del occidente del país.

Esta última etapa se inició el 4 de abril de 1949 cuando el Decreto 1122 dictó la intervención gubernamental que se mantuvo durante el Gobierno de Batista hasta la decisión de su compra estatal y su conversión posterior en empresa de capital mixto al año siguiente. Ya en 1951 se perfiló un plan anunciado en noviembre de ese año por el cual los hacendados cubanos comprarían la firma con el respaldo de la banca, el gobierno y el Banco Nacional de Cuba.

El 24 de julio de 1953 el gobierno había autorizado su compra, poniendo fin así a un largo período de intervenciones, subsidios estatales y gestiones para su venta a capital británico, a otros extranjeros o cubanos, que se remontaba al gobierno anterior. El 27 de agosto de 1953 se emitieron bonos estatales ascendentes a $20 000 000 para cubrir la compra de los activos por $13 000 000 así como los adelantos realizados por el BANFAIC al interventor, pero ante las dificultades para colocarlos se concertó un préstamo por esa cifra con el "Hannover Trust Company" de New York y con el "Bank of America" de San Francisco. Los antiguos propietarios ingleses recibieron $13 000 000 de ese total.

Posteriormente la Ley-Decreto 1540 del 27 de julio de 1954, a pesar de la gran oposición que desatara, forzó a comprar las acciones que, salvo la de los colonos, fueron suscritas individualmente. Joaquín Martínez Saenz, promotor del plan, fue designado como presidente –sustituyendo a Marino López Blanco–, Fidel Barreto, vicepresidente, y un representante de los hacendados y de los colonos formaba parte de su Consejo de Dirección.

La firma británica tenía su antecedente en el primer ferrocarril Habana-Güines inaugurado en 1838, construido por la Junta de Fomento a cuenta del Estado, financiado con $2 millones de capital por una firma inglesa y el cual fue comprado en 1842 por $3 500 000 por Miguel Aldama y Juan Poey quienes constituirían la "Caminos del Hierro de la Habana". En 1852 se organizó el "Ferrocarril de la Bahía de la Habana y Almacenes de Regla de la Habana" al fusionarse el "Banco del Comercio" y los Almacenes de Regla, propiedad ambos de Eduardo Fesser, en sociedad con Jacinto González Larrinaga que tenía como destino la Vuelta Arriba, estableció un ramal de Regla a Guanabacoa que enlazaba con los ferries en la bahía y a partir de 1857 abrió una línea de Regla a Matanzas con un presupuesto ascendente a $2 219 345.

"Caminos de Hierro de La Habana" adquirió en 1886 el ferrocarril de Alfonso XII inaugurado en 1883 y en 1889 se constituyó el "Banco del Comercio, Almacenes de Regla y Ferrocarril de la Bahía" como consecuencia de haber fusionado varias empresas de almacenes, navieras y ferroviarias que incluían la línea de Regla a Matanzas de 1862.

Ambas firmas –excluyendo al Banco de Comercio– serían adquiridas por el capital británico quien constituiría en 1898 la "The United Railways of the Havana and Regla Warehouse, Ltd.", la que gradualmente iría fusionando las líneas existentes.

Así en 1905 arrendarían el "Ferrocarril de Marianao inaugurado en 1863 que pasara al capital inglés desde 1876; comprarían el "Ferrocarril de Cárdenas-Júcaro" y el de "Matanzas" en 1906; en 1907, el "Ferrocarril Central de La Habana" de la norteamericana "Compañía del Ferrocarril Insular" constituida en 1905 basada en la tracción eléctrica; en 1911 el "Ferrocarril del Oeste" comenzado a construirse en 1857 desde la Habana hasta Pinar del Río y comprados en 1892 por capitales ingleses quienes constituyeran la "The Western Railway of Havana"; el Ferrocarril de Cárdenas" abierto al público el 24 de junio de 1840; y otros.

3 Sus ingresos brutos se habían incrementado progresivamente desde 1903 en que eran de algo más de $2 hasta 1924 en que toparan en $24 y comenzaran a descender alcanzando en 1934 cerca de $6 millones

Desde 1927 los "Ferrocarriles Unidos de La Habana y Almacenes de Regla" no pagaban dividendos, ni interés sobre las obligaciones hipotecarias, no amortizaban los bonos en circulación, no cumplían con sus contratos de arrendamiento de material rodante y habían disminuido su empleomanía a menos de la mitad.

El 20 de julio de 1955 el BANDES le prestó $20 000 000 para la compra de locomotoras y railes en Francia y Gran Bretaña.

En el último semestre de 1958 el transporte de pasajeros estuvo casi totalmente paralizado, sin embargo durante ese año aumentó el transporte de azúcar, de cemento y arena, arrojando utilidades brutas por $456 405, superiores a la del año anterior.

577- FERROMAR S.A.

Importadora de materiales de ferretería, comisionista en productos de hierro y acero, accesorios para ferrocarriles, plantas y equipos eléctricos, material rodante, maquinarias agrícolas, molinos arroceros e importadores de autos y camiones, con oficina en Edificio Odontológico, dpto. 902-905, Vedado. Tenía como afiliada a "Motomac Cubana S.A.", una agencia para la venta de los autos "SIMCA" y los ómnibus "Berliet" así como la "Schwabach y Compañía de Cuba S.A.", una exportadora de café, tabaco y otros productos. Era una de las asociadas en la creación de "Aceros Unidos de Cuba S.A." (VER).

1 Propiedad de Nicolás Zeller, austríaco, nacido en 1909 y llegado a Cuba en 1950. Había constituido varias firmas importadoras teniendo dificultades en sus operaciones por lo que fue demandado.

3 Era cliente del "Trust" y del "Pujol".

578- FIBRAS DEL MARIEL S.A.

Plantación de henequén e industria procesadora con 160 trabajadores, sita en la "Hacienda Carbonell", Autopista del Mariel, Pinar del Río

1 Era propiedad de la familia Carbonell (VER "PRODUCTOS FIBROCEM S.A.").

2 En el pasado había operado bajo la razón de "Compañía Desfibradora Cubana S.A.", presidida por el Dr. José M.Carbonell.

3 Su inversión estaba valorada en más de $600 000. Tenía en proyecto trasladar para acá una ampliación de su fábrica de tejas y otros materiales de construcción

579- FINANCIADORA DE LA PROPIEDAD S.A., BANCO DE CAPITALIZACIÓN Y AHORRO

Banco de ahorro y capitalización, sito en Chacón Nº 205 bajos, La Habana.

1 Era propiedad del Arq. Mario M. Esquiroz Ramos, su presidente, en sociedad con Manuel Rasco Someillán, su vicepresidente y otros. Francisco Calvet Cuétara y Carlos A.Ruiz Muñoz eran su tesorero y director general respectivamente.

580- FINANCIERA MERCANTIL E INDUSTRIAL DEL FÓSFORO

Empresa creada para administrar y garantizar la recuperación del financiamiento estatal otorgado a 11 fabricantes de fósforos con el objetivo de subvencionar por parte del gobierno a la producción incosteable de fósforos (VER "EMPRESA NACIONAL DE FÓSFOROS").

1 Tenía un capital emitido ascendente a $150 000, propiedad de José López Vilaboy (VER "EDITORIAL MAÑANA S.A."), su presidente, de Pedro M. Simón y César Casas Rodríguez (VER "INDUSTRIAL CASA RABELO S.A."), su vicepresidente y tesorero respectivamente, junto con Andrés Carrillo González. de Mendoza y Expedito Alonso, quienes también controlaban la "Empresa Nacional de Fósforos" (VER).

2 Se constituyó el 14 de mayo de 1956 en forma de compañía mercantil y anónima, unos días después que 2 decretos presidenciales regularan la creación de la "Empresa Nacional de Fósforos".

3 Unos días antes el BANDES aprobaba otorgarle un financiamiento ascendente a $10 500 000 con varios destinos: $500 000 para cancelar obligaciones con varios bancos de la antigua "Comisión Nacional de Defensa de la Industria Fosforera", $4 000 000 para comprar fábricas e indemnizar a los fabricantes y, por último, $6 000 000 para la compra de acciones de la empresa "Cubana de Aviación S.A." (VER). Esto último sólo justificado por la intervención de López Vilaboy.

Las fábricas que integrarían el "trust" pusieron como condición el recibir una indemnización que ascendió a $1 975 000, de la que "Industrial Casas Rabelo y

Compañía S.L.", propiedad de César Casas, recibiera una proporción mayor. A su vez se compraron 7 fábricas de fósforos ascendentes a $910 000 a un precio superior a su valor.

Las acciones compradas a "Cubana de Aviación" se adquirieron a su valor nominal que era 2 1/2 mayor que la cotización de bolsa y 400 de las acciones adquiridas se "regalaron" entre varias personas. La mitad, valorada en $2 000 000, se entregó al Dr. Juan Barreto Hidalgo, hermano de Fidel quien era Ministro de Gobierno, y la otra mitad se distribuyó a partes iguales entre los 11 fabricantes de fósforos. Casas y el Dr.Ovidio Mañalich fueron nombrados el 31 de julio de 1956 directores de "Cubana de Aviación".

El organismo también ejercía funciones administrativas de control del plan de producción y la cuota asignada a cada fabricante.

581- FINANCIERA NACIONAL DE TRANSPORTE S.A.

Ruta de servicio de transporte urbano en La Habana, conocida como "Autobuses", con paraderos de rutas en la Víbora, El Príncipe, Cerro y Lawton, así como depósitos en Agua Dulce y estacionamiento en Línea y Túnel, con 780 autobuses de los que 467 estaban inactivos, más de 5 000 obreros y oficinas principales en Reina y Angeles. La menor entre las dos firmas mayores junto con la "Cooperativa de Ómnibus Aliados S.A.(VER).

1 Capital ascendente a $6 millones bajo el control de Julio Iglesias de la Torre (VER "PETROLERA SHELL MEX DE CUBA") –representante en varios negocios de Fulgencio Batista– en sociedad con un grupo integrado por Eugenio Ibáñez Varona, Amadeo Barletta (VER "SANTO DOMINGO MOTORS COMPANY") y el Dr. Arturo Bengochea (VER "DE FOMENTO DE BACURANAO S.C.P., COMPAÑÍA"), quienes tenían intereses también en la "Cooperativa de Ómnibus Aliados"(VER), la otra firma rival en el transporte urbano de la capital. Estaba presidida por Oscar Valdés Alsina.

Había arrendado el equipo rodante y las líneas de rutas concedidas a "Ómnibus Metropolitanos S.A., Compañía", presidida por Antonio Sánchez Mena, quien también lo era de la "Cooperativa de Ómnibus Aliados" donde poseía intereses en varias de sus rutas. Otros accionistas de ésta también eran miembros de su directiva como Andrés Fernández Santur, José María Saud Juelles, Faustino Pérez Abella y Rodolfo González Gallardo.

2 Se había constituido el 31 de enero de 1958 habiendo comprado por $6 174 090 "Autobuses Modernos S.A.", una propiedad mixta mayoritariamente estatal en sociedad con "Cubana de Electricidad, Compañía"(VER) con $500 000 y Will M.Preston de Miami con $1 000 000 que fuera autorizada a privatizar por el Decreto N° 2033 del 19 de junio, tras lo cual había comenzando sus operaciones el 1° de agosto.

Con anterioridad "Ómnibus Metropolitanos S.A., Compañía" había solicitado al BANDES, 2 semanas después de su constitución el 9 de marzo de 1957, un financiamiento por $5 millones para comprar la firma que, al no otorgársele, sería en definitiva aportado por su propietaria actual. "Autobuses Modernos S.A." se había constituido el 6 de diciembre de 1949 como sucesora de "Havana Electric Railway" al transformar su servicio de pasajeros de tranvías eléctricos por el de ómni-

ómnibus y ser comprada por William D. Powell y otros. Al crearse, tanto "Cubana de Electricidad, Compañía"(VER) como el Estado cubano, poseían acciones equivalentes a $500 000 cada uno sobre un capital pagado de $6 000 000.

William C.Pawley, quien había sido en 1929 el primer presidente de la "Compañía Nacional Cubana de Aviación Curtiss S.A.", antecesora de "Cubana de Aviación S.A., Compañía"(VER), ex-embajador de su país ante la ONU, Perú y Brasil, sería el emisario oficioso enviado por la CIA y el Departamento de Estado de EE.UU. a entrevistarse con Batista el 9 de diciembre de 1958 para persuadirlo a renunciar al gobierno en favor de una Junta integrada por los ex-Coroneles Barquín y Borbonet, el General Díaz Tamayo y Juan Bosch.

Pawley vendió en 1953 toda su parte en la ruta urbana al estado cubano y entonces Alberto García Valdés fue designado por el Gobierno como su presidente, quien más tarde presidiría "Ferrocarriles Occidentales"(VER) y la "Interamericana de Transporte S.A., Compañía"(VER).

La **"Havana Electric Railway"**, antecesora de "Autobuses Modernos S.A.", era la sucesora de **"Havana Electric Railway Light and Power Company"**, constituida en 1912 al fusionar la "Havana Electric Railway Company" con la "Compañía de Gas y Electricidad de La Habana", que en aquel entonces no sólo poseía el servicio de tranvías urbanos de la capital sino también la principal planta de energía eléctrica sita en Tallapiedra desde 1914, así como las 2 de gas(VER "CUBANA DE ELECTRICIDAD, COMPAÑÍA").

La anterior "Havana Electric Railway Company" había sido organizada por un grupo financiero norteamericano, radicado en Montreal, tras adquirir cn 1901 los tranvías y ferrocarriles suburbanos movidos por vapor –comprado a su vez en 1898 por un sindicato norteamericano–, cuya concesión primitiva a la antigua "Compañía Española de Alumbrado de Gas de La Habana"(VER "CUBANA DE ELECTRICIDAD, COMPAÑÍA") se remontaba a febrero de 1858 mediante tracción animal ampliada en 1873 también al vapor.

Al recibir el grupo norteamericano de Montreal la concesión para transformarlos en eléctricos, instalaría las líneas pero al no disponer de capital suficiente para proseguir la ampliación del proyecto se vería obligado a venderla.

El capital para una transacción de tal envergadura sería aportado por el arzobispo Farley de Nueva York y la casa bancaria de Speyer y Compañía, procurado por Frank Steinhart quien lo planeara desde 1906. Steinhart, que siempre representaría en Cuba los intereses de Speyer, renunciaría en junio de 1907 a su cargo de Cónsul General de EE.UU. en Cuba para pasar a gerente de la "Havana Electric Company", presidida por Warren Bicknell.

Finalmente esa "Havana Electric Railway Light and Power Company" se reestructuraría como "Havana Electric Railway" el 11 de agosto de 1926 al traspasar sus servicios de electricidad y de gas a la recién fundada "Cubana de Electricidad, Compañía"(VER) manteniendo sólo desde entonces el servicio de los tranvías eléctricos.

Hasta 1950 controlaría el servicio de tranvías en La Habana, Santiago de Cuba y Camagüey, mientras el de Matanzas era propiedad de "Compañía de Tranvías de Matanzas S.A." y, el de Cienfuegos, de la "Compañía Cienfuegos-Palmira-Cruces".

Steinhart, nacido pobre en Alemania, repartidor de leche, se alistó en el ejército norteamericano donde era conductor de mulos hasta relacionarse fortuitamente con el Gral.William Sheridan, quien le hizo sargento y lo trasladó a su oficina. Vino a Cuba como secretario particular del Grl.Brooks, continuó con Woods, regresó a Wahington requerido por el propio Root y en 1903, tras abandonar el ejército, se le designó Cónsul General en Cuba hasta 1907.

Se convirtió en el más importante e influyente entre los norteamericanos residentes en Cuba, donde tendría una gama de propiedades e intereses, entre las cuales se destacaban la "Havana Electric Railway Light and Power Company"; la "Cubana de Electricidad, Compañía"; "Cervecera Internacional S.A., Compañía"; el "Banco Territorial de Cuba"; el "Sevilla Biltmore Hotel Company"; "The American Storage Company" con almacenes en Regla y en Tallapiedra; de "La Cubana, Compañía Nacional de Seguros"; el "Jockey Club"; las carreras de caballos; el "Casino" y repartos residenciales.

Su hijo, Frank Steinhart, residente en Cuba donde estudiara y casara, lo sustituiría al frente de la empresa.

3 Las propiedades totales de la firma actual estaban valoradas en $4 302 500. Recibía alrededor de la quinta parte de los ingresos totales mientras la COA recibía 3/4 partes y el resto de las rutas menores alrededor de un 2 %.

Desde su reestructuración, al sustituir los tranvías por autobuses había estado en crisis por el costoso equipo adquirido unido a una administración ineficiente. El Estado le concedió hasta el 21 de abril de 1953 subsidios ascendentes a $17 700 000, amén de beneficios fiscales. El BANFAIC le prestó $1 211 000 el 13 de mayo de 1953 para pagar a la "Leyland Motors Ltd.", suministradora del equipamiento.

582- FIRESTONE INTERAMERICANA COMPANY
Una de las 4 fábricas de neumáticos y cámaras, marca "Firestone", ubicada en la Carretera de Rancho Boyeros y el Km. 24 de la Carretera Central, La Habana.

1 Filial de la casa norteamericana fundada por Harvey S. Firestone. René Masvidal, cubano, era el administrador desde 1942.

2 Se instaló en 1902 en Cuba como casa importadora de sus neumáticos bajo la representación de José Álvarez durante 25 años y en 1927 estableció una sucursal en Concordia Nº 757, La Habana, donde radicó hasta 1954 en que iniciara la construcción del edificio y fábrica actual.

583- FLOR DE TIBES S.A.
El mayor de los tostaderos de café, con la marca "Pilón", con 70 trabajadores, en un local ubicado en Santa Rosa y D.Velázquez en el Cerro, La Habana y otro en Santiago de Cuba con 50.

1 Propiedad de Jesús Bascuas Pereira y su hijo Manuel Bascuas Castro, quien era su vicepresidente y director general. Una hija de Jesús Bascuas estaba casada con José Gasch Prieto, presidente y principal de "La Filosofía S.A." (VER), de la cual había sido consejero cuando su yerno adquirió el control en 1934.

2 Fundado en 1909, introdujo en 1940 el envase de cierre hermético.

3 Cliente del "Banco Boston" con préstamos promedios por $250 000.

584- FLOTA MARÍTIMA BROWNING DE CUBA S.A.

Flota de 6 barcos refrigerados con 70 000 p^3 de capacidad, la cual realizaba su servicio marítimo directo entre los puertos del este de los EEUU, Canadá y los Grandes Lagos con los del Caribe, utilizando a La Habana como su base principal.

1 Era una corporación cubana administrada por cubanos y norteamericanos. Alfredo C. Duarte Segurola era su vicepresidente-ejecutivo.

3 La compra de los barcos de 4 100 toneladas y 15 nudos de velocidad fue financiada en $10 000 000 en mayo de 1958 por el Banco Cubano de Comercio Exterior, quien también le vendió sus antiguos 3 barcos, el "Río Damují", el "Río Caonao" y el "Río Jibacoa", así como los 8 buques que comprara por $2 800 000 a la "Canadian National Steamship" en agosto de 1958, entre ellos el "Canadian Constructor, el "Canadian Challenger" y el "Canadian Cruiser", que eran los buques cubanos de mayor tonelaje con 7 500 toneladas cada uno.

El Banco Nacional de Cuba y el Banco para el Comercio Exterior anunciaron en abril 1958 que los 6 barcos que se construían en astilleros de Gran Bretaña y Japón se les entregarían en arriendo.

585- FOMENTO DE MINERALES CUBANO S.A.

Empresa cubana que era una de las dos asociadas en la firma cubano-norteamericana "Nickel Procesing Company" (VER), arrendataria de la planta de níquel ubicada en Lengua de Pájaro, Oriente, de la "Cuban Nickel Company"(VER), propiedad del Gobierno de EE.UU.

1 Poseía el 24% del capital de la "Nickel Procesing Company" ascendente a $300 000. Era propiedad de un grupo integrado por Rafael Laureano González Cárdenas, Adolfo Miguel García –funcionario de la "Cubana de Electricidad, Compañía"–, José A. Álvarez Cabrera, ex-Consejero económico del Gobierno y Oscar García Montes, secretario de la empresa, ex-Ministro de Hacienda y presidente de "Financiera Nacional de Cuba".

González Cárdenas, hijo de Laureano González Álvarez, ex vicepresidente del Banco de los Colonos(VER) –del cual era uno de los principales accionistas– y presidente de "La Cañera, Compañía de Seguro" (VER), era propietario de "Cuban Agriculturan Service, Inc.", importadora de implementos agrícolas, y de "Compañía Ganadera La Cabra S.A.", colonia y finca ganadera, además de presidente de "Naviera Oceánica Cubana S.A." (VER).

El grupo de propietarios cubanos había hecho una oferta en 1949 al Gobierno norteamericano para comprar la planta –que estaba entonces paralizada– con la finalidad de transformarla en una fábrica de cemento y energía eléctrica, que el Gobierno rechazó pues las regulaciones prohibían cambiar su estructura además de que la oferta financiera fue considerada insuficiente.

3 La participación del capital cubano aseguraba a la empresa operadora el beneficio de exención de impuestos y la garantía de contratos favorables.

586– FOMENTO DE OBRAS Y CONSTRUCCIONES S.A.

Propietaria del edificio FOCSA, ubicado en la manzana de M, 17, 19 y N, en el Vedado, con 364 apartamentos, cuyo valor total se estimaba en $10 000 000.

1 Sus propietarios eran Goar, Abel y Luis Mestre Espinosa (VER "CIRCUI-TO CMQ"), presidente y vicetesorero respectivamente; Martín Domínguez Esteban, tesorero; José M. Bosch VER "MOTEL RANCHO LUNA"); Bartolomé Bestard Roca; Arq. Ernesto Gómez Sampera, quien era además vicepresidente II y accionista de la "Hotelera Flamingo S.A., Compañía"(VER) y por último Manuel Padrón Alfonso.

Julián de Zulueta (VER "AZUCARERA CAMAJUANI S.A."), presidente y propietario del "Banco Continental"(VER), tenía también intereses ocultos en la firma que su banco había financiado por $4 800 000, lo que influyó en la situación de casi quiebra que instó al Banco Nacional de Cuba en 1955 a intervenirlo.

2 Se constituyó el 26 de marzo de 1953 con $200 000 de capital, comprando el terreno el 16 de enero de 1954 en $700 000 .

3 Los apartamentos se pagarían a plazos de 10, 12 y 15 años y, antes de terminarse el edificio, se habían vendido ya $3 000 000 en apartamentos y $1 000 000 en locales. Estaba considerado técnicamente como una obra de primera.

587– FOSFONITRO S.A.
Comisionista, distribuidor de productos químicos tales como ácido acético, soda ash, methanol, sosa cáustica, parafina y carbón activado, así como piensos y urea, con oficina en Edificio Payret, Zulueta y San José, La Habana.

1 Era, junto con "Sakoyute S.A."(VER), filial de "Productora de Superfosfatos S.A."(VER) que poseía el total de las acciones y sus ejecutivos eran los mismos.

2 En agosto de 1950 había vendido por $80 000 el inmueble que operaba a "Agrotecnia Mercantil S.A." (VER "AGROTECNIA INDUSTRIAL Y COMERCIAL S.A.") a quien le facilitaba además la materia prima por lo que recibía un royalty.

3 Cliente del "Trust" y del "Continental".

588– FOSFORERA DEL CARIBE S.A.
Fábrica de fósforos, con 67 trabajadores, situada en Rancho Boyeros. Una de las 11 integradas al trust (VER "EMPRESA NACIONAL DE FÓSFOROS").

1 Estaba valorada en $1 170 000, propiedad de Ignacio G. Fierro Viña, su presidente, en sociedad con Expedito Alonso Roza, español, su vicepresidente, y donde Fernando de la Riva (VER "CENTRAL HORMIGUERO") era su tesorero. Expedito Alonso era uno de los 4 que ejercía el control del trust.

589- FOSFORERA LA ESTRELLA S.A., COMPAÑÍA
Fábrica de fósforos, con 150 trabajadores, ubicada en Cañón 270, La Habana. Una de las 11 integradas al trust (VER "EMPRESA NACIONAL DE FÓSFOROS").

1 Estaba valorada en $1 600 000, propiedad de Benigno Digón Reguera, cubano, en sociedad con su hermana Feliciana, española.

590- FÓSFOROS ACEBO S.A.
Fábrica de fósforos, con 98 trabajadores, ubicada en San Pablo 316, Cerro, La Habana. Una de las 11 integradas al trust (VER "EMPRESA NACIONAL DE FÓSFOROS").

1 Estaba valorada en $1 380 000, propiedad de José Acebo García.

591- FÓSFOROS OTERO S.A.
Fábrica de fósforos, situada en Noriega N° 12, Reparto La Noriega. Una de las 11 integradas al trust (VER "EMPRESA NACIONAL DE FÓSFOROS").

1 Estaba valorada en $460 000, propiedad de José María Pereda Aparicio, español.

592- FRANCISCO GARCÍA DE LOS RÍOS
Almacén de ferretería con el nombre comercial de "La Principal" especializado en artículos para la industria en general, grampas y accesorios para correas y válvulas lubricadas tipo "Newman-Billiken", sito en Monte N° 988, La Habana.

1 Era propiedad de Francisco García de los Ríos, quien lo operaba bajo su propio nombre.

593- FRANCISCO SOBRÍN OVALLE
Fábrica de envases de hojalata y tapas corona, sita en Peñón N° 72, Cerro, La Habana, cliente del "Boston", con 60 trabajadores.

1 Era propiedad de Francisco Sobrín Ovalle, español, nacido en 1904, quien la operaba bajo su propio nombre. Sobrín era además vicepresidente y propietario, junto con su hermano José (VER "IMPORTADORA SOBRÍN S.A., COMPAÑÍA") su presidente, de "Importadora Sobrín S.A., Compañía"(VER), un almacén de ferretería; tenía intereses en "Aceros Unidos de Cuba S.A."(VER), fábrica de cabillas; en "Productos Industriales de Unión S.A.", una fábrica de escobas.
Era además directivo de "Alturas del Aeropuerto S.A.", urbanizadora; gerente de "Inversiones Estrella S.A.", firma de materiales de construcción y accionista menor y fundador, junto con su hermano José, del "Banco de la Construcción"(VER).

594- FRANCISCO TAMAMES S EN C.
Almacén de víveres en Conill N° 310, Ensanche de La Habana.

1 Era propiedad de Fernando Tamames Arana, quien lo había heredado de su padre Francisco Tamames, español, estando entonces en Obrapía N° 63 y 65, La Habana.

595- FRANCISCO TAQUECHEL MIRABAL
Laboratorio de especialidades farmacéuticas, biológicas y opoterápicas, droguería, farmacia; fábrica de perfumes, insecticidas, desinfectantes, fungicidas y extractos de frutas; almacén de materias primas para dulcerías y panaderías y para industrias; distribuidor de perfumes y productos farmacéuticos y químicos, con el nombre comercial de "Droguería Taquechel", ubicado en Obispo N° 155-159 esq a Mercaderes, La Habana, cliente del "Royal".

1 Era propiedad del Dr. Francisco Taquechel Mirabal, oriundo de Oriente, descendiente de una familia francesa establecida en Santiago de Cuba a comienzos del siglo XIX, quien la operaba bajo su propio nombre.

2 La había fundado en 1899, estando bajo su dirección hasta su fallecimiento a finales de los años 50 en que pasaría a su hijo político el Dr. Joaquín Viñals Vallcorba, también farmacéutico, casado con su hija Mercedes.

Su nieto, el Dr. Joaquín Viñals Taquechel, farmacéutico, también estaba en la firma.

596- FREDERICK SNARE CORPORATION

Firma constructora y de ingeniería, ubicada en Paseo del Prado N° 360, La Habana y oficinas en M.Rodríguez N° 559, Santiago de Cuba.

1 Filial de la casa matriz de capital norteamericano "Frederick Snare Overseas Corporation", fundada en New Jersey el 1 de enero de 1900 y presente en Cuba desde 1902, con sucursales en Chile, Colombia, Ecuador, Perú, Puerto Rico y Venezuela.

Su vicepresidente, a cargo de la filial de Cuba, era el Arq. Manuel Gamba Álvarez de la Campa, quien trabajaba en la firma desde 1925.

Gamba era hijo de Francisco Gamba, antiguo propietario de "F.Gamba y Compañía S en C", un almacén de tejidos, y socio del demolido central Santa Lutgarda, en Sierra Morena, Santa Clara, así como presidente del "North American Trust", antecesor del "Banco Nacional de Cuba" y presidente de la "Cámara de Comercio" y del Casino Español".

2 Se fundó originalmente como "Snare & Triest Company", de la que Frederick Snare, era su presidente y W.C.Triest, su vicepresidente y su primera obra fue la construcción del muelle, puentes de acero y terminales de ferrocarril para la "Matanzas Terminal Company".

Había construido alguna de las obras más complejas e importantes de Cuba, entre otras las estaciones carboneras de Guantánamo, el acueducto de Santiago de Cuba, muelles de los puertos de La Habana y Santiago, varias terminales como la de la "Ward Line", la de Puerto Tarafa, la de Santiago de Cuba, la de Arsenal y la de los Ferrocarriles Unidos de La Habana. Así mismo la Planta Eléctrica de La Habana, la Estación Naval de la Base de Guantánamo, la Nickaro(VER "CUBAN NICKEL COMPANY") en los años 40 y posteriormente, tras su nueva puesta en marcha, hizo las obras de rehabilitación, así como la ampliación de su capacidad y la nueva instalación de la "Moa Bay Mining Company" (VER).

Frederick Snare, ingeniero nacido en 1862 en Pennsylvania, EE.UU., llegó a Cuba en 1899 para construir la Terminal de Matanzas, donde en definitiva se estableciera y fundara su propio negocio. Había sido también el fundador del Country Club de La Habana que presidiera durante varios años.

3 Cliente del The Trust Company con $225 000.

597- FRUTAS RIVAS S.A.

Importadores y mayoristas de frutas y vegetales de EE.UU., ubicado en Monte 868, La Habana.

1 Propiedad de Andrés Rivas Herrera y su hijo Andrés Rivas Ruiz, nacidos ambos en Almería, España, quienes eran el presidente y el vicepresidente respectivamente.

2 Andrés Rivas Herrera la había fundado en 1898 en unión de su hermano Antonio, quien fuera su presidente y de "The Rivas Company Inc". Tras el fallecimiento de éste el 5 de marzo de 1944, se constituyó la actual razón social con su hijo Andrés, nacido en 1913 y su hijo Joaquín, en 1915 y fallecido el 9 de junio de 1951.

3 Su monto de importaciones oscilaba alrededor de $750 000.

598- FRUTERA CERES S.A.
Almacén exportador de frutas y vegetales con domicilio en Cuba N° 64, La Habana.

1 Propiedad de Silvio Garguilo, norteamericano y su presidente, quien era también propietario de "Arrocera Majagua S.A." (VER).

599- FUMIGADORA NACIONAL S.A.
Servicio de fumigación y control de plagas de insectos y roedores a industrias, comercios, jardines y residencias particulares, sito en Campanario N° 212, La Habana, y sucursales en Florida y Camagüey.

1,2 Era propiedad de Orlando Alonso Mendieta, su presidente-tesorero, quien la fundara en 1947.

3 Era miembro de la "National Pest Control Association" de EE.UU. y entre sus principales clientes se encontraban "Crusellas y Compañía S.A."(VER), "Sabatés S.A."(VER), "Cervecería Central S.A."(VER), "Cervecería Modelo S.A."(VER), "Ferrocarriles Occidentales de Cuba"(VER), "De Alimentos Kirby de Cuba S.A., Compañía"(VER), varios centrales y otros.

600- FUNDACIÓN MARFÁN
Clínica de niños, sita en L N° 106 entre 11 y 13, Vedado.

1 Era propiedad del Dr. Fidel Núñez Carrión, médico especialista en enfermedades infantiles, que había estudiado en la Universidad de París.

601- FUNDACIÓN RUSTON-BAKER
Escuela "Academia Ruston" co-educacional, de enseñanza primaria, elemental y secundaria, con clases en idioma español e inglés, con high school, bachillerato y comercio y con preparación especializada para ingresar en universidades norteamericanas, sita en 190 N° 2 102 (Avenida Real del Oeste) y 21 (Lestonnac), Country Club.

1 James D. Baker, era su director y propietario, pero estaba regida por una Junta de Directores, integrada por destacados empresarios propietarios en diversas ramas de la economía, cuyo presidente era Rafael Palacios; Burke Hedges, su vicepresidente; William P. Fields, tesorero, James D.Baker, supervisor, Mario Núñez Mesa, secretario; y eran vocales William W. Caswell Jr., Teodoro Johnson, Philip Rosemberg, Elena Mederos de González, Helen H McMasters y Herminio Portell Vilá.

2 Fue fundada en 1920 y desde el 27 de abril de 1951 se convirtió en una Fundación no lucrativa regida por la Junta de Directores, creada desde 1945.

3 Su claustro estaba integrado por profesores norteamericanos y cubanos y su alumnado por hijos de norteamericanos funcionarios de filiales radicadas en Cuba, así como políticos, a veces de bandos contrarios, como Rubén Batista, hijo de Fulgencio Batista, o Zoe Prío, hija de Antonio y sobrina de Carlos Prío, graduados en el mismo curso.

602- FUNDICIÓN BOFILL S.A.
Industria de construcción de maquinarias destinada a la industria azucarera, con puestos de trabajo para 60 a 120 obreros, ubicada en Avenida de Zayas, Manzani-

llo, siguiéndole en importancia a la "Fundición MacFarlane S.A."(VER) de Sagua la Grande.

1 Propiedad de Mariano Bofill.

2 Había sido fundada en 1935 por su propietario actual, quien había estado asociado con el Dr. Joaquín Demestre hasta 1955 en que éste se trasladó para La Habana con parte del equipamiento fundando la "Fundición de Acero de Cuba S.A."(VER).

603- FUNDICIÓN DE ACERO DE CUBA S.A.

Fundición de hierro y producción en pequeña escala de piezas fundidas de acero nodular o hierro dúctil a partir de chatarra, siendo la primera de su tipo en el país, ubicada en el Km. 34 de la Carretera Central en San José de las Lajas.

1 Capital ascendente a $70 000 de los que $60 000 pertenecían al BANFAIC y el resto había sido entregado por éste al Ing. Georges M. Havelange, belga, y otros asociados entre los que estaban el inglés John Shaw Lees y Radú Guzmán, cubano, su presidente.

2,3 Fue constituida en 1955 por el Dr. Joaquín Demestre Xuriguer y Mariano Bofill, quienes eran socios en la "Fundición Bofill" (VER) en Manzanillo donde habían comenzado a experimentar este tipo de fundición, hasta que posteriormente trasladaran hacia La Habana parte del equipamiento. Las deficiencias técnicas, en especial del Dr. Demestre, su presidente, impidieron su puesta en marcha.

604- FUNDICIÓN MAC FARLANE S.A.

La más importante fundición y taller de pailería, con 325 obreros, cuyas producciones –masas, cuchillas, tachos– estaban destinadas a la industria azucarera, ubicada en Calzada de Oña, Sagua la Grande y oficinas en el Edificio Bacardí, La Habana.

1 Propiedad de Stewart Mac Farlane, quien tenía también intereses en "Petrolera Transcuba S.A."(VER).

2 Había sido fundada por James MacFarlane, un escocés nacido el 18 de febrero de 1873, que se había asentado en la localidad. Tenía una filial "Agencia MacFarlane S.A." para la representación de 21 firmas extranjeras del giro.

3 Cliente del Royal Bank con $534 000.

605- FUNERARIA CABALLERO

Funeraria "Caballero" con 9 capillas en 23 y M, Vedado, La Habana.

1 Propiedad de Federico Caballero Alzamora y 3 de sus hijos Federico, Javier y Rafael Caballero Castillo.

2 Había sido fundada en 1857 como "Casa de la Calle Concordia".

606- FUNERARIA FERNÁNDEZ

Funeraria "Fernández", sita en Calzada de Zapata Nº 1559 entre Paseo y 2, Vedado.

1 Era propiedad de Alfredo Fernández Pijuán, cuya hija Marta estaba casada con Manuel Menéndez Heymann, presidente de "Aspuru y Compañía"(VER) y de otras firmas de Manuel Aspuru, de quien era cuñado.

2 Se fundó en 1870 y en el pasado había operado bajo el nombre de "Funeraria Alfredo Fernández", siendo una de las primeras a mediados de los años 20, encontrándose entonces en San Miguel N° 63.

607- FUNERARIA MARCOS ABREU
Funeraria "Marcos Abreu", sita en Zanja N° 405 esq. a Gervasio.

1 Era propiedad de Eugenio A. Antonio Abreu quien la operaba bajo su propio nombre.

608- F. BONET Y COMPAÑÍA S EN C
Almacén de víveres en general, sito en Inquisidor N° 518, La Habana, cliente del "City", del "Royal" y del "Trust".

1 Era propiedad principal de la familia Bonet, en sociedad con Ricardo Puente Caballero, gerente. Eudaldo Bonet Ruiz, casado con su prima cuya familia también tenía intereses en la firma, estaba al frente.

Puente, nacido en Asturias, era presidente de la "Asociación Lonja de Cuba".

609- F. PALICIO Y COMPAÑÍA S.A.
Fábrica de tabaco "Punch", "Hoyo de Monterrey" y "Belinda" y fábrica de cigarros marca "Gener", con una capacidad de 9 134 miles de tabacos anuales y con 300 trabajadores, ubicada en Máximo Gómez N° 51, La Habana, siendo el cuarto mayor productor de tabaco, pero con una producción cigarrera de poco peso.

1 Propiedad principal del asturiano Fernando Palicio Argüelles quien era además presidente de la "La Tabacalera, Compañía de Seguros S.A."(VER) así como miembro del Consejo de Directores de la fábrica de envases "La Nacional". Aurelio y Juan Soler Lezama también tenían intereses.

Palicio fue electo el 25 de julio de 1938 como presidente de la "Unión de Fabricantes de Tabaco y Cigarros" de la que ya con anterioridad lo había sido. Había comenzado en 1912 de empleado de la fábrica de tábacos "Romeo y Julieta".

2 Era la fusión de 2 firmas: la "Fernández Palicio y Compañía" y la "Fábrica de Cigarros y Picaduras Torre Gener Hermanos S.A.". La primera había sido heredada por Fernando y Pedro Palicio Argüelles de su tío Palicio y la viuda Antonia Fernández, fallecida el 14 de mayo de 1935. Palicio era su gerente desde 1919.

La segunda fue reestructurada en febrero de 1941 a partir de "Torre Gener y Hermanos S.A." bajo la presidencia de Francisco Torre Gener y Fernando Palicio como vicepresidente, José Torres Gener, tesorero y José Esteve Pons, vicetesorero.

La "Gener" se había fundado en 1867 como fábrica "La Escepción" (sic)[1] por el catalán José Gener Batet, un antiguo veguero de San Juan y Martínez propietario de la vega Hoyo de Monterrey, quien se convirtiera en uno de los más ricos del sector, y, habiéndose caracterizado por su integrismo intransigente, se radicó definitivamente en España cuando previó el fin del colonialismo. La fábrica fue heredada más tarde por su hija, quien tenía de Apoderado a José Lastra Canal.

---

[1] Se escribe con s.

Palicio había sustituido a Francisco Torre Gener tras su fallecimiento el 17 de enero de 1954, como presidente de estas firmas de las cuales era vicepresidente. Torre había sido hasta entonces presidente de "Torre, Gener y Hermanos S.A.", que era la productora de los cigarros "Gener", de la que los hermanos Aurelio y Juan Soler Lezama eran el tesorero y vicetesorero.

3 Su producción de tabaco representaba el 2.4 % de la producción nacional, mientras la parte mecanizada con 2 653 160 unidades, el 13.37 % de su producción total. Antiguo cliente del "Banco Gelats".

610- F. W. WOOLWORTH COMPANY
Comercio minorista de artículos varios, conocida como el "Ten Cents", con 5 tiendas en La Habana y 5 en el interior del país, donde trabajaban cerca de 1 000 empleados de los que el 80 % eran mujeres.

1 Filial de la casa matriz norteamericana de igual nombre. Wilbur C.Andrews era el superintendente y Ernest A. Steward, el administrador general.

2 Se había establecido por primera vez en Cuba en 1924 en San Rafael y Amistad, trasladándose a partir del 29 de enero de 1937 a su actual sede en San Rafael y Galiano, donde se encontraba "La Casa Grande". Esta última había sido una gran tienda que operaba bajo la razón social de "Angones y Compañía", propiedad de Faustino Angones, fundada el 3 de marzo de 1887 por Laureano Cifuentes, tras comprar el establecimiento "El Boulevard", instalado en el mismo local, y transformarlo en "La Casa Grande", en sociedad con Angones.

Angones era un asturiano nacido en Gijón en 1868 y llegado a Cuba en 1883, donde comenzó a trabajar en el comercio y a partir de 1891 pasó a la razón social de "Inclán, Angones y Compañía".

3 Sus inversiones se valoraban alrededor de los $20 000 000. La mayoría de sus artículos eran de importación.

611- GABINETE DENTAL HERMANOS FORNS

Gabinete dental sito en 23 N° 307 bajos entre K y L, Vedado.

1 Era propiedad de los hermanos Rosendo y Eugenio Forns Hernández y estaba integrado también por Alfredo Forns Manrara y Juan Díaz Zayas-Bazán, hijo e hijo político respectivamente del primero, además del Dr. Abelardo Amézaga Forns, sobrino.

Rosendo era catedrático de Coronas y Puentes y Cerámica Dental de la Universidad de La Habana, donde se graduara en 1916 además de haber cursado varias especialidades en EE.UU.

612- GALBÁN LOBO TRADING COMPANY S.A.

Importadores y exportadores de azúcar, refacción, consignatarios de barcos, representación de compañías de seguros, administración de bienes y otras actividades, ubicada en San Ignacio N° 104-108, La Habana.

1 Propiedad de Julio Lobo (VER "AZUCARERA GÓMEZ MENA S.A., COMPAÑÍA"), su presidente. Luis Navia Cuscó, hermano de Felipe y Juan, director general y director auxiliar de "Cuba Industrial y Comercial S.A."(VER), era el vicepresidente y administrador general. Ángel Machado Cedrás era el tesorero y apoderado general.

Era el principal vendedor de azúcar en el mercado mundial, controlando alrededor de la mitad de origen cubano y puertorriqueña así como el 60% del refino en el mercado norteamericano y gran parte de la de origen filipino. Había sido desplazada por "Cuban Trading" en los últimos años de los 50 como la primera en ventas del ICEA a los corredores pasando al segundo lugar con 181 748 Tn en 1957.

2 Fue fundada el 2 de agosto de 1864 por el canario Antonio José Galbán Pagán en Teniente Rey N° 4 en una tienda de víveres con un capital de $6 000, entrando en 1868 el sobrino del fundador Luis Suárez Galbán, también canario, quien en 1872 se quedaría al frente de la firma tras el retiro de su tío.

En 1880, al asociarse Luis Suárez Galbán con Cándido del Río, se reestructura como "Galbán, Río y Compañía" convirtiéndose en pocos años en una de las más importantes casas de importación de víveres y entrando además en el giro de azúcar, refaccionando ingenios y zafras, exportando azúcar y extendiéndose además como casa bancaria, consignataria de buques y aseguradora. Galbán sería una de las personalidades más importantes del sector que presidiría varias veces la Lonja del Comercio.

Al fallecer Río en 1895 se constituyó la "Galbán y Compañía" incluyendo en la firma a Manuel Inclán Paredes, Juan del Río Besada, Eugenio Galbán Ramírez –hijo del fundador–, Fernando Galbán Guerra.

En enero de 1900 se transforma en sociedad anónima presidida por Luis Suárez Galbán y secundado por Juan del Río, Manuel Inclán y Eugenio Galbán Ramírez, quien establece su oficina en Nueva York. Por esta época entra en la firma Heriberto Lobo. El 16 de enero de 1910 se constituyó "Galbán y Compañía" con un capital ascendente a $500 000, que pronto elevaría al doble controlando ingenios y colonias hasta 1916. Entonces su Directorio estaba constituido por Luis Suárez Galbán, presidente, quien además de importante prestamista sobre azúcar poseía otros intereses(VER "AZUCARERA SANTA REGINA S.A."); Eugenio Galbán Guerra, vicepresidente; F. Galbán, tesorero y Heriberto Lobo –padre de Julio– secretario. Estaba inscrita en Nueva Jersey con un capital suscrito ascendente a

$1 millón y tenía su oficina en Wall Street N°78-80 atendida por E.Galbán, mientras la de La Habana lo era por Lobo, F.Galbán y Eugenio de Sosa(VER "AZUCARERA SANTA REGINA S.A."), sobrino de Luis Suárez y padre de los propietarios actuales del central Santa Regina.

Al negocio original de importación de víveres fueron agregando el de refacción y administración de ingenios, de seguros, de consignación de vapores y de abonos hasta tener parte predominante en el azúcar y mieles, importación y exportación general, seguros, transporte marítimo y otros renglones como droguerías, ferreterías y sacos de envases, exportador de café, frutos y miel. Tenía intereses en varias firmas tales como "National Bonded Warehouse", "Motors S.A.", fábrica de calzado y otras.

Durante el intenso proceso inversionista de los primeros decenios republicanos habían fundado en 1912 una filial, la "Kelvin Engineering Company Ltd.", representante de varias firmas –entre ellas la norteamericana Westinghouse– de maquinarias y plantas completas –incluyendo refinerías– para la industria azucarera, locomotoras y materiales para ferrocarriles, plantas eléctricas, bombas centrífugas, plantas de hielo, de cervezas, aserríos de maderas.

La firma había sido propietaria del central Lugareño de 1908 a 1917, bajo la razón social de "Central Lugareño S.A.", hasta 1916 en que fuera uno de los 17 centrales comprado por la Cuban Cane Sugar Corporation. También poseyó el central "La Luisa" y el "San Agustín".

Tras el retiro y fallecimiento de Suárez Galbán, la firma se transforma en diciembre de 1916 en "Galbán, Lobo y Compañía" bajo la presidencia de Heriberto Lobo y en 1920 se constituiría "Galbán, Lobo Company Importing and Exporting Association" teniendo como socios a Heriberto Lobo Senior, a Eugenio Galbán Guerra, de Islas Canarias, fallecido el 29 de enero de 1957 y a Luis Suárez Galbán(VER). Su presidente era Heriberto Lobo; Eugenio Sosa, vicepresidente; Julio Lobo, director general; José R. Rodríguez, tesorero. Con el tiempo también Sosa se retiraría de la firma.

Ya en 1927 llevaría a cabo la operación azucarera mayor del mundo y desde 1930, debido a las zafras restingidas en Cuba, operaba en azúcares de Filipinas, Puerto Rico, Louisiana, etc.. En 1939 elevaría su capital a $3 millones.

Heriberto Lobo Senior, nacido el 21 de octubre de 1870 y fallecido el 20 de diciembre de 1950, había comenzado a trabajar de empleado de un banco en Venezuela hasta que, debido a la dictadura de Cipriano Castro, tuvo que exilarse en EE.UU. donde el "North American Trust Company" le ofreció el cargo de administrador de su sucursal en La Habana hacia donde se trasladó con su familia, entrando años después como socio de la firma.

Julio Lobo había comenzado a trabajar en ella en 1919 tras graduarse en EE.UU. Su hermano Jacobo se había retirado de la firma para dedicarse a sus intereses en el central Amazonas y en el Limonar pero, tras el falleccimiento de su padre había regresado y poco después el 13 de febrero de 1951 se había suicidado en su casa del Vedado, según versiones debido a la posible quiebra del central Amazonas que, en definitiva, su hermano Julio rescató para sus sobrinos.

Fue a partir de esta firma que se fuera levantando el imperio azucarero de Julio Lobo quien, al negarse a fines de los 50, a presentar los balances al Banco Nacional de Cuba, tal como se esgrimía en las regulaciones vigentes, impidió obtener los créditos de su filial "Banco Financiero"(VER), lo que perjudicó sustancialmente el despegue de éste.

3 Realizaba del 35 % al 60 % de las ventas de azúcar cubano así como del 60 % del refino hacia EE.UU. El 15 de octubre de 1958 fundó en Londres la "Galbán Lobo Ltd." para operar en el mercado británico.

Estaba entre los principales clientes del "Banco de Nova Scotia" con $7 500 000. Cliente también del "Chase Manhattan" con créditos por más de $1 millón.

613- GALBÁN Y OLAVARRÍA, COMPAÑÍA IMPORTADORA S.A.

Almacén de efectos de escritorio, de equipos para clínicas y hospitales y para oficinas, material de espuma de goma y fabricante y almacenista de colchones, sito en Compostela N° 155 y con oficinas en San Juan de Dios N° 54, La Habana y sucursales en Santa Clara, Cienfuegos y Camagüey, cliente del "Boston".

1 Tenía un capital ascendente a $80 000 propiedad a partes iguales de Juan Galbán Carlo, cubano, y Humberto Olavarría de Castro, nacido en Venezuela, siendo ambos directores generales. Eugenio Galbán Guerra era su presidente.

2 Se había constituido el 25 de enero de 1956 sustituyendo a "Galbán e Hijos, Compañía Importadora S.A." del 20 de septiembre de 1950, la cual, a su vez, había sucedido a "Galbán e Hijos" constituida el 27 de mayo de 1940 por Eugenio Galbán Guerra, de Islas Canarias, y sus hijos Juan y Fernando Galbán Carlo, ambos cubanos.

614- GALLETERA CUBANA S.A.

Fábrica de galletas marca "Gacusa", con 50 trabajadores, ubicada en Noriega N° 12 Luyanó.

1 Propiedad de Juan S. Eliakím, propietario también de la "La Balear" (VER "JUAN S. ELIAKIM"), otra fábrica de galletas. Su director gerente era Emilio Delgado.

3 El BANFAIC le otorgó un préstamo en 1960.

615- GALMAR MOTOR COMPANY S.A.

Representante de los automóviles, camiones y accesorios "Studebaker" y "Mercedes Benz", sita en Marina N° 135, La Habana.

1 Era propiedad de Julio de Cárdenas Calvo. Con anterioridad había sido propiedad de Luis Galbis Martínez.

616- GANADERA ARCA CAMPOS S.A.

Finca ganadera ubicada en Bayamo.

1 Tenía un capital ascendente a $1 000 000, propiedad de la familia Arca Campos, quien también tenía el central "Estrada Palma"(VER "COOPERATIVA AZUCARERA ESTRADA PALMA S.A.") y otras propiedades.

3 Cliente del Banco de Nova Scotia.

617- GANADERA BAITIQUIRÍ, COMPAÑÍA

Finca dedicada a la cría y compra-venta de ganado fino de la raza "Brown Swiss" y planta lechera, ubicada en Guantánamo y Baracoa con 1 600 caballería de tierras,, siendo la 30ª empresa ganadera por su extensión de tierra.

1 Propiedad a partes iguales de Octaviano Navarrete Parreño (VER "GENERAL DE CONSTRUCCIONES PÚBLICAS, COMPAÑÍA") y de su hijo Octaviano Navarrete Kindelán (VER "BANCO AGRÍCOLA E INDUSTRIAL"), quienes eran el presidente y vicepresidente respectivamente.

2 Se constituyó el 13 de agosto de 1957.

3 Las fincas, valoradas en $1 500 000, eran propiedad total de Navarrete Parreño. El ganado estaba valorado en $840 000 y las maquinarias en $112 000. Suministraban leche a Santiago de Cuba, Guantánamo y a la Base Naval de Caimaneras. A mediados de 1958 se construyó, a un costo de $238 000, una planta de envase y distribución de leche.

La "General de Construcciones Públicas, Compañía"(VER), propiedad de los Navarrete, construyó una carretera, que daba salida a las fincas mediante contrata del Gobierno.

Cliente del Banco Agrícola y Mercantil con créditos ascendentes a $1 millón.

618- GANADERA BECERRA S.A., COMPAÑÍA

Finca ganadera para el desarrollo de la raza Santa Gertrudis y la ceba y mejora del cebú, siendo la 28ª ganadera por la extensión de sus tierras, con 1 178.9 caballerías y 7 300 cabezas.

1 Propiedad de "Manatí Sugar Company" (VER) que controlaba el 75 % del capital en asociación con "King Ranch" de Texas, la más fuerte firma ganadera del mundo, quien poseía el 25 % restante. Era una de las firmas del Grupo Braga-Rionda (VER "AZUCARERA CÉSPEDES S.A., COMPAÑÍA").

George A. Braga era el presidente de su Consejo de Dirección y Michael J.P. Malone era el presidente. James Clement, B. Rionda Braga, Alfonso Fanjul y Richard M. Kleberg Jr., eran todos vicepresidentes y, por último, Harold Schneider era el tesorero. Al frente del negocio se encontraba Lowell H. Tash, antiguo empleado de Robert Kleberg, propietario del "King Ranch".

2 Se constituyó el 16 de mayo de 1952 con 900 cabezas de ganado y tierras baldías de la "Manatí", que aportó originalmente el 75% del capital que fuera elevado posteriormente por su socio mediante la extensión de las tierras.

El "King Ranch" había sido fundado en 1850 por el Capitán Richard King, abuelo de Robert Kleberg, su propietario actual, cuyo padre de igual nombre había sido el creador del ganado tipo "Santa Gertrudis" mediante el cruce del "Brahma" y del "Shorthorn" que alcanzó mucho prestigio en Cuba tras su oficialización en 1940 por el Departamento de Agricultura de EE.UU. Kleberg era visita asidua a nuestras Ferias y estancias ganaderas.

El "King Ranch" había comenzado sus primeros intentos para adquirir tierras cubanas en diciembre de 1947 en la zona de Nuevitas y desde entonces se producirían varios conflictos sociales y sindicales contra las acciones de la firma por desalojar a precaristas de las tierras, tanto en esta región como en Santa Cruz, donde irán ensanchando los límites de sus propiedades.

3 Su activo total ascendía a $2 700 000, con ventas de $347 000 y utilidades de alrededor de $270 000.

619- GANADERA CANANOVE S.A., COMPAÑÍA

Finca ganadera con 1 400 caballerías de tierras y más de 3 100 cabezas de ganado, la 17ª según el orden de extensión de sus tierras, ubicada en Cananove, Sagua de Tánamo.

1 Propiedad de Francisco Vidal Más, nacido en Barcelona en 1887, a quien se le consideraba un capital de más de $5 millones, casado con Carolina, hermana de Federico Fernández Casas, propietarios de "Azucarera Central América S.A., Compañía"(VER), donde también tenía intereses.

Era uno de los principales ganaderos de Cuba con 2 grandes fincas, una a su nombre con 1 568,7 caballerías –la 14ª en extensión de tierra– y la de la firma que, sumadas ambas, representaban el 10° mayor ganadero en extensión de tierra.
Vidal tenía intereses en varios giros. Propietario y presidente de "Industria Minera Los Cerros S.A., Compañía"(VER), mina de cobre y zinc en Fomento; co-propietario y presidente de "Minera Mantua"(VER), mina de cobre en Pinar del Río y de "Servicio Radiomóvil S.A."(VER). Era también presidente y el principal de "Terminal de Ómnibus S.A."(VER) y tenía intereses en "De Inversiones El Trébol S.A., Compañía"(VER) y en "Territorial Alturas del Olimpo"(VER). Había sido accionista minoritario del "Banco Atlántico"(VER).

3　Cliente del "The Royal Bank of Canada" con créditos por $500 000.

620- GANADERA CASTAÑO S.A., COMPAÑÍA
Finca dedicada a la cría de ganado con 1660 caballerías de extensión, siendo la 13ª firma ganadera según el orden de la extensión de sus tierras.

1 Tenía un capital emitido ascendente a $260 000 siendo una de las 26 empresas propiedad de la familia Castaño Montalván (VER "COMUNIDAD DE BIENES HERMANOS CASTAÑO"). Rogelio Díaz Pardo, casado con una Castaño, era el vicepresidente.

621- GANADERA DE LA COSTA SUR S.A., COMPAÑÍA
Finca "La Galleguita" de 300 caballerías, con 30 trabajadores, ubicada en Sancti Spíritus, productora de 150 caballerías de arroz y con 3 000 reses de las que 2/3 partes eran de pura raza, valoradas en $500 000.

1 Capital cercano al $1 000 000. Propiedad casi única de George K. Harper, cubano, su presidente y administrador, quien trabajaba en la finca desde 1932.

2 Se constituyó en noviembre de 1948 por Harper, su hermana Anne y su madre María Kitchens. La familia había sido arrendataria desde tiempo atrás de la "Compañía de Fomentos Santa Lucía S.A.", una filial del Banco Boston, propietaria de las tierras.

3 Su situación financiera no era buena, tenía dificultades para saldar sus deudas a corto plazo. El BANFAIC le prestó $373 000 el 6 de febrero de 1953 para el fomento de arroz y el 7 de marzo de 1955 prestó otros $139 246 para la compra y mejora de 1 600 añojos.
Cliente del "The Trust Company of Cuba" con $275 000 de crédito.

622- GANADERA DE LAS NUEVAS S.A., COMPAÑÍA
Finca ganadera con más de 1 400 cabezas, ubicada en Sancti Spiritus.

1 Propiedad de la "Sucesora de F. L. del Valle", tenedora de los centrales Natividad y Soledad (VER "CENTRAL SOLEDAD S.A.").

3　Cliente del "The Royal Bank of Canada " con $80 000.

623- GANADERA EL INDIO S.A., COMPAÑÍA
Firma ganadera dedicada al desarrollo de la raza Santa Gertrudis con 9 500 cabezas de ganado.

1 Tenía un capital suscrito ascendente a $150 000 y era filial de "The Francisco Sugar Company"(VER).

2 Se constituyó en octubre de 1953 como continuadora de "Inversiones Agrícola Santa Isabel S.A.", organizada a su vez en 1942.

3　En 1955 había invertido $719 000.

624- GANADERA EL PALMAR S.A., COMPAÑÍA
Finca ganadera "Los Guasimales", situada en Km.506 de Carretera Central, en Piedrecitas, Florida, Camagüey, dedicada a la cría del cebú fino, con 150.63 caballerías de tierra.

1 Propiedad de Celso González Hierro, nieto de Manuel Hierro Mármol, fundador de la joyería "La Casa Hierro" e hijo de Celso González, quien desde 1903 había pasado a dirigirla y, durante los años 30, había sido vicepresidente y administrador del "Diario de la Marina S.A."(VER).
González había estado casado en primeras nupcias con Isabel Falla Álvarez, hija de Miguel Falla Gutiérrez, hermano de Laureano; su hermana Olga estaba casada con Segundo Casteleiro Colmenares y era primo de Manuel Ángel y de Gustavo González del Valle Hierro.

2 Se constituyó el 12 de junio de 1942 por su propietario, quien la había comprado el 15 de marzo de 1942.

3 Había ganado varios premios con ejemplares en ferias en 1951, 1952, 1953, 1954 y 1955. El BANFAIC le otorgó financiamiento por $ 16 350 el 28 de febrero de 1956.

625- GANADERA EL ROSARIO, COMPAÑÍA
Finca "Nuestra Señora del Rosario" dedicada a la cría de ganado situada en Rosario, Viñales, Pinar del Río.

1 Era propiedad del Ing. Alberto Vadía, un contratista propietario de "Ingeniería Vame S.A."(VER) y de la "Constructora Mambí S.A.", además de apoderado general de "Ingeniería del Golfo S.A., Compañía"(VER), propiedad de Fulgencio Batista, una de las mayores beneficiarias de las principales obras públicas de su Gobierno y accionista en "Cadena Oriental de Radio", también propiedad de éste.

2 Había pertenecido al Dr.Narciso Cobo, su presidente, en sociedad con el C.P.Néstor Carbonell, su tesorero, quienes la vendieron a su propietario actual a mediados de los 50. Dentro de sus límites se había descubierto un filón de cobre cuyas tierras se dieron en arrendamiento junto con el derecho de paso para su explotación (VER "DE MINERALES MIREYA S.A., COMPAÑÍA").

626- GANADERA FIGUEREDO S.A., COMPAÑÍA
Finca ganadera con más de 1800 cabezas en Victoria de las Tunas.

1 Era propiedad de Aurelio Figueredo Benítez, vicepresidente 4° de la Asamblea de Representantes de la Asociación de Colonos en 1954 y tesorero de la Asamblea de Colonos de 1955, fallecido en diciembre de 1956, con recursos económicos por $2 400 000.
Figueredo era miembro del Consejo de Directores del "Banco de los Colonos"(VER) y propietario además de las tiendas mixta "Comercial Aurelio Figueredo, Compañía", así como de "Figueredo y Compañía S.L.", situada ambas en Victoria de las Tunas.

3 Cliente del "The Royal Bank of Canada " con crédito por $ 161 000.

627- GANADERA MACEO S.A., COMPAÑÍA
Fincas dedicada a la cría de ganado reproductor de raza "Brown Swiss" y "Cebú", integrada por la finca "Caridad del Yayal" y la "Pepilla", así como industria para pasteurizar y homogeneizar leche y producir mantequilla, ubicada en el barrio Yayal, en la carretera de Holguín a Cacocún. Tenía una de las ganaderías más ricas de Cuba y varios de sus ejemplares fueron premiados en distintas ferias.

1 Propiedad de Carlos Rodríguez Schuman y su madre Emilia Schuman de la Pezuela, quienes eran el presidente y la vicepresidenta respectivamente. Carlos era hijo de Pedro R. Rodríguez Penín, uno de los hermanos propietarios de "Central Maceo S.A."(VER) y de la "Destiladora Yaguabao S.A.", divorciado de su madre y quien había traspasado la propiedad a nombre de ambos.

2 Se constituyó el 24 de junio de 1946 y desde entonces era una de las mayores productoras de ganado Brown Swiss y Cebú fino, del cual tenían 194 reses valoradas en $126 000 y 260 valoradas en $88 000 respectivamente, así como 846 mestizas en $110 000. La planta de pasteurizar era moderna con capacidad para 15 000 litros diarios, que adquirían de su propia vaquería y otras 20 más, encontrándose en competencia con las marcas Guarina, Nela y La Vaquita. En 1959 estaban instalando una industria de queso valorada en $383 000.
Su toro "V.B.Monitor Zero" obtuvo 23 veces el título de "Gran Campeón" y 25 veces el "Pimer Premio" antes de retirarse en 1956 y venderse en la Feria de República Dominicana de enero de 1957 por $16 000.

3 Su capital y utilidades ascendían a $942 600. Recibieron préstamos del BAN-FAIC por $9 900 el 31 de julio de 1956. Clientes del Banco Financiero con créditos por $30 000, del Banco Núñez con $19 000 y del Banco Boston con $50 000.

628- GANADERA MALVANGO S.A.
Finca Malvango dedicada a la cría del ganado Brown Swiss ubicada en Bayamo
1 Manuel Bustillo era su presidente.

629- GANADERA OVAS S.A.
Finca ganadera "Aguirre" y "Quemado Grande" de 329 caballerías en San Luis de Yaguaramas, Cienfuegos.
1 Capital ascendente a $360 000, propiedad de José I. Aguirre Oteiza, cubano, quien era administrador del central Soledad(G) y lo había sido de varios centrales de Gómez Mena, del central Santa Regina, del central Nela y de la "De Jarcia de Matanzas S.A., Compañía"(VER).
2, 3 Se constituyó el 11 de enero de 1958.

630- GANADERA Y EMPACADORA S.A., COMPAÑÍA
Fábrica elaboradora de derivados del ganado vacuno y porcino, que producía chorizos, jamones, mortadella, salami, salchichas, tasajo y otros productos, ubicada en López Nº 72, Luyanó.
1 Tenía un capital suscrito ascendente a $117 000, siendo sus principales propietarios José Miguel Barreto Gutiérrez, presidente, con $40 000, Olimpia Barreto con $28 000, José A. Rodríguez con $32 000, "García Rodríguez y Compañía S Ltd" con $15 000 y Aurelio Fleitas con $2 000.
2 Se constituyó el 30 de marzo de 1948. Sus activos fijos ascendían a $125 000 pero su situación económica era en extremo difícil.

631- GANADERÍA DE SOTO IZQUIERDO
Criadores de reproductores tipo "Holstein" y "Brown Swiss" en finca "Santa María del Palmar", sita a 7 Km de la carretera Central de Bayamo a Holguín, con oficina en Céspedes Nº 288, Bayamo.
1 Era propiedad del Dr. Francisco Soto Izquierdo, abogado, natural de Bayamo, quien fuera el propulsor mayor de la yerba "elefante" que introdujera en Cuba

por los años 20 y vicepresidente de la "Asociación de Criadores de Ganado Brown Swiss". Lorenzo Soto Yero estaba al frente.

632- GARCÍA BELTRÁN Y COMPAÑÍA S.A.

Exportadores de azúcar y mieles de caña, una de las principales firmas corredoras de azúcar, con oficina en el Edificio "Royal Bank", Aguiar N° 367, 7° piso, La Habana.

1 Era propiedad de Marcelino y Carlos García-Beltrán Alfonso "(VER "AZUCARERA CENTRAL MABAY S.A., COMPAÑÍA"), quienes también poseían el central Mabay.

2 Había sido fundada en 1907 en el puerto de Sagua La Grande como una firma comercial por Marcelino García Beltrán, padre de sus propietarios actuales, en sociedad con el vizcaíno J.M. Beguiristaín, bajo la razón social de "Marcelino García Ltd.".

Ambos socios se convirtieron en propietarios de centrales y García Beltrán se transformó en uno de los más importantes corredores de azúcar y, más tarde, en banquero, habiendo fundado el "Banco Continental"(VER) en octubre de 1943, en unión de industriales no azucareros como Nicolás del Castaño, Gaspar Vizoso, Juan Sabatés y otros. Tras su fallecimiento en 1945, sus hijos heredaron sus vastas propiedades, varias de las cuales vendieran, conservando un central y la firma.

633- GARCÍA DÍAZ Y COMPAÑÍA

Corredores de azúcar sin almacén propio con oficinas en Aguiar N° 453 altos, La Habana.

1 Era propiedad de los hermanos Salustiano y Juan García Díaz (VER "ANTILLA SUGAR ESTATES").

2 Los García Díaz la habían constituido en 1948 tras separarse de la "Hernández y García", donde estaban asociados con Carlos R. Hernández, y de la cual Salustiano y Juan eran vicepresidente y vicetesorero respectivamente, convirtiéndose desde entonces en fuertes propietarios de centrales.

Ese mismo año compraron a la "Sugar Plantation Operating Company" –una filial del "The Royal Bank of Canada"(VER)– los centrales Báguanos, el Tacajó y el Algodones, así como el Araujo que revenderían a Julio Lobo en 1953. A la par mantuvieron el central Purio bajo el arrendamiento de la antigua firma de "Hernández y García" y en 1952 compraron el San Francisco

634- GARCÍA GUTIÉRREZ Y COMPAÑÍA S.EN C.

Joyería y objetos de arte conocido como "La Casa Quintana", ubicado en Galiano 358, La Habana.

1 Propiedad de Constantino García Alonso, asturiano, su primer gerente y quien, a su llegada a Cuba, había comenzado a trabajar en la firma.

635- GARCÍA HERMANOS Y COMPAÑÍA

Fábrica de sabanas, fundas, ropas para caballeros y niños, camisetas de punto, batas de baño, con la marca "Viti", y almacenista de tejidos, sita en Aguiar N° 564, La Habana, cliente del "Trust".

1 Era propiedad de 6 gerentes y 7 socios industriales, el principal de los cuales era Gabriel García Manzano. Los otros gerentes eran su hermano Teófilo; Antonio Miranda Fernández, natural de Oviedo; José Sierra Cano, de Santander; José Güemes Álvarez; y Gabriel García Güemes, ambos de La Habana.

García Manzano nació en 1900 en Salamanca y llegó a Cuba en 1917 junto con su hermano Teófilo, trabajando como dependiente en un comercio de confecciones y de viajante del rubro por el interior, hasta 1921 en que se estableció en la calle Monte, uniéndosele después su hermano.

2 Fue constituida en 1928 por García Manzano en sociedad con sus gerentes actuales y en 1940 la reestructuró al incorporar a los socios industriales.

636- GARCÍA PALIZA Y COMPAÑÍA

Almacén de pieles, de efectos de talabartería y zapatería, sito en Lamparilla N° 316, La Habana, cliente del "Boston" y del "City".

1 Era propiedad principal de Antonio García Paliza.

637- GARCÍA Y HERMANOS

Propietaria de "La Gran Vía", repostería de dulces finos y confituras con casa central con 80 trabajadores en Santos Suárez N°118 y calle 23 N° 1156, La Habana. Tenían también como concesionarios a "Super Cake S.A.", establecimiento sito en San Lázaro N° 686 entre Gervasio y Belascoaín, La Habana.

1 Propiedad de los hermanos José, Valentín y Pedro García Moyedo, nacidos en Talavera de la Reina, España, y llegados a Cuba desde México en 1919.

2 Sus propietarios actuales la fundaron en 1921 en Güines, trasladándola para La Habana en 1941 y en 1952 para su actual edificio.

638- GARCÍA & DÍAZ LTD.

Consignatarios y agentes de líneas de navegación, con oficinas en el edificio de la Lonja del Comercio en Lamparilla N° 2, La Habana y en 25 Broadway, Nueva York.

1 Marcelino García Rubiera, su presidente, residía en Nueva York desde donde visitaba con frecuencia nuestro país. Había sido condecorado por el Ministro de Marina de España en octubre de 1955.

3 Eran agentes en Cuba de la "Trasatlántica Española, Compañía"(VER), propiedad de la familia española Güell, descendientes de Antonio López López, Marqués de Comillas; así como de "Naviera Vacuba S.A."(VER) en Nueva York. Operaban el lujoso buque "Marqués de Comillas" que en el pasado había sido el preferido en los viajes a Europa de las clases altas.

También representaban a la "Compañía Española de Navegación", la "Compañía Trasmediterránea", la "Compañía Naviera Vergaua", la "Empresa Nacional Elcano", la "Flota Mercante Argentina" y la "Línea Sudamerican Inc".

Cliente del "Royal", del "Trust", del "Gelats" y del "Chase".

639- GARDELL Y ÁLVAREZ S.A.

Hotel "Parkview" de 80 habitaciones ubicado en Colón N° 101 frente al Palacio Presidencial.

1 Propiedad de Juan Cerdá Folch.

2 Había sido fundado en 1928 por Happy y Pete Economides y, con posterioridad y hasta mediados de la década de los 50, había pertenecido a José Manuel Gardell y su esposa Josefina Álvarez.

640- GASTÓN BARED HADAD

Joyerías sitas en San Rafael N° 102 y Prado N° 607, La Habana.

1 Eran propiedad de Gastón Bared Bared, quien la operaba bajo su propio nombre y era además socio familiar de "Joyería Hermanos Bared", sita en Galiano N° 416.

641- GENERAL CIGAR COMPANY OF CUBA LTD
Almacenistas de tabaco en rama, sito en Luaces N° 76, La Habana.

1 Era una firma inscripta en Nueva York de propiedad principal norteamericana, presidida por Rubén Pérez Rodríguez, quien conservaba intereses en ella y era además vocal de "La Tabacalera Compañía de Seguros S.A."(VER), firma de seguros y presidente de la "Asociación de Almacenistas y Cosecheros de Tabaco de Cuba" electo el 18 de noviembre de 1958, habiendo sido antes el de la Sección de Almacenistas.

2 La firma tenía su antecedente en "Echevarría y Pérez", propiedad de Lisandro Pérez Moreno, padre de su actual presidente, nacido en Remedios el 9 de diciembre de 1871, quien la había reestructurado a partir del almacén de tabaco en rama de "J. Berstein & Son", donde había comenzado como comprador de tabaco en rama antes de que llegara con el tiempo a poseerla.

Dicha firma pasaría después al control principal de la razón actual inscripta en EE.UU. presidida por Ben Mayer y Benedicto Wolfner como su vicepresidente en EE.UU., mientras Lisandro Pérez era el vicepresidente en Cuba hasta mayo de 1941 en que fuera su presidente hasta su fallecimiento el 13 de agosto de 1949. Francisco María Abella, fallecido el 7 de noviembre de 1942, había estado durante años vinculado a la firma.

Lisandro Pérez había sido también presidente de "La Tabacalera Compañía de Seguros S.A." y fundador y presidente de la "Asociación de Almacenistas y Cosecheros de Tabaco de Cuba".

642- GENERAL CUBANA DE ALMACENES PÚBLICOS S.A., COMPAÑÍA
Almacenes de azúcares y muelles Dubroq y Fomento, situado en las márgenes del río San Juan en Matanzas, con oficinas en Aguiar N° 305, La Habana. Controlaban además los almacenes de los centrales Santa Amalia, Elena, Santo Domingo y Triunfo.

1 Propiedad de la "Cuban Trading" (VER), siendo sus ejecutivos los de ésta.

2 Se constituyó en diciembre de 1935 al comprar la "Compañía de Almacenes Públicos de Matanzas S.A.". Habían incrementado su capital en 1952 a $500 000 de los que pagaran $260 000.

3 Estaban amenazados de perder la exportación de los azúcares de los centrales propiedad de los Tarafa, que representaban el 45% del total del puerto, debido a que el BANDES le había otorgado la concesión a la "De Almacén Marítimo Internacional de Matanzas S.A., Compañía"(VER) para la construcción de una nueva "Terminal Marítima de Matanzas" que terminara de construirse en 1960.

643- GENERAL DE ASFALTO S.A., COMPAÑÍA
Productora de asfalto ubicada en 20 de Mayo 659, La Habana.

1 Propiedad de Eduardo López Miranda, su presidente.

2 Había entregado a Andrés Domingo Morales del Castillo(VER "INMOBILIARIA ROCAR S.A., COMPAÑÍA") el 20% ($65 000) del sobreprecio, valorado en $374 651, de las obras de la pista del Aeropuerto General Batista, del Hospital Mercedes y de la prolongación del Malecón.

3 Cliente del "The Trust Company of Cuba" por $850 000.

644- GENERAL DE CONSTRUCCIONES PÚBLICAS, COMPAÑÍA

Uno de los contratistas de obras más favorecidos con contratas del Gobierno ascendentes a $25 millones y sobreprecios valorados en $1 468 193. La firma también tenía una fábrica de bloques y tubos de hormigón con activos ascendentes a más de $1 millón.

1 Su propietario principal y presidente era Octaviano Navarrete Parreño, en sociedad con Anselmo Alliegro (VER "PERIÓDICO PUEBLO"), Presidente del Senado 1954-58, y con variados intereses.

Navarrete era un antiguo contratista de Oriente que tenía variados intereses, siendo propietario de "Autobuses Modelo S.A.(VER), principal ruta local de Santiago de Cuba y de "Ómnibus Espino"(VER), otra ruta de ómnibus locales en la misma ciudad. Era además uno de los principales ganaderos del país siendo el 30° por la extensión de sus tierras (VER "GANADERA BAITIQUIRÍ S.A., COMPAÑÍA").

Su hijo, Octaviano Navarrete Kindelán, vicepresidente, era a su vez el presidente y único propietario del "Banco Agrícola e Industrial"(VER). Su yerno Ramón Espino Escalés era hermano de Mario(VER "CONCORDIA TEXTIL S.A."), uno de los principales beneficiarios de los financiamientos del BANDES, representante de los intereses de Andrés Domingo Morales del Castillo(VER "INMOBILIARIA ROCAR S.A., COMPAÑÍA") y, por tanto, de Fulgencio Batista (VER "DE IN-MUEBLES S.A., COMPAÑÍA").

3 Tenía una deuda solidaria con Anselmo Alliegro por $100 000 en el Banco Agrícola e Industrial del que era cliente.

645- GENERAL DE CONTRATACIONES S.A., COMPAÑÍA

Operaciones de compra venta de bienes inmuebles, solares, etc. así como representante de la "Atlantic Gulf and Pacific Company", casa para el dragado, y de la "Jeffries Bank Note", para impresión de billetes y otros giros; efectos de deportes, artículos de cocina y de loza, sita en Edificio Casteleiro, Oficios N° 104.

1 Era propiedad de Octaviano Navarrete Parreño, presidente de "Azucarera Carmita S.A., Compañía"(VER), el central Carmita copropiedad de su esposa, hija del Gral. del E.L. y ex-Presidente de la República Gerardo Machado, así como vocal de la Junta Directiva de la "Cámara de Comercio de la República de Cuba" en 1958, ex-presidente del Vedado Tennis Club y del Havana Clearing House.

646- GENERAL DE SEGUROS Y FIANZAS DE SAGUA LA
GRANDE S.A., COMPAÑÍA

Firma de seguros especializada en accidentes de trabajo,incendios, marítimos y en riesgos y accidentes, con oficina central en Martí N° 40, Sagua la Grande, y sucursales en Cuba N° 355 esq. a Obrapía, La Habana; en Frexes N° 110, Holguín y República N° 286, Camagüey.

1 Propiedad de los hermanos Beguiristaín (VER "AZUCARERA CENTRAL RESULTA S.A., COMPAÑÍA"). El Dr.Alberto Beguiristaín Alemán, ex-Representante a la Cámara y gerente de la destilería El Infierno, era su presidente, además de vicepresidente del central Resultas y consejero director del San Isidro, ambos propiedad de la familia y presididos por su hermano Gustavo. Jorge Araoz Nieto era su director general.

2 Había sido fundada en Sagua la Grande en 1917 con un capital ascendente a $500 000 habiendo aumentado sus utilidades desde $7 000 a más de $65 000 en

1925. Entonces estaba presidida por Delfín Tomasino Bonet y su vicepresidente era Ignacio Beguiristaín Alemán, siendo vocales Manuel Rasco Someillán, José M.Beguiristaín Errazti, Ramiro Alfert Aroix y otros capitales de la localidad. Propietaria del edificio donde se encontraba el Hotel Sagua. En 1938 tenía sus oficinas en el Edificio Ariosa en Cuba y Obrapía, La Habana, con un capital entonces de $1 millón.

Luis Fernández Alemán, primo de los Beguiristían y presidente de la "Asociación de Compañías Nacionales de Seguros" en 1949, había sido Director General de la firma, a la vez que presidente del central Resulta tras la compra por ellos en 1948.

3 Cliente del "Royal", "Continental", "Pedroso", "Agrícola e Industrial".

647- GENERAL ELECTRIC CUBANA S.A.

Distribuidora y representante de efectos electrodomésticos, motores, turbinas, condensadores, locomotoras diesel y otros equipos industriales de la marca "General Electric", ubicada en Prado 266 y 268 esq a Animas. A diferencia de otras firmas similares vendía sus productos directamente en el mercado. Además poseían la "Manufacturera General Electric S.A."(VER), otra filial en Cuba.

1 Era una de las 5 filiales de firmas norteamericanas en Cuba bajo el control del grupo financiero de los Morgan, cuya casa matriz "General Electric Company" –principal combinado eléctrico de EE.UU.– había sido fundada a principios de siglo por J. Pierpont Morgan.

2 Había iniciado sus operaciones en Cuba a partir de 1919 en Obispo N° 79 trasladándose después al Edificio de la Metropolitana donde permanecerían hasta diciembre de 1950 en que se instalaran en su local actual tras adaptar esa antigua mansión señorial de la familia Zaldo.

Sin embargo, la antececesora de la firma, la "Thompson and Houston", había instalado en el siglo pasado en nuestro país los generadores de electricidad directa en el alumbrado público que sustituyera a los de corriente alterna de la "Westinghouse".

3 Tenía un capital líquido de más de $2 000 000 y un activo corriente de alrededor de $9 000 000. Sus ventas se duplicaron de $6 000 000 en 1955 a más de $12 000 000 en 1958, incrementando sus utilidades de $190 000 a $492 000 en igual período. Tenía adeudos con los bancos que aumentaron también de $2 650 000 a $4 000 000.

Los bancos cubrían el financiamiento de sus pagos anticipados de mercancía a su casa matriz, así como de las ventas a plazo. Tenía línea de crédito de $2 400 000 con el "City Bank" de $1 500 000 con el "Banco Continental" y de $500 000 con el "Royal Bank".

648- GENERAL MOTORS ACCEPTANCE CORPORATION

Banco de crédito mobiliario, similar al "Créditos y Descuentos Mercantiles" (VER), que financiaba a distintas firmas cubanas distribuidoras de los autos, camiones y autobuses de la "General Motors" y los efectos eléctricos "Frigidaire" para su reventa, así como las ventas a plazos al detalle efectuada por aquellos y finalmente las ventas de unidades de uso.

1 Una de las 4 grandes filiales en Cuba de firmas norteamericanas controladas por el grupo financiero de los Du Pont, cuya casa matriz de igual nombre, radicada en New York, era la mayor firma financiera de EE.UU., subsidiaria de la "General Motors".

2 A fines de febrero de 1928, con motivo del II Congreso de Transporte por Carretera celebrado bajo los auspicios del Automóvil Club de Cuba, Alfred P.Sloan, presidente de la casa matriz norteamericana de la "General Motors", había visitado nuestro país.

3 Su principal negocio, el 53.3 % del total, era el financiamiento de los ómnibuses para el transporte, cuyos precios oscilaban entre $7 500 y $40 000 por unidad, al que seguía el de las ventas minoristas de automóviles y camiones, nuevos o de uso, con un 39% y, por último, el de las ventas mayoristas en consignación que se cargaba en tipos del 6 % más otros gastos. La venta de refrigeradores y otros efectos eléctricos era menos de un 1 %.

Tenía línea de crédito con el "Royal Bank" por $1 000 000 a $2 500 000, con el "City Bank" por $3 000 000, con el "Nova Scotia" por $1 500 000 y con el "Chase" por $629 000.

649- GENERAL SURETY COMPANY
Firma de fianzas sita en Obrapía N° 204, La Habana.

1 Su presidenta y propietaria era María Carlota Vilardell Adán, en sociedad con Juan L. Montalvo Saladrigas(VER "CORPORACIÓN INALAMBRICA CUBANA S.A."), su vicepresidente, y del Dr. Andrés R.Triay Rodes, su tesorero. Pablo Ariza Perón era su administrador.

Todos además lo eran de la "Federal Surety Company", otra agencia de seguros contra riesgos y accidentes, sita en igual dirección.

2 Ambas firmas las había heredado su presidenta de su esposo Martín Pérez Alonso fallecido en 1956.

650- GERARDO VÁZQUEZ Y COMPAÑÍA
Colonia de caña "Lilita" con una cuota de molida de 2 500 000 @ en el central Stewart.

1 Era propiedad de Gerardo Vázquez Alvarado, su gerente, en sociedad con Aciselo del Valle Suero, copropietario del hotel Jagua, así como Felipe Coya Villar.

651- GODÍNEZ Y HERMANOS
Almacén de tabaco en rama.

1 Era propiedad de Ernestina Valor. Su hermano, José Ignacio Valor Godínez, había sido su presidente hasta su fallecimiento el 18 de enero de 1955.

2 Lo había heredado de su esposo Jorge Godínez Ledón, su anterior presidente, quien fuera Alcalde de Bauta, fallecido en agosto de 1948, el cual era copropietario con su hermano, Dionisio, quien había casado en sus primeras nupcias con su hermana. Su hermano había sucedido a su esposo inmediato al fallecimiento.

652- GODOY SAYÁN, OFICINA ASEGURADORA DE CUBA
La principal firma de seguros que agrupaba tres: "La Metropolitana", "La Alianza" y la "Sociedad Panamericana de Seguros", ubicada en el Edificio La Metropolitana. Poseía 6 firmas de seguros, representaba 2 norteamericanas, 2 británicas y 1 canadiense como apoderado y administraba el "Consorcio Latino Americano", integrado por 15 aseguradoras en 11 países de América Latina.

1 Su propietario principal y presidente era Enrique Godoy Sayán, teniendo también intereses Ernesto de Zaldo (VER "ZALDO Y MARTÍNEZ"), Segundo Casteleiro (VER "SUCESORES DE CASTELEIRO Y VIZOSO S.A."), Ignacio González de Mendoza, Manuel Aspuru (VER "AZUCARERA CENTRAL TO-

LEDO S.A."), Amadeo Barletta (VER "SANTO DOMINGO MOTORS COMPANY"), Benito Bello, José Manuel Casanova (VER "AZUCARERA BRAMALES S.A., COMPAÑÍA"), Agustín Gelats (VER "BANCO GELATS"), Jorge Barroso (VER "AZUCARERA CENTRAL CUBA S.A."), James D.Hedges (VER "TEXTILERA ARIGUANABO S.A., COMPAÑÍA"), Raúl García Menocal (VER "CENTRAL SANTA MARTA S.A."), Luis R.Santeiro(VER "DETERGENTES CUBANOS S.A"), César Rodríguez (VER "ALMACENES ULTRA S.A."), José Tous (VER "TOUS Y COMPAÑÍA S.A.") y otros.

Godoy Sayán había comenzado a trabajar en la Unión Hispanoamericana de Seguros, propiedad de su tío Armando Godoy Agostini, y en 1924 había organizado la "Godoy y Compañía" y después la "Sociedad Panamericana de Seguros" y "La Metropolitana". Pero su despegue en este giro se originaría a la sombra de su suegro de entonces Frank Steinhart que, entre muchos otros intereses, era presidente y propietario de "La Alianza", una sociedad de seguros que había fundado en 1920 al fundirse varias otras, que pasaría a su propiedad.

Steinhart, en ese entonces el más importante e influyente entre los norteamericanos residentes en Cuba, tenía una gama de propiedades e intereses, entre las cuales se destacaban la "Havana Electric Railway Light and Power Company"(VER "ÓMNIBUS METROPOLITANOS S.A., COMPAÑÍA"); la "Cubana de Electricidad, Compañía" (VER); "Cervecera Internacional S.A., Compañía" (VER); el "Banco Territorial de Cuba" (VER); el "Sevilla Biltmore Hotel Company" (VER); "The American Storage Company" con almacenes en Regla y en Tallapiedra; de "La Cubana, Compañía Nacional de Seguros"; el "Jockey Club"; las carreras de caballos; el "Casino" y repartos residenciales.

Godoy se había diversificado hacia la banca fundando el 5 de febrero de 1948 el "Banco Godoy Sayán de Capitalización y Ahorro" y posteriormente en 1951 el "Banco Godoy Sayán"(VER), el 15º en importancia en la banca comercial. Su primo, Gastón Godoy Loret de Mola(VER "BANCO DE LOS COLONOS"), uno de los principales hombres de confianza de Batista, era el secretario.

2   Las tres firmas de seguros habían sido reunidas desde 1946. En 1943 habían implantado el "seguro global de los azúcares contra incendio y otros riesgos" y después el "seguro de accidentes personales y enfermedad de los trabajadores azucareros".

LA ALIANZA

Estaba especializada en accidentes de trabajo.

2 Se había fundado en 1919 por Frank Steinhart y su presidente entonces era Ernesto de Zaldo Ponce de León, teniendo activos valorados en $3 256 000.

A fines de febrero de 1928, con motivo del II Congreso de Transporte por Carretera celebrado bajo los auspicios del Automóvil Club de Cuba, Alfred P. Sloan, presidente de la casa matriz norteamericana de la "General Motors", había visitado nuestro país. Había pasado al control de Godoy Sayán en 1924. En los años 30 estaba presidida por Frank Steinhart y Alfredo Cañal y Nicolás Castaño eran su vicepresidente I y II respectivamente y Juan Gelats era su tesorero. Formaban parte de su Consejo de Dirección: Julio B.Forcade, Florentino Suárez, Gustavo Parajón, Guillermo García Tuñón y Moisés Almanza Hernández era su director general.

LA METROPOLITANA

La 3ª mayor aseguradora en importancia en Cuba atendiendo al monto de los seguros de vida que ascendían a $45 474 000 y la más importante entre las de capital residente en Cuba. También realizaba seguros de riesgo y accidentes, incendios y marítimos.

2 Había sido fundada en 1918 y tenía activos valorados en $3 256 000. En 1925 construyó el edificio actual a un costo estimado en $1 000 000 por la firma "Purdy & Henderson", estando entonces su consejo de administración formado por Ernesto de Zaldo y Florentino Suárez como presidente y vicepresidente respectivamente, así como Eudaldo Romagosa, Nicolás Castaño, Antonio Rodríguez Vázquez y otros. A partir de los años 40 había comenzado a operar en el seguro de vida.

3 Tenía un capital ascendente a $1 775 000.

SOCIEDAD PANAMERICANA DE SEGUROS S.A.

2 Especializada en las fianzas, había sido fundada en 1930 por Segundo Castcleiro y tenía un activo ascendente a $896 964. Su presidente era Rafael Palacios Arce, presidente y propietario de "Antigua Papelera Cubana S.A."(VER).

653- GODOY Y COMPAÑÍA S.A.

Representantes e importadores de accesorios de autos ubicado en Aguilera Nº 409, Santiago de Cuba.

1 Propiedad de Felipe Godoy Loret de Mola (VER "CAYO DEL MEDIO S.A.") quien era su vicepresidente.

654- GODOY & GODOY

Agencia de publicidad ubicada en el Edificio de 21 y O, Vedado, La Habana.

1 Propiedad de Augusto Godoy López-Aldama, su presidente, quien también lo era de "Publicidad Godoy y Gross". Su hermano Carlos así como Leonardo Cano Diago eran vicepresidentes.

2 Había fundado en noviembre de 1942 la "Mestre y Godoy", otra agencia de publicidad, en sociedad con Goar y Abel Mestre (VER "CIRCUITO CMQ"), habiendo sido además presidente de la "Bestov Products"(VER), una firma propiedad de éstos. Posteriormente se separaron y los Mestre crearon la "Mestre, Conill y Compañía" (VER) mientras él fundaba la actual.

655- GÓMEZ RUIZ Y COMPAÑÍA

Almacén "La Muralla" de ferretería, loza y materiales de construcción, quincalla en general y fabricantes de pinturas, esmaltes y barnices, sito en Compostela Nº 534, La Habana.

1 Era propiedad de Federico Gómez Ruiz.

656- GONZÁLEZ BYASS & COMPANY LTD.

Comisionista con oficina en Oficios Nº 418, La Habana, de la casa española de igual nombre productora de vinos, coñacs "Tres Copas", "Soberano" e "Insuperable"; el "Tío Pepe", "Solera 1847" y otros, ubicada en Jerez de la Frontera, Andalucía. La firma de "J. Gallarreta S en C" distribuía los productos.

1 Filial de casa matriz española cuyos gerentes eran Pedro González Gordon y el Marqués de Torre Soto, representada en Cuba por Álvaro González Gordon, español residente en Cuba, emparentado con la familia propietaria, quien también

poseía "La Mía", un almacén de víveres, con establecimientos en Zanja N° 422, en Reina N° 14, 10 de octubre N° 1352 y en 17 esquina a I, Vedado.

González además era presidente de "De Fomento del Túnel de La Habana S.A., Compañía"(VER), concesionaria del Túnel de la Bahía de la Habana y administradora de la "Zona General de Influencia del Túnel", así como presidente de "Urbanizadora Villa Real S.A."(VER), propietaria de terrenos beneficiados por la "Zona Preferencial del Túnel de la Habana", ambas propiedad principal de su esposa, María Teresa Velasco Sarrá, y de la familia de ésta, donde también tenían intereses sus sobrinos políticos, los Velasco Montalvo.

2 La casa matriz se fundó en Jerez de la Frontera en 1835 por Manuel María González, quien después la registró como sociedad limitada en Londres.

657- GONZÁLEZ Y COMPAÑÍA

Fábrica de toallas marca "Telva", batas de baño y sobrecamas y de tejidos en general, con el nombre comercial de "Fábrica Nacional de Toallas", ubicada en Calzada de Puentes Grandes y Diego Velázquez, Cerro, La Habana. Tenía 94 obreros, el mayor número en el giro de toallas.

1 Era propiedad de Ángel Leopoldo González.

3 Era en cuanto a producción la segunda en importancia después de "Comercial Textil La Rosalía S.A." (VER). Cliente del "Nova Scotia".

658- GOODRICH CUBANA S.A., COMPAÑÍA

Fábrica de neumáticos y cámaras de autos, marca "Goodrich", ubicada en Ave. 57 N° 4437 entre 46 y 48, Puentes Grandes, Marianao, que era una de las cuatro de ese rubro existente en el país.

1 Una de las 5 filiales de firmas norteamericanas en Cuba bajo el control del grupo financiero de los Morgan, cuya casa matriz era "B.F.Goodrich". El Dr. Alfredo González Muñoz era su vicepresidente.

2 La más antigua de las fábricas de neumáticos de Cuba. Fue fundada en 1941 por Ángel Urraza Saracho quien la presidiera hasta su fallecimiento en 1946.

El 30 de septiembre de 1943 el Decreto N° 2844 de Batista le concedió franquicia aduanal para importar maquinarias para la fabricación de neumáticos.

659- GOODYEAR DE CUBA S.A.

Fábrica de neumáticos y cámaras de autos, marca "Goodyear", con 250 obreros y producción de 100 000 unidades anuales, ubicada en San José de las Lajas, siendo la más importante por su tecnología entre las cuatro existentes en el país.

1 Una de las 2 filiales en Cuba, y la única industria controlada por el grupo financiero de Cleveland, cuya casa matriz era la Goodyear International Corporation. Williard R.Booth, norteamericano, fue su vicepresidente y administrador general desde noviembre de 1954 hasta marzo de 1959.

2,3 Se fundó en Cuba en 1946, inaugurando el 31 de agosto de 1957 una nueva fábrica que era una ampliación de la que existía con anterioridad, a un costo de $2 500 000, cuyo financiamiento fue de origen privado y respondía a un plan de expansión de la casa matriz en todo el mundo.

660- GOVANTES Y CABARROCAS

Oficina de proyectos de ingeniería y arquitectura, sita en 5ª N° 507, Vedado.

1 Era propiedad del Ing. y Arq. Evelio Govantes Fuertes en sociedad con el Arq. Félix Cabarrocas Ayala.

Govantes era vocal de la "Asociación de Propietarios de Miramar" y fue Consejero Consultivo de 1952-55 y antes había sido Ministro de Obras Públicas del anterior gobierno de Fulgencio Batista designado el 16 de agosto de 1942.

3 La firma había obtenido el gran premio de la Exposicicón de Sevilla por el Pabellón Cuba y había participado en la construcción de varias residencias notorias como la de Juan Pedro Baró, la de Orestes Ferrara, la de Aguilera, la de Teodoro Jonhson, la de Irenée Du-Pont y la de Gómez Waddington –las 2 últimas en Varadero–, y más recientemente los edificios para la Biblioteca Nacional y la Biblioteca de la "Sociedad Económica de Amigos del País".

661- GRABIEL, SISTO Y COMPAÑÍA S.A.

Tienda por departamento "Fin de Siglo", tienda de ropa hecha, joyería, juguetería, librería, locería y cristalería, peletería, perfumería, platería, quincalla, sedería, así como taller de confeciones y sombreros, con 5 pisos en Águila, San Rafael, San José y Galiano, La Habana y sucursales en varias ciudades, que era cliente del "Boston" y del "First of Boston International Corporation" de Nueva York.

1 Propiedad del Dr. Amado Grabiel Lavín, médico y gerente de la firma, en sociedad con Guillermo García Entrialgo y los herederos de Joaquín Sisto Vázquez. Estaba presidida por Rufino Álvarez Romañach casado con una hermana de Grabiel.

2 Fundada en 1897 como "Bazar Fin de Siglo". Desde comienzos de los años 40 había pasado a la propiedad de Amado Grabiel, García Entrialgo y Sisto, quienes habían sido sus gerentes hasta comienzos de los años 50 en que, tras el fallecimiento de Sisto primero y, años después, de Grabiel, pasó a la presidencia su hijo político y los hijos de ambos heredaran sus intereses.

662- GRAELLS Y COMPAÑÍA S EN C

Almacén de víveres en general, de vinos, licores y de papel, sito en Sol N° 59 al 65, La Habana.

1 Era propiedad de Ana Alfonso y sus hijas Ana María y Alicia.

2 Había sido fundado en 1893 por Facundo y José Graells Llobera, habiendo pasado con posterioridad a la propiedad del sobrino de ambos, Facundo Graells Llort quien se asociaría con Ramón Salaya.

Graells era esposo y padre respectivamente de sus propietarias y había nacido en Tarragona, España y fallecido el 17 de febrero de 1951, habiendo sido también miembro del Consejo de Dirección de las firmas de seguros de "Godoy Sayán" y presidente de la "Lonja de Comercio" de 1942 a 1946.

3 Cliente del Trust Company.

663- GRAN HOTEL BRISTOL

Hotel "Bristol" de 100 habitaciones ubicado en San Rafael y Amistad en La Habana.

1 Propiedad de Pascasio Rodríguez Blanco.

2 Fue fundado el 20 de diciembre de 1924 por Etelvino Alfonso Trapiello, hacendado, asturiano, que viviera en México.

Era uno de los más lujosos en 1930 ya con 100 habitaciones, habiendo pasado a la propiedad de Ordóñez y Corral y con posterioridad a Amable Ordóñez, su propietario y manager, después a Eladio Monroy, también su Manager a mediados de los 30.

664- GRANJA AVÍCOLA "RANCHO CONSUELO"

Granja productora de huevos de gallina fundalmentamente para incubar, ubicada en la Carretera de Cienfuegos a Trinidad.

1 Propiedad de Antonio Aguirre Torrado.

3 Su producción se estimaba en 5 millones de huevos anuales y 3 200 000 pollitos –que representaban el 33% del consumo de la Gran Habana– teniendo 12 000 gallinas en 25 naves.

665- GRUPO JARAHUECA-MOTEMBO

Grupo financiero que controlaba 4 firmas dedicadas a la exploración, explotación y refinación del petróleo: "Corporación General de Petróleo de Cuba S.A.", "Petróleo Jarahueca S.A.", "Refinería Cabaiguán S.A." y "Unión Petrolera Aurrerá-Jarahueca" .

1 El 70 % de las acciones estaban controladas por el "Consorcio Reca", cuyos accionistas mayoritarios eran dirigentes del gobierno de Batista.

Entre ellos se encontraban Orlando Piedra Negueruela, jefe del "Buró de Investigaciones"; Andrés Domingo Morales del Castillo, Ministro de la Presidencia y testaferro de Batista; Francisco Batista Zaldívar, Gobernador Provincial de la Habana y hermano del Presidente Batista; Abelardo Valdés Astolfi, principal consejero político de éste y Representante a la Cámara en 1954-58; Segundo Borges, Gobernador Provincial de Las Villas y por último Antonio y Julio Iglesias de la Torre.

Antonio Iglesias de la Torre –hermano de Julio, presidente de la "Petrolera Shell-Mell de Cuba"(VER) y amigo personal e intermediario de múltiples negocios de Fulgencio Batista– era el presidente de la Junta Directiva y del consorcio financiero además de su director general, estando las oficinas de la firma en el Bufete donde se desempeñaba.

2,3 Iglesias, asociado con Sixto Mesa, y al frente de un grupo de intereses de Motembo y Jarahueca, había obtenido en 1953 el arrendamiento y venta de los equipos de perforación de la Comisión de Fomento y el financiamiento del BANFAIC que les permitió perforar en Jatibonico obteniendo el 1º de mayo de 1954, al nivel de 1 072 pies, un rendimiento de 200 barriles diarios, lo que iniciaría una verdadera fiebre de prospección, explotación, concesiones y actividad en esta esfera.

CORPORACIÓN GENERAL DE PETRÓLEO DE CUBA S.A.

Propietaria del 75 % del arrendamiento de la concesión "Dos Estrellas" en Jatibonico donde perforaban pozos productivos las otras 3 asociadas. El 25 % restante era propiedad de la "Kerr-Mc Gee Oil Industries Incorporated de Oklahoma". Era propietaria además de la mitad de dicho coto así como del 50 % de la "Unión Petrolera Aurrerá-Jarahueca" y del 50 % de la "Refinería Bacuranao S.A.".

1,2 Tenía un capital pagado ascendente a $200 000. Sixto Mesa Alomá, Carlos García Rodríguez y Osvaldo Llanes García eran el presidente, vicepresidente y tesorero respectivamente. Se constituyó a mediados de 1954.

PETRÓLEOS AURRERA S.A.

Exploraban en Placetas en concesiones arrendadas a "Cuban Gulf Oil Company".

1 Propiedad de varios accionistas entre los que se encontraban Guillermo de Zaldo (VER "MINAGRO INDUSTRIAL S.A."), presidente, José Bibal (VER "BANCO DE LA CONSTRUCCION"), Jesús Manzarbeitia (VER "MANZAR-BEITIA Y COMPAÑÍA"), Mauricio de Almagro (VER "OPERADORA ATLÁNTICA S.A.") y Raymond Martínez de Castro, todos vicepresidentes, además Cándido de Bolívar (VER "ELECTRIC DE CUBA, COMPAÑÍA"), su tesorero, y eran directores el Dr. Jerónimo Bugeda, Rafael Erick Agüero y Carlos Aspuru Plasencia.

2 Se constituyó el 12 de julio de 1954.

REFINERÍA CABAIGUÁN S.A.

Constituida por "Refinería Cabaiguán", "Refinería Minas de Jarahueca" y las subsidiarias "Petróleo Jarahueca S.A." y "Corporación General de Petróleo S.A.".

1 Sus funcionarios eran los mismos de la "Corporación General de Petróleo S.A.".

2 Se constituyó el 7 de mayo de 1952.

3 Sus activos totales estaban valorados en $1 500 000. La primera era una pequeña refinería de 360 000 galones mensuales que producía gasolina bruta (41 %), luz brillante(31 %), gas-oil(8%) y fuel (12 %) para lo que importaba el petróleo crudo de la Esso. Su valor estaba estimado en $141 450.

La segunda era una refinería por destilación, muy primitiva, que utilizaba el petróleo crudo extraído en "Minas de Jarahueca", de producción muy exigua y agotados a la profundidad superficial con un valor de $25 850.

Ambas se habían construido en 1947 al descubrirse un banco de petróleo ligero en Jarahueca. Desde entonces varias pequeñas firmas siguieron descubriendo y explotando pozos hasta 1950 en que comenzaron a agotarse, a la vez que operaban las 2 refinerías que pasaron entonces a la propiedad de "Distribuidora de Productos de Petróleo S.A.", propiedad de Sixto Mesa y otros.

Con posterioridad el 23 de junio de 1951 se constituyó "Petróleos Jarahueca" y el 7 de mayo de 1952 "Refinería Cabaiguán" al consolidarse varias pequeñas compañías con arrendamientos y concesiones mineras con otras de equipos de perforación y refinería de la zona. En mayo de 1954 se encontró un nuevo hallazgo en Jatibonico sumándose a su producción anterior el de Bacuranao, Jarahueca y la nafta de Motembo.

Los yacimientos de petróleo de Motembo, localizados en Corralillo, Sagua la Grande, se conocían desde 1859 y, desde 1881, los de nafta. "The Motembo Mining Company" había sido la más importante de las firmas existentes en Motembo que desde los años 30 explotaba la nafta.

Había sido propiedad anterior del Ing. Enrique L.Varona Ceguras y del Dr. José I. de la Cámara O'Reilly(VER "BANCO DEL COMERCIO").

También durante la I Guerra Mundial había explotado pozos de la "Centralita Nafta Company", presidida por el Dr. Luis J.Botifoll.

La Comisión de Fomento Nacional le vendió equipos valorados en $750 000 para perforar pozos que se pagaban al encontrar petróleo. El BANFAIC le dio un financiamiento el 31 de julio de 1953 por $275 000 para el pago de deudas y ampliación de la refinería de Cabaiguán y la "Esso Standard de Cuba"(VER) le prestó $100 000.

El DP Nº 728 del 4 de mayo de 1952 suspendió el impuesto de 10 centavos a la gasolina que se produjera en las refinerías Cabaiguán y Jarahueca siempre que se cumpliera un plan de perforaciones para la búsqueda de petróleo. El descubrimiento en el pozo Echevarría N°1 marcó una etapa de actividades petroleras.

En noviembre de 1958 un D.P. autorizó a las refinerías de Cabaiguán, Jarahueca y Bacuranao a trasladar sus equipos y plantas y proceder a su reconstrucción en cualquier otra localidad sin perder los beneficios de la Ley de Estimulación Industrial y otras exenciones que disfrutaba.

UNIÓN PETROLERA AURRERA-JARAHUECA

Integrada por "Petróleos Aurrerá S.A." y "Petróleo Jarahueca S.A.". Perforaba pozos en Jatibonico, Ranchuelo y Esperanza, vendiéndole el petróleo a la "Esso".

1 Su capital pagado ascendía a $1 000 000 perteneciendo el 50 % a la Corporación General de Petróleo y el otro 50 % a "Petróleo Aurrerá S.A.". Su presidente era Sixto Mesa Alomá y los vicepresidentes eran José Bibal Iburuzqueta (VER "BANCO DE LA CONSTRUCCION") y Antonio Iglesias de la Torre, siendo su tesorero Francisco Monné Serio, quien era vicepresidente del "Banco de la Construcción"(VER).

2,3 Se constituyó el 11 de febrero de 1955. Parte de sus acciones se pusieron en venta en la Bolsa donde se compraran $450 000.

666- GUANTÁNAMO FRUIT CANNING CORPORATION

Fábrica para elaborar pulpa, en especial de plátano y, en menor medida, guayaba, mango, tomate y otras, con la marca "Bananesh", con 70 trabajadores, ubicada en Guantánamo, Oriente.

1 Su capital a principios de los 50 ascendía a $62 100, siendo sus propietarios principales Benigno González Galdean, su presidente, con el 30.9 % de las acciones; Alfredo Margolles Artze, tesorero, con el 26.5 %; Joaquín Molinet de Cárdenas, vicepresidente con el 16.1 %; Manuel García Ríos Sollet, vicetesorero con el 6.1 % y Rogelio Cainzo Vázquez con el 9.6 %. El presidente, el vicepresidente y el tesorero formaban parte también de la "B.González y Compañía Ltd.", representantes de "Importadores de Víveres".

2 Se constituyó el 7 de febrero de 1947 y comenzó a producir al año siguiente.

3 Su principal mercado era EE.UU. Sus activos totales en 1955 estaban valorados en $125 000 pero sus ventas eran pocas y sus utilidades ascendieron en este año a $2 049. Operaba con déficit. El BANFAIC le prestó $78 000 el 22 de mayo de 1953 destinados a la compra de maquinarias y al saldo de deudas.

667- GUANTÁNAMO SUGAR COMPANY

Poseía tres centrales, "Isabel(G)", "Los Caños" y "Soledad", situados alrededor de la Bahía de Guantánamo, 6 800 caballerías de tierra y controlaba el 81.5 % de las acciones del "Ferrocarril de Guantanamo".

1 Su propietaria principal era la"Delta Development Corporation", una firma cubana registrada en Panamá, que poseía el 62.61% del capital, la que a su vez estaba bajo el control de la firma de corredores "Luis G. Mendoza y Compañía"(VER) –también propietaria de "Azucarera Vivanco, Compañía"(VER)– en sociedad con Arturo Pita (VER "PITA Y COMPAÑÍA"), propietaria de almacenes de azúcar en Caibarién.

Pita era su presidente y Gonzalo de la Vega, uno de los 4 gerentes propietarios de "L.G.Mendoza y Compañía", era su vicepresidente.

También tenían intereses F. Shelton Farr, Stewart Mac Farlane, Edward G. Miller Jr. y Emet Whitlock. Mac Farlane era además propietario de "Fundición

MacFarlane S.A."(VER), la más importante fundición, así como uno de los principales capitales cubanos que controlaban la mitad del paquete de acciones de "Petrolera Transcuba S.A."(VER). Miller había sido administrador de 1932 a 1934 del central Violeta, el cual se había adjudicado por mandato judicial tras la quiebra de la Cuban Cane, su anterior propietaria.

2 La firma se había fundado en Delaware, EE.UU. el 8 de febrero de 1905 por los hermanos Brooks, a los que se asociaron James H.Post y otros financieros de New York. En la década del 20 era una de las 4 empresas bajo el control de la National Sugar Refining, vinculada con la American Sugar Refining, fundada a principios de siglo, y que en aquella época estaba dominada por un complejo grupo financiero integrado por el National City Bank, el Chase National Bank y el First National Bank, donde predominaban aún los intereses de Morgan.

Con posterioridad había pasado al control del grupo financiero de William Rockefeller-Stillman y, junto a "Cubana Compañía"(VER), era uno de los 2 consorcios azucareros de los 5 que poseían, que en la década de los 50 habían vendido a capitales cubanos.

Sus actuales propietarios la habían comprado el 29 de noviembre de 1957 controlando en un principio el 44.46 % de las acciones que aumentaron a la cifra actual el 3 de Enero de 1958. Ya para entonces Luis G. Mendoza Freyre de Andrade, propietario principal, había fallecido unos meses antes.

3 Su nivel máximo de utilidades fue en 1947 cuando alcanzara $2 000 000, pero a partir de entonces sus utilidades disminuyeron teniendo pérdidas en 1952 y 53, logrando en 1957 alcanzar utilidades por $811 000 después de tres años de bajas utilidades con $45 000, $120 000 y $196 000 respectivamente. Después de ser adquirida por "L.G.Mendoza y Compañía" pasó a ser cliente del Banco Franco Cubano.

CENTRAL ISABEL (G)

El central con el más alto RI de 14.76, el 58º en capacidad de producción diaria con 150 000 @, 2 100 trabajadores y sin tierras propias, situado en Jamaica, Guantánamo, Oriente.

2 Se desconoce su fundación. Había pertenecido en 1860 a la viuda de Couroneaux y otros socios y en 1878 a "Sucesores de M. Limonta y E.Brooks" hasta 1891 en que pasara a "S.Limonta y socios". En 1898 era de los hermanos Teodoro y Ernesto Brooks, quienes habían sido propietarios de los 3 centrales de la "Guantánamo", además del Romelié, enclavado en la misma zona. Estuvo inactivo desde 1928 a 1937.

CENTRAL LOS CAÑOS

El 128º central en capacidad de producción diaria con 180 000 @, RI alto (el 43º) de 13.10, 2 500 trabajadores y sin tierras propias, situado en Guantánamo, Oriente.

2 Había sido fundado en 1861 por el francés Carlos Rancole aunque otros plantean que la fecha es desconocida. Ya desde 1883 era de los herederos de "Teodoro Brooks y Cía." y en 1895 de "J.Brooks y Cía.", pasando en 1903 a Ernesto A.Brooks, Luis Brooks y socios.

CENTRAL SOLEDAD (G)
El 97° central en capacidad de producción diaria con 220 000 @, el 10° RI más alto con 13.75, 2 200 trabajadores y sin tierras propias, situado en Guantánamo, Oriente.

2 Se deconocía su año de fundación. En 1860 pertenecía a Gregorio Malleta y desde 1878 pasó a la propiedad de la familia Brooks con la firma "Brooks Hermanos y Compañía". Por esta época absorbe el central San José, el San Vicente y el Perseverancia. En 1903 Ernesto A. Brooks está al frente de él.

668- GUSTAVO CICINELLI BISEGNI

Comercio de víveres italianos, así como productora de harinas y pastas con el nombre comercial de "La Romanita", sito en 16 N° 69 esq. A 11, Vedado.

1 Era propiedad de Gustavo Cicinelli Bisegni quien lo operaba bajo su propio nombre.

669- GUSTAVO KATES E HIJOS S.A., IMPORTADORES Y DISTRIBUIDORES

Almacén importador de juguetes, de artículos de regalos, de bicicletas, de quincalla y distribuidores y representantes de productos farmacéuticos, sito en Clavel N° 457 bajos, Cerro, y sucursales en Matanzas, Santa Clara, Camagüey y Santiago de Cuba, cliente del "City".

1 Era propiedad de Gustavo Kates.

2 Su hijo Charles Kates Linke, quien era gerente, había establecido en 1942 el primero de sus 27 talleres de diamantes en Cuba, "Diamante S.A.", sito en la calle Buenos Aires N° 157, La Habana donde laboraban más de 150 operarios.

670- GUTIÉRREZ MARBÁN Y COMPAÑÍA

Almacén de papel y efectos de escritorio, representante de plumas de fuente marca "Sheaffer's", máquinas de sumar "Víctor", protectoras de cheques "Todd" y presilladoras y foliadoras "Bates", sita en Galiano N° 206 entre Vírtudes y Concordia, La Habana, cliente del "Trust", del "Continental" y del "Boston".

1 Era propiedad de Julián Gutiérrez Marbán, su gerente.

671- G. F. KOHLY S.A.

Apoderados y agentes generales de empresas de seguros extranjeras, entre ellas "The Liverpool and London and Globe Insurance Company Ltd.", "Queen Insurance Company".

1 Era propiedad de Guillermo F. Kohly, presidente además de "Cubana de Seguros El Globo S.A., Compañía", agencia de seguros contra incendios, transporte marítimo, conmoción civil, fianzas y accidentes, sito en Empedrado N° 113.

Kohly era sobrino de Federico Kohly Zalba, propietario de la finca "La Sierra", quien fuera un temprano urbanizador de Marianao a comienzos del siglo, y primo de Mario García Kohly, escritor del grupo de "La Habana Literaria" y Secretario de Instrucción Pública y Bellas Artes del Gral.Gómez .

672- HACIENDA TURIGUANÓ S.A.
Finca ganadera destinada a la cría de ganado "Santa Gertrudis" con campo de aviación propio, situada en Isla Turiguanó, Morón, Camagüey.

1 Era propiedad del norteamericano Ezra J. Barker quien era vicepresidente III de la "Asociación de Criadores de Ganado Santa Gertrudis" en 1958 y vocal de la "Corporación Ganadera de Cuba" en 1958.

3 Tenía más de 4 000 cabezas de ganado. Fulgencio Batista la visitó en diciembre de 1955.

673- HAVANA BUSINESS ACADEMY
Escuela bilingüe con enseñanza de high school, secretariado, junior college, enseñanza comercial y de inglés con varios locales en San Lázaro N° 1215, Neptuno y Amistad, en 10 de Octubre N° 552, Línea N° 357.

1 Henry L. Mathiet era su presidente.

674- HAVANA COAL COMPANY
Almacenista de carbón mineral con domicilio en San Pedro N° 16, Edificio Suárez, 4° piso, y depósitos en Casablanca y Tallapiedra, La Habana.

1 Era propiedad de Ernesto de Zaldo Ponce de León, vicepresidente y uno de los propietarios familiares de "Zaldo y Martínez" (VER), miembro de la Junta de Directores de "Azucarera Vicana, Compañía"(VER) del central Isabel (ML) y con intereses en "Godoy Sayán, Oficina Aseguradora de Cuba"(VER).

Su administrador general era Estanislao S. Crespo, quien fuera un destacado dirigente corporativo durante los años posteriores a la caída de Machado y los Gobiernos regidos por Batista, habiendo sido electo en enero de 1943 como vicepresidente I de la "Confederación de Corporaciones Económicas de Cuba" que presidía José Manuel Casanova.

2 Tenía su antecedente en la concesión otorgada en 1865 a Salvador Samá, Marqués de Marianao, para explotar una estación carbonera en terrenos en Casablanca. Con posterioridad, la viuda de Ruiz de Gámiz la adquiriría en 1904, abasteciendo de carbón a los vapores, contando entonces con almacén y muelle propio, 8 lanchones y 2 grandes barcos carboneros, representando a la "Bermind-White Coal Mining Company" de Nueva York.

La concesión original fue ampliada en 1905, 1909, 1912, 1913 y 1923, pero más tarde el Decreto Presidencial N°153 del 20 de enero de 1938 le desconocería ese derecho que le fuera restituido por sentencia de la Audiencia de La Habana el 6 de noviembre de 1948.

3 Cliente del "Royal", del "Nova Scotia" y del "City".

675- HAVANA GREYHOUND KENNEL CLUB
Operadora del Cinódromo donde se efectuaban las carreras de galgos, con más de 300 trabajadores, sito en 5ª Avenida y Gran Boulevard, Country Club.

1 Su vicepresidente era Pedro Mendieta Carreras, sobrino del Cnel. del E.L., Dr.Carlos Mendieta Montefur, ex-Presidente de la República de 1934 a 1936, y del Cnel. del E.L. Pablo, Jefe Interino del Ejército en 1912, Jefe del Estado Mayor General del Ejército con García Menocal en 1915 y Jefe de la Policía Nacional durante el primer gobierno de Machado de 1925 a 1927.

2 Fue inagurado el 12 de julio de 1951. Poseía la finca "María" ubicada en la curva de Cantarrana en la carretera de Pinar del Rio donde existían unas perreras especiales para mantener los más de 600 ejemplares propiedad de diferentes "Kennels" pues la firma no los poseía. Uno de los más importantes era el "Marianao Kennels", propiedad de los Dres. Mendoza y Padrón.

3 El Cinódromo fue construido a un precio de $500 000 y en él se hacían muchas apuestas de dinero.

676- HELADOS GUARINA S.A.
Fábrica productora de helados "Guarina" sita en Concha Nº 54 esq. a Marina, Luyanó, La Habana.

1 Era propiedad de Thorwald Sánchez Culmell, su presidente, quien era hijo del Cte. del E.L. Bernabé Sánchez Batista y hermano de Bernabé Sánchez Culmell (VER "PRODUCTORA DE ALIMENTOS EL AGRO S.A., COMPAÑÍA"), medio hermano de Sánchez Laurent(VER "CENTRAL SENADO S.A.") y esposo de Ernestina, hija de Ernesto Sarrá(VER "DROGUERÍA SARRA").

677- HENRY LE BIENVENU, REPRESENTACIONES & LABORATORIOS S.A.
Laboratorios de especialidades farmacéuticas, distribuidores y representantes de especialidades farmacéuticas y productores de perfumes, con 60 trabajadores, sito en 16 esq. a 19, Almendares, Marianao, cliente del "Banco Franco Cubano".

1 Su propietario era Guy Le Bienvenu. Ángel Piquera Gómez era el administrador.

2 La firma estaba establecida como importadora y exportadora droguista desde antes de los años 20.

678- HEREDEROS DE SERGIO HERRERA Y L. VIDAL
Laboratorios "Herrera" de especialidades farmacéuticas, sito en K Nº 106, Vedado.

1 Margarita Fernández Villahu, su propietaria, lo había heredado de su esposo Sergio Herrera.

679- HERIBERTO CORDERO Y COMPAÑÍA
Sastrería y camisería con tres establecimientos con el nombre comercial de "El Sol" y "El Dandy", sitos ambos en la Manzana de Gómez, y "Peerless", dedicada a ropa deportiva, trajes y camisería, en Neptuno y Monserrate, todos en La Habana.

1 Propiedad de Heriberto Cordero en sociedad con sus antiguos empleados Pedro Cordero, Vicente López Balboa, Manuel García Barrosa, Alberto Barros y Emilio López.

2 Fue fundada en 1898 por José Cordero, tío de su propietario actual, como una modesta vidriera de quincalla en los portales de la Manzana de Gómez hasta 1905 en que adquiriera el local actual en sociedad entonces con Modesto Torres quien se separara en 1927.

Su propietario ingresó en la quincalla en 1922 y, al retirarse su tío en 1932, lo sustituyó como primer gerente, desarrollando el negocio como sastrería, adquiriendo en 1931 " El Dandy" y en 1948 "Peerless". En 1950 introdujo una técnica fotográfica para la confección de la ropa a la medida.

Sus trajes estaban de moda ya desde comienzos de los años 30 entre los socios del "Habana Yatch Club".

680- HERNÁNDEZ, CAGIGAL Y COMPAÑÍA

Comerciante e importador de arroz y otros víveres, generalmente procedentes de EEUU, establecidos en Sol Nº 55, La Habana. Una de las más importantes en su giro con varios años de establecida.

1 Propiedad de Gerardo Cagigal Gómez y Carlos Aguilera Sánchez en unión de otros socios que poseían recursos de alguna consideración fuera de estos negocios.
Aguilera era además propietario de fincas arroceras y medio hermano de Guillermo y Leopoldo Aguilera Sánchez, importantes cosecheros y molineros de arroz y, el último, presidente de la Administración de Estabilización del Arroz.

3 La situación financiera era satisfactoria, los índices de solvencia y liquidez eran favorables y el capital amplio. Sus ventas anuales ascendían a $4 000 000 pero en 1954 sufrió cierta contracción disminuyendo en unos $600 000 y teniendo un margen de utilidades pequeño.
En 1956 solicitaron financiamiento por $160 000 para construir un almacén o nave en la "Compañía Almacenes Pazos S.A." que sería arrendada por la empresa. Antiguo cliente del Banco Nova Scotia donde recibía préstamos elevados desde hacía años ascendentes a $800 000.

681- HERNÁNDEZ Y HERMANOS

Planta de electricidad y fábrica de hielo que prestara sus servicios a las localidades del oeste de la Provincia de Pinar del Río en San Juan y Martínez, San Luis, Guanes, Mantua, La Coloma y Consolación.

1 Propiedad de la familia Hernández, constituida por los hermanos Félix, Abelardo y Carlos Hernández Mendoza, así como Alfredo Hernández Díaz de Acevedo y Alfredo Hernández Martínez. Eran propietarios también de "Distribuidora Nacional de Ferretería y Efectos Sanitarios S.A."(VER), una ferretería ubicada en La Habana. El Dr.Carlos Hernández Mendoza y su sobrino el Dr.Alfredo Hernández Díaz eran los gerentes.

3 La "Cubana de Electricidad, Compañía"(VER) servía el resto de la provincia de Pinar del Río, una parte de la cual se revendía a las localidades de Viñales, San Diego y La Esperanza por la "Compañía Eléctrica del Noroeste", propiedad de Tabares, pero sus tarifas eran de 8.3 cts el Kw/h, más altas que las de aquella que eran de 5.8 cts. el Kw/h como promedio.
El 22 de octubre de 1958 suscribió un contrato con la "Westinghouse Electric International Company" para la construcción de una planta eléctrica convencional con capacidad de 10 000 Kw/h, puesto que la capacidad instalada con la que contaba era insuficiente, como lo era también la planta eléctrica de Santa Lucía para abastecer a su casa matriz las Minas de Matahambre, con quien se habían asociado.
Trataban de adelantarse a la compentencia de la "Eléctrica Nuclear Oeste de Cuba, Compañía "(VER) que tenía el propósito de instalar una planta termonuclear para dar servicio a la provincia y a la mina.

682- HERRERO BULNES Y HERMANOS

Fábrica de calzado de todas clases que también exportaban, marca "Bulnes", sito en Calzada de Cerro Nº 1374, La Habana.

1 Propiedad de los hermanos Benigno y José Herrero Bulnes, ambos nacidos en Oviedo, Asturias, en 1903 y 1907 respectivamente, quienes eran su gerentes.

2 Era una de las más antiguas en el giro pues se había fundado en 1880. Con anterioridad había operado bajo la razón social de "José Bulnes S en C", con la marca "La Fe", situada en Peñón Nº 2, Cerro, siendo entonces propiedad de José Bulnes quien falleciera durante los años 40.

3 Cliente del "The National City Bank of New York".

683- HERSHEY CORPORATION

El "Hershey" era el 14º central en capacidad de producción diaria con 650 000 @, RI mediano de 12.95, el 12º en número de trabajadores en zafra con 6450, la mayor refinería del país y varias otras propiedades tales como un ferrocarril electrificado (VER "DEL FERROCARRIL CUBANO DE HERSHEY, COMPAÑÍA") que brindaba servicios entre Casablanca y Matanzas, una planta de refinar aceite de maní –una de las 2 existentes, junto a la de "El Cocinero"(VER "ACEITES VEGETALES S.A.")–, piensos de harina de maiz, henequén y sus desperdicios para rellenos de colchones y tapicerías, una planta de generación y transmisión de electricidad y 2 000 caballerías de tierras propias, situado en Santa Cruz del Norte, La Habana. Eran además fuertes corredores de azúcar en el mercado internacional.

1 Uno de los 14 centrales propiedad principal de Julio Lobo (VER "AZUCARERA GÓMEZ MENA S.A.,COMPAÑÍA"), presidente de la Junta de Directores. John J.Ryan III, su yerno, era el presidente, Francisco L.Rodríguez era vicepresidente y secretario y Enrique León Sotto, vicepresidente y vicesecretario.

2 Había sido fundado en 1919 por Milton S.Hershey, norteamericano, nacido en Derry, Pennsylvania y fallecido en Hershey el 13 de octubre de 1945, de padres muy pobres, quien se inició en 1876 como propietario de una pequeña tienda de caramelos y, tras fracasos, funda en Derry la futura ciudad industrial, convirtiéndose en rico industrial propietario de un emporio de producción de confituras y chocolate.

Hershey había iniciado sus negocios en Cuba comprando el central San Juan Bautista en Arcos de Canasí, posteriormente demolido, habiendo sido honrado en 1927 con el título de Hijo Adoptivo de Cuba y condecorado el 1º de febrero de 1933 con la orden de Carlos Manuel de Céspedes. Tras fundar en 1919 el central Hershey había comprado poco después los otros centrales próximos a éste: Carmen, Lotería, San Antonio y el Rosario, demoliéndose los 2 primeros y pasando los otros el 5 de marzo de 1946 al control de la "Azucarera Atlántica del Golfo, Compañía", quien a su vez en 1958 los venderá por $24 500 000 a un grupo de intereses cubanos lidereados por Julio Lobo(VER "AZUCARERA GÓMEZ MENA S.A.,COMPAÑÍA").

3 Había incrementado en los últimos años de los 50 las ventas de azúcar al mercado mundial asignadas por el ICEA a los corredores con 43 537 Tn en 1957, el 5º en importancia.

Antes de su venta su situación financiera en 1957 era buena aunque el índice de solvencia era algo bajo, el capital líquido superaba los $12 000 000 y las utilidades ascendían a $702 000 pero en 1958 tuvieron pérdidas por $277 000 volviendo a tener utilidades por $391 000 al año siguiente. Su activo total ascendía a $8 100 000, su capital líquido a $4 900 000 con un pasivo corriente de $3 100 000. Solicitaron, tras la compra, préstamo al City Bank por $3 000 000 o sea medio millón más de lo que se acostumbraba con anterioridad. Su refinería, terminada en 1926, tenía una capacidad de 23 000 qq. diarios.

684- HIERRO S.A.
Comercio de joyería "La Casa de Hierro", sita en Obispo N° 414, La Habana.

1 Era propiedad de la familia Hierro desde su fundación y estaba presidida por Gustavo González del Valle Hierro.

2 La joyería había sido fundada en 1868 por su abuelo materno, Manuel Hierro Mármol, como joyería "El Fénix", sita en Obispo, bajo la razón social de "Hierro y Compañía". Su abuelo, nacido en Villarino, Orense, había sido consejero vitalíceo de Administración de Cuba y uno de los consejeros del "Banco Español de la Isla de Cuba".

A partir de 1903, su tío político, Celso González, padre de su primo Celso González Hierro (VER "GANADERA EL PALMAR S.A., COMPAÑÍA"), pasó a dirigirla como gerente, entrando más tarde también como gerente Manuel, único hijo varón de su fundador.

685- HIERROMAT CUBANA S.A.
Almacén de ferretería y de materiales de construcción, importadores de acero, hierro y otros materiales de fabricación, ubicada en Buenos Aires 157 esq a Agua Dulce, La Habana, cliente del "Royal". Una de las asociadas en la creación de "Aceros Unidos de Cuba S.A." (VER).

1 Propiedad de capitales norteamericanos que habían suscrito $150 000, de los cuales el 50 % pertenecía a la "Transcontinental Steel Corporation", de Nueva York, quien era representada por Salvador F. Espinet Borges, cubano, su presidente y además presidente de la "Asociación de Importadores de Ferretería Gruesa". Paul Belsky, norteamericano residente en EE.UU., era su vicepresidente 1° y Vilem Veran, natural de Checoslovaquia, residente en Cuba, era el vicepresidente 2° y administrador.

2 La firma había sido continuadora de la "Caribbean Mercantile Exchange Incorporated".

3 Poseía $25 000 en acciones de "Antillana de Acero S.A." (VER). Su activo corriente ascendía a $378 770 y sus ventas a $2 682 525. Cliente del The Royal Bank.

686- HIJOS DE DIEGO MONTERO S.A.
Almacén de tabaco en rama, escogedores y exportadores, así como fábrica de torcidos "La Predilecta" y "La Especialidad", ubicado en la calle Figuras N° 182, La Habana.

1 Era propiedad principal de Alberto Montero Valdés Pagés y su madre y hermanos.

2 Fundada por Diego Montero en 1879, se inició entonces en la venta de tabaco en rama y despalillado a la Argentina y, tras su fallecimiento, adoptaría la razón social actual.

Con posterioridad estaba integrada por los 3 hijos Montero, bajo la gerencia de Antonio y Julio D. Montero Piñeiro-Osorio, quienes exportaban a Norte y Sur América, Europa y África.

Julio, abogado e ingeniero, falleció sin hijos el 5 de agosto de 1948 y el 27 de octubre de ese año, su hermano, Antonio, abogado, padre de los actuales propietarios.

687- HIJOS DE DOMINGO MÉNDEZ, CIGARROS Y TABACOS S.A.
Fábrica de cigarros "El Cuño", "Regalías", "El As" y otras con una capacidad de producción de 2 241 500 miles de unidades anuales y 600 trabajadores, ubicada en

Cárdenas N° 115, La Habana. El mayor productor de cigarrillos del país con el 22% de la producción total y la 10ª mayor industria no azucarera por el número de sus trabajadores.

1 Tenía un capital suscrito ascendente a $850 000 propiedad de los 6 hermanos Méndez Ramos, oriundos de Guanes, Pinar del Río. Los 3 varones José, Domingo y Jesús María, poseían 4 000 acciones cada uno mientras las 3 hembras, Dolores, Paulina y Elena tenían 1 000 cada una.

2 Fue fundada en Cárdenas y Gloria, La Habana, a comienzos de siglo originalmente como un almacén de tabaco en rama por un grupo de jóvenes obreros de una fábrica de cigarros, entre los cuales figuraban Manuel Rodríguez López –fallecido el 18 de junio de 1939–, José Menéndez López, Eugenio López y Domingo Méndez, quienes el 6 de mayo de 1910 registrarían la marca de cigarros "El Cuño" bajo la razón social de "Rodríguez Menéndez y Compañía".
Posteriormente, al entrar de socio Domingo Méndez se creó el 3 de marzo de 1926 la "Rodríguez, Méndez y Compañía" que después varió a "Rodríguez Méndez y COMPAÑÍA".
Al retirarse en 1933 Rodríguez López, quien estaba casado con Aida, hija del antiguo fabricante de cigarros Calixto López Albuerne, la firma se reestructuraría como "Domingo Méndez y Compañía", después "Domingo Méndez e Hijos", al quedarse como único propietario, y la "Hijos de Domingo Méndez" hasta que finalmente el 1° de febrero de 1958 adoptó su nombre actual al entrar como socias las tres hermanas Rodríguez Méndez.
Domingo Méndez Martínez, el padre, de origen asturiano, ex-presidente del "Centro Asturiano", quien se había establecido en Pinar del Río desde 1889 en que comenzara a trabajar en una tienda mixta, continuaba siendo su presidente mientras los 3 hijos varones eran los gerentes y únicos miembros del Consejo de Dirección.

3 Desde 1930, en que eran el tercer mayor productor, habían logrado desplazar a "Trinidad y Hermanos"(VER) y a "H.Clay and Bock Company Ltd." (VER "TABACALERA CUBANA S.A."), ambos productores gigantes de la época que representaban la mitad de la producción. Fuerte cliente del Banco Boston con créditos promedios por $900 000.

688- HIJOS DE J. CANO Y COMPAÑÍA

Almacenista de tabaco en rama y fabricante de tabaco marca "La Flor de Cano" ubicado en San Gabriel N°101.

1 Era propiedad de Consuelo Pérez Fiallo y sus hijos Ernesto, Silvia y Consuelo Cano Pérez, el primero de los cuales estaba al frente de la firma.

2 Había sido fundada en 1932 por Juan Cano Sainz, asturiano fallecido el 11 de enero de 1955, el cual la operara bajo su nombre hasta 1948 en que cambiara para "J.Cano e Hijo" al entrar su hijo Ernesto.
Su fundador había entrado en el sector tabacalero en 1907 en la "Cano y Hermano", un almacén de tabaco propiedad de su tío Tomás Cano Ortiz y sus hermanos Carlos y Manuel, donde desde 1912 se convirtiera en gerente en unión de su hermano Aurelio y su cuñado Adolfo Fernández, quienes eran ya importantes almacenistas e importadores de tabaco situados en Bernaza N°39.

689- HIJOS DE PÍO FERRO S.A.

Almacén de víveres, vinos y licores y de ferretería, sito en Antonio Rubio N° 7, Pinar del Río, el cual era uno de los más importantes de la provincia.

1 Era propiedad de Simeón Ferro Martínez (VER "INDUSTRIAS FERRO S.A.") y sus hermanos, quienes eran propietarios de otros almacenes, fuertes accionistas de 2 centrales, fábricas de conservas y otros intereses. Estaba administrado por Sixto, uno de los hermanos, y había sido fundado por su padre, Pío Ferro.

3 Fuerte cliente del Banco Boston, con préstamos de más de $800 000.

690- HIJOS DE TRÍAS

Florería, venta y cultivo de plantas y flores con el nombre comercial de "Casa Trías", sito en 12 N° 508 entre 21 y 23, Vedado.

1 Era propiedad de Luis Trías Lleonart, en sociedad con su hermano Joaquín.

691- HIRES SUGAR COMPANY

El "Dos Rosas" era un central pequeño en capacidad de producción (el 145°) con 180 000 @ diarias, RI mediano de 12.72, 2 769 trabajadores y 322 caballerías de tierras propias, situado en Cárdenas, Matanzas.

1 Propiedad de José Fermín Iturrioz, su presidente, quien controlaba dos centrales (VER "AGRÍCOLA INDARRA S.A., COMPAÑÍA). Teodoro y Ramón Iturrioz, así como Héctor Aranalde, eran vicepresidentes.

2 Se fundó en 1881 por Bartolomé y Federico Casañas. Había pertenecido a Francisco y Federico Casañas hasta 1903 en que pasó a Casimira Vega, en 1904 a "Alzogaray, Lavín y Cía", en 1905 a "Alzogaray y Compañía" y de 1906 a 1913 a Santiago Estévez, quien en 1919 lo vendiera a la norteamericana "Cárdenas American Sugar Company"

Tras venderlo, Estévez compraría, durante la crisis de los años 20, los talleres de "Manuel Galdo y Compañía", ubicados en Cárdenas, que había construido varios centrales y, el 11 de mayo de 1929, la "De Construcciones Marítimas S.A., Compañía", una concesionaria para el dragado de la bahía de Cárdenas, construcción de muelles y con el privilegio de expropiar terrenos, así como de ser la única exportadora del puerto con excepción de los centrales dos Rosas y Guipúzcoa.

A finales de los 20 sus herederos compraron en la Península de Hicacos unas 100 caballerías de tierra para dedicarlas al cultivo del henequén

La firma norteamericana propietaria le incorporó al central durante los años 20 las máquinas de Precioso, ubicado en la zona, acrecentando sus propiedades, ya importantes pues poseía ferrocarril y embarcadero propio en la bahía de Cárdenas, pero en 1934 lo vendieron a la también norteamericana Hires & Company, fabricantes de bebidas de Filadelfia.

El central había pasado al control de capital cubano en 1953 cuando fue adquirido por la firma "Iturrioz, Vadillo y Revilla", pero ya desde los 40 Iturrioz tenía intereses en él. El administrador era Héctor Aranalde, miembro de la Junta Directiva.

692- HOGAR CLUB

Una modalidad de banco de capitalización y ahorro en forma de agencia de sorteos donde los suscriptores pagaban una cuota mensual que les daba derecho a un sorteo para la construcción de casas a través de un popular programa de televisión.

1 Era propiedad de Gaspar Pumajero Such, gran promotor, imaginativo y audaz aunque con poco capital y, quien habiendo comenzado como locutor haciendo pareja con Arturo Artalejo en la CMQ, había sido fundador y ex propietario de "Unión Radio" (VER) e introductor de las trasmisiones de televisión el 24 de octubre de 1950 para lo que fundó entonces "Unión Radio TV".
Supuesto propietario de "Canal 12 S.A."(VER), canal de televisión, propiedad real de Fulgencio Batista, a quien también había vendido sus acciones por $25 000, junto con otros accionistas, de "Cadena Azul de Cuba".
3 Tenía 102 000 socios. Pumarejo la apuntaló mediante una imaginativa y espectacular propaganda, según su estilo, que la hizo muy popular. El colofón fue un gran espectáculo realizado en 1957 por el coreógrafo Rodney en el Gran Stadium del Cerro que titulara "50 años de música cubana" con una gran asistencia de músicos cubanos incluyendo radicados en el exterior.
Solicitó al Banco Continental actuara de agente fiduciario de los bonos pascuales de la firma a favor de sus asociados.

693- HORACIO TOLEDO TRAVIESO
Almacén exportador de tabaco en rama, sito en Salud N° 210, La Habana.
1,2 Era propiedad de Horacio Toledo Travieso, el cual operaba bajo su propio nombre, y lo había fundado en 1925.

694- HORMIGÓN ESTRUCTURAL PREFABRICADO
Industria de pre-fabricación y pre-esfuerzo de piezas de hormigón, preferentemente de pilotes, postes, vigas, columnas y placas, con 63 trabajadores, ubicada en Arroyo Arenas en el Km. 1 de la carretera a El Cano.
1 Capital suscrito por $280 000 entre varios socios, siendo el principal Fernando Munilla Soliño con $155 000, quien además era el presidente, y su padre Fernando Munilla Durán el vicepresidente. Otros accionistas eran la "Compañía Norteamericana de Inversiones" con $60 000, Francisco Saralegui con $40 000 (VER "PUBLICACIONES UNIDAS S.A.") y Ricardo Suárez del Rivero con $20 000. El 26 de agosto de 1959 el Ing.Munilla vendería todas sus acciones a la "Compañía Norteamericana de Inversiones".
2 Se constituyó el 27 de noviembre de 1956 por Fernando Munilla Soliño quien era en ese entonces su propietario único. El 19 de junio de 1958 aumentó el capital con el aporte de sus socios actuales.
3 Sus activos fijos ascendían a $472 131. Sus utilidades, que en 1957 eran de $60 000, se elevaron poco después en más de 5 veces. Tenía un pasivo elevado y deudas a largo plazo por $105 000 con el "Banco Núñez".
En agosto de 1958 solicitaron financiamiento por $350 000 al BANDES que ampliaba una solicitud anterior al BANFAIC por $200 000 que había sido rechazada.

695- HOTEL BRUZÓN
Hotel "Bruzón" de 51 habitaciones ubicado en Bruzón y Rancho Boyeros, La Habana.
1 Propiedad de Israel Padilla Frade.
2 Fue fundado en 1952 a un costo de $170 000.

696- HOTEL CASA GRANDE
Hotel "Casa Grande" de tres plantas y 65 habitaciones, ubicado en la calle Heredia y Lacret en Santiago de Cuba. Era el mejor de la localidad.

1 Propiedad de la firma norteamericana-cubana "Ferrocarriles Consolidados de Cuba"(VER).

2 Se fundó en 1913 por su propietaria, quien poco antes, en 1905 había inaugurado el "Hotel Camagüey", el más importante de esta última ciudad. Este se había instalado en el antiguo cuartel de La Vigía en Camagüey, construido en 1848 y cedido por el Gobierno en arrendamiento por 25 años, el cual remodeló convirtiéndolo en el edificio más moderno de la localidad por sus instalaciones.

El "Camagüey" se cerraría en 1943 al rescindirse el contrato, tras haberse prorrogado, debido a la vejez de las instalaciones. Años más tarde se transformó en un museo.

3 Sus ingresos y utilidades habían ido disminuyendo desde 1948, cuando los primeros ascendían a $150 000, a algo más de la mitad de esta cifra. Sus utilidades estaban en el orden de los $25 000. El 12 de enero de 1954 solicitó al BANFAIC un préstamo para transformarlo en un hotel de primera que le fue denegado.

697- HOTEL COMODORO YATCH CLUB

Hotel "Comodoro", de 3 pisos, 30 cabañas, 98 habitaciones, con una playa artificial y piscina olímpica, ubicado en Ave. 84 y Ave.1ª, Miramar.

1 Propiedad de José López Serrano (VER "CULTURAL S.A."), quien era su presidente y además presidente y co-propietario de "Cultural S.A." y poseía otros intereses.

3 Fue construido a un costo de $3 000 000. Tenía la modalidad, junto con el "Copacabana", de ser, a la vez que hotel, también club privado para asociados. Juan del Prado Roig era presidente y director del "Comodoro Yatch Club".

El casino de juegos era operado por Santos Trafficante, de Tampa, EE.UU. del grupo de Meyer Lansky, miembro de la familia neoyorkina de la maffia, quien también operaba el del Hotel Capri y el del cabaret Sans Soucí.

La Resolución Nº 4 del Ministro de Trabajo del 6 de enero de 1958 dispuso la obligación de incrementar en un 20 % los salarios de sus trabajadores durante el período entre el 16 de diciembre al 15 de abril de cada año, lo que hizo extensivo a todos los hoteles, cabarets y casinos que en el futuro se establecieran.

698- HOTEL DOS MARES

Hotel "Dos Mares", sito en 1ª Ave y 53, Varadero.

1 Era propiedad de Angela R., viuda de Pasquet, su administradora. En el pasado había sido propiedad de los hermanos Morán.

699- HOTEL HABANA HILTON

Hotel "Habana Hilton", con 31 pisos, 630 habitaciones y 2 000 trabajadores, ubicado en L y 23, Vedado, La Habana. El mayor y más importante hotel de Cuba, emplazado en el edificio más alto de La Habana, y uno de los 4 mayores existentes en el mundo fuera de EE.UU. y Canadá.

1 Propiedad de la "Caja de Retiro y Asistencia Social de los Trabajadores Gastronómicos", que lo había financiado con sus depósitos y con préstamos recibidos de bancos paraestatales, y estaba presidida por Francisco Aguirre Vidaurreta, ex Ministro de Trabajo con Grau y ex Representante a la Cámara y propietario del Restaurant Kasalta" (VER).

Estaba arrendada a la norteamericana "Hilton Hotels International", una subsidiaria de la "Hilton Hotels Corporation" presidida por Conrad Hilton, que dirigía 33 hoteles con un capital de $196 000 000. Hilton, ex-esposo de la actriz Zsa Zsa Gabor y ex-suegro de Elizabeth Taylor, era propietario del "Waldorf Astoria", del "Stevens", del "Plaza" de Nueva York, de la cadena de los "Statler", del "Castellana" de Madrid y otros famosos en el mundo.

El administrador general del hotel era José A.Menéndez, cubano naturalizado en EE.UU. y antiguo funcionario de Hilton y Nicholas G. Benson era el administrador residente.

2 Era un antiguo proyecto del Dr. Mario Lazo del "Bufete Lazo y Cubas"(VER), estimulado ante el contrato que en 1948 había suscrito la Hilton con el gobierno de Puerto Rico para construir un hotel donde éste recibía las 2/3 partes de las utilidades y aquel el resto.

Lazo, tras haber logrado interesar a Hilton, gestionaría entonces sin éxito su financiamiento con varios capitales cubanos, con el gobierno, después con organismos autónomos y con la Caja de Retiro Azucarero hasta que se dirigió finalmente a la Gastronómica y obtuvo el respaldo de Batista. Con posterioridad, el Dr.Jorge Cubas, del mismo Bufete, negociaría el 17 de junio de 1953 con el "The Trust Company of Cuba" la obtención de un financiamiento para su inversión.

En un inicio se construiría en la manzana formada por las calles Prado, Trocadero, Zulueta y Animas. La Frederick Snare fue la contratista de las obras a un costo de $21 793 000 que finalmente ascendería a $24 000 000 y su dirección facultativa se encargó a la firma de arquitectos "Arroyo y Menéndez"(VER).

Fue inaugurado informalmente el 19 de marzo de 1958 con la presencia de 300 extranjeros entre ellos artistas de Hollywood como Esther Willians, Ann Miller y otros invitados por Conrad Hilton –a quien Batista recibió en Palacio– y, oficialmente, 3 días después con la asistencia de Martha Fernández de Batista.

3 Se arrendó por 20 años a razón de 2/3 partes de las utilidades brutas de la operación las que, en caso que no llegaran a $250 000 anuales se rebajarían de las utilidades del arrendatario.

El casino de juegos estaba operado por los hermanos Roberto y Mario Mendoza en sociedad con Clifford Jones, ex-Gobernador Adjunto de Nevada, quienes pagaran por la concesión $1 millón, otorgada en enero de 1958 en oposición a la solicitud de Joe Barbera y Frank Erickson, ambos acusados del asesinato el 25 de octubre de 1957 en Nueva York de Albert Anastasia motivado precisamente por las rivalidades entre las familias de la mafia por el control del juego en La Habana.

El BANFAIC le aprobó el 3 de marzo de 1953 un préstamo por $5 000 000 que equivalía entonces a la mitad del costo del proyecto y el BANDES le prestó un total de $18 500 000 en 3 etapas: el 9 de mayo de 1955 le prestó $6 300 000, el 13 de junio de 1957 lo aumentó hasta $13 500 000 y finalmente el 20 de noviembre de 1958 le otorgó $5 000 000 adicionales.

700- HOTEL MIRADOR

Hotel "Mirador" y balneario de aguas medicinales, situado en San Diego de los Baños, Pinar del Río.

1 Era propiedad de Amalia Rojas y sus hijas Amalia, Alicia, Estela, Cecilia y Olga, herederas de Germán Wolter del Río, fallecido a mediados de los 50, presidente de la "Sección de Estaciones Minero Medicinales" de la "Corporación Nacional de Turismo" para lo que había sido designado en agosto de 1949 y ex-Secretario de Hacienda durante el Gobierno del Dr.Miguel Mariano Gómez

2 Walter lo había construido a comienzos de los 50 en el local donde hubo una antigua residencia de una norteamericana, ampliándose tras la compra de los terrenos colindantes pertenecientes a la familia Hernández y, para su fomento, el gobierno de Prío mejoraría el Balneario público y el pueblo.

701- HOTEL PACKARD
Hotel "Packard" situado en Prado Nº 51-55 entre Cárcel y Morro.

1 Era propiedad de los hermanos Mercedes J. y Evaristo Ulloa Ferro (VER "ULLOA Y COMPAÑÍA"), quienes también eran propietarios de una agencia de autos europeos.

702- HOTEL PLAZA
Hotel "Plaza" situado en Zulueta Nº 162 y Neptuno, La Habana.

2 Fue fundado cn 1909 por Leopoldo González-Carvajal, Marqués de Pinar del Río, quien a fines del siglo pasado había construido un edificio donde se instaló el "Diario de la Marina" que, al trasladarse, fue ampliado y extendido hasta la calle de Monserrate y la de Zulueta, se le añadieron 2 plantas, estableciéndose entonces el hotel.
El Marqués de Pinar del Río había sido Coronel de Milicias de L.H. en 1882, Senador del Reino por L.H. en 1891, presidente del Casino Español de La Habana, presidente del Partido Unión Constitucional, fundador y primer presidente de la "Unión de Fabricantes de Tabacos" en 1885 y, antes de fallecer en La Habana el 2 de marzo de 1909, había sido el más importante empresario tabacalero propietario de "Hija de Cabañas y Carvajal".
Tras la dominación española, adquirió el control de los "Ferrocarriles Unidos de La Habana" y fundó la "Zaldo, Carvajal y Compañía" para la producción de hielo.
Posteriormente el hotel pasó a la propiedad de sus herederos, quienes lo arrendaron a la "Compañía del Hotel Plaza", norteamericana. Walter Fletcher Smith, norteamericano, era su propietario en 1917 y en 1930 estaba bajo la propiedad de los señores Simón y Meana, pasando poco después a "Meana, Roca y Compañía".
René Bolívar del Junco, cuya hija Olga casara posteriormente con Guillermo de Zaldo Gamba, hijo de Guillermo de Zaldo Castro, fue designado su manager en abril de 1931 y había sido también condueño durante 1933. A mediados de los 30 Ernesto Espín sería su manager. Luciano de la Torre, quien fuera vicepresidente de la "Asociación Hotelera de Cuba" electo en febrero de 1939, aparecía entonces como su propietario.

703- HOTEL RANCHO SAN VICENTE
Hotel y cabañas con un balneario termal de baños sulfurosos, manantiales, piscinas, coto de caza, equitación, situado en la Cordillera de los Organos a 1000 pies sobre el nivel del mar junto al Valle de Viñales, Pinar del Río.

1 Era propiedad de Buenaventura Pons, nacido el 15 de enero de 1890 en Barcelona y llegado en 1916 a Cuba donde trabajó en una relojería de la que con el tiempo sería socio. A los dos años estableció una de su propiedad que liquidó en 1932 dedicándose a la asesoría comercial y jurídica.
Su propietario lo compró en 1945 al Dr. Gustavo Porta Capote, actual vicepresidente y copropietario de "Minera Mantua" (VER) y accionista muy pequeño de

"Minas de Matahambre S.A."(VER), fundada por su padre en sociedad con Manuel Díaz.

Gustavo Porta, abogado nacido en 1896 en Pinar del Río, ex-presidente de la Asamblea Nacional de Cosecheros de Tabaco a mediados de los 40 , era hijo de Alfredo Porta Rojas, farmacéutico, colaborador de las fuerzas libertadoras, Alcalde de Pinar del Río en 1908 y en 1912 y Senador.

Su padre había sido propietario de varias minas de cobre en la Hacienda Matahambre , constituyendo, junto con Manuel Díaz, la "Porta y Díaz" que explotara por primera vez las minas de Matahambre y, tras el fallecimiento de Díaz, el 30 de diciembre de 1917, había constituido el 14 de marzo de 1921 la firma actual con la viuda y sus 13 hijos y descendientes, suscribiendo cada parte la mitad del capital ascendente entonces a $5 600 000.

Había fomentado el hotel a comienzos de los años 40.

704- HOTEL REGIS

Hotel "Regis" sito en el Paseo del Prado Nº 163 entre Colón y Refugio, La Habana.

1 Propiedad de María Arminda Cortinas López.

705- HOTEL ROSITA DE HORNEDO

Hotel Residencial "Rosita de Hornedo" con 172 apartamentos de 1, 2 y 3 habitaciones, 11 pisos y 2 pent-houses, ubicado en Avenida 1ª entre O y 2, Miramar.

1 Propiedad del antiguo senador Alfredo Hornedo Suárez (VER "EMPRESA EDITORA EL PAÍS S.A."), propietario de varios periódicos, de inmuebles y otros intereses, quien lo bautizara con el nombre de su segunda esposa, Rosita Almanza. En los últimos años Hornedo solía vivir en su pent-house.

2 Lo había fundado en 1957 construyéndolo a un costo de $3 500 000 en un espacio inmediato a otras 2 de sus propiedades, el "Teatro Blanquita"(VER) y el "Casino Deportivo de La Habana" (VER).

3 Era uno de los 2 hoteles del tipo residencial existentes en el periodo, junto con el "Hotel Santa Maria" en la playa de igual nombre.

706- HOTEL VEDADO S.A.

Hotel "Vedado" de 120 habitaciones ubicado en O entre 23 y 25, Vedado, La Habana.

1 Propiedad de Bernardo R. Navarro Godínez y del Arq. José Alberto Prieto Suárez. El primero era además su administrador, así como presidente de la "Asociación Cubana de Hoteles" y de la "Junta Cubana de Desarrollo Turístico", y estaba casado con Rosina, hermana de Mariano Guastella, presidente y propietario de "Publicidad Guastella S.A."(VER).

El segundo era profesor de la Escuela de Arquitectura de la Universidad de la Habana, propietario de varios inmuebles.

2 El hotel, con igual nombre pero pequeño, había estado situado en 19 y M, Vedado y estaba entonces arrendado y administrado por Navarro, arrojando utilidades netas de alrededor de $25 000 anuales, por lo que éste convenció al Arq Prieto para asociarse en la construcción del nuevo que adoptó el nombre del anterior mientras el del original se variaba a "Hotel Victoria"(VER). Prieto elaboró el proyecto arquitectónico y procuró un financiamiento del Colegio de Arquitectos.

3 Se inauguró en diciembre de 1952 a un costo de $1 500 000. Desde el comienzo arrojó buenas utilidades que fueron reinvertidas en su ampliación y mejoramiento constante. La firma aparecía como una arrendataria de los propietarios que operaban bajo la razón de "Navarro y Prieto", de la que Navarro era el administrador con un salario de $1000 mensuales. Ambos propietarios residían en sendos pent houses del edificio del hotel.

707- HOTEL VICTORIA

Hotel "Victoria" sito en 19 y M, Vedado.

1 Era propiedad de Frank García Comesañas.

2 Antiguo hotel nombrado "Vedado" hasta 1952 en que su antiguo arrendatario y administrador se asoció y construyó uno con este nombre(VER "HOTEL VEDADO S.A.")

708- HOTELERA COPACABANA, COMPAÑÍA

Hotel "Copacabana" de 124 habitaciones ubicado en 1ª y 84, Miramar.

1 Propiedad de la familia Salup, integrada por Rosa Blanco San Juan, viuda de Marcelo Salup Juelle con 75 acciones y el hermano de éste, Julián Salup Juelle, propietario de 43 acciones, quien era su presidente, así como los hijos de los 3 matrimonios de Marcelo, o sea Hortensia Salup Mosquera, del primero, con 104 acciones; los hermanos Rolando, Antonio y Marina Salup Canto, del segundo, con 12 acciones cada uno; y, por último, Jorge A. y Pedro L. Salup Blanco con 31 acciones cada uno.

Otro miembro de la familia, Marcelo R.Salup Mosquera, sobrino de Julián Salup Juelle y hermano de Hortensia, era el presidente y principal accionista de "Hotelera Flamingo S.A. Compañía"(VER).

2 Fundado en 1952 a un costo de $1 272 000. Tenía la modalidad, junto con el "Comodoro", de ser a la vez que hotel, también club privado para asociados.

3 Cliente del "Banco Financiero" con $100 000 de crédito.

709- HOTELERA DE LA HABANA S.A., COMPAÑÍA

Hotel "Capri" de 18 pisos y 217 habitaciones ubicado en 21 y N, Vedado, La Habana.

1 Propiedad de Jaime Canavés Llul y sus dos hijos José y Jaime Canavés Ugalde, quienes eran el presidente, vicepresidente y tesorero respectivamente. Francisco de la Horra Diez, yerno de Canavés, era el vicetesorero. Bertín Pérez Díaz era su administrador general.

Canavés Llull, español llegado a Cuba en 1913, era también propietario y administrador de la "Contructora Jaime Canavés, Compañía"(VER), que además construyera el hotel.

Estaba arrendado a la norteamericana "Hotelera Sheppard S.A. Compañía"(VER), la que operaría el hotel durante 20 años y cuyo presidente era J.J. Sheppard, propietario de los hoteles Ponce de León y Leamington, ambos en Miami.

2 Se había constituido el 12 de diciembre de 1956 habiéndose inaugurado el 1° de diciembre de 1957.

3 Se construyó a un costo de $5 500 000. En 1957 gestionó con el FHA un préstamo ascendente a $800 000 con vista a la terminación de las obras. Tenía deudas por $600 000 con el "The Trust Company of Cuba" y de $400 000 con el "Banco Financiero".

710- HOTELERA DEL OESTE S.A.

Hotel "Monte Carlo" de 16 pisos y 656 habitaciones ubicado en Barlovento, Santa Fé, La Habana, el cual no se inaugurara.

1 Estaba presidida por Manuel Santeiro Rodríguez, que representaba los intereses de su suegro Manuel Aspuru (VER "AZUCARERA CENTRAL TOLEDO S.A., COMPAÑÍA"). El arquitecto Serafín Leal Otaño y el Dr. Antonio Villar eran el tesorero y el secretario respectivamente. La mitad del costo del hotel, estimado en $20 000 000, fue aportado por un grupo de inversionistas norteamericanos.

2 Se había constituido el 23 de abril de 1958 para construir el hotel destinado como Resort para el turismo de mayor poder adquisitivo, que la norteamericana "Hoteles Monte Carlo S.A." (VER) arrendaría y del cual tendría opción de compra una vez terminada su construcción.

Este grupo norteamericano se había acercado anteriormente a "Playas del Golfo S.A., Compañía"(VER) para que ésta lo construyera, la que en un principio accedió pero con posterioridad había declinado debido a falta de financiamiento.

3 El 21 de agosto de 1958 el BANDES le otorgó un financiamiento ascendente a $9 000 000.

711- HOTELERA FARLAND S.A., COMPAÑÍA

2 Hotel "Inglaterra", fundado el 23 de diciembre de 1875 y reconstruido en 1900 a un costo de $300 000. El más antiguo de los existentes.

En 1886 Juan de Villamil, Tte.Cnel (R) del Ejército español, compró el edificio que ocupaba el antiguo hotel Americana y la Acera del Louvre (propiedad ésta de Joaquín Payret), los que unió en un solo edificio al que denominó como Hotel Inglaterra.

Villamil, también arquitecto, había construido con anterioridad el edificio del gasómetro de La Habana y era propietario de extensos terrenos en Luyanó en sociedad con su sobrino, Urbano González, propietario del hotel "Pasaje" y futuro constructor y propietario del "Hotel Sevilla".

Su hijo, Amado Villamil, era en 1959 uno de los vicepresidentes funcionario de la empresa azucarera norteamericana Vertientes-Camagüey, propietaria de tres centrales en Cuba: Agramonte, Estrella y Vertiente.

A partir de 1900 su propietario fue Felipe González Litrán, español nacido en 1845 en León, Castilla, quien era además presidente de la "Sociedad de Hoteles y Restaurants" a fines de los años 10. González había comprado el Café Tacón en 1895 el que vendió al comprar el Inglaterra que, tras su fallecimiento, siguió bajo la administración de sus hijos Amancio, Álvaro y Raúl, sus propietarios junto con sus otros hermanos Gonzalo y Felipe. Su hija, Amparo, estaba casada con su primo Manuel López, propietario del restaurant "Los Dos Hermanos" el cual le había pertenecido.

Los hermanos González, debido a la depresión económica, se vieron imposibilitados de pagar el 31 de marzo de 1931 los $4 500 de rentas al Marqués de Perinac, consorte de una descendiente de los Terry, propietario del edificio.

En los años 30 pasó a la propiedad de los hermanos Cándido y Paulino Solés. Este último fue además Alcalde de facto de Matanzas en 1936. Cándido aparece como gerente del hotel hasta 1945.

712- HOTELERA FLAMINGO S.A, COMPAÑÍA

Hotel "Flamingo" de 72 habitaciones ubicado en 25 y O, Vedado, La Habana.

1 Propiedad del Dr. Marcelo Roberto Salup Mosquera, su presidente, poseedor de 30 acciones, en sociedad con el Ingeniero Fernando J.Hernández Meneses, su vicepresidente 1° y con el Arquitecto Ernesto Gómez Sampera, su vicepresidente 2° que también tenía intereses en "Fomento de Obras y Construcciones S.A."(VER), ambos con 10 acciones cada uno(VER).

El Dr. Marcelo R Salup era sobrino de Julián Salup Juelle, presidente de "Hotelera Copacabana S.A., Compañía" (VER), donde además su hermana, medios hermanos y su madrasta eran accionistas.

2,3 Se constituyó el 30 de noviembre de 1957, inaugurándose el hotel en 1958 a un costo de $700 000.

713- HOTELERA SANTIBANA S.A., COMPAÑÍA

Propietaria de 3 hoteles en ciudades del interior: el "Santiago-Habana" de 80 habitaciones ubicado en Ciego de Ávila, Camagüey, el "Santiago-Habana" de Colón, Matanzas, así como el "Gran Hotel" de 180 habitaciones y 10 pisos, en Santa Clara, Las Villas.

1 Subsidiaria de "Santiago-Habana S.A."(VER). Capital ascendente a $3 000 000, propiedad a partes iguales de Ramón Martínez Echevarría, Juan Puentes Rodríguez, Ángel Hernández Fernández, Miguel A. Gómez de la Torre y Emilio Campos Lozano, todos los cuales poseían 120 acciones valoradas en $5 000 cada una y eran respectivamente el presidente, el vicepresidente y los vocales. Todos eran también dirigentes y accionistas de la casa matriz "Santiago-Habana S.A.".

2,3 El hotel de Colón fue inaugurado el 6 de abril de 1957 a un costo de $650 000 y con anterioridad habían construido el "Gran Hotel"(VER) en Santa Clara, Las Villas, fundado en 1956 a un costo de $1 000 000, que eran los únicos construidos en ciudades del interior hasta entonces.

Tenían en proyecto la construcción de sendos hoteles en las localidades de Trinidad, Camagüey y Santiago de Cuba, para lo cual solicitaron el 12 de diciembre de 1956 un financiamiento al BANDES.

714- HOTELERA SHEPPARD S.A., COMPAÑÍA

Arrendataria del hotel Capri –que era propiedad de "Hotelera de La Habana, Compañía"(VER)– y propietaria de su casino y de su night club.

1 Julius J. Sheppard y Jack Lieberbaum eran el presidente y vicepresidente respectivamente, además de propietarios de los hoteles "Ponce de León"y "Leamington", ambos en Miami.

2 Se constituyó en La Habana el 3 de octubre de 1956 y el 28 de noviembre de ese año arrendó por $210 000 anuales el hotel que comenzó a operarlo el 1° de diciembre de 1957.

El casino de juegos estaba bajo la administración de Santos Trafficante, miembro de la maffia newyorkima y procesado por el asesinato en octubre de 1957 en New York de Albert Anastasia. Trafficante era considerado el rey de la "bolita" en Tampa, operaba también el casino de juegos del hotel "Comodoro" y el del cabaret Sans Souci y tenía de subalterno en Cuba a Joseph Silesi (a) Joe Rivers.

3 Tras haber transcurrido 6 meses de operaciones con buenas utilidades, en junio de 1958 obtuvo un préstamo ascendente a $210 000 otorgado por el "Banco Financiero" con un aval del BANDES destinado a consolidar adeudos.

715- HOTELES INTERNACIONAL S.A.

Propietaria del hotel "Internacional", el más importante de la playa de Varadero y uno de los de primera categoría en el país.

1 Capital suscrito ascendente a $1 000 000 propiedad casi única de William Liebow, norteamericano, quien era además su presidente. Ricardo Balbis, cubano, y Miguel L. Rosich, puertorriqueño, eran el vicepresidente y el tesorero respectivamente .

2 Se constituyó el 14 de enero de 1949 y fue inaugurado el 20 de diciembre de 1950 a un costo de $3 millones, de los que $2 millones fueron financiados por la Caja del Retiro Azucarero. Fue la primera inversión de capital norteamericano en hoteles tras 20 años de paralización en el giro.

3 Tenía activos totales por $2 442 776 pero generalmente operaba con pérdidas por más de $300 000 que eran financiadas por su propietario. Había confrontado también dificultades laborales. Se estimaba que la gestión empresarial de su presidente era ineficiente.

Tenía deudas hipotecarias ascendentes a $1 400 000 adquiridas cuando la construcción del hotel, de las cuales $997 000 se adeudaban a la "Caja de Retiro Azucarero", $112 000 al propietario del terreno y el resto al "The Trust Company of Cuba".

El 18 de enero de 1955 le solicitaron un préstamo al BANFAIC para saldar dichas deudas. Cliente del "The Trust Company of Cuba".

716- HOTELES INTER-INSULARES S.A., COMPAÑÍA

Operaba el hotel "St.John's" con 15 pisos y 118 habitaciones ubicado en O esquina a 23, Vedado, La Habana.

1 El hotel era propiedad de "Operadora de Hoteles Cubanos S.A.", cuyo principal accionista era José López Vilaboy (VER "EDITORIAL MAÑANA S.A."), quien tenía también intereses en "Corporación Hotelera del Caribe"(VER).

2,3 Fundado en 1957 a un costo de $1 350 000.

717- HOTELES ISLA DEL TESORO S.A.

Hotel y motel "Colony" con 98 habitaciones ubicado en Playa Roja, Isla de Pinos.

1 Capital ascendente a $930 000 propiedad principal de Fulgencio Batista (VER "DE INMUEBLES S.A., COMPAÑÍA") en sociedad con Justo Luis del Pozo (VER "DE VAPORES ISLA DE PINOS S.A., COMPAÑÍA"), Alcalde de La Habana.

Batista tenía sus acciones a nombre de la "Inmobiliaria Rocar S.A., Compañía" de quien del Pozo había recibido sus acciones a través del Ing. González del Valle (VER "CONSTRUCTORA M.GONZÁLEZ DEL VALLE"), presidente de la firma y de la "Ingeniería González del Valle S.A., Compañía"(VER), constructora del hotel, por cuyos servicios recibiera $66 666 y cuyos documentos, pertenecientes a la Secretaría de la Presidencia, se conservaban en las pertenencias de la firma propietaria.

En un inicio fue negociado su arrendamiento con la firma operadora del hotel "Nacional" pero en definitiva se le otorgó a "Compañía Operadora Hotel El Colony", presidida por Ben Finney, propietario del "Colony Hotel" de la Florida, EE.UU. Su administrador era Mr. Larsen, observador de una firma norteamericana interesada en comprarlo.

2 Se constituyó el 22 de abril de 1955 estando entonces presidido por el abogado Eduardo Bretton Deschapelles. Juan Fernández Oller, funcionario de otras propiedades secretas de Batista, también lo había presidido. Se inauguró en diciembre de 1958 a un costo de $1 354 000. Fue, junto con "Motel Bibijagua" de 1954, el "Motel Green River" de 1956 y el "Motel Santa Fe" de 1958, la 4ª instalación hotelera fundada en la Isla de Pinos durante el Gobierno de Fulgencio Batista.

3 Tenía previsto vuelos directos desde Palm Beach, Fla. pero no pudo explotarse con utilidades debido a los acontecimientos del país.

El 5 de diciembre de 1957 el BANDES le otorgó un préstamo ascendente a $677 000 al que el 27 de noviembre de 1958 añadió otros $210 000 para un total de $877 000 que se sumaron al aporte de la firma por $930 000. Con anterioridad se lo habían solicitado al BANFAIC. Fue intervenido en enero de 1959 debido a las relaciones que se le imputaban al Ing. González del Valle, su supuesto propietario.

718- HOTELES MONTECARLO S.A

Operadora del Hotel "Monte Carlo" de 16 pisos y 656 habitaciones, ubicado en Barlovento, Santa Fé, La Habana, el cual no se inaugurara, propiedad de "Hotelera del Oeste S.A."(VER).

1 El estelar cantante Frank Sinatra, condueño del Hotel Sand en Las Vegas, era el presidente de la Junta Directiva, y Willian Miller, propietario del hotel Sahara en Las Vegas, era su presidente.

Eran directores de la Junta Walter Kirschner, ex-consejero del Presidente Roosevelt durante 12 años; Alfred Dickens, principal constructor de carreteras en EE.UU.; Tony Martin, artista y condueño del hotel Flamingo en Las Vegas; Donald O'Connor, artista; I. Blacker, propietario de varios hoteles y Samuel Edelman, propietario de inmuebles.

2 Se constituyó el 15 de agosto de 1957 en La Habana y tenía una opción de compra del hotel válida por 5 años tras su puesta en marcha. El hotel sería construido por la firma propietaria.

Sinatra se había comprometido a efectuar campañas de publicidad en EE.UU. a favor de Fulgencio Batista, mientras él en persona, utilizando 20 artistas de primera línea televisaría semanalmente un programa desde el hotel hacia EE.UU.

719- HOTELES MORÁN S.A.

Hotel "Royal Palm" de 200 habitaciones sito en San Rafael e Industria.

1 Era propiedad de Pascual Morán, su Manager, quien había sido uno de los dirigentes más notables del sector hotelero y turístico durante los años 30 y 40.

Morán era considerado ya a comienzos de 1940 como el hotelero más antiguo de Cuba pues era el único que a través de los vaivenes del sector no había trasladado su capital.

Fue presidente de la "Asociación Nacional de Hoteles y Restaurants de Turismo" desde junio de 1938-1940, siendo electo en julio de 1941 como su secretario; presidente de la "Asociación Hotelera de Cuba" desde febrero de 1940, miembro del Consejo Superior de la "Corporación Nacional de Turismo" y de la Junta Nacional de la "Confederación de Corporaciones Económicas de Cuba". Además fue electo en julio de 1941 como vocal de la "Asociación de Comerciantes de Galiano y San Rafael".

2 El hotel había sido propiedad del canadiense Wilbur E. Todgham en 1929.

720- HOYO Y FERNÁNDEZ S EN C

Fábrica de fideos, macarrones y pastas para sopas, con la marca "La Pasiega", e importadora de harina de trigo, alimentos para niños, quesos y leche en polvo, con 79 trabajadores, sita en Ave. de Independencia Nº 3525 esquina a Capdevila, La Habana.

1 Era propiedad de los hermano Mario y Prudencio Fernández Heyman en sociedad con José Hoyo Torres.

3 Cliente del "The Trust Company of Cuba".

721- HUMARA Y LASTRA S. EN C.

Comercio importador de efectos eléctro-domésticos y eléctricos en general, cocinas, calentadores, ollas de presión, motores, tuberías de hierro y de aluminio, cámaras y proyectores cinematográficos, plantas radioemisoras y eléctricas, así como, representante de la marca norteamericana RCA, ubicado en Muralla Nº 405 y 407, La Habana. Exportaba discos fonográficos.

1 Propiedad del español Julián Lastra Humara, gerente, y Miguel y Francisco Humara Maderne. Los 2 primeros eran co-propietarios con José Ignacio de Montaner y Ángel Cambó de "Canal 4 de TV"(VER) y el primero además era el principal en "Transformadora de Abonos Orgánicos S.A."(VER).

Francisco era el presidente, y socio propietario con Lastra, de "Sonido y Proyección S.A." que fundara en 1945. Lastra era además vocal del "Centro de la Propiedad Urbana de la Habana"durante los años 50 así como el segundo propietario principal de "Transformadora en Abonos Orgánicos S.A."(VER), de la que Miguel también era socio.

2 Con anterioridad había operado con la razón social de "Viuda de Humara y Lastra S en C".

3 El 30 de agosto de 1954 el BANDES aprobó el financiamiento para la modernización de las radiocomunicaciones del Ejército cuyos equipos se compraron a la RCA, según las sugerencias hechas por el propio Fulgencio Batista a Martínez Saenz el 28 de agosto de 1954. Julián Lastra había gestionado dicho contrato ante Martínez Saenz en julio de ese año en unión del hijo de Rafael Guas Inclán.

722- H. DUYS Y COMPAÑÍA, HAVANA TOBACCO S.A.

Almacén de tabaco en rama, ubicado en la calle Nueva Nº 75 entre Universidad y Pedroso, La Habana.

1 Propiedad de John Henry Duys Jr., norteamericano nacido en New York en 1904 que se había dedicado al negocio del tabaco en Holanda y en La Florida antes de asentarse en Cuba y Puerto Rico.

2 Se fundó en 1935 como almacenista y exportador de tabaco en rama sito en Carlos III Nº 1, La Habana, siendo una filial de casa norteamericana con sucursales en Nueva York, Conneticut y en Holanda. John Duys, su fundador, fallecido el 1 de marzo de 1940 en Nueva York donde residía, era su presidente y acostumbraba visitar con frecuencia la filial habanera donde su hijo, John H. Duys Jr. estaba al frente.

723- IGNACIO SÁNCHEZ LEAL, REPRESENTACIONES Y MANUFACTURAS S.A.

Laboratorio de especialidades farmacéuticas, biológicas y opoterápicas, fabricantes de perfumes y del colorante para telas "Dalia" y "Sunset", así como de productos farmacéuticos, sito en D N° 302, Almendares, cliente del "Trust".

1 Era propiedad de Ignacio Sánchez Leal.

724- IMPERIAL LIFE ASSURANCE COMPANY OF CANADA

La 11ª mayor empresa de seguros de vida según el monto en vigor ascendente a $10 469 000 y la menor entre las 5 canadienses existentes en Cuba con oficinas en el Edificio Radiocentro departamento 811 y 813, La Habana.

1 Filial de casa canadiense cuyo gerente en Cuba era William R.Campbell. Campbell, nacido en Glasgow, Escocia, desarrolló gran actividad cultural, social y de beneficencia en Cuba, donde fue uno de los fundadores del "Miramar Yatch Club", del "Club Británico" y era vocal del Asilo Menocal y otras instituciones. Su hijo Kenneth era presidente de "Publicidad Interamericana S.A."(VER), una agencia de propaganda comercial.

3 Había suspendido sus ventas de seguros en Cuba desde hacía algunos años, invirtiendo sólo sus fondos en bonos de la República y en acciones de industrias privadas. En 1959 otorgaron un préstamo por $150 000 para financiar la construcción de una fábrica de bombillos eléctricos de la "General Electric Cubana S.A.".

725- IMPORTADORA COMERCIAL DE CUBA S.A., COMPAÑÍA

Comercio importador y de venta al por mayor de efectos eléctricos en general, ubicada en Obrapía N° 512, La Habana.

1 Propiedad de la familia Batista González de Mendoza(VER "THE TRUST COMPANY OF CUBA"). Los hermanos Víctor, Julio y Agustín Batista González de Mendoza eran el presidente-tesorero, el secretario y el vocal de su Consejo de Dirección, al cual pertenecía también Jorge Molina Rangel como vicepresidente y vicetesorero.

Víctor Batista había pasado a su presidencia desde marzo de 1951 habiendo estado con anterioridad en "Luis Sosa y Compañía".

2 Se constituyó el 21 de agosto de 1945 con un capital autorizado de $100 000 en aquel entonces.

3 Sus ventas ascendían a $354 582 y era cliente del Trust Company con créditos que oscilaban alrededor de los $67 500.

726- IMPORTADORA DE AUTOS Y CAMIONES S.A., COMPAÑÍA

Agencia de autos, accesorios y talleres marca "Chrysler" y "Plymouth" y camiones "Fargo", sita en 25 N° 59, Vedado, La Habana.

1 Walter Hartman era su presidente; José René Scull Rivero y el Dr. Humberto Mederos Echemendía eran sus vicepresidentes; y Diego, hermano de éste último y suegro de Scull, era el director general, mientras los hermanos el Dr. Raúl y el Ing. Carlos Arnoldson Serpa, eran su administrador y jefe de venta.

Los Arnoldson eran hijos de Carlos Arnoldson, un alemán nacido en Hamburgo, propietario, junto con su hermano Oscar, de "Carlos Arnoldson y Compañía", constituida en 1900, como importadores de víveres y exportadores de productos cubanos, en especial tabaco en rama, miel de abejas, etc., quien además había sido Consejero del "Banco Español de la Isla de Cuba" y Cónsul de Suecia desde 1907.

Esta casa comercial había declinado tras la variación ocurrida en los aranceles que gravaron el arroz procedente de Asia a favor de los norteamericanos a mediados de los 30. Su padre y su tío habían casado a su vez con 2 hermanas, Georgina y Adriana Serpa.

727- IMPORTADORA DE VÍVERES DEL NORTE, COMPAÑÍA
Almacén de víveres en Cristina 267, La Habana, distribuidores del arroz "Chon Rice" y de la manteca y arroz "Castaño".

1 Una de las 26 empresas propiedad de la familia Castaño Montalván de Cienfuegos (VER "COMUNIDAD DE BIENES HERMANOS CASTAÑO") con un capital emitido ascendente a $522 000.

Su dirección estaba formada por Jesús Menéndez, Jesús Sales, Gustavo Arriola, Pío Morales y Alfredo Lewis Torralba, quienes eran el presidente, vicepresidente y vocales respectivamente.

3 Tenía fuertes pérdidas aunque mejoró relativamente su situación con posterioridad. Cliente y afiliada del Banco Castaño con $73 000.

728- IMPORTADORA DE VÍVERES LAS VILLAS S.A.
Almacén de víveres, harinas, vinos, licores y papeles, sito en Alcoy esq. a Fomento, Luyanó

1 Era propiedad de Roberto Rodríguez Cintra, también representante de firmas extranjeras en Monte Nº 65, La Habana.

2 Había heredado el almacén de su padre Perfecto Rodríguez Vázquez. Hasta noviembre de 1955 la firma operaba bajo la razón social de "Sucesora Comercial de Roberto R. Cintras S.A." y en 1958 la firma quebró y sus dueños se ausentaron del país sin saldar sus deudas.

3 Cliente del Banco Pedroso con créditos que oscilaban entre $300 000 a $170 000 y del Banco de China con créditos por $130 000.

729- IMPORTADORA GONZÁLEZ DEL REAL S.A., COMPAÑÍA
Almacenista de maquinaria agrícola e industrial, de motores estacionarios, embarcaciones y motores marinos, equipos de regadío y plantas eléctricas, sita en Edificio "González del Real", 22 Nº 2 esq. a Calzada, Vedado, con una sucursal en Santiago de Cuba y cliente del "Boston".

1 Era propiedad de Luis González del Real, su presidente.

730- IMPORTADORA SOBRÍN S.A., COMPAÑÍA
Almacén de ferretería y materiales de construcción ubicada en Palatino 202 esq. a Vía Blanca, La Habana. Una de las 9 firmas importadoras de ferretería gruesa que se asociaran para crear la "Aceros Unidos de Cuba S.A." (VER)

1 Propiedad de los hermanos José y Francisco Sobrín Ovalle (VER "FRANCISCO SOBRÍN OVALLE"), presidente y vicepresidente respectivamente.

Francisco Sobrín Ovalle, español, nacido en 1904, tenía además intereses en "Productos Industriales de Unión S.A.", una fábrica de escobas fundada por su padre, así como en una fábrica de tapas y envases metálicos que operaba bajo su propio nombre y también en el "Banco de la Construcción", del que había sido fundador.

José Sobrín Ovalle, cubano, nacido en 1924, tenía también intereses en el "Banco de la Construcción" (VER), en la fábrica de escobas, en "Envases y Coronas S.A.", en "Inmobiliaria Fran Jomar S.A.", en "Industrial del Cerro", en "Inversiones Estrella" y en "Altura del Aeropuerto S.A.".

2, 3 Se constituyó el 18 de abril de 1946 y sus activos corrientes ascendían a $1 198 000, operando con amplios recursos. Cliente del Banco de la Construcción y del First National Bank of Boston.

731- IMPORTADORA VALLE S.A., COMPAÑÍA
Importadora de víveres y accesorios de autos.

1 Era propiedad de Eladio del Valle (VER "SERVICIOS PÚBLICOS UNIFICADOS"), Representante a la Cámara electo en 1954, con variados intereses.

2 Se constituyó el 29 de agosto de 1956 y dejó de operar en 1957.

732- IMPORTADORA Y DISTRIBUIDORA DE AUTOS DE USO S.A.,
COMPAÑÍA
Agencia de autos de uso y financiadora de sus ventas, sita en Manglar Nº 380, La Habana.

1 Propiedad de José López Vilaboy (VER "EDITORIAL MAÑANA S.A.").

2 Se había constituido por Lorenzo Inchaústegui en unión de Genovevo Pérez Dámera, ex-jefe del Ejército durante Grau San Martín, así como con Eusebio Benítez Pérez, quienes al disgustarse entre ambos facilitó la entrada entonces como socio del primero, a partes iguales, de José López Vilaboy. Esta sociedad duró hasta el 27 de septiembre de 1957 en que, con la ayuda del Cnel. de la Policía Lutgardo Martín Pérez, la había intervenido destituyendo de la presidencia a su socio a quien sustituyera.

3 La mayor deudora del "Banco Hispano Cubano"(VER), propiedad de López Vilaboy, quien utilizaba parte de los créditos para otros usos y destinos de los que inculpara a Inchaústegui.

Tenía activos ascendentes a $1 153 000 y pasivos por $1 030 000 con el Banco Hispano, así como $217 000 con el Pan American Bank of Miami. Era cliente además del Banco Franco Cubano con $481 000 de crédito.

733- IMPORTADORA Y EXPORTADORA EL TIGRE S.A., COMPAÑÍA
Almacén de víveres, importador de ajos, cebollas y papas, ubicado en Lindero Nº 112, La Habana.

1 Propiedad de Nicolás García González y Miguel Recarrey de La Barrera.

3 Cliente del Royal Bank con $200 000.

734-IMPORTADORES RODRÍGUEZ S.A.
Almacén de víveres, sito en Revillalligedo N 206 y en Misión Nº 409, La Habana.

1 Era propiedad de Roberto Rodríguez Romero, quien también lo era de de la "Arrocera Cantillo S.A." de Bayamo, así como pertenecía al Consejo de Directores del Banco de la Construcción (VER), del que había sido uno de sus fundadores controlando 100 acciones.

735- IMPORTADORES UNIDOS S.A.
Almacén de víveres en general así como de vino y licores, sito en Ensenada Nº 19, Luyanó.

1 Propiedad de Paulino Díaz González.

3 Fuerte cliente del Banco Boston con un promedio de préstamos de $900 000.

736- INCERA HERMANOS S EN C
Destilería y fábrica de vinos y licores, entre ellos el ron "Ronda", coñac "Tres Toneles", vino Marqués de Müller, vino seco "Artañán", aguardiente, alcohol y otros licores, así como almacenista de víveres españoles como aceitunas, chorizos, jamones, vinos, sidras y otros, e importadores de materiales como sosa cáustica, papel kraft, etc., sita en Rodríguez Nº 56, Santos Suárez, cliente del "Royal".

1 Era propiedad de los hermanos Roberto y César Incera Soriano.
Poseía otra destilería fundada en 1944 sita en Palatino Nº 202, La Habana.

737- INDEPENDENT ELECTRIC COMPANY
Importador mayorista y minorista de productos eléctricos con casa principal en 23 esquina a P, Vedado, La Habana y sucursales en Camagüey, Matanzas y Santa Clara.

1 Propiedad de Gustavo Madrazo Rodríguez, presidente, en sociedad con José Cid Pérez y Eduardo Suárez Escribano, ambos vicepresidentes.

2 Se fundó en octubre de 1919, habiendo entrado su presidente a trabajar en ella el 22 de enero de 1925. Inauguraron su actual local el 21 de febrero de 1951.

738- INDUSTRIA CORRUGADORA NACIONAL S.A.
Fábrica de cajas de cartón, ubicada en Bruzón Nº72, La Habana.

1 Propiedad del Ing. Frank R. Ginorio, fallecido en 1956, quien también lo era de "Industria General Cartonera S.A."(VER). Su yerno, Juan Palacio López, lo sustituyó en la presidencia tras su fallecimiento.

739- INDUSTRIA GENERAL CARTONERA S.A.
Fábrica de cartón, ubicada en Figuras Nº60, La Habana.

1 Propiedad de Frank R. Ginorio, fallecido en 1956, quien también lo era de "Industria Corrugadora Nacional S.A."(VER).

3 Tenía sobregiro con el "Bank of Nova Scotia". En 1954 estaba en proceso de liquidación.

740- INDUSTRIA PECUARIA S.A.
Tenería sita en Carretera de Regla y Vírgen del Camino, Reparto Modelo, Regla.

1 Era propiedad de José Luis Azqueta Leunda, quien fuera tesorero de la "Asociación Nacional de Industriales de Cuba" en 1957 y 58.

741- INDUSTRIAL ARROCERA DE MAYABEQUE S.A.
Molino para descascarar el arroz de la "Compañía Arrocera Guanamón", ubicado en las inmediaciones del central Gómez Mena en San Nicolás de Bari.

1 Propiedad de la familia Gómez Mena (VER "NUEVA COMPAÑÍA AZUCARERA GÓMEZ MENA") y sus parientes los Fanjul. Liliam Gómez Mena Seiglie era la principal accionista con $70 000, su padre José Gómez Mena Vila tenía

$50 000, su esposo Alfonso Fanjul Estrada, quien era el director general, $20 000 y Rafael Fanjul Estrada, hermano de éste y presidente de la empresa, poseía $10 000.
Alfonso Fanjul era vicepresidente de la "Nueva Compañía Azucarera Gómez Mena", propiedad de su suegro. Era hijo de Higinio Fanjul Rionda, perteneciente a la familia de los Rionda (VER "AZUCARERA CÉSPEDES S.A., COMPAÑÍA").
Tenía cargos en varias de las propiedades de éstos: vicepresidente de la "Cuban Trading Company"(VER), de la "Francisco Sugar Company" (VER), de la "Pri Madera, Compañía" (VER), de la "New Tuinicú Sugar Company" (VER), y, por último, también tenía intereses en la "General Cubana de Almacenes Públicos, Compañía"(VER).
Era director del "Trust Company of Cuba" (VER) desde el 28 de noviembre de 1957. Tenía intereses en "Cuban Bagasse Products" (VER), en "Internacional de Envases S.A., Compañía" (VER) y en "Constructora Airform de Cuba", de la que era vicepresidente.
Su hija Lian casó en 1955 con Norberto Azqueta, hijo de Jesús Azqueta (VER "AZUCARERA SANTA ISABEL").
2 Se constituyó el 3 de junio de 1953 mediante el aporte de los préstamos recibidos de las firmas asociadas "Nueva Compañía Azucarera Gómez Mena S.A." (VER) y "Compañía Arrocera Guanamón".

742- INDUSTRIAL BANK
Banco comercial, nacional, con 7 sucursales y oficina central en la Plaza de la Catedral, La Habana, siendo el 17° en importancia según sus depósitos por $11 000 000.
1 Su capital ascendía a $500 000 y sus principales propietarios y funcionarios eran Evangelisto Cardo Méndez, presidente, con 783 acciones; Julio Forcade, tesorero, con 441; Ricardo Morán, secretario, con 355 y Roberto Pérez Echemendía, vicepresidente, con 214, quien realmente lo dirigía. Más del 90% de la cartera se controlaba por el trustee "Compañía Fiduciaria Catedral S.A.".
Cardo Méndez, antiguo ganadero que en el pasado se dedicara al comercio de exportación, era socio de Alberto Vadía Mena (VER "INGENIERÍA VAME S.A."), importante contratista del gobierno de Batista. Morán y Forcade, quien además era vicepresidente de "La Cubana, Compañía de Seguros", eran socios de Bufete y cuñados entre sí.
2 Se fundó el 28 de diciembre de 1946 por el norteamericano Irving H. Friedman, obligado a renunciar en 1950 por malas prácticas, sustituyéndolo Cardo, hasta entonces su tesorero. Fue el segundo banco, junto con el de Fomento Comercial, en que se obligara a renunciar a su fundador y uno de los de origen norteamericano que pasara a la propiedad de capitales cubanos.
El 23 de septiembre de 1953 se fusionó con el "Banco de Crédito Comercial e Industrial", del que era vicepresidente Roberto Pérez Echemendía y Ricardo Morán, su secretario. Su ex presidente, José Suárez Suárez (VER "OPERADORA DE PRODUCTOS LÁCTEOS S.A., COMPAÑÍA"), se convirtió en miembro de su Consejo de Dirección hasta su fallecimiento en 1956.
3 Sus principales clientes eran el F.H.A. con el 14% de la cartera, el financiamiento de autos con el 8%, tejidos y confecciones con el 7% y cosecheros de papas con el 6%. La administración y la política de crédito eran deficientes, tenían solvencia y liquidez baja y el índice de productividad era pequeño.

Sus depósitos, en su mayoría de pequeña cuantía, aumentaron. Sus utilidades eran muy irregulares, aumentando de $10 300 en 1951 a $69 000 en 1954, para sufrir pérdidas en 1955 por $12 000 y volver a tener utilidades al año siguiente por $63 000.

743- INDUSTRIAL CASA RABELO S.A.

Fábrica de fósforos, localizada en Santa Marta 306, la Habana. Una de las 11 integradas al trust (VER "EMPRESA NACIONAL DE FÓSFOROS").

1 Estaba valorada en $1 730 000, propiedad de los hermanos César y Esteban Casas Rodríguez". César fue Senador de 1954-58 y había sido Concejal, Presidente del Ayuntamiento y Alcalde de Cárdenas así como Ministro de Comercio designado el 12 de octubre de 1945 en el Gobierno de Grau San Martín.

Era el presidente de la "Empresa Nacional de Fósforos", que agrupaba 11 fábricas de fósforos –entre ellas la de su propiedad–, que constituía en la práctica un trust y que era el "vendedor único" de toda la producción fosforera, así como el tesorero de la "Financiera Mercantil e Industrial del Fósforo", que administraba los fondos y el financiamiento del trust, ambas promovidas por el Gobierno de Fulgencio Batista.

744- INDUSTRIAL CUBANA BACALADERA S.A., COMPAÑÍA

Empresa pesquera para la captura, secado, venta y elaboración de sub-productos del bacalao.

1 Era una empresa mixta con participación de capital estatal del "Instituto Cubano de la Pesca", quien se asoció con capital español de un armador y un industrial y estaba presidida por Casimiro Tellaheche.

2,3 Se constituyó el 31 de enero de 1956, operaba en las costas de Terranova y Nueva Escocia y el 15 de octubre de 1958 se le entregó el buque de pesca "Arktis", rebautizado como "Bacaladero Primero" en una ceremonia en los muelles de la "Naviera Vacuba", el cual sería el primero de una flotilla especializada con que contaría.

745- INDUSTRIAL GARAITA S.A.

Molino de arroz con establecimiento en Manzanillo y en Veguitas.

1 Propiedad de la familia Arca Campos (VER "COOPERATIVA AZUCARERA ESTRADA PALMA S.A.").

2 Con anterioridad se llamó "Agrícola Trino Alejo S.A.".

3 Cliente del Banco Financiero con créditos entre $420 000 y $520 000.

746- INDUSTRIAL MINERA LOS CERROS S.A., COMPAÑÍA

Mina de concentrado de zinc y cobre, con una capacidad de tratamiento para 70 Ton, ubicada en Los Cerros, Fomento, Las Villas.

1 Propiedad de Francisco Vidal Más (VER "GANADERA CANANOVE S.A., COMPAÑÍA"), quien tenía variados intereses en distintos giros.

2 Se constituyó el 27 de diciembre de 1950. Constante de Diego Polhamus, padre del notable poeta cubano Eliseo Diego, había sido su presidente, y, con anterioridad, propietario desde los años 10 de "La Casa Borbolla", un almacén de joyería, muebles finos, relojería, mármoles, bronces, porcelanas, etc., sito en Compostela Nº 52-58.

3 Tenía altos costos de producción por la baja ley del mineral, debido a lo cual en mayo de 1955 sufrió una interrupción, reanudándose en junio de ese año e interrumpiéndose de nuevo en septiembre de 1956. La planta también trataba minerales de prospecciones cercanas.

En febrero de 1957 tenían en proyecto procesar carbonatos procedentes de pequeños mineros ubicados en la provincia de Las Villas, Oriente y en Pinar del Río.

El BANFAIC le dio 2 financiamientos, el 1° el 6 de octubre de 1953 por $50 000 y el 2° el 15 de octubre de 1954 por $80 000, ampliado posteriormente a $340 000, los que le retiró el 31 de marzo de 1955, pues la institución estaba insatisfecha con la forma de operar la mina.

747- INDUSTRIAL SIRÉ S.A.

Fábrica de galletas finas, caramelos, bizcochos, chocolate y otras, con la marca "Siré" y 109 trabajadores, ubicado en la calle 8 N° 73 y 71 del Rpto. Batista, La Habana. Era la tercera en importancia en el giro, después de "Cuba Industrial y Comercial S.A."(VER) y de "La Ambrosía Industrial S.A."(VER).

1 Su capital ascendía a $150 000. Propiedad de 8 accionistas algunos de los cuales estaban emparentados entre sí y eran socios también en la papelera "Fernández, Castro y Compañía"(VER), entre los que figuraban Victoriano Blanco Fernández, presidente, José Lorenzo Portos, vicetesorero y administrador, Julio Cid González vicetesorero, y Eladio Blanco Fernández García de Castro, Manuel Fernández González, Gonzalo Rodríguez López y Alberto Blanco Fernández, todos cubanos.

2 Se fundó en 1926 por "Siré & Blanco", transformándose el 21 de febrero de 1927 en "Siré, Blanco y Compañía", en 1931 en "Blanco y Compañía", el 23 de marzo de 1937 en "Blanco y Compañía S L" y, finalmente en abril de 1950, adoptaría la razón social actual. Inauguró un edificio propio durante 1957 y desde abril de ese año realizó inversiones para modernizar su equipamiento con un valor ascendente a $210 256 que financió el "The Trust Company of Cuba".

3 Tenía 22 camiones de reparto y abastecía del 15 al 17 % del mercado nacional. Su participación en la producción total de galletas dulces disminuyó del 25.7 % en 1953 al 18% en 1957 debido a los equipos obsoletos y al aumento de la importación de galletas.

Sus activos totales ascendían a alrededor de $400 000 con utilidades por $4 375. El 17 de septiembre de 1958 solicitaron financiamiento por $200 000 al BANDES para pagar deudas bancarias y a los accionistas, que fue denegado en 1959.

748- INDUSTRIAL Y AGRÍCOLA DE QUEMADOS DE GÜINES, COMPAÑÍA

El "San Isidro" era el 77° central en capacidad de producción (240 000 @), RI bajo de 12.13, 2 100 trabajadores, pero con una de las mayores extensiones de tierra (la 17ª) con 1 848 caballerías, situado en Sagua La Grande, Las Villas.

1 Propiedad de la familia Beguiristaín (VER "AZUCARERA CENTRAL RESULTA S.A., COMPAÑÍA"), propietarios también del central Resulta. No obstante, según un expediente del Banco Pedroso, la firma era realmente una arrendataria, pero no está del todo claro si los hermanos Beguiristaín eran propietarios del central o de la arrendataria. Gustavo, Alberto y Rogelio Luis Beguiristaín Alemán eran el presidente, vicepresidente y secretario respectivamente.

2 Fundado en 1868, desde 1874 había pertenecido a José Eugenio Moré de la Bastida bajo la firma de "Moré, Ajuria y Compañía" que se reestructuró en 1878 en "Moré, Ajuria y Hermanos", y en 1883 en "Moré y Ajuria".

Moré, honrado como Conde de Casa Moré en 1879, Senador del Reino, miembro de la Real Sociedad Económica de Amigos del País, había nacido en Santa Marta,

Colombia en 1810, llegando pobre a Cuba y, al fallecer el 9 de octubre de 1890, dejaría una fortuna valorada en $7 millones, habiendo sido además el principal dirigente del partido Unión Constitucional, defendiendo en sus últimos años la anexión a EE.UU., respaldada por un grupo de ricos peninsulares.

Había sido un exitoso promotor y empresario que inaugurara el Ferrocarril de Sagua a Cifuentes el 31 de enero de 1858; fundara en ese mismo año la "Moré, Ajuria y Compañía"; fuera propietario de 6 ingenios: Santísima Trinidad (en Santa Isabel de las Lajas), Indio, San Isidro Labrador, San Jacinto, Pepilla y Abreu, además de poseer intereses en el Redención; propietario además de una refinería de petróleo y de los almacenes de depósito en Regal y Concha en La Habana; fundador en 1880 del "Banco Agrícola de Puerto Príncipe"; y, en fin, presidente del Centro de la Propiedad Urbana de La Habana a partir de 1886.

Había sido además uno de los principales accionistas del "Banco Hispano Colonial", fundado en España en 1876, para recuperar el empréstito destinado a sufragar la Guerra Grande (VER "TRASATLÁNTICA ESPAÑOLA, COMPAÑÍA").

Tras su fallecimiento el central se mantuvo dentro de los Ajuria –familiares de su esposa– pasando en 1895 a M.A. Longa y en 1903 a Luz Ajuria de Longa. "Gervasio Cuesta y Compañía, S. en C." fue su propietario desde 1910 hasta 1914 en que pasa a la propiedad del vizcaíno José M. Beguiristaín y su socio Marcelino García Beltrán, aunque otras fuentes atribuyen, por esta época, su propiedad única al primero, quien tambié lo era del María Antonia.

Al quebrar como consecuencia del crac bancario de 1920 había sido uno de los 10 centrales que habían pasado al control del National City Bank y uno de los 4, junto al San Cristóbal, el Santa Rosa y el Santa Rita, que vendieron posteriormente . El San Isidro y el Santa Rosa, que había sido propiedad de su socio García Beltrán, se mantendrán bajo idénticas firmas durante la década de los 20 y mediados de los 30, siendo vendidos por separado en 1944.

3 Dos de los miembros de la familia propiataria trabajaban directamente en él, el Ing. Luis Beriguistaín Rodríguez era el superintendente general e Ignacio L. Beguiristaín Masses era el superintendente de campo. Tenía créditos con el Banco Pedroso por $140 000 a $180 000, junto con la destilería Alcohol Absoluto S.A..

749- INDUSTRIAS ANDORRA S.A.

El "Andorra" era el 102º central en capacidad de producción diaria con 185 000 @, un RI entre los más bajos (el 153º) con 11.70 y bastante trabajadores empleados en zafra (el 49º) con 3 000, la 17ª refinería, la 9ª destilería, una fábrica de levadura y de sirope y 338 caballerías de tierras propias, situado en Artemisa, Pinar del Río.

1 Propiedad de Fulgencio Batista, quien tenía al menos 3 centrales (VER "AGRÍCOLA DEFENSA S. A.,), estando éste a nombre de su esposa Martha Fernández Miranda (VER "BANCO HISPANO CUBANO") y su hijo Fulgencio Rubén. También tenía intereses Gastón Godoy (VER "BANCO DE LOS COLONOS") Presidente de la Cámara. Fernando Rodríguez de la Fuente fungía como su presidente.

2 Fundado en 1917, rompió su molienda el 16 de enero de 1918 construido por la "Manuel Galdo y Compañía"(VER "AZUCARERA CARMEN RITA

S.A.") para Manuel Gutiérrez. Fue uno de los 9 centrales, entre ellos América, Báguanos, Niágara, Occidente, Patria y el Santa Isabel, construido por esa firma especializada que operaba la "Fábrica de Maquinaria Azucarera", ubicada en Cárdenas.

José Manuel Casanova Diviñó (VER "AZUCARERA BRAMALES S.A.") había sido su administrador en 1918.

Había sido copropiedad de Ezequiel Zubillaga, quien había designado desde 1925 a su hermano Antonio(VER "CENTRAL DOS AMIGOS S.A.") como su apoderado y administrador, el que durante los años 30 compraría una parte, en asociación con los hermanos Zárraga (VER "AZUCARERA CENTRAL ADELA S.A., COMPAÑÍA"), desempeñándose desde 1937 hasta 1950 como tesorero hasta que en 1953 aquellos le compraron su parte, pasando entonces Juan, Manuel y Marcos Zárraga Ortiz a ocupar los cargos de presidente, vice y tesorero respectivamente, junto con Carlos Dufau Zayas que ocupaba otra de las vicepresidencias. En 1955 sería comprado por los actuales propietarios.

Se constituyó en agosto de 1953 al comprar la anterior "Central Andorra S.A.". Al momento de venderse tenía fuertes pasivos, liquidez negativa y déficit en sus operaciones.

3 Era uno de los centrales donde más se habían aprovechado los subproductos de la caña debido a la gestión de Pedro Rodríguez Ortiz, ex presidente de su firma, fallecido el 7 de febrero de 1952 en el propio central.

La refinería se instaló en 1933-34 y tenía los adelantos más modernos aunque con una capacidad de sólo 5 700 qq diarios, una de las más pequeñas. La destilería se fundó en 1943 y tenía una capacidad de 13 209 gls. diarios. Fue el central donde se instaló la primera planta de levadura de destilería por el procedimiento Reich en 1950. La "Compañía Alcoholera Occidental S.A." era la propietaria de la planta de derivados.

Era, junto con la "Nueva Compañía Azucarera Gómez Mena" (VER), el principal cliente, con créditos por $2 000 000, del Banco de los Colonos, propiedad de Gastón Godoy, los cuales tenían problemas para recuperarse pues el central sufría de dificultades operativas. Anteriormente se llamó Lincoln y Artemisa.

750- INDUSTRIAS ARCA CAMPOS S.A.
Almacén de maderas, aserríos, consignación de buques, importador y exportador, ubicado en Estrada Palma N° 35, Manzanillo.

1 Propiedad de la familia Arca Campos (VER "COOPERATIVA AZUCARERA ESTRADA PALMA S.A.).

2 Había sido fundado por el español Manuel Arca Campos, quien había llegado en 1895 y comenzara a trabajar en Manzanillo en un aserrío que con el tiempo llegara a poseer, dedicándose a exportar maderas preciosas cubanas, a la vez que importaba materiales de construcción y fomentaba ganado, constituyendo la base de su diversificada fortuna. Posteriormente había adquirido el central Estrada Palma.

3 Cliente del Nova Scotia con $590 000 de créditos, de cuya sucursal en Manzanillo sus diferentes empresas utilizaban el 53.5% de la cartera total y el 100.5% de su capital.

751- INDUSTRIAS CONSOLIDADAS DE MATANZAS S.A. COMPAÑÍA

Una ficción jurídica ideada para salvar, mediante altos financiamientos paraestatales, a las industrias de los Hedges gravadas con altas obligaciones.

1 Tenía un capital ascendente a $5 081 000, suscrito por "Hurley & Compañía" con $2 793 000, por "Griffin y Compañía" con $1 285 500 y por la familia Hedges con $900 000.

Arrendataria de la "Compañía Rayonera Cubana S.A."(VER) y sus dos filiales "Compañía de Fomento Químico S.A."(VER) y "Compañía Químico Comercial de Cuba S.A."(VER), propiedad de la familia Hedges. Era además representante de varias firmas norteamericnas y británicas productoras de materias primas y sustancias químicas

3 El BANDES otorgó el 30 de agosto de 1957 un financiamiento ascendente a $16 500 000 destinado a la "Ciudad Industrial de Matanzas" para la "consolidación y expansión de la industria de hilaza textil..." que en realidad estaba destinado al propósito mencionado.

De esa suma se destinaron $4 millones al BANFAIC para pagar préstamos adeudados por "Rayonera Cubana S.A., Compañía" y la "Textilera Ariguanabo, Compañía", en virtud del cual el BANDES adquiría los activos fijos de la "Rayonera" y sus 2 filiales, los que a su vez el 30 de agosto de 1957 graciosamente volvió a dar en arrendamiento por 50 años a sus propietarios junto con una opción de compra.

Fuerte cliente del Banco Boston con un promedio de préstamos de $552 000.

752- INDUSTRIAS DE ALAMBRE DE HIERRO Y ACERO S.A.

Fábrica de puntillas y alambres para cercas, sita en Agua Dulce Nº 6, San Lucas Nº 9 y oficinas en Marina Nº 6, La Habana.

1 Su propietario mayoritario con el 80% de su capital era Alberto Inocente Álvarez, quien también controlaba el 80 % de "Unión de Comerciantes e Industriales S.A."(VER), una firma de seguros; era presidente de la "Eléctrica Nuclear Oeste de Cuba, Compañía"(VER), un proyecto para construir y operar una planta termonuclear; y además tenía intereses en una fábrica de cerveza en Puerto Rico, en 3 centrales azucareros en República de Santo Domingo y poseía bienes raíces en La Florida.

Álvarez había sido un destacado político, habiendo sido ex-delegado a la Asamblea Constituyente de 1944, Representante a la Cámara 1940-1944, Senador de la República 1944, Ministro de Comercio 1944-1945, Ministro de Estado 1945-1948, Embajador en Méjico y Embajador ante la ONU.

Había sido acusado de favorecer interesadamente la especulación y el agio con los bienes de consumo durante su ejecutoria como Ministro de Comercio.

753- INDUSTRIAS FENESTRA S.A.

Fábrica de puertas y ventanas tipo "Miami" y "Pictures Window", a partir de formas extruídas de aluminio importadas, con 12 trabajadores, ubicada en el Rpto. Capdevila, Rancho Boyeros.

1 Su capital ascendía a $50 000, distribuido entre Mario Aguiar Ruiz, tesorero, con $15 000; Enrique Núñez García, vicetesorero con $15 000, ambos de la

firma "Núñez y Compañía"; así como Oswaldo Usategui Lezama, presidente y Emilio Bonich, secretario.

2 La fábrica se había trasladado para su nueva ubicación en diciembre de 1955 y había comprado equipos en 1953, 1954 y 1955.

3 Sus ventas netas ascendían en 1956 a $211 000 y en 1957 a $153 000, con utilidades en el primer año de $1 043 y pérdidas en el segundo de $7 763.

El BANFAIC le otorgó un primer financiamiento por $20 000 el 1° de diciembre de 1953, cuando se encontraba en su etapa preliminar, un segundo el 21 de diciembre de 1954 por $15 000 y finalmente el 17 de enero de 1956 otro por $60 000.

754- INDUSTRIAS FERRO S.A.

Fábrica de conservas de jugos, frutas, dulces en almíbar, jaleas y pastas, vegetales, en especial de tomates, y mariscos con la marca "Conchita", ubicada en Pinar del Río con depósitos en Pérez N° 419, Luyanó, La Habana.

1 Propiedad de los hermanos Simeón y Julio Ferro Martínez, quienes eran co-propietarios, junto con Julio Lobo e Ignacio Carvajal, de "Central La Francia S.A."(VER) y "Central San Cristóbal S.A."(VER) y, con el último, de "Víveres y Conservas Wilson S.A."(VER).

Simeón había sido Senador hasta 1958 y era vicepresidente de la Asociación de Cosecheros, Exportadores de Frutas y Vegetales, accionista fundador del "Banco Financiero" (VER) y colono propietario de tierras en el Central San Cristóbal ("Martínez, Ferro y Compañía S. En C.") con cuota de molida de 9 975 000 @ de caña.

Su padre, Pío Ferro, había sido un antiguo almacenista de víveres, vinos y licores y de ferretería.

755- INDUSTRIAS MAGIC S.A.

Productora y distribuidora de gas embotellado sito en 42 N° 2112, Marianao y en Corral Falso, Guanabacoa.

1 Cándido de Bolívar de Moreyra (VER "ELECTRIC DE CUBA, COMPAÑÍA") era su presidente a la vez que lo era también de "Servicios Metropolitanos de Gas S.A."(VER), nueva fábrica de gas doméstico en Marianao. Enrique Suárez Buchaga, funcionario de Cándido Bolívar Moreyra, de Miguel Amézaga y de Guillermo de Zaldo Castro, socios en varias firmas, era su vicepresidente.

Rolando Torricella Iduate había sido su presidente hasta 1955 en que renunciara y fuera sustituido por el actual.

3 La situación financiera era satisfactoria, su índice de solvencia era de 1.89, su índice de liquidez de 1.19, el capital líquido ascendía a $450 000, las ventas superaban los $700 000 y las utilidades los $130 000.

Cliente del Banco de la Construcción.

756- INDUSTRIAS SANITARIAS S.A., COMPAÑÍA

Primera planta en Cuba de muebles sanitarios, que producía además cerámica, azulejos y revestimientos, con un estimado de 200 a 250 obreros, ubicada en el Km. 29 1/2 de la Carretera Central en Jamaica, San José de las Lajas.

1 Capital suscrito ascendente a $1 080 000. Su propietario principal y anteriormente su presidente era Mario Espino Escalés (VER "CONCORDIA TEXTIL S.A."), quien poseía $780 000, en sociedad con el BANDES que tenía $250 000.

El resto de las acciones habían sido entregadas a "Sanitarios El Águila S.A.", firma radicada en México, propiedad de los mexicanos Héctor Peralta y Víctor Manuel Gandiano, en pago por la dirección técnica de la obra y su asesoría durante 10 años. Su hermano Ramón lo sustituyó como presidente, mientras Héctor Peralta actuaba como vicepresidente.

Espino había recibido $150 000 en acciones como premio del promotaje en el financiamiento, habiendo él aportado originalmente $588 900 en efectivo más $41 100 en valor del terreno, teniendo pignorada $621 000 en el "Banco de los Colonos".

2 Se constituyó el 14 de mayo de 1957 como "Principal Industria Cerámica S.A." por Alberto Capote y Manuel García Ruiz (VER "INGENIO SAN IGNACIO S.A.") pero, al distanciarse ambos, el primero se acercó a Espino estableciendo una nueva sociedad, de la que se separó después.

3 El 25 de julio de 1957 el BANDES otorgó un financiamiento inicial de $750 000 que amplió a $1 130 000 el 27 de noviembre de 1958. Aunque el estimado inicial era de $1 200 000, la inversión total hasta el 31 de diciembre de 1959 había ascendido a $2 164 000, habiendo entregado el BANDES $1 000 000 adicional después de 1959.

757- INDUSTRIAS SIPOREX S.A.

Fábrica de bloques ligeros de concreto, marca "Siporex", con 100 trabajadores, ubicada en el Reparto Lawton-Batista, Luyanó.

1 Capital suscrito por $592 000 por 62 accionistas. Los principales eran José Gómez Mena (VER "NUEVA COMPAÑÍA AZUCARERA GÓMEZ MENA S.A.") con $60 000, Víctor Pedroso (VER "BANCO PEDROSO") y Fulgencio Batista (VER "DE INMUEBLES S.A., COMPAÑÍA"), cada uno con $40 000. Las acciones de este último estaban a nombre de Andrés Domingo(VER "INMOBILIARIA ROCAR S.A., COMPAÑÍA"), quien las había negociado con Victor Pedroso, siendo su importe acreditado el 21 de julio de 1958 por "Luis G. Mendoza y Compañía".

Otros accionistas importantes eran Mario Espino Escalés (VER "CONCORDIA TEXTIL S.A."), Pedro Suárez Hernández y Nicolás Arroyo, todos relacionados con el Gobierno. Por último, figuraban también Eduardo López Miranda, E. Fernández Mendía y Alberto García Tuñón, todos con $20 000; Pedro Grau Triana con $15 000 (VER "DE FOMENTO DEL TÚNEL DE LA HABANA S.A., COMPAÑÍA"), Fernando de la Riva con $10 000 (VER "CENTRAL HORMIGUERO S.A."), así como Jaime Canavés (VER "CONSTRUCTORA JAIME CANAVÉS, COMPAÑÍA"), Charles y Rafael Fanjul y un grupo de funcionarios y propietarios del "Banco de la Construcción"(VER) como Miguel A. Canfux, Eugenio Albarrán, Francisco Monné (VER "CENTRAL RIO CAUTO S.A."), Jesús Manzarbeitia(VER "MANZARBEITIA Y COMPAÑÍA") y Rafael Gaytán, todos con $5 000.

Sus funcionarios eran Victor Pedroso(VER "BANCO PEDROSO") como presidente, Victor Morales de Cárdenas (VER "MORALES Y COMPAÑÍA") como vicepresidente 1° y Eugenio Albarrán Varela, vicepresidente 2°, Miguel G Mendoza Kindelán, tesorero y Eugenio Silva Giquel, vicetesorero.

2 Se constituyó el 30 de julio de 1958 y comenzó su puesta en marcha a finales de 1959 a un costo de $1 025 040 para fabricar hormigón de tipo ligero con el

que elaboraría lozas para techos, pisos, entre pisos, paredes y productos sin refuerzo. Tenía patente de la "Internationalle Siporex A.B." de Estocolmo que suscribieron acciones al comienzo y era una de las 21 existentes en el mundo.

3 El BANFAIC le aprobó el 6 de junio de 1958 un préstamo por $600 000.

758- INGENIERÍA DE PUERTO S.A.

Contratista para obras del puerto, con oficinas en el Edificio Larrea apto 216 en Empedrado 264, La Habana.

1 Su capital social ascendía a $50 000 y su presidente era Jaime Surias Nurias Maresma.

2,3 Se había constituido el 17 de noviembre de 1954, pero venía realizando obras de dragados desde 1927, incluso en Venezuela. Cliente del Banco Pedroso.

759- INGENIERÍA DEL GOLFO S.A., COMPAÑÍA

Contratista de obras con oficinas en la Calzada de Rancho Boyeros Nº 774 y 776, constituida sólo para recibir la concesión del BANDES para la construcción de la carretera Boca de Jaruco-Matanzas, con financiamiento por $35 000 000, la más costosa del Gobierno de Batista.

1 Tenía capital pagado ascendente a $200 000, suscrito por Ramón Mirabile Aguiar y Armando García Gual, quienes representaban intereses de Fulgencio Batista (VER "DE INMUEBLES S.A., COMPAÑÍA"). El Ing.Alberto Vadía Mena, propietario de la "Ingeniería Vame S.A."(VER), era el apoderado general de los accionistas.

El Ing. José L. López Marín era su presidente y el Dr.Gaudencio Castro Solózabal su vicepresidente. Este último era además secretario de "Constructora del Litoral S.A."(VER), concesionaria de la carretera Santa Fé-Mariel, propiedad de Julio Iglesias de la Torre, quien representaba también intereses de Fulgencio Batista.

2 Se constituyó el 28 de marzo de 1956 y el 6 de junio del propio año el BANDES le otorgó la obra en un primer financiamiento por $30 000 000 ampliados en $5 000 000 el 26 de diciembre de 1958. El proyecto fue elaborado por el Ministerio de Obras Públicas y existía el compromiso de realizarla en 30 meses.

3 Recibía el pago de la obra no sólo en bonos del BANDES sino también comprando azúcar a través de "Farr and Company" de Nueva York, quien adquiriría $40 000 000 en azúcar de la "Cuota de Otros Países Fuera de EE.UU" durante 30 meses con destino a países con los que no hubiera convenio.

El costo de la obra se resarciría por el peaje y por los propietarios de los terrenos aledaños de la llamada "Zona de Influencia del Túnel de La Habana". Se estimaba que había cobrado $7 975 000 en excesos de precios por la carretera Boca de Jaruco-Matanzas.

El proyecto se demoró porque tuvo que suspender el montaje del puente de Bacuranao en septiembre de 1958 para esperar que pasara la temporada ciclónica.

760- INGENIERÍA GONZÁLEZ DEL VALLE S.A., COMPAÑÍA

Constructora con oficinas en Ave. 26 Nº 523 entre 29 y 35, Nuevo Vedado.

1 Propiedad del Ing. González del Valle (VER "CONSTRUCTORA M. GONZÁLEZ DEL VALLE"), en la cual importantes figuras del Gobierno también tenían intereses. Su presidente era Daniel Betancourt Abril.

3 Construyó el Hotel Colony de Isla de Pinos (VER "HOTELES ISLA DEL TESORO S. A."), la ampliación y mejora del Acueducto de Ciego de Ávila y la Hidroeléctrica del Hanabanilla.
Cliente del Banco Núñez, del The Trust Company y del Industrial Bank.

761- INGENIERÍA METROPOLITANA S.A.
Contratista con oficinas en la Ave. de las Misiones N° 64.
1 Era propiedad de E. Molinet Jr.

762- INGENIERÍA PORTALCO S.A.
Contratista de obras con oficinas en G y 21, Vedado.
1 Propiedad de la familia Portalco. Primitivo y Jorge Portalco eran presidente y vicepresidente y Sergio Portalco Monteagudo el tesorero y secretario.
2 Se constituyó el 13 de diciembre de 1938.
3 Las principales obras realizadas fueron la construcción de la Carretera Central en Las Villas por $15 000 000, pavimentación en varias provincias ($16 000 000), el Acueducto de Santa Clara ($3 500 000), el Acueducto de Holguín ($1 200 000), el túnel del Acueducto de la Cuenca Sur($900 000), espigón y muelle del Distrito Naval de Cienfuegos ($130 000), el Edificio Odontológico de la Universidad de La Habana ($300 000) y el Edificio Felipe Poey de la propia institución ($350 000), la planta de filtro de Cienfuegos ($750 000), el puente de hormigón del río Agabama ($350 000), la presa y regadío del central Constancia ($300 000), la carretera y el campo de aterrizaje de la estación naval de Guantánamo ($800 000) y, por último, el drenaje de Santiago de Cuba ($1 000 000).
Cliente del Royal Bank of Canada y del The Trust Company of Cuba con $100 000 en cada uno.

763- INGENIERÍA VAME S.A.
Contratista de obras, ubicado en Calzada de Rancho Boyeros N° 774, La Habana.
1 Propiedad del Ing. Alberto Vadía Mena quien era propietario único de la "Constructora Mambí S.A.", de la "Compañía Ganadera el Rosario"(VER "DE MINERALES MIREYA S.A., COMPAÑÍA"), tenía acciones en "Cadena Oriental de Radio"–propiedad principal de Fulgencio Batista– y era el apoderado de éste en "Ingeniería del Golfo"(VER), que tenía a su cargo la construcción de la carretera Boca de Jaruco-Matanzas, la más costosa de su Gobierno. Era socio además de Evangelisto Cardo Menéndez, presidente y principal propietario del "Industrial Bank"(VER).
2 Se constituyó el 21 de julio de 1955.
3 Obras principales realizadas: carreteras Campechuela-Niquero, Guantánamo-Yateras, Pasajeras-Playa Banín; Túnel Vía Blanca; Hospital Provincial de Santiago y Hospital Infantil de Santiago; Distrito Naval de Santiago, Renta de la Auditoría, Mercado Libre de Carlos III y Escuela Anexa a la Normal de La Habana.

764- INGENIO DOLORES S.A.
El "Dolores" era el más antiguo entre los 15 centrales más pequeños (el 155°) con una capacidad de producción diaria de 140 000 @, RI bajo de 12.49; 1 200 trabajadores y con bastante tierra en relación a su capacidad (el 95°) con 323 caballerías, situado en Pedro Betancourt, Matanzas.

1 Propiedad de la familia Gastón-Rosell. Melchor W. Gastón Segrera que desarrollaba gran actividad como dirigente del "Grupo de Ingenios Cubanos Independientes" y de la Asociación de Industriales Católicos, que presidía, había sustituido a su padre como administrador general cuando falleciera en 1951. Su hermano Carlos era el administrador.

2 El central fue fundado en 1823 por Dolores Montalvo Narváez, nieta del primer Conde de Casa Montalvo y viuda de Melchor Gastón Navarrete, oficial de la marina española, de quienes los propietarios actuales eran la 6ª generación. Los descendientes de Miguel y Josefa instalaron en 1853 uno de los primeros trapiches de vapor llegados al país.

Francisco Rosell Sauri lo compró en 1874 pasando a su viuda Águeda Malpica tras su muerte en 1877. Posteriormente Francisco Rosell Malpica, hijo de los anteriores, se desentiende de él, ocupándose sólo de administrar el central Aguedita, propiedad también de la familia, mientras Melchor Gastón Gastón, descendiente de los fundadores y casado con Agueda, una de las hermanas Rosell, compra la parte perteneciente a sus cuñados convirtiéndose en el único propietario.

Eduardo Rosell Malpica, administrador del ingenio, se unió en 1895 al Ejército Libertador donde alcanzaría el grado de Teniente Coronel muriendo en combate en febrero de 1897.

En 1901 se le instala la planta eléctrica, en 1906 se compra y agrega el demolido ingenio Diana y el Margarita, en 1907 el demolido Pichardo y en 1913 el María. Tras fallecer Melchor Gastón Gastón en 1919 se constituye por su esposa e hijos la actual razón social.

La familia Gastón y la Rosell estaban muy vinculadas a la Iglesia Católica y desde 1906, debido en especial a Agueda Gastón Rosell, habían desarrollado una gran labor catequista entre los vecinos del central que en 1958 sumaban unos 14 centros, fundaron filiales de todas las ramas de Acción católica, erigieron un dispensario en 1945 atendido por un médico y una monja de la Caridad, en 1946 construyeron una iglesia en el batey, en 1955 inauguraron una escuela primaria católica para 107 niños atendidas por estas monjas, extendieron a los campesinos los beneficios con cargo a su cuenta del subsidio de maternidad que sólo favorecía a los obreros industriales y otras regalías a las parturientas, así como otros beneficios sociales.

3 Según la "Comisión Técnica Azucarera" en 1951 sus costos eran de $17.30 por cada saco de 325 lbs., o sea por debajo de la media de $17.87, y sus activos totales estaban valorados en $1 210 858.

765- INGENIO NATIVIDAD S.A.
El "Natividad" era un central pequeño (el 136º) con una capacidad de producción diaria de 170 000, RI bajo de 12.25, 1 600 trabajadores y 12 caballerías de tierras propias, situado en Sancti Spiritus, Las Villas.

1 Capital ascendente a $356 000, propiedad de la familia del Valle Grau, propietaria de 2 centrales (VER "CENTRAL SOLEDAD S.A."). Estanislao del Valle Grau era el presidente y su hijo, Antonio del Valle Goicochea era el tesorero.

2 Se desconocía el año de su fundación. Pertenecía desde 1860 a Modesto del Valle(VER "AZUCARERA AMAZONAS S.A., COMPAÑÍA"), familia de los propietarios actuales, emparentada con los Iznaga, pasando en 1874 a Natividad Iznaga de Acosta, en 1883 a Fernando del Valle, en 1889 a Francisco María del Valle Iznaga, en 1895 a Francisco L. del Valle Iznaga quien lo conservará hasta 1914 en que pasa a sus herederos. En 1925 se creó la razón social actual.

3 Recibía créditos del Banco Gelats.

766- INGENIO SAN IGNACIO S.A.

El "San Ignacio" era uno de los 15 centrales más pequeños (el 149°) con una capacidad de producción diaria de 150 000 @), RI bajo de 11.77, 1 500 trabajadores y 295 caballerías de tierras propias, situado en Agramonte, Matanzas.

1 Propiedad de Manuel García Herrera, del cual su hijo, Manuel García Ruiz era presidente mientras él era vicepresidente.

García Herrera, a quien se le estimaba un capital de $1.5 millones, había sido Representante a la Cámara electo en 1938 por el Partido Liberal en Matanzas y, tras el Golpe del 10 de marzo, designado consejero consultivo designado por Batista. Era además propietario de "Azucarera María Antonia S.A., Compañía"(VER), arrendataria del central María Antonia, así como propietario del hotel San Carlos en la calle Egido en La Habana.

Su hijo había constituido el 14 de mayo de 1957 la "Industrias Sanitarias S.A., Compañía" bajo otra razón social, junto con Alberto Capote, de la que se separó al distanciarse ambos, y era además contratista de obras del gobierno conectado con los hermanos Ángel y José Pardo Jiménez, el primero de los cuales era Viceministro de Agricultura, vicepresidente de la Asociación Nacional de Ganaderos de Cuba y presidente de la Asociación de Colonos tras el 10 de marzo y el segundo Ministro Encargado de la Comisión Nacional de Vivienda, Senador y ex-Ministro de Obras Públicas.

2 A principios de la República pertenecía a los "Herederos de B.Urbistondo", pasando en 1914 a la firma española "B. Urbistondo y Compañía" hasta 1915 en que es uno de los 17 centrales comprado por la Cuba Cane Sugar Corporation por $1 200 000.

Después del crac de 1921 lo compró la "Compañía Azucarera San Ignacio", presidida por Felipe Sotolongo Naranjo, quien era también su administrador. Sería comprado en 1925 por Alejandro Rodríguez Capote y el Dr.Aurelio Fernández de Castro Vives, descendientes de los Fernández de Castro de la empresa azucarera "Compañía Azucarera Pedro Fernández de Castro", antigua propietaria de los centrales Nuestra Señora del Carmen y Lotería en la localidad de Jaruco, que presidiera durante las 2 primeras décadas de la República Rafael Fernández de Castro, antiguo Gobernador de La Habana durante el gobierno Autonomista de 1898.

García Herrera había sido designado como administrador Judicial del central cuando la crisis de 1933, convirtiéndose después en su arrendatario hasta 1950 en que se lo comprara a sus propietarios.

3 Según la "Comisión Técnica Azucarera" en 1951 sus costos eran de $16.90 por cada saco de 325 lbs., o sea por debajo de la media de $17.87 y sus activos totales estaban valorados en $1 372 953.

El BANDES le otorgó un préstamo por $250 000 el 1 de febrero de 1956 para la construcción de una planta deshidratadora de miel valorada en $400 000. Cliente del Banco de los Colonos con créditos por $246 000.

767- INGENIOS AZUCAREROS DE MATANZAS S.A., COMPAÑÍA

El "España" era el 17º central en capacidad de producción diaria con 550 000 @, RI pequeño de 12.76, 1 675 trabajadores, la 6ª refinería, la 21ª destilería, con la única planta de dextrana y con bastantes extensiones de tierra (el 21º) con 1 710 caballerías, situado en Perico, Matanzas. Era el 4º mayor entre los de capital cubano y el más antiguo entre los 20 mayores.

1 Propiedad de la familia Tarafa, propietaria de 3 centrales (VER "AZUCARERA CENTRAL CUBA S.A.").

2 Había sido fundado en 1863 por Julián de Zulueta, habiéndolo heredado sus descendientes, junto con el Zaza y el Alava, quienes lo conservaron hasta 1916 cuando pasa a la propiedad de José López Rodríguez (VER "CULTURAL S.A."), quien lo pierde al producirse el crac bancario de 1920 pues se vio obligado a aportarlo en pago de sus deudas por la quiebra del "Banco Nacional" del que era su accionista mayoritario (51% de las acciones) y a la vez su gran deudor por $9 601 084.
La mitad de los bonos, ascendentes a $4 000 000, se entregaron en garantía del préstamo recibido del banco norteamericano National Park Bank y del inglés London Joint City and Midland Bank Ltd., que el Banco Nacional gestionó para solventar la crisis y, la otra mitad, se le entregó al Estado cubano como garantía de su crédito. Posteriormente el Estado negoció con ambos bancos, a quienes entregó sus bonos a cambio de los créditos vencidos del Banco Nacional con la ilusión entonces de evitar su liquidación posterior, renunciando a su derecho preferente de adjudicarse el central.
Estuvo de 1920 a 1925 bajo el control de la "Compañía Nacional de Azúcares de Cuba S. A." de la que el presidente de su Junta y administrador general era José Manuel Casanova (VER "AZUCARERA BRAMALES S.A.,COMPAÑÍA") y de la cual Saturnino Parajón y Julián Linares eran el presidente y el vicepresidente respectivamente.
Parajón había sido el presidente de la "Compañía Azucarera Nacional" tras el suicidio de José López Rodríguez y receptor de una entrega irregular, ordenada por el Secretario de Hacienda, de las acciones que aquel poseía del Banco Nacional. Con todos estos embrollos no es de extrañar que estuviera durante más de un decenio bajo constantes pleitos y litigios judiciales.
El Chase National Bank of New York pasó a controlarlo por vencimientos hipotecarios y desde 1932-43 hubo pleito de otro acreedor hasta que pasó a la firma Matanzas Sugar Company. El control de las acciones había estado en poder de la "Pepsi Cola" (VER "PEPSI COLA DE CUBA S.A., COMPAÑÍA") hasta febrero de 1951 en que los herederos de Tarafa lo compraron por $5 000 000.

3 Su situación financiera era buena, su capital líquido ascendía a $3 600 000 pero tenía deudas elevadas con The Trust Company of Cuba, con el City y con el Boston. En 1953 tuvo pérdidas por $376 000. Sus acciones se cotizaban en la Bolsa de La Habana.

Tenía una destilería desde 1944 con una capacidad de 5 204 gls diarios que era una de las más pequeñas, así como una refinería de 7 000 qq diarios.

768- INMOBILIARIA BEPE S.A., COMPAÑÍA

Firma para la adquisición o el financiamiento de inmuebles que arrendaría para oficinas del Banco Pujol.

1 Tenía un capital emitido por $40 476. Estaba dirigida por Lorenzo Pérez Rojas, como presidente y por los hermanos Joaquín y Raúl Pujol Izquierdo, como vicepresidentes.

2 Se constituyó el 15 de mayo de 1957 en Guanabacoa.

769- INMOBILIARIA CAJIGAS S.A.

Poseía el "Reparto de Parcelación Ampliación del Wajay", "Parcelación Zayas" en La Habana, y la finca "La Coronela" en Pinar del Río.

1 Tenía un capital suscrito ascendente a $1 446 000 propiedad de Francisco Cajigas García del Prado, quien controlaba $306 500 (VER "MOLINOS ARRO-CEROS CAJIGAS S.A."), en sociedad con su esposa Alicia Loreto Carreras Hernández con $417 300 y con su ex-esposa Carmen Cabarroury Mir con $772 700 de quien se había divorciado el 5 de mayo de 1956.

2 Se había constituido el 30 de noviembre de 1950.

770- INMOBILIARIA ERMITA, COMPAÑÍA

1 Propiedad de Justo García Raynieri y Carlos Du-Quesne, quienes eran cuñados.

Du Quesne era vicepresidente del BANFAIC y hermano del Dr. Pedro Claudio Du Quesne, Marqués de Du Quesne.

García, hijo del Cte. del E. L. Justo García Véliz, sobrino del Gral. del E. L. Calixto García Véliz, del también Gral. del E.L.Carlos García Enamorados y nieto del M.Gral. Calixto García Iñíguez, era pequeño accionista con $1 000 de "Metalúrgica Básica Nacional S.A., Compañía"(VER "RENE DÍAZ DE VI-LLEGAS D'ESTRAMPES") y además secretario del central Macagua de la familia Berthar.

García, durante el último gobierno de Batista, fue Consejero Consultivo, presidente de este cuerpo, Alcalde de La Habana por sustitución, Ministro sin Cartera, Ministro de Hacienda desde 24 de febrero de 1955 hasta marzo de 1958 y Senador.

3 Recibió un préstamo del Banco Núñez ascendente a $110 000.

771- INMOBILIARIA ITÁLICA S.A.

Propietaria del cine-teatro "América" ubicado en Galiano y Concordia y del "Rodi", ubicado en Línea entre A y B, Vedado, ambos en La Habana, así como del edificio de apartamentos aledaño al primero. Eran dos de los más modernos y lujosos cines del país.

1 Propiedad de Antonio Helier Rodríguez Cintra (VER "CORPORACIÓN INDUSTRIAL DEL TRÓPICO S. A.").

2 Lo había heredado, junto al central y otros bienes, tras el fallecimiento en 1953 de su padre Antonio Rodríguez Vázquez, quien fundara el cine "América" el 29 de marzo de 1949 y el "Rodi" el 17 de noviembre de 1952.

772- INMOBILIARIA LA TORRE S.A., COMPAÑÍA

Club privado "La Torre" exclusivo para un grupo selecto de socios con derecho al restaurante, gimnasio, salón de masajes y salón de vapor, sito en uno de los pent-houses anexos al edificio FOCSA en 17 esq a M, Vedado.

1 Estaba presidido por José M. Bosch (VER "MOTEL RANCHO LUNA") y José E. Obregón (VER "AZUCARERA CARMITA S.A., COMPAÑÍA"), René Díaz de Villegas (VER "EDITORIAL CENIT S.A.") y Luis Rodríguez Feliú (VER "FÁBRICA NACIONAL DE PINTURAS S.A.") eran vicepresidente, tesorero y vicetesorero respectivamente, así como eran vocales Enrique Godoy Sayán (VER "GODOY SAYÁN, OFICINA ASEGURADORA DE CUBA"), Paul M. Heilman (VER "LA ANTILLANA, COMPAÑÍA COMERCIAL Y DE CRÉDITO S.A.") y Luis A.Mestre (VER "CIRCUITO CMQ S.A.").

2 Se inauguró el 1 de octubre de 1957 y su reglamento se estableció el 30 de noviembre siguiente. Estaba abierto todos los días excepto los domingos de 11 a.m. a 11p.m. mientras el restaurante brindaba servicio de 12 a 3 y de 8 a 10.30 p.m.

Fue constituida como una sociedad mercantil por un grupo de notables empresarios cubanos con el propósito de disponer de un club exclusivo al estilo londinense que sirviera para el intercambio frecuente entre ellos. Entre sus socios –que pagaban una cuota mensual de $15– figuraban muchos de los principales propietarios del país –y la excepción de algunos notables como Manuel Aspuru y Julio Lobo–, que incluían tanto a antiguas familias como a las de último arribo. Se destacaban algunos que incluso, a pesar de su peso social, excepcionalmente no pertenecían a ninguno de los otros club habituales.

3 Entre los socios figuraban los hermanos Batista González de Mendoza, los Arechabala, los Bacardí Rossell, los Schueg, Jorge Barroso, Julio Blanco Herrera, Evangelisto Cardo Menéndez, Joseph H. Duys, Alfonso Fanjul, Manuel Fernández Blanco, Thomas M. Findlay, Alberto Fowler Perilliat, Narciso Gelats, los Godoy Loret de Mola y los Godoy Sayán, Manuel F.Goudié, los García Díaz, Viriato Gutiérrez, los Hedges, Iglesias de la Torre, Severiano Jorge Cepero, los Kates, Severiano Larrinaga, los Maduro, los Menocal, J. Manzarbeitia, los hermanos Mestre Espinosa, Octavio Navarrete, Núñez Beattie, Aurelio Portuondo, Víctor Pedroso, los primos Pujol, Teobaldo Rossell, Thorwald Sánchez Culmell, Nicolás Sierra Armendaiz, Diego Trinidad, Alberto Vadía, Gaspar Vizoso, los Zorrilla, Julián de Zulueta, así como varios funcionarios de filiales extranjeras de la banca y otras firmas.

773- INMOBILIARIA LAS CULEBRINAS S.A.

Inmobiliaria poseedora de casas en la calle Calzada, Vedado.

1 Era propiedad de Charles Shapiro (VER "TIENDAS LOS PRECIOS FIJOS S.A."), su presidente, quien poseía variados intereses. Rafael Sánchez Losada era su tesorero.

2 Fue constituida el 30 de enero de 1957,

774- INMOBILIARIA MARE NOSTRUM

Inmobiliaria poseedora de terrenos del potrero denominado "Zenón Fort" de 48 Ha. a la entrada de Varadero.

1 Capital ascendente a $100 000, propiedad de Julio Cadenas Aguilera, su presidente, y su esposa, Gabriela Sánchez Laurent, su vicepresidenta.

2 Fue vendido el 6 de marzo de 1958 al Ministerio de Obras Públicas por $1200 000.

775- INMOBILIARIA MORACEL S.A.
Poseedora de fincas rústicas y urbanas, con domicilio en Reina N° 163, que era cliente del "Royal".

1 Era propiedad de Federico Morales Valcárcel, vicepresidente IV de la "Cámara de Comercio de Cuba" y tesorero de la "Confederación Patronal", ex-Representante a la Cámara tres veces por el Partido Conservador, ex-presidente del "Club Rotario de La Habana y ex-Ministro de Cuba en Francia.

776- INMOBILIARIA NESCAR S.A., COMPAÑÍA
Firma de parcelación de terrenos.

1 Era propiedad del Banco Núñez (VER), con un capital ascendente a $45 000. Carlos, Néstor y Norma Núñez Gálvez eran miembros de su Junta Directiva.

777- INMOBILIARIA NORKA S.A., COMPAÑÍA
1,3 Bienes inmuebles propiedad oculta del Banco Núñez con un capital de $522 159.

778- INMOBILIARIA PAYRET S.A., COMPAÑÍA
Cine y teatro "Payret" sito en Prado y San José.

1 Era propiedad de Eutimio Falla Bonet, Agustín Batista y Viriato Gutiérrez, quienes eran cuñados entre sí y miembros de la "Sucesión de L. Falla"(VER). El edificio era administrado por Charles Pemberton. El teatro había estado arrendado por el empresario español José Valcarce Gutiérrez desde 1935.

2 Fue fundado por el catalán Joaquín Payret quien lo inaugurara como "Teatro Payret" el 23 de enero de 1877 con la ópera "Favorita". Sufriría 2 reconstrucciones en su historia.

Payret había sido el propietario de la Acera del Louvre hasta 1886 en que la vendiera a Juan de Villamil, Tte.Cnel (R) del Ejército español quien la uniera en un solo edificio al que denominó como Hotel Inglaterra.

Tras su clausura por un derrumbe en 1882 sería comprado a la Hacienda Pública por el Dr. Anastasio Saaverio, quien lo reedificaría y lo reabriría cn 1890. Al comenzar el siglo estaba bajo la firma de "Santos y Artigas".

La "Sucesión de L. Falla Gutiérrez"(VER) lo compraría en 1948, tras lo cual nuevamente sería cerrado para ser reconstruido con un proyecto del Arq. Eugenio Batista, hermano de Agustín, hasta 1951 en que se reabriera.

Desde su fundación desfilaron por su escenario famosos cantantes de ópera como Antón, Aramburo, Fleitas y las sopranos Volpini, Blanca de Fiori, Emma Calvé y otras, así como actrices como la Bernhardt. Durante la República en ocasiones se escenificaban las funciones del "Alhambra" y se brindaron muchas zarzuelas en especial por la tiple mejicana Esperanza Iris. El 13 de marzo de 1915 la célebre ballerina rusa Anna Pavlova y su compañía habían debutado en su escenario con los ballets Amarilla y la Noche de Walpurgis. Tras su última reconstrucción en 1948 se dedicó a exhibir películas españolas.

779- INMOBILIARIA ROCAR S.A., COMPAÑÍA

Empresa fantasma que poseía títulos de acciones de varias empresas entre las que se encontraban: "Industrias Siporex S.A."(VER); "Cubana de Aviación S.A., Compañía"(VER)(20 000 acciones traspasadas a la Compañía Unión Inmobiliaria de Construcciones S.A.); "Canal 12 de Televisión"(VER); "Periódico Alerta S. A."(VER); "Agrícola de Defensa, Compañía" (Central Washington) (VER); "Cuba Aeropostal S.A." (VER); Urbanizadora Varadero, Compañía(VER); "Motel Oasis S.A., Compañía"(VER)); Naviera Isla del Tesoro S.A., Compañía (VER); "Playas del Golfo S.A."(VER); Territorial Playa Francés S.A., Compañía y $100 000 en acciones de la "Cuban Telephone Company".

1 Estaba a nombre de Andrés Domingo Morales del Castillo y Manuel Pérez Benitoa pero en realidad propiedad secreta de Fulgencio Batista.

Tanto Andrés Domingo, Ministro de la Presidencia de Batista, como Pérez Benitoa, tío de Antonio Pérez Benitoa Fernández, quien había estado casado con Mirtha Batista Godínez, hija de Fulgencio Batista, le sirvieron a éste en varias oportunidades de intermediario en turbios negocios y de testaferro de algunas de sus propiedades. Ambos le servían de testaferro en "Radio Repórter S.A." (VER), propietaria de la radioemisora "RHC, Cadena Azul de Cuba S.A." y en "Circuito Nacional Cubano S.A." (VER).

Andrés Domingo lo fue en "Industrias Siporex S.A." (VER) y obtuvo por coacción títulos de tierras de "Territorial Playas de Bacuranao" (VER) y de "Territorial San Hilario"(VER) o cobraba comisiones en las contratas de obras (VER "GENERAL DE ASFALTO S.A., COMPAÑÍA"). A su vez utilizaba de intermediario a Mario Espino Escalés a cuyo nombre aparecía su propiedad de "Cerámicas Kli-Per S.A." (VER).

Su hermano, el Dr.Mariano Domingo Morales del Castillo, era el secretario del Instituto Cubano del Turismo y uno de los co propietarios de "Albergues de Trinidad S.A., Compañía"(VER).

780- INSPIRACIÓN CUBANA DE COBRE, COMPAÑÍA

Minas de cobre y zinc con contenido de oro y plata San Fernando, Santa Elena, San Claudio y Fe con una capacidad de molienda de 50 Ton diarias y 100 trabajadores, ubicada en La Esperanza, Las Villas.

1 Tenía capital ascendente a $750 000 suscrito por 56 accionistas donde el principal era Ernesto Romagosa, su presidente, que controlaba $231 350 y era además el presidente de la importante "Minas de Matahambre S.A." (VER).

Otros accionistas importantes eran José Rosado LLambí, vicepresidente, y Raúl Pagadizábal Hernández (VER "TERRITORIAL ALTURAS DE VILLA REAL S.A."), tesorero. También figuraban en el Consejo de Dirección Humberto Solís Alió (VER "SOLÍS, ENTRIALGO Y COMPAÑÍA"), Alberto Casas Albaladejo, Charles F. Durgín, Jorge Herrera Morales, el Dr. Fernando Maciá del Monte, Ricardo Sierra Fernández y Ernesto Romagosa Díaz, hijo del presidente.

2 Las minas de San Fernando y Santa Rosa en el Corralillo, barrio de Cumanayagua, del término municipal de Cienfuegos, habían sido denunciadas desde el siglo

pasado y ya en 1830 se había constituido una sociedad para su explotación y en 1857 el Cónsul Británico, Joseph Crawford, también se había interesado en ellas.

Habían sido explotadas bajo la razón social de "Minas de Cobre de San Fernando y Santa Rosa", constituida en 1885 con un capital de $305 000 en 3 050 acciones, presidida por Andrés Río Pérez y con José Santa Eulalia, como director gerente, con domicilio en La Habana. Claudio de la Vega era su propietario, y con una ley de un 85% de cobre habían sido explotadas por una firma inglesa o norteamericana y después por la familia Arrieta durante 15 años.

La firma actual se constituyó el 6 de febrero de 1951 con la finalidad de "buscar, explorar, explotar y aprovechar toda clase de sustancias minerales". Su producción ascendía a 5 735.84 Tn pero tenía pérdidas de $5.14 en cada Tn vendida, las que pensaban eliminar al profundizar en la mina pues el mineral aumentaba su riqueza. Contaba con un sistema de contabilidad muy deficiente.

3 Vendía el mineral concentrado de cobre a la "U.S. Metal Refining Company" de New Jersey, pero tenían en proyecto una planta para refinarlo en Cuba con una capacidad de producción de 100 Tn diarias, para lo cual obtuvo un financiamiento del BANDES el 5 de marzo de 1958 por $400 000. El BANFAIC le había otorgado anteriormente uno por $125 000 en julio de 1956 para la ampliación de la capacidad de tratamiento.

781- INSTITUTO EDISON

Escuela para ambos sexos con enseñanza desde el kindergaten hasta el nivel medio, además de secretariado, comercio, bachillerato, escuela del hogar y conservatorio de música, sito en Felipe Poey y Patrocinio, Víbora.

1 Era propiedad de los 7 hermanos Rodríguez Gutiérrez, siendo la Dra. María Luisa, la presidenta del Consejo; la Dra. Ana María, la decana; la Dra. Isabel María, directora de orientación; Rolando, el tesorero; Paulina, directora de higiene; Luciano, director de aministración; Margot, supervisora.

José Ardevol era el director técnico del Conservatorio y Leonardo Timor, uno de sus profesores. Roberto Fernández Retamar era profesor de Lógica, Filosofía y Español. Su alumnado era preferiblemente de clase media, mayormente de la Víbora y sus barrios aledaños, entre los cuales había bastantes de origen judío.

782- INSURANCE COMPANY OF NORTH AMERICA

Firma de seguros contra incendios, riesgos y accidentes y marítimo, con oficina en O'Reilly Nº 152 entre Mercaderes y San Ignacio, La Habana.

1 Era una filial de casa norteamericana de la cual Juan José Álvarez Ealo era su gerente en Cuba.

2,3 La casa matriz había sido fundada en 1792 y tenía activos que superaban los $656 millones.

783- INTERAMERICANA DEL TRANSPORTE S.A., COMPAÑÍA

Firma monopólica del servicio de carga y expreso por camiones, con una filial "Tráfico del Transporte S.A." (VER) y oficinas centrales en Ramón Pintó Nº 301 Esq. a Villanueva, Luyanó, La Habana.

1 Su capital emitido ascendía a $3 437 700 de los que más del 90% era propiedad secreta de Fulgencio Batista (VER "DE INMUEBLES S.A., COMPA-

ÑÍA"), a través del bufete de Pérez Benitoa y mediante acciones al portador cercanas a los $2 millones así como de algunas firmas fantasmas registradas en Panamá. El BANDES era propietario de acciones por $305 200.

Las firmas panameñas eran "Intrac Investment Company Inc" con $278 000 presidida por el Dr. Mario Lamar Pitaluga del Bufete de Pérez Benitoa, la "Inversiones Auges S.A." con $261 300 presidida por Ángel Francisco Álvarez Milla, la "Interamerican Stocks and Value" con $183 000 presidida por el Dr. Norberto Otero Fernández, todas constituidas el 22 de marzo de 1956, así como la "Compañía Inmobiliaria Vila" con $261 400 constituida en La Habana el 16 de mayo de 1957 presidida por Joaquín Fernández Rodríguez.

Alberto García Valdés y Mario Martínez Candia eran el presidente y vicepresidente respectivamente, habiendo sustituido el primero, por decisión del BANDES, a Ángel F. Álvarez Millá, que pasó a la presidencia de "Tráfico y Transporte" (VER). Eran vocales: Ángel Álvarez Canals, Agapito Amaro Rodríguez, José A. Ortega Garcés de Marsella, Samuel Damón Damón.

2 Se constituyó el 17 de diciembre de 1955 con el propósito de adquirir la totalidad de las firmas existentes en el transporte por carretera, habiendo absorbido 34 con el 75 % del total del flete, pero a finales de 1958 aún quedaban 13 ofreciendo resistencia.

El 29 de junio de 1956 adquirieron 12 firmas: "Expreso Sardiñas S.A.", propiedad de José Miguel Sardiña Sardiña; Amaro Martínez y Compañía", "Expreso Álvarez S.A., Compañía", de Dionisio Álvarez Canales de Holguín", "Autovías de Cuba S.A.", de Carlos Amaro Rodríguez; "Fernández Danón y Compañía"; "Expreso Reparador", del español Alfredo Fernández González; "Camiones del Este S.A., Compañía", de Luis Ripoll Gutiérrez; "Expreso Velar S.A.", de Ángel Dionisio Álvarez Canales; "Corporación Nacional de Camiones", de Tomás Pupo Pupo y José Álvarez Tuñón; "De Transporte República S.A., Compañía", de Nicolás y Esteban Amaro Rodríguez y Marco Martínez Candia; "Oriente, Compañía Nacional de Transporte S.A.", de Enrique Enríquez Vázquez, Jaime Urrea Seigle y otros; "De Camiones Unidos de Cuba S.A., Compañía", de Humberto Hernández Ochoa; "Expreso Oeste S.A.", de Buenaventura Riesgo Hernández.

Con posterioridad adquirieron: "Tráfico y Transporte S.A."(VER); "Expreso Pozo S.A."; "Expreso Ultrarrápido Waterland", de José Lamelas López; "Consolidados Matanzas"; "Operadora de Fletes S.A., Compañía"; "Tramsporte García Lazo", de Julio Hernández Labrador y Silvio González Fernández; "Expreso Unido de Sagua", de Marcelino Valdés Ochoa; "Expreso Martín", de Andrés Cabrera Ramírez; "De Servicio Expreso, Compañía", de Eugenio González Jiménez.

Para ello se valieron del apoyo de las instituciones gubernamentales para crear la legislación que impedía la competencia en las tarifas y la creación de nuevas firmas independientes, así como del financiamiento de los bancos para-estatales para la compra de estas firmas a precios inflados.

3 Mientras el BANDES aportó para su creación $13 947 361 la firma sólo contribuiría con $3 132 500. El BANDES le prestó en total $17 500 000 en varias partidas: el 6 de junio de 1956 le prestó $6 500 000 que elevara el 24 de octubre

del propio año a $7 154 000, el 9 de octubre de 1957 a $14 000 000 y el 23 de octubre de 1958 a $17 500 000.

La "Asociación Nacional de Industriales de Cuba" se opuso enérgicamente a su creación otorgándoles mayor volumen de fletes a los independientes y disminuyendo las tarifas creándose una guerra de precios.

Tenía déficit por $4 800 000, su pasivo corriente ascendía a $6 000 000 y el activo corriente sólo era de $769 838. Sus equipos, terrenos, edificios, etc. estaban tasados en $9 000 000. Finalmente, el BANDES tuvo que hacerse cargo de ella pues estaba en quiebra. Cliente del "Banco Agrícola e Industrial" desde 1957 con líneas por $400 000.

784- INTERNACIONAL DE ENVASES S.A., COMPAÑÍA

Fábrica de sacos de papel kraft de varias capas y con válvulas de carga y cierre, ubicada en Calzada de Guanabacoa y Vía Blanca.

1 Su capital ascendía a $234 800, siendo sus accionistas principales Andrés Carrillo González de Mendoza, presidente, Eusebio Ortiz Franchi, tesorero, Julio Castellanos y Ricardo J. Suárez Rivero, el administrador, quien había recibido 150 acciones por el promotaje. Otros accionistas eran León Broch, Jorge Barroso (VER "AZUCARERA CENTRAL CUBA S.A., COMPAÑÍA"), los hermanos Alfonso, Higinio y Harry Fanjul (VER "INDUSTRIAL ARROCERA DE MAYABEQUE S.A.") y Victor M. Pedroso (VER "BANCO PEDROSO").

Carrillo, cuñado de Carlos Saladrigas, Primer Ministro de Batista, desposado con su hermana Cusa, estaba casado con Adelaida, hija de Viriato Gutiérrez de la "Sucesión Falla Gutiérrez" (VER). Era propietario de "La Consolidada Industrial S.A."(VER), una fábrica de fósforos de capital sueco, integrante del trust de la "Empresa Nacional de Fósforo" (VER), del que era vicepresidente y uno de sus principales beneficiarios, así como el principal de "La Ambrosía Industrial S.A.", una fábrica de dulces y confituras, de conservas, embutidos, etc.

2 Se constituyó el 28 de febrero de 1950 y se inauguró en 1952, promocionada por Ricardo J. Suárez, padre del actual administrador, quien era gerente de "Reciprocity Trading Company" (VER), firma norteamericana importadora de papel.

La producción de sacos de papel databa en Cuba desde 1916. El 20 % de su producción eran sacos para el azúcar que se exportaba a EE.UU., así como sacos para cemento, pienso, harina, granos y otros.

3 El BANFAIC le otorgó un primer préstamo por $94 000 el 15 de octubre de 1952 para saldar deudas por compra de maquinarias y el 30 de abril de 1957 le financió $220 000 más para montar la nueva fábrica en Santiago de Cuba, la "Oriental Papelera S.A., Compañía" (VER).

785- INTERNATIONAL HARVESTER COMPANY OF CUBA

Casa importadora de camiones "International" y "Metro", tractores e implementos agrícolas, en especial para el cultivo de arroz, así como maquinarias y equipos para la construcción, con oficina en Edificio Sinclair, 21 y O, Vedado, y establecimientos en Vives Nº 251, La Habana, y un concesionario "Fuerza Industrial S.A." en Paseo y Zapata, en La Habana, así como otros en todas las capitales de provincia y otras localidades del país. Tenían una instalación desfibradora "La

Conchita", situada en el límite con Matanzas, que procesaba el henequén sembrado en sus tierras en Boca de Camarioca.

1 Filial de la casa matriz de igual nombre propiedad de la familia McCormick, propietarios del periódico "Chicago Tribune" , con un capital líquido superior a $700 000 000 y 29 subsidiarias de las cuales 23 estaban en el extranjero. Una de las 5 filiales en Cuba de firmas norteamericanas bajo el control del grupo financiero de Chicago.

2 Había comenzado en 1917 a vender sus productos en Cuba donde habían fundado en 1930 la filial –que adoptara su actual razón social en 1938– y en 1946 crearon la organización de concesionarios. Durante los años 20 habían explotado la industria de henequén con base en la ciudad de Cárdenas.

3 El capital líquido en Cuba ascendía a $1 887 000 con un pasivo elevado que casi en su totalidad eran adeudos bancarios. Tenían línea de crédito con el "City Bank" por $1 500 000.

786- INVERSIONES MARIÑO S.A.
Importadora de madera, ubicada en Luco y Vía Blanca, Luyanó.

1 Su consejo de directores estaba formado por Juan y Jacinto Restoy Sánchez, Guillermo Méndez, José Sed Mederos, Néstor Pérez y Rolando A. Torricella. Juan Restoy era Representante a la Cámara y Torricella, presidente interventor del Fondo de Estabilización del Tabaco.

3 Tenía crédito del Banco Nova Scotia por $130 000 para importar madera procedente de México y Centroamrica que se mantuvo anualmente por cifras similares.

787- INVERSIONES Y DESCUENTOS S.A.
Propietaria de terrenos segregados de la Finca Jaimanita con oficinas en Infanta 908.

1 Propiedad de Ignacio de Almagro Carrillo de Albornoz, su presidente, quien también poseía "Almagro Motors Company" (VER), un comercio para la venta de motores para camiones y para lanchas y era primo de Mauricio de Almagro (VER ""OPERADORA ATLÁNTICA S.A.").

2 Se constituyó el 1º de marzo de 1945 comprando las fincas el 10 de enero de 1947. Estableció una demanda judicial en 1956 contra "Playas del Golfo S.A."(VER).

788- INVERSIONISTA S.A., COMPAÑÍA
Propietaria de bienes muebles inmuebles en especial en parte del reparto "Miramar" y prestamista de dinero por hipotecas.

1 Capital ascendente a $1 500 000 de los que el "Banco Gelats" (VER) poseía $1 400 000 y el resto pertenecían a Juan Gelats y sus hijos.

2 Era continuadora de "Terrenos de Miramar S.A.", constituida el 26 de septiembre de 1921, propietaria de terrenos entre la calle 6 y la 16 de Miramar, que habían sido de José López Rodríguez (VER "CULTURAL S.A.") y de Ramón G. Mendoza Pedroso, habiendo pasado, tras el suicidio del primero y el fallecimiento posterior del segundo, a la propiedad de la viuda de éste último, Mariana de la Torre Griñán y sus hijos Nicolás, Roberto, Ignacio y Alfredo.
El reparto Miramar había sido comenzado a urbanizarse por "Morales y Compañía", propiedad de Luis y Leonardo Morales Pedroso, que vendieran después a José López Rodríguez.

La razón actual se había constituido el 12 de junio de 1937 con el objetivo de traspasarle los activos adquiridos de la firma anterior por deudas no cobradas con el Banco, a la par que se ocupara de iniciar los reclamos procedentes, traspasándose entonces a sus anteriores propietarios parte de las acciones de la nueva firma en pago por ésta. Su presidente fue Juan Gelats.

3 Tenía acciones del Banco Gelats ascendentes a $518 000 y había sido apremiada por el BNC para liquidarse, lo que a pesar de las promesas no se cumplió.

Tenía una situación altamente favorable, sin pasivo alguno, con buen índice de liquidez y de capital. Su capital líquido ascendía a $738 000 y el de trabajo bordeaba el medio millón.

789- ISIDRO FERNÁNDEZ FERNÁNDEZ
Tienda de ropa hecha especializada en uniformes de todos los tipos, con el nombre comercial de "El Zorro", sita en Concha Nº 4782, La Habana.

1 Era propiedad de Isidro Fernández Fernández, la cual operaba bajo su propio nombre.

3 Cliente del "Nova Scotia".

790- ISMAEL BERNABEU
Tienda de moda y salón de costura, sita en 12 Nº 256 entre 11 y 13, Vedado.

1 Era propiedad de Ismael Bernabeu Pico y Ramiro Estapé Mora, catalán nacido en 1878 y viudo de su hermana Consuelo, era el apoderado administrador.

2 En el pasado había sido uno de los centros principales de la moda de la burguesía.

Desde los años 20 había operado bajo la razón social de "Ismael Bernabeu y Hermanas", sito entonces en Aguacate Nº 52, que en los 30 se mudaría para su exclusiva casa de Prado Nº 37 esquina a Refugio, siendo entonces los talleres de costuras más selectos de la burguesía, donde interpretaban los modelos de los costureros franceses, importaban de las principales casas francesas y españolas e incluso se especializaban en la divulgación cultural para públicos de iniciados y pudientes.

Las hermanas Bernabeu, zarinas de la moda femenina de entonces, eran colaboradoras del mensuario "Arte y Decoración", que se editara a partir de enero de 1931 destinado a las clases altas, donde aparentemente poseían intereses.

791- JAIME PUJOL Y COMPAÑÍA S EN C

Fábrica de calzado de mujer con 76 obreros, siendo la mayor en esta especialidad en cuanto a número de trabajadores, ubicada en Dolores 266 y Ave de Santa Amalia, Rpto. Santa Amalia, La Habana.

1 Era propiedad de Jaime Pujol González.

792- JARCIA DE MATANZAS, COMPAÑÍA

Fábrica de jarcia, hilos y cordeles así como subproductos de desperdicios para colchones y material aislante, con una producción del 55% de soga y el 40 % de cordeles con 350 trabajadores, ubicada en Calzada Esteban s/n (Quinta Oña), en Matanzas. Era la más importante en su giro.

1 Tenía un capital emitido ascendente a $1 750 000 suscrito entre varios accionistas antiguos propietarios del "Banco del Comercio"(VER), como José Ignacio de la Cámara (VER "BANCO DEL COMERCIO"), su presidente; los hermanos Dr. Humberto y Guillermo Solís Alió (VER "SOLÍS, ENTRIALGO Y COMPAÑÍA S.A."), vocal y vicetesorero; César Rodríguez González (VER "ALMACENES ULTRA S.A."), vicepresidente.

También figuraban Jorge S. Casteleiro Colmenares, presidente de "Asociación Nacional de Cosecheros de Kenaf" y Segundo J. Casteleiro Colmenares, que era el tesorero, ambos hijos de Segundo Casteleiro Pedreira (VER "SUCESORES DE CASTELEIRO Y VIZOSO S.A."), quien durante muchos años fuera su presidente. Por último Roberto Cano Canales, su vicepresidente, quien también lo había sido de "Pérez y Hermanos"(VER), Inocencio Llano, Gaspar Calvo Vizoso y antiguos accionistas como Dionisio Ruisánchez.

2 La fábrica se fundó en 1891 en los Almacenes de Aguirre en Tallapiedra, La Habana, hasta que en 1911 se trasladó para Matanzas cerca de las siembras de henequén que desde 1903 se comenzaran. Su propietario, el alemán Ernesto R.Raffloer, entró de socio en la pequeña fábrica desde su fundación obteniendo capital en EE.UU. para aumentar la empresa hasta que contituyó en 1899 la firma "Raffloer, Erblosh y Compañía" con capital germano-norteamericano. Fomentó y amplió las siembras de henequén en Matanzas, Nuevitas y otros sitios del país.

Raffloer, debido a su nacionalidad alemana, confrontó dificultades durante la primera guerra mundial, habiendo hecho varias combinaciones financieras para conservar su propiedad. Poco después cayó bajo el control del "Banco Español de la Isla de Cuba" hasta la quiebra de éste.

El 22 de enero de 1918 sería comprada por un grupo de capitales cubano y españoles, entre ellos Casteleiro, Falla, los Solís, etc, constituyendo la razón actual, presidida por Segundo Casteleiro y de la que eran vicepresidentes Salvador Brito y Bernardo Solís, quienes en 1924 compraron las tierras del antiguo ingenio "Juraguá" en Cienfuegos que destinaron a la siembra de henequén.

El 29 de marzo de 1936 los accionistas rindieron un homenaje y erigieron un busto en el edificio de la firma a Segundo Casteleira Pedrera, quien sería su presidente hasta 1950, siendo entonces vicepresidente Bernardo Solís Alió y en su primera Junta Directiva figuraban Laureano Falla Gutiérrez (VER "SUCESION DE L.FALLA"), Bernardo Solís, Dionisio Ruisánches, Manuel Areces (VER "BANCO ARECES"), Juan Argüelles y otros.

En 1926 emitieron bonos hipotecarios por valor de $500 000 que ya en 1936 habrían amortizado en su totalidad. varias veces tivieron dificultad con la baja del precio de la fibra como a comienzos de los 30 en que suspendieron los pagos de dividendos.

Sufrió una intervención oficial en 1949 debido a problemas laborales. Vendió en 1950 las 165 caballerías de henequén que poseía en Matanzas bajo la firma de "Compañía Agrícola Yumurí S.A." y las 487 caballerías en Juraguá, Cienfuegos, de "Henequenera de Juraguá S.A.", por lo que se redujo su capital de $3 800 000 a $2 114 000. Sin embargo aparentemente las dos empresas continuaban siendo sus subsidiarias.

3 Su situación financiera era buena, tenía activos ascendentes a $2 676 0000. No obstante sus costos se habían elevado debido al incremento en los sueldos determinado por el Ministerio de Trabajo, lo que unido a la agudización de la competencia provocó la disminución de sus utilidades a partir de 1950 a pesar del aumento de sus ventas. El Gobierno había fijado precios a los productos terminados debido a la competencia entre las distintas fábricas.

Cliente del National City y del The Trust Company of Cuba.

793- JARDÍN ANTILLA

Florería "Antilla" especializada en coronas, sita en 23 Nº 753 entre B y C, Vedado.

1 Era propiedad de Salvador Corral Bermúdez, quien lo tenía a nombre de su hija Carmen Corral Morejón esposa de José Félix Casellas González

794- JARDÍN CALIFORNIA

Florería "California"sita en 25 Nº 1201 entre 10 y 12, Vedado.

1 Era propiedad de José Teodoro Alvariño Crespo, en sociedad con su cuñada Lidia Vigón García.

795- JARDÍN CAPRI

Florería "Capri" sita en 5ª Ave entre 82 y 84, Miramar.

1 Era propiedad de Pablo Raúl Corzo Izaguirre, quien era comandante del Ejército. Jorge Santeiro Menéndez era su gerente.

796- JARDÍN "EL CLAVEL"

Florería "El Clavel" sita en General Lee y Coronel Martínez, Víbora

1 Alberto Armand Solar era el copropietario.

797- JARDÍN EL FÉNIX S.A.

Tienda de flores "El Fénix", sito en Carlos III, Nº 754, La Habana.

1 Era propiedad de Antonio Martín Martín.

2 Era la florería más antigua pues se había fundado en 1890 bajo la razón social de "Carballo y Martín". Había inaugurado su local actual en 1937 construido por el Arq.Luis V.Betancourt.

798- JARDÍN "LA DALIA"

Florería sita en 12 entre 23 y 25, Vedado.

1 Ignacio Formoso Piñero era su propietario.

2 Había sido propiedad, a finales de los años 20, de "González y Hermanos".

799- JARDÍN "LE PRINTEMPS"
Florería "Le Printemps" sita en 23 y 20, Vedado.
1 Gustavo Rey de Zayas era su gerente. Uno de sus hijos, Gustavo, estaba casado con Osilia Piedra Legueruela, hermana de Orlando, jefe del "Buró de Investigaciones" durante el gobierno de Batista.

800- JARDÍN PRATS
Florería "Prats" sita en 21 N° 1161 esq a 18, Vedado.
1 Era propiedad de Antonio Prats Domingo.

801- JARDÍN VOGUE
Florería "Vogue" con un establecimiento sito en Amistad y San José y otro en San Lázaro N° 676, La Habana.
1 Era propiedad de Eladio Cepero Sánchez.

802- JEAN LENCOU
Restaurant "Le Vendome", uno de los de primera calidad, de comida francesa, sito en Calzada y C, Vedado, La Habana.
1 Era propiedad de Jean Lencou que lo operaba bajo su propio nombre.

803- JORGE REMEDIOS OLIVA
Contratista dedicada a realizar obras para el Gobierno con oficinas en el Edificio La Tabacalera en Morro N° 158, La Habana.
1 Era propiedad de Jorge Remedios Oliva (VER "AGROPECUARIA HERMANOS REMEDIOS S.A., COMPAÑÍA"), quien la operaba bajo su propio nombre, en sociedad con el Ing. Enrique García Alemán.
3 Poseía un capital de $500 000, ingresos por más de $700 000 y utilidades por $50 000. Era cliente del Banco Pedroso con líneas de créditos por $300 000 a $600 000.

804- JOSÉ ALIÓ Y COMPAÑÍA S EN C
Almacén de efectos sanitarios y materiales de construcción, sito en Finlay N° 764, La Habana, cliente del "Trust".
1 Era propiedad de José Alió López.

805- JOSÉ A. RODRÍGUEZ Y COMPAÑÍA
Fábrica de sábanas marca "Palacios", "Regia" y "Condesa", de guayaberas "Comodoro" y pantalones "Comando" e importadores de tejidos y tienda de ropa hecha con la marca "El Palacio de Cristal", ubicada en Aguiar N° 569, La Habana.
1 Propiedad principal de José A. Rodríguez Fernández, quien vivía en Asturias, en sociedad con David Fernández Nuevo, su gerente quien fuera condecorado con la "Orden del Mérito Comercial en noviembre de 1950, así como 12 socios más. Rafael López Cordova era su gerente.
2 Había sido fundada en 1850 por José Manuel Rodríguez, tío de su propietario actual que comenzó a trabajar en el propio almacén desde 1894, tuvo intereses en él desde 1904 y fue su gerente en 1913. Adoptó su razón social actual en 1934.

806- JOSÉ BARED BARED
Joyería "Bared", sita en Águila N° 503.

1 Era propiedad de José Bared Bared quien la operaba bajo su propio nombre y estaba casado con Ofelia Santeiro, hermana de Estela, viuda de José B.Alemán.

807- JOSÉ E. DONESTÉVEZ

Aserradero de madera, importador de ferretería gruesa y materiales de construcción, con 98 trabajadores, así como muelles propios, ubicado en Casales N° 1, Cienfuegos.

1 Propiedad de José E. Donestévez de Mendaro Serize que lo operaba bajo su propio nombre.

2 Había comenzado con el aserrío en terrenos aledaños a donde con posterioridad había construido el muelle motivado por la necesidad de recibir directamente los embarques de madera, ampliando en poco tiempo su servicio a la exportación de los minerales de la región.

3 El BANFAIC le otorgó un financiamiento por $114 000 en 2 partidas para saldar deudas incurridas en la construcción de 2 almacenes en el muelle y en el aumento del calado para permitir el acceso de barcos de mayor tonelaje haciendo posible el embarque directo de los azúcares.

808- JOSÉ F. FRAGA Y COMPAÑÍA

Tienda de flores y plantas con el nombre comercial de "Jardín Casa Fraga", sito en G y Carlos III, La Habana.

1 Propiedad de José F. Fraga.

809- JOSÉ JUNQUERA Y COMPAÑÍA

Almacén de ferretería, locería, efectos eléctricos y materiales de construcción, ubicado en Maceo N° 56, Camagüey. Una de las 9 firmas importadoras de ferretería gruesa que se asociaran para crear la "Aceros Unidos de Cuba S.A." (VER).

1 Su capital social ascendía a $400 000. Propiedad principal de José Junquera López, español nacido en 1916, propietario de fincas, que había heredado el capital de su tío. Otros socios eran Víctor Fernández Vázquez, Martín Irrisare del Pino y Ramón García Rodríguez.

2 Se constituyó en junio de 1952 como continuadora de "Casildo López y Compañía" fundada por Casildo López Hevia, tío del principal propietario actual.

3 Cliente de la sucursal en Camagüey del The Royal Bank of Canada.

810- JOSÉ LUIS BOLINAGA Y COMPAÑÍA

Fabricante de artículos y muebles de aluminio, así como representante de la "Aluminum Limited Sales Inc." para la comercialización de láminas de aluminio, con oficina en la Manzana de Gómez, dto. 549 y con 4 talleres de hojalatería, uno sito en Cepero N° 105, otro en Cepero N° 108, en Desagüe N° 251 y en Pozos Dulces N° 113, todos en La Habana.

1 Era propiedad de José Luis Bolinaga Petuya, quien según el Banco Nova Scotia poseía recursos por más de $500 000.

3 Cliente del "City" y del "Nova Scotia".

811- JOSÉ PY DÍAZ

Comercio especializado en artículos para perros, conocida como "La Casa del Perro", así como fabricante de artículos de piel de cocodrilo, de maletas, maletines

y carteras para documentos, insecticidas, calentadores y otros, sito en Neptuno N°
210, La Habana, cliente del "Nova Scotia".

1 Era propiedadad de José Py Díaz, asturiano nacido en 1896, quien lo operaba bajo su propio nombre.

812- JOSÉ RAFAEL DE POSADA VEGA

Funeraría "San Rafael" sita en 12 N° 352 entre 15 y 17, Vedado, así como funeraria "Moderna, sita en Calzada de Luyanó N° 511-513 entre M.Pruna y R.Enríquez.

1 Ambas eran propiedad de José Rafael de Posada Vega, quien las operaba
bajo su propio nombre. Jorge Rey, casado con su hijastra, la Dra.Lulú Molina
Braña, era el administrador.

Posada era hermano de Luis, cronista social del "Diario de la Marina" y de Joaquín, cronista social de "Avance" y casado con Carmina, hija de Arturo, uno de los
hermanos Beguistaraín Alemán (VER "AZUCARERA CENTRAL RESULTA
S.A., COMPAÑÍA"), haccndados, aseguradores, etc.

813- JOSÉ R. MÍGUEZ

Fábrica de calzado marca "Cordobán", "Bedford Shoe" y "Presidente", sita en San
Salvador N° 535, Cerro, y con tienda para su venta y exhibición en 10 de octubre
N° 287 y en la Sastrería Saratoga y con agencias en toda la República.

1 Era propiedad de José R. Míguez, quien la operaba bajo su propio nombre.

814- JOSÉ SOLAÚN GRENIER

Fábrica de tabaco de la rama de "Partido", sita en calzada de Cerro N° 1260, La
Habana.

1 Era propiedad de José Solaún Grenier quien la operaba bajo su propio nombre.

Solaún pertenecía a una familia de antiguos empresarios en el sector que habían
sido propietarios hasta 1937 de la marca de tabacos "H.Upmann" bajo la razón
social de "Fábrica de Tabacos H.Upmann", presidida por su padre, José Solaún
González, un antiguo almacenista de tabaco y de la cual su hermano, Alfonso Solaún Grenier, era el secretario y Pablo Mejer era director.

Su tío, Francisco Solaún González, tesorero de "H.Upmann", había sido presidente
de la "Unión de Fabricantes de Tabacos y Cigarros" en 1935 y 1936, y, con anterioridad, un fabricante de tabacos sito en Belascoaín N° 34 altos además de poseer
"F. Solaún y Compañía", otra fábrica de tabacos con la marca "Antilla Cubana"
sita en Marqués González N° 10.

815- JOSÉ TORAÑO Y COMPAÑÍA S EN C

Almacén de tabaco, escogedores y exportadores, especializados en capas de partido y en tabacos de San Juan y Martínez y San Luis, ubicado en Reina N° 152, La
Habana.

1 Capital ascendente a $300 000 propiedad principal de José Toraño Gonzá-
lez, español, y sus tres hijos José, Francisco y Luis Toraño Ardavín, quienes controlaban el 85% de las acciones en sociedad con José Menéndez García, miembro
de la familia Menéndez García importante propietaria en el sector (VER "ME-
NÉNDEZ Y GARCÍA"), con el 15% de las acciones. Ambas familias estaban
emparentadas pues Alonso Menéndez García, gerente principal de "Menéndez
García y Compañía"(VER), estaba casado con María Soledad Toraño.

2 Tenía su antecedente en la "Aixalá y Compañía" –fundada por José Aixalá, quien desde años atrás se había trasladado de vicepresidente de "La Tropical"– cuyas pertenencias, negocios y edificio se adjudicara tras ser disuelta en abril de 1935 convirtiéndose José Toraño, con los años, en el principal propietario, mientras Ramón Aixalá, otro antiguo socio, se establecería por su cuenta.

Se constituyó el 8 de mayo de 1935 por Manuel Trelles González, junto con Juan, José María y Santiago Cueto Toraño, así como José Menéndez García, bajo la razón social de "José Toraño y Compañía S en C.". Desde principio de los 40 José Toraño González era el principal accionista con $63 000 y, tras adquirir el 4 de marzo de 1947 las acciones de la familia Cueto Toraño, sus hijos habían entrado como socios colectivos el 28 de marzo de 1948. Finalmente, Manuel Trelles, el segundo de los fundadores que permanecía, se separó de la firma.

3 Sus clientes habituales eran "Cifuentes y Compañía", Romeo y Julieta", "Calixto López y Compañía", "García y Vega", "Cuban Tobacco Compañy" y otros.

Operaba con 3 bancos, con el "Gelats" tenía líneas por $300 000 y con el "Continental " por $900 000. Tenían deudas por más de $1 000 000.

816- JOYERÍA ALASOL S.A., COMPAÑÍA

Joyería "La Esmeralda" con talleres propios y venta además de porcelanas, vajillas y plata fina, sita en San Rafael N° 105, 107, La Habana.

1 Era propiedad de los hermanos Joaquín y Aurelio Soler Climent, presidente y tesorero respectivamente. Joaquín era además presidente de "Soler Motors S.A.", agencia distribuidora de los autos marca "Austin".

2 Había sido fundada en 1880. Hasta 1956 había estado bajo la firma de "Segundo Menéndez y Compañía", propiedad de los hermanos Francisco y Segundo Menéndez Fernández y Francisco Pujol Antich y, con anterioridad, durante los años 20 había pertenecido a "Barbazán, Pujol y Cao".

817- JOYERÍA HERMANOS PONTE S.A.

Almacén, taller y tienda de joyas con el nombre comercial de "Topacio", sito en Águila N° 463, La Habana, cliente del "Nova Scotia".

1 Era propiedad de Alejandro Ponte Pazos.

818- JOYERÍA LE PALAIS ROYAL S.A.

Joyería y objetos de arte, conocida como "Le Palais Royal", ubicada en Obispo 402.

1 Propiedad de José Fernández Fernández en sociedad con la familia Fernández Villasuso y Fernández de la Concepción.

2 La joyería se había fundado en 1891 por los hermanos José Ramón y Diego Fernández en sociedad con Fidel Villasuso bajo la razón social de "Fernández Hermano y Compañía".

Los propietarios actuales eran descendientes de estos fundadores, habiéndose casado algunos entre ellos. Así, Diego y José Fernández Villasuso casaron respectivamente con sus primas, las hermanas Isabel y Carlota Fernández de la Concepción. Belica, hija de los primeros, estaba casada con Jorge Celorio de Sena, de la familia propietaria de la "Empresa del Agua de la Fuente de Sancti Spíritus"(VER).

Tras el fallecimiento el 23 de agosto de 1949 de José R. Fernández de la Concepción, su gerente, presidente de la "Asociación de Comerciantes y Banqueros de la Calle Obispo", se había constituido la firma actual el 4 de mayo de 1950 para operar el anterior negocio "Fernández y Compañía" que era de los mismos socios.

3 Su situación era en extremo precaria desde mediados de los 50 debido a la mala administración, a conflictos entre los propietarios, a mercancías anticuadas y a la declinación de la zona comercial donde se encontraba. Los proveedores le suprimieron el crédito. El Banco Gelats, que era su acreedor por $30 000 desde 1950 sin saldar, medió entre ellos, retirándose algunos y otros abandonaron la administración que mejoró algo.

819- JUAN FRANCISCO BRAVO GARCÍA
Funeraria con el nombre comercial de "Bernardo García", sita en Zanja Nº 415.

1 Era propiedad de Juan Francisco Bravo García, quien la operaba bajo su propio nombre.

2 Había sido fundada en 1925.

820- JUAN S. ELIAKIM CANETTI
Fábrica de galletas marca "La Balear", con 85 trabajadores ubicada en Enna Nº 612 y 614, Luyanó.

1 Propiedad única de Juan S. Eliakím Canetti, natural de Austria, que la operaba bajo su propio nombre y era propietario también de otra fábrica de galletas (VER "GALLETERA CUBANA S.A.").

2 Fundada originalmente como panadería en 1865 por los españoles Jaime Colón, catalán, y Juan Montaner, de Ibiza en Las Baleares, se amplió como galletería en 1868 con la entrada de Miguel Oliver Gamunde. Su propietario actual la adquirió de Benjamín García en 1935, trasladándola para su local.

3 Había instalado equipos modernos en 1958 para hacerle frente a la competencia de la importación. Sus activos fijos ascendían a $333 990, sus ventas en 1957 aumentaron en un 28% y tenía utilidades por $37 554.

El BANFAIC le concedió financiamientos por un total de $205 000, de los que los primeros $135 000 se los aprobó en 1955 y posteriormente en diciembre de 1956 le adicionó otros $70 000, dstinados a la adquisición de nuevo equipamiento para ampliar la producción con nuevas variedades de galletas que se importaban .

821- JUNCO Y COMPAÑÍA
Almacén de tabaco en rama al por mayor ubicado en Lealtad 1013, en La Habana, que era uno de las mayores en su giro.

1 Era propiedad de José A. Junco Rodríguez.

3 La mayoría del tabaco lo vendía a la "Consolidated Cigar Corporation". Tenía amplios créditos en el "Royal Bank of Canada" con más de $1 500 000.

822- J. ARECHABALA S.A.
Constituía un gran complejo fabril con plantas de confituras, de levadura y de sirope; otras producciones derivadas del azúcar como la 4ª refinería azucarera, la 11ª destilería, una fábrica de varios licores; almacenes de azúcar, terminal marítima,

astilleros, servicio de cabotaje y, por último, eran además corredores de azúcar en el mercado mundial, situados en Cárdenas y con oficina en Edificio Arechabala en Cárdenas, Matanzas, en Santa Clara y en San Ignacio Nº 61, Plaza de la Catedral, La Habana.

Producían anís, aguardiente, crema, conac y ginebra con la marca "Arechabala", conac marca "Relicario" y "Tres Arbolitos", el ron marca "Havana Club" y eran representantes del whisky "Chivas Regal" y "Martin's V.V.O." y otras bebidas de importación.

1 Propiedad de la familia Arechabala quienes también eran propietarios del central "Progreso"(VER "AZUCARERA PROGRESO S.A., COMPAÑÍA"). Estaba presidida por José M. Arechabala Arechabala y el vicepresidente y el vicetesorero eran Luis Prat Barri y José G. Malet Arechabala respectivamente.

2 José Arechabala Aldama, nacido en Gordejuela, Vizcaya, el 9 de noviembre de 1847 y fallecido el 15 de marzo de 1923, había llegado a La Habana el 21 de septiembre de 1862 comenzando a trabajar en Matanzas con un familiar suyo. Julián de Zulueta, Marqués de Alava, lo nombró en 1873 su apoderado debido a lo cual se traslada a Cárdenas donde estaban los negocios de aquél, hasta que en 1878 se establece por cuenta propia con La Vizcaya, una destilería de alcohol, en 1903 en la refinación del azúcar y en 1917 comienza a exportar azúcar.

Arechabala perdió y rehizo su fortuna más de una vez, dotó a Cárdenas en los finales de la década de los 10 de un Teatro que lleva su nombre y era presidente de Honor de la Colonia Española de esta ciudad. Había sido propietario de la "Fábrica de Gas de Cárdenas", constituida el 13 de mayo de 1857, presidida por Carlos Cruzat, para el suministo del gas para el alumbrado público inaugurado el 1º de febrero de 1859 en 187 farolas

Después de su muerte en 1923 lo sucederá su sobrino y yerno José Arechabala Saiz, quien fallece al año siguiente, siendo sustituido por varios directores.

Carmen Arechabala Hurtado de Mendoza, hija del fundador, viuda de José Arechabala Saiz y madre de José Arechabala Arechabala, es designada presidenta en 1948 hasta 1953 en que es sustituida por José Fermín Iturrioz, relacionado con la firma desde 1926 y quien en realidad la dirigía desde hacía 20 años pues estaba emparentado con la familia.

Hasta 1958 serían propietarios también del central "Porfuerza"(VER "AGRÍCOLA INDARRA S.A.") que habrían perdido a favor de José Fermín Iturrioz.

Hasta la separación su actual presidente había sido entonces el vicepresidente junto con otros familiares como Mercedes y Juana Arechabala Hurtado de Mendoza, Ramón Arechabala Torrontegui y Juan Antonio Malert Arechabala. José Fermín Iturrioz, Fermín Llaguno Luja, Cornelio Lartitegui Achirica, quienes se separaran, junto con el Dr.Teodoro Iturrioz Llaguno, eran entonces también vicepresidentes.

3 Había incrementado en los últimos años de los 50 las ventas de azúcar al mercado mundial adjudicadas por el ICEA a los corredores, con 44 624 Tn en 1957, el 4º en importancia

La firma tenía relaciones antiguas con 2 importantes figuras del régimen de Batista: con Santiago Verdeja, Ministro de Defensa, y con Fidel Barreto, ministro de Agricultura, quien habia sido administrador de los 2 centrales de la familia y del

Washington comprado por Batista. A las actividades de la empresa acostumbraban a asistir personeros del gobierno, incluyendo a Andrés Domingo Morales del Castillo en el período que fungió como Presidente de la República.
Cliente del "City" y del "Chase".

823- J. BARQUÍN Y COMPAÑÍA

Fábrica y almacén de sombreros, sito en Aguiar N° 602, que era distribuidor exclusivo de los sombreros "Stetson" producidos por "John B. Stetson Company" de Filadelfia, EE.UU.

1 Era propiedad de José Barquín Setién, vicepresidente II de la Junta Directiva de la "Cámara de Comercio de la República de Cuba" en 1958.

3 Cliente del "Gelats".

824- J. B. DÍAZ Y COMPAÑÍA S EN C

Almacenista y exportador de tabaco en rama, ubicado en Prado N° 265, La Habana, que era uno de las más importantes en su giro.

1 Propiedad de Juan B. Díaz Cuervo quien era su gerente principal, en sociedad con Rosendo Pérez de la Cueva, Antonio Taño González y Ramón de la Vega Cortés, todos los cuales, junto con su hijo Juan B.Díaz, eran gerentes.
Juan B.Díaz había sido electo en enero de 1935 y en mayo de 1936 como presidente del "Centro Asturiano" y había sido además vicepresidente de "Petrolera Nacional de Motembo S.A." en marzo de 1939.

2 Fundada en 1877 por Bruno Díaz Martínez, había adoptado en 1925 la actual razón social, modificando la anterior de "Díaz y Compañía". En el pasado habían sido además distribuidores de abonos para tabaco.

3 La mayor parte de las veces vendía a la "Havana Tampa Company" de Tampa el tabaco que compraba a los cosecheros en el momento en que aquella le firmaba los pedidos.
Su situación financiera era ampliamente satisfactoria. Los índices de solvencia, de liquidez y de capital eran favorables y su capital líquido de $780 000 y el de trabajo de $770 000 eran suficientes.
Cliente del Banco de Nova Scotia desde 1915. Gozaba de un amplio crédito de más de $800 000 para la compra-venta y exportación de tabaco que en ocasiones era mucho más elevado.

825- J. GALLARRETA Y COMPAÑÍA S A.

Almacén de víveres finos, vinos y licores, sito en Mercaderes N° 113, La Habana. Era distribuidor del ron "Matusalem" fundado en 1872 en Santiago de Cuba, sita en J.A.Saco N° 65 en esta ciudad donde se producía.

1 Su gerente era Juan Comella Taltavull, quien también era consejero suplente desde febrero de 1958 de la Junta de "Nueva Fábrica de Hielo S.A."(VER), fábrica de cerveza "Cristal".

2 Había sido fundado en 1890.

3 Cliente del Boston y del "Gelats".

826- J. GARCÍA Y COMPAÑÍA S.L.

Tostadero de café con locales en E.José N° 201, en P.Lombida N°172 y en Libertad N° 12, todos ubicados en Camagüey y en Benavides N° 2 en Florida.

1 Los hermanos Faustino y Manuel García Fernández, ambos ganaderos, eran socios de la firma.

3 Tenía un pasivo corriente elevadísimo, mayor que su activo corriente. Tenía deudas por más de $250 000 con el Banco Nova Scotia, sucursal de Camagüey, desde 1949.

827- J. MIERES Y COMPAÑÍA
Tienda de camisería fina, sita en San Rafael Nº 54.

1 José Mieres era su gerente.

828- J. NOVAL S. EN C.
Una de las principales importadoras y mayoristas de víveres así como representante del arroz "Elefante", ubicada en la Carretera Central y Vía Blanca, La Habana.

1 Propiedad principal de José Noval, quien era el gerente, en sociedad con Manuel Suárez Ramos, José Suárez, Jesús Trillo, quienes eran socios comanditarios y José de San Martín, Cecilio Onis y con José Noval hijo, quienes eran apoderados. Este último estaba casado con Blanquita, hija de Esteban Peláez, co-propietario de la "Peláez Pírez S.A., Importadores y Exportadores" (VER), otra de las grandes casas de víveres.

2 Se había fundado en 1912 como almacén de víveres bajo la razón social de "Suárez y López" variando en 1922 para "Suárez, Ramos y Compañía" hasta 1945 en que adquirió su nombre actual. Noval había entrado como apoderado de la primera de las firmas .

3 Fuerte cliente del Banco Boston con promedio de préstamos que llegaban hasta $930 000, habiendo recibido en oportunidades más de $1 400 000.

829- J. Z. HORTER COMPANY S.A.
Almacenista de efectos eléctricos, radios y refrigeradores, ferretería, maquinaria agrícola e industrial y de refrigeración y aire acondicionado, sita en Obispo Nº 61, La Habana.

1 Estaba presidida por el norteamericano William A.Powe (VER "POWE EQUIPMENT COMPANY"), quien también tenía otros intereses comerciales.

2 La "Casa Horter" había sido fundada por el norteamericano J. Z. Horter, quien entre los fundadores en 1919 de la "Cámara de Comercio Americana de Cuba" era el único que aun permanecía en Cuba.

3 Cliente del "City" y del "Royal".

830- KABA Y HERMANOS S EN C

Fábrica de sábanas, fundas, confecciones para caballeros y niños, con la marca "Kaba", así como almacén de tejidos y similares, sito en Muralla Nº 368, La Habana, que era cliente del "Trust" y del "Royal".

1 Era propiedad de Wajih Kaba Jata quien junto con un grupo de empresarios del giro, entre ellos Almunueña y otros, gestionó la compra de "Textilera San José"(VER), que había estado cerrada de 1954 a 1956 debido a las dificultades del sector y los conflictos obreros.

831- KAWAMA BEACH CLUB

Un hotel de cabañas individuales de tipo rústicas y centro de recreación, sito en el reparto "Kawama" en la playa de Varadero.

1 Propiedad del Coronel del Ejército Libertador Eugenio Silva Alfonso, quien fuera uno de los principales promotores de la urbanización de la playa de Varadero, donde era propietario de grandes extensiones.

2 Construyó el hotel en un inicio con 4 cabañas donde tenía el plan de edificar una escuela en una extensión de 3 caballerías de tierra que reservara para tal propósito a finales de 1933.

El Coronel había sido uno de los mayores propietarios de terrenos en Varadero, donde también en esa época había fomentando el reparto "Kawama", el más importante de los que entonces se desarrollaran destinado a las clases altas cubanas dando comienzo en esa época a una febril especulación de terrenos en el balneario. Más tarde, junto con su hijo Jorge P.Silva Giquel, había vendido su finca "Kawama" al BANDES, la que había pasado después fraudulentamente a la propiedad de Batista.

Silva había sido militar y uno de los socios del central Pilar, demolido en 1932, y del cual también eran propietarios el Mayor General Mario García Menocal y el General Eugenio Sánchez Agramonte, también con $150 000.

832- LABORATORIOS BUZZI

Laboratorio clínico, químico y biológico, sito en Ave 45 N° 10 411 entre 104 y 106, Marianao.

1 Era propiedad del médico y farmacéutico Dr. Julio Buzzi Zayas.

833- LABORATORIOS CUBAGUT S.A.

Fábrica y ventas de suturas y guantes quirúrgicos ubicado en calle 23 N° 751, Vedado, La Habana.

1 Capital emitido ascendente a $12 000 siendo propiedad principal del Dr. Pedro A. Jiménez Ojeda, médico cubano nacido en 1919, con $11 000. Los otros propietarios eran la Dra. Fabiola Costales Llunch, su esposa, también médico, y el Dr. José D. Couril.

2 Se constituyó el 20 de abril de 1953.

834- LABORATORIOS DESODORANTE ASEOL

Productora del desodorante marca "Aseol", sito en B N° 718, Vedado.

1 José Antonio Prieto Romañach, químico farmacéutico, era su presidente y propietario.

835- LABORATORIOS DR. A. MURAI

Laboratorio de especialidades farmacéuticas, biológicas y opoterápicas, fabricantes de insecticidas y desinfectantes y representante y distribuidor de productos farmaéuticos, sito en F N° 303 entre 13 y 15, Vedado, cliente del "Trust".

1 Era propiedad del Dr. Andrés Murai Gyori, médico.

836- LABORATORIOS DR. DOMINGO PLASENCIA S.A.

Laboratorio de productos farmacéuticos y biológicos, productor de estas especialidades, ubicado en Central N° 26 entre Conill y Tulipán, La Habana.

1 Propiedad del Dr. José R. Plasencia Pérez, quien se separara a comienzos de los años 50 del "Laboratorio Vieta Plasencia S.A." (VER).

3 Cliente del "Industrial Bank".

837- LABORATORIOS EMBIL

Laboratorio "Embil" para la preparación de productos farmacéuticos, sito en 78 N° 1706, Marianao

1 Era propiedad de Juan Embil Bollada, farmacéutico, quien había estado en el pasado asociado al Dr. Enrique Llanio en un laboratorio bajo la razón social de "Llanio y Embil".

838- LABORATORIOS GEDEON RICHTER DE CUBA S.A.

Laboratorio de especialidades farmaceúticas, en especial hormonas, ubicado en calle 21 N° 758, Vedado.

1 Tenía un capital suscrito por $60 000 y era propiedad de la "Gedeon Richter de América S.A.", constituida en 1934 en México con un capital de $1 480 000 mexicanos. Se había establecido originalmente en Hungría emigrando a México tras la Revolución Socialista.

La mayoría de los accionistas eran extranjeros siéndolo a su vez de la casa principal. Marcel Revesz, húngaro residente en México, era su presidente, siendo el resto de los accionistas los húngaros Esteban Winkler y Eugenio Kish. Ernesto Fernández de Lara era su presidente en Cuba.

2 Se constituyó en Cuba el 18 de abril de 1950. Recibía buena parte de sus mercancías de la casa principal en México y producía en Cuba otras. Contaba con 14 viajantes vendiendo directamente a médicos, droguerías y farmacias.

3 Tenía gastos de venta de administración muy altos aunque las ventas iban en aumento desde los años 50 pasando de $50 000 a $118 000. Tuvieron utilidades netas en 1954 de $9 941. Solicitaron al BANFAIC financiamiento por $100 000 que fue denegado.

839- LABORATORIOS GIOL S.A.
Laboratorio de productos farmacéuticos, con 71 trabajadores, ubicado en Correa N° 258, Santos Suárez, La Habana. Era el 7° mayor por el número de sus trabajadores.

1 Propiedad principal del Dr. en Farmacia Orlando de la Gándara Peña, cubano nacido en 1908 quien era su presidente y su fundador. Evelio García Pereda era el vicepresidente y Emilia Gorjón Losa había sustituido a María Teresa Pentón, esposa del presidente, como la tesorera.

2 El laboratorio se había fundado en 1936 y la firma se había constituido el 17 de mayo de 1941 como "Productos Giol S.A." adoptando su razón social actual en junio de 1954.

3 Sus activos se habían elevado de $122 000 en 1941 a alrededor de $200 000 en 1955 y sus ventas de $137 000 a $290 000. Tenía dificultades económicas y había acudido a la Bolsa para vender 2 000 acciones preferidas de $100 cada uno sin mucho éxito. El BANFAIC le otorgó financiamiento el 4 de diciembre de 1954 por $34 000.

840- LABORATORIOS GRAVI S.A.
Fábrica de pasta dental "Gravi" que constituía el 25 % de su producción, jabón de tocador con el 50 %, jabón de lavar "Rina", cosméticos, perfumería y productos de tocador, con 254 trabajadores, ubicada en Enrique Villuenda, Jovellanos, Matanzas y con oficina en 26 y Kohly, Nuevo Vedado, La Habana. Era la mayor vendedora de pasta dental sobrepasando sus ventas al total de la de los competidores.

1 Propiedad principal de José Manuel Cubas Herreras, su presidente, y Angélica Muñoz, viuda de López Trelles, su fundador. Mario Cubas Herrera, hermano del presidente, y Angélica Muñoz y sus hijos Almiro y Raúl López Muñoz, eran todos vicepresidentes. Thomas F. Turull (VER "THOMAS F. TURULL S.A., COMPAÑÍA") tenía acciones valoradas en $12 875.

2 Ignacio López Trelles, quien la fundara en 1927, era propietario de una farmacia en Jovellanos donde había comenzado a producir pasta dental a partir de 1934 hasta 1937 en que falleciera y fuera entonces sustituido por Cubas. Se constituyó el 12 de octubre de 1943 al transformarse en sociedad anónima, siendo con anterioridad una sociedad regular colectiva desde el 12 de marzo de 1932.
El 30 de agosto de 1950 comenzaron la construcción de su oficina en Nuevo Vedado. Tenía su propia publicitaria, la "Publicitaria Siboney"(VER). Planeaba la construcción de una fábrica en Colombia. Desde mediados de 1957 tenía en proyecto la instalación de una planta de detergente a partir de los derivados de ésteres de sucrosa de la caña, valorada en $1 500 000, para la que solicitaron al BANDES financiamiento el 15 de octubre de 1956, sin haberse logrado.

3 Tenía activos totales por cerca de $4 000 000, capital y superávit de alrededor de $2 000 000 y sus ventas aumentaban progresivamente habiéndose elevado de $2 700 000 en 1950 a más de $6 000 000. Su jabón de lavar Rina estaba desplazando a la competencia. Sus utilidades netas habían llegado ya en 1938 a $72 687, en 1945 superaron los $100 000 y en 1951 los $200 000.

Una de las industrias de capital cubano que registró en pocos años uno de los mayores progresos partiendo de un origen modesto en una localidad pequeña del interior del país.

Cliente del "The Chase Manhattan Bank" con crédito por cerca de $500 000.

841- LABORATORIOS G. R. 2 S.A.

Laboratorio de especialidades farmacéuticas sito en 9 Nº 261, Vedado.

1 Argimiro Rodríguez Herguedas era su presidente y Armando Herrera Sotolongo, el vicepresidente.

2 Se constituyó en 1947 pero se paralizó en 1954.

842- LABORATORIOS JAGUTIER

Laboratorio y representante de los perfumes "Lucien Lelong", con oficina en 5ª Ave, Miramar.

1 Era propiedad de Jack Gutiérrez de Celis, tío político de Severiano Jorge Cepero (VER "TABACALERA SEVERIANO JORGE S.A.").

843- LABORATORIOS JOVER

Laboratorio de análisis clínico, sito en Edificio Anter, I Nº 506 entre 23 y 25, Vedado.

1 Era propiedad del Dr. Antonio Jover González.

844- LABORATORIOS KUBA S.A.

Laboratorio productor de especialidades farmacéuticas, sito en 5ª Ave Nº 9002 esq. a 90, Miramar, el cual era cliente del "Núñez" y del "Chase".

1 Era propiedad de los hermanos Pedro y Juan Bautista Kourí Esmeja, en sociedad con el Dr. José G. Basnuevo Artiles, todos médicos y profesores de la Universidad de La Habana.

Juan Bautista era padre político de Raúl Roa García, antiguo dirigente del "Ala Izquierda Estudiantil", profesor y Decano de la Escuela de Ciencias Sociales y futuro Ministro de Relaciones Exteriores después de 1959; de Piro Pendás; de René Pelleyá Ortiz, tesorero y socio propietario de "Minas Rimosa de Cuba S.A."(VER), así como del Dr.Gustavo Torroella.

845- LABORATORIOS LEDERLE

Laboratorio de especialidades farmacéuticas, sito en O Nº 157, Vedado.

1 Era propiedad de "American Cyanamid Company", sita en 30 Rockefeller Plaza, Nueva York, productora de productos veterinarios. Julio Porro era su gerente en Cuba.

846- LABORATORIOS LEX S.A.

Un laboratorio productor de especialidades farmacéuticas, dietéticas y biológicas, y para uso veterinario, así como del chocolate en polvo "Polyvimil", con 100 trabajadores, siendo el 5º por el número de éstos, sito en Hacendado, en Rincón de Melones S/N, Luyanó.

1 Era propiedad del Dr. José Antonio López Serrano (VER "CULTURAL S.A."), propietario de variados intereses en librerías, hoteles, canteras, torrefactoras.

3 Había sido ganador de varios premios en exposiones ganaderas en 1944 en Bayamo y en 1945 en Guáimaro.

847- LABORATORIOS LINNER-ZAYAS CORO

Un laboratorio productor de especialidades farmacéuticas, dietéticas y biológicas, con 116 trabajadores siendo el 3° por el número de éstos, sito en Campanario N° 362, La Habana.

1 Era propiedad de los médicos Constantino Zayas Tristá, que era su director, y de Armando Coro de la Cruz, quien había sido Ministro de Salubridad.

848- LABORATORIOS NODARSE S.A.

Laboratorios de especialidades farmacéuticas, biológicas y opoterápicas, sito en Consulado N° 206, La Habana, cliente del "Trust".

1 Era propiedad de los hermanos Dr. Antonio y Dr. Oscar Nodarse Nodarse, quienes eran sobrinos del Gral. del E.L. Alberto y del Cnel. del E.L. Orencio Nodarse Bacallao, éste último presidente del Instituto Cubano del Turismo en 1958.

849- LABORATORIOS O.K. DE CUBA S.A.

Laboratorio productor de medicamentos, sito en Monserrate N° 566, La Habana.

1 Era propiedad de Jorge Gómez Plata, su administrador-gerente.

2 La firma se había originado en Colombia donde se mantenía una filial como "Laboratorios Gómez Plata", un laboratorio de producción del medicamento "O.K.Gómez Plata". En el pasado había estado instalado en Galiano y San Lázaro.

850- LABORATORIOS PANCAR S.A.

Laboratorio de especialidades farmacéuticas, biológicas y opoterápicas que además producía ámpulas de vidrio para sueros y tintas para imprenta, litografías y sacos de azúcar y exportaba, junto con los anteriores, glicerina y desinfectantes, el cual estaba en Calzada de Puentes Grandes N° 2621, Marianao.

1 Era propiedad del Dr. Miguel A Santos Buch, médico, que era su presidente-director y vocal de la "Cámara de Comercio de la República de Cuba" en 1958.

3 Tenía representantes en República Dominicana, El Salvador, Nicaragua, Venezuela, Colombia y Ecuador. Era cliente del "Trust", del "City" y del "Industrial".

851- LABORATORIOS PARKE DAVIS DE CUBA S.A.

Laboratorio de especialidades farmacéuticas, biológicas y opoterápicas, droguería y fabricante de jabón, sito en 20 de mayo N° 540, La Habana, cliente del "Royal".

1 Era una filial de casa norteamericana, cuyo gerente en Cuba era Pedro Guernica de Roux.

852- LABORATORIOS PFIZER S.A.

Fabricantes de alimentos para aves y ganado, de insecticidas y fungicidas, almacenistas para la industria alimenticia, laboratorio de especialidades farmacéuticas y droguería, ubicada en San Rafael y Espada, La Habana.

1 Era filial de la firma norteamericana "Chas Pfizer & Company", la mayor productora de antibióticos del mundo, fundada en 1847, con una planta principal en Brooklyn y otras en Indiana y Conneticut.

Salvador Bonilla Sosa, médico cubano, era su director-gerente en Cuba y para el área del Caribe. Bonilla era rotario, Instructor de Patología Quirúrgica de la Universidad de la Habana, graduado de Doctor en Filosofía, Medicina y Cirugía de las Universidades de Cincinnati y la Habana y había sido catedrático de Literatura en la Universidad Xavier durante 4 años así como Presidente del Patronato de la Orquesta Sinfónica .

2 La firma se había establecido en Cuba en 1952, siendo desde entonces Bonilla su gerente y, debido a la aceptación del mercado, se expandió con rapidez inaugurando su nuevo local el 18 de agosto de 1953.

3 Cliente del Chase National Bank of the City of New York.

853- LABORATORIOS VIETA-PLASENCIA S.A.

Laboratorio de especialidades farmacéuticas, biológicas y opoterápicas, con 113 trabajadores siendo el 4° por número de éstos, ubicado en Reina N° 310, La Habana, cliente del "Royal". Estaba entre los llamados laboratorios de "especialidades" o sea los que producían fórmulas y tenían distribuidores de las líneas más comunes.

1 Propiedad del Dr. Ángel Vieta Barahona. Fue condecorado con la "Orden del Mérito Comercial en noviembre de 1950.

2 Había sido fundado durante la década de los años 10 como "Laboratorios Leonel Plasencia", por el médico Leonel Plasencia Montes, catedrático de Microscopia y Química Clínica en la Universidad de La Habana, quien trabajara en la Clínica de Diagnóstico fundada en 1919 por Luis Ortega, junto con Montoro, García Marruz, Pedro Castillo y otros, el cual organizara, en unión de Enrique y Emilio Martínez, el primer laboratorio clínico que existió en Cuba.

Tras su fallecimiento, a mediados de los 20, la razón social continuaría por un tiempo bajo la dirección del Dr.Rafael Plasencia en la calle Amargura N° 59, mientras el antiguo laboratorio, que permaneció en su mismo local, se convirtió entonces en la firma "Vieta y Plasencia", en sociedad con el Dr. José R. Plasencia, quien se separara a comienzos de los años 50 y fundara el "Laboratorio Dr. Domingo Plasencia S.A."(VER).

854- LAMBORN, CRAIG & COMPANY

Corredor de azúcar e importador de sacos para envases de azúcar, con oficinas en Aguiar N°367, dpto. 218-223, La Habana, cliente del "Royal", "City", "Chase", "Boston".

1 Filial de la casa norteamericana "Lamborn & Company Incorporated", presidida por Mr. Ody H. Lamborn. Francisco Pons Barraqué era su gerente en Cuba.

2 Fundada en 1912 en La Habana por Charles Church Riggs II quien fuera su vicepresidente así como presidente de la casa matriz de 1935 a 1957 en que falleciera en New Jersey.

A partir del 3 de septiembre de 1940 operaron con la razón social de "Lamborn, Riggs & Company" sustituyendo a la disuelta "Lamborn, Hutchins & Company" bajo la Gerencia de Satunirno Ullivarri hasta su fallecimiento el 2 de agosto de 1949 en que fuera sustituido por Alberto Rodríguez Gordon y Rodolfo Valiente Lara, antiguo apoderado, quien se le ascendiera a vicepresidente de la casa en Nueva York con residencia en La Habana.

3 Había incrementado en los últimos años de los 50 las ventas procedentes del ICEA a los corredores con 105 000 Tn en 1956.

855- LÁMPARAS LA NEW YORK
Fábrica y venta de lámparas sita en Galiano N° 209, La Habana.

1 Propiedad de Juan Miguel Fernández y sus hijos Miguel Ángel y Adalberto.

2 Se fundó en 1916 como un comercio de efectos eléctricos, juguetes y otros artículos, comprando en 1927 una antigua fábrica de lámparas donde instalaron la actual.

856- LÁMPARAS QUESADA INDUSTRIAL S.A.
Fábrica de lámparas y otros objetos para el hogar, en Espada N° 261 esquina a Animas, con 120 trabajadores, así como venta de sus productos bajo la razón social "Lámparas Quesada S.A" en Infanta y San Lázaro y sucursales en las capitales de provincia y en el extranjero.

1 Propiedad de Ildefonso Quesada López-Chávez, su presidente.

2 Fue fundada en Santiago de Cuba por su actual propietario el 20 de abril de 1923, quien la trasladó para La Habana en 1928, y abriera casas en Panamá en 1936, en Venezuela en 1947 y en República Dominicana y Puerto Rico en 1950.

3 Tenía adeudos estáticos por más de $200 000 con el Banco Núñez. Se estimaba incompetente a la dirección de la empresa.

857- LASO, ZORRILLA Y COMPAÑÍA
Fábrica de acumuladores marca "Laso", sita en Calzada de Luyanó N° 870.

1 Era propiedad de Eugenio Zorrilla Cuevas, su gerente, en sociedad con Laso. Zorrilla estaba casado con María, hermana de Víctor E. Citarella Pennnino, propietario de "Pennino Marble Company S.A."(VER), un almacén y elaborador de mármol y granito.

2 Con anterioridad a 1958 la firma operaba bajo la razón social de "Baterías Eléctricas S.A.".

858- LAS DELICIAS DEL CARMELO
Restaurant, panadería y dulcería entre las más selectas, con el nombre comercial de "El Carmelo", sito en Calzada y C, Vedado.

1 Propiedad de Luis Pérez López.

859- LAURENCE H. DANIEL S.A.
Fabricante de elevadores y de maquinaria industrial, de filtros y aparatos de tratamiento de agua y vapor, así como almacenista de instrumentos industriales y representante de fábricas, cliente del "Boston" y del "Royal".

1 Era propiedad de Lorenzo Daniel Butler.

860- LAURENCIO GONZÁLEZ Y COMPAÑÍA
Almacenista de víveres y refacción a colonos.

1 Era propiedad de Laurencio R. González Becerra y Gerardo Vázquez Alvarado, quienes eran sus gerentes.

Vázquez era miembro del Consejo de Directores del "Banco de los Colonos"(VER) y además presidente y propietario de "Maquinarias Agrícolas S.A., Compañía"(VER), una colonia de cañas, así como gerente y copropietario de "Gerardo Vázquez y Compañía" (VER), otra colonia.

3 Tenía una situación excelente según los índices de solvencia y liquidez, su capital líquido era de más de $100 000 y el de trabajo de alrededor de $110 000.

861- LAVIN DISTILLERY COMPANY INCORPORATED

Destilería productora de licores marca "Lavín" y de alcoholes, así como representante de marcas extranjeras, sita en Zequeira Nº 335, La Habana, que era cliente del "Gelats", del "Trust" y del "City".

1 Era propiedad de Severino Lavín Setién.

862- LAVÍN HERMANO Y COMPAÑÍA

Fabricante y almacenista de sombreros, sita en Villegas Nº 437, La Habana, cliente del "City".

1 Era propiedad de Ramón Lavín Allende en sociedad con sus hermanos, quienes también eran propietarios de "Ramón A.Lavín y Hermano"(VER), que poseía 2 fábricas de colchones, así como de varios comercios para su venta y otros accesorios.

863- LA ALIANZA

(VER "GODOY SAYÁN, OFICINA ASEGURADORA DE CUBA")

864- LA AMBROSÍA INDUSTRIAL S.A.

Fábrica de dulces y confituras, de chocolates, galletas; conservas y jugos de frutas, dulces en almíbar y en conservas; embutidos, tasajo, jamones; fideos, macarrones y pastas, con la marca "La Ambrosía" y con 300 trabajadores, ubicada en Buenos Aires Nº 213, La Habana. La 2ª en importancia en el giro, detrás de "Cuba Industrial y Comercial S.A." (VER).

1 Propiedad de Andrés Carrillo González de Mendoza (VER "INTERNACIONAL DE ENVASES S.A., COMPAÑÍA"), quien poseía otros intereses en el sector fosforero y en la industria de envases.

2 La fábrica había sido fundada en el año 1852 por José Gómez del Real como elaboradora de conservas de frutas que en 1900, al ingresar Felipe Fernández Caneja –quien estaría a su frente durante años–, se ampliara como productora de chocolates, galletas, pastas de trigo, harina y refinado de azúcar. Se trasladaría en 1912 de su antiguo local en la calle Sol para su actual ubicación.

En los años 20 estaba valorada en $1.5 millones, siendo propiedad de 8 accionistas: Ignacio González, presidente; Antonio Fernández, vicepresidente; Fernando G. Carratalá, secretario; Dr. Víctor I.González, tesorero; Antonino Fernández, director y Manuel Reguero, Martín Fernández y Ramón Servido quienes eran vocales.

3 Confrontaron dificultades desde 1953. Se estimaba por el Ministerio del Trabajo que se encontraban al borde de la quiebra. En 1958, tras su reestructuración con nuevos empresarios, instalaron equipos modernos con el propósito de competir con la importación que estaba arrebatándole el mercado a las productoras nacionales, tal como en igual época hicieran las firmas cubanas "Cuba Industrial y Comercial S.A."(VER), "Industrial Siré S.A." (VER) y "Juan S. Eliakin"(VER).

Cliente de The Royal Bank of Canada hasta 1951 en que trasladaron sus negocios para el Banco Continental con una línea de $110 000.

865- LA ANTILLANA, COMPAÑÍA COMERCIAL Y DE CRÉDITO S.A.
Almacén de maquinarias e implementos agrícolas, refrigeración y aire acondicionado, con sucursales en las capitales de provincia y otras localidades, sita en el Km 7 de la Doble Vía de Rancho Boyeros, que era cliente del "City", del "Continental" y del "Agrícola e Industrial".

1 Era propiedad de Paul M. Heilman, norteamericano, quien era además Cónsul General de Finlandia, presidente de la Cámara de Comercio Cubano Americana y ex- presidente del "Club Rotario de La Habana".

866- LA CAÑERA, COMPAÑÍA DE SEGUROS S.A.
Firma dedicada a los seguros de accidentes del trabajo de los obreros del sector azucarero, sita en Aguiar N° 360, tercer piso, La Habana.

1 Sus propietarios y dirigentes eran Laureano González Álvarez, Gastón Godoy Loret de Mola y Francisco Panceira Fiffe, quienes eran accionistas principales y ejecutivos del "Banco de los Colonos"(VER) y ejercían aquí la función de presidente, vicepresidente y tesorero respectivamente.

Formaban parte también como consejeros de su Junta, los también propietarios y ejecutivos del "Banco de los Colonos" Guillermo González Cárdenas (VER "FOMENTOS DE MINERALES CUBANOS S.A.", Felipe Godoy Loret de Mola (VER "CAYO DEL MEDIO S.A.") y Amado Aréchaga (VER "CUBANA, COMPAÑÍA"), así como Bernabé Sánchez Culmell (VER "CENTRAL SENADO S.A."), Ramiro Areces González del "Banco Areces (VER), Gabriel Mouriño Bello, Ricardo Eguillior Vinent y Joaquín Calcines Guevara. Actuaba como director Carlos R. Fux y como vicetesorero y sub-director Raúl Du Breuil.

Laureano González estaba relacionado desde principio de los años 40 con Gastón Godoy Agostini, presidente y principal accionista tanto en esta firma como en el Banco de los Colonos, y de ésta última había sido miembro de su Consejo de Dirección desde 1952 y su vicepresidente 2° desde 1954. Poseía variados intereses: "Territorial González S.A." ($279 000), "Compañía Agrícola González Cárdenas" ($50 000), "Banco de los Colonos" ($22 000), "Servicio de Autos de Barredera ($8 000), "Departamento Comercial de Nicaro" ($30 000), "La Cañera, Compañía de Seguro" ($31 000), "Finca Hermanos Pilón en Antillas" ($50 000), "Acueducto de Banes S.A." ($14 000), "Compañía Eléctrica de Banes" ($12 500) y "Trans Cuba" ($1500).

Su hijo Rafael Laureano González Cárdenas era también uno de los principales accionistas del banco desde 1944, así como el principal de "Fomento de Minerales Cubanos S.A."(VER), arrendataria de la planta de níquel en Lengua de Pájaro, Oriente.

2 La firma había sido autorizada a operar desde 1936 y, a partir de 1943, al fundarse el Banco de los Colonos (VER), había servido como oficina y fuente primera de su financiamiento y su contabilidad. Muchos accionistas eran comunes de ambas instituciones.

Pero después de 1954, tras el fallecimiento de Gastón Godoy Agostini se produjo una fuerte lucha entre algunos grupos y como resultado Gastón Godoy Loret de Mola predominó en el Banco y Laureano González Álvarez y Francisco Panceira se mantuvieron como el grupo principal en ésta a la vez que vendían el 24 de diciembre de 1956 las acciones que poseían del Banco valoradas en $25 000.

3 Su capital líquido ascendía a $264 700 y el capital de trabajo a $796 900 con una reserva de $300 000. Su situación financiera había sido satisfactoria hasta 1956 en que empeoró, no hubo utilidades y la relación de pasivo a capital, ya alta, aumentó mientras su reserva de capital disminuía en $50 000.

867- LA CASA FINE
Fábrica de colchones sita en Angeles N° 101 con establecimientos para su venta y otros accesorios de cama sitos en Monte N° 416, Belascoaín N° 358 y en 10 de Octubre N° 361, todos en La Habana.

1 Propiedad de José González Diez.

868- LA CASA PONS S.A.
Almacén de materiales de construcción y artículos sanitarios así como servicio de gas embotellado, conocido por "La Casa Pons", ubicado en Egido 592 y en San Ignacio 315.

1 Su presidente era el Dr. Luis J. Botifoll (VER "UNIÓN RADIO S.A.").

2 Se fundó originalmente en 1866, dedicada al mismo giro, por el catalán Ignacio Pons Gomis, al que se asoció su hermano Jaime, constituyéndose la "Pons Hermanos" hasta 1885 en que se modificó para "Pons y Compañía S en C", importando de Barcelona, Bélgica y EE.UU. y, de Carrara, casi todo el mármol.

Tras la muerte de los fundadores pasó a la propiedad de Ignacio Pons Gómez –su administrador general– y su hermana Gertrudis, hijos de Ignacio, en sociedad con Josefa Freixadas, viuda de Jaime, y su hijo. Julián Cobo era en ese entonces el apoderado general.

Con posterioridad se transformó en "Pons, Cobo y Compañía", manteniéndose como director Ignacio Pons Gómez, en sociedad con Julián Cobo Gordon y Antonio Reimondez Corral, todos gerentes; Alejandro Bon Faldiño, socio industrial y Martín M. Lynch y Manuel Fernández Baltrón, apoderados.

José Balcells García, presidente de "Mercantil Balcells S.A.", había sido también su presidente hasta enero de 1949 en que falleciera en un accidente en su avioneta particular en el aeropuerto de Santa Fé.

869- LA CONFEDERACIÓN DEL CANADÁ
La mayor de las firmas de seguros de vida con oficina en Edificio La Rampa, 23 N° 171-173, 9° piso, Vedado.

1 Era una filial de la casa matriz "Confederation Life Association" con oficina central en Toronto, Canadá, cuyo gerente divisional para Cuba desde 1951 era William A. M. Howard. Atilio León Marchena había sido su gerente con anterioridad.

2 La casa matriz había sido fundada en 1871 por John Kay Macdonald, quien la presidiera hasta 1928 en que lo sustituyera su hijo, C.S.Macdonald como presidente del Consejo de Directores hasta su muerte en noviembre de 1948 en que, a su vez, su hijo John K.Macdonald lo sucediera desde el 17 de diciembre de 1947, visitando Cuba al año de su designación.

3 El monto total de sus seguros en vigor en 1958 ascendían a $ 124 865 000, que representaba algo más de un 30 % sobre el de la 2ª firma en orden, o sea la también canadiense "Sun Life Assurance Company"(VER), o 3 veces la de la mayor de capital cubano, "La Metropolitana"(VER).

870- LA CONSOLIDADA, COMPAÑÍA DE SEGUROS S.A.

Una firma de seguros de accidentes de trabajo y fianzas con oficina en Habana N° 258, 5ª piso, La Habana, cliente del "Trust" y del "Industrial".

1 Era propiedad de Juan Manuel Zárraga Martínez, su presidente, quien era hijo de Manuel Zárraga Ortiz, presidente y superintendente general de "Azucarera Central Adela S.A., Compañía"(VER), el central Adela, propiedad suya y de sus hermanos Juan y Marco.

871- LA CONSOLIDADA INDUSTRIAL

Fábrica de fósforos, ubicada en Ave. Dolores y calle C y en Oficios 110. Una de las 11 intregradas al trust (VER "EMPRESA NACIONAL DE FÓSFOROS")

1 Era de capital sueco y estaba presidida por Andrés Carrillo González de Mendoza, valorada en $1 660 000.

Carrillo (VER "INTERNACIONAL DE ENVASES S.A., COMPAÑÍA") era el vicepresidente de "Empresa Nacional de Fósforos"(VER), un trust integrado por 11 fábricas de fósforos promovido por el Gobierno de Fulgencio Batista, que era el "vendedor único" de toda la producción fosforera y cuya existencia se justificara precisamente por la intención de mecanizar la producción por parte de esta firma.

872- LA CORRESPONDENCIA

Periódico local de Cienfuegos.

1 Era propiedad de Florencio R.Véliz Mojena.

2 Había sido fundado el 31 de octubre de 1898 por el español Cándido Díaz, su director, quien se asociara con el cienfueguero Florencio R.Véliz Mojena, quien con el tiempo se convirtiera en su propietario.

Había contado entre sus colaboradores con Ruy de Lugo Viña y con Enrique Gay Calbó.

873- LA CUBANA, COMPAÑÍA NACIONAL DE SEGUROS

Seguros de vida, marítimo, contra incendios, riesgo y accidentes, ubicada en Aguiar N° 414 esquina a Lamparilla, La Habana.

1 Gustavo Parajón Amaro era su presidente y Julio Forcade, quien era además tesorero y uno de los principales accionistas del "Industrial Bank"(VER), era su vicepresidente. Ambos eran socios del mismo Bufete, sito en Aguiar N° 411, La Habana. Formaban parte además de su Consejo de Dirección Juan Gelats Botet, Alberto García-Tuñón y Ricardo Morán.

2 Se constituyó en 1918 por Dionisio Velazco como presidente y Frank Steinhart y Juan F. Argüelles como vicepresidente 1° y 2°. Otras personalidades que formaban parte entonces de su Junta eran Narciso Gelats, Domingo Méndez Capote, Antonio San Miguel, Fermín A. de Goicochea, Esteban Zorrilla, Gustavo Parajón y otros. Hacía seguros de vida de todas clases, además contra incendio, automóviles, robo etc..

874- LA FILOSOFÍA S.A.

Tienda por departamento, de ropa hecha, sedería, peletería, juguetería, joyería, librería, locería, cristalería, quincalla, conocida como "La Filosofía", ubicada en Neptuno 401, cliente del "Boston" y del "Trust".

1 Propiedad de José Gasch Prieto, asturiano, su presidente, en sociedad con Felipe Lizama Verdeja, su gerente. Gasch era propietario de "La Unión y el Fénix de Cuba"(VER) –empresa de seguro–, accionista del "The Trust Company of Cuba"(VER) y del "Banco Financiero"(VER) y miembro también de la "Junta Consultiva" del "Diario de La Marina"(VER). Lizama era heredero de la familia fundadora.

2 La firma actual había sido fundada en 1870 y había pertenecido a "Díaz y Lizama S. en C." de Germán y José Lizama, Manuel Díaz, Francisco C.Noriega y Santos Valdés hasta 1932 en que Gasch entrara como presidente y Felipe Lizama se mantiene como vicepresidente, siendo Jesús Bascuas(VER "FLOR DE TIBES S.A."), suegro de Gasch, el Consejero.

875- LA HORTENSIA

Florería con el nombre comercial de "La Hortensia" sita en 12 Nº 568 entre 23 y 25, Vedado.

1 Era propiedad de Ignacio Romero Carballeira.

876- LA MARÍTIMA S.A.

Compañía de vapores y consignataria de buques, almacenes de depósito, muelles navales y de servicio público, con oficina en Lorraine Nº 656, Santiago de Cuba, cliente del "City" y del "Royal".

1 Alberto Parreño Velázquez era su director y vicepresidente y además socio de "Curtiss, Mallet-Prevost,Colt and Mosle" y presidente de la Cámara de Comercio Cubano-Norteamericano de 1957 a 1958.

877- LA METROPOLITANA, COMPAÑÍA NACIONAL DE SEGUROS S.A.
(VER "GODOY-SAYÁN, OFICINA ASEGURADORA DE CUBA")

878- LA MÍA

Almacén de víveres, con el nombre comercial de "La Mía", con establecimientos en Zanja Nº 422, en Reina Nº 14, 10 de octubre Nº 1352 y en 17 esquina a I, Vedado.

1 Era propiedad de Álvaro González Gordon (VER GONZÁLEZ BYASS & COMPANY LTD."), nacido en España, con oficina en Oficios Nº 418, quien también era el comisionista de la casa española "González Byass & Company Ltd."(VER).

879- LA MODA

Tienda "La Moda" para la venta de muebles con producción propia y servicios de decoración interior, sita en Galiano y Neptuno.

1 Era propiedad de José Ruisánchez Rosete y los hermanos Luciano y Adriano Peón Migoya.

2 En el pasado había estado bajo la razón social de "José Dorado y Compañía" durante los años 20 y, más tarde, de "Dorado Peón y Compañía", especializándose en la decoración de los interiores y el amoblamiento, la que desde los años 30 se iría imponiendo a algunas casas extranjeras como la sucursal de "Theodore Bailey & Company"(VER "THEODORE BAILEY Y COMPAÑÍA MOBILIARIO INTERIOR S.A.") o la de "Jansen, Decoración de Muebles S.A.".

880- LA NUEVA YAYA

Finca ganadera destinada a la cría de ganado "Cebú", mestizos de éstos con "Brown Swiss", burros, mulos y potros, situada en Hatuey, Camagüey, con oficinas en 17 Nº 260 esq. a I, Vedado.

1 Era propiedad de Celia Velasco Sarrá, propietaria de tierras que se extendían desde una zona aledaña al Túnel de La Habana hasta Cojímar, parte de las cuales constituyeran "De Fomento del Túnel de La Habana S.A., Compañía"(VER), "Territorial Playa de Bacuranao S.A., Compañía"(VER), "Territorial San Hilario, Compañía"(VER), poseedora de terrenos en finca "San Nicolás", barrio de Casablanca, con linderos al mar y quien además tenía intereses en "Empacadora Cooperativa Cubana"(VER).
Pablo Palacios estaba al frente de la finca donde sustituyera a Alberto Reyes y éste a Eugenio Moya.

2 La Velasco inauguró el 19 de noviembre de 1955 el Centro Hípico Celimar, una escuela de equitación, sita en el Reparto en fomento de igual nombre en tierras de su propiedad.

881- LA ÓPERA

Tienda de peletería en Reina 105, La Habana.

1 Propiedad de Aurelio Couceiro Taboada, natural de Pontevedra, España.

2 Fundada en 1877. Desde la década de los 20 pertenecía a su actual propietario.

882- LA ORENSANA

Comercio de venta de calzado, pieles y artículos de pieles, con 2 establecimientos y el nombre comercial de "La Orensana", uno sito en Virtudes Nº 254 esq. a Águila, La Habana y, el otro, en Ave la Copa Nº 103, Miramar.

1 Propiedad de Roberto Domínguez López-Martin, cuya suegra, Fuencisla Álvarez Alonso (VER "RAMÓN PURÓN DÍAZ"), era propietaria de 2 fábricas de colchonetas y almohadas y varios comercios.

883- LA PAZ S.A.

Fábrica de refrescos de las marcas "Gaseosa Salutaris" y "Materva", ubicada en la Calle Cocos 251, La Habana.

1 Tenía un capital suscrito por $1 097 000, siendo propiedad principal del Ing. Basilio del Real (VER "CUBA INDUSTRIAL Y COMERCIAL S.A.") y de la familia Soto Polo, quienes además eran los principales accionistas en 1958 del "Banco de Fomento Comercial"(VER) antes de venderle su participación a Julio Lobo. José de Lejarza Rivera, propietario de "Lejarza y Compañía S en C", una fábrica de sábanas y fundas y almacenista de tejidos, también poseía intereses. José Llamas Arana era su presidente.

2 Fundada el 2 de diciembre de 1918 por Ignacio Nazábal, siendo accionistas entre otros en aquel entonces José Arechabala (VER "AZUCARERA PROGRESO S.A., COMPAÑÍA"), Manuel Paz y José Aixalá. Su directiva en 1925 estaba formada por José Rueda Bustamante, presidente y Vicente del Real vicepresidente, siendo vocales José Avendaño(VER "CENTRAL PUERTO S.A."), Francisco Esquerro, Manuel Paz, José Aixalá y otros, con un capital de $300 000 y 500 acciones.

3 Cliente del Banco de Fomento Comercial.

884- LA PINAREÑA

Fábrica de refrescos a base de jugo de piña marca "Jupiña" y "Venus", localizada en Isabel Rubio N° 25, Pinar del Río.

1 Era propiedad de Juan Montes Crespo y eran gerentes sus hijos José y Luis. Montes, español, nacido en 1875, comenzó a trabajar en 1900 como criado en casa de Perfecto Lacoste, comenzando una fábrica de refrescos en San Antonio de los Baños en 1902.

2 Se fundó con igual nombre en 1906 tras comprar su actual propietario, en sociedad con Lucio Garay, la fábrica que arrendara el año anterior. Al año siguiente compró la parte de su socio.

En 1926 se asoció con el Dr. Heliodoro Gil ex-Representante a la Cámara de 1914-25, comprando una fábrica en Guanajay que trasladaron a La Habana uniéndola con la de "La Española" para fabricar el refresco "Jupiña" hasta 1933 en que se disolvió la sociedad regresando a "La Pinareña".

885- LA REGULADORA S.A.

Restaurant "La Reguladora" sito en Amistad N° 412, La Habana.

1 Tenía un capital social ascendente a $ 105 900 en 2 118 acciones propiedad principal de Francisco Saralegui (VER "PUBLICACIONES UNIDAS S.A."), propietario de variados intereses, en sociedad con otros, entre ellos Baldomero Menéndez García. Antonio Fernández era su administrador.

2 Había sido fundado el 19 de enero de 1879 por los trabajadores tabacaleros organizados en la cooperativa "Sociedad de Fabricantes y Almacenistas de Tabaco y Cigarros" en un local en Monte y Factoría, trasladándose a los 7 años para otro situado enfrente del actual donde se instalaran el 15 de enero de 1888.

Salvador García Cuervo había sido su propietario a finales de los 30. El 31 de agosto de 1952 había inaugurado un moderno local pero se habían visto obligados a cerrar por pérdidas.

886- LA SIN RIVAL S.A.

Fábrica de fideos y pastas alimenticias, ubicada en Rodríguez N° 44, Luyanó.

1 Propiedad de Antonio Rey, su administrador, quien era propietario también de "Toyo S.A."(VER) y de "Freyre y Compañía S.A.", importadores de harina, situado en Ramón Pintó N° 458, Luyanó.

2 Había sido fundada por los hermanos españoles Juan y Antonio Freyre Rey —el primero ya fallecido— quienes habían sido sus propietarios hasta que había pasado posteriormente al control de Antonio Rey, su sobrino.

3 Su capacidad instalada era la mayor y más moderna por lo que a mediados de los 40 lograrían ir desplazando a la competencia con menores precios y mayor producción que originaría que el Ministerio de Trabajo la obligara a firmar convenio colectivo de trabajo con el sindicato del ramo para reducir su producción y evitar el cierre de otras fábricas y el despido de sus obreros. Al negarse, fue intervenida con el Decreto Presidencial N° 2334 del 17 de julio de 1947.

887- LA TABACALERA COMPAÑÍA DE SEGUROS S.A.

Firma de seguros para fianzas, incendios, riesgos, responsabilidad civil, autos y accidentes, ubicada en el Edificio La Tabacalera, sito en Morro N° 158, La Habana, que era la 17ª firma aseguradora por los seguros de vida en vigor ascendentes a $1 655 000.

1 Tenía un capital pagado de $750 000 y era propiedad de varios empresarios tabacaleros que controlaban la corporación de la "Asociación de Almacenistas y Cosecheros de Tabaco" además de la "Asociación de "Exportadores de Tabacos".

Su presidente era Fernando Palicio Argüelles, español, gerente de "F. Palicio y Compañía"(VER), propietaria de las marcas de tabaco "Hoyo de Monterrey", "Gener", "Punch" y "Belinda" y fábrica de cigarros marca "Gener", así como presidente de "Torres Gener Hermanos S.A., Compañía", fabricante de cigarros y picaduras.

Su Junta Directiva estaba integrada por empresarios tabacaleros, entre ellos Gabriel Piedra Martínez, vicepresidente; Manuel Fernández Valle (VER "ROMEO Y JULIETA, FÁBRICA DE TABACOS S.A."), tesorero; Luis L.Pedreira (VER "CUBAN LAND AND LEAF TOBACCO COMPANY"), vicetesorero; y como vocales: Leslie Pantin Elhers (VER "LESLIE PANTIN & SONS"), Juan B. Díaz Cuervo (VER "J. B. DÍAZ Y COMPAÑÍA S EN C", José A.Fernández Gutiérrez, José E. Smith Pantin (VER "S. RUPPIN HAVANA TOBACCO"), Víctor Pantin de Armas, Manuel Campa Álvarez, Rubén Pérez Rodríguez (VER "GENERAL CIGAR COMPANY OF CUBA LTD.")y Aurelio Soler Lezama.

Palicio había sustituido como presidente, tanto de esta firma como de las 2 tabacaleras, a Francisco Torres Gener tras su fallecimiento el 17 de enero de 1954, quien a su vez, tras fallecer en 1949, sustituyera a Lisandro Pérez Moreno, presidente de la "General Cigar Company" desde 1932 y fundador y ex-presidente de la "Asociación de Almacenistas y Cosecheros de Tabaco".

2 Se fundó en octubre de 1933 a iniciativa de la "Asociación de Almacenistas y Cosecheros de Tabaco". El 15 de marzo de 1948 el Cardenal Arteaga inauguró su edificio construido a un costo de $700 000 y con unas cariátides en su fachada hechas por Rita Longa.

3 Empresa insolvente con sobregiros en el "Bank of Nova Scotia" desde 1945. Tenía créditos por $100 000.

888- LA TERRAZA

Restaurant "La Terraza" especializado en mariscos sito en Cojímar.

1 Propiedad de Aquilino Flores.

889- LA UNIÓN Y EL FÉNIX DE CUBA", COMPAÑÍA NACIONAL DE SEGURO

Empresa de seguros de accidentes de trabajo, fianzas, contra icendios, marítimos, riesgos y accidentes y de vida, ubicada en el Edificio Ambars Motor en Infanta N° 16, La Habana.

1 Propiedad principal de José Gasch Prieto (VER "LA FILOSOFÍA S.A."), su presidente, en sociedad con Ricardo Rivón (VER "CUERVO Y SOBRINOS S.A."), Alonso Menéndez (VER "MENÉNDEZ GARCÍA Y COMPAÑÍA S.L."), Primo Suárez y otros. Amadeo Barletta (VER "SANTO DOMINGO MOTORS COMPANY") también tenía intereses. Manuel Cuervo Morán era su Director General.

2 Había sido fundada por Gasch y el resto de sus asociados en febrero de 1951, habiéndose inaugurado su local por el Cardenal Arteaga. Estaba asociada con "La Unión y el Fénix de Madrid", firma de seguros de capital español con sucursales en varios países de Europa y en Buenos Aires cuyos representantes asistieron a la inauguración.

3 Cliente del "Trust".

890- LA VENECIA

Comercio "La Venecia" destinado a pintura de cuadros, exposición de éstos, materiales e instrumentos para pintores, ingenieros, dibujantes, etc., molduras para cuadros y otros productos similares, sito en O'Reilly Nº 352 esq. a Habana, La Habana.

1 Era propiedad de José Mendiola Echevarría, vizcaíno nacido en 1892 quien comenzara a trabajar en la firma desde su llegada a Cuba en 1906 ascendiendo en 1909 a gerente.

2 Había sido fundada en 1880. A comienzos de siglo había sido propiedad de Domingo Cortaeta y Miguel Rodríguez, transformándose en 1909 en "Miguel Rodríguez y Compañía" al entrar como socio su actual propietario. Al fallecer su fundador en 1928 varió para "Rodríguez y Mendiola" hasta 1948 en que pasó en su totalidad a su propietario.

891- LA VIDA CUBANA, COMPAÑÍA DE SEGUROS S.A.

Agencia de seguros de vida, sita en Amargura y San Ignacio.

1 Era propiedad principal de Camilo Ortega Ortega, su presidente, quien también era director y pequeño accionista del "Banco de Fomento Comercial"(VER).

2 Ortega la había fundada en 1931, tras regresar a Cuba desde EE.UU. donde estudiara, participara en la I Guerra Mundial dentro de su ejército y trabajara en el giro. Aurelio Hernández Poey, quien fuera cofundador, había fallecido el 29 de abril de 1944 a los 36 años de edad cuando era su vicepresidente y administrador general y miembro de la Junta Directiva del Club de Leones de La Habana.

3 Era la 10ª firma de seguros de vida por el monto de sus primas ($326 000) entre las de capital nacional y la 13ª entre todas las existentes.

892- LECHERA SAN ANTONIO S.A., COMPAÑÍA

Fábrica de pasteurizar y homogeneizar leche y productos derivados, marca "Supermilk", ubicada en San Antonio de los Baños.

1 Propicdad de Lorenzo Rodríquez Llano. Jesús Pérez Arencibia y su hijo José F. Pérez Remís eran el presidente y vicepresidente respectivamente.

2 Se organizó como sociedad anónima el 2 de septiembre de 1948 por Ezequiel Pérez Suárez, español, quien fungía de presidente hasta 1951 en que Rodríquez Llano adquiriera por $60 000 el total de las acciones valoradas en $182 000.

3 Confrontaba dificultades debido a que existía mucha competencia en la cuenca lechera de la zona por lo que se veían obligados a obtener el abastecimiento en lugares muy remotos.

893 - LEJARZA Y COMPAÑÍA S EN C

Fábrica de sábanas y fundas y almacenista de tejidos, sita en Compostela Nº 530, La Habana, cliente del "City", del "Trust", del "Gelats" y del "Boston".

1 Era propiedad de José de Lejarza Rivera, en sociedad comanditaria con Gonzalo Cora y los herederos de Gorgonio Obregón. Lejarza también poseía intereses en "La Paz S.A."(VER), una fábrica de refrescos; acciones de la "De Teléfonos, Compañía"(VER) y "Cubana de Electricidad, Compañía"(VER); fincas y otros intereses.

2 Había sido fundada por Lejarza, español que llegara joven a Cuba graduado de tenedor de libros, con el capital facilitado por el cuñado de su padre, rico propietario de Placetas, en sociedad además con Faustino González. Tras el suicidio de éste, sus herederos se separaron de la sociedad, entrando entonces los actuales socios.

894- LESLIE PANTIN & SONS

Comisionista exportador de tabaco en rama y torcido así como apoderado y agente general para Cuba de empresas inglesas de seguros, con oficinas en Escobar N° 451 esq. a San José, La Habana. También era representante de firmas extranjeras, con oficinas en Zanja N° 310, La Habana.

1 Era propiedad de Leslie Pantin Elhers, quien también era vicepresidente y uno de los principales accionistas con 3 400 acciones de "Cuban Bagasse Products"(VER), uno de los principales accionistas de "North Atlantic Kenaf Corporation"(VER), vocal de la Junta de "La Tabacalera Compañía de Seguros S.A."(VER) y presidente de la "Asociación de Almacenistas y Cosecheros de Tabaco" desde 1944. Su hermana, Grace, estaba casada con Gonzalo R.de Arellano G.Mendoza, principal propietario de "Por Larrañaga"(VER). Manuel Abella Navarro era gerente.

2 La firma había sido fundada en 1921 por Leslie Pantin Elhers con sus hijos como despalilladora y exportadora de tabaco en rama, de torcido, de cera y miel de abejas y representante y apoderado de 4 firmas de seguros inglesas, entrando en 1941 como socio el primogénito Leslie Pantin de Armas.
Leslie Pantin Ganteaume, padre de Pantin Elhers, fallecido el 24 de septiembre de 1938, había nacido en Port Spain, Trinidad, de padres ingleses, católico, hijo de un juez, habiendo llegado a Cuba como funcionario del Consulado británico.
Había entrado después a trabajar en "F.P.del Río y Compañía", una fábrica de tabacos de la marca "La Legitimidad", propiedad de Francisco del Río, de la que desde 1886 fuera apoderado hasta que fundar su propio almacén de comisiones en 1897, habiendo sido el primer tesorero al fundarse la "Asociación de Almacenistas y Cosecheros de Tabaco". Su almacén de tabaco en rama había sido uno de los principales que además exportaba la mayoría del torcido fabricado por los "independientes".
Su padre también había sido agente de la firma de seguros "Guardian Assurance Company" bajo la misma razón social y Cónsul de Portugal desde 1904.

895- LEVADURA MEDINA S.A.

Importación y venta de materias primas para dulcerías y panaderías, así como levadura con la marca "Medina", con 54 trabajadores, ubicada en Angeles N° 115, La Habana.

1 Propiedad de Aurelio y Clemente Medina Guerra, propietarios también de "Troquelados y Plegables S.A."(VER), fábrica de envases de cartón.

3 Tenía dificultades económicas que se le imputaban a la administración por manejos caprichosos del negocio. Gozaba de amplio crédito y sobregiro con el Banco Núñez por más de $200 000.

896- LIBRERÍA VENECIA
Comercio destinado a la venta de libros y filatelia, sito en Obispo N° 502, La Habana.
1 Era propiedad de Ricardo del Campo Gordon.

897- LICORERA DE CUBA S.A., COMPAÑÍA
Alambique, destilería y refinería para la producción de ron y otros licores, ubicada en Basarrate N° 102, La Habana. Producía las marcas de "Aguardiente de España" y "Aguardiente de Isla" y el de "Rivera", el "Anís del Diablo", "Anís Águila", el "Escarchado con Escarcha" y el "Escarchado sin Escarcha", el "Monono" y el "Superfino Aldabó", las cazallas "J.Rodríguez" y "La Sierra", los coñacs "Coñac 1866", Coñac "R. Finalo", "Pole & Dry", Pellison", Peralta", "R.Martín Jaune" y "T.D."; los rones "Aldabó", Gómez Especial", "Hatuey", "Paloma", etc. Poseía una destilería "Cárdenas" sita en Washington N° 169 esq a Churruca, Cerro, que había sido fundada en 1920.

1 Propiedad de Manuel Aspuru (VER "AZUCARERA CENTRAL TOLEDO S.A., COMPAÑÍA"). Su dirección estaba integrada por Rafael Pérez López, su presidente, y por los yernos de Aspuru, Enrique Rousseau Sánchez y Manuel Santeiro Rodríguez, quienes eran vicepresidente y tesorero respectivamente. Otros funcionarios eran Manuel Menéndez Heyman, Enrique Gamba, quienes eran vicepresidentes, y eran vocales el Dr.Carlos Musso Baró, tercer yerno de Aspuru, y Manuel Vega Armiñan (VER "ANTILLANA DE ACERO S.A."), administrador de la firma de los centrales de Aspuru.

2 Sus orígenes se remontan a 1918 en que se integraron varias empresas y marcas de bebidas, entre ellas Romaña, Duyos, Aldabó y otras comprando la industria de "Echeverría y Compañía", ubicada en Cárdenas. La firma se constituyó el 14 de de febrero de 1922, siendo propietaria, además de las marcas mencionadas, de "Trespalacios y Noriega", "Gómez y Compañía", "Peralta", "J. Rodríguez y Compañía", "Sandiño y Compañía", "Ángel Fernández" y "Santabella y Compañía". En 1929 Ramón Guerra Puente era su presidente y formaban parte como accionistas Dionisio Ruisánchez y Jesús de los Heros.
"M. Gómez y Compañía S en C" se había fundado en 1913 y producía el "Anís del Diablo" y el "Ron Hatuey".

3 Se le calculaba un activo de más de $6 000 000 pero su capital de trabajo era negativo y operaba con pérdidas a mediados de los 50. Cliente del Banco Nova Scotia.

898- LICORERA DE MATANZAS S.A., COMPAÑÍA
Fábrica de ron marca "Yucayo" e importadora de licores, ubicada en calle San Cristóbal, Matanzas.

1 Propiedad de Pedro Arrechavaleta Amézaga, su presidente, nacido en Vizcaya el 27 de junio de 1883 y llegado a Cuba en 1903 donde comenzara a trabajar en la antigua casa comercial de su familia.

2 Había fundado la "Licorera Matanzas S.A., Compañía" en 1926 y habiéndola fundido con la "Destilería Yucayo". Su destilería de alcohol, sita en Comercio N° 11, Matanzas, había sido fundada en 1900. Su familia había fundado en 1859 una casa comercial dedicada al azúcar, la "Amézaga y Compañía", originada en la "J.Baró y Compañía", aunque otras fuentes, sin embargo, sitúan su fundación en 1876. La casa fue transformada después en "Piña, Amézaga y Compañía", en

"Amézaga y Compañía", en J.Lombardo y Compañía", en "Lombardo Arechavaleta y Compañía" y, a partir de 1912, en la "Arrechavaleta, Amézaga y Compañía".
Había sido desde 1911 gerente de "Lombardo, Arrechavaleta y Compañía", organizada en 1883 y donde había empezado a laborar, la que más tarde reestructuraría como "Arrechavaleta, Amézaga y Compañía", en sociedad con Luis Amézaga –presidente de la Cámara de Comercio, Industria y Agricultura de Matanzas en esos años–, Abelardo Amézaga y Pedro Vila.
Debido a la crisis derivada de la Guerra de Independencia y la posterior baja en el precio del azúcar, ya desde los años 20 la casa había venido a menos abandonando su giro y dedicándose sólo a víveres y ferretería, siempre en Matanzas, hasta que en 1940 se disolvería.
Su familia también había sido propietaria del central Corazón de Jesús de 1895 a 1921 y del Ramona desde 1874 a 1915.

899- LÍNEA AEROPOSTAL VENEZOLANA
Línea aérea de pasaje y carga con oficina en Prado N° 257, La Habana.
1 Era una filial de casa matriz venezolana, cuyo representante en La Habana era Pedro Echevarría.
2 Había abierto oficina propia en La Habana desde el 1° de noviembre de 1949 pues hasta entonces sus asuntos eran atendidos por Francisco A Rovirosa a través de su agencia "F. A. Rovirosa S.A."(VER "DE TRANSPORTE MAR CARIBE S.A., COMPAÑÍA") y, poco antes de éste, por Rafael Rivas Vázquez, quien fuera ascendido a gerente divisional.
3 Operaba la línea Miami-La Habana-Caracas con equipos Super Constellation.

900- LÍNEA CUBANA DE ÓMNIBUS S.A
(VER "MIQUEL & BACARDÍ LTD.")

901- LÍNEA DE NAVEGACIÓN GOLFO-CUBA S.A.
(VER "NAVIERA CUBANA DEL ATLÁNTICO S.A.).

902- LÍNEAS AÉREAS ESPAÑOLAS S.A., COMPAÑÍA
Línea aérea de carga y pasaje "Iberia" con oficina en Trocadero N° 55, La Habana.
2 Tras establecer su oficina con su Representante especial Pedro Ruiz, inauguraron el vuelo regular La Habana-Madrid el 18 de marzo de 1950, los que hacía con equipos Super-Constellation igual que "Cubana" en esa propia ruta.

903- LITOGRÁFICA DE LA HABANA, COMPAÑÍA
Fábrica de envases de cartón, almacenista de papel, imprenta y litografía, con 363 trabajadores, ubicada en Ayestarán N° 155, La Habana. El más importante de los centros de impresión del país.
1 Su capital ascendía a $613 368 emitido en 22 734 acciones suscritas por cubanos y norteamericanos, entre los cuales se encontraban José Maseda Bouso, presidente de la Junta de Directores, Fred J. Young, presidente de la firma, Jesús Pola y Juan Suárez Serviá, ambos vicepresidentes. Otros miembros de su Junta de Directores eran Agustín Batista, presidente del "The Trust Company of Cuba"(VER), Jacques Coe, Gerald D.Grossman, Jonh F.Haggerty, Maurice Meyer Jr., Francis J. Sorg Jr. y otros.

2 Se fundó el 31 de diciembre de 1906 al consolidar 3 antiguos talleres cro-molitográficos que operaban bajo las firmas "Rosendo Fernández y Compañía", "Guerra Hermano y Pérez" y "J.M.García y Hermano". Era entonces propiedad de José M. García, presidente, y de Juan y Agustín Guerra, Avelino Pérez y Celestino Fernández, teniendo talleres en 3 lugares diferentes.

En 1929 fue comprada por Dayton Hedges(VER "TEXTILERA ARIGUANABO S.A, COMPAÑÍA"), constituyéndose con la razón social actual el 26 de octubre de ese año y designándose en 1931 a George P.Foster como presidente de su Junta, quien fuera vicepresidente de la "Cámara de Comercio Cubano-Americana" en 1935 y durante años ejercería el cargo junto a Avelino Pérez, el presidente-director; José Maseda, vicepresidente; James D.Hedges, vicepresidente; Burke Hedges, tesorero; Ángel Estrugo, director .

Durante años hasta 1953 Jacques Coe había sido el presidente del Comité Ejecutivo, siendo sustituido por Lothar Liegert y, finalmente, por Fred J. Young.

3 Su capital neto era de $1 219 000, sus ventas llegaban a $2 325 000 y gozaba de buen margen entre sus activos y pasivos. Pagaba dividendos ascendentes a alrededor de $60 000 anuales. A fines de 1953 instaló nuevas maquinarias. Sus acciones se cotizaban en la Bolsa de La Habana.

Cliente del "The City Bank Company", el "Royal Bank", el "Chase Manhattan", el "Boston", "Gelats" y el "The Trust Company of Cuba", en éste último con créditos por $200 000.

904- LÓPEZ, PAZ Y COMPAÑÍA S EN C

Fábrica de varios rubros de confecciones, como calcetines, medias, corbatas, batas y cinturones, ropa interior para caballeros con la marca "Norton", "Pioneer" y "Marvin", así como almacenistas de tejidos y materias primas para la industria de confecciones, conocida como "Casa Amado Paz", sita en Aguacate N° 462-466, La Habana, cliente del "Boston".

1 Juan Pazos Paz era su gerente y socio.

2 La firma había sido fundada en 1888 y, con anterioridad, estuvo bajo la razón social de "Amado Paz y Compañía S en C" hasta comienzos de los años 40 en que falleciera Amado Paz, su propietario principal.

Oscar García Longoria, quien se destacara como ejecutivo de la "Asociación de Comerciantes de La Habana" y participara en la reestructuración que originara a la "Cuba Industrial y Comercial"(VER), había sido su gerente desde 1922 hasta el 8 de diciembre de 1934 en que falleciera.

905- LÓPEZ Y RÍO S EN C

Tienda por departamento, de sedería y quincalla, de artículos religiosos, de ropa hecha y almacén de carteras de señoras, con el nombre comercial de "El Bazar Inglés", localizada en Galiano N° 352 esq. a San Miguel, La Habana.

1 José Río Ares, uno de los socios propietarios, era su gerente.

2 La tienda, fundada en 1895, había sido durante el primer tercio del siglo una de las más importantes y estaba localizada en San Rafael N°18 siendo propiedad del español Ramón Campa en sociedad con el también español Gustavo Maribona, cuyo hijo, Manuel R. Maribona Rodríguez y el cuñado de éste Manuel Campa de la Villa, eran ambos en la actualidad jefe de publicidad de la Libbys.

906- LUBRICANTES GALENA S.A., COMPAÑÍA
Comercio de aceites "Valvoline" y grasas para centrales azucareros, ferrocarriles, tractores y equipos agrícolas con oficina principal en Arbol Seco N° 152, La Habana y sucursal en Aguilera N° 409, Santiago de Cuba.

1 Propiedad de los hermanos Gastón (VER "BANCO DE LOS COLONOS") y Felipe Godoy Loret de Mola (VER "CAYO DEL MEDIO S.A.") la cual habían heredado de su padre Gastón Godoy Agostini. Estaba presidida por Alberto Portuondo Dalmau, casado con Josefina, hermana de sus propietarios.

3 Fue intervenida por el Ministerio de Recuperación de Bienes Malversados. Cliente del Banco de los Colonos por $30 000.

907- LUBRICANTES REFINOIL S.A., COMPAÑÍA
Fábrica de recuperación de aceites y lubricantes.

1 Capital ascendente a $25 000, propiedad a partes iguales de Aristides y Herbert Rosman, naturales de Rumanía.

2 Se constituyó el 4 de diciembre de 1956. Tenía activos totales por $50 000 y sus pérdidas oscilaban alrededor de $2 000.

3 El BANFAIC le prestó $22 500 el 25 de enero de 1957 para la producción de una planta a un costo total de $45 000.

908- LUIS DEL VALLE E HIJOS S.A.
Almacén de víveres, sito en Céspedes N° 32-34, Cárdenas, cliente del "Núñez, "Continental", "City" y del "Trust".

1 Era propiedad de los hermanos Mario, Luis E. y Raúl del Valle Raez (VER "AZUCARERA LUIS DEL VALLE Y HERMANOS").

2 Lo habían heredado de su padre, Luis del Valle, quien fuera presidente del Ayuntamiento y Alcalde interino de Cárdenas y había sido propietario de "Sucesor de Valle y Vallín", una antigua casa de comercio e importadora de víveres, establecida en Cárdenas a principios de siglo.

909- LUIS G. MENDOZA Y COMPAÑÍA
Exportador y corredor de azúcar y valores, compra-venta de bienes raíces; compra-venta, importación y esportación de mercancías en general; así como importante refaccionista azucarero, de arroz y otras producciones agrícolas.

Tenía además bajo su control 2 firmas azucareras: el antiguo consorcio norteamericano "Guantanamo Sugar Company"(VER) y la "Azucarera Vivanco S.A., Compañía"(VER), sumando entre ambos 4 centrales con una capacidad de producción de 840 000 @ que, según ésta, representaba el 17° grupo en importancia y el 9° entre los de capital residente en el país. Tenía también intereses en "Azucarera Vicana, Compañía"(VER) del central Isabel (M.L.), propiedad principal de los Núñez Beattie.

1 Propiedad principal de Luis G. Mendoza Freyre de Andrade en sociedad con Francisco Fernández Suárez, Abelardo Ruiz Miguel, Andrés González Muñiz Schweyer y Gonzalo de la Vega Álvarez.

Luis G.Mendoza, fallecido el 22 de julio de 1957, pertenecía al poderoso clan de los González de Mendoza y era considerado una autoridad en materia azucarera, en especial en el corretaje de bolsa, habiendo fundado su firma en 1931 e iniciando 3 años después su publicación "Revista Semanal Azucarera".

Mendoza tenía otros intereses en "Fosfonitro S.A., Compañía" (VER), de la cual era vicepresidente y fundador, en "Productora de Superfosfatos S.A."(VER), en "Cubana de Aviación S.A., Compañía"(VER) y en una colonia de caña en el central Jaronú con cuota de 7,5 millones de @ de caña en sociedad con Mario de Armas(VER "CENTRAL SANTA RITA S.A.").

2 Se había constituido el 30 de mayo de 1931 por Mendoza. En junio de 1950 se produciría una reestructuración al retirarse 2 de los socios fundadores: Alberto R.Ruiz y Mario G.Mendoza, hermano de Luis –quien cede su posición a su hijo Adolfo Mendoza Vinent–, en cuya ocasión ascenderían como gerentes Francisco Fernández Suárez, vinculado desde 1934 y ex jefe del Departamento de Azúcar, así como Abelardo Ruiz Miguel, ex jefe del Departamento de Bolsa. Andrés González Muñiz Schweyer y Gonzalo de la Vega Álvarez habían entrado el 27 de diciembre de 1954.

3 Había sido en los últimos años de los 50 la tercera en ventas del ICEA a los corredores con 162 000 Tn en 1956 pero tras el fallecimiento de su presidente descendió bruscamente.

Poco después del fallecimiento de Luis G.Mendoza Freyre de Andrade, la firma se había convertido en una fuerte propietaria de centrales azucareros. A finales de ese año, en sociedad con otros capitales cubanos, había pasado a controlar el consorcio norteamericano "Guantanamo Sugar Company" y el 15 de diciembre de 1958 fue beneficiado con un fallo judicial que embargaba a su favor la "Azucarera Vivanco S.A., Compañía"(VER).

Era además desde los años 40 un fuerte refaccionista de producciones agrícolas como el azúcar, arroz, ganado, actuando como el principal intermediario entre la gran banca y los productores. Refaccionaba a varios centrales, así como a colonos, recibiendo financiamiento para estas actividades del Banco de China, del que era el mejor cliente, a la vez que el 2º mayor cliente del Banco Franco Cubano –junto con "Galbán Lobo y Compañía"– con créditos hasta de $1 millón. También los recibía del "Royal" a cambio de los contratos de refacción que suscribía con colonos que entregaba como garantía.

Entre los centrales acreedores se encontraba "Azucarera Vicana, Compañía" (VER), de los hermanos Beattie y otros –donde también tenía intereses representados por Francisco Fernández Suárez– así como de colonos.

Tal como en el origen de las grandes fortunas del segundo tercio del siglo XIX, estaba convirtiéndose, a través del ciclo prestamista, en uno de los principales hacendados.

910- LUIS SOSA Y COMPAÑÍA

Casa importadora y vendedora de efectos eléctricos en general, motores eléctricos, alambre, bombillos, cables, cordones, tuberías, equipos, transformadores, etc., sito en Obrapía Nº 415, La Habana.

1 Propiedad de Luis Sosa Sánchez y Diego Díaz González, quienes eran sus gerentes.

2 Víctor Batista G.de Mendoza había tenido intereses en ella hasta marzo de 1951 en que asumiera la presidencia de "Importadora Comercial de Cuba S.A., Compañía".

911- LYKES BROTHERS HAVANA AGENCY S.A.

Consignataria de buques con oficina en el Edificio de la Lonja del Comercio y agentes en todos los puertos del país, cliente del "City".

1 Era una filial de firma establecida en Tampa, Florida (VER "LYKES BRO-THERS INCORPORATED"), que poseían otra firma ganadera en Cuba. Su gerente era Gerardo Coterillo de la Serna, hijo de Eusebio Coterillo Alonso, presidente de "Empresa Naviera de Cuba" que había pasado a integrar el consorcio naviero de "Naviera Cubana del Atlántico S.A."(VER).

2 Se había fundado en 1899 como "Lykes Brothers Inc" por Howel Tyson Lykes –fallecido en New Orleans el 9 de julio de 1942– en unión de uno de sus hermanos, transportando ganado a Cuba desde el exterior, constituyéndose después como un departamento marítimo de la propia firma ganadera hasta que más tarde a fines de los años 40 se independizara bajo esta razón social.

Frederick A.Morris, un norteamericano residente en Cuba desde 1898 que comenzara a trabajar desde los inicios con la firma, fue su vicepresidente durante años hasta su fallecimiento el 28 de abril de 1947.

912- LYKES BROTHERS INCORPORATED

Criadores de ganado "Brown Swiss" en varias fincas, entre ellas "San Pedro de Mayabón en Matanzas, y "Candelaria" en Bayamo. También poseían "Lykes Brothers Havana Agency S.A."(VER), otra filial en Cuba que era una consignataria de buques.

1 Era una filial de firma establecida en Tampa, Florida, EE.UU. dedicada a la crianza de ganado, empacadores de carne y cosecheros de cítricos, cuyo gerente era J. B. Hawkins y sus representantes en Cuba eran el Ing. Pedro G. de Mendoza, en Mayabón, y Armando Bueno, en Bayamo. Tomás Rankin Lykes, hijo de Arturo Rankin, vicepresidente de la casa matriz, y nieto por la rama materna de su fundador, atendía los intereses en Cuba.

2 Había sido fundada en 1899 en Cuba por el norteamericano Federico E.Lykes –fallecido en noviembre de 1951 en Texas– junto con su padre el Dr.Howell Tyson Lykes y su hermano Howell, como "Lykes Brothers" para el desarrollo de actividades navieras y mercantiles.

Había fomentado varias fincas ganaderas, fundado un matadero en Luyanó e importaba ganado tipo "Abeerdeen Angus", "Short Horn", "Brown Swiss" y "Cebú", siendo el pionero de la crianza de esta última raza en Cuba.

Lykes vivió durante años en Cuba y falleció el 10 de noviembre de 1951 en Brooksville, Florida, siendo sucedido en Cuba por Delmiro Bueno y, a éste, su hijo Antonio, quien trabajaba en la firma desde 30 años atrás y se dedicaba además por su cuenta a la compra de ganado para los mataderos y, desde 1932, a la venta de semillas para pasto. Armando era su hermano. El Ing.Mendoza se ocuparía de la finca en Mayabón a partir de agosto de 1955.

913- L. GARCÍA Y COMPAÑÍA

Laboratorio productor de especialidades farmacéuticas, biológicas y opoterápicas, con la marca comercial "Om" con 75 trabajadores, el 6º mayor por el número de éstos, ubicado en Ayestarán 196, La Habana.

1 Era propiedad de sus gerentes Leonardo García López y Pelayo Bergueiro Seiro, ambos españoles.

García había nacido en 1906 en Oviedo, habiendo llegado a Cuba en 1920, mientras Bergueiro había nacido en 1904 en Pontevedra, arribando en 1925.

2 Había sido fundado por sus propietarios en 1940 bajo la razón social actual.

3 Cliente del "Royal Bank of Canada "y del "The Trust Company of Cuba".

914- L. G. AGUILERA Y COMPAÑÍA

Almacén de ferretería, materiales industriales y materiales de construcción, con almacenes en varios lugares, entre otros Mercaderes 213 y el más importante en Santo Tomás 411. Una de las más solventes y prestigiosas firmas ferreteras y una de las 9 que se asociaran para crear la "Aceros Unidos de Cuba S.A." (VER).

1 Tenía capital pagado ascendente a $400 000 y era propiedad principal de la familia Aguilera. Lutgardo L. Aguilera Supervielle, cubano nacido en 1924, era su presidente y además presidente de la "Aceros Unidos de Cuba S.A."(VER). Sus hermanos Jorge y Enrique eran el vicepresidente I y el tesorero, respectivamente, mientras Joaquín L. Ablanedo Herrero, español, era el vicepresidente 2° .

2 La ferretería había sido fundada en 1874 por la familia Aguilera. Lutgardo G. Aguilera Raymond, español, padre del propietario actual, se había retirado y desde 1942 había introducido a su hijo en la firma, constituida el 2 de marzo de 1938 como sustituto de "L. G. Aguilera y Compañía S en C ".

3 Tenía una inversión ascendente a $600 000, sus ventas se elevaban a $1 350 000 y su activo a $696 000. Cliente del The Trust Company of Cuba, del Royal Bank y del First National City Bank.

915- MACHÍN & WALL COMPANY

Almacén de ferretería y de aceites y grasas lubricantes, sito en Muralla N° 68, La Habana, cliente del "City".

1 Era propiedad de Tomás Machín Iglesias en sociedad con su hermana María Dolores Machín, viuda de Herman Upmann (VER "CIGARROS H. UPMANN"), un alemán, propietario principal de la casa bancaria y la fábrica de tabacos que llevaba su apellido y que quebrara el 12 de mayo de 1922 durante el crac de 1921, pero quien lograra conservar la propiedad de numerosos inmuebles y otros bienes. Hermann Henry Upmann, hijo de María Dolores, era el tesorero.

916- MADERERA BABÚM ASERRÍO

El 2° mayor aserrío de Oriente, con 81 trabajadores, ubicado en N.R.Sánchez N°62, Santiago de Cuba.

1 Propiedad de los hermanos Ibrahim y Teófilo Babúm Selman, quienes también poseían una línea naviera y habían diversificado su capital siendo co-propietarios de "De Cementos Nacionales S.A., Compañía"(VER), una nueva fábrica de cemento, así como de la contratista "Constructora Diamante S.A."(VER), todas asentadas en Santiago de Cuba, donde por demás vivían.

917- MADERERA NIPE S.A., COMPAÑÍA

Explotación y aserrío de madera ubicado en Antilla, Oriente.

1 Estaba valorada en $100 000, de los cuales el "Banco Continental" (VER) era propietario de las 2/3 partes y el "Banco Núñez" (VER) del resto, como resultado del préstamo hecho a Fresneda y Compañía.

918- MAGUARAYA DISTILLING COMPANY

Destilería instalada en el batey del Central San Agustín.

1 Capital emitido ascendente a $222 000. Una de las 26 empresas propiedad de la familia Castaño Montalván de Cienfuegos (VER "COMUNIDAD DE BIENES HERMANOS CASTAÑO"). Nicolás Castaño Montalván era su presidente.

919- MANANTIALES LA COTORRA S.A.

Embotelladora de agua mineral "La Cotorra" y representante de la cerveza negra inglesa "Cabeza de Perro", sita en Faldas de la Loma de la Cruz, Guanabacoa, cliente del "Nova Scotia", "City", "Agrícola e Industrial" y del "Continental".

1 Propiedad de Claudio Conde Cid. Manuel Piñeiro estaba al frente de su administración en los últimos años.

2 Conde había comprado en 1915 a Leonardo Plaza y Francisco Palacios 2 solares en terrenos conocidos por "La Ceiba" donde había declarado al Ayuntamiento de Guanabacoa que existían los manantiales de agua potable conocidos por "Bohemia" o "Chorrito del Cura".

Al norte de los manantiales habían estado situadas durante el siglo pasado los famosos baños y manantiales de la "Fuente del Obispo", centro de temporadistas entonces que era propiedad de los Marqueses de la Real Proclamación pues estaba dentro de su mayorazgo.

La industria mantenía unos jardines en las faldas de la Loma de la Cruz donde sociedades y particulares celebraban fiestas y reuniones.

920- MANATÍ SUGAR COMPANY

El "Manatí" era el 5° central en capacidad de producción (850 000 @), RI mediano de 12.81, 9 963 trabajadores, ganadera, fábrica de tablas de bagazo, el 4° propietario mayor de tierras con 4 288 caballerías y el 3° en número de trabajadores, situado en Dumañuecos, Oriente.

1 Capital suscrito por $443 125. Uno de los 6 centrales de los intereses Braga-Rionda (VER "AZUCARERA CÉSPEDES S.A., COMPAÑÍA"), que poseía el 34% de las acciones. Su presidente era George A. Braga; B. Rionda Braga, vicepresidente; Higinio y Alfonso Fanjul, Aurelio Portuondo Jr. y Ramón de la Cruz eran vicepresidentes en la Habana. Alfred Jaretzki –antiguo vicepresidente de la Cuban Cane de 1915 con Manuel E. Rionda y R.Truffin–, Gerald F. Beal y William V.Griffin, fundador de la empresa, permanecían con intereses. Los 2 primeros tenían intereses también en la "The Francisco Sugar Company" (VER).

Además del ferrocarril de Tunas, poseía una importante empresa ganadera en sociedad con el "King Ranch" (VER "GANADERA BECERRA S.A., COMPAÑÍA"). También poseían intereses en "De Productos de Fibra Manatí S.A., Compañía" (VER), una fábrica de tablas de bagazo situada en el propio central, a la par que eran pequeños accionistas de las petroleras "Trans-Cuba Oil Company" y la "Cuban Venezuelan Oil Voting Trust".

2 El central fue fundado en 1912 por Eduardo Diez de Ulzurrúm, Marqués de San Miguel de Aguayo –emparentado con Salvador Rionda de la Torriente, del clan familiar–, pero rápidamente pasó a los intereses de Manuel Rionda con el financiamiento de banqueros newyorkinos, en especial J.W.Seligman. Se convirtió en 1912 en el tercer central de la familia al constituirse la "Manatí Sugar Company" en Nueva York con Regino Truffin, Manuel E.Rionda y los intereses del grupo Rockefeller –representados por W.V.Griffin, hasta el 15 de enero de 1958 en que falleciera–, con un capital ascendente a $2 millones, parte del cual había sido suscrito en EE.UU., Inglaterra y Francia

Diez Ulsurrúm se mantuvo como administrador y director de su Junta así como miembro de la Junta Local de La Habana compuesta además, de por los mencionados, por José H.Beola y Rafael M.Angulo, mientras Bernardo Braga Rionda e Higinio Fanjul Rionda eran su vicepresidente y administrador respectivamente.

Fue una de las varias empresas donde la familia Rionda tenía intereses que quebrara en febrero de 1932 durante la crisis de 1929 a 1933, pero Manuel Rionda se las arregló para conservarla a través del apoyo de varios grupos financieros norteamericanos.

3 Era el 4° central en record de producción para un año al haber sobrepasado el millón de sacos en 1952. Su condición financiera era buena, tenía un capital neto de $9 295 287 y activos totales por $20 millones. En 1947 alcanzaron sus máximas utilidades con $3 200 000 pero en 1953 tuvieron pérdidas de $426 000, manteniendo un modesto nivel de ganancias en 1954: $111 000, 1955: $186 000 y elevándose en 1957 a $672 000 y 1958 a $1 100 000. Como en el resto de las firmas azucareras norteamericanas, la cotización de sus acciones había descendido, siendo en 1956 de $8 y en 1959 de sólo $4.

Contaba con su propio aeropuerto habilitado para el servicio comercial nacional.

Cliente del Trust Company of Cuba que tenía invertido $250 000 en bonos de la firma desde el 23 de mayo de 1956 y del que recibió en 1958 un préstamo por $3 500 000. En igual fecha recibió del Chase Manhattan $1 500 000. De ambos bancos era afiliada pues Alfonso Fanjul era director del primero y William V. Griffin del segundo.

921- MANUEL DÍAZ S EN C

Fábrica de calzado de todas clases, almacén de carteras de señoras, de hilos, de efectos de talabartería y de materias primas para la industria, conocido como "La Casa Carmona", sito en O'Reilly N° 403-405, cliente del "City" y del "Royal".

1 Era propiedad de Manuel Díaz Granda , vocal de la Junta Directiva de la "Cámara de Comercio de la República de Cuba" en 1958.

922- MANUEL LOZANO Y COMPAÑÍA S EN C

Almacenista y exportador de tabaco en rama, sito en Amistad N° 360 entre Barcelona y San José, La Habana.

1 Propiedad principal de Manuel Lozano Pino y sus 6 hermanas María, Graziella, Francisca, Ofelia, Rita María y Margarita.

2 Lo habían heredado de su padre Manuel Lozano Muñiz, fallecido en 1946, ex-vicepresidente de la "Asociación de Almacenistas y Cosecheros de Tabaco", quien en el pasado había tenido su almacén situado en Concordia N° 25, La Habana antes de su traslado para la actual dirección.

Graziella estaba casada desde el 20 de enero de 1942 con Antonio Helier Rodríguez(VER "CORPORACIÓN INDUSTRIAL DEL TRÓPICO S.A."), hacendado y propietario de variados intereses.

923- MANUFACTURERA GENERAL ELECTRIC S.A.

Fábrica para construir paneles y tableros eléctricos y ensamblar equipos de control eléctricos en general, con el nombre comercial "Magesa", situada en Cerro y Rancho Boyeros, La Habana.

1 Filial de la casa matriz norteamericana "General Electric, S.A."(VER). Su administrador general era José Gatta.

2 Se inauguró en septiembre de 1958 bendecida por el Obispo Monseñor Alfredo Muller.

924- MANZARBEITÍA Y COMPAÑÍA

Almacenista de víveres e importador del cognac español Felipe II, Tres Medallas y Agustín Blázquez; cremas Marie Brizard; vermouth Cinzano; whiskey Johnny Walker; vodka Romanoff, etc., con 40 trabajadores, ubicado en Ayestarán 567.

1 Propiedad principal de Jesús Manzarbeitía Gurruchaga, su gerente. Manzarbeitía, vocal de la Junta Directiva de la "Cámara de Comercio de la República de Cuba" en 1958, era vicepresidente y accionista de "Petróleo Aurrerá S.A."(VER "GRUPO JARAHUECA-MOTEMBO"); socio de "El Palacio de Cristal"(VER), uno de los restaurantes de primera calidad; socio también en "Industrias Siporex S.A."(VER), fábrica de bloques ligeros de concreto, además de presidente de "Construcciones Tic S.A.", tesorero de "Constructora Tegú S.A." y director de "Comercial Oxford S.A."(Herraje). Había sido miembro del Consejo de Directores y uno de los principales accionistas del Banco de la Construcción (VER) hasta el 9 de enero de 1958.

2 La firma se había fundado en 1842 –aunque otros dan como fecha el año 1835– como "La Vizcaina", un comercio detallista ubicado en Prado N° 115 en un local donde estuvo el Hotel Telégrafo y existía otro llamado "San Luis", siendo entonces propiedad de Pedro Udaeta, pasando después a su sobrino y empleado, Fermín Zaballa, y después a un hermano de éste, Eulogio.

Eulogio Manzarbeitia sucedió a éste y fue después sustituido por su empleado Cosme Manzarbietia y Siricio Rubio, quienes asociaron a sus antiguos empleados Lázaro Larrea, Florencio Izquierdo y José Rubio, quienes constituyen la firma actual en 1926.

3 Su situación financiera era satisfactoria, tenía un capital líquido de $900 000 y un pasivo corriente moderado. Sus utilidades netas oscilaban en alrededor de $70 000. Cliente del "Banco de la Construcción" y del Trust Company por $400 000.

925- MAQUINARIAS AGRÍCOLAS S.A., COMPAÑÍA

Colonia de caña "Tínima" del central Céspedes, con una cuota de molida de 2 660 000 @.

1 Era propiedad de Gerardo Vázquez Alvarado.

3 Cliente del Banco de los Colonos con un promedio de $40,000 a $80 000 de préstamos.

926- MARCELINO GONZÁLEZ Y COMPAÑÍA S EN C

Almacén de víveres, vino y licores, sito en San Ignacio N° 451, La Habana, cliente del "Royal".

1 Era propiedad principal de Marcelino González, asturiano nacido en 1882.

927- MARÍTIMA GUAYABAL S.A., COMPAÑÍA

Operadora de la nueva Terminal Marítima en el puerto de Guayabal, Camagüey.

1 Una de las firmas bajo el control del Grupo Braga-Rionda (VER "AZUCA-RERA CÉSPEDES S.A., COMPAÑÍA"). Filial de "The Francisco Sugar Company" (VER), propietaria de los centrales Elia y Francisco, 2 de los 5 que exportaban sus azúcares por dicho puerto.

2 Se constituyó el 16 de mayo de 1955 para erigir la Terminal en donde ya existía un sub-puerto –el único en la costa sur entre Santiago y Cienfuegos– cuya concesión había recibido la casa matriz mediante el Decreto N°275 del 28 de febrero de 1907, ratificado por otros de 1913 y 1932.

3 Era la primera inversión destinada a los embarques de azúcar a granel, tras la autorización oficial plasmadas en los Decretos de 1955, la que comenzaría a operar sólo en 1962.

Las obras en un inicio fueron adjudicadas el 21 de diciembre de 1956 a la "Constructora Diamante"(VER), a quien después se le rescindiera el contrato que, en definitiva, le hiciera frente la propia firma terminando su construcción en 1959.

Batista, a través de Andrés Domingo, se interesó a su favor, recibiendo Martínez Saenz a Alfonso Fanjul y a Eladio Ramírez León. El BANDES le autorizó el 1° de febrero de 1956 un financiamiento por $2 500 000.

928- MARÍTIMA MARIEL S.A.

Concesión para la construcción y operación de la "Terminal Marítima" en Mariel, Pinar del Río.

1 Propiedad de "Azucarera Mariel S.A., Compañía"(VER), cuyos azúcares se embarcaban por dicho puerto, presidida ambas por Enrique Blanco Rosell.

3 Recibió financiamiento de Financiera Nacional el 10 de agosto de 1956 ascendente a $1 600 000 para dragados y construcción de la Terminal ejecutada por la firma. El 6 de febrero de 1957 se produjo un incendio en los almacenes de la Terminal.

929- MÁRMOLES, PIEDRAS Y TERRAZOS S.A.

Se dedicaba a la venta y compra de trabajos de mármoles y construcción de pisos de terrazo y granito y poseía además "Mármoles Iglesias", una filial arrendataria de varias canteras ubicadas en Viñales, Portales, Mendoza y San Juan y Martínez en Pinar del Río así como en Real Campiña y Sagua la Grande en Las Villas y en Santa Rita en Oriente, con talleres en el reparto Martín Pérez y oficinas en Ayestarán N°509, La Habana.

1 Era propiedad principal de Manuel Carballo Iglesias en sociedad con su padre, el español José Carballo Clemente.

La filial tenía capital suscrito por $22 200 en 220 acciones a nombre de "Mármoles, Piedras y Terrazos S.A.", que eran propiedad de Manuel Carballo Iglesias con 122 acciones y de José Carballo Clemente con 98. El presidente era Frank López Villar.

2 Tanto la arrendataria como la propietaria se habían constituido el 4 de abril de 1955. Realizaba obras para el Gobierno, tales como el suministro en la construcción del "Palacio de Justicia", actual sede del Comité Central del PCC, así como para el Capitolio de Puerto Rico.

3 Sus activos fijos ascendían a $225 000, teniendo ventas por $300 000 y unas utilidades que oscilaban entre $46 000 y $48 000. Cliente del Banco Continental y del Banco Financiero con préstamos alrededor de los $300 000.

930- MARTÍN DOSAL Y COMPAÑÍA

Fábrica de cigarros marca "Competidora Gaditana", con capacidad de producción de 846 452 miles de unidades anuales que representaba el 8.3 % de la producción total y 285 trabajadores, ubicada en Belascoaín 808, La Habana. Era el 5° mayor productor de cigarrillos.

1 Capital ascendente a $1,5 millones propiedad mayoritaria de los 6 hermanos Dosal Quijano y 2 hijos del mayor de éstos, quienes controlaban alrededor de las 2/3 partes de las acciones ascendentes a $1 045 000, en sociedad con la familia Samá, integrada por Antonio Samá Velázquez y sus 4 hijos que controlaban algo menos de la 4ª parte con un valor de $380 000.

Martín Dosal Quijano poseía $300 000, siguiéndole su hermano Francisco con la mitad, Leonila con $100 000 y Alicia, Concepción y Silvia con $60 000 cada una, mientras Alberto y el Ing.Roberto Martín Dosal Domínguez, hijos de Martín, controlaban $175 000 y $140 000 respectivamente y los tres hermanos, Oscar, Octavio y Armando Serna Dosal, hijos de Leonila y Sinforiano Serna Hondal – fallecido el 16 de mayo de 1958–, con $25 000 cada uno.

La máxima dirección y administración la ocupaba Martín Dosal Quijano, el mayor accionista individual, a la vez que era propietario, junto con sus hijos Martín y Alberto R, de la "Constructora Aldo S.A."(VER).

Otros accionistas menores eran Domingo Romero Lasaga con $25 000 y Carlos Quijano Gispert con $25 000, estos dos últimos familiares del grupo mayoritario. Waldo y Avelino García Sanmiguel Jorge, accionistas menores, se separaron a fines de 1958.

2 Fue fundada en 1860 por Manuel Camacho Ponce de León y, tras la muerte de éste, lo heredó la "Viuda e Hijos de Manuel Camacho". Al constituirse la República se vendió a Digón y Dosal, antiguos almacenistas de tabaco, quienes habían trabajado con Cifuentes y promovieran en 1917 la producción de la "Competidora Gaditana" bajo la razón social de "Digón, Dosal y Compañía. Esta última pasó en noviembre de 1923 a la propiedad exclusiva de Martín Dosal Martínez y, tras su fallecimiento el 31 de diciembre de 1938, fue heredada por su viuda Carolina Quijano Álvarez y sus 6 hijos.

Se constituyó el 28 de diciembre de 1938 como sucesora de "Martín Dosal e Hijos" siendo sus gerentes Martín Dosal Quijano, Sinforiano Serna Hondal, Antonio Samá Velázquez, Francisco Dosal Quijano y Waldo G y Avelino San Miguel Jorge.

3 Había mejorado su posición desde 1930 cuando era la 7ª mayor y sólo representaba el 4.0%.

931- MATADERO WAJAY S.A.

Fabricantes de conservas alimenticias y embutidos, tasajo y jamones, con el nombre comercial de "Mercados Montalvo", a la vez que era un matadero, encomendero y empacador, con 50 trabajadores, sito en Máximo Gómez Nº 112, Marianao y en Wajay, cliente del "Continental" y del Agrícola e Industrial.

1 Era propiedad de José Sorzano de Cárdenas, hermano de Elodia, ex-Presidenta Nacional de "Acción Católica Cubana" y de "Hijas de María" y casado con Matilde Sánchez Montolieu, prima de los propietarios de "Modas Sánchez Mola y Compañía"(VER).

932- MATOS Y COMPAÑÍA

Almacenista de tejidos y productor de confecciones para caballeros, para deportes, para niños y señoras, frazadas, sweaters, toallas y pañuelos, sito en Aguacate Nº 468.

1 Propiedad de José Matos Maldonado con un capital de trabajo ascendente a $170 000, quien también era propietario de otro almacén bajo la razón social de "José Matos y Compañía" donde también producía camisetas de punto, capas de agua, confecciones para caballeros, niños y señoras, sito en Compostela Nº 562, La Habana

3 Cliente del "Royal Bank" y del "Boston".

933- MAX BORGES E HIJOS

Contratista de obras con oficinas en Ayestarán y Domínguez, La Habana, donde también estaba instalada una fábrica de mosaicos.

1 Propiedad del Ing. y Arq. Max Borges del Junco, en sociedad con sus hijos los también arquitectos Max y Enrique Borges Recio.

2 Había sido constituida por Max Borges del Junco desde 1916 y 1917, en que se graduara, bajo la razón social "Construcciones Max Borges".

3 Había construido el Gran Stadium de La Habana, el Palacio de Justicia de la Plaza Cívica –actual sede del Comité Ejecutivo del Consejo de Ministros y del CC

del PCC–, el Centro Médico Quirúrgico de 29 y D y el Cabaret "Tropicana". Por estos 2 últimos proyectos, el Arq.Max Borges Recio había recibido el premio de la "Medalla de Oro" del Colegio de Arquitectos en 1948 y 1953 respectivamente.

934- MC CANN-ERICKSON DE CUBA
Agencia de publicidad, con 70 empleados, ubicada en G y Malecón, Vedado, La Habana. Era la 1ª en orden a su facturación desde 1957.

1 Filial de "Mc Cann-Erickson Corporation" con un capital de $219 000 000, fundada en 1901 en EE.UU., que desde 1950 era la 2ª mayor en el mundo con 38 oficinas en 16 países y 3 880 empleados, de la que era presidente Marion Harper. Raúl Barrios Planas y Jorge A.Ruiz Cuétara eran presidente y vicepresidente respectivamente de la filial cubana.

2 La filial se fundó en 1946 y en enero de 1951 se fusionó con la agencia "Publicidad Guastella S.A."(VER), de la que se separaron en noviembre de 1955.

3 Tenía 34 clientes, entre los cuales estaban la "Esso", la "Coca Cola", "Gillette", "Ambar Motors", "Home Product of Cuba"(pasta Kolynos), "The Chase Manhattan Bank" y otros.

935- MEDICAL PRODUCTS S.A.
Laboratorio farmacéutico cuya actividad pincipal era el envasado de los medicamentos importados, ubicado en el Km. 7 1/2 en Rancho Boyeros.

1 Tenía un capital ascendente a cerca de $100 000 propiedad de Ramón A. Olazarra, su presidente, y de su esposa Ana Fernández de la Torre, vicepresidenta. Ramón Alonso Montano era el administrador tesorero.

2 Se constituyó el 18 de enero de 1943 y estaba ubicado en Carlos III N° 614 habiendo construido posteriormente el edificio actual.

3 Sus ventas ascendían a cerca de $300 000 y las utilidades a $50 000. El BANFAIC le aprobó un financiamiento ascendente a $25 000 para la adquisición de equipos y maquinarias destinados a impulsar la producción de medicamentos y no sólo su envasado.

936- MENA AGENCIA DE PASAJES
Agencia de pasajes aéreos y navales, sita en O'Reilly N° 259, la de mayor venta con las principales líneas aéreas.

1 Era propiedad de Carlos de Mena Mestre, quien la heredara de su padre, Guillermo de Mena Alberni, nacido en Santiago de Cuba, fallecido el 19 de noviembre de 1956, quien la fundara.
Carlos era hermano de Jorge, vicepresidente y accionista de "Diario Nacional" (VER) y propietario del "Jardín Mena"; así como del Ing. Pedro, propietario de la "Constructora Pedro Mena" y de Guillermo, abogado.

3 Cliente del "Chase", del "Trust", "Continental", "Nova Scotia" y del "Pan American Bank of Miami".

937- MENÉNDEZ, GARCÍA Y COMPAÑÍA
Fábrica de tabaco marca "H.Upmann" y "Montecristo" con capacidad de producción de 21 296 miles de unidades anuales y 800 trabajadores, ubicada en Amistad N° 407, La Habana. Era el mayor productor de tabacos con el 5.6 % de la producción total, así como la fábrica con el mayor número de trabajadores dentro del

sector y una de las 14 fábricas no azucareras que empleaban más de 500 trabajadores, siendo una de las 2, junto con la fábrica de cigarros de "Trinidad y Hermanos"(VER), que existían en el sector con estas características.

1 Propiedad principal de Alonso Menéndez García(VER "MENÉNDEZ Y COMPAÑÍA") en sociedad con José Manuel García González. También tenían intereses en ella los hermanos de ambos, Benjamín y Félix Menéndez García así como Omar y Adolfo García González.

2 Había sido fundada en marzo de 1844 por el alemán Hermann Upmann quien en 1868 se estableciera principalmente como banquero continuando en esas actividades al ser heredada por sus sobrinos hasta el 12 de mayo de 1922 en que quebraran, viéndose obligados a liquidar su fábrica de tabaco por la irrisoria suma de $30 000, lo que representaba alrededor de un 10 % de su valor.

Tras la quiebra, cambió de propietario dos veces en la década del 20. Bajo la razón social de "Fábrica de Tabacos H.Upmann" había pertenecido a la familia Solaún, presidida por José Solaún, un antiguo almacenista de tabaco, su tesorero era Francisco Solaún González, presidente de la "Unión de Fabricantes de Tabacos y Cigarros" en 1935 y 1936, Alfonso Solaún Grenier era el secretario y Pablo Mejer era director.

Francisco Solaún había sido con anterioridad un fabricante de tabacos sito en Belascoaín N° 34 altos que además poseía "F. Solaún y Compañía", una fábrica de tabacos con la marca "Antilla Cubana" sita en Marqués González N° 10.

A mediados de 1937 la fábrica pasó a la firma actual, propiedad desde entonces de Alonso Menéndez, en sociedad con José García González, quienes también poseían entonces la "Particulares S.A.", que fuera propiedad de Segundo López, una fábrica de tabacos marcas "Particulares", "Byron" y "Montecristo", esta última inscripta en agosto de 1935, la cual había pasado al control de Menéndez desde 1935 en sociedad con García que era su director-gerente. Con anterioridad, Menéndez había sido gerente de la "Cuba Tobacco Company".

3 En ocasión de celebrar su centenario había inaugurado su nuevo edificio actual.

Era el segundo productor en tabaco mecanizado con 4 709 186 unidades, que representaban el 23.73% de este tipo de producción.

938- MENÉNDEZ Y COMPAÑÍA

Almacén exportador de tabaco ubicado en Amistad 451.

1 Capital ascendente a $500 00, propiedad principal de los hermanos Benjamín y Félix Menéndez García, nacidos en San Román de Candamio, Asturias. Eran socios colectivos José Menéndez, Rudesindo Alonso Fernández, José Ramón Suárez, Andrés López, Ladislao Menéndez, Romero Salas Suárez y Rafael Díaz González y, socios interesados, Vicente Menéndez López, Emilio Bernaldo Cuervo y Francisco Alonso.

Benjamín, a quien se le estimaba un capital de más de $1 000 000 era el primer gerente, además de presidente y principal de "Aceites Vegetales S.A."(VER) y de "Compañía de Seguros la Mercantil S.A."(VER), así como vocal de "Perfumería Drialys S.A." (VER), accionista de "Menéndez García y Compañía S.L."(VER) y uno de los dirigentes históricos del Centro Asturiano.

La familia Menéndez, integrada por los hermanos asturianos Alonso, Alfonso, Benjamín, Félix, María, Celestino y José Menéndez García y, hasta el 23 de marzo de 1953 en que falleciera, por Francisco, habían sido originalmente almacenistas de tabaco en rama, habiéndose convertido en la más importante dentro del sector, donde tenían varias propiedades y variados intereses.

Alonso estaba casado con María Soledad Toraño, cuya familia era la principal propietaria de "Toraño y Compañía"(VER), otro almacén de tabaco, y era además socio principal de "Cigarros H.Upmann S.A."(VER) y de "Menéndez, García y Compañía"(VER), (tabacos H.Upmann) y, además, junto con sus hermanos Adolfo y José, tenía intereses en "Por Larrañaga, Fábrica de Tabacos S.A."(VER).

José, además era accionista en "Toraño y Compañía" y en el pasado había sido cosechero y almacenista exportador de tabaco en rama con domicilio en Galiano N° 102 y uno de los propugnadores, junto con René Berndes, de la "Asociación de Almacenistas Cosecheros de Tabaco".

2 La firma había sido fundada en 1870 bajo la razón social de "M.M.Parra" por Manuel Menéndez Parra estando situada en la calle Monte y después en la de Angeles hasta 1902 en que se instaló en el local actual. Ladislao Menéndez Menéndez, sobrino de Parra, nacido en Asturias en 1870, entraría en 1910 como gerente junto con José Fernández y sucedería a su tío, quien le enviara a estudiar a EE.UU., variando la firma tras fallecer aquel para "Sucesores de Parra" en sociedad con la viuda e hijos representados por José Inclán Galán.

Los hermanos Benjamín, Félix y Ramón Menéndez García entrarían en 1916 como gerentes y, tras el fallecimiento de Fernández, variarían la firma para su razón actual. Ladislao se retiraría en 1928 quedando como comanditario hasta su fallecimiento el 28 de febrero de 1957.

Ramón Menéndez García, su primer gerente, fallecería el 3 de febrero de 1937, siendo reestructurada en mayo de ese año con los hermanos Benjamín, Félix y Francisco –éste último entraba ahora– Menéndez como gerentes y, como socios colectivos, Eugenio Menéndez, José R. Suárez y Juan Menéndez, éste último hijo del fallecido Ramón quien se incorporaba a la firma. Además eran socios comanditarios: Ladislao Menéndez y Rosario Menéndez, viuda de Bastiony.

Félix, fallecido el 14 de agosto de 1957 en Oviedo, había casado con Margarita, hija del antiguo gerente José Fernández, y tenía intereses en todas las firmas junto con Benjamín, siendo además uno de los principales del restaurant "La Reguladora". Francisco, el menor, había sido socio hasta su fallecimiento el 23 de marzo de 1953. Ramón Menéndez había sido además gerente de "Menéndez, Álvarez y Compañía", un almacén que era sucesor de "José Suárez y Compañía".

En junio de 1946 entraron como socios los antiguos empleados Rudesindo Alonso Fernández, Romero Salas Suárez, Rafael Díaz González, Vicente Menéndez López, Emilio Bernaldo Cuervo –los que se mantenían en la actualidad–, junto con Francisco López Menéndez, Emilio Villamil Pérez y José Inclán Menéndez.

3 Su volumen de ventas sobrepasaban los $5 millones y su mercado principal era EE.UU.

939- MERCADÉ Y COMPAÑÍA

Importadores de víveres al por mayor, almacén de frutos y ferretería, sito en Peralejo Nº 654-658, Santiago de Cuba.

1 Propiedad de Venancio Mercadé Papiol, emparentado con varias de las principales familias de origen español residentes en Santiago de Cuba. Su esposa, María Bosch Lamarque, era hermana de José M., presidente de "Ron Bacardís S.A., Compañía"(VER) y de Margarita, presidenta de "Azucarera Oriental Cubana S.A., Compañía" (VER). Su hijo Roberto, socio de "Minera Occidental Bosch S.A."(VER), estaba casado con Lolita Cendoya Hechevarría, familiares de los propietarios de "Cendoya y Compañía", importadores de ferretería gruesa.

2 La firma tenía su antecedente en la "Marimón, Bosch y Compañía", una casa bancaria, exportadora de azúcar, comisiones, consignaciones, etc. de Santiago de Cuba, Guantánamo y Manzanillo, propiedad de José Marimón, presidente del Banco Español, en sociedad con José Bosch.

Mercadé, catalán llegado a Cuba en 1903, había comenzado a trabajar en ella junto con su hermano Juan, habiéndose casado más tarde con María, hija de Bosch. En 1915 sus propietarios se la cederían a él, a su hermano, a Calixto Bergnes y a Juan Punyent, transformándose entonces en "Mercadé, Bergnes y Compañía", siendo gerente junto con Calixto Bergnes (VER "BERGNES Y COMPAÑÍA"), separándose después cada uno con su propia firma.

Con anterioridad giraba bajo la razón social de "Venacio Mercadé S en C", importadores y almacenistas de víveres y frutos del país.

940- MERCADO GENERAL DE ABASTO Y CONSUMO

Mercado de abasto y consumo para la venta minorista de todo tipo de alimentos, conocido como "Mercado Unico", que alquilaba su espacio en diferentes modalidades a los comerciantes minoristas, con 2 plantas, un sotano y un puente que lo unía con otra dependencia en la calle Arroyo, sito en la manzana entre Monte, Cristina, Arroyo y Matadero en La Habana. Era el principal centro de su género existente en la capital.

1 Propiedad principal de Alfredo Hornedo Suárez (VER "EMPRESA EDITORA EL PAÍS S.A., COMPAÑÍA"), propietario de periódicos, cines, clubs y otros bienes.

2 El mercado fue inaugurado en 1920 a un costo de $1 175 000. Hornedo había recibido desde 1918 la concesión del Ayuntamiento de La Habana, otorgada a través de un testaferro, lo que le permitiera operar un verdadero monopolio en el abasto de alimentos y parte de su venta minorista e iniciar una rápida fortuna.

Hornedo era un antiguo y destacado político que se iniciara en el Ayuntamiento de La Habana del que fuera Concejal desde 1914 y su presidente en 1916 y donde formaba parte de un fuerte grupo político de Liberales que controlaban el Ayuntamiento de La Habana a mediados de los años 10, llamado "Cenáculo", aliado a Machado y al Alcalde 1916-20 Varona Suárez, lo que le permitiera el control del Mercado.

3 La concesión le fue otorgada originalmente por 30 años con el privilegio de "único para el Término Municipal de La Habana" y prohibía la apertura de algún otro en un radio de 2,5 Km así como casillas de expendio en los alrededores en un radio de 700 metros. Fue siempre objeto de denuncias públicas tendientes a deshacer el escandaloso monopolio pero con posterioridad la concesión sería prorrogada con algunas variantes.

Ese monopolio no se quebraría hasta finales de los años 50 cuando se construirían varios otros financiados por la "Financiera Nacional" entre ellos los principales fueron el "Mercado Público de Carlos III" inaugurado en 1957 sito en la manzana de Carlos III, Estrella, Arbol Seco y Pajarito, y el de Guanabacoa(VER "SERVICIOS PÚBLICOS DE LA ZONA DEL ESTE S.A.") inaugurado el 22 de diciembre de 1958.

941- MERCANTIL BALCELLS S.A.

Importadores de víveres, vinos y licores al por mayor, agentes de seguros y fianzas así como administración de fincas urbanas, ubicado en San Ignacio N°313 y 315, La Habana, cliente del "Gelats", del "Royal" y del "Boston".

1 José Luis Balcell Grau era su presidente y socio propietario con su madre Dulce María Grau, sus hermanos Juan y Jorge, así como con los catalanes Gabriel Queraltó Bosch, su anterior presidente, y Manuel Capell Balcells, su vicepresidente, junto a la viuda de Celestino Sust Gelpi.

2 Había sido fundada en 1863 originalmente sólo como almacén de víveres por el catalán Buenaventura Balcells Caroll, siendo heredado por José Balcell Cortada y José Balcell Bosch, a quien se uniría después el hermano de éste último, Luis, bajo la razón social de "J.Balcells y Compañía S en C".

Con posterioridad, José Balcells García, padre de su presidente actual, nacido en 1905 e hijo de José Balcells Bosch, sería su presidente, así como de "La Casa Pons S.A."(VER), presidente de la Lonja de Comercio en 1936-37 y presidente del Instituto de Estabilización del Café" en igual año, hasta enero de 1949 en que falleciera en un accidente en su avioneta particular en el aeropuerto de Santa Fé.

Tras la muerte de Balcells, Luis Botifoll había sido miembro de su Consejo de Dirección, donde es posible representara los intereses de Amadeo Barletta.

3 Tenía pérdidas desde 1955. Cliente del Banco Gelats con créditos por $352 000 y con quien desde 1949 tenían deudas por $120 000 que era renovada anualmente.

942- MERCANTIL DE MOTORES STAR S.A.

Agencia de venta de autos Pontiac y camiones Diamond T, ubicada en Carlos III N° 1013, La Habana.

1 Estaba presidida por Antonio U. Sánchez Vaillant.

3 Financiaba venta de camiones y autos a 12 y 14 meses de plazo, recibiendo como pago inicial la 3ª parte del precio. El "Industrial Bank"(VER) le compraba los contratos con su pagaré por el valor nominal de éstos, menos el importe de los intereses que deducía por adelantado así como una cantidad que eventualmente se devolvía a la firma. El Banco le abonaba a su cuenta la diferencia entre el importe nominal de los pagarés y los intereses que él devengaría de alrededor del 8%.

Carecía de capital propio y mostraba un grado de liquidez satisfactorio. Tuvo pérdidas por $9 200 en 1952 y sus ventas ascendían a alrededor de $500 000. Cliente del Industrial Bank con créditos de $200 000 a $272 000.

943- MERCANTIL DEL PUERTO DE LA HABANA, COMPAÑÍA

Concesionaria del BANDES para realizar las obras de la Terminal Marítima en el Puerto de la Habana así como operarlos al terminar su costrucción, que era el tercer mayor contrato financiado por el BANDES ascendente a $22 000 000.

1 Tenía un capital ascendente a $1 474 800. Propiedad principal de Julio C. Iglesias de la Torre (VER "PETROLERA SHELL DE CUBA") y su socio Arturo Bengochea González (VER "DE FOMENTO DE BACURANAO S.C.P., COMPAÑÍA"), quienes eran vicepresidente y secretario respectivamente. Eugenio Ibánez Varona, funcionario de Bengochea, vicepresidente de la "Constructora del Litoral, Compañía"(VER) y además socio en "Ómnibus Metropolitano S.A., Compañía "(VER), era en este caso el tesorero. El ex-Coronel José M Iglesias Touron, padre de Iglesias de la Torre, era el presidente y sus hijos, Antonio y Luis Iglesias de la Torre, eran ambos vocales.

Entre los principales tenedores de acciones se encontraban Enrique García Alemán con $500 000, Néstor Carbonell Andricaín con $230 000, Juan Torga González con $180 000, Miguel Serrajuria Heredia con $150 000, Bernardo Adrover Gil con $130 000, Juan Battle Borrás con $100 000, Avelino Tejeiro Vázquez con $83 400 y otros.

2 Era un antiguo proyecto que databa de 1954 promovido por el Dr.Antonio Pérez Benitoa, representante de los intereses de Fulgencio Batista, quien personalmente lo había respaldado ante Joaquín Martínez Saenz e incluso se había reunido con éste el 17 de mayo de 1955 para estudiarlo.

La "Petrolera Shell de Cuba, propietaria de la concesión del terreno otorgada por el Estado, había constituido la firma desde el 25 de agosto de 1911. Para adjudicarle el negocio hubo que restituirle la concesión de los terrenos, que se le habían enajenado en 1934, creándose un artificio por el cual la Shell vendió la concesión en $1 600 000 al BANDES y éste a su vez se lo otorgó a la firma.

Las tierras de Cayo Cruz donde se construiría la terminal fueron mercedadas el 17 de febrero de 1708 a Francisco González Carvajal pero ya entonces existía desde 1565 un muelle propiedad de Juan de la Cruz, alrededor del cual se erigiría un pequeño poblado desaparecido en 1838, cuyo sitio fuera lugar de giras y paseos.

3 Se construiría en Cayo Cruz, a un costo de $ 22 000 000, en un plazo de 2 años y tendría 3 tipos de muelles, 2 embarques para ferries, edificio para la Terminal de pasajeros, y otras facilidades.

El BANDES le traspasó la concesión el 17 de julio de 1957 y le otorgó préstamos por $3 700 000 en dos partidas, el 9 de enero de 1958 por $2 700 000 y otro el 13 de noviembre de 1958.

Se estimaba que la firma había cobrado $2 802 000 en excesos de precios por la construcción de la Terminal.

944- MERRILL LYNCH, PIERCE, FENNER & BEANE

Corredores de azúcar y de valores, con oficina en Cuba en O'Reilly N° 264 bajos, La Habana.

1 Era una filial de la casa matriz norteamericana de igual nombre. Su administrador en Cuba era Kenneth M. Crosby, miembro de la Cámara de Comercio Americana de Cuba, quien también era uno de los principales accionistas de "North Atlantic Kenaf Corporation"(VER), siembra de 60 caballerías de kenaf y construcción de una planta procesadora.

3 Cliente del "Royal", "The Chase", "City", Boston" y "China" .

945- MESTRE, CONILL Y COMPAÑÍA

Agencia de publicidad ubicada en el "Edificio Radio Centro", Vedado, La Habana.

1 Propiedad de los hermanos Mestre (VER "CIRCUITO CMQ") en sociedad con Rafael Martínez Conill, su presidente y dirigente del "Habana Yatch Club" desde 1956, quien fuera en su juventud desde 1924 uno de los atletas más destacados, siendo seleccionado para las Olimpiadas de 1929.

2 Fundada en noviembre de 1942 por Goar y Abel Mestre en sociedad con Augusto Godoy López-Aldama, quien también fue presidente de la "Bestov Products" (VER). Posteriormente se separaron y los Mestre crearon la firma actual mientras su socio fundó la "Godoy & Godoy"(VER).

946- MESTRE Y ESPINOSA

Farmacia sita en Lorraine N° 753, Santiago de Cuba.

1 Propiedad de la familia Mestre Espinosa (VER "CIRCUITO CMQ S.A"), quienes también poseían "Farmacéutica Mestre S.A., Compañía", farmacia sita en Martí N° 7, Palma Soriano, que eran las principales en ambas localidades.

2 Su padre, Luis Mestre Díaz, nacido en Santiago de Cuba en 1871, había fundado la primera farmacia de Palma Soriano, casándose en 1900 con Mercedes, hija de Prisciliano Espinosa, Alcalde de Santiago de Cuba, y propietario de otra farmacia en esta ciudad, entonces bajo la razón social de "Dota y Espinosa" hasta 1911 que adopta el actual.

947- METALÚRGICA BÁSICA NACIONAL S.A., COMPAÑÍA

Fábrica de producción de lingotes de hierro fundido y tuberías de ese material para acueductos, con 180 obreros, ubicada en el Km. 25 de la Carretera Central entre Cuatro Caminos y Jamaica.

1 Capital suscrito ascendente a $1 017 330 propiedad de 24 accionistas entre los cuales los 2 principales, que concentraban las 2/3 partes del total, eran René Díaz de Villegas D'Estrampes (VER "MINERA BUENAVISTA S.A."), su presidente, con $336 187 y el BANDES con $315 000. Díaz de Villegas era socio de Joaquín Martínez Sáenz –Presidente del BANDES– en la "Editorial Cenit S.A."(VER).

Otros accionistas importantes eran los hermanos Jorge, Francisco y Gustavo García Montes López-Muñoz, sobrinos de Jorge García Montes, Primer Ministro de Fulgencio Batista quienes, junto con 2 primos más, controlaban cerca de un 10%. Aurelio Fernández Concheso, ex-Ministro de Batista, era el 4° accionista en importancia, Raúl Fernández Valle ($20 099) era el 10° y Salomón Maduro con $11 900 (VER "CUBANA DE FIANZAS, COMPAÑÍA") el 14°. Justo García

900 (VER "CUBANA DE FIANZAS, COMPAÑÍA") el 14°. Justo García Rayne-
ri, ex Ministro de Hacienda de Batista era accionista menor con $1 000.
Su vicepresidente 1° era Mathieu A. de Bock con $60 317, quien era el concesiona-
rio de la patente belga que utilizaría la industria por cuya razón se le entregaron 2/3
partes de las acciones totales que poseía. El vicepresidente 2° era Charles Rau con
$25 333 y el vicepresidente 3° Salvador García Oller con $36 593.

2 Se constituyó el 2 de marzo de 1956, le compró los terrenos al central "Portugalete (H)" y se inauguró el 24 de abril de 1957. El proyecto había sido promovido por Charles Rau, alemán, y su hijo Alfredo, en unión de M.A. de Bock,
quienes desde 1954 fundaron una firma de estudio para establecer la fábrica basado en el sistema de fusión M.B.C. desarrollado por una empresa belga cuya licencia para América Latina poseía el último de ellos.
Los García Montes entran a través de su Bufete que gestiona sin éxito la obtención
de financiamiento con capitales privados y con el BANFAIC hasta conseguir el
apoyo del Dr.René Díaz de Villegas. El BANDES le otorgó préstamos ascendentes a $2 500 000 en varias partidas.

3 La industria estuvo mal planeada adoleciendo de desfase entre las áreas de
producción. Su construcción padecía también de deficiencias y la administración
se catalogaba de pésima.

948- MEXICANA DE AVIACIÓN, COMPAÑÍA
Aerolínea de carga y pasaje con oficinas en 23 N° 105, Vedado.

1 Era una filial de casa matriz mejicana.

2 Se había fundado el 20 de agosto de 1924 para transportar el dinero de las
compañías petroleras desde Tampico y en enero de 1929 la había comprado la
"Pan American World Airways"(VER).
Más tarde, al finalizar la II Guerra Mundial, su propietaria iniciaría una nueva
política de vender parte de las acciones de las líneas que poseían en algunos
países latinoamericanos a capitales nativos –lo que también hicieron en Cuba–,
hasta venderlas totalmente. Por tanto, en diciembre de 1944, tras aumentar su
capital a $12 500 000 vendió el 55.6% del mismo a mejicanos y en febrero de
1946 retuvieron sólo el 45 % y más tarde el 41 %.

3 Operaba vuelos 4 veces por semana en la ruta La Habana-Mérida y México
con aviones Douglas DC-4, DC-6 y DC-7.

949- MILAGROS FLORES S.A.
Florería y decoradora de adornos florales, sito en Prado N° 202, La Habana.

1 Era propiedad de Lucky Schumann de la Pezuela, viuda de Nicolás G. de
Mendoza de la Torre y hermana de Millie, la madre de Carlos Rodríguez Schumann, que eran propietarios de "Ganadera Maceo S.A., Compañía"(VER).

2 Había sido propiedad de Mariana de la Torre, ex-suegra de su actual propietaria y viuda de Ramón G. Mendoza Pedroso, ya fallecido, una de las 7 ramas de
los González de Mendoza, quien fuera oficial del ejército norteamericano durante
la guerra hispanoamericana y copropietario, junto con José López Rodríguez, de
"Terrenos de Miramar S.A.", cuyo reparto habían fomentado. El jardín había pasado al control de su propietaria actual tras haberse divorciado de su hijo Nicolás.

3 Era uno de los principales desde los años 30 y el preferido de las clases altas para sus fiestas, recepciones, bodas, etc. .

950- MILANÉS ELECTRICAL SUPPLIES AND TELEVISION COMPANY
Comercio de efectos eléctricos sito en Virtudes N° 460 esq. a Perseverancia, La Habana.

1 Era propiedad de José Antonio Milanés Álvarez.

951- MILWAUKE ELECTRICAL CONSTRUCTION S.A., COMPANY
Contratista de obras, sita en Corrales N° 414 y oficinas en O N° 216 y 218 entre 23 y Humboldt, dto. D y E, piso 2°, Vedado.

1 Era propiead de Alfredo Pérez Casellas, su presidente, cuñado del Ing. Héctor A. Lagomasino Morales, presidente de otra contratista, la "Corporación Nacional de Aire Acondicionado S.A." (VER).

952- MINA DE CHARCO REDONDO
Principal mina de manganeso, ubicada en Jigüaní, Bayamo.

1 Propiedad de Francisco Cajigas García del Prado (VER "MOLINOS ARROCEROS CAJIGAS S.A.").

3 Su producción se vendía a EE.UU. donde Cuba era el 2° suministrador después de la India. A finales de la década del 40 producía 40 000 Tn que se elevaron en un 700 % alcanzando 309 000 Tn en 1953 como consecuencia de la guerra de Corea y gracias a altas inversiones de capital cubano. Redujo su producción después de la guerra de Corea y la baja del precio consecuente.
Se anunció que se paralizaría en 1955 si el gobierno de EE.UU. no le compraba su producción futura con cargo al programa de stock pile. Poco antes ya había dejado de comprarle a los pequeños productores a los que, al imponerle un precio, determinó el cierre de la mayoría de estas minas.

953- MINAGRO INDUSTRIAL S.A.
Almacén de maquinaria para la industria y la minería, de aceites y grasas lubricantes, tratantes en explosivos y constructores, ubicada en Km 11 de Carretera Central y Entronque del Diezmero, Habana.

1 Capital pagado ascendente a $400 000, siendo todos sus directivos y accionistas socios en "Electric de Cuba, Compañía" (VER). El Ing. Guillermo F. de Zaldo Castro era su presidente; Cándido de Bolívar Moreyra (VER "ELECTRIC DE CUBA, COMPAÑÍA"), vicepresidente 1°; Raymundo Martínez de Castro Rivas (VER "MINERA CENTRAL"), yerno de Ernesto Romagosa (VER "MINAS DE MATAHAMBRE"), vicepresidente 2°; Miguel F.Amézaga Escarrá, tesorero y Martín Yera Marín, también yerno de Ernesto Romagosa era el Ingeniero de la firma.
Guillermo F.de Zaldo, nacido en 1895, estaba casado con Olga Seiglie, primera esposa de José Gómez Mena(VER "NUEVA COMPAÑÍA AZUCARERA GÓMEZ MENA") y era socio con Cándido de Bolívar Moreyra (VER "ELECTRIC DE CUBA, COMPAÑÍA") y con Miguel F. Amézaga Escarrá en "Minera Central S.A." (VER), en "Electric de Cuba, Compañía", en "Servicios Metropolitanos de Gas S.A."(VER) e "Industrias Magic S.A.". A su vez con el primero lo estaba también en "Petróleos Aurrerá" (VER "GRUPO JARAHUECA-MOTEMBO") donde eran presidente y tesorero respectivamente.

Era descendiente en 2ª generación de Guillermo de Castro quien había fundado en 1860 en Sagua la Grande la casa comercial de azúcar "Zaldo y Compañía" que había dado origen al "Banco de La Habana", absorbido después por el "First National City Bank". Su padre había sido fundador y propietario hasta 1928 de "Cubana de Fianzas, Compañía" (VER) y sus tíos y primos eran propietarios de "Zaldo y Compañía"(VER). Durante los años 40 había formado parte de "New Niquero Sugar Company" (VER), de la que su tío era el vicepresidente.

2 Se constituyó el 28 de junio de 1954 como continuadora de "Barreiros & Equipos de Cuba S.A.", constituida a su vez en 1950.

3 Poseían equipos para perforar, liberar, etc. y se dedicaba también a la venta de dinamita, teniendo un polvorín en una finca en Santa María del Rosario, otro en Santa Clara y en Santiago de Cuba.

Proyectaba construir una fábrica de explosivos. Sus activos fijos ascendían a $236 000 siendo cliente del Banco de la Construcción con $26 000.

954- MINAS DE MATAHAMBRE S.A.

La principal mina de cobre y la 2ª mayor industria minera con 1 250 obreros, ocupando el 4º puesto en importancia entre las industrias no azucareras por el número de sus trabajadores, localizada en Matahambre, Pinar del Río.

1 El capital suscrito ascendía a $9 200 000 con 92 000 acciones y 54 tenedores, siendo propiedad casi absoluta de la "Sucesión de Manuel Luciano Díaz", formada por 11 de sus hijos y los cónyuges y descendientes de éstos.

Sus integrantes eran el Ing. Manuel Dionisio, Antonio, Waldo, Dr. Francisco, Marina y su esposo Frank E. Davis y sus 2 hijos, los hijos de María, los de Guillermina, Margarita y su hija Margarita Andux, los hermanos Fuentes Díaz –hijos de Clemencia– Piedad Díaz y sus 2 hijos Federica y Guillermo Martínez y, por último, Amparo Díaz y su esposo Ernesto Romagosa. Otros accionistas muy pequeños eran Esther Porta del Pino y Paula del Pino, herederos de Alfredo Porta, uno de los 2 fundadores.

La directiva la formaban también miembros de la familia. Ernesto Romagosa Sánchez, esposo de Amparo Díaz Martínez, hija del fundador, era el presidente, y Antonio H.Díaz, cuñado de éste, era el vicepresidente. Waldo y Francisco, hijos del fundador, y Frank E. Davis, un norteamericano casado con Marina, otra de las hijas, eran todos vocales de la Junta.

Romagosa había ampliado el capital dentro del sector minero, siendo el presidente y principal propietario de "Inspiración Cubana del Cobre S.A."(VER), de "Operadora Rometales S.A."(VER), para cuya inversión recibió financiamiento del BANDES por $400 000 y $7 650 000 respectivamente. Así mismo eran propietarios de "Minera Inspiración Occidental"(VER) y su yerno, Raymundo Martínez de Castro Rivas era el presidente de "Minera Central"(VER) y vicepresidente 2º de "Minagro Industrial"(VER).

2 La mina había sido fundada el 25 de febrero de 1913 por Alfredo Porta Rojas, farmacéutico de San Juan y Martínez, y Manuel Luciano Díaz Sosa bajo la razón social "Porta y Díaz". El primero, natural de San Juan y Martínez, poseía varias minas de cobre en la Hacienda Matahambre y el segundo el muelle de Santa Lucía y varias embarcaciones de cabotaje. Porta había ayudado en la guerra del 95 a las fuerzas libertadoras desde su farmacia y como auxiliar del delegado de la Revolución, siendo en 1897-98 Comisionado de la Delegación de Pinar del Río y Senador durante la República.

Díaz había sido desde su fundación director de la Junta del "Banco Nacional de Cuba", banco mayoritario norteamericano al fundarse durante la intervención y que quebrara cuando el crac bancario de 1920. Además había sido sido secretario de Obras Públicas durante todo el Gobierno de Estrada Palma, a la par que secretario de Agricultura interino durante 3 años, tras la renuncia de Emilio Terry Dorticós. Al fallecer el 30 de diciembre de 1917, sus bienes se adjudicaron a su viuda Francisca Martínez Acosta y sus 13 hijos y descendientes, los que junto con Porta, constituyeron el 14 de marzo de 1921 la firma actual suscribiendo cada parte la mitad del capital ascendente entonces a $5 600 000.

Se convirtieron en los principales productores a partir de 1918 en que se cerraran las minas de "El Cobre" de Oriente que habían hecho al país el tercer mayor productor durante la primera mitad del siglo pasado.

En 1921 la "American Metals Company" de Nueva York pasó a controlarla al comprar el 60 % de las acciones asumiendo Mr.Dudley D.Homer su gerencia desde 1922 hasta abril de 1944 en que la familia heredera de Díaz retomó su control eligiéndose desde entonces a Romagosa como su presidente. Esta reestructuración se produjo como respuesta de los accionistas minoristas cubanos para evitar la paralización debido a la amenaza de suspenderse las compras de cobre por parte de la Agencia Oficial de EE.UU., lo que sus nuevos accionistas evitarían tras un viaje de su nuevo presidente a aquel país.

3 El mineral en bruto se extraía de la mina con más de 180 Km. de galerías a una profundidad de más de 3 600 pies y se envíaba mediante un funicular al sub-puerto de Santa Lucía y de aquí, en chalanas, hacia mar afuera. Tenía un pequeño poblado de 900 casas para obreros y servicios comunales.

La empresa construyó en el poblado la iglesia de Nuestra Señora de la Caridad del Cobre y algunos miembros de la familia, entre ellas Tina y Olga Romagosa, sostenían un grupo de las Damas de Acción Católica. Tina impartía enseñanza religiosa en la Escuela Privada de la firma destinada a los hijos de los altos empleados. Contaba con su propio aeropuerto.

955- MINAS RIMOSA DE CUBA S.A.

Minas de oro con plata y cobre como subproductos, en el coto "Guáimaro" o "Propiedad Lane", ubicada en Guáimaro, Camagüey, con 3 concesiones de 1 190 Ha., arrendada a Louis R. Lane.

1 Su capital ascendía a $850 407 y era propiedad de Antonio Héctor Rivero Juarrero en sociedad con Manuel A.Nogueras Cabrera y René Pelleyá Jústiz, quienes eran presidente, vicepresidente y tesorero respectivamente.

No obstante se planteaba que era una subsidiaria de "Rimosa Copper Ltd.", constituida en Quebec, Canadá, cuyas acciones estaban depositadas en un banco de Montreal. Rivero, quien sin embargo aducía que tenía su control, había nacido en EE.UU. en 1911 y era presidente de "Primera Aurífera de Cuba S.A."(VER), que explotaba el coto Guáimaro o Lane y era propiedad de esta firma.

2 Se constituyó el 20 de marzo de 1956 y el 19 de abril del propio año arrendó por $12 000 anuales el coto minero que databa desde los primeros años de la colonia y según el Ing.Calvache era el que mejores perspectivas ofrecía en el país, habiéndose realizado en ella estudios geológicos por una firma inglesa.

3 Sus activos fijos se elevaban por encima de los $30 000 y su activo total era de $218 308. EL BANDES le dio un financiamiento el 10 de julio de 1958 ascendente a $150 000 para confirmar la zona mineralizada y bloquear el mineral.

956- MINERA BUENAVISTA S.A.

Minas de pirita cuprífera "Buenavista", "Las Carboneras" y "Pozueco" con 280 Ha, ubicada en Finca La Ceiba, Bahía Honda, Pinar del Río, a 4 Km. de la carretera a Cabañas y 28 Km. del puerto de Bahía Honda, con más de 100 obreros. Las minas estaban arrendadas a "Compañía Minera Carbonera S.A.".

1 Tenía un capital suscrito ascendente a $1 100 000 de los cuales el 90% estaban controlados por el Dr. René Díaz de Villegas D'Estrampes y el 10 % restante por la "Philipp Brothers Incorporated", agentes en Nueva York para la venta del mineral.

Díaz de Villegas era un abogado con años en la actividad minera quien además era presidente y principal propietario de "Metalúrgica Básica Nacional S.A."(VER), de "Díaz de Villegas, Contratistas S.A."(VER) y socio de "Editorial Cenit S.A."(VER) junto con Joaquín Martínez Sáenz, presidente del Banco Nacional de Cuba y del BANDES que lo había favorecido con financiamientos en sus propiedades.

El Ingeniero en Minas Eduardo I. Montolieu era el presidente, José Molé Betancourt, superintendente de "Díaz de Villegas, Contratistas S.A.", era el vicepresidente y Leopoldo Díaz de Villegas Jova, padre del presidente, era el tesorero.

2 Las minas databan del siglo XIX. Díaz de Villegas había reiniciado en 1952 la explotación de la mina Margot logrando en 1955 exportar 25 000 Tn. e iniciando en 1957 la exploración de otras minas cercanas.

3 Tenía en proyecto instalar una planta para separar el azufre y el cobre del hierro de las piritas cupríferas. La opinión de los técnicos del BANDES era que la mina tenía reservas que justificaban su explotación comercial.

957- MINERA CENTRAL S.A.

Explotación de mina de cobre "Fortuna" y "Casualidad", arrendataria del propietario Dr. Juan Espinosa, ubicadas a 5 Km de Fomento, Las Villas.

1 Capital suscrito por $112 000 de los que sólo $22 000 eran en efectivo y el resto se aportó en pago de servicios. Estaba controlada por 8 accionistas, varios de los cuales estaban relacionados con Ernesto Romagosa, presidente de "Mina de Matahambre S.A."(VER) y con "Minagro Industrial"(VER), dedicada a la importación y venta de maquinarias y artículos de minería.

El principal era Raimundo Martínez de Castro, presidente, que controlaba $11 000 y era hijo político de Romagosa además de vicepresidente y administrador de "Minagro Industrial". Cándido de Bolívar (VER "ELECTRIC DE CUBA S.A., COMPAÑÍA"), Miguel F. Amézaga Escarrá y Fernando Pérez Puelles eran vicepresidente 1°, 2° y 3° respectivamente, cada uno con $9 000 en acciones.

Otros accionistas importantes eran Eduardo J. Castellanos, tesorero, con $10 000, quien era ingeniero jefe de "Minagro Industrial"(VER), Guillermo F.de Zaldo Castro(VER "MINAGRO INDUSTRIAL S.A.") con $9 000 e intereses en la "Minagro Industrial", Martín Yera Marín con $9 000 en acciones e ingeniero en la "Minagro Industrial" y además hijo político de Ernesto Romagosa. Finalmente Arturo P.Nelson, norteamericano nacido en 1902, con $9 000, quien era el administrador de "Minas de Matahambre".

2 Las minas habían sido descubiertas en 1930 por Ruperto Martínez quien había iniciado desde entonces su explotación vendiendo 5000 Tn a "The American Company Ltd", habiéndose paralizado por causas de tipo económica y también administrativas.

3 Solicitaron créditos por $100 000 al BANDES que no le fueron otorgados.

958- MINERA DE COBRE CANASÍ

Coto mineral de cobre, cromo, hierro, plata roja y otros minerales, denominado "La Caridad", con 200 Ha que comprende las minas "La Ramonita", "La Eugenia", "Enriqueta", "El Porvenir", "El Máximo", "La Caridad" y "La Ermita", así como el coto "La Elena" con 80 Ha, ubicados en Canasí, Matanzas.

1 Propiedad principal del General de Brigada Eulogio Cantillo, cuyos familiares integraban la directiva. Francisco N. Porras Juárez de la Guardia, quien tenía los derechos de arrendamiento del coto minero, era su presidente; Raúl de Cárdenas Llanusa, casado con su hermana Aracelis Cantillo Porras, era el tesorero .

Cantillo era Ayudante General del Ejército y su hermano Carlos era el Jefe del Servicio de Inteligencia Militar (SIM). Había ingresado en el Ejército como soldado cuando cursaba estudios de ingeniería, fue sub-oficial de artillería, Director de la Escuela de Cadetes, jefe del batallón Liviano de Infantería y del Cuerpo de Aviación, profesor de varias disciplinas militares e hizo estudios en la Escuela de Cadetes de Cuba y en varias de EE.UU. y en Puerto Rico.

Fue uno de los conspiradores que organizaron el Golpe de Estado del 10 de marzo y estuvo entre los que entraron esa madrugada en el campamento de Columbia, junto con Batista, siendo ascendido a General de Brigada y designado Ayudante General del Ejército, Presidente del Tribunal Superior de Guerra y del Círculo Militar y Naval.

Al final del gobierno de Batista entró en conversaciones con el Ejército Rebelde, entrevistándose con Fidel Castro el 28 de diciembre de 1958, siendo sancionado tras la caida del régimen a 15 años de prisión.

2 La firma se constituyó el 15 de agosto de 1956 y el BANDES dictaminó que sus reservas no alcanzaban valores comerciales. El coto "La Caridad" se había explorado desde el siglo XIX y había sido explotado de 1916 a 1918.

959- MINERA DE ORO HOLGUÍN

Minas de oro y plata "Nueva Potosí" y "Las Agrupadas", ubicada en Aguas Claras a 7.5 Km de Holguín. Era una sub-arrendataria de las minas propiedad del Dr. Ernesto Ganivet.

1 Tenía un capital pagado ascendente a $40 000 propiedad del Arq. Armando Casas, su presidente; de Felipe López, vicepresidente; de Francisco Hidalgo, tesorero y el CP Ángel Miñagorri, que era el vicetesorero.

2 Se constituyó en julio de 1956 pero las minas habían sido denunciadas desde el siglo XIX y de 1938 a 1942 se habían extraído 50 Tn diarias de oro en "Nueva Potosí" por el Ing. Manuel Zamora bajo la firma "Corporación Minera de Oro de Holguín". El último embarque se realizó en 1947 habiéndose paralizado por dificultades con los propietarios. Posteriormente dos firmas norteamericanas habían hecho trabajos sin resultados comerciales. Existían muchos estudios sobre ellas y se aseguraba que había oro y plata para su explotación comercial.

3 Tuvo dificultades con los propietarios por lo que el financiamiento que había obtenido con el BANFAIC ascendente a $300 000 fue cancelado posteriormente.

960- MINERA INSPIRACIÓN OCCIDENTAL

Arrendataria del coto minero de cobre "El Mono" ubicado en la finca Matahambre, Pinar del Río.

1 Propiedad de "Minas de Matahambre"(VER).

2 Había sido constituida el 26 de octubre de 1953. Le suministraría 2100 Tn semanales del mineral a "Operadora Rometales S.A., Compañía"(VER), de la misma propietaria, quien la había organizado en 1957 para construir una planta de ácido sulfúrico en el puerto de Santa Lucía.

961- MINERA INSULAR

Mina en explotación de manganeso denominada "Lucía" y prospección de las minas "Casilda" y "Charco Azul", así como 9 minas en reservas para su exploración posterior, con 40 trabajadores, ubicada en Santa Rita, Jiguaní, frente al camino de ésta a Charco Redondo a 1.5 Km de esta última.

1 Capital suscrito por $60 000 con 7 accionistas y 600 acciones, de los cuales el principal con 198 acciones era Octavio Valdés Aramburu (VER "ASOCIACIÓN DE CONTRATISTAS INDEPENDIENTES"), casado con Hortensia, hija de Raúl de Cárdenas (VER "CENTRAL SANTA CATALINA S.A."), siguiéndole el Dr. Rolando Estrugo Díaz, su presidente, con 144 acciones y miembro del Consejo de Dirección de "Cuba Industrial y Comercial S.A."(VER).

Otros accionistas eran Bernardo Caramés Camacho con 90 acciones, Juan Pantoja con 84, Rodolfo Caballero con 92, Dr.Raúl Fernández de Castro con 30 y Blas Rocafort con 12.

3 La mina fue paralizada debido a la lucha insurreccional en la zona. EL 12 de diciembre de 1958 solicitaron financiamiento al BANDES que posteriormente en 1959 rescindieron.

962- MINERA MANTUA

Operadora del coto de cobre "La Dora" con las minas "Dora", "Torreón", "Jacobo" y "Pancho Villa", ubicadas en Mantua, Pinar del Río.

1 Su capital total ascendía a $807 000 y sus propietarios principales eran Francisco Vidal Más, su presidente (VER "GANADERA CANANOVE S.A., COMPAÑÍA"), y Gustavo Porta Capote (VER "HOTEL RANCHO SAN VICENTE"), vicepresidente. Francisco Vidal Fernández, hijo del presidente, era vicepresidente, y el Dr. Alberto Gutiérrez de la Solana Pérez, hijo político de Porta, era el tesorero.

Porta había sido propietario del "Hotel Rancho San Vicente"(VER) y accionista muy pequeño, mediante su hija Esther Porta del Pino y su esposa Paula del Pino, de "Minas de Matahambre S.A."(VER).

2 Se constituyó el 30 de marzo de 1953. Vendía el mineral a la "American Smelting Refining, Company" de EE.UU., y como tenía pérdidas por el exceso de fletes desde la mina hasta la planta de refinar situada en El Paso, Texas, proyectaban embarcar por el puerto de Santa Lucía que se encontraba a 50 Km. También tenían en proyecto explotar el coto "Nuestra Señora de las Mercedes", ubicado en la finca Ocujes, Guanes.

La Dora, vendida en 1955 a una firma canadiense por $1 500 000, fue tomada en arrendamiento el 23 de julio de 1956 a sus propietarios "Compañía Industrial Minera" y "Compañía Industrial Jacobo S.A.", contratándose inicialmente por 6 meses y prorrogándose posteriormente 99 años. "Nuestra Señora de las Mercedes" se subarrendó a su arrendatario "Río Frío Mining Company Compañía Minera de Pinar del Río" por 49 años desde el 25 de junio de 1953.

3 Solicitaron financiamiento el 25 de junio de 1957 al BANDES por $500 000 que disminuyeron después el 8 de enero de 1958 a $360 000.

963- MINERA MASVIDAL S.A., COMPAÑÍA

Mina de piritas de hierro San Antonio, ubicada en la finca "Quemado Grande" en Baez, Fomento, Las Villas, sub-arrendada a Arturo Macari.

1 Su capital social ascendía a $100 000 y estaba repartido entre 4 accionistas. El Dr. Alberto Díaz Masvidal García, quien tenía otros negocios mineros (VER "AURIFERA GUARACABUYA S.A."), era el presidente y tenía $49 000, Rufino Machado poseía $50 000 y Gregorio del Sol Ocampo y Francisco Pereira Fernández $500 cada uno.

2 Se constituyó el 12 de julio de 1956, siendo operada en 1956 y 1957 por distintas personas hasta que, debido a dificultades legales, se había paralizado, lo que fue solventado por el Dr. Díaz Masvidal. El valor de su inversión ascendía a $200 000 y vendían al mercado europeo alrededor de 53 000 Tn valoradas en $526 000.

3 El 28 de agosto de 1958 el BANDES le otorgó un financiamiento ascendente a $150 000 para compra y arrendamiento de equipos.

964- MINERA NUEVO HORIZONTE

Mina de cobre "Isabel Roca", ubicada en Piloto, Pinar del Río, arrendada a sus dueños, así como proyecto de planta para el aprovechamiento del cobre a instalarse en Pinar del Río.

1 Era propiedad de Carlos M. Ramírez Corría quien la había fomentado.

3 Realizó exploraciones en Viñales, en San Diego de Núñez y en Guanes mediante un financiamiento por $160 000 aprobado por el BANDES el 30 de marzo de 1954 y, aunque se encontraron posibilidades en San Diego, el crédito se agotó sin que aprobaran la ampliación solicitada el 17 de diciembre de 1958.

965- MINERA OCCIDENTAL BOSCH S.A.

Arrendataria del coto "Francisco" y las minas "3ª Ampliación de Cándida" y "La Unica" de cobre, hierro, manganeso, plomo y zinc, que sólo recobraban el cobre y la plata, ubicado a 20 Km de Matahambre, Pinar del Río.

1 Capital suscrito por $389 000, propiedad de su presidente José M. Bosch Lamarque (VER "MOTEL RANCHO LUNA"), presidente también de "Ron Bacardí S.A., Compañía"(VER), en sociedad con familiares y otros. Carlos y Jorge Bosch Shueg, hijos del presidente, eran vicepresidente y vocal respectivamente.

También figuraban Armando Morón Hernández como vicepresidente, quien era representante de la cerveza "Hatuey" en Placetas, el Ing. José A. Machado Borges y Roberto Mercadé Bosch, este último sobrino del presidente e hijo del acaudalado comerciante Venancio Mercadé.

2 Se constituyó el 21 de agosto de 1952 en el Caney, Oriente y estuvo operando desde noviembre de 1952 hasta el 11 de octubre de 1954.

3 Las minas fueron tomadas en arrendamiento por 15 años a su propietario "Compañía Minera Miturruis" y tenían una inversión ascendente a $800 000 que databa de antiguos arrendatarios. Se le calculaba una capacidad de producción de 200 Tn diarias y una utilidad neta de $654 000.

A partir de 1955 se reinvirtieron los rendimientos, pero tuvieron déficit ascendente a $288 000 a partir de 1957 por descenso de la producción por lo que el 11 de octubre de ese año paralizaron la producción y tenían el propósito de venderla. La dirección técnica era deficiente y sus equipos insuficientes.

Sus acciones se cotizaban en la Bolsa de La Habana. Cliente del "The Trust Company of Cuba" con $330 000.

966- MINERA USAC S.A., COMPAÑÍA

Arrendataria de las minas de hierro denominadas "Arroyo la Plata", "Reha", "Aretusa Alfeo", "Cere" y "Vesta en la Hacienda", ubicada en El Caney, Santiago de Cuba.

1 Capital suscrito por $50 000, propiedad de Carlos Roselló Barceló, su presidente, José J. García Cepero, quien era su suegro, y Mario Meneses Soto, hijo de José Luis Meneses (VER "BANCO AGRÍCOLA Y MERCANTIL"), Senador del Gobierno por Las Villas. El Dr. Héctor Garcini recibió el 25 % de las acciones por los servicios legales prestados.

2 Se constituyó el 7 de enero de 1955 por el Ing. Eduardo I. de Montelieu y el yugoslavo Iván Bier Diamant. En 1957 solicitaron financiamiento al BANDES que no formalizaron pues tuvo dificultades con Cayetano Ribas, propietario de la finca donde se encontraba ubicada.

El 14 de septiembre de 1959 serían sub-arrendadas a James Hedges (VER "TEXTILERA ARIGUANABO S.A, COMPAÑÍA").

967- MINERA Y DE FUNDICIÓN DE ORO CUBANA S.A., COMPAÑÍA

Minas "Nueva Potosí", propiedad de la firma, así como la tomadas en arrendamiento en el coto minero "Aguas Claras", ubicada en Holguín, Oriente, así como las minas "Reyna Victoria", "Non Plus Ultra" y "Holguinera" en el coto de "Guajababín".

1 Capital ascendente a $605 000. Propiedad de Prudencio Fernández Trueba y Concepción Miranda, ambos con $300 000 en acciones cada uno, y Pedro González Fernández con $5 000, quienes eran el presidente, vicepresidente y tesorero respectivamente. Fernández era también propietario de "Compañía Minera Fernández Trueba".

2,3 Se constituyó el 5 de junio de 1957 y recibió un préstamo el 25 de junio de 1957 por $ 60 000 por parte del BANDES quien diera un informe técnico favorable. Sin embargo el 3 de marzo de 1960 el BANDES informó que la firma era un fraude.

968- MINIMAX SUPERMERCADOS S.A.

Almacenista y tienda de víveres al por menor con el nombre comercial de "Minimax", de vinos y licores, frutas y vegetales con oficinas en 23 N° 162, Vedado. Era además la principal cadena de supermercados de ventas al detalle con 11 establecimientos en La Habana, ubicados en 5ta y 2; 5ª y 94, ambos en Miramar; Neptuno y Lealtad; Edificio FOCSA; Vía Blanca y Tarará; 26 y 41, Nuevo Vedado; 5ª Ave y Náutico, Reparto Biltmore; Ave 23 y 222-A, La Coronela; 42 y 13, Almendares; y Reparto Fontanar.

1 Era propiedad de David Brandon, su presidente, y otros socios como Emmet H.Hymann, presidente de la Junta. Brandon, ciudadano norteamericano, era también propietario desde 1957 de "Supermercados Ekloh, S. A."(VER), así como de "Textilera San José"(VER).

3 Cliente del Royal Bank con $600 000.

969- MIQUEL & BACARDÍ LTD.

Propietaria de varias rutas de ómnibus urbanos e interurbanos de Santiago de Cuba, así como distribuidores de piezas de auto y gomas "Goodyear" y fabricantes y distribuidores de vagonetas de goma, con oficinas centrales en Juan Gualberto Gómez N°473 en esta ciudad. Bajo la misma razón social operaba un comercio importador de colchones de goma, cojines, almohadas y planchas, sito en Humblodt N° 168 entre O y P, Vedado. Las firmas de ómnibus eran "Línea Cubana de Ómnibus S.A.", "Ómnibus La Oriental S.A.", "Ómnibus Caney S.A." y "Ómnibus Especiales de San Luis S.A.".

1 Su propietario principal era Emilio Bacardí Rosell, miembro de la familia propietaria de la "Ron Bacardí S.A., Compañía" (VER), de la que su hermano Daniel era el vicepresidente 1°, así como de "Molinera Oriental S.A." (VER). También tenía intereses en ella Ricardo Ros Romagosa, director general de las firmas de ómnibus.

2 Se fundó en 1946 originalmente para la distribución de piezas de autos, gomas y vagonetas, ampliando sus intereses a partir de marzo de 1956 en que comprara las rutas de ómnibus a José Cabrera Marrero, natural de Islas Canarias.

3 La inversión se estimaba cercana al $1 000 000 y sus activos en $725 900. El negocio siempre se desenvolvió bien y con buena administración pero a partir de finales de 1956 comenzaron a sufrir pérdidas por los contínuos sabotajes así como la baja en las recaudaciones debido a la situación insurreccional.
Solicitaron el 17 de octubre de 1958 financiamiento al BANDES por $430 000 para su rehabilitación habiendo enviado una carta a Fulgencio Batista con esta finalidad el 16 de junio del propio año.
Cliente de la sucursal en Santiago de Cuba de "The Royal Bank of Canada".

LÍNEA CUBANA DE ÓMNIBUS S.A

Ruta urbana de Santiago de Cuba e interurbana desde aquí a El Caney y a Puerto Boniato, con 82 ómnibus, $476 000 de capital suscrito, siendo su presidente el Dr. José F. Vals Tamayo.

2 Fundada en 1939 por José Vázquez Rojas pasaría después a José Cabrera Marrero, natural de Islas Canarias, en sociedad con sus hermanos Francisco y Juan y con Rafael Benítez Quevedo.

La razón social actual se constituyó en 1946 al variar la anterior "Compañía Oriental de Ómnibus S.A." que databa de 1941.

ÓMNIBUS CANEY S.A.

1 Ruta al Caney con 18 ómnibus y un capital ascendente a $116 000 presidida por Francisco Bonani Pera, funcionario de confianza de José Cabrera cuyos negocios estaban bajo su administración.

ÓMNIBUS ESPECIALES SAN LUIS S.A.

1 Ruta de ómnibus entre Santiago de Cuba y San Luis con terminales en ambos sitios, 10 ómnibus, capital ascendente a $60 500 y presidida por Ricardo Ros Romagosa.

2 Se constituyó en 1940 por su fundador y propietario principal Antonio Cayoso Negra, quien era su presidente y administrador, el cual falleciera en 1956 siendo sustituido por sus dos hermanos José y Manuel, todos españoles.

ÓMNIBUS LA ORIENTAL S.A.

1 Ruta de ómnibus de Santiago de Cuba, Manzanillo y Palma Soriano, con 19 ómnibus y capital pagado ascendente a $130 000, de la que Ricardo Ros Romagosa era su presidente.

2,3 Fue comprada por $135 000 a los "Ferrocarriles Consolidados de Cuba" que la operaba como "La Cubanita" con un recorrido similar. Sus activos ascendían a $140 000.

970- MIRAGAYA Y FERNÁNDEZ

Almacén de joyería sito en Neptuno N° 201, La Habana.

1 Era propiedad de Pedro Miragaya González, quien también era uno de los principales accionistas con $48 800 entre los 16 con un capital suscrito ascendente a $488 000, de "De Inversiones El Trébol S.A., Compañía"(VER).

971- MIRALDA S.A., IMPORTACIONES EXCLUSIVAS

Almacenista de efectos eléctricos, radios y refrigeradores, refrigeración y aire acondicionado, sito en Galiano N° 213, La Habana, que distribuía todas las líneas de la RCA excepto refrigeradores.

1 Era propiedad de los hermanos René, Mariano y Rosa Guas González en sociedad con Julio Abislaimán Faade, José María Fernández Rubirosa, Eduardo Cuervo González, Rosa Hernández Doval, Delfina Pell Llorens, Enrique Martínez Martínez y Juan Mir Pell.

3 Pignoraba contratos de compra venta con pacto de dominio reservado amparando ventas a plazos de sus mercancías cuyos cobros eran realizados directamente por el banco prestatario que era el "Boston" y el "Banco de China".

Operaba con fuertes pérdidas que estaban agotando el capital y su volumen de ventas iba disminuyendo como consecuencia del retiro de 2 de sus principales líneas de refrigeradores y lavadoras.

972- MIRANDA SUGAR ESTATES
El "Miranda" era el 21° central en capacidad de producción diaria con 500 000 @, RI alto de 13.03, el 16° en número de trabajadores en zafra con 5 906, el 24° mayor propietario de tierras con 1 525 caballerías, situado en Palmarito de Cauto, Oriente.

1 Propiedad mayoritaria de la West Indies Sugar Corporation (VER "CENTRAL ALTAGRACIA S.A., COMPAÑÍA"), en sociedad con Julio Lobo

2 Fue fundado en 1916 y terminado de construir en 1917 por la Miranda Sugar Company, de la Warner Sugar Corporation, propiedad de los Warner, una familia norteamericana de industriales que por entonces habían pasado también a controlar el Amistad y el Gómez Mena, 2 de los centrales de los Gómez Mena (VER "NUEVA COMPAÑÍA AZUCARERA GÓMEZ MENA S. A.").
La Warner fue posteriormente adquirida por $2 112 217 el 23 de septiembre de 1946 por la West Indies Sugar Corporation que tenía las hipotecas de su antecesora, declarada en bancarrota desde el 9 de julio de 1940.

3 Su situación financiera era buena, su activo corriente ascendía a $4 millones y su capital líquido a $6 296 000. Tenía líneas de crédito en el "Bank of Nova Scotia", en el City y en el Boston que apenas utilizaban. Contaba con su propio aeropuerto.

973- MISSOURI PACIFIC LINE
Empresa naviera con líneas regulares entre La Habana y New Orleans.

1 Su agente general en Cuba era G. M. Fernández.

974- MITCHELL DISTRIBUTORS INC.
Importadores de equipos de aire acondicionado de la marca "Mitchell", con oficina en 23 e Infanta.

1 Estaba presidido por Leiba Garmizo.

975- MITRUL S.A.
Laboratorio de productos farmacéuticos, sitos en 23 N° 955 entre 2 y 4, Vedado.

1 Era propiedad de José Miguel Portela Margolles, médico, su presidente.

976- MOA BAY MINING COMPANY
Planta de níquel con más de 1 000 puestos de trabajo, de los cuales 300 laboraban en la industria y 200 en las minas, cuya puesta en marcha estaba planeada para mediados de 1959, ubicada en Moa, Mayarí, Oriente. Era la mayor minera y la 2ª planta de procesamiento de níquel puesta en marcha después de la "Cuban Nickel, Company"(VER), así como la mayor inversión industrial individual en la historia de Cuba.

1 Una de las 6 filiales norteamericanas en Cuba bajo el control de la familia John D. Rockefeller (VER "CHASE MANHATTAN BANK") cuya casa matriz era la "Freeport Sulphur Company".

2 La planta comenzó a construirse en octubre de 1957 habiéndose firmado en septiembre de ese año un contrato con la "Frederick Snare Corporation"(VER) para su construcción.

3 Operaría con una nueva tecnología, desarrollada por la casa matriz en una planta piloto en Louisiana a solicitud del Gobierno de EE.UU., que producía concentrados de sulfuro de níquel y cobalto con contenido de cobre, zinc y hierro.

La refinación de los concentrados con 55% de níquel y 5% de cobalto, última fase del proceso, se terminaría en dicha planta por la "Cuban American Nickel Company", subsidiaria de la propia casa matriz. A la par se continuaba trabajando en el desarrollo del proceso tecnológico para la recuperación del hierro que de tener éxito convertiría a Cuba en un gigante minero.

Se estimaba su producción en 50 000 000 de libras de níquel y 4 400 000 de cobalto, con lo que la producción de níquel cubana representaría el 15% de la mundial. Produciría todos los materiales que necesitaba mediante la importación de azufre y gases de petroleo licuado.

La inversión en Cuba ascendía a $75 000 000 y la inversión total, que incluía la planta de refinación en EE.UU., a $119 000 000.

977- MODAS SÁNCHEZ MOLA Y COMPAÑÍA S.A.

Tienda por departamento conocida como "Sánchez Mola", tienda de ropa hecha, joyería, juguetería, locería y cristalería, artículos para fumadores y religiosos, fábrica de sombreros, taller de confecciones, sita en San Rafael N° 208, La Habana, con sucursales en Cárdenas, Varadero, Santa Clara, Sancti Spíritus, Bayamo y Guantánamo.

1 Propiedad de Carlos Sánchez Batista Loret de Mola, nieto de Bernabé Sánchez Adan, fundador y antiguo propietario de "Central Senado S.A."(VER) y primos de Bernabé (VER "PRODUCTORA DE ALIMENTOS EL AGRO S.A.") y de Thorwald (VER "HELADOS GUARINA S.A."),de los Sánchez Culmell, de los Sánchez Montoliel y de los Sánchez Laurent (VER "CENTRAL SENADO S.A.").

Alina, una hija de su hermano Pedro, estaba casada con Gonzalo R. de Arellano Pantin, hijo de Gonzalo R. de Arellano González de Mendoza (VER "POR LARRAÑAGA, FÁBRICA DE TABACOS S.A.").

2 Había sido fundada originalmente como una casa de efectos deportivos, hasta constituirse en la razón social de "Importadora Sánchez Mola S.A.", que variara después para la actual.

3 Cliente del Trust Company con líneas de $800 000.

978- MODERNA DE CONSTRUCCIÓN S.A., COMPAÑÍA

Contratista de construcciones civiles y obras de ingeniería, ubicada en calle G N° 266, Vedado.

1 Propiedad de Jaime Menasce Faraggi, su presidente, y Armando J.Kubly, vicepresidente. Menasce también tenía intereses en "Inversionista Magev S.A.", propiedad de Manuel González del Valle (VER "CONSTRUCTORA M. GONZÁLEZ DEL VALLE, COMPAÑÍA").

2 Se constituyó por su propietario en 1937. Construyó entre otras el Hospital de Maternidad Obrera y el de Isla de Pinos así como las calles Cristina, Concha, Línea y otras.

3 Cliente del Banco Núñez con créditos por $405 000.

979- MOENCK Y QUINTANA

Contratista de obras con oficinas en 11 N° 511 altos, Vedado, La Habana.

1 Propiedad del Arq. Miguel A. Moenck Peralta, su presidente, en sociedad con el Arq. Nicolás Quintana Gómez. Moenck era propietario también del "Auto Cine Novia del Mediodía"(VER), un cine al aire libre y con anterioridad había poseido también la anterior "Constructora Toa S.A." que se había fundado el 27 de diciembre de 1950.

2 Había sido fundada por Moenck desde comienzos de los años 20.

3 Sus principales obras habían sido los puentes sobre la Vía Blanca, sobre el Agabama y sobre el Cuyaguateje, algunos trabajos de acueducto y las obras del Monumento a Martí en la Plaza Cívica, hoy Plaza de la Revolución. Había construido la "Terminal de Ómnibus".

Cliente del The Royal Bank of Canada y del Banco Continental.

980- MOLINA Y COMPAÑÍA S.A.

Imprenta, editora de libros y encuadernadora, almacén de efectos de escritorio y papel y fabricantes de tipos para imprenta, sita en Muralla N° 315 y en Sol N° 316, La Habana, que era cliente del "Trust" y del "Boston".

1 Era propiedad de Alejandro Molina Huerta, en sociedad con su hermano Luis.

981- MOLINERA ORIENTAL S.A.

El 2° molino harinero establecido en el país con 80 a 100 obreros, ubicado en Santiago de Cuba.

1 Tenía un capital ascendente a $900 000 y 50 accionistas, de los que los más importantes eran algunos miembros de la familia Bacardí (VER "RON BACARDI, COMPAÑÍA") que controlaban $135 000. Jorge Shueg Bacardí controlaba $75 000, Daniel Bacardí Rosell y Marina Bacardí Cape tenían $25 000 cada uno y, por último Víctor Shueg Bacardí tenía $10 000.

Otros accionistas importantes eran Marcia Fasey Isaac con $90 000, los hermanos Alberto y Desiderio Parreño Velázquez con $65 000, Pérez y de la Guardia con $39 000, los García Carbonell con $23 000 y Luis Casero Guillén con $25 000. Cuatro firmas poseían acciones: "Pan Balboa Inversionista S.A." con $80 000, así como "Barrios y Compañía", "Paredes y Compañía" y "R. Preciado y Compañía" cada una con $50 000.

Humberto García Carbonell, con $5 000, era su presidente y Daniel Bacardí Rosell, vicepresidente 1° de "Ron Bacardí S.A., Compañía", Enrique Cañas Abril con $27 000 y Carlos Portela Gutiérrez con $37 000 en unión de su esposa Ana C.García Griñán, eran vicepresidente 1°, 2° y 3° respectivamente. Su primer presidente fue Enrique Rodríguez Penín(VER "CENTRAL MACEO S.A.").

2,3 Comenzó a operar el 15 de junio de 1958 con una capacidad de 45 000 Ton de harina de trigo, a un costo de $2 millones de los que el BANDES financió $1 100 000 que autorizara el 27 de octubre de 1956. Obtuvo $81 718 de utilidades y ventas por $1 285 962 en su primer semestre.

982- MOLINO ARROCERO CAJIGAS S.A.

Molino de arroz ubicado en Bayamo, Oriente.

1 Propiedad de Francisco Cajigas García del Prado, quien tenía variados intereses, algunos de los cuales estaba perdiendo. Había sido el principal en la "Organización Vacuba" (VER "NAVIERA CUBANA DEL ATLÁNTICO S.A.") que había pasado al control de Julio Lobo y Fulgencio Batista y, hasta 1956, del "Banco Agrícola e Industrial"(VER).

También era propietario de "De Construcciones Cajigas, Compañía"(VER), de la "Mina de Charco Redondo"(VER) y "De Fomento Tropicuba S.A."(VER), así como de la arrocera "Agrícola Santa Isabel de Cajigas S.A.", de "Inmobiliaria Cajigas S.A."(VER) y varias propiedades en Isla de Pinos como "Eléctrica Nueva Era S.A., Compañía", "Agropecuaria San Juan S.A." y "Operadora de Circuitos Radiales S.A.". Por último era co propietario también de "Operadora de Espectáculos La Rampa, Compañía" (VER).

3 Cliente del Banco Agrícola e Industrial, del cual había sido su presidente desde el 17 de enero de 1955 hasta el 6 de agosto de 1956.

983- MOLINOS ARROCEROS LOS PALACIOS S.A.
Molino de arroz ubicado en la carretera Central en Los Palacios, Pinar del Río.

1 Propiedad de Ignacio Carvajal Olivares, español (VER "COMERCIAL DE ARTEMISA S.A.").

3 Fuerte cliente del Banco Boston con promedio de préstamos de alrededor de $860 000.

984- MOLINOS DE HARINA BURRUS S.A.
Productora de piensos para aves y ganado marca "Burrus" y molinos de harina de trigo que aprovechaba los subproductos como el afrecho, afrechillo y salvado, con 260 puestos de trabajo, ubicado en Ensenada de Guasabacoa, Regla.

1 Filial de "Burrus Mills Incorporated" de Dallas, Texas, EE.UU., fundada en 1868 por W. C. Burrus y presidida por su nieto Jack P. Burrus, quien era además presidente de la "Exposición Ganadera Pan Americana" de Texas, la mayor de las que se celebraban en EE.UU., la cual sostenía relaciones estrechas con los principales ganaderos y las corporaciones de Cuba. Alejandro Herrera Arango, su administrador en Cuba, fue designado Ministro de Hacienda en 1958.

2 Fue el primer molino harinero que se estableció en Cuba en 1952 debiendo enfrentar la oposición tenaz de los importadores y exportadores del país porque aducían que su producción afectaría el comercio con EE.UU.. Disfrutaría de un monopolio hasta 1958 en que se creara la "Molinera Oriental S.A."(VER) en Santiago de Cuba. La primera piedra del edificio se puso el 25 de julio de 1949 y fue construido por la "Frederick Snare Corporation".

3 Tenía 70 a 80 000 Tn. de capacidad de molinado de trigo que representaba alrededor del 45% del consumo nacional pero, según el sistema de cuotas de importación del mercado norteamericano vigente, el Gobierno le asignaba la cuota a molinar.

985- MOLINOS DE PAPEL SAN JUAN DE CUBA S.A.
Fábrica de papel a instalar en Matanzas para producir papel, en especial gaceta, a partir de desechos de cualquier tipo de papel, con una capacidad de 30 000 Tn, 100 obreros y utilidad neta proyectada de $ 635 000.

1 Eladio del Valle (VER "SERVICIOS PÚBLICOS UNIFICADOS"), Gastón Baquero (VER "DIARIO DE LA MARINA S.A.") y el norteamericano Kernel Hughes eran los vicepresidentes 1°, 2° y 3° respectivamente. El austriaco-húngaro, Francisco Tamás Ryss, el norteamericano Walter L.Hendrix; el francés George Beaujolin – quien particiapaba en la construcción del Túnel de La Habana–; y los cubanos Emilio Camus y Rogelio de Franchi, eran tesorero, y vocales respectivamente.

2 Se constituyó el 16 de julio de 1958. Si se hubiera realizado, hubiera sido la 9ª en el mundo. La primera se instaló en 1951 ideada por John A. Miller, quien sería el presidente de esta firma.

3 La inversión se calculaba en $ 6 600 000, habiéndole solicitado al BANDES $ 4 300 000 que le rechazó. La "Compagnie Financière de París" del Barón de Rothschild financiaría el 67 % del aporte privado.

986- MORA MINING COMPANY

Proyecto de planta para procesar baritina, ubicada en Santa Lucía, Pinar del Río.

1 Capital ascendente a $51 000, propiedad de Maurice M. Sokoloff, su presidente, con $23 000 en acciones, y de Max B. Miller, su vicepresidente y tesorero, con $28 000. Sokoloff había nacido en Nueva York en 1900, era ingeniero y había trabajado para la Nickaro pero tenía un accidentado historial de crédito. Miller era presidente de una firma en Texas que compraría el mineral.

2 Se constituyó el 2 de agosto de 1955 por Balón Medina, su presidente entonces, y por Arsenio Martínez Zayas, su vicepresidente, con un capital de $25 000, hasta el 18 de febrero de 1957 en que se reorganizó pasando a los propietarios actuales.

987- MORA OÑA COMPANY

Almacén de ferretería gruesa y maquinaria industrial, en especial para la industria azucarera, papelera, ferrocarrilera, máquinas agrícolas y de construcción, etc., sito en San Nicolás Nº 105, La Habana.

1 Era propiedad de Juan Mora Oña, quien pertenecía a antiguas familias originarias de Sagua la Grande, emparentados con las de los López Oña (VER "CENTRAL SANTA LUTGARDA S.A.") y los Ribot.

2 Había sido fundado en el siglo pasado en Sagua la Grande por Juan de Dios Oña Ribalta, nieto de Tomás Ribalta, fundador de Sagua y quien también fuera propietario del central Resulta desde 1895 y del Santa Teresa desde 1899, el último de los cuales pasaría de 1936 a 1940 a José Fernández García y a su hermano Juan Pedro Mora Oña.

3 Cliente del "Nova Scotia" y del "City Bank".

988- MORALES Y COMPAÑÍA

Firma contratista y de proyectos, ubicada en Compostela Nº 158.

1 Propiedad del Ing. Luis Alberto Morales de Cárdenas, junto con su hermano el Arq. Víctor, presidente de la firma "Morales Arquitecto", ubicada en igual dirección, y también vicepresidente I de "Industrias Siporex S.A."(VER), fábrica de bloques ligeros de concreto, donde su primo Victor Pedroso estaba entre los principales accionistas.

Víctor, presidente del Colegio de Arquitectos de La Habana en 1954-56, fue premiado con la "Medalla de Oro" de 1943 del Colegio de Arquitectos por la casa de su primo Víctor Pedroso (VER "BANCO PEDROSO") en 5ª Ave Nº 1002 esq. a 10, Miramar.

Eran hijos de Celia de Cárdenas Echarte, hermana de Raúl y de Silvio(VER "CENTRAL SANTA CATALINA S.A.") y presidenta del Consejo Nacional de la Liga de Damas de la Acción Católica Cubana desde el 27 de noviembre de 1950.

2 La firma era la sucesora de "Morales y Maté", propiedad Arq. José M. Morales, abuelo de sus propietarios actuales, en sociedad con el Arq. José F. Matas, quienes habían sido los creadores del moderno Vedado a partir de 1910. El abuelo había sido también el promotor en 1911 del Reparto Miramar y lo había proyectado incluyendo su 5ªAvenida, vendiéndoselo después a José López Rodríguez.

El padre de los propietarios, Luis Morales Pedroso, y el tío Leonardo la habían reeestructurado con su nombre actual en 1917, convirtiéndola en una de las más importantes de su época. El padre, fallecido el 11 de septiembre de 1942, había sido presidente del Centro de la Propiedad Urbana de La Habana hasta 1938, trabajó con el Ing.Aniceto Menocal en el proyecto del Canal de Roque, fue presidente de la "Sociedad Cubana de Ingenieros", de la "Sociedad Geográfica de Cuba", así como vicepresidente del "Habana Yatch Club" de 1938-39 .

El tío Leonardo era considerado "el líder de la renovación de la arquitectura en 1910" y el "orientador de las grandes residencias" destinadas a la burguesía y se mantuvo como vicepresidente II del Centro de la Propiedad Urbana de La Habana hasta 1958

3 La firma había hecho los proyectos de las iglesias de San Agustín en la Sierra, la de Santa Rita en Miramar, la del Corpus Christi en el Country Club y la de Nuestra Señora de Fátima en Varadero; las casas de Raúl Mora y la de Josefina Galbán en el Country; el Centro Fílmico de Desagüe y Almendares; la Escuela de Filosofía y Letras; el Edificio Fariñas en 23 entre N y O y el "Banco Pedroso", propiedad de Víctor Pedrosa. También los de los hospitales Curie, el Dispensario de la Liga contra el Cáncer donado por Dolores Bonet de Falla, la Clínica Miramar –en colaboración con el Arq.Rafael de Cárdenas– y el Hospital de Nuestra Señora de las Mercedes.

989- MOSAICOS CRESPO S.A.
Fábrica de mosaicos sita en 10 de Octubre Nº 154 y una casa comercial para su venta, sita en 10 de Octubre 170, Jesús del Monte.

1 Álvaro Crespo Zabala, español nacido cn 1889, era su propietario y presidente y también lo era del "Restaurante Mulgoba"(VER), sito en el Km 1 después de Rancho Boyeros, La Habana.

2 Se eatableció en 1920 bajo la razón social de "Crespo, García S.A." adoptando la actual en 1943.

990- MOTEL EL OASIS S.A., COMPAÑÍA
Motel "El Oasis" con 54 habitaciones ubicado en Varadero .

1 Propiedad de Fulgencio Batista (VER "DE INMUEBLES S.A., COMPAÑÍA") a nombre de "Urbanizadora Varadero, Compañía", la cual había adquirido mediante transacciones con Alberto, Roberto y Luis G. Mendoza.

Roberto, concesionario del "Casino de Juego del Hotel Habana Hilton", era propietario familiar de "Sucesores de Arellano y Mendoza, Contratista S.A."(VER) y de "Constructora Mendoza S.A."(VER), contratista que recibiera las conccsiones de

obras del BANDES con mayor valor, ascendente a $32 000 000. Había sido favore-
cido en particular con las obras de Varadero donde el BANDES le otorgó el Dique
Seco y las "Obras para el Mejoramiento de Varadero", por las que se estimaba que
por excesos de precios había cobrado $3 764 000 y $1 992 000 respectivamente.

2 El motel se inauguró en 1956 a un costo de $1 050 000.

3 Recibió préstamos del Banco Gelats otorgado a Alberto G. Mendoza Kloers,
del "Bufete Mendoza"(VER), del que su padre era el jefe, con garantía de acciones
de la firma.

991- MOTEL LAS CUEVAS
Motel "Las Cuevas" de 26 habitaciones ubicado en Trinidad, LV.

1 Propiedad del Estado, administrado por la Junta Administrativa de la Juridiscción Autónoma de Topes de Collantes, a cargo del Sanatorio.

2 Se inauguró en 1957 a un costo de $350 000.

3 El DP N° 2827 de 21 de agosto de 1958 había autorizado inicialmente a
comprarlo a la Junta, lo que fuera modificado posteriormente por el DP N° 4247
del 15 de diciembre de 1958 que lo autorizó a comprarlo por $382 000.
Con anterioridad el DP N°136 del 17 de enero de 1958 había autorizado al Instituto Cubano del Turismo a adquirirlo por $240 000 junto con la hipoteca que lo
gravaba, pero fue derogado por el DP N°531 del 5 de marzo de ese año.

992- MOTEL RANCHO LUNA
Motel "Rancho Luna" de 28 habitaciones, ubicado en Santiago de Cuba.

1 Propiedad de Juan M. Bosch Lamarque, presidente de "Ron Bacardí S.A.,
Compañía" (VER) y "Cervecería Modelo S.A."(VER), casado con Enriqueta
Schueg, de la familia Bacardí.
Era propietario también de "Minera Occidental Bosch"(VER), accionista y direc-
tor del "The Trust Company of Cuba" (VER) y de "Fomento de Construcciones
S.A." (VER) y tenía intereses en "Petrolera Transcuba S.A." (VER) y en "Corpo-
ración Intercontinental de Hoteles de Cuba S.A." (VER).
Había sido Ministro de Hacienda durante el Gobierno de Carlos Prío y su hermana
Margarita era la presidenta de "Azucarera Oriental Cubana S.A., Compañía" (VER).
Su padre José Bosch, catalán, y José Marimóm Juliach, presidente del Banco Es-
pañol, habían estado asociados en la casa santiaguera de comercio "Marimón y
Bosch" (VER "BERGNES Y COMPAÑÍA, S.EN C.") y además en 1915 habían
fundado la "Compañía Azucarera Oriental de Cuba" dedicada al azúcar y a la banca, la que adquirió 5 centrales entre ellos el Esperanza (el único no demolido),
junto con el San Miguel, Concepción, Sabanilla y San Cayetano.
Al quebrar el Banco Español, el más importante hasta el crac bancario de 1920,
Marimón abandonó el país manteniendo Bosch el central que fuera heredado por
su hija Margarita Bosch.
La "Marimón y Bosch" se convirtió en "Mercadé, Bergnes y Compañía" y Venancio Mercadé, su gerente, se casó con María, otra hermana de José Bosch. Finalmente la firma dio origen también a la razón social de "Bergnes y Compañía S en
C" y su gerente Calixto Bergnes, mantuvo intereses en el central hasta los años 50.
Su padre había sido Director de la "Compañía Eléctrica de Alumbrado y Tracción
de Santiago", constituida en 1906 para brindar el servicio de electricidad y trans-

porte a la ciudad de Santiago de Cuba, promovida por el Ing.Eduardo J.Chibás, la que tenía como afiliada a la urbanizadora del barrio residencial de Vista Alegre.

2,3 Se inauguró en 1953 a un costo de $250 000. Cliente del "The Trust Company of Cuba" con $380 000 de créditos.

993- MOTORES DIAMOND T DE CUBA S.A.
Representante y distribuidor para Cuba de los camiones marca "Diamond T" y "Divco" y de accesorios para autos y camiones, sito en Calzada de Luyanó N° 939, La Habana, cliente del "Industrial".

1 Era propiedad de Manuel Losada Fernández, su presidente.

994- MUEBLES ORBAY & CERRATO S.A.
La mayor entre las 45 fábricas de muebles con 100 trabajadores en Infanta y San Martín, La Habana y sucursales en Neptuno y Gervasio, en Guanabacoa, Marianao, Matanzas, Palma, Bayamo, Holguín, Guantánamo y Santiago.

1 Propiedad de Antonio Orbay Urpi y su esposa Julia Cerrato Linarejos.

995- MUÑIZ HERMANOS Y COMPAÑÍA
Almacenista de tabaco ubicado en la calle Monte N° 466, La Habana.

2 Fundado en 1892 por Venancio Díaz e Hilario Muñiz, quienes posteriormente se retiraron a vivir a España. Manuel, José y Jaime Muñiz lo sustituyeron como gerente desde mediados de los años 20.

3 Tenía la escogida en Sancti Spiritus, en Fomento y en Vuelta Abajo.

996- MUSICALIA S.A.
Importadora de efectos eléctricos y otros equipos, ubicada en Galiano N° 209, La Habana.

1 Propiedad de Enrique J. Conill Hidalgo, hijo de Enrique Conill y Lily Hidalgo, antigua presidenta de la Liga de Damas Católicas.

Su padre fue el miembro de la familia más rica entre los que participaran como combatiente en la Guerra de Independencia de 1895, donde alcanzó el grado de capitán del Ejército Libertador. Era propietario de numerosos inmuebles y propiedades y tenedor de valores extranjeros.

Era nieto del catalán Juan Conill, quien había sido desde 1840 el principal negociante de tabaco, banquero, fundador de la Refinería Belot y el "Banco la Alianza", consejero del "Banco Español", convirtiéndose al final de su vida en propietario del ingenio "El Chino", que poseía una de las 2 refinerías existentes.

3 Tenía dificultades para liquidar los préstamos que adeudaba desde principios de los 50 al Banco Pedroso por cerca de $200 000.

997- NACIONAL DE ALIMENTOS S.A., COMPAÑÍA

Propietaria de 2 fábricas de leche condensada "La Lechera" y leche evaporada "Libby's" y "St.Charles", situada una en Bayamo, con 260 trabajadores y otra en Sacti Spíritus, con 160 trabajadores, que eran las más importante entre las 7 fábricas de leche condensada y evaporada, y además importaban y distribuían frutas y vegetales en conservas, con oficina en O'Reilly N° 104, La Habana.

1 Filial de la firma suiza "Nestlé", controlada por las "Unilac Incorporated", "General Milk Company" y "Libby, Mc Neill y Libby". Alberto Almasqué Domenech era su presidente en Cuba.

2 Se estableció por primera vez en Bayamo en 1930 y poco después en Sancti Spiritus bajo la dirección de Almasqué, representante en Cuba de la casa matriz desde entonces.

El 24 de marzo de 1943 el Decreto N°913 de Batista le concedió franquicia aduanal para importar leche evaporada.

3 Otorgaba créditos a los ganaderos proveedores de leche de las cuencas cercanas para la compra de sementales y, además, mantenía un Centro de Inseminación Artificial en Sancti Spíritus para mejora de las crías.

Tenía un capital líquido por $3 100 000 y activos totales ascendentes a $11 600 000. Aunque sus ventas aumentaron de $13 000 000 a $15 000 000 sufrieron pérdidas en operaciones a mediados de los años 50, incrementándose en ese entonces el adeudo con los bancos a más de $2 000 000.

Tenía líneas en el "City Bank" y el "Royal Bank" por $3 000 000 en cada caso y sus adeudos bancarios ascendían a $6 000 000.

998- NACIONAL DE SEGUROS LA MERCANTIL S.A., COMPAÑÍA

Firma de seguros contra accidentes de trabajo, para fianzas, contra incendios, riesgos y accidentes, sita en Aguiar N° 574, dpto. 302-312, La Habana.

1 Era propiedad principal de Benjamín Menéndez (VER "MENÉNDEZ Y COMPAÑÍA"), su presidente, quien tenía variados intereses en tabaco, cigarros, industria de aceites y otros.

2 Fue fundada en 1908 por un grupo de comerciantes entre los cuales estaban varios almacenistas de tabaco quienes se mantendrían en ella, habiendo pasado al control de Benjamín Menéndez desde 1929 en que asumiría la presidencia.

A fines de los años 40 Luis J. Botifoll Gilpérez había sido miembro de su Consejo de Dirección, donde probablemente representaba los intereses de Amadeo Barletta (VER "SANTO DOMINGO MOTORS COMPANY") en dichas firmas.

3 Era cliente del "Gelats" y del "City".

999- NATIONAL AIRLINES

Una de las 22 aerolíneas extranjeras con oficinas en Avenida de las Misiones N°26, La Habana.

1 Sucursal de la firma norteamericana de igual nombre.

2 Se estableció en Cuba en 1946 y en 1952 inauguró el vuelo directo Habana-New York en 5 horas que desde el año anterior se realizaba con escala en Miami.

3 Tenía servicios diarios a New York, Washington, Miami, Tampa y 29 ciudades más de EE.UU.

1000- NATIONAL BONDED WAREHOUSES COMPANY

Almacenes de azúcar afianzados sitos en los bateyes de 21 centrales y en un puerto de embarque de éstos, con oficina en San Ignacio N° 104, La Habana.

1 Era propiedad de Julio Lobo (VER "AZUCARERA GÓMEZ MENA S.A., COMPAÑÍA").

3 Los almacenes estaban situados en los bateyes de los centrales de su propiedad o donde tenía intereses tales como La Francia, el San Cristóbal y el Pilar, en Pinar del Río; el Araujo –aquí también en el puerto– y el Tinguaro en Matanzas; Escambray, Parque Alto y Perseverancia en Las Villas; el Cape Cruz, Niquero y Tánamo en Oriente.

Además tenía almacenes en otros centrales que no estaban bajo su control como el Santa Rita en Matanzas, el Constancia(A), el Covadonga y el Santa Catalina en Las Villas; el Najasa, el Santa Marta y el Siboney en Camagüey; el Algodonal, Salvador y Unión en Oriente.

1001- NATIONAL PAPER & TYPE COMPANY OF CUBA S.A.

Importadora y vendedora de papel, maquinaria y tipos de imprenta, ubicada en Calzada del Cerro N° 1254, con una filial "Compañía Operadora del Papel S.A.", que se dedicaba a la importación y venta de papel.

1 Filial de la "Otis Mc Callister and Company Inc." de San Francisco, California, EE.UU.

3 Controlaba desde hacía años la mayor parte del mercado cubano en su giro pero a pesar de ello su situación económica no era satisfactoria. Tenía fuertes pérdidas no sólo en Cuba sino en la mayoría de las sucursales de América Latina. Cliente del Banco Franco Cubano donde era uno de los principales con $500 000 de crédito.

1002- NAUYU DISTILLING COMPANY

Destilería de alcohol, que era la segunda mayor con una capacidad de 21 134 gls., situada en el central Adelaida en Falla, Morón.

1 Era propiedad, junto con el central, de la "Sucesión de L. Falla Gutiérrez" (VER).

2 Había sido fundada en 1944.

3 Sus acciones se cotizaban en la Bolsa de La Habana.

Tenía una línea de crédito en el "The Trust Company of Cuba" por $250 000 para la compra de mieles finales.

1003- NAVIERA CUBAMAR S.A., COMPAÑÍA

(VER "NAVIERA CUBANA DEL ATLÁNTICO S.A.")

1004- NAVIERA CUBANA DEL ATLÁNTICO S.A.

Consorcio que controlaba 3 rutas marítimas y una terminal de muelles mediante las firmas "Línea de Navegación Golfo-Cuba S.A.", "Naviera Cubamar S.A.", "Naviera Vacuba S.A.", "Operadora Marítima Unión S.A." y "Terminal del Muelle y Navegación Atarés S.A", con oficinas en San Ignacio N° 104, La Habana.

1 Estaba bajo el control mayoritario de Julio Lobo (VER "AZUCARERA GÓMEZ MENA S.A., COMPAÑÍA"). Fulgencio Batista (VER "DE INMUE-

BLES S.A., COMPAÑÍA") poseía un paquete de acciones ascendente al 15 % representado por el bufete "Pérez Benitoa, Lamar y Otero" (VER).

Vicente Rodríguez Hernández era el presidente. Ángel Machado Cedrás, apoderado de "Galbán Lobo Trading Company"(VER) y el Dr.José Norberto Otero eran los representantes de Lobo y Batista respectivamente.

2 Se constituyó el 18 de noviembre de 1958 tras haberse Lobo convertido en el propietario principal de la "Organización Vacuba" al adjudicarse parte de ésta cuando, debido a la baja de los fletes, no pudo saldar las deudas de un préstamo por $900 000 otorgado por el "Banco Financiero"(VER), de su propiedad, lo que sumó a las acciones por $788 000 que antes había comprado la "Galbán Lobo Trading Company", también de su propiedad.

En ese entonces la "Organización Vacuba" no hacía mucho había caído bajo el control mayoritario de Fulgencio Batista, tras la venta realizada por sus anteriores propietarios cn mayo de 1957. Su propietario principal Francisco García Cajigas (VER "MOLINO ARROCERO CAJIGAS S.A.") y sus socios Wolf Edwards Klawans, el Dr.Luis Humberto Vidaña Guasch, Miguel A.Canfux Ramos y otros habían vendido sus acciones valoradas en $1 188 000 a un grupo liderado por Vicente Rodríguez Hernández, su administrador general, parte de las cuales se le traspasarían a Batista, que sumadas a las que desde antes poseía, lo convertirían momcntáneamente en el principal con el 57% de las acciones.

Vicente Rodríguez, administrador de la "Organización Vacuba", tras surgir diferencias con Cajigas se había unido a un grupo de accionistas minoristas para comprar la firma recurriendo a Galbán Lobo Trading Company" para obtener financiamiento por $788 000 y al Banco Financiero por $900 000. Para pagar éstas y otras deudas al "Banco Agrícola e Industrial" por $250 000 solicitaría más tarde financiamiento al BANFAIC por $1,6 millones que se le negó.

Con anterioridad en octubre de 1956 el Banco Financiero había prestado $820 000 para comprar 3 buques que fueron bautizados como Bahía de Tánamo, Bahía de Siguanea y Bahía de Santiago de Cuba cuyos bonos hipotecarios mantenía en su poder.

LÍNEA DE NAVEGACIÓN GOLFO-CUBA S.A.

Línea marítima regular entre los puertos del Golfo de México.

2 Había sido constituida el 15 de octubre de 1956 por los mismos accionistas de la "Naviera Vacuba S.A." y era propietaria de tres buques de 800 Tn cada uno conocidos por "Golfitos", o sea el "Bahía de Tánamo", el "Bahía de Siguanea" y el Bahía de Santiago de Cuba".

El 15 de mayo y el 26 de junio de 1957 adquirió la mitad de las acciones de la "Compañía Terminal de Muelles y Navegación Atarés S.A." que poseía los muelles de Atarés arrendados por la "Operadora Marítima Unión", una de las 5 integrantes del consorcio y el 18 de octubre de 1957 adquirió el 60 % de la "Naviera Cubamar S.A., Compañía".

3 En 1957, su primer año de operaciones, obtuvo $41 794 de utilidades.

NAVIERA CUBAMAR S.A., COMPAÑÍA

Línea de navegación con servicios semanales entre los puertos dc Nueva Orleans y La Habana que operaba con barcos arrendados. Tenía como subsidiaria a la "Operadora Cubana del Muelle" que operaba los muelles de su propiedad.

1 Vicente Rodríquez controlaba el 40 % de las acciones mientras el restante 60 % se vendieron por Federico Casteleiro a la "Línea de Navegación Golfo-Cuba S.A.", la mitad de las cuales pertenecían a Ignacio Carvajal Olivares (VER "CO-MERCIAL DE ARTEMISA, COMPAÑÍA").

2 Pasó a la "Organización Vacuba" desde el 18 de octubre de 1957. Participaba en el Pool de West Gulf (Houston y Lake Charles a La Habana), integrada además por "Lykes Brothers and Steamship Company"(VER) y "Naviera García S.A.".

3 Cliente del Banco Financiero con $60 000

NAVIERA VACUBA S.A.

Armadora y consignataria de buques. Era, de las 4 líneas regulares entre Nueva York y La Habana, quien vendía menos carga y una de las 2, junto con la "FLota Marítima Browning de Cuba", (VER) de capital no norteamericano.

2 Se constituyó el 27 de noviembre de 1953 y comenzó sus operaciones el 15 de diciembre del propio año.

3 Su línea regular entre Nueva York y La Habana controlaba el 21.9 % de la carga de esa ruta, servida por 4 buques que transportaba de Cuba a EE.UU. azúcar y minerales.

El Ministerio del Transporte le había dado en arrendamiento el 16 de diciembre de 1953 por $120 000 anuales la "Unidad Económica del Estado", integrada por los buques "Bahía de Matanzas ", "Bahía de Nipe", "Bahía de Mariel" y "Bahía de Nuevitas", así como los espigones 2 y 3 de los muelles de Paula, que en 1958 le prorrogara por 15 años a $150 000 anuales. El arrendamiento había estado otorga-do con anterioridad a "Empresa Naviera de Cuba S.A."(VER), que operaba los buques y estaba intervenida por el Estado, recibiendo subsidio por $163 200.

OPERADORA MARÍTIMA UNIÓN S.A.

Arrendataria de "Terminal de Muelles y Navegación Atarés S.A., Compañía".

2 Se constituyó el 15 de junio de 1955 para arrendar los muelles de Atarés conocidos por "Garay y Zatica".

TERMINAL DE MUELLES Y NAVEGACIÓN ATARÉS S.A., COMPAÑÍA

1,2 Propietaria de los muelles de Atarés adquiridos el 15 de mayo y el 26 de junio de 1957.

1005- NAVIERA VACUBA S.A.

(VER "NAVIERA CUBANA DEL ATLÁNTICO S.A.")

1006- NEW NIQUERO SUGAR COMPANY

El "Niquero" era el 57º central en capacidad de producción diaria con 280 000 @, con el más bajo RI de 10.84, una alta proporción de trabajadores empleados en zafra (el 17º) con 5 600 trabajadores y 33 caballerías de tierras propias, situado en Niquero, Oriente.

1 Uno de los 14 centrales propiedad de Julio Lobo (VER "AZUCARERA GÓMEZ MENA S.A.,COMPAÑÍA")

2 Existen discrepancias sobre el año de su fundación que unos sitúan en 1881, otros en 1884 por el español Juan Roca y finalmente otros en 1905. Se-gún los primeros en 1895 había pertenecido a "José Roque y Compañía " y según los otros fue fundado en febrero de 1905 por la New Niquero Sugar

Company de Nueva York, estando presidida su Junta por R.C. Smith y James H.Post quienes desempeñaron los cargos hasta 1939 en que David M. Keiser asumió la presidencia y Frederick de Zaldo la vicepresidencia. Guillermo de Zaldo (VER "MINAGRO INDUSTRIAL") formó parte de la Junta a partir de 1945.

Los que sitúan su fundación en 1905 plantean que entonces formaba parte de un grupo de 4 empresas bajo el control de la National Sugar Refining Company muy vinculada a la American Sugar Refining Company, el famoso Trust del Azucar de H.O.Havemeyer. A su vez estaba relacionado con la firma de corredores Farr & Company.

Julio Lobo lo compró en 1948 a los intereses de "The Cuban American Sugar Mills Company". Antes de 1908 se llamó San Luis.

1007- NICKEL PROCESSING CORPORATION

Arrendataria de la mina de níquel ubicada en Lengua de Pájaro, Oriente, propiedad de la "Cuban Nickel Company"(VER), que pertenecía al Gobierno de EE.UU.

1 Capital ascendente a $300 000, propiedad de la "National Lead Company", norteamericana, con el 76 % de las acciones y la "Fomento de Minerales Cubanos S.A." (VER), de capital cubano, con el resto.

2 La mina había sido operada anteriormente por la "Nickaro Nickel Company" desde su inauguración el 31 de diciembre de 1941 hasta su cierre el 31 de marzo de 1947 teniendo una pérdida en la inversión que ascendió a $20 millones pues el níquel recuperado sólo fue de $17 millones. El Gobierno constitucional de Batista le concedió franquicia aduanal para importar las maquinarias por el Decreto N° 1098 de 20 de abril de 1942, así como aceites combustibles por el Decreto N° 3031 del 25 de octubre de 1943.

Con el inicio de la Guerra de Corea el Gobierno de EE.UU. se interesó por su reapertura acercándose de nuevo a los antiguos operadores que en esta ocasión rechazaron la oferta.

Entonces fue otorgada el 19 de febrero de 1951 a la firma, que en aquella época incluía a la "Mining Equipment Company", una subsidiaria norteamericana del consorcio holandés "N.V.Billinton", que poseía el 50 % de las acciones y que con posterioridad se salió del arreglo absorbiendo la firma norteamericana su parte de las acciones.

1008- NORTH AMERICAN SUGAR COMPANY

El "Narcisa" era el 45° central en capacidad de producción diaria con 350 000 @, RI mediano de 12.30, 2 800 trabajadores, una de las destilerías más pequeñas (la 24ª) y 641 caballerías de tierras propias, situado en Yaguajay, Las Villas.

1 Propiedad principal de George R. Fowler Suárez del Villar, padre de Alberto C. Fowler Perilliat, su presidente. Constante J. Bourbakis era el vicepresidente-administrador general.

Eran propietarios de "Ferrocarril Caibarién-Morón" (VER), un ferrocarril de servicio público, así como de "Destiladora Fowler Yaguajay S.A., Compañía"(VER), una destilería y fábrica de ron y brandy sita en el propio central.

Propietario, en sociedad con Julio Lobo, de "Corporación Aeronáutica Antillana S.A."(VER), aerolínea local de pasajeros entre Manzanillo y el central Niquero y el Pilón, así como director y accionista del "Banco Financiero"(VER) desde su fundación, propiedad principal de Julio Lobo.

Los Fowler, de origen canadiense, se establecieron en Cienfuegos desde mediados del siglo XIX como comerciantes y hacendados. "Juan Fowler y Compañía" había sido representante en Cuba de los incipientes tractores movidos por vapor desarrollados por el norteamericano McCormick, 34 de los cuales habían sido vendidos en Cuba a los herederos de Zulueta, a los Aldama, los Alfonso, los Durañona y otros, cuyas ventajas había divulgado desde muy temprano Álvaro Reynoso.

Los Fowler habían sido propietarios de 3 centrales y un cuarto arrendado que todavía conservaban por lo menos a mediados de los 30, o sea el Narcisa, el Constancia(E), el "Dos Hermanas"–demolido– y el Parque Alto, que habían pertenecido a los hermanos George R. y Albert C.Fowler, su presidente y vicepresidente respectivamente, desde principios de siglo, de los cuales conservarían sólo éste. El Parque Alto había pasado a la propiedad de Julio Lobo, con quien mantenían estrechas relaciones y con quien eran copropietarios de "Corporación Aeronáutica Antillana S.A."(VER), siendo accionistas también del "Banco Financiero" (VER), propiedad de aquel.

2 Se desconoce el año de fundación del central que debe haber sido poco después de 1845 en que Francisco Capote adquiriera parte de los pesos de posesión del antiguo corral de Yaguajay donde fomentara el antiguo ingenio Belencita que se convirtiera más tarde en el actual Narcisa.

Algunos atribuyen su propiedad en el año 64 a Ruiz y Font. Otros, sin embargo, se lo atribuyen en 1860 a Belén Hernández. En 1874 es propiedad de Juan Font, pasando de 1878 a 1883 a sus herederos y en 1889 a Mariano C.Artis. Artiz lo convirtió ya en 1892 en un gran ingenio, con fluido eléctrico, 36 Kms de ferrocarril, con una producción de 12 000 bocoyes, habiendo absorbido los antiguos ingenios de "Soberano", "Oceano", "Encarnación", "Aurora", "Urbaza" y "Louisiana".

El Generalísimo Máximo Gómez estableció su Cuartel General en el central tras la terminación de las hostilidades, en espera prudente de los pasos de EE.UU., hasta el 1° de febrero de 1899, en que, después de su entrevista con Mr.Porter, enviado del Presidente MacKinley, comienza su recorrido hasta su entrada triunfal en La Habana el 24 de febrero de ese año.

A principios de siglo está bajo el control de "North American Sugar Company", inscribiéndose en New Jersey el 19 de junio de 1901, protocolizado en Cuba el 9 de marzo de 1903. Su presidente entonces era George R. Fowler Jiménez, subdito inglés, residente en Cuba.

El 26 de septiembre de 1917 se reestructuró, inscribiéndose de nuevo en New Jersey y en Cuba, siendo sus directores George R. Fowler Jiménez, su presidente, Alberto Casimiro Fowler Jiménez, inglés, Henry H. Pike, inglés residente en New York, Rafael García Capote, cubano, su vicepresidente y Severo Mallet-Prevost, abogado norteamericano residente en New York.

3 Su situación financiera era precaria pues desde mediados de los 50 operaba con fuerte déficit y tenía fuertes pasivos bancarios e hipotecarios que no logró mejorar. Sus deudas con el Banco Financiero ascendían a más de $400 000.

La Compañía Destiladora de Yaguajay instaló desde fines de 1943 una destilería de 23 991 gls. de capacidad de alcohol absoluto. Desde finales de los 30 George R. Fowler fungía de administrador general y Constante J. Bourbakis de administrador.

Sus acciones se cotizaban en la Bolsa de La Habana. Cliente del Banco de los Colonos con créditos por más de $600 000. Hasta 1885 se llamó Belencita.

1009- NORTH ATLANTIC KENAF CORPORATION

Siembra de 60 caballerías de kenaf cosechadas con maquinaria en tierras arrendadas en Puerto Padre, Alquízar y Cabañas, en una primera fase y construcción de una planta procesadora en una segunda.

1 Tenía un capital ascendente a $317 278 suscrito por 135 accionistas, donde los principales eran Joseph Dryer y su familia que controlaban $190 400.

Otros accionistas importantes eran John R.Shattuck (VER "CUBAN BAGASSE PRODUCTS"); J.B.S.Johnson, presidente de "Ottis, Mc Allister", la mayor firma cafetalera del mundo; Sergio Agüero, presidente de "Productos Alimentor de Cuba"(VER); Leslie Pantin (VER LESLIE PANTIN & SONS"); los hermanos Mestre (VER "CIRCUITO CMQ S.A."); Marion Folson, hijo del entonces Secretario de Salud de EE.UU.; Luis Echevarría (VER "ANDAMIOS DE ACERO S.A."; Harry Fanjul, presidente de "De Seguros H. Fanjul, Compañía"; Edward Harris Jr.; Kenneth Crosby, administrador de "Merrill Lynch, Pierce, Fenner & Beane"(VER)"; Donald G. Lewis, presidente de "Cubana de Electricidad, Compañía"(VER).

John Shattuck, Luis Echeverría Capó, Alfonso, un hermano de Fanjul y Edward W. Lewis, hijo de Donald, eran socios en "Constructora Airform de Cuba S.A."(VER).

Obtuvieron una nueva semilla de kenaf en colaboración con "US Fiber Commision", el Ministerio de la Agricultura y la Estación Experimental de Santiago de las Vegas.

3 La fábrica se construiría con maquinarias procedentes de "James Mc Kie E. Suns Ltd." de Gran Bretaña. El costo de la 1ª fase ascendía a $563 000, habiéndole otorgado el BANDES el 26 de diciembre de 1958 un financiamiento por $80 000 para las siembras.

1010- NUEVA COMPAÑÍA AZUCARERA GÓMEZ MENA S.A.

Propietaria de 4 centrales: el "Amistad", el "Mercedita", el "Gómez Mena", situados en la provincia de La Habana, y el "Resolución", en Las Villas, para una capacidad total de molida de 1 350 000 @ diarias, que representaba el 10° grupo y el 3° entre los de capital no norteamericano.

1 Propiedad de José Gómez Mena, su presidente. Alfonso Fanjul (VER "INDUSTRIAL ARROCERA DE MAYABEQUE"), su yerno, era el vicepresidente; Rafael Fanjul, hermano de éste, era el administrador general y Oscar Seiglie, hermano de la primera esposa de Gómez Mena, era el tesorero.

A Gómez Mena, quien fuera Presidente del ICEA y Ministro de Agricultura en el Gabinete de Miguel Mariano Gómez en 1936, se le calculaban activos por más de

$20 millones distribuidos en variados intereses, entre ellos numerosos bienes inmuebles como la "Manzana de Gómez"; en "Industrial Arrocera de Mayabeque S.A." (VER), un molino para el arroz de la "Compañía Arrocera Guanamón", ubicado en las inmediaciones del central Gómez Mena; en "Industrias Siporex S.A."(VER), una fábrica de bloques de concreto donde los principales, además de él, eran Victor Pedroso (VER "BANCO PEDROSO") y Fulgencio Batista (VER "DE INMUEBLES, COMPAÑÍA"), cada uno con $40 000; y uno de los 11 socios propietarios del "Club Almendares"(VER) de la "Liga de Base-Ball Profesional Cubana".

Antes del crac de 1921 había sido comerciante-banquero que operara bajo su propio nombre con oficina en 7 Nº 3, Vedado, que desaparecería tras la crisis. A partir del 5 de diciembre de 1919 había entrado como socio, junto con Bernardo Solís –padre de los Solís Alió– en la casa bancaria "Hijos de R.Argüelles" reestructurada como "Banco del Comercio"(VER), de la cual sería su vicepresidente.

Su única hija Lilian Gómez Mena Seiglie había casado en 1936 con Alfonso Fanjul Estrada, vástago de la rama cubana de los Rionda(VER "AZUCARERA CÉSPEDES S.A., COMPAÑÍA"), y en 1955 la hija de ambos, Lian, con 17 años casó con Norberto Azqueta Arrandiaga, hijo de Jesús Azqueta (VER "CENTRAL SANTA ISABEL S.A.") en la boda más importante celebrada por la burguesía en la época –a la que asistiría Fulgencio Batista– con la cual se unían tres poderosos clanes azucareros: los Gómez Mena, los Fanjul y los Azqueta.

Sus sobrinos Alfonso Gómez Mena y hermanas habían sido hasta finales de 1958 propietarios de "Azucarera Vivanco, Compañía" (VER) y su primo Manuel Gómez Waddington era propieatario del central "Vitoria"(VER "CARIBBEAN SUGAR PRODUCING COMPANY").

Era hijo de Andrés Gómez Mena, natural de Cadaguas, Burgos, España y ciudadano norteamericano, fallecido en 1952 en México donde residiera, quien había adquirido en 1890 la "Manzana de Gómez", que había comenzado a fabricarse por Julián de Zulueta. Pedro, hermano de su padre, había sido un prominente banquero y hacendado, que fundara en 1871 en Cárdenas una casa comercial, trasladándose para la Habana en 1875 donde se dedicara a la importación de tejidos, y en especial a la banca, siendo su casa una de los más importantes y una de las 5 cubanas que lograra sobrevivir después del crac, aunque absorvida inmediatamente por el "The Royal Bank of Canada". Había sido también vicepresidente del "Banco Nacional", el 2º más importante, que quebrara en 1921, así como propietario del central San Antonio (que perdiera en los años 30), del central Vitoria y del Ulacia hasta enero de 1937 en que lo vendiera a Francisco Blanco Calás tras estar inactivo desde 1927.

2 Su padre había comprado en 1902 su primer central que renombró con sus apellidos y en 1906 compró el Amistad y más tarde –junto con su hermano– el San Antonio, que posteriormente pasara al Grupo Hershey. A mediados de los 20 eran propietarios del central Sofía y del Estrada Palma.

El Amistad y el Gómez Mena habían caído en 1923 bajo el control de la norteamericana Warner Sugar Refining Corporation, propiedad de la familia de industriales Warner, que además poseían entonces el central Miranda. Aparentemente en 1926 los Gómez Mena volvieron a recuperar su control sobre ellos.

José Gómez Mena había pasado a la presidencia de la firma de los centrales desde finales de los 20, siendo su hermano Alfonso –ya fallecido– el vicepresidente, siendo entonces a la par vicepresidente del "Banco del Comercio", presidido entonces por Bernardo Solís García.

En ese entonces eran propietarios de los centrales actuales, salvo del Resolución que comprarían en 1935, habiendo comprado el Merceditas en 1925, controlando además el Estrada Palma(VER "COOPERATIVA AZUCARERA ESTRADA PALMA S.A."), el Sofía en Yara y La Julia en Durán, habiendo demolidos estos 2 últimos para unir sus tierras a los 2 primeros.

Los Gómez Mena fueron vanguardia en los adelantos tecnológicos en la industria: los primeros en electrificar un central, en aplicar el regadío en gran escala, en la repoblación forestal, en el empleo del alcohol como combustible nacional, etc.

3 Su situación económica era satisfactoria, tenía activos por más de $20 millones y desde hacía años obtenían buenas utilidades. Era, junto con "Industrias Andorra S.A." (VER), el principal cliente del Banco de los Colonos cuyos créditos ascendieron en 1957 a más de $2 000 000 destinando $325 000 de ellos al cultivo de arroz donde confrontaban dificultades.

CENTRAL AMISTAD

El 71° central en capacidad de producción diaria con 230 000 @, RI bajo de 12.16, 2 500 trabajadores y 351 caballerías de tierras propias, situado en Güines, Habana. Era el 2° más antiguo conocido pues databa de finales del siglo XVIII.

2 Hay contradicción en el año de su fundación que para unos fue en 1791 y para otros en 1803. No obstante, los primeros se lo atribuyen a Joaquín de Ayestarán, quien aparentemente era sólo el testaferro de Don Luis de las Casas, Capitán General de la Isla, a quien se lo habían obsequiado un grupo de sacarócratas criollos.

Las Casas se lo testó a Ayestarán, pasando en 1830 a su viuda Luisa Diago y herederos hasta 1874 en que se traspasó a Francisco Calderón Kessel, en 1878 a Antonio Veguer Flaquer y en 1889 a "J. Romero y Compañía" estando desde entonces en poder de la familia Romero hasta 1904 en que vuelve a un Flaquer, Raimundo, hasta 1906.

Fue el primer central en utilizar el método Degrand de evaporación en los años 30 del siglo XIX, el primero que usó la molienda múltiple con 6 molinos en el tándem en 1944 y el primero que se electrificó.

CENTRAL GÓMEZ MENA

El 16° central en capacidad de producción diaria con 600 000 @, con el RI más pequeño entre los 22 mayores con 12.01, 5 000 trabajadores, arrocera, productora de levadura y 2 358 caballerías de tierras propias, situado en San Nicolás de Bari, La Habana. Era el tercer central mayor entre los de capital cubano.

2 Había sido fundado en 1850 por el Conde de Jibacoa con el nombre de Santa Teresa. Fue de los primeros en poseer laboratorios químicos y desde 1915 estaba electrificado.

En 1924 introdujo las cañas procedentes de Java, en 1936 produce mieles ricas invertidas, en 1944 funda una destilería, en 1950 crea la Estación Experimental, en 1952 emplea el uso de la mosca lixóphaga contra el bórer de la caña y en 1953 comienza la producción de levadura y la siembra de arroz.

Contaba con un laboratorio de entomología para la multiplicación de la mosca lixóphaga, con 2 estanques para la cría y propagación de truchas, carpas, sun fish, etc, así como con viveros para arboles frutales y maderables.

Héctor Molina Riaño, Alfonso González, Domingo Quintero y Jesús Martínez, trabajadores del central, fueron muertos el 30 de septiembre de 1958 por fuerzas del gobierno.

⚑ CENTRAL MERCEDITA

El 46º central en capacidad de producción diaria con 360 000 @, uno de los RI más bajos (el 148º) con 11.92, el 14º en número de trabajadores en zafra con 6 250 y el 29º mayor propietario de tierras con 1 403 caballerías, situado en Melena del Sur, Habana.

2 Había sido fundado en 1863 por el español Manuel Fresneda , pasando a la propiedad del también español Enrique Pascual en 1891.

Los Gómez Mena lo compraron en 1925, siendo su tercer central, uniéndole poco después las tierras del demolido central La Julia en Durán. Era administrado por Rafael Fanjul Estrada, emparentado con la familia Gómez Mena.

3 En sus tierras se cultivaban piña, maiz y arroz en grandes cantidades.

⚑ CENTRAL RESOLUCIÓN

Un central pequeño con una capacidad de producción diaria de 160 000 @, uno de los más bajos RI (el 150º) con 11.78, 1 500 trabajadores y 563 caballerías de tierras propias, situado en Quemados de Güines, Las Villas.

2 Hay contradicción en su año de fundación que algunos sitúan en 1860 y otros en 1870. Su fundador había sido Miguel de Cárdenas Peñalver, I Marqués de Campo Florido, pasando en 1883 a sus hijos y a Pablo Tapiá en 1895 en cuyo año se reconstruyó .

Desde principios de siglo había pertenecido, junto con el Limones y el Unión, a José J.Lezama, uno de los principales hacendados surgidos en esa época, quien quebrara cuando el crac bancario.

Había pasado en 1909 a "Rodda y Molina S. en C.", cubano y español respectivamente, hasta 1923 en que varió la firma por los socios J.Rodda, M.Tomasino y M.Rasco, comerciantes de Sagua la Grande hasta 1928 en que se traspasara a "Central Resolución S.A.".

Uno de sus propietarios principales entonces había sido el español Pablo Sampedro, una de cuyas hijas era Elizarda Sampedro Robato, con quien José Gómez Mena casara en sus segundas nupcias en la época en que comprara en 1935 el central que convertiría en el cuarto de su propiedad.

Sampedro era uno de los socios, junto con los Maribona, de la "Maribona y Sampedro", un almacén de ferretería, lozas, sacos de yute, maquinaria agrícola e industrial y otros artículos, además de exportadora de azúcar y explotadora de haciendas ganaderas, sita en Sagua la Grande.

Sampedro, quien comenzara a trabajar en esta firma desde 1882, entrando como socio en 1892, era además presidente del Casino Español de Sagua la Grande, copropietario de la colonia "Parado" y antiguo propietario desde agosto de 1898 a junio de 1901 de la planta del alumbrado eléctrico de la localidad, instalada en diciembre de 1892.

1011- NUEVA COMPAÑÍA DE PRODUCTOS DE ASBESTO CEMENTO

Fábrica de planchas, tubos sanitarios y para acueductos, tuberías plásticas y tanques de asbesto cemento, marca "Perdurit", situado en el Km 5 1/2 de Rancho Boyeros, La Habana. La mayor de las 2 de asbesto-cemento existente.

1 Tenía capital ascendente a $600 000 y era subsidiaria de una firma extranjera. Hubert H. Cousin, el Ing. Frederick S. Francois y Mauricio Labarrére Cotiart –fallecido a comienzos de los 50– eran el presidente, vicepresidente-director general y vicepresidente respectivamente.

2 Se fundó en 1946 como "Producto de Asbesto-Cemento Duro, Compañía" por Juan Restoy, su presidente, quien era socio de "Inversiones Mariño S.A."(VER), una importadora de madera, así como Representante a la Cámara de 1954-58. Pero en 1950 dejaría de operar pues estaba en quiebra, siendo adquirida por los propietarios actuales que el 10 de septiembre de ese propio año constituyeron la razón social actual.

3 Desde entonces había logrado el aumento progresivo de sus ventas que pasaron de 1 450 Ton a 8 862 en 1958 por un valor de $1 695 000 y utilidades por $314 502. Sus activos totales ascendían a $541 499. A partir de 1957 gozaron de protección arancelaria parcial.

1012- NUEVA EDITORIAL CHIC

Editora de la revista semanal "Chic", con oficina en Bruzón Nº 119, Ensanche de La Habana.

1 Era propiedad de Lorenzo de Castro González, su presidente y anterior director. Yolanda Martín Reyes, su hija política, quien había sido con anterioridad la subdirectora cuando él la dirigiera, era su directora.

2 "Chic" se fundó en junio de 1917 por Castro en un local en Mercaderes y Teniente Rey. Era una publicación destinada al público femenino en especial.

1013- NUEVA FÁBRICA DE HIELO S.A.

Fábrica de cerveza, maltas y hielo de la marca Cristal, Tropical, Tropical 50 y Maltina, con 803 trabajadores y una capacidad de producción de más de 6 000 000 de litros mensuales, ubicada en Calzada de Columbia y San Agustín, La Habana. La más antigua y mayor de las fábricas de cerveza aunque la Hatuey tenía 3 fábricas. Ocupaba el 7° lugar por el número de trabajadores entre las industrias no azucareras.

1 Tenía capital ascendente a $4 275 000 y 526 accionistas siendo el grupo principal mayoritario la familia Blanco Herrera. Su presidente era Julio Blanco-Herrera Clavería, quien había sustituido a su padre, Julio Blanco Herrera, y era miembro también de la "Junta Consultiva" del "Diario de La Marina"(VER).

Otros accionistas y vocales de su Junta General eran Venancio Zabaleta Aramburo, propietario de "Zabaleta y Compañía"(VER), un almacén de víveres; Narciso J. Maciá Barraqué, su vicepresidente II y comisionista y representante de casas de víveres españolas; Alberto García-Tuñón Mazorra y Narciso Gelats Suárez-Solís, éstos dos últimos representantes de los intereses del "Banco Gelats"(VER) con $171 000 o el 4% del capital total; Álvaro Álvarez Font; Basilio del Real Alemán (VER "CUBA INDUSTRIAL Y COMERCIAL") y José Hevia Guerra.

En febrero de 1958 entraron como consejeros propietarios Francisco Moreno Herrera y Alberto García-Tuñon Mazorra y como suplentes Juan Comella Tartavull, gerente de "J. Gallarreta y Compañía S.A."(VER) e Inocencio Llano Ruisánchez, uno de los principales accionistas de "De Jarcia de Matanzas, Compañía"(VER) y miembro del Consejo de Directores de las empresas de seguro "La Alianza", "La Metropolitana" y "Sociedad Panamericana de Seguro" (VER "GODOY SAYÁN, OFICINA ASEGURADORA DE CUBA").

2 Se había fundado el 21 de julio de 1888 originalmente destinada a la elaboración de hielo por los primos Cosme Blanco Herrera y Ramón Herrera Gutiérrez casados ambos con otras 2 primas suyas, quienes recientemente habían heredado los bienes de Ramón Herrera Sancibrián, tío de ambas parejas, fallecido el 29 de junio de 1885 sin hijos.

El tío Herrera había sido I Conde de la Mortera desde el 20 de enero de 1876, Coronel de Milicias de La Habana, Teniente Alcalde y Regidor del Ayuntamiento de La Habana, Senador del Reino, Consejero de Administración de Hacienda de Cuba y presidente del Partido Reformista de La Habana.

El futuro Conde se había dedicado a financiar expediciones negreras y producción azucarera con lo que levantó un capital que le permitiría convertirse en armador. Así fundaría en 1858 la "Compañía Cubana de Vapores", una línea naviera entre la Habana y Saint Thomas que progresara contínuamente hasta convertirse en la más importante de todas, la cual, tras su fallecimiento, sus sobrinos variaran por "Sobrinos de Herrera S en C.".

La naviera, reestructurada más tarde como "Empresa Cubana de Vapores de Sobrinos de Herrera S en C", sería presidida por Cosme Blanco Herrera y, a partir de 1903, por su hijo, Julio Blanco Herrera, hasta 1916 en que se vendiera.

La fábrica de hielo inicial fue presidida en sus inicios por Salvador Costa Maciá y poco después comprarían a Andrés Fernández otra situada en Puentes Grandes. El 2 de febrero de 1891, tras un período de dificultades económicas, los accionistas nombraron Presidente de su Junta a Ramón Herrera Gutiérrez, III Conde de la Mortera, quien elevó el capital y la presidió hasta su fallecimiento el 26 de marzo de 1896, siendo sustituido por su primo y concuño Cosme Blanco Herrera.

Este inauguraría en 1897 el edificio de la fábrica en Puentes Grandes, en 1909 compraría la "Havana Brewery", una fábrica de cerveza, ampliaría en 1916 la de "La Tropical" y la de "Tívoli" —esta última comprada el 4 de noviembre de 1909— y construiría una fábrica de envase de vidrio del sistema "Owens" situada en Palatino inaugurada en 1916.

La "Tívoli", situada también en Palatino, sería cerrada en 1931 debido a la crisis económica del país y su local se transformaría en almacenes de refrigeración de productos agrícolas.

Tras el fallecimiento de Cosme el 25 de marzo de 1918 fue electo como presidente quien fuera su vicepresidente hasta entonces, Narciso Gelats Durall, presidente y propietario del "Banco Gelats"(VER), y, como vicepresidente I y II fueron respectivamente designados Narciso Maciá Domenech —padre de Narciso Maciá Barraqué— y José Aixalá Casellas. Dionisio Ruisánchez Fuentes, que se mantuvo en ese cargo hasta principios de la década del 50, figuraba como vocal propietario. Laureano Falla Gutiérrez también había sido vocal de su Junta.

Tras fallecer Gelats el 29 de marzo de 1929, Maciá le sustituiría hasta el 20 de abril de 1930 en que se designa a Julio Blanco Herrera, siendo sus vicepresidentes Narciso Maciá Domenech –quien lo había precedido en el cargo poco tiempo– y José Aixalá Casellas. También formaban parte de la Junta Manuel Fernández-Roces Alonso, Manuel Orta Orta, José Rueda Bustamante, José Alvares Ríus, Francisco García Naveira, Ramón Blanco Herrera, Venancio Zabaleta Aramburi, Dionisio Ruisánchez Fuentes, Joaquín Gelats Botet, Narciso Maciá Barraqué, Tiburcio Gómez Cuerno, Manuel López Díaz, así como Cayetano García Lago, Arturo Vázquez Botana, Onésimo Tauler Oller y Antonio Rodríguez Vázquez.

Tras el fallecimiento de Maciá el 10 de noviembre de 1933, Aixalá lo sustituye y, a éste, Ramón Blanco Herrera

A principios de los años 50 integraban su Junta General Dionisio Ruisánchez, Juan Gelats Botet, presidente del "Banco Gelats", Antonio Rodríguez Vázquez (VER "CORPORACIÓN INDUSTRIAL DEL TRÓPICO S.A."), hacendado y propietario de los cines América y Rodi y presidente del Centro Gallego, Cayetano García Lago, Enrique Bascuas Pereira y otros.

Habían sido importantes patrocinadores del deporte popular. El 12 de octubre de 1929 inauguraron el Gran Stadium Cerveza Tropical en la calle 41 donde poco después se celebrarían los II Juegos Deportivos Centro Americanos en 1930 y el 12 de abril de 1933 abrirían la Arena Cerveza Cristal, sita en Infanta y Universidad, donde durante años se celebrarían los torneos de boxeo. Habían sacado al mercado por primera vez la maltina "Tívoli" en 1932.

3 Sus acciones se cotizaban en la Bolsa de La Habana. Cliente del Banco Gelats.

1014- ÓMNIBUS CANEY S.A.
(VER "MIQUEL & BACARDÍ LTD.")

1015- ÓMNIBUS CIENFUEGOS PUNTA GORDA
Ruta de ómnibus locales con 4 carros en la ciudad de Cienfuegos.

1 Su presidente era José Campruby Font.

3 Solicitaron financiamiento al BANDES por $100 000 para la compra de 10 ómnibus.

1016- ÓMNIBUS CONSOLIDADOS DE CUBA
Ruta de ómnibus interprovinciales con oficina en Almendares N°156, La Habana, que a su vez controlaba "Ómnibus la Mambisa S.A." y "Ómnibus La Criolla S.A.". Era la 6ª ruta interprovincial en orden a sus ingresos.

1 Era una subsidiaria de "Ferrocarriles Consolidados de Cuba" (VER), uno de los 2 grandes consorcios ferroviarios del país, que operaba desde Las Villas hasta Oriente.

2 Había sido propietaria además de "La Cubanita", una ruta de ómnibus de Santiago de Cuba, Manzanillo y Palma Soriano, que vendieran a "Miquel & Bacardi Ltd."(VER) por $135 000.

1017- ÓMNIBUS ESPECIALES SAN LUIS S.A.
(VER "MIQUEL & BACARDI LTD.")

1018- ÓMNIBUS ESPINO
Ruta intermunicipal entre Santiago de Cuba y Guantánamo con paradas en La Maya, Alto Songo, El Cristo y El Caney, con 12 ómnibus.

1 Propiedad del Ing. Octaviano Navarrete (VER "GENERAL DE CONS-TRUCCIONES PÚBLICAS S.A., COMPAÑÍA"), quien además poseía "Autobuses Modelo"(VER), otra ruta de ómnibus en Santiago.
Aparecía como propiedad total de Ramón Espino Escalés, su hijo político, quien además fungía como vicepresidente de "Autobuses Modelo S.A." y era hermano de Mario (VER "CONCORDIA TEXTIL S.A.").

2,3 Se constituyó en enero de 1955 comenzando operaciones en enero de 1956 con 12 ómnibus pero a finales de 1958 estaba inactiva por los sabotajes sufridos y las pérdidas de alrededor de $55 000 durante los primeros meses de ese año.

1019- ÓMNIBUS LA ORIENTAL S.A.
(VER "MIQUEL & BACARDI LTD.")

1020- ÓMNIBUS LIBRE S.A.
Línea de ómnibus interprovinciales "La Flecha de Oro" que operaba la ruta La Habana-Pedro Betancourt-Caibarién-Camagüey, siendo la 5ª según sus ingresos.

1 Propiedad de Roberto (Bobby) Maduro de Lima, hijo de Salomón L. Maduro (VER "CUBANA DE FIANZAS S.A., COMPAÑÍA"), quien además era vicepresidente y uno de los principales de "Operadora de Stadium S.A., Compañía"(VER).
Había estado administrada por alguno de sus propios obreros hasta que Maduro se la había adjudicado como consecuencia de préstamos no saldados.

3 Sus propiedades estaban valoradas en $500 000 principalmente por los 18 ómnibus que tenía. Solicitó financiamiento por $300 000 al BANDES que fue denegado y que en definitiva se lo otorgara el Banco Franco-Cubano.

1021- ÓMNIBUS MENÉNDEZ S.A.

Ruta de ómnibus interprovinciales con servicio de lujo y regular entre La Habana y Cienfuegos y extensión a Trinidad con 15 salidas diarias y escalas en Matanzas, Colón y Esperanza o Aguada. Era la 8ª por el monto de sus ingresos.

1 Era propiedad de los hermanos españoles Lino, Ramón y Roberto Menéndez Álvarez, residentes en Cienfuegos.

2 Fue fundada por sus propietarios en 1938 en Cienfuegos. El 25 de abril de 1947 se le autorizó un servicio de lujo con aire acondicionado entre La Habana y Cienfuegos.

1022- OPERADORA ATLÁNTICA S.A.

Cine "Atlántic" ubicado en calle 12 y 23, Vedado.

1 Era propiedad de Mauricio de Almagro Ariosa (VER "CINEMATO-GRAFICA ASTRAL"), quien también lo era de otros 2 cines, el "Astral" y el "Ambassador"(VER "OPERADORA MOFE S.A.")

1023- OPERADORA COMERCIAL S.A. (OCSA)

Distribuidora de gasolina, gas oil, luz brillante y alcohol desnaturalizado mediante más de 30 carros ferroviarios y más de 100 camiones cisternas a las provincias de Las Villas, Camagüey y Oriente, con oficina central en Ave de Bélgica y Línea, Santa Clara.

1 Era propiedad de Eliseo Prieto Arias, su fundador.

1024- OPERADORA DE ACUEDUCTOS Y MERCADOS
PÚBLICOS S.A., COMPAÑÍA

Mercado de abasto y consumo así como frigoríficos, ubicado en Guanajay, Pinar del Río, con oficina en Radiocentro, apartamento N° 515.

1 Capital ascendente a $250 000. Su presidente era Roberto de Guardiola Rodríguez.

2 Se constituyó el 14 de agosto de 1956 y el 30 de noviembre de ese año el Ayuntamiento le adjudicó la concesión por 30 años.

3 Se le proyectaban ingresos por $45 000. Recibió un financiamiento de Financiera Nacional por $210 000 el 6 de agosto de 1957 que representó el 75 % de la inversión total acometida por la firma.

1025- OPERADORA DE CAFÉ DELICIAS S.A.

Compradora, torrefactora, almacenista vendedora y exportadora de café con planta para beneficiarlo que además refaccionaba a los cultivadores en las parcelas de fincas en la región de Cienfuegos.

1 Propiedad de la "Comunidad de Bienes Hermanos Castaño" (VER). El director era Florentino Morales y formaba parte también de su junta Nicolás Castaño, Rogelio Díaz Pardo y Gerardo Gutiérrez Valladón, todos emparentados con los Castaño.

3 Tenía unos 200 colonos en 376 caballerías de tierra. Operaba con un capital líquido de $449 000 y un capital de trabajo de $270 500 y su situación era muy favorable aun cuando tuvieron dificultades en la cosecha de 1958 debido a la guerra en la zona.

1026- OPERADORA DE CAFÉ SIGLO XX, COMPAÑÍA
Dulcería, cafetería, confitería, repostería y víveres finos, sita en Belascoaín esquina a Neptuno, La Habana, conocida con el nombre comercial de "El Siglo XX".

1 Era propiedad de Alberto Díaz Fernández, casado con Olivia Moas Iglesias con quien tenía un hijo, Antonio.

2 En el pasado, durante los años 20, había sido propiedad de Antonio Rubal, quien la operaba bajo la razón social de "Rubal y Compañía".

1027- OPERADORA DE ESPECTÁCULOS LA RAMPA, COMPAÑÍA
Cine "La Rampa" ubicado en 23 y O, Vedado, La Habana. Uno de los más modernos del país.

1 Propiedad de Francisco G. Cajigas García del Prado (VER "MOLINO ARROCERO CAJIGAS, S.A."), Luis Humberto Vidaña Guasch, José Miguel Arado de la Cruz y Buenaventura F. Dellundé Puyáns.
Este último, dirigente del Partido Ortodoxo, era además tesorero de "Eléctrica Nuclear Oeste de Cuba, Compañía" (VER) y sobrino de Tomás Puyáns (VER "PUYANS, BOLÍVAR Y COMPAÑÍA").

2 Se constituyó el 11 de mayo de 1954.

1028- OPERADORA DE FÓSFOROS
Fábrica de fósforos situada en Bauta. Una de las 11 que formaban parte del trust (VER "EMPRESA NACIONAL DE FÓSFOROS").

1 Estaba valorada en $950 000, propiedad de José Tamargo González Longoria.

1029- OPERADORA DE HOTELES CUBANOS S.A.
Propietaria del edificio y parte del hotel St. John's, con 15 pisos y 118 habitaciones, ubicado en O esquina a 23, Vedado, La Habana.

1 Propiedad de José López Vilaboy (VER "EDITORIAL MAÑANA S.A."), quien tenía también intereses en "Corporación Hotelera del Caribe" (VER).

2 Fundado en 1957 a un costo de $1 350 000 estaba operado por "Hoteles Inter-Insulares S.A., Compañía" (VER), propiedad también de Vilaboy.

3 Cliente del Banco Hispano-Cubano, copropiedad de López Vilaboy com préstamos ascendentes a más de $350 000.

1030- OPERADORA DE MUELLES Y ALMACENES, COMPAÑÍA
Operadora de muelles y almacenes en el puerto de Santiago de Cuba y agente de vapores.

1 Propiedad de la familia Godoy, siendo su administrador Felipe Godoy Loret de Mola (VER "CAYO DEL MEDIO S.A.").

3 Poseía muelles en el Malecón de Santiago de Cuba así como almacenes de azúcar en los bateyes de los centrales América, Alto Cedro, Miranda, Palma y Santa Ana.
Tenía buena situación financiera y utilidades de más del 17% de los ingresos. Cliente del Banco de los Colonos por $130 000.

1031- OPERADORA DE PRODUCTOS LÁCTEOS S.A., COMPAÑÍA

Arrendataria de la "Lechera de Cuba, Compañía", una planta de pasteurizar con la marca de leche "La Lechera" y leche condensada "La Diana" y fábrica de helado "Hatuey", con más de 500 trabajadores, ubicada en Concha Nº 1, La Habana. Una de las 7 fábricas de leche condensada y evaporada y la única situada en la Habana.

1 La "Lechera de Cuba, Compañía" era propiedad principal de José Suárez Suárez, Antonio Ortega Jiménez y otros. Suárez, español, fallecido en 1956, había sido presidente y principal del "Banco de Crédito Comercial e Industrial" que en 1953 se fusionara con el "Industrial Bank"(VER). Armando Bustillo Aixalá, hijo político de Ortega, cofundador de la firma, representaba sus intereses.

2 La más antigua de las plantas de leche. Fue fundada por Pedro Interián el 29 de mayo de 1929 como la mayor y la primera planta de pasteurizar leche en Cuba. La firma propietaria se constituyó el 10 de diciembre de 1928 como resultado de consolidar "El Palacio de la Leche S.A.", propiedad de Antonio Ortega Jiménez, y la "Compañía Abastecedora de Leche de La Habana S.A" dc Pedro Interián Rizo, quienes eran los 2 mayores comerciantes de leche de vaca de la capital, con la finalidad de levantar capital que permitiera invertir en la tecnología moderna de la pasteurización, así como aumentar el mercado abastecedor.

Con posterioridad, compraron otras firmas comerciales, entre ellas las de José Suárez, Modesto Suárez, Pedro Cárdenas y Compañía", Casimiro Navarro y Juan Bautista Rodríguez. En ese entonces José Suárez Suárez era su presidente; José González López, su vicepresidente; Antonio y José Ortega Jiménez eran director y subdirector respectivamente y Pedro Interián Rizo era el administrador.

En octubre de 1940 denunciaron cl Decreto Nº 2594 de 5 de septiembre de ese año como favorecedor de monopolio para la leche envasada por la "Nacional de Alimentos S.A., Compañía", quienes, según ellos, ya gozaban de la ventaja de no utilizar refrigeración, de un mayor porcentaje de grasa en la leche cruda de Sancti Spiritus y Bayamo, así como un mejor precio de compra de leche durante 6 meses del año.

La propietaria la arrendó a la firma actual en 1947.

3 En los años 50 sus ventas se elevaban a más de $5 millones, la inversión representaba algo más de $2 millones y contaba con algo más de un centenar de camiones para la distribución de sus productos.

Su situación económica no era buena, tenía deudas por $1 000 000, incluyendo el arrendamiento ascendente a $179 000. Cliente del Industrial Bank.

1032- OPERADORA DE STADIUMS S.A., COMPAÑÍA

Propietaria del "Gran Stadium" del Cerro, La Habana, el principal campo deportivo de pelota, donde se celebraban los torneos de la liga profesional.

1 Pertenecía a un grupo de accionistas donde los principales eran Miguel A. Suárez y su hijo Miguel A. Suárez Jr., así como Roberto Maduro de Lima (VER "ÓMNIBUS LIBRE S.A."), quienes eran presidente, secretario y vicepresidente, respectivamente. Salomón (VER "CUBANA DE FIANZAS, COMPAÑÍA"), padre de Maduro, había sido su presidente.

Otros accionistas miembros de la directiva eran Aquilino Entrialgo(VER "SOLÍS, ENTRIALGO Y COMPAÑÍA S. A."), Luis de Armas (VER "CENTRAL SAN-

TA RITA S.A."), Adalberto Sedano y Ernesto P. Smith (VER "COLUMBIA PICTURES DE CUBA S.A."). Su administrador general era Andrés Fernández Morell. Miguel A. Suárez León, muy activo, al igual que su esposa, en el movimiento católico, habiendo sido presidente de la Acción Católica Cubana en los años 50, tenía también intereses y era vicepresidente de "Productos Alimenticios Canímar S.A., Compañía" (VER) y presidente de "De Inversiones El Trébol S.A., Compañía (VER).

2 Había sido construido de mayo a octubre de 1946 a un costo de más de $2 000 000 por la "Frederick Snare Corporation"(VER) y por el Arq.Ing. Max Borges (VER "MAX BORGES E HIJOS"). Se inauguró el 26 de octubre de 1946.

3 Tenía un total de 1 512 asientos de palcos, 5 376 de preferencias, 20 000 de glorieta y 3 200 de sol así como un buen sistema de iluminación. Sus acciones se cotizaban en la Bolsa de La Habana.

1033- OPERADORA MARÍTIMA UNIÓN S.A.
(VER "NAVIERA CUBANA DEL ATLÁNTICO S.A.")

1034- OPERADORA MOFE S.A.
Cine "Ambassador" ubicado en 44 y 33, Marianao.

1 Era propiedad de Mauricio de Almagro Ariosa (VER "CINEMATOGRÁFICA ASTRAL"), quien también lo era de otros 2 cines, el "Atlantic" (VER "OPERADORA ATLÁNTICA S.A.") y el "Astral".

1035- OPERADORA ROMETALES S.A., COMPAÑÍA
Planta para producir ácido sulfúrico con capacidad de 300 Tn. diarias a partir de piritas y planta para recuperar cobre, plomo, oro y plata de los residuos de éstas, así como una planta de recuperación energética con un estimado de producción de $1 500 000, sita en el puerto de Santa Lucía, Pinar del Río.

1 Propiedad mixta estatal-privado con capital ascendente a $1 millón, donde el BANDES poseía la cuarta parte de las acciones. Los propietarios privados eran Ernesto Romagosa, presidente de esta firma y de "Minas de Matahambre S.A." (VER); Waldo Díaz Martínez, vocal de ésta última y su vicepresidente y José M. Díaz Núñez, tesorero y también accionista de "Minas de Matahambre S.A." y, por último, José Portuondo de Castro. Todos poseían acciones valoradas en $199 900, a excepción de Díaz Núñez que tenía $149 900.

2 Se constituyó el 11 de octubre de 1957 por "Minas de Matahambre S.A." tras haberse descubierto piritas en vez de cobre en la mina "El Mono", decidiendo construir la planta para el aprovechamiento del ácido sulfúrico. La mina estaba próxima al puerto de Santa Lucía y tenía unas reservas aproximadas de 1 000 000 de Tn de pirita.

3 El BANDES le prestó $7 400 000 y compró $250 000 en acciones el 23 de mayo de 1957, mientras la firma aportaba sólo $750 000, lo que representaba el 91.07 % y el 8.93 % respectivamente de la inversión original calculada en $8 400 000 y que se elevaría hasta sobrepasar los $11 000 000.
En una 2ª fase se financiaría la "Terminal Marítima de Santa Lucía S.A."(VER) para el dragado del puerto donde se instaló la planta.

1036- ORGANIZACIÓN TÉCNICA PUBLICITARIA
    LATINOAMERICANA

Agencia de publicidad conocida como OTPLA, sita en Edificio N Nº 266, La Habana

1 Era propiedad de Luis Martínez Pedro, su presidente, en sociedad a partes iguales con el Dr. Raúl Gutiérrez Sedano, su director general.

Martínez, un destacado pintor y excelente dibujante, era hijo del Dr. Ramón José Martínez Martínez, antiguo accionista de los centrales "Siboney" y "Najasa", ex-director del periódico mercantil "Mercurio", quien fomentara centrales como "Jagüeyal", Stewart", Morón" y "Camagüey". Había sido presidente de la "Asociación de Hacendados y Colonos" desde donde apoyara activamente la candidatura del Gral. Machado, además de uno de los propugnadores, junto a José Manuel Casanova, Arturo Mañas y Belisario Delgado, de la fundación de la "Asociación Nacional de Hacendados", de la que fue su presidente hasta 1944.

2 Había sido fundada a comienzos de los años 50 por Gutiérrez, antiguo funcionario de "Mestre Conill y Compañía"(VER), quien había sido enviado por ésta a especializarse en EE.UU. en investigaciones de mercado. Contaba con la publicidad de la "Bacardí".

1037- ORIENTAL CARTONERA S.A.

Fábrica de envases de cartón sita en C.Robert Nº 59, Santiago de Cuba.

1 Propiedad de Francisco Guirris y sus herederos.

3 En 1957 iba a ser comprada por una firma de La Habana. Tenía adeudos antiguos con el Banco Nova Scotia en su sucursal de Santiago de Cuba.

1038- ORIENTAL PAPELERA S.A., COMPAÑÍA

Fábrica de sacos de papel kraft de varias capas y con válvulas de carga y cierre, ubicada en Carretera de la Texaco, Santiago de Cuba.

1 Era propiedad de los mismos accionistas de la "Internacional de Envases S.A., Compañía"(VER), una fábrica de idéntica producción establecida en La Habana desde 1952. Sus accionistas principales eran Andrés Carrillo González de Mendoza, presidente, Eusebio Ortiz Franchis, tesorero, Julio Castellanos. Otros accionistas eran León Broch, Jorge Barroso (VER "AZUCARERA CENTRAL CUBA S.A.,COMPAÑÍA"), los hermanos Alfonso, Higinio y Harry Fanjul y Victor M. Pedroso (VER "BANCO PEDROSO").

2 Fue promocionada por sus propietarios en 1957 basada en un proyecto para satisfacer las nuevas demandas en la región oriental, en especial la proveniente de la fábrica "De Cementos Nacionales S.A., Compañía" (VER), que recién se había puesto en marcha en esa localidad, y así abaratar los costos de transportación de sus producciones de La Habana.

3 El 30 de abril de 1957 el BANFAIC le aprobó un financiamiento ascendente a $220 000 más para montar la nueva fábrica cuyo costo se estimaba en alrededor de $300 000.

1039- ORIENTE INDUSTRIAL Y COMERCIAL S.A.

Matadero, encomendero y empacador dedicado a la compra y matanza de ganado; fábrica de piensos para aves y ganado; productora de embutidos, tasajo y jamones;

saladora de cueros, así como almacén de víveres, con frigoríficos ubicado en Calle E y 12, Reparto Batista, La Habana. Producía carne (58%), manteca (26%) y los embutidos "Capitolio" y "RF" y era el mayor matadero de La Habana con 225 trabajadores .

Exportaba cueros, harina de hueso, pelo de rabo de res, sangre seca, tankage, glándulas de res, bilis concentrada, harina de carne y carne fresca congelada.

1 Propiedad de los hermanos Remigio y Manuel Fernández Blanco de la "Sucesión Remigio Fernández", quienes también eran fuertes propietarios de las fincas "La Federal" y "Hacienda", valoradas en $6 000 000 las tierras y $2 000 000 el ganado y con intereses en "Petrolera Transcuba S.A."(VER).

3 El matadero estaba equipado con tecnología moderna y comenzó a implantar el sistema de pago a los ganaderos según el rendimiento de las reses. Estaba valorado en $800 000, sus ventas ascendían a más de $7 000 000 anuales, tenía un capital de trabajo de $274 131 y un capital líquido de $196 200.

Cliente de varios bancos entre ellos el Continental con crédito por $750 000 y del Banco de Nova Scotia con $600 000 con quien tenía sobregiro desde 1953.

1040- ORTIZ, HERMANO Y COMPAÑÍA

Fábrica de sabanas y fundas marca "Troya", así como un almacén de tejidos, sito en Muralla N° 204, La Habana, que era cliente del "Gelats", del "Boston", del "Royal" y del "City".

1 Cayetano Ortiz de la Fuente era su gerente y propietario junto con su hermano Máximo.

1041- OTERO Y COMPAÑÍA S.L.

Fábrica y almacén de piensos para aves y ganados, de gofio de maiz y de trigo, harina de maiz así como almacenista de víveres, sito en Cienfuegos N° 75-77, La Habana.

1 Era propiedad principal de Gabino Otero Gutiérrez.

3 Cliente del "Boston" y del "City".

1042- OWEN ILLINOIS GLASS COMPANY

Fábrica de botellas y envases de vidrio con 250 trabajadores, ubicada en San José de las Lajas.

1 Subsidiaria de la "Owens Illinois Glass Company" de Ohio, EE.UU., la principal del giro, constituida en 1929 como fusión de otras varias que databan de 1873. Una de la 8 filiales en Cuba bajo el control del grupo financiero Rockefeller-Stillman. John L.Gushman y O.R. Hecht eran el presidente y vicepresidente respectivamente en Cuba.

2,3 La firma, constituida en Cuba el 7 de octubre de 1955, era la principal suministradora del mercado cubano y tenía en proyecto construir la fábrica desde principios de los años 50, habiéndosele acercado el BANFAIC en 1953 con ese propósito, quien financió $3 millones de un costo aproximado de $7 millones, aprobado el 15 de junio de 1956. Fulgencio Batista colocó la primera piedra el 13 de julio de 1956 y se puso en marcha el 17 de julio de 1958.

Cuando se aprobara el financiamiento, el BANFAIC suspendió el aprobado anteriormente ascendente a $350 000 destinado al estudio del proyecto para fábrica de envases de cristal en Santiago de las Vegas presentada por la "Vidrios y Cristales Caribe S.A." constituida el 13 de agosto de 1954 por Manuel F.Goudié, presidente; Rafael Gaytán, vicepresidente y tesorero e Ing. Faustino G. Prado, vicepresidente, quienes solicitaron el 18 de marzo de 1955 un crédito por $ 350 000 para inversión estimada en $1 millón.

Abastecía algo más de la 3° parte del mercado y sus activos totales ascendían a más de $9 millones teniendo en 1959 utilidades netas por más de $211 000.

1043- PABLO HERNÁNDEZ CARRILLO
Fábrica de producción del desinfectante "Pinaroma", sita en Lamparilla N°163, La Habana.

1 Era propiedad de Pablo Hernández Carrillo quien la operaba bajo su propio nombre.

1044- PANAM PRODUCTS COMPANY
Fábrica de ventanas y puertas de duro aluminio, marca "Panam", ubicada en el Km.3.5 de Rancho Boyeros en La Habana.

1 Propiedad de José Maseda García, su presidente. Su esposa Pastora Núñez Sánchez era la tesorera.

2 Se fundó en octubre de 1948 y estaba valorada en 1953 en $500 000.

1045- PANAMERICANA DE CONCRETO S.A., COMPAÑÍA
Propietaria de varias empresas relacionadas con la industria de materiales de la construcción que operaban bajos razones sociales distintas: "Canteras de Jamaica S.A.", "Concreto Caribe S.A." y "Central de Mezcla de La Habana S.A.".

1 Propiedad principal de Manuel F. Goudié Monteverde, en sociedad con José R. Méndez Fors. Goudié, quien era además vicepresidente del Banco de la Construcciónn (VER), tenía intereses en otras firmas relacionadas con la industria de la construcción, en la "Cooperativa de Apartamentos de Propiedad Individual", firma propietaria del edificio Capi y, además, en "Pre-Concreto S.A., en "Todo en Construcción S.A.", en "Centrais de Concreto do Brasil", siendo presidente de las 3 últimas.

CANTERA DE JAMAICA S.A.
Canteras "Jamaica" ubicadas en Tapaste, Jamaica, Habana.

1 El 70 % de las acciones estaaa en poder de "Concreto Caribe S.A.", propiedad del holding. Carlos Arteaga Vilató, Gabriel Fernández Fernández y María de los Dolores Díaz Álvarez eran el presidente, vicepresidente y tesorera respectivamente.

2 Se constituyó el 25 de octubre de 1950.

3 El BANDES le otorgó un financiamiento por $250 000 el 9 de enero de 1957 en cuya gestión intervino a su favor Raúl Menocal, Ministro de Comercio del Gobierno de Batista.
Enviaba sus suministros a la filial "Concreto Caribe S.A.".

CONCRETO CARIBE S.A.
Fábrica de hormigón "Caribe" premezclado ubicada en la Ceiba, Marianao, La Habana.

1 Su capital suscrito sobrepasaba los $500 000. Manuel F. Goudié Monteverde era su presidente, José R. Méndez Fons el vicepresidente y José A. Vila el tesorero.

2 Se constituyó el 11 de julio de 1951. Su situación económica era satisfactoria, con liquidez excelente y abundante capital líquido. Las ventas se ampliaron de $1 600 000 en 1953 a $2 500 000 en 1956 mientras las utilidades crecieron de $160 000 a $230 000.

3 Cliente del "Banco de la Construcción".

HORMIGÓN CARIBE S.A.
Proyecto para la construcción de una fábrica productora de arena, bloques de materiales ligeros y esmaltados a ubicar en la Ceiba, Marianao, frente a "Concreto Caribe S.A.".

2 Se constituyó el 27 de octubre de 1953 y sus funcionarios eran los mismos de "Canteras Jamaica S.A." que tenían intereses en ella.

3 Solicitaron un financiamiento de $250 000 al BANDES en diciembre de 1958 de una inversión total estimada en $586 000.

1046- PAN AMERICAN PROTECTIVE SERVICE INC.
Transporte de carga por carretera y de valores y custodia de valores en camiones especiales blindados, servicios de custodia, preparación, distribución y pagos de nóminas, pago individual, alarmas contra asaltos, robo e incendio, así como agencia de investigaciones, con oficinas y bóvedas en Masó N° 259, Reparto Ayestarán, La Habana, cliente del "City", del "Boston", del "Royal".

1 Era una sucursal de casa norteamericana propietaria también de "Pan American World Airways" (VER), cuya Junta Directiva en Cuba estaba presidida por John S. Rowe y eran sus vicepresidentes Ignacio Martínez Ibor Poul, el Ing. Sergio Clark Díaz y Luis del Pino Tous.
Martínez Ibor era además el representante ejecutivo de la "Pan American World Airways" y presidente de la "Terminal Panamericana de Carga Aérea".

1047- PAN AMERICAN STANDARD BRANDS
Fábrica de levadura "Fleischmann" y flan "Royal", ubicada en San Antonio de los Baños, y venta de otros productos alimenticios como "Postres Royal", con oficina central en Carlos III N° 1009, La Habana.

1 Filial de la casa norteamericana "Standard Brands Incorporated", fundada en 1878, que poseía cerca de 70 fábricas en el mundo. Joseph M. Elias, norteamericano, era vicepresidente a cargo de la filial cubana desde 1925 y en 1936 había sido presidente de la "Asociación Nacional de Industriales de Cuba".

2 La "Fleischmann" se estableció por primera vez en Cuba en 1898 siendo representada por Agustín Estévez hasta 1925 en que asumiera el cargo Mr. Elias. La fábrica, fundada en 1928, fue la primera abierta en el extranjero por la casa matriz, a un costo de casi $1 millón, a la par que abrían sus oficinas actuales.

3 La firma había desarrollado en Cuba las experiencias que permitieron a los centrales azucareros emplear a partir de 1935 la levadura, en vez del ácido sulfúrico, para invertir las mieles.

1048- PAN AMERICAN WORLD AIRWAYS
Una de las 22 aerolíneas extranjeras con oficinas en 23 N° 105, Vedado, La Habana.

1 Sucursal de la casa norteamericana de igual nombre, una de las 6 bajo el control del grupo financiero de la rama John D. Rockefeller (VER "CHASE MANHATTAN BANK") , propietaria también de la "Pan American Protective Service" (VER) con oficinas en Cuba y co-propietaria mayoritaria de "Corporación Intercontinetal de Hoteles de Cuba S.A."(VER), arrendataria del "Hotel Nacional". Warren Pine era el presidente en Cuba de ambas e Ignacio Martínez Ibor

Pou era su representante ejecutivo, así como presidente de la "Terminal Panamericana de Carga Aérea" y vicepresidente de la "Pan American Protective Service".

2 Se había fundado en 1927 por Juan Terry Trippe al conseguir que el General del E.L.Gerardo Machado, Presidente de Cuba, le otorgara la concesión exclusiva para el transporte aéreo entre Cuba y EE.UU., tras lo cual integró a 2 competidores en la nueva firma y, tres años después, absorbió a la línea que volaba desde Buenos Aires a Uruguay, Bolivia, Brasil y Miami.

Trippe, norteamericano de cuna acomodada, graduado de Yale y piloto de aviación y el primero que inaugurara en su país los vuelos internacionales, había fundado en 1923 la "Long Island Airways", un taxi aéreo que quebrara en 2 años, tras lo cual fundara la "Aviation Corporation of America" y negociara con el presidente Machado.

Su primer vuelo se inició el 28 de octubre de ese año en la ruta Key West-La Habana –el primero de naturaleza intercontinental– en un trimotor "Fokker" bautizado como "General Machado". También fundaría el actual aeropuerto de Miami.

La línea gozó de varios privilegios, no sólo de parte de Cuba pues también recibía subsidios norteamericanos y disfrutaba del aliciente de numerosos pasajeros procedentes de este país que viajaban a la Isla escapando de la "Ley Seca".

En ese enttonces controlaba la mayoría de los vuelos que unían las principales ciudades de EE.UU. con el continente latinoamericano, habiendo sido La Habana la base de sus negocios en la América. John T.Trippe, su presidente durante décadas, era visita frecuente en La Habana en unión de sus ejecutivos.

Manuel Quevedo había sido su administrador general en Cuba hasta que en marzo de 1944 renunciara cuando fuera llamado al servicio activo como Teniente Coronel del Cuerpo de Aviación debido a la guerra, siendo sustituido entonces por el camagüeyano Gerard Grosman, antiguo funcionario de la firma.

Al finalizar la II Guerra Mundial había iniciado una política de vender a capitales nativos parte de las acciones de las líneas que poseían en algunos países latinoamericanos como en México y Cuba, lo que posteriormente fueron ampliando hasta venderlas totalmente.

Había sido propietaria desde el 22 de marzo de 1933 de "Cubana de Aviación S.A., Compañía" (VER) de la que había comenzado a desprenderse a partir de 1945 en que vendiera el 58 % de las acciones a capitales cubanos dirigidos por Antonio Tarafa Govín y manteniendo sus intereses hasta el 26 de julio de 1954 en que un grupo de inversionistas cubanos, guiados por José López Vilaboy (VER "EDITORIAL MAÑANA S.A."), habían adquirido el 20% de las acciones que aún retenían.

3 Realizaba aproximadamente 8 vuelos diarios La Habana-Miami donde superaba a "Cubana de Aviación" de 2.5 a 3.2 veces más en el transporte de pasajeros, volando además a Mérida, al Salvador, Jamaica y Venezuela además de enlazar Camagüey con Miami.

1049- PAPELERA DAMUJÍ S.A.
Fábrica de pulpa, papel kraft y cartón a partir de bagazo de caña, con una capacidad de 10 000 Tn ampliada después a 20 000, 124 obreros en 2 turnos, ubicada

adyacente al central Constancia(A) en zona cercana a los centrales Covadonga, Hormiguero y Parque Alto.

1 Su capital ascendía a $941 500 y era propiedad de Fernando de la Riva (VER "CENTRAL HORMIGUERO S.A.") con el 72 % de las acciones, quien era su presidente, en sociedad con su hermano Gonzalo, vicepresidente, con alrededor del 20 %. El Ing.Pedro Mestres Albert, español naturalizado como peruano, tenía un 7.4 % que le habían sido otorgadas a cambio del procedimiento de fabricación del cual era propietario, habiendo operado fábricas de este tipo en Argentina y Perú.

Fernando de la Riva, quien aparecía al frente de las firmas de los 4 centrales alrededor de los cuales se localizara la fábrica, era propietario de los terrenos donde estaba enclavada, aun cuando mediante un rejuego financiero le había pasado su propiedad a Miguel Abril, a cambio de acciones que éste endosara a su favor. También era accionista de "Cuban Bagasse Products S.A."(VER), una fábrica de tablero de bagazo de caña ubicada en Cruces, financiada por el BANFAIC.

2 Se constituyó el 28 de agosto de 1957. La fábrica produciría 75 Tn diarias de pulpa para producir igual cantidad de papel tipo kraft, para lo cual el central Constancia(A) supliría 10 000 Tn de bagazo que representaba la 7ª parte de sus necesidades.

3 Se proyectó originalmente en 3 fábricas de 10 000 Tn cada una que se instalarían por etapas, promovidas por el propio Fernando de la Riva, quien aportó de capital $941 500 mientras el BANDES, antes de 1959, aportaba $2 300 000 en 2 partidas, la primera de las cuales por $2 000 000 se otorgó el 27 de agosto de 1957 y la segunda por $300 000 el 13 de noviembre de 1958, recibiendo posteriormente en 1959 unos $381 000 adicionales. Del préstamo original se tomaron $125 000 para ampliar la planta eléctrica del central Constancia.

Después del triunfo de la Revolución consiguió préstamos por $1 377 000 y en 1960 el Ministerio de Recuperación de Bienes Malversados congeló las acciones porque encontró irregularidades en las reparaciones del central, así como nóminas ficticias, falsedades en los precios de compras y reventas en los precios del bagazo, etc.

1050- PAPELERA FLAMINGO S.A., COMPAÑÍA

Fábrica de servilletas, toallas y cartuchos de papel, que convertía a partir de rollos de bobinas importadas así como de desperdicios de cajas y envases de cartón, ubicada en el Km 15 de la Carretera Central en el Cotorro.

1 Su capital ascendía a $263 500 y era propiedad en un 90% del norteamericano Samuel Scheck, propietario de "Sweat Paper Corporation" de Miami, quien era el presidente. Hyman Gold, de New York, su tesorero, tenía el resto.

2 Se constituyó el 8 de agosto de 1955 habiendo comenzado su producción en julio de 1956.

3 Estaba valorada en $150 000. Solicitaron al BANDES un préstamo por $75 000. Cliente del "The Royal Bank of Canada" por $15 000.

1051- PAPELERA MODERNA S.A.

Industria de papel para envolver, de cartuchos y otras, con 276 obreros, ubicada en la Finca Husillo, Marianao. Tras la puesta en marcha de "Técnica Cubana S.A."(VER), pasó a ser la 3ª mayor industria de papel en capacidad de producción.

1 Propiedad principal de Jesús Azqueta, propietario de 3 centrales (VER "AZUCARERA SANTA ISABEL S.A."), en sociedad con Generoso Castro Barvo.

2 La había fundado en 1934, comenzando a producir en 1936 con antiguas maquinarias de uso de fábricas de New York a un costo de $1 000 000.

Azqueta tenía intereses también desde 1956 en otras 2 fábricas de papel, en "Papelera Río Verde"(VER) en Calabazar y en "Papelera Pulpa-Cuba S.A."(VER), ubicada en Trinidad, en sociedad con Rafael Palacios, propietario a su vez de la "Antigua Papelera Cubana S.A."(VER).

1052- PAPELERA PULPA-CUBA S.A.

Fábrica de papel y cartón a partir del bagazo de caña mezclado con la pulpa de madera, con 220 obreros en 3 turnos y una capacidad de producción de 35 000 Tn., ubicada en la carretera de Trinidad a Sancti Spiritus. Sus principales rubros eran papel bond, cartón para corrugar, papel tablét y papeles para sacos de cementos, azúcar y otros.

1 Capital social ascendente a $3 000 000. Propiedad conjunta, a partes iguales, de Jesús Azqueta (VER "AZUCARERA SANTA ISABEL S.A."), su presidente, y de Rafael Palacio Arce (VER "ANTIGUA PAPELERA CUBANA S.A."), su tesorero. Azqueta cedió $500 000 de su paquete de acciones a Generoso Castro Bravo, su vicepresidente, quien además era su socio en "Papelera Moderna S.A., Compañía" (VER), de la que era propietario también.

La organización financiera y los aportes de cada uno de los socios al constituirla fueron extremadamente complejos. Palacio lo hizo en efectivo, mientras Azqueta contribuyó con sus acciones de la "Comercial Trisunco S.A., Compañía"(VER), propietaria del central Trinidad. De esta forma, el central pasó teóricamente a convertirse en una dependencia de la nueva entidad. Con anterioridad, Azqueta había ampliado su capital en el central a $1 400 000, mediante aporte de $620 000 en efectivo y, el resto, cancelándole deudas con otras entidades de su propiedad.

2 Se constituyó el 17 de noviembre de 1956 y comenzó a producir en junio de 1959. Azqueta había construido en 1941 una fábrica piloto para papel de bagazo en la finca El Husillo donde estaba instalada su otra fábrica de papel y durante la guerra fabricaría papel para cartuchos y embalajes que tras finalizar la conflagración cesaría por sus altos costos. Desde 1945 poseía una patente de su invención y anterior a él se habían instalado procesos a partir del bagazo en 1915 en el central Preston y en 1926 en el Tuinicú, habiendo fracasado ambas experiencias.

El 27 de julio de 1954 Azqueta, junto con el Dr.Luis Machado, ex presidente de la "Asociación Nacional de Industriales de Cuba", había solicitado al BANFAIC un financiamiento para instalar una fábrica de este tipo.

3 La inversión inicial se calculó en $9 000 000, pero llegó finalmente hasta $14 000 000. No hubo estudios previos de localización y el central Trinidad no tenía capacidad suficiente para abastecer el bagazo.

El BANDES financió $8 500 000, aprobado inicialmente el 11 de abril de 1956 y después el 24 de abril de 1956, lo que representó el 85 % del aporte inicial. Una parte se destinó a reparar las maquinarias del central Trinidad, al que se le dotó también de equipos para el tratamiento del bagazo.

1053- PAPELERA RÍO VERDE
Fábrica de papel ubicada en Fundación Nº 201, Calabazar, y oficinas en Mercaderes Nº 263, La Habana.

1 Propiedad de Jesús Azqueta y otros socios (VER "AZUCARERA SANTA ISABEL S.A.") desde 1956.

3 En 1957 tuvo resultados económicos desfavorables que los llevó a una reestructuración de la producción y las ventas.

Cliente del "Banco Continental" con $271 000 de crédito.

1054- PARQUE S.A.
El "Parque Alto" era un central pequeño (el 134º) con una capacidad de producción diaria de 170 000 @, bajo RI de 12.40, 1 650 trabajadores y 46 caballerías de tierras propias, situado en Rodas, Las Villas.

1 Uno de los 14 centrales que poseía Julio Lobo (VER "AZUCARERA GÓMEZ MENA S.A., COMPAÑÍA") quien controlaba el 50% de sus acciones en sociedad con Fernando y Gonzalo de la Riva Domínguez (VER "CENTRAL HORMIGUERO S.A.") quienes poseían el resto a partes iguales apareciendo el central bajo su nombre.

2 Se desconocía el año de su fundación. Había pertenecido en 1860 a Pablo y Antonio Hernández Rivero y en 1874 a Pablo Hernández Rivero.

Había sido propiedad desde 1889 de la familia de origen inglés Fowler, cuyo descendiente, George R. Fowler, era propietario de "North American Sugar Company"(VER) y estaba muy relacionado con Julio Lobo. Había sido uno de los 4 centrales, junto con el Narcisa, el Constancia(E) y el "Dos Hermanas" –demolido–, que habían pertenecido a los hermanos George R. y Albert C.Fowler, su presidente y vicepresidente respectivamente hasta después de mediados de los años 30, habiendo conservado sus herederos sólo el primero.

A finales de los 30 había pertenecido a Isidoro Madrazo y, desde 1948, había sido arrendado al Dr. Rodolfo Rebull López. Fernando de la Riva, actuando de intermediario a nombre de Julio Lobo, lo compró en 1951-53 pasando a ocupar la presidencia Alberto Irabién de la Riva, su sobrino. Se llamó Angelita de 1949 a 1955.

1055- PARQUES RESIDENCIALES GUANABACOA COJÍMAR S.A.
Urbanizadora y propietaria de tierras en Cojímar.

1 Propiedad de Pedro Grau Triana (VER "DE FOMENTO DEL TÚNEL DE LA HABANA S.A., COMPAÑÍA"), su presidente.

2 Se constituyó el 22 de junio de 1949 por Justo Arocha Delgado y Radamés Giraudy Acosta. En 1957 su presidente era Higinio García González habiéndole comprado terrenos a Crescencio Varona Hurtado, casado con Dulce María Calvo Viera.

1056- PARQUES RESIDENCIALES LAS NOAS S.A.
Urbanización del "Reparto Bahía", constituida por las fincas Las Noas, El Desamparado, La Rosarito y Mercedita, ubicado en Cojímar.

1 Tenía capital ascendente a $1 370 000, propiedad de los hermanos Pedro (VER "DE FOMENTO DEL TÚNEL DE LA HABANA S.A., COMPAÑÍA"), su vicepresidente, José y Luis Grau Triana, así como el Dr. Roberto Nieto Díaz-Granados, su tesorero, Guillermo Rodríguez Salazar y Jesús Fernández Martínez. Manuel González Rodríguez era su presidente.

2 Se constituyó el 29 de abril de 1949 por Celia Velasco Sarrá y otros que designaron a Pedro Grau como su presidente y el Ayuntamiento aprobó su urbanización el 2 de marzo de 1951.

1057- PASTEURIZADORA GREEN SPOT DE LA HABANA S.A., COMPAÑÍA

Fábrica de refrescos "Green Spot" y conservas de jugos de frutas marca "Picker", ubicada en la carretera de Rancho Boyeros esquina a 4, Reparto Dinorah.

1 Propiedad de capital venezolano. Los gerentes eran Alejandro Hernández y Guillermo Díaz Romañach.

3 Cliente del Industrial Bank con $30 000.

1058- PAULINO GOROSTIZA Y COMPAÑÍA S.A.

Fábrica de cristales y espejos "El Espejo" con 50 empleados, ubicada en Lugareño y Almendares, La Habana.

1 Propiedad de los hermanos Juan y Paulino Gorostiza Barañano.

2 Fundada en 1878 por Venancio Lecanda y por Villapol, a la que más tarde entraría Paulino Gorostiza, padre de los propietarios actuales, que ingresarían a su vez en 1925.

1059- PECUARIA YATERAS S.A., COMPAÑÍA

Fincas ganaderas ubicadas en Camagüey, valoradas en $1 000 000 y el ganado en $500 000.

1 Propiedad de José Luis Meneses Comas, senador de 1954 a 1958, quien era su presidente y había sido propietario, fundador y presidente del "Banco Agrícola y Mercantil"(VER) desde 1946 hasta 1955, y era además propietario de colonias de caña, de canteras, de financiamiento de autos y otros intereses. Su hijo Mario Meneses Soto era el vicepresidente.

3 En 1955 se vio obligado a abandonar la presidencia y propiedad del banco, comprometiéndose a absorber pérdidas ascendentes a $670 000, para lo que recibió a su vez un préstamo del BANFAIC por $330 000, que garantizó con bonos hipotecarios por $1 millón de la firma valorada en $1 500 000.

1060- PEDRO ARMENTEROS IBAÑEZ

Armería para la venta de armas de fuego, cartuchos y efectos de caza con el nombre comercial de "La Antigua Cuchillería", sita en Galiano N° 466 entre Zanja y San José, La Habana.

1 Era propiedad de Pedro Armenteros Ibáñez quien la operaba bajo su propio nombre.

1061- PEDRO BELLO RUBIO

Tostadero del café marca "Ales" sito en Infanta N° 709, 711 entre Jesús Peregrino y Pocito, La Habana.

1 Era propiedad de Pedro Bello Rubio quien lo operaba bajo su propio nombre.

1062- PEDRO GONZÁLEZ FERNÁNDEZ

Fábrica de calzado de hombre, marca "Amadeo", la 2ª mayor después de "Ingelmo", con 67 obreros, ubicada en Mariano Nº 460, Cerro y una peletería en Belascoaín Nº 553, La Habana.

1 Propiedad de Pedro González Fernández quien la operaba bajo su propio nombre.

1063- PEDRO SUÁREZ E HIJOS

Finca "San Gabriel" ganadera destinada a la cría de novillas, toretes y añojos "Holstein", "Jersey" y "Guerstein" para su venta, así como vaquería y distribuidora de leche con la marca comercial de la finca, situada en Minas, a 28 Km de la capital, y con oficinas en San Lázaro Nº 357, La Habana.

1 Era propiedad de Pedro Suárez Delgado, quien era tesorero de la "Asociación de Criadores de Ganado Holstein-Friesian de Cuba", de la "Corporación Ganadera de Cuba" en 1958 y dirigente del Patronato de las Exposiciones Ganaderas.

3 Desde hacía años venía cruzando su ganado para mejorar la raza. Ya en la Feria y Exposición Ganadera de 1933 había obtenido el tercer premio por una vaca cruzada.

Era una de las principales vaquerías de las que abastecía la capital con más de 3 000 litros diarios y desde comienzos de la década venía modernizándose con inversiones considerables.

A mediados de 1956 había instalado un sistema de obtención de leche cerrado desde la ubre hasta el pomo, la más moderna existente, habiendo aumentado el litro de leche a 30 centavos y a comienzos de 1958 comenzaron a pasteurizar y homogeneizar la leche gradualmente con una inversión de más de $100 000.

1064- PELÁEZ PÍREZ S.A., IMPORTADORES Y EXPORTADORES

Almacenista de víveres y distribuidores del arroz "Gloria", con casa en Fernandina Nº410, La Habana y en Caibarién. Era uno de los principales almacenes de víveres del país.

1 Propiedad de Esteban Peláez Vigil, su presidente, en sociedad con Fructuoso y César Pírez García, siendo el primero su tesorero. Eran propietarios también de "Molinos Arroceros de Camagüey S.A. en sociedad con "Tous y Compañía S.A."(VER).

Los Pírez eran unos antiguos comerciantes e importadores de múltiples giros y casa bancaria, la "J.G.Pírez y Sobrinos", sita en Remedios, Las Villas, que fuera fundada en 1885 por Fructuoso Pírez.

Blanquita, hija de Esteban Peláez, estaba casada con Jesús, hijo de José Noval, propietario de la "J.Noval y Compañía" (VER), otra de las grandes casas importadoras de víveres que seguía en importancia a ésta.

2 Se fundó originalmente en Caibarién el 5 de marzo de 1899 bajo la razón social de "R. Llamas y Compañía" y al año siguiente giró bajo la de "R. Cantera y Compañía" propiedad de Antonio Rodríguez Vázquez en sociedad con Marcelino Cantera Pírez.

En 1935 se reestructuró como "Peláez Pírez y Compañía" bajo la gerencia de sus propietarios actuales quienes, al año siguiente, abrieron una sucursal en La Habana, adoptando en 1948 su razón actual.

3 Era el segundo cliente en importancia –después de la "Textilera Ariguanabo S.A., Compañía"– por el monto de los préstamos otorgados por el Banco Boston con un promedio que oscilaba en el $1 800 000.

1065- PELÍCULAS CARAVEL DE CUBA S.A.
Proyecto para construir unos estudios cinematográficos a ubicarse entre el Río Mosquito y Mariel, Pinar del Río.

1 Propiedad de "Caravel Films Incorporated", firma norteamericana radicada en New York, dedicada a la producción de películas para la televisión.
David I. Pincus era su presidente y Jesús Alvariño, el conocido actor de la televisión cubana, sería uno de sus principales ejecutivos.

3 Solicitaron un financiaiento al BANDES por $5 millones para la inversión donde ellos aportarían $1 millón.

1066- PENNINO MARBLE COMPANY S.A.
Almacén y elaborador de mármol y granito, sito en Infanta N° 1056 esq. a Desagüe, La Habana, cliente del "Chase", "City", "Trust" y del "The First National Bank of Miami".

1 Era propiedad del italiano Víctor E. Citarella Pennnino, hermano de Marí, esposa de Eugenio Zorrilla Cuevas, gerente y socio de "Laso, Zorrilla y Compañía"(VER), una fábrica de acumuladores marca "Laso".

1067- PEPSI-COLA DE CUBA S.A., COMPAÑÍA
Fábrica de refrescos marca "Pepsi-Cola", con 120 trabajadores, ubicada en Carlos III N°665, La Habana, siendo la 2ª más importante en su giro.

1 Filial de la casa matriz norteamericana de igual nombre, la que había tenido el control de la propiedad del "Central España" (VER "INGENIO AZUCARERO DE MATANZAS S.A.") hasta febrero de 1951 en que lo vendieran a la familia Tarafa por $5 000 000

2 Se constituyó en Cuba el 22 de agosto de 1935.

1068- PÉREZ GALÁN, FERNÁNDEZ Y COMPAÑÍA
Fábrica mezcladora de abonos químicos y fertilizantes, ubicada en 10 de octubre y Camino Embil, Regla y establecimiento en Desagüe N° 312, La Habana. Uno de los más antiguos entre los 11 establecimientos mezcladores de fertilizantes.

1 Capital ascendente a $250 000. Propiedad del ex-senador Manuel Pérez Galán (VER "EMPACADORA MAJAGUA S.A., COMPAÑÍA"), quien poseía $135 000, en sociedad con Angelberto Fernández Ferrer con $90 000, quien era el administrador.

2 Se constituyó en 1935 por Pérez Galán, habiéndose denominado "Pérez Galán y Fernández S.L." hasta el 21 de septiembre de 1955.

3 Su capacidad era de 10 Ton por hora, envasando en sacos de 100 y 200 lbs. destinados fundamentalmente a las firmas de Pérez Galán. Las ventas habían disminuido desde $816 000 en 1950 a $470 000 en 1954 y sus activos corrientes eran de $569 675 en 1957.
El BANFAIC le prestó $50 000 el 27 de abril de 1956 para la construcción de una nave propia y el mejoramiento del equipamiento con vista al aumento de la producción debido a la creciente demanda. Tenía deuda con el "The Trust Company of Cuba" por $250 000.

1069- PÉREZ GALÁN Y COMPAÑÍA

Fábrica de conservas de frutas y vegetales con la marca "Pérez Galán", sita en Madruga, La Habana, con oficina en la Lonja del Comercio N° 425.

1 Era propiedad de Manuel Pérez Galán (VER "PÉREZ GALAN, FERNÁNDEZ Y COMPAÑÍA"), senador y propietario de otras fábricas de conservas, varias fincas productoras de frutas y vegetales y de una fábrica de abono y fertilizante entre otros intereses.

1070- PÉREZ HERMANOS S.A.

Aserradero de madera, taller, materiales de construcción y fábrica de envases de madera y cajas de cartón, con 140 obreros, ubicada en Calzada de Luyanó 802. Era la 2ª mayor del giro atendiendo al número de trabajadores, después de la Compañía Mercantil Bayamo S.A..

1 Propiedad de los hermanos Jesús –su presidente–, José, Tomás –su vicepresidente– y Antonio Pérez Cabo, quienes la habían fundado en 1914. Jesús había sido presidente del Centro Gallego y era además presidente de "Almacenes Pelical S. A.", de la "Compañía Inmobiliaria España S. A." y de la "Tabacalera Mundial S.A., Compañía".

José Ramón Pérez Magariño, otro de los vicepresidentes, lo era a su vez de la "Asociación Nacional de Industriales de Cuba" , así como Delegado de la "Sección de Fabricantes de Envases de Cartón Cuadrado y sus Anexos" en la "Cámara de Comercio de la República de Cuba" en 1958 y además Ministro de Comercio en 1958.

3 A pesar de que aumentaba su volumen de ventas, confrontó pérdidas durante varios años de la década del 50 así como un aumento progresivo de su pasivo corriente. Antiguo cliente del Banco de Nova Scotia con el que mantenía adeudos flotantes de alrededor de $150 000 y recibía créditos por $210 000.

1071- PERFUMERÍA AGUSTÍN REYES

Fábrica productora de brillantina, colonia, jabón de tocador y talcos, todos bajo la marca "Agustín Reyes", así como representante de marcas extranjeras de perfumería, sito en Dragones N° 456, La Habana, que era cliente del "Boston" y del "Trust".

1 Era propiedad de Agustín Reyes García de los Ríos y su hijo, el Ing. Químico Agustín, era el director técnico de la perfumería.

1072- PERFUMERÍA BOURJOIS S.A.

Fabricante y distribuidor de cosméticos y perfumes, sito en Benjumeda N° 252, La Habana, que era cliente del "Royal" y del "City". Producía o representaba la colonia, polvo facial, talco y creyón de labios "Evening in Paris"; colonia y loción "Fantasio"; colonia, extracto, loción y desodorante "Soir de Paris"; jabón de tocador "Chanel"; loción "Babette"; talco "Olas de Fragancia".

1 Era propiedad de Enrique Gross Sibrower, su presidente.

2 La firma se había constituido el 29 de enero de 1943 tras habésele cedido las marcas que tenía inscripta la "Wertheimer Freses Ancienne Maison Bourjois & Cie.", las que habían sido incautadas en septiembre de 1942 por la Oficina de la Intervención de la Propiedad Enemiga (OIPE).

1073- PERFUMERÍA DRIALYS S.A.

Fabricante de perfumería y representante y distribuidor de la brillantina, polvo facial, jabón de tocador y creyón de labios "Campos de Amor", de la brillantina "Koloral", de la colonia y loción "Drialys", del desodorante "Ski", de la esencia y jabón de tocador "Carnaval" y de las esencias "Mariposa", "Peti Baiser" y "Tabaco Rubio", sito en Ayestarán Nº 659, La Habana.

1 Era propiedad entre otros de Benjamín Menéndez García (VER "MENÉNDEZ Y COMPAÑÍA "), propietario de variados intereses tabacaleros, industriales, seguros y otros.

1074- PERFUMERÍA MAYRAN S.A.

Importador y distribuidor de varios perfumes de las marcas Lanvin, Dorothy Gray, Christian Dior, Jean Patou y Tussy, ubicada en La Rosa 408, en La Habana.

1 Filial de "Solís, Entrialgo y Compañía" (VER), con capital suscrito de $40 000. El Dr. Ramón Zapico Medina era su presidente y Guillermo Pereira Pazos era el vicepresidente y tesorero.

2,3 Comenzó sus operaciones en septiembre de 1956. Tenía línea de crédito en el Trust Company con $110 000.

1075- PERIÓDICO INFORMACIÓN

Periódico matutino "Información" con edificio y talleres propios en San Rafael Nº 467 entre Campanario y Lealtad, La Habana.

1 Propiedad de los hermanos Santiago y Joaquín Claret, director y administrador respectivamente, en sociedad con José I. de Montaner Lizama, su vicepresidente ejecutivo, quien tenía intereses en el Canal 4 de TV(VER "CMBF CADENA NACIONAL S.A."), y otros. Pedro Basterrechea Díaz, propietario, junto con sus hermanos Dr. Augusto y Dr. Francisco, del Bufete sito en Edificio Motor Center en 23 Nº 55, 5º piso, apto. 502, Vedado, también era vicepresidente.

2 Se fundó originalmente en 1930 por Santiago Claret como vespertino fusionándose en 1934 con el periódico "El País" hasta 1937 en que se separó de nuevo y apareció como un matutino. En 1947 inauguró su local actual que en 1951 amplió.

3 Sus ediciones diarias eran las más voluminosas con 36 a 48 páginas y de 90 a 100 en las dominicales.

1076- PERIÓDICO ORIENTE

Periódico vespertino "Oriente" de circulación provincial ubicado en Porfirio Valiente Nº 463, Santiago de Cuba.

1 Era propiedad de Carlos Dellundé Mustelier, su director, quien era tío de Ventura Dellundé Puyáns, socio de "Operadora de Espectáculos La Rampa, Compañía"(VER), cine La Rampa; tesorero, secretario y socio de la "Eléctrica Nuclear Oeste de Cuba, Compañía" y ex-Representante a la Cámara de 1948-52 por el Partido Ortodoxo.

2 Fue fundado el 31 de mayo de 1924, 7 años después de "Diario de Cuba" (VER), el otro periódico de Santiago de Cuba y era, entre los de edición local, el de mayor circulación.

1077- PERIÓDICO PUEBLO
Periódico vespertino "Pueblo" ubicado en Zanja y Escobar, uno de los defensores del último Gobierno de Batista.

1 Era propiedad principal de Anselmo Alliegro Milá, dirigido por Octavio R. Costa, ex-secretario de Emeterio Santovenia, Presidente del BANFAIC.

Alliegro era socio de "General de Construcciones Públicas, Compañía" (VER), una contratista; accionista del consorcio norteamericano "General Motors Company"; accionista menor del Banco de la Construcción (VER); y propietario de "Panamericana de Bagazo Panabaco", un proyecto no realizado para establecer 2 fábricas de pulpa para papel a partir del bagazo de caña a un costo de $ 10 000 000 que se constituyó el 31 de agosto de 1956.

Alliegro era un destacado político, Presidente del Senado 1954-58, quien fuera Primer Ministro, Ministro de Educación y Ministro de Hacienda y de Comercio durante el Gobierno de Batista de 1940-1944, Representante a la Cámara en 1945, habiéndose iniciado en la política como Alcalde de Baracoa, siendo después Representante a la Cámara durante el gobierno de Machado.

2 Había sido fundado en 1936 por Lorenzo Frau Marsal, su propietario entonces, quien había sido director del Diario de la Marina y de "El País", había fundado "Información" que dirigiera hasta su deceso a finales de los 40 y fuera sustituido por Humberto Rubio fallecido a mediados de los años 50.

3 Fue uno de los 4 periódicos –junto con revista "Bohemia"(VER "PUBLICACIONES UNIDAS S.A.") y los periódicos "Prensa Libre" (VER "EDITORIAL PRENSA LIBRE S.A."),"El Mundo" (VER "EDITORIAL EL MUNDO S.A.,COMPAÑÍA") y "Pueblo" (VER "PERIÓDICO PUEBLO")– que el 26 de julio de 1953 estuvieran entre los primeros en ser censurados. Luis Ortega, su director de entonces, fue incluso agredido por las fuerzas del régimen.

Tras esos acontecimientos pasaría a la propiedad de Alliegro, dirigiéndolo Mario Abril Dumois, Representante a la Cámara 1955-58, relacionado con Alliegro y quien fuera vicepresidente I en 1955 del "Banco Agrícola y Mercantil", propiedad única de Octaviano Navarrete Kindelán, con quien estaba asociado Alliegro.

1078- PERTIERRA FERNÁNDEZ Y COMPAÑÍA
Restaurante "El Ariete", sito en Consulado esq a San Miguel, especializado en arroz con pollo.

1 Propiedad de José María Pertierra López, en sociedad con su suegro José Fernández Fernández.

2 Había sido fundado en 1840. Fernández, español nacido en 1881, lo compró a finales de los años 20 en sociedad con sus hermanos, después de haber sido propietario de otros 2 restaurantes. Al retirarse su hermano Eduardo en 1930 había entrado su yerno como socio.

1079- PETRÓLEO CRUZ VERDE S.A., COMPAÑÍA
VER "CONSOLIDATED CUBAN PETROLEUM CORPORATION"

1080- PETROLERA SHELL DE CUBA, COMPAÑÍA
Refinería de petróleo, ubicada en la ensenada de Marimelena, carretera de Regla a Cojímar y distribuidora de derivados marca "Shell".

1 Propiedad del consorcio anglo-holandés "Royal Dutch Shell", a través de "Anglo Saxon Petroleum Limited".

Su presidente en Cuba era el Ing. Julio Iglesias de la Torre, amigo de Fulgencio Batista, a quien sirviera de intermediario en varios negocios, donde éste adquiriera, o bien la propiedad o bien vastos intereses. Se le achacaba haber logrado que la "Shell" invirtiera en una nueva refinería y, a través de sus relaciones, la venta de armas británicas al Gobierno tras el embargo de EE.UU.

Fue beneficiario o representante de algunas de las principales contratas otorgadas por el BANDES: la Terminal Marítima de La Habana por $22 millones –la 3ª mayor otorgada– a través de "Mercantil del Puerto de la Habana S.A., Compañía"(VER) y la Carretera Santa Fe-Mariel, por $10 millones, a través de "Constructora del Litoral S.A."(VER). En ambas concesiones había intervenido personalmente el propio Batista.

Fue actor principal en el plan de Batista para adquirir la propiedad de un buen número de firmas del sector de transporte, sirviéndole de intermediario en "Aerovías Q S.A."(VER), en "Cubana de Aviación S.A., Compañía"(VER) y en "Cuba Aeropostal S.A."(VER).

Presidía el grupo de intereses que graciosamente recibiera del Gobierno "Financiera Nacional de Transporte S.A."(VER), antigua "Autobuses Modernos S.A." y, a la vez, tenía fuertes intereses en la firma de la competencia, la "Cooperativa de Ómnibus Aliados S.A." (VER). Tenía intereses en "Cubana de Aviación S.A., Compañía" (VER), "Aerovías Q" (VER), "Mercantil del Puerto de la Habana S.A.,Compañía" (VER), en "Productora de Alimentos Canímar S.A., Compañía"(VER) y otras.

2 La firma había comenzado a operar en Cuba en 1922 como "Anglo Mexican Petroleum Company Ltd." con una estación situada cerca de la bahía de La Habana.

El 30 de marzo de 1957 inauguró la nueva Refinería Habana a un costo de $25 000 000, con capacidad para refinar 25 000 barriles diarios de petróleo crudo y con un espigón propio para el atraque de buques-tanques de hasta 20 000 toneladas. A su inauguración asistieron Fulgencio Batista, los embajadores en Cuba de Gran Bretaña, Holanda, Canadá y Venezuela, así como J.M.Platt, director general de "The Shell Transport and Trading Limited" de Londres.

3 Su situación económica era muy buena. Tenía capital líquido de $7 000 000 y de trabajo por $3 568 000, sus ventas alcanzaban $30 000 000 y, aunque su pasivo corriente ascendía a $3 000 000, la mitad era con asociadas. Como resultado de la inversión de la nueva refinería sus obligaciones ascendían a $13 400 000, pagaderas en 15 años.

Tenía crédito con el "The Trust Company of Cuba" por $1 200 000 y con el "The Royal Bank" por $1 500 000.

1081- PETROLERA TRANSCUBA S.A.

Firma dedicada a la prospección y perforación de petróleo.

1 Era propiedad de un grupo de capitales cubanos, quienes controlaban la mitad del paquete de acciones, en sociedad con una empresa cubano-venezolano dirigida por Warren Smith.

Los principales capitales cubanos estaban constituidos por Viriato Gutiérrez (VER "SUCESIÓN DE L. FALLA"), quien era el presidente, José M. Bosch (VER

"MOTEL RANCHO LUNA"), José Ignacio de la Cámara (VER "BANCO DEL COMERCIO") y Alejandro Suero Falla (VER "SUCESIÓN DE L.FALLA").
Otros accionistas eran Rafael Palacio(VER "ANTIGUA PAPELERA CUBANA S.A."), John Shattuck (VER "CUBAN BAGASSE PRODUCTS"), Humberto Solís (VER "SOLÍS, ENTRIALGO Y COMPAÑÍA S. A."), Manuel Fernández Blanco (VER "ORIENTE INDUSTRIAL Y COMERCIAL S.A."), José E.Gorrín (VER "BUFETE GORRÍN, MAÑAS Y ALAMILLA"), Stewart Mc Farlane (VER "FUNDICIÓN MACFARLAND S.A."), así como Antonio T. Docal.

2 Se constituyó el 16 de junio de 1953 y tenía 24 corporaciones sujetas a fideicomiso que representaba la mayor extensión de petróleo denunciada.

3 Realizaba perforaciones en la costa sur bajo arrendamiento de "Petrolera Cubano-Venezolano", que había invertido $1 500 000 en exploraciones y estudios durante 4 años y con quien había firmado el 8 de septiembre de 1953 para perforar los pozos denunciados por ellos a cambio del 50 % de las acciones.
El 18 de septiembre de 1955 cedió concesiones que poseía a la "Standard Oil de Indiana" en una inversión de $10 000 000 en 5 años. Con anterioridad había firmado con otras 2 compañías norteamericanas la explotación de la zona de Jatibonico y de la Ciénaga de Zapata, lo cual representaba un capital de $17 000 000 en la búsqueda de petróleo en sus concesiones que abarcaban 7 250 000 Ha.. En 1956 realizó una nueva operación financiera para obtener inversión por $17 000 000 en 7 años para un programa de perforación en la cuenca del Cauto.
La "Cuban American Sugar Mills" (VER), con quien en sociedad había perforado un pozo en Arroyo Blanco, Camagüey en 1954 , vendió 40 000 acciones de las 100 000 que poseía en 1956.

1082- PIE Y HERMANO
Fabricante de camisetas, pull-overs y tejidos en general, sito en San Miguel N° 1063 entre Infanta y Basarrate, La Habana, cliente del "Boston".
1 Era propiedad de Emilio Pie Grau.

1083- PIJUÁN HERMANO Y COMPAÑÍA
Firma que comprendía 2 fábricas: una de refrescos con el nombre comercial "La Moderna", con 60 trabajadores, que producía la marca "Pijuán", y otra de fósforos con 80 trabajadores, las cuales operaban en la misma dirección en O.Primelles 152, Camagüey, con 155 obreros entre ambas.
1 Propiedad de Pedro Pijuán y de Buenaventura Pijuán Real, hijos de español, naturales de Camagüey.
2 Se estableció en 1880 como fábrica de gaseosas por Ramón y José Pijuán, y fue abarcando con el tiempo otros negocios entre ellos el popular ron de la misma marca que acuñara el regionalismo estar "apijuanado" equivalente a estar borracho. Sus fundadores habían pasado en 1892 a ser propietarios de "Pijuán y Mestre, productora entonces del "Ron Pijuán".
3 Era la industria –incluyendo a los centrales– más antigua de la provincia.La de fósforos, valorada en $760 000, era una de las 11 que integraban la "Empresa Nacional de Fósforo"(VER) y la única de éstas que no fuera intervenida por el Ministerio de Recuperación de Bienes Malversados.

1084- PINTURAS RIVARRA S.A., COMPAÑÍA
Fábrica de pinturas para exteriores e interiores, esmaltes, aparejos, anticorrosivos, etc., ubicada en 128 N° 8731, Marianao.

1 Su capital pagado ascendía a $190 000, siendo sus principales propietarios Antonio Arias Echevarría, su presidente, quien era Contralmirante(R) de la Marina de Guerra y, desde octubre de 1957, Director de Transporte Marítimo, y su cuñado Sergio Rivas Piedra, su tesorero, con $85 000 cada uno, en sociedad con Arturo Arias Guerra con $19 000.

2 Se constituyó el 5 de julio de 1954 pero no comenzó a producir hasta 1956 en que compraran los equipos a la fábrica disuelta de "Luis Larraury y Compañía S.A." de Cárdenas.

3 Sus activos fijos ascendían a $80 117. El BANFAIC le denegó un financiamiento por $100 000.

1085- PIQUERA GRIS S.A.
Servicio de autos de alquiler a domicilio, fabricante de acumuladores, accesorios para autos y camiones y agencia de turismo, sita en E N° 405, Vedado.

1 Mario Riverón Hernández, hijo del contador de Cajigas, era su vice-presidente y administrador general.

3 Su situación económica era extremadamente difícil. Cliente del Banco Agrícola e Industrial.

1086- PITA Y COMPAÑÍA S EN C
Almacenes de azúcar situados en los bateyes de los centrales Adela y Narcisa así como en el puerto de éste, en el de San Pablo y en el de Caibarién.

1 Era propiedad de Arturo Pita, su presidente. Pita era además presidente de la "Guantánamo Sugar Company"(VER), propietaria de los centrales Soledad, Isabel y Los Caños, que representaba el 14° mayor propietario, la que había adquirido en sociedad con un consorcio de capitales cubanos a principios de 1958 a cuya cabeza se encontraba la firma de corredores azucareros "Luis G. Mendoza y Compañía" (VER).

2 La firma había sido fundada en 1916 bajo la razón social de "H. Pita S en C" por Higinio Pita, padre de Arturo, quien había sido su propietario en sociedad con los españoles Antonio Rodríguez Vázquez y Marcelo Cantera Pírez, residentes en Cuba desde la década de los 80. Pita, nacido en Sagua la Grande, se dedicó a la fabricación de sogas que abandonó por el comercio de maderas hasta que fundara la firma con sus 2 socios comanditarios.

1087- PLAYAS DEL GOLFO S.A.
Urbanización turística "Centro Turístico Barlovento" integrada por una marina-motel con 50 habitaciones dobles, club de yates de pesca, un hotel y una filial "Fomento de Bauta S.A., Compañía" (VER), ubicada en Santa Fé, La Habana y con oficinas en 23 N° 177, apto. 10, Vedado, La Habana.

1 Propiedad de Fulgencio Batista (VER "DE INMUEBLES S.A., COMPAÑÍA"), quien poseía el 50% del capital, en sociedad, a partes iguales, con el Ing. Julio Lecuona y el Ing. César Castellá Lecuona, quienes eran el presidente y vice-presidente respectivamente, además de propietarios de "Castellá y Lecuona" (VER). Las acciones del primero se conservaban en la caja de seguridad del "The

Trust Company of Cuba" a nombre de Andrés Domingo Morales del Castillo y Manuel Pérez Benitoa.

2 Originalmente los terrenos habían sido propiedad total de Julio Lecuona Caballol y de César Castellá Caballol, este último ya fallecido, quienes tuvieron que ceder a Batista la mitad de las acciones en pago por la concesión obtenida.

Además se le regaló a Andrés Domingo unas 6 parcelas y se les vendió otras a bajos precios a Julio Iglesias de la Torre, al General Roberto Fernández Miranda, a Santiago Rey, a Amadeo López Castro y al General Hernando Hernández, todos relacionados con el gobierno.

3 La firma invirtió de su capital alrededor de $1 000 000 y proyectaba vender parcelas valoradas en total en $10 000 000. La Financiera Nacional le prestó $4 000 000 el 24 de enero de 1956 después que el Decreto N° 49 del 12 de enero de 1955 le otorgara la concesión para realizar las obras y ganarle terreno al mar.

El 12 de agosto de 1957 solicitó un financiamiento al BANDES por $7 000 000 para la construcción del Hotel (VER "HOTELERA DEL OESTE S.A." Y "HOTELES MONTE CARLOS S.A.").

1088- POLLACK Y COMPAÑÍA S.A., EXPORTADORES DE TABACO EN RAMA

Almacenista de tabaco sito en San Carlos N° 816, La Habana.

1 Era propiedad de Roberto Pollack Casuso, quien también era propietario de "Compañía Importadora Romark S.A.", una importadora de radios y televisores. Su esposa, Chita Diehl de la Torre, era hija del alemán Hermann Diehl, también un antiguo almacenista y exportador de tabaco en rama, propietario de la extinta firma "Diehl".

Pollack era hermano de Elena, Presidenta del Comité de Damas de la Orquesta Filarmónica de La Habana en 1958, casada con Guillermo Aguilera Sánchez, uno de los más importantes en el giro arrocero.

2 Había sido fundado por el inglés Mark A.Pollack –padre de su propietario actual–, quien había sido un importante almacenista y su propietario desde finales de los años 10 hasta fines de los 40 en que falleciera. La firma había operado hasta 1957 como "Pollack y Compañía".

3 Según el Banco Nova Scotia poseía capital por más de $1 000 000.

1089- POR LARRAÑAGA, FÁBRICA DE TABACOS S.A.

Fábrica de tabaco marca "Por Larrañaga", "Petronio", "Habanos 1834", "La Gloria", "Aromas de Cuba" y otros con capacidad de producción de 3821 miles de unidades anuales, siendo el 6° productor con un 1% del total, y 152 trabajadores, ubicada en Carlos III N° 713, La Habana. El menor entre los grandes productores y la más antigua fábrica entre las existentes.

1 Propiedad de varios accionistas, siendo el principal Gonzalo Arellano González de Mendoza, su presidente, al que le seguían en importancia los hermanos Alonso, José y Adolfo Menéndez García (VER "MENÉNDEZ Y COMPAÑÍA"). También formaba parte de su Consejo de Directores Grace Pantin, esposa de Arellano e hija del inglés Leslie Pantin, propietario destacado de almacenes de tabaco en el pasado, y hermana de Leslie Pantin, presidente de "Leslie Pantin & Sons" (VER).

Filiberto Azcui Molina y Eustaquio Alonso Martínez –quien había sido su presidente en 1913– eran el vicepresidente y el tesorero respectivamente.

Arellano era director del "The Trust Company of Cuba" (VER), presidido por su primo Agustín Batista, y era también primo de los Arellano Longa (VER "PRODUCTOS ALIMENTICIOS CANÍMAR S.A., COMPAÑÍA"). Gonzalo, uno de sus hijos, estaba casado con Alina, hija de Pedro Sánchez Loret de Mola, uno de los 6 hermanos propietarios de "Modas Sánchez Mola y Compañía S.A." (VER).

2 Había sido fundada en 1834 en la calle San Miguel N° 58 por Ambrosio de Larrañaga, gallego llegado a Cuba 9 años antes. Sin embargo otros dan como fundador a Antonio Rivero, cuyos hijos mantendrían su propiedad hasta la República. El español Eustaquio Alonso fue nombrado en 1913 como su presidente

La razón actual se constituyó en febrero de 1937 al traspasarle sus activos y marcas la anterior "Compañía Tabacalera Nacional Habana S.A.", siendo su presidente Sidney Rothschild; su vicepresidente y administrador general José Roza Aja; Gonzalo R de Arellano, su tesorero; Filiberto Azcui Molina, secretario y sub-administrador.

En ese entonces, en 1937, pasaría bajo el control de la "Antillas Cigar Corporation", organizada en Nueva York por la firma inglesa "Morris and Morris", cuyo presidente era Sidney Rotschild y Miguel Herrera era su director. Poco tiempo después, durante ese mismo año, pasaría al control de los propietarios actuales organizándose esta firma. Ya a comienzos de 1938 Arellano pasaría a ser su administrador general y posteriormente su presidente.

3 Eran el 6° mayor en la producción mecanizada con 795 814 unidades que representaban el 4.02 % del total siendo la primera en iniciar este proceso. Poseían una fábrica de tabacos en Jamaica. Rudyard Kipling en su poema "Desposados" había mencionado su principal marca.

Su activo total estaba estimado en $500 000. Clientes del "First National Bank of Boston" y después de 1956 del "The Trust Company of Cuba.

1090- POWE EQUIPMENT COMPANY

Importador y distribuidor de maquinarias y equipos para la construcción, tales como bulldozers y traíllas marca "Cartepillar", compactadoras "Tampo MFG", concreteras "Balck-Knox", paleadoras "Link Belt Speeder", trituradoras de piedra "Iowa MFG", sita en Carretera de Rancho Boyeros, Km 4, y con sucursales en Camagüey, Holguín y Manzanillo.

1 Era propiedad del norteamericano William A. Powe, quien además poseía otros intereses pues era presidente de la "J.Z.Horter Company S.A."(VER), así como presidente de la "Willys Distributor S.A."(VER).

Powe había estado asociado con el Ing. José A. Mendigutía, Senador de 1954-58 y ex-Ministro de Obras Públicas, y con Roberst en la "Romen Powe Electric Construction Company S.A.", que fuera autorizada en 1955 por el BNC para vender en el mercado de EE.UU. bonos de la Emisión de Veteranos de 1953 por valor de $20 millones.

1091- PRESIDENTE CORPORATION
Hotel "Presidente" de 153 habitaciones ubicado en Calzada y G en el Vedado, La Habana. Uno de los 3 hoteles de primera clase, junto con el "Nacional" y el "Sevilla", existentes hasta fines de los años 50 en que comenzara el "boom" de construcción de hoteles.

1 Su propietario era Warren Smadbeck y el administrador era Roberto Acosta Magriñal, quien fungía de presidente de la Asociación de Hoteles de Cuba.

3 Cliente del Trust Company".

1092- PREVISORA LATINOAMERICANA S.A.
El más antiguo banco de capitalización y ahorro entre los 12 existentes, ubicado en la calle O'Reilly N° 524, La Habana.

1 Capital ascendente a $400 000. Su principal propietario era Alfonso Capetillo Cicerol, mexicano residente en Cuba, quien además era su presidente, siendo su esposa, Paula Cano Mañe, su vicepresidenta. Formaban parte del Consejo de Dirección Esteban Alfonso Salva, director general; Hilda J. López Guitián, subdirectora; Mario del Castillo Herrera, tesorero y Raúl Santo Tomás Águila como secretario.

2 Fue fundado el 28 de mayo de 1937 por los cubanos Antonio Rosado Rodríquez, quien poseía entonces el 94 % de su capital de $10 000, y era su tesorero, y el resto se repartía entre Ismael López Álvarez, el Dr.Gustavo Hevia de los Reyes Gavilán, quienes eran el presidente y vicepresidentes, así como Alberto García Cantón, mexicano, que era su vicetesorero. También entonces formaba parte de los accionistas Juan C. Guasch Sabater, español. Posteriormente fue reestructurado el 18 de junio de 1951.
Durante los años 40 Capetillo había fungido como su director general.

3 Cada suscriptor formaba el capital mediante el pago de primas mensuales y la acumulación del interés. La Ley N° 13 del BNC y el Reglamento del decreto N° 918 del 29 de enero de 1951 autorizó la entrega del capital por sorteo y se le añadió los préstamos por el valor del capital para financiar la adquisición o construcción de casas.

1093- PRIMERA AURÍFERA DE CUBA S.A., COMPAÑÍA
Exploración de minas de oro en el coto Guáimaro, ubicado en Guáimaro, Camagüey.

1 Propiedad de "Minas Rimosa de Cuba S.A."(VER), que poseía $176 000, en sociedad con el BANDES, que tenía $31 000 de su capital, siendo Héctor Rivero Juarrero presidente de ambas filiales.

3 Tenía activos valorados en $350 633. Recibió del BANDES un préstamo por $75 000 el 10 de julio de 1958 de los cuales $44 000 eran para adquisición de equipos y el resto estaba destinado a la compra de acciones. Posteriormente el 12 de marzo de 1959 el BANDES otorgó $150 000 más para la compra de acciones.

1094- PRIMERA CENTRAL HIDROELÉCTRICA DE CUBA (PRICHEC)
Planta hidroeléctrica con capacidad para generar 45 000 Kv de energía eléctrica, ubicada a 25 km de Cienfuegos, LV. Era la única planta hidroeléctrica en Cuba.

1 Era un organismo estatal autónomo presidido por el Dr. Emeterio Santovenia, Presidente del BANFAIC, que tenía suscrito $3 950 000, y cuyo administra-
dor general era Eugenio Castillo.

2 Se constituyó el 26 de noviembre de 1953 mediante la Ley Decreto
N°1212 que la organizó como una institución autónoma que recibiría apoyo
económico del BANFAIC, de Financiera Nacional y de la Comisión de Fomento
Nacional.

Poco antes en diciembre de 1952 el BANFAIC había contratado a la firma de ingenieros "Knappen-Tippets-Abbett-MacCarthy para realizar el estudio del proyecto hidroeléctrico a base de las aguas de los ríos Hanabanilla, Negro y Guanayara,
la que en septiembre de 1953 diera su conclusión favorable.

El plan databa de 1915 cuando la "Palmira and Cruces Electric Railway and Power Company había encomendado el proyecto que no pudo realizar debido a dificultades legales con los tenedores de sus acciones.

Durante los años 20 había existido una planta de este tipo en la provincia de Matanzas donde aprovechaba varios saltos de agua del río Caños que explotaba desde
enero de 1920 brindándole electricidad a más de 2 200 suscriptores. La concesionaria era la "Compañía Hidráulica", presidida por Santiago Barraqué, y sus principales accionistas eran "Urréchaga y Compañía" de Matanzas .

3 Contaría con 2 presas principales en Jibacoa y en Hanabanilla y otras 2 más
pequeñas y su electricidad generada, que representaría un aumento de 11.2 %,
sería comprada por la "Cubana de Electricidad, Compañía"(VER).

En su construcción intervinieron 4 firmas adjudicándose la de las represas a la
"Ingeniería González del Valle S.A.(VER) cuyas obras se estimaban estarían terminadas para diciembre de 1958.

Se emitieron bonos hipotecarios ascendentes a $16 000 000 para cubrir un costo
estimado en $13 750 000 que no incluía las expropiaciones.

1095- PROCTER & GAMBLE PRODUCTS OF CUBA S.A.
Fábrica de detergentes con la marca "Ace", "Dreft", "Lavasol" y "Tide".

1 Subsidiaria de "Procter & Gamble Company" y asociada de "Sabatés S.A."
(VER), siendo el presidente de ambas E. C. Maffatt.

2 Fundada en 1950. Fue la primera de las 2 fábricas de detergente.

1096- PRODUCTORA DE ALIMENTOS EL AGRO S.A., COMPAÑÍA
Fábrica de pienso para el ganado y aves, marca "El Agro", sita en Clavel N° 367,
La Habana, con oficina en Oficios N° 104.

1 Era propiedad de Bernabé Sánchez Culmell, su presidente, Senador por
Camagüey en las filas de apoyo a Batista en 1954 al 58, vicepresidente 1° de la
Asamblea de Representante de la Asociación de Colonos en 1955, vicepresidente
4° de la propia Asamblea en 1956 y uno de los promotores de la "Asociación de
Productores de Alta Calidad".

Era hijo del Cte. del E.L.Bernabé Sánchez Batista, hermano de Thor-
wald(VER "HELADOS GUARINA S.A."), medio hermano de Sánchez Lau-
rent(VER "CENTRAL SENADO S.A.") y su hija María Luisa estaba casada
con el Ing. Melchor Gastón(VER "INGENIO DOLORES"), propietario del
central Dolores.

1097- PRODUCTORA DE ENVASES IGAR S.A.
Proyecto para fábrica de envases metálicos de hojalata destinados a la industria de productos de conserva alimenticias, a instalarse en Camagüey.

1 Capital suscrito por $70 000, de los cuales $50 000 lo controlaba Ignacio Fernández de Quesada, su presidente, y el resto Armando O. Pujal Enrich, su tesorero, ambos de Camagüey.

2 Se constituyó el 19 de octubre de 1957 en Camagüey.

3 Tenía un contrato para vender 20 millones de unidades de las 30 que pensaban producir a la "Empacadora la Unión S.A., Compañía" (VER). Sus ingresos proyectados eran por $716 000 con una utilidad neta de $122 000. Solicitaron financiamiento al BANDES por $300 000 que fue rechazado.

1098- PRODUCTORA DE SUPERFOSFATOS S.A.
Fábrica de fertilizantes químicos a base de superfosfatos, productora de ácido sulfúrico, sulfato de amonio, superfosfatos y superfosfato amoniatado, con 160 obreros, ubicada en Regla. Era el 2ª mayor por el número de trabajadores entre los 11 establecimientos mezcladores de fertilizantes, después de "Armour & Company"(VER) y el único entre ellos que producía parte de las materias primas.

1 Capital suscrito ascendente a $1 700 000. Propiedad conjunta de los hermanos Agustín, su vicepresidente III, y Julio Batista González de Mendoza (VER "THE TRUST COMPANY OF CUBA"); su primo Luis G. Mendoza (VER" L.G. MENDOZA Y COMPAÑÍA"), su vicepresidente I; Jorge Barroso (VER "AZUCARERA CENTRAL CUBA S.A.") y otros.
George F.Mac Donald, nacido en Chile, ciudadano norteamericano, era su presidente y Manuel Maza Páez su vicepresidente II. Otros miembros de su Junta de Directores eran Julio Batista G.de Mendoza, Arturo Rangel, Jorge Ruz y Carlos Falla.

2 Se constituyó en 1945 al consolidar a "Compañía de Acidos y Fertilizantes S.A." y "Compañía Naviera de Productos Químicos S.A.". Tenía como filiales a "Fosfonitro S.A."(VER) y a "Sakoyute S.A."(VER), de las que poseía el total de las acciones y sus ejecutivos eran los mismos. Esta última la abastecía de los sacos de envase.

3 Sus activos corrientes ascendían a $2 000 000 con ventas netas por $4 360 000 y utilidades de $226 090, que habían disminuído casi en la mitad desde 1957 cuando eran de $543 000. El BANFAIC le otorgó un financiamiento por $190 000 para ampliar sus facilidades de almacenamiento.
Cliente de "The Trust Company of Cuba" con $500 000 a $750 000 de créditos.

1099- PRODUCTOS ÁCIDOS CUBANOS S.A.
Fábrica de producción de ácido cítrico a partir de mieles finales, que proyectaba producir 7 500 000 libras anuales con 50 obreros, destinado a su venta en EE.UU. para la industria de alimentos.

1 Propiedad de René Núñez Beattie, su presidente(VER "AZUCARERA VICANA, COMPAÑÍA"), quien era Representante a la Cámara por Oriente, en sociedad con Roger William y Kenneth H.Gibson, ambos norteamericanos y vicepresidentes quienes eran a su vez presidente y vicepresidente de "Roger W. Teamed & Economic Services" de EE.UU.

2 Se constituyó originalmente como "Ácidos Cubanos S.A." promocionada por Narciso Roselló Otero, ex presidente del Banco Ultramar vendido al Banco

Continental, quien se dedicaba a representar firmas extranjeras comerciales. En ese entonces era propiedad de Hyman, Herman y Albert Bzura así como Albert S. Gross asociados en "Bzura Incorporated" de New Jersey. Roselló había conocido a los Bzura que proyectaban instalarla en Puerto Rico. Con posterioridad el 30 de julio de 1958 la razón actual sustituyó la anterior pasando al control de los actuales propietarios.

3 Solicitaron préstamos de $1 000 000 al BANDES, quien tras aprobarlo lo denegó definitivamente el 24 de junio de 1958. El 27 de julio de 1958 reiteraron su solicitud al BANDES.

1100- PRODUCTOS ALIMENTICIOS CANÍMAR S.A., COMPAÑÍA
Fábrica de producción de levadura para consumo animal, ubicada en Sumidero, Municipio de Guamacaro, Matanzas.

1 Tenía un capital ascendente a $183 600 suscrito por 24 accionistas, de los que la familia Ramírez de Arellano Longa controlaba el 42.6 %, siendo Gastón R. Arellano Longa, fallecido en 1958, su presidente y el principal accionista individual con el 28.5%.

La familia Arellano era propietaria de las arroceras "Arrocera Oriental S.A." (VER) y de "Agrícola Cayo Alto S.A." y tenía intereses también en "De Inversiones El Trébol S.A., Compañía" (VER). Eran sobrinos de Gonzalo Ramírez de Arellano González de Mendoza, presidente y principal propietario de "Por Larrañaga, Fábrica de Tabacos S.A." (VER).

Le seguían en importancia Salomón L. Maduro Naar (VER "CUBANA DE FIANZAS S.A., COMPAÑÍA") y su familia con más del 13%; Agustín Batista González de Mendoza (VER "THE TRUST COMPANY OF CUBA") con $18 210; Miguel A. Suárez León, quien era el vicepresidente, René Díaz de Villegas y Alfredo Lombard Sánchez, los tres con $12 140; Gonzalo Aróstegui, Julio Iglesias de la Torre (VER "PETROLERA SHELL DE CUBA,COMPAÑÍA"), Arturo Bengochea González, Gabriel Palmer Bestard, Emnrique Andraiz Perdomo, Álvaro Silva López del Rincón, todos con $6 070; así como José Ignacio de la Cámara (VER "BANCO DEL COMERCIO") con $2 420, Alberto Vilar Zayas con $2 428 y otros.

2 Se constituyó el 5 de septiembre de 1956 y fue construida por "García Tuñón & Reboredo Compañía Constructora S.A.".

3 Sus principales clientes eran las mezcladoras de pienso, entre ellas las más importantes "El Agro", única que no utilizaba concentrados de importación, "Tropical" y "American Food". Sufrían la competencia de la harina de soya que tenía exención de impuestos.

1101- PRODUCTOS ALIMENTOR DE CUBA
Fábrica de jugos en conserva.

1 Propiedad de los hermanos Goar, Abel y Luis Mestre(VER "CIRCUITO CMQ"), presidida por Sergio Agüero.

3 Operaba con pérdidas desde sus inicios y el último balance arrojaba déficit por más de $100 000. Cliente del Banco Nova Scotia con préstamos por $250 000.

1102- PRODUCTOS AVÍCOLAS S.A.

Fábrica de pienso para aves y ganado, sita en Diaria N° 2 y 6, la Habana, cliente del "Godoy Sayán" y del "Trust".

1 Era propiedad de Gonzalo Pedroso Montalvo, uno de los más destacados médico cirujano de la burguesía, descendiente de familias ilustres, hermano de Mario (VER "ÁCIDOS E HIPOCLORITOS S.A"), primo hermano de Jacinto Pedroso Hernández (VER "BANCO PEDROSO"), y casado con María Antonia Villalba Zaldo, hija de Isabel de Zaldo Beurmann y hermana de Guillermo (VER "CUBANA DE FONÓGRAFOS, COMPAÑÍA").

Pedroso había sido uno de los cirujanos del "Instituto Clínico de La Habana", una antigua clínica privada para toda la familia conocida con el nombre comercial de "Clínica Fortún-Souza".

1103- PRODUCTOS DE COBRE DE CUBA PHELDRACK S.A.

Fábrica de alambres y cables, cordones eléctricos y otros productos similares de cobre, la única existente en Cuba, con 71 obreros, ubicada en San José de las Lajas.

1 Propiedad mixta estatal-privada, con un capital suscrito por $1 650 000 de los que el BANFAIC controlaba $825 000 o el 50 % de éste, en sociedad con la norteamericana "Phelps Dodge Copper Products Corporation" y la "Traka" de capital holandesa, quienes tenían $372 500 cada una. El presidente era Howard T. Brinton y los vicepresidentes eran Norman S. Olson y Eugenio Castillo Borges.

2 Se constituyó el 26 de febrero de 1956 habiendo suscrito el día anterior el convenio de asistencia técnica con la firma norteamericana. Se inauguró oficialmente el 7 de mayo de 1957 comenzando operaciones en junio de ese año.

3 Su inversión ascendió a $1 250 000 y se proponían satisfacer el total de su demanda que hasta entonces se importaba por valor de $2 000 000. En marzo de 1958 hicieron planes de ampliación debido al aumento de la demanda de "Cubana de Electricidad, Compañía" (VER) y "Cubana de Teléfono, Compañía" (VER) por lo que amplió su capital social y comenzó la producción de cables telefónicos y en marzo de 1959 propuso una inversión para fabricar tubos de cobres.

Sus activos fijos estaban valorados en más de $1 000 000, tenía un pasivo a largo plazo con el BANFAIC ascendente a $450 000, ventas por más de $2 274 000 y una utilidad neta de $167 524.

El BANFAIC constribuyó a su financiamiento con un préstamo por $500 000 que amplió en $150 000 el 20 de octubre de 1959.

1104- PRODUCTOS FIBROCEM S.A.

Fábrica de tejas, láminas planas y acanaladas, ladrillos aislantes, tuberías de presión y drenaje y tanques de asbesto cemento, marca "Fibrocem", con 40 trabajadores, ubicada en Crucero de Armada y Rancho Boyeros. La menor de las 2 de asbesto-cemento existente.

1 Propiedad de la familia Carbonell a través de "Territorial Caleta Larga S.A., Compañía", con capital ascendente a $60 600. Los hermanos Dr. Carlos N., el Ing. José M. y Herminia Carbonell González eran presidente, vicepresidente I y vicedirectora respectivamente, mientras José M. Carbonell Hougton, alcalde de El Mariel, amigo de Batista e hijo del vicepresidente, era vicepresidente II.

2 Fue la primera fundada en el sector en 1946 por "Constructora El Morro S.A.", que se la dio en arrendamiento a "Territorial Carbocino S.A." de los Carbonell, a cuya propiedad pasó en 1953 debido a deudas de la propietaria.

3 Sus activos totales ascendían a $309 000, sus utilidades a $26 000, sus ventas sobrepasaban los $300 000 y su valor industrial se calculaba en $300 000.

Tenían proyecto para ampliarla y trasladarla para la "Hacienda Carbonell"(VER "FIBRAS DEL MARIEL S.A.") en la Autopista del Mariel, donde tenían una plantación e industria de henequén, con una inversión valorada en más de $600 000 para lo que solicitaron financiamiento por $250 000 al BANDES y constituyeron la "Productora Cubana de Fibrocemento S.A.".

Cliente del "Trust".

1105- PRODUCTOS INDUSTRIALES DE UNIÓN S.A.

Fábrica de escobas sita en Palatino N° 202 y Atocha, Cerro.

1 Propiedad de los hermanos Francisco y José Sobrín Ovalle, españoles, quienes además poseían "Importadora Sobrín S.A., Compañía"(VER), un almacén de ferretería, una fábrica de tapas y envases metálicos que operaba bajo su propio nombre así como intereses en el "Banco de la Construcción" (VER), en "Inmobiliaria Fran Jomar S.A.", en "Industrial del Cerro", en "Inversiones Estrella" y en "Altura del Aeropuerto S.A.".

2 La fábrica había sido fundada por el padre de ambos en 1942.

1106- PRODUCTOS LÁCTEOS S.A.

Planta de pasteurización de leche y de helados marca "San Bernardo", sita en Pinar del Río con oficinas en calle 42 N°1915 en Almendares, La Habana.

1 Propiedad de los herederos de Bernardo Jorge (VER "TABACALERA SEVERIANO JORGE S.A."), constituidos por su viuda Josefina Cepero y sus hijos Severo, Josefina y Estela, quienes también eran propietarios de un almacén de tabaco en rama.

Estela estaba casada con Antonio Arias Bosh, administrador del central Esperanza (VER "AZUCARERA ORIENTAL S.A."), propiedad de su familia.

2 Comenzó su producción el 1° de diciembre de 1949 pasteurizando originalmente sólo la leche de la "Vaquería San Bernardo" fundada 4 años antes en Pinar del Río. Con posterioridad había importado de EE.UU. y Canadá ejemplares "Holstein" para mejorar el ganado de esa región de la que se abastecía de leche fresca. Fue la primera planta que utilizó el método de homogenizar la leche.

3 Tenía una flota de alrededor de 40 camiones para la distribución, una planta eléctrica y sus propios laboratorios.

Cliente del Chase Manhattan Bank con créditos por $60 000 y con $300 000 para el almacén de tabaco.

1107- PRODUCTOS MINERALES DE ISLA DE PINOS

Minas de oro y plata "Delita" en coto minero "Los Indios", ubicada en Isla de Pinos.

1 Capital emitido ascendente a $250 000. Subsidiaria de "Trascontinental Resources Ltd.", firma canadiense cuyos representantes eran el Ing. C. C. Fisher, canadiense, su administrador general y el economista, profesor y articulista cubano Rufo López Fresquet., futuro Ministro de Hacienda en 1959.

2 La mina estaba explorada desde 1920. La firma se constituyó el 24 de abril de 1947 explotando la mina "Delita" de su propiedad de donde extrajo oro y plata por valor de $350 000 hasta 1950 en que se paralizó debido a deficiencias en el fluido eléctrico. Para garantizar la reanudación de los trabajos, el Gobierno construyó una planta eléctrica cuya operación se la otorgó a la firma que debía garantizar también el suministro a la población.

3 La firma había invertido en la mina $1 377 000 hasta 1952 y el 16 de enero de 1953 el BANFAIC le otorgó un financiamiento por $300 000 para reacondicionarla.

La casa matriz no quería hacer nueva inversión debido a la inestabilidad del oro y las pocas perspectivas de la mina por lo que hizo una nueva solicitud por $600 000 en 1953 y 1954 que se le denegó.

1108- PRODUCTOS REINADO S.A.

Fábrica de conservas de tomate en San Diego del Valle, Las Villas.

1 Propiedad única de Dennis Figeroux Harris quien además era propietario de otra fábrica de conservas en San Cristóbal (VER "CONSERVAS SAN CRISTÓBAL").

2 La firma había tenido el arrendamiento también de esta última fábrica hasta 1952 en que su propietario decidiera separar ambas entidades.

1109- PRODUCTOS TEXTILES S.A.

Fábrica de frazadas, toallas y tapicería a partir de desperdicios, ubicada en Adolfo del Castillo 11 y 13, Guanabacoa.

1 José Luis Laniz era su vicepresidente.

2 Había sido fundada en 1926 y era la única industria de su tipo que utilizaba los desperdicios de la "Textilera Ariguanabo S.A.,Compañía"(VER) y de "Rayonera de Matanzas,Compañía"(VER).

1110- PROPIEDAD HORIZONTAL MIRAMAR

Edificio de propiedad horizontal "Miramar" ubicado en 1ª y calle Cero, Miramar.

1 Propiedad de Guillermo Martínez Márquez (VER "EMPRESA EDITORA EL PAÍS S.A., COMPAÑÍA") y del Ingeniero Cristóbal Díaz (VER "CADENA AZUL DE CUBA"), quienes estaban asociados en "Técnica Cubana S.A."(VER). Otros socios eran Fulgencio Batista (VER "DE INMUEBLES S.A., COMPAÑÍA") y Alfredo Izaguirre Hornedo (VER "EDITORA EL CRISOL S.A.").

Martínez Márquez nació en La Habana el 9 de marzo de 1900 e hizo estudios en "La Salle" y en "Belén". Comenzó en el periodismo como cronista social de un periódico dirigido por Néstor Carbonell. Fue uno de los asistentes a la "Protesta de los Trece" y miembro del Grupo Minorista, y, tras la caída de Machado, director del periódico "Ahora" que apoyara los gobiernos de Ramón Grau San Martín y de Miguel Mariano Gómez. Estaba asociado con Cristóbal Díaz González (VER "RADIO REPORTER S.A.") en varias actividades que enmascaraban inteeses de Fulgencio Batista, de quien aquel era antiguo amigo y testaferro. Así, en "Técnica Cubana S.A., Compañía" (VER) –una fábrica de papel periódico, de la que había sido promotor– ambos aprarecían como propietarios a partes iguales de $2 millones de su capital, prestados escandalosamente por el BANDES.

También era director desde 1942 del periódico "El País" (VER "EMPRESA EDITORA EL PAÍS S.A., COMPAÑÍA") del que era vicepresidente y accionista el Ing. Díaz González.

3 Cliente del The Trust Company of Cuba con $360 000 a $800 000 de crédito.

1111- PROPIETARIA DE FINCAS RÚSTICAS S.A.

Propietaria de terrenos rústicos en Santa Clara, Camagüey y Holguín.

1 Propiedad de Fulgencio Batista (VER "DE INMUEBLES S.A., COMPA-ÑÍA"), quien la testó en secreto a favor de sus hijos del primer matrimonio.

2 Se constituyó el 30 de abril de 1954 al comprarle los terrenos a su anterior propietario Francisco Méndez Capote López.

1112- PROPIETARIA DEL MOLINO ARROCERO DE CAIBARIEN S.A., COMPAÑÍA

Molino de arroz que además financiaba a cosecheros de arroz, ubicado en Luz Caballero y Ave.Carrillo, Caibarién.

1 Propiedad del Dr. Mario Alzugaray Ramos Izquierdo. Su presidente era Frank Senior.

3 Tenía serios problemas económicos habiéndose reestructurado bajo la razón social actual y, tras reconocer a sus acreedores con bonos hipotecarios, éstos habí-an designado en 1957 a su presidente.

Estuvo paralizada durante algún tiempo hasta que el 27 de noviembre de 1958 fue arrendada a la "Compañía Arrocera Tálamo S.A.", almacén de víveres en Placetas, propiedad de los Talavera.

El BANFAIC le otorgó un préstamo por $20 000 el 6 de julio de 1954.

1113- PUBLICACIONES UNIDAS S.A.

Propietaria de las revistas de prensa semanales "Bohemia", "Carteles" y "Vanidades", así como de la impresora de las revistas. "Bohemia" era el principal medio de prensa y el de mayor circulación e influyencia en la opinión pública, seguida de "Carteles", mientras que "Vanidades" era la principal entre las destinadas al público femenino.

1 Su propietario principal era Miguel Ángel Quevedo de la Lastra, quien también era su director. Francisco Saralegui Arrizubieta, español, era su administrador general y tenía intereses en ella, así como en "Terminal de Ómnibus S.A."(VER), en "De Inversiones El Trébol S.A., Compañía"(VER), en "Hormigón Estructural Prefabricado"(VER), en "La Reguladora S.A." (VER), en "Reciprocity Trading Company"(VER) y, con anterioridad, en el antiguo "Banco del Comercio"(VER).

2 Se constituyó el 23 de diciembre de 1953 tras la compra por la revista "Bohemia" de las otras dos, fusionándose entonces "Prensa Gráfica Cubana S.A." (Bohemia), "Editorial Carteles S.A." (Carteles y Vanidades), "Artes Gráficas S.A." impresora de las últimas dos revistas y de Litografía Comercial y "Territorial Alejandro S.A.", propietaria de los terrenos, edificios y maquinarias de las tres revistas.

"Bohemia" se había fundado el 20 de mayo de 1908 por Miguel Ángel Quevedo Pérez, padre de su director actual, antiguo administrador de la Revista "Fígaro", que desde 1927 fuera sustituido por su hijo quien comenzara a imprimirla por el sistema de rotograbado.

A principios de la República, había contado con las colaboraciones de Enrique José Varona, Alfonso Hernández Catá, Agustín Acosta, Ruy de Lugo Viña, Aurelia Castillo de González y otras plumas de prestigio.

"Carteles" había sido fundada en junio de 1919 por Oscar H.Massaguer, convir-tiéndose en 1924 en un semanario al ser adquirida por el "Sindicato de Artes Gráficas de La Habana", pasando su dirección a Conrado W. Massaguer, quien en aquel entonces era director de la revista "Social".

Posteriormente la dirección de la revista fue asumida por Alfredo T. Quilez, su propietario, y en ella figuró como subdirector Emilio Roig de Leuchsenring así como Alejo Carpentier. En 1953, al ser comprada, por sus propietarios actuales, pasó a dirigirla Antonio Ortega. "Vanidades", destinada al lector femenino, era, junto con la revista "Carteles", propiedad de la antigua "Editorial Carteles S.A." que la había fundado en febrero de 1937 bajo la dirección de Josefina Mosquera, con periodicidad mensual que pasó en 1940a quincenal. Su directora era Herminia del Portal.

3 La revista Bohemia, con una circulación que oscilaba en los 300 000 ejemplares, de los que más de la tercera parte correspondía a La Habana, era el medio de prensa más decidido opositor al régimen de Batista habiendo abierto sus páginas a las opiniones incluso de los dirigentes revolucionarios.

Fue uno de los 4 periódicos –junto con los periódicos "Prensa Libre" (VER "EDITORIAL PRENSA LIBRE S.A."),"El Mundo" (VER "EDITORIAL EL MUNDO S.A.,COMPAÑÍA") y "Pueblo" (VER "PERIÓDICO PUEBLO")– que el 26 de julio de 1953 estuvieran entre los primeros en ser censurados.

La firma tenía deudas totales ascendentes a $2 645 000 como resultado de la construcción de su nuevo edificio y maquinarias para "Bohemia" por $470 000 y el resto como resultado del mejoramiento de "Artes Gráficas S.A.". Con vistas a consolidar las deudas solicitaron financiamiento al BANDES en 1955, lo que fue rechazado, enfatizándose por Joaquín Martínez Saenz que en la decisión no habían influído razones de naturaleza política.

1114- PUBLICIDAD ÁLVAREZ PÉREZ
Agencia de publicidad con 56 empleados ubicada en calle 23 N° 105 Vedado, La Habana.

1 Propiedad de los hermanos Fernando y Rafael Álvarez Pérez, quienes eran su presidente y vicepresidente. Otros vicepresidentes eran Jesús Lizama, Rafael Spert y Oscar Santa María.

2 Había sido fundada en 1945 por Fernado Álvarez Pérez, graduado en EE.UU., y quien trabajara con anterioridad dentro del giro en "Crusellas y Compañía" (VER) de 1935 a 1940, en la "Agencia Publicidad Valls y en "Publicidad Guastella" (VER).

3 Entre sus principales clientes se encontraba la Shell, los cigarros "Trinidad y Hermanos", la cerveza "Polar", la "General Electric Cubana", "J.Noval y Compañía", el "Palacio de Cristal" y otras.

Cliente del "The Trust Company of Cuba".

1115- PUBLICIDAD BORBOLLA
Agencia publicitaria, con una filial, "Publicidad Cinematográfica Borbolla", especializada en la propaganda cinematográfica, sitas ambas en Almendares N° 162 entre Desague y Benjumeda, La Habana.

1 Era propiedad de Celedonio Borbolla Rosales. Su hijo, Carlos Borbolla Roqueta era el sub-director.

1116- PUBLICIDAD GUASTELLA S.A.
Agencia de publicidad con más de 40 empleados ubicada en el edificio del BANDES.

1 Propiedad de Mariano Guastella Heydrich, quien era su presidente. Jorge R. Peñaranda era su vicepresidente. Sus hermano Salvador y Alfredo eran el presidente y administrador de las "Vallas Anunciadoras Glamar S.A.".

2 Se fundó en octubre de 1936 cuando comenzaba a despegar el negocio publicitario en Cuba, ampliándose en 1947 a México. En enero de 1951 se fusionó con la agencia norteamericana "Mc Cann-Erickson Incorporated"(VER), de la que se separaron en noviembre de 1955. En ese entonces adoptó la razón social de "Guastella, Mc Cann Erickson S.A., Publicidad", siendo Mariano Guastella el presidente ejecutivo tanto de la firma cubana como de la mexicana.

3 Sus principales clientes eran la "Compañía de Refrescos Canada Dry", la "Compañía Cubana de Teléfonos", "Ambar Motors", "Nueva Fábrica de Hielo S.A.", el BANDES y otros.

1117- PUBLICIDAD GUAU S.A.
Agencia de publicidad sita en el Edificio Radiocentro, dto. 808, Vedado, cliente del "Royal".

1 Era propiedad de Emilio C. Guau Mallolis.

1118- PUBLICIDAD INTERAMERICANA S.A.
Agencia de propaganda comercial, sita en Edificio del Retiro Odontológico, Apto 702, Vedado.

1 Era propiedad de Kenneth D. Campbell, su presidente e hijo de William R. Campbell, gerente en Cuba de "Imperial Life Assurance Company of Canada"(VER), en sociedad con José María García Huerta, su vicepresidente.

1119- PUBLICIDAD JOFFRE
Agencia de publicidad, sita en Zulueta N° 64, apto. 75, La Habana.

1 Propiedad de Antonio Joffre Toledo y su hijo Alberto Joffre Causido, quienes eran presidente y vicepresidente respectivamente.

1120- PUBLICIDAD MÉNDEZ S.A.
Agencia de publicidad, sita en F N° 560 entre 23 y 25, Vedado.

1 Era propiedad de Rodolfo Méndez Pérez, su presidente, quien a fines de 1958 era ejecutivo de "Publicidad Guastella S.A.".

1121- PUBLICIDAD PATIÑO S.A.
Agencia de publicidad sita en L N° 54, Vedado, cliente del "Boston".

1 Era propiedad de Antonio Patiño Hernández, su presidente.

1122- PUBLICITARIA ALEX S.A., COMPAÑÍA
Agencia de publicidad, sita en el Edificio "Caribe" en Prado y Refugio, La Habana.

1 Era propiedad de Alex M.Roberts Gálvez (VER "ROBERTS TOBACCO COMPANY"), quien era hacendado, banquero, comerciante y poseía otros intereses, entre ellos el edificio donde se encontraba la agencia. Guillermo Paredes Ruiz era su presidente.

1123- PUBLICITARIA MATAS
Agencia de publicidad, sita en Zapata N° 1557, Vedado

1 Era propiedad de Alfonso Matas Larrañeta, su director.

1124- PUBLICITARIA SIBONEY S.A.
Agencia de publicidad, en especial relacionada con la televisión, la radio y el cine, sita en el edificio "Gravi", en 26 esq. a Kohly, Nuevo Vedado.

1 Era una filial de "Laboratorios Gravi S.A."(VER), presidida por José Manuel Cubas Ruiz, hijo de José Manuel Cubas Herrera, quien la había fundado y era el presidente de la casa matriz, de la que su hijo era también vicepresidente.

3 La casa matriz, una industria en expansión, destinaba el 11.84 % de sus ingresos a comerciales y programación en radio y televisión mediante la firma.

1125- PUJOL Y HERMANO
Fincas rústicas, de ganado y urbanas ubicada en Placetas, Las Villas.

1 Propiedad de Juan Manuel Pujol Balmaseda y sus primos Pujol Izquierdo, propietarios del "Banco Pujol"(VER).

2 Era la antigua razón social que de 1893 a 1948 había sido también propietaria del Banco Pujol hasta que éste se separara. Tenía un capital invertido por $250 000.

1126- PUJOL Y UBERA
Compraventa de ganado, su principal actividad, y colonias de caña en el central Miranda con 1 898 000 @ de molienda, ubicada en Mangos de Baraguá, Oriente.

1 Propiedad de Ángel Ubera Ibáñez, accionista y vicepresidente primero a partir de 1959 del "Banco de los Colonos"(VER).

3 Tenía un capital invertido por más de $200 000 y un capital líquido de $448 731. Su situación financiera era buena.
Cliente del Banco de los Colonos con $100 000 de préstamo promedio.

1127- PUNTA ALEGRE SUGAR COPORATION
Propietaria de 3 centrales en Camagüey: "Baraguá", "Florida" y "Macareño" con una capacidad total de 1 275 000 @ diarias, que representaba el 11° grupo azucarero en importancia, así como el 11° mayor propietario de tierras con 9 635 caballerías. Los 2 primeros centrales tenían refinerías que producían su azúcar con la marca de "Columbia Brand" y el otro poseía su propio puerto. Los centrales estaban en la posesión de la "Baraguá Sugar Estates", una filial.

1 Era el único consorcio azucarero que aún se mantenía bajo el control del grupo financiero de John D. Rockefeller (VER "CHASE MANHATTAN BANK") en sociedad con Sullivan & Cromwell, de los tres que, junto a la "Azucarera Atlántica del Golfo S.A., Compañía"(VER) y la "Central Violeta Sugar Company"(VER), habían tenido desde los años 30. David Rockefeller integraba su Junta de directores.
William C. Douglas se mantuvo como presidente de su Junta durante más de 30 años. W. H.Schaum era el presidente de la corporación y de las subsidiarias y Giles S.Gianelloni, residente en Cuba, era su auxiliar.

2 Había sido constituida en 1915 por Robert Atkins, hijo de Edwin, quien en ese entonces era el presidente de la "American Sugar Refining Co", y de la propia Punta Alegre y ya era propietario de los centrales Florida, Soledad(LV) y Trinidad. Habían adquirido 7 centrales hasta 1925: Báguanos, Baraguá, Florida, San Germán, Tacajó, Trinidad y el Punta Alegre. Posteriormente compró en 1924 el Báguanos, en 1925 el San Germán y en 1930 el Baraguá.
Hasta la década del 30 habia estado bajo el control de un consorcio financiero formado por los grupos "Hayden & Stone", "Brown Brothers", "Chase National

Bank" y Morgan. Al quebrar en junio de 1930 pasó al control del Grupo actual, tal como sucedió tambien con la Cuban Cane, transformada en "Azucarera Atlántica del Golfo S.A., Compañía" (VER). En ese entonces perdió el Báguanos y el Tacajó, que pasaron al control del Royal Bank of Canada (VER).

Su proceso de liquidación había comenzado desde los años 40. De 7 centrales que poseía en 1924 sólo conservaba el Florida y Baraguá más un tercero, el Macareño, adquirido en 1951. El Trinidad lo vendió en 1941, el San Germán en 1946 y el Punta Alegre en 1951.

La empresa actual sustituyó en 1932 a la Punta Alegre Sugar Company de 1915, ambas de Delaware, USA., y tenía una afiliada, la Compañía Agrícola Ceballos, con el 50% de sus acciones.

3 Su situacion financiera era buena, a pesar del que el índice de capital era algo elevado, pues estaba determinado por obigaciones a largo plazo que no eran apremiantes.

Su año de mayores utilidades fue 1947 con $3 400 000 descendiendo gradualmente a $708 000 en 1953, contrario a la tendencia de ese año en que casi todos tuvieron pérdidas. En 1956 y 1957 mejoraron con $1 300 000 y $2 500 000 respectivamente, un desenvolvimiento mejor que el de sus competidoras.

CENTRAL BARAGUÁ

El 15º central en capacidad de producción (650 000 @), RI pequeño de 12.46, 935 trabajadores y 1 423 caballerías de tierras propias, situado en Ciego de Ávila, Camagüey. Tenía la 6ª refinería con una capacidad de 7 000 qq. diarios, 1 600 cabezas de ganado y un laboratorio de entomología para la crianza de la mosca Lyxophaga.

2 Fundado en 1917, había sido adquirido en 1930 por la firma. Estaba operado desde 1948 por la "Baraguá Industrial Corporation of New York", una subsidiaria.

J.M.López Oña, hijo del Dr.José Manuel López Oña, presidente y uno de los hermanos propietario del "Central Santa Lutgarda S.A."(VER), era su administrador auxiliar.

CENTRAL FLORIDA

El 59º central en capacidad de producción (300 000 @), RI mediano de 12.96, 2 600 trabajadores y 333 caballerías de tierras propias, situado en Florida, Camagüey. Tenía la 13ª refinería con una capacidad de 6 000 qq. diarios.

2 Fundado en 1916 por la firma propietaria. Estaba operado desde 1948 por la "Florida Industrial Corporation of New York", una subsidiaria.

CENTRAL MACAREÑO

El central 48º en capacidad de producción (325 000 @), un RI entre los más altos de 13.51, 5 500 trabajadores y el 19º en extensiones de tierra con 373 caballerías, situado en Manopla, Camagüey. Uno de los 15 últimos centrales fundados en los años 20.

2 Se había fundado en 1922 por la Caribbean Sugar Company, de capital norteamericano, cuyo presidente era W.E.Borden y donde figuraban como secretarios Antonio Sánchez de Bustamante y Luis H. Vidaña. Según algunos había sido uno de los centrales que en su momento había poseído el Gral. Menocal.

Tras haber vendido su anterior central "Punta Alegre" a la Sucesión Falla, la firma compraría el 5 de octubre de 1951 por $2 565 853 la "Caribbean Sugar Company" y su afiliada "Compañía Agrícola Yaguabo" que incluía el central y sus posesiones de tierras y el ferrocarril.

Estaba operado por la "Macareño Industrial Corporation of New York", una subsidiaria.

1128- PURDY AND HERDENSON COMPANY

Contratista de obras y consultora de ingeniería, con oficinas en 23 Nº 105, Vedado, La Habana.

1 Filial de la firma norteamericana de igual nombre cuyos funcionarios en Cuba eran José M. Marcote y Enrique A. Aizcorbe.

2 Se había establecido en Cuba desde 1901. Había tenido en el pasado importantes intereses en otros sectores de la economía cubana, pues L.E.Browson, su antiguo ejecutivo, había formado parte de la Junta del extinto "Banco Nacional de Cuba" desde los años 10 hasta su quiebra en 1921.

Había construido algunas de nuestras principales edificaciones: el Capitolio Nacional, el Centro Gallego, el Centro Asturiano, el hotel Nacional y el Plaza y la reconstrucción del Inglaterra, la Lonja del Comercio, el Habana Yatch Club, el Royal Bank, La Metropolitana y Radiocentro, entre otros.

3 Había participado en las obras de diseño de Laguna de Paso Malo en Varadero, del canal de enlace en la laguna y la bahía de Cárdenas y el puente basculador así como en el dragado en el puerto de Cárdenas, en el puerto de La Habana, en el muelle Estatal de Batabanó, en la Coloma, en el río Las Casas en Pinar del Río y en Playa Veneciana en Guanabo.   Cliente del Banco Núñez y del The Royal Bank of Canada.

1129- PUYANS, BOLÍVAR Y COMPAÑÍA

Colonia de "San José de Barranca" ubicada en el Central Palma, Oriente con una cuota de molienda de 2 600 000 @ y cría de ganado.

1 Propiedad del Dr. Tomás F. Puyáns Núñez (VER "YAMAGUAS DE PUYANS"), quien era el gerente, en sociedad con Enrique Bolívar.

Puyáns, cuñado de José Luis Meneses (VER "BANCO AGRÍCOLA Y MERCANTIL"), formaba parte además del Consejo de Dirección del "Banco de los Colonos"(VER).

3 Tenía buena situación económica y activos por $355 000.

1130- P. FERNÁNDEZ Y COMPAÑÍA S. EN C.

Industria gráfica de libros e impresos en general, constituyendo estos últimos el 84 % de la producción, con 105 obreros y 2 establecimientos en Hospital 619 y en Bernaza 61 en La Habana, siendo una de las más importantes en su giro.

1 Propiedad del asturiano José Fernández Pérez, su gerente, en sociedad con el Dr. Antonio Pérez González y el Ing. Ramón Pérez así como 2 socios norteamericanos y 4 cubanos más.

3 Una de las 3 mayores productoras de libros e impresos en general. Tal como sus competidoras "Cultural S.A."(VER) y "Editorial Cenit"(VER) tenían su principal negocio en los libros de texto por cuya venta pagaban comisiones a las escuelas privadas.

Poseía agencias en varios países de América Latina.

1131- P. RUIZ Y HERMANOS

Comercio de papelería fina y estampada, imprenta en relieve de invitaciones, tarjetas, papeles y sobres especiales, confección de tarjas de bronce y venta de efectos de escritorio en general, sito en Obispo N° 459 entre Aguacate y Villegas, La Habana.

1 Propiedad de los hermanos Pedro, Celso y Alejandro Ruiz López, siendo éste último el administrador general y gerente

2 Originalmente había sido fundada en 1862 por Manuel Ruiz, natural de Málaga, España, padre de sus propietarios actuales. Alejandro había comenzado a trabajar en el establecimiento en 1902 y, en sociedad con sus otros hermanos, fundó en 1908 el actual establecimiento en la calle Obispo.

1132- QUÍMICO COMERCIAL DE CUBA S.A., COMPAÑÍA

Fábrica de ácido sulfúrico, almacenista de productos químicos industriales y representante de firmas industriales con oficina en Oficios N° 452 y una sucursal en Camagüey.

1 Estaba asociada a la "Compañía Rayonera de Cuba"(VER), a quien abastecía del producto y, como ésta, era propiedad de la familia Hedges (VER " TEXTILERA ARIGUANABO S.A., COMPAÑÍA"). Gottfried K. Smith, Benjamím Martell, Esteban Uncadella Pla y Rafael Talavera Gastón eran el presidente, el vicepresidente 1°, el 2°, y el 3° respectivamente.

2 Se constituyó en 1946 y la planta comenzó a operar en 1948 junto con la de su asociada.

3 Tenía activos corrientes por $692 955 y sus ventas, en algo más de la mitad, se hacían a las afiliadas de los Hedges. Sus utilidades oscilaban entre los $90 000 y los $124 000.

Tenía deudas por $512 500 que arrastraban desde 1949, que eran más del doble de las inversiones hechas y superior al capital de acciones emitidas. Cliente del "Nova Scotia" y del "Núñez".

1133- QUÍMICO FORESTAL LORET DE MOLA S.A., COMPAÑÍA

Proyecto de fábrica de carbón vegetal y productos químicos provenientes de la destilación de la madera, tales como acetona, creolina, fenol, etc., sita en Jesús María S/N, Patio del Ferrocarril, Camagüey.

1 Tenía un capital emitido de sólo $15 000 y sus principales dirigentes eran Pedro Pérez Pérez, su presidente; Manuel Eduardo Zayas Bazán Recio, propietario de finca ganadera con 71 caballerías y 1 000 cabezas y Gobernador de Camagüey; Luis Loret de Mola Bueno, su tesorero, nacido en La Habana en 1890, millonario, ganadero importante, ex-colono del central Senado; Severiano Larrinaga Aguirre, nacido en España en 1919, ferretero y accionista de "Antillana de Acero S.A.", vocal.

3 El proyecto abarcaba 5 plantas, 4 de ellas en Camagüey y una quinta en Matanzas, con una inversión de $ 1 255 000 y 460 puestos de trabajo. La Resolución del Ministerio de Hacienda del 8 de julio de 1958 le concedió los beneficios de la Ley de Estimulación Industrial.

En febrero de 1958 solicitaron financiamiento al BANDES por $627 000 pero fue archivado el 22 de octubre de ese año.

1134- RADIODIFUSORA C.O.C.O. Y C.M.C.K. S.A., COMPAÑÍA

Operadora de las radioemisoras "C.O.C.O" y "C.M.C.K.", sito en Avenida de Independencia Km 2 y Línea del Ferrocarril, La Habana.

1 Propiedad de Juan Amador Rodríguez, Representante a la Cámara de 1954-58 por el Partido Auténtico de oposición y destacado comentarista radial, quien la había comprado a Guido García Inclán, otro muy popular comentarista radial, periodista y político.

2 Había sido fundada en 1922 en Ánimas N° 457 con el nombre de "2LC" por el Capitán del E.L. Luis Casas Romero y Luis Casas Rodríguez, siendo considerada como la pionera de las radioemisoras cubanas.

Casas Romero, nacido el 24 de mayo de 1882 en Camagüey, donde estudiara en las Escuelas Pías, falleció en La Habana el 30 de octubre de 1950 y fue el primer compositor de una pieza del género "criolla" con su Carmela, componiendo también su famoso El Mambí y otras, además de zarzuelas, danzas, revistas musicales, marchas y otras. Desde 1913 fue sub-director de la banda del Estado Mayor del Ejército que pasara, después de 1933, a dirigir.

Julio César González Rebull y Alfredo Izaguirre Hornedo, socios en el periódico "El Crisol"(VER "EDITORA EL CRISOL S.A."), habían sido también sus propietarios hasta 1948 en que la vendieran a Guido García Inclán.

Más tarde, el 28 de enero de 1948, García Inclán había fundado el "Periódico del Aire".

1135- RADIO ONDA MUSICAL ESPAÑOLA S.A.

Propietaria de la radio emisora "Radio Cadena-Habana" ubicada en el edificio del Centro Gallego.

1 Era propiedad de Delfín Rosado González quien la tenía arrendada a "Radiohora S.A.", presidida por Modesto Vázquez González, conocido locutor, y Eduardo Álvarez era su tesorero.

2 Rosado la había constituido el 20 de noviembre de 1950 habiéndola arrendado desde el 5 de noviembre de 1954. La emisora se encontraba en el 2° lugar de radioaudiencia, empatada con "Radio Progreso" y después de CMQ, pero los domingos ocupaba el primer lugar.

3 Los arrendatarios tenían intensiones de comprarla, para lo que solicitaron financiamiento al BANDES por $150 000.

1136- RADIO REPORTER S.A.

Propietaria de la radioemisora RHC, "Cadena Azul de Cuba S. A."

1 Era propiedad de Fulgencio Batista (VER "DE INMUEBLES S.A., COMPAÑÍA"), pero estaba a nombre de Manuel Pérez Benitoa (VER "INMOBILIARIA ROCAR S.A.") y Andrés Domingo Morales del Castillo (VER "INMOBILIARIA ROCAR S.A."), quienes fungían como testaferros.

Batista además poseía "Cadena Oriental de Radio"(VER), el "Circuito Nacional Cubano"(VER) y "Radio Siboney S.A."(VER) así como "Canal 12 S.A."(VER) de Televisión.

2 Con anterioridad operaba bajo el nombre de "Radio Deportes S.A." –que se le variara por el actual– al que con posterioridad se le integrara también la "Cadena Azul de Cuba S.A.".

Había sido comprada a Gaspar Pumarejo y su esposa Marta Mestre, quienes poseían $25 000 en acciones, Evelio Pérez Marrero con $5 000, José A Mestre Sirvén. Además, Edmond A. Chester –biógrafo de Fulgencio Batista– y Ben Marden quienes eran acreedores de "Cadena Azul de Cuba" por $140 000, se los traspasó a Batista a través de los intermediarios.

La RHC se había constituido originalmente el 6 de mayo de 1940 bajo el nombre de "Radio Habana Cuba, Cadena Azul" bajo la presidencia de Amado Trinidad Velasco y con el Ing.Cristóbal y Rafael Díaz González como vicepresidente y tesorero respectivamente.

Trinidad, hermano de Ramón y Diego, fundadores y propietarios de "Trinidad y Hermanos S.A."(VER), había fundado la CMBL en Santa Clara y el segundo la CMCY de La Habana, fusionando ambas en 1939, logrando convertirse en la más importante hasta que fuera superada por la CMQ en 1943 al comprarla los hermanos Mestre (VER "CIRCUITO CMQ S.A.").

Cristóbal Díaz estaba asociado desde finales de los 30 con Fulgencio Batista, a quien sirvió de testaferro en varias firmas como en "Urbanizadora Cruz S.A." (VER), "Técnica Cubana S.A." (VER), "Urbanizadora Crismercy S.A." (VER), "De Inmuebles S.A., Compañía" (VER), "De Inversiones Bonti S.A., Compañía"(VER). Era su socio en "Propiedad Horizontal Miramar" (VER), junto con Guillermo Martínez Márquez (VER "PROPIEDAD HORIZONTAL MIRAMAR"), director del periódico "El País", del que era su vicepresidente, además de ser el presidente del "Bloque Cubano de Prensa", que agrupaba a los propietarios de periódicos.

3 Cliente del Banco Núñez por $10 000.

1137- RADIO SALAS
Radiodifusora con el nombre comercial "Radio Salas" y las frecuencias "CMBZ" y "COBZ", con oficina en San Rafael N° 109, La Habana.

1 Propiedad de Manuel A. Salas del Castillo.

Manolo y Guillermo Salas, su padre y su tío respectivamente, habían sido fundadores en abril de 1923 de la segunda estación de radio comercial, entonces con las siglas 2MG, siendo por tanto la más antigua entre las que aún operaban, adoptando más tarde las siglas C.M.B.Z..

Ambos también habían sido propietarios de una casa comercial de ventas de equipos de música, pianos, victrolas ortofónicas, aparatos de radios, etc., situada en San Rafael y fundada en 1899, que conservaran durante años.

1138- RADIO SIBONEY S.A.
1 Radioemisora "Radio Siboney", propiedad de Fulgencio Batista (VER "DE INMUEBLES S.A., COMPAÑÍA"), quien poseía $326 000 de las acciones.

1139- RAFAEL DUYOS PORTÚ
Almacén de ferretería gruesa, sito en Concha N° 911-915, La Habana.

1 Era propiedad de Rafael Duyos Portú quien lo operaba bajo su propio nombre.

1140- RAFAEL MUÑOZ ÁVILA
Almacén de vinos y licores y víveres finos, siendo el representante del coñac "Osborne" y del "Remy Martin", del whisky "Haig-Haig", la ginebra "Gordon", y otros, sito en Oficios N° 414, La Habana, cliente del "Trust".

1 Era propiedad de Rafael Muñoz Ávila quien lo operaba bajo su propio nombre.

2 Había sido fundado en 1885 por Manuel Muñoz.

1141- RAMÓN A. LAVÍN Y HERMANO

Fábrica de colchones "Lavín", sita en Pedroso Nº 522, con 57 trabajadores, y fábrica de colchones "Noche Azul", sita en Neptuno Nº 551, así como dos establecimientos para su venta y otros artículos de accesorios de camas sitos en 10 de octubre Nº 278 y Monte Nº 726 entre Carmen y Rastro, y un tercero para la venta de camas, en San Rafael Nº 876, La Habana.

1 Era propiedad de Ramón Lavín Allende y su hermano Demetrio de Antonio, quienes también eran propietarios de "Lavín Hermano y Compañía", fabricante y almacenista de sombrero, sita en Villegas Nº 437, La Habana.

1142- RAMÓN DEL COLLADO S.A.

Fábrica de vino y ron "Collado" y "Tuntakamen", con 80 trabajadores, ubicada en Almendares 67, La Habana. También tenía una filial, "Vinos y Licores Ramón Collado S.A.", una productora de vinos, sita en Desagüe Nº 666, La Habana.

1 Propiedad de Ramón del Collado Cubas.

2 Fue fundada en 1916 por Ramón del Collado Fuentes, padre del propietario actual y sobrino de Antolín del Collado, quien se iniciara en el giro a los 18 años de edad. Falleció el 22 de enero de 1944, y fue Senador, presidente de la Asociación de Licoreros de Cuba y del partido Conjunción Nacional Demócrata.

Había comenzado como empleado de "Manuel B.Alonso y Compañía", pasando después como socio al reestructurarse como "Ramón del Collado S en C".

Se asoció también con Cornelio Elizalde, administrador y tesorero de "Nueva Cuba Fabril S.A.", para adquirir una licorera arrendada por la firma.

1143- RAMÓN PURÓN DÍAZ

Bajo la firma operaban 2 fábricas de colchonetas y almohadas, con las marcas "La Luisita" y "Fancy", sitas una en Ave de Porvenir Nº 366, Lawton, y, la otra, en Pajarito Nº 364, así como 3 comercios para su venta, uno en 10 de octubre Nº 926, el otro en Dragones Nº 256 y un tercero en 42 entre 1ª y 1ª-A, Miramar, y, por último, "La Luisita", un almacén para la venta de colchones, colchonetas, toallas, frazadas, etc, y muebles, sito en Monte Nº 429 entre Angeles y Suspiro, La Habana.

1 Era propiedad de Fuencisla Álvarez Alonso quien lo había heredado de Ramón Purón Díaz, su esposo, fallecido en los años 40. Su hija Nenita estaba casada con Roberto Domínguez López-Martín, propietario de "La Orensana"(VER).

1144- RAMÓN RODRÍGUEZ E HIJOS

Fábrica de cigarros "Partagás" con capacidad de producción de 1 661 640 miles de unidades anuales y 490 trabajadores, ubicada en 23 Nº1255 Vedado, La Habana. Era el 3º mayor productor con el 16.3 % de la producción total y, de acuerdo al número de sus trabajadores, la 3ª fábrica dentro del sector y la 15ª entre las no azucareras.

1 Propiedad de Ramón Rodríguez Gutiérrez y sus 2 hijos Raúl y Luis Rodríguez González, ambos gerentes.

Rodríguez Gutiérrez estaba muy relacionado con Justo Luis del Pozo, Alcalde de La Habana, y era presidente de "De Vapores Isla de Pinos S.A., Compañía"(VER), propiedad principal de éste. A finales de 1958 ambos proyectaban construir en sociedad una fábrica de cigarrillos del tipo norteamericano.

2 Había sido fundada originalmente como fábrica de tabaco en 1845 por Jaime Partagás, siguiendo igual trayectoria a la descrita en "Cifuentes y Compañía"(VER). En la década de 1920 giraron hacia la producción a escala mayor de cigarrillos destinado al mercado interno, convirtiéndose en una de las grandes marcas de cigarrillos cubanos.

Se reestructuró en 1927 con nuevo capital y en la post guerra se le hicieron inversiones que ampliaron su capacidad y la modernizaron.

3 Era, entre los principales productores, el que más había aumentado desde los años 30 en que sólo tenían la 5ª parte de esa producción con un peso de un 5.6 %.

1145- RAMOS Y COMPAÑÍA

Fábrica de medias marca "Casino", sita en 26 N° 558 entre 31 y 33, Nuevo Vedado, La Habana.

1 Era propiedad de Manuel Ramos Ramos.

1146- RANCHO PRODUCTS CORPORATION

Fábrica de conservas de piñas y otras frutas, vegetales, así como de jugos de frutas, marca "Taoro", sita en Calzada de Rancho Boyeros, Km.8 y oficina en San Ignacio 256, apto 14, que era cliente del "Núñez", del "Boston" y del "City Bank".

1 Era propiedad de Conrado F.Elsner.

1147- RANCHO VELOZ SUGAR COMPANY

El "Constancia(A)" era el 36° central en capacidad de producción diaria con 430 000 @, bajo RI de 12.25, 3 000 trabajadores y 392 caballerías de tierras propias, situado en Abreu, Las Villas.

1 Propiedad de Fulgencio Batista (VER "AGRÍCOLA DEFENSA S. A., COMPAÑÍA") aunque aparecía a nombre de Fernando de la Riva (VER "CENTRAL HORMIGUERO S.A".).

2 Había sido fundado en 1857 por Martín Felipe de Apezteguía y Apasecha, nacido en Navarra, y casado con Josefa Mariana Tarafa Mechín, natural de la Habana, quien al enviudar instituyó a Eduardo del Castillo, su hijo de un primer matrimonio, como tutor de su hermano Julio de Apezteguía, nacido en Trinidad, Las Villas, el 12 de diciembre de 1843, graduado de ingeniería en Barcelona y fallecido en EE.UU. el 19 de abril de 1902.

Julio, honrado con el título de Marqués de Apezteguia el 31 de enero de 1891 y Grande de España en 1893, dirigente del Partido Conservador y Diputado a Cortes en 1879, 1881, 1884, 1887, 1891, 1893, 1896, era además propietario del central Laberinto y convirtió al Constancia en el mayor del mundo y uno de los más eficientes en 1890.

A mediados de los 90 el Constancia estaba bajo hipoteca, por lo que gradualmente fue pasando al control de la Constancia Sugar Company, de Wall Street N° 41, propiedad de Perkins and Welsh quienes desde 1894 tenían ya 5 de los 7 Directores que formaban su Junta. Fue el único central de la región que molería en 1896 pues el ejército español, debido a su influencia, le situó 1700 soldados durante la zafra.

Sería el primer central en instalar los cristalizadores en movimiento así como en inyectar mieles a los azúcares de primer lance en los tachos.

Pasó a la propiedad de Robert Bradley Hawley, propietario de la "The Cuban American Sugar Mills Company"(VER), quien lo compró junto con la refinería de Gramercy, Louisiana, propiedad ambos de la Colonial Sugar Company, siendo uno de los tres que vendió durante la década de los 40.

Batista lo había comprado, junto con Francisco Blanco, en 1949, registrándose su constitución el 20 de diciembre de ese año por Fernando de la Riva.

3 Sufrió un fuerte incendio el 9 de Marzo de 1957 que se atribuyó a un sabotaje.

1148- RAÚL L. YANES Y COMPAÑÍA

Optica "El Prisma" con gabinete y talleres propios, sita en Neptuno N° 563, La Habana.

1 Era propiedad de Raúl L.Yanes Rojas, optometrista, quien era además el presidente del "Casino Español de La Habana".

Su hermano, Tomás R., oculista con consulta privada en L N° 452 esq. a 25, Vedado, era el director del hospital "Liga Contra la Ceguera", sito en 41 N° 7601 esq. a 76, Marianao.

1149- RAYONERA DE CUBA S.A., COMPAÑÍA

Hilandería de algodón, lana, seda, fibra y cuerda de rayón, con 1 197 trabajadores, ubicada en la ciudad de Matanzas, que era la 5ª mayor fábrica no azucarera por el número de sus trabajadores.

1 El capital en acciones emitidas ascendía a $10 000 000, de los que la familia Hedges (VER "TEXTILERA ARIGUANABO S.A.,COMPAÑÍA") poseía el 99 %. James Hedges era su presidente y Benjamín Martell, Charles Wolff III y Gottfried Krueger Smith eran vicepresidentes.

2 Se constituyó el 19 de mayo de 1945 por Dayton Hedges. Se financió con capital aportado por la textilera, de su propiedad, junto con el de Hedges y los préstamos del "Banco Boston". Su construcción comenzó en 1946 y terminó en septiembre de 1948 y hasta entonces su inversión había ascendido a $15 740 000, de los cuales el "Banco Boston" había prestado $9 155 000.

3 Su producción de hilaza de rayón (1 000 000 de libras anuales) y cuerda de rayón para neumáticos (6 200 000) abastecía al mercado nacional y se exportaba a 12 países. Tenía dos plantas adjuntas "De Fomento Químico S.A., Compañía"(VER) y "Químico Comercial de Cuba, Compañía"(VER), productora de ácido sulfúrico y de bisulfuro de carbono respectivamente de los que se abastecía.

Tenía un capital de trabajo inadecuado por cerca de $1 500 000 y su índice de solvencia era de 1.20. Confrontaba profundas dificultades financieras como resultado de los amplios préstamos recibidos para su instalación, unido a trastornos del mercado y conflictos laborales.

Culpaban de su situación a los bajos aranceles de la fibra de rayón, que trataron de elevar, las que eran consumidas por "Textil Nemaseda", "Ribbon Fabric Company of Cuba"(VER), "Textilera Mayabeque"(VER) y "Concordia Textil"(VER). El DP N° 142 del 14 de enero de 1957 eliminó el arancel de la pasta de rayón, cuyo único consumidor era esta fábrica. Durante los primeros días de 1956 fue intervenida por el Ministerio del Trabajo.

Fue destinataria de importantes préstamos de los bancos paraestatales que trataron de sanearle su pasivo. Así, el 13 de marzo de 1953 el BANFAIC le otorgó $6 650 000, de los que $2 000 000 estaban destinados a la deuda con la "Textilera Ariguanabo, Compañía" y $4 000 000 a la conversión de hilaza textil de rayón viscosa en hilaza para neumáticos.

Los adeudos de este préstamo y los del préstamo original recibido del "Banco Boston" no pudieron ser liquidados por lo que el BANDES les prestó la enorme suma de $16 500 000 el 30 de agosto de 1957, que se otorgaron a la "Industrias Consolidadas de Matanzas S.A., Compañía"(VER), de la que $4 500 000 se destinaban a pagar los adeudos al BANFAIC y a la "Textilera Ariguanabo, Compañía".

Para esta dudosa operación financiera se creó "Industrias Consolidadas de Matanzas S.A., Compañía", a quien graciosamente el BANDES daba en arrendamiento por 50 años los activos de la "Rayonera de Cuba, Compañía" y sus 2 afiliadas adquiridas como resultado de los préstamos.

1150- REAL HOLANDESA DE AVIACIÓN, COMPAÑÍA

Línea aérea de pasaje y carga con el nombre comercial de "KLM" con oficinas en Prado Nº 251, La Habana. Operaba la línea Miami-La Habana y Curazao con equipos DC-6 y la ruta Habana-Montreal-Europa con DC-7.

1 Era una filial de la firma holandesa, cuyo gerente general en Cuba era Francisco Finlay García-Echarte.

2 La casa matriz, fundada en 1919 por el Dr. Albert Plesman, su presidente durante décadas, abrió sus oficinas en La Habana en marzo de 1949 en el local de la antigua casa de antigüedades "Snider" en el Hotel Sevilla y su primer representante especial había sido Raimond Reuland.

1151- REAL Y COMPAÑÍA S.L.

Fábrica de fósforos "La Luz de Oriente" y "El Dominó", con 110 trabajadores, ubicada en Calzada Real Nº 29, Puentes Grandes, Marianao. Una de las 11 fábricas de fósforos que integraban la "Empresa Nacional de Fósforos" (VER).

1 Estaba valorada en $1 180 000 y tenía un capital emitido por $256 000, propiedad del Ing. Basilio del Real (VER "CUBA INDUSTRIAL Y COMERCIAL S.A.") –quien poseía variados intereses– en sociedad con su hermano Vicente.

1152- RECIPROCITY TRADING COMPANY

Representante de productores de papel periódico y comisionistas de seguros, con oficina en el Edificio Ambar Motor en Calle 23 Nº 53, Vedado, quienes controlaban la mayor parte del mercado.

1 Propiedad de Gaspar Contreras Muller, su presidente, en sociedad con Francisco Saralegui Arrizubieta (VER "PUBLICACIONES UNIDAS S.A."), su vicepresidente. Ricardo J.Suárez, era su gerente y padre del administrador de la fábrica de sacos de papel kraft (VER "INTERNACIONAL DE ENVASES S.A., COMPAÑÍA").

Contreras era padre de Antonio Contreras Ordóñez, casado con Margot Blanco, hija de Francisco Blanco Calás y presidente de "Central Ulacia S.A."(VER) y de "Azucarera Corazón de Jesús S.A., Compañía"(VER).

Saralegui era accionista y administrador de "Publicaciones Unidas S.A."(VER), accionista y vicetesorero de "Terminal de Ómnibus S.A."(VER), uno de los principales accionistas de "Hormigón Estructural Prefabricado"(VER) y de "De Inversiones El Trébol S.A., Compañía"(VER), de "La Reguladora S.A." (VER) y tenía también intereses en "Territorial San Alejandro S.A., Compañía".

2 Había sido fundada en 1910 por Contreras, quien en 1930 se había asociado con Saralegui.

1153- REFINERÍA DE PETRÓLEO SANTA MARÍA S.A.
Refinería de petróleo con una capacidad de 400 barriles diarios de crudo para gasolina, luz brillante y gas oil, situada en el Km. 18 de la Carretera Central, Cotorro.

1 Propiedad de capital cubano-estadounidense.

3 Refinaba el petróleo de los pequeños productores de los pozos de Bacuranao, Santa María del Mar y Guanabo. Brindaba también facilidades de prospección y personal especializado a los que se interesaran en perforar pozos, a cambio de una participación en la producción.

1154- REFINERÍA FONTECHA
Refinería de azúcar conocida con el nombre comercial de "Fontecha" con una capacidad de 6 000 quintales, instalada en el central Portugalete en Cuatro Caminos, Habana.

1 Operada por "Central San José Portugalete S.A."(VER), propiedad de "M.Golodetz y Compañía".

2 Había comenzando a operar en el central en 1955 tras ser trasladada de su antigua ubicación en Puentes Grandes, La Habana, siendo entonces una de las 3 refinerías de azúcar no anexa a centrales.

Existía bajo la razón social "Mestre y Martinica" desde antes de 1921 cuando había quebrado y se remataran sus bienes constituyéndose la "Inversiones Inmuebles S.A.", cuyo presidente era Gonzalo de Zúñiga quien la arrendó desde 1940 a 1950 a Aurelio Fontecha Manzano y, a partir de este año, a "Comercial la Ceiba S.A." por 3 años, la que fracasara también. El propio Fontecha tenía intereses en ella y su presidente era el Dr. Rafael Galis-Menéndez López.

3 Sus equipos estaban valorados en $370 000 y los terrenos en $500 000.

1155- REMINGTON RAND DE CUBA S.A.
Importadora y distribuidora de máquinas de escribir y otros equipos de oficina, marca "Remington", en Galiano Nº 208, La Habana.

1 Sucursal de la "Remington Rand Incorporated" de New York, fundada en 1873. Arthur E.L. Seymour era su gerente general en Cuba, habiéndolo sido con anterioridad Gustavo G. de la Luz González.

3 Su situación económica era desfavorable. A mediados de los 50 tuvo pérdidas, a pesar de tener ventas que sobrepasaban el $1 millón, debido a la competencia que le obligó a bajar precios. El pasivo era muy elevado y el capital pequeño por lo que recurrían al préstamo bancario. A mediados de 1955 ampliaron el capital mejorando la situación.

Cliente del "Chase Manhattan Bank" con $500 000.

1156- REPARTO ALTURAS DE CANÍMAR

Urbanización en el Km. 7 1/2 de la Vía Blanca después del puente sobre el Río Canímar.

1 Propiedad de Anselmo Alliegro Jr., hijo del senador Anselmo Alliegro(VER "GENERAL DE CONSTRUCCIONES PÚBLICAS S.A.,COMPAÑÍA"), en sociedad con José Ramón Egües y Manuel Braña.

1157- RESIDENCIAL ALAMAR

Propietaria de los terrenos del reparto Alamar, uno de los fomentados en la llamada "Zona General de Influencia del Túnel de La Habana" (VER "DE FOMENTO DEL TÚNEL DE LA HABANA S.A., COMPAÑÍA"), cuya urbanización estaba a cargo de "Alamilla y Perez Menéndez" (VER), quien también se ocupaba de la contratación y el cobro de los solares.

1 Tenía un capital ascendente a $1 012 000 con un total de 39 accionistas y 54 946 acciones. Sus principales propietarios eran el Dr. Guillermo Alamilla, (VER "BUFETE GORRÍN, MAÑAS, MACIÁ Y ALAMILLA"), presidente, con 6 293 acciones; Humberto Solís Alió (VER "SOLÍS ENTRIALGO Y COMPAÑÍA"), vicepresidente, con 4650; María Salomé Casanova con 4 588; Teresa Regueyra, viuda de Casanova con 1 860; Gustavo Alamilla con 3 825; José Ignacio de la Cámara (VER "BANCO DEL COMERCIO") con 3 100; Arturo Mañas Parajón (VER "BUFETE GORRÍN, MAÑAS, MACIÁ Y ALAMILLA"), con 3 100; Eduardo Ulacia Fernández con 3 720; Dr. Joaquín Díaz del Villar (VER "SOLIS, ENTRIALGO Y COMPAÑÍA S.A.") con 1 860; Dr. Ernesto Rojas Mier (VER "AZUCARERA CAIBARIÉN S.A., COMPAÑÍA") con 2 251.

El Dr. Guillermo Alamilla, era además presidente de "Constructora Alamar S.A." (VER) y presidente y copropietario de "Territorial de Alturas del Olimpo S.A."(VER). Estaba asociado con el Dr. Arturo Mañas Parajón en el "Bufete Gorrín, Mañas, Maciá y Alamilla"(VER) del que otros abogados, tanto de éste como del "Bufete de Barraqué", también eran accionistas de la firma.

2 Todos los accionistas habían participado en su constitución el 22 de mayo de 1947 y en su reestructuración el 27 de julio de 1955, a excepción de uno que vendiera sus acciones. El 29 de mayo de 1950 le había comprado terrenos a la "Urbanizadora El Olimpo S.A." (VER), valorados en $220 000.

1158- RESTAURANT, BAR Y CAFE MONSEIGNEUR S.A.

Restaurant "Monseigneur", uno de los más lujosos y selectos, de estilo francés, sito en 21 y 0, Vedado.

1 Era propiedad de Efrén de Jesús Pertierra Liñero, quien también era copropietario del cabaret Montmatre (VER "DE ESPECTÁCULOS HABANA S.A., COMPAÑÍA") y tenía intereses en el Frontón Jai-Alay (VER "DE SPORT Y FOMENTO DE TURISMO, COMPAÑÍA").

Pertierra era hijo de Indalecio Pertierra, antiguo propietario de "Indalecio Pertierra S en C", un comerciante banquero, almacenista de tabaco e importador de tejidos, sito en Remedios, Las Villas, así como de "Pertierra, Junco y Compañía", un almacenista exportador de tabaco en rama sito en Dragones N° 41 .

Su padre había comprado en 1913 a la "Viuda de Blanco e Hijos", su propietaria desde 2 años antes, el central Rosalía en Vueltas, Las Villas, constituyendo entonces la "Indalecio Pertierra S en C" hasta 1916 en que se reestructura como "Central Rosalía S.A.". También fue uno de los socios propietarios de la "Caibarién Remedios Waterworks Company", concesionaria para la construcción y explotación del acueducto de Remedios y Caibarién, constituida el 16 de junio de 1915 en Delaware, EE.UU., propiedad principal de P.B.Anderson y su representante, destacado comerciante de la localidad, en sociedad con "M.López y Compañía", "Pedro Rodríguez y Compañía", Emilio Gómez, Sebastián Arcos y Evaristo Bergnes.

Su hermano, Indalecio, era uno de los 11 socios propietarios, junto con su hermano Julio, del "Club Almendares"(VER) que era uno de los 4 que constituían la "Liga de Base-Ball Profesional Cubana".

1159- RESTAURANT CAMPESTRE "RÍO CRISTAL" CLUB

Restaurant y centro de recreación "Río Cristal" sito en la Carretera de Rancho Boyeros.

1 Era propiedad de Enrique Berenguer Bosque, antiguo presidente de la "Compañía Tabacalera Nacional S.A.", una firma comercial intermediaria entre los fabricantes de tabaco torcido y los compradores del mercado extranjero, así como gerente de la casa "Ulloa y Compañía"(VER), propiedad de la familia de su primera esposa, Mercedes Ulloa Ferro.

1160- RESTAURANT CENTRO VASCO

Restaurante especializado en los platos típicos de la cocina vasca, así como un almacén de vinos y licores, sito en 3ª Nº 413 entre 2 y 4, Vedado.

1 Era propiedad del vasco Juan Saizarbitoria Carán.

1161- RESTAURANT CHAMBARD S.A.

Restaurant "Palacio de Cristal", uno de los de primera calidad, sito en Consulado Nº 458 entre San José e Industria, La Habana.

1 Propiedad de Jesús Manzarbeitia (VER "MANZARBEITIA Y COMPAÑÍA") en sociedad con Federico Romillo (VER "FEDERICO ROMILLO E HIJOS") y Plácido Solá, quien fungía como su administrador.

3 Debido a ineficiencias en su administración daba pérdidas.

1162- RESTAURANT KASALTA

Restaurant, bar y cafetería "Kasalta" sito en 5ª Avenida a la entrada del Túnel, La Habana.

1 Propiedad de Francisco Aguirre Vidaurreta, ex-Representante a la Cámara por el Partido Auténtico y ex Ministro de Trabajo cuando en 1947 sustituyera en ese cargo a Carlos Prío.

Aguirre era el presidente de la Caja de Retiro y Asistencia Social de los Trabajadores Gastronómicos que financiara la construcción del Hotel Habana Hilton (VER), arrendándolo después a la norteamericana "Hilton Hotels International".

1163- RESTAURANT MULGOBA

Restaurante "Mulgoba" sito en el Km 1 después de Rancho Boyeros, La Habana.

1 Álvaro Crespo Zabala era su propietario y además propietario y presidente de "Mosaicos Crespo S.A."(VER), fábrica de mosaicos y una casa comercial para su venta.

1164- RESTAURANT VIENÉS

Restaurant "Vienés" especializado en comidas europeas y criollas sito en K N° 402 esquina a 21, Vedado.

1 Era propiedad de Oscar Reissman.

1165- REYNOLDS ALUMINUM COMPANY OF CUBA S.A.

Fábrica de papel, láminas y extrusiones de aluminio para puertas y ventanas, con una asociada "Reynolds International of Cuba", importadora de productos de aluminio e impresoras de papel de aluminio, con oficinas en Edificio Ambar Motors, Infanta N° 16, La Habana.

1 Ambas eran propiedad de "Reynolds International Incorporated", firma panameña propiedad de "Reynolds Metals Company", de Delaware, subsidiaria de "United States Foil Company", la 2ª firma norteamericana en su giro, fundada en 1919, propiedad de los herederos de Richard S. Reynolds. R.S.Reynolds Jr. era el presidente de la Junta de Directores y su hermano J. Lois era el presidente, mientras C.A.Wishart y George F.Haviland eran ambos vicepresidentes.

2 La casa importadora y comercial se había constituido el 22 de abril de 1936 y, la fábrica, el 16 de julio de 1956. Habían solicitado préstamos en septiembre de 1956 por $1 600 000 al BANFAIC para la construcción de la fábrica, que en definitiva obtuvo con un banco comercial a mediados de 1957.

3 La fábrica laminaba chapas para producir foil o papel de aluminio y coloración y montaje con pegamentos sobre papel, grabados en rotograbados del foil para etiquetas y envolturas. También lámina, tejados, piezas laterales y discos para ollas y cazuelas y por último, productos en forma extruídas y en forma tubular.
Sus clientes más importantes eran la "Panam Products Company" (VER), quien recibía la mitad de los productos que antiguamente se importaban, la "Industria de Aluminio Magalén S.A." y la "Industrias Fenestra"(VER).

1166- REYNOLDS INTERNATIONAL OF CUBA S.A.

(VER "REYNOLDS ALUMINUM COMPANY OF CUBA S.A.")

1167- RIBBON FABRIC COMPANY OF CUBA

Fábrica de tejido plano con 2 plantas, 500 obreros y capacidad de producción de 38 000 lbs. semanales de telas, entre otras rayón, frescolana, gabardina, etc., ubicada en la carretera de Santiago de las Vegas al Wajay.

1 Propiedad de la familia Behar, constituida por Roberto Behar Maya, nacido en Turquía, y sus 4 hijos Isaac, Gastón, Moisés y Regina Behar Behar, quienes eran el administrador gerente, el director gerente, presidente, tesorero y vicetesorera respectivamente.
Roberto Behar era el principal importador y almacenista de tejidos sintéticos establecido en Muralla 424 y poseía también la textilera "De Cintas de Tela, Compañía"(VER)", así como la "Compañía Inmobiliaria & Comercial S.A., propietaria de bienes inmuebles.

2 La fábrica era el resultado de la fusión y ampliación de 3 diferentes empresas, existentes con anterioridad, llevada a cabo por la familia Behar a partir de 1953 en que compraran la firma constituida el 8 de diciembre de 1950 por Luis Barroso Corichi y Max Radus.

Los Behar habían comprado poco antes la "Beacon Textil Mills de Cuba S.A.", una pequeña textilera en Santiago de las Vegas cuya capacidad incrementaron en 15 veces y el 18 de febrero de 1956 compraron por $443 900 la "Textilera de las Vegas S.A.", propiedad conjunta de Moisés Egozi Flores e Isaac Behar Behar, que integraron a las anteriores y en 1957 fundaron la "Textilera Tínima S.A.", una distribuidora de tejidos.

3 La fábrica producía 8 000 000 de yardas al año y sus ventas ascendían a $4 900 000 y operaba bien pues contaba con personal técnico entre los mejores y buenas maquinarias. Sufrieron de obstáculos constantes por parte de los Hedges(VER "TEXTILERA ARIGUANABO, COMPAÑÍA"), quienes se opusieron infructuosamente a que se le concediera los beneficios del Decreto 2144 de 1945 referente a las industrias nuevas.

El BANFAIC les negó un financiamiento el 5 de mayo de 1953. A mediados de 1958, sin embargo, confrontaba una situación difícil, que los había llevado a solicitar préstamos, por los cuales adeudaban más de $2 500 000.

El Banco Garrigó les prestó cerca de $1 000 000. Eran clientes del "Banco Núñez" con $780 000, del "Royal Bank" con $90 000 y del "Banco Garrigó" con $500 000.

1168- RICARDO GÓMEZ GÓMEZ

Almacén de locerías, "La República", sito en Galiano N° 470 entre Zanja y San José.

1 Era propiedad de Ricardo Gómez Gómez quien lo operaba bajo su propio nombre.

1169- RIERA TORO & VAN TWISTERN S.A.

Almacén de maquinaria agrícola e industrial, accesorios de autos y camiones, grasas y lubricantes, gomas y cámaras, papel y otros, sito en Fábrica N° 17, Luyanó y con oficina en Habana N° 302, La Habana, que era cliente del "Trust", del "City" y del "Boston".

1 Era propiedad de Félix J. Riera Pérez, su presidente, en sociedad con su hermano Ramón, su gerente, y otros.

1170- RIFE, VILLEGAS Y COMPAÑÍA S. LTD.

Fábrica de galletas marca "Unicas", ubicada en Santa Felicia entre 15 y 17, Luyanó.

1 Capital suscrito ascendente a $48 000 propiedad de Roberto Rifé Vidal, su gerente, en sociedad con Delfín Villegas, cubano, y Tomás Antonio Delgado, español.

2 El catalán José Rifé, padre de Roberto, y los otros 2 socios la habían fundado en 1932.

3 Tenía ventas anuales por $800 000. Cliente del First National City Bank y del Royal Bank of Canada.

1171- RIVERO CASA FUNERARIA

La más importante funeraria de La Habana, sita en K N° 52 esquina a Calzada.

1 Propiedad de José R. Rivero Hernández, fallecido en los últimos años de los 50, el más importante en el giro funerario donde sus intereses abarcaban todas las facetas del negocio, desde las flores hasta las bóvedas.

También poseía la "Funeraria La Nacional" ubicada en Infanta y Benjumeda, así como el "Jardín Tosca", donde además poseía una de las 2 fábrica de coronas de flores mortuorias existentes, en 10 de Octubre Nº 983, todos en La Habana.

Leopoldo E. Rivero, su hijo, lo había sustituido como director de ambas funerarias, mientras su otro hijo, José, era el subdirector.

2 Desde la década de los años 40, se habían convertido en uno de los principales intermediarios en la reventa de terrenos, bóvedas, etc. del cementerio de Colón, del que, además, eran fuertes propietarios de terrenos donde poseían 979 títulos, habiendo invertido en 1958 unos $20 000 en la compra de 10 nuevos títulos por los que pagaran $80 el m^2.

La "Funeraria La Nacional" había sido propiedad en el pasado de José C.Vior, quien en un inicio poseía la Casa de Pompas Fúnebres "La Nacional", sita en Espada Nº 254 y en San Lázaro y Concordia y, más tarde en la década de los 40, fundaría la "Funeraria Vior" en Infanta y Benjumeda, que después pasaría al control de sus propietarios actuales quienes variarían su nombre.

1172- RIVERO Y GONZÁLEZ

Almacén de tabaco en rama sito en Dragones Nº 413 entre Campanario y Manrique, La Habana.

1 Manuel Rivero Alonso era su gerente, habiendo sido en el pasado presidente de "Castañeda, Montero, Fonseca S.A."(VER), una fábrica de tabacos de la marca "Montero" y "Fonseca", que compraran en diciembre de 1938 a "Anguera, Pérez y Compañía".

1173- RIVERSIDE MOTEL S.A.

Proyecto de motel a construirse en el Malecón de Río Las Casas, Isla de Pinos, de 20 habitaciones, con el nombre comercial de "Riverside".

1 Propiedad de los hermanos Fernando y Gonzalo de la Riva (VER "AZUCARA JOCUMA S.A.,COMPAÑÍA). Los funcionarios que estaban al frente eran sus empleados René Gómez Pérez, su presidente, y Luis O. Acosta Silva, vicepresidente.

3 La inversión estimada ascendía a $180 000 habiendo solicitado el 23 de septiembre de 1958 al BANDES el 50 % del financiamiento.

1174- ROBERT TEXTILE CORPORATION

Fábrica de tejidos ubicada en Monte 712 y Corrales 684, La Habana.

1 Propiedad de Salomón J. Redicker y Raúl Rudman.

3 Cliente del "Banco Agrícola y Mercantil" con $149 000.

1175- ROBERTO KARMAN

Almacenista de radios, efectos eléctricos y refrigeradores, sito en Rayo Nº 367, La Habana, cliente del "City".

1 Era propiedad de Roberto Karman quien lo operaba bajo su propio nombre. Su hijo, Luis, era presidente de la "Sección de Importadores-Distribuidores Exclusivos de Marcas de Radio, Televisión y Refrigeradores" de la "Cámara de Comercio de la República de Cuba" en 1958.

1176- ROBERTS TOBACCO COMPANY

El más importante importador de cigarrillos norteamericanos, así como fabricante de tabacos para la exportación con oficina en Neptuno N°167 esq. a Industria, La Habana.

1 Propiedad principal del norteamericano residente en Cuba, Alex M. Roberts, quien era su presidente, y de la que formaban parte de su Consejo de Directores su hijo Eugene S. Roberts y además Gustavo Roig Suárez, Ramón Rodríguez y César Madera.

La familia Roberts había iniciado en este negocio su capital diversificándolo en otros giros. Eran los principales propietarios del "Banco del Caribe S.A. de Ahorro y Capitalización" (VER), donde habían tenido intereses desde su fundación en 1948 pasando posteriormente a su control, así como del "Central Nela S.A." (VER) que adquirieran en 1955.

2 Había sido fundada en 1918 por H.T. Roberts como sociedad colectiva bajo la firma "H.T. Roberts", que después variara para "Roberts S en C", hasta 1946 en que se constituyera bajo la razón social actual.

3 Importaba las marcas de cigarrillos: "Abdulla", "Camel", "Cavalier", "Craven A", "Chesterfields", "English Oval", "Frappe", "Hit Parade", "Jaguar", "King-George", "L.M.", "Lucky Strike", "Oasis", "Pall Mall", "Philips-Morris", "Picadilly", "Salem", "Spud", "State-Express", "Vanity Fair", "Vogue" y "Wiston".

Tenía otras 2 competidoras: la "General Distributors Inc.", con las marcas "Kent", "Marlboro", "Newport", "Old Gold" y "Parliament", la cual era también un almacenista de víveres finos con domicilio en Almendares N° 502, así como la "American Agencies Corporation" con las marcas "Kool" y "Viceroy" y oficinas en Muralla N° 27, ambas en La Habana.

1177- RODRÍGUEZ Y COMPAÑÍA

Almacén de víveres, vinos y licores, importadores de futas y vegetales y distribuidores del arroz "Jon Chi", ubicado en Santa Clara N° 163, La Habana.

1 Propiedad de Orlando Rodríguez Beceiro y Saladino Reigosa.

2 Había sido fundado en 1905 para la importación de azafrán, almidón, pimentón, añil y papelería, por José Rodríquez Moreira, padre de Rodríguez Beceiro, en sociedad con Constantino Moreiras Fernández.

1178- ROELANDTS E HIJOS S.A.

Laboratorios "Roedlants" de especialidades farmacéuticas, biológicas y opoterápicas; fabricantes de cosméticos; distribuidores y representantes de productos farmacéuticos, situado en O'Reilly N° 202, La Habana.

1 Era propiedad de Emilio Roelandts, belga, quien también era el Cónsul General de Bélgica en Cuba.

2 Se había originado en 1840 como una sastrería que llegara a ser la más acreditada de la Habana, situada en O'Reilly N° 2. Antonio Richard y Adolfo Roelandts, sus antiguos jefes, habían sido 2 de los mejores sastres de su época. Con el tiempo la firma había pasado a representar autos de producción belga y perfumes y producciones farmacéuticas francesas.

3 Cliente del "The Royal Bank of Canada".

1179- ROGERS INTERNATIONAL COMPANY

Almacén de motocicletas de las marcas "Auto Unión", "DKW", "C.Z." y "Ogar", la motoneta "Vespa", así como bicicletas y accesorios, sito en Infanta N° 671, La Habana.

1 Era propiedad familiar de Raúl Faget Otazo (VER "FAGET AND SONS MOTOR COMPANY"), quien también lo era de la "Topper Commercial Company S.A."(VER), un almacén de efectos eléctricos, cocinas, etc., del que era además su vicepresidente.

3 Era cliente del "Royal" y del "Agrícola e Industrial".

1180- ROMEO Y JULIETA, FÁBRICA DE TABACOS S.A.

Fábrica de tabaco marca "Romeo y Julieta" con capacidad de producción de 6 760 miles de unidades anuales, siendo el 5° productor de tabaco con el 1.8 % de la producción total y 300 trabajadores, ubicada en Belascoain N° 152, La Habana.

1 Propiedad de Manuel Fernández Valle antiguo almacenista de tabaco, concuño de Servando Diego, presidente del "Central Siboney-Camagüey"(VER), y cuyo hijo Manuel Fernández Valle Madrazo, estaba al frente.

Fernández, un antiguo almacenista de tabaco ubicado en Industria N°460, era también tesorero de "La Tabacalera Compañía de Seguros S.A."(VER), firma de seguros, tesorero del "Habana Yatch Club" y había sido el primer presidente de la Comisión Nacional de Propaganda y Defensa del Tabaco Habano creada el 12 de julio de 1927.

2 Se fundó en 1875 por Inocencio Álvarez, aunque algunos sitúan su fundación en 1870. Álvarez la vendió en 1900 a Prudencio Rabell, Marqués de Rabell y éste, en 1903, a un grupo de intereses que en 1907 constituyeran la firma "Rodríguez, Argüelles y Compañía", presidida por el asturiano José Rodríguez Fernández y de la que el también asturiano José Ramón Argüelles Busto era su vicepresidente, siendo ambos sus administradores generales. También tenían intereses en ella Evaristo Palacios, Antonio Fernández Roces, Baldomero Fernández y Donato Argüelles Álvarez. En menos de 2 años la convirtieron en una de las marcas más famosas a partir de la antigua y pequeña firma.

Poco tiempo después Argüelles lograría elevar su producción tras suceder en la gerencia a Rodríguez pues éste abandonó sus intereses radicándose en París. Donato Argüelles Álvarez sería su vicepresidente y tesorero hasta su fallecimiento en 1946.

José Rodríguez había llegado a Cuba a los 9 años traido por su tío Fernández Roces comenzando a trabajar en "Hijas de Cabañas y Carvajal" antes de su compra por el trust norteamericano y fallecería el 4 de octubre de 1954 tras 10 años de estar recluido en una clínica en La Habana.

Más tarde la firma había pasado a la propiedad del asturiano Baldomero Fernández, padre de su propietario actual y cuñado de Manuel López (VER "CALIXTO LÓPEZ Y COMPAÑÍA"), antiguo propietario de la fábrica de tabacos "Edén", "Belinda" y la "Punch".

3 Era el 5° productor mecanizado con 1 750 000 unidades que representaban el 8.82 % del total.

1181- ROMUALDO LALUEZA Y COMPAÑÍA

Almacén de víveres, vinos y licores, conocido como "El Baturro", distribuidor del vino "Lagrima Christi" y el wiskey "Grant's", sito en Curazao N° 109, La Habana.

1 Era propiedad de Trinidad Lalueza Murillo y sus hijos Dr. Romualdo y José María Castellví Lalueza.

1182- RON BACARDÍ S.A., COMPAÑÍA

Fábrica de ron "Bacardí", con 1416 obreros y 546 empleados, ubicada en Peralejo N°103, destilería en Carretera Bacardí y oficinas en Aguilera 55 al 59, Santiago de Cuba y en el Edificio Bacardí en Zulueta, La Habana. Tenía como filiales 3 fábricas de cerveza con la marca "Hatuey", la "Cervecería Modelo S.A." (VER), la "Cervecería Central"y la "Cervecería Hatuey", localizadas respectivamente en el Cotorro, la Habana; en Manacas, Las Villas y en Santiago de Cuba, Oriente. La más importante dentro de su sector y una de las principales industrias no azucareras de Cuba ocupando el 3° lugar entre éstas por el número de trabajadores.

1 Propiedad principal de la familia Bacardí y sus cónyuges. José M. Bosch Lamarque (VER "MOTEL RANCHO LUNA") era su presidente, Daniel Bacardí Rosell y Radamés Covani Pucinelli eran respectivamente vicepresidente I y vicepresidente II. Otros miembros de la Junta Directiva eran Victor Shueg Bacardí, William J.Dorion, José Espín Vivar y Grank L. Dorathy. Amalia Bacardí Cape entraría a partir de 1959. Urbano S. Real era el adminstrador de la sucursal Habana.

Daniel Bacardí Rosell era vicepresidente I desde principios de 1958 y uno de los principales accionistas con $25 000 de "Molinera Oriental S.A." (VER), propiedad principal de la familia Bacardí. Era hermano de Emilio, accionista de la firma, y principal propietario de "Miquel & Bacardí Ltd."(VER), poseedora de varias líneas de ómnibus urbanos de Santiago de Cuba.

Covani, miembro del Consejo de Directores desde los años 40, casado desde 1908 con Marina Bacardí Cape, hija de Emilio Bacardí Moreau, era también uno de los principales accionistas, tanto él como su esposa, cada uno con $25 000, de "Molinera Oriental S.A."(VER).

Covani, hijo de César Covani –un italiano propietario de la joyería "La Perla de Oriente" en Santiago de Cuba, donde era el agente consular de su país– había comenzado de aprendiz de joyero en el establecimiento de su padre y, tras casarse, partió para México como jefe de ventas de la firma hasta que en octubre de 1929 comenzara en la empresa de Santiago de Cuba.

Urbano S. Real, vocal de la "Cámara de Comercio de la República de Cuba" en 1958 y ex ejecutivo de la "Asociación Nacional de Industriales de Cuba", emparentado con los Bacardí Gaillard, ocupaba el cargo desde 1934, habiendo sido con anterioridad un comerciante por cuenta propia.

2 El origen de la firma radicaba en la producción que desde 1838 iniciara el inglés Nunes que pasó posteriormente en 1862 a la familia Bacardí, asentada en Santiago de Cuba en 1830 procedente de Siétges, Barcelona, España.

Los nuevos dueños establecieron una serie de innovaciones que elevaron su calidad y, tras la Guerra Grande donde apoyaran la causa insurrecta, sobrepasaría en prestigio a sus competidores de Jamaica y Martinica obteniendo triunfos internacionales en las Exposiciones de Filadelfia en 1876, en la de Madrid al año siguiente, en Barcelona en 1880, París al siguiente año así como en 1900 y varias otras.

José y Facundo Bacardí fueron los fundadores que de 1862 a 1874 giraron bajo "Bacadí-Bouteiller", después de la cual todas las acciones pasaron a la familia Bacardí bajo la razón "Bacardí y Compañía", siendo socios gerentes Facundo Bacardí Masó y Egmidio y Facundo Bacardí Moreau hasta 1892 en que al fallecer el primero sus hijos lo heredaron.

Facundo fue sucedido en la dirección por Emilio Bacardí Moreau, nacido en 1840 y fallecido en 1922, escritor, autor de varias obras literarias y de la magna "Crónicas de Santiago de Cuba", primer Alcalde de Santiago de Cuba tras la Independencia, preso en Chafarinas durante la Guerra de Independencia y fundador del "Museo Bacardí" y la "Biblioteca. Su hijo Emilio Bacardí fue Coronel del Ejército Libertador y Ayudante de Antonio Maceo.

Emilio sería el último descendiente directo que estaría al frente de la empresa que desde entonces sería dirigida sucesivamente por yernos durante dos generaciones. El primero fue Enrique Schueg, ciudadano francés, casado con una Bacardí, quien al fallecer en 1951 es reemplazado a su vez por su hijo político José M. Bosch (VER "MOTEL RANCHO LUNA").

Su destilería de alcohol sita en San Pedro s/n en Santiago de Cuba había sido establecida en 1921 y la planta de elaborar aguardiente en 1926. Su primera fábrica de cerveza fue fundada en Santiago de Cuba en 1927, la segunda en el Cotorro en 1948 y la tercera en Manacas, Las Villas, cn 1953. También poseía fábricas de ron en México, Francia, Barcelona y Puerto Rico, la última de las cuales disfrutaba franquicias arancelarias para exportar a EE.UU.

La primera fábrica de ron en el exterior se fundó en México en 1929, a la cual siguió en 1936 otra en Puerto Rico y en 1957 instalaron una nueva fábrica en México en la "Hacienda La Galarza", a 128 km del D.F. con una capacidad de 28 lts diarios. Tenían en proyecto construir otra en Recife, Pernabumco, Brasil, y, para 1962 una nueva en Santiago de Cuba..

Al derogarse la "Ley Seca" en EE.UU. fundó en 1934 en Pennsylvania la "Bacardí Corporation of America" para producir el ron en este país pero desistieron en favor de Puerto Rico, donde comenzaran en 1936 a producir ron "Hatuey" y después el "Bacardí", inaugurando en 1946 una nueva destilería.

El "Edificio Bacardí" en Egido –sus oficinas en La Habana–, había sido construidas en 1924. También poseían oficinas en New York, Bélgica, Suiza, Suecia, Holanda, Francia, Noruega, Finlandia, Dinamarca, Corea, Líbano, Hawai, Panamá, Costa Rica, Guatemala, Venezuela y otros países.

Fue intervenida por el Decreto Nº 2774 del 24 de septiembre de 1943 al negarse al aumento de salarios en las cervecerías determinado por la "Comisión Nacional de Cooperación Social" y ratificado por el Decreto Nº 1791 del 17 de junio de ese año a pesar de la sentencia de los Tribunales que suspendieron ambas disposiciones. El 15 de septiembre de 1944, un mes antes de terminar su mandato presidencial, el Gobierno de Batista levantó la intervención que el 21 de julio el Tribunal Supremo había declarado sin fundamento.

Saludaron el triunfo de la Revolución con elogios para Fidel y Raúl a quienes calificaran de "cruzados de la libertad" y "creadores del ejército rebelde" en el primer número de ese año de la revista trimestral de la firma.

1183- RON CARIBE S.A., COMPAÑÍA

Fábrica de alcohol, aguardiente, cremas, anís, y ron con la marca "Caribe", sita en Finlay Nº 622 bajos, La Habana y con oficina en Soledad Nº 517, que era cliente del "Núñez" y del "Trust".

1 Justo González Morales era su presidente y propietario.

1184- RON QUIROGA S.A., COMPAÑÍA

Fábrica productora del ron "Pinilla", con 100 trabajadores, ubicada en 2ª Avenida, Reparto Céspedes, Manzanillo, Oriente y almacenes y oficinas en la calle Ermita entre Tulipán y Conill, La Habana.

1 Propiedad de los hermanos Isidro, Santiago, Raimundo y Juan Quiroga, presidente, vicepresidente 1° y 2° y tesorero respectivamente.

2 Había sido fundada en 1905 por el padre de los propietarios, Isidro Quiroga Infante, sargento del Ejército Libertador, de padres acomodados, como fábrica de licores y destilería de alcoholes "El Progreso Cubano", adquiriendo más tarde los derechos del ron "Pinilla" que se elaboraba en su destilería de Manzanillo por la firma "Pinilla, Panella y Compañía, S en C.".

Su destilería "El Purgatorio" sita en Manzanillo había sido fundada en 1888 y era la 3ª más antigua en producción.

1185- ROSARIO SUGAR COMPANY

El "Rosario" era el 109° central de producción diaria con 200 000 @, RI bajo de 12.12, 1 750 trabajadores y 582 caballerías de tierras propias, situado en Aguacate, La Habana.

1 Uno de los 14 centrales propiedad de Julio Lobo (VER "AZUCARERA GÓMEZ MENA S.A.,COMPAÑÍA") con un capital ascendente a $3 500 000.

2 Fue fundado en 1851 por el español Pedro Morales Armenteros. En 1891 estaba bajo el control de "Pedro Morales y Hermanos" y en 1895 de Ramón Pelayo Torriente.

Pelayo, nacido en 1850 en Valdecilla, Santander, honrado como Marqués de Valdecilla desde 1917 y Grande de España desde 1927, era tío-abuelo del Cnel. del E.L. Cosme de la Torriente y se le calculaba un activo patrimonial en 1890 de 97 millones en España, donde se convirtiera en banquero individual y en uno de los mayores poseedores de deuda pública española por encima de los 4 millones de reales. También había sido propietario del central Averhoff, en Aguacate, el cual demolió para comprarle a Federico Morales el Rosario que estaba situado junto a éste.

Desde los años 10 el central pasó al control de la neoyorkina "The Rosario Sugar Company", constituida en Cuba en 1917, que en 1930 lo vende a la "The Hershey Industrial School" de Pa., EE.UU. Esta última lo venderá el 5 de marzo de 1946 a "Azucarera Atlántica del Golfo S.A., Compañía"(VER) junto con sus otros 2 centrales, el San Antonio y el Hershey. Finalmente será vendido por $24 500 000 en 1958 cuando entonces tenía utilidades por $181 000.

3 Sus activos totales ascendían a $4 700 000, su capital líquido a $4 370 000 y tenía un pasivo corriente por $293 000.

1186- ROSELLÓ, LLOBERAS, COMPAÑÍA COMERCIAL S.A.

Importadora de aceites lubricantes marca "Allied Ringflex" y "Essex", de accesorios y neumáticos para autos, sita en Zanja N° 372 y 374, La Habana.

1 Era propiedad de Rosa Margarita Barceló Aguiar, quien la presidía, y de sus hijos Jorge, Margarita y Carlos Roselló Barceló, éste último presidente y socio principal de "Minera Usac S.A., Compañía"(VER), unas minas de hierro en El Caney, Santiago de Cuba.

2 La había heredado de su esposo fallecido.

3 Cliente con una cuenta corriente alta en el "Banco Gelats".

1187- ROTHSCHILD-SAMUELS-DUIGNAN

Almcenista de tabaco en rama, escogedores y despalilladores ubicado en Dragones N° 108 y en 3ª en Rancho Boyeros.

1 Filial de casa neoyorkina propiedad de la familia Rothschild.

2 Se había establecida en Cuba a fines de 1938 en Dragones N° 4 y 6, La Habana. Harry Rothschild había sido el presidente de la casa matriz y de la filial cubana hasta su fallecimiento el 5 de abril de 1944. Lee Samuels era el vicepresidente para Cuba.

La destacada familia financiera de los Rothschild se había interesado en el negocio del tabaco cubano desde el siglo pasado. Al terminar la Guerra Grande el "Banco Rothschild" de Londres intentaría comprar toda la cosecha cubana a través de Juan Bances.

También Sidney Rothschild se había establecido como comisionista exportador de tabaco y fabricante sito en R.Cabrera N° 144, La Habana, en cuya ciudad residía permanentemente en los años 30 y 40 del siglo actual. Había sido presidente de "Por Larrañaga, Fábrica de Tabacos", constituida en febrero de 1937 al traspasarle sus activos y marcas la anterior "Compañía Tabacalera Nacional Habana S.A.", cuando la firma pasara bajo el control de la "Antillas Cigar Corporation", organizada en Nueva York por la firma inglesa "Morris and Morris", de la cual era su presidente.

1188- ROVIRA Y COMPAÑÍA S EN C

Almacén de víveres en general, sito en Muralla N° 73 entre Oficios e Inquisidor, La Habana, cliente del "Trust".

1 Era propiedad de Juan José Rovira.

1189- ROYAL CROWN BOTTLING COMPANY

Fábrica de refrescos "Royal Crown Cola" y "Nehi", ubicada en la calle 84 N° 5510, Marianao.

1 Propiedad de Charles Shapiro, nacido en Rusia y ciudadano norteamericano, quien también poseía "Tienda Los Precios Fijos"(VER).

3 Operaba con pérdidas y tenía deudas con varios bancos. Créditos con el Royal Bank por $30 000.

1190- ROZA, MENÉNDEZ Y COMPAÑÍA S.EN C.

Almacenista de víveres en general, víveres finos, vinos y licores, así como comisionistas, distribuidores del aceite de oliva "Ibarra" y "Tango", del arroz "Long-Hing Chan" y del "Fiesta", de la manzanilla "Reina Mora" y del coñac "Delage", ubicado en Muralla N° 63, La Habana, cliente del "Gelats" y del "Boston".

1 Propiedad de un grupo de asturianos integrado por los hermanos José Ramón y Francisco Roza Cerra en sociedad con Luis J. Menéndez Suárez, Manuel González García y Ramón Ruisánchez, todos gerentes, junto con Dionisio Ruisánchez Fuentes, comanditario. José Ramón era el gerente principal.

2 Los 3 primeros socios lo fundaron en 1922 adoptando en 1925 la razón social actual.

3 Cliente del "Banco Gelats" con créditos comerciales por $430 000 y otros préstamos por $230 000.

1191- R. DÍAZ Y COMPAÑÍA

Consignatario de buques, agente embarcador y de aduana, operador de buques, coredores para venta, arriendo y flete de buques, con domicilio en Edificio de corredores de Aduana, Oficios N° 154, La Habana, cliente del "City" y del "Financiero".

1 Era propiedad de Ricardo Díaz Albertini, presidente de la "Sección de Navegación" de la "Cámara de Comercio de la República de Cuba" en 1958.

1192- R. J. PLANIOL Y COMPAÑÍA

Almacén de madera y materiales de construcción tales como cabillas, azulejos, cemento, tejas, tuberías, etc., sito en Calzada de Luyanó N° 726, La Habana.

1 Era propiedad de Ramón J. Planiol Arcelos.

2 Había sucedido a la casa "Sucesores R. Planiol", importadores de materiales de construcción, maderas, mármoles de Carrara y fábrica de tejas de fibrocemento, fundada por el catalán Ramón Planiol, existente desde la década de los años 10.
Planiol se había dedicado a actividades bancarias hasta el crac de 1921. Había sido consejero del "Banco Internacional de Cuba", banco comercial con oficina central en Príncipe Alfonso N° 198, La Habana, que desapareciera en la crisis y cuyo presidente era Pedro Sánchez Gómez; vicepresidente, Bernardo Pérez; consejeros, Juan Viadero, Severino Lavín, Wilfredo Fernández, Alfredo Porta, Ángel Arango, Amadeo Álvarez García, Francisco Fernández Valdés, Ángel G.del Valle, Fernando Vega y, por último, Basilio Díaz Cano era el administrador.
También había sido vocal de la "Cubana de Abonos S.A., Compañía", una fábrica de abonos químicos, fundada en La Habana el 1° de octubre de 1918, trasladada cerca de Guanabacoa, de la que Gastón y Miguel Arango eran su presidente y vicepresidente respectivamente.

1193- SABATÉS S.A.
Fábrica de jabón "Oso" y "LLave", jabón de baño "Camay" y "Elsa", shampoo "Doene" y "Prell", pasta dental "Gleem", así como planta de extracción y refinación de aceite y grasa hidrogenada, con la marca de aceite vegetal "Crisco" y "Olipuro", con 540 obreros, ubicada en Universidad N° 72, La Habana. Era la 2ª mayor en su giro después de "Crusellas y Compañía"(VER) y la 12ª industria no azucarera por el número de sus trabajadores.

1 Propiedad total de la "Procter & Gamble", consorcio norteamericano bajo el control del grupo financiero Morgan y otros intereses de Cincinnati. E.C. Moffatt era su presidente y Emilio Giralt, Francisco García Pujol y José M. Viana eran todos vicepresidentes.

La casa matriz, que a partir de la depresión de 1929 comenzó a desplazar a la familia Sabatés, descendiente de sus fundadores, estaba entre los 30 primeros monopolios industriales de la época y era mayor que su competidora norteamericana "Colgate-Palmolive", propietaria principal de "Crusellas y Compañía"(VER), la otra importante en el giro en Cuba.

2 Había sido fundada en 1860 por los hermanos catalanes Juan y José Sabatés Costa en la calle Matadero N°1, mudándose en 1885 para el local actual. Ambos hermanos constituyeron "Sabatés Hermanos y Compañía" en sociedad con Ramón Ralviris, a quien sustituyera más tarde Antonio Champ y José Balcells y en 1892, tras la separación de éste, organizan "Sabatés y Hermanos" hasta 1896 en que, al fallecer José, su hermano Juan quedará como único propietario.

Posteriormente Juan crea "Sabatés y Boaga" al asociarse con Joaquín Boaga Gual, hasta enero de 1902 en que fallece, y sus herederos Juan, Elena y Estela Sabatés Pérez forman con Boaga la "Sabatés y Boaga S en C" hasta 1905 en que se convierten en únicos propietarios al comprarle su parte a Boaga. Entre 1928 y 1930 Juan Sabatés quedará como único propietario constituyendo en este último año "Sabatés S en C" donde incluye a su esposa Josefa Barraqué González.

A partir de junio de 1931 comienza la penetración del capital norteamericano al constituirse la "Sabatés S.A." que ya el 5 de mayo de 1937 pasaría totalmente a su propiedad al reestructurarse su capital en $1 750 000.

3 Pusieron en marcha la primera planta de detergente en 1950 (VER "PROCTER & GAMBLE PRODUCTS OF CUBA S.A."). En 1954 "The Royal Bank of Canada" financió la ampliación de su fábrica con un crédito ascendente a $900 000.

1194- SAKOYUTE S.A.
Fábrica de sacos de yute, sita en Castanedo N° 102, Guanabacoa.

1 Era, junto con "Fosfonitro S.A."(VER), filial de "Productora de Superfosfatos S.A."(VER) que poseía el total de las acciones y sus ejecutivos eran los mismos y, a la cual, abastecía de los sacos para envasar el fertilizante que producía.

3 A mediados de la década de los 50 había atravesado una crisis debido a que la arpillera bajó su precio a la mitad. Cliente del "Trust".

1195- SALINAS BIDEMS S.A.
Productora de sal marca "Bidos" y "Real", con oficina en Tejadillo N° 106, La Habana.

1 Era propiedad del Ing. Juan R. Loumiet Boy, vicepresidente durante varios años de la "Asociación Nacional de Industriales de Cuba", de la que también había sido su presidente en 1955-56 e hijo político de Ernesto de Zaldo Ponce de León.

1196- SALVADOR FONDÓN Y COMPAÑÍA S.L.

Comercio dedicado a joyería en general, artículos de plata y objetos de arte, con el nombre comercial de "Le Trianon", sita en Galiano Nº 405 entre San Rafael y San José, La Habana.

1 Propiedad de Salvador Fondón García. Su gerente era Francisco Zayas de la Guardia, nieto de Alfredo Zayas Alfonso, ex-Presidente de Cuba, así como del Gral. del E. L. Juan Bruno Zayas, cuya sobrina, Margarita Rabel Zayas estaba casada con Narciso, hijo de Juan Gelats Botet, propietario del "Banco Gelats"(VER).

3 Cliente del "Boston", Trust" y el "Gelats".

1197- SAMPEDRO Y COMPAÑÍA

Almacén de tejidos y confecciones ubicado en Villegas 413, La Habana.

1,2 En febrero de 1957 había adoptado la actual razón social al separarse el Sr. Parajón, quien integraba la anterior "Parajón, Gutiérrez y Compañía", sucesora a su vez desde 1955 de la "Parajón, San Pedro y Compañía".

3 Confrontaba dificultades desde hacía algún tiempo y tenía adeudos con el Banco Gelats por $55 000.

1198- SAMPEDRO Y PUIG

Locería, cristalería, utensilios de cocina y equipos especializados para bares y cafeterías, ubicada en Ayestarán Nº11, La Habana, con una sucursal en Plaza Marte Nº 53, Santiago de Cuba.

1 Propiedad de José Puig Puig y su cuñado el Ing. Gerardo Sampedro Álvarez, su tesorero, en sociedad con Julio Días Rosete y el CP Manuel Sampedro Álvarez, quienes también poseían "Ensambladora de Refrigeradores Cubanos S.A."(VER), una fábrica de neveras de porcelana.

2 La habían constituido en diciembre de 1948.

1199- SANATORIO GALIGARCÍA

Sanatorio para enfermedades mentales sito en Kokoito, Los Pinos, Habana.

1 Manuel Galigarcia Hernandez era su propietario, en unión de sus hermanos Moisés y José, ambos médicos, quienes eran el subdirector y jefe de sala respectivamente, y su hermano Estéfano, el administrador.

1200- SÁNCHEZ ROCA Y COMPAÑÍA

Editora de libros de la "Editorial Lex" especializada en tópicos del derecho y de la legislación cubana, con talleres en Amargura Nº 259-261 y librería en Obispo Nº 461, La Habana.

1 Mariano Sáchez Roca, español, quien fuera Sub-Secretario de Justicia en España de donde se había exilado con motivo de la Guerra Civil, era su propietario y director gerente.

1201- SÁNCHEZ Y ÁLVAREZ

Tienda de ropa especializada en caballeros, sastrería y taller de confecciones conocida como "La Casa Oscar", sita en San Rafael Nº 213 entre Águila y Amistad.

1 José M. Sánchez era su gerente.

1202- SANDALIO CIENFUEGOS Y COMPAÑÍA

Joyería "El Gallo", sita en Galiano N° 256 esq a Concordia, La Habana

1 Era propiedad de Sandalio Cienfuegos López, su gerente, quien, en el pasado, había tenido la joyería situada en San Rafael e Industria y entonces también poseía "La Estrella de Italia", otra joyería sita en Compostela N° 46, La Habana habiéndose trasladado en 1958 para su local actual.

1203- SANITARIOS VASALLO S.A.

Industria de efectos sanitarios, sito en Industria y Manglar, La Habana.

1 Era propiedad de José López Vilaboy (VER "EDITORIAL MAÑANA S.A.").

3 Cliente con créditos de $280 000 a $340 000 del "Banco Hispano Cubano"(VER), donde Vilaboy era uno de los principales propietarios.

1204- SANSÓ Y COMPAÑÍA

Fábrica de conservas de tomate, pimiento, habichuela, langosta, calamares y empacadura de aceites, pepino y otros, marca "Sansó", así como importadora de vinos, aceites y otros productos alimenticios, ubicada en Calzada del Cerro N°1568.

1 Propiedad de los hermanos Sansó Estarás, siendo Bartolomé y Juan Robert los gerentes.

2 Había sido fundada en 1923 bajo la razón social "Sansó, Ribot y Compañía" como un almacén de víveres por Bartolomé Sansó Borday, padre de los propietarios, natural de las islas Baleares, quien había llegado a Cuba en 1906 trabajando como cocinero, falleciendo en 1950.

A partir de 1935 se convirtió en la primera fábrica de conserva de vegetales, adoptando en 1949 su razón social actual.

1205- SANTA LUCÍA COMPANY S.A.

El "Santa Lucía" era el 42° central en capacidad de producción diaria con 370 000 @, el 7° RI más alto con 13.92, el 13° en número de trabajadores en zafra con 6 268, el 18° mayor propietario de tierras con 1 812 caballería de tierras propias, situado en Gibara, Oriente. Explotaban una finca ganadera con 1 816, 2 caballerías que era la 10ª mayor en extensión.

1 Capital ascendente a $2 250 000. Propiedad de la familia Sánchez Cil y sus cónyuges. Rafael L. Sánchez Cil era el presidente; el Dr.Antonio Latour Olivier, casado con su hermana Laura, era el vicepresidente; Rafael Sánchez Sánchez, hijo de su hermana Encarnación, era el tesorero y a la vez presidente y propietario familiar del "Central Bahía Honda S.A." (VER), con cuya familia Sánchez Sánchez estaban emparentados. Antonio R. Latour Sánchez, hijo de Laura y Fernando Argüelles Menocal, esposo de Lola María Sánchez, hija de Esperanza Sánchez viuda de Sánchez, eran directores.

2 Uno de los 16 centrales que desde el siglo pasado se había mantenido en la propiedad de una misma familia, aunque algunas fuentes se lo atribuyen a Samuel Clark. Fue fundado en 1857 por Rafael Lucas Sánchez Hill, antepasado de los propietarios actuales. En 1879 pasó a sus hijos Rafael Eusebio Sánchez Sánchez, el primogénito, y a Alberto y Federico Sánchez Junco, manteniéndose dentro de la familia bajo distintas firmas: "Vecino, Torre y Cía", "Herederos de R. Sánchez" en

1883, "Hnos. Sánchez" en 1889, "Sucesión de Rafael Lucas Sánchez" en 1895, "Sánchez y Hermanos" en 1903, "Santa Lucía Company" en 1908 y finalmente la actual en 1936.

En los 80 del siglo XIX era uno de los centrales mayores, capaces de hacer 10 000 toneladas. De los 9 grandes centrales situados en el norte de la provincia de Oriente (Manatí, Boston, Preston, Báguanos, Chaparra, Delicias, Tacajó y Tánamo) era el único fundado en el siglo pasado y uno de los 3, junto al Báguanos y al Tacajó, que no había sido construido por capital norteamericano, aunque estos últimos, poco después de su fundación, habían pasado al control extranjero. Había implantado en 1891 la modalidad de pagarle la caña a los colonos según su contenido de sacarosa, y no atendiendo a un precio fijo por cada 100 @ de caña.

El 2 de diciembre de 1895, Rafael Sánchez, su propietario, convino con el Gobierno en Armas en pagarle un impuesto por la zafra.

3 Uno de los principales clientes del Banco Núñez con créditos por más de $1 millón y del Banco Pedroso, propiedad de Víctor Pedroso, casado con Elvira Sánchez Sánchez, miembro de la familia propietaria del central Bahía Honda emparentados con los de éste.

1206- SANTA RITA
Finca ganadera destinada a la cría de ganado "Cebú", con campo de aviación propio, situada en Bartle, Oriente, y con oficina en 6ª Ave entre 46 y 48, Marianao.

1 Era propiedad de Fernando Galán, el mayor criador de ganado cebú en Cuba y vocal de la "Corporación Ganadera de Cuba" en 1958.

1207- SANTÉ MOTORS
Agencia de ventas de autos "Mercedes Benz" y camiones "Berlietz", ubicado en Humboldt 9, La Habana.

1 Propiedad de Ramón Santé Niebla, ex-yerno de Ramón Vasconcelos (VER "ALERTA S.A."). En el mismo local operaban otras agencias, la "Importadora Nacional Ramté S.A." y la "P.M.P.Motors S.A.", de la que era su vicepresidente Elpidio Pizarro, casado con Dulce María, hermana de Santé.

3 Cliente del Banco Franco Cubano con $125 000.

1208- SANTIAGO-HABANA S.A.
Línea de ómnibus interprovinciales con el nombre comercial de "Santiago-Habana" con ruta entre la Habana y Santiago de Cuba y otras ciudades, con 117 ómnibus y 35 salidas diarias. La mayor de todas las rutas interprovinciales y la de más ingreso.

1 Propiedad conjunta de Ramón Martínez Echeverría, Juan Puentes Rodríguez, Ángel Hernández Fernández, Miguel A. Gómez de la Torre y Emilio Campos Lozano.

3 Tenía organizado viajes turísticos por la Isla por lo que había acometido un plan inversionista de construcción de hoteles y tenía en proyecto edificar otros en Camagüey, Santiago de Cuba y Trinidad para lo cual solicitaron financiamiento al BANDES el 12 de diciembre de 1956.

Tenía como filial la "Hotelera Santibana S.A., Compañía" (VER), propietaria de tres hoteles: "Santiago-Habana" de Colón, Matanzas; el "Gran Hotel" de

Santa Clara, fundado en 1956 y el "Santiago-Habana" de Ciego de Ávila, fundado en 1957.

1209- SANTO DOMINGO MOTORS COMPANY

Empresa radicada en Ciudad Trujillo, República de Santo Domingo, y protocolizada en Cuba el 24 de noviembre de 1952.

1 No se conocía quienes eran sus propietarios, siendo su representante en Cuba Amadeo Barletta, italiano residente en Cuba, donde había sido Cónsul de Italia durante el gobierno de Mussolini debido a lo cual había sido expulsado del país durante la Guerra.

Barletta era propietario de "Editorial "El Mundo" S.A., Compañía" (VER), "Telemundo S.A." (VER), "Ambar Motors Corporation" (VER) y tenía intereses en "Servicio Radiomóvil" (VER), en "Godoy Sayán, Oficina Aseguradora de Cuba" (VER), en "La Unión y el Fénix de Cuba" (VER), en "Cooperativa de Ómnibus Aliados S.A." (VER), en "Financiera Nacional de Transporte S.A." (VER), en "Víctor G. Mendoza Company Sales Association Inc.", en "Compañía Inmobiliaria Motor Center S.A.", en "Compañía Financiera Atlántica S.A." (Inversiones), en Compañía Financiera Inversionista Panamericana S.A. y en Rabina Auto Company.

La firma había sido accionista mayoritaria con el 51.20% de las acciones del desaparecido "Banco Atlántico" (VER), así como de la "Constructora Aedes, S.A., Compañía" (VER).

1210- SANTOS BOUZA Y COMPAÑÍA

Almacén de ferretería, de materiales de construcción, maquinaria industrial, equipo para pintores y tratantes en corcho, sito en Calzada de Luyanó N° 704 esquina a Concha, La Habana, cliente del "Trust" y del "Continental".

1 Era propiedad principal de Santos Bouza Mediante.

1211- SARIOL IMPLEMENTOS AGRÍCOLAS S.A.

Importador de maquinaria agrícola e industrial, accesorios de autos y camiones, grasas lubricantes, neumáticos y cámaras de autos, sito en Doble Vía a Rancho Boyeros y Cerro, La Habana, con sucursales en Güines, Matanzas, Cárdenas y Colón, el cual era cliente del "City" y del "Banco Agrícola e Industrial". Concesionario exclusivo de la "International Harvester Company of Cuba"(VER) para las provincias de la Habana y Matanzas.

1 Era propiedad de Ernesto Sariol Corvisón. Juan Betancourt Moreno, su hijo político, era el gerente.

1212- SASTRERÍA JOSÉ M. ÁLVAREZ Y COMPAÑÍA S.A.

Tienda por departamento con el nombre comercial de "Albión", sita en Dragones N° 218 esq. a Galiano, La Habana.

1 Era propiedad de José M. Álvarez García.

1213- SAÚL DÍAZ E HIJO

Droguería, distribuidor de productos farmacéuticos y químicos, almacén de instrumentos industriales, equipos para clínicas y hospitales, instrumental quirúrgico, aparatos y equipos electro-médicos, aparatos y útiles para laboratorios clínicos e industriales, que además producía muebles de hierro para hospitales, sito en 23 N° 313, Vedado, cliente del "Núñez" y del "Pujol".

1 Era propiedad del Dr. Saúl Díaz Bulnes, vicepresidente de la "Sección de Fabricantes e Importadores de Equipos e Instrumental Médico" de la "Cámara de Comercio de la República de Cuba" en 1958.

1214- SEARS ROEBUCK AND COMPANY S.A.

Comercio minorista de artículos varios, conocido como "Sears", ubicado en Reina y Amistad con sucursales en la Ave. 51 en Marianao, en Cienfuegos, Santa Clara, Holguín y Santiago de Cuba.

1 Una de las 5 filiales en Cuba de firmas norteamericanas bajo el control del grupo financiero de Chicago, cuya casa matriz de igual nombre era la mayor cadena de tiendas de EE.UU. y la principal entre todos sus intereses.
Jorge Galbán Carlo, hermano de Juan, copropietario de "Galbán y Olavarría, Compañía Importadora S.A."(VER), era su manager.

2 Con el propósito de construir su edificio que inaugurarían al año siguiente, la casa matriz de Chicago estableció en Cuba en agosto de 1941 una filial con igual nombre cuyo vicepresidente era Galbán, entonces gerente también de la "Galbán e Hijos", la que había sido su representante en la venta de los efectos electrodomésticos.

3 Cliente del "The Trust Company of Cuba" con líneas de crédito que oscilaban entre $1 600 000 y $2 200 000.

1215- SEGUROS ARGOMANIZ

Agencia de seguros con oficina en Ave de las Misiones N° 25, La Habana.

1 Era propiedad de Enrique Argomaniz La Blache, su presidente.

1216- SELECTA

Imprenta y editorial de libros, sita en O'Reilly N° 357, La Habana.

1 Era propiedad de Ricardo Belmonte.

3 Se especializaba en textos para el bachillerato que imprimía en los talleres tipográficos "Alfa", sitos en Palatino N° 202.

1217- SERVICIO RADIO MÓVIL S.A.

Servicio de radiocomunicaciones con oficinas en la Manzana de Gómez N° 527-530, La Habana.

1 Tenía un capital suscrito ascendente a $600 000 de los cuales $219 000 pertenecían a Francisco Vidal Más (VER "GANADERA CANANOVE S.A., COMPAÑÍA), quien era su presidente; Ángel Luis Lorié Curdumí, vicepresidente I, controlaba $127 000; Néstor Núñez Gálvez (VER "BANCO NUÑEZ"), su tesorero, $128 000 y Luis J. Botifoll Gilperez (VER "UNIÓN RADIO S.A."), aparecía con $41 000. Amadeo Barletta (VER "SANTO DOMINGO MOTORS COMPANY") también tenía intereses.

2 El Decreto N° 4119 del 28 de noviembre de 1950 le autorizó a operar por 50 años el servicio público de radiocomunicaciones en el territorio nacional mediante equipos de frecuencia modulada.

3 Brindaba servicios llamados "punto a punto" y "sistema fijo-móviles". Entre los principales clientes del primero se encontraban varias propietarias de centrales como "Atlántica del Golfo," los Gómez Mena, Hershey, el central Tinguaro, la "Rancho Veloz Sugar Company", los centrales de José Fermín Iturrioz, además de

las 2 fábricas textiles de la familia Hedges, y, en el segundo servicio, la "Concretera Nacional", "Hormigón Cubano", la "Exxon", la "Piquera Gris S. A." y otros.
Tenía una amplia productividad con utilidades de alrededor de los $150 000. Sus activos fijos excedían los $870 000 de los que algo más de la mitad correspondían a las plantas y los equipos. Cliente del Banco Núñez con $50 000 a $150 000 de créditos.

1218- SERVICIOS METROPOLITANOS DE GAS S.A.

Fábrica y distribuidora de gas para el consumo doméstico mediante un procedimiento francés de la "Onia-Geigy" de cracking catalítico y fuel oil, con instalaciones de tratamiento, ubicada en Camino del Husillo y Línea de Ferrocarril, Puentes Grandes, Marianao. Suministraba gas a la Habana Metropolitana.

1 Capital ascendente a $600 000, de tipo estatal-privada donde el principal propietario era Fulgencio Batista (VER "DE INMUEBLES S.A., COMPAÑÍA") con el 50% de las acciones en sociedad con el BANDES que había suscrito el 33 % del total. Una parte de las acciones de Batista estaban a nombre de Prudencio Fernández del Río, funcionario del Ing. Pérez Benitoa.
Otros accionistas menores eran Cándido Bolívar Moreyra (VER "ELECTRIC DE CUBA, COMPAÑÍA"), quien era el presidente, con $10 365; Miguel Amézaga con $22 950, vicepresidente; Guillermo de Zaldo Castro (VER "MINAGRO INDUSTRIAL S.A.") con $35 785, quienes eran socios en otras firmas y cuyas acciones, unidas a las de sus funcionarios, Enrique Suárez Buchaga con $20 400, vicepresidente y administrador general; Manuel Meré Fernández con $4 250, tesorero, Fernándo García Valdés con $72 000 y, por último, Fernando Quintana Arias con $4 250, quien era vicepresidente e ingeniero jefe, arrojaban un total de $170 000. Por último, Juan L. Montalvo Saladrigas (VER "CORPORACIÓN INALÁMBRICA CUBANA S.A.") controlaba $60 000.

2 Se constituyó el 19 de agosto de 1955 por Manuel Meré Fernández, Fernando Quintana Arias y Néstor La Font Álvarez, quienes mantuvieron las acciones, siendo éste último representante del Ing.Pérez Benitoa, testaferro de Fulgencio Batista. Las acciones de los fundadores pasarían después a Prudencio Fernández. Se intervino en enero de 1959 y en junio de 1961 aún estaba pendiente de la llegada de algunos equipos.

3 El 18 de julio de 1957 el BANDES acordó otorgarle la concesión que había recibido a su vez el 27 de enero de 1955 por la Ley-Decreto N°1998. El 28 de agosto de 1957 el Decreto Presidencial N° 2768 le otorgó la concesión por 60 años con exención fiscal para construir oleoductos desde el puerto hasta la planta así como una red de distribución y otras obras de utilidad necesarias para fabricar y distribuir el gas.
La francesa "Compagnie Générale des Construction de Fours" la construyó a un costo de $2 200 000. Sus activos totales estaban valorados en $4 202 554. EL BANDES le otorgó financiamiento por $3 800 000 el 29 de mayo de 1958 e invirtió $200 000 en acciones.

1219- SERVICIOS PÚBLICOS DE LA ZONA DEL ESTE S.A.

Mercado de abasto y consumo para la venta minorista de alimentos, así como frigoríficos situado en Guanabacoa.

1 Guido Muñoz Guasch era su presidente y Antonio Hidalgo Bruzón, hijo político de Carlos Núñez Pérez, presidente del "Banco Núñez"(VER), era su tesorero.

2 El mercado fue construido por Constantino Argimón y su apertura se realizó el 22 de diciembre de 1958.

3 Recibió el 19 de octubre de 1956 un financiamiento ascendente a $429 000 de la Financiera Nacional, que le ampliara en $90 000 el 19 de agosto de 1957. Fue el segundo promovido por la "Financiera" que también inaugurara el año anterior el "Mercado Público de Carlos III" rompiendo así el monopolio ejercido desde años por el "Mercado Unico"(VER "MERCADO GENERAL DE ABASTO Y CONSUMO").

1220- SERVICIOS PÚBLICOS UNIFICADOS
Concesionaria y operadora del Acueducto de Matanzas que servía a 11 108 consumidores y obtenía ingresos por $390 000.

1 Propiedad de Eladio del Valle González, su presidente, Representante a la Cámara electo en 1954 y también propietario de "Importadora Valle S.A."(VER), una importadora de víveres y accesorios de autos.

2 La concesión del Acueducto Burriel de Matanzas había sido otorgada por 40 años en 1871 al alemán Fernando Heydrich en sociedad con G.Faura y Casanellas, siendo prorrogada por 30 años más, habiéndose inaugurado el 23 de junio de 1872.

Durante la República se constituiría el 1º de mayo de 1918 la "Compañía de Servicios Públicos de Matanzas S.A." con domicilio en Matanzas, la que concentraría las operaciones y el servicio del acueducto, la electricidad, el tranvía y el alumbrado, habiendo adquirido las firmas que con anterioridad los brindaba.

Por esa época en 1919 la dirigía Alfredo Heydrich, quien había sido vicecónsul de EE.UU. en dicha ciudad. A mediados de los 20 estaría presidida por Pedro Arenal Saiz y Lorenzo de Ibarra era el vicepresidente; Bonifacio Menéndez, tesorero; Luis Amézaga Roldán, vicetesorero y eran directores: Pedro Urquiza, Gregorio Obregón Arenal, Juan Bautista Cañizo, Eusebio Ortiz, Alfredo Fernández y Rodríguez Maribona, José Cabañas.

Arenal, un antiguo propietario, en sociedad con Laurentino García, de casa de comercio de Cárdenas así como de 3 centrales (Socorro, Santa Amalia y Progreso) que perdieron cuando el crac bancario de 1920, había sido también propietario del acueducto de Santiago de las Vegas al comprar el 17 de enero de 1930 la "Nacional de Acueducto de Cuba S.A., Compañía", su concesionaria desde 1910.

1221- SILICATOS CUBANOS S.A.
Fábrica de silicato de sodio (vidrio soluble) y de sulfato de alúmina, ubicada en las afueras de Sagua la Grande.

1 Sus accionistas y ejecutivos eran los mismos de "Acidos e Hipocloritos S.A." (VER), fábrica de productos químicos ubicada también en Sagua la Grande, quienes habían promovido su puesta en marcha.

Propiedad del Ing. Mario Pedroso Montalvo en sociedad con José Fernández Gutiérrez, el Dr. Armando Rodríguez Lendián (VER "CASA VASALLO S.A."), Oscar Palmer y de la Hoz y el Dr. José de J. Portela y Portela, quienes eran presidente, vicepresidente 1°, vicepresidente 2° y administrador general, tesorero y vocal respectivamente. Otros accionistas eran los hermanos José M., Fernando y Sivia Martínez Zaldo, así como Mario Portela Martínez Zaldo.

2, 3 La fábrica de silicato había comenzado a operar en octubre de 1954 y su producción se destinaba a las fábricas de jabón, cartón e impermeabilizadoras de concreto. Su primer año tuvo utilidades netas por $12 000.

La de sulfato comenzó en junio de 1957 mediante una patente de una firma alemana que compraría la producción destinada fundamentalmente a la fábricas de papel y textil, en cuyo proceso consumirían el exceso de ácido sulfúrico de su fábrica asociada. Tenía en proyecto fabricar vidrios planos pero estaban preocupados por la nueva fábrica en construcción de la "Owens Illinois Glass Company" (VER).

El BANFAIC les había prestado $190 000 en 2 partidas para la instalación de la planta. El 11 de julio de 1956 solicitaron $175 000 de financiamiento al BANDES, quien lo rechazó, destinado a comprar equipos adicionales para la planta de sulfato y silicato. El "The Trust Company of Cuba " finalmente les dio el préstamo.

1222- SIMMONS INTERNATIONAL LTD.

Fábrica de colchones de muelles marca "Beautyrest", colchonetas y anexos, sita en Montoro N° 114, La Habana, con agencias en toda la Isla.

1 Era filial de "Simmons Company", firma norteamericana, cuyo administrador general en Cuba era Jaime C. Lugo.

3 Cliente del "City".

1223- SINDICATO TERRITORIAL DE LA HABANA S.A.

Balneario de playa "La Concha" y otras atracciones turísticas así como un parque de diversiones "Coney Island Park" adjunto a éste, ubicados en 5ª Ave. en Miramar.

1 Propiedad del Dr. Carlos Miguel de Céspedes, del Dr. José Manuel Cortina García –ambos socios de Bufete desde 1905– y Dr. Carlos Manuel de la Cruz. Enrique Arango Romero, hijo político del Dr. Cortina, era su residente y José R. Huerta Oliva el administrador.

Céspedes, ex-Secretario del gabinete de Zayas y Secretario de Obras Públicas de Machado, Consejero Consultivo designado por Batista en 1952 y jefe del Partido Liberal en Matanzas desde 1953 por cuya provincia resultara electo en 1954, había fallecido el 8 de junio de 1955 siendo velado en el Capitolio y a su entierro habían asistido Fulgencio Batista y otros dignatarios de su gobierno. Era propietario también de la "North Havana Land Company", firma inmobiliaria poseedora de terrenos en Marianao y Vedado.

José Manuel Cortina García, ex-presidente de la Federación de Estudiantes Universitarios organizada al final del mandato de España, ex-Representante a la Cámara desde 1908, Secretario de la Presidencia con Alfredo Zayas, Ministro de Estado y Senador durante el Gobierno de Gerardo Machado, Delegado por el Partido Popular a la Mediación tras la caida de éste, era autor de varios libros y famoso por su oratoria.

Había sido el fundador de la Asociación de Cosecheros de Tabaco en 1928, miembro de la "Junta Consultiva" del "Diario de la Marina S.A" (VER), vocal de la "Asociación de Propietarios del Reparto Miramar", presidente de la "Asociación Nacional de Ganaderos de Cuba" en 1954 y vocal en 1958.

Era propietario de "Hacienda Cortina", gran latifundio, sito en la antigua finca "La Güira" en San Diego de los Baños, donde tenía plantaciones de tabaco, además de colono del central Cunagua con 4 921 000 arrobas de caña, ganadero y cosechero de tabaco.

Cruz, hijo de Manuel de la Cruz Fernández que fuera secretario de Estrada Palma y autor de obras de tipo histórico, fue Presidente de la Comisión Nacional para el Fomento del Turismo, Representante a la Cámara desde 1920 por el Partido Conservador por La Habana, jefe de su mayoría parlamentaria que combatiera a Machado y, tras su caida, candidato a la Presidencia sin formalizar, tras lo cual se retiró a sus negocios azucareros. Había sido propietario de 1937-46 de "Central Dos Amigos S.A."(VER) y copropietario de 1930-48 del central "Azucarera Santa Regina S.A., Compañía" (VER).

El Dr. Enrique Arango Romero era biznieto por la rama paterna de Francisco Arango y Parreño, I Marqués de la Gratitud y, por su madre, Mercedes Romero León, nieto de Francisco Romero Cárdenas, II Conde de Casa-Romero y II Marqués de Casa-Romero

2 La firma era la continuadora de "Urbanizadora del Parque y Playa de Marianao", de los mismos propietarios, concesionaria desde el 29 de mayo de 1916 del Ayuntamiento de Marianao para la construcción de un Gran Parque de Residencias y Diversiones en la playa del municipio donde podría establecer y explotar toda clase de diversiones como teatros, cines, hipódromos, juegos, apuestas, montañas rusas, yatchs, etc..

Había sido un gran negocio que ocasionara escándalos en varias épocas. Su propósito original fue controlar la mayoría de esas tierras para especular con el valor de los terrenos, tal como en definitiva hicieran, facilitado por el privilegio de expropiación forzosa con que lo favorecieran.

Fue una de las innumerables firmas controladas por el "Banco Español de la Isla de Cuba" hasta la quiebra de éste durante el crac de 1921.

Construyeron y operaron el "Casino Nacional" donde se jugaba todo tipo de juego de apuesta que, para legalizarlo, el gobierno promulgó la Ley del Turismo del 8 de agosto de 1919, además del Balneario "La Concha", inaugurado el 24 de junio de 1922. Con el tiempo también tendrían el hipódromo "Oriental Park".

El 27 de julio de 1933, días antes de la caida de Machado con cuyo gobierno Céspedes estaba profundamente comprometido, se reestructuraría bajo la actual razón social.

Con posterioridad el "Casino" y la playa "La Concha", junto con el hotel "Sevilla-Biltmore"(VER "ARRENDATARIA HOTEL SEVILLA BILTMORE S.A., COMPAÑÍA") y el "Havana-American Jockey Club"(VER "CUBAN AMERICAN JOCKEY CLUB"), formaría parte de un complejo de instalaciones bajo la razón social del "Sindicato Nacional Cubano" controlado por el norteamericano John Mc Entee Bowman, propietario de la cadena de hoteles conocida como la "Bowman Baltimore", quien lo presidía.

El gobierno Revolucionario del Dr. Grau San Martín había decretado en 1933 su expropiación, cuya medida sería rápidamente dejada sin efecto al asumir la presidencia el Coronel del E.L.Mendieta. De nuevo en 1947 el gobierno del Dr.Grau, mediante el Decreto N° 3039 de 24 de septiembre de 1947, decidió la intervención de sus propiedades en vista de que el Ayuntamiento, dirigido entonces por el Alcalde Francisco Batista, había renunciado a sus derechos debido a la extinción del plazo de la concesión. No obstante, las propiedades continuarían en manos de la firma.

El parque de diversiones "Coney Island Park" había sido inaugurado el 29 de diciembre de 1951.

3 El acceso del público era general mediante una cuota en cada ocasión de $1 que daba derecho también a la entrada al parque de diversiones.

1224- SIXTO CAMPANO

Almacén de ferretería ubicado en Cuba N°513, La Habana. Una de las 9 que se asociaran para crear la "Aceros Unidos de Cuba S.A." (VER), fábrica de cabillas que comenzara a producir el 1° de marzo de 1958.

1 Propiedad de Sixto Campano que lo operaba bajo su propio nombre en unión de su hijo Sixto Campano Luelmo.

2 En 1935 Sixto Campano había entrado como socio de la ferretería "Abril y Paz" donde comenzara a trabajar en 1919 cuando llegara a Cuba procedente de España. En ese entonces se formó la "Paz, García y Compañía" que al retirarse García en 1947 se fundó la "Paz y Campano" y en noviembre de 1955 al retirarse Paz adoptó su razón social actual.

3 Tenía activos corrientes por $267 000 y capital total por $205 000. Cliente del First National City Bank.

1225- SKARBREVIK & COMPANY S.A.

Almacén de locería y cristalería, juguetería, quincalla, joyería y tienda por departamento con el nombre comercial de "La Sortija", sita en Monte N° 63 y 65, La Habana

1 Era propiedad de los hermanos Conrado y Carlos Skabrevik Flem, el primero de los cuales era Cónsul de Dinamarca.

3 Cliente del "City".

1226- SOBRINOS DE ABASCAL S.L.

Almacén de víveres en general, víveres finos y licores; almacenista de café y cacao; consignatarios de buques, corredores de aduanas, agente de barcos y seguros; agencia de pasaje y turismo; comisionistas, ubicado en Aguilera N°11 y 13 y Cuba N° 56 en Santiago de Cuba, así como una descascaradora de café en Peralejo N° 402 en la propia ciudad, que eran clientes del "Royal", del "Boston" y del "Nova Scotia".

1 Propiedad de los hermanos Abascal Berenguer. Ricardo era el gerente, Lorenzo el apoderado y Enrique era socio.

2 Se había fundado por Lorenzo Abascal en 1885 –otros lo sitúan en 1884– como "Abascal y Primos" hasta 1926 en que adoptara la razón social actual. En el interregno se había denominado "Abascal y Compañía" y "L. Abascal y Sobrinos". Pedro Abascal Gutiérrez, asturiano, padre de los propietarios actuales, había co-

menzado a trabajar en 1887 en la firma, propiedad de su tío, ascendiendo a gerente en 1902, cargo que ocupara hasta 1933 en que falleciera.

Abascal también había sido miembro de la Junta Directiva de "Naviera de Cuba, Compañía", una operadora de carga y descarga en el puerto de Santiago de Cuba con muelles propios y representante de líneas navieras, constituida en 1904 con un capital efectivo de $100 000, que estaba presidida por Julio Blanco Herrera y el vicepresidente era Gustavo Ros Revilla siendo sus directores: José María Fernández Miranda, José Bosch Vincens, Carlos Ferrer, Valentín Serrano y Nicolás Jané.

3 Antiguo cliente del "Banco de Nova Scotia" desde 1926, siendo el más importante en la sucursal de Santiago de Cuba con préstamos ascendentes a $300 000.

1227- SOBRINOS DE A. GONZÁLEZ S EN C

Almacén de escogida y exportador de tabaco en rama, tabaco y cigarros, ubicado en Industria y Barcelona. Era uno de los almacenes más antiguos.

1 Propiedad de la familia González Prieto y otros asociados. Los gerentes eran los tres hermanos Antero, José Manuel y José Benito González Prieto, en unión de José B. Valle Prieto, José M. Quesada Quesada y Manuel Quesada González. Antero, quien había permanecido en EE.UU. durante años hasta 1931 en que regresara , era el gerente principal. Eran socios comanditarios Agustín Quesada González, José R. y Enrique González Soto, Rosario Quesada y María Teresa Prieto.

Los González Prieto eran parientes de los González de "José González y Compañía" y de "Constantino González y Compañía".

2 Hay contradicción en el año de su fundación. Según unos se fundó en 1860, otros en 1862, otros en 1867 y finalmente los últimos la sitúan en 1868, pero siempre por los hermanos José, Ramón y Antero Gonzáles Díaz bajo la razón social de "González y García", transformada después en "González y Hnos." y "A.González y Compañía" hasta 1895 en que adoptara su nombre actual al pasar a la propiedad de los hijos y sobrinos de los fundadores.

Sus exportaciones durante los primeros años republicanos continuaron concentrándose hacia la "Compañía Arrendataria Española". En 1940 establecieron una firma en República Dominicana.

3 Cliente del "Banco Gelats" con $410 000 de créditos, así como de otros 4 bancos más.

1228- SOCIEDAD GANADERA FLOR DEL VALLE

Finca ganadera destinada a la cría y venta de ganado "Cebú", "Santa Gertrudis", así como potros y potrancas hispano-árabes, situada en Sancti Spiritus, con oficina en H.Brunet, Sancti Spiritus, y en Edificio Horter, Obispo esq. a Oficios, La Habana.

1 Era propiedad de Estanislao del Valle Grau (VER "CENTRAL SOLEDAD S.A."), quien también lo era de "Ganadera de las Nuevas, Compañía", con oficina en Honorato N° 5, Sancti Spiritus, a cargo de su hijo Estanislao del Valle, así como presidente y propietario del central Natividad y del central Soledad (M).

Del Valle era vicepresidente III de la "Corporación Ganadera de Cuba" en 1958, vicesecretario de la "Asociación de Criadores de Ganado Santa Gertrudis" en 1958 y había sido presidente de la "Corporación Ganadera de Cuba" en 1948-50.

1229- SOCIEDAD PANAMERICANA DE SEGUROS S.A.
(VER "GODOY-SAYÁN, OFICINA ASEGURADORA DE CUBA")

1230- SOCIETÉ DES GRANDS TRAVAUX DE MARSEILLE
Constructora encargada de las obras del "Túnel de la Bahía", valorado en $35 000 000 y del segundo Túnel del río Almendares, financiado por Financiera Nacional.

1 Filial de la firma francesa de igual nombre cuyo representante en Cuba era Raymond Plutarque.
La "De Fomento del Túnel de La Habana S.A., Compañía" (VER), concesionaria de la obra, le había otorgado su construcción.

2 El Decreto N°2122 del 22 de julio de 1957 le otorgó también la concesión de las obras para el Túnel del Río Almendares.

3 Se le pagó en bonos emitidos por la Financiera Nacional de Cuba, de los que el 55 % fueron adquiridos por el Banco para el Comercio Exterior, a cambio de azúcar en una operación que deprimió su precio en el mercado. El 45 % restante lo financió la firma con la promesa de insertar los bonos en los canales bancarios cubanos. El valor de la obra se consideraba sobrevaluado.
El "Banco para el Comercio Exterior" contrató a "Louis Dreyfus et Cie." y a "Compagnie Continentale d'Importation" quienes compraban y exportaban el azúcar, ascendente a $32 millones de cuyas ventas la firma les pagaba una comisión. El Banco por su parte adquiría los bonos de la Financiera en poder de la "Societé" por el 57% de las exportaciones.
Operaba con un capital de $8 000 000 y era cliente del Banco Franco Cubano que le otorgó créditos por $3 000 000 para las obras del Túnel de la Bahía y de $500 000 para el Túnel del Río Almendares.

1231- SOLARES Y PARCELAS S.A.
1 Solares urbanos, propiedad de Fernando G. Mendoza Zaldo y su tío Alberto G.Mendoza Freyre de Andrade, quienes eran el presidente y administrador respectivamente.

3 Cliente del Banco Gelats con deudas antiguas por $40 000.

1232- SOLÍS, ENTRIALGO Y COMPAÑÍA S.A.
La más importante entre las tiendas por departamentos con el nombre comercial de "El Encanto" que era además sastrería, tienda de ropa hecha, sedería y quincalla, juguetería, peletería, almacén de tejidos, así como fábrica de colchones y de ropa interior de señoras y distribuidores de perfumes, y además poseían tres almacenes, teniendo más de 1 000 empleados de los cuales 300 se desempeñaban en la tienda central cuya casa central estaba en Galiano N° 351, La Habana, con sucursales en Varadero, Santa Clara, Cienfuegos, Camagüey, Holguín y Santiago de Cuba.
Tenía como subsidiarias a "Perfumería Mayrán S.A."(VER) y a "Confecciones Exclusivas S.A."(VER) donde contaban con talleres de confecciones, colchón y otros productos.

1 Propiedad principal de la familia Solís Alió (VER "BANCO DEL COMERCIO") y de la Entrialgo, ambas descendientes de los fundadores, con un capital que superaba los $5 000 000.
Joaquín Díaz del Villar era su presidente y fungían como vicepresidentes, Humberto Solís Alió y José Blanco Cabrera. Este último estaba casado con Carmelina

Entrialgo Bolado, hija de Aquilino, uno de los antiguos propietarios, quien era además su tesorero. Bernardo Solís Alió era su gerente y Cándido Muñiz Muñiz, antiguo vicepresidente, era consejero.

Luis Entrialgo Álvarez, hermano de Aquilino, había sido vicepresidente hasta junio de 1953 en que falleciera. Aquilino Entrialgo, hermano de Carmelina, tenía intereses en "Operadora de Stadiums S.A., Compañía" (VER). Manuel Solís Mendieta, sobrino de los fundadores José y Bernardo Solís, había sido su tesorero hasta el 19 de julio de 1942 en que falleciera

Los Solís habían heredado también de su padre el "Banco del Comercio" (VER), quien lo había fundado bajo su nueva reestructuración el 5 de diciembre de 1919 y lo había presidido, el que posteriormente había sido vendido el 30 de julio de 1952 por $2 500 000 al "The Trust Company of Cuba"(VER) del cual habían pasado a ser accionistas en compañía de José Ignacio de la Cámara y de César Rodríguez González, propietario de "Almacenes Ultra" (VER).

Con estos 2 últimos eran además socios en "De Jarcia de Matanzas, Compañía"(VER), y, con el primero, en "Petrolera Transcuba S.A." (VER) y en "Residencial Alamar" (VER). Humberto Solís era el vicepresidente de ésta donde Díaz del Villar también tenía intereses y además tenía participación e integraba la Junta de "Inspiración Cubana del Cobre, Compañía" (VER) y era uno de los selectos miembros de la "Junta Consultiva" del "Diario de la Marina S.A." (VER).

2 "El Encanto" había sido fundado en 1888 en Guanabacoa por los hermanos José y Bernardo Solís García como una tienda para la venta de tejidos, trasladándola después para Compostela y Sol en La Habana. Aquilino Entrialgo Álvarez, quien comenzara de empleado desde 1888, entraría como asociado entonces y, debido a su iniciativa, la tienda se asentaría en su actual dirección. Su actual razón social se había creado en 1941 y eran propietarios del edificio que habían modernizado en 1954.

Tenía sucursales desde 1927 en Camagüey, desde 1948 en Santiago de Cuba, Cienfuegos en 1952, así como en Holguín, Santa Clara y Varadero. José Fernández Rodríguez, antiguo ejecutivo de la firma, fue el fundador en Madrid de las tiendas "Galerías Preciados"y "Sederías Carretas".

3 Gozaba de una buena situación financiera con altas ventas y utilidades sustanciales. Su activo total superaba los $14 000 000 con un capital líquido de $8 700 000 y ventas por más de $12 000 000 con utilidades entre $227 000 y $500 000. Tenía cuentas en New York, París y en Londres pues el 90 % de sus abastecimientos se importaban.

Más de 70 de sus empleados participaban en sus beneficios pues practicaban tal política con sus colaboradores más destacados desde antaño.

Cliente del "Boston", del "City" y del "Chase". Tenía línea de créditos por $1 000 000 con el "The Trust" donde la familia Solís Alió era accionista.

1233- STANDARD FRUIT AND STEAMSHIP COMPANY

Una de las 2 navieras –junto con la "United Fruit"– con una línea regular semanal de carga y pasaje entre New Orleans, La Habana y Honduras, con el nombre comercial de "Vaccaro Line"

1 Filial de la casa matriz norteamericana de igual nombre.

3 Tenía sus muelles propios que le permitían evitar el alto costo del Puerto de La Habana así como aprovechar las cargas ligeras de esa ruta que eran más productivas.

1234- STANDARD HAVANA TOBACCO COMPANY

Almacenista exportador de tabaco en rama, con oficina en 23 N° 105, Vedado.

1 Propiedad de Alberto W. Kaffenburg.

2 La firma tenía su antecedente en "I. Kaffenburg & Sons Tabaco S.A.", una filial de la "I. Kaffenburg & Sons Incorporated" inscripta en Nueva York, fundada por su tío-abuelo Isaías Kaffenburg, la primera en 1884 y la última en 1876. Su tío, Walter A.Kaffenburg, había sucedido a Isaías hasta su fallecimiento en Nueva York el 2 de junio de 1945.

Su padre, Albert, falleció el 10 de octubre de 1943 en Boston donde vivía, pero ya desde antes estaba al frente de la filial de Cuba donde residía. Con anterioridad su domicilio había estado en Zulueta N° 702.

1235- ST GEORGE'S SCHOOL

Colegio con enseñanza en español e inglés de enseñanza primaria, comercio y bachillerato, sito en Línea N° 858, Línea N° 903, 905 y en 4 esq a 5ª, Vedado.

1 Eran sus directoras la Dra. Teresa Gavalda Milanés de Cruz y la Dra. Carmen Dorta de Cano.

1236- SUÁREZ Y SMITH

Firma de corredores y urbanizadores del Reparto "Alturas de la Coronela" con oficina en Obispo N° 201, La Habana.

1 Era propiedad de Miguel Suárez de Cárdenas, hijo de Miguel A. Suárez León (VER "OPERADORA DE STADIUMS S.A., COMPAÑÍA") en sociedad con Ernesto Smith García, hijo de Ernesto Smith Hevia, gerente de la "Columbia Pictures"(VER).

Los padres de ambos, Miguel A. Suárez León y Ernesto Smith Hevia, eran socios a su vez en "Gran Stadium de La Habana".

1237- SUCESIÓN DE FELIPE DE LA HOZ

Finca ganadera "San Francisco" destinada a la cría de ganado cebú con campo de aviación propio, situada en Galbis, Camagüey.

1 Era propiedad de los hermanos Felipe y Antonio de la Hoz, quienes la heredaran de su padre Felipe de la Hoz Cabañas, un antiguo directivo de la "Corporación Ganadera de Cuba", fallecido el 22 de marzo de 1955, tras lo cual la firma adoptó su razón social actual.

Felipe era vocal de la "Corporación Ganadera de Cuba" en 1958 y uno de los promotores de la "Asociación de Productores de Alta Calidad".

1238- SUCESIÓN DE JOSÉ L. PIEDRA

Fábrica de tabaco "Piedra" y de cigarros "José L.Piedra" con capacidad de producción de 657 744 miles de unidades anuales, siendo el 7° mayor productor de cigarrillos con el 7.6% de la producción total, ubicada en Ave.57 N° 13402, Marianao, La Habana.

1 Propiedad de los herederos de José L.Piedra. Su hijo, José Ramón Piedra Fraga, había sido su presidente hasta su prematuro fallecimiento el 11 de junio de

1956 en que fuera sustituido por Jaime Villanueva Bernaza, casado con su hermana Rina.

Era también accionista y presidente de la empresa radial "Circuito Nacional Cubano"(VER), la que había pasado a ser propiedad principal de Fulgencio Batista desde el 21 de febrero de 1955.

2 Fue fundada, según unos en 1880 y, según otros, en Remedios en 1896, siendo trasladada en 1925 para Camajuaní desde donde en enero de 1936 volviera a trasladar sus talleres para Alquízar. En noviembre de ese año se instaló en Guanajay donde se mantuvo la fábrica hasta prácticamente los años 50.

Se adjudicó pertenencias, negocios y edificio de la antigua y abrió oficina y depósitos en Rayo Nº 31, La Habana y, en febrero de 1938, se establecería en Reina entre Escobar y Gervasio. Había comenzado en 1935 a fabricar cigarrillos.

Había sido fundada por José Lamadrid Piedra –hijo de María Piedra Lamadrid fallecida en Remedios el 20 de julio de 1936– quien fuera su gerente hasta su deceso el 15 de junio de 1942. Había sido vicepresidente de la "Unión de Fabricantes de Tabaco" e 1938, presidente de la "Asociación de Fabricantes de Cigarros" y, al fallecer, era tesorero de la "Unión de Fabricantes de Cigarros" y vocal de la anterior.

Lamadrid Piedra había revolucionado la fabricación de tabacos con varias vitolas tradicionales, tales como "Nacionales", "Petit Cetros" y "Londres", los que había introducido en el mercado a precios módicos por lo que era una de las marcas más populares en el mercado interno, aunque en sus últimos años se estaba extendiendo hacia el exterior.

Tras su muerte su hijo lo había sucedido en unión de su hijo político, Jaime Villanueva casado el 3 de diciembre de 1938 con su hija Rina.

3 Cliente del "Banco Pedroso" con créditos que oscilaban entre $135 000 y $180 000.

1239- SUCESIÓN DE L. FALLA GUTIÉRREZ

Administración de los bienes propiedad de los herederos de Laureano Falla Gutiérrez, con oficina en Oficios Nº 110 altos, La Habana, que tenía su cuenta bancaria en "The Trust Company of Cuba".

1 Contaba con un capital total entre $65 y $75 millones y tenía como beneficiarios a los 3 hijos de Falla, o sea Eutimio, Isabel y María Teresa Falla Bonet, así como Viriato Gutiérrez, viudo de su cuarta hija Adelaida y a Agustín Batista, presidente del "The Trust Company of Cuba"(VER) y esposo de María Teresa.

Miguel Cervera Falla era su administrador y su hermano Ricardo, el apoderado. Cervera también era miembro del Consejo de Dirección de "Azucarera Central Patria S.A., Compañía", central Patria, así como vicepresidente de "Central Andreita Compañía Azucarera", vicepresidente y administrador de "Azucarera Fidelidad, Compañía"(VER), todas propiedad de la "Sucesión".

Era el principal grupo azucarero-financiero, poseía 7 centrales. Tenían intereses en otros y eran los principales en el primer banco de Cuba, así como en múltiples empresas.

Era el 2º grupo más importante de hacendados cubanos en cuanto a número de centrales, superado por Julio Lobo (VER "AZUCARERA GÓMEZ MENA S.A.,

COMPAÑÍA"), y el 3° en relación a la capacidad de producción (2 910 000 @ diarias), en la que estaban precedidos por Lobo y la "Azucarera Atlántica del Golfo S.A., Compañía" (VER), la que estaba pasando a su control.

Sus 7 centrales eran el "Adelaida, Compañía Azucarera S.A."(VER); "Central Andreita, Compañía Azucarera S.A."(VER), "Central Manuelita, Compañía Azucarera S.A."(VER), "Azucarera Fidelidad S.A.,Compañía"(VER), "Azucarera Buenavista S.A., Compañía"(VER), "Azucarera Central Patria S.A., Compañía"(VER) y "Central Violeta Sugar Company"(VER).

También Batista formaba parte de un grupo de cápitales cubanos que habían pasado a controlar el antiguo consorcio norteamericano la "Cubana, Compañía"(VER), propietaria de 2 centrales que representaba el 15° más importante y el 7° entre los de capital cubano.

Tenía estrechas relaciones con el "The Trust Company of Cuba", el primer banco del país desde 1952, a través de Eutimio Falla Bonet y su cuñado Agustín Batista G.Mendoza, quienes poseían el 56 % de su capital y era la base financiera de la "Sucesión", quien aportara el capital inicial para su compra en 1943. La "Sucesión" también tenía acciones en el "Banco de los Colonos"(VER) desde 1943, a través de Ángel Pardo Jiménez, y en 1956, a través de Servando Fernández Rebull, parecen haber suscrito unas 1233.

La "Sucesión" tenía intereses en "Cubana de Refrigeración Eléctrica, Compañía"(VER), un almacén para la venta de equipos electrodomésticos; "Nauyú Destillering Company"(VER), la segunda mayor destilería de alcohol situada en el central Adelaida; "Inmobiliaria Payret S.A."(VER), propietaria del cine y teatro "Payret"; así como en "Papelera Nacional" (VER); "Cubana de Pesca y Navegación S.A., Compañía"; en "Cubana de Fibra y Jarcia S.A., Compañía"; en "Agrícola Henequenera Estrella S.A., Compañía" y otras.

2 La "Sucesión" se había constituido el 27 de mayo de 1929 para continuar los negocios del asturiano Laureano Falla Gutiérrez, fallecido poco antes, quien nació el 25 de diciembre de 1859 en Anero, Santander, España, llegó a Cuba en 1874 comenzando a trabajar como dependiente en una tienda mixta en Santa Isabel de Las Lajas hasta iniciarse como colono en 1894 en la colonia "Villareal" y como hacendado a partir de 1901 en el demolido ingenio "Santísima Trinidad" y fuera presidente de la Colonia Española de Cienfuegos –donde vivió casi siempre– y presidente del Casino Español de La Habana.

En 1888 Falla era Capitán Ayudante del escuadrón de Caballería del Cuerpo de Voluntarios de Santa Isabel de las Lajas, trasladándose a Cienfuegos donde se asoció con Nicolás Castaño .

Fue fundador de varias fábricas entre 1910 y 1929: fábrica de papel, plantas eléctricas en Cienfuegos, Cárdenas y otras; plantación de henequén en Cárdenas; empresa de Seguros, etc. Propietario de terrenos en La Habana y Cienfuegos y de numerosas fincas. Presidente de la Compañía Azucarera Central Adelaida. Presidente de la Compañía Hidroeléctrica Madrazo de Cienfuegos, gerente de los Centrales Andreíta, Manuelita y Cieneguita, y vicepresidente de la Compañía Cubana de Electricidad en Santa Clara, vocal de Compañía de Jarcia de Matanzas y Nueva

Fábrica de Hielo (Polar), así como presidente de Compañía Cubana de Pesca y Navegación y de "Unión Agrícola e Industrial", firma de seguros.

Había sido socio, junto con el Gral.Machado, el Cnel.Orestes Ferrara y Nicolás Castaño, de la "Eléctrica de Cuba, Compañía" que brindaba servicio de electricidad a Santa Clara y vendieran a mitad de los años 20 a la recién constituida "Cubana de Electricidad, Compañía"(VER).

Había sido socio, junto con H. Upmann y Armando Godoy, de José Marimón Juliach en el "Banco Español de la Isla de Cuba", quien, unido a José López Rodríguez, principal propietario del "Banco Nacional", había formado una alianza del capital financiero-azucarero criollo y español contra el capital extranjero, habiendo respaldado al Comité de Ventas del azúcar en 1920.

Al fallecer en 1929 sus 4 hijos heredaron los centrales Adelaida, Manuelita y Patria y sus yernos y nietos acrecentaron los bienes comprando en 1946 el San Germán, en 1951 el Punta Alegre, a comienzos de 1958 el Violeta y, en 1943, el banco "The Trust Company of Cuba".

La "Sucesión" fue originalmente administrada por el Dr.David Suero Rodríguez, esposo de Isabel Falla y padre de Alejandro Suero Falla, hasta su deceso en junio de 1938 pues ya desde 1923 había sido nombrado administrador general de los intereses de la familia. A partir de 1943 Rafael Jiménez-Rojo Saladrigas, un antiguo funcionario de Falla Gutiérrez desde 1918, fue su Apoderado hasta su fallecimiento el 18 de abril de 1953.

Desde 1945 Alejandro Suero Falla, hijo de Isabel, estaba al frente del consorcio azucarero y en 1958 era el presidente de todas sus empresas y Julio Prado Rodríguez –quien había sustituido a Eutimio Falla Bonet– había pasado a ocupar la vicepresidencia, salvo en el Manuelita donde la ocupaba Urbano Monasterio Díaz.

Suero también tenía intereses en "Petrolera Transcuba S.A." (VER) y en "Corporación Intercontinental de Hoteles de Cuba S.A."(VER), de la que había sido su presidente hasta el 21 de noviembre de 1957.

3 Estaba logrando el control, sobre todo después de la segunda mitad de 1958, de la "Azucarera Atlántica del Golfo, Compañía"(VER), propietaria entonces de 6 centrales que representaba el 2° grupo azucarero según su capacidad de producción y el 1° de capital norteamericano, la que desde los años 30 había sido el más importante consorcio azucarero del mundo. Desde 1958, Miguel A. Falla Álvarez, primo de los hermanos Falla, era su vicepresidente y administrador general y, ya desde antes, Alejandro Suero Falla, cabeza dirigente del consorcio azucarero de la "Sucesión", formaba parte de su Junta de Directores.

A partir del 2 de Enero de 1958 en que la "Azucarera Atlántica del Golfo, Compañía" anunció públicamente un Plan de Completa Liquidación, había logrado superar en su control a otros grupos cubanos con intereses dentro de ella, o sea Julio Lobo (VER "AZUCARERA GÓMEZ MENA S.A., COMPAÑÍA"), Fulgencio Batista (VER "AGRÍCOLA DEFENSA S.A., COMPAÑÍA") y Francisco Blanco (VER "AZUCARERA CORAZÓN DE JESÚS S.A., COMPAÑÍA").

1240- SUCESORES DE AMÉRICO CASAS

Fincas ganaderas, la más importante de las cuales era "San José del Retiro", destinadas a la cría de ganado "Charollaise" y otros ganado comerciales, situada en Jiguaní, Oriente, y oficina en Edificio N en N N° 266, 5ª piso, Vedado, La Habana.

1 Era propiedad de los hermanos Ignacio y Alberto Casas Gutiérrez, nacidos en 1930 y 1932, hijos y nietos de Alberto Casas, huérfanos de padre siendo niños, y criados por su tío Ignacio Casas Saumell, quien administrara las fincas hasta 1940 en que falleciera.

2 Su tío había importado ganado "Charollaise" en 4 ocasiones entre 1923 y 1930, de cuya crianza en Cuba había sido precursor junto con el Marqués de la Real Campiña. La mayor de sus posesiones tenía 10 000 acres de tierra y 150 hembras selectas.

3 Criaban para su venta ejemplares de pura sangre muchos de los cuales habían sido premiados en exposiciones, además de ganado comercial que vendían en cantidades importantes a mataderos.

1241- SUCESORES DE ARELLANO Y MENDOZA, CONTRATISTAS S.A.

Contratista de toda clase de obras, preferentemente estatales, con oficinas en Aguiar 360 y en Carretera de Lucero, La Habana.

1 Propiedad de los hermanos González Mendoza Vinent, propietarios también de "Constructora Mendoza"(VER).

2 Se constituyó el 16 de marzo de 1936 sustituyendo a la antigua "Arellano y Mendoza" con oficina en el edificio Bacardí, fundada en 1915.
Armando Gil Castellanos, nacido en La Habana el 18 de octubre de 1889 y fallecido el 5 de diciembre de 1945, un arquitecto socio con Horacio Navarrete de la "Gil y Navarrete", tras disolverse ésta había pasado a ser su administrador junto con la "Arellano y Mendoza". La "Gil y Navarrete" se había constituido en 1917 para fabricar edificios dentro y fuera de ciudad de La Habana y entre sus principales construcciones están las casas situadas en 23 y M, propiedad de Valle, Grau y Compañía; las de Carlos III y Oquendo de Ignacio del Valle; la de Mendoza en 5ª Ave y calle 18, la de Luis del Valle en Patrocinio y Juan Delgado, el Edificio Bacardí y el Palacio del Vedado Tennis Club.

3 La contratista participó en obras de dragado y saneamiento en la Laguna de Paso Malo ($2 103 000), en el puerto de Isabela de Sagua ($7 200 000), en el puerto de Cárdenas ($1 500 000), en el canal de Refugio en Batabanó ($858 000), en el puerto la Coloma ($367 000), en el canal de enlace de Varadero y la bahía de Cárdenas ($5 621 000), en la ensenada de Marimelena en La Habana ($4 771 000), en el río Guanabo ($247 000), así como en la construcción del muelle para yates en Varadero ($1 400 000) y los muros de contención en la Laguna de Paso Malo ($1 200 000).
Cliente del Banco Núñez con $1 000 000.

1242- SUCESORES DE CASTELEIRO Y VIZOSO S.A.

Ferretería, importación al por mayor, accesorios de maquinarias, instrumentos agrícolas, pinturas, efectos navales, ubicada en Lamparilla N° 4, en La Habana. Eran representantes de las máquinas de escribir y sumar "Underwood", de calcular

"Friden", de contabilidad "Elliot-Fischer", mimeógrafos "Gestetner" y protectora de cheques "Paymaster".

1 Ángel Colmenares Fernández era su presidente y Eduardo de Arias y Sixto Gorostela eran ambos vicepresidentes, siendo su tesorero Ángel Colmenares Larrea, hijo del presidente.

2 Había sido fundada en 1878 por Leonardo Buñuel, su propietario, quien, a partir de 1897, le pasó su administracción a Segundo Casteleiro Pedreira y a Gaspar Vizoso –al servicio de la firma desde 1892 y 1888 respectivamente–, a quienes designó como sus apoderados, hasta que en 1901 todos constituyeron la sociedad "Casteleiro y Vizoso S en C", estableciéndose a partir del año 1905 en su local actual perteneciente a la antigua ferretería "Marina y Compañía", propiedad de Marina, cuñado de Nicolás Castaño.

Laureano Falla Gutiérrez, con quien Casteleiro compartía entonces otros negocios (VER "SUCESIÓN DE L. FALLA GUTIÉRREZ"), había sido socio comanditario en los años 10. En 1936 se creó la razón social "Sucesores de Casteleiro y Vizoso, Importadores de Ferretería S.A.".

Casteleiro había sido presidente de 1918 hasta 1950 de "Jarcia de Matanzas, Compañía" (VER) donde sus hijos Jorge y Segundo Casteleiro Colmenares eran directivos y conservaban sus intereses. Formaba parte de la Junta de "De Seguros Mutuos Contra Incendios "El Iris", Compañía" (VER) y de la "Junta Consultiva" del "Diario de la Marina S.A."(VER)

Colmenares, quien había asumido su presidencia desde 1936, estaba emparentado con Segundo Casteleiro y con Gaspar Vizoso, ambos casados con una Colmenares.

La actual razón social se constituyó el 14 de abril de ese año.

1243- SUCESORES DE ISAÍAS CARTAYA

Finca ganadera "San Agustín" destinada a la cría de ganado cebú, situada en Fomento, L.V. y oficinas en Cuba Nº 162, bajos, La Habana.

1 Era propiedad del Dr. Isaías M. Cartaya, en sociedad con sus hermanos Darío e Inés M., viuda de Álvarez. Isaías era presidente de la "Asociación de Criadores de Ganado Cebú" de 1956-58.

2 La firma había sido pionera de la crianza de la raza "Indu-Brasil" y había sido fundada por el padre de sus propietarios actuales, Isaías Cartaya Cartaya, quien durante los años 30 había sido arrendatario del central San Pablo.

1244- SUCESORES DE SANTEIRO Y COMPAÑÍA

Almacén de víveres situado en Pérez Nº 605, Luyanó.

1 Propiedad de Manuel Santeiro Penabad y su sobrino Antonio Santeiro Vázquez, heredero de su padre Juan B.

Santeiro era hermano de José M, quien fuera suegro del ex-Ministro José Braulio Alemán y, su hijo, Manuel Santeiro Rodríguez, estaba casado con Bibí, hija del hacendado Manuel Aspuru.

2 La firma había sido fundada originalmente como "Santeiro y Compañía" entonces localizada en Mercaderes Nº 5 y 7, La Habana y eran sus gerentes Juan B. y Manuel A. Santeiro Penabad.

1245- SUERO Y COMPAÑÍA S.A. IMPORTADORES DE VÍVERES

Almacén importador de víveres, ubicado en Edificio Suero, Oficios N°58, La Habana.

1 Propiedad de los hermanos Guillermo y Roberto Suero Bernal. Este último era presidente de la "Cámara de Comercio de Cuba" y vicepresidente de "Central Nazábal S.A."(VER), de la que su esposa, Moraima Nazábal, era una de las co-propietarias, teniendo también intereses en "Territorial Alturas del Olimpo"(VER).

2 Fundado en 1889 como almacén de víveres, en especial de arroz, café y tasajo, por el español Ramón Suero Toyo, llegado pobre a Cuba, padre de los actuales propietarios, que se dedicara también a refaccionar a tiendas de ingenios, colonias de caña y vegas de tabaco.

Al fallecer Suero Toyo en un accidente de automóvil en 1915 lo sustituyó su hijo Ramón Suero Bernal, quien contaba sólo 20 años, junto con sus hermanos más jóvenes Roberto y Guillermo, y como socio en comandita su viuda Ana María Bernal.

Sus propietarios habían pasado a la gerencia tras el fallecimiento de su hermano Ramón el 18 de enero de 1939.

1246- SUN LIFE ASSURANCE COMPANY

La 2ª mayor aseguradora con $887 495 000 en seguros de vida en vigor con oficinas en Aguiar 367 esquina a Obrapía, La Habana.

1 Filial de casa matriz canadiense fundada en 1865.

2 Se había establecido en Cuba en 1888, aunque otras fuentes la sitúan en 1892 y otras en 1902.

3 Tenía la mayor inversión privada entre las firmas de seguros con suscripción desde el 31 de agosto de 1945 de $1 500 000 de la emisión de bonos ascendente a $1 800 000 de la "Cubana de Acueductos, Compañía"(VER) en pago por la compra de la concesión a la empresa norteamericana propietaria.

Había financiado por $900 000 en 1954 la ampliación de la fábrica de "Sabatés S.A."(VER). Tenía también bonos públicos de "Financiera Nacional" ascendente a $600 000.

Desde los años 40 había duplicado sus activos que ascendían a $1 742 000. Cliente del "The Royal Bank" con $1 865 000 que ascendía en ocasiones a $2 000 000.

1247- SUPERMERCADOS EKLOH S.A.

Almacenista de víveres, vinos y licores con oficinas en 12 y 19, Almendares, y supermercado de venta al detalle con el nombre comercial de "Ekloh", ubicado en la Calle 42 N° 3910, Almendares, y en 17 y K, Vedado.

1 Propiedad de David Brandon quien también era socio en la cadena de supermercados "Minimax Supermercados S.A." (VER) y la "Textilera San José" (VER).

Con intereses en las 2 principales cadenas de supermercados, Brandon se estaba convirtiendo en el principal empresario en el comercio de víveres al detalle que, probablemente con el tiempo, hubiese desplazado a tradicional sistema de "bodegas" controlado por gallegos y asturianos desde el siglo XIX.

2,3 Fue comprada en 1957 y tenía entonces adeudos por cerca de $100 000 con el Banco Chase Manhattan y deudas con otros bancos. El capital y el superávit ascendían en ese momento a $256 000. A fines de la década compraría por una elevada suma los terrenos y la casa en 17 y K, Vedado, donde estaba enclavada la magnífica residencia de María Dolores Machín, viuda de Upmann, que se derribaría para construir uno de sus sucursales.

1248- SUPREME KNITTIN MILLS INCORPORATED

Fábrica de artículos de punto, ubicada en A.Castillo Nº 115, La Habana.

1 Propiedad de Josef y Jannina Cybulski.

3 Cliente del "Industrial Bank".

1249- SWIFT & COMPANY PACKERS

Fábrica de abono químico e industria alimenticia productora de manteca(50 %), carnes ahumadas (30%) y otros productos como embutidos, tasajos, jamón, aceite vegetal, mantequilla y queso, conservas y jugos de frutas y vegetales, con 200 obreros, ubicada en Fábrica y Aspuru, Luyanó, La Habana y sucursales en Cienfuegos, Camagüey y Santiago de Cuba, siendo la mayor en su giro. Era además un matadero, encomendero y almacenista de víveres.

1 Una de las 5 filiales en Cuba de firmas norteamericanas bajo el control del grupo financiero de Chicago, filial de la casa matriz "Swift and Company".

1250- SYLVAIN PATISSERIE

Repostería y buffet de comida fina francesa "Sylvain", sita en Línea Nº 951 esq a 8, Vedado.

1 Era propiedad de Sylvian Brouté, nacido en Saint Calais, La Sarthe, Francia, quien había venido a Cuba en 1949 traído por María Teresa Falla Bonet, esposa de Agustín Batista (VER "THE TRUST COMPANY OF CUBA"), para trabajar de cocinero en su residencia privada.

Había servido como tal en Francia durante 18 años, entre otras notables celebridades, a los Rothschild, a la princesa de la Tour D'Auvergne, al Conde de Vienne y a Jacques Guerlain.

1251- S. RUPPIN HAVANA TOBACCO

Almacenista de tabaco en rama ubicado en Carlos III Nº 613, La Habana.

1 Filial de la casa norteamericana "S. Ruppin Company Incorporated", constituida en Nueva York, presidida por Morton Morris. José E. Smith Pantin, ex-tesorero de la "Asociación de Almacenistas y Cosecheros de Tabaco", y Morton Morris, eran el presidente y vicepresidente respectivamente en Cuba.

2 Se había establecido en Cuba en septiembre de 1928.

1252- TABACALERA CUBANA S.A.

La 3ª mayor fábrica de tabaco, con la marca "La Corona", "Cabaña" y "Henry Clay" con 9 441 000 unidades que representaba el 3.0 % de la producción total y la 4ª mayor productora de cigarrillos con las marcas "Aguilita", "Bock", "Club", "La Corona" y "Susini", con 853 920 miles unidades que representaba el 8.4 %, con 377 trabajadores, ubicada en Zulueta N° 106, La Habana. Era la 3ª más antigua entre las existentes.

1 Tenía un capital ascendente a $2 millones ampliado desde el 2 de julio de 1952 y era una filial de la casa matriz norteamericana "American Tobacco Company", propiedad de Doris Duke –nieta de Washington Duke, su fundador en 1890–, la que estaba bajo el control del grupo financiero de los Rockefeller. La casa matriz también poseía en Cuba la "Cuban Land and Leaf Tobacco"(VER). El Dr. Felipe Silva Cárdenas era el presidente de la filial en Cuba.

2 La fábrica original había sido fundada en 1845 y, poco tiempo después, había pasado a la propiedad de Segundo Álvarez González –quien fuera Alcalde de La Habana desde el 5 de julio de 1893 a 6 de julio de 1895– en sociedad con Perfecto López.

En noviembre de 1887 integraría la "Henry Clay and Bock and Company Ltd.", producto de la fusión de la fábrica "Henry Clay", propiedad de Julián Álvarez, con la de "El Águila de Oro", propiedad del alemán Gustavo Bock, fundada desde la década del 60 hasta 1898 en que sería propiedad de la firma londinense "Havana Cigar and Tobacco Company". La "Henry Clay" original había sido fundada por el norteamericano de igual nombre quien, durante el primer cuarto del siglo XIX, había sido Speaker de la Cámara de Representantes, senador y Secretario de Estado.

La "American Tobacco Company", un monopolio que controlaba el 90% del mercado de cigarrillos norteamericanos, había comenzado desde 1901 una rápida absorción de la producción cubana mediante el control de la norteamericana "Havana Commercial Company" y la británica "Havana Cigars and Tobacco Factories, Ltd.".

El proceso se concluiría en 1902 con la compra de 20 fábricas cubanas entre ellas la "Hija de Cabañas y Carvajal", una de las mayores y más conocidas, y la más antigua marca que databa de 1797, propiedad del asturiano Leopoldo González-Carvajal Zaldúa, I Marqués de Pinar del Río, consorte de la I Marquesa de Avilés, Coronel de Milicias de L.H. en 1882, Senador del Reino por L.H. en 1891, presidente del Casino Español de La Habana, presidente del Partido Unión Constitucional, fundador y primer presidente de la "Unión de Fabricantes de Tabacos" en 1885.

La "Hija de Cabañas y Carvajal" tenía su antecedente en la marca fundada por el español Francisco Álvarez Cabañas, propietario de un taller de tabaquería desde 1818 y fabricante desde años antes de una marca de gran renombre conocida por "Cabañas". Su fábrica de tabaco pasaría a la propiedad de su hijo político, el asturiano Manuel Antonio González-Carvajal Fernández Buria, quien incrementaría el negocio y desde 1833 vendería su producto en Londres hasta que en 1848 registró el taller bajo esa razón social.

La fábrica –continuando la tradición– pasaría a la propiedad de Anselmo González del Valle Fernández, también asturiano y, desde luego, hijo político de González-Carvajal y, más tarde, a Leopoldo González-Carvajal Zaldúa, sobrino y también su hijo político.

Para manejar tan vastos intereses que le permitieron controlar desde entonces el 90% de la exportación del "havano", la "American Tobacco Company" creó 2 subsidiarias, la "Cuban Land and Leaf Tobacco"(VER) para el suministro de la hoja y la "Havana Tobacco" que concentró todas las fábricas del torcido.

Esta última se transformó en 1932 en la actual razón social cuando la "American Tobacco Company" decidió trasladar la fase del torcido para Trenton, New Jersey, destinando la producción de la fábrica cubana al mercado interno, a la par que mantenía sus intereses en "Cuban Land and Leaf Tobacco" .

Oscar S.Hernández había sido durante años su presidente hasta su renuncia en junio de 1944 en que lo sustituyera Francisco R.Miranda y, a éste, Rafael Martínez Tortosa, fallecido en 1949, a quien a su vez sucediera Felipe Silva a partir del 28 de abril de ese año.

3 Era el tercer mayor productor mecanizado de torcido con 4 412 610 unidades, que representaba el 22.74 % de este tipo de producción. Había sido en los años 20 la principal productora de cigarrillos siendo suplantada a partir de 1930 por "Trinidad y Hermanos"(VER).

1253- TABACALERA LOBETO, COMPAÑÍA

Almacén y fábrica de tabaco de las marcas "Sol de Lobeto", "Sol de Miguel" y "Casín", ubicada en Monte 466, La Habana.

1 Propiedad de los herederos de la familia Lobeto Miguel. Fernando Lobeto Miguel, ex-tesorero de la "Asociación de Fabricantes y Exportadores de Tabaco" y ex-presidente del "Centro Asturiano" , había sido su gerente hasta su fallecimiento el 6 de septiembre de 1956.

2 Fundada en 1902 por Saturnino Miguel, quien había sido funcionario hasta 1913 de la "Cuban Land and Leaf Tobacco Company" (VER), y era propietario además en aquel entonces de la fábrica de fósforos "Acebo, Simón y Compañía" y otras industrias. Tras retirarse a vivir a España en 1918, se constituyó la "Lobeto y Compañía" que varió en 1923 para "Lobeto y Miguel", cuyos gerentes eran Fernando Lobeto Miguel, su sobrino, y su hijo Miguel Miguel Cortés. Lobeto fue también propietario del central Fajardo, que había perdido y en 1944 fue presidente de la "Unión Nacional de Fabricantes de Tabaco".

3 Cliente del Banco Núñez con créditos por $110 000.

1254- TABACALERA SEVERIANO JORGE S.A.

Almacén dc tabaco en rama, cosechero, escogedor y exportador, sito en Amistad Nº 360, La Habana, con escogidas en San Antonio de los Baños.

1 Propiedad de Severiano Jorge Cepero, en sociedad con su madre Josefina Cepero y sus hermanas Josefina y Estela. También eran propietarios de "Productos Lácteos S.A."(VER), una planta de pasteurización de leche y de helados, marca "San Bernardo", en Pinar del Río con oficinas en calle 42 Nº 1915 en Almendares, La Habana. Estela estaba casada con Antonio Arias Bosch, administrador y propietario familiar del central Esperanza (VER "AZUCARERA ORIENTAL S.A.").

2 Había sido fundado como "Severiano Jorge y Compañía", cosechero, escogedor y almacenista, sito en Egido y Dragones y después en Industria Nº 66, La Habana, propiedad entonces de Severiano Jorge Albisa, en sociedad con su hijo Bernardo Jorge Rodríguez, padre de los propietarios actuales, así como con Gerardo Caracenas Leyes y Juan Jorge Alvear, tío de Bernardo.

Tras el fallecimiento el 27 de febrero de 1935 de Severiano Jorge, un antiguo emigrado revolucionario en México y en EE.UU., se constituiría el 20 de febrero de 1939 la "Hijos de Severiano Jorge y Compañía" bajo la gerencia de Bernardo Jorge Rodríguez y Gerardo Caracena Leyes, siendo socios colectivos capitalistas Matilde, María Antonia y Francisca Margarita, hijas de Severiano, y como socios industriales Juan Jorge Abreu y Severiano Jorge Cepero.

Tras el fallecimiento de Bernardo Jorge el 14 de agosto de 1940, entró como gerente Miguel A Chacón Merino, a cargo de la firma junto con Caracena, mientras los herederos de Bernardo Jorge designaron a Severiano Jorge Cepero como su representante. El 9 de febrero de 1944 se separarían los herederos de Bernardo Jorge, así como su propietario, quien fundara entonces la razón actual, manteniéndose en la anterior Matilde, María Antonia y Francisca Margarita Jorge Rodríguez como socios capitalistas, Juan Jorge Abreu como socio industrial y Miguel Ángel Chacón Mariño y Gerardo Caracena Leyes como gerentes.

1255- TALLERES PERRET S.A.

Industria de maquinaria para centrales azucareros, con 60 obreros, en Unión de Reyes, Matanzas, siendo la 3ª en número de trabajadores después de la "Fundición McFarlane"(VER) y la "Fundición Bofill"(VER).

2 Había sido fundada por el suizo Jorge Perret y, tras su fallecimiento el 11 de febrero de 1914, fue heredado por su viuda Rosa Bals, siendo su administrador general Alberto Bals. En ese entonces se llamaba "La Unión".

Era considerada en los años 20 como una de la más importantes del país, fundiendo piezas de bronce y de hierro para maquinaria de centrales azucareros.

1256- TAPIA Y COMPAÑÍA

Joyería sita en Neptuno Nº 308.

1 Era propiedad de Juan Antonio Tapia García.

1257- TARÍN SPORTS

Comercio destinado a efectos deportivos, artículos de pesca, gallardetes y banderas, con el nombre comercial de "Casa Tarín", sito en O'Reilly Nº 530 entre Bernaza y Villegas, La Habana.

1 Era propiedad de Luis F. Frances Roche de Parga, su gerente, quien también era tesorero y arrendatario, en sociedad con Roberto Maduro de Lima y Emilio de Armas, del "Club Cienfuegos" (VER) desde 1948.

2 Se había fundado en 1927 por su propietario actual. Era cliente del "City".

1258- TEATRO BLANQUITA

Teatro "Blanquita" ubicado en 1ª y 10, Miramar, que gozaba del prestigio de ser el que contaba con el mayor número de lunetas en el mundo.

1 Propiedad de Alfredo Hornedo Suárez (VER "EMPRESA EDITORA EL PAÍS S.A., COMPAÑÍA"), quien lo bautizara con el nombre de su primera esposa, Blanca Maruri, devota católica contribuyente con obras para la Iglesia, entre ellas la reconstrucción de la Parroquial de Trinidad.

2 Lo había construido entre otras 2 de sus propiedades, el "Casino Deportivo de la Habana"(VER) y el "Hotel Rosita de Hornedo" (VER).

1259- TÉCNICA CUBANA S.A., COMPAÑÍA

Fábrica de pulpa para papel periódico, a partir de celulosa y bagazo de caña, con capacidad entre 24 000 y 30 000 Tn. en 24 horas de producción, con 300 obreros, ubicada junto al central Progreso en Cárdenas, Matanzas. La 2ª industria de papel en cuanto a capacidad de producción, sólo precedida por "Antigua Papelera Cubana S.A." (VER).

1 Capital ascendente a $2 200 000 de los que $2 000 000, a partes iguales, estaban en poder del Ing. Cristóbal Díaz (VER RADIO REPORTER S.A."), su presidente , y del Dr. Guillermo Martínez Márquez (VER PROPIEDAD HORIZONTAL MIRAMAR"), su tesorero y máximo promotor, y los $200 000 restantespertenecían a Fulgencio Batista (VER "DE INMUEBLES S.A., COMPAÑÍA"). Los $2 millones de capital de Díaz y de Martínez Márquez habían sido prestados por el BANDES el 20 de marzo de 1957 en una operación inusual para ampliar el capital. Los $200 000 Batista habían sido aportados en acciones de la "Urbanizadora Crismercy S.A."(VER) de su propiedad, a través del Ing.Cristóbal Díaz, como garantía del préstamo del BANDES.

Cristóbal Díaz Ayala, hijo del presidente, y Joaquín de la Roza, autor del proceso de fabricación del papel, eran el vicepresidente 1° y 2° respectivamente. La patente propiedad del Ing. La Roza había sido valorada en $120 000 y formaba parte del capital de la firma.

2 Se constituyó el 29 de octubre de 1951 y la fábrica comenzó a fines de 1957, siendo la primera de las 3 de papel a partir de bagazo que se construyera durante el gobierno de Batista y una de las 16 que ya operaban en el mundo. La prueba de impresión de periódicos hecha en 1952 en EE.UU. había sido positiva. El "The New York Times" hizo una impresión en colores.

3 La inversión total ascendió a $17 500 000, de los cuales el BANDES aportó $17 300 000 (98.81 %) y la firma sólo $200 000(1.13 %). El BANDES hizo tres emisiones para su financiamiento: el 18 de enero de 1955 aprobó $2 500 000, el 13 de febrero de 1956 $7 000 000 y el 28 de junio de 1957 $6 500 000.

1260- TEJAS INFINITAS S.A.

Fábrica de tejas acanaladas para techos, láminas lisas y envases y huacales, utilizando como materia prima bagazo de caña mezclados con desperdicios de papel y cartón, con 200 obreros, ubicado en Copey y Ferrocarril Central en Camagüey.

1 Tenía capital suscrito por $147 500 y sus propietarios eran Armando Rodríguez Fernández y Mario Soldevilla González, quienes tenían ambos $63 000 y eran presidente y tesorero respectivamente. El tercer accionista era José Garabana Porta, español y ciudadano mexicano no residente en Cuba, quien tenía $21 500.

2 Se constituyó el 6 de marzo de 1958.

3 El 22 de agosto de 1958 año recibió un financiamiento por $600 000 del BANDES, habiendo aportado la firma $600 000 más.

La fábrica, con una capacidad de 1 200 000 tejas anuales y unas utilidades netas calculadas en $160 000, se puso en marcha el 27 de julio de 1959. Su inversión estimada en 1960 ascendía a $1 761 000.

1261- TEJIDOS LA ÉPOCA S.A.

Tienda por departamento y almacén de tejidos conocida como "La Época", ubicada en Neptuno N°351- 359, La Habana, cliente del "City" y del "Trust".

1 Era propiedad de Lucindo Fernández Canal. Su hermano, Antonio, era el gerente de "La Ideal", otra tienda situada en Neptuno e Industria.

2 Se fundó en 1885, reestructurándose en 1927 con nuevos intereses e inaugurando su nuevo edificio en 1952.

1262- TEJIDOS Y CONFECCIONES PERRO S.A.
Fábrica de tejidos en general, de ropa interior de señoras, camisetas de punto, camisas de sport, pull-overs y taller de confecciones, marca "Perro", "Odes" y "Kozi", ubicada en Venus N° 466, Guanabacoa y en Aguiar N° 611, La Habana.

1 Propiedad de Bernardo Benes.

3 Cliente del antiguo "Banco de Comercio".

1263- TELEMUNDO S.A.
Canal 2 de la televisión ubicado en calle 23 y P, Vedado, La Habana.

1 Filial de "Editorial El Mundo S.A., Compañía" (VER), propiedad de los intereses representados en Cuba por Amadeo Barletta, quien era su presidente (VER "SANTO DOMINGO MOTORS COMPANY").

2 Barletta con un grupo de socios había fundado en el pasado este Canal y, a la vez, habían comprando "Unión Radio" y "Unión Radio Televisión (Canal 4)" (VER "CMBF CADENA NACIONAL S.A."), pero la firma sufrió pérdidas ascendentes a $2 millones por lo que hubo de liquidarse el 1 de septiembre de 1953 sobre la base de mantener la propiedad del canal 2 mientras sus socios retenían la de "Unión Radio Televisión", a la par que la radioemisora "Unión Radio"(VER) pasó a la propiedad de José Luis Pelleyá y Luis J.Botifoll.

1264- TELEVISIÓN DEL CARIBE S.A.
Canal 11 de televisión, ubicado Reparto Kohly, frente a las márgenes del río Almendares.

1 Estaba presidido por Manuel D. Autrán.

2 Se inauguró el 11 de noviembre de 1953 con la ayuda de la Storer Broadcasting Company de EE.UU., presidida por Mr.George B. Storer.

3 Fue prácticamente clausurado a partir de 1954.

1265- TELEVISIÓN Y AIRE ACONDICIONADO S.A.
Almacén de efectos eléctricos y electro domésticos, maquinaria industrial, refrigeración y aire acondicionado y equipos de oficina, sito en Vía Blanca N° 302, La Habana y sucursales en todas las provincias.

1 Propiedad principal de los hermanos Goar, Abel y Luis Mestre (VER "CIRCUITO CMQ S.A.").
También tenía intereses Gaspar Vizoso Colmenares, quien había sido vicepresidente de "Vidrios S.A." (VER), era accionista de "Antillana de Acero" (VER) e hijo de Gaspar Vizoso Cartelle, cofundador y copropietario, junto con Segundo Casteleiro Pedreira, de "Sucesores de Casteleiro y Vizoso" (VER).

3 Financiaba las ventas mediante préstamos bancarios avalados por los contratos de aquellas y las pignoraciones de los efectos eléctricos.
Operaba con deficiencias y carecía de efectivo necesario. Las causas principales obedecían a problemas técnicos y laborales, así como una política de crédito algo liberal.
A pesar de los planes y cambios acometidos su situación al final del período seguía con una caída vertical y un descenso en las ventas, sufriendo pérdidas que afectaron su capital.

1266- TENERÍA MODELO S.A.
Industria de curtición de pieles, ubicada en Avenida Rotaria Km 2, Regla.

1 Capital ascendente a $30 000, propiedad casi única de Noel Rabinovich, siendo su presidente Rafael Gattorno.

2 Se constituyó el 16 de junio de 1952 teniendo desde entonces problemas de capital y deudas.

1267- TERMINAL DE HELICÓPTEROS S.A.
Edificio para oficinas y terminal de helicóptero ubicado en la manzana de O'-Reilly, San Ignacio, Obispo y Mercaderes en La Habana.

1 Vladimir M.Kresin, fallecido el 18 de enero de 1959, era su presidente.

2 Sobre estos terrenos se erigía en el pasado el antiguo Convento de Santo Domingo que albergara desde su fundación a la Universidad de La Habana y el Instituto de La Habana, cuyo edificio, de gran valor histórico, había sido derribado con gran escándalo en lo que se estimó una burda operación especulativa.
El Banco Nacional de Cuba había tenido en proyecto edificar su sede sobre estos terrenos que adquiriría en febrero de 1951 por $323 956, los que en definitiva se los había arrendado por 50 años a la firma.

3 Se terminó de construír después del triunfo de la Revolución con un valor estimado en más de $2 000 000.

1268- TERMINAL DE MUELLES Y NAVEGACIÓN ATARÉS S.A., COMPAÑÍA
(VER "NAVIERA CUBANA DEL ATLÁNTICO S.A.")

1269- TERMINAL DE ÓMNIBUS S.A.
Paradero para todas las rutas de ómnibus interprovinciales, situado en Ave. de Rancho Boyeros y 20 de Mayo, La Habana.

1 Tenía un capital ascendente a $3 135 000. Su propietario principal era Francisco Vidal Más (VER "GANADERA CANANOVE S.A., COMPAÑÍA"), su presidente desde 1956, en sociedad con Evaristo Vicente Méndez, vicepresidente; Enrique Gancedo Toca (VER"DE MADERAS GANCEDO, COMPAÑÍA"), su tesorero, quien había aportado el terreno donde estaba enclavada; Eugenio de Sosa Chabau (VER "AZUCARERA SANTA REGINA S.A."); el tío de éste Luis de Sosa; y Francisco Saralegui (VER "PUBLICACIONES UNIDAS S.A.").

2 Había sido una iniciativa en 1937 de la "Asociación Nacional de Porteadores", habiéndose adjudicado por subasta el 25 de septiembre de 1947 a Juan Martínez Montenegro, a quien Enrique Gancedo le compraría la concesión el 22 de diciembre de 1947. Los terrenos se compraron por $441 549.
Amadeo Barletta, su primer presidente, había solicitado en marzo de 1948 la licencia para la construcción del edificio, inaugurado el 29 de junio de 1951 a un costo de $3 000 000, construido por "Moenck y Quintana" y por el Ing. Pérez Benitoa.

3 Recibía un porcentaje de las recaudaciones de las rutas de ómnibus pero argumentaba pérdidas por $500 000 en 4 años de operaciones, las que en el último año ascendían a $112 000.
Tenía el negocio estacionario con una situación precaria por un pasivo elevado con deudas por $744 000 de 1ª hipoteca y de $290 000 de 2ª hipoteca. Había un fraccionamiento entre sus dirigentes, lidereados de una parte por Vidal y, de otra, por Vicente Méndez.

1270- TERMINAL MARÍTIMA DE BAHÍA HONDA

Concesionaria del muelle de uso público en Punta Gerardo, Bahía Honda, Pinar del Río.

1 Filial de "Central Bahía Honda S.A."(VER), propiedad principal de los hermanos Rafael, Dolores, Elvira y Mirta Sánchez Sánchez, de su madre Encarnación Sánchez Cil y de sus respectivos cónyuges en sociedad con Antonio Falcón del Castillo, su vicepresidente primero, desde 1953.

3 Recibió un financiamiento de Financiera Nacional ascendente a $280 000 el 27 de octubre de 1955, ampliado hasta $300 000 el 16 julio de 1956, para la construcción del muelle y dragado, el cual se puso en marcha el 4 de noviembre de 1955, siendo construido mediante contratas con el Ing. Jaime Suárez Nurias.

1271- TERMINAL MARÍTIMA DE SANTA LUCÍA S.A.

Terminal de carga y descarga en el puerto de Santa Lucía, norte de Pinar del Río, para el embarque de minerales de las minas aledañas. Por dicho puerto se embarcaba el cobre de "Minera Inspiración Occidental"(VER), arrendataria del coto minero de cobre "El Mono", así como el de "Minas de Matahambre"(VER), ambas ubicadas en la finca Matahambre, Pinar del Río, propiedad de los mismos accionistas.

1 Era propiedad estatal del BANDES quien la traspasaría, una vez terminada, a los accionistas de "Minas de Matahambre S.A.".

3 Una vez terminadas las obras del puerto, el proyecto desarrollaría una segunda fase en que se construiría una planta para producir ácido sulfúrico y otra de recuperación energética, bajo los mismos propietarios que, para ese objetivo, constituyeron la "Operadora Rometales S.A., Compañía"(VER).

El Decreto Presidencial N° 1620 del 5 de mayo de 1958 otorgó al BANDES la concesión para realizar las edificciones de la terminal, el dragado de un canal, construir una dársena y demás obras para lo que se le aprobaría un financiamiento por $2 400 000. El 20 de noviembre de ese año la firma "Minas de Matahambre S.A." sometió a estudio un proyecto al banco.

Se puso en marcha años después del triunfo de la Revolución inaugurada por el Comandante Che Guevara.

1272- TERMINAL PESQUERA DE LA HABANA

Centro para la recepción de toda la pesca en las inmediaciones de La Habana con facilidades para el abastecimiento a los pesqueros y la venta y distribución de las capturas para lo cual contaba con muelles, equipamiento para el pesaje, limpia y lavado, cámaras de frío y fábrica de hielo, con una capacidad de manipulación de 100 lb diarias, situada en la Ensenada de Marimelena en la bahía de la Habana, Regla.

Así mismo podía elaborar, envasar y congelar el pescado o producir harina y aceite como derivados y tenía proyectado incluir en el futuro una fábrica de conservas.

1,2 Se le otorgó al BANDES la concesión de la obra el 28 de junio de 1957 para lo cual se autorizó el 28 de noviembre de ese año una emisión ascendente a $3 500 000, siendo la 7ª obra en importancia por su monto entre las financiadas por la institución.

El 28 de junio de 1957 el BANDES otorgó la construcción de la obra a la "Asociación de Constructores Independientes"(VER) y el 25 de enero de 1958 se colocó la primera piedra en una ceremonia encabezada por Manuel Soto Fraga, presidente del "Instituto Nacional de la Pesca".

3 Los estudios técnicos se realizaron por John K.Teaford y el proyecto fue del Ing.Sainz Cancio, comenzando su construcción en enero de 1958 y proyectándose su terminación para el año siguiente a un costo de $2 488 889. En 1959 la obra estuvo paralizada durante algún tiempo.

El proyecto fue elogiado como funcional, tenía una capacidad excesiva para los 20 años siguientes pues era capaz de congelar 100 lb en 20 horas, producir 12 Ton de hielo en poco tiempo y sus neveras podían guardar 1 250 000 lb y 2 millones del congelado.

1273- TERRITORIAL ALTURAS DE VILLA REAL S.A.

Propietaria de los terrenos del reparto Alturas de Villa Real, uno de los fomentados en la llamada "Zona General de Influencias del Túnel de La Habana"(VER "DE FOMENTO DEL TÚNEL DE LA HABANA S.A., COMPAÑÍA"), cuya urbanización estaba a cargo de "Alamilla y Pérez Menéndez" (VER).

1 Su propietario único y presidente era Raúl Pagadizábal Hernández. Su hijo Raúl Pagadizábal Dediot era el vicepresidente.

Pagadizábal era vicepresidente III y accionista de "Territorial Alturas del Olimpo S.A." (VER), tesorero y accionista de "Inspiración Cubana de Cobre S.A., Compañía" (VER) y tesorero y accionista menor de "Editorial El Mundo S.A., Compañía" (VER).

2 Se constituyó el 26 de enero de 1951 pasando a su propietario actual el 22 de febrero de 1956 al comprar los terrenos valorados en $280 000 a "Residencial Alamar" (VER). El Ayuntamiento de Guanabacoa aprobó su urbanización el 7 de marzo de 1956 .

1274- TERRITORIAL ALTURAS DEL OLIMPO

Propietaria de los terrenos del reparto Olimpo-Loma del Este, uno de los fomentados en la llamada "Zona General de Influencias del Túnel de La Habana"(VER "DE FOMENTO DEL TÚNEL DE LA HABANA S.A., COMPAÑÍA"), cuya urbanización estaba a cargo de "Alamilla y Pérez Menéndez" (VER), quien también se ocupaba de la contartación t el cobro de los solares.

1 Capital ascendente a $6 millones y 250 accionistas, siendo los principales el Dr. Roberto Nieto Díaz-Granados, su vicepresidente II con $1 115 000 y el Dr. Lorenzo Estanislao del Valle Grau (VER "CENTRAL SOLEDAD S.A."), su vicepresidente I con $750 000.

Otros accionistas eran el Dr. Guillermo Alamilla (VER "RESIDENCIAL ALAMAR"), su presidente, con $240 700; Raúl Pagadizábal (VER "TERRITORIAL ALTURAS DE VILLA REAL S.A."), vicepresidente III con $357 500; Roberto Suero Bernal (VER "SUERO Y COMPAÑÍA") con $150 000; Jesús Azqueta (VER "AZUCARERA SANTA ISABEL S.A.") y Francisco Vidal Más (VER "GANADERA CANANOVE S.A.").

Nieto era además tesorero y uno de los propietarios, tanto de "Parques Residenciales Las Noas S.A." (VER) como de "Urbanizadora El Olimpo" (VER), ambas presididas por Pedro Grau Triana (VER "DE FOMENTO DEL TÚNEL DE LA HABANA S.A., COMPAÑÍA").

2 Se constituyó el 15 de febrero de 1956 como "Territorial Acropólis S.A." y había vendido terrenos valorados en $1 976 901 a un precio de $8 a $13 la vara.

Días después de su constitución, el próximo 22, le compró terrenos a "Urbanizadora El Olimpo"(VER) valorados en $220 000 y, después, el 9 de diciembre de 1957, otros en $3 875 000.

1275- TERRITORIAL JORMAR S.A.
Poseedora de terrenos en la playa de Bacuranao.

1 Era propiedad de Andrés Domingo Morales del Castillo (VER "INMOBILIARIA ROCAR S.A., COMPAÑÍA"), quien los conservaba en su caja de seguridad. Domingo era Ministro de la Presidencia y testaferro de Fulgencio Batista.

Los terrenos habían pertenecido a "Territorial Playa de Bacuranao S.A., Compañía"(VER), propiedad de Celia Velasco Sarrá (VER "DE FOMENTO DEL TÚNEL DE LA HABANA S.A., COMPAÑÍA") quien fue conminada a entregar acciones en blanco por la "Comisión de Playas Populares" presidida por el Coronel Rosell quien la entregara a Morales del Castillo con quien estaba emparentado. La Velasco fue a un juicio en reclamación pero perdió el litigio.

1276- TERRITORIAL MÉGANO S.A., COMPAÑÍA
Propietaria de 100 000 m^2 en la playa "Mégano" y sus alrededores, incluidos en la "Zona Preferencial del Túnel de la Habana", con oficina en Habana N° 258, departamento 608 y 609.

1 Capital ascendente a $3 993 000 propiedad de la familia Velasco Montalvo (VER "DE FOMENTO DEL TÚNEL DE LA HABANA S.A., COMPAÑÍA"). Su presidente era Álvaro Velasco Montalvo, nacido en Laussane, Suiza.

2 Se constituyó el 11 de marzo de 1947 con 2 fincas en una extensión de 441 080m^2 aportadas por "De Fomento de Bacuranao S.A., Compañía"(VER) con la finca Mégano segregada de finca "Itabo" y la finca San José de la Playa.

3 Cedió tierras valoradas en $74 000 a la "De Fomento del Túnel de la Habana S.A., Compañía" (VER).

1277- TERRITORIAL PLAYA DE BACURANAO S.A., COMPAÑÍA
Urbanizadora y propietaria de terrenos beneficiados por la "Zona Preferencial del Túnel de la Habana".

1 Propiedad de Celia Velasco Sarrá (VER "DE FOMENTO DEL TÚNEL DE LA HABANA S.A., COMPAÑÍA").

2 Se constituyó el 2 de noviembre de 1949 con la finca Playa de Bacuranao y el 11 de marzo de 1953 urbanizó por primera vez el Reparto Alamar, ampliado en 3 ocasiones hasta el 22 de noviembre de 1958.

3 La "Comisión de Playas Populares", presidida por el Cnel. Rosell, la presionó para arrebatarle acciones en blanco que fueron entregadas a Andrés Domingo Morales del Castillo(VER "TERRITORIAL JORMAR S.A.").

1278- TERRITORIAL SAN HILARIO, COMPAÑÍA
Propietaria de terrenos en finca "San Nicolás", barrio de Casablanca, con linderos al mar.

1 Propiedad de Celia Velasco Sarrá (VER "DE FOMENTO DEL TÚNEL DE LA HABANA S.A., COMPAÑÍA").

3 Se vio obligada a ceder terrenos al Contraalmirante Rodríguez Calderón, jefe de la Marina de Guerra, a cambio de su intervención para lograr la aprobación para la desecación de terrenos que desde 1941 estaba solicitada sin resolverse.

Con parte de esos terrenos el Contraalmirante constituyó la "Inmobiliaria San Francisco de Paula S.A., Compañía", que vendiera a "Electrificadora Bandeste S.A."(VER), así como "Almacenes y Muelles Ensenada S.A.", ambas entregadas a Andrés Domingo Morales del Castillo.

1279- TERRITORIAL SAN RAMÓN S.A., COMPAÑÍA

El "San Ramón(O)" era un central pequeño (el 115°) con una capacidad de producción diaria de 200 000 @, RI mediano de 12.65, 2 000 trabajadores, con bastantes extensiones de tierra (el 48°) con 728 caballerías, situado en San Ramón, Campechuela, Oriente.

1 Propiedad de Vicente Domínguez Fumero, quien lo tenía arrendado a "Azucarera Oriental San Ramón S.A.", presidida por Demetrio Álvarez Alonsoond y cuyo vicepresidente era Marcelino Rodríguez González.

Vicente Dominguez había sido durante la década de los 30 uno de los más importantes hacendados del país pues controlaba o tenía bajo arrendamiento 5 centrales: Escambray, Zaza, Dos Amigos, San Francisco y San Ramón, amén de intereses en otros centrales como el Portugalete, donde era tesorero. En los años 40 tenía también arrendado el Limones. Además, tenía intereses en la industria azucarera de Haití. Pero a partir de los 40 comenzó una gradual declinación en sus negocios que lo llevó a conservar sólo 2 centrales de su propiedad: el San Francisco, que vendíó al Grupo García Díaz en 1952 y el San Ramón, el único que en definitiva mantuvo.

2 Fue fundado en 1865 por los cubanos hermanos Muñoz. A partir de 1910 Genaro Fernández y "Vázquez y Cía" (éstos de capital cubano español) se alternaron en su propiedad. El primero de 1910 a 1913, de 1919 a 1920, de 1922 a 1924 mientras el segundo lo era de 1913 a 1919 y de 1920 a 1922. Vicente Domínguez lo compró en 1936 a un banco que era su propietario, habiendo estado inactivo desde 1924 hasta entonces.

3 Uno de los mayores clientes del Banco Núñez con préstamos por más de $1 000 000 avalados por pagarés de la venta del central en Haití, propiedad de Domínguez. Tenía dificultades con créditos vencidos.

1280- TEXAS COMPANY

Nueva refinería de petróleo construida en la bahía de Santiago de Cuba, así como distribuidora de derivados con la marca "Texaco", siendo la 3ª existente en el país y la 2ª construida durante el último Gobierno de Fulgencio Batista.

1 Una de las 5 filiales en Cuba de firmas norteamericanas bajo el control del grupo financiero de Chicago, propiedad de la casa matriz de igual nombre que era la 2ª mayor en el giro después de la "Esso Standard Oil Company"(VER).

3 Tenía una capacidad de producción diaria de 20 000 barriles de petróleo que recibía crudo de Venezuela y exportaba refinado a países del Caribe.

El costo total de la inversión ascendió a $14 000 000 que incluia algunas infraestructuras tales como una carretera que la enlazaba con la Carretera Central y el puerto de Santiago de Cuba, dragado de la bahía y toma de agua.

1281- TEXTILERA AMAZONAS S.A., COMPAÑÍA

Fábrica de toallas y tejidos, ubicada en Barreto N° 325, Guanabacoa, que era la 3ª mayor después de "Fábrica Textilera Antex S.A."(VER) y "González y Compañía" (VER).

1 Su capital ascendía a $75 000 siendo su propietario principal Ignacio Sarraf Tame, administrador y apoderado general, mientras su cuñado Jorge Farra Ruede era el presidente y Arturo Alonso Corona el tesorero.

2 Se constituyó el 12 de junio de 1956 sustituyendo a la "Compañía Industrial Sallorlán" del mismo propietario constituida el 1° de noviembre de 1948.

3 Sus activos fijos ascendían a $42 686.

1282- TEXTILERA ARIGUANABO S.A, COMPAÑÍA
Fábrica de hilaza y de tejidos planos de algodón y de rayón, así como de sacos de algodón para envases, de los que el 20 % estaba destinado a envases de azúcar, con 1612 telares y producción de más de 45 000 000 de yardas anuales, ubicada en Cayo la Rosa, Bauta.
Era la más importante del sector textil y la mayor fábrica no azucarera del país atendiendo al número de sus trabajadores que alcanzaban a 2500 en 4 turnos de 6 horas y un salario promedio de $1.13 la hora.

1 Propiedad de la familia Hedges, norteamericanos residentes en el país, constituida por Dayton y sus hijos Burke y James, quienes eran propietarios además de la "Rayonera Cubana S.A., Compañía"(VER), siendo ambas las más importantes en el giro textil y entre las principales industrias no azucareras. Burke estaba al frente de la Textilera y James de la Rayonera.
Eran propietarios también de "Estampados Permatex S.A." (VER), otra fábrica de tejido; "De Fomento Químico S.A., Compañía"(VER), planta de bisulfuro de carbono; de "Químico Comercial de Cuba S.A., Compañía"(VER), fábrica de ácido sulfúrico, así como de "Agrícola Dayanigua S.A., Compañía"(VER), fincas "La Lima", La Ciénaga" y "Dayaniguas" con 1000 caballería de extensión.
James Hedges era propietario de "Canímar S.A."(VER), miembro del Consejo de Directores de "La Alianza", "La Metropolitana" y "Sociedad Panamericana de Seguros"(VER "GODOY SAYAN, OFICINA ASEGURADORA DE CUBA"), así como sub-arrendatario de "Minera Usac S.A., Compañía" (VER) a partir de 1959.
Burkes había sido presidente de la "Asociación Nacional de Industriales de Cuba" en 1954, así como Embajador en Perú y Brasil del Gobierno de Fulgencio Batista, del que era amigo personal, siendo uno de los pocos que estuvo con él el mismo 10 de marzo de 1952.
Dayton Hedges, nacido en Long Island, New York en 1884 y fallecido en junio de 1957, era hijo de granjeros y había trabajado en su juventud en una textilera. Llegó a Cuba en 1919 comprando ese año el acueducto y la planta eléctrica de San Antonio de los Baños y 11 plantas más que después vendiera en 1929 a la "Cubana de Electricidad, Compañía", convirtiéndose entonces al siguiente año en principal propietario y presidente de la "Litográfica de La Habana, Compañía"(VER).
Había tenido intereses en la "Compañía Hidroeléctrica Cubana", en la "Compañía del Acueducto de Marianao" y en la "Cuba Tras-Atlantic Radio Corporation" que liquidara en beneficio de "Litográfica de La Habana, Compañía".

2 Tras la venta de la planta eléctrica, había comprado en 1927 la finca de 90 caballerías "Cayo de la Rosa", en la propia localidad, propiedad de de la Guardia, que dedicó a frutos menores y ganado hasta que decidió invertir en la fábrica, constituyendo en 1931 la "Textilera de Ariguanabo". Posteriormente constituyó la "Rayonera de Cuba S.A., Compañía" el 19 de mayo de 1945, que se financió con capital aportado por la Textilera, junto con el de Hedges y préstamos del "Banco Boston".
El Dr.Cristóbal de la Guardia Madan, ex-Secretario de Justicia, se la había vendido pues era propiedad desde hacía años de la familia de su esposa María Teresa

Calvo Cárdenas, descendiente de Gabriel de Cárdenas, II Marqués de Cárdenas de Monte Hermoso, fundador de la villa de San Antonio de los Baños.

Con anterioridad las tierras habían pertenecido a Antonio Beitía Castro , II Marqués del Real Socorrro, Brigadier de los Reales Ejércitos, Coronel de Milicias, Regidor Perpetuo del Ayuntamiento de La Habana, una de cuyas hijas, María Josefa, estaba casada con Antonio María de Cárdenas, III Marqués de Monte Hermoso, hijo de Gabriel. EL "Cayo" había sido en el pasado el centro del "Hato de Ariguanabo", mercedado por primera vez a Juan de Rojas a comienzos del siglo XVI.

El 11 de mayo de 1942 el Decreto N° 1357 de Batista le concedió franquicia aduanal para importar maquinarias para sacos de envases y el Decreto N° 1852 del 30 de mayo de 1942 lo exoneró en la maquinaria para un nuevo telar.

3 La fábrica fue precursora en la implantación de la jornada 6 x 8 y en la aplicación de los beneficios de la maternidad obrera anterior a la promulgación de las leyes. Alquilaba a sus trabajadores casas que construía en los alrededores de la fábrica.

La filial "Rayonera de Cuba, Compañía"(VER) le suministraba la fibra de rayón. Arrastraba altas deudas desde 1945 en que recibiera un préstamo inicial por $5 000 000 otorgado por el "Banco Boston", los que estaban destinados a la inversión entonces de la fábrica de la "Rayonera Nacional, Compañía".

El 13 de julio de 1953 el "Banco Boston" le concedió un préstamo extraordinario por $2 450 000 para liquidar préstamos anteriores. Hedges, quien tenía estrechas relaciones con Fulgencio Batista, obtuvo del BANDES la fabulosa suma de $16 500 000 en 1957 para salvar la planta de rayón.

1283- TEXTILERA CORRALILLO S.A.

Fábrica de hilandería y tejidos de algodón, kenaf y yute para la producción de sacos para envasar arroz, papas, azúcar y otros, ubicada en el Km 29 de San José de las Lajas y Corralillo de Bauta.

1 Tenía un capital ascendente a $192 000 de los que los principales eran Antonio M. Miyares López (VER "AZUCARERA AMAZONAS S.A., COMPAÑÍA"), su presidente, con $45 300, Manuel Esteban Bel con $52 400, Alfredo Fraga de la Dehesa con $47 000, Nicasio Vidal con $16 300 y Alberto Cardet Hijuelos con $10 000. Miyares, Vidal y Cardet eran socios en el "Banco Agrícola e Industrial"(VER) y en "Azucarera Amazonas S.A., Compañía"(VER).

2 Se constituyó el 3 de noviembre de 1950 por Ramón Trías Beltrán, español que falleciera posteriormente, Donato Marante Arencibia, Francisco Marante Barroso y Eduardo Sánchez Andraca. En 1950 recibió préstamos del Banco Agrícola e Industrial con la que compraron maquinaria de uso en Puerto Rico, pasando con posterioridad al control de Miyares y sus asociados a través de las deudas con el banco.

3 Su propósito era producir sacos de yute mientras se introducía la fibra de kenaf que era el objetivo principal y definitivo. En 1952 y 1955 solicitaron financiamiento al BANFAIC y en agosto de 1956 al BANDES para la ampliación de la fábrica de yute, que retiraron después, y en 1957 construyeron un molino para la industria del yute y kenaf que no completaron. Sus activos totales ascendían a $275 000.

1284- TEXTILERA FLAMINGO

Fábrica de tejidos de punto y confecciones de ropa interior y exterior de prendas invernales, ubicado en Ignacio Clemente entre Carretera de Santa María del Rosario y San Antonio, Rpto. Las Lomas, Guanabacoa.

1 Arrendataria de "Compañía de Confecciones Imelda S.A.", localizada en el mismo edificio, siendo ambas firmas propiedad de la familia Kier, siendo Rafael su presidente-tesorero y Efraín el administrador.

3 Era la única fábrica de tejidos de puntos que producía ropa interior y a la vez prendas invernales.

Solicitaron financiamiento al BANDES por $150 000 el 14 de noviembre de 1958.

1285- TEXTILERA MAYABEQUE S.A.

Fábrica de tejido con 200 telares, producción de 4 a 4.5 millones de yardas de tela en tres turnos, ubicada en la finca San José de la Macagua, Güines.

2 La planta había sido establecida por la "Mayabeque Textile Manufacturing Corporation" y la razón social actual se había constituido en 1949 con domicilio en Aguacate N° 478 para operar la planta presidida por Clyde Lee Hawkins.

Hasta comienzo de la década de los 50 había estado bajo el control de la "Burlington Mills Incorparated", habiendo estado cerrada de 1950 a 1952.

3 Uno de los principales clientes del "Banco Boston" con créditos por $1 200 000.

1286- TEXTILERA SAN JOSÉ

Fábrica textil ubicada en San José de las Lajas, Habana.

1 Propiedad de David Brandon (VER SUPERMERCADOS EKLOH S.A."), quien tenía intereses en las dos cadenas de supermercados de víveres.

3 Estuvo cerrada de 1954 a 1956 debido a las dificultades del sector y los conflictos obreros. Un grupo de empresarios del giro, entre ellos Alberto Kaba de "Almacenes Kaba", Almunueña y otros gestionaron su compra ofertada en $150 000 para lo cual el "Banco de San José" daría crédito por $ 50 000.

1287- TEXTILERA VERSALLES S.A.

Fábrica de artículos de punto tales como pull-overs, sweaters, camisetas y otras, con telares propios, ubicada en Versalles, La Lisa, Marianao.

1 Sus propietarios principales eran Milton Resnick Blinman y su madre Julia Blinman, en sociedad con Elías Redler, vicepresidente y casado con una hija de ésta. Lázaro Sztylerman era su presidente.

2 Se constituyó el 1° de agosto de 1952 y comenzó a producir en enero del siguiente año. Se había fundado en 1939 como "Busto, Menéndez y Compañía", variándose en 1943 para "Sama Textil", propiedad entonces de Iser Zack y su esposa Julia Blinman, la que en 1944 adquiriera el total del negocio y en 1950 variara su nombre para "Telares Marianao S.A".

1288- THEODORE BAILEY Y COMPAÑÍA MOBILIARIO INTERIOR S.A.

Fábrica de muebles y decorador de interiores, sito en Prado N°112, bajos, que era cliente del "City" y del "Godoy-Sayán".

1 Propiedad de Theodore Bailey.

2 Se había instalado a finales de los años 20 como una sucursal de "Theodore Bailey & Company", situada en Prado Nº42 y con casa en 218 East 49 th St., Nueva York y otras 2 en París.

En esa época era la principal en la decoración de los interiores y el amueblamiento para las familias de la oligarquía en lo que competía con la de "Jansen, Decoración de Muebles S.A.", situada en Prado Nº44, cuya casa matriz estaba en París .

1289- THE AMERICAN AGRICULTURAL CHEMICAL COMPANY

Fábrica de abonos químicos con las marcas "Agrico", "Bradley's", "Guarapo" y "Lister's", sita en 27 de noviembre, Regla, y oficina en el Palacio Aldama en Reina y Amistad, La Habana.

1 Era una filial de casa norteamericana con oficina en 50 Church St, Nueva York, fundada en 1869 y con fábricas en varias ciudades de EE.UU. y Canadá.

3 Cliente del "Boston" y del Royal.

1290- THE AMERICAN INTERNATIONAL LIFE INSURANCE COMPANY

Seguros de vida, con oficina en Habana Nº 258 y 260, 4º piso, La Habana. La 4ª mayor de las firmas de seguros de vida existentes en 1958 de acuerdo al monto de sus seguros en vigor ascendentes a $31 176 000.

1 Su presidente desde 1953 era José Ernesto Muzaurieta Hidalgo, quien desde 1942 trabajaba en la agencia de seguros donde fuera ascendido a vicepresidente en 1948 y, en 1958, a director de la "American International Reinsurance Company", casa matriz de control.

Su padre, José Humberto Muzaurieta Jiménez, era vicepresidente de "United States and Cuba Surety Company", firma de seguros con oficina en Edificio Ajuria, dto. 214, La Habana.

1291- THE AMERICAN NATIONAL LIFE INSURANCE COMPANY

Seguros de vida, con domicilio en Egido Nº 572, La Habana, cliente del "Boston", del "Núñez", del "Trust", "Continental", "Royal" y el "Agrícola Industrial", la que poseía como subsidiaria a la "The American National Fire Insurance Company", para los seguros de riesgos y accidentes, así como la "American National Industrial Insurance Company". Era la 9ª firma aseguradora por el monto de los seguros en vigor ascendentes a $ 13 871 000.

1 Era propiedad de Julio Dumás Alcocer en sociedad con su hermano Mariano. Dumás también era propietario y presidente del "Banco Americano Nacional de Capitalización"(VER), así como presidente de la "Sección de Seguros y Fianzas" y delegado de la "Sección de Bancos de Capitalización" de la "Cámara de Comercio de la República de Cuba" en 1958.

1292- THE BANK OF NOVA SCOTIA

Banco comercial, nacional, con 7 sucursales y oficina central en O'Reilly y Cuba, La Habana, siendo el 7º más importante por sus depósitos por $50 900 000 y el 4º entre los de filiales extranjeras.

1 Filial de banco canadiense con casa matriz en Toronto, siendo Rodger M.Taylor su supervisor en Cuba desde el 30 de abril de 1958.

2 Fundado en Cuba el 20 de enero de 1906. Era el 2° más antiguo entre las filiales extranjeras después del "The Royal Bank of Canada"(VER) y el único entre ellos que había mejorado su posición a partir de 1952, habiendo pasado del 8° al 7° lugar.

Siempre tuvo al frente a algún ciudadano canadiense. De 1938 a 1956 su supervisor general en Cuba fue Víctor J.Cox, siendo sustituido por Edward Moreland Robinson que falleciera en 1958. Ninguno de sus principales dirigentes eran cubanos.

La casa matriz era un antiguo banco fundado en Halifax el 30 de marzo de 1832 que en 1883 se fusionara con el Union Bank of Prince Edward's Island y contaba a principios de siglo con 40 sucursales en Canadá, EE.UU. y en Jamaica donde había abierto la primera en las Antillas desde 1889.

3 Su política de crédito era elogiada por el Banco Nacional de Cuba. El 62% de los préstamos se destinaba al sector azucarero con 10 beneficiarios. Sus principales clientes eran firmas de Julio Lobo con $7 500 000, la "General Motors Acceptance Corporation"(VER) con $1 400 000, la de los hermanos Mestre (VER "CIRCUITO CMQ S.A.") con $1 650 000, las de Aspuru (VER "CENTRAL TOLEDO S.A.") con $1 500 000 y otras. No tenían afiliadas.

Tenía una buena administración y su sistema contable y métodos de control, aunque no muy modernos, eran aceptables. Sus utilidades se mantuvieron en el orden de los $450 000 a $494 000, la mayor parte de las cuales se transferían a su casa matriz, salvo en 1954 y 1955 en que se destinaron a las reservas de previsión.

1293- THE BOSTON SURETY COMPANY

Una agencia de fianzas, sita en San Juan de Dios N° 64, La Habana.

1 Era propiedad de Moisés Maestri López, su presidente, en sociedad con Augusto Maxwell de la Cova, su vicepresidente. Pablo León Camacho era su administrador.

Maestri había sido un activo dirigente del "Casino Español" durante la década de los 20, estando al frente durante años de su Sección de Festejos y era padre del Dr. Raúl Maestri, periodista y economista.

Maxwell tenía un Bufete en sociedad con su hermano, Roberto, quien, al igual que su padrastro Eladio Ramírez León, era uno de los principales ejecutivos de confianza de los intereses de Julio Lobo.

2 Había sido fundada en 1934.

1294- THE CHASE MANHATTAN BANK

Banco comercial, nacional, con 3 sucursales y oficina central en Aguiar N° 310, La Habana, siendo el 10° en importancia por sus depósitos ascendentes a $43 400 000 y un capital de alrededor de $2 millones.

1 Filial de la casa matriz de New York de igual nombre, el 2° mayor del mundo, cuyos negocios en Cuba representaban menos de la centésima parte del total de la institución.

Estaba bajo el control del grupo financiero de John D. Rockefeller quien también tenía en Cuba la "Moa Bay Mining Company"(VER), la "Esso Standard Oil Company"(VER), la "Pan American World Airways" (VER), la "Corporación Intercontinental de Hoteles"(VER) y la "Punta Alegre Sugar Company"(VER), así como intereses en la Manatí Sugar Company (VER). En éstas dos últimas estaban representados por David Rockefeller en la primera y William V. Griffin, director en ambas.

Sus dirigentes en Cuba eran Thomas M. Findlay, vicepresidente I y Guillermo E. Carreras, vicepresidente II.

El 31 de Marzo de 1955 su casa matriz, o sea "The Chase National Bank of the City of New York", se había fusionado con el "Bank of the Manhattan Company", adoptando el presente nombre. Un día antes, o sea el 30 de marzo, se había fusionado también el "National City Bank of New York" con el "First National Bank of the City of New York" de la rama de la familia de William Rockefeller-Stillman.

2 Era el 5º más antiguo entre las filiales de bancos extranjeros. Se instaló en Cuba el 12 de enero de 1925 al adquirir la sucursal del "American Foreign Banking Corporation", fundado en 1918, que quebrara tras el crac de 1921. Se mantuvo hasta 1950 sin sucursales.

3 Durante más de dos décadas se habían mantenido como el principal propietario dentro de la industria azucarera cubana pero estaban en franca liquidación de sus propiedades en el sector. De sus 3 consorcios habían vendido completamente el "Violeta Sugar Company", parcialmente la "Punta Alegre Sugar Company" y de la "Azucarera Atlántica del Golfo, Compañía"(VER), el mayor en Cuba y que había acordado ya la liquidación, se habían retirado.

El proceso de liquidación de la "Punta Alegre Sugar Company", aunque gradual, había comenzado desde los años 40. De un total de 7 centrales que poseía en 1924, conservaban 3, de los cuales 2 eran refinerías. La "Violeta Sugar Company" fue comprada en enero de 1958 por la "Sucesión de L. Falla" (VER).

Estaba prácticamente al servicio exclusivo de la industria azucarera que concentraba el 89% de su cartera de préstamos que descendió a partir de 1957. Sus principales negocios estaban destinados a sus afiliadas así como a los centrales de Julio Lobo, a Arechabala, los Luzárraga, Rodríguez Penín, Luis G.Mendoza y otros.

Entre sus clientes de firmas norteamericanas figuraban la "Nacional de Alimentos, Compañía" con $2 millones; la "Esso Standard Oil" y la "International Harvester de Cuba", ambas con $1 millón; la "General Electric" con $800 000; "Créditos y Descuentos Mercantiles S.A." con $750 000; "General Motors Acceptance" con $800 00, etc.

Descontaban desde los años 50 contratos de refacción agrícola al "Banco de los Colonos"(VER) ascendentes a $1 000 000.

Poseía $529 000 en bonos no cotizados en la Bolsa de La Habana de "Cubana, Sociedad Nacional de Bienes Urbanos", propietaria del edificio donde se albergaba, cuyo presidente era Ernesto de Zaldo Deschapelles.

Su situación financiera era muy satisfactoria. Los depósitos principales pertenecían a empresas azucareras, en especial sus afiliadas, habiendo mermado desde principios de la década e incrementándose después de 1954. Los préstamos y las utilidades habían experimentado bruscas variaciones desde los años 50 y una baja notable en 1957, en cuyo año aumentaron su capital en casi $2 000 000 por aportes
de la casa matriz.
Tenía organización, contabilidad, controles internos y dirección buena y eran celo-
sos cumplidores de las regulaciones bancarias.

1295- THE CROWN LIFE INSURANCE COMPANY
Agencia de seguros de vida sita en Cuba N° 225, La Habana. Era la 6ª agencia de
seguros de vida en Cuba por el monto de los seguros en vigor ascendentes a $ 24
254 000 y la 3ª entre las de capital canadiense.
    1 Era una filial de casa matriz canadiense establecida en Toronto desde 1900
cuyo gerente en Cuba desde hacía años era William Brown Larke.

1296- THE CUBAN AMERICAN SUGAR MILLS COMPANY
Propietaria de los centrales "Chaparra", "Delicias" y Mercedita (P.R.)", con una
capacidad total de 1 695 000 @ diarias que representaban el 6° grupo en importancia y el 7° en cuanto a extensiones de tierra con 18 650 caballerías.
Poseía además una refinería en Gramercy, Louisiana, otra en Cárdenas, fundada
por la familia Teurbe Tolón de tamaño pequeño con 5 850 qq diarios que era la 16ª
en magnitud, el 40% de las acciones de la "Trans-Cuba Oil Company", que vendieron el 30 de Septiembre de 1956 y, por último, la Compañía de Seguros de Ingenios S. A., que aseguraba sus propiedades.
Tenía 3 subsidiarias: "Compañía Eléctrica del Norte de Oriente", que vendía a
particulares el servicio generado en el Central Delicias; la productora eléctrica,
que distribuía la generada en el central Chaparra; y la "Compañía del Ferrocarril
de Puerto Padre", que operaba 91 millas de ferrocarril entre ambos centrales y
brindaba servicios también a empresas y pasajeros.
    1 Capital ascendente a $8 333 200. Filial de la "Cuban American Sugar Com-
pany", uno de los 4 consorcios azucareros bajo control del Grupo Financiero Rockefeller-Stillman, con otras 3 filiales más en Cuba (VER "THE NATIONAL CI-
TY BANK OF NEW YORK"). David M. Keiser se mantuvo como Presidente de
su Junta desde 1939 en que sustituyó a James H. Post.
    2 Había sido fundada el 19 de septiembre de 1906 en New Jersey por Robert
Bradley Hawley, congresista norteamericano por el estado de Texas, al consolidar
5 empresas de los centrales Chaparra, el demolido Luisa, Mercedita (P.R.), Tinguaro y Unidad, así como después también el Constancia (A) y la refinería de
Cárdenas, a los que integró en diciembre de 1909 la "San Manuel Sugar Company" que construyó el Delicias. Durante varios años fue la mayor empresa azucarera del mundo.
Hawley, corredor de bolsa y propietario de un ingenio azucarero en La Louisiana,
había comprado en 1899 sus primeros centrales cubanos, el Tinguaro y el Nueva
Luisa, este último demolido después, y, en ese mismo año contrató los servicios
del ingeniero graduado en EEUU y futuro Presidente de la República, Mayor Ge-

neral Mario García Menocal (VER "CENTRAL SANTA MARTA S.A.") quien le construyera los centrales Chaparra y Delicias en la provincia de Oriente.

A partir de la década de los 20 había caido bajo el control del actual Grupo Financiero, junto con la "Vertientes-Camagüey Sugar Company" (VER), la "West Indies Sugar Corporation" (VER "CENTRAL ALTAGRACIA S.A., COMPAÑÍA"), la "Guantánamo Sugar Company" (VER) y ia "Cubana, Compañía" (VER). A finales de los 50 se habían vendido ya a intereses cubanos las últimas dos y una cuarta parte del total de las acciones de la West Indies estaban controladas por Julio Lobo. Fue la primera firma azucarera en emitir bonos para financiar sus centrales.

Se había mantenido sin alteración desde la década de los 40 cuando había vendido el Constancia(A) en 1949, el Tinguaro en 1943 y el Unidad en 1942. Su estrategia se había dirigido a introducirse en la industria remolachera norteamericana en 1954 donde trató de controlar la American Sugar Crystal Company de EE.UU, una de las principales productoras de remolacha, al comprar el 26.78% de las acciones lo que le originó una demanda anti-trust con la prohibición de continuar adquiriendo más.

A partir de 1957 creó una División de Sucroquímica para el desarrollo de productos industriales químicos a partir del azúcar, habiendo construido una planta piloto en su refinería de Gramercy para fabricar esteres de sacarosa.

3 Tenía un buen margen de ganancias que llegó a un máximo de más de 6 000 000 en 1947 y un mínimo de $661 000 en 1955 y en 1957 fue de $3 000 000. Como en el resto de las firmas azucareras norteamericanas, la cotización de sus acciones había descendido, siendo en 1956 de $21 y en 1959 de sólo $18, pero era donde había descendido menos relativamente.

CENTRAL CHAPARRA

El 10° central en capacidad de producción diaria con 710 000 @, RI alto de 13.33, el 9ª en número de trabajadores de zafra con 7 000, y una planta de cera derivada de la caña, con 4 000 caballerías, situado en Puerto Padre, Oriente.

2 Fue construido sobre las ruinas de un pequeño ingenio de igual nombre, comprado por el Gral. Menocal, que sólo había hecho una zafra en 1895 antes de ser destruído al año siguiente por el Ejército Libertador. La "Chaparra Sugar Company" se constituyó en octubre de 1899 y comenzó su primera zafra el 30 de enero de 1902 administrado por su constructor, junto con el Delicias, hasta 1911 en que se trasladó para la Presidencia de la República.

Lo sustituiría en tal puesto clave el Gral. del E.L.Eugenio Moliner, médico y farmacéutico, antiguo jefe de sanidad del distrito de Oriente durante la guerra de independencia y autor del código sanitario de la República en Armas, quien sería en el futuro Secretario de Agricultura de Machado y Representante a la Cámara terminando en los últimos años de su vida trabajando en un cargo modesto de jefe agrícola en la Gobernación Provincial de la Habana durante el mandato de Guas Inclán, recibiendo un modesto salario de $150, donde editaba una revista dedicada a temas agrícolas.

3 De los 10 centrales que habían sobrepasado en algún año el millón de sacos era el 8°, habiéndolo alcanzado en 1952.

CENTRAL DELICIAS

El 4ª central en capacidad de producción diaria con 860 000 @, RI alto de 13.22, la 10ª destilería, planta de cera como derivado, el 5° en número de trabajadores con 9 000 y el primero mayor propietario de tierras con 6 000 caballerías, situado en Oriente.

2 La norteamericana San Manuel Sugar Company, constituida en diciembre de 1909, había comprado el antiguo ingenio San Manuel a Francisco Plá, trasladando parte de éste a las márgenes del río Chorrillo, cerca de Puerto Padre, donde se construiría el nuevo central, que comenzó su primera zafra el 15 de enero de 1912.

Antonio Guiteras, durante el Gobierno de los "100 días" a la caida de Machado, decretó su nacionalización que no se llevó a efecto.

CENTRAL MERCEDITA (P.R.)

El 126° central en capacidad de producción diaria con 180 000 @, RI alto(el 47°) de 13.05, 2 650 trabajadores y 440 caballerías de tierras propias, situado en Cabañas, Pinar del Río.

2 En 1874 Santiago de la Cuesta se asoció con Juan Francisco Santiago-Aguirre Olivera, hijo de Francisco Santiago-Aguirre Pernas, madrileño, establecido en Cuba en la primera mitad del siglo XIX, propietario de los ingenios "Manuelita", "San Claudio" y "San Agustín". En 1878 era propiedad de "Bonifacio de la Cuesta y Hermanos".

Con posterioridad, Juan Francisco Santiago-Aguirre Olivera adquirió su control que pasó después a su hijo político, Ernesto Longa Marquette. En 1895 fue quemado, existiendo entonces en el ingenio una tabaquería perteneciente a Julián Quiñones y, en 1899, tras reconstruirse, pasó al control de la propietaria, aparentemente mediante una venta, manteniéndose Longa como accionista y administrador hasta la depresión de 1930 en que perdieran definitivamente sus acciones.

3 Según la "Comisión Técnica Azucarera" en 1951 sus costos eran de $15.85 por cada saco de 325 lbs., o sea por debajo de la media de $17.87, y sus activos totales estaban valorados en $2 172 090.

1297- THE FAIR

Casa de moda "The Fair" con modelos europeos, sita en San Rafael N° 203 y 205 y sucursales en La Rampa y en Monte N° 205.

1 Era propiedad de Lina Feiman, viuda de Jurick, y su hijo político, Elías Szuchman, era su gerente.

2 Ya existía en los años 30 con una sucursal en la calle Monte. Contaba con una cámara de refrigeración para conservar las pieles que importaba.

1298- THE FIRST NATIONAL BANK OF BOSTON

Banco comercial, nacional, con 5 sucursales y oficina central en Aguiar N° 411, La Habana, siendo el 6° en importancia por sus depósitos ascendentes a $70 800 000.

1 Filial de la casa norteamericana de igual nombre, fundada en Boston en 1784, que era el 16° mayor de EE.UU. con sucursales en Río de Janeiro, Sao Paolo y Buenos Aires, y una de las 2 filiales en Cuba, junto con la "United Fruit Sugar Company" (VER), bajo el control del grupo financiero de Boston, en alianza con John D. Rockefeller.

Estaban a cargo de la filial en Cuba William Watson Caswell Jr., vicepresidente; Charles F.Durguin, vicepresidente y José A.Villamil, sub-gerente.

2 Había comenzado a operar en Cuba el 1º de Julio de 1922 en medio del crack bancario, siendo el 4º más antiguo entre las filiales de bancos extranjeros. Durante los años 30, y por pocos años, había sido propietario de los centrales Amazonas(VER "AZUCARERA AMAZONAS S.A.") y Caracas(VER "CENTRAL CARACAS S.A.").

En julio de 1956 sostuvieron una polémica con Joaquín Martínez Saenz, su antiguo consejero legal, debido a su negativa para suscribir valores públicos.

3 Sus principales clientes eran la industria azucarera, a pesar de haber disminuído del 55% en 1953 a un 32% en 1957, importadores de víveres con el 15% y torrefactores de café con el 8%. Su política de crédito era mucho más liberal que la del resto de las filiales extranjeras.

Sus principales destinatarios individuales eran las propiedades de los Hedges con $2 400 000, las de los Tarafa con $ 2 millones, los Azqueta con $1 millón, la "Cuban Telephone Company" con $900 000, la "General Motors Acceptance" con $ 1 200 000, la "Esso Standard Oil" con $700 000, la "Peláez Pírez" con $1 400 000.

Una alta proporción de sus activos estaban invertidos en las empresas propiedad de los Hedges (VER "TEXTILERA ARIGUANABO S.A., COMPAÑÍA") de las que tenían pignoraciones por $7 600 000 desde finales de los 40 pues no en balde los grupos financieros de Boston controlaban la industria textil de Nueva Inglaterra.

Su situación financiera era altamente satisfactoria y sus funcionarios gozaban de gran experiencia y capacidad. Tenían utilidades netas que fluctuaban de $700 000 a $900 000 que enviaban a la casa matriz.

1299- THE FIRST NATIONAL CITY BANK OF NEW YORK

Banco comercial, nacional, con 10 sucursales y oficina central en O'Reilly Nº402, La Habana, siendo el 3º en importancia según sus depósitos.

1 Filial de la casa matriz de New York de igual nombre, el 3º mayor del mundo, con capital de $7 180 millones y depósitos por $ 6 301 millones, bajo el control del grupo financiero de la familia Rockefeller-Stillman y presidida por James Stillman Rockefeller. Su vicepresidente residente en Cuba desde el 14 de Marzo de 1957 era Mr. Juan D. Sánchez y su gerente G. W. Sheppard.

Este gupo financiero ambién poseía en Cuba la "Azucarera Vertientes Camagüey de Cuba, Compañía" (VER), la "Central Altagracia S.A., Compañía" (VER), la "Miranda Sugar Estates" (VER), la "The Cuban American Sugar Mills Company"(VER) –todas ellas propietarias de centrales– así como la "Owens Illinois Glass Company" (VER), la "Envases Industriales y Comerciales S.A." (VER) y, en asociación con el grupo Morgan, la "Cubana de Teléfonos, Compañía" (VER).

El 30 de marzo de 1955 su casa matriz, o sea el National City Bank of New York-fundado en 1819-, se había fusionado con el First National Bank of the City of New York, del grupo financiero de Morgan, adoptando su nombre actual, un día antes de la del "Chase Manhattan Bank"(VER).

Era uno de los 2 bancos filiales extranjeras propietarios de centrales azucareros y la más antigua entre las grandes firmas norteamericanas con relaciones con Cuba pues Moses Taylor, su presidente durante un cuarto de siglo, había iniciado su fortuna en la década del 40 del siglo XIX en el comercio con Cuba ampliándola después a la minería, el transporte y la banca.

Taylor, nacido en EE.UU. en 1806 y fallecido en 1882, había presidido desde 1856 un banco que se transformaría el 17 de julio de 1865 en el "National City Bank" y, tras la II Guerra Mundial, en el "First National City Bank of New York". Otra firma, la reestructurada posteriormente como "Lawrence Turnure & Company, una inversionista en valores con oficina en 1 Wall Street, Nueva York, también fundada en 1882 y presidida por Taylor, tendría sucursales en Cuba hasta la década de los 40.

Así mismo Gordon S.Rentschler, presidente desde 1940 del "The National City Bank of New York" y del "The City Bank Farmers Trust Company" había iniciado precisamente en Cuba su asociación con la entidad cuando a mediados de los años 10 se dedicara a vender maquinarias a centrales del país, lo que le valiera ser designado en 1923 director del banco. Reutschler se mantendría siempre relacionado con Cuba, de donde era visita frecuente como en febrero de 1938, falleciendo incluso el 3 de marzo de 1948 en una habitación del "Hotel Nacional" donde pasara una de sus frecuentes vacaciones en nuestro país

2 Era el 3° más antiguo entre las filiales de bancos extranjeros habiendo comenzado a operar en Cuba el 11 de agosto de 1915, integrando el "Banco de La Habana" de capital británico-norteamericano-francés-cubano, en sociedad con la "Zaldo y Compañía" presidida por Carlos Zaldo Beurmann.

La "Zaldo y Compañía" había sido una de las más importantes casas azucarera-bancarias de finales de siglo y comienzos del siguiente, con oficina en Wall St N° 90, Nueva York y relaciones con bancos de Londres, Francia, Madrid y Barcelona.

Fue fundada en Sagua la Grande en 1860 como "Zaldo, García y Compañía" por Guillermo de Zaldo Dómine y por García Calamarte. Más tarde Zaldo constituyó en La Habana la "Zaldo, Fesser y Compañía" que, tras enfermedad de Fesser, se convirtió en "Zaldo y Compañía".

Tras el fallecimiento de Zaldo en 1880, continuaron el negocio los socios J.W.Todd y Julián Hidalgo- padre de Emilia Hidalgo Borges, casada con Enrique Conill Rafecas- en sociedad con la viuda y el banquero J.M.Borges, suegro del primero, bajo la razón social "Todd, Hidalgo y Compañía", la que, tras retirarse Todd, se transformaría en "Hidalgo y Compañía" integrada entonces por Hidalgo, Guillermo y Federico de Zaldo y las viudas de Zaldo y de Borges. Al retirarse Hidalgo, la firma recobró su antiguo nombre de "Zaldo y Compañía" bajo la sociedad de Guillermo, Federico y Carlos de Zaldo Beurmann, además de su madre, la viuda de Zaldo Domine.

El "Banco de La Habana" se había constituido en 1906 con activos ascendentes en 1911 a $3 770 086 y su Junta de Nueva York estaba integrada por John E.Gardin, vicepresidente del National City Bank of New York; Alvin W Krech, presidente de la Equitable Trust Company; y James H.Post de B.H.Howell Son & Company, mientras que su Junta en La Habana estaba presidida por Carlos de Zaldo Beurmann e Ignacio de la Cámara O'Reilly como vicepresidente, actuando como directores Sabas E.de Álvarez, Leandro Valdés, Federico de Zaldo, Eusebio Ortiz Torres.

Carlos de Zaldo había sido miembro del Partido Autonomista , de la Junta Revolucionaria en Nueva York y Secretario de Estado del gobierno de Estrada Palma. Poseía otros intereses pues era miembro del Consejo de Dirección de la "Cubana de Fianzas, Compañía"(VER), presidida por su hermano Guillermo, y era socio de "Nacional de Fomento Urbano, Compañía", concesionaria del acueducto de Marianao.

Tras su absorción por la banca norteamericana había mantenido su casa como comerciante banquero con oficina en Cuba N° 76 y 78 hasta desaparecer tras el crac de 1921, terminando en sus últimos años como un simple oficial del "National City Bank".

Tras el crac bancario de 1921 el banco norteamericano se convirtió en propietario del más importante grupo azucarero que haya existido jamás, pues tenía bajo su control a 32 centrales que molían 1/4 de la zafra. A principios de la década del 50 aun constituían el 2° grupo en importancia en la industria, donde poseían 5 consorcios azucareros con 14 centrales de los que a finales de la década conservaban 10.

3 Sus principales negocios estaban destinados a sus afiliadas y a empresas extranjeras, en especial norteamericanas, a quienes se concedían amplias líneas de créditos en exceso de los límites y sin garantía, entre las que estaban la "General Electric Cubana S.A."(VER), "Créditos y Descuentos Mercantiles S.A."(VER), "General Motor Acceptance Corporation"(VER), "Nacional de Alimentos, Compañía"(VER), "Cuban Telephone Company"(VER).

Era uno de los 5 selectos afortunados bancos en que sus utilidades sobrepasaban el $1 millón anual, la mayor parte de las cuales se remesaban a la casa matriz. En 1956, cuando obtuvieran $1 074 000, enviaron a su central $846 168.

1300- THE FRANCISCO SUGAR COMPANY

Propietaria del central "Elia" y del "Francisco", 2 de los 6 centrales de los intereses Braga-Rionda (VER "AZUCARERA CÉSPEDES S.A., COMPAÑÍA").

1 B. Rionda Braga era su presidente y George A. Braga y Bernardo Antuña eran los vicepresidentes. Como vicepresidentes para Cuba fungían José B.Rionda, Higinio Fanjul, Alfonso Fanjul, Aurelio Portuondo padre e hijo. Otros accionistas norteamericanos estaban representados por Gerald F.Beal, presidente de J.Henry Schroeder Bank Corp.; Alfred Jaretski del Bufete de Sullivan and Cronwell; Samuel R. Milbank de "Wood, Struthers and Company con quien estaban asociados en la "Cubana Primadera S.A., Compañía"(VER), y otros.

2 Se constituyó por la familia Rionda en New Jersey el 23 de febrero de 1899 para operar el central "Francisco" fundado por la empresa en 1901. El central Elia, fundado en 1916, fue adquirido posteriormente en 1919. Ambos se conectaban mediante un ferrocarril de su propiedad de 107 millas con el puerto que poseían en Guayabal.

3 Estaba empeñada en varios otros negocios, habiendo recibido financiamiento del BANDES para una planta de levadura, otra de madera a partir de bagazo y una terminal en el Puerto de Guayabal de su propiedad. En 1953 creó la "Ganadera El Indio S.A., Compañía"(VER) y en 1955 la "Marítima Güayabal S.A., Compañía(VER) para convertir el Güayabal en un puerto profundo y construir una terminal.

Fomentó la "Cubana Primadera S.A., Compañía"(VER) para la fabricación de madera a partir del bagazo de caña, así como una planta de levadura a un costo de $225 000, que se construyó anexa a la Destileria Sevilla, de su propiedad, cuya produccón estaba destinada a su ganado y al de la Manatí Sugar Company (VER). Tambien tenía acciones en la Kenaf Corporation que sembraba kenaf.

Tenía una sólida posición financiera con $23 700 000 en activos totales y $16 100 000 de capital líquido y pasivo total corriente de $7 600 000.

Sus utilidades ascendieron en 1947 a $2 800 000, pero tuvieron pérdidas en 1952: $1 300 000; 1953: $375 000; 1954; $257 000, recuperándose en 1957 y 1958 en que lograron un buen nivel de utilidad con $1 000 000 en cada año a partir de $371 000 del año anterior.

Sus utilidades por acciones esos años fueron de $1.06, $2.87 y $2.86, mientras sus dividendos fueron de 25 cts., 60 cts. y 50 respectivamente. Como en el resto de las firmas azucareras norteamericanas, la cotización de sus acciones había descendido, siendo en 1956 de $13 y en 1959 de sólo $6.

CENTRAL ELIA

El último de los 20 mayores centrales en capacidad de producción (530 000 @), RI de 13.32, entre los más altos, 800 trabajadores, cría de ganado, siembra de kenaf, una planta de levadura, otra de madera a partir de bagazo, puerto y terminal de Guayabal y 503 caballerías de tierras propias, situado en Guáimaro, Camagüey.

2 Había sido fundado en 1916 por la Elia Sugar en el nuevo poblado de Santa Lucía fomentado ante el estímulo de la línea ferroviaria inaugurada en la finca de igual nombre, por su propietario José Álvarez Florez, pasando posteriormente en 1919 al control de la familia Rionda. El Gral. del E.L. Eugenio Sánchez Agramonte, a la sazón Presidente del Senado y del Partido Conservador, había participado en su fomento financiero.

Estuvo varios años inactivo desde 1933 hasta que fue reconstruido durante la zafra de 1945 tras haber el Gobierno ordenado que reasumieran su producción 15 centrales inactivos a los que se les eximía durante 4 años de varios impuestos siempre que fuesen reparados o reconstruidos para ponerlos de nuevo en ejecución o de lo contrario se les confiscaría, siendo uno de los 2 centrales-junto con el Agramonte- que volvería a ponerse en marcha.

3 Según la "Comisión Técnica Azucarera" en 1951 sus costos eran de $16.35 por cada saco de 325 lbs., o sea por debajo de la media de $17.87, y sus activos totales estaban valorados en $5 935 002. El administrador era Manuel Portuondo Regil, uno de los vicepresidentes para Cuba.

CENTRAL FRANCISCO

El 13° central en capacidad de producción (575 000 @), RI alto de 13.08, 5 200 trabajadores, la 7ª destilería, planta de levadura y el 11° mayor propietario de tierras con 2 489 caballerías, situado en Guáimaro, Camagüey.

2 Fundado en 1901 por Francisco Rionda Polledo en una zona despoblada que era un feudo de 2 ó 3 comerciantes que embarcaban maderas hacia EEUU y Alemania, donde había comprado durante la guerra de independencia 3 000 caballerías de tierra en Santa Cruz del Sur. Para levantar el capital de este central –el segundo más antiguo que conservaría la familia– los Rionda se asociaron con importantes capitales norteamericanos como Horace Havermeyer, el ferroviario Walter E.Ogilvie, navieros como Henry P.Booth y otros emparentados con su familia. Como varias de las empresas del grupo Rionda quebró en noviembre de 1933 pero se las arreglaron para conservarla.

La destilería se fundó en 1943, tenía una capacidad de 15 000 galones diarios y estaba inactiva.

El 18 de septiembre de 1949 en una sesión del sindicato del central fue asesinado Amancio Rodríguez, su dirigente desde 1938, en unión de José Oviedo Chacón.

1301- THE GENERAL ASSURANCE COMPANY
Firma de seguros de riesgos y accidentes así como de autos, camiones y ómnibus, sita en O'Reilly Nº 316 bajos, La Habana, que era cliente del "Boston".

1 Era propiedad de Manuel Molina Rodríguez, su presidente. Arístides G. Echevarría Medina era el sub-director.

1302- THE HAVANA CAR FERRIES CORPORATED COMPANY
Operaba el embarque y desembarque de las mercancías transportadas en los 4 ferries para vagones de ferrocarril que hacían la travesía entre Florida y Cuba, los cuales eran propiedad de la firma norteamericana "West India Fruit & Steamship Company Incorporated"(VER), con oficina en el Edificio de la Lonja de Comercio, planta baja.

1 Era una filial de "Dussaq & Toral"(VER), propiedad de Maurice Dussaq Piñeiro y Lorenzo Toral Paso, quienes eran el presidente y el vicepresidente.

1303- THE HAVANA POST
Periódico "The Havana Post" editado en inglés en La Habana con oficina en Lealtad Nº 152, La Habana. El más antiguo de los 2 existentes con esta carcterísticas y uno de los más antiguos en general.

1 Propiedad de Clara Park de Pessino, norteamericana residente en Cuba y casada con cubano, quien era también su directora.

2 Fue fundado en 1898 por Pedro Casanova, propietario del central Casanova, con el propósito de hacer campaña anexionista, habiéndolo vendido en 1902 al norteamericano George M.Bradt, quien a su vez lo vendiera a Mr.Stoneham, propietario del equipo beisbolero "Gigantes de Nueva York".

Sin embargo otras fuentes atribuyen su fundación al norteamericano C.E.Fisher, habiendo refundido el "Havana Herald" y el "The Havana Journal". Según ellos comenzó el 1º de enero de 1899 al consolidarse 2 de varios periódicos editados por militares norteamericanos durante la Intervención en cuya época se fundaran varios de los cuales sólo éste sobreviviría. John T.Wilford, quien trabajara en él desde sus comienzos, fue su editor y director general durante años a partir de 1920.

En 1923 fue comprado por Rafael R.Govín Jr., propietario entonces del periódico "El Mundo", habiendo sido arrendado desde 1928 hasta 1936 en que fuera adquirido por la actual propietaria.

1304- THE NEW TUINICU SUGAR COMPANY INCORPORATED

Propietaria de los centrales "La Vega" y "Tuinicú", ambos en Las Villas, 2 de los 6 controlados por los intereses Braga-Rionda y sus socios (VER "AZUCARERA CÉSPEDES S.A.,COMPAÑÍA") con un capital ascendente a $5 000 000. También poseía una destilería en el central Tuinicú (Compañía Destiladora Paraíso S.A.) y sus propios muelles en Tunas de Zaza.

1 Presidida por José B. Rionda, también su administrador general, quien era el único de los 5 miembros de la familia, entre los que controlaban la mayoría de las acciones, que vivía en Cuba. José Andrés Rionda era el vicepresidente ejecutivo y Salvador Rionda, Higinio Fanjul, Alfonso Fanjul, Manuel Rionda, George A. Braga, Plácido A. Ervensún, Enrique A. Ervensún, José M.Álvarez y Aurelio Portuondo Jr. eran los vicepresidentes. Rionda era también uno de los principales en "Cuban Bagasse Products" (VER) y su hijo era accionista menor del "Banco Gelats", habiendo estado casado con una hija de Juan Gelats.

2 Se había constituido el 31 de octubre de 1951 en Nueva York para operar los 2 centrales que hasta entonces estaban bajo la "Central Tuinicu Cane Manufacturing Company Inc.", fundada en 1891 en New York y cambiando su razón social en 1925 por "Tuinicu Sugar Company", constituida en 1929 tras adquirir el central la Vega.

3 Su situación económica era buena. Su capital líquido pasaba de los $6 500 000 y movía un activo total que en 1958 era de $9 000 000 y un pasivo corriente de $2 200 000. Tuvo utilidades en 1956: $260 000; 1957: $609 000; 1958: $256 000.

Cliente del Trust Company con líneas por más de $600 000 y pignoraciones de hasta $4 700 000 y del Banco Gelats con préstamos por $438 000. De ambos bancos era afiliada pues Alfonso Fanjul era director en el The Trust y José A.Rionda Pérez, divorciado de una hija de Juan Gelats, lo era del Gelats.

CENTRAL LA VEGA

Uno de los 15 centrales más pequeños (el 151º) con una capacidad de producción de 130 000 @, RI mediano (el 60º) de 12.96, 270 trabajadores y 1 caballería de tierra propia, situado en Guayos, Sancti Spiritus, Las Villas.

2 Fundado en 1915. Había sido propiedad, junto con el Algodones, del Gral. del E.L. José Miguel Gómez, ex Presidente de la República, quien lo había adquirido de Hannibal Mesa por $4 500 000. Tras el crac de 1921 había pasado a la propiedad de la "Sugar Plantation Operating Company" —una filial del "The Royal Bank of Canada"(VER)–, administrado por Ezequiel Rosado, habiendo sido antes de "La Vega Sugar Company S.A.", administrado por Isaías Cartaya. Otras fuentes dicen, no obstante, que fue a partir de 1926, siendo el primero que, tras 7 años de paralización, revendieran en 1935 al Grupo Rionda.

CENTRAL TUINICÚ

El 30° central en capacidad de producción (350 000 @), RI alto de 12.82, 3 500 trabajadores, 300 caballerías de tierras propias y la 3ª destilería, situado en Sancti Spiritus.

2 Hay discrepancias sobre su año de fundación que unos lo sitúan en 1830 y otros en 1850. En la década del 60 pertenece a Justo G. Cantero, pasando en 1883 a la propiedad de José Suns Sans y en 1889 a la de los "Sucesores de J. Rionda".
Francisco, el mayor de los 8 hermanos Rionda Polledo, lo compró en 1889. Tras haber fundado el "Elena" en 1850 fue el primero de los centrales comprados por los Rionda y uno de los pocos que no quebrara entre 1929 y 1934.
La "Central Tuinicu Cane Manufacturing Company" se constituiría en Nueva York en 1891 por Manuel Rionda, Manuel E. Rionda Benjamín, quien estaba al frente de él, Leandro Rionda, Víctor Zeballos y J.I.C.Clarke y la "Tuinicu Cane Sugar Company" sería organizada en 1893 por miembros de la familia en sociedad con comerciantes de Nueva York. Fue quemado durante la Guerra de Independencia.
Isidora, una de las hermanas Rionda, al enviudar en 1885 se había trasladado a vivir con su hermano Francisco, siguiéndolo cuando éste pasara a vivir en el central y residiendo en él hasta su fallecimiento el 22 de julio de 1936, y donde sería conocida con el sobrenombre del Ángel de Tuinicú por sus obras religosas y religiosas y de caridad en Sancti Spíritus y en el central.
Había instalado en 1926 una fábrica de papel a partir del bagazo de caña que fue la segunda en fracasar en el país, después de la del central Preston en 1915.

3 Desde 1944 poseía una destilería con 20 000 galones de capacidad diaria que era la 3ª mayor y una de las 8 que aún se mantenían activas.

1305- THE ROYAL BANK OF CANADA

Banco comercial, nacional, con 23 sucursales y oficina central en Aguiar N°367, La Habana, siendo el 2° más importante según sus depósitos por $127 000 000.

1 Filial de casa matriz en Canada con 62 oficinas en América Latina, New York, Londres y París, habiendo sido la de Cuba la primera sucursal en el exterior. Su presidente era Elmo J. Miller y James A. St.Armour era el tesorero.
Conservaba intereses en 4 centrales que en el pasado habían sido de su propiedad total y ahora estaban bajo el control de los hermanos García Díaz, o sea el "Báguanos", el "Tacajó", el "Algodones" y el "San Francisco", donde eran representados por Jorge A. Hernández Trelles, José Suárez Espinosa y Amasbindo Álvarez, todos vicepresidentes en esas empresas.

2 Establecida el 8 de marzo de 1899 era el tercer banco más antiguo y la primera filial extranjera que, tras finalizar el dominio colonial, se radicó en Cuba, sirviendo prácticamente de escuela a una gran parte de funcionarios y ejecutivos bancarios cubanos. A partir de 1952 había sido desplazado del primer lugar en importancia en el sector por el "The Trust Company of Cuba"(VER).
Su casa matriz se fundó en Halifax el 18 de octubre de 1863 como "Merchants Bank of Halifax" variando poco después su razón social para la actual y su domicilio para Montreal, siendo presidido desde 1870 por T. E. Kenny hasta 1908 en que lo sustituyera Herbert S. Holt considerado el hombre más rico de su país quien visitaba Cuba cada 2 años. Morris W. Wilson, su presidente y director General acompañado de G. H. Dugan, su vicepresidente, habían visitado Cuba en

acompañado de G. H. Dugan, su vicepresedente, habían visitado Cuba en febrero de 1938.

Se estableció originalmente como "Merchant Bank" en 1899 en una casita en Obrapía N° 25 siendo su segundo administrador J.A.Springer, después vicecónsul de EE.UU. en Cuba. Compraron en 1903 el "Banco de Oriente" de Santiago de Cuba y en 1904 el "Banco de Comercio de La Habana".

Con posterioridad se trasladó en 1904 al edificio que construyera en Obrapía N° 33 y que en 1919 vendiera a la Bolsa de La Habana tras trasladarse para su actual local en Aguiar y Obrapía, uno de los primeros edificios altos de la ciudad.

A fines de los años 30 llegó a poseer 9 centrales que eran operados por la filial "Sugar Plantation Operating Company": Algodones, Almeida o Báltony, Báguanos, Tacajó, Borjita, Fe, Río Cauto, así como el "Ciego de Ávila y el Galope que fueron demolidos. Entre los grupos financieros extranjeros que controlaban varios centrales fueron de los primeros que comenzaron a venderlos a partir de la década de los 40.

Augustine Vincent Burn había sido su supervisor y apoderado en Cuba desde 1948 y había sido honrado el 12 de octubre de 1951 con la Orden "Carlos Manuel de Céspedes" por su "contribución a encaminar la banca nacional". Cuando en 1957 falleciera en Belice, su cadáver había sido trasladado en un avión especial del ejército.

3 Los primeros destinatarios de sus préstamos eran firmas de financiamiento de autos con el 14% del total y la industria azucarera con el 11%. Sus principales clientes eran empresas extranjeras, entre las que estaban la "Nacional de Alimentos, Compañía" (VER), "Créditos y Descuentos Mercantiles"(VER), la "Esso Standard Oil"(VER), la "General Motor Acceptance Corporation"(VER), la "Petrolera Shell de Cuba, Compañía"(VER), la "Cuban Telephone Company"(VER), la "International Harvester Company of Cuba" y la "General Electric Cubana, S. A.".

Sus préstamos mostraban tendencia lenta pero sostenida al aumento y pocos eran adversos, la productividad era alta y los depósitos aumentaban progresivamente desde 1953. Tenía una situación financiera y económica buena y progresiva, así como organización, métodos y dirección experimentada.

Las utilidades siempre fueron superiores al $1 000 000 en la década de los años 50 alcanzando $1 750 000 y $1 506 000 en 1956 y 1957 respectivamente, la mayoría de las cuales se remesaban a la casa matriz.

1306- THE SHERWIN WILLIAMS COMPANY OF CUBA S.A.

Fábrica de pinturas, esmaltes y barnices e importadora y distribuidora de éstos y de insecticidas, marca "Sherwin Williams", ubicada en F N°212, Reparto Batista y oficina en el Edificio Radiocentro, La Habana.

1 José García Trilla era su vicepresidente y administrador general. Agustín y Julio Batista González de Mendoza (VER "THE TRUST COMPANY OF CUBA") eran miembros de su Consejo de Directores.

2 Desde 1930 se había convertido en una industria de capital cubano que producía la marca norteamericana existente desde 1866 con 29 fábricas en

10 países cuya casa matriz estaba controlada por el grupo financiero de Cleveland.

3 Sus depósitos en el Banco Boston ascendían a $500 000, siendo el 9° en importancia atendiendo a la magnitud de éstos. Era cliente también del "Trust".

1307- THE TIMES OF HAVANA PUBLISHING

Periódico "The Times of Havana" editado en lengua inglesa 3 veces por semana con talleres y oficinas en Galiano y Trocadero, La Habana. Era el 2° periódico de habla inglesa en Cuba después del "The Havana Post"(VER).

1 Propiedad de los hermanos Carl y Clarence W.Moore (VER "CONSO-LIDATED CUBAN PETROLEUM CORPORATION"), norteamericanos nacidos en Michigan, antiguos diplomáticos de su país y residentes en Cuba, donde tenían otros intereses. Milton Guss, periodista de Nebraska, era su editor.

2 Fue fundado por ambos hermanos en un local en la calle Luz y Compostela editando su primer número el 4 de febrero de 1957 con 24 páginas en forma de tabloide y una frecuencia de 2 veces por semana.

A fines de ese año se instalaron en su actual edificio donde con anterioridad se albergaba la revista Bohemia(VER "PUBLICACIONES UNIDAS") y en 1958 pasó a publicarse con su frecuencia actual.

1308- THE TRUST COMPANY OF CUBA

Banco comercial, nacional, con 26 sucursales, 800 empleados y oficina central en Obispo N° 257, La Habana, siendo el principal con depósitos por $232 000 000 y, junto al Banco Núñez, uno de los dos de capital cubano, seleccionado entre los 500 más importantes del mundo por "The American Bankers" en 1957.

1 Era el eslabón bancario del más importante grupo financiero-azucarero del país, la "Sucesión de L. Falla Gutiérrez" (VER), propietaria de 7 centrales y el 2° mayor entre los de grupos azucareros de capital asentados en Cuba, entre otros intereses.

La "Sucesión" también tenía acciones en el "Banco de los Colonos"(VER) desde 1943 a través de Ángel Pardo Jiménez, y en 1956 a través de Servando Fernández Rebull parecen haber suscrito unas 1233.

Tenía un capital ascendente a $5 millones, el 56% del cual era controlado por Agustín Batista González de Mendoza, presidente de la Junta –quien junto a su familia era tenedor de $1 774 800– conjuntamente con Eutimio Falla Bonet, su cuñado, quien tenía $1 050 900. El residente del Comité Ejecutivo era Antonio Rangel.

Entre los otros 170 accionistas se destacaban la familia Tarafa (VER "AZUCA-RERA CENTRAL CUBA S.A., COMPAÑÍA"), José Ignacio de la Cámara, su vicepresidente, los hermanos Solís Alió (VER "SOLÍS, ENTRIALGO Y COM-PAÑÍA"), César Rodríguez González (VER "ALMACENES ULTRA"), José Bosch (VER "MOTEL RANCHO LUNA"), los Arellano G. de Mendoza(VER "POR LARRAÑAGA, FÁBRICA DE TABACOS S.A."), Alfonso Fanjul (VER

"INDUSTRIAL ARROCERA DE MAYABEQUE S.A.") todos los cuales formaban parte de su Consejo de Dirección.

Agustín Batista, quien estaba casado con María Teresa Falla Bonet, una de los 4 hijos de Laureano Falla Gutiérrez propietarios de la "Sucesión de L. Falla Gutiérrez" (VER) y cuyo capital sirvió de base para el exitoso desarrollo del banco, tenía intereses además en la "Cubana, Compañía" (VER), importante consorcio azucarero, en "Importadora Comercial de Cuba S.A., Compañía" (VER); en "Litográfica de La Habana, Compañía"(VER); en "Productora de Superfosfatos S.A., Compañía"(VER); en "The Sherwin Williams Company of Cuba"(VER) y en "Productos Alimenticios Canímar S.A., Compañía"(VER).

Era miembro también de la "Junta Consultiva" del "Diario de La Marina" (VER) y primo de Paúl González de Mendoza, presidente y propietario mayorista del "Banco Hipotecario Mendoza" (VER) y de Luis G.Mendoza (VER "LUIS G. MENDOZA Y COMPAÑÍA") y tenía parentesco también con la familia Tarafa (VER "AZUCARERA CENTRAL CUBA S.A."), a través de su prima Alicia González de Mendoza Goicochea, hermana de Paúl y viuda de Antonio Tarafa Govín.

2 Había sido fundado el 7 de julio de 1905 por José Antonio González Lanuza y Norman H. Davis, como agente de la "Casa Morgan" en Cuba. Su Junta Directiva estaba integrada entonces por éste último como presidente y como vicepresidentes Manuel Otaduy, Claudio G Mendoza, Regino Truffin, Frank Bowman y O.A.Hornsby, además de Rufino Eterna, M.Orr, F.J.Sherman, Pedro Rodríguez y J.M.Hopgood.

Tras el crac bancario, en que quebrara el 19 de abril de 1922, se convino en Nueva York por parte de J.P.Morgan and Company, The Chase National Bank of New York, The Royal Bank of Canada y Norman Davis, que eran sus principales acreedores, en liquidar su negocio bancario permaneciendo sólo como un trustee.

Posteriormente los 2 últimos, que eran los principales accionistas, adquirieron los créditos, acciones y derechos de los otros, manteniéndose hasta su venta como los 2 mayoritarios. Claudio G.Mendoza, tío de Agustín, era el representante de Mr.Davis y Julio, su hermano, era uno de los directores y accionista menor.

El 10 de marzo de 1943 comenzó su segunda y más exitosa etapa reiniciando sus operaciones comerciales bancarias cuando Agustín Batista lo comprara y lograra en menos de 10 años convertirlo, de un banco inactivo, en reposo, que sólo se ocupaba de seguros, administración de bienes y urbanizaciones, (entre éstas el Country Club), en el primer banco de Cuba, sobrepasando por primera vez, desde el crac bancario, a los bancos extranjeros que dominaban la banca, las finanzas y la industria azucarera, lo que sin duda fue uno de los acontecimientos económicos más importantes de la última etapa republicana.

En febrero de 1949 había acordado fusionarse con el "Banco Continental"(VER) pero en julio se rompieron las negociaciones y la Junta de Accionistas de éste último derogó el acuerdo anterior.

Compró varios bancos importantes. El 17 de marzo de 1950 por $767 800 el "Banco Comercial Panamericano", fundado en 1940, con sucursales en Cienfuegos y en Sancti Spiritus, capital de $500 000 y depósitos por $10 millones, en el que Viriato Gutiérrez era uno de los principales entre sus 33 accionistas junto a Rolando Torricella, Miguel A. Suárez. Así mismo, el Banco Mercantil de Ranchuelo, propiedad de "Trinidad y Hermanos"(VER), el "Banco de Pinar del Río" y el "Banco del Atlántico" (VER), propiedad de Amadeo Barletta. Finalmente el 16 de junio de 1952, compraron el "Banco del Comercio" (VER), la más importante transacción bancaria desde el crac, que les permitió ascender al primer luga𝟹 Tenía numerosas inversiones en valores de empresas privadas, entre las cuales las más importantes eran la "De Teléfonos de Cuba, Compañía" (VER) con un $1 millón; la "Litográfica de La Habana, Compañía" (VER) con $460 000; la "Manati Sugar Company" (VER) con $250 000; la "Cubana de Electricidad, Compañía" (VER) con $245 000; la "Cuba Railroad" (VER "FERROCARRILES CONSOLIDADOS DE CUBA") con $120 000; en "Laboratorios Gravi" (VER) con $43 600; en la "Nueva Fábrica de Hielo S.A." (VER) con $50 000 y otras.

Sus principales clientes eran sus afiliadas. El 56% de sus préstamos se destinaban a 26 firmas de la industria azucarera.

Contaba con una administración muy eficiente y capaz. Tenía una situación económica y financiera muy buena y estaba en una expansión extraordinaria, captando negocios y depósitos contínuamente.

Era una de las empresas cubanas más rentables, con utilidades que excedían el $1 500 000, habiendo logrado soprepasar el $1 millón desde 1951, de los que acostumbraban a pagar unos $800 000 de dividendos anuales y el resto lo destinaban a incrementar el capital. Había hecho una emisión de capital por $2 millones en 1955.

1309- THE W. HARRY SMITH AGENCIES INC

Consignatario de buques, agente de ferrocarriles y agencia de pasajes y turismo, sito en Edificio de Lonja del Comercio, dto. 213, 214, La Habana.

1 Era propiedad de Gilbert Smith quien estaba al frente desde 1950 tras el fallecimiento de su padre William Harry Smith, de quien la heredara.

2 Se había constituido en 1928 a partir de la "West Indies Shipping and Trading Company" –representante de varias líneas de vapores–, tras haber pasado al control de Willian H.Smith, antiguo accionista de la misma.

Smith, nacido en Cádiz el 7 de diciembre de 1868 y fallecido en La Habana el 24 de septiembre de 1950, se estableció en EE.UU. donde fuera tesorero de la "Havana Gas Company", una antecesora de la "Cubana de Electricidad, Compañía". Desde 1898 había trabajado con Julián Cendoya en Santiago de Cuba y en 1905 abrió la primera oficina de la "Ward Line" en Cuba con quien estuviera asociado hasta 1928 como administrador general y después como vicepresidente.

3 Cliente del "Royal".

1310- THOMAS F. TURULL S.A., COMPAÑÍA
Importadora de materias primas y productos químicos destinados a la agricultura y la ganadería, con agentes y casas distribuidoras en todas las provincias, ubicada en Cristina y Vigía y en Muralla 60, La Habana.

1 Propiedad de Thomas F. Turull, norteamericano residente en Cuba, casado con cubana.

2 La fundó en 1911 tras representar en Cuba durante 3 años a una empresa forrajera americana.

3 Cliente del Royal Bank por $400 000.

1311- TIBURCIO GÓMEZ S.A.
Almacén de madera, importador, aserrío y fábrica de envases, con 90 trabajadores, sito en Vigía N° 12, La Habana.

1 Era propiedad de los hermanos Francisco y Ramón Gómez Díaz.
Francisco era secretario de "Crusellas y COMPAÑÍA S.A." (VER) y de "Detergentes Cubanos S.A."(VER) y miembro de la Junta de Directores de esta última pues estaba casado con Ana María Sánchez Crusellas, de la familia accionista de ambas.

1312- TIENDAS FLOGAR S.A.
Tienda por departamento con el nombre comercial de "Flogar", ubicada en Galiano y San Rafael, La Habana.

1 Propiedad de Florentino García Martínez quien en unión de su esposa Josefina Lillo era propietario también de "Inmobiliaria Ligar".

3 Cliente del "Banco de China" con crédito por $170 000.

1313- TIENDAS LOS PRECIOS FIJOS S.A.
Tienda por departamentos "Los Precios Fijos", con peletería, quincalla, almacén de tejidos, taller de confecciones, ubicada en la manzana de Reina, Águila y Estrella, en La Habana.

1 Propiedad de Charles Shapiro, nacido en Rusia y ciudadano norteamericano, quien también poseía la "Royal Crown Cola Bottling Company S.A."(VER); la "Hermanos Shapiro y Compañía", un almacén de ferretería, sito en Belascoaín N° 158 y la "Inmobiliaria Las Culebrinas", propietaria de casas en la calle Calzada en el Vedado.

2 Había sido fundada por Manuel Sánchez Carvajal, quien junto a su hermano Benigno y a su hijo Manuel Sánchez Maspons, éste último devenido más tarde en sub-administrador del periódico "El País-Excelsior", habían sido sus gerentes.
En enero de 1949 Shapiro había constituido, junto con Harold Tamenbaum, el "Banco de los Precios Fijos", cuyo propósito era descontarle precio a la clientela de la tienda siempre que fueran depositantes del banco, de lo que finalmente desistieron.

3 Cliente del extinto Banco del Comercio con $400 000 de crédito, del "Trust" y de 2 bancos en Nueva York: el "Chemical Bank and Trust Company of New York" y el "The Public National Bank & Trust Company of New York".

1314- TIP TOP BAKING COMPANY
Repostería de dulces finos con la marca comercial "Ward", con 3 establecimientos comerciales de restaurantes y cafeterías sitos en J N°465, Vedado; Santa Catalina y Primelles e Infanta N° 210, La Habana.

1 Era propiedad de Alfredo Consuegra Anchia, cuyo hermano Jorge estaba casado con Gloria, hermana de Efrén de Jesús Pertierra Liñero (VER "RESTAU-RANT, BAR Y CAFÉ MONSEIGNEUR S.A."), propietario de un restaurante y un cabaret y con intereses en el frontón.

1315- TOPPER COMMERCIAL COMPANY S.A.

Almacenista de efectos eléctricos, radios y refrigeradores, gas embotellado, juguetería y venta de cocinas de gas, de luz brillante y de electricidad marca "Topper", de luz brillante a presión marca "Star" y de luz brillante con mecha marca "Boss", con el nombre comercial de "La Casa de las Cocinas", sita en Ave 51 N° 8827, Marianao.

1 Propiedad de la familia Faget (VER "FAGET & SONS MOTOR COM-PANY"). Raúl Faget Otazo, su vicepresidente, poseía 2 almacenes del giro de bicicletas de cuyas firmas era vicepresidente

1316- TORAÑO Y COMPAÑÍA S EN C

Almacenista, escogedor y exportador de tabaco en rama, sito en Estrella N° 51 y 53, La Habana. Era refaccionista de cosecheros y propietarios de la finca "Don Santiago" en Alquízar.

1 Era propiedad de los hermanos Carlos y Jaime Toraño Fernández.

1317- TOUS Y COMPAÑÍA S.A.

Almacenista de víveres y licores, distribuidor del arroz "El Chino" y la manteca "El Cochinito", ubicada en Pila N° 261, La Habana.

1 Propiedad de la familia Tous, en sociedad con Rafael Pérez, con un capital por más de $1 000 000. José Tous Amill era su presidente y sus hijos José y Luis Tous Pons, así como Ramón Suárez Pérez, eran vicepresidentes.
Tous Amill era propietario también de "Tous y Astorqui", una agencia de línea naviera.

2 Se fundó en 1882 como "Losa Pérez y Compañía", pasando en 1895 a "R. Pérez y Compañía", en 1908 a "R. Suárez y Compañía" y en 1925 a "Suárez, Tous y Compañía", cuando entrara como socio José Tous, su propietario, quien había comenzado en ella en 1914 como empleado. Su actual razón social se contituyó en 1942.

3 Sus ventas superaban los $8 000 000. Junto con la firma "Peláez Pírez S.A. Importadores y Exportadores"(VER), también fuertes almacenistas de víveres, compartían intereses en "Molinos Arroceros de Camagüey S.A.".
Era uno de los más fuertes clientes del "The Trust Company of Cuba" con crédito ascendente a $1 200 000.

1318- TOUS Y MATAS

Fábrica de envases de cartón, de sacos, bolsas y cartuchos de papel; de bolsas y envolturas de cellophane; y de papel engomado, papel higiénico, servilletas y toallas de papel, sita en Muralla N° 212, La Habana, que era cliente del "Trust".

1 Guillermo F. Tous Pérez era su gerente.

2 Eran sucesores de "Cardin y Compañía".

1319- TOYO S.A.

La mayor panadería y dulcería, ubicada en 10 de Octubre N° 402-406, Luyanó.

1 Era propiedad de Antonio Rey (VER "LA SIN RIVAL S.A.").

1320- TRÁFICO Y TRANSPORTE S.A.
Transporte de carga por carretera, sito en Loma entre Lombillo y Ave de Colón, La Habana, con sucursales en toda la Isla.

1 Era una filial de la "Interamericana de Transporte S.A., Compañía"(VER) y tal como en ésta, Fulgencio Batista era su propietario, representado por Ángel F. Álvarez Millás, del "Bufete Pérez Benitoa" (VER), quien se convirtiera en su presidente tras haber sido sustituido por Alberto García Valdés en la presidencia de la casa matriz.

2 Amador Odio Padrón, su antiguo propietario, la había vendido en $2 millones el 8 de febrero de 1957 a su propietario actual, recibiendo parte del pago en acciones preferidas de la casa matriz valoradas en $600 000, las que posteriormente vendiera a su vez a aquella el 20 de febrero de 1958.
Odio estaba muy relacionado al ex-Presidente Dr. Carlos Prío y se involucró con grupos insurreccionales alentados por éste, a los que ayudó en el traslado de armas mediante los camiones de la firma.

3 Fue una de las principales líneas de camiones adquiridas en el plan de consolidación del transporte por carretera convirtiéndola en filial el 31 de julio de 1957 .
Cliente del "Banco Pedroso" con créditos entre $40 000 y $70 000, así como del "Núñez".

1321- TRANSFORMADORA EN ABONOS ORGÁNICOS S.A. (TAOSA)
Planta en proyecto para transformar en abonos orgánicos los desperdicios o basuras, y suprimir el vertedero de la Bahía de La Habana, ubicada en los Arenales de Guasabacoa.

1 Era una propiedad de capital mixto donde los propietarios privados eran mayoritarios y asociados al BANDES. Su capital ascendía a $3 200 000 distribuidas en 13 925 acciones de las que 9 625 eran comunes y el resto preferidas. Sus accionistas principales eran Julián Lastra Humara, español (VER "HUMARA Y LASTRA S. EN C."), que controlaba 10 686 acciones de las 13 925 emitidas; José Albert Lledó, español, con 1 702, su presidente y Eusebio Benítez Pérez con $651 300. Los otros accionistas privados eran el Dr. Florentino González con $60 000, Dr. Pablo García Acosta con $50 000, Miguel Humara con $20 000 y Guillermo S. Villalba Zaldo (VER "CUBANA DE FONÓGRAFOS, COMPAÑÍA") con $30 000. El BANDES poseía $502 000 y designó el 26 de diciembre de 1958 a Luis T.Velasco y a Francisco Valencia como sus representantes.
con $912 500 de valoradas en $1 322 700), quien era el presidente; y

2 Se constituyó el 7 de julio de 1954. La Ley-Decreto N° 1646 de ese año la favoreció escandalosamente pues le otorgaba la concesión para el aprovechamiento y utilización de la basura y desperdicios de la ciudad para abonos, combustibles, como materia prima, para venderlos, exportarlos, etc, a cambio de un pago anual de sólo $36 000, a pesar de que el Estado, además le cedía 166 mt^2 de terrenos en la ensenada de Guasabacoa y continuaba costeando la recogida de la basura.

3 Al triunfo de la Revolución sólo tenía instalada la llamada "Unidad Seleccionadora" y la inversión total, incluyendo el precio del terreno, ascendía entonces a $700 000. En ese entonces los desperdicios que salían de la unidad (papel, hojalata, trapos sin lavar, botellas vacías) no podían ser aprovechados.

El BANDES le concedió 3 préstamos: el 1° el 9 de septiembre de 1955 ascendente a $750 000, posteriormente el 18 de junio de 1958 otorgó $150 000 y finalmente el 30 de diciembre del propio año $530 000. La firma aportó $400 000.

1322- TRANSPORTE CANÍMAR S.A.

Porteadora de servicio de carga por carretera, con oficina en Matanzas, y en Céspedes y López, Reparto Batista, La Habana.

1 Propiedad de James Hedges (VER "TEXTILERA ARIGUANABO S.A, COMPAÑÍA"), amigo personal de Fulgencio Batista. Hedges había sido electo el 5 de septiembre de 1957 como presidente de la Asociación de Porteadores Públicos de Carga y Expreso por Carreteras, constituida por los porteadores independientes que rechazaban integrarse al trust en proceso de formación.

2 Se había constituido como resultado de la fusión con "Expreso Goiricelaya S.A.", un transportista entre La Habana y Oriente.

3 Era una de las apenas 10 firmas en el sector que se mantenían sin haber sido absorbidas por "Interamericana de Transporte S.A., Compañía" (VER), el "trust" propiedad de Fulgencio Batista que había comprado la mayoría de las existentes, y la única con quien nunca hablara Alberto García Valdés, presidente de aquella para su posible compra.

1323- TRANSVISIÓN CUBANA S.A.

Fábrica de tubos de pantalla de 8" a 30", ubicada en Noriega N° 12, Luyanó, La Habana. Tenía como filial al "Palacio de la Televisión S.A.", un comercio de venta de televisión sito en San Lázaro N° 1107, La Habana.

1 Propiedad principal del Dr. Julio Mondello Galarraga, italiano nacido en 1928 y su presidente, quien controlaba el 70.5% del capital, en sociedad con "Transvisión" de New Rochelle, que controlaba el 27 % y Carlos Fernández Sarmiento con el 3% restante.

2 Se puso en marcha en noviembre de 1954 con equipos de uso de la asociada norteamericana. Sus productos eran distribuidos por su filial.

3 Sus ventas ascendían a $118 370, sus utilidades a $12 909 y sus activos totales a $56 904.

Tenía un proyecto de planta para el ensamblaje de televisores con capacidad para 4 000 anuales, equivalente a algo menos del 10% de las importaciones, con 50 puestos de trabajo y un estimado de inversión ascendente a $50 000.

1324- TRASATLÁNTICA ESPAÑOLA, COMPAÑÍA

Línea de navegación entre Europa y Cuba, siendo sus agentes "García & Díaz" (VER) con oficinas en La Lonja del Comercio.

1 Propiedad de la familia española Güell, descendientes de Antonio López López, Marqués de Comillas. En mayo 1958 fue nombrado presidente Alfonso Güell Marcos, de 25 años, hijo del fallecido Claudio Güell Churruca, Conde de Ruiseñada y Marqués de Comillas, quien además era ahijado de Alfonso XIII, ex-Rey de España.

2 Su origen se remonta a 1848 cuando en Santiago de Cuba, Antonio López López, emigrante español pobre, quien más tarde llegaría a ser Marqués de Comillas y muriera en Barcelona en 1883, estableciera una pequeña línea de cabotaje. López asociado con Patricio Satrústegui y Manuel Calvo fundaría con buques veleros la "A. López y Compañía", que en 1853 domiciliarían en La Habana, en 1857 en Alicante y en 1859 en Barcelona.

El futuro Marqués fundó después en 1856 una línea entre Alicante y Marsella, en 1860 obtuvo el transporte de la correspondencia de España hacia Cuba, Puerto Rico y Santo Domingo y en 1877 extendió sus intereses a la América Central y el Caribe.

Más tarde fue el principal accionista del "Banco Hispano Colonial", fundado y legalizado en España el 7 de diciembre de 1876, cuyos principales accionistas eran Manuel Calvo, José Eugenio Moré, Manuel de Ajuria, Mamerto Pulido, José Avendaño, así como el Marqués del Campo con 50 millones de reales y Juan Manzanedo con 30. Este banco, que en realidad no realizaba operaciones bancarias, se proponía asegurar la recuperación del empréstito de 45 millones de pesetas al Estado destinado a sufragar los gastos de los años finales de la Guerra Grande en Cuba y garantizados con el cobro de las recaudaciones de aduanas.

La naviera se constituyó en Barcelona el 1° de julio de 1881, dos años antes del fallecimiento de López, sucediéndolo entonces su hijo Claudio López Brú y, a éste, su nieto Juan Antonio Güell, Conde de Güell.

La familia del Marqués de Comillas había conservado varias propiedades en Cuba donde fuera representada durante el siglo XX por Manuel Otaduy, entre ellas el central "Portugalette"(VER "CENTRAL SAN JOSÉ DE PORTUGALETE S.A.") que habían comprado en 1904 y retuvieron hasta principio de los años 30.

También habían tenido intereses en varios importantes bancos que quebraran durante el crac de 1921: el poderoso "Banco Español", el más importante de Cuba; el "The Trust Company of Cuba"(VER), donde Otaduy era uno de los vicepresidentes; en el "Hispano-Colonial de Barcelona", un banco comercial con oficina central en San Ignacio N° 7, filial de casa extranjera, donde Otaduy era su delegado; así como en algunas industrias como "Cervecera Internacional S.A., Compañía" (VER) de la que fuera vicepresidente I y miembro de la Junta Directiva así como en "Cuba Industrial y Comercial S.A."(VER), de la que en 1917 fuera presidente.

1325- TRASATLÁNTICA FRANCESA, COMPAÑÍA

Línea de navegación francesa con oficina en Cuba N° 52, La Habana.

    1 George Dor era su agente general.

    2 Dor había sustituido a partir de mayo de 1935 a Ernesto Gaye, francés, fallecido en los primeros días de ese mes y quien fuera su representante general desde los años 10.

Gaye había desplegado gran actividad social y en el mundo de los negocios en Cuba, habiendo sido además el agente general de la "Compañía de Seguros L'Union" de París y miembro de la Junta de Directores del principal banco de Cuba de entonces, el "Banco Nacional de Cuba" desde los años 10 hasta su quiebra en 1921. También desde 1930 fue copropietario del central Corazón de Jesús, paralizado en 1927-33, que heredara su viuda Dolores Rams y arrendara a Francisco Blanco Calás, quien se lo compró en 1948 .

1326- TRINIDAD INDUSTRIAL S.A., COMPAÑÍA

Fábrica de cigarros "Eva", con 80 trabajadores, sita en Santo Domingo N° 95, Trinidad, Las Villas.

    1 Era propiedad de Isolina Cabo y sus hijos.

2 Había sido fundada en 1917 por Joaquín Menéndez, presidente y Director de la firma, habiendo sido heredada en la década de los años 50 por su viuda e hijos, sus actuales propietarios.

1327- TRINIDAD Y HERMANOS S.A.

Fábrica de cigarros con capacidad de producción de 2 037 605 miles de unidades anuales y 585 trabajadores, ubicada en Ranchuelo, L.V.. Era el 2° mayor productor con el 20 % de la producción total y una de las 14 fábricas no azucareras que en Cuba empleaban más de 500 trabajadores siendo la 11ª por su número. Tenía la filial "Tobacco Products Corporation" que adquiría la hoja de los cosecheros.

1 Propiedad de la familia Trinidad integrada por Diego Cosme José Trinidad Valdés, su hermana Gloria y su madre Gloria Ormara Valdés Robledo. Integraban su Consejo de Directores ambos hermanos además de Armando Ernesto Quesada Ferrer y Vicente Benito Feullerat Lagar.

Los Trinidad habían sido propietarios también del "Banco Mercantil de Ranchuelo", banco local que concedía crédito a los empleados y obreros de la fábrica, con deudas en 1956 por $252 865, el cual fue adquirido por "The Trust Company of Cuba" (VER).

2 Los hermanos Ramón y Diego Trinidad Velazco, fallecidos respectivamente en 1937 y 1946, habían fundado en 1905 una fábrica de tabacos en el mismo sitio donde el 5 de mayo de 1921 erigieran la actual de cigarrillos tras haberse paralizado la primera como consecuencia del crac bancario.

Ramón había sido el Alcalde de Ranchuelo de 1912 a 1926 y Representante a la Cámara por el Partido Conservador del que había sido vicepresidente de la Asamblea Provincial.

Otro hermano, Amado Trinidad Velazco (1893-1955), fallecido el 11 de agosto de 1955, había sido uno de los pioneros de la radio en Cuba y su más importante empresario hasta los 40, habiendo fundado la CMBL en Santa Clara que fusionó en 1939 con la CMCY de La Habana, fundada por el Ing. Cristóbal (VER "RADIO REPORTER S.A.") y Rafael Díaz González, constituyéndo la RHC el 6 de mayo de 1940.

La firma actual se constituyó el 16 de septiembre de 1952.

3 Había sido la única fábrica de cigarrillos ubicada en el interior del país que lograra sobrevivir que constituía un caso inusitado de éxito comercial vertiginoso pues desde los años 30, poco después de su fundación, era la mayor productora y, junto con la "H. Clay and Bock Company Ltd." –a quien había destronado del primer lugar– producían la mitad del total. Poco antes de 1958 fue superada en su producción por "Hijos de Domingo Méndez"(VER).

Cliente del "The Trust Company of Cuba" por $2 250 000.

1328- TROPICAL AGRICULTURE S.A.

Almacenista de maquinarias agrícolas, en especial destinada a la siembra y cosechas de papas, situada en Arroyo N° 219, La Habana. Financiaba a cosecheros de papas y de tabaco.

1 Propiedad de Carlos Maldonado en sociedad con Evelio Mederos Hernández, vicepresidente de la "Sección de Fabricantes e Importadores de Insecticidas y

Fungicidas Agrícolas" de la "Cámara de Comercio de la República de Cuba" en 1958.

2 Había sido fundada en 1927. A partir de julio de 1941 adoptó la razón social actual habiéndose denominado hasta entonces como "The Week-End Nursery S.A.", representante de firmas norteamericanas de pinturas, insecticidas, efectos de apicultura y avicultura, jardinería, etc, de la marca "The Sherwin Williams Company" y otras, con sede en Reina Nº 163, La Habana.

En ese entonces Federico G.Morales Varcárcel era su presidente; su hijo, Jorge F. Morales Bachiller, tesorero; y Mrs. H. C. Henderson, vocal. Con posterioridad, en los años 50 Evelio Mederos había sido su presidente.

3 Tenía créditos con el Industrial Bank por $150 000 a $200 000.

1329- TROPICAL MOTORS S.A.
Agencia de venta de autos de la marca "General Motors", sita en San Lázaro y Belascoaín y en 10 de octubre Nº 1559, La Habana.

1 Propiedad de Emilio Posada Nosti, quien era su presidente.

1330- TROQUELADOS Y PLEGABLES S.A.
Fábrica de envases de cartón sita en Dragones Nº 463.

1 Era propiedad de Aurelio y Clemente Medina Guerra quienes también poseían "Levadura Medina S.A."(VER).

1331- TRUEBA, HERMANO Y COMPAÑÍA
Tostadero de café "Regil", importador y exportador, con 59 trabajadores, ubicado en Guanabacoa. El 2º en importancia por el número de trabajadores dentro de su giro después de "Comercial La Flor de Tibes, Compañía"(VER).

1 Propiedad de la familia Trueba Regil y de la familia Carral, emparentados entre sí. Domingo y Enrique Trueba Regil, naturales de Santander, España, eran los gerentes. José María Serna, R. Carral y Emilio Ruiz Trueba eran socios colectivos, mientras Vidal Ruiz Trueba, y Domingo Trueba Varona y Enrique Trueba Campa, estos últimos hijos respectivamente de los 2 gerentes, eran socios industriales.

Enrique Trueba era además propietario de "El Pinar", otro tostadero ubicado en Pinar del Río, en sociedad con Ángel Camoira, y del tostadero "Las Villas", en Santa Clara, éste en sociedad con su hermano, con Camoira y Enrique García.

2 Había sido fundada en 1853 por José Peral Revuelta, natural de Santander, España, ubicándola en Regla y trasladándose en 1891 para Guanabacoa por su sobrino Ángel Regil Peral que lo sustituyera. En 1890 ingresaron los Carral Regil y posteriormente los Trueba Regil.

1332- TURÍSTICA VILLA MINA S.A.
Propietaria del cabaret "Tropicana", el principal del país, ubicado en Ave. Truffin y Línea, Marianao.

1 Propiedad principal de Martín Fox Zamora, quien era su presidente, asociado con Echemendía y Ernesto Ardura, éste último socio y amigo del Gral. Roberto Fernández Miranda, cuñado de Fulgencio Batista.

2 Fue fundado por su propietario Víctor Correa, brasilero-italiano asentado en Cuba donde falleciera en 1954 cuando ya sólo era representante de la orquesta española "Los Chavales de España". Entonces Correa era además propietario del cabaret Eden Concert, sito en la calle Zulueta que era desde mediados de la década anterior el de mayor distinción y cuyo nombre variara para el de "Zombie".

Con posterioridad Fox lo había comprado uniéndoseles más tarde sus otros socios, erigiéndosele el segundo salón "Bajo las Estrellas" pero conservando los famosos jardines de la residencia. Por este proyecto su arquitecto recibiría en 1953 el premio "Medalla de Oro" del Colegio de Arquitectos.

Había sido construido en 1939 por Max Borges Jr. en lo que había sido la residencia "Villa Mina" de Mina Pérez Chaumont, viuda de Regis de Truffin, escenario de las más fastuosas fiestas durante los años de las "vacas gordas", inaugurándose en 1940 sólo con un salón, el "Arcos de Cristal".

3 Su casino de juegos estaba operado por Joe Bischiff, alias Lefty Clark.

1333- TUYA CUBAN EXPRESS

Expreso de carga aérea con servicio de embarques marítimos desde EE.UU. a cualquier parte del mundo y oficinas principales en 26 Nº 755, Nuevo Vedado.

1 Oscar C.de Tuya era el presidente y su hijo, Oscar de Tuya Alemán, era el vicepresidente.

Tuya estaba casado con Silvia, hermana de José Braulio Alemán Casharo, ex-Ministro de Educación de Grau e hija del Gral. del E.L.José Alemán.

2 Con anterioridad había operado como "Cuban Clipper Express" .

1334- ULACIA S.A.
El "Ulacia" era el 105° central en capacidad de producción (210 000 @), RI bajo de 12.32, 2 000 trabajadores y 44 caballerías de tierras propias, situado en Rodrigo, Las Villas.

1 Propiedad de Francisco Blanco Calás (VER "AZUCARERA CORAZÓN DE JESÚS S.A., COMPAÑÍA").

2 Había sido fundado en 1914 por "Ulacia y Hermanos", sus propietarios cubanos, y era administrado por Juan Ulacia. Más tarde entró como socio gerente Manuel Gutiérrez Quirós –hijo de Miguel Jerónimo Gutiérrez, Presidente de la Junta Revolucionaria de Las Villas durante la Guerra Grande–, quien fuera Secretario de Hacienda de José Miguel Gómez y ex-presidente y copropietario del central Lutgardita y del San Francisco. Tras el crac de 1921 había pasado a la propiedad de "Central Ulacia Compañía Azucarera S.A.", administrado por Virgilio Gutiérrez.

Los Ulacia también habían sido propietarios del central Santa Catalina que mantendrían hasta 1915, alternando su propiedad con Eduardo González Abreu, quien estuviera al frente en 1903, en 1905 y 1906, y de 1908 a 1913, siendo arrendado de 1915 a 1920 a "Artime Díaz y Compañía.

Blanco Calás lo adquirió de Manuel Gómez Waddington en enero de 1937 tras estar inactivo desde 1927, siendo su segundo central.

Estaba situado en Santo Domingo, Las Villas muy cerca del central Washington donde Blanco Calás fungía como testaferro de Fulgencio Batista.

3 Cliente del "The Trust Company of Cuba" con créditos por $400 000.

1335- ULLOA Y COMPAÑÍA
Importador y representante de autos y camiones europeos, entre ellos el VW, Panhard & Levassor y White, así como neumáticos y cámaras Michelin, sita en Prado N° 55 y 57 con sucursales en Pinar del Río, Cienfuegos y Santiago de Cuba.

1 Propiedad de Mercedes J. y Evaristo Ulloa Ferro, quienes lo eran también del "Hotel Packard" (VER) situado en Prado N°51-55, al lado del local anterior.

Mercedes había estado casada con Enrique Berenguer Bosque, propietario del restaurant "Río Cristal"(VER "RESTAURANT CAMPESTRE RÍO CRISTAL CLUB") en la carretera de Rancho Boyeros, quien había sido, desde finales de los 20, presidente de la "Compañía Tabacalera Nacional" y gerente de la firma.

2 La agencia de autos había sido en el pasado representante de los autos Packard, Chandler, Cleveland y otros.

3 Cliente del "The Royal Bank of Canada".

1336- UNCLE SAM S.A., COMPAÑÍA
Importadora de calzado norteamericano marca "Uncle Sam", con oficinas en San Rafael N° 1 y Obispo N° 363, y tienda de peletería en San Rafael N° 113.

1 Era propiedad de Manuel Matalobo Rodríguez.

1337- UNIÓN DE COMERCIANTES E INDUSTRIALES S.A.
Agencia de seguros especializada en fianzas, en riesgos y accidentes y en autos sita en Tejadillo N° 57, 59, La Habana.

1 Era propiedad principal con el 80% de su capital de Alberto Inocente Álvarez (VER "INDUSTRIAS DE ALAMBRE DE HIERRO Y ACERO S.A."), ex-Ministro de los gobiernos auténticos y con intereses en industrias, centrales, bienes muebles y otros intereses en Cuba y en el extranjero.

Fungía como su presidente el Dr. José Álvarez Rodríguez, casado con Amparo, hermana de José Rosado Ugarte, hijo político del hacendado Francisco Blanco Calás (VER "AZUCARERA CORAZÓN DE JESÚS S.A., COMPAÑÍA").

1338- UNIÓN RADIO S.A.

Estación radio difusora "Unión Radio", ubicada en La Rampa, Vedado, La Habana.

1 Propiedad del Dr. Luis J. Botifoll Gilpérez y de José Luis Pelleyá Jústiz.

Botifoll era presidente también de "La Casa Pons S.A."(VER), tenía intereses en "Servicio Radio Móvil S.A."(VER) y había sido hombre de confianza y testaferro de Amadeo Barletta (VER "SANTO DOMINGO MOTORS COMPANY"), hasta que éste se sintió traicionado precisamente cuando su antiguo funcionario adquiriera la firma que hasta entonces había sido de su propiedad. En consecuencia Barletta lo destituyó de la dirección del periódico "El Mundo", también de su propidad , a la vez que variaba su línea editorial de oposición al Gobierno de Batista. Además había sido presidente desde 1946 hasta 1953 de "Central Zorrilla S.A."(VER), propiedad secreta del Cnel. José E. Pedraza.

2 La radioemisora había sido fundada en 1949 por Gaspar Pumarejo(VER "CANAL 12 S.A."), quien había comenzado como locutor haciendo pareja con Arturo Artalejo en la CMQ, ascendiendo a jefe de programación tras su compra por los Mestre.

Pumarejo la había integrado en una misma firma con el canal 2(VER "TELEMUNDO S.A.") y el canal 4 (VER "CMBF CADENA NACIONAL S.A."). También había sido propiedad de M. Alonso quien la comprara en 1951 a Álvaro Menéndez.

Con posterioridad, había sido propiedad de Barletta con el 27 % en sociedad con el Dr.Carlos Prío con el 25 % y el resto se dividía entre Humara, Lastra, Montaner y Cambó. Tras las pérdidas sufridas por casi $400 000 entre mayo de 1952 y agosto de 1953, pasó en septiembre de ese año a la propiedad de José Luis Pelleyá, a quien se asociara después el Dr.Luis J.Botifoll.

1339- UNITED FRUIT STEAMSHIP CORPORATION

Línea marítima internacional "Gran Flota Blanca" con rutas semanales que enlazaban puertos cubanos con los de Nueva York, Baltimore y Nueva Orleans, en EE.UU. y con otros de América Latina, con muelles propios denominados Santa Clara y almacenes de depósito en Cuba y oficina en San Pedro 16, La Habana.

1 Filial de la "United Fruit Company"(VER).

2 Se constituyó en 1922 en Delaware, EE.UU. y tenía sus barcos bajo pabellones de este país que hacían travesías entre sus puertos, los canadienses, los de América Latina y el Caribe.

El 11 de julio de 1938 inauguraron su nuevo muelle San José con almacenes y un Edificio para sus oficinas.

3 De las líneas regulares entre puertos norteamericanos y cubanos era la única que cubría Nueva Orleans-La Habana y New York-La Habana.

En la primera de esas líneas era una de las dos existentes, junto con la norteamericana "Standard Fruit Vaccaro Line" (VER), que poseía muelles propios en Cuba que le abarataba los costos y le permitía cubrir la línea más productiva por los fletes de las cargas ligeras y en la segunda era la 3ª más importante entre las 4 existentes, o sea Ward Line (VER "WARD GARCÍA S.A."), Norgulf y Naviera Vacuba (VER "NAVIERA CUBANA DEL ATLÁNTICO, S.A.).

1340- UNITED FRUIT SUGAR COMPANY

Propietaria del central "Boston" y del "Preston", 2 de los mayores centrales de Cuba, ambos en la costa norte de Oriente, con una capacidad total de molienda de 1 400 000 @, que representaba el 8° grupo en importancia y el 5° mayor propietario de tierra con 20 250 caballerías.

1 Propiedad de la "United Fruit Company" bajo el control financiero del grupo de Boston (VER "THE FIRST NATIONAL BANK OF BOSTON") en alianza con John D. Rockefeller. Era el mayor suministrador de bananas para el mercado de EE.UU. y, además de un importante productor y distribuidor de cacao, poseía una gran naviera de carga y pasajeros (VER "UNITED FRUIT STEAMSHIP CORPORATION"), extensas áreas de tierra, líneas de ferrocarril y cabezas de ganado en varios países de Centro y Sud América. Charles Kepner era su administrador en La Habana.

Entre otros múltiples negocios controlaba comunicaciones inalámbricas entre Centro América y EE.UU, vendía radares, etc. y poseía también la Revere Sugar Refinery que operaba una moderna refinería de azúcar en Charlestown, Mass. con una capacidad de 3 millones de libras de azúcar diarias. Kenneth H. Redmond era su presidente y como vicepresidente fungían Sam G. Bagett, Almyr L. Bump, Jesse E. Hobson, Joseph W. Montgomery y H. Harris Robson. John J.McCloy, presidente del "Chase Manhattan Bank" (VER), integraba su Junta.

2 La casa matriz se fundó el 30 de marzo de 1899 en New Jersey, mediante la fusión de la "Boston Fruit Company" con la "Tropical Trading Co. Ltd." de Minor C. Keith, ambas de capital bostoniano. La "Boston Fruit Company", fundada en 1805 por Andrew Preston, el capitán mercante Lorenzo Dew Baker –quien se dice introdujo el banano en EE.UU. alrededor de 1870– y 9 socios más, exportaban bananos y se habían establecido en Jamaica y otros países del Caribe controlando el mercado nordeste de EE.UU.

El mismo año de su fundación se estableció en Cuba en las propiedades de la "Banes Fruit Company", una extensa plantación de más de 8 000 caballerías, fundada desde 1887 por Hipólito Dumois Gesse y sus hermanos que, antes de su incendio por tropas del Ejército Libertador el 11 de Agosto de 1896, era la más importante de las plantaciones bananeras del Caribe y una de las principales empresas agrícolas de Cuba.

Dumois, descendiente de una familia francesa cosechadora de café en la Gran Piedra, había emigrado hacia Baracoa en 1870 constituyendo la "Tur y Dumois", además de fomentar en Cayo Saetía y Levisa otra plantación la "Samá Fruit Company". Se estableció en 1877 en el norte de Oriente donde fundara la "Dumois y Compañía" en sociedad con Juan de Cárdenas y Delfín Pupo Cruz con quienes en 1887 establecieron la "Banes Fruit Company".

Tras el incendio de sus propiedades Dumois partió junto con sus hermanos hacia EE.UU. donde participaron en la creación del consorcio "Boston Fruit Company" que formaría parte más tarde de la "United Fruit Company" de la que sería uno de sus directivos. Al terminar la guerra regresaría a Cuba representando a la "Boston" y dedicándose a reestructurar la plantación bananera que convirtiera en azucarera e iniciando además la construcción del central Boston. Vendió sus propiedades de Banes y Saetía a la United Fruit en 1901 y se convirtió en su primer administrador de 1898 a 1901. Tras la venta, la familia se dispersó por EE.UU. y Santo Domingo y Enrique Dumois, el último administrador de la "Banes", se convertiría en colono. La familia Dumois fundaría en 1917 el central Tacajó (VER "ANTILLA SUGAR ESTATES").

La "United Fruit" también pudo contar con los servicios del cubano José H. Beola y con los del norteamericano Hugh Kelly, quien fundó, junto con Rionda y E. Atkins el ingenio Santa Teresa en Manzanillo en la década de los 80 y en el futuro sería directivo de la firma.

Beola era un comerciante cubano con casa establecida en Gibara —Beola y Compañía— quien además había construido, asociado con González Longoria, el ferrocarril de Holguín a Gibara, la más importante vía comercial de Oriente en la época. Kelly había sido uno de los primeros promotores de capital inversionista ebn Cuba.

A partir de los años 20 la firma caería bajo el control del actual grupo financiero. Tras el fallecimiento de Andrew W.Preston lo sustituiría en la presidencia V.M. Cutter, quien fungía de vicepresidente y había comenzado de listero en la firma de Costa Rica habiendo sido además administrador general de las Divisiones Tropicales y, tras su renuncia en 1933, lo sustituiría Francis R. Hart, quien desde 1901 integraba su Junta Directiva y era autor de varios libros entre ellos "El sitio de La Habana".

3 Los ingresos netos de la casa matriz habían descendido gradualmente de un tope de $66 millones en 1950 a $31 millones en 1957.

Aunque había mantenido sus propiedades en Cuba desde su fundación, tal como la mayoría del resto de los consorcios azucareros norteamericanos también estaba en disposición de vender sus dos centrales. Sus acciones se cotizaban en la Bolsa de La Habana.

Aunque, como en el resto de las firmas azucareras norteamericanas, la cotización de sus acciones había descendido, siendo en 1956 de $45 y en 1959 de sólo $27, continuaba manteniéndose, junto con la "West Indies", como la de mayor cotización.

CENTRAL BOSTON

El 11° central en capacidad de producción diaria con 600 000 @, uno de los más altos RI con 13.72, el 7° en número de trabajadores en zafra con 7 500, una refinería paralizada desde 1947 y el 9° mayor propietario de tierras con 2 963 caballerías, situado en Banes, Oriente.

2 Fue construido por Hipólito Dumois en el Cayo Macabí de la Bahía de Banes en 1901 y de 1922 a 1927 se le efectuaron varios remodelamientos tecnológicos que lo convirtieron entre los más eficientes.

3 Sus tierras representaban el 75% del área total del municipio de Banes. El 10° entre los 10 centrales que habían producido más de un millón de sacos, habiéndolo alcanzado en 1929.

Según la "Comisión Técnica Azucarera" en 1951 sus costos eran de $16.10 por cada saco de 325 lbs., o sea por debajo de la media de $17.87, y sus activos totales estaban valorados en $11 665 565.

CENTRAL PRESTON

El 7° central en capacidad de producción diaria con 800 000 @, con uno de los más altos RI de 13.51, el 1° en el empleo de trabajadores en zafra con 12 750 y el

2° mayor propietario de tierras con 5 191 caballerías, situado en Preston, Oriente. Uno de los 30 centrales criadores de razas selectas de ganado.

2 Se comenzó a construir en 1904 en tierras que Dumois le había vendido a la firma en 1901 y se le bautizó en honor de Andrew Preston, presidente de la "United Fruit Company", quien también formó parte desde los años 10 hasta su quiebra en 1921 de la Junta del principal banco de Cuba, el extinto "Banco Nacional de Cuba" y quien con posterioridad sería directivo del "First National Bank of Boston".

3 Era el 6° en record de producción habiendo sobrepasado el millón de sacos y uno de los 2 –junto con el Boston también de la United Fruit– que lo había alcanzado desde 1929.

Habían instalado en 1915 la primera fábrica de papel a partir del bagazo de caña que fracasara.

Contaba con su propio aeropuerto habilitado para el servicio comercial nacional.

1341- URBANIZACIÓN Y FOMENTO DE VIVIENDAS S.A.

Propietaria del Reparto "Alturas de Mañana" y de "La Rotonda", ubicados en Guanabacoa que, a mediados de 1958, tenía 50 casas fabricadas.

1 Propiedad del Ing. Basilio del Real y su hijo el Dr. Basilio del Real Cueto (VER "CUBA INDUSTRIAL Y COMERCIAL"), quienes eran presidente y vicepresidente, tanto de la empresa como del "Banco de Fomento Comercial"(VER) y poseían otros intereses industriales.

2 Había pertenecido a José López Vilaboy con un capital suscrito ascendente a $482 000, junto con otros accionistas del referido banco, cuando aquel fuera su presidente, traspasándose la propiedad al venderlo éste.

3 Había recibido créditos del banco en condiciones ventajosas en la época de López Vilaboy, además de habérsele detectado anormalidades financieras por las inversiones del Banco, ascendentes a $780 000, que eran superiores al capital suscrito.

1342- URBANIZADORA CRISMERCY S.A., COMPAÑÍA

1 Firma urbanizadora, propiedad de Fulgencio Batista (VER "DE INMUEBLES S.A., COMPAÑÍA"), quien utilizaba de intermediario al Ing. Crístobal Díaz González (VER "CADENA AZUL DE CUBA").

3 Gestionó préstamos con el BANDES. Intervenida por el Ministerio de Recuperación de Bienes Malversados.

1343- URBANIZADORA CRIZA S.A.

1 Firma urbanizadora propiedad de Fulgencio Batista (VER "DE INMUEBLES S.A., COMPAÑÍA"), quien utilizaba como intermediario ai Ing. Cristóbal Díaz González (VER "CADENA AZUL DE CUBA S.A."). Fue testada en secreto a favor de sus 3 hijos del primer matrimonio.

1344- URBANIZADORA DEL SUR, COMPAÑÍA

Propietaria de varias fincas valoradas en algo más de $1 000 000.

1 Propiedad de Fulgencio Batista (VER "DE INMUEBLES S.A., COMPAÑÍA")

2 Fue constituida el 30 de diciembre de 1954 y testada en secreto a favor de sus 3 hijos del primer matrimonio.

1345- URBANIZADORA EL ACANA

Urbanizadora y propietaria de 100 000 m^2 en varias fincas en Cojímar, con oficinas en Habana N°608 y 609, La Habana.

1 Capital ascendente a $6 125 000, propiedad de la familia Velasco Montalvo (VER "DE FOMENTO DEL TÚNEL DE LA HABANA S.A., COMPAÑÍA"). Su presidente era Álvaro Velasco Montalvo.

2 Se constituyó el 12 de abril de 1955 con fincas que habían pertenecido a María Teresa Sarrá Hernández, esposa de Dionisio Velasco Castilla, quien la heredara en 1919. Estaba integrada por las fincas "El Mamey" de 1 caballería; "Tejas" de 3/4 caballería; "El Acana" con 359 cordeles; "Los Padres" con 1 caballería; " San Pedro" con 149 cordeles; "La Morrera" con 1 caballería; "La Esperanza" con 1 Ha. y otras en Cojímar. Tuvo que entregar un lote valorado en $207 200.

1346- URBANIZADORA EL OLIMPO S.A.

Propietaria de los terrenos del reparto "Colinas de Villareal", uno de los fomentados en la llamada "Zona General de Influencia del Túnel de La Habana"(VER "DE FOMENTO DEL TÚNEL DE LA HABANA S.A., COMPAÑÍA"), cuya urbanización, contratación y cobro de los solares estaba a cargo de"Alamilla y Pérez Menéndez" (VER).

1 Propiedad de Pedro Grau Triana (VER "DE FOMENTO DEL TÚNEL DE LA HABANA S.A., COMPAÑÍA"), su presidente, en sociedad con el Dr. Manuel Menéndez Massans, vicepresidente; el Dr. Guillermo Rodríguez Salazar, vicepresidente II y el Dr. Roberto Nieto Díaz-Granados, su tesorero.

Grau tenía múltiples intereses, entre ellos, era propietario o accionista de varias urbanizadoras, siendo presidente de la "Compañía de Terrenos Mirabana" y de "Parques Residenciales Guanabacoa Cojímar S.A." (VER), así como vicepresidente de "Parques Residenciales Las Noas S.A."(VER).

2 Sus tierras habían pertenecido con anterioridad al "Aeropuerto Internacional de La Habana S.A., Compañía" (VER), constituida el 24 de septiembre de 1948 con 6 954 m^2 destinados originalmente a la construcción de un nuevo aeropuerto. Grau compró los terrenos el 29 de mayo de 1950 y constituyó la actual razón social el 16 de julio de 1955.

3 El 22 de febrero de 1956 vendió terrenos a 3 firmas urbanizadoras, "Residencial Alamar"(VER), "Urbanizadora El Olimpo S.A."(VER) y "Territorial Alturas del Olimpo"(VER), así como una adicional a ésta última, la mayor, el 9 de diciembre de 1957.

1347- URBANIZADORA NAROCA S.A.

1 Urbanizadora propiedad de Ramón Mestre (VER "CONSTRUCTORA NAROCA S.A"), quien había sido presidente de "Central Nela S.A."(VER), propiedad de su suegro Alex M. Roberts.

3 Uno de los principales clientes del Banco Pujol con $500 000 de crédito.

1348- URBANIZADORA PRADOS ALTOS S.A.

Urbanizadora del Reparto de igual nombre, con oficina en O' Reilly Nº 202, La Habana.

1 Capital ascendente a $2 568 000 propiedad única de Tomás Felipe Camacho, su presidente, canario, viudo y abogado. Sus hijos Domingo Felipe, Rosario y Haydée Camacho León eran accionistas menores.

Camacho, nacido en 1886 en Santa Cruz de las Palmas en Islas Canarias, abogado, ex Concejal del Ayuntamiento de Sagua la Grande, autor literario y miembro de la Asociación de Hacendados y Colonos de Cuba al momento de su fundación, había casado con Pilar León Toledo, hija de Domingo León, rico comerciante-hacendado de Sagua la Grande.

Su suegro había sido propietario de 6 centrales: Caridad, Fidencia, Ramona, San Pedro, Pilar y Estrella, antes de quebrar cuando la crisis del 20, logrando mantener sus intereses en el "Fidencia" hasta 1943 en que falleciera.

2 Se constituyó el 1° de abril de 1955 con tierras adquiridas el 26 de julio de 1952 de "Urbanizadora Villa Real S.A."(VER), propiedad de los Velasco Montalvo y de "De Tierras Mirabana S.A., Compañía".

1349- URBANIZADORA RÍO AZUL, COMPAÑÍA

1 Urbanizadora propiedad del Ing. Jorge Echarte en sociedad con Luis Echeverría Capó(VER "ANDAMIOS DE ACERO S.A.") y Antonio González Mendoza Kindelán. Fue confiscada al triunfo de la Revolución.

Echarte era hijo de Jorge Luis Echarte Mazorra, uno de los principales arquitectos de residencias de la burguesía desde los años 20 , además de Secretario de Estado y de Obras Públicas durante el gobierno del Dr. Barnet.

Había sido presidente y propietario de "Zona Turística de Cuba S.A.", urbanizadora de la playa Marbella en Guanabo, una iniciativa suya, tras haber sido responsable de la construcción de la carretera Vía Blanca que permitió el fomento de los Repartos en las playas del este.

Echeverría también era presidente de "Andamios Waco S.A.", de la "Constructora Luis Echeverría S.A.", de "Andamios de Acero S.A.", así como uno de los principales accionistas en "Constructora Airform de Cuba S.A." y en "North Atlantic Kenaf Corporation", en ambas asociado con John Shattuck, con Alfonso Fanjul y Edward W. Lewis.

Mendoza era corredor de seguros con oficinas en Habana N°257, La Habana, y nieto de Miguel G Mendoza Pedroso, fundador en 1917 y 1921 de "Central Cunagua S.A."(VER).

1350- URBANIZADORA SOGOMAR S.A.

Fomento y urbanización del reparto "Residencial Vía Túnel", integrado por la finca "Sogomar" de 32 caballerías.

1 Capital ascendente a $958 000 propiedad de la familia Velasco Montalvo (VER "DE FOMENTO DEL TÚNEL DE LA HABANA S.A., COMPAÑÍA"). Álvaro Velasco Montalvo era su presidente.

2 Se constituyó el 15 de marzo de 1955, refundiendo el 15 de julio de 1955 varias fincas y revalorándose sus terrenos el 16 de abril de 1957 en $32 millones.

3 Contrató el 1° de octubre de 1958 la terminación de las obras del Reparto con "Parques Residenciales Las Noas S.A."(VER). Había vendido terrenos por valor de $1 371 588.

1351- URBANIZADORA VARADERO S.A., COMPAÑÍA

Propietaria de varios negocios en la playa de Varadero, entre otros el Reparto Kawama, "Varadero Realty Company" y "Terramar S.A.".

1 Propiedad de Fulgencio Batista (VER "DE INMUEBLES S.A., COMPAÑÍA"), quien la había adquirido mediante transacciones con los hermanos Alberto (VER "BUFETE MENDOZA"), y Luis G. Mendoza Freyre de Andrade (VER "LUIS G. MENDOZA Y COMPAÑÍA"), así como el hijo del primero, Alberto.

El Coronel del Ejército Libertador Eugenio Silva Alfonso y su hijo Jorge P.Silva Giquel habían vendido su finca "Kawama" al BANDES, la que había pasado después fraudulentamente a la propiedad de Batista.

El Cnel.Silva, uno de los mayores propietarios de terrenos en Varadero, había construido el "Kawama Beach Club"(VER) a finales de 1933 y había fomentando este reparto, el más importante de los que entonces se desarrollaran destinado a las clases altas cubanas que comenzaron en esa época una febril especulación de terrenos en el balneario.

El Cnel. había donado los terrenos para erigir la iglesia de Nuestra Señora de Fátima en Kawama inaugurada a un costo de más de $53 000 el 5 de abril de 1953.

1352- URBANIZADORA VILLA REAL S.A.

Propietaria de terrenos beneficiados por la "Zona Preferencial del Túnel de la Habana" con oficina en Cárcel N° 51, La Habana.

1 Tenía un capital en circulación ascendente a $6 400 000, propiedad de María Teresa Velasco Sarrá (VER "DE FOMENTO DEL TÚNEL DE LA HABANA S.A., COMPAÑÍA"), su vicepresidenta, y estaba presidida por su esposo Álvaro González Gordon, natural de Jerez de la Frontera, España. Otros miembros del Consejo de Dirección eran Álvaro, María del Carmen y José Velasco Montalvo.

2 Se constituyó el 16 de diciembre de 1953 con los terrenos de la Finca Villa Real de 57 caballerías. Segregó de ellas 2 caballerías como aporte a "De Fomento del Túnel de la Habana, Compañía"(VER) y otra caballería para "De Tierras Mirabana S.A., Compañía", así como a "Urbanizadora Prados Altos S.A." (VER).

3 Sus tierras fueron parceladas en "Colinas de Villa Real", "El Garitón", "Santa Teresa" y "Canedo".

1353- U S RUBBER COMPANY

Fábrica en un inicio de calzado de goma marca "US Keds", a la que se añadió posteriormente otra de neumáticos marca "US Royal" que era la 4ª de este rubro en Cuba, con 500 obreros, ubicada en Loma de Tierra Km.20 de la Carretera Central, Habana. Era la 14ª industria no azucarera según el monto de sus trabajadores. Tenía además un almacén de acumuladores y del resto de sus artículos y producciones, sito en Concha N° 416, Luyanó.

1 Una de las 4 grandes filiales en Cuba de firmas norteamericanas controladas por el grupo financiero de los Du-Pont. Otto Losa era su administrador general en Cuba.

2 Se instaló en Cuba en 1916 como una oficina subsidiaria que importaba calzado de goma, neumáticos y cámaras, y en octubre de 1944 puso en marcha la fábrica de calzado de gomas y, a finales de 1958, la nueva fábrica de neumáticos.

La instalación de la fábrica fue anunciada el 20 de marzo de 1957 por L.C.Boos, vicepresidente de la División Nacional de la "US Rubber" tras una visita a Cuba donde se entrevistara con Fulgencio Batista.

3 La fábrica de neumáticos tenía una capacidad de producción de 125 000 unidades y su costo de inversión fue de $5 000 000 que fueron financiados con fondos propios tras renunciar a una promesa de financiamiento del BANDES. Cliente del "Royal", del "City", del "Trust".

1354- VAILLANT MOTORS S.A.

Agencias de venta de autos y accesorios Buick y Vauxhall, y camiones General Motors y Bedford, ubicadas en 25 y Hospital, en el edificio Radiocentro, en 47 N° 2611, todas en La Habana y con sucursales en las capitales de provincia y en Bayamo.

1 Propiedad de los hermanos Goar, Abel y Luis Mestre (VER "CIRCUITO CMQ S.A."). Glauco Vaillant Espinosa, primo de los propietarios, era su presidente, así como vicepresidente de la "Sección de Importadores de Automóviles y Camiones" de la "Cámara de Comercio de la República de Cuba" en 1958.

3 Su pasivo era alto pero las utilidades eran elevadas y estaba enfrascada en una política de aumento de ventas mediante precios competitivos. Sus ventas netas ascendían a más de $5 500 000 y sus utilidades superaban los $200 000.
Solicitaron créditos ascendentes a $750 000 al Banco de Nova Scotia que fue denegado.

1355- VAQUERÍA "ALFA"

Productora y distribuidora de leche fresca, sita en Km 40 de carretera Central, San José de las Lajas.

1 Era propiedad de Alan Collazo Gutiérrez, hijo del Cnel. del E.L Rosendo Collazo García, fallecido el 31 de mayo de 1950, ex-Coronel del Ejército Nacional, fundador de la Policía de La Habana, ex-Senador y participante en la expedición de Gibara contra Machado.
El Cnel. Collazo se distinguió por su participación contra los alzados por la reelección de Estrada en 1905, por su activa represión en la guerra racial de 1912 y en la de los alzados por la reelección de Menocal. Durante ésta última, siendo jefe del distrito militar de Camagüey se le acusó de haberse incautado de las reses pertenecientes a los alzados, las que marcaba con sus iniciales que, al coincidir con las de la República de Cuba se prestaba a la confusión.
La familia estaba relacionada con el negocio ganadero. Otro hermano, el Dr. Aurelio, era propietario de fincas ganaderas, criador de ejemplares selectos para reproducción y vocal de la "Asociación de Criadores de Ganado Cebú" en 1958. Su hermana, María Teresa, estaba casada con Carlos Morales Herrera, socio propietario de la vaquería "Moralitos" (VER "VAQUERIAS UNIDAS S.A.").

1356- VAQUERÍAS UNIDAS S.A.

Planta de pasteurizar y homogeneizar leche con la marca "Moralitos" y 50 trabajadores, situada en el Km 22 de la Carretera Central en Loma de Tierra, Sta María del Rosario.

1 Su capital emitido ascendía a $230 000 y sus propietarios eran los hermanos Dr. Ricardo y Eduardo Martínez Herrera, Carlos Morales Herrera y Jesús Quevedo, quienes eran el presidente, administrador, tesorero y vicetesorero respectivamente.

2 Se había constituido el 14 de octubre de 1950 y comenzó a operar en febrero de 1952 como resultado de la asociación de varias vaquerías, entre ellas la "Moralitos" de Carlos Morales, "La Capitolio", "La San Luis" y otras, habiendo atravesado algunas crisis en su período inicial de operaciones. La vaquería "Moralitos" se había establecido desde finales de los años 30 con oficina en Genios N° 61, La Habana.

3 Sus ventas y utilidades aumentaron gradualmente pues estaba ubicada en el centro de una cuenca lechera cercana a La Habana y sus equipos eran modernos.

Sus activos ascendían a $370 000, sus ventas a más de $1 000 000 y las utilidades estaban en el orden de los $70 000 a $100 000.

El 22 de agosto de 1952 el BANFAIC le otorgó préstamo por $110 000, de los cuale $90 000 estuvieron destinados a la adquisición de nuevo equipamiento que le permitió una buena modernización. Cliente del Banco San José.

1357- VEGA FLORES S.A.

Funeraria con el nombre comercial de "Vega Flores", sita en Reina N° 306, La Habana.

1 Era propiedad de Luisa Delfín Delgado. Armando Maulini era su administrador.

2 La había heredado de su esposo, Benjamín Vega Flores, cuyo padre había sido el contratista a quien se le adjudicara la construcción de gran parte del cementerio de Colón el 16 de octubre de 1871.

Roberto Fernández Hermo, viudo de Bertha, hija de Vega Flores, había sido su gerente hasta mediados de los años 50. Fernández, ahora propietario de los "Laboratorio Gratama", era hijo de Lorenzo Fernández Hermo, ex-Senador durante el gobierno del Gral. del E.L.Machado y había casado en segundas nupcias con Elena de Arcos, madre de Monchy de Arcos, uno de los 11 socios propietarios del "Club Almendares"(VER).

1358- VENTANAS TROPICAL DE CUBA S.A.

Fábrica de puertas y ventanas de aluminio ubicada en la Carretera Central y Ave. de las Américas, Santiago de Cuba.

1 Capital pagado ascendente a $224 000 propiedad del Dr. Ángel Soto Pacífico, su presidente y administrador general, en sociedad con Carlos M. Suñol Fajardo, su tesorero, y con Abe Banches, norteamericano, vicepresidente de firmas en Miami, también vicepresidente.

3 El 29 de julio de 1958 constituyeron la nueva firma "Aluminio Estructural Cubano (Alcuba)" que tenía en proyecto erigir en la Carretera del Wajay a Santiago de las Vegas una fábrica de extrusión de aluminio y cobre, que era la materia prima para la fábrica de ventanas y puertas, así como de otros derivados.

1359- VICENTE BLANCO Y COMPAÑÍA

Distribuidora de películas con oficina en Almendares N° 164.

1 Era propiedad de Vicente Blanco, hijo de Vicente Blanco Estera, uno de los iniciadores del negocio cinematográfico en Cuba, quien instalara el primer espectáculo de cine al aire libre en Infanta N° 4, siendo entonces empresario teatral.

Blanco Estera, representante en Cuba de la casa "Vitagraph" de Nueva York, había fundado el teatro Cintra en Guanajay y el Llanera en el Mariel. A partir de 1910 comenzó a controlar varios cines, iniciándose con el Esmeralda en el término Municipal de Sancti Spiritus y el Principal en Camagüey, en 1916 se asoció con Ramón Martínez López y fundó la firma "Blanco y Martínez", en 1919 construyó el "Teatro Roosevelt" en Monte y Fernandina, La Habana, y en 1925 comenzó a construir un teatro en Infanta N° 27.

1360- VICENTE OPIZO LOUIS

Funeraría "Santa Catalina" sita en Santa Catalina N° 265, Víbora, La Habana.

1 Era propiedad de Vicente Opizo Louis quien la operaba bajo su propio nombre.

1361- VÍCTOR CAMPA Y COMPAÑÍA S EN C

Tienda por departamentos, "La Isla de Cuba", ubicada en Monte Nº 55 y 57, La Habana, y un almacén en Ave 51 Nº 13 006, Marianao.

2 Era la más antigua de los establecimientos dedicados al giro de tejidos. Su fundación data del año 1866 en Monte y Factoría donde continuaba. Aunque según otros fue fundada en 1876. En 1927 se le construyó un edificio nuevo.
Víctor Campa Blanco, empleado de la firma desde 1876, la compró en 1880 permaneciendo desde entonces al frente de la dirección de sus negocios y en 1891 entró como socio Manuel Campa Álvarez quien permanecería durante tiempo como uno de sus directores.

1362- VÍCTOR G. MENDOZA COMPANY

Almacén de ferretería, maquinaria agrícola e industrial, molinos de arroz, materiales de construcción, refrigeración y aire acondicionado y equipos para pintores, sito en Vía Blanca y Paso Superior, Luyanó, oficinas en 23 Nº 53 entre Ave Menocal y P, Vedado, y con sucursales en Bayamo, Florida, Holguín, Pinar del Río, Manzanillo, Sancti Spiritus, Morón y Güira de Melena, cliente del "Trust" y del "Royal".

2 Había sido fundada como una casa de importación de maquinarias por Víctor G. Mendoza Pedroso, nacido en La Habana en marzo de 1867, ingeniero graduado en Froy, N.I., EE.UU. y fallecido el 25 de abril de 1943, quien fuera tesorero del HYC de 1907-13 y su presidente de 1914-19.
Al comenzar la guerra de Independencia, Mendoza Pedroso había sustituido a su hermano Miguel en la administración del ingenio Santa Gertrudis, propiedad de su familia. Al terminar la guerra fue gerente de la casa "Babcock & Wilcox" de 1899 hasta 1901 en que se estableciera por cuenta propia como agente de maquinarias para la industria azucarera y fuera representante de firmas alemanas, francesas, inglesas, suizas, nortemericanas y, en especial, de la escocesa "The Mirrlees Watson Company Ltd" y "Watson, Laidlow & Company".
A fines de los años 40 Luis J.Botifoll Gilpérez había sido su presidente, donde posiblemente representara los intereses de Barletta.

1363- VIDRIOS S.A.

Fábrica de envases de vidrio en calle 3ª entre Fomento y Vía Blanca, Palatino, La Habana, en proceso de reapertura.

1 Propiedad del "Banco Continental" (VER) quien la adquirió en liquidación de préstamo a José M. Novoa

2 Se constituyó el 20 de marzo de 1944 al operar la antigua fábrica de Palatino fundada en 1914 con una capacidad de 100 000 botellas diarias que era propiedad de la "Nueva Fábrica de Hielo S.A."(VER). Había adquirido también la de "Hacendados", la otra existente desde principios de siglo, que desmanteló para evitar la competencia. Gaspar Vizoso Colmenares (VER "TELEVISIÓN Y AIRE ACONDICIONADO S.A.") y Marcelino García Beltrán (VER "AZUCARERA CENTRAL MABAY S.A., COMPAÑÍA") eran el presidente y vicepresidente respectivamente en ese entonces.

3 Durante más de 40 años fue la única fábrica de botellas hasta que cerrara en 1951 debido a problemas laborales. Su reapertura se planeó a partir de 1956 como una inversión conjunta con la "Owens Illinois Glass Company" (VER) que en julio de 1958 pondría en marcha una fábrica financiada por el BANFAIC.
Había solicitado financiamiento al BANFAIC en 1951 y en 1952, del que desistieron después.

1364- VILLAAMIL, SANTALLA Y COMPAÑÍA S.LTD.

Fábrica de tabacos marca "Villaamil", sita en Artemisa, Pinar del Río, con 3.5 millones de unidades y fábrica de cigarros marca "Royal", ubicada en Campanario 1002 esq. a Figuras, La Habana, con capacidad de producción de 594 228 miles de unidades anuales, siendo el 8° productor de cigarrillos con el 5.8 % de la producción, o sea el más pequeño entre los grandes fabricantes.

1 Capital emitido ascendente a $350 000 propiedad de la familia Villaamil y de la familia Santalla –emparentados entre sí y descendientes de los fundadores– en sociedad con José Justo Domínguez, accionista menor.
Los tres hermanos Antonio, Fernando y María de la Caridad Villaamil Santalla y su madre Inés María de la Concepción Santalla Fraguela controlaban el 66 % de las acciones ascendentes a $222 350, mientras los hermanos Juan y Alicia Santalla Paredes poseían el 28 % con un valor de $98 000. Finalmente José Justo Domínguez tenía el 6 % valoradas en $29 750.
Los hermanos Juan y Benito Santalla Fraguela, quienes estaban en el negocio del tabaco en rama desde 1889, fundaron la fábrica en 1905 en el mismo local actual en unión de su cuñado Antonio Villaamil Colmenares, bajo la firma "Unión de Vendedores S.A.". Habían tenido durante loa años 10 la marca de tabacos "La Moda" y durante los años 20 giraron hacia la producción de cigarrillos.

2 Se constituyó el 9 de abril de 1919 y el 20 de abril de 1925, al ingresar José Veiga Rico, se modificó como "Villaamil, Santalla y Compañía S en C.". Tras el fallecimiento de Juan Santalla Fraguela el 24 de agosto de 1930, el de Antonio Villaamil Colmenares el 14 de diciembre de 1930 y el de José Veiga el 24 de marzo de 1935, se reestructuró el 7 de mayo de este último año como sociedad limitada tras adoptar finalmente su estructura actual tras fallecer el 20 de diciembre de 1953 Mariano Justo Santalla, esposo de María de la C. Villaamil Santalla, quien entraría como socia el 29 de noviembre de 1954.

3 Producía la 4/5 parte del total del cigarrillo rubio en Cuba, cultivando este tipo de hoja en su finca "El Bijol", sita en Herradura, Consolación del Sur. Sus activos totales ascendían a más de $1 300 000 con una ganancia de alrededor de $23 000. Los negocios se desenvolvían satisfactoriamente y con buena perspectiva.
El 10 de septiembre de 1957 el BANFAIC le aprobó un crédito por $100 000 destinado a la refacción de cosecheros para fomentar el incremento en las siembras de tabaco rubio, pues sus disponibilidades no le eran suficiente para satisfacer su demanda de cigarros que sólo abastecía a La Habana.
Tras el triunfo de la Revolución lograron convertirse en el tercer productor vendiendo 600 000 cartones mensuales de 10 cajetillas, elevaron su capital a $700 000 y entraron tres nuevos socios: Mariano Justo Villaamil, Fernando Villaamil y Antonio Villaamil Díaz y sus activos se elevaron a $2 763 000.

Era cliente del "Trust Company of Cuba", del "City Bank" y del "Banco Núñez", teniendo con este último una línea por $100 000.

1365- VILLOLDO MOTOR COMPANY

Representante y distribuidor en Cuba de accesorios de autos y camiones marca "Pontiac", sita en "Edificio Pontiac", Calzada N° 1011 esq. a 12, Vedado, con sucursales en las capitales de provincia además de Jaruco, Güines, Cienfuegos y Holguín, cliente del "Trust".

1 Era propiedad de Gustavo Villoldo Argilagos, su presidente, quien años atrás lo había sido de "General Auto Company S.A.", representante entonces de los autos "La Salle", "Cadillac" y "Pontiac", sito en Prado N° 59, La Habana.

Su cuñado, Ernesto Sampera Meana quien, hasta fines de 1948, había sido representante especial de la "Raimond Reuland", era el vicepresidente. Era hijo de Ernesto Sampera Carnago, nacido en 1885 en Santiago de Cuba, antiguo propietario de la "Sampera & Compañía, casa bancaria y de corredores que cerrara con la I Guerra Mundial y fuera miembro de los consejos de dirección de "Cervecera Internacional, Compañía"(VER), de "Azucarera Belona, Compañía", de "Manufacturera Nacional, Compañía", etc., y, con posterioridad propietario de una firma de seguros e inversiones en bienes inmuebles con oficina en el Edificio de la Metropolitana.

1366- VÍVERES FINOS FRANCISCO MARTÍN S.A.

Importador de víveres especializados y venta al detalle en 2 casas con el nombre comercial de "Casa Potin", ubicadas en O'Reilly 363 y en Línea y Paseo, ambas en La Habana. También poseía "El Moderno Cubano", una antigua repostería y dulcería, fundada a finales del siglo pasado, sita en el local de O'Reilly.

Era distribuidor de los bombones italianos "Perugina", de los suizos "Tobler", de los franceses "Marquesa de Sevigne" y los norteamericanos "Maillard".

1 Propiedad de Francisco Martín Echevarri, español, natural de Navarra.

2 Martín había comenzado de aprendiz en 1912 en esta propia casa que en 1920 comprara en sociedad con Aurelio Serrano creando la "Serrano y Martín" y, tras haberse retirado éste en 1931, constituyó en 1934 la razón social actual.

Con anterioridad había sido una de las 4 casas comerciales que poseyera Luis Brunschwig, francés, natural de Alsacia, de las que "Casa Potin", "Antigua de Mendy" y "Pont, Restoy y Compañía" comerciaban en víveres finos, mientras la otra, "Brunschwig y Compañía", en productos farmacéuticos.

1367- VÍVERES S.A.

Fábrica de aceite marca "Olivetti", originalmente sólo importadora de víveres, de manteca y aceite, con 91 trabajadores, ubicado en Balaguer entre Paz y San Julio, Santos Suárez, La Habana.

1 Propiedad de la familia Hartman, norteamericanos residentes en Cuba, con capital de $530 000. Alvin Kline, casado con Janet Hartman, era el presidente y Emily Hartman, suegra del anterior, era la vicepresidenta primera y principal propietaria.

2 Se había constituido el 22 de junio de 1938 y, al reestructurarse el 21 de diciembre de 1939, Albert Hartman, esposo de la propietaria principal, se convirtió en copropietario a partes iguales con "Ruisánchez Hno. y Compañía" hasta el 23

de mayo de 1955 en que, tras su fallecimiento, volvió a reestructurarse con el capital actual.

3 Durante 7 años había experimentado con el procesamiento de la chufa en una finca en el Km.67 en Güanajay.

Su activo corriente ascendía a $841 000 y su activo total a $889 000. Cliente del "The Royal Bank" y del "Industrial Bank", en éste último con créditos entre $50 000 y $58 000.

1368- VÍVERES VICENTE PUIG S.A.

Almacén de víveres ubicado en calle 4ª N° 163, Palatino, y en Suzarte 610, ambos en Cerro, La Habana.

1 Propiedad de Vicente Puig Puig, su presidente.

2 Puig la había constituido el 27 de junio de 1952 tras haberse separado en abril de 1952 de la entonces "Compañía Internacional de Víveres S.A." de la cual era el mayor accionista y que se reestructurara tras la separación como "Corporación de Víveres Civisa" (VER).

3 Era un negocio pequeño con capital de trabajo de sólo $53 000 y capital líquido por $62 000. Cliente del "Banco Pedroso" con crédito por $265 000.

1369- VÍVERES Y CONSERVAS WILSON S.A.

Almacén de víveres ubicado en San Martín N° 11 entre Infanta y Línea del Ferrocarril, La Habana.

1 Capital pagado ascendente a $500 000 propiedad de los hermanos Simeón y Julio Ferro Martínez, (VER "INDUSTRIAS FERRO S.A.") en sociedad con Ignacio Carvajal (VER "COMERCIAL DE ARTEMISA S.A.").

3 Fuerte cliente del "Banco Boston" con préstamos que oscilaban los $600 000 y adeudos por $730 000.

1370- VIVES & COMPAÑÍA S LTD.

Propietaria del cine "Rex Cinema" y del "Duplex", ambos sitos en San Rafael N° 161, La Habana, uno al lado del otro que se especializaban en cortometrajes y documentales.

1 Propiedad de Eduardo Vives Romagosa, en sociedad con José Rovira Rovira, quienes poseían también "Rex Cinema S.A.", una agencia de publicidad en espectáculos.

Vives había sido co-propietario en los años 30, en sociedad con José Jiménez, de "Embotelladora Ironbeer S.A.", fábrica de refrescos, marca "Ironbeer", entonces bajo la razón social de "Vives y Jiménez S en C".

1371- WARD GARCÍA S.A.

Tenía bajo su control a la "Ward García Line", una línea de buques de su propiedad que era la más importante entre las de la ruta Habana-Nueva York, así como a la "Ward Line Terminal S.A.", una arrendataria de terminales de carga con oficina en Compostela y Desamparados, La Habana,

1 Era propiedad de Alfredo García Mallo y Lizardo García Molina, presidente y tesorero.

Claudio Escarpenter Fargas, profesor de Economía de la Universidad de Villanueva y una autoridad en materia naviera, era su vicepresidente.

2 Sus actuales propietarios se habían establecido originalmente en 1942 como "Línea de Vapores García S.A.", variando en 1953 para "Naviera García S.A." hasta adoptar la razón social actual.

Tras la compra de la antigua línea de buques y el arrendamiento de las terminales, habían creado la razón social actual como una subsidiaria de "South American Investment Corporation" que constituyeran en Liberia, bajo el control de "A. García y Compañía, Ltd.", la cual, a su vez, aparecía registrada desde 1941 en Bluefields, Nicaragua.

WARD GARCIA LINE

Operaba servicio de carga marítima que unía New York, Baltimore y México con La Habana, además de líneas entre puertos del sur de EE.UU. y América del Sur con los puertos cubanos.

Era la principal de las 4 líneas existentes, "Norgulf", "United Fruit Steamship Corporation"(VER) y "Naviera Cubana del Atlántico S.A."(VER), que operaban regularmente entre Nueva York y La Habana y la única de ellas que transportaba carga general desde este último lugar.

2 Se constituyó el 16 de octubre de 1956 tras adquirir la Ward Line, la naviera más antigua de EE.UU., fundada por James Otis Ward en 1840 como una línea de veleros entre puertos de EE.UU. y de las Antillas, especializándose desde entonces en las rutas cubanas.

En el pasado había estado bajo la razón social de "James E.Ward & Company", presidida por James E.Ward, Henry B. Booth, vicepresidente, y William H. Hughes, secretario y tesorero. Tras el fallecimiento del primero lo sustituiría Booth hasta 1907 en que la firma pasaría al control de una corporación constituida en Maine, que aumentara en 19 barcos el equipamiento.

Tras la Independencia de Cuba adquirió el contrato con el gobierno de EE.UU. para el transporte del correo entre Nueva York, La Habana y puertos mejicanos.

El 8 de septiembre de 1934 su buque "Morro Castle" había sufrido un incendio en viaje hacia EE.UU. con pérdidas de vidas norteamericans y cubanas.

WARD LINE TERMINAL S.A

Arrendataria de muelles y terminales de igual nombre en el puerto de la Habana, con un área de 30 800 m^2 que se extendía desde la calle Damas hasta el oeste de Egido.

1,2 Los muelles eran propiedad de la Universidad de Chicago, EE.UU., quien desde el 20 de diciembre de 1955 los había arrendado por $200 000 a la "Ward Industries Corporation", la que a su vez los sub-arrendaba a la "Ward García S.A.".

La concesión de los muelles había pertenecido desde los primeros años republicanos a "American Cuban Estates Corp.", quien los arrendó a "Cuban American Terminal Co.", constituida el 15 de junio de 1920 y que los comprara en 1925.

3 La "Ward García S.A." tenía el proyecto a fines de 1958 de comprar los muelles por los cuales la propietaria pedía $2 500 000 a pesar que se estimaban valorados en más de $7 millones y sus utilidades netas ascendían a $450 000.
Con ese propósito le solicitó el 28 de octubre de 1958 un financiamiento al BANDES que fuera rechazado.

1372- WEST INDIA FRUIT & STEAMSHIP COMPANY INCORPORATED

Propietaria de 4 ferries para vagones de ferrocarril que hacían la travesía entre Florida, EE.UU. y Cuba.

1 Era una firma norteamericana propiedad de los hermanos Daniel E., Willian R. y Alfred T. Taylor.
Los ferries estaban operados en Cuba por "Dussaq & Toral S.A."(VER), agentes de vapores y seguros, a la par que el embarque y desembarque de las mercancías transportadas en los ferries estaba a cargo de "The Havana Car Ferries Operating Company" (VER).
Su representante en Cuba era el Ing. Sergio I. Clark Díaz, vocal de la Junta Directiva de la "Cámara de Comercio de la República de Cuba" en 1958, dos veces Ministro de Comunicaciones y ex- Ministro sin Cartera, ex-presidente de "Cubana de Aviación S.A., Compañía"(VER) hasta 1954, ingeniero-jefe de la "Manatí Sugar Company" (VER) y ex-presidente de "Autobuses Modernos" (VER "FINANCIERA NACIONAL DE TRANSPORTE S.A.").

2 Se había constituido en Virginia, EE.UU. el 26 de febrero de 1934. Era propietaria también poseía del "Palm Beach Biltmore Hotel" con 537 habitaciones en West Palm Beach Florida y un capital ascendente a $2 210 000,

3 Tenía activos totales por $12 719 000. La Ley-Decreto 1540 del 27 de julio de 1954, que forzó a algunos sectores económicos a suscribir acciones de los "Ferrocarriles Occidentales de Cuba S.A." (VER), le había asignado la compra por $1 500 000, para lo cual a su vez el BANFAIC le otorgó un financiamiento ascendente a $1 125 000.

1373- WEST INDIES TRADING COMPANY

Corredores de azúcar, exportadores de azúcar y mieles e importadores de sacos de envases, con oficina en el Edificio Royal Bank of Canada, La Habana.

1 Propiedad de la firma norteamericana "M. Golodetz & Company", radicada en Nueva York y Londres, que controlaba además el "Central San José Portugalete S.A."(VER), ambas presididas en Cuba por Domingo Burés Ayala.

3 Había incrementado en los últimos años de los 50 las ventas procedentes del ICEA a los corredores con 150 000 Tn en 1957, el tercero en importancia. Fuerte cliente del "Chase Manhattan Bank" con préstamos de $1,5 a $2,4 millones.

1374- WILLIAMS INDUSTRIAL PRODUCTS S.A.

Única fábrica de piedras abrasivas artificiales destinadas al corte y pulido de mármoles, terrazos y granito y para talleres de mecánica, chapistería y hojalatería, con 11 trabajadores, ubicada en Calle 15 N°410 entre Dolores y Tejar, Reparto Lawton.

1 Su capital ascendía a $40 000 y era propiedad de Federico Willy Goldschmidt, su presidente, natural de Alemania, hebreo y de su esposa Marseille, tesorera y su hijo Gerardo, administrador.

2 Se constituyó el 19 de noviembre de 1947 y tuvo auge por el aumento en el sector de la construcción, controlando la tercera parte del mercado. Tenía ventas por alrededor de los $100 000 y utilidades por $15 000.

3 EL BANFAIC le otorgó 3 préstamos: el 30 de diciembre de 1953 por $20 000, el 22 de noviembre de 1954 por $12 000 y el 28 de octubre de 1958 por $10 000, los cuales le permitieron ampliar la producción a ruedas y discos abrasivos destinados a herrerías e industria de metales así como exportar a países del Caribe.

1375- WILLYS DISTRIBUTOR S.A.

Importador y distribuidor de autos, jeeps, camiones y accesorios "Willys" y autos "Kayser", sita en 23 N° 252, La Rampa, La Habana, y sucursales en las principales localidades de la Isla.

1 Era propiedad del norteamericano William A. Powe (VER "POWE EQUIPMENT COMPANY") quien también tenía otros intereses comerciales. Fernando Ovies Cantero era su gerente.

1376- W. M. ANDERSON TRADING COMPANY S.A.

Almacenista de maquinaria agrícola e industrial, refrigeración industrial "Acme Steel" y "Frick", aire acondicionado "Fresh'nd-Air" y "Frick", así como de equipos y materiales para laboratorios y clínicas, sito en Obispo N° 355, La Habana, con sucursales en Santa Clara, Camagüey y Santiago de Cuba, cliente del "City".

2 El norteamericano William M. Anderson era presidente de la Junta y su presidente era Raúl Gutiérrez Sánchez, hijo de Miguel Gutiérrez, Concejal de Marianao electo en 1901, Alcalde de Marianao designado por su amigo, el Gral. Emilio Núñez, Gobernador de la Habana, tras destituir al anterior y ratificado por Estrada Palma en 1906 en ocasión de su reelección, candidato del Partido Conservador a la alcaldía de Marianao en 1908 perdiendo contra el Cnel. del E.L. Baldomero Acosta.

Era hermano de Gustavo, ex-Secretario de Estado en los últimos meses del Gobierno de Machado y uno de los 30 profesores depurados de la Universidad en 1933 por su colaboración, el que durante el último Gobierno fuera Presidente de la Junta Nacional de Economía, Ministro sin Cartera desde el 10 de marzo hasta el 31 de diciembre de 1958, Ministro de Hacienda a partir de julio del 53 y, con anterioridad, Secretario de Justicia, Presidente de la Cámara de Representante, de la Comisión Marítima y embajador.

Además estaba casado con Eufemia, hermana del Mayor Gral. Francisco Tabernilla Dolz, jefe del Ejército.

1377- YAMAGUAS DE PUYANS

Finca para cría de ganado tipo "Cebú" y "Charollaise", sita en Mayarí Arriba, Oriente.

1 Era propiedad de Tomás F. Puyáns Núñez, vocal de la "Asociación Nacional de Ganaderos de Cuba" y de la "Corporación Ganadera de Cuba" en 1958, ex-presidente de la "Corporación Ganadera de Cuba", ex-presidente de la Asociación de Colonos a principios de los 40 y ex-presidente del ICEA en 1944. Su hijo, Tomás, quien había estudiado ganadería en el "King Ranch" de Texas, era el administrador.

Puyáns era propietario de extensas tierras en Oriente y, en sociedad con Enrique Bolívar, de "Puyáns, Bolívar y Compañía"(VER). También de la finca la Banabacoa en San Luis y era además accionista, fundador y Consejero del "Banco de los Colonos"(VER).

2 Fue fundada por su propietario en tierras heredadas de su padre tras haberle comprado la parte correspondiente a sus hermanos, comenzando a desmontar bosques en 1947, fomentando 125 caballerías y vendiendo entre agricultores unas 130.

Su padre, el Dr. Buenaventura R. Puyáns, médico, era propietario de grandes extensiones de tierras en Oriente y tras vivir en República Dominicana, pasó a París, donde se unió al Comité Cubano de París, presidido por Ramón Emeterio Betances, ayudando la causa de la lucha separatista, aportando dinero a través de su cuñado Dellundé.

1378- YARIGUA

Finca "Yariguá" de cría de ganado tipo "Criollo", sita en Manatí, Victoria de las Tunas, con oficina en el Edificio Metropolitana, La Habana.

1 Era propiedad del Dr. Luis N. Menocal Fernández de Castro quien era el animador principal y presidente de la "Asociación de Criadores de Ganado Criollo de Cuba".

Su director técnico era el hijo político de Menocal, Julio L.Morales de Cárdenas, hermano de los Arq. Víctor y Luis Alberto (VER "MORALES Y COMPAÑIA") e hijo de Celia de Cárdenas Echarte, una de las principales dirigentes del movimiento católico y presidenta del Consejo Nacional de la Liga de Damas de la Acción Católica Cubana.

1379- ZABALETA Y COMPAÑÍA

Almacén de víveres en San Ignacio N° 506, La Habana.

1 Propiedad de Venancio Zabaleta Aramburo en sociedad con Ramón Armada Sagrera.

Zabaleta, un vasco nacido en 1874 y llegado a Cuba en 1888 donde trabajara de empleado en una bodega, era además vocal de la Junta General de la "Nueva Fábrica de Hielo S.A."(VER). Armada Sagrera era hermano de Rafael, propietario de la fábrica de galletas y confituras "Armada y Compañía S.L."(VER) y había sido dirigente del "Casino Español" durante la década de los 20.

2 Se fundó en 1912 como "Zabaleta, Sierra y Compañía", estando ya en los años 30 bajo sus actuales propietarios.

1380- ZALDO Y MARTÍNEZ

Fábrica de abono e importadores de maquinaria agrícola e industrial y almacén de ferretería, en Zanja 721 esq. a Hospital y en Calzada de Aldecoa entre Santa Teresa y 47, con la marca "Zalmar".

1 Propiedad de la familia Zaldo. Fernando Martínez Zaldo, que tenía intereses en "De Inversiones El Trébol S.A., Compañía" (VER), era su presidente y los vicepresidentes eran Ernesto de Zaldo Ponce de León, su primo, Aquiles Martínez Dotres, su padre, y el Ing. Antonio C. Fraga. El Dr. Fernando Mendoza de Zaldo, vicepresidente a su vez de "De Inversiones El Trébol S.A., Compañía"(VER), era vocal y el Dr. Ernesto de Zaldo Deschapelles era su secretario.

Martínez Zaldo era nieto de Guillermo de Zaldo Dómine, quien había fundado en 1860 en Sagua la Grande la casa comercial de azúcar "Zaldo y Compañía" que había dado origen al "Banco de La Habana", absorbido después por el "First National City Bank" (VER).

Una de sus ramas ascendientes, Guillermo de Castro Beurman, había sido fundador y propietario hasta 1928 de "Cubana de Fianzas, Compañía" (VER) y su hijo Guillermo de Zaldo Castro era propietario de varias firmas (VER "MINAGRO INDUSTRIAL S.A.") y también había tenido intereses en "New Niquero Sugar Company" (VER), donde integró su Junta durante los años 40.

Ernesto de Zaldo Ponce de León tenía intereses también en "Azucarera Vicana, Compañía"(VER), de cuya Junta de Directores formaba parte, y en "Godoy Sayán, Oficina Aseguradora de Cuba" (VER).

2 La firma se había originado en la antigua "L. A. Sussdorff y Cía.", fundada en 1887 por L.A.Sussdorff, Serapio Recio y Rafael Pedrajas, que en 1890 se convertiría en "Sussdorff, Zaldo y Compañía" cuando Recio vendiera su parte a Ernesto de Zaldo Beurman, padre del vicepresidente actual. Cuando en 1895 Sussdorff se retiró, Carlos de Zaldo Beurman lo sustituyó y en 1905, tras fallecer Pedrajas, Ernesto de Zaldo se puso al frente del negocio. Más tarde en 1907, al separarse Surssdorff como socio entró Aquiles Martínez Dotres.

Martínez Dotres, quien comenzó a trabajar desde los 13 años en la oficina del ingenio Recompensa y otros empleos hasta fundar la "Martínez y Posada", un almacén de víveres, había casado desde el 30 de noviembre de 1891 con María, hermana de los Zaldo, pasando en 1906 a trabajar en "Sussdorf y Zaldo" donde sería gerente al reestructurarse como "Zaldo y Martínez" y su presidente hasta su fallecimiento el 8 de diciembre de 1956.

Durante los primeros años republicanos la firma había tenido una destacada participación en el suministro y construcción a los centrales originado por el intenso proceso inversionista, pues en ese entonces era representante de importantes fabricantes extranjeros –entre ellos la "General Electric", la "Otis Elevator", etc.– de máquinas, maquinarias, materiales, plantas en general, ferretería al por mayor y contratista de importantes obras tales como plantas eléctricas, abastecimiento de aguas, alumbrado público, mercados, edificios públicos, puentes y otras.

3 El 11 de diciembre de 1957 solicitaron al BANDES financiamiento por la mitad de una inversión ascendente a $800 000 destinada a una fábrica de bombillos en Matanzas que en definitiva no acometieron.

IV.- Bibliografía

1- LIBROS Y FOLLETOS

1) Padre Ángel Abad C.M.I., "Historia de las Parroquias de Cárdenas y Varadero", S/E, La Habana, octubre de 1954.

2) Walter Adams y otros, "Estructura de la industria americana", Ediciones Ariel, Barcelona, 1956

3) Berta Alfonso Ballol, Mercedes Herrera Sorzano, Eduardo Moyano, Jesús Sanz Fernández y Martín Socarrás Matos, "El Camino de Hierro de La Habana a Güines. Primer ferrocarril de Iberoamérica", Impreso por Raiz Técnicas Gráficas S.L., Madrid, 1987

4) Hilario Alonso Sánchez, "Memoria. 25 Años de Labor del Club de Cantineros de la República de Cuba", "Compañía Editora de Libros y Folletos, La Habana, 1951.

5) Agustín Álvarez, "Boletín de la Bolsa de la Habana", Cultural S.A., La Habana, 1929

6) J. M. Álvarez Acevedo, "La colonia española en la economía cubana. Un balance histórico 1902-1936", Ucar, García y Compañía, La Habana, 1936.

7) José Álvarez Díaz y otros, "A Study on Cuba. Cuban Economic Research Project", University of Miami Press, Fla, 1965

8) Antonio Álvarez Pedroso, "Miguel Aldama. Trabajo leído en la Academia de la Historia", Imprenta El Siglo XX, La Habana, 1948
8.0.0. –Alberto Arrendondo, "Cuba. Tierra Indefensa", Editorial Lex, 1945.

9) Alberto Arredondo, "Cuba. Tierra Indefensa", Editorial Lex, 1945

10) Asociación Nacional de Industriales de Cuba, "Informe y Plan de Desarrollo Industrial", S/E, La Habana, 1959

11) Ángel Bahamonde y José Cayuela, "Hacer las Américas. Las Elites Coloniales Españolas en el Siglo XIX", Alianza Editorial S.A., Madrid, 1992.

12) María del Carmen Barcia, "Burguesía Esclavista y Abolición", Ciencias Sociales, La Habana, 1987

13) Jorge Berenguer Cala, "La Emigración Francesa en la Jurisdicción de Cuba", Editorial Oriente, Santiago de Cuba, 1979

14) Berta Bonne Castillo, "Menelao Mora. Su Lucha y Acción", Editorial Oriente, Santiago de Cuba, 1989

15) Luis J.Botifoll, "Golpe de Estado en "El Mundo", Editorial Lex, La Habana, 1955

16) José María Callejas, "Historia de Santiago de Cuba compuesta y redactada en vista de los manuscritos originales e inéditos de 1823 y precedidos de un prólogo de Fernando Ortiz", Imprenta La Universal, La Habana, 1911

17) Pánfilo D. Camacho, "Martha Abreu. Una mujer comprendida", Editorial Trópico, Imprenta Seoane, Fernández y Compañía, La Habana, 1947

18) Justo Germán Cantero y Eduardo Laplante, "Los Ingenios. Colección de Vistas de los principales Ingenios de azúcar de la Isla de Cuba". Edición de lujo. Impreso en la Litografía de Luis Marquier, Imprenta La Cubana, La Habana, 1857

19) Gaspar Carbonell Rivero, "Enrique J. Conill. Soldado de la Patria", Editorial Carbonell, La Habana, 1956

20) Gerardo Castellanos G., "Relicario Histórico. Frutos Coloniales y de la Vieja Guanabacoa", Editorial Librería Selecta, 1948.

21) —— "Trinidad, la secular y revolucionaria", Ucar, García y Compañía, La Habana, 1942

22) Raúl Cepero Bonilla, "Escritos Económicos", Ciencias Sociales, 1983

23) —— "Política Azucarera 1952-1958", Editorial Futura S.A., Mexico", 1958

24) Fernando Charadán, "El Mercado Azucarero", Editorial Ciencias Sociales, La Habana, 1987

25) —— "La Industria Azucarera de Cuba", Editorial Ciencias Sociales, la Habana, 1983

26) Columbia University, "Joint International Ventures in Cuba", 1° de octubre de 1958.

27) Compañía Constructora González del Valle, "Memorias", 1954, S/P

28) Consejo Consultivo, "Resumen de la Labor del Consejo Consultivo desde 1952-53", P. Fernández, La Habana, 1953

29) Consejo Nacional de Economía, "La Estimulación Industrial en Cuba", Consejo Nacional de Economía, La Habana, 1956

30) J.A.Cosculluela, "Cuatro Años en la Ciénaga de Zapata", Empresa Consolidada de Artes Gráficas, La Habana, 1965.

31) Octavio R.Costa, "Diez Cubanos", La Habana, 1945

32) —— "Hombres y Destinos", Ucar, García y Cia, La Habana, 1954

33) Mary Cruz del Pino, "Camagüey. Biografía de una Provincia", Imprenta El Siglo XX, La Habana, 1995

34) —— "El Ingenioso Naturalista Don Felipe de La Habana", Editorial Gente Nueva, La Habana, 1979

35) Noel Deer, "The History of Sugar", 2 Vol, Chapman and Hall Ltd., London, 1949

36) Department of Commerce, "Investment in Cuba", Washington, 1956

37) Julio Díaz Rodríguez, "El Banco de Desarrollo Económico y Social", Editorial Cenit, S/A.

38) Adolfo Dollero, "Cultura Cubana", Imprenta El Siglo, La Habana, 1916

39) —— "Cultura Cubana, Matanzas", Imprenta Seoane Fernández, La Habana, 1919

40) —— "Cultura Cubana, Pinar del Río", 1921

41) Martín Duarte Hurtado, "La maquina torcedora de tabaco y las luchas en torno a su implantación en Cuba", Editorial de Ciencias Sociales, La Habana, 1973

42) R. Duharte y R. Reyes, "La Burguesia Santiaguera 1940-1950, Editorial Oriente, Santiago de Cuba, 1983

43) Erasmo Dumpierre, "La Esso en Cuba, Monopolio y República Burguesa", Editorial Ciencias Sociales, La Habana, 1973

44) Francisco M. Duque, "Historia de Regla", Imprenta y Papelería de Rambla, Bouza y Cía., 1925.

45) Enrique Edo Llop, "Memoria Histórica de Cienfuegos y su Jurisdicción", Imprenta Nueva de J.Andreu y Gp., 2ª edición corregida y aumentada, Cienfuegos, 1888

46) Roland T. Ely, "Cuando Reinaba Su Majestad el Azúcar", Editorial Sudamericana, Buenos Aires.

47) Paul Estrade, "La Colonia Cubana de París 1895-1898", Editorial Ciencias Sociales, La Habana, 1984

48) Federación de la Prensa Latina de América, "Libro de Cuba", Litografía Ocariz y Cía. S en C, La Habana, 1930.

49) A. Fernández Capaz y A. Acosta Pumar, "Catálogo de la Industria Azucarera. Trabajo De Grado", Universidad de La Habana, 1979

50) Fernández Castro y Compañía S en C, "Centenario de la Casa Fernández Castro y Compañía S en C, 1851-1951", folleto

51) José Luciano Franco, "Comercio Clandestino de Esclavos", Editorial Ciencias Sociales, La Habana, 1980

52) Heinrich Friedlander, "Historia Económica de Cuba", 2 Vol, Editorial de Ciencias Sociales, La Habana, 1978

53) Alejandro García Álvarez, "La Gran Burguesia Comercial en Cuba 1899-1920", Editorial Ciencias Sociales, La Habana, 1989

54) Gaspar Jorge García Galló, "Biografía del Tabaco Habano", Comisión Nacional del Tabaco Habano, Tipografía Ideas, 2ª edición, La Habana, 1961

55) Gregorio García García y Alarico Fernández Casero, "Compedio histórico económico y de la legislación cafetalera de Cuba", S/E, 1952, La Habana.

56) Félix Gómez Rodríguez y Amado García Ramos, "Historia de la textilera Ariguanabo", folleto, La Habana, 1972

57) Raúl Alfonso Gonsé y Jorge Luis Martí, "En Defensa de "El Mundo", Editorial Ponciano, La Habana, 1956

58) José Miguel González Jiménez, "El Ingenio San Martin (Separata de la Revista de la Biblioteca Nacional), La Habana, 1967

59) José Ramón González Pérez, "Santa Ana-Cidra. Apuntes para la historia de una comunidad", Editado por el Departamento de Orientación Revolucionaria del C.C. del Partido Comunista de Cuba, La Habana, 1975

60) Ramiro Guerra y otros, "Historia de la Nación Cubana", 10 Vol, Cultural S.A., La Habana, 1952

61) Conrad Hilton, "Sea Ud. mi Huésped", Ediciones Garrigó S.A., Barcelona, 1958.

62) Jorge Ibarra Cuesta, "Cuba: 1898-1921. Partidos Políticos y Clases Sociales", Editorial de Ciencias Sociales, La Habana, 1992

63) —— "Cuba: 1898-1958. Estructura y Procesos Sociales", Editorial de Ciencias Sociales, La Habana, 1995

64) Fernando Inclán Lavastida, "Historia de Marianao", Editorial El Sol, Marianao, 1952

65) Ariel James Figueredo, "Banes: Imperilismo y nación en una plantación azucarera", Editorial de Ciencias Sociales, La Habana, 1976

66) Leland H.Jenks, "Nuestra Colonia de Cuba", M.Aguilar, Editor, Madrid, 1929.

67) Juan Jerez Villareal, "Oriente(Biografía de una provincia)", Academia de la Historia de Cuba, Imprenta El Siglo XX, La Habana, 1961

68) Jorge Juárez Cano, "Apuntes de Camagüey", Imprenta El Popular, Camagüey, 1929

69) José Rafael Lauzán Rodríguez, "Historia Colonial Ariguanabense", Editorial de Ciencias Sociales, 1994.

70) Mario Lazo, "Dagger in the heart. American Policy Failure in Cuba", Funk & Wagnalls, New York, third printing, 1968.

71) Richard Lewinson, "Trusts y Cártels", Editorial Claridad, Buenos Aires, 1948

72) Joaquín Llaverías, "Consejo Administrativo de Bienes Embargados", Imprenta El Siglo XX, La Habana, 1941

73) —— "La Comisión Militar Ejecutiva y Permanente de la Isla de Cuba", Discurso. Imprenta El Siglo XX, La Habana, 1929.

74) Reginald Lloyd, "Impresiones de la República de Cuba en el Siglo Veinte", Londres, The Gresham Press. Unwin Brothers Ltd., 1913.

75) José Maceo Verdecia, "Bayamo", Casa Editorial El Arte, Sariol y Compañía, C.García y E.Villuendas, Manzanillo, 2 vol, 1931

76) Gerardo Machado Morales, "Memorias. Ocho Años de Lucha", Peninsular Printing, Inc., Miami, Florida, 1982.

77) José E. Maresma, "Ley Cortina: Creación de la Comisión Nacional de Propaganda y Defensa del Tabaco", Imprenta Rivero, La Habana, 1927

78) Francisco Marín Villafuerte y Rafael Rodríguez Altunaga, "Historia de Trinidad", Editorial Jesús Montero, La Habana, 1945

79) Leví Marrero, "Cuba, Economía y Sociedad", 13 Vol, Editorial Playor S.A., Madrid, 1977

80) Carlos Martí, "Los catalanes en América", Editorial Minerva S.A., Aribau N° 179, Barcelona, S/A.

81) José A.Martínez-Fortún Foyo, "Anales y Efemérides de San Juan de los Remedios y su jurisdicción", 9 vol., Imprenta Pérez Sierra

82) Manuel Martínez Escobar, "Historia de Remedios(Colonización y Descubrimiento de Cuba)", Jesús Montero, Editor, La Habana, 1944

83) Manuel Martínez-Moles, "Contribución al Folklore. Tradiciones, Leyendas y Anécdotas Espirituanas", vol I,II y III, 1ª y 2ª parte, Imprenta de El Fígaro, La Habana, 1926

84) —— "Contribución al Folklore. Tipos Populares de Sancti Spiritus", Cultural S.A., La Habana, 1929

85) —— "Contribución al Folklore. Vocabulario Espirituano. Refranes, Frases Proverbiales, Dichos y Dicharachos usados en Sancti Spiritus", vol VII, Cultural S.A., La Habana, 1929

86) —— "Epítome de la Historia de Sancti Spiritus. Desde el Descubrimiento de sus costas hasta nuestros días(1930)", Imprenta El Siglo XX, La Habana, 1936

87) Rafael Martínez Ortiz, "Cuba. Los primeros años de independencia. La Intervención y el establecimiento del Gobierno de Estrada Palma", 2ª edición, Imprimirié Artistique Lux, 2 vol, París, 1921

88) Rafael Martínez Riverón, Maricela Reyes Espinosa e Isabel Martínez Zayas, "El seguro como categoría económica del socialismo", Impreso en André Voisin, Ministerio de educación Superior, La Habana, 1988

89) José Mayo, "Dos Décadas de Lucha contra el Latifundismo", Editora Política, La Habana, 1980

90) M.Isidro Méndez, "Historia de Artemisa", Empresa Consolidada de Artes Gráficas, 1973.

91) Raimundo Menocal Cueto, "Origen y Desarrollo del Pensamiento en Cuba", 2 vol, Editorial Lex, La Habana, 1945

92) S.Menshikov, "Managers y Millonarios", Editorial Progreso, S/A

93) Manuel Moreno Fraginals, "El Ingenio", Editorial de Ciencias Sociales, La Habana, 1978

94) Nueva Fábrica de Hielo S.A., "Cincuentenario de "La Tropical" 1888-1938"

95) James O'Connor, "La Organización Industrial en la Nueva y Vieja Cuba", Juceplan, La Habana, 1968

96) Francisco de Pando, "Commercial Reciprocity. International Interests of Cuba and the USA", Asociación Nacional de Hacendados, folleto, La Habana, 1954

97) Patronato de la Comunidad Hebrea en Cuba, "La Primera Piedra", Talleres Art. Print, 1951, S/P

98) Rafael Pérez Lobo y Jesús Pérez Bustamante, "Diccionario de Legislación Cubana 1930-1948", Editorial Librería Selecta, La Habana, 1950

99) Victor Perlo, "El Imperio de las Altas Finanzas", Editorial Platina, Buenos Aires", 1962

100) Oscar Pino Santos, "El asalto a Cuba por la oligarquia financiera yankee", Casa de las Americas, La Habana, 1973.

101) —— "El Imperialismo Norteamericano en la Economía de Cuba", Imprenta Nacional, La Habana, 1961

102) Dionisio Poey Baró, "La entrada de los aldamistas en la guerra de los diez años", Editorial de Ciencias Sociales, La Habana, 1989

103) Francisco J.Ponte Domínguez, "Arango y Parreño. El Estadista Colonial", Editorial Trópico, La Habana", 1937

104) —— "Matanzas", La Habana, 1959

105) H.Portell Vilá, "La Decadencia de Cárdenas","El Siglo XX", 1929.

106) —— "Historia de Cárdenas", Prólogo de Fernando Ortiz de 1928, S/E, 1928.

107) Robert P.Porter, "Industrial Cuba", The Knickerbocker Press, New York, 1899

108) Pablo Luciano Potenze, "Historia del Transporte Aerocomercial", Universidad Argentina de la Empresa, Asociación Latinoamericana de Derecho Aeronáutico y Espacial, Buenos Aires, 1997.

109) José Proveyer Carracedo, "Radioperiodismo", S/E, La Habana, 1952

110) Daniel Efraín Raimundo, "Habla el Coronel Orlando Piedra", Editorial Universal, Miami, Fla., 1994

111) Antero Regalado, "Las Luchas Campesinas en Cuba", DOR, PCC, La Habana, 1974

112) P.Eduardo F.Regatillo, S.L., "Un Marqués Modelo. El Siervo de Dios Claudio López Brú, Segundo Marqués de Comillas", Sal Terrae, Talleres Tipográficos J.Martínez, S.L., Cisneros, 13, Santander.

113) Jane Resnick, "Guide to Cigars. The Art of Selecting and Smoking", Black Dog & Leventhal Publishers, Inc., New York, 1996.

114) José G.Ricardo, "La Imprenta en Cuba", Ed.Letras Cubanas, 1989.

115) Julio Le Riverand, "Historia Económica de Cuba", Pueblo y Educación, La Habana, 1974

116) José Rivero Muñiz, "Tabaco. Su Historia en Cuba", 2 Vol., La Habana, 1964

117) José Rivero Muñiz y Andrés de Piedra-Bueno, "Pequeña Antología del Tabaco", Editorial Revista Tabaco, La Habana, 1946

118) Gonzalo M.Rodríguez, "El Proceso de Industrializacion de la Economía Cubana", Editorial de Ciencias Sociales, La Habana, 1980

119) Rafael Rodríguez Altunaga, "Las Villas (Biografía de una Provincia)". Editorial Lex, La Habana, 1955.

120) Emilio Roig de Leuchsenring, "La Habana, Apuntes Históricos", 3 vol, 2ª edición, Editora del Consejo Nacional de Cultura, 1964.

121) Domingo Rosaín, "Necrópolis de La Habana. Historia del Cementerio de esta Ciudad con Multitud de Noticias Interesantes", Imprenta El Trabajo, Amistad N° 100, La Habana, 1875.

122) Eduardo Rosell Malpica, "Diario en la Guerra, 1895-97", Academia de la Historia de Cuba, Impresora Modelo S.A., La Habana, 1950

123) Raúl R.Ruiz, "Aguas de Ciudad", Ediciones Matanzas, 1995.

124) Emeterio Santovenia, "Pinar del Río", Fondo de Cultura Económica, México, 1946

125) Sin Autor, "A Palacio.... 7 de abril de 1957", La Habana, 1959

126) —— "Banco Territorial de Cuba", Rambla Bouza, La Habana, 1911

127) —— "Camagüey y su Historia", Comité Provincial del Partido Comunista de Camagüey

128) —— "Cronologia de la Industria Azucarera", Academia de Ciencias de Cuba, Mimeografiado, La Habana, 1940

129) —— "Dr. A. González de Mendoza y Bonilla. Su Familia y su Vida", Sin Editorial.

130) —— "El Movimiento Obrero Cubano. Documentos y Artículos", Editorial Ciencias Sociales, 2 vol, La Habana, 1977

131) —— "Indice Histórico de la Provincia de Camagüey 1899-1952", Instituto del Libro, La Habana, 1970

132) —— "José Arechabala S.A. En su 75 Aniversario 1878-1953", Talleres Tipográficos, La Habana, 1954

133) —— "La Enciclopedia de Cuba", 14 Vol., Editorial Playor S. A., Madrid, 1974

134) —— "La Intervención de propiedades por el Gobierno: Casos del central Tinguaro y la Compañía Ron Bacardí",Imp. Arellano, La Habana, 1943

135) George Seldes, "Mil norteamericanos. Los dictadores de EE.UU.", Imprenta Nacional de Cuba, La Habana, 1961

136) Martín Socarrás Matos, "La Aviación Civil en Cuba", Editorial Ciencias Sociales, La Habana, 1988.

137) —— "La Necrópolis Cristóbal Colón", Editorial Arte y Literatura, La Habana, 1975.

138) Luis D.Soto González, "Apuntes sobre la Historia de la Minería Cubana", Editorial Oriente, Santiago de Cuba, 1981.

139) P.S.Stephens, First Secretary(Commercial) to Her Majesty's Embassy at Havana, "Cuba, Economic and Commercial Conditions", Published for the Board of Trade, Commercial Relations and Exports Department, by Her Majesty's Stationery Office, London, 1954

140) Jean Stubbs, "Tabaco en la Periferia, Ciencias Sociales, La Habana, 1989

141) Hugh Thomas, "Cuba, The Pursuit of Freedom", Harper and Row, US, 1971

142) Jacinto Torras, "Obras Escogidas", Editora Política, La Habana, 1986

143) Nicolás Torres Hurtado, "Orígenes de la Compañía Ron Bacardí", Editorial Oriente, Santiago de Cuba, 1982

144) José A.Treserra Pujadas, "Historia de Matanzas", Imprenta La Revoltosa, 1943

145) —— "Reseña Histórica de Matanzas 1508-1941", Imprenta La Revoltosa, La Habana, 1941

146) Universidad Católica de Santo Tomás de Villanueva, "Cuba y Canadá. Investigación económica", Editorial Lex, La Habana, 1957

147) Jorge Uría González, "Asturias y Cuba en torno al 98", Universidad de Oviedo, Editorial Labor S.A., España, 1994.

148) L. Valdés Quesada, "Las Villas. Álbum-Resumen Ilustrado. Industrial, Comercial, Profesional,Cultural, Social y de Turismo Interprovincial", Editorial Cubana, Imprenta "La Milagrosa", La Habana, 1941

149) Varios Autores, "Camagüey y su historia. Apuntes históricos desde la etapa precolombina hasta 1987", Taller de Impresión Felipe Torres Trujillo, Camagüey, 1989

150) —— "La Arquitectura de Hoteles en la Revolución Cubana", Ministerio de la Construcción, Poligráfico MINCON; La Habana.

151) —— "Los Monopolios Extranjeros en Cuba 1898-1958", Editorial Ciencias Sociales, La Habana, 1984

152) —— "Monopolios Norteamericanos en Cuba", Editorial Ciencias Sociales, La Habana, 1973

153) —— "Problemas de la Nueva Cuba. Informe de la Comisión de Asuntos Cubanos", Foreign Policy Association Inc, New York, Printed in The United States of America by J.J.Little and Ives Company, New York

154) —— "United Fruit Company. Un Caso de Dominación Imperialista en Cuba", Ciencias Sociales, La Habana, 1976

155) Antonio Vázquez Galego, "La Consolidación de los Monopolios en Camagüey en la Década del 20", Editorial Arte y Literatura, La Habana, 1975

156) Byron White, "Azúcar Amargo"

157) Marcos Windcur, "Historia Social de la Revolución Cubana", UNAM, México

158) Oscar Zanetti Lecuona, "Los cautivos de la reciprocidad. La burguesía cubana y la dependencia comercial", Ediciones Empes, la Habana, 1989

159) Oscar Zanetti Lecuona y Alejandro García Álvarez, "Caminos para el azúcar", Editorial Ciencias Sociales, La Habana, 1987

2- DIRECTORIOS Y OTRAS OBRAS SIMILARES

160) J.M.Álvarez Acevedo, "Figuras de una época. Un ejemplario de hombres constructivos", Impresores V.G.C.,1939

161) Pablo Álvarez de Cañas, "Libro de Oro de la Sociedad Cubana", Imp. Ucar y García, La Habana, 1935-45

162) Pablo Álvarez de Cañas, Joaquín de Posada, "Libro de Oro de la Sociedad Habanera", Editorial Lex, La Habana.

163) L.Angulo y Miguel A.Mendoza, "Diario Social de Cuba", Editorial Directorio Social de Cuba 1912, La Habana, 1919

164) Asociación Nacional de Funcionarios del Poder Judicial, "Grandes Abogados de Cuba vistos por los Jueces Actuales", Librería Martí, La Habana, 1956

165) Antonio Bachiller y Morales, "Galería de Hombres Utiles", La Habana, 1955

166) Miguel Baguer y Enrique Beltrán, "Guía Social de la Habana", La Habana, 1950-59

167) Bailly-Baillière-Riera, "Guía-Directorio de la República de Cuba", Anuarios Bailly-Baillière y Riera Reunidos S.A., Oficinas Consejo de Ciento N° 240, Barcelona.

168) Salvador Bueno, "Figuras Cubanas; Breves Biografías de Grandes Cubanos del Siglo XIX,", UNESCO, La Habana, 1964

169) Francisco Calcagno, "Diccionario Biográfico Cubano", Imprenta y Librería de N.Ponce de León, New York, 1878

170) Cámara de Comercio de la República de Cuba, "Directorio Comercial e Industrial Cubano", Editorial Lex, La Habana.

171) Augusto L.Canosa, "Directorio del Foro Cubano", La Habana, 1946

172) Julio de Céspedes, "Registro Social de La Habana", Molina y Compañía, La Habana, fundado en 1950

173) Julio de Céspedes y Miguel Baguer, "Anuario Social de La Habana", Editorial Luz-Hilo, La Habana, fundado en 1933-1949

174) José Manuel Cortina, "Caracteres de Cuba", La Habana, 1945

175) Octavio R.Costa, "Rumor de Historia", La Habana, 1950

176) Fernando de las Cuevas y Alberto Ruiz, "Guía Social. Directorio de la Sociedad Habanera", Imprenta Avisador Comercial, La Habana, fundado en 1921

177) Fernando de las Cuevas, "Guía Social. Directorio de la Sociedad Habanera", La Habana, fundado en 1927

178) Diario Nacional, "Nuestra Sociedad".

179) Farr And Company, "Manual of Sugar Companies", Printed in USA, New York

180) Ernesto Fernández Calvo y Melquíades Cutié Oriol, "Gran Guía Industrial y Comercial de Cuba", "Mercurio", Publicada por Editora Newland, Impresora Mundial S.A., La Habana

181) María R de Fontanills y Eduardo Fontanills, "Directorio Social de La Habana", P.Fernández y Cía. S en C

182) Manuel Gil Ruiz, "Guía Provincial de La Habana", Editorial Panamericana, La Habana, 1944

183) José A.Martínez-Fortún Foyo y Humberto Arnáez Rodríguez, "Diccionario Biográfico Remediano", Imprenta El Siglo XX, La Habana, 1960

184) Servando Monge Muley, "Los Españoles en Cuba", Impreso en Tipografía La Academia y Talleres Gráficos Hostench, Barcelona, 1953

185) Rafael Nieto Cortadella, "Dignidades Nobiliarias en Cuba", Cultura Hispánica, Madrid, 1954

186) Gustavo Parapar, "Directorio Profesional de Periodistas de Cuba", La Habana, 1957

187) Gerardo Pardos, "Libro De Oro Hispano-Americano", Sociedad Editorial Hispano-Americana, Madrid, 1917

188) William Belmont Parker, "Cubans of To-Day", New York, The Knickerbocker Press, 1919.

189) Fermín Peraza Saraza, "Diccionario Biográfico Cubano", Anuario Bibliográfico Cubano, 11 vol, La Habana, 1951-60

190) —— "Personalidades Cubanas", Ediciones Anuario Bibliográfico Cubano, 7 vol, La Habana y Miami, 1957-1968

191) Jacobo de la Pezuela, "Diccionario Geográfico, Estadístico, Histórico de la Isla de Cuba", 4 vol, Imprenta del Establecimiento de Mellado, Madrid, 1863

192) Fred Prieto Linares, "Perfiles de Cuba", Imprenta Lapido-Iglesias, La Habana, 1932

193) Carlos Rivero Alonso y Juan F.Guerra, "Valores Actuales de Cuba", Editorial Lex, La Habana, 1944

194) Tomás Rodríguez Milián, "Directorio Social de la Juventud Habanera".

195) Emilio Roig de Leuchsenring y otros, "Libro de Cuba", Talleres del Sindicato de Artes Gráficas de La Habana, 1925

196) Alfonso Roselló y otros, "Libro de Cuba. Edición Conmemorativa del Cincuentenario de la RePública y del Centenario del nacimiento de José Martí", Talleres De Artes Graficas. La Habana, 1954

197) Alberto Ruiz, Fernando de las Cuevas, "Guía Social. Directorio de la Sociedad Habanera", Imprenta "El Siglo XX", La Habana, 1922.

198) Bernardo Ruiz Suárez, "Facsímiles Biográficos de Hombres Ejemplos", Impresora Propaganda Cancio, Santa Clara, 1958

199) Francisco Xavier de Santa Cruz, "Historia de Familias Cubanas", Editorial Hercules, 6 vol, La Habana, 1940

200) Emeterio Santovenia, "Estudios, Biografias, Ensayos", "Ucar, García", La Habana, 1957

201) —— "Vidas Humanas", Librería Martí, Imp. Madrid, 1956

202) Sin Autor, "Almanaque Mercantil" editado anualmente por B.May Company C.A., siglo XIX

203) —— "Apuntes Biográficos de los Jefes de Ejército", s/e, La Habana, 1948

204) —— "Cuba en la Mano. Enciclopedia Popular Ilustrada", Ucar, García y Cia., La Habana, 1940

205) —— "Diccionario Biográfico del Poder Judicial en Cuba, La Habana, 1936

206) —— "Directorio de Contadores Públicos de Cuba", Editorial La Milagrosa, La Habana, 1957

207) —— "Directorio de Ingenieros y Arquitectos de Cuba, Editorial La Milagrosa, La Habana

208) —— "Directorio General de la República de Cuba", Editado por Compañía General de la República", Villegas N° 59, La Habana, Año del Gobierno del Gral. Magoon

209) —— "Guía de Forasteros de la Siempre Fiel Isla de Cuba para el Año", Imprenta del Gobierno y Capitanía General, La Habana.

210) —— "El Libro de Oro. Registro Social de Cuba. Social Register of Cuba", Publicado por la Compañía del Registro Social, La Habana, 1913

211) —— "El Libro Azul de Cuba", Editorial Rodas, La Habana, 1943

212) —— "El Libro de Cuba", Artes Graficas, La Habana, 1925

213) —— "Libro Azul de Cuba", Editor: Compañía Biográfica S.A., Impresores Solana y Compañía, Mercaderes N° 22, La Habana, 1917

214) —— "Libro de Cuba 1930", Federación de La Prensa Latino de América

215) Fernando Suárez de Tangil, Conde de Vallellano, "Nobiliario Cubano. Las Grandes Familias Isleñas", 2 tomos, Francisco Beltrán, Librería Española y Extranjera, Príncipe N° 16, Madrid en Imprenta Torrent, Santa Teresa, 16, Madrid, S/A.

216) The Gilmore Publishing Co. Inc, New York, "The Gilmore. Manual Azucarero De Cuba", Impreso en Cuba por Molina y Compañía S.A.

217) Luis Valdés Valdés, "Directorio Bancario de Cuba", Impresos Zitros, La Habana, fundado en 1951

3- PUBLICACIONES PERIÓDICAS ESPECIALIZADAS
A-Económicas

218) "Anuario Azucarero de Cuba", Cuba Económica y Financiera, anual

219) "Anuario del Tabaco Habano", Comisión Nacional de Propaganda y Defensa del Tabaco Habano, 1944, 1945, editado por "Publicaciones Del Valle S.A.".

220) "Aspectos Monetarios de las Economías Latinoamericanas", anual, CELAM, anual, Gráfica Panamericana, Mexico, 1956-60

221) "Bacardí Gráfico", Compañía Ron Bacardí S.A., publicación trimestral, editado desde 1956.

222) "Boletín", Asociación de Colonos de Cuba, 1954-59

223) "Boletín", Ministerio de Obras Públicas, 1952-57

224) "Boletín Oficial", mensual, Asociación de Técnicos Azucareros de Cuba,

225) "Boletín Oficial", Propiedad Industrial, 1937-67

226) "Boletín Oficial", Tribunal de Cuentas, 1951-55

227) "Boletín Quincenal", Asociación Nacional de Industriales de Cuba

228) "Cafetal", Revista, órgano oficial de la Asociación Nacional de Caficultores, fundada en marzo de 1946

229) "Carta", Luis G. Mendoza y Cia., mensual

230) "Contabilidad y Finanzas", mensual

231) "Cubazúcar", Revista, órgano oficial de la Asociación Nacional de Hacendados de Cuba, fundada en noviembre de 1955

232) "Cuba Económica y Financiera", mensual por Editora Mercantil Cubana S.A., fundada en 1927, La Habana.

233) "Cuba Facts and Figures", The American Chamber of Commerce of Cuba, bianual, 1951, 53,55, 57

234) "Cuba Ganadera", Revista mensual ilustrada. Director: Dr. Bernardo J.Crespo.

235) "Cuba Química" publicada irregularmente por Thomas F.Turull S.A., Compañía, Muralla N° 20, La Habana

236) "Economic Development Program. Progress Report N° 1", BNC, septiembre de 1956

237) "El Detallista", órgano de la consultoría legal de comerciantes, quincenal, Año I, Vol 1, 1° de abril de 1923.

238) "El Mundo Azucarero", mensual, Mona Palmers Trustee, New York

239) "Estadística de la Industria Azucarera de la República de Cuba", Secretaría de Agricultura, Comercio y Trabajo, de 1902-40

240) "Estudio Económico para América Latina", anual, Publicación de Comisión Económica Para América Latina(CEPAL), Secretaría, Naciones Unidas, México, de 1951 hasta 1958

241) "Gordejuela", J.Arechabala y Compañía, Revista

242) "Habano. Revista Tabacalera", Organo oficial de la Asociación de Almacenistas y Cosecheros de Cuba" y de la "Unión de Fabricantes de Tabaco

243) "Informe Anual sobre Operaciones de la División Industrial", BANFAIC

244) "Informe N° 3. Programa de desarrollo Económico", BNC, Editorial Cenit S.A., La Habana, 1957

245) "Instantáneas Económicas", Industrial Bank de Cuba, mensual

246) "Latin American Business Highlights", The Chase Manhattan Bank, trimestral

247) "Memoria", BANFAIC, anual, Editorial Lex, 1951 a 1958

248) "Memoria Anual", BNC, Editorial Lex, La Habana, 1949 a 1959

249) "Memoria Anual", Bolsa de La Habana, 31 de diciembre de 1955, S/E.

250) "Nuestro Comercio de Exportación de Tabaco en Rama y Manufacturado" 1936-1959, Comisión Nacional de Propaganda y Defensa del Tabaco Habano, anual

251) "Portfolio Azucarero. Industria Azucarera de Cuba", Secretaría de Agricultura, Comercio y Trabajo, Librería e Imprenta la Moderna Poesía

252) "Primer Anuario Comercial e Industrial de Cuba", Juan Llorente y otros, Editorial Ciudad, La Habana, fundado en 1953

253) "Revista", BNC, mensual, de enero 1955 a 1959

254) "Revista", Ministerio de Agricultura, Editorial Neptuno, 1917-47
255) "Revista Nacional de la Propiedad Urbana", vocero de la Federación Nacional de la Propiedad Urbana y del Centro de la Propiedad Urbana, , fundada en 1933, mensual.
256) "Revista Semanal Azucarera de Luis G.Mendoza. Selecciones 1935-45", Bolsa de La Habana, Editorial Lex, 1945
257) "S.B.B. Seguros, Banca y Bolsa", Revista mensual, fundada en 1939
258) —— "Anuario Financiero", Editorial J.G. Montalvo
259) "Seguros", publicación mensual, Director Dr.Virgilio Ortega, fundada en 1935
260) "Sugar Facts and Figures", US Cuban Sugar Council, ONU, anual
261) "The International Sugar Journal", D.Leighton, London, mensual
262) "Tópicos Económicos", Eduardo Azoy del Pozo, Editor-Propietario, mensual

B.-Otras
263) Álbum Conmemorativo del Quincuagésimo Aniversario de la Fundación en La Habana del Colegio de Belén de la Compañía de Jesús 1854-1904", Imprenta Avisador Comercial, La Habana, 1904
264) "Arquitectura", Revista mensual, Colegio Nacional de Arquitectos.
265) "Arte y Decoración", Revista
266) Casino Español de la Habana, "Memoria", La Habanera, Solana Hnos. y Compañía Impresores y Papeleros, Mercaderes N° 28, La Habana.
267) Casino Español, Revista, "Organo Oficial del Casino Español de La Habana", fundada el 1 de enero de 1932.
268) Club de Leones de la Habana, "Memoria", anual
269) Margarita de la Cotera O'Bourke, "Quién es quién en Cuba", Julián Martín, Impresor, Revista Trimestral, La Habana
270) "Habana Yatch Club", Revista mensual, fundada en 1925.
271) "Magazine Automovilista", Director Carlos Viñals Herrera, fundada en 1925.
272) "Miramar Yatch Club", Revista, fundada en 1926
273) Official Base-Ball Record Advertising Company, "Liga de Base-Ball Profesional Cubana. Campeonato de 1950-51. Programa Oficial", Editorial Omega S.A., La Habana, 1951.
274) "Pax", Liga de Damas de Acción Catolica, mensual
275) Ruston Academy, "The Columns".
276) "Sociedad de Beneficencia de Naturales de Cataluña. Libro de Oro". Publicado con motivo de la celebración del Centenario de la entidad, Burgay y Compañía, La Habana, 1941
277) "V.T.C., Organo Oficial del Vedado Tennis Club".
278) "V.T.C., Libro de Oro

4- PUBLICACIONES PERIÓDICAS GENERALES

A.-Revistas

279) "Bohemia"

280) "Carteles"

281) "El Fígaro", Revista Universal Ilustrada.

282) "El Hogar", revista

283) "Graphos", Revista mensual, Editoras-Directoras: María Radelats de Fontanills y María Dolores Machín de Upmann

284) "Parisina", "Espejo de las Elegancias Parisienses", 61 Boulevard Haussmann, París. Director: Cnel. D. de Battemberg

285) "Social", Director: Conrado W.Massaguer

B.-Periódicos

286) "Diario de la Marina"

287) —— Número Centenario 1932, Ucar, García y Compañía, La Habana, 1932

288) —— "Magazine dedicado a la "Agrupación Católica Universitaria", abril de 1957

289) —— "Siglo y Cuarto. Edición Extraordinaria", La Habana, septiembre de 1957

290) El Crisol, "Almanaque".

291) "El Financiero". Edición Extraordinaria dedicada a la Compañía de Gas y Electricidad de La Habana", Año II, N°16, 9 de abril de 1911.

292) "El Liberal" de Sagua la Grande, Número Extraordinario de 1930

293) "El Mundo"

294) —— "Almanaque".

295) "El Tiempo" de Sagua la Grande, Número Extraordinario de 1925

296) "La Lucha", "Magazine". Santa Clara S/E. S/F., 1926.

297) "La Lucha". "Magazine". Matanzas S/E. S/F., 1924.

298) "La Lucha". Magazine del 20 de mayo de 1927.

5.-DOCUMENTACIÓN INÉDITA

A) Fondos del ANC

    1. BNC

    2. Comisión de Defensa del Tabaco Habano

    3. Donativos y Remisiones

    4. Especial

    5. Familia Valle Iznaga

    6. ICEA

    7. Registro Central de Compañías Anónimas

    8. Registro de Asociaciones

    9. Registro de Marcas Nacionales

10. Registros Mercantiles de La Habana, Guanabacoa, Marianao, Artemisa, Guanajay, San Antonio, Jaruco, San José

11. Secretaría de la Presidencia

B) Banco Nacional de Cuba

C) Ministerio de Hacienda

D) Ministerio de Relaciones Exteriores

E) Ministerio de Industria Alimenticia

F) Investigacion sobre Ingenios Azucareros Siglo XIX realizada por Zoila Lapique

6.-DOCUMENTACIÓN IMPRESA

299) Asociación de Colonos de Cuba, Asamblea General de Representantes, "Actas" de las sesiones

300) BANFAIC, Grupo del Censo Industrial, "Directorio Industrial", 406 pág. mimeógrafadas, La Habana, 1954.

"Indice por título de industrias.

"Instrucciones para distinguir entre establecimientos industriales y no industriales

"Resúmenes Nacional y Provincial"

"Pinar del Río, Matanzas, Las Villas, Camagüey y Oriente"

301) Comisión Técnica Azucarera, "Informe", 3 Vol, mimeografiado, 1953

302) Comisión Temporal de Liquidación Bancaria, "Compendio de los trabajos realizados hasta 1924", F.Arroyo, La Habana, 1928

303) —— "Memoria de la Liquidación del Banco Nacional de Cuba". La Prueba, La Habana, 1926

304) —— "Memoria de la Liquidación del Banco Español de la Isla de Cuba", La Habana, 1926

305) "Conferencia para el Progreso de la Economía Nacional", patrocinada por la Cámara de Comercio de la República de Cuba y la Asociación Nacional de Industriales de Cuba, S/E, 1949

306) Gaceta Oficial de la República de Cuba

307) "Informe de la Industria Nacional de la Curtición de Pieles y Suelas al Gobierno de la República de Cuba", Mimeografiado, La Habana, 1954,S/N

308) "Memorias. Primer Fórum Nacional sobre Reforma Agraria", INRA, La Habana, 1960

309) Municipio de La Habana, Sección de Estadística, "Directorio Comercial", Impresora Modelo S.A., 2ª edición, La Habana, 1958.

310) Primer Fórum Azucarero Nacional, "Costos Industriales, Mimeografiado, La Habana, S/A

311) Francis Adam Truslow, "Informe sobre Cuba. Estudios y recomendaciones de una Misión Económica y Técnica organizada por el Banco Internacional de Reconstrucción y Fomento en colaboración con el Gobierno de Cuba en 1950", 3 Vol, Banco Nacional de Cuba, mimeografiado, La Habana, 1951

7.- *TESTIMONIOS*

Germán Amado Blanco
Humberto Castelló Aldanás
Enrique Conill Mendoza
Segundo Curti Messina
Gregorio Delgado García
Laura Gómez Tarafa
María Luisa Lobo Montalvo
Amadeo López Castro Rodríguez
Raúl Lorenzo Ruiz
Antonio P. Villamil Díaz

V.- Vocabulario

Afiliada: en relación a los bancos, referidas a aquellas otras empresas donde algunos de sus ejecutivos fueran comunes en ambas, debido a lo cual estaban imposibilitados de recibir créditos de los primeros, según lo estipulado en el artículo 117 de la Ley Orgánica del BNC.

Almacenista: comerciante mayorista de los rubros en cuestión que solían financiar a sus proveedores agrícolas o a sus clientes minoristas

Bodega: comercio minorista de víveres

Camagüey: una de las 6 provincias de la antigua división territorial que abarcaba la así denominada hoy día además de Ciego de Ávila y parte de Victoria de las Tunas.

Caña: la de azúcar

Central: instalación industrial para la producción de azúcar de caña, así llamado desde finales del siglo XIX tras la división del trabajo agrícola y el industrial

Chinchal: pequeña instalación industrial de carácter artesanal, familiar y clandestina, muy numerosa en sectores como las confecciones, la elaboración de tabacos torcidos, de calzado y otros

Cigarro: equivalente a cigarrillo

Colono: cultivador y cosechero de la caña de azúcar que vendía a un central determinado al que estaba vinculado mediante la cuota de producción que se le asignaba cada año

Corporación: asociaciones gremiales de empresarios o patronos, ge neralmente de filiación obligatoria y con determinadas funciones de control delegadas por el Estado

Criollos: los nacidos en Cuba hijos de padres cubanos de varias generaciones de antigüedad

"Cuota de otros países fuera de EE.UU.": uno de los tipos de cuotas para exportar azúcar dictadas poe el ICEA

Demoler: desmontar definitivamente un central cuyas tierras y cuotas de caña eran casi siempre adscriptas a otro cercano

Fonda: pequeño establecimiento donde se servía comida para clientes de recursos modestos y sin alojamientos, casi siempre de ciudadanos chinos

Hacendado: desde finales del siglo XVIII se denomina así al propietario de central azucarero

Isla de Pinos: la hoy llamada "Isla de la Juventud"

Oriente: una de las 6 provincias de la antigua división territorial que abarcaba parte de Las Tunas, Holguín, Granma, Santiago de Cuba y Guantánamo.

Puestos: pequeños establecimientos dedicados a la venta minorista de vegetales, frutas y otros alimentos, casi siempre de ciudadanos chinos

Puro: equivalente a cigarro o sea el rollo de hojas de tabaco preparado para fumar

Refaccionar: financiar los gastos de la cosecha cañera o agrícola en que incurrirá el hacendado u otro cultivador, con garantías de las producciones futuras y otros bienes

Refinería: referido a la industria que refinaba el azúcar crudo de los centrales, siempre que no se exprese otra cosa

Repartos: urbanizaciones autorizadas por los Ayuntamientos

Santa Clara: : una de las 6 provincias de la antigua división territorial que abarcaba las denominadas hoy día Villaclara, Cienfuegos y Sancti Spíritus

Tabaco: equivalente a cigarro o sea el rollo de hojas de tabaco preparado para fumar

Torcido: equivalente a cigarro o sea el rollo de hojas de tabaco de la planta así denominada, preparado para fumar

Veguero: cosechero de tabaco cuyas hojas vendía a los almacenistas, generalmente propietario de su tierra de pequeña extensión y con fuerza de trabajo familiar y tradicional

VI.- Siglas y frases abreviadas empleadas

ACC: Asociación de Colonos de Cuba, organismo corporativo

ANC: Archivo Nacional de Cuba

ANHC: Asociación Nacional de Hacendados de Cuba, organismo corporativo

ANIC: Asociación Nacional de Industriales de Cuba, organismo corporativo

BAGA: Grupo de poder político integrado por el Presidente de la República Dr. Grau San Martín, su cuñada Paulina Alsina y José Braulio Alemán, Ministro de Educación

BANDES: Banco para el Desarrollo Económico y Social, banco paraestatal creado el 27 de enero de 1955

BANFAIC: Banco para el Fomento Agrícola e Industrial de Cuba, banco paraestatal creado en diciembre de 1950

BNC: Banco Nacional de Cuba, o banco central del Estado, de carácter autónomo, creado por la Ley N° 13 de 1948

Boston: The First National Bank of Boston, banco comercial

cabs: unidad de medida de superficie equivalente a 13,42 hectáreas ó 33,162 acres o 134,202 m^2

Chase: The Chase Manhattan Bank, banco comercial

City: The First National City Bank of New York, banco comercial

Colonos: Banco de los Colonos, banco comercial

Continental: Banco Continental, banco comercial

DP: Decreto Presidencial

E.L.: Ejército Libertador de Cuba

FHA: Fondo de Hipotecas Aseguradas (o "Federal Housing Administration"), organismo autónomo que extendía seguros sobre hipotecas para promover el crédito destinado a las edificaciones

Financiera: "Financiera Nacional de Cuba", organismo paraestatal de crédito para las obras públicas reproductivas, creado el 7 de agosto de 1953

Financiero: Banco Financiero, banco comercial

FOCSA: Edificio conocido con esas siglas en la manzana de 17, 19, M y N, Vedado propiedad de "Fomento de Obras y Construcciones S.A."

HBYCC: "Havana Biltmore Yatch and Country Club", club privado

ICEA: Instituto Cubano de Estabilización del Azúcar, organismo gubernamental-corporativo que regulaba todo lo concerniente a la industria azucarera

INRA: Instituto Nacional de Reforma Agraria, organismo central del Estado creado en 1959

lbs: libras, medida de peso

lts: litros

MRBM: Ministerio de Recuperación de Bienes Malversados, organismo central del estado creado en 1959

Núñez: Banco Núñez, banco comercial

qq: quintales

RI: Rendimiento industrial de los centrales o azúcar promedio extraido de la caña

Royal: The Royal Bank of Canada, banco comercial

Trust: The Trust Company of Cuba, banco comercial

VTC: "Vedado Tennis Club", club privado

VII.- Índice general de empresas

A

43- ALBERT EPPINGER, 39
44- ALBERTO G.MENDOZA E HIJOS, 39
45- ALBERTO PÉREZ E HIJO, 40
46- ALBERTO SOLARES Y COMPAÑÍA S EN C, 40
47- ALERTA S.A., 40
48- ALFREDO CAYRO DOBAL, 40
49- ALMACÉN CADAVID, 40
50- ALMACÉN DE TEJIDOS UNIVERSAL S.A., 40
51- ALMACENES BRITO, 41
52- ALMACENES DE VÍVERES RAFAEL MARTÍNEZ S.A., 41
53- ALMACENES INCLÁN S.A., 41
54- ALMACENES LA CASA COFIÑO S.A., 41
55- ALMACENES ULTRA S.A., 41
56- ALMAGRO MOTORS COMPANY, 42
57- ALPHA SURETY COMPANY, 42
58- ALSI COMMERCIAL CORPORATION S.A., 42
59- ÁLVAREZ CAMP Y COMPAÑÍA, 43
60- ÁLVAREZ FUENTES & COMPAÑÍA S EN C, 43
61- AMBAR MOTORS CORPORATION S.A., 43
62- AMERICAN INTERNATIONAL INSURANCE COMPANY, 44
63- AMERICAN STEEL CORPORATION OF CUBA, 44
64- ANALEC S.A., 45
65- ANDAMIOS DE ACERO S.A., 45
66- ANGLO-AMERICAN INSURANCE COMPANY, 45
67- ANTIGA COMPANY S.A., 45
68- ANTIGUA PAPELERA CUBANA S.A., 45
69- ANTILLA SUGAR ESTATES, 46
70- ANTILLANA DE ACERO S.A., 47
71- ANTILLANA DE PESCA Y DISTRIBUCIÓN S.A., COMPAÑÍA, 48
72- ANTILLEAN HOTEL CORPORATION, 49
73- ANTONIO FERNÁNDEZ PRIETO, 49
74- ARCE, LASTRA Y COMPAÑÍA, 49
75- ARELLANO Y BATISTA, ARQUITECTOS E INGENIEROS CONSTRUCTORES, 49
76- ARELLANO Y COMPAÑÍA S.A., 50
77- ARMADA Y COMPAÑÍA S.L., 50
78- ARMANDO J. VALDÉS Y COMPAÑÍA, INGENIEROS IMPORTADORES S.A., 51
79- ARMANDO RODRÍGUEZ BRAVO, 51
80- ARMOUR Y COMPAÑÍA S.A., 51
81- ARRENDATARIA HOTEL SEVILLA BILTMORE S.A., COMPAÑÍA, 51
82- ARRENDATARIA SAN JOSÉ, COMPAÑÍA, 52
83- ARROCERA GUANAHACABIBES S.A., COMPAÑÍA, 53
84- ARROCERA MAJAGUA S.A., 53
85- ARROCERA MARIANA S.A., 54
86- ARROCERA ORIENTAL S.A., 54
87- ARROCERA SUPREMA ORIENTE S.A., 54
88- ARROYO Y MENÉNDEZ, 54
89- ARROZAL BARTÉS S.A., 55
90- ARSENIO MIER Y COMPAÑÍA, 55
91- ARTURO BERRAYARZA, 55
92- ARTURO GARGARÓ, 55
93- ASOCIACIÓN DE CONTRATISTAS INDEPENDIENTES, 55

B

C

D

E

F

G

H

676-HELADOS GUARINA S.A., 348
677-HENRY LE BIENVENU, REPRESENTACIONES & LABORATORIOS S.A., 348
678-HEREDEROS DE SERGIO HERRERA Y L. VIDAL, 348
679-HERIBERTO CORDERO Y COMPAÑÍA, 348
680-HERNÁNDEZ, CAGIGAL Y COMPAÑÍA, 349
681-HERNÁNDEZ Y HERMANOS, 349
682-HERRERO BULNES Y HERMANOS, 349
683-HERSHEY CORPORATION, 350
684-HIERRO S.A., 351
685-HIERROMAT CUBANA S.A., 351
686-HIJOS DE DIEGO MONTERO S.A., 351
687-HIJOS DE DOMINGO MÉNDEZ, CIGARROS Y TABACOS S.A., 351
688-HIJOS DE J. CANO Y COMPAÑÍA, 352
689-HIJOS DE PÍO FERRO S.A., 353
690-HIJOS DE TRÍAS, 353
691-HIRES SUGAR COMPANY, 353
692-HOGAR CLUB, 353
693-HORACIO TOLEDO TRAVIESO, 354
694-HORMIGÓN ESTRUCTURAL PREFABRICADO, 354
695-HOTEL BRUZÓN, 354
696-HOTEL CASA GRANDE, 354
697-HOTEL COMODORO YATCH CLUB, 355
698-HOTEL DOS MARES, 355
699-HOTEL HABANA HILTON, 355
700-HOTEL MIRADOR, 356
701-HOTEL PACKARD, 357
702-HOTEL PLAZA, 357
703-HOTEL RANCHO SAN VICENTE, 357
704-HOTEL REGIS, 358
705-HOTEL ROSITA DE HORNEDO, 358
706-HOTEL VEDADO S.A., 358
707-HOTEL VICTORIA, 359
708-HOTELERA COPACABANA, COMPAÑÍA, 359
709-HOTELERA DE LA HABANA S.A., COMPAÑÍA, 359
710-HOTELERA DEL OESTE S.A., 359
711-HOTELERA FARLAND S.A., COMPAÑÍA, 360
712-HOTELERA FLAMINGO S.A, COMPAÑÍA, 360
713-HOTELERA SANTIBANA S.A., COMPAÑÍA, 361
714-HOTELERA SHEPPARD S.A., COMPAÑÍA, 361
715-HOTELES INTERNACIONAL S.A., 362
716-HOTELES INTER-INSULARES S.A., COMPAÑÍA, 362
717-HOTELES ISLA DEL TESORO S.A., 362
718-HOTELES MONTECARLO S.A, 363
719-HOTELES MORÁN S.A., 363
720-HOYO Y FERNÁNDEZ S EN C, 364
721-HUMARA Y LASTRA S. EN C., 364
722-H. DUYS Y COMPAÑÍA, HAVANA TOBACCO S.A., 364

I

723-IGNACIO SÁNCHEZ LEAL, REPRESENTACIONES Y MANUFACTURAS S.A., 365

775-INMOBILIARIA MORACEL S.A., 384
776-INMOBILIARIA NESCAR S.A., COMPAÑÍA, 384
777-INMOBILIARIA NORKA S.A., COMPAÑÍA, 384
778-INMOBILIARIA PAYRET S.A., COMPAÑÍA, 384
779-INMOBILIARIA ROCAR S.A., COMPAÑÍA, 385
780-INSPIRACIÓN CUBANA DE COBRE, COMPAÑÍA, 385
781-INSTITUTO EDISON, 386
782-INSURANCE COMPANY OF NORTH AMERICA, 386
783-INTERAMERICANA DEL TRANSPORTE S.A., COMPAÑÍA, 386
784-INTERNACIONAL DE ENVASES S.A., COMPAÑÍA, 388
785-INTERNATIONAL HARVESTER COMPANY OF CUBA, 388
786-INVERSIONES MARIÑO S.A., 389
787-INVERSIONES Y DESCUENTOS S.A, 389
788-INVERSIONISTA S.A., COMPAÑÍA, 389
789-ISIDRO FERNÁNDEZ FERNÁNDEZ, 390
790-ISMAEL BERNABEU, 390

J

791-JAIME PUJOL Y COMPAÑÍA S EN C, 391
792-JARCIA DE MATANZAS, COMPAÑÍA, 391
793-JARDÍN ANTILLA, 392
794-JARDÍN CALIFORNIA, 392
795-JARDÍN CAPRI, 392
796-JARDÍN "EL CLAVEL", 392
797-JARDÍN EL FÉNIX S.A., 392
798-JARDÍN "LA DALIA", 392
799-JARDÍN "LE PRINTEMPS", 393
800-JARDÍN PRATS, 393
801-JARDÍN VOGUE, 393
802-JEAN LENCOU, 393
803-JORGE REMEDIOS OLIVA, 393
804-JOSÉ ALIÓ Y COMPAÑÍA S EN C, 393
805-JOSÉ A. RODRÍGUEZ Y COMPAÑÍA, 393
806-JOSÉ BARED BARED, 393
807-JOSÉ E. DONESTÉVEZ, 394
808-JOSÉ F. FRAGA Y COMPAÑÍA, 394
809-JOSÉ JUNQUERA Y COMPAÑÍA, 394
810-JOSÉ LUIS BOLINAGA Y COMPAÑÍA, 394
811-JOSÉ PY DÍAZ, 394
812-JOSÉ RAFAEL DE POSADA VEGA, 395
813-JOSÉ R. MÍGUEZ, 395
814-JOSÉ SOLAÚN GRENIER, 395
815-JOSÉ TORAÑO Y COMPAÑÍA S EN C, 395
816-JOYERÍA ALASOL S.A., COMPAÑÍA, 396
817-JOYERÍA HERMANOS PONTE S.A., 396
818-JOYERÍA LE PALAIS ROYAL S.A., 396
819-JUAN FRANCISCO BRAVO GARCÍA, 397
820-JUAN S. ELIAKIM CANETTI, 397
821-JUNCO Y COMPAÑÍA, 397
822-J. ARECHABALA S.A., 397

823-J. BARQUÍN Y COMPAÑÍA, 399
824-J. B. DÍAZ Y COMPAÑÍA S EN C, 399
825-J. GALLARRETA Y COMPAÑÍA S A., 399
826-J. GARCÍA Y COMPAÑÍA S.L., 399
827-J. MIERES Y COMPAÑÍA, 400
828-J. NOVAL S. EN C., 400
829-J. Z. HORTER COMPANY S.A., 400

K

830-KABA Y HERMANOS S EN C, 401
831-KAWAMA BEACH CLUB, 401

L

832-LABORATORIOS BUZZI, 402
833-LABORATORIOS CUBAGUT S.A., 402
834-LABORATORIOS DESODORANTE ASEOL, 402
835-LABORATORIOS DR. A. MURAI, 402
836-LABORATORIOS DR. DOMINGO PLASENCIA S.A., 402
837-LABORATORIOS EMBIL, 402
838-LABORATORIOS GEDEON RICHTER DE CUBA S.A., 402
839-LABORATORIOS GIOL S.A., 403
840-LABORATORIOS GRAVI S.A., 403
841-LABORATORIOS G. R. 2 S.A., 404
842-LABORATORIOS JAGUTIER, 404
843-LABORATORIOS JOVER, 404
844-LABORATORIOS KUBA S.A., 404
845-LABORATORIOS LEDERLE, 404
846-LABORATORIOS LEX S.A., 404
847-LABORATORIOS LINNER-ZAYAS CORO, 405
848-LABORATORIOS NODARSE S.A., 405
849-LABORATORIOS O.K. DE CUBA S.A., 405
850-LABORATORIOS PANCAR S.A., 405
851-LABORATORIOS PARKE DAVIS DE CUBA S.A., 405
852-LABORATORIOS PFIZER S.A., 405
853-LABORATORIOS VIETA-PLASENCIA S.A., 406
854-LAMBORN, CRAIG & COMPANY, 406
855-LÁMPARAS LA NEW YORK, 407
856-LÁMPARAS QUESADA INDUSTRIAL S.A., 407
857-LASO, ZORRILLA Y COMPAÑÍA, 407
858-LAS DELICIAS DEL CARMELO, 407
859-LAURENCE H.DANIEL S.A., 407
860-LAURENCIO GONZÁLEZ Y COMPAÑÍA, 407
861-LAVIN DISTILLERY COMPANY INCORPORATED, 408
862-LAVÍN HERMANO Y COMPAÑÍA, 408
863-LA ALIANZA, 408
864-LA AMBROSÍA INDUSTRIAL S.A., 408
865-LA ANTILLANA, COMPAÑÍA COMERCIAL Y DE CRÉDITO S.A., 409
866-LA CAÑERA, COMPAÑÍA DE SEGUROS S.A., 409

M

N

1012-NUEVA EDITORIAL CHIC, 467
1013-NUEVA FÁBRICA DE HIELO S.A., 467

O

1014-ÓMNIBUS CANEY S.A., 470
1015-ÓMNIBUS CIENGUEGOS PUNTA GORDA, 470
1016-ÓMNIBUS CONSOLIDADOS DE CUBA, 470
1017-ÓMNIBUS ESPECIALES SAN LUIS S.A., 470
1018-ÓMNIBUS ESPINO, 470
1019-ÓMNIBUS LA ORIENTAL S.A., 470
1020-ÓMNIBUS LIBRE S.A., 470
1021-ÓMNIBUS MENÉNDEZ S.A., 471
1022-OPERADORA ATLÁNTICA S.A., 471
1023-OPERADORA COMERCIAL S.A. (OCSA), 471
1024-OPERADORA DE ACUEDUCTOS Y MERCADOS PÚBLICOS S.A., COMPAÑÍA, 471
1025-OPERADORA DE CAFÉ DELICIAS S.A., 471
1026-OPERADORA DE CAFÉ SIGLO XX, COMPAÑÍA, 472
1027-OPERADORA DE ESPÉCTACULOS LA RAMPA, COMPAÑÍA, 472
1028-OPERADORA DE FÓSFOROS, 472
1029-OPERADORA DE HOTELES CUBANOS S.A., 472
1030-OPERADORA DE MUELLES Y ALMACENES, COMPAÑÍA, 472
1031-OPERADORA DE PRODUCTOS LÁCTEOS S.A., COMPAÑÍA, 473
1032-OPERADORA DE STADIUMS S.A., COMPAÑÍA, 473
1033-OPERADORA MARÍTIMA UNIÓN S.A., 474
1034-OPERADORA MOFE S.A, 474
1035-OPERADORA ROMETALES S.A., COMPAÑÍA, 474
1036-ORGANIZACIÓN TÉCNICA PUBLICITARIA LATINOAMERICANA, 475
1037-ORIENTAL CARTONERA S.A., 475
1038-ORIENTAL PAPELERA S.A., COMPAÑÍA, 475
1039-ORIENTE INDUSTRIAL Y COMERCIAL S.A., 475
1040-ORTIZ, HERMANO Y COMPAÑÍA, 476
1041-OTERO Y COMPAÑÍA S.L., 476
1042-OWEN ILLINOIS GLASS COMPANY, 476

P

1043-PABLO HERNÁNDEZ CARRILLO, 478
1044-PANAM PRODUCTS COMPANY, 478
1045-PANAMERICANA DE CONCRETO S.A., COMPAÑÍA, 478
1046-PAN AMERICAN PROTECTIVE SERVICE INC., 479
1047-PAN AMERICAN STANDARD BRANDS, 479
1048-PAN AMERICAN WORLD AIRWAYS, 479
1049-PAPELERA DAMUJÍ S.A., 480
1050-PAPELERA FLAMINGO S.A., COMPAÑÍA, 481
1051-PAPELERA MODERNA S.A., 481
1052-PAPELERA PULPA-CUBA S.A., 482
1053-PAPELERA RÍO VERDE, 483
1054-PARQUE S.A., 483
1055-PARQUES RESIDENCIALES GUANABACOA COJÍMAR S.A., 483

1056-PARQUES RESIDENCIALES LAS NOAS S.A., 483
1057-PASTEURIZADORA GREEN SPOT DE LA HABANA S.A., COMPAÑÍA, 484
1058-PAULINO GOROSTIZA Y COMPAÑÍA S.A., 484
1059-PECUARIA YATERAS S.A., COMPAÑÍA, 484
1060-PEDRO ARMENTEROS IBAÑEZ, 484
1061-PEDRO BELLO RUBIO, 484
1062-PEDRO GONZÁLEZ FERNÁNDEZ, 485
1063-PEDRO SUÁREZ E HIJOS, 485
1064-PELÁEZ PÍREZ S.A., IMPORTADORES Y EXPORTADORES, 485
1065-PELÍCULAS CARAVEL DE CUBA S.A., 486
1066-PENNINO MARBLE COMPANY S.A., 486
1067-PEPSI-COLA DE CUBA S.A., COMPAÑÍA, 486
1068-PÉREZ GALÁN FERNÁNDEZ Y COMPAÑÍA, 486
1069-PÉREZ GALÁN, Y COMPAÑÍA, 487
1070-PÉREZ HERMANOS S.A., 487
1071-PERFUMERÍA AGUSTÍN REYES, 487
1072-PERFUMERÍA BOURJOIS S.A., 487
1073-PERFUMERÍA DRIALYS S.A., 488
1074-PERFUMERÍA MAYRAN S.A., 488
1075-PERIÓDICO INFORMACIÓN, 488
1076-PERIÓDICO ORIENTE, 488
1077-PERIÓDICO PUEBLO, 489
1078-PERTIERRA FERNÁNDEZ Y COMPAÑÍA, 489
1079-PETRÓLEO CRUZ VERDE S.A., COMPAÑÍA, 489
1080-PETROLERA SHELL DE CUBA, COMPAÑÍA, 489
1081-PETROLERA TRANSCUBA S.A., 490
1082-PIE Y HERMANO, 491
1083-PIJUÁN HERMANO Y COMPAÑÍA, 491
1084-PINTURAS RIVARRA S.A., COMPAÑÍA, 492
1085-PIQUERA GRIS S.A., 492
1086-PITA Y COMPAÑÍA S EN C, 492
1087-PLAYAS DEL GOLFO S.A., 492
1088-POLLACK Y COMPAÑÍA S.A., EXPORTADORES DE TABACO EN RAMA, 493
1089-POR LARRAÑAGA, FÁBRICA DE TABACOS S.A., 493
1090-POWE EQUIPMENT COMPANY, 494
1091-PRESIDENTE CORPORATION, 495
1092-PREVISORA LATINOAMERICANA S.A., 495
1093-PRIMERA AURÍFERA DE CUBA S.A., COMPAÑÍA, 495
1094-PRIMERA CENTRAL HIDROELÉCTRICA DE CUBA (PRICHEC), 495
1095-PROCTER & GAMBLE PRODUCTS OF CUBA S.A., 496
1096-PRODUCTORA DE ALIMENTOS EL AGRO S.A., COMPAÑÍA, 496
1097-PRODUCTORA DE ENVASES IGAR S.A., 497
1098-PRODUCTORA DE SUPERFOSFATOS S.A., 497
1099-PRODUCTOS ÁCIDOS CUBANOS S.A., 497
1100-PRODUCTOS ALIMENTICIOS CANÍMAR S.A., COMPAÑÍA, 498
1101-PRODUCTOS ALIMENTOR DE CUBA, 498
1102-PRODUCTOS AVÍCOLAS S.A., 499
1103-PRODUCTOS DE COBRE DE CUBA PHELDRACK S.A., 499
1104-PRODUCTOS FIBROCEM S.A., 499
1105-PRODUCTOS INDUSTRIALES DE UNIÓN S.A., 500
1106-PRODUCTOS LÁCTEOS S.A., 500

S

U

VIII.- Índice de sectores y ramas

Las *FICHAS* han sido clasificadas atendiendo a la actividad principal desplegada por la firma en 16 *sectores de la economía* y, a su vez, algunos de éstos han sido subclasificados en varias ramas.

Dentro de cada *sector* y *rama* se han resaltado las *empresas* de mayor importancia en el país mediante ** al final de su título, o mediante un solo *, a aquellas dentro de su *sector* o su *rama*.

Los *sectores o ramas* son los siguientes:

1.- AGRÍCOLA Y GANADERA (58)

2.- BANCA (59)

3.- COMERCIO (324), (Autos, corredores de azúcar y valores, efecto de oficina, electrodomésticos, equipos y maquinaría, florerías, funerarías, joyerías, laboratoratorios, restaurantes y cafeterías, tiendas por departamentos, varias, víveres)

4.- CONSTRUCCIÓN, MATERIALES DE (28), (canteras, cemento, cerámicas, varias)

5.- CONTRATISTAS (57)

6.- INDUSTRIA AZUCARERA (135)

7.- INDUSTRIA NO AZUCARERA (295), (abonos, aceites vegetales, aceros, arroz molinos de, bebidas, café tostaderos, calzado, carne y derivados, cerveza, confituras y galletas, conservas, destilerías, envases, fósforos, harina y derivados, imprentas y editoriales, jabonerías y perfumerías, lácteos, maderas y derivados, metales, neumáticos, papel, petróleo, pesqueras, piel curtidoras, piensos, pinturas, químicas, refrescos y aguas minerales, textiles y confecciones, varias)

8.- INMOBILIARIAS (53)

9.- MINAS (37)

10.- PRENSA Y PUBLICIDAD (53), (cine, radio y televisión, periódicos y revistas, publicitarias)

11.- SEGUROS (41)

12.- SERVICIOS (28)

13.- TABACO (46), (almacenistas, cigarros, tabacos)

14.- TRANSPORTE (63), (aéreo, automotor, ferrocarriles, marítimo)

15.- TURISMO (78), (centros de diversión, cines y teatros, hoteles y moteles)

16.- OTRAS (25)

1.- AGRÍCOLA Y GANADERA (58)

2.- BANCA (59)

3.-COMERCIO (325)

AUTOMOTORES (22)

CORREDORES DE AZÚCAR Y VALORES (9)

GARCÍA DÍAZ Y COMPAÑÍA, 332   *
LAMBORN, CRAIG & COMPANY, 406   *
LUIS G. MENDOZA Y COMPAÑÍA, 421   **
MERRILL LYNCH, PIERCE, FENNER & BEANE, 437
WEST INDIES TRADING COMPANY, 604

EFECTOS DE OFICINA (7)
ABELARDO TOUS Y COMPAÑÍA, 25
CÁRDENAS Y COMPAÑÍA, 161
FERNÁNDEZ CASTRO Y COMPAÑÍA S EN C, 304   *
GUTIÉRREZ MARBÁN Y COMPAÑÍA, 346
LIBRERÍA VENECIA, 418
P. RUIZ Y HERMANOS, 508
REMINGTON RAND DE CUBA S.A., 516   *

ELECTRODOMESTICOS (20)
ARELLANO Y COMPAÑÍA S.A., 50
CARIBBEAN ELECTRONIC, 162
CASA VASALLO S.A., 164
CERNUDA Y COMPAÑÍA, 201
CUBANA DE REFRIGERACIÓN ELÉCTRICA S.A., COMPAÑÍA, 255
DE EFECTOS MUSICALES GIRALT S.A., COMPAÑÍA, 264   *
DISTRIBUIDORA CUBANA DE PRODUCTOS ELÉCTRICOS S.A., 282
ELECTRIC DE CUBA, COMPAÑÍA, 289
GENERAL ELECTRIC CUBANA S.A., 336   **
HUMARA Y LASTRA S. EN C., 364   *
IMPORTADORA COMERCIAL DE CUBA S.A., COMPAÑÍA, 365
INDEPENDENT ELECTRIC COMPANY, 368
J. Z. HORTER COMPANY S.A., 400
LUIS SOSA Y COMPAÑÍA, 422
MILANÉS ELECTRICAL SUPPLIES AND TELEVISION COMPANY, 439
MIRALDA S.A., IMPORTACIONES EXCLUSIVAS, 448
MITCHELL DISTRIBUTORS INC., 449
ROBERTO KARMAN, 521
TELEVISIÓN Y AIRE ACONDICIONADO S.A., 555
TOPPER COMMERCIAL COMPANY S.A., 582

EQUIPOS Y MAQUINARIAS (8)
FÁBRICA NACIONAL DE IMPLEMENTOS AGRÍCOLAS, 303   *
IMPORTADORA GONZÁLEZ DEL REAL S.A., COMPAÑÍA, 366
LA ANTILLANA, COMPAÑÍA COMERCIAL Y DE CRÉDITO S.A., 409
MINAGRO INDUSTRIAL S.A., 439
POWE EQUIPMENT COMPANY, 494   *
RIERA TORO & VAN TWISTERN S.A., 520
SARIOL IMPLEMENTOS AGRÍCOLAS S.A., 533
W.M.ANDERSON TRADING COMPANY S.A., 605

FERRETERÍAS (37)
ALBERTO SOLARES Y COMPAÑÍA S EN C, 40
ARCE, LASTRA Y COMPAÑÍA, 49   *
ARMANDO J.VALDÉS Y COMPAÑÍA, INGENIEROS IMPORTADORES S.A., 51
ASPURU Y COMPAÑÍA, 56   *
AVELINO GONZÁLEZ S.A., 58

BATISTA, MENDEZ S.L., 147
BENJAMIN MARTÍNEZ GUINEA, 147
CELESTINO JOARISTI Y COMPAÑÍA, 165
CORPORACIÓN MERCANTIL CENTROAMERICANA S.A., 233
CUBANA DE FONÓGRAFOS, COMPAÑÍA, 252
DISTRIBUIDORA NACIONAL DE FERRETERÍA Y EFECTOS SANITARIOS, 282
FERNÁNDEZ E HIJOS S LTD, 305
FERRETERÍA CALVO Y F. VIERA S.A., 305
FERRETERÍA CANOSA S.A., 306
FERRETERÍA CAPESTANY S.A., 306
FERRETERÍA FEITO Y CABEZÓN S.A., 306
FERRETERÍA GERMÁN GÓMEZ S.A., 307
FERRETERÍA LORIDO S.A., 307
FERRETERA PATRICIO SUÁREZ S.A., 307
FERRETERÍA RAMIRO ALONSO S.A., 307
FERROMAR S.A., 312
FRANCISCO GARCÍA DE LOS RÍOS, 319
GÓMEZ RUIZ Y COMPAÑÍA, 339
HIERROMAT CUBANA S.A., 351
IMPORTADORA SOBRÍN S.A., COMPAÑÍA, 366
JOSÉ ALIO Y COMPAÑÍA S EN C, 393
JOSÉ JUNQUERA Y COMPAÑÍA, 394
LA CASA PONS S.A., 410
L. G. AGUILERA Y COMPAÑÍA, 424
MACHÍN & WALL COMPANY, 425
MORA OÑA COMPANY, 453
RAFAEL DUYOS PORTU, 511
R. J. PLANIOL Y COMPAÑÍA, 528
SANTOS BOUZA Y COMPAÑÍA, 533
SIXTO CAMPANO, 539
SUCESORES DE CASTELEIRO Y VIZOSO S.A., 547
VICTOR G.MENDOZA COMPANY, 599

FLORERÍAS (14)
CASA TUDOR, 163
HIJOS DE TRÍAS, 353
JARDÍN ANTILLA, 392
JARDÍN CALIFORNIA, 392
JARDÍN CAPRI, 392
JARDÍN "EL CLAVEL", 392
JARDÍN EL FÉNIX S.A., 392
JARDÍN "LA DALIA", 392
JARDÍN "LE PRINTEMPS", 393
JARDÍN PRATS, 393
JARDÍN VOGUE, 393
JOSÉ F. FRAGA Y COMPAÑÍA, 394
LA HORTENSIA, 412
MILAGROS FLORES S.A., 438

FUNERARIAS (10)
ALFREDO CAYRO DOBAL, 40
CAPILLAS SAN JOSÉ S.A., 161

LÓPEZ Y RÍO S EN C, 420
MODAS SÁNCHEZ MOLA Y COMPAÑÍA S.A., 450
SAMPEDRO Y COMPAÑÍA, 530
SÁNCHEZ Y ÁLVAREZ, 530
SASTRERIA JOSÉ M ÁLVAREZ Y COMPAÑÍA S.A., 533
SEARS ROEBUCK AND COMPANY S.A., 534
SKARBREVIK & COMPANY S.A., 539
SOLÍS, ENTRIALGO Y COMPAÑÍA S.A., 541   **
TEJIDOS LA ÉPOCA S.A., 554
TIENDAS FLOGAR S.A., 581
TIENDAS LOS PRECIOS FIJOS S.A., 581
THE FAIR , 569
UNCLE SAM S.A., COMPAÑÍA, 589
VICTOR CAMPA Y COMPAÑÍA S EN C., 599

   VARIAS (40)
AGUSTI, HERMANO Y COMPAÑÍA, 38
ANTIGA COMPANY S.A., 45
BANDÍN Y COMPAÑÍA S EN C, 147
BRISTOL COMPANY, 149
CESÁREO LLANO MENÉNDEZ, 203
DE PARQUÍMETROS CUBANOS S.A., COMPAÑÍA, 275
EL ARTE S.A., 291
ENRIQUE BUSTILLO C Y R, S.A., COMISIONISTA, 299
EXCLUSIVIDADES INTERNACIONALES S.A., 302
FAGET AND SONS MOTOR COMPANY, 304
FEDERICO ROMILLO E HIJOS, 304
FOSFONITRO S.A., 318
FUMIGADORA NACIONAL S.A., 321
GALBÁN Y OLAVARRÍA, COMPAÑÍA IMPORTADORA S.A., 327
GARCÍA PALIZA Y COMPAÑÍA, 333
GARCÍA Y HERMANOS, 333   *
GUSTAVO KATES E HIJOS S.A., IMPORTADORES Y DISTRIBUIDORES, 346
HAVANA COAL COMPANY, 347
INVERSIONES MARIÑO S.A., 389
ISMAEL BERNABEU, 390
JOSÉ PY DÍAZ, 394
LA CASA FINE, 410
LA MODA, 412
LA VENECIA, 416
LEVADURA MEDINA S.A., 417
LUBRICANTES GALENA S.A., COMPAÑÍA, 421
MENA AGENCIA DE PASAJES, 431
MUSICALIA S.A., 456
NATIONAL BONDED WAREHOUSES COMPANY, 458
NATIONAL PAPER & TYPE COMPANY OF CUBA S.A., 458
PENNINO MARBLE COMPANY S.A., 486
PERFUMERÍA MAYRÁN S.A., 488
PITA Y COMPAÑÍA S EN C, 492   *
RAÚL L. YANES Y COMPAÑÍA, 514
RECIPROCITY TRADING COMPANY, 515
RICARDO GÓMEZ GÓMEZ, 520

7.- INDUSTRIA NO AZUCARERA (295)

ABONOS (10)

ACEITES VEGETALES (4)
ACEITES VEGETALES S.A., 25   *
EMPACADORA DE PRODUCTOS NACIONALES Y EXTRANJEROS S.A., COMPAÑÍA, 294
EXTRACTORA CUBANA DE ACEITES VEGETALES DE CUBA S.A., 302
VÍVERES S.A., 601

ACEROS (11)
ACEROS UNIDOS DE CUBA S.A., 26
AMERICAN STEEL CORPORATION OF CUBA, 44
ANTILLANA DE ACERO S.A., 47   *
CABILLAS CUBANAS S.A., COMPAÑÍA, 157
CAMILO V. AGUIRRE, 160
FUNDICIÓN BOFILL S.A., 321
FUNDICIÓN DE ACERO DE CUBA S.A., 322
FUNDICIÓN MAC FARLANE S.A., 322   *
INDUSTRIAS DE ALAMBRE DE HIERRO Y ACERO S.A., 374
METALÚRGICA BÁSICA NACIONAL S.A., COMPAÑÍA, 437   *
TALLERES PERRET, 553

ARROZ, MOLINOS (7)
ARROCERA SUPREMA ORIENTE S.A., 54   *
CRÉDITO Y FOMENTO S.A., 234
INDUSTRIAL ARROCERA DE MAYABEQUE S.A., 368
INDUSTRIAL GARAITA S.A., 370
MOLINO ARROCERO CAJIGAS S.A., 451
MOLINOS ARROCEROS LOS PALACIOS S.A., 452
PROPIETARIA DEL MOLINO ARROCERO DE CAIBARIEN S.A., COMPAÑÍA, 502

BEBIDAS (12)
ÁLVAREZ CAMP Y COMPAÑÍA, 43
BODEGAS MORERA, 149
DESTILADORA FOWLER YAGUAJAY S.A., COMPAÑÍA, 262
INCERA HERMANOS S EN C, 368
J. ARECHABALA S.A., 397   *
LAVIN DISTILLERY COMPANY INCORPORATED, 408
LICORERA DE CUBA S.A., COMPAÑÍA, 418
LICORERA DE MATANZAS S.A., COMPAÑÍA, 418
RAMÓN DEL COLLADO S.A., 512
RON BACARDÍ S.A., COMPAÑÍA, 524   **
RON CARIBE S.A., COMPAÑÍA, 525
RON QUIROGA S.A., COMPAÑÍA, 526

CAFÉ, TOSTADEROS (6)
COMERCIAL TU-PY S.A., COMPAÑÍA, 212
FLOR DE TIBES S.A., 316   *
J. GARCÍA Y COMPAÑÍA S.L., 399
OPERADORA DE CAFE DELICIAS S.A., 471
PEDRO BELLO RUBIO, 484
TRUEBA, HERMANO Y COMPAÑÍA, 587

CALZADO (6)
C. INGELMO Y HERMANOS, 259   *
HERRERO BULNES Y HERMANOS, 349

JAIME PUJOL Y COMPAÑÍA S EN C, 391
JOSÉ R. MÍGUEZ, 395
MANUEL DÍAZ S EN C, 427
PEDRO GONZÁLEZ FERNÁNDEZ, 485

CARNE Y DERIVADOS (9)
ABUIN LÓPEZ Y COMPAÑÍA, 25
ALSI COMMERCIAL CORPORATION S.A., 42
COOPERATIVA DE CEBADORES DE CAMAGÜEY, 229
EMPACADORA COOPERATIVA CUBANA S.A., COMPAÑÍA, 293
EMPACADORA LA UNIÓN S.A., COMPAÑÍA, 294
GANADERA Y EMPACADORA S.A., COMPAÑÍA, 331
MATADERO WAJAY S.A., 430
ORIENTE INDUSTRIAL Y COMERCIAL S.A., 475   *
SWIFT AND COMPANY PACKERS, 550   *

CERVEZAS (4)
CERVECERA INTERNACIONAL S.A., COMPAÑÍA, 201   **
CERVECERÍA CENTRAL S.A., 202
CERVECERÍA MODELO S.A., 202
NUEVA FÁBRICA DE HIELO S.A., 467   **

CONFITURAS, GALLETAS (8)
ARMADA Y COMPAÑÍA S.L., 50
CUBA INDUSTRIAL Y COMERCIAL S.A., 236   **
DE INVERSIÓN INDUSTRIAL S.A., COMPAÑÍA, 272
GALLETERA CUBANA S.A., 327
INDUSTRIAL SIRÉ S.A., 371
JUAN S. ELIAKIM CANETTI, 397
LA AMBROSÍA INDUSTRIAL S.A., 408   *
RIFE, VILLEGAS Y COMPAÑÍA S. LTD., 520

CONSERVAS (12)
BESTOV PRODUCTS S.A., 148
CONSERVAS CLIPPER S.A., 216
CONSERVAS SAN CRISTÓBAL, 216
DE ALIMENTOS KIRBY DE CUBA S.A., COMPAÑÍA, 263
EMPACADORA MAJAGUA S.A., COMPAÑÍA, 294
GUANTÁNAMO FRUIT CANNING CORPORATION, 344
INDUSTRIAS FERRO S.A., 375   *
PÉREZ GALÁN Y COMPAÑÍA, 487
PRODUCTOS ALIMENTOR DE CUBA, 498
PRODUCTOS REINADO S.A., 501
RANCHO PRODUCTS CORPORATION, 513
SANSO Y COMPAÑÍA, 531

DESTILERÍAS (3)
DESTILADORA GANCEDO S.A., COMPAÑÍA, 262   *
MAGUARAYA DISTILLING COMPANY, 425
NAUYU DISTILLING COMPANY, 458

ENVASES (19)
CONTINENTAL CAN CORPORATION, 227   *
CUBANA DE INDUSTRIAS METÁLICAS S.A., COMPAÑÍA, 253

JABONERÍA Y PERFUMERIA (13)
ADOLFO KATES E HIJOS, 28
CRUSELLAS Y COMPAÑÍA S.A., 235   **
DESRIZADORA DE CABELLO PERMA-STRATE DE CUBA S.A., 261
DETERGENTES CUBANOS S.A., 262
DROGUERÍA DE JOHNSON S.A., 283
LABORATORIOS DESODORANTE ASEOL, 402
LABORATORIOS GRAVI S.A., 403   *
PABLO HERNÁNDEZ CARRILLO, 478
PERFUMERÍA AGUSTÍN REYES, 487
PERFUMERÍA BOURJOIS S.A., 487
PERFUMERÍA DRIALYS S.A., 488
PROCTER & GAMBLE PRODUCTS OF CUBA S.A., 496
SABATÉS S.A., 529   **

LÁCTEOS (8)
DERIVADOS DE LECHE S.A., 261
ELÉCTRICA INDUSTRIAL S.A., COMPAÑÍA, 290
HELADOS GUARINA S.A., 348
LECHERA SAN ANTONIO S.A., COMPAÑÍA, 416
NACIONAL DE ALIMENTOS S.A., COMPAÑÍA, 457   *
OPERADORA DE PRODUCTOS LÁCTEOS S.A., COMPAÑÍA, 473   *
PRODUCTOS LÁCTEOS S.A., 500
VAQUERÍAS UNIDAS S.A., 597

MADERA Y DERIVADOS (12)
CUBAN BAGASSE PRODUCTS, 238
CUBANA DE PLYWOOD S.A., COMPAÑÍA, 254
CUBANA PRI-MADERA S.A., COMPAÑÍA, 256   *
DE MADERA GANCEDO S.A., COMPAÑÍA, 273
DE MADERAS TÉCNICAS Y MATERIALES PLASTIFICADOS, COMPAÑÍA, 273
DE PRODUCTOS DE FIBRAS MANATÍ S.A., COMPAÑÍA, 275   *
INDUSTRIAS ARCA CAMPOS S.A., 373
JOSÉ E. DONESTEVEZ, 394
MADERERA BABÚM ASERRÍO, 425
MADERERA NIPE S.A., COMPAÑÍA, 425
PÉREZ HERMANOS S.A., 487   *
TIBURCIO GÓMEZ S.A., 581

METALES (5)
INDUSTRIAS FENESTRA S.A., 374
JOSÉ LUIS BOLINAGA Y COMPAÑÍA, 394
PRODUCTOS DE COBRE DE CUBA PHELDRACK S.A., 499
REYNOLDS ALUMINUM COMPANY OF CUBA S.A., 519   *
REYNOLDS INTERNATIONAL OF CUBA S.A., 519

NEUMÁTICOS (4)
FIRESTONE INTERAMERICANA COMPANY, 316
GOODRICH CUBANA S.A., COMPAÑÍA, 340
GOODYEAR DE CUBA S.A., 340   *
U S RUBBER COMPANY, 596   *

PAPEL (5)   **
ANTIGUA PAPELERA CUBANA S.A., 45
PAPELERA MODERNA S.A. , 481
PAPELERA PULPA-CUBA S.A., 482
PAPELERA RÍO VERDE, 483
TÉCNICA CUBANA S.A., COMPAÑÍA, 554   *

PETRÓLEO (5)   **
ESSO STANDARD OIL COMPANY, 301
INDUSTRIAS MAGIC S.A., 375
LUBRICANTES REFINOIL S.A., COMPAÑÍA, 421
PETROLERA SHELL DE CUBA, COMPAÑÍA, 489   **
TEXAS COMPANY, 560

PESQUERA (4)
ANTILLANA DE PESCA Y DISTRIBUCIÓN S.A., COMPAÑÍA, 48
BACALADERA CUBANA S.A., 117
DE FOMENTO MARÍTIMO S.A., COMPAÑÍA, 268
INDUSTRIAL CUBANA BACALADERA S.A., COMPAÑÍA, 370   *

PIEL, CURTIDORAS DE (4)
COMERCIAL HEGUY, 210
CURTIDORA TANÍN S.A., 259   *
INDUSTRIA PECUARIA S.A., 368
TENERÍA MODELO S.A., 556

PIENSOS (6)
AVÍCOLA AVE S.A., COMPAÑÍA, 59
A. SOWERS Y COMPAÑÍA, 116   *
OTERO Y COMPAÑÍA S.L., 476
PRODUCTORA DE ALIMENTOS EL AGRO S.A., COMPAÑÍA, 496
PRODUCTOS ALIMENTICIOS CANIMAR S.A., COMPAÑÍA, 498
PRODUCTOS AVÍCOLAS S.A., 499

PINTURAS (5)
DE PINTURAS KLI-PER S.A., COMPAÑÍA, 275
DUPONT INTER-AMERICA CHEMICAL COMPANY INCORPORATED, 283   *
FÁBRICA NACIONAL DE PINTURAS, 304
PINTURAS RIVARRA S.A., COMPAÑÍA, 492
THE SHERWIN WILLIAMS COMPANY OF CUBA S.A., 577

QUIMICA (9)
CUBAN AIR PRODUCTS CORPORATION, 237
CUBANA DE GLICERINA S.A., COMPAÑÍA, 253
CUBANA DE NITRÓGENO, COMPAÑÍA, 254   *
DE FOMENTO QUIMICO S.A., COMPAÑÍA, 268
OPERADORA ROMETALES S.A., COMPAÑÍA, 474
PRODUCTOS ACIDOS CUBANOS S.A., 497
QUIMICO COMERCIAL DE CUBA S.A., COMPAÑÍA, 509
QUIMICO FORESTAL LORET DE MOLA S.A., COMPAÑÍA, 509
SILICATOS CUBANOS S.A., 536

REFRESCOS Y AGUAS MINERALES (14)
AGUAS MINERALES LA JATA, COMPAÑÍA, 37
DE REFRESCOS CANADA DRY DE CUBA S.A., COMPAÑÍA, 276
EMBOTELLADORA COCA COLA S.A., COMPAÑÍA, 292   *
EMBOTELLADORA EL MORRO S.A., COMPAÑÍA, 292
EMBOTELLADORA IRONBEER S.A., 292
EMBOTELLADORA TARAJANO S.A., 292
EMBOTELLADORA YUMURI S.A., COMPAÑÍA, 293
LA PAZ S.A., 413
LA PINAREÑA, 414
MANANTIALES LA COTORRA S.A., 425
PASTEURIZADORA GREEN SPOT DE LA HABANA S.A., COMPAÑÍA, 484
PEPSI-COLA DE CUBA S.A., COMPAÑÍA, 486
PIJUAN HERMANO Y COMPAÑÍA, 491
ROYAL CROWN BOTTLING COMPANY, 527

TEXTILES Y CONFECCIONES (39)
AGUIRRE, VILLAR Y COMPAÑÍA S EN C, 37
ALMACEN DE TEJIDOS UNIVERSAL S.A., 40
COMERCIAL TEXTIL LA ROSALIA S.A., 211   *
CONCORDIA TEXTIL S.A., 214
CONFECCIONES EXCLUSIVAS S.A., 215
CREACIONES DE LENCERIA S.A., 234
DE CINTAS DE TELA, COMPAÑÍA, 264
ESTAMPADOS PERMATEX S.A., 302
FÁBRICA CUBANA DE AJUSTADORES, 303
FÁBRICA DE TEJIDOS ESTRELLA S.A., 303
FIBRAS DEL MARIEL S.A., 313
GARCÍA HERMANOS Y COMPAÑÍA, 332
GONZÁLEZ Y COMPAÑÍA, 340
INDUSTRIAS CONSOLIDADAS DE MATANZAS S.A. COMPAÑÍA, 374
JARCIA DE MATANZAS, COMPAÑÍA, 391   *
JOSÉ A. RODRÍGUEZ Y COMPAÑÍA, 393   *
J. BARQUÍN Y COMPAÑÍA, 399
KABA Y HERMANOS S EN C, 401
LAVÍN HERMANO Y COMPAÑÍA, 408
LEJARZA Y COMPAÑÍA S EN C, 416
LÓPEZ PAZ Y COMPAÑÍA S EN C, 420   *
MATOS Y COMPAÑÍA, 430
ORTIZ, HERMANO Y COMPAÑÍA, 476
PIÉ Y HERMANO, 491
PRODUCTOS TEXTILES S.A., 501
RAMOS Y COMPAÑÍA, 513
RAYONERA DE CUBA S.A., COMPAÑÍA, 514.   **
RIBBON FABRIC COMPANY OF CUBA, 519   *
ROBERT TEXTILE CORPORATION, 521
SAKOYUTE S.A., 529
SUPREME KNITTIN MILLS INCORPORATED, 550
TEJIDOS Y CONFECCIONES PERRO S.A., 555
TEXTILERA AMAZONAS S.A., COMPAÑÍA, 560
TEXTILERA ARIGUANABO S.A., COMPAÑÍA, 561   **
TEXTILERA CORRALILLO S.A., 562

9.-MINAS (37)

10.-PRENSA Y PUBLICIDAD (53)

CINE, RADIO Y TELEVISIÓN (15)

PERIÓDICOS Y REVISTAS (21)

13.-TABACO (46)

ALMACENISTAS (24)

CONSTANTINO GONZÁLEZ Y COMPAÑÍA S EN C, 217
CUBAN LAND AND LEAF TOBACCO COMPANY, 240   *
CUETO, TORAÑO Y COMPAÑÍA, 257
GENERAL CIGAR COMPANY OF CUBA LTD, 334
GODÍNEZ Y HERMANOS, 337
HIJOS DE DIEGO MONTERO, S.A., 351
HIJOS DE J. CANO Y COMPAÑÍA, 352
HORACIO TOLEDO TRAVIESO, 354
H. DUYS Y COMPAÑÍA, HAVANA TOBACCO S.A., 364
JOSÉ TORAÑO Y COMPAÑÍA S EN C, 395
JUNCO Y COMPAÑÍA, 397
J.B. DÍAZ Y COMPAÑÍA S EN C, 399   *
LESLIE PANTIN & SONS, 417
MANUEL LOZANO Y COMPAÑÍA S EN C, 427
MENÉNDEZ Y COMPAÑÍA, 432
MUÑIZ HERMANOS Y COMPAÑÍA, 456
POLLACK Y COMPAÑÍA S.A., EXPORTADORES DE TABACO EN RAMA, 493
RIVERO Y GONZÁLEZ, 521
ROTHSCHILD-SAMUELS-DUIGNAN, 527
SOBRINOS DE A.GONZÁLEZ S EN C, 540   *
STANDARD HAVANA TOBACCO COMPANY, 543
S.RUPPIN HAVANA TOBACCO, 550
TABACALERA SEVERIANO JORGE S.A., 552
TORAÑO Y COMPAÑÍA S EN C, 582

CIGARROS (9)

CALIXTO LÓPEZ Y COMPAÑÍA, 159
CIGARRERA TRINIDAD S.A., COMPAÑÍA, 204
CIGARROS H. UPMANN S.A., 204
HIJOS DE DOMINGO MÉNDEZ CIGARROS Y TABACOS S.A., 351   **
MARTÍN DOSAL Y COMPAÑÍA, 429
RAMÓN RODRÍGUEZ E HIJOS, 512   *
TRINIDAD INDUSTRIAL S.A., COMPAÑÍA, 585
TRINIDAD Y HERMANOS S.A., 586   **
VILLAAMIL SANTALLA Y COMPAÑÍA S.LTD, 600

TORCIDOS (13)

BAUZÁ Y YANES, 147
B. MENÉNDEZ Y HERMANOS, 156
CASTAÑEDA, MONTERO, FONSECA S.A., 164
CIFUENTES Y COMPAÑÍA, 203   *
F. PALICIO Y COMPAÑÍA S.A., 323   *
JOSÉ SOLAUN GRENIER, 395
MENÉNDEZ, GARCÍA Y COMPAÑÍA, 431   **
POR LARRAÑAGA, FÁBRICA DE TABACOS S.A., 493
ROBERTS TOBACCO COMPANY, 522   *
ROMEO Y JULIETA, FÁBRICA DE TABACOS S.A., 523
SUCESIÓN DE JOSÉ L. PIEDRA, 543
TABACALERA CUBANA S.A., 551   *
TABACALERA LOBETO, COMPAÑÍA, 552

14.-TRANSPORTE (63)
AÉREO (14)
AEROVÍAS Q S.A., 28   *
CARGA POR AVIÓN S.A., 162
CORPORACIÓN AERONAÚTICA ANTILLANA S.A., 230
CUBA AEROPOSTAL S.A., 236
CUBANA DE AVIACIÓN S.A., COMPAÑÍA, 246   **
DELTA AIR LINE INCORPORATED, 261
FAST DELIVERY S.A., 304
LÍNEA AEROPOSTAL VENEZOLANA, 419
LÍNEAS AÉREAS ESPAÑOLAS S.A., COMPAÑÍA, 419
MEXICANA DE AVIACIÓN, COMPAÑÍA, 438
NATIONAL AIRLINES, 457
PAN AMERICAN WORLD AIRWAYS, 479   *
REAL HOLANDESA DE AVIACIÓN, COMPAÑÍA, 515
TUYA CUBAN EXPRESS, 588

AUTOMOTOR (21)
AUTOBUSES MODELO S.A., 57   *
COOPERATIVA DE ÓMNIBUS ALIADOS S.A., 229   **
DE TRANSPORTE DE ÓMNIBUS LA RANCHUELERA S.A., COMPAÑÍA, 278
FINANCIERA NACIONAL DE TRANSPORTE S.A., 314   *
INTERAMERICANA DEL TRANSPORTE S.A., COMPAÑÍA, 386   **
LÍNEA CUBANA DE ÓMNIBUS S.A., 419
MIQUEL & BACARDÍ LTD, 447
ÓMNIBUS CANEY S.A., 470
ÓMNIBUS CIENFUEGOS PUNTA GORDA, 470
ÓMNIBUS CONSOLIDADOS DE CUBA, 470
ÓMNIBUS ESPECIALES SAN LUIS S.A., 470
ÓMNIBUS ESPINO, 470
ÓMNIBUS LA ORIENTAL S.A., 470
ÓMNIBUS LIBRE S.A, 470
ÓMNIBUS MENÉNDEZ S.A., 471
OPERADORA COMERCIAL S.A. (OCSA), 471
PAN AMERICAN PROTECTIVE SERVICE INC., 479
PIQUERA GRIS S.A., 492
SANTIAGO-HABANA S.A., 532   *
TRÁFICO Y TRANSPORTE S.A., 583
TRANSPORTE CANÍMAR S.A., 584

FERROVIARIO (4)
DEL FERROCARRIL CUBANO DE HERSHEY, COMPAÑÍA, 279
FERROCARRIL DE CAIBARIÉN A MORÓN, 307
FERROCARRILES CONSOLIDADOS DE CUBA, 308   **
FERROCARRILES OCCIDENTALES DE CUBA S.A., 311   **

MARÍTIMO (24)
A.BONA & COMPAÑÍA CONSIGNATARIA S.A., 116
DE TRANSPORTE MAR CARIBE S.A., COMPAÑÍA, 278
DE VAPORES ISLA DE PINOS S.A., COMPAÑÍA, 279
DUSSAQ & COMPANY LTD. S.A., 283
DUSSAQ & TORAL S.A., 284
EMPRESA NAVIERA DE CUBA S.A., 297

15.-TURISMO (78)

CENTROS DE DIVERSIÓN (16)

CINES Y TEATROS (12)

HOTELES Y MOTELES (50)
AGUAS MINERALES DE SAN MIGUEL DE LOS BAÑOS, 37
ALBERGUES DE TRINIDAD S.A., COMPAÑÍA, 38
ANTILLEAN HOTEL CORPORATION, 49
ANTONIO FERNÁNDEZ PRIETO, 49
ARRENDATARIA HOTEL SEVILLA BILTMORE S.A., COMPAÑÍA, 51   *
ARTURO BERRAYARZA, 55
BALNEARIO RESIDENCIAL SOROA S.A., 117
BALNEARIO SAN DIEGO DE LOS BAÑOS, 117
BLANCO LÓPEZ Y COMPAÑÍA, 149
CENTRO TURÍSTICO BELLAMAR S.A., 200
CENTRO TURÍSTICO MONTAÑAS OCCIDENTALES, 200
CORPORACIÓN HOTELERA DEL CARIBE, 231
CORPORACIÓN INTERCONTINENTAL DE HOTELES DE CUBA S.A., 232   **
DE FOMENTO Y TURISMO DE CIENFUEGOS S.A., COMPAÑÍA, 268
DE HOTELES LA RIVIERA DE CUBA S.A., COMPAÑÍA, 269   **
DE MOTELES OAKES, COMPAÑÍA, 274
GARDELL Y ÁLVAREZ S.A., 333
GRAN HOTEL BRISTOL, 341
HOTEL BRUZÓN, 354
HOTEL CASA GRANDE, 354
HOTEL COMODORO YATCH CLUB, 355
HOTEL DOS MARES, 355
HOTEL HABANA HILTON, 355   **
HOTEL MIRADOR, 356
HOTEL PACKARD, 357
HOTEL PLAZA, 357
HOTEL RANCHO SAN VICENTE, 357
HOTEL REGIS, 358
HOTEL ROSITA DE HORNEDO, 358
HOTEL VEDADO, 358
HOTEL VICTORIA, 359
HOTELERA COPACABANA, COMPAÑÍA, 359
HOTELERA DE LA HABANA S.A., COMPAÑÍA, 359
HOTELERA DEL OESTE S.A., 359
HOTELERA FARLAND S.A., COMPAÑÍA, 360
HOTELERA FLAMINGO S.A, COMPAÑÍA, 360
HOTELERA SANTIBANA S.A., COMPAÑÍA, 361
HOTELERA SHEPPARD S.A., COMPAÑÍA, 361
HOTELES INTERNACIONAL S.A., 362   *
HOTELES INTER-INSULARES S.A., COMPAÑÍA, 362
HOTELES ISLA DEL TESORO S.A., 362   *
HOTELES MONTECARLO S.A., 363
HOTELES MORÁN, 363
KAWAMA BEACH CLUB, 401
MOTEL EL OASIS S.A., COMPAÑÍA, 454   *
MOTEL LAS CUEVAS, 455
MOTEL RANCHO LUNA, 455
OPERADORA DE HOTELES CUBANOS S.A., 472
PRESIDENTE CORPORATION, 495
RIVERSIDE MOTEL S.A., 521

16.-OTRAS (25)
AGRUPACIÓN MÉDICO QUIRÚRGICA CLÍNICA ANTONETTI S.A., 37
ARROYO Y MENÉNDEZ, 54
ASOCIACIÓN MÉDICO QUIRÚRGICA EL SAGRADO CORAZÓN, 56
BUFETE BUSTAMANTE, 149
BUFETE GORRÍN, MAÑAS, MACIÁ Y ALAMILLA, 150   *
BUFETE LAZO Y CUBAS, 152   *
BUFETE MENDOZA, 153   *
BUFETE NÚÑEZ MESA Y MACHADO, 154
BUFETE PÉREZ BENITOA, LAMAR Y OTERO, 155
BUFETE SALAYA-CASTELEIRO, 155
BURÓ-EMPLEO & ACADEMIA GREGG, 156
CENTRO MÉDICO QUIRÚRGICO, 199
CLINICA CARDONA , 207
COMERCIAL MARÍTIMA DE MATANZAS S.A., COMPAÑÍA, 211
COMUNIDAD DE BIENES HERMANOS CASTAÑO, 213   **
FUNDACIÓN MARFÁN, 321
FUNDACIÓN RUSTON-BAKER, 321
GABINETE DENTAL HERMANOS FORNS, 325
HAVANA BUSINESS ACADEMY, 347
HOGAR CLUB, 353
INSTITUTO EDISON, 386
SANATORIO GALIGARCÍA, 530
SANTO DOMINGO MOTORS COMPANY, 533   *
ST GEORGE'S SCHOOL, 543
SUCESIÓN DE L. FALLA GUTIÉRREZ, 544   **

IX.- Índice de nombres comerciales
y marcas de productos

Nota: Los "*nombres comerciales*" de los establecimientos y unidades de producción o de servicios, así como las "*marcas de productos*" están ordenados en orden alfabético y, a continuación, pero separado por una coma, se inserta el rubro de producción que los identifica, ambos en letra minúscula. En la columna de al lado, y en letra alta, aparece el nombre de la razón social o nombre jurídico con que operaba la empresa que da título a la ficha donde encontrarla.
En el caso de los centrales, el nombre comercial se ha precedido de la palabra "*central*" para facilitar su búsqueda.

A

1- Abbot, laboratorios	ABBOT LABORATORIOS DE CUBA, 25
2- Abdulla, cigarro americano	ROBERTS TOBACCO COMPANY, 522
3- Abolengo, vino,	BODEGAS MORERA, 149
4- Abreu, funeraria	FUNERARIA MARCOS ABREU, 323
5- Acapulco, cine	CIRCUITO CARRERÁ, 205
6- Ace, detergente	PROCTER & GAMBLE PRODUCTS OF CUBA S.A., 496
7- Aerovías Q, aerolínea	AEROVÍAS Q S.A., 28
8- Aero-Hotel, hotel	CORPORACIÓN HOTELERA DEL CARIBE, 231
9- Agrico, abono	THE AMERICAN AGRICULTURAL CHEMICAL COMPANY, 564
10- Aguardiente de España	LICORERA DE CUBA S.A., COMPAÑÍA, 418
11- Aguardiente de Isla	LICORERA DE CUBA S.A., COMPAÑÍA, 418
12- Aguardiente de Rivera	LICORERA DE CUBA S.A., COMPAÑÍA, 418
13- Aguas Claras, coto minero	MINERA Y DE FUNDICIÓN DE ORO CUBANA S.A., COMPAÑÍA , 446
14- Aguilita, cigarros	TABACALERA CUBANA S.A., 551
15- Agustín Reyes, perfumes	PERFUMERÍA AGUSTÍN REYES, 487
16- Airform, encofrado neumático	CONSTRUCTORA AIRFORM DE CUBA S.A., 218
17- Alamar, reparto	RESIDENCIAL ALAMAR, 517
18- Alamar, urbanizadora	TERRITORIAL ALTURAS DE VILLA REAL S.A., 558
19- Albión, tienda	SASTRERÍA JOSÉ M ÁLVAREZ Y COMPAÑÍA S.A., 533
20- Aldabó, ron	LICORERA DE CUBA S.A., COMPAÑÍA, 418
21- Alerta, periódico	ALERTA S.A., 40
22- Ales, café	PEDRO BELLO RUBIO, 484
23- Alicia, caramelo, confitura	DE INVERSIÓN INDUSTRIAL S.A., COMPAÑÍA, 272
24- Almendares, equipo pelota	CLUB ALMENDARES, 207
25- Alturas de la Coronela, rpto.	SUÁREZ Y SMITH, 543
26- Alturas de Mañana, reparto	URBANIZACIÓN Y FOMENTO DE VIVIENDAS S.A., 593
27- Amadeo, calzado	PEDRO GONZÁLEZ FERNÁNDEZ, 485

28- Ambassador, cine OPERADORA ATLÁNTICA S.A., 471
29- América, cine-teatro INMOBILIARIA ITÁLICA S.A., 382
30- Ammident, crema dental ADOLFO KATES E HIJOS, 28
31- Anís del Diablo LICORERA DE CUBA S.A., COMPAÑÍA, 418
32- Anís Águila LICORERA DE CUBA S.A., COMPAÑÍA, 418
33- Antex, toallas COMERCIAL TEXTIL LA ROSALÍA S.A., 211
34- Antilla, florería JARDÍN ANTILLA, 392
35- Antonetti, clínica AGRUPACIÓN MÉDICO QUIRÚRGICA CLÍNICA ANTONETTI S.A., 37
36- Arechabala, bebidas J. ARECHABALA S.A., 397
37- Aretusa Alfeo, mina hierro MINERA USAC S.A., COMPAÑÍA, 446
38- Armada, confituras ARMADA Y COMPAÑÍA S.L., 50
39- Aromas de Cuba, tabaco POR LARRAÑAGA, FÁBRICA DE TABACOS S.A., 493
40- Arrid, desodorante ADOLFO KATES E HIJOS, 28
41- Arroyo la Plata, mina hierro MINERA USAC S.A., COMPAÑÍA, 446
42- Artañán, vino seco INCERA HERMANOS S EN C, 368
43- Aseol, desodorante LABORATORIOS DESODORANTE ASEOL, 402
44- Astor, cine CIRCUITO CARRERÁ, 205
45- Astral, cine CINEMATOGRÁFICA ASTRAL, 205
46- Atlántic, cine OPERADORA ATLÁNTICA S.A., 471
47- Auditorium, teatro CIRCUITO CARRERÁ, 205
48- Autobuses Modernos, ómnibus FINANCIERA NACIONAL DE TRANSPORTE S.A., 314
49- Auto Unión, motocicleta ROGERS INTERNATIONAL COMPANY, 523
50- Avance, periódico CUBANA DE PUBLICACIONES S.A., COMPAÑÍA, 255
51- Ayús, tienda deportes CASA AYÚS, 163

B

52- Babette, loción PERFUMERÍA BOURJOIS S.A., 487
53- Bacardi, ron RON BACARDÍ S.A., COMPAÑÍA, 524
54- Bacuranao, playa, reparto TERRITORIAL PLAYA DE BACURANAO S.A., COMPAÑÍA, 559
55- Bahía, reparto PARQUES RESIDENCIALES LAS NOAS S.A., 483
56- Bahía de Mariel, buque EMPRESA NAVIERA DE CUBA S.A., 297
57- Bahía de Matanzas, buque EMPRESA NAVIERA DE CUBA S.A., 297
58- Bahía de Nipe, buque EMPRESA NAVIERA DE CUBA S.A., 297
59- Bahía de Nuevitas, buque EMPRESA NAVIERA DE CUBA S.A., 297
60- Bananesh, pulpa frutas GUANTÁNAMO FRUIT CANNING CORPORATION, 344
61- Barlovento, centro turístico PLAYAS DEL GOLFO S.A., 492
62- Beautyrest, colchones SIMMONS INTERNATIONAL LTD., 537
63- Bedford, autos VAILLANT MOTORS S.A., 597
64- Belascoaín, cine CIRCUITO CARRERÁ, 205
65- Belinda, tabaco F. PALICIO Y COMPAÑÍA S.A., 323
66- Bellamar, motel CENTRO TURÍSTICO BELLAMAR S.A, 200
67- Bella Vista, motel CENTRO TURÍSTICO MONTAÑAS OCCIDENTALES, 200
68- Berlietz, camiones SANTE MOTORS, 532
69- Bernardo García, funeraria JUAN FRANCISCO BRAVO GARCÍA, 397

70- Bock, cigarros   TABACALERA CUBANA S.A., 551
71- Bohemia, revista semanal   PUBLICACIONES UNIDAS S.A., 502
72- Boston, hotel   BLANCO LÓPEZ Y COMPAÑÍA, 149
73- Bradley's, abono   THE AMERICAN AGRICULTURAL CHEMICAL COMPANY, 564
74- Bristol, hotel   GRAN HOTEL BRISTOL, 341
75- Bruzón, hotel   HOTEL BRUZÓN, 354
76- Buenavista, mina cobre   MINERA BUENAVISTA S.A., 442
77- Buick, autos   VAILLANT MOTORS S.A., 597
78- Bulnes, calzado   HERRERO BULNES Y HERMANOS, 349
79- Burbujas, polvos, talco   EXCLUSIVIDADES INTERNACIONALES S.A., 302
80- Burrus, piensos   MOLINOS DE HARINA BURRUS S.A., 452

C

81- Cabaña, tabaco   TABACALERA CUBANA S.A., 551
82- Caballero, funeraria   FUNERARIA CABALLERO, 322
83- Cabeza de perro, cerveza   MANANTIALES LA COTORRA S.A., 425
84- California, florería   JARDÍN CALIFORNIA, 392
85- Camay, jabón de baño   SABATÉS S.A., 529
86- Campos de Amor, perfumería   PERFUMERÍA DRIALYS S.A., 488
87- Canadian Challenger, buque   FLOTA MARITÍMA BROWNING DE CUBA S.A., 317
88- Canadian Constructor, buque   FLOTA MARITÍMA BROWNING DE CUBA S.A., 317
89- Canadian Cruiser, buque   FLOTA MARITÍMA BROWNING DE CUBA S.A., 317.
90- Camel, cigarro americano   ROBERTS TOBACCO COMPANY , 522
91- Canadá Dry, refresco   DE REFRESCOS CANADA DRY DE CUBA S.A., COMPAÑÍA, 276
92- Canal 2, telemisora   TELEMUNDO S.A., 555
93- Canal 4, telemisora   CMBF CADENA NACIONAL S.A., 208
94- Canal 6, telemisora   CIRCUITO CMQ S.A., 206
95- Canal 7, telemisora   CIRCUITO CMQ S.A., 206
96- Canal 11, telemisora   TELEVISIÓN DEL CARIBE S.A., 208
97- Canal 12, telemisora   CANAL 12 S.A., 160
98- Candado, jabón   CRUSELLAS Y COMPAÑÍA S.A., 235
99- Capri, hotel   HOTELERA DE LA HABANA S.A., COMPAÑÍA, 359
100- Capri, florería   JARDÍN CAPRI, 392
101- Caribe, concreto, hormigón   PANAMERICANA DE CONCRETO S.A., COMPAÑÍA, 478
102- Caribe, ron, anís, crema   RON CARIBE S.A., COMPAÑÍA, 525
103- Carnaval, esencia, jabón   PERFUMERÍA DRIALYS S.A., 488
104- Carteles, revista semanal   PUBLICACIONES UNIDAS S.A., 502
105- Cartepillar, bulldozer   POWE EQUIPMENT COMPANY, 494
106- Casa Castro, papelería   FERNÁNDEZ CASTRO Y COMPAÑÍA S EN C, 304
107- Casa Grande, hotel   HOTEL CASA GRANDE, 354
108- Casa Potin, víveres   VIVERES FINOS FRANCISCO MARTÍN S.A., 601
109- Casa Tarín, tienda sports   TARÍN SPORTS, 553
110- Casa Trías, flores, plantas   HIJOS DE TRÍAS, 353
111- Casín, tabaco   TABACALERA LOBETO, COMPAÑÍA, 552

112- Casino, medias, escarpines   RAMOS Y COMPAÑÍA, 513

113- Castaño, manteca y arroz   IMPORTADORA DE VÍVERES DEL NORTE, COMPAÑÍA, 366

114- Casteleiro y Vizoso, ferret.   SUCESORES DE CASTELEIRO Y VIZOSO S.A., 547

115- Castillo de Jagua, restaurant   FERNANDO RODRÍGUEZ Y COMPAÑÍA , 305

116- Casualidad, mina cobre   MINERA CENTRAL S.A., 442

117- Catedral, tasajo, embutido   EMPACADORA LA UNIÓN S.A., COMPAÑÍA, 294

118- Cavalier, cigarro americano   ROBERTS TOBACCO COMPANY, 522

119- Cawy, refresco   EMBOTELLADORA YUMURI S.A., COMPAÑÍA, 293

120- Central Adelaida   ADELAIDA, COMPAÑÍA AZUCARERA S.A., 27

121- Central Adela   AZUCARERA CENTRAL ADELA S.A., COMPAÑÍA, 73

122- Central Agramonte   AZUCARERA VERTIENTES-CAMAGUEY DE CUBA, COMPAÑÍA, 110

123- Central Alava (M)   AZUCARERA ATLÁNTICA DEL GOLFO, COMPAÑÍA, 62

124- Central Algodonal (O)   AZUCARERA ALTO SONGO S.A.,COMPAÑÍA, 59

125- Central Algodones (O)   AZUCARERA INGENIO ALGODONES S.A., COMPAÑÍA, 99

126- Central Alto Cedro   CENTRAL ALTAGRACIA S.A., COMPAÑÍA, 167

127- Central Amazonas   AZUCARERA AMAZONAS S.A., COMPAÑÍA, 60

128- Central América   AZUCARERA AMÉRICA S.A., COMPAÑÍA, 61

129- Central Amistad   NUEVA COMPAÑÍA AZUCARERA GÓMEZ MENA S.A., 463

130- Central Andorra   INDUSTRIAS ANDORRA S.A., 372

131- Central Andreíta   CENTRAL ANDREÍTA COMPAÑÍA AZUCARERA S.A., 168

132- Central Araujo   CENTRAL ARAUJO S.A., 169

133- Central Australia   AZUCARERA JORVA S.A., COMPAÑÍA, 100

134- Central Báguanos (O)   ANTILLA SUGAR ESTATES, 46

135- Central Bahía Honda   CENTRAL BAHÍA HONDA S.A., 170

136- Central Baltony   BELONA SUGAR COMPANY, 147

137- Central Baraguá   PUNTA ALEGRE SUGAR COPORATION, 505

138- Central Borjita   AZUCARERA BORJITA S.A., COMPAÑÍA, 66

139- Central Boston   UNITED FRUIT SUGAR COMPANY, 591

140- Central Cacocúm   AZUCARERA HOLGUÍN S.A., COMPAÑÍA, 99

141- Central Cape Cruz   CENTRAL CABO CRUZ S.A., 171

142- Central Caracas   CENTRAL CARACAS S.A., 171

143- Central Carmita   AZUCARERA CENTRAL CARMITA S.A., COMPAÑÍA, 74

144- Central Carolina   AZUCARERA DE GUAMACARO S.A. COMPAÑÍA, 92

145- Central Céspcdcs   AZUCARERA CÉSPEDES S.A., COMPAÑÍA, 85

146- Central Chaparra   THE CUBAN AMERICAN SUGAR MILLS COMPANY, 567

147- Central Conchita (M)   AZUCARERA ATLÁNTICA DEL GOLFO, COMPAÑÍA, 62

148- Central Constancia (E)   AZUCARERA ENCRUCIJADA S.A., 94

149- Central Constancia (A)   RANCHO VELOZ SUGAR COMPANY, 513

150- Central Corazón de Jesús   AZUCARERA CORAZÓN DE JESÚS S.A., COMPAÑÍA, 89

151- Central Covadonga   AZUCARERA DEL SUR DE CUBA, COMPAÑÍA, 93

152- Central Cuba   AZUCARERA CENTRAL CUBA S.A., 75

153- Central Cunagua   CENTRAL CUNAGUA S.A., 172

154- Central Delicias   THE CUBAN AMERICAN SUGAR MILLS COMPAÑY, 567

155- Central Dolores   INGENIO DOLORES S.A. , 378

156- Central Dos Amigos   CENTRAL DOS AMIGOS S.A., 173

157- Central Dos Rosas   HIRES SUGAR COMPANY, 353

158- Central El Pilar	CENTRAL EL PILAR S.A., 174
159- Central Elena	AZUCARERA CENTRAL ELENA S.A., COMPAÑÍA, 77
160- Central Elia	THE FRANCISCO SUGAR COMPANY, 572
161- Central Ermita	CENTRAL ERMITA S.A., 175
162- Central Escambray	CENTRAL ESCAMBRAY S.A., 175
163- Central España	INGENIOS AZUCAREROS DE MATANZAS S.A., COMPAÑÍA, 381
164- Central Esperanza	AZUCARERA ORIENTAL CUBANA S.A., COMPAÑÍA, 104
165- Central Estrada Palma	COOPERATIVA AZUCARERA ESTRADA PALMA S.A., 227
166- Central Estrella	AZUCARERA VERTIENTES-CAMAGUEY DE CUBA, COMPAÑÍA, 110
167- Central Fajardo	AZUCARERA CENTRAL TOLEDO S.A., COMPAÑÍA, 82
168- Central Fe	AZUCARERA CAMAJUANÍ S.A., 69
169- Central Fidencia	CENTRAL FIDENCIA S.A., 176
170- Central Florida	PUNTA ALEGRE SUGAR COPORATION, 505
171- Central Francisco	THE FRANCISCO SUGAR COMPANY, 572
172- Central Gómez Mena	NUEVA COMPAÑÍA AZUCARERA GÓMEZ MENA S.A., 463
173- Central Guipúzcoa	AZUCARERA Y GANADERA GUIPÚZCOA, COMPAÑÍA, 114
174- Central Habana	AZUCARERA HABANA S.A., COMPAÑÍA, 98
175- Central Hershey	HERSHEY CORPORATION, 350
176- Central Hormiguero	CENTRAL HORMIGUERO S.A., 177
177- Central Isabel (ML)	AZUCARERA VICANA, COMPAÑÍA, 112
178- Central Isabel (G)	GUANTANAMO SUGAR COMPANY, 344
179- Central Jaronú	CENTRAL CUNAGUA S.A., 172
180- Central Jatibonico	CUBANA, COMPAÑÍA, 244
181- Central Jobabo	CUBANA, COMPAÑÍA, 244
182- Central Josefita	CENTRAL JOSEFITA S.A., 178
183- Central La Francia	CENTRAL LA FRANCIA S.A., 179
184- Central La Vega	THE NEW TUINICU SUGAR COMPANY INCORPORATED, 575
185- Central Limones	AZUCARERA CANIMAR S.A., COMPAÑÍA, 71
186- Central Los Caños	GUANTÁNAMO SUGAR COMPANY, 344
187- Central Lugareño	AZUCARERA ATLÁNTICA DEL GOLFO, COMPAÑÍA, 62
188- Central Mabay	AZUCARERA CENTRAL MABAY S.A., 78
189- Central Macagua	AZUCARERA CENTRAL MACAGUA S.A., COMPAÑÍA, 79
190- Central Macareño	PUNTA ALEGRE SUGAR COPORATION, 505
191- Central Maceo	CENTRAL MACEO S.A., 179
192- Central Manatí	MANATÍ SUGAR COMPANY, 426
193- Central Manuelita	CENTRAL MANUELITA, COMPAÑÍA AZUCARERA S.A., 180
194- Central Maria Antonia	AZUCARERA MARÍA ANTONIA S.A., COMPAÑÍA, 103
195- Central Mercedes (M)	AZUCARERA ATLÁNTICA DEL GOLFO, COMPAÑÍA, 62
196- Central Mercedita (H)	NUEVA COMPAÑÍA AZUCARERA GÓMEZ MENA S.A., 463
197- Central Mercedita (PR)	THE CUBAN AMERICAN SUGAR MILLS COMPANY, 567
198- Central Miranda	MIRANDA SUGAR ESTATES, 449
199- Central Morón	AZUCARERA ATLÁNTICA DEL GOLFO, COMPAÑÍA, 62
200- Central Najasa	AZUCARERA SIBANICU S.A., 108
201- Central Narcisa	NORTH AMERICAN SUGAR COMPANY, 461

202- Central Natividad	INGENIO NATIVIDAD S.A., 379
203- Central Nazábal	CENTRAL NAZÁBAL S.A., 181
204- Central Nela	CENTRAL NELA S.A., 181
205- Central Niágara	AZUCARERA CARMEN RITA S.A., 72
206- Central Niquero	NEW NIQUERO SUGAR COMPANY, 460
207- Central Occidente	AZUCARERA GÜIRO MARRERO S.A., COMPAÑÍA, 97
208- Central Orozco	AZUCARERA BRAMALES S.A., 67
209- Central Palma	CENTRAL ALTAGRACIA S.A., COMPAÑÍA, 167
210- Central Parque Alto	PARQUE S.A., 483
211- Central Pastora	CENTRAL PASTORA S.A., 182
212- Central Patria	AZUCARERA CENTRAL PATRIA S.A., COMPAÑÍA, 79
213- Central Perseverancia	CENTRAL PERSEVERANCIA S.A., 183
214- Central Porfuerza	AGRÍCOLA INDARRA S. A., 32
215- Central Portugalete (LV)	AZUCARERA LUZÁRRAGA S.A., 102
216- Central Portugalete (H)	CENTRAL SAN JOSÉ PORTUGALETE S.A., 187
217- Central Preston	UNITED FRUIT SUGAR COMPANY, 591
218- Central Progreso	AZUCARERA PROGRESO S.A.,COMPAÑÍA, 105
219- Central Providencia	AZUCARERA DE GÜINES S.A.,COMPAÑÍA, 92
220- Central Puerto	CENTRAL PUERTO S.A., 184
221- Central Punta Alegre	AZUCARERA BUENA VISTA S.A., COMPAÑÍA, 68
222- Central Purio	AZUCARERA DELPURIO S.A., COMPAÑÍA, 90
223- Central Ramona	AZUCARERA CENTRAL RAMONA S.A., COMPAÑÍA, 80
224- Central Reforma	AZUCARERA CAIBARIÉN S.A., COMPAÑÍA, 68
225- Central Resolución	NUEVA COMPAÑÍA AZUCARERA GÓMEZ MENA S.A., 463
226- Central Resulta	AZUCARERA CENTRAL RESULTA S.A., COMPAÑÍA, 81
227- Central Río Cauto	CUBAN CANADIAN SUGAR COMPANY, 239
228- Central Romelie	CENTRAL ROMELIE S.A., 185
229- Central Rosario	ROSARIO SUGAR COMPANY, 526
230- Central Salvador	CENTRAL SALVADOR S.A., 185
231- Central San Agustín (L)	CENTRAL SAN AGUSTÍN S.A., 186
232- Central San Agustín (R)	CORPORACIÓN INDUSTRIAL DEL TRÓPICO S.A., 231
233- Central San Antonio (H)	AZUCARERA GÓMEZ MENA S.A., COMPAÑÍA, 95
234- Central San Antonio (O)	AZUCARERA YATERAS COMPAÑÍA, 115
235- Central San Cristóbal	CENTRAL SAN CRISTÓBAL, 187
236- Central San Francisco	AZUCARERA DE CIENFUEGOS, COMPAÑÍA, 90
237- Central San Germán	AZUCARERA FIDELIDAD S.A., COMPAÑÍA, 94
238- Central San Ignacio	INGENIO SAN IGNACIO S.A., 380
239- Central San Isidro	INDUSTRIAL Y AGRÍCOLA DE QUEMADOS DE GÜINES, COMPAÑÍA, 371
240- Central San José	ARRENDATARIA SAN JOSÉ, COMPAÑÍA, 52
241- Central San Pablo	AZUCARERA MARGANO S.A., COMPAÑÍA, 102
242- Central San Ramón (O)	TERRITORIAL SAN RAMÓN S.A., COMPAÑÍA, 560
243- Central San Ramón (PR)	AZUCARERA MARIEL S.A., COMPAÑÍA, 104
244- Central Santa Amalia	AZUCARERA COLISEO S.A. COMPAÑÍA, 88
245- Central Santa Ana	CENTRAL ALTAGRACIA S.A., COMPAÑÍA, 167
246- Central Santa Catalina	CENTRAL SANTA CATALINA, 188
247- Central Santa Cecilia	CENTRAL SANTA CECILIA S.A., 189

248- Central Santa Isabel (LV) CENTRAL SANTA ISABEL S.A., 190
249- Central Santa Lucía   SANTA LUCIA COMPANY S.A., 531
250- Central Santa Lutgarda   CENTRAL SANTA LUTGARDA S.A., 191
251- Central Santa María   CENTRAL SANTA MARÍA S.A., 192
252- Central Santa Marta   CENTRAL SANTA MARTA S.A., 192
253- Central Santa Regina   AZUCARERA SANTA REGINA S.A., COMPAÑÍA, 106
254- Central Santa Rita   CENTRAL SANTA RITA S.A., 193
255- Central Santa Rosa   AZUCARERA SANTA ROSA S.A., COMPAÑÍA, 107
256- Central Santa Teresa   AZUCARERA VIVANCO, COMPAÑÍA, 113
257- Central Santo Domingo   AZUCARERA CENTRAL CUBA S.A., 75
258- Central Senado   CENTRAL SENADO S.A., 193
259- Central Siboney   CENTRAL SIBONEY-CAMAGUEY S.A., 194
260- Central Sofia   AGRÍCOLA YARA S.A., COMPAÑÍA, 35
261- Central Soledad (LV)   AZUCARERA SOLEDAD S.A., COMPAÑÍA, 109
262- Central Soledad (M)   CENTRAL SOLEDAD S.A., 195
263- Central Soledad (O)   GUANTÁNAMO SUGAR COMPANY, 344
264- Central Stewart   AZUCARERA ATLÁNTICA DEL GOLFO, COMPAÑÍA, 62
265- Central Tacajó   ANTILLA SUGAR ESTATES, 46
266- Central Tánamo   AZUCARERA TÁNAMO DE CUBA, COMPAÑÍA, 110
267- Central Tinguaro   CENTRAL TINGUARO S.A. , 196
268- Central Toledo   AZUCARERA CENTRAL TOLEDO S.A., COMPAÑÍA, 82
269- Central Trinidad   COMERCIAL TRISUNCO S.A., COMPAÑÍA, 211
270- Central Triunfo   AGRÍCOLA E INDUSTRIAL LA JULIA S.A., COMPAÑÍA, 31
271- Central Tuinicú   THE NEW TUINICU SUGAR COMPANY INCORPORATED, 575
272- Central Ulacia   ULACIA S.A., 589
273- Central Unidad   AZUCARERA CENTRAL UNIDAD S.A., 84
274- Central Unión   CENTRAL UNIÓN S.A., 197
275- Central Vertientes   AZUCARERA VERTIENTES-CAMAGUEY DE CUBA,
                                COMPAÑÍA, 110
276- Central Violeta   CENTRAL VIOLETA SUGAR COMPANY, 198
277- Central Vitoria   CARIBBEAN SUGAR PRODUCING COMPANY , 162
278- Central Washington   AGRÍCOLA DEFENSA S.A., COMPAÑÍA, 30
279- Central Zaza   AZUCARERA ZAZA S.A., 115
280- Central Zorrilla   CENTRAL ZORRILLA S.A. , 198
281- Centro Vasco, restaurant   RESTAURANT CENTRO VASCO, 518
282- Cere, mina hierro   MINERA USAC S.A., COMPAÑÍA, 446
283- Cernuda, mueblería   CERNUDA Y COMPAÑÍA, 201
284- Cervantes, librería   CULTURAL S.A., 257
285- Chanel, jabón de tocador   PERFUMERÍA BOURJOIS S.A. , 487
286- Chantilli, joyería   CHANTILLI JOYEROS, 203
287- Chesterfields, cigarro   ROBERTS TOBACCO COMPANY, 522
288- Chic, revista semanal   NUEVA EDITORIAL CHIC, 467
289- Chivas Regal, whisky   J. ARECHABALA S.A., 397
290- Chon Rice, arroz   IMPORTADORA DE VÍVERES DEL NORTE, COMPAÑÍA, 366
291- Christian Dior, perfumes   PERFUMERÍA MAYRAN S.A., 488
292- Chrysler, autos   IMPORTADORA DE AUTOS Y CAMIONES S.A., COMPAÑÍA,
                                365

D

334- Diario Nacional, periódico — DIARIO NACIONAL, 282

335- Divco, camiones — MOTORES DIAMOND T DE CUBA S.A., 456

336- DKW, motocicleta — ROGERS INTERNATIONAL COMPANY, 523

337- Dodge, autos — DE AUTOS Y TRANSPORTES S.A., COMPAÑÍA, 264

338- Doene, shampoo — SABATÉS S.A., 529

339- Don Alberto, brandy — DESTILADORA FOWLER YAGUAJAY S.A., COMPAÑÍA, 262

340- Dorothy Gray, perfumes — PERFUMERÍA MAYRAN S.A., 488

341- Dreft, detergente — PROCTER & GAMBLE PRODUCTS OF CUBA S.A., 496

342- Drialys, colonia y loción — PERFUMERÍA DRIALYS S.A., 488

343- Duplex, cine — VIVES & COMPAÑÍA S LTD., 602

344- Du-Pont, productos químicos — DUPONT INTER-AMERICA CHEMICAL COMPANY INCORPORATED, 283

E

345- Edén, cigarros — CALIXTO LÓPEZ Y COMPAÑÍA, 159

346- Ekloh, víveres — SUPERMERCADOS EKLOH S.A., 549

347- Elefante, arroz — J. NOVAL S. EN C., 400

348- Elsa, jabón de baño — SABATÉS S.A., 529

349- El Agro, piensos — PRODUCTORA DE ALIMENTOS EL AGRO S.A., COMPAÑÍA, 496

350- El Ariete, restaurant — PERTIERRA FERNÁNDEZ Y COMPAÑÍA, 489

351- El Arte, estudio fotografía — EL ARTE S.A., 291

352- El As, cigarro — HIJOS DE DOMINGO MENDEZ, CIGARROS Y TABACOS S.A., 351

353- El Baturro, víveres — ROMUALDO LALUEZA Y COMPAÑÍA, 523

354- El Bazar Inglés, tienda — LÓPEZ Y RIOS EN C, 420

355- El Botón, sedería — CESÁREO LLANO MENÉNDEZ, 203

356- El Caporal, pollos , huevos — COOPERATIVA AVÍCOLA INDUSTRIA S.A., 227

357- El Carmelo, restaurant — LAS DELICIAS DEL CARMELO, 407

358- El Chino, arroz — TOUS Y COMPAÑÍA S.A., 582

359- El Clavel, florería — JARDÍN "EL CLAVEL", 392

360- El Cochinito, manteca — TOUS Y COMPAÑÍA S.A., 582

361- El Cocinero, aceite maní — ACEITES VEGETALES S.A., 25

362- El Comercio, periódico — EL COMERCIO, 291

363- El Crisol, periódico — EDITORA EL CRISOL S.A., 285

364- El Cuño, cigarro — HIJOS DE DOMINGO MENDEZ, CIGARROS Y TABACOS S.A., 351

365- El Dandy, camisería — HERIBERTO CORDERO Y COMPAÑÍA, 348

366- El Dominó, fósforos — REAL Y COMPAÑÍA S.L., 515

367- El Encanto, tienda — SOLÍS, ENTRIALGO Y COMPAÑÍA S. A., 541

368- El Espejo, cristalería — PAULINO GOROSTIZA Y COMPAÑÍA S.A., 484

369- El Fénix, florería — JARDÍN EL FÉNIX S.A., 392

370- El Gallo, joyería — SANDALIO CIENFUEGOS Y COMPAÑÍA, 531

371- El Iris, seguros — DE SEGUROS MUTUOS CONTRA INCENDIOS "EL IRIS", COMPAÑÍA, 276

372- El Miño, chorizos — ABUIN, LÓPEZ Y COMPAÑÍA, 25

373- El Moderno Cubano, dulces   VÍVERES FINOS FRANCISCO MARTIN S.A., 601
374- El Mono, coto cobre   MINERA INSPIRACIÓN OCCIDENTAL, 444
375- El Morro, cemento   CUBANA DE CEMENTO PORTLAND, COMPAÑÍA, 248
376- El Mundo, periódico   EDITORIAL EL MUNDO S.A., COMPAÑÍA, 286
377- El Oasis, motel   MOTEL EL OASIS S.A., COMPAÑÍA, 454
378- El País, periódico   EMPRESA EDITORA EL PAÍS S.A., COMPAÑÍA, 295
379- El Palacio de Cristal, ropa   JOSÉ A. RODRÍGUEZ Y COMPAÑÍA, 393
380- El Prisma, óptica   RAÚL L. YANES Y COMPAÑÍA, 514
381- El Relámpago, autos uso   EL RELÁMPAGO, AUTOS Y ACCESORIOS S.A., 291
382- El Rico Habano, tabaco   B. MENÉNDEZ Y HERMANOS, 156
383- El Siglo XX, dulcería   OPERADORA DE CAFÉ SIGLO XX, COMPAÑÍA, 472
384- El Sol, sastrería   HERIBERTO CORDERO Y COMPAÑÍA, 348
385- El Templete, restaurant   ARSENIO MIER Y COMPAÑÍA, 55
386- El Titán, cemento   CEMENTOS NACIONALES S.A., 166
387- El Zorro, uniformes   ISIDRO FERNÁNDEZ FERNÁNDEZ, 390
388- El 1005, víveres   ARMANDO RODRÍGUEZ BRAVO, 51
389- Elliot-Fischer, máq. contab.   SUCESORES DE CASTELEIRO Y VIZOSO S.A., 547
390- Embrujo de Sevilla, perfume   EXCLUSIVIDADES INTERNACIONALES S.A., 302
391- English Oval, cigarro   ROBERTS TOBACCO COMPANY, 522
392- Esso, petróleo, derivados   ESSO STANDARD OIL COMPANY, 301
393- Europa, restaurante   CAFÉ EUROPA, 158
394- Exquisite, ajustadores   FÁBRICA CUBANA DE AJUSTADORES, 303
395- Eva, cigarro   TRINIDAD INDUSTRIAL S.A., COMPAÑÍA, 585
396- Evening in Paris, perfumes   PERFUMERÍA BOURJOIS S.A., 487
397- Excelsior, periódico   EMPRESA EDITORA EL PAÍS S.A., COMPAÑÍA, 295

F

398- Fab, detergente   DETERGENTES CUBANOS S.A., 262
399- Fábrica Nacional de Toallas   GONZÁLEZ Y COMPAÑÍA, 340
400- Fancy, colchones   RAMÓN PURÓN DÍAZ, 512
401- Fantasio, colonia y loción   PERFUMERÍA BOURJOIS S.A., 487
402- Fargo, camiones   IMPORTADORA DE AUTOS Y CAMIONES S.A., COMPAÑÍA, 365
403- Feito y Cabezón, ferretería   FERRETERIA FEÍTO Y CABEZÓN S.A., 306
404- Ferguson, tractores   FÁBRICA NACIONAL DE IMPLEMENTOS AGRÍCOLAS, 303
405- Fernández, funeraria   FUNERARIA FERNÁNDEZ, 322
406- Ferry, barco cabotaje   DE VAPORES ISLA DE PINOS S.A., COMPAÑÍA, 279
407- Fiat, autos, camión, tractor   AUTOS Y TRACTORES INTERNACIONALES S.A., 58
408- Fibrocem, asbesto cemento   PRODUCTOS FIBROCEM S.A., 499
409- Fiesta, arroz   ROZA, MENÉNDEZ Y COMPAÑÍA S. EN C., 527
410- Fin de Siglo, tienda   GRABIEL, SISTO Y COMPAÑÍA S.A., 341
411- Firestone, neumático   FIRESTONE INTERAMERICANA COMPANY, 316
412- Flamingo, hotel   HOTELERA FLAMINGO S.A, COMPAÑÍA, 360
413- Fleischmann, levadura   PAN AMERICAN STANDARD BRANDS, 479
414- Flogar, tienda   TIENDAS FLOGAR S.A., 581

G

451- Guarapo, abono   THE AMERICAN AGRICULTURAL CHEMICAL COMPANY, 564

452- Guarina, embutidos   ALSI COMMERCIAL CORPORATION S.A., 42

453- Guarina, lácteos   DERIVADOS DE LECHE S.A., 261

454- Guarina, helado   HELADOS GUARINA S.A., 348

H

455- Habana, equipo pelota   CLUB HABANA, 208

456- Habana Hilton, hotel   HOTEL HABANA HILTON, 355

457- Habana Biltmore, reparto   ALBERTO G.MENDOZA E HIJOS, 39

458- Habanos 1834, tabaco   POR LARRAÑAGA, FÁBRICA DE TABACOS S.A., 493

459- Haig-Haig, whisky   RAFAEL MUÑOZ ÁVILA, 511

460- Hatuey, cerveza, malta   CERVECERÍA MODELO S.A., 202

461- Hatuey, ron   LICORERA DE CUBA S.A., COMPAÑÍA, 418

462- Hatuey, helado   OPERADORA DE PRODUCTOS LÁCTEOS S.A., COMPAÑÍA, 473

463- Havana Club, ron   J. ARECHABALA S.A., 397

464- Henry Clay, tabaco   TABACALERA CUBANA S.A., 551

465- Herrera, laboratorios   HEREDEROS DE SERGIO HERRERA Y L.VIDAL, 348

466- Hit Parade, cigarro   ROBERTS TOBACCO COMPANY, 522

467- Hoyo de Monterrey, tabaco   F. PALICIO Y COMPAÑÍA S.A., 323

468- H. Upmann, cigarro   CIGARROS H. UPMANN S.A., 204

469- H. Upmann, tabaco   MENÉNDEZ, GARCÍA Y COMPAÑÍA, 431

I

470- Ibarra, aceite de oliva   ROZA, MENÉNDEZ Y COMPAÑÍA S.EN C., 527

471- Inclán, tienda   ALMACENES INCLÁN S.A., 41

472- Infanta, cine   CIRCUITO CARRERÁ, 205

473- Información, periódico   PERIÓDICO INFORMACIÓN, 488

474- Ingelmo, calzado   C.INGELMO Y HERMANOS, 259

475- Inglaterra, hotel   HOTELERA FARLAND S.A., COMPAÑÍA, 360

476- Internacional, hotel   HOTELES INTERNACIONAL S.A., 362

477- Ironbeer, refresco   EMBOTELLADORA IRONBEER S.A., 292

478- Isabel Roca, mina cobre   MINERA NUEVO HORIZONTE, 445

J

479- Jacuzzi, regadíos   FÁBRICA NACIONAL DE IMPLEMENTOS AGRÍCOLAS, 303

480- Jagua, hotel, motel   DE FOMENTO Y TURISMO DE CIENFUEGOS S.A., COMPAÑÍA, 268

481- Jagua, motel   CORPORACIÓN HOTELERA DEL CARIBE, 231

482- Jaguar, cigarro americano   ROBERTS TOBACCO COMPANY, 522

483- Jals, conserva fruta   BESTOV PRODUCTS S.A., 148

484- Jamaica, cantera   PANAMERICANA DE CONCRETO S.A., COMPAÑÍA, 478

485- Jardín Casa Fraga, flores   JOSÉ F. FRAGA Y COMPAÑÍA, 394
486- Jardín Tosca, flores   RIVERO CASA FUNERARIA, 520
487- Jean Patou, perfumes   PERFUMERÍA MAYRAN S.A., 488
488- Jockey Club, club privado   CUBAN AMERICAN JOCKEY CLUB, 237
489- Johnson, droguería   DROGUERÍA DE JOHNSON S.A., 283
490- Jon Chi, arroz   RODRÍGUEZ Y COMPAÑÍA, 522
491- José L.Piedra, cigarro   SUCESIÓN DE JOSÉ L. PIEDRA, 543
492- Joya, perfumes   EXCLUSIVIDADES INTERNACIONALES S.A., 302
493- Jupiña, refresco   LA PINAREÑA, 414

K

494- Kaba, sábanas, confecciones   KABA HERMANOS S EN C, 401
495- Kawama, reparto   URBANIZADORA VARADERO S.A., 595
496- Kayser, autos   WILLYS DISTRIBUTOR S.A., 605
497- Kelvinator, efectos eléctricos   ARELLANO Y COMPAÑÍA S.A., 50
498- Kent, cigarro americano   GENERAL DISTRIBUTORS INC. (VER ROBERTS TO-BACCO COMPANY), 522
499- Kimboo, cafetería serv. rápido   CAFETERÍAS "KIMBOO" , 159
500- King-George, cigarro   ROBERTS TOBACCO COMPANY, 522
501- Kirby, conserva frijoles   DE ALIMENTOS KIRBY DE CUBA S.A., COMPAÑÍA, 263
502- Kli-Per, pintura   DE PINTURAS KLI-PER S.A., COMPAÑÍA, 275
503- KLM, aerolínea   REAL HOLANDESA DE AVIACIÓN, COMPAÑÍA, 515
504- Koloral, brillantina   PERFUMERIA DRIALYS S.A., 488
505- Kool, cigarro americano   AMERICAN AGENCIES CORPORATION (VER ROB-ERTS TOBACCO COMPANY), 522
506- Kresto, chocolate   BESTOV PRODUCTS S.A., 148

L

507- Lagrima Christi, vino   ROMUALDO LALUEZA Y COMPAÑÍA, 523
508- Laliques, cristales   CUERVO Y SOBRINO S.A., 257
509- Land Rover, jeep   FÁBRICA NACIONAL DE IMPLEMENTOS AGRÍCOLAS, 303
510- Lanolin Plus, loción, p. fac.   ADOLFO KATES E HIJOS, 28
511- Lanvin, perfumes   PERFUMERÍA MAYRAN S.A., 488
512- Laso, acumuladores   LASO, ZORRILLA Y COMPAÑÍA, 407
513- Lavasol, detergente   PROCTER & GAMBLE PRODUCTS OF CUBA S.A., 496
514- Lavín, colchones   RAMÓN A. LAVÍN Y HERMANO, 512
515- Lavín,licores, alcoholes   LAVIN DISTILLERY COMPANY INCORPORATED, 408
516- La Alianza, seguros   GODOY SAYÁN, OFICINA ASEGURADORA DE CUBA, 337
517- La Ambrosía, confitura   LA AMBROSÍA INDUSTRIAL S.A., 408
518- La Balear, galleta   JUAN S. ELIAKIM CANETTI, 397
519- -La Caridad, coto cobre   MINERA DE COBRE CANASI, 443
520- La Casa de Hierro, joyería   HIERRO S.A., 351
521- La Casa de las Cocinas, e. ele.   TOPPER COMMERCIAL COMPANY S.A., 582
522- La Casa del Perro, art. perro   JOSÉ PY DÍAZ, 394

523- La Casa Oscar, tienda ropa   SÁNCHEZ Y ÁLVAREZ, 530
524- La Casa Pons, ferretería   LA CASA PONS S.A., 410
525- La Casa Quintana, joyería   GARCÍA GUTIÉRREZ Y COMPAÑÍA S. EN C., 332
526- La Casa Vasallo, efec. eléct.   CASA VASALLO S.A., 164
527- La Castellana, ferretería   FERRETERÍA CALVO Y F. VIERA S.A., 305
528- La Concha, balneario playa   SINDICATO TERRITORIAL DE LA HABANA S.A., 537
529- La Corona, cigarro, tabaco   TABACALERA CUBANA S.A., 551
530- La Correspondencia, diario   LA CORRESPONDENCIA, 411
531- La Cotorra, agua mineral   MANANTIALES LA COTORRA S.A., 425
532- La Dalia, florería   JARDÍN "LA DALIA", 392
533- La Diana, leche condensada   OPERADORA DE PRODUCTOS LÁCTEOS S.A., COMPAÑÍA,
                                     473
534- La Dora, coto cobre   MINERA MANTUA, 444
535- La Elena, coto cobre, otros   MINERA DE COBRE CANASÍ, 443
536- La Epoca, tienda   TEJIDOS LA ÉPOCA S.A., 554
537- La Esmeralda, joyería   JOYERÍA ALASOL S.A., COMPAÑÍA, 396
538- La Especialidad, tabaco   HIJOS DE DIEGO MONTERO S.A., 351
539- La Estrella, confituras   CUBA INDUSTRIAL Y COMERCIAL S.A., 236
540- La Filosofía, tienda   LA FILOSOFÍA S.A., 412
541- La Flecha de Oro, ómnibus   ÓMNIBUS LIBRE S.A., 470
542- La Flor Catalana, barquillo   BALDOMERO ZAS LÓPEZ, 117
543- La Flor de Cano, tabaco   HIJOS DE J. CANO Y COMPAÑÍA, 352
544- La Gloria, tabaco   POR LARRAÑAGA, FÁBRICA DE TABACOS S.A., 493
545- La Gran Vía, repostería   GARCÍA Y HERMANOS, 333
546- La Hortensia, florería   LA HORTENSIA, 412
547- La Isla de Cuba, tienda   VÍCTOR CAMPA Y COMPAÑÍA S EN C., 599
548- La Lechera, leche condensada   NACIONAL DE ALIMENTOS S.A., COMPAÑÍA, 457
549- La Lechera, leche fresca   OPERADORA DE PRODUCTOS LÁCTEOS S.A., COMPAÑÍA,
                                     473
550- La Luisita, colchones   RAMÓN PURÓN DÍAZ, 512
551- La Luz de Oriente, fósforo   REAL Y COMPAÑÍA S.L., 515
552- La Metropolitana, seguros   GODOY SAYÁN, OFICINA ASEGURADORA DE CUBA, 337
553- La Mía, almacén víveres   LA MÍA, 412
554- La Moda, mueblería   LA MODA, 412
555- La Moderna Poesía, librería   CULTURAL S.A., 257
556- La Muralla, ferretería   GÓMEZ RUIZ Y COMPAÑÍA, 339
557- La Nacional, funeraria   RIVERO CASA FUNERARIA, 520
558- La Ópera, tienda   LA ÓPERA, 413
559- La Orensana, peletería   LA ORENSANA, 413
560- La Pasiega, fideos, pastas   HOYO Y FERNÁNDEZ S EN C, 364
561- La Predilecta, tabaco   HIJOS DE DIEGO MONTERO S.A., 351
562- La Rampa, cine   OPERADORA DE ESPECTÁCULOS LA RAMPA, S.A.,
                                     COMPAÑÍA, 472
563- La Ranchuelera, ómnibus   DE TRANSPORTE DE ÓMNIBUS LA RANCHUELERA S.A.,
                                     COMPAÑÍA, 278
564- La Reguladora, restaurant   LA REGULADORA S.A., 414
565- La Romanita, víveres, rest.   GUSTAVO CICINELLI BISEGNI, 346

566- La Rotonda, reparto   URBANIZACIÓN Y FOMENTO DE VIVIENDAS S.A., 593
567- La Segunda Catalana, víveres   DOMINGO GONZÁLEZ S EN C, 283
568- La Sortija, tienda   SKARBREVIK & COMPANY S.A., 539
569- La Terraza, restaurant   LA TERRAZA, 415
570- La Unica, mina cobre, plata   MINERA OCCIDENTAL BOSCH S.A., 446
571- La Venecia, objetos de arte   LA VENECIA, 416
572- La Zagala, sidra española   ACEITES VEGETALES S.A., 25
573- La Zaragozana, restaurant   FERNÁNDEZ Y CURRAIS, 305
574- Las Agrupadas, mina oro,   MINERA DE ORO HOLGUÍN, 443
     plata
575- Las Bocas, motel   ALBERGUES DE TRINIDAD S.A., COMPAÑÍA, 38
576- Las Carboneras,mina cobre   MINERA BUENAVISTA S.A., 442
577- Las Casas River, motel   DE MOTELES OAKES, COMPAÑÍA , 274
578- Las Cuevas, motel   MOTEL LAS CUEVAS, 455
579- Levadura Medina, alimentos   LEVADURA MEDINA S.A., 417
580- Lex, editorial   SÁNCHEZ ROCA Y COMPAÑÍA, 530
581- Le Palais Royal, joyería   JOYERÍA LE PALAIS ROYAL S.A., 396
582- Le Printemps, florería   JARDÍN "LE PRINTEMPS", 393
583- Le Trianon, joyería   SALVADOR FONDÓN Y COMPAÑÍA S.L., 530
584- Le Vendome, restaurant   JEAN LENCOU, 393
585- Libby's, leche evaporada   NACIONAL DE ALIMENTOS S.A., COMPAÑÍA, 457
586- Lincoln, hotel   ANTONIO FERNÁNDEZ PRIETO, 49
587- Lister's, abono   THE AMERICAN AGRICULTURAL CHEMICAL COMPANY,
                                       564
588- Llave, jabón de lavar   SABATÉS S.A., 529
589- LM, cigarro americano   ROBERTS TOBACCO COMPANY, 522
590- Lobatón, agua mineral   EMBOTELLADORA TARAJANO S.A., 292
591- Longines, reloj   CUERVO Y SOBRINOS S.A., 257
592- Long-Hing Chan, arroz   ROZA, MENÉNDEZ Y COMPAÑÍA S.EN C., 527
593- Los Indios, coto oro, plata   PRODUCTOS MINERALES DE ISLA DE PINOS, 500
594- Los Precios Fijos, tienda   TIENDAS LOS PRECIOS FIJOS S.A. , 581
595- Lucía, mina manganeso   MINERA INSULAR, 444
596- Lucien Lelong, perfumes   LABORATORIOS JAGUTIER, 404
597- Lucky Seven, tienda deporte   CASA LUCKY SEVEN SPORTS, 163
598- Lucky Strike, cigarro americano   ROBERTS TOBACCO COMPANY, 522
599- Lux, jabón de tocador   ADOLFO KATES E HIJOS, 28

M

600- Mack, camiones   DISTRIBUIDORA MACK DE CUBA S.A., 282
601- Maderas de Oriente, colonia   EXCLUSIVIDADES INTERNACIONALES S.A., 302
602- Magesa, equipos eléctricos   MANUFACTURERA GENERAL ELECTRIC S.A., 427
603- Maillard, bombones   VÍVERES FINOS FRANCISCO MARTÍN S.A., 601
604- Maja, polvos, talcos   EXCLUSIVIDADES INTERNACIONALES S.A., 302
605- Marlboro, cigarro americano   GENERAL   DISTRIBUTORS INC. (VER ROBERTS TO-
                                       BACCO COMPANY), 522
606- Maltina, malta   NUEVA FÁBRICA DE HIELO S.A., 467

607- Manufactura Hispalis, ropa   AGUIRRE, VILLAR Y COMPAÑÍA S EN C, 37
608- Mañana, periódico   EDITORIAL MAÑANA S.A., 287
609- Marcos Abreu, funeraria   FUNERARIA MARCOS ABREU, 323
610- Marianao, equipo pelota   CLUB MARIANAO, 208
611- Mariposa, esencia   PERFUMERÍA DRIALYS S.A., 488
612- Marqués de Müller, vino   INCERA HERMANOS S EN C, 368
613- Marqués de Riscal, vino   INCERA HERMANOS S EN C, 368
614- Marquesa de Sevigne,   VÍVERES FINOS FRANCISCO MARTIN S.A., 601
     bombón

615- Martell, coñac   DAVIS & MONTERO, 261
616- Martin's V.V.O., whisky   J. ARECHABALA S.A., 397
617- Marvin, ropa   LÓPEZ, PAZ Y COMPAÑÍA S EN C, 420
618- Matadero Nacional, matadero   EMPACADORA COOPERATIVA CUBANA S.A., 293
619- Materva, refresco   LA PAZ S.A., 413
620- Matusalem, ron   ÁLVAREZ CAMP Y COMPAÑÍA, 43
621- Medina, levadura   LEVADURA MEDINA S.A., 417
622- Mégano, playa, reparto   TERRITORIAL MÉGANO S.A., COMPAÑÍA, 559
623- Mercado Único   MERCADO GENERAL DE ABASTO Y CONSUMO, 434
624- Mercedes Benz, auto, camión   GALMAR MOTOR COMPANY S.A, 327; SANTE MOTORS,
                                   532
625- Mercedes, minas oro, cobre   CORPORACIÓN MINERA EMILY S.A., 233
626- Miami, ventanas   INDUSTRIAS FENESTRA S.A., 374
627- Michelin, neumáticos   ULLOA Y COMPAÑÍA, 589
628- Minimax, víveres   MINIMAX SUPERMERCADOS S.A., 447
629- Mitchell, aire acondicionado MITCHELL DISTRIBUTORS INC., 449
630- Monseigneur, restaurant   RESTAURANT, BAR Y CAFÉ MONSEIGNEUR S.A., 517
631- Montecristo, tabaco   MENÉNDEZ, GARCÍA Y COMPAÑÍA, 431
632- Montero, tabaco   CASTAÑEDA, MONTERO, FONSECA S.A., 164
633- Monte Carlo, hotel   HOTELERA DEL OESTE S.A., 359; HOTELES MONTECAR-
                                   LO S.A, 363
634- Moralitos, leche   VAQUERÍAS UNIDAS S.A., 597
635- Mulgoba, restaurant   RESTAURANT MULGOBA, 518
636- Myrurgia, perfumes   EXCLUSIVIDADES INTERNACIONALES S.A., 302

N

637- Nacional, hotel   CORPORACIÓN INTERCONTINENTAL DE HOTELES DE
                                   CUBA S.A., 232
638- Nao Capitana, chocolate   ARMADA Y COMPAÑÍA S.L., 50
639- Nehi, refresco   ROYAL CROWN BOTTLING COMPANY, 527
640- Nela, lácteos   ELÉCTRICA INDUSTRIAL S.A., COMPAÑÍA, 290
641- New York, hotel   BLANCO LÓPEZ Y COMPAÑÍA, 149
642- Noche Azul, colchones   RAMÓN A LAVÍN Y HERMANO, 512
643- Norton, ropa   LÓPEZ, PAZ Y COMPAÑÍA S EN C, 420
644- Novia del Mediodía, cine   AUTO CINE NOVIA DEL MEDIODÍA, 58
645- Nueva Potosí, mina oro, plata MINERA DE ORO HOLGUÍN, 443

O

646- Oasis, cigarro americano	ROBERTS TOBACCO COMPANY, 522
647- Ogar, motocicleta	ROGERS INTERNATIONAL COMPANY, 523
648- Olas de Fragancia, talco	PERFUMERÍA BOURJOIS S.A., 487
649- Old Gold, cigarro	ROBERTS TOBACCO COMPANY, 522
650- Olimpo-Loma del Este, reparto	TERRITORIAL ALTURAS DEL OLIMPO, 558
651- Om, laboratorios	L. GARCÍA Y COMPAÑÍA, 423
652- Olipuro, aceite vegetal	SABATÉS S.A., 529
653- Olivetti, aceite vegetal	VÍVERES S.A., 601
654- Orange Crush, refresco	EMBOTELLADORA EL MORRO S.A., COMPAÑÍA, 292
655- Oriental Park, hipódromo	CUBAN RACING, 242
656- Oriente, periódico	PERIÓDICO ORIENTE, 488
657- Osborne, coñac	RAFAEL MUÑOZ ÁVILA, 511
658- Oso, jabón de lavar	SABATÉS S.A., 529
659- OTPLA, publicitaria	ORGANIZACIÓN TÉCNICA PUBLICITARIA LATINO-AMERICANA, 475

P

660- Packard, hotel	HOTEL PACKARD, 357
661- Palacio de Cristal, restaurant	RESTAURANT CHAMBARD S.A., 518
662- Palacio de Cristal, locería	ARCE, LASTRA Y COMPAÑÍA, 49
663- Palacios, sábanas	JOSÉ A. RODRÍGUEZ Y COMPAÑÍA, 393
664- Pall Mall, cigarro americano	ROBERTS TOBACCO COMPANY, 522
665- Panam, ventanas aluminio	PANAM PRODUCTS COMPANY, 478
666- Parcelación Ampliación Wajay	INMOBILIARIA CAJIGAS S.A., 382
667- Parcelación Zayas	INMOBILIARIA CAJIGAS S.A., 382
668- Parkview, hotel	GARDELL Y ÁLVAREZ S.A., 333
669- Parliament,cigarro	ROBERTS TOBACCO COMPANY, 522
670- Partagás, cigarro	RAMÓN RODRÍGUEZ E HIJOS, 512
671- Partagás, tabaco	CIFUENTES Y COMPAÑÍA, 203
672- Paymaster, maq. cheques	SUCESORES DE CASTELEIRO Y VIZOSO S.A., 547
673- Payret, cine y teatro	INMOBILIARIA PAYRET S.A., COMPAÑÍA, 384
674- Peerles, ropa deportiva	HERIBERTO CORDERO Y COMPAÑÍA, 348
675- Pepinol, jabón tocador	EXCLUSIVIDADES INTERNACIONALES S.A., 302
676- Pepsi-Cola, refresco	PEPSI-COLA DE CUBA S.A., COMPAÑÍA, 486
677- Peque, jabón tocador	EXCLUSIVIDADES INTERNACIONALES S.A., 302
678- Peralta, coñac	LICORERA DE CUBA S.A., COMPAÑÍA, 418
679- Perdurit, asbesto cemento	NUEVA COMPAÑÍA DE PRODUCTOS DE ASBESTO CEMENTO, 467
680- Pérez Galán, conservas	PEREZ GALÁN Y COMPAÑÍA, 487
681- Perga, envases cartón	ENVASES PERGA DE CUBA S.A., 300
682- Perro, confecciones	TEJIDOS Y CONFECCIONES PERRO S.A., 555
683- Perugina, bombones	VÍVERES FINOS FRANCISCO MARTÍN S.A., 601
684- Peter Pan, brassieres	CREACIONES DE LENCERÍA S.A., 234
685- Peti Baiser, esencia, jabón	PERFUMERÍA DRIALYS S.A., 488
686- Petronio, tabaco	POR LARRAÑAGA, FÁBRICA DE TABACOS S.A., 493

687- Philips-Morris, cigarro americano   ROBERTS TOBACCO COMPANY, 522

688- Philips, efectos eléctricos   DE EFECTOS MUSICALES GIRALT S.A., COMPAÑÍA, 264

689- Picadilly, cigarro americano   ROBERTS TOBACCO COMPANY, 522

690- Picker, conservas jugos   PASTEURIZADORA GREEN SPOT DE LA HABANA S.A., COMPAÑÍA, 484

691- Piedra, tabaco   SUCESIÓN DE JOSÉ L. PIEDRA, 543

692- Pijuán, fósforo, refresco   PIJUÁN HERMANO Y COMPAÑÍA, 491

693- Pilón, tostadero café   FLOR DE TIBES S.A., 316

694- Pinaroma, desinfectante   PABLO HERNÁNDEZ CARRILLO, 478

695- Pinero, barco cabotaje   DE VAPORES ISLA DE PINOS S.A., COMPAÑÍA, 279

696- Pinilla, ron   RON QUIROGA S.A., COMPAÑÍA, 526

697- Pioneer, ropa   LÓPEZ, PAZ Y COMPAÑÍA S EN C, 420

698- Planas, laboratorio   CUBA INDUSTRIAL FARMACEÚTICA S.A., 236

699- Plaza, hotel   HOTEL PLAZA, 357

700- Plymouth, autos   IMPORTADORA DE AUTOS Y CAMIONES S.A., COMPAÑÍA, 365

701- Polar, cerveza   CERVECERA INTERNACIONAL S.A., COMPAÑÍA, 201

702- Pond's, creyón, talco, polvo   ADOLFO KATES E HIJOS, 28

703- Pontiac, autos   MERCANTIL DE MOTORES STAR S.A., 435; VILLOLDO MOTOR COMPANY, 601

704- Por Larrañaga, tabaco   POR LARRAÑAGA, FÁBRICA DE TABACOS S.A., 493

705- Pozueco, mina pirita cobre   MINERA BUENAVISTA S.A., 442

706- Prell, shampoo   SABATÉS S.A., 529

707- Prats, florería   JARDÍN PRATS, 393

708- Prensa Libre, periódico   EDITORIAL PRENSA LIBRE S.A., 288

709- Presidente, hotel   PRESIDENTE CORPORATION, 495

710- Propiedad Lane, mina oro   MINAS RIMOSA DE CUBA S.A., 441

711- Pueblo, periódico   PERIÓDICO PUEBLO, 489

712- Punch, tabaco   F. PALICIO Y COMPAÑÍA S.A., 323

R

713- Radio Cadena-Habana, emisora   RADIO ONDA MUSICAL ESPAÑOLA S.A., 510

714- Radio Reloj, radioemisora   CIRCUITO CMQ S.A., 206

715- Radio Siboney, radioemisora   RADIO SIBONEY S.A., 511

716- Rancho Luna, motel   MOTEL RANCHO LUNA, 455

717- Rápido, detergente   DETERGENTES CUBANOS S.A., 262

718- RCA Víctor, efectos eléctricos   HUMARA Y LASTRA S. EN C., 364

719- Regalías, cigarro   HIJOS DE DOMINGO MENDEZ, CIGARROS Y TABACOS S.A., 351

720- Regia, sábanas   JOSÉ A. RODRÍGUEZ Y COMPAÑÍA, 393

721- Regil, tostadero café   TRUEBA, HERMANO Y COMPAÑÍA, 587

722- Regis, hotel   HOTEL REGIS, 358

723- Reha, mina hierro   MINERA USAC S.A., COMPAÑÍA, 446

724- Reina Mora, manzanilla   ROZA, MENÉNDEZ Y COMPAÑÍA S.EN C., 527

725- Relicario, coñac   J. ARECHABALA S.A., 397

726- Remington, efectos de oficina   REMINGTON RAND DE CUBA S.A., 516

727- Remy Martin, coñac	RAFAEL MUÑOZ ÁVILA, 511
728- Residencial Vía Túnel , reparto	URBANIZADORA SOGOMAR S.A., 595
729- Rex Cinema, cine	VIVES & COMPAÑÍA S LTD., 602
730- Rey, embutidos	ALSI COMMERCIAL CORPORATION S.A., 42
731- RHC, Cadena Azul, radioemisora	RADIO REPORTER S.A., 510
732- Rina, jabón de lavar	LABORATORIOS GRAVI S.A., 403
733- Río Caonao, buque	FLOTA MARÍTIMA BROWNING DE CUBA S.A., 317
734- Río Cristal, centro de recreación	RESTAURANT CAMPESTRE "RÍO CRISTAL" CLUB, 518
735- Río Damují, buque	FLOTA MARÍTIMA BROWNING DE CUBA S.A., 317
736- Río Jibacoa, buque	FLOTA MARÍTIMA BROWNING DE CUBA S.A., 317
737- Rivero, funeraria	RIVERO CASA FUNERARIA, 520
738- Riverside, motel	RIVERSIDE MOTEL S.A., 521
739- Riviera, hotel	DE HOTELES LA RIVIERA DE CUBA S.A., COMPAÑÍA, 269
740- Rodi, cine-teatro	INMOBILIARIA ITÁLICA S.A., 382
741- Roelandts, laboratorios	ROELANDTS E HIJOS S.A., 522
742- Rolex, reloj	ABISLAIMAN E HIJOS, 25
743- Romances, revista prensa	EDITORIAL ROMANCES S.A., 288
744- Romeo y Julieta, tabaco	ROMEO Y JULIETA, FÁBRICA DE TABACOS S.A., 523
745- Ronda, ron	INCERA HERMANOS S EN C, 368
746- Rosita de Hornedo, hotel	HOTEL ROSITA DE HORNEDO, 358
747- Royal, flan	PAN AMERICAN STANDARD BRANDS, 479
748- Royal, cigarro	VILLAAMIL, SANTALLA Y COMPAÑÍA S.LTD., 600
749- Royal Crown Cola, refresco	ROYAL CROWN BOTTLING COMPANY, 527

S

750- Safway, andamios	ANDAMIOS DE ACERO S.A., 45
751- Salem, cigarro americano	ROBERTS TOBACCO COMPANY, 522
752- Salutaris, refresco	LA PAZ S.A., 413
753- Sánchez Mola, tienda	MODAS SÁNCHEZ MOLA Y COMPAÑÍA S.A., 450
754- Sansó, conservas vegetales	SANSÓ Y COMPAÑÍA, 531
755- Santa Ana, hotel	CENTRO TURÍSTICO MONTAÑAS OCCIDENTALES, 200
756- Santa Catalina, funeraria	VICENTE OPIZO LOUIS, 598
757- Santa María, playa, reparto	DE FOMENTO DE BACURANAO S.C.P., COMPAÑÍA, 265
758- Santiago-Habana, de Ciego de Ávila, hotel	HOTELERA SANTIBANA S.A., COMPAÑÍA, 361
759- Santiago-Habana de Colón, hotel	HOTELERA SANTIBANA S.A., COMPAÑÍA, 361
760- Santiago-Habana, ómnibus	SANTIAGO-HABANA S.A., 532
761- Santo Domingo, almidón	DOMINGO ISASI ORUE, 283
762- San Bernardo, leche, helado	PRODUCTOS LÁCTEOS S.A., 500
763- San Diego de los Baños, balneario medicinal	BALNEARIO SAN DIEGO DE LOS BAÑOS, 117
764- San Francisco, cine	CIRCUITO CARRERÁ, 205
765- San Gabriel, leche	PEDRO SUÁREZ E HIJOS, 485

766- San José, funeraria   CAPILLAS SAN JOSÉ S.A., 161
767- San José del Lago, motel   ARTURO BERRAYARZA, 55
768- San Miguel, mina oro, cobre   CORPORACIÓN MINERA EMILY S.A., 233
769- San Miguel de los Baños, balneario   AGUAS MINERALES DE SAN MIGUEL DE LOS BAÑOS,
   medicinal   37
770- San Rafael, funeraria   JOSÉ RAFAEL DE POSADA VEGA, 395
771- Sarasota, barco cabotaje   DE VAPORES ISLA DE PINOS S.A., COMPAÑÍA, 279
772- Saratoga, hotel   BLANCO LÓPEZ Y COMPAÑÍA, 149
773- Sarrá, droguería, laboratorio   ERNESTO SARRÁ HERNÁNDEZ, 300
774- Sears, tienda   SEARS ROEBUCK AND COMPANY S.A., 534
775- Selecta, imprenta, editorial   SELECTA, 534
776- Sevilla Biltmore, hotel   ARRENDATARIA HOTEL SEVILLA BILTMORE S.A.,
                                            COMPAÑÍA, 51
777- Shangri-La, motel   DE MOTELES OAKES, COMPAÑÍA, 274
778- Shell, petróleo y derivados   PETROLERA SHELL DE CUBA, COMPAÑÍA, 489
779- Sherwin Williams, pintura   THE SHERWIN WILLIAMS COMPANY OF CUBA S.A.,
                                            577
780- Siporex, bloques concreto   INDUSTRIAS SIPOREX S.A., 376
781- Siré, galletas, confituras   INDUSTRIAL SIRE S.A., 371
782- Ski, desodorante   PERFUMERÍA DRIALYS S.A., 488
783- Smirnoff, vodka   DAVIS & MONTERO, 261
784- Soberano, coñac   GONZÁLEZ BYASS & COMPANY LTD., 339
785- Soir de Paris, perfumes   PERFUMERÍA BOURJOIS S.A. , 487
786- Sol de Lobeto, tabaco   TABACALERA LOBETO, COMPAÑÍA, 552
787- Sol de Miguel, tabaco   TABACALERA LOBETO, COMPAÑÍA, 552
788- Solares, ferretería   ALBERTO SOLARES Y COMPAÑÍA S EN C, 40
789- Soroa, motel   BALNEARIO RESIDENCIAL SOROA S.A., 117
790- Spud, cigarro americano   ROBERTS TOBACCO COMPANY, 522
791- State-Express, cigarro   ROBERTS TOBACCO COMPANY, 522
792- Studebaker, auto, camión   GALMAR MOTOR COMPANY S.A., 327
793- St. Charles, leche evaporada   NACIONAL DE ALIMENTOS S.A.,COMPAÑÍA, 457
794- St. John's, hotel   HOTELES INTER-INSULARES S.A., COMPAÑÍA, 362;
                                            OPERADORA DE HOTELES CUBANOS S.A., 472
795- Sunlet, colorante   IGNACIO SÁNCHEZ LEAL, REPRESENTACIONES Y
                                            MANUFACTURAS S.A., 365
796- Supermilk, lácteos   LECHERA SAN ANTONIO S.A., COMPAÑÍA, 416
797- Susini, cigarros   TABACALERA CUBANA S.A., 551
798- Sylvain, repostería   SYLVAIN PATISSERIE, 550
799- Sylvania, televisores   CUBANA DE REFRIGERACIÓN ELÉCTRICA S.A.,
                                            COMPAÑÍA, 255

T

800- Tabaco Rubio, esencia, jabón   PERFUMERÍA DRIALYS S.A., 488
801- Tango, aceite de oliva   ROZA, MENÉNDEZ Y COMPAÑÍA S.EN C., 527
802- Taoro, conservas, jugos   RANCHO PRODUCTS CORPORATION, 513
803- Taquechel, droguería   FRANCISCO TAQUECHEL MIRABAL, 319
804- Tarará, reparto   DE TERRENOS DE TARARÁ S.A., COMPAÑÍA, 278

805- Ten Cents, tiendas   F.W. WOOLWORTH COMPANY, 324
806- Texaco, petróleo, derivado   TEXAS COMPANY, 560
807- The Fair, casa de moda   THE FAIR, 569
808- The Havana Post, periódico   THE HAVANA POST, 574
809- The Times of Havana, periódico   THE TIMES OF HAVANA PUBLISHING, 578
810- Tide, detergente   PROCTER & GAMBLE PRODUCTS OF CUBA S.A., 496
811- Tío Pepe, vino   GONZÁLEZ BYASS & COMPANY LTD., 339
812- Tobler, bombones suizos   VÍVERES FINOS FRANCISCO MARTIN S.A., 601
813- Topacio, joyería   JOYERÍA HERMANOS PONTE S.A., 396
814- Topper, cocinas   TOPPER COMMERCIAL COMPANY S.A., 582
815- Tres Arbolitos, coñac   J. ARECHABALA S.A., 397
816- Tres Copas, coñac   GONZÁLEZ BYASS & COMPANY LTD., 339
817- Tres Toneles, coñac   INCERA HERMANOS S EN C, 368
818- Trianón, cine teatro   CIRCUITO CARRERÁ, 205
819- Trimalta, malta   CERVECERA INTERNACIONAL S.A., COMPAÑÍA, 201
820- Trinidad, cigarro   TRINIDAD Y HERMANOS S.A., 586
821- Trocha, embutidos   ALSI COMMERCIAL CORPORATION S.A., 42
822- Tropical, cerveza   NUEVA FÁBRICA DE HIELO S.A., 467
823- Tropical 50, cerveza   NUEVA FÁBRICA DE HIELO S.A., 467
824- Tropicana, cabaret   TURÍSTICA VILLA MINA S.A., 587
825- Troya, sábanas y fundas   ORTIZ, HERMANO Y COMPAÑÍA, 476
826- Truefit, panties   CREACIONES DE LENCERÍA S.A., 234
827- Trueform, brassieres, fajas   CREACIONES DE LENCERÍA S.A., 234
828- Tudor, florería   CASA TUDOR, 163
829- Tuntakamen, ron, vino   RAMÓN DEL COLLADO S.A., 512
830- Tussy, perfumes   PERFUMERÍA MAYRAN S.A., 488
831- Tu-Py, tostadero de café   COMERCIAL TU-PY S.A., COMPAÑÍA, 212

U

832- Ultra, tienda   ALMACENES ULTRA S.A., 41
833- Uncle Sam, calzado   UNCLE SAM S.A., COMPAÑÍA, 589
834- Underwood, máquinas de escribir   SUCESORES DE CASTELEIRO Y VIZOSO S.A., 547
835- Unicas, galletas   RIFE, VILLEGAS Y COMPAÑÍA S. LTD., 520
836- Unión Radio, radioemisora   UNIÓN RADIO S.A., 590
837- US Keds, calzado goma   U S RUBBER COMPANY, 596
838- US Royal, neumáticos   U S RUBBER COMPANY, 596

V

839- Vaccaro Line, naviera   STANDARD FRUIT AND STEAMSHIP COMPANY, 542
840- Valvoline, lubricante motor   LUBRICANTES GALENA S.A., COMPAÑÍA, 421
841- Vanidades, revista   PUBLICACIONES UNIDAS S.A., 502
842- Van-Del, conservas frutas   BESTOV PRODUCTS S.A., 148
843- Vanity Fair, cigarros   ROBERTS TOBACCO COMPANY, 522
844- Vat 69, whisky   DAVIS & MONTERO, 261
845- Vauxhall, autos   VAILLANT MOTORS S.A., 597

846- Vedado, hotel   HOTEL VEDADO S.A., 358
847- Vega Flores, funeraria   VEGA FLORES S.A., 598
848- Venus, refresco   LA PINAREÑA, 414
849- Vespa, motoneta   ROGERS INTERNATIONAL COMPANY, 523
850- Vesta en la Hacienda, mina   MINERA USAC S.A., COMPAÑÍA, 446
851- Viceroy, cigarro americano   ROBERTS TOBACCO COMPANY, 522
852- Victoria, hotel   HOTEL VICTORIA, 359
853- Vienés, restaurant   RESTAURANT VIENÉS, 519
854- Villaamil, tabaco   VILLAAMIL, SANTALLA Y COMPAÑÍA S.LTD., 600
855- Vitabosa, chocolate   BESTOV PRODUCTS S.A., 148
856- Viti, sábanas, confecciones   GARCÍA HERMANOS Y COMPAÑÍA, 332
857- Vogue, cigarro americano   ROBERTS TOBACCO COMPANY, 522
858- Vogue, florería   JARDÍN VOGUE, 393
859- VW, autos   ULLOA Y COMPAÑÍA, 589

W

860- Ward, repostería   TIP TOP BAKING COMPANY, 581
861- Wildroot, brillantina   ADOLFO KATES E HIJOS, 28
862- Willians, barco cabotaje   DE VAPORES ISLA DE PINOS S.A., COMPAÑÍA, 279
863- Willys, autos jeep   WILLYS DISTRIBUITOR S.A., 605
864- Wiston, cigarro americano   ROBERTS TOBACCO COMPANY, 522
865- Wonder Cake, repostería   DOMINGO GONZÁLEZ S EN C, 283

Y

866- Yardley, perfumes   BESTOV PRODUCTS S.A., 148
867- Yucayo, ron   LICORERA DE MATANZAS S.A., COMPAÑÍA, 418

Z

868- Zenith, efectos eléctricos   DISTRIBUIDORA CUBANA DE PRODUCTOS ELÉCTRICOS
                                          S.A., 282
869- Zig Zag, revista humor   EDITORA ZIG ZAG S.A., 285

X.- Índice de los principales propietarios y funcionarios de las empresas

C

D

R

Surias Nurias Maresma, Jaime, 377
Surís Busto, Ernesto, 288
Szuchman, Elías, 569

T

Tabernilla Palmero, Francisco, 28
Tagle de Castro, José Maria, 261
Tamames Arana, Fernando, 319
Tamargo González Longoria, José, 472
Taño González, Antonio, 399
Tapia Fluriach, Guillermo, 294
Tapia García, Juan Antonio, 553
Taquechel Mirabal, Francisco, 319
Tarafa de Cárdenas, Julio, 44
Tarafa Govín, José Miguel, Josefina y
  Laura, 75, 232, 381, 579
Tarajano Mederos, José Manuel, Ga-
  briel, Amparo, Plácido, Teresa,
  Orestes, Celia y Esther, 293
Taylor, Daniel E., Willian R. y Alfred
  T., 604
Teijeiro, Dositeo, 167
Tejera Rescalvo, Diego Vicente, 221
Tellaheche Rodríguez, Casimiro, 117,
  370
Toledo Travieso, Horacio, 354
Toral Paso, Lorenzo, 284, 574
Toraño Ardavín, José, Francisco y Luis,
  395
Toraño Fernández, Carlos y Jaime, 582
Toraño González, José, 395
Torrado Ponce, María Teresa, 264
Torres Valle, Martín, 274
Torricella, Rolando A., 389
Torriente Ajuria, José Elías de la, 32
Tous Amill, José, 338, 582
Tous Fernández, Abelardo, 25
Tous Pérez, Guillermo F., 582
Tous Pons, José y Luis, 582
Trías Lleonart, Luis y Joaquín, 353
Triay Escobar, Miguel, 44, 300
Triay Rodes, Andrés R., 337
Trillo, Jesús, 400
Trinidad Valdés, Diego Cosme José y
  Gloria, 586
Trueba Regil, Domingo y Enrique, 587
Turull, Thomas F., 403, 581
Tuya Escobar, Oscar C. de, 588

U

Ubera Ibáñez, Ángel, 505
Ulacia Fernández, Eduardo,517
Ulloa Ferro, Mercedes J. y Evaristo,
  357, 589
Urbambidelus Ortiz, Francisco, 140
Urrutia Porto, José, 199
Usategui Lezama, Oswaldo, 375

V

Vadía Mena, Alberto, 158, 330, 377,
  378
Vaillant Espinosa, Glauco, 597
Valdés Aramburu, Armando J., 51, 55
Valdés Aramburu, Octavio y Orlando,
  51, 55, 444
Valdés Fauli Juncadella, Raúl D., 57
Valdés Pagés, Juan, 234
Valdés Robledo, Gloria Ormara, 586
Valor Godínez, Ernestina, 337
Valle González, Eladio del, 367, 452,
  536
Valle González, Manuel y Santos, 107
Valle Grau, Estanislao del, 329, 379,
  540, 558
Valle López, Adriano, Manuel y Carmen
  del, 293
Valle Raez, Luis E. del, 100, 101, 224,
  254, 263, 421
Valle Raez, Mario del, 101, 224, 254,
  421
Valle Raez, Raúl del, 101, 254, 421
Valle Seguí, Fernando del, 305
Valle Soza, Luis del, 254
Valle Suero, Asisclo del, 269, 337
Van Anglen, Chalmer Easton, 276
Varela Cernadas, Enrique Luis, 161
Varela Zequeira, Roberto, 56
Varona Galbis, Miguel, 273
Varona Horstmann, Gonzalo E., 223
Vázquez Alvarado, Gerardo, 130, 337,
  407, 428
Vázquez Alvarado, Guillermo, Joaquín,
  Ignacio, 31
Vázquez Ramírez, Juan, 33

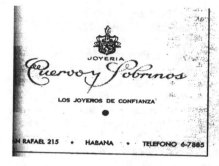

Minimax

SUPER - MERCADOS

EKLOH

VIVIR MEJOR

trias flores

VAILLANT *Motors*

TROPICANA

HOTEL
Capri
DE LA HABANA

Vogue

AMISTAD y
SAN JOSE

TELEFONOS:
DIA:
5-2039
NOCHE:
6-6640

SON FLORES DE Vogue

VIVERES
Vicente Puig, S.A.

CABALLERO

FUNERAL HOME

Labo

Sans Souci
NITE CLUB CASINO

Otros libros publicados por Ediciones Universal:

COLECCIÓN DICCIONARIOS

01-9   HABLA TRADICIONAL DE CUBA: REFRANERO FAMILIAR (Antología de refranes y frases cubanas), Concepción T. Alzola

0084-6   DICCIONARIO MANUAL DE LA LENGUA ESPAÑOLA (Las principales palabras del idioma explicadas. Con un resumen de gramática castellana, historia de la lengua y literatura españolas.), Vosgos

0311-X   DICCIONARIO DE SINÓNIMOS, ANTÓNIMOS Y PARÓNIMOS, Vosgos

2702-9   A GUIDE TO 4,400 SPANISH VERBS (DICTIONARY OF SPANISH VERBS WITH THEIR ENGLISH EQUIVALENTS AND MODELS OF CONJUGATION/DICCIONARIO CON LOS VERBOS EN ESPAÑOL, SU TRADUCCIÓN AL INGLÉS Y CONJUGACIONES), José A. Rodríguez Delfín

113-1   A BILINGUAL DICTIONARY OF EXCLAMATIONS AND INTERJECTIONS IN SPANISH AND ENGLISH, Donald R. Kloe

114-X   NUEVO DICCIONARIO DE LA RIMA, Adolfo F. León

209-X   DICCIONARIO DE INGENIERÍA (inglés-español/español-inglés) (DICTIONARY OF ENVIRONMENTAL ENGINEERING AND RELATED SCIENCES. ENGLISH-SPANISH/SPANISH-ENGLISH), José T. Villate

597-8   DICCIONARIO DE SEUDÓNIMOS Y ESCRITORES IBEROAMERICANOS (diccionario de escritores de América Latina con información bibliográfica, país. fecha de nacimiento y otros datos.) Gerardo Sáenz

701-6   YO ME ACUERDO. DICCIONARIO DE NOSTALGIAS CUBANAS (presentado en orden alfabético con recuerdos de la historia, política y costumbres cubanas. Con fotografías), José Pardo Llada

COLECCIÓN ARTE